会计
经典

工商管理经典译丛
会计与财务系列

亨格瑞
成本与管理会计
第 17 版

HORNGREN'S COST ACCOUNTING
A MANAGERIAL EMPHASIS
（SEVENTEENTH EDITION）

［美］ 斯里坎特·达塔尔（Srikant M. Datar）
马达夫·拉詹（Madhav V. Rajan） 著

王立彦　刘应文　译

中国人民大学出版社
·北京·

2020 年夏天，在与中国人民大学出版社的编辑讨论改编 *Horngren's Cost Accounting*：*A Managerial Emphasis* 英文版第 16 版时，我特别注意到书名的变化：不再是我们非常熟悉的 *Cost Accounting*：*A Managerial Emphasis*。

自斯坦福大学的亨格瑞教授于 2011 年去世后，本书从第 16 版起，亨格瑞教授不再作为作者领衔署名，而是作为著名教授冠于书名前，作者则变更为达塔尔和拉詹两位教授。据我所知，美国出版界有这样的规则或惯例。

我曾多次主持翻译或改编亨格瑞教授的这本名著（第 9 版，东北财经大学出版社 2000 年译本；第 11、13、15 版，中国人民大学出版社译本；第 16 版，中国人民大学出版社英文改编本）。

Cost Accounting：*A Managerial Emphasis* 在中国最早的译本由中国财政经济出版社 1987 年出版。当时由上海财经学院会计系"会计译丛"小组依据英文版第 5 版翻译，中文书名为《高级成本管理会计学》。在当时的版本中，作者只有亨格瑞教授，后来的版本增加了斯坦福大学商学院会计专业的两位同事作为合著者。其中，达塔尔教授后来转去哈佛大学，并曾随同哈佛大学的一个学术代表团访问北京大学，我有幸见到了达塔尔教授，并将中文译本赠予他。达塔尔教授非常高兴地收下，并表示一定要学习几个管理会计术语的汉语表达。如今，拉詹教授也已离开斯坦福大学，转去芝加哥大学，那里是会计学学术研究的又一个"重镇"。由此，本书与斯坦福大学在形式上已不再有直接关联，但在教学和学术方面的紧密关联是永存的。

这是一本自初版以来几十年畅销不衰的经典会计学著作。书中内容涵盖不同行业，公司实例取自不同国家，因此成为世界上许多大学工商管理专业选用的优秀教学用书，也是在美国以外发行量最大的会计学教学用书之一。在满足院校教学需求的同时，它也是在职管理者的知识库，在全球会计界和管理界有着良好声誉和广泛影响。

本书定期更新，以使内容与时俱进，及时反映当代成本会计、管理会计领域的最新实践和理论发展，保证让欧美各经济发达国家，尤其是美国成本会计或管理会计领域出现的新思想和方法在本书中得以体现。例如，全书连续几版均有 23 章内容，本版由于新增第 11 章"数据分析思维与预测"，增至 24 章。

在高新技术迅速发展的今天，技术创新运用于产业活动，既导致生产技术体系的变化，也引起生产组织与管理的变化，从而对会计信息提出新的要求。这种革新对成本和管理会计产生了深远影响。核心问题在于，要改变会计信息与企业管理需要脱节的局面，反映企业运营和管理各层级各方面的资源占用、消耗及效果，成本和管理会计体系必须提供与管理需要具有高度相关性且充分可靠的信息。

2014 年 10 月，《财政部关于全面推进管理会计体系建设的指导意见》发布，标志着管理会计体系在中国政府层面得到了主管部门的重视。十年来，管理会计在我国持续受到关注，尤其在管理实践中越来越得到重视。

面对外部环境的"春天"，管理会计在我国能否真正获得实质性大发展，取决于管理会计自身。外因是变化的条件，内因是变化的根据。会计界必须深刻反思管理会计多年来不温不火的现实，以期得到更为系统的认识。

本书翻译工作由我和刘应文负责。在整个翻译过程中，我们尽可能统一用语和风格，但深知仍存在许多可以改进之处。如果有些读者使用英文原版书，欢迎就翻译问题进行讨论，并给予批评和指正。

行文至此，顺便补充说明一点：2000 年我在香港的一所大学访问数月，其间在一个专业会议上见到了亨格瑞教授。老先生平易近人，和蔼可亲，我向他介绍了中文翻译本在中国多地出版发行的情况，并向他请教了专业问题。老先生耐心地与我交谈，分别前我们还合影留念。转眼 20 多年过去，亨格瑞教授已经于 2011 年辞世。借本书，我向亨格瑞教授致以深切的怀念和诚挚的敬意。

斯坦福大学亨格瑞教授与本书主译者北京大学王立彦教授合影

王立彦 谨识
于北京

本版新增内容

更加关注商业和服务业

为了与世界经济的变化保持一致，本版大量使用了商业和服务业的公司案例，相应地不再强调传统的制造业情境。例如，第 10 章阐述了云计算服务支付情境下的线性成本函数；第 11 章描述了一家投资贷款公司利用大数据分析进行收入管理的情况；第 21 章以一家太阳镜销售公司为例，重点介绍了零售企业的存货管理；第 22 章以一家运输公司为例，介绍了资本预算编制。多个"观念实施"专栏中的案例也聚焦商业和服务业，包括开市客实现成本领先（第 1 章）、来福车降低固定成本（第 2 章）、梅奥诊所使用作业成本法降低医疗成本（第 5 章）、华馆进行基于互联网的预算编制（第 6 章）以及分析布法罗鸡翅烧烤吧的营业利润（第 13 章）。

更加强调可持续发展

本版强调可持续发展，将其视为未来几十年管理方面面临的重要挑战之一。许多管理者在推动制定和实施战略，将实现长期的财务、社会和环境绩效作为核心任务。我们在第 1 章中强调了这一点，并在随后的几章中反复讨论了这一主题。第 13 章讨论了衡量社会和环境绩效对公司的益处，以及如何将这些指标纳入平衡计分卡。第 24 章提供了几家公司强制披露信息并根据环境和社会指标评价管理者的例子。包括第 2 章、第 6 章、第 10 章、第 14 章和第 22 章在内的许多章都包含了强调以下主题的材料：确认并核算环境成本；能源独立；设定伸展目标以激励更大程度的碳减排；利用成本分析、碳税和限额与交易拍卖来减少环境足迹；以具有成本效益的方式建造"绿色"住宅。

聚焦创新

我们讨论了会计概念和制度在促进和支持企业创新与创业活动方面的作用。特别是，我们讨论了将研发成本确认为期间费用所带来的挑战，因为创新的收益具有滞后性，会在后续期间逐渐显现。第 6 章介绍了企业如何编制创新支出预算，以及如何构建衡量创新努力成效的指标，这些指标与当期的经营绩效脱钩；第 12 章介绍了非财务指标在制定创新决策中的重要性；第 14 章强调了创新始于了解客户需求；第 20 章讨论了改进质量的流程创新。

新的前沿主题

组织变革的势头依然迅猛。本版反映了成本会计在组织中的作用的变化。

- 增加新材料和第 11 章，以阐释大数据和数据分析在管理收入与预测成本方面的最新趋势。企业越来越需要能够与数据科学家沟通的管理会计师。
- 介绍可持续发展战略以及公司用于实现可持续发展和经营目标的方法。
- 介绍基于学术研究的平衡计分卡中绩效指标权重的思想。专门设置一节介绍战略地图的评估方法，讨论了关系强度、焦点和触发点等。
- 详细介绍苹果和谷歌等跨国科技公司为避税而采用的转移定价策略。
- 讨论高管薪酬监管的最新趋势。
- 介绍企业资源规划系统和采用精益会计的新型简化成本系统的演变。

解决学习和教学难题

学习成本会计是学生的最佳商业投资之一。为什么？因为任何组织（无论是规模最小的街角小店还是实力雄厚的跨国公司）的成功都需要使用成本会计的概念和进行相关的实践。成本会计为管理者提供关键数据，用于规划和控制以及产品成本、服务成本甚至客户成本核算。本书重点介绍成本会计如何帮助管理者做出更好的决策，因为成本会计师正日益成为公司决策团队中不可或缺的成员。为了凸显成本会计在决策制定中的重要作用，我们将"不同目的用不同成本"这一理念贯穿全书始终。通过关注基本概念、分析、用途和程序，而不仅仅是程序，我们认识到成本会计是企业制定战略与实施战略的管理工具。

我们还帮助学生做好准备，以应对他们在当今和未来的专业成本会计领域所面临的机遇和挑战。例如，我们既强调 Excel 和大数据分析等技能的培养，以充分利用现有的信息技术，也强调使成本会计师在工作场所发挥积极作用的价值观和行为。

引例

每章开篇都有一个基于真实公司情况的小故事，旨在将读者带入一个商业情境或困境中，说明本章所述的概念为何以及如何与商业实践相关。例如，第 2 章描述了青少年服装连锁企业 Aéropostale 如何因其运营中固定成本比例较高而陷入破产；第 5 章介绍了 IBM 使用作业成本法评估数据泄露的真实成本；第 9 章重点介绍了安德玛使用新的公司内部系统更好地管理存货和供应链，以高效、精确地降低存货成本；第 15 章介绍了星巴克如何改变其奖励计划，使奖励与顾客消费更好地结合起来；第 19 章介绍了特斯拉为满足前所未有的客户需求而大幅提高产量所带来的返工成本的影响；第 24 章介绍了通用电气业绩评价与薪酬之间的不一致。

"观念实施"专栏

每章都设有这一专栏，它涵盖了各行业的真实成本会计问题，涉猎的领域包括国防合同、娱乐、制造、零售和体育等。新案例包括以下内容：

- 开市客成本领先：最低价格与丰厚的利润（第 1 章）
- 本量利分析能帮助全食摆脱"全额支票"陷阱吗？（第 3 章）
- 华馆和基于互联网的预算（第 6 章）

- ESPN 能否避免陷入"断线"的"死亡螺旋"？（第 9 章）
- Zara 利用目标定价成为全球最大时尚零售商（第 14 章）
- 大数据联产品和副产品创造新的商机（第 17 章）
- 脸书努力克服移动数据瓶颈（第 20 章）

精简介绍

我们努力优化和精简各主题的阐述，使学生尽可能轻松地学习不同章节中介绍的概念、工具和框架。我们新增了关于数据分析的第 11 章，以帮助管理会计师利用大数据管理收入和成本。这一章紧接在关于预测成本行为的第 10 章之后。我们在第 16 版中对第 12 章至第 16 章进行了重新编排，收到了积极的反馈意见，并在第 17 版中保留了这一顺序，将其调整为第 13 章至第 17 章。关于平衡计分卡和战略盈利性分析的第 13 章紧接在关于决策制定与相关信息的第 12 章之后。第 14 章是关于成本分配的四章中的第一章。我们在第 14 章介绍了成本分配的目的，并讨论了长期产品成本核算与定价中的成本分配。第 15 章沿用之前的例子，讨论客户成本核算中的成本分配。第 16 章在第 4 章示例的基础上讨论了辅助部门的成本分配。第 17 章讨论联合成本分配的相关内容。

在以下各章中还可以找到精简介绍的其他例子：

- 第 2 章，讨论基本成本概念和决策管理框架；
- 第 6 章，附录将现金预算与该章示例联系起来；
- 第 8 章，该章的综合图表列出了第 7 章和第 8 章所述的所有差异；
- 第 9 章，使用一个单一的两期示例来说明各种存货成本计算方法和基准水平选择的影响。

"小练习"专栏

每章都有"小练习"专栏，互动式问题可以让学生有机会应用刚刚学到的概念。

本版的标志性特征

- 特别强调成本信息的管理用途；
- 文本清晰易懂；
- 将现代主题与传统内容完美结合；
- 强调人的行为方面；
- 广泛使用真实案例；
- 能够按不同顺序讲授各章内容；
- 作业材料数量多、质量高、范围广。

前 13 章提供了一个学期课程的精髓。全书共 24 章，为两学期的课程提供了充足的文本和作业材料。本书既适合学生在学完财务会计基础课程后立即使用，也适合在管理会计入门课程的基础上使用。

决定本书的章节顺序是一项挑战。由于每位教师都有自己独特的课程组织方式，因此我们采用模块化、灵活的组织结构，使课程可以量身定制。这种组织结构有利于采用不同的教授与学习方法。

作为本书灵活性的一个例子，请看我们对分步成本法的处理。第 18 章介绍了分步成本法。

有兴趣让学生全面了解成本系统的教师，可以直接引导学生从第 4 章的分批成本法跳转到第 18 章，而无须担心资料的连贯性会受到影响。有些教师可能希望学生在课程初期就深入学习作业成本法、预算编制以及更多决策导向的主题，那么分步成本法的讨论可以安排在后续阶段进行。

致　谢

我们要对众多给本书提供宝贵意见与无私帮助的人表达感激之情。首先要感谢许多学者和从业人员，是他们增进了我们对成本会计的理解。本书中的教学材料是技能娴熟且受人尊敬的团队成员的工作成果，他们编写了每章后面的作业材料。特别是，Tommy Goodwin 在技术研究和最新动态追踪方面提供了有力的帮助；Merle Ederhof 在更新章节内容和作业材料方面更是功不可没，她还利用自己在医疗保健方面的经验，在书中强调了成本会计的新应用。

感谢兢兢业业、辛勤工作的附录作者团队和 Integra 公司的同人们。正是有了他们的努力，本书才会更加出色。

感谢所有与我们和编辑团队密切合作的审稿人和同事。特别感谢那些为本版新增的第 11 章的编写做出贡献的人，包括：Mark Awada, Pascal Bizzaro, Caitlin Bowler, Rachel Caruso, Mahendra Gujarathi, Paul Hamilton, John Harris, Donna McGovern, Tatiana Sandino 和 V. G. Narayanan。

感谢培生公司员工的辛勤工作和奉献，他们是：Lacey Vitetta, Ellen Geary, Sara Eilert, Christopher DeJohn, Michael Trinchetto, Claudia Fernandes, Stacey Miller 和 Martha La-Chance。没有他们的奉献和技能，本书就不可能出版。Integra 公司的 Allison Campbell 以高超的技巧和伟大的奉献精神，专业地管理书稿的制作。他们具有良好的敬业精神，并能在最忙碌的时刻保持冷静，我们对他们深表感谢。

感谢美国注册会计师协会、美国管理会计师协会、加拿大管理会计师协会、加拿大注册会计师协会、美国财务经理人协会以及允许我们引用其出版物的出版公司。许多引用题目已经过改编，以突出特定要点。我们对为本版提供作业材料的教授表示感谢。欢迎读者提出宝贵意见。

斯里坎特·达塔尔

马达夫·拉詹

目　录

管理者与管理会计

学习目标

1. 区分管理会计和财务会计
2. 理解管理会计师如何帮助企业制定战略决策
3. 描述价值链中的业务职能序列，确定顾客期望的公司业绩维度
4. 解释五步决策制定程序及其在管理会计中的作用
5. 描述管理会计师在支持管理者时应遵循的三个指导原则
6. 理解管理会计如何适应组织结构
7. 理解职业道德对管理会计师的重要性

所有企业都关心收入和成本。

　　大公司和小公司的管理者都必须了解收入和成本的性态，否则就要承担无法控制公司业绩的风险。管理者使用成本会计信息制定研究与开发、生产计划、预算、价格和向顾客提供产品或服务的决策。有时这些决策涉及成本-效益权衡。下面展示了理解成本和定价如何帮助像可口可乐这样的公司在销售的产品数量减少时增加利润。

引例　　对于可口可乐来说，更小的罐子意味着更大的利润

　　销量少可以比销量多获利更大吗？随着消费者的健康意识越来越强，他们购买的苏打汽水数量越来越少。"不想喝太多？"买个小罐的。"不想摄入那么多热量？"买个小罐的。"不要那么多糖？"只喝一小罐。2017年，虽然美国苏打汽水的整体销量下降了，但行业收入却更高了。怎么做到的？原来是苏打汽水生产商正在对更小容量的产品收取更多的费用！

可口可乐一直是向消费者销售较小容量苏打汽水的市场领导者。7.5 盎司的迷你罐和其他较小包装苏打汽水的销量现在占可口可乐总销量的 10%。与此同时，大瓶和大罐产品的销量则持续下降。小罐销售的每盎司可口可乐价格高于大宗销售的每盎司可口可乐价格。这些较小容量的苏打汽水销售带来的较高利润弥补了汽水总销量的下降。如果购买小罐苏打汽水的趋势继续下去，可口可乐在未来几年里即使销售更少的汽水，也有望赚取更多的利润。

资料来源：Mike Esterl, "Smaller Sizes Add Pop to Soda Sales," *The Wall Street Journal*, January 27, 2016 (http://www.wsj.com/articles/smaller-sizes-add-pop-to-soda-sales-1453890601); John Kell, "Bottled Water Continues to Take the Fizz Out of Diet Soda," *Fortune*, April 19, 2017 (http://fortune.com/2017/04/19/coca-cola-pcpsi dr-pepper-soda-water/); Cara Lombardo, "Coca-Cola Betting Big on Smaller Packages," *The Wall Street Journal*, February 16, 2018 (https://www.wsj.com/articles/ coca-cola-betting-big-on-smaller-packages-1518801270).

通过学习成本会计，你将会知道成功的管理者和会计师是如何经营企业的，并且为你在公司中担任领导角色做准备。许多大公司（包括耐克和匹兹堡钢人队（Pittsburgh Steelers））的高管都有会计背景。

1.1　财务会计、管理会计和成本会计

就像你们中的许多人在财务会计课堂上学到的那样，会计系统用于记录经济事件和交易（如销售与材料采购），并把数据处理成对管理者、销售代表、生产监督员和其他人有用的信息。对一项经济交易的处理具体包括收集、分类、汇总和分析。例如，将成本按种类（如材料、人工和运输）收集，并按月、季或年汇总以确定企业的总成本。会计师对结果进行分析，并与管理者一起评价成本相对于收入而言在各期有什么变化。会计系统也通过利润表、资产负债表、现金流量表和业绩报告提供信息（如为顾客服务或刊登广告的成本）。管理者使用这些信息来制定他们监督的活动、业务或职能领域的决策。例如，报告显示，苹果公司零售店里的笔记本电脑和 iPad 销售量增长，这可能促使零售店雇用更多的销售员。理解会计信息对管理者做好本职工作是必不可少的。

不同的管理人员常常要求将会计信息按不同的方式提交或者报告。以销售订单信息为例，保时捷公司的销售经理可能对总的销售额感兴趣，以确定要向销售员支付多少佣金。保时捷公司的分销经理可能对按地理区域划分的销售订单数量和顾客要求的送货时间感兴趣，以保证汽车及时送达顾客。保时捷公司的生产经理会关注不同产品的数量和要求的交货日期，以便能够制订一个有效的生产计划。

为了同时满足三位经理的要求，保时捷公司开发了一个数据库（有时称为数据仓库或信息仓库），该数据库由琐碎、详细、可用于多种目的的信息构成。例如，销售订单数据库包括每份订单的详尽信息，如产品、售价、订购数量和交货明细（地点和日期）等。数据库按照方便不同管理者获取各自所需信息的方式来存储信息。许多公司正在建立自己的企业资源计划（ERP）系统。ERP 系统是一个单一数据库，它收集数据并用于支持企业的经营活动，如采购、生产、分销和销售。

近年来，管理人员开始使用数据分析技术来深入解读他们收集的数据，这就是人们常说的大数据、机器学习和人工智能。机器学习和人工智能最常见的应用是进行预测。例如，像网飞

（Netflix）这样的公司，会利用客户的历史购买数据和其他特征来预测特定客户可能会喜欢哪部电影，并向客户推荐这部电影。然后，网飞会获取客户是否喜欢这部电影的反馈信息，并将这些反馈信息纳入模型，以不断改进和完善模型。从这个意义上说，机器从正确和不正确的预测中学习，这被视为智能行为。海量、多样的数据催生了许多新的预测技术。我们将在第 11 章介绍其中一种流行的技术，并讨论管理会计师在数据丰富的世界中的作用。

财务会计和管理会计有不同的目标。**财务会计**（financial accounting）的重点是基于公认会计原则（GAAP）向外部各方（如投资者、政府机构、银行和供应商）报告财务信息。财务会计信息影响管理者决策和行为的最重要的表现是薪酬，因为薪酬的一部分常常是根据财务报表数字确定的。

管理会计（management accounting）计量、分析和报告财务和非财务信息，帮助管理人员做决策以实现组织目标。管理者利用管理会计信息：

1. 制定、传达和实施战略；

2. 协调设计、运营和营销决策，并评估公司业绩。

管理会计信息和报告不必遵循既定的原则或规则。关键问题总是：（1）这些信息如何帮助管理人员把工作做得更好？（2）生产这些信息的收益是否大于成本？

图表 1 - 1 总结了管理会计和财务会计的主要差异。但是要注意，像资产负债表、利润表和现金流量表这样的报表，对于管理会计和财务会计而言是一样的。

图表 1 - 1　管理会计和财务会计的主要差异

	管理会计	财务会计
信息目的	帮助管理者做决策以实现组织的目标	向投资者、银行、监管者和其他外部各方传达组织的财务状况
主要用户	组织的管理者	外部用户，如投资者、银行、监管者和供应商
关注重点	面向未来（在 2019 年编制 2020 年的预算）	面向过去（在 2020 年编制 2019 年的业绩报告）
计量与报告规则	内部计量与报告，不需要遵守 GAAP，但要基于成本-效益分析	财务报表必须根据 GAAP 编制，并经外部独立审计师鉴证
时间跨度与报告类型	时间变化范围为每小时到 15～20 年，有关产品、部门、地区和战略的财务与非财务报告	基本上是以公司作为一个整体的年度或季度财务报告
行为含义	意在影响管理者和其他员工的行为	主要报告经济事项，但也会影响行为，因为管理者的薪酬通常基于报告的财务成果

成本会计为管理会计人员和财务会计人员提供信息。**成本会计**（cost accounting）计量、分析和报告从组织内获取或使用资源的与成本相关的财务和非财务信息。例如，计算产品成本是成本会计的一项功能，可满足财务会计的存货估价需要和管理会计的决策需要（如确定产品价格和选择推广何种产品）。但是，现代大多数会计人员认为，成本信息是用于制定管理决策的管理会计信息的一部分。管理会计与成本会计之间的区别并不是很清晰，我们在本书中经常交替使用这些术语。

企业家常常使用"成本管理"这一术语。然而它没有一个确切的定义。在本书中，我们用**成本管理**（cost management）来描述管理者为增加产品对消费者的价值并实现组织目标而使用资源的活动。全书除制造语境以外的部分，我们使用的术语"产品"广义上也包括服务。换句话说，成本管理不只是降低成本，也包括制定决策以增加额外成本——例如，为提高顾客满意度和质量，以及为开发新产品——目的是增加收入和利润。是否进入新市场、实施新的组织流程和改变产品设计也属于成本管理决策。会计系统中的信息帮助管理人员管理成本，但信息和会计系统本身不属于成本管理。

1.2 战略决策与管理会计师

公司**战略**（strategy）指组织如何将自身能力与市场机遇相匹配。换言之，战略描述了组织区别于竞争对手，为客户创造价值而做出的一系列综合选择。公司一般采用两大类战略中的一类。一些公司，如西南航空公司（Southwest Airlines）和 Vanguard（一家共同基金公司）遵循成本领先战略。它们通过提供低价、高质量的产品或服务，并明智地管理自己的运营、营销、顾客服务和管理成本，获取利润，实现成长。例如，西南航空公司仅使用波音 737 飞机以降低维修、维护和备件的成本，并在登机时不提供座位分配以降低地勤人员的成本。而另一些公司，如苹果公司和制药巨人强生公司（Johnson & Johnson）遵循产品差异化战略。它们提供差异化的或独特的产品或服务以吸引顾客，从而获取利润，实现增长，这些产品或服务的定价通常高于竞争者不受欢迎的产品或服务。

在两种战略间做选择是管理者工作的一个重要部分。管理会计师与多个部门的管理者密切合作，提供有关竞争优势来源的信息，如本公司相对于竞争对手在成本、生产能力或效率上有优势，或本公司能根据独特的产品或服务的成本来制定更有利的价格，帮助他们制定战略。**战略成本管理**（strategic cost management）专门描述战略问题的成本管理。

管理会计信息通过回答下列问题来帮助管理者制定战略：

● 谁是我们最重要的顾客，我们具备什么样的关键能力才能具有竞争力并为我们的顾客提供价值？以亚马逊（Amazon.com）为例，其在线售书成功后，竞争对手巴诺书店（Barnes & Noble）的管理会计师深入分析了加强信息和技术基础设施以及发展在线售书能力的几种方案的成本和收益。类似的成本-效益分析方法也引导丰田公司建立柔性计算机集成制造（CIM）工厂，使它能够用同样的设备生产不同的汽车，以应对顾客品位的变化。

● 顾客的议价能力如何？例如，家乐氏（Kellogg's）利用其品牌的声誉来降低顾客的议价能力，并对其所售谷物食品制定更高的价格。

● 供应商的议价能力如何？戴尔电脑公司的管理会计师在考虑必须支付多少钱来购买微处理器供应商英特尔和操作系统软件供应商微软的产品时，要考虑英特尔和微软的强大议价能力。

● 市场上存在哪些替代产品，以及它们在特征、价格、成本和质量方面与我们的产品有何不同？例如，惠普公司在比较了自家打印机与市场上其他打印机的功能和质量后设计了新的打印机，并估计了新打印机的成本和价格。

● 是否有足够的现金支持战略，或者是否需要筹集额外的资金？例如，宝洁公司通过发行新债券和股票，为收购剃须刀产品制造商吉列公司（Gillette）筹集资金。

但是，除非有效执行，否则再好的设计和再强的能力都是无用的。在以下部分，我们将描述管理会计师如何帮助管理者采取行动，为顾客创造价值。

1.3　价值链分析、供应链分析与关键成功因素

顾客需要的不仅是价格公平,他们还期望企业及时提供高质量的产品(包括服务)。顾客的整体体验决定着他们从产品中获得的价值。在本节中,我们将探讨公司如何创造这种价值。

1.3.1　价值链分析

价值链(value chain)是一个业务职能序列,产品(包括服务)通过这个序列变得对顾客更有价值。图表 1-2 显示了六项基本业务职能——研发、产品和流程设计、生产、营销、分销和顾客服务。我们以索尼公司的电视机分部来说明这些业务职能。

图表 1-2　价值链的不同部分

1. 研发——产生并测试与新产品、新服务或新流程有关的创意。在索尼公司,这一职能包括研究不同电视信号的传输方法以及不同形状和厚度的显示屏的画面质量。

2. 产品和流程设计——详细计划、设计和检测产品或流程。索尼公司的设计活动包括确定一台电视机的零件数以及不同产品设计对质量和生产成本的影响。一些价值链表述将前两步合称为技术发展。[①]

3. 生产——采购、运输和储存("入厂物流")以及协调和集中("运营")资源以生产一种产品或提供一项服务。索尼公司电视机的生产包括取得和组装电子部件、屏幕及运输用包装。

4. 营销(包括销售)——向顾客或潜在顾客推广和销售产品或服务。索尼公司通过商品展览、报刊广告、网络以及销售人员来对其电视机进行营销。

5. 分销——处理订单,向顾客提供产品或服务("外向物流")。索尼公司的分销渠道包括发货给零售商店、通过互联网直销以及顾客购买新电视的其他渠道。

6. 顾客服务——向顾客提供售后支持。索尼公司以顾客帮助热线、网络支持和保修等形式提供针对其电视机的顾客服务。

除了六项基本业务职能外,图表 1-2 还显示了一个管理职能,它包括会计与财务、人力资源管理和信息技术,管理职能支持六项基本业务职能。在本书随后章节中讨论价值链时,我们将管理职能包括在基本业务职能内。例如,营销职能包括分析、报告和核算花费在不同营销渠道的资源,而生产职能则包括培训一线员工的人力资源管理职能。每一项职能对于公司满足顾客要求并长期保持顾客满意(和忠诚)而言都是必要的。

为了实施公司战略,诸如索尼和宝洁等公司使用了**顾客关系管理**(customer relationship management,CRM)战略。这一战略在所有的业务职能中整合人和技术,以加深公司与顾客、合作伙伴的关系。CRM 用技术协调所有面向顾客的活动(如营销、销售召回、分销和售后支持)以及向顾客提供产品和服务所必需的设计与生产活动。

---

① M. Porter, *Competitive Advantage* (New York:Free Press, 1998).

不同的公司以不同的方式创造价值。因此，在不同的时间和不同的行业，价值链职能中的一个或多个比其他的职能更关键。例如，像生物技术和制药公司罗氏（Roche）这样的公司强调研发和产品与流程的设计。相反，意大利奢侈品公司古驰（Gucci）则关注营销、分销和顾客服务以建立自己的品牌。

图表 1-2 描绘了不同业务职能活动发生的一般顺序。但图表 1-2 并不意味着管理人员在计划和管理其作业时必须严格按价值链的顺序进行。如果价值链上两个或多个业务职能像一个团队那样协同工作，公司将会获益（在成本、质量和新产品开发速度等方面）。例如，一家公司的生产、营销、分销和顾客服务人员共同参与设计决策通常会降低公司的总成本。

管理者会追踪价值链中每项作业产生的成本。他们的目标是减少成本、提高效率，或者投入更多的资金来创造更多的收入。管理会计信息帮助管理者进行成本-效益权衡。例如，是从外部购买产品还是自己制造更便宜？如何在设计和制造方面投入资源以增加收入或减少营销和顾客服务成本？

1.3.2 供应链分析

与生产和运输产品或服务相关的价值链部分（即生产和分销）被称为供应链。**供应链**（supply chain）描述了从最初取得材料和服务到向消费者交货过程中产品、服务和信息的流动，而不论这些流动是发生在一个组织内部还是多个组织之间。以可口可乐和百事为例，许多公司在将其产品送到顾客手中这一过程中发挥着作用，如图表 1-3 中的供应链所示。成本管理要求整合和协调供应链上所有公司的作业，以改善它们的业绩并减少成本。例如，为了减少原料处理成本，可口可乐和百事都要求它们的供应商（如塑料和铝制品公司以及糖料生产商）频繁地将小批量原料直接送往生产车间。类似地，为降低供应链上的存货水平，沃尔玛要求供应商（如可口可乐）直接管理它的存货，以确保仓库里的存货始终保持适量。

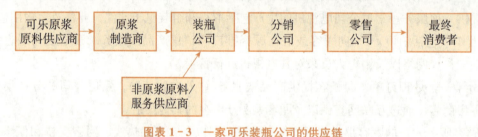

图表 1-3　一家可乐装瓶公司的供应链

1.3.3 关键成功因素

顾客要求公司使用价值链和供应链在下述几个（甚至全部）方面不断改善其表现：

● 成本和效率——公司面临降低产品成本的持续压力。为了计算和管理产品成本，管理者必须首先理解引起成本发生的作业（如组装机器或派送产品），还要调查市场以确定消费者愿意为产品支付的价格。管理会计信息帮助管理者从目标价格中减去公司想要赚取的单位产品营业利润，从而计算得到产品目标成本。为了实现目标成本，管理者去除了某些作业（如返工），并降低价值链职能（从初期的研发到顾客服务）中部分作业的成本（参见"观念实施：开市客成本领先：最低价格与丰厚的利润"）。许多美国公司通过外包部分业务职能来削减成本。例如，耐克公司把它的制造业务转移到了中国和墨西哥，微软和 IBM 正日益增加在西班牙、东欧和印度的软件开发业务。

● 质量——顾客对质量的期望很高。**全面质量管理**（total quality management，TQM）是一种持续改进产品和流程质量的综合管理理念。实施 TQM 的管理者认为价值链上的每个人都有责任提供超过顾客预期的产品和服务。一些公司（如丰田）使用 TQM 设计产品以满足顾客的需要，生产无（或极少）缺陷产品和实现零废品，使存货水平最小化。管理者使用管理会计信息来评估实施 TQM 的成本和收益。

● 时间——时间具有多个维度。其中，两个最重要的维度是新产品开发时间和顾客响应时间。新产品开发时间是公司从开发到推出一件新产品所花费的时间。不断加快的技术创新步伐导致产品生命周期更短和新产品上市速度更快。为了制定新产品开发决策，管理者需要了解将产品更快推向市场的成本和收益。

顾客响应时间描述了一个组织响应消费者需求的速度。为了提高顾客满意度，组织必须确保按时交货，并且缩短交货时间。瓶颈是导致延迟的主要原因。当在机器或计算机上进行的工作超过其可用能力时可能出现瓶颈。为了快速交货或提供服务，管理者需要确保组织有足够的生产能力。例如，在线拍卖巨头易贝（eBay）就对服务器容量进行了投资，以便为顾客提供优质服务。管理会计信息能够帮助管理者量化提高生产能力的成本和收益。

● 创新——持续的产品或服务创新是公司持续成功的基础。许多公司在其战略、商业模式、提供的服务以及营销、销售和分销产品的方式上进行创新。例如，瑞士制药巨头诺华（Novartis）等公司的管理者就依赖管理会计信息来评估不同研发和投资决策的成本和收益。

● 可持续发展——公司正越来越多地使用成本与效率、质量、时间和创新等关键成功因素来促进**可持续发展**（sustainability）——实现长期财务、社会和环境目标的战略制定与实施。例如，日本复印机公司理光（Ricoh）在可持续发展方面的努力包括节约能源、节约资源、产品回收和污染防治。理光公司通过设计易于回收的产品，不仅提升了产品的可持续性，还兼顾了产品的质量与成本控制。

观念实施

开市客成本领先：最低价格与丰厚的利润

几十年来，开市客（Costco）通过以最低价格销售散装商品获得了丰厚的利润。它是怎么做到的？答案就是：专注于成本领先战略。

开市客是全球最大的精选优质牛肉、有机食品和烤鸡销售商，其坚果销量甚至超过了某些知名品牌如绅士（Planters）。其自有品牌柯克兰（Kirkland Signature）销售从饮料到服装的所有商品，每年的收入超过可口可乐。值得注意的是，它在做到这一切的同时，拒绝将产品加价超过 14%（自有品牌产品为 15%）。开市客通过明智地管理成本，以十分低廉的价格提供散装商品。

开市客是一家精益公司。这家仓储零售商在间接费用——销售、一般和管理成本上的支出仅占收入的 10%，相比之下，沃尔玛的这一比例约为 20%。该公司不做广告，店面环境简朴，只提供有限的 3 700 种精选产品，相比之下，沃尔玛超市有 14 万种，亚马逊有 5 亿种。这使得开市客能够与供应商进行讨价还价。此外，开市客的配送系统能够满足其 95% 的货运能力，这在零售业是一个闻所未闻的数字。

这种低价散装商品的成功组合每年让全球 8 000 多万会员感到满意。开市客是全球第三大零售商，仅次于沃尔玛和亚马逊。在 2018 财年，其销售额为 1 380 亿美元。

资料来源：Neal Babler, "The Magic in the Warehouse," *Fortune*, December 15, 2016 (http://fortune. com/costco-wholesale-shopping/); Uptal M. Dholakia, "When Cost-Plus Pricing Is a Good Idea," *Harvard Business Review* online, July 12, 2018 (https://hbr.org/2018/07/when-cost-plus-pricing-is-a-good-idea).

公司对可持续发展的兴趣似乎有所增加。诸如通用电气、波兰泉（Poland Springs）（一家瓶装水生产商）和惠普等公司都将可持续发展融入它们的决策中。由于以下几个原因，可持续发展对这些公司很重要：

● 众多投资者关注可持续发展。这些投资者根据公司的财务、社会和环境绩效来制定投资决策，并且在股东大会上提出有关可持续发展的问题。

● 公司发现，可持续发展目标能够吸引和激励员工。

● 顾客偏好有良好可持续发展记录的公司的产品，抵制有不良可持续发展记录的公司。

● 社会团体和积极的非政府组织监督公司的可持续发展绩效，并且对违反环境保护法的公司采取法律行动。一些国家要求或鼓励公司制订和报告可持续发展计划。

管理会计师帮助管理者追踪公司及其竞争对手的关键成功因素。竞争信息是管理者持续改进经营的一个基准。持续改进的例子包括西南航空公司提高航班正点率，易贝改善顾客对在线拍卖的访问体验，劳氏（Lowe's）持续降低家居装饰产品的成本。有时，更基本的经营变革和创新可能是必要的，如重新设计制造过程以降低成本。为了成功实施战略，公司需要做的不仅是价值链分析、供应链分析和关键成功因素的执行，还包括建立完善的决策制定程序。

1.4　决策制定、计划与控制：五步决策制定程序

我们以《每日新闻》（*Daily News*，位于科罗拉多州博尔德的一家报纸）为例描述五步决策制定程序。本书随后的章节将描述管理者如何使用这种五步决策制定程序制定不同类型的决策。

《每日新闻》采用如下方法将其与竞争对手区分开来：（1）高度尊重那些写出精心调研的新闻报道的记者；（2）使用色彩来增强对读者和广告商的吸引力；（3）建立网站以提供实时更新的新闻、采访和分析。该报纸有下列资源来实现这个战略：自动的、计算机集成的一流印刷设施；基于网络的信息技术基础设施；行业中最好的分销网络。

为了应对不断增加的生产成本，《每日新闻》的管理者内奥米·克劳福德（Naomi Crawford）需要增加公司 2020 年的收入。在思考 2020 年年初应该做什么时，内奥米完成了五步决策制定程序。

1. 确定问题与不确定性。内奥米有两个主要选择：

（1）提高报纸的售价。

（2）增加每页广告的收费。

这些决策将于 2020 年 3 月实施。最大的不确定性是价格或广告费增加对需求的影响。需求的减少可能会抵消价格或广告费的上涨，从而导致总收入更低而非更高。

2. 获取信息。在做决策之前收集信息有助于管理者更好地了解不确定性。内奥米让她的营销经理与读者代表进行交谈，以了解他们对报纸售价上调的反应。她也让广告销售经理与现有和潜在的广告客户进行交谈，以评估广告需求。她也回顾了过去报纸价格上涨对读者的影响。《每日新闻》的管理会计师拉蒙·桑多瓦尔（Ramon Sandoval）提供了有关过去广告费增减对广告收入影响的信息。他还收集和分析了竞争报纸和其他媒体收取的广告费信息。

3. 预测未来。在这些信息的基础上，内奥米对未来进行了预测。她得出的结论是，提高价

格会令读者不安，导致读者人数减少。但对于广告费，她有不同的看法。她预计整个市场的广告费将上涨，因此她相信提高收费标准对销售广告影响不大。

做出预测需要有一定的判断力。她希望找到自己思想上的偏差。她正确判断了读者的情绪吗？或者她的决策过于受价格上涨的负面宣传的影响吗？她有多大把握确信竞争对手会提高广告费？她的这些想法受到了竞争对手过去的反应的影响吗？环境发生变化了吗？她如何确信她的销售代表能够说服广告客户支付更高的费用？她再次测试了自己的假设并重新审视了自己的想法，最终她对自己的预测和判断充满了自信。

4. 选择方案做决策。公司的战略是组织内不同部门的个人制定决策的一个重要指南。一致的战略为这些不同的决策提供了一个共同的目标。只要这些决策与战略一致，组织就能实现自身的目标。如果不一致，公司的决策就不协调，就会将组织引向不同的方向，产生不一致的结果。

与产品差异化战略一致，内奥米决定在 2020 年 3 月将广告收费标准提高 4%，达到每页 5 200 美元，但不提高报纸的售价。她相信，《每日新闻》的独特风格和网络呈现会增加读者量，为广告商创造价值。她向销售部门传达了新的广告费计划。内奥米估计广告收入将达 4 160 000 美元（5 200 美元/页×2020 年 3 月预计售出的 800 页）。

步骤 1 至步骤 4 统称为计划。**计划**（planning）包括选择组织目标和战略，预测达成目标的多种可选方案的结果，决定如何达到预期的目标，向整个组织传达目标以及如何达到目标。在这些计划活动中，管理会计师是业务伙伴，因为他们知道关键成功因素以及什么能够创造价值。

实施战略时最重要的计划工具是预算。**预算**（budget）是管理层拟订的行动计划的数量表示，有助于协调在实施该计划过程中需要完成的工作。2020 年 3 月，《每日新闻》的预算广告收入为 4 160 000 美元。2020 年 3 月的全部预算包括：预算的发行收入和为达到销售目标所需的生产、分销和顾客服务成本，以及预计的现金流和潜在的融资需求。因为多个部门参与预算编制，因此整个组织的人员必须互相协调和沟通，还要与供应商和客户进行协调和沟通。

5. 实施决策、评价业绩与学习。《每日新闻》的管理者采取行动实施 2020 年 3 月的预算。然后，公司的管理会计师收集信息，比较真实业绩与计划或预算的业绩（也称为计分）。这种关于真实结果的信息不同于内奥米和工作人员在第 2 步中收集的预先决策计划信息。预先决策计划信息能够使她更好地理解不确定性、做出预测和决策。实际业绩与预算业绩的比较体现了信息的控制作用或后决策作用。**控制**（control）包括采取行动实施计划决策、评价过去的业绩、提供反馈和学习以帮助制定未来的决策。

实际业绩评价告诉管理者，他们以及他们的下属部门的绩效如何。将报酬与业绩联系起来有助于激励管理者。这些报酬既包括内在的（工作做得好的褒奖），也包括外在的（与业绩挂钩的工资、奖金和晋升）。我们将在第 23 章中详细讨论这一点。预算既是一种计划工具也是一种控制工具。为什么？因为预算是与实际业绩做比较的基准。

以《每日新闻》的业绩评价为例。2020 年 3 月，该报纸出售了广告位、开具了发票并收到了相应的款项。会计系统记录了这些发票和收据。图表 1-4 显示了 2020 年 3 月《每日新闻》的广告收入。这份业绩报告显示，已售出广告页数 760 页（比预算的 800 页少 40 页）。每页平均收费 5 080 美元，而预算是每页 5 200 美元。因此，实际广告收入是 3 860 800 美元，比预算的 4 160 000 美元少了 299 200 美元。我们可以观察管理者如何使用财务和非财务信息（如销售的广告页数）来评价业绩。

图表 1-4　2020 年 3 月《每日新闻》的广告收入业绩报告

	实际结果 (1)	预算数 (2)	差异： (实际结果－预算数) (3)=(1)-(2)	差异占预算数的 百分比 (4)=(3)÷(2)
销售的广告页数	760	800	40　不利差异	5.0%　不利差异
每页平均收费	$5 080	$5 200	$120　不利差异	2.3%　不利差异
广告收入	$3 860 800	$4 160 000	$299 200　不利差异	7.2%　不利差异

　　图表 1-4 所示的业绩报告将引发调查和学习。**学习**（learning）包括检验过去业绩（控制功能）和系统研究未来制订信息充分的决策和计划的其他方法。学习可能导致目标、战略、决策备选方案确认方式以及做预测时收集的信息范围发生变化，有时还导致管理者发生变化。

　　图表 1-4 中的业绩报告将促使管理会计师提出几个问题，将管理者的注意力引导到问题与机会上。例如，将《每日新闻》与其他报纸区分开的战略是否吸引了更多读者？营销与销售部门是否足够努力地去说服广告商，即使每页收费 5 200 美元，在《每日新闻》上做广告仍是值得的？为什么实际的每页收费（5 080 美元）比预算（5 200 美元）的少？是不是某些销售代表打了折扣？经济环境是否对消费收入下降有影响？是编辑和生产标准下降导致收入下降吗？是更多的读者在网上获取新闻吗？

　　对这些问题的回答将促使报纸的出版商采取后续行动，如增加销售人员、改变编辑政策、增加在线和在移动设备上的呈现、让读者为在线内容付费以及销售数字广告位。良好的实施需要营销、编辑和生产部门一起工作，协调行动。

　　管理会计师能够进一步确认在广告费上涨后减少或停止投放广告的广告客户详情。然后，管理者可以决定销售代表何时以及怎样与这些广告客户联系。

　　计划和控制活动必须有足够的弹性，以便管理者能抓住在制订计划时未预见到的机会。在任何情况下，控制并不意味着管理者在事件（如耸人听闻的新闻事件）表明未包括在计划里的行动（如花更多的钱来报道这个事件）能为公司带来更好的结果（如更多的报纸销量）时，仍恪守计划而不进行变通。

　　图表 1-5 的左边是《每日新闻》决策制定程序的全貌，右边重点说明了管理会计系统如何帮助制定决策。

　　创新和可持续发展的计划和控制活动变得更具挑战性。以《每日新闻》为例，考虑它如何在越来越多的读者转而从网络上获取新闻的背景下进行创新，并应用五步决策制定程序。在步骤 1 中，不确定性要大得多。会有对报纸的需求吗？客户会通过《每日新闻》或其他渠道获取信息吗？在步骤 2 中，获取信息更加困难，因为管理者几乎没有可以放心使用的历史信息。相反，管理者必须在不同的数据之间建立联系，进行实验，与不同的专家接触，并推测环境可能如何演变。在步骤 3 中，预测未来需要开发不同的场景和模型。在步骤 4 中，管理者应认识到条件可能会以意想不到的方式发生变化，这要求他们具有灵活性和适应性，从而做出决策。在步骤 5 中，学习部分至关重要。不确定性是如何演变的？管理者需要做什么来应对变化的环境？

　　可持续发展的计划和控制同样具有挑战性。《每日新闻》应该如何处理印刷机的能源消耗、新闻纸的回收和污染防治？管理者面临的不确定性是，客户是否会因为这些行动而对《每日新闻》更加忠诚，以及投资者是否会对管理者将资源用于可持续发展做出有利回应。判断客户和投资者情绪的信息并不容易获得。从长远来看，预测可持续发展努力会产生怎样的回报还远不

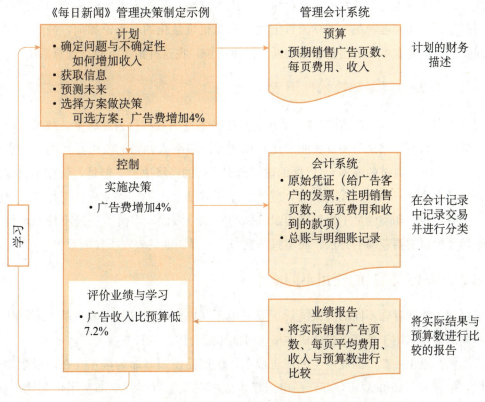

图表 1-5　会计如何帮助《每日新闻》制定决策、计划和控制

能确定。即使在管理者做出决策的同时，可持续发展的形势无疑也会随着环境法规和社会期望的变化而变化，这要求管理者不断学习和适应。

创新和可持续发展计划和控制系统实施的挑战意味着系统不应被用于这些行动吗？答案是否定的。许多公司重视这些系统，并用其来管理创新和可持续发展。但是，为了应对前述挑战，强生等公司以不同的方式使用这些系统——获取关键战略不确定性的信息，在考虑环境可能会发生变化的情况下执行计划，并评估绩效以进行学习。

1.5　关键的管理会计指导原则

有三个重要的指导原则可以帮助管理会计师在战略和经营决策中为企业增加价值：（1）采用成本-效益方法；（2）全面重视行为性因素和技术性因素；（3）基于不同目的使用不同成本。

1.5.1　成本-效益方法

管理者不断面对分配资源的决策，如是否购买一个新的软件包或者雇用一名新员工。他们在做这些决策时会使用**成本-效益方法**（cost-benefit approach）。如果某项资源给公司带来的预期收益（或效益）超过预期成本，管理者就应该消耗这项资源。管理者依靠管理会计信息来量化预期收益与预期成本（虽然预期收益与预期成本不容易量化）。

以一家咨询公司首次建立预算系统为例。在此之前，该公司主要依赖历史记录进行决策，而很少用到正式的计划。建立一套预算系统的一个主要好处是，它能够迫使管理者提前制订计划，比较实际业绩与预算信息，并且采取正确行动。虽然这套系统能带来更好的决策，从而提升公司业绩，但是具体的好处并不容易计量。在成本方面，某些成本如软件与培训投资很容易量化，而其他成本如管理者花在预算流程上的时间是很难量化的。无论如何，高级管理者仍会对比预期收益与预期成本，运用自己的判断来做出决策，在这种情况下建立预算系统。

1.5.2　行为性因素和技术性因素

在使用成本-效益方法时，管理者需要牢记一些技术性因素和行为性因素。技术性因素以一种适当的形式（如实际结果与预算数的对比）和要求的频率（如每周或每月）向管理者提供所需的信息（如多种价值链的成本），以帮助他们制定明智的经济决策。但是，管理不仅仅是技术性问题。管理主要是一项涉及人的活动，应该关注于鼓励个人更好地完成其工作。预算具有行为效应，它通过激励和奖励员工来促进组织目标的实现。因此，当员工表现不佳时，行为性因素建议管理者探索改善业绩的方法，而不只是发布一份强调他们表现不佳的报告。

1.5.3　基于不同目的使用不同成本

本书强调，管理者在不同的决策情景下应采用不同方法计算成本，因为基于不同的目的需要使用不同的成本。用于外部报告的成本概念可能不适合内部的日常报告。

考虑微软为推出一款产品而发生的广告成本，该产品使用寿命为数年。在向股东提供的外部报告中，根据 GAAP 的要求，新产品电视广告成本在发生当年就全部费用化并计入利润表。但是，如果微软的管理团队认为资本化能更准确、更公平地反映发布新产品的管理者的业绩，那么可以将电视广告成本资本化，并在随后几年内进行摊销或作为费用冲销。

1.6　组织结构与管理会计师

管理者和管理会计师在公司的组织结构中有各自的角色和报告责任。我们首先关注宽泛的管理功能，然后讨论管理会计和财务功能如何为管理者提供支持。

1.6.1　直线部门和参谋部门的关系

在组织结构中，我们会区分直线管理和参谋管理。**直线管理**（line management），如生产、营销和分销管理，直接对实现组织目标负责。例如，生产部门经理需要对达到特定水平的预算营业成本、产品质量和安全以及遵守环境保护法负责。同样，医院的儿科部门也需要对服务质量、成本和病人的账单负责。**参谋管理**（staff management）向直线管理提供建议、支持和协助，如管理会计、信息技术和人力资源管理。一位车间经理（直线职能）可能负责购买新设备。而一位管理会计师（参谋职能）则是作为车间经理的业务伙伴，为他进行不同设备运营成本的详尽比较。组织以直线和参谋管理者团队的形式运作，这样可以同时获得所有的决策信息。

1.6.2　首席财务官和主计长

首席财务官（CFO）在许多国家也称为**财务主管**（finance director），是负责监督一个组织财务运营的高级主管人员。CFO 的职责随组织而异，但通常包括如下方面：

- 主计——为提交给管理人员和股东的报告提供财务信息，监督会计系统的整体运行。

- 税务——筹划所得税、销售税和国际税务。
- 财务——监督银行业务、长短期融资、投资和现金管理。
- 风险管理——管理由利率、汇率变动引起的财务风险，以及进行衍生工具管理。
- 投资者关系——与投资者沟通，给投资者答复，与投资者互动。
- 战略规划——制定战略并分配资源以实施战略。

独立的内部审计职能包括审核、分析财务和其他记录，以验证组织财务报告的完整性及对组织政策和程序的遵守。

主计长（controller）（也称首席会计官）是主要负责管理会计和财务会计的财务经理。本书着重介绍主计长作为首席管理会计经理的职责。现代主计长在其自己的部门外不行使任何直线权力。但是，现代主计长以一种特别的方式对整个组织实施控制。主计长通过报告和解释相关数据来影响所有员工的行为，并且帮助直线管理者制定更好的决策。

图表 1-6 是耐克这家领先的鞋类与服装公司的 CFO 和公司主计长的报告关系图。CFO是一个参谋管理人员，向首席执行官（CEO）报告，并支持 CEO 的决策。像大多数组织一样，耐克的主计长向 CFO 报告。耐克公司在其运营的主要地理区域（如美国、亚太、拉丁美洲和欧洲）也设有支持区域经理的区域主计长。因为他们支持区域经理的活动（如通过管理预算和分析成本），所以区域主计长向区域经理而不是公司主计长报告。同时，为了使整个组织的会计政策和实务保持一致，区域主计长对公司主计长负有职能性（通常称为虚线）责任。有时，个别国家还会设有一个国家主计长。

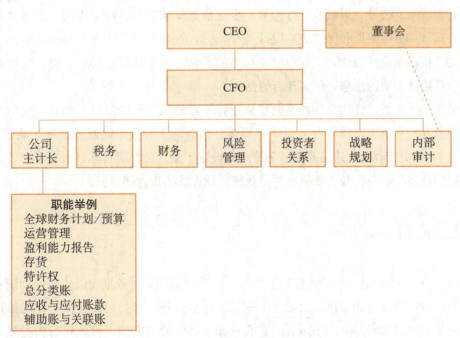

图表 1-6　耐克：CFO 与公司主计长的报告关系

如图表 1-6 所示的组织结构显示了正式的报告关系。在大多数组织中，还存在非正式的关系，这是管理者打算执行决策时必须认识到的。非正式关系的示例包括管理者间的朋友关系（既是职业的也是私人的朋友关系），以及高层管理人员对其决策时依靠的管理者的个人偏好。

考虑管理者如何设计和实施战略以及组织结构，然后思考管理会计师和主计长的角色。不言而喻，成功的管理会计师必须具备技术和分析能力，还有行为和人际技能。

1.6.3 超越数字的管理会计[①]

对外行人来说，会计师就好像"数字人"。确实，大多数会计师都是业务熟练的财务经理，但他们的技能并不止于此。成功的管理会计师拥有一些技能和特点，远远超出了基本的分析能力。

管理会计师必须在跨职能团队中工作，并且被视作业务伙伴。除了技术上胜任以外，最好的管理会计师应在团队中工作，了解经营问题，理解不同个人的动机，尊重成员的观点，并表现出热情与信任。

管理会计师必须提倡基于事实的分析，做出实际的关键判断。管理会计师必须提出一些尖锐的问题供管理者思考，特别是在编制预算时。他们细心地做这些事情，意在改进计划和决策。例如，在投资银行摩根大通因"异国的"金融投资（信用违约互换）损失 60 多亿美元之前，主计长应该对这些风险投资提出疑问，并且质疑公司将赚取大量利润押注于国外经济环境改善的策略。

他们必须领导和激励员工进行改变与创新。即使新想法是好的，实施起来也很困难。当美国国防部（DoD）将 320 多个财务与会计系统合并到一个公共平台时，会计服务部门的主任和他的管理会计师团队举行了一系列会议，以确保机构中的每个人都理解了这个变化的目标。最终，美国国防部将每个人的业绩与这一变革挂钩，并且引入激励薪酬以鼓励员工采用这个平台，在这个新的框架内推动创新。

他们必须清晰、公开、坦诚地进行沟通。传递信息是管理会计师工作的一个重要部分。当高档轿车公司（如劳斯莱斯和保时捷）设计新车型时，管理会计师和工程师密切合作，确保每辆新车都支持精心确定的商业、工程和财务标准的平衡。为了取得成功，管理会计师必须清楚地传达多学科团队需要的信息，以实现新的创新。

他们必须高度正直。管理会计师不能屈从于管理者的压力而操纵财务信息。他们的首要承诺是对组织及其股东负责。2015 年，日本半导体、消费电子和核电站制造商东芝减记了过去 7 年被夸大的 19 亿美元收益。这一问题源于管理者设定了激进的利润目标，如果下属不通过低估成本、推迟确认损失和夸大收入来提高部门业绩，就无法实现这些目标。

1.7 职业道德

在 21 世纪初，当投资者和政府监管机构发现几家公司伪造财务报表以使公司利润看起来比实际利润更高时，管理者的道德行为受到了审查。包括公共会计公司安达信、住房抵押贷款公司国家金融公司（Countrywide Financial）、石油和天然气公司安然、投资银行雷曼兄弟、日本企业集团东芝和伯尼·麦道夫投资证券公司（Bernie Madoff Investment Securities）在内的这些

---

① United States Senate Permanent Subcommittee on Investigations. *JP Morgan Chase Whale Trades：A Case History of Derivatives Risks and Abuses*. Washington，DC：Government Printing Office，March 15，2013；Wendy Garling，"Winning the Transformation Battle at the Defense Finance and Accounting Service，" Balanced Scorecard Report，May-June 2007；Bill Nixon，John Burns，and Mostafa Jazayeri，*The Role of Management Accounting in New Product Design and Development Decisions*，Volume 9，Issue 1. London：Chartered Institute of Management Accountants，November 2011；and Eric Pfanner and Magumi Fujikawa，"Toshiba Slashes Earnings for Past Seven Years，" *The Wall Street Journal*（September 7，2015）.

公司严重侵蚀了公众对公司的信心。因此,公司的所有员工必须满足组织的——更宽泛地讲,是社会的——道德准则期望。

道德是运转良好的经济的基础。当道德意识薄弱时,供应商可能通过贿赂高管而不是投资于提高质量和降低成本来获得供应合同。没有道德行为,顾客对产品的质量就没有信心,他们就不愿意购买,从而导致市场衰退。因为向供应商支付的价格更高,生产和销售的产品更少,会导致产品价格上涨。投资者无法确定财务报告的真实性,这会影响他们评估投资决策的能力,导致他们不愿意投资。跨国超市运营商阿霍德公司(Ahold)、全球性的多元化制造公司泰科国际(Tyco International)的丑闻都清楚地表明,企业的价值会被不道德的行为快速摧毁。

1.7.1 机构支持

会计师承担着特别的道德责任,因为他们要保证对内、对外提供的财务信息的公正性。为了应对一系列公司丑闻,美国于 2002 年通过了《萨班斯-奥克斯利法案》。该法案强调改进内部控制、公司治理、监督管理者以及公众公司的披露惯例。该法案对不能达到标准的管理者和会计师设定了严格的道德标准和刑事处罚规定,也为员工报告违法和不道德行为(这些职员被称为揭发者)提供了一个流程。

作为《萨班斯-奥克斯利法案》要求的一部分,CEO 和 CFO 必须证明公司的财务报告公允地反映了它们的经营成果。为了保障审计师的独立性,法案授权由公司董事会下设的审计委员会(全部由独立董事组成)负责雇用、补偿、解聘为公司提供审计服务的公共会计师事务所。为了减少对单个客户的财务依赖,增强独立性,法案限制审计公司向审计客户提供咨询、税务和其他咨询服务。法案也授权上市公司会计监督委员会(Public Company Accounting Oversight Board)监督、复查和调查审计师的工作。

在许多国家,代表管理会计师的职业会计组织提供认证程序,以表明完成认证程序的人具有管理会计和财务管理的专业技术知识和专长。这些组织也提倡高道德标准。在美国,管理会计师协会(Institute of Management Accountants,IMA)也发布了道德准则。图表 1-7 展示了 IMA 在能力、保密、正直和可信等问题上的指导原则。为了给成员提供支持,使他们在任何时刻都坚守道德底线,IMA 提供了道德热线服务。成员们可以拨打电话与 IMA 道德咨询服务处的专业顾问讨论其面临的道德困境。顾问会帮助确认关键的道德问题,并提供可行的解决方法。IMA 只是帮助管理会计师顺利穿越道德激流的众多机构中的一个。

1.7.2 典型的道德挑战

管理会计师在很多方面会面临道德问题。这里有两个案例:

● **案例 A:**一位管理会计师正在评估一种软件产品的商业潜能。基于内部报告的目的,该软件的开发成本被资本化为一项资产而不是作为一项费用。部门经理的部分奖金与部门利润挂钩。部门经理认为开发成本作为一项资产是合理的,因为新产品会创造利润。但是他无法提供支持自己观点的证据。该部门最近推出的两种产品并未取得成功。这位管理会计师希望在做出正确决策的同时,避免与上级部门经理发生个人冲突。(这个案例与东芝公司的情况类似,该公司的高级管理人员设定了激进的部门目标,而部门会计则通过夸大部门利润来实现这些目标。)

图表 1-7　管理会计和财务管理从业人员职业道德行为标准

职业道德守则公告

管理会计师协会成员的行为应该符合职业道德守则要求。职业道德守则包括表达我们的价值观的重要原则和指导成员行为的准则。

原则

管理会计师协会的首要道德原则包括：诚实、公正、客观和责任。成员应该按这些原则行事，同时鼓励组织中的其他人遵守这些原则。

准则

管理会计师协会成员有责任遵守和维护能力、保密、正直和可信准则。不遵守准则可能会遭受惩戒。

一、能力

1. 通过增加知识和技能来保持适当水平的职业领导力和专业知识。

2. 按照相关法律、法规和技术标准履行其职责。

3. 提供准确、清晰、简洁、及时的决策支持信息和建议；识别并帮助管理风险。

二、保密

1. 除非法律要求或经授权，否则禁止披露在工作中获取的机密信息。

2. 告知所有相关方正确使用保密信息，并且监督以确保得到遵守。

3. 禁止使用保密信息获取不道德的或非法的利益。

三、正直

1. 减少实际利益冲突，定期与业务合作伙伴沟通，避免显而易见的利润冲突，并告知各方任何潜在的利益冲突。

2. 禁止从事各种可能会妨害其以道德方式履行职责的活动。

3. 禁止从事或支持各种有损本职业声誉的活动。

4. 营造积极的道德文化氛围，将职业诚信置于个人利益之上。

四、可信

1. 公正和客观地传达信息。

2. 提供所有能合理预见会影响使用者理解报告、分析和建议的相关信息。

3. 根据组织政策和适用法律，报告信息、时间、流程或内部控制方面的延迟或不足。

4. 沟通妨碍可靠判断或成功开展活动的专业限制或其他约束。

资料来源：IMA *Statement of Ethical Professional Practice*，2017. Montvale, NJ：Institute of Management Accountants. Reprinted with permission from the Institute of Management Accountants, Montvale, NJ, www. imanet. org.

● **案例 B：**一位包装供应商正在竞标一份新合同。他邀请采购公司的管理会计师免费看周末的超级碗（Super Bowl）比赛。在邀请时，供应商未提及新合同的事宜。这位会计师不是供应商的私人朋友。他知道成本问题是签署这个新合同的关键，他担心供应商会向他询问竞争对手的报价细节。

在上述案例中，会计师都面临道德困境。道德问题并不总是一目了然的。案例 A 涉及能力、可信和正直。管理会计师应该要求该部门经理提供可靠证据来证明新产品在商业上是可行的。如果他不能提供这样的证据，那么将开发成本在当期费用化是适当的做法。

案例 B 涉及保密和正直。案例 B 中的供应商可能无意询问竞争对手的投标问题。但对许多公司来说，案例 B 中利益冲突的出现足以让许多公司禁止员工接受来自供应商的"好处"。

图表 1-8 显示了 IMA 关于"解决道德问题"的指导原则。例如，如果案例 A 中的部门管理会计师对部门经理关于产品商业可行性的回应不满意，他应与公司主计长讨论该问题。案例 B 中的会计师应与其直接上司讨论邀请事宜。如果同意接受邀请，那么会计师应该通知供应商，邀请是在遵守公司政策（包括不透露公司机密信息）的情况下正式获准的。

全球大多数职业会计组织都发布了有关职业道德的公告。这些公告包括图表 1-7 和图表 1-8 中 IMA 提及的许多问题。例如，英国特许管理会计师公会（Chartered Institute of Management Accountants）倡导的五项道德原则就与图表 1-7 中的原则类似，它们分别是职业能力和应有的谨慎、保密、正直、客观和职业行为。

图表 1-8　解决道德问题

在应用职业道德行为标准时，成员可能会遇到不道德的问题或行为。在此情况下，成员不应忽视它们，而应积极寻求问题的解决方案。在决定采取哪些步骤时，成员应考虑所涉及的所有风险，以及是否存在防止报复的保护措施。

当遇到不道德问题时，成员应遵守组织制定的政策，包括使用匿名报告系统（如果该系统可用）。

如果组织没有制定政策，成员应考虑以下行动方案：

● 解决过程可包括与成员的直接上司进行讨论。如果上司可能牵涉其中，则可将问题提交给更高一级管理层。

● IMA 提供了匿名帮助热线，成员可致电询问如何将 IMA 职业道德守则公告的关键要素应用于道德问题。

● 成员应考虑咨询自己的律师，以了解与该问题有关的任何法律义务、权利和风险。

如果问题无法得到妥善解决，成员可考虑退出该组织。

资料来源：*IMA Statement of Ethical Professional Practice*，2017. Montvale, NJ: Institute of Management Accountants. Reprinted with permission from the Institute of Management Accountants, Montvale, NJ, www. imanet. org.

自测题

金宝汤公司发生了如下成本：

1. 罐装车间为生产西红柿汤购入的西红柿的成本。

2. 重新设计 Pepperidge Farm 饼干容器以延长饼干的保鲜时间而购入的材料成本。

3. 支付给广告代理商 Backer，Spielvogel，& Bates 的广告费，其为公司在"健康须知"栏目代理发行广告。

4. 支付给食品技术专家的工资，他们正在研究热量最低的比萨饼调料 Prego。

5. 支付给西夫韦（Safeway）的兑换金宝汤产品优惠券的费用。

6. 顾客免费查询金宝汤产品产生的通话成本。

7. 早餐食品 Swanson Fiesta 生产线工人的手套成本。

8. 为大超市派送 Pepperidge Farm 饼干的送货人员的手提笔记本电脑成本。

要求：

按照图表 1-2 所示的价值链，把事项（1~8）按业务职能进行分类。

解答：

1. 生产。

2. 产品和流程设计。

3. 营销。

4. 研发。

5. 营销。

6. 顾客服务。

7. 生产。

8. 分销。

决策要点

下面的问答形式是对本章学习目标的总结，"决策"代表与学习目标相关的关键问题，"指南"则是对该问题的回答。

决策	指南
1. 财务会计与管理会计有什么不同？	财务会计是按照 GAAP 把过去的财务业绩编制成报告，以供外部用户使用。管理会计用于提供面向未来的信息，以帮助管理者（内部用户）制定决策，并实现组织的目标。
2. 管理会计师如何支持战略决策？	管理会计师通过提供有关竞争优势来源的信息，为战略决策做出贡献。
3. 公司如何增加价值？顾客期望的公司业绩维度是什么？	公司通过研发、产品和流程设计、生产、营销、分销以及顾客服务来增加价值。顾客希望公司通过成本和效率、质量、时间和创新来实现业绩。
4. 管理者如何制定决策来实施战略？	管理者通过五步决策制定程序来实施战略：（1）确定问题与不确定性；（2）获取信息；（3）预测未来；（4）选择方案做决策；（5）实施决策、评价业绩与学习。前四步是计划决策，包括确立组织目标，预测在不同的实现目标的方案下能取得的结果，以及决定如何实现预定目标。第五步是控制决策，包括采取行动实施计划决策、评价过去的业绩、提供反馈和学习以帮助制定未来的决策。
5. 管理会计师遵循哪些指导原则？	有三个指导原则帮助管理会计师为企业增加价值：（1）采用成本-效益方法；（2）全面重视行为性因素和技术性因素；（3）基于不同目的使用不同成本。
6. 管理会计职能如何整合在组织结构中？	管理会计是公司主计长的职能之一。在大多数组织中，公司主计长向 CFO 报告工作，而后者是最高管理团队中的一名关键成员。
7. 管理会计师的职业道德责任是什么？	管理会计师的职业道德责任涉及能力、保密、正直和可信等。

⑪ 习 题*

1-17 价值链和成本分类，电脑公司。戴尔公司发生了如下成本：

（1）组装 Latitude 系列产品的工厂的水电成本。

（2）将 Latitude 系列产品运送到零售连锁店的分销成本。

（3）支付给 David Newbury 设计公司用于设计 XPS 二合一笔记本电脑的成本。

（4）研制下一代服务器的计算机专家的工资。

（5）戴尔员工拜访主要客户来展示戴尔产品的成本。

（6）购买竞争对手的产品与戴尔潜在产品进行对比测试的费用。

（7）支付给商业杂志刊登戴尔产品广告的费用。

（8）从外部供应商处购买的与戴尔打印机一起使用的墨盒的成本。

要求：

把上述成本项目按图表 1-2 所示价值链的业务职能进行分类。

1-20 关键成功因素。Vortex 咨询公司发布了一份报告，建议其最新的高科技制造客户 Precision 仪器公司进行变革。Precision 仪器公司目前只生产一种产品——手术机器人，并在国际市场上销售和分销。该报告包含以下提升企业绩效的建议：

（1）开发一种更先进的切割工具，以领先竞争对手。

（2）采用全面质量管理理念，将浪费和缺陷减少到接近零。

---

* 鉴于原书篇幅较大，中译本习题有所删减，习题序号保持不变。——译者

（3）将交货周期（从顾客订购产品到顾客收到产品的时间）缩短 20%，以提高客户保留率。

（4）重新设计机器人，使其能耗减少 25%，这是 Vortex 咨询公司社会责任目标的一部分。

（5）将公司的毛利率百分比与主要竞争对手进行比较。

要求：

将每个变化与对管理者来说非常重要的关键成功因素联系起来。

1-22　计划和控制决策。Gregor 公司生产并销售扫帚和拖把，它采取了如下行动（不一定按下面的顺序）。对于每一个行动（如下（1）～（5）），说明它是计划决策还是控制决策。

（1）Gregor 公司要求其广告团队开发新的广告策略来推销其最新产品。

（2）在推出最新产品后，Gregor 公司计算了客户满意度的得分。

（3）Gregor 公司将新产品生产的实际成本与预算成本进行比较。

（4）Gregor 公司的设计团队研发了一种新产品，并与 Swiffer 公司直接竞争。

（5）Gregor 公司预计下一年第一季度销售 30 000 单位新产品将发生的成本。

1-24　五步决策制定程序，制造。Yukon 食品公司生产甜点，并通过杂货店进行销售。经典的产品包括冰激凌三明治、圣代杯和冷冻酸奶棒。Yukon 食品公司的管理者最近提议增加无糖水果棒的生产。他们采取了如下行动，以帮助确定是否建设该生产线。

（1）Yukon 食品公司的实验厨房为重点消费人群准备了一些可能的食谱。

（2）为新产品重新调试机器的费用被列入预算。

（3）公司决定生产一个新的无糖水果棒系列。

（4）管理者将生产无糖水果棒的实际人工成本与预算成本进行比较。

（5）销售经理估计新水果棒的销售会使公司的冰激凌三明治的销售减少多少。

（6）管理者讨论生产无糖水果棒系列的可行性。

（7）为了帮助决定是否引进无糖水果棒，公司研究了竞争产品的价格和质量。

要求：

将每个行动归入五步决策制定程序（确定问题与不确定性；获取信息；预测未来；选择方案做决策；实施决策、评价业绩与学习）中的一步。以上行动不是按实施顺序列示的。

1-26　职业道德和报告部门业绩。玛丽亚·门德斯担任 Hestor 鞋业公司的部门主计长，詹姆斯·多尔顿是部门经理。门德斯对多尔顿负有直线责任，但她也对公司主计长负有参谋责任。

为了实现部门年度预算收入，多尔顿面临着很大的压力。他已经要求门德斯在 12 月 31 日将 200 000 美元的收入入账。顾客订单已经确定，但是鞋子还在生产过程中。它们预计会在次年 1 月 4 日左右发货。多尔顿对门德斯说："最重要的是得到销售订单而不是运输鞋子。你应该支持我，而不是妨碍我完成部门目标。"

（1）描述门德斯的道德责任。

（2）如果多尔顿直接命令门德斯将收入入账，门德斯应该怎么办？

第 **2** 章

成本术语及其用途

学习目标

1. 定义并举例说明成本对象
2. 区分直接成本和间接成本
3. 解释变动成本和固定成本
4. 谨慎解释单位成本
5. 区分存货性成本和期间成本
6. 描述存货性成本流和期间成本流
7. 解释为什么要基于不同目的使用不同的产品成本计算法
8. 描述成本会计和成本管理的框架

"成本"这个词对你意味着什么?

成本是你为获取某种有价值的东西(如手机)付出的价格吗?是现金流出(如每月租金)?是影响盈利能力的某种因素(如工资)?实际上,组织(与个人一样)也需要处理不同类型的成本。组织付出了成本以创造收入。然而,在困难时期,收入下降,公司可能发现其不能足够快地削减成本,从而陷入破产的境地。服装连锁公司 Aéropostale 就是这样的例子。

引例   高固定成本使 Aéropostale 公司破产

2015 年,青少年服装连锁公司 Aéropostale 宣布申请破产。其高昂的固定成本(不随连帽衫和 T 恤衫的销量下降而减少的成本)使公司陷入了困境。

在 20 世纪 90 年代和 21 世纪初,Aéropostale 见证了以其标识为中心的服装成为商场里的"标配",也是在那里购物的青少年的最爱。在此期间,公司迅速成长,在全球拥有 800 多家门店。然而,这种扩张也让公司背负了巨额债务。2016 年,随着商场客流量骤减,以及来自 H&M、Forever 21、Zara 等快时尚零售商的竞争，公司在销售额下降、固定营业成本（如长期租赁、工资）高昂以及偿债的重压下走向了崩溃。在宣布破产后，Aéropostale 迅速关闭了数百家门店，并开始以更多无标识商品为特色，试图与 Abercrombie & Fitch 和 American Eagle 等竞争对手区别开来。

资料来源：Daphne Howland，"How Aéropostale Crashed and Burned—And What's Next," *Retail Dive*，June 6, 2016（https://www.retaildive.com/news/how-aeropostale-crashed-and-burnedand-whats-next/420071/）；Phil Wahba，"Aéropostale Won't Go Out of Business After All," *Fortune*，September 13, 2016（http://fortune.com/2016/09/13/aeropostale-bankrupcty/）；Riley Griffin，"Move Over Millennials, It's Gen Z's Turn to Kill Industries," *Bloomberg*，August 7, 2018（https://www.bloomberg.com/news/articles/2018-08-07/move-over-millennials-it-s-gen-z-s-turn-to-kill-industries）.

正如 Aéropostale 的案例所表明的那样，管理者必须关注公司的成本，并对其进行严格管理。各种各样的组织，如联合劝募协会（United Way）、梅奥诊所（Mayo Clinic）和索尼，都会生成包含各种成本概念和术语的报告，管理者需要理解这些概念和术语以有效地经营他们的企业。本章将讨论成本概念和术语，它们是用于内部和外部报告的会计信息的基础。

2.1 成本与成本术语

成本（cost）是为达到某一特定目的而耗用或放弃的资源（如劳动）的货币价值。成本通常以获取消耗的资源所必须支付的金额来衡量。**实际成本**（actual cost）是已发生的成本（历史成本或过去成本），它与预算成本有区别，**预算成本**（budgeted cost）是一种预计或预测的成本（未来成本）。

当你在考虑成本时，会不可避免地想到为某个特定事物确定货币价值。我们把这个"事物"叫作**成本对象**（cost object），它是需要计量其成本的任何事物。假设你是加利福尼亚州弗里蒙特特斯拉汽车制造工厂（简称特斯拉工厂）的一位管理者。你能识别出对你来说非常重要的某些成本对象吗？现在看图表 2-1。

图表 2-1 特斯拉公司成本对象示例

成本对象	描述
产品	一辆特斯拉 Model 3 汽车
服务	为特斯拉商店和展厅提供信息和帮助的热线电话
项目	特斯拉电动卡车研发项目
顾客	正在该市建立一支大型电动出租车车队的迪拜道路和运输管理局（RTA）
作业	装配生产机器或维修生产设备
部门	工人健康和安全部门

你将看到，特斯拉的管理者不仅想知道不同产品（如 Model 3）的成本，还想知道服务、项目、顾客、作业和部门的成本。管理者运用他们的成本知识来指导如产品创新、质量控制和顾客服务等决策。

现在考虑特斯拉公司的管理者是否想知道一个成本对象的预算成本或实际成本。在做决策时，管理者往往需要了解这两种类型的成本。例如，通过将预算成本与实际成本进行比较，管理者可以评估他们在控制成本方面的工作表现，并了解如何才能在未来做得更好。

一套成本系统如何决定不同成本对象的成本呢？通常有两个步骤：归集，分派。**成本归集**（cost accumulation）是通过会计系统以有组织的方式进行成本数据的收集。例如，在弗里蒙特汽车工厂，特斯拉公司分门别类地收集（归集）不同类型材料的成本、不同类别的人工成本、监督成本等。然后，把归集的成本分派给指定的成本对象，如特斯拉公司在特斯拉工厂生产的不同类型的电动汽车。特斯拉公司的管理者以两种主要方式使用这种成本信息：（1）制定决策，例如，如何为不同类型的汽车定价或在研发和营销上投入多少。（2）实施决策，例如，奖励员工以激励他们降低成本。

既然我们知道管理会计师分派成本是有用的，我们就把注意力转向一些概念，这将有助于我们更有效地分派成本。再考虑一下我们刚才讨论的不同类型的成本：材料、人工与监督。你可能在想，有些成本（如材料成本）比其他成本（如监督成本）更容易分派给成本对象。你将会看到，确实如此。

2.2 直接成本与间接成本

成本分为直接成本和间接成本。管理会计师使用多种方法将成本分派给成本对象。

● **成本对象的直接成本**（direct costs of a cost object）与某个特定成本对象相联系，并能轻易且明确地追溯到该成本对象。比如，钢铁或轮胎成本是特斯拉 Model 3 的直接成本。钢铁或轮胎成本能轻易地追溯到特斯拉 Model 3 上。当特斯拉 Model 3 生产线上的工人要求仓库发料时，材料调拨单上会记录供应给 Model 3 的材料成本。同样，工人在工时卡片上记录他们花在 Model 3 上的工作时间。这样，人工成本能轻易地追溯到 Model 3 上，这是直接成本的另一个例子。**成本追溯**（cost tracing）这一术语用来描述将直接成本分派给特定成本对象的过程。

● **成本对象的间接成本**（indirect costs of a cost object）与某个特定成本对象相联系，但不能轻易且明确地追溯到该成本对象。比如，在特斯拉工厂监督不同型号汽车生产的工厂管理人员（包括工厂经理）的工资是 Model 3 的间接成本。因为工厂管理对 Model 3 的生产是必要的，因此工厂管理成本与成本对象（Model 3）相关。然而，因为工厂管理人员也监督其他产品（如 Model X）的生产，因此，工厂管理成本是间接成本。与钢铁或轮胎成本不同，Model 3 生产线上的监督员对工厂管理服务没有特别要求，因此不能轻易且明确地将工厂管理成本追溯到 Model 3 生产线。**成本分配**（cost allocation）这一术语用来描述将间接成本分派到特定成本对象的过程。

成本分派（cost assignment）是一般用语，包括两方面：（1）将直接成本追溯到成本对象；（2）将间接成本分配到成本对象。图表 2-2 以特斯拉 Model 3 为例，描述了直接成本和间接成本以及成本分派的两种形式——成本追溯与成本分配。

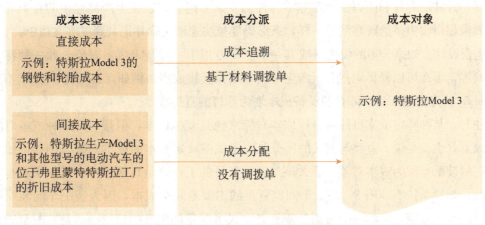

图表2-2 将成本分派至成本对象

2.2.1 成本分配面临的挑战

管理者希望将成本准确地分派给成本对象，因为不准确的产品成本会误导管理者，使他们无法清晰了解不同产品的盈利能力。例如，这可能会导致管理者在不知不觉中推广低利润产品，而忽视了更有利可图的产品。

管理者对成本对象的直接成本（如 Model 3 的钢铁和轮胎成本）的准确性更有把握，因为这些成本能被轻易地追溯至成本对象。间接成本则不同。某些间接成本可以合理且准确地分配给成本对象，但有些则很难做到。

以特斯拉工厂的折旧成本为例。这种成本是 Model 3 的间接成本。由于生产 Model 3 所使用的工厂区域没有单独的折旧成本，因此特斯拉公司把建筑物折旧成本的一部分分配给了 Model 3，例如，以 Model 3 生产使用的房屋面积占所有型号汽车生产使用的房屋面积的百分比估计数来分配。这种方法合理、准确地计量了每种型号的汽车使用的房屋资源。一种型号的汽车占用的房屋面积越大，就给它分配越多的折旧成本。但要准确分配其他间接成本，如将工厂管理成本分配给 Model 3 就困难多了。例如，这些成本应该根据每种型号汽车的生产工人的人数来分配，还是根据每种型号的汽车产量来分配？每种型号的汽车使用的工厂管理份额并不明确。

2.2.2 影响直接/间接成本分类的因素

影响成本是划分为直接成本还是间接成本的因素如下：

● **成本的重要性和信息收集技术的可用性。** 成本金额越小，即成本越不重要，就越可能被归类为间接成本。以一家邮购公司——Land's End 和一个客户订单为例进行说明。考虑到所涉及的金额，公司将快递费用作为直接成本追溯至客户在经济上是合理的。相比之下，Land's End 公司可能不值得将包裹中包含的发票纸张的成本作为直接成本进行追溯，而应将其归类为间接成本。为什么？虽然纸张成本能追溯到每个订单，但这么做不符合成本-效益原则。确切知道每个订单中包含的纸张的成本（如 0.005 美元）所带来的收益还不及将成本追溯到订单所产生的处理和管理成本。例如，假设成本追溯是由年薪 60 000 美元的销售管理员完成的。与追溯发票纸张成本相比，他的时间更适合用来整理顾客信息以帮助公司开展营销工作。然而，信息收集技术的改进使得将金额越来越小的成本视为直接成本在经济上是可行的。例如，条形码使许多生产厂商现在能把一些以前被划作间接成本的低成本材料（如回形针和螺丝钉）视作产品的直接成本。在戴尔公司，计算机芯片和固态驱动器等零部件都有条形码，可以在生产流程中的每一环节进行扫描。就像超市收银员给顾客结算一样，条形码能被快速地读取并记录到成本文档中。

●运营设计。如果公司的设施（或其一部分）专用于一种特定成本对象，如一种特定产品或特殊顾客，那么可以简单地把它所产生的成本划作直接成本。例如，通用化学公司（General Chemicals）将专门用于生产苏打的设备成本划为苏打的直接成本。

请注意，某种特定成本可能对一种成本对象来说是直接成本，但是对另一种成本对象来说是间接成本。也就是说，直接与间接的区分取决于试图确定成本的成本对象。例如，如果以特斯拉工厂的装配车间为成本对象，那么该车间监督员的工资就是直接成本；但如果成本对象是一种产品，如特斯拉 Model 3，那么车间监督员的工资是间接成本，因为装配车间装配不同型号的电动汽车。应该记住的一个有用的规则是，成本对象的定义越广泛——是装配车间而不是 Model 3——总成本中就有越大比例的直接成本，管理者对计算成本的准确性就越有把握。

最后一点是，一家公司可能会消耗资源并发生成本，而会计系统中没有记录这些成本。例如，某些退休健康福利仅在员工退休后才被记录在会计系统中，尽管这些成本是在员工实际提供服务期间产生的。又如，环境成本。通用电气等许多公司在日后不得不支付巨额成本，以解决几年前的行动所造成的环境破坏。为了迫使管理者在决策时考虑这些成本，瑞士制药巨头诺华等公司在其成本系统中为排放的每吨温室气体计算成本，以替代未来的环境成本。如果能将这些成本追溯到特定产品，那么它们可以成为产品的直接成本。更常见的是，这些成本与生产设施的运营相关，无法追溯到特定产品。在这种情况下，它们就是间接成本。

2.3 成本性态模式：变动成本与固定成本

回想一下，成本的定义是为达到某一特定目的而耗用或放弃的资源（如劳动）的货币价值，这些成本由成本对象承担。成本系统记录资源的取得成本，如材料、人工和设备，并追踪这些资源如何被用于成本对象，如生产和销售产品或服务。然后，管理者可以通过将成本水平与成本对象的数量或完成的单位数量进行比较来观察成本性态。成本性态模式有两种基本类型。一种是成本对象的**变动成本**（variable cost），它是总水平变动与成本对象数量或完成的单位数量变动成比例的成本。另一种是成本对象的**固定成本**（fixed cost），它是在一定时期内即使成本对象数量或完成的单位数量发生了很大变化，总水平仍保持不变的成本。

注意，成本是根据特定的成本对象和特定的时间段而被分为变动成本或固定成本的。确认一项成本是变动成本还是固定成本，能为制定许多管理决策提供有价值的信息，同时它也是评价业绩的重要资料。为了描述成本性态模式的两种基本类型，再以特斯拉工厂的成本为例进行说明。

1. 变动成本。如果特斯拉公司每辆 Model 3 的方向盘购买成本是 800 美元，那么总的方向盘成本应该是 800 美元乘以生产的汽车总数，如下表所示。

Model 3 产量 (1)	每个方向盘的变动成本 (2)	方向盘的总变动成本 (3)＝(1)×(2)
1	$800	$ 800
1 000	$800	$ 800 000
3 000	$800	$2 400 000

成本对象 Model 3 的方向盘成本是变动成本的一个示例，因为方向盘总成本的变化与 Model 3 汽车产量的变化是成比例的。但是要注意，成本对象每单位的变动成本是固定的。例如，无论 Model 3 的产量是 1 000 辆还是 3 000 辆，第 2 列中每个方向盘的成本都是一样的。因此，第 3 列中方向盘的总成本随第 1 列中 Model 3 的产量的变化而变化。

图表 2-3 中的 A 部分描述了方向盘的总成本。总成本用一条从图形左下角向右上角倾斜的直线表示。有时可用术语"严格变动"或"按比例变动"来描述该图表中的变动成本：零单位成本对象的变动成本为 0，成本对象每增加 1 单位，变动成本就增加相同的量。

A 部分：每辆特斯拉 Model 3 的
方向盘变动成本为 800 美元

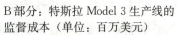

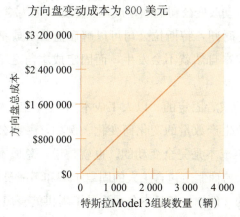

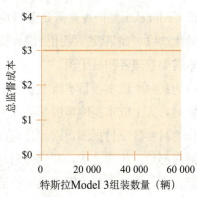

图表 2-3　变动成本与固定成本

现在考虑一个不同的例子。特斯拉工厂支付给每个安装机器的工人每小时 20 美元的工资。相对于成本对象机器安装小时来说，此成本是变动成本还是固定成本？此成本是变动成本，因为工人的总工资随机器安装小时数的变化而成比例变化。

2. 固定成本。假设特斯拉公司每年发生 3 000 000 美元的 Model 3 生产线监督成本。在一定时期内，无论生产的汽车在指定数量范围内如何变化，这些成本的总额都保持不变（见图表 2-3 的 B 部分）。但是要注意，其单位固定成本随已组装汽车数量的增加变得越来越小，如下表所示。

特斯拉 Model 3 生产线 年度总固定监督成本 (1)	Model 3 产量 (2)	每辆 Model 3 固定监督成本 (3)＝(1)÷(2)
$3 000 000	10 000	$300
$3 000 000	25 000	$120
$3 000 000	50 000	$ 60

总的生产线监督成本是固定的 3 000 000 美元，每辆 Model 3 的固定监督成本随 Model 3 产量的增加而减少。注意，不要被单位固定成本的变动所误导。虽然单位固定成本随着产量的增加而减少，但总固定成本保持不变。

为什么有些成本是变动的，而有些是固定的？请回想一下，成本通常是用取得消耗的资源而必须付出的货币数量来计量的。方向盘的成本是变动成本，因为特斯拉公司只在需要的时候才购买方向盘。Model 3 生产得更多，就要按比例取得更多的方向盘，也就会按比例发生更多的成本。

与方向盘的变动成本相比，特斯拉公司为监督 Model 3 生产线每年需要 3 000 000 美元的固定成本。在特斯拉公司开始生产 Model 3 之前，甚至在特斯拉知道它将要生产多少 Model 3 之前，工厂的监督水平就已经确定了。假定特斯拉公司安排的监督员每年能够监督 60 000 辆 Model 3 的生产。如果需求量只有 55 000 辆，那么会有闲置的监督能力。因为需求量低，本来有能力监督60 000 辆 Model 3 生产的监督员只能监督 55 000 辆 Model 3 的生产。但是，因为在短期内监督成本不能减少，特斯拉公司必须为它没有使用的生产线监督能力付费。如果需求量更低，比如只需要 50 000 辆 Model 3，而生产线监督成本还是 3 000 000 美元，那么闲置的监督能力将增加。

与变动成本不同，资源（如生产线监督）的固定成本不能迅速并轻易地变化到与其需求相匹配。然而，随着时间的推移，管理者能采取行动改变公司的固定成本。比如，因为对 Model 3 的需求量低，Model 3 生产线只需要运行更少的时间，特斯拉公司可以解雇监督员或把他们转移到其他的生产线。如果没有使用资源，变动成本自然就不会发生，而固定成本与之不同，减少固定成本需要管理者积极干预。

不要以为某一个成本项目本质上就是变动的或者固定的。以人工成本为例，当工人的工资是计件工资时，人工成本是纯粹的变动成本，随生产数量的变化而变化。例如，一些公司按制衣工所制作的衬衫数支付报酬，因此公司的人工成本是完全变动的。也就是说，总成本取决于工人制作的衬衫数。相比之下，其他公司与工会协商制定包含工人的固定年薪和不减员的条款。在这样的公司中，将工资划为固定成本是恰当的。例如，某日本公司为员工提供终身雇用保证。虽然这种保证导致了较高的人工成本，但公司仍能受益，因为工人更忠诚敬业，由此可以提高生产效率。但是，在经济不景气时期，如果收入下降而固定成本保持不变，公司就会面临风险。在 2007—2009 年全球经济危机后，公司变得非常不愿锁定固定成本。"观念实施：来福车帮助医院降低固定运输成本"描述了汽车共享服务如何给公司提供机会，将拥有汽车的固定成本转换为按需租赁汽车的变动成本。

此外，公司的一个特定成本项目可能对于一个成本对象来说是变动的，而对于另一个成本对象来说是固定的。以航空公司机队的年度注册和执照成本为例。注册和执照成本相对于航空公司拥有的飞机数量来说是变动成本，因为每增加一架飞机都需要航空公司支付额外的注册和执照成本。但是，注册和执照成本相对于某架飞机一年内飞行的里程数来说是固定成本，因为无论飞行里程数是多少，注册和执照的总成本都保持不变。

有些成本既有变动成分也有固定成分，被称为混合成本或半变动成本。例如，公司的通信成本包含每月固定的基本费率和每分钟通话的额外成本。我们将在第 10 章讨论混合成本，以及区分混合成本中固定成分和变动成分的技术。

观念实施

来福车帮助医院降低固定运输成本

自 2012 年以来，全球已有超过 10 亿人使用来福车——提供点对点按需打车服务——前往机场、从音乐会回家等。最近，来福车一直在与医院系统和其他医疗服务提供商合作，以方便患者就医往返。通过从高固定成本的班车服务转向来福车，医院减少了支出，同时提高了患者的满意度和改善了他们的健康状况。

来福车对医院意味着什么？对于一些患者来说，就医往返既困难又有压力。每年有 360 万美国人因为交通困难而错过医疗预约，这使医疗体系每年损失 1 500 多亿美元。因此，许多医院开通了昂贵的班车服务。传统上，对医院来说，拥有和运营这些班车涉及高昂的固定成本，包括购买资产（面包车和巴士）、维护成本，以及司机们的保险。

现在，医院可以使用来福车按需转运患者，同时降低运输和管理费用。通过来福车礼宾平台，医院可以安排个人乘车。该平台会向乘客推送关于计划乘车的短信提醒，费用由医院承担。来福车允许这些医院将拥有和运营班车的固定成本转换为变动成本。在空闲时，医院不会承担拥有和运营班车的固定成本。当然，在繁忙时，医院最终可能会支付比自己购买并维护班车更高的总费用。

到目前为止，来福车礼宾部已经帮助医院提高了就诊依从性，这有助于它们避免因患者错过预约和没有医治而损失收入，或者更糟的是，避免患者因未得到及时治疗而需要去急诊室所产生的高昂费用。因此，来福车目前正在与包括保险公司和药店在内的广泛的医疗保健提供商合作，以帮助进一步减少非紧急医疗保健运输的障碍。例如，沃尔格林公司（Walgreens）和西维斯公司（CVS）正在与来福车合作，为患者提供免费乘车取药服务。其想法是，通过帮助人们取药，提高人们服药的及时性，从而改善患者的健康状况，最终降低医疗系统的成本。

资料来源："How Lyft Improves Patient Experience at Denver's Primary Safety Net Hospital," Lyft customer case study, September 2018 (https://www.lyftbusiness.com/customer-stories/denver-health); Sara Ashley O'Brien, "Lyft Doubles Down on Helping Patients Get Rides to the Doctor," CNN.com, March 5, 2018 (https://money.cnn.com/2018/03/05/technology/lyft-concierge-health-care/index.html); Angelica LaVito, "Blue Cross, Lyft, Walgreens and CVS Partner to Help Patients Get Their Scripts," CNBC.com, March 14, 2018 (https://www.cnbc.com/2018/03/14/blue-cross-lyft-walgreens-and-cvs-partner-to-help-patients-get-theirscripts.html).

小练习 2-1

Marqet 公司使用卡车将瓶子从仓库运送到不同的零售店。汽油成本为每英里 0.25 美元，保险费用为每年 5 500 美元。如果卡车每年行驶 25 000 英里，或每年行驶 50 000 英里，计算汽油和保险的总成本和每英里成本。

2.3.1 成本动因

回想一下，变动成本的总水平会根据成本对象的数量或单位数量的变化而变化。通常，成本对象的数量变化与变动成本的总水平变化之间存在因果关系。例如，组装的 Model 3 汽车数量的变化会导致方向盘总（变动）成本的变化。在这种情况下，Model 3 的数量是方向盘总成本的成本动因。**成本动因**（cost driver）是一种衡量指标，例如，某事物的数量或金额或作业的水平，在一定的时间内会对成本水平产生影响。作业是一个事项、任务或有特定目的的工作单元，如设计产品、安装机器或检测产品。考虑其他成本，如产品设计成本。什么衡量指标可能导致产品设计总成本水平的上升？例如，如果产品设计成本随产品零件数的变化而变化，那么零件数将视为产品设计成本的一个成本动因。或者考虑分销成本。卡车运送产品的里程数是分销成本的一个成本动因。

短期内固定的成本在短期内没有成本动因，因为成本保持不变。但是短期内固定的成本在长期内可能有成本动因。以惠普工厂 0.1% 的彩色打印机的测试成本为例。这些成本包括测试部门设备和人员成本等短期内较难改变的成本，因此，无论工厂生产（并且测试）多少彩色打印机，短期内测试成本是固定的。在这种情况下，彩色打印机的产量在短期内就不是测试成本的成本动因。但在长期，惠普公司会增减测试部门的设备和人员以与 0.1% 的未来产量测试相适应。从长期来看，彩色打印机的产量确实是测试成本的成本动因。识别作业（如检测、设计或安装）成本的成本系统被称为作业成本系统。

2.3.2 相关范围

相关范围（relevant range）是某物的数量或金额或作业水平的一个变动区间，在此区间内，作业水平或数量（即成本动因）与待考察的成本之间存在着某种特定的关系。例如，固定成本只在一个给定的数量或作业范围（公司预期在此范围内经营）和一个给定的时期（通常是一个特殊预算期间）内是固定的。假设特斯拉公司与托马斯运输公司（Thomas Transport Company，TTC）签订合同，将完工的 Model 3 从特斯拉工厂运送到特斯拉服务中心，客户可以在那里取走他们的新车。TTC 租用了两辆卡车，每辆卡车的年固定租金为 40 000 美元，年最大运程为 120 000 英里。在当年（2020 年），两辆车预计运程合计为 170 000 英里。

图表 2-4 显示了在不同运程下的年固定成本。在 120 000 英里以内，TTC 只使用一辆卡车；在 120 001 英里至 240 000 英里之间，使用两辆卡车；在 240 001 英里至 360 000 英里之间，使用三辆卡车。只要 TTC 增加卡车以提供更远的运程，这一模式将持续。考虑到 2020 年的预计运程为 170 000 英里，120 001 英里至 240 000 英里的这一范围就是 TTC 的预计运程范围，进而可以得出卡车固定租金成本为 80 000 美元。在上述相关范围内，运程的变化不会影响年固定成本。

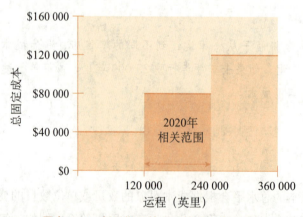

图表 2-4　托马斯运输公司的固定成本性态

然而，不同年份的固定成本可能会发生变化。比如，如果 2021 年两辆卡车的总租金成本增加 2 000 美元，总固定成本就会增加到 82 000 美元（其他条件不变）。如果发生这一变动，在 120 001 英里至 240 000 英里的范围内，总租金成本将固定在 82 000 美元这个新水平上。

相关范围的概念同样适用于变动成本。在相关范围之外，像直接材料成本这样的变动成本可能不再随产量的变动而成比例变动。比如，在超过一定的产量之后，方向盘的成本可能会以更小的比率增加，因为特斯拉可以从供应商那里购买更多的方向盘，从而获得价格折扣。

2.3.3　成本类型之间的联系

我们已经介绍了两种主要的成本分类：直接/间接成本和变动成本/固定成本。成本可能同时是：

● 直接成本和变动成本；
● 直接成本和固定成本；
● 间接成本和变动成本；
● 间接成本和固定成本。

图表 2-5 举例说明了特斯拉 Model 3 的这四种成本。

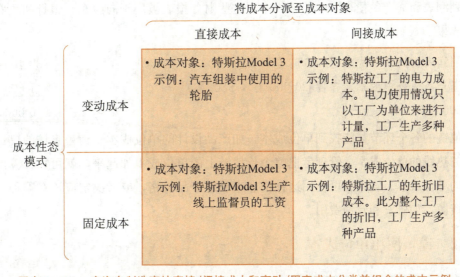

图表 2-5　一家汽车制造商按直接/间接成本和变动/固定成本分类并组合的成本示例

2.4　总成本与单位成本

前面集中讨论了与数量和作业水平相联系的总成本性态模式。现在，我们考虑单位成本。

2.4.1　单位成本

单位成本（unit cost），也叫**平均成本**（average cost），是用总成本除以相关产量计算得出的。在许多决策背景中，计算单位成本是必要的。以某一经纪人面临的决策问题为例，她必须决定是否与泰勒·斯威夫特（Taylor Swift）签订在军人球场（Soldier Field）举办演唱会的合同。她估计这次活动的成本为 4 000 000 美元。这一信息对决策有一定帮助，但不足以使她做出全面的判断。

在做决策之前，这位经纪人必须预测可能现场观看演唱会的人数。如果不了解现场观看的人数，她就不能明智地决定入场费从而覆盖演出成本，甚至无法判断是否应该举办这场演出。因此，她用总成本（4 000 000 美元）除以预计的现场观看人数来计算单位成本。如果有 50 000 人现场观看，则单位成本是每人 80 美元（4 000 000÷50 000）；如果有 20 000 人参加，则单位成本上升至每人 200 美元（4 000 000÷20 000）。除非将总成本"单位化"（即依据作业水平或数量进行平均分摊），否则 4 000 000 美元的成本很难直接用于决策。单位成本以一种简洁明了的方式整合了总成本和人数。

会计系统通常会报告总成本和单位平均成本。单位可以用不同的方式表示。比如，组装的汽车、递送的包裹或者工作小时数。以扬声器系统制造商 Tennessee Products 公司为例，它在孟菲斯有一家工厂。假设在 2020 年（投入生产运营的第一年），公司生产 500 000 套扬声器系统的总成本为 40 000 000 美元，那么单位成本是 80 美元：

$$\frac{总生产成本}{生产数量}=\frac{40\ 000\ 000}{500\ 000}=80（美元/套）$$

如果售出 480 000 套，则剩下的 20 000 套作为期末存货。单位成本有助于管理者确定财务报表（即利润表和资产负债表）中的总成本，这些财务报表被用于向股东、银行和政府报告公司的财务成果。

利润表中的销售成本(480 000 套×\$80/套)	\$38 400 000
资产负债表中的期末存货(20 000 套×\$80/套)	\$ 1 600 000
500 000 套的总生产成本	\$40 000 000

在价值链的各个环节都能找到单位成本，如产品设计的单位成本、销售走访的单位成本以及顾客服务热线的单位成本。管理者把整个价值链上的单位成本加起来，就可以计算出不同产品或服务的单位成本。管理者可使用这种信息来确定产品价格，或者决定应该在哪种产品上投入更多的资源，如研发和营销费用。

2.4.2 谨慎使用单位成本

虽然在财务报告和产品组合与定价决策中经常使用单位成本，但对于许多决策而言，管理者应该考虑的是总成本而不是单位成本。以 Tennessee Products 公司的孟菲斯工厂为例。假设该工厂在 2020 年生产了 500 000 套扬声器系统，发生了 40 000 000 美元成本，其中包括 10 000 000 美元的固定成本和 30 000 000 美元的变动成本（每套扬声器系统的变动成本为 60 美元）。又假设 2021 年的总固定成本和单位变动成本与 2020 年相同。基于这些信息，2021 年在不同产量下的总变动成本、总固定成本和总成本预算如下表所示：

产量 (1)	单位变动成本 (2)	总变动成本 (3)=(1)×(2)	总固定成本 (4)	总成本 (5)=(3)+(4)	单位成本 (6)=(5)÷(1)
100 000	\$60	\$ 6 000 000	\$10 000 000	\$16 000 000	\$160.00
200 000	\$60	\$12 000 000	\$10 000 000	\$22 000 000	\$110.00
500 000	\$60	\$30 000 000	\$10 000 000	\$40 000 000	\$ 80.00
800 000	\$60	\$48 000 000	\$10 000 000	\$58 000 000	\$ 72.50
1 000 000	\$60	\$60 000 000	\$10 000 000	\$70 000 000	\$ 70.00

如果工厂 2021 年的产量小于 2020 年的 500 000 套，而工厂管理者仍然使用 2020 年每套 80 美元的单位成本来计算 2021 的预算成本，就会低估 2021 年的实际总成本。如果新的竞争者出现导致需求减少，产量降至 200 000 套，那么实际总成本应该是 22 000 000 美元。单位成

本 80 美元乘以 200 000 套等于 16 000 000 美元，这使实际总成本被低估了 6 000 000 美元（22 000 000－16 000 000）。换句话说，80 美元的单位成本只有在产量为 500 000 套时才适用。

在此情况下，过度依赖单位成本会导致产量下降到 200 000 套时，公司面临没有足够的现金来支付其成本的困境。如上表所示，为了计算 2021 年的预算成本，管理者应该考虑总变动成本、总固定成本和总成本，而不是单位成本。一般来说，正确的做法是先计算总成本，如果有特殊决策需要，再计算单位成本。

2.5 经济部门、存货类型、存货性成本和期间成本

第 1 章讨论了成本会计如何既服务于管理会计，又服务于财务会计。在下面的两节，我们将描述如何用成本会计实现财务会计目标。在本节，我们将首先描述不同的经济部门、公司持有的不同存货类型和制造成本的不同分类，然后讨论这些因素如何影响存货性成本和期间成本的常见分类。

2.5.1 制造业、商业与服务业公司

我们首先定义三类经济部门，并给出不同部门的公司示例。

● **制造业公司**（manufacturing-sector companies）购买材料和零件并将它们转化为不同的产成品。这类公司包括汽车制造公司（如丰田）、手机生产商（如三星）、食品加工公司（如亨氏）和计算机公司（如联想）。

● **商业公司**（merchandising-sector companies）购入并销售有形产品，不改变其基本形式。这类公司包括零售商（如百思买等电子商店或塔吉特等百货公司）、分销商（如 Owens and Minor 等医疗产品供应商）或批发商（如 BulbAmerica 等灯泡批发销售商）。

● **服务业公司**（service-sector companies）向顾客提供服务（无形产品）。这类公司包括律师事务所（如 Wachtell，Lipton，Rosen & Katz）、会计师事务所（如安永）、银行（如巴克莱银行（Barclays））、共同基金公司（如 Fidelity）、保险公司（如安泰（Aetna））、运输公司（如新加坡航空（Singapore Airlines））、广告公司（如萨奇广告公司（Saatchi & Saatchi））、电视台（如特纳广播公司（Turner Broadcasting））、互联网服务提供商（如康卡斯特公司（Comcast））、旅行社（如美国运通（American Express））、医疗保健提供商（如 CommonSpirit Health）和经纪公司（如美林证券（Merrill Lynch)))。

2.5.2 存货的类型

制造业公司首先购买材料和零件，然后将其转化为产成品。这些公司通常包括下述三种存货中的一种或几种：

1. **直接材料存货**（direct materials inventory）。它是指用于生产过程的库存直接材料，例如生产手机所需的电脑芯片和部件。

2. **在产品存货**（work-in-process inventory）。它是指部分完工但还没有全部完工的产品，例如处于不同生产阶段的手机。它也称为**半成品**（work in progress）。

3. **产成品存货**（finished-goods inventory）。它是指全部完工但尚未售出的产品，例如手机

成品。

商业公司购买有形产品后售出，不改变其基本形式。它们只持有一种存货，即保持初始购入形式的产品，这称为产品存货。服务业公司只提供服务或无形产品，不持有有形产品存货。

2.5.3　常用的生产成本分类

通常用下面三个术语描述生产成本，即直接材料成本、直接制造人工成本和间接生产成本。这些术语是在前面所述的直接成本与间接成本的区别之上形成的，适用于生产成本情境。

1. **直接材料成本**（direct material costs）是所有最终成为成本对象（在产品和产成品）的一部分、能轻易且明确地追溯到成本对象的材料取得成本。生产特斯拉 Model 3 所需的钢铁和轮胎，以及生产手机所用的计算机芯片就是直接材料成本。注意，直接材料成本不仅包括材料本身的成本，还包括运输（抵港交付）费用、销售税金和关税等必须支付的取得成本。

2. **直接制造人工成本**（direct manufacturing labor costs）包括所有能轻易且明确地追溯到成本对象（在产品和产成品）的生产工人报酬。如支付给机器操作工和组装工的工资和福利，他们负责将直接材料转化为产成品。

3. **间接生产成本**（indirect manufacturing costs）是所有与成本对象（在产品和产成品）相关但不能轻易且明确地追溯到成本对象的生产成本。如润滑剂等间接材料成本、车间维修和保洁等间接人工成本、厂房租金、车间保险费、车间财产税、车间折旧以及车间管理人员报酬。这一类成本也称为**制造费用**（manufacturing overhead costs）或**车间费用**（factory overhead costs）。我们在本书中交替使用间接生产成本和制造费用这两个术语。

下面描述存货性成本与期间成本的区别。

2.5.4　存货性成本

存货性成本（inventoriable costs）是指发生时作为公司资产负债表上的资产，只有在销售时才作为销售成本费用化的所有产品成本。对于制造业公司来说，所有的生产成本都是存货性成本。这些成本首先被归集为在产品存货资产（换句话说，它们是"可计入库存的"），然后转化为产成品存货资产。以手机制造商 Cellular Products 公司为例。公司的直接材料（如计算机芯片）成本、直接制造人工成本以及制造费用共同构成了新的资产，这种新资产首先被转化为在产品存货，最后变成产成品存货（手机）。当手机被售出时，成本就从资产变成了费用，即产品销售成本。这种成本要与销售收入相配比，因为收入是因顾客购买产品或服务而获得的资产流入（通常是现金或应收账款）。

注意，产品销售成本包括所有为生产这些产品而发生的成本（直接材料成本、直接制造人工成本和制造费用）。手机可能在不同的会计期间被售出，因此应在产品生产的会计期间将生产成本作为存货计入资产负债表，而在售出时将生产成本作为费用计入利润表，以实现收入与费用的配比。

对于商业公司来说，如沃尔玛，存货性成本是其以原样售出的产品的采购成本。这些成本包括产品本身的成本以及运输费用、保险费和产品管理费用等。相比之下，服务业公司只提供服务或无形产品。没有可供出售的有形产品存货意味着没有存货性成本。

2.5.5　期间成本

期间成本（period costs）是利润表中除销售成本之外的所有成本。期间成本（如营销、分销、顾客服务成本）被视作会计期间的费用，因为管理者预计它们会使当期收益而不是未来收益增加。对于制造业公司而言，利润表中所有的非生产成本都是期间成本。对于商业公司而言，利润表中所有与购买并售出产品的成本无关的成本都是期间成本。期间成本的例子有销售人员的人工成本和广告成本。对于服务业公司而言，由于没有存货性成本，因此其利润表中的所有成本都是期间成本。

一个有趣的问题是将研发费用视为期间成本。[①] 正如我们在第 1 章中看到的，对于机床、消费电子、电信、制药和生物技术等行业的许多公司来说，创新正日益成为成功的关键驱动力。在大多数情况下，这些创新和研发投资的收益只会影响未来期间的收入。那么，研发费用是否仍应被视为期间成本，并与当期收入相匹配？答案是肯定的，因为这些创新是否会成功并在未来带来收入是高度不确定的。即使创新成功，也很难确定创新会使未来的哪个时期受益。然而，一些管理者认为，将研发费用视为期间成本会抑制创新，因为这会减少当期收入。

图表 2-5 举例说明了一家汽车制造商按直接/间接成本和变动/固定成本进行分类的存货性成本。图表 2-6 举例说明了一家银行按直接/间接成本和变动/固定成本进行分类的期间成本。

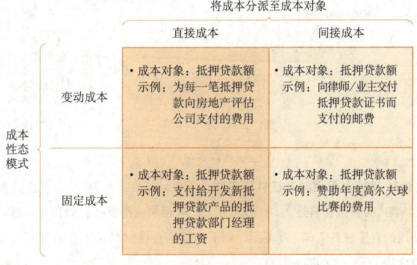

图表 2-6　一家银行按直接/间接成本和变动/固定成本分类并组合的期间成本示例

2.6　存货性成本流和期间成本流举例

我们继续上一节关于如何使用成本会计来实现财务会计目标的讨论。在本节，我们将通过一家制造业公司的利润表来描述存货性成本流与期间成本流，其中，存货性成本与期间成本的区别是最复杂的部分。

2.6.1　制造业示例

观察一下图表 2-7 和图表 2-8 中 Cellular Products 公司的成本流。图表 2-7 形象地展示了制造业公司 Cellular Products 的存货性成本流与期间成本流之间的区别。注意，如前所述，存货性成本会先经过资产负债表的在产品存货和产成品存货账户，然后作为费用项目，即产品

---

① 根据 GAAP，财务会计将所有研发成本费用化。《国际财务报告准则》允许财务会计将某些开发成本资本化。

销售成本计入利润表。期间成本则直接费用化，计入利润表。图表 2-8 采用了图表 2-7 的形象表达方式，描述了一家制造业公司的存货性成本和期间费用如何在利润表和完工产品成本计算表中反映的。

首先，我们追溯图表 2-7 左侧和图表 2-8 中 B 部分显示的直接材料流。

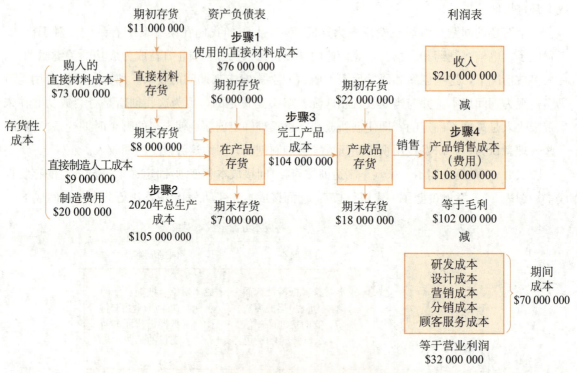

图表 2-7   Cellular Products 公司的成本与收入流

步骤 1：计算 2020 年使用的直接材料成本。 注意，图表 2-7 显示，直接材料期初存货是 1 100 万美元，购入的直接材料是 7 300 万美元，二者相加就是直接材料存货，然后从直接材料存货中减去使用的直接材料 7 600 万美元，剩下的就是直接材料期末存货 800 万美元，而本年的期末存货就变成了下一年的期初存货。

图表 2-8 的 B 部分中使用的直接材料成本计算如下：

2020 年 1 月 1 日直接材料期初存货	$11 000 000
＋2020 年购入的直接材料	$73 000 000
－2020 年 12 月 31 日直接材料期末存货	$ 8 000 000
＝2020 年使用的直接材料	$76 000 000

步骤 2：计算 2020 年发生的总生产成本。 2020 年总生产成本是 2020 年生产的所有产品的直接生产成本和 2020 年发生的制造费用之和。Cellular Products 公司将生产成本分为三种类型：

(1)2020 年使用的直接材料成本(见图表 2-8 的 B 部分)	$ 76 000 000
(2)2020 年的直接制造人工成本(见图表 2-8 的 B 部分)	$ 9 000 000
(3)2020 年制造费用(见图表 2-8 的 B 部分)	$ 20 000 000
2020 年发生的总生产成本	$105 000 000

在图表 2-7 中，注意观察这些成本是如何使在产品存货增加的。

◢	A	B	C	D
1	**A部分：利润表**			
2	Cellular Products公司			
3	利润表			
4	截至2020年12月31日的会计年度（单位：千美元）			
5	收入		210 000	
6	产品销售成本			
7	2020年1月1日产成品期初存货	22 000		
8	完工产品成本（见B部分）	104 000		
9	可供销售的产品成本	126 000		
10	2020年12月31日产成品期末存货	18 000		
11	产品销售成本		108 000	
12	毛利		102 000	
13	营业（期间）成本			
14	研发、设计、营销、分销、顾客服务成本	70 000		
15	营业成本合计		70 000	
16	营业利润		32 000	
17				
18	**B部分：完工产品成本**			
19	Cellular Products公司			
20	完工产品成本计算表[a]			
21	截至2020年12月31日的会计年度（单位：千美元）			
22	直接材料成本			
23	2020年1月1日期初存货	11 000		
24	购入的直接材料成本	73 000		
25	可使用的直接材料成本	84 000		
26	2020年12月31日期末存货	8 000		
27	使用的直接材料成本		76 000	
28	直接制造人工成本		9 000	
29	制造费用			
30	间接制造人工	7 000		
31	物资	2 000		
32	供热、照明和动力	5 000		
33	折旧——房屋建筑物	2 000		
34	折旧——机器设备	3 000		
35	杂项费用	1 000		
36	制造费用合计		20 000	
37	2020年发生的生产成本		105 000	
38	2020年1月1日在产品期初存货		6 000	
39	应计总生产成本		111 000	
40	2020年12月31日在产品期末存货		7 000	
41	完工产品成本（计入利润表）		104 000	
42	a. 注意，将产成品的期初和期末存货计入支持计算表中而不是利润表中，此表就变成了完工产品与产品销售成本计算表。			

步骤4（对应第6~11行）
步骤1（对应第22~27行）
步骤2（对应第27~36行）
步骤3（对应第37~41行）

图表2-8　Cellular Products 公司的利润表与完工产品成本计算

小练习2-2

Carolyn 公司提供的 2020 年信息如下：

2020 年 1 月 1 日直接材料期初存货	$10 000
2020 年购入的直接材料成本	$90 000
2020 年 12 月 31 日直接材料期末存货	$ 2 000
2020 年直接制造人工成本	$32 000
2020 年制造费用	$39 000

计算 2020 年发生的总生产成本。

步骤 3：计算 2020 年完工产品成本。完工产品成本（cost of goods manufactured）是指该期间内已经完工的产品的成本，无论这些产品是在当前还是以前会计期间开工的。

注意，图表 2-7 中的在产品存货与步骤 1 中描述的直接材料存货的计算方法非常相似。在产品期初存货是 600 万美元，2020 年发生的总生产成本是 10 500 万美元，二者之和就是在产品存货。2020 年发生的一部分生产成本留在在产品期末存货中。700 万美元的在产品期末存货变成了下一年的期初存货，2020 年的完工产品成本 10 400 万美元从在产品存货中减掉，并计入产成品存货。

图表 2-8 的 B 部分中 2020 年完工产品成本计算如下：

2020 年 1 月 1 日在产品期初存货	$ 6 000 000
＋2020 年发生的总生产成本	$105 000 000
＝总生产成本	$111 000 000
－2020 年 12 月 31 日在产品期末存货	$ 7 000 000
＝2020 年完工产品成本	$104 000 000

步骤 4：计算 2020 年产品销售成本。产品销售成本是在当前会计期间销售给顾客的产成品存货成本。在图表 2-7 中，产成品存货期初余额是 2 200 万美元，2020 年完工产品成本 10 400 万美元计入产成品存货。产成品存货期末余额 1 800 万美元变成下一年的期初余额，2020 年产品销售成本 10 800 万美元从产成品存货中减掉。

产品销售成本是一项与收入配比的费用。图表 2-8 的 A 部分中 Cellular Products 公司的产品销售成本计算如下：

2020 年 1 月 1 日产成品期初存货	$ 22 000 000
＋2020 年完工产品成本	$104 000 000
－2020 年 12 月 31 日产成品期末存货	$ 18 000 000
＝2020 年产品销售成本	$108 000 000

图表 2-9 显示了与 Cellular Products 公司生产成本流有关的总分类账 T 形账户。注意，完工产品成本（10 400 万美元）是在会计期间完工的所有产品成本。这些成本都是存货性成本。当期完工的产品转入产成品存货。当产品被售出时，这些成本就变成会计期间的产品销售成本。同时也要注意，截至 2020 年 12 月 31 日在产品存货（700 万美元）中的直接材料成本、直接制造人工成本、制造费用以及产成品存货（1 800 万美元）都将作为资产计入资产负债表。当下一年在产品转化为产成品且产成品被售出时，这些成本将转化为费用。

图表 2-9 Cellular Products 公司生产成本流有关的总分类账 T 形账户（单位：千美元）

小练习 2-3

Carolyn 公司提供的 2020 年信息如下：

2020 年 1 月 1 日在产品期初存货	$ 13 000
2020 年发生的总生产成本	$169 000
2020 年 12 月 31 日在产品期末存货	$ 6 000
2020 年 1 月 1 日产成品期初存货	$ 13 000
2020 年 12 月 31 日产成品期末存货	$ 16 000

计算：（1）2020 年完工产品成本；（2）2020 年产品销售成本。

我们现在可以编制 Cellular Products 公司 2020 年的利润表。该表显示在图表 2-7 的右边和图表 2-8 的 A 部分中。Cellular Products 公司的收入是 21 000 万美元。2020 年费用化的存货性成本等于产品销售成本 10 800 万美元。

毛利＝收入－产品销售成本＝21 000－10 800＝10 200（万美元）

研发、设计、营销、分销和顾客服务成本 7 000 万美元是 Cellular Products 公司的期间成本。这些期间成本包括销售人员工资、营销部门所用计算机及其他设备的折旧、分销用仓库的租金等。**营业利润**（operating income）等于营业总收入减去产品销售成本和营业（期间）成本（不包括利息费用和所得税），或等于毛利减去期间成本。Cellular Products 公司的营业利润是 3 200 万美元（毛利 10 200 万美元－期间成本 7 000 万美元）。回想一下财务会计课程中的知识，期间成本通常在利润表中的销售、一般和管理费用项目下进行汇总。

成本会计的初学者总是认为当期发生且与存货无关的间接成本都是期间成本，如租金、通信费和折旧费等。当这些成本发生在营销部门或者公司总部时，它们是期间成本。但是当它们发生在生产部门时，则是间接生产成本，是存货性成本。

因为直到产品被销售时，存货性成本才计入费用，所以管理者可以在不减少企业净利润的情况下，生产超过预期销售量的产品。实际上，以这种方式积累存货推迟了（部分）当期固定生产成本的费用化，因为生产成本计入存货，直到后面产品被销售时才计入费用。反过来，即使销售没有增加，公司当期的毛利和营业利润实际上也增加了，从而使得外部人认为公司比实际上更有利可图。我们将在第 9 章详细讨论这种冒险的会计实务。

2.6.2 存货性成本与期间成本概要

图表 2-7 显示了一家制造业公司的存货性成本与期间成本的区别。产成品的生产成本包括直接材料成本、直接制造人工成本和制造费用（如监督、生产控制和机器维修）。所有的这些成本都可计入存货：在产品完工前，这些成本被分派到在产品存货中；在产品售出前，它们又会被转移到产成品存货中。所有的非生产成本，如研发、设计和分销成本，都是期间成本。

商业公司的成本流与制造业公司相似，存货性成本和期间成本都流经利润表。但商业公司的成本流相对更容易理解和追溯。图表 2-10 显示了零售商或批发商（它们购买货物用于再出售）的存货性成本与期间成本。对于这类企业而言，唯一的存货性成本是产品成本（这相当于制造业公司的产成品成本）。购买的货物作为产品存货持有，其成本作为一项资产计入资产负债表。当货物售出时，它们的成本作为费用项目，即产品销售成本转移到利润表上。零售商或批发商也会产生营销、分销和顾客服务成本，这些都是期间成本。在利润表中，期间成本被从收入中减掉，而不会通过存货资产账户进行记录。

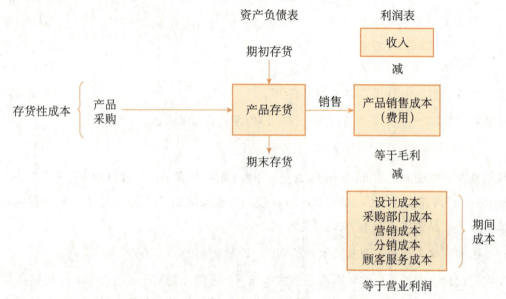

图表 2－10　商业公司（零售商或批发商）的收入和成本流

2.6.3　主要成本与加工成本

主要成本与加工成本是在生产成本系统中用于描述成本分类的两个术语。**主要成本**（prime cost）涵盖了所有直接生产成本。对 Cellular Products 公司而言：

主要成本＝直接材料成本＋直接制造人工成本

＝7 600＋900＝8 500(万美元)

如前所述，主要成本（或直接成本）占总成本的比例越大，管理者对产品成本计算的准确性就越有把握。随着信息收集技术的进步，公司能增设更多的直接成本类别。例如，电力成本可以在工厂的特定区域内进行测量，并确认为特定产品的直接成本。此外，如果一条生产线专门用于生产一种特定产品，那么生产设备的折旧费用就是直接生产成本，应该包括在主要成本中。计算机软件公司通常会设置一个直接生产成本科目——购入技术。该科目记录了向为产品开发软件算法的供应商支付的款项，其也包括在主要成本中。**加工成本**（conversion costs）是指除了直接材料成本以外的其他生产成本。加工成本反映了将直接材料转化成产成品而发生的所有生产成本。对 Cellular Products 公司而言：

加工成本＝直接制造人工成本＋制造费用

＝900＋2 000＝2 900(万美元)

注意，直接制造人工成本既是主要成本也是加工成本。

在一些生产部门，如计算机集成制造（CIM）工厂，员工人数相对较少。员工的主要职责是监控生产流程并维护生产多种产品的设备。CIM 工厂的成本系统中没有直接制造人工成本类别，因为直接制造人工成本很小，也很难将它追溯到产品。在 CIM 工厂中，唯一的主要成本是直接材料成本。这种公司的加工成本主要是制造费用。

2.7　计量成本需要判断

我们将重点转回到管理会计师如何使用成本会计上。成本的计量涉及大量的判断。也就是说，管理会计师有许多可选择的成本定义和成本分类方法。通常，计量成本的最佳方法取决于管理者试图解决的具体问题或达到的目的。而且，不同的公司，有时甚至是同一公司的不同子部门，对成本的定义和分类也可能不同。因此，在特定情景或者公司中清楚地定义和理解成本计量的方式是非常重要的。

2.7.1　人工成本

为了说明上述观点，以苹果的软件编程人工成本为例，程序员为 iMac、iPad 和 iPhone 等产品编写不同的应用软件。

- 能追溯到单个产品的直接编程人工成本。
- 间接成本（与人工相关）。
  - 间接人工报酬：办公室工作人员、安保人员的工资；返工劳动成本（直接人工纠正软件错误所耗费的时间成本）；加班工资（为加班而支付的超过正规工作时间费率的工资）；闲置时间成本（为缺少订单、计算机故障、延误、日程安排不当等导致的非生产性时间所支付的工资）。
  - 经理、车间主管、监督员的工资。
  - 工资附加成本（后面解释）。

虽然不同公司的人工成本分类有所不同，但许多公司使用上述多种人工成本分类及其子分类。一般来说，管理者的工资被单独分类为与人工相关的间接费用，而不被分类为间接人工成本。

2.7.2　定义会计术语的好处

管理者、会计师、供应商和其他人员如果在相互交流时能明确定义、理解和认同成本的计量，将会避免许多问题。以编程人工工资附加成本分类为例，它包括雇主为雇员支付的社会保障金、人寿保险、健康保险和养老金。例如，一个软件编程员每小时的工资由 80 美元的基本工资和 20 美元的附加福利组成。某些公司可能会把 80 美元计入编写软件产品的直接编程人工成本，而将 20 美元计入间接费用。而另一些公司则可能会将 100 美元都计入直接编程人工成本。

在任何情况下，对于管理者和管理会计师来说，明确定义直接人工包括什么和不包括什么非常重要。这种明确有助于预防有关成本-报酬合同、所得税和工会事务等的纠纷，这些问题常常会让管理者花大量的时间去处理。某些国家（如哥斯达黎加和毛里求斯）向在当地创造就业的公司提供大量的税收优惠。在某些情况下，要取得税收优惠资格，公司的直接人工成本必须不少于其总生产成本的一定百分比。

当管理者不能准确定义直接人工成本，而同时又需要为获取税收优惠资格计算直接人工成本百分比时，是否将工资附加成本计入直接人工成本就存在争议。公司倾向于将工资附加成本作为直接人工成本的一部分，以使直接人工成本占总生产成本的比例更高。而税务机关认为，工资附加成本是间接费用的一部分。除了附加福利以外，其他有争议的项目还有培训期的工资、闲置时间的工资、假期工资、病假工资以及加班工资等。因此，为避免纠纷，合同与法律应在会计定义和计量上尽可能地明确。

2.7.3　产品成本的多种含义

组织使用的许多成本术语都存在歧义。以产品成本这一术语为例，**产品成本**（product cost）是指按特定状况、目的或问题分配给一个产品的所有成本的总和。不同的情况可能需要或导致不同的产品成本计量方法，如图表 2-11 中的大括号所示。

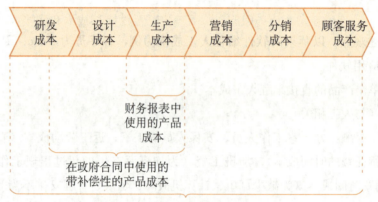

图表 2-11　为不同目的的使用不同产品成本

● 定价与产品组合决策。为了做出产品组合决策，管理者通常会关注不同产品的整体（总体）盈利能力，进而把价值链上所有业务职能发生的成本分配给不同的产品。同样，管理者通常也基于产品成本（包括价值链上所有业务职能发生的成本）来做出产品定价决策。

● 政府合同下的补偿。政府合同通常按照在"产品成本"的基础上加上事先确定的边际利润这一金额来补偿承包人。这样的合同被称为成本加成协议。当设计、制造和测试项目所需的货币金额很难预计时，成本加成协议通常用于服务和开发合同。因为这些合同将成本超支的风险转移给了政府，所以美国国防部和能源部等部门会提供详细的指导，说明哪些项目可以计入产品成本，哪些不可以计入。例如，许多政府部门从产品成本中明确剔除营销、分销和顾客服务成本，并可能只在一定程度上补偿研发成本。这些部门只想对与承包人提供的合同产品有密切联系的成本进行补偿。图表 2-11 中的第二个大括号就显示了一个特定合同的产品成本计算，其中只考虑了所有设计、生产成本，以及部分研发成本。

● 根据 GAAP 编制对外财务报表。在 GAAP 下，只有生产成本能被计入财务报表的存货项目中。为了计算存货成本，产品成本只包括存货性成本（生产成本）。

如图 2-11 所示，产品成本计量的范围很广，从狭义的财务报表成本（仅包括生产成本）到广义的政府合同补偿成本，再到更广义的定价和产品组合决策成本。

本节重点讨论了在计量产品成本时，不同的情况、目的和问题是如何导致价值链上不同业务职能的成本被纳入或排除的。对于本章介绍的成本分类或成本维度，在明确定义和理解如何计量成本方面，我们应采取同样的谨慎态度。图表 2-12 概括了主要的成本分类。使用第 1 章描述的五步决策制定程序，思考不同的成本分类如何帮助管理者制定决策和评价业绩。

图表 2-12　主要的成本分类

1. 业务职能 　（1）研发 　（2）产品和流程的设计 　（3）生产 　（4）营销 　（5）分销 　（6）顾客服务 2. 向成本对象分派 　（1）直接成本 　（2）间接成本	3. 关于作业或数量水平的性态模式 　（1）变动成本 　（2）固定成本 4. 总量或平均 　（1）总成本 　（2）平均成本 5. 资产或费用 　（1）存货性成本 　（2）期间成本

1. 确定问题与不确定性。考虑产品定价的决策。这种决策常常取决于此产品的生产成本。

2. 获取信息。管理者在每个业务职能上都要确定产品的直接成本和间接成本。管理者还要收集关于顾客、竞争者和竞争产品价格的信息。

3. 预测未来。管理者估计在未来生产这种产品的成本。这要求管理者预测产品的销售量和理解固定成本与变动成本。

4. 选择方案做决策。管理者基于对成本和其他信息的全面理解，选择一个价格。

5. 实施决策、评价业绩与学习。管理者通过将实际总成本和单位成本与预算值进行比较来控制成本和学习。

下一节将描述本章介绍的基本概念如何组成一个理解成本会计与成本管理的概念框架，这一框架能应用于许多专题的研究，如战略评估、质量管理以及投资决策等。

2.8　成本会计和成本管理的框架

成本会计和成本管理的下列三个特征有广泛的应用范围：

1. 计算产品、服务和其他成本对象的成本。

2. 为计划、控制和业绩评价获取信息。

3. 为制定决策而分析相关信息。

我们将在第 3～12 章讨论这些特征。它们也是学习本书后面一些专题的基础。

2.8.1　计算产品、服务和其他成本对象的成本

你们已经知道成本系统可以追溯直接成本，并将间接成本分配到成本对象。第 4 章和第 5 章描述了用于计算产品和服务的总成本和单位成本的系统，如分批成本系统和作业成本系统。这两章还讨论了管理者如何使用这些信息来制定商业战略以及制定价格、产品组合和成本管理决策。

2.8.2　为计划、控制和业绩评价获取信息

预算是进行计划与控制最常用的工具。预算鞭策管理人员展望未来，将战略转化为计划，在组织内部进行协调与沟通，并提供业绩评价的标准。管理者要努力实现预算目标，所以预算常常会影响公司员工的行为和决策。第 6 章介绍了预算系统。

在报告期期末，管理者会把公司的实际业绩与计划业绩相比较。管理者的任务是查明实际

业绩与计划业绩产生差异的原因，并将这些差异所提供的信息作为反馈用于日后的学习和改进。管理者还使用非财务指标差异，如次品率和顾客满意度，来控制并评价不同部门、分部和经理的业绩。第 7 章和第 8 章讨论差异分析。第 9 章介绍与生产能力相关的计划、控制和存货成本计量问题。第 6～9 章重点关注管理会计师在实施战略中的作用。

2.8.3　为制定决策而分析相关信息

在设计和实施战略时，管理者必须了解哪些收入与成本要考虑，哪些可以忽略。管理会计师帮助管理者区分哪些信息是相关的，哪些信息是无关的。考虑以下应外购还是自制的决策。成本系统显示自制的单位成本是 25 美元。一个供应商报价为每单位 22 美元。乍一看，公司外购比自制的成本更低。但是，假定 25 美元的自制成本中有 5 美元是厂房租金，其已根据租赁合同支付。此外，如果外购产品，工厂则保持闲置状态，因为重组工厂以生产另一种产品的成本太高。也就是说，没有机会以其他盈利方式来使用工厂。在这种情况下，自制就比外购的成本低。这是因为自制只产生每单位 20 美元的增量成本，而外购的增量成本是每单位 22 美元。每单位 5 美元的租金与决策无关，因为它是已经发生的过去（或沉没）成本，无论是自制还是外购它都会发生。分析相关信息是制定决策的关键。

在制定生产何种产品以及生产多少产品的战略决策时，管理者必须知道收入与成本如何随产出水平的变动而变动。为此，管理者需要区分固定成本与变动成本。第 3 章分析了营业利润如何随销售水平的变动而变动，以及管理者如何使用这些信息来制定如广告费支出水平之类的决策。第 10 章和第 11 章介绍了估计成本中的固定成分和变动成分并进行预测的方法。第 12 章将相关性的概念应用于多种情况下的决策，并且描述了管理者在面临资源约束时使利润最大化的方法。

本书后面的章节讨论一些主题，如战略评估、顾客盈利能力、质量、适时系统、投资决策、转移定价和业绩评价等。这些主题无一例外都涉及产品成本计量、计划与控制以及决策制定问题。学习前 12 章的内容有助于掌握这些主题。例如，第 13 章是关于战略的，描述平衡计分卡，即一组财务与非财务指标，用来实施建立在计划与控制基础上的战略。营业利润的战略分析部分建立在产品成本计量和差异分析概念的基础上。有关缩减规模和生产能力管理的部分建立在相关收入与相关成本概念的基础上。

📊 自测题

Foxwood 公司是一家金属与木材切割生产商，生产家用建筑材料。2020 年的资料如下。

砂纸	$ 　2 000
材料处理成本	$ 70 000
润滑剂和冷却剂	$ 　5 000
间接制造人工杂项费用	$ 40 000
直接制造人工	$ 300 000
直接材料存货（2020 年 1 月 1 日）	$ 40 000
直接材料存货（2020 年 12 月 31 日）	$ 50 000
产成品存货（2020 年 1 月 1 日）	$ 100 000
产成品存货（2020 年 12 月 31 日）	$ 150 000

在产品存货(2020 年 1 月 1 日)	$	10 000
在产品存货(2020 年 12 月 31 日)	$	14 000
厂房租金	$	54 000
折旧——机器设备	$	36 000
厂房设备财产税	$	4 000
厂房设备火灾保险费	$	3 000
购入的直接材料	$	460 000
销售收入	$	1 360 000
促销费用	$	60 000
销售人员工资	$	100 000
分销成本	$	70 000
顾客服务成本	$	100 000

要求:

1. 编制附有完工产品成本计算表的利润表。将各生产成本项目分为直接成本或间接成本。用 V 或 F 标明各生产成本项目是变动成本还是固定成本（当成本对象是一个产品单位时）。如有疑问，在判断总成本是否随产品数量的变动而变动的基础上回答。

2. 假设直接材料成本与厂房租赁费都是为生产 900 000 单位的产品而发生的，那么分配给每单位产品的直接材料成本是多少？单位厂房租赁费是多少？假定厂房租赁费是固定成本。

3. 若下年预测产量为 1 000 000 单位，重新计算要求 2 中的单位直接材料成本以及厂房租赁费。假定成本性态模式不变。

4. 你是一名管理顾问，请向公司董事长简要解释为什么要求 2 与 3 中直接材料单位成本不发生变动，而厂房租赁费的单位成本发生了变动。

解答:

1.

Foxwood 公司利润表 截至 2020 年 12 月 31 日的会计年度			
销售收入			$1 360 000
产品销售成本			
2020 年 1 月 1 日产成品期初存货	$ 100 000		
本期完工产品成本（见计算表）	$ 960 000		
可供销售的产品成本	$1 060 000		
2020 年 12 月 31 日产成品期末存货	$ 150 000	$ 910 000	
毛利		$ 450 000	
营业成本			
促销费用	$ 60 000		
营销人员工资	$ 100 000		
分销成本	$ 70 000		
顾客服务成本	$ 100 000	$ 330 000	
营业利润		$ 120 000	

Foxwood 公司		
完工产品成本计算表		
截至 2020 年 12 月 31 日的会计年度		
直接材料		
2020 年 1 月 1 日期初存货		$ 40 000
购入的直接材料成本		$460 000
可使用的直接材料成本		$500 000
2020 年 12 月 31 日期末存货		$ 50 000
本期使用的直接材料成本		$450 000（V）
直接制造人工		$300 000（V）
间接生产成本		
砂纸	$ 2 000（V）	
材料处理成本	$70 000（V）	
润滑剂和冷却剂	$ 5 000（V）	
间接制造人工杂项费用	$40 000（V）	
厂房租金	$54 000（F）	
折旧——机器设备	$36 000（F）	
厂房设备财产税	$ 4 000（F）	
厂房设备火灾保险	$ 3 000（F）	$214 000
2020 年发生的生产成本		$964 000
2020 年 1 月 1 日在产品期初存货		$ 10 000
应计总生产成本		$974 000
2020 年 12 月 31 日在产品期末存货		$ 14 000
完工产品成本（计入利润表）		$960 000

注：V 代表变动成本；F 代表固定成本。

2. 单位直接材料成本＝直接材料成本÷产量

$$＝450\,000÷900\,000＝0.50（美元）$$

单位厂房租赁费＝厂房租赁费÷产量

$$＝54\,000÷900\,000＝0.06（美元）$$

3. 直接材料成本是变动的，所以其总额将从 450 000 美元增至 500 000 美元（1 000 000×0.50）。但是，其单位成本不受影响：500 000÷1 000 000＝0.50 美元。

相比之下，厂房租赁费 54 000 美元是固定的，所以总成本不变。可是，如果将厂房租赁费分配给产品，那么单位成本就从 0.060 美元下降至 0.054 美元：54 000÷1 000 000＝0.054 美元。

4. 我们将从要求 3 的答案着手进行解释。作为一名管理顾问，你必须强调将不同性态的成本单位化（平均化）可能会产生误导。一个常见的错误是认为总单位成本（经常由单位变动成本与单位固定成本组成）是总成本随生产水平的变化成比例变化的度量指标。下一章将说明区分成本性态模式的必要性。你必须高度关注单位固定成本。单位固定成本经常被错误地看成单位变动成本。

决策要点

下面的问答形式是对本章学习目标的总结，"决策"代表与学习目标相关的关键问题，"指南"则是对该问题的回答。

决策	指南
1. 什么是成本对象？	成本对象是管理者需要单独计量成本的任何事物，包括产品、服务、项目、顾客、作业和部门。
2. 管理人员如何确定一项成本是直接成本还是间接成本？	直接成本是与某一个成本对象直接相关，并能轻易且明确地追溯到成本对象的成本。间接成本是与特定成本对象相关，但不能轻易且明确地追溯到成本对象的成本。同一成本可能对一个成本对象来说是直接成本，对另一成本对象来说是间接成本。本书使用成本追溯来表示把直接成本分派到成本对象的过程，用成本分配来表示间接成本的分派。
3. 管理人员如何确定一项成本是变动成本还是固定成本？	变动成本总水平随着成本对象数量或完成的单位数量变化成比例变动。固定成本是在一定时期内即使成本对象数量或完成的单位数量发生了很大变化，总水平仍保持不变的成本。
4. 管理者应该如何估计成本和解释成本信息？	一般来说，应该关注总成本而不是单位成本。在进行总成本估计时，应将变动成本当作单位成本而把固定成本当作总额。若某一成本对象的单位成本包括固定成本部分，则要谨慎对待。
5. 存货性成本和期间成本在财务概念上的区别是什么？	存货性成本是在发生的会计期间被视为资产，在产品销售时作为产品销售成本的所有成本；期间成本在发生的会计期间被费用化，是利润表中除产品销售成本之外的所有成本。
6. 在制造业和商业公司中，存货性成本和期间成本流是怎样的？	在制造业公司中，存货性成本流经在产品和产成品账户，在产品销售时作为产品销售成本被计入费用。期间成本在发生时就被计入费用。在商业公司中，只有产品成本被视为存货性成本，其他所有成本被视为期间成本。
7. 为什么管理者将不同成本分派给同一成本对象？	管理者根据特定情况、目的或管理层试图解决的问题，将不同的成本分派给同一成本对象。例如，在制造业公司中，出于对外报告的目的，产品的存货性成本只包括生产成本。但是在制定定价和产品组合决策时，所有来自价值链上的成本都会被分派给产品。
8. 成本会计和成本管理的三个特征是什么？	成本会计和成本管理的三个特征是：（1）计算产品、服务和其他成本对象的成本；（2）为计划、控制和业绩评价获取信息；（3）为制定决策而分析相关信息。

习　题

2-21　计算和解释单位生产成本。Minnesota 办公用品公司在瓦萨木材厂生产三个档次的纸制品：至尊、豪华和常规。每种产品在工厂中都有专用生产线。目前，它的生产成本分为以下三个部分：直接材料成本、直接制造人工成本和制造费用。该工厂在 2020 年 7 月总制造费用为 1.5 亿美元（其中 1 500 万美元是固定成本）。按照每条生产线的直接制造人工成本，将总成本分配到各生产线。2020 年 7 月的汇总数据（单位：百万美元）如下。

	至尊	豪华	常规
直接材料成本	$89	$57	$60
直接制造人工成本	$16	$26	$ 8
制造费用	$48	$78	$24
产品数量（百万单位）	125	150	140

要求：

1. 计算2020年7月生产的每种产品的单位生产成本。

2. 假设2020年8月，生产了1.5亿单位至尊产品、1.9亿单位豪华产品和2.2亿单位常规产品。请说明为什么在预测8月份的总生产成本时7月份的单位生产成本会成为误导信息。

2-22 直接、间接、固定和变动成本。佛罗里达种植者协会生产橙汁和葡萄柚汁，并将其作为批发产品出售给各杂货供应商。每种果汁都需要经过三道生产工序。第一道工序是准备部门负责清洗水果。第二道工序是压榨部门负责将一些必要的糖和其他调味剂混合在一起，制成果汁。该步骤还包括使用自动和手动过程的质量控制。第三道工序是包装，这是一个完全自动化的过程。

要求：

1. 工序中的成本项目列示如下。对于每项成本，指出它对于"一加仑葡萄柚汁"这一成本对象来说，是直接变动成本、直接固定成本、间接变动成本还是间接固定成本。

成本：

包装机操作员的工资	葡萄柚的成本
果汁的包装盒	第一道工序中水果清洁工的工资
第一道工序中清洗水果的清洁剂的成本	榨汁机操作员的工资
包装机的折旧	工厂建筑的财产税
工厂清洁人员的工资	工厂的夜间安保费用
工厂大楼的折旧	果汁中的糖和其他调味剂
工厂的虫害防治成本	工厂的水电费用
工厂建筑的飓风保险	工厂机器的油和油脂等
生产主管的工资	清洁工厂的消毒剂成本

2. 如果成本对象是压榨部门而不是一加仑葡萄柚汁，那么上面的哪些成本是直接成本而不是间接成本？

2-29 变动成本、固定成本、相关范围。Gummy Land糖果公司采用全自动流程生产硬糖果。生产糖果的机器是近期购入的，每月能够生产5 000单位糖果。机器成本是6 500美元，采用直线法计提折旧，折旧年限为10年，残值为0。每月的工厂和仓库租金以及其他固定间接成本总额为1 200美元。

公司目前每月生产和销售3 900单位糖果。公司每月恰好足额购入生产所需的材料。每单位糖果的材料成本为0.40美元。

公司预计下一年的市场需求将增加100%。在此材料购买量的基础上，公司将得到10%的价格折扣。租金和其他固定制造费用保持不变。

要求：

1. 公司当年的产量相关范围是多少？

2. 公司当年在相关范围内的固定制造费用是多少？变动制造费用是多少？

3. 公司下一年的产量相关范围是多少？如果下一年总的固定和变动制造费用发生变化，会如何变化？如有需要，公司可以与现有机器相同的价格购买一台一模一样的机器。

2-33 总成本和单位成本，制定决策。Gayle 玻璃厂生产科学用途的玻璃法兰。每个法兰的材料成本为 1 美元，玻璃吹制工人的工资为每小时 28 美元。一个玻璃吹制工人每小时吹制 10 个法兰。法兰的固定制造费用为每周期 28 000 美元。与法兰相关的期间（非制造）成本为每周期 10 000 美元，并且是固定的。

要求：

1. 以产量（法兰的数量）作为 X 轴，绘制法兰的变动成本、固定成本以及总生产成本图。

2. 假设 Gayle 玻璃厂本期生产并销售了 5 000 个法兰。其竞争对手 Flora's Flasks 以每个 10 美元的价格销售法兰。Gayle 玻璃厂能够以低于 Flora's Flasks 的价格销售法兰并盈利吗？

3. 如果 Gayle 玻璃厂本期生产并销售了 10 000 个法兰，要求 2 的答案将会发生怎样的变化，为什么？这给在决策制定中运用单位成本带来什么启示？

2-34 存货性成本与期间成本。下列各成本项目属于三家中的某一家公司：家得宝公司（Home Depot，商业公司）、苹果公司（制造业公司）和 Rent a Nanny（服务业公司）。

（1）家得宝公司出售的木材和管道用品的成本；

（2）为苹果公司制造厂装配线工人提供照明的电力成本；

（3）家得宝公司商店货架的折旧费；

（4）Rent a Nanny 公司支付给保姆前往客户家的交通费；

（5）负责在组装过程中对公司产品进行质量测试的人员的工资；

（6）为 Rent a Nanny 公司策划当地报纸广告活动的营销人员的工资；

（7）Rent a Nanny 公司为保姆提供的午餐；

（8）苹果公司零售店员工的工资；

（9）苹果公司将产品运送到零售店的费用。

要求：

1. 区分制造业公司、商业公司和服务业公司。

2. 区分存货性成本与期间成本。

3. 将上述成本项目分别归入存货性成本或期间成本，并解释。

学习目标

1. 说明本量利分析的特征
2. 确定达到某一目标营业利润的盈亏平衡点和产出水平
3. 了解所得税如何影响本量利分析
4. 说明管理者如何使用本量利分析制定决策
5. 说明敏感性分析如何帮助管理者应对不确定性
6. 利用本量利分析来制订变动成本和固定成本计划
7. 在生产不同产品的公司应用本量利分析
8. 在服务业公司与非营利组织中应用本量利分析
9. 区分贡献毛益与毛利

所有管理者都想知道当产品或服务销量、售价或单位成本发生变化时，利润如何变化。

例如，家得宝公司的管理者可能想知道必须销售多少单位新电钻才能实现盈亏平衡或获取一定的利润。宝洁公司的管理者可能会问：在尼日利亚扩展业务，会对成本、收入和利润产生什么影响？这类问题有一个共同的"假设"主题：如果我们销售更多的电钻会怎么样？如果我们开始在尼日利亚销售产品会怎么样？研究这些假设的可能性和备选方案，有助于管理者做出更好的决策。

下面的"引例"解释了加利福尼亚州科切拉音乐节的组织者 Goldenvoice 公司是如何通过产生额外收入来弥补固定成本并扭亏为盈的。

💡 引例   **Goldenvoice 公司如何在科切拉音乐节实现盈利**

    每年都会有 150 多位摇滚、嘻哈和电子舞蹈音乐明星参加加利福尼亚州科切拉的音乐节演出。举办这场年度音乐盛会代价高昂。碧昂丝（Beyoncé）等大牌演员的演出费用高达 400 万美元，包括舞台管理、保险和安保在内的制作费用在第一个音符播放前就已高达 1 200 万美元。

    为了收回高昂的固定成本并实现盈利，科切拉音乐节主办方需要售出大量门票。在苦苦挣扎多年实现盈利后，Goldenvoice 公司将科切拉音乐节扩大为另一个版本——一周后在相同地点，以相同阵容、相同票价举办的乡村音乐节 Stagecoach。这使得舞台和围栏等临时基础设施成本可以在所有活动中分摊。2017 年科切拉音乐节售出了 1.14 亿美元门票，门票价格从 429 美元到 9 500 美元不等，而 Stagecoach 的门票销售收入也超过 2 200 万美元。通过扩大科切拉音乐节的规模，Goldenvoice 公司能够收回其固定成本并实现盈利。

    资料来源：Chris Parker, "The Economics of Music Festivals: Who's Getting Rich? Who's Going Broke?" *L. A. Weekly*, April 17, 2013（http://www.laweekly.com/music/the-economics-of-music-festivals-whos-getting-rich-whos-going-broke-4167927）; Anil Patel, "Coachella: A Lesson in Strategic Growth," Anil Patel's blog, LinkedIn, April 17, 2015（https://www.linkedin.com/pulse/coachella-lesson-strategic-growth-anil-patel）; Dave Brooks, "Coachella Grossed Record-Breaking $114 Million This Year," *Billboard*, October 18, 2017（https://www.billboard.com/articles/business/8005736/coachella-festival-2017-114-million-gross）; Mikael Wood, "How Beyoncé Changed Coachella's Temperature," *Los Angeles Times*, April 15, 2018（http://www.latimes.com/entertainment/music/la-et-ms-coachella-2018-review-20180415-story.html）.

    高固定成本的企业，如美国航空公司和通用汽车，尤其关注决策背后的"假设"，因为这些公司仅仅为了实现盈亏平衡就需要获取大量的收入。例如，在航空业，大多数航空公司的利润来自每个航班最后 2～5 名登机的乘客！因此，当美国航空公司的收入下降时，公司可能会被迫宣布破产。在本章，你将会看到本量利（CVP）分析如何帮助管理者将此类风险最小化。

3.1 CVP 分析的要点

    在第 2 章，我们讨论了总收入、总成本和利润。管理者使用 CVP 分析研究当产品的销售量、售价、单位变动成本或固定成本发生变化时，这些要素的性态以及它们之间的关系。考虑这样一个例子：

    艾玛·琼斯（Emma Jones）是一位年轻的企业家，她最近使用了名为《GMAT 考试成功》的商学院入学考试的备考书和软件包。艾玛非常喜欢它，毕业后她与《GMAT 考试成功》的出版社签订了一份销售备考学习资料的合同。近来，她在波士顿的学院展览会上销售了这些资料，现在她正在考虑是否在芝加哥的学院展览会上销售这些资料。艾玛能从出版社那里以每套（书和软件）120 美元的价格购入这些资料，并有权原价退回所有未售出的资料，收回退款。她必须支付 2 000 美元用于租赁展览会的一个摊位，除此之外无其他费用。她是否应该租一个摊位？

    像大多数面临这种情况的管理者一样，艾玛决定按照第 1 章中介绍的一系列步骤来做出最有利的决策：

    1. 确定问题与不确定性。每个管理决策都涉及选择行动方针。是否租赁摊位取决于艾玛如何应对两个重要的不确定性：售价及此价格下的销售量。艾玛知道她选择的行动的结果是不确定的。她对高价销售大量资料越有信心，就越愿意租赁摊位。

2. 获取信息。为了更好地理解不确定性，艾玛收集了可能参加展览会的个人的信息和可能在会上销售的其他备考学习资料的信息。她还回顾了在波士顿的展览会上销售的资料的数据。

3. 预测未来。艾玛预测《GMAT 考试成功》能以每套 200 美元的价格售出。在此价格下，她有很大的把握能至少卖出 30 套，最多可能卖出 60 套。艾玛在进行决策时必须实事求是地做出判断。如果预测太乐观，艾玛就会在本不应该租赁摊位的情况下租赁摊位。如果预测太悲观，艾玛就会在应该租赁摊位的情况下不租赁摊位。

艾玛相信她在芝加哥的展览会上的经历将与四个月前在波士顿的展览会上的经历相似。但是，艾玛对预测的几个方面不确定。这两场展览会真的是有可比性吗？两场展览会的出席者是相同的吗？过去四个月里市场条件发生变化了吗？她的想法有偏差吗？她渴望在芝加哥的展览会上销售，是因为过去几个月的销售额低于预期，导致预测过于乐观吗？她忽视了某些竞争风险吗？展览会上的其他备考学习资料销售商会降价吗？如果他们降价，艾玛应该怎么办？如果她降价，预计会销售多少套资料？

艾玛重新考虑了自己的计划并重新检验了自己的假设。她获得了过去几年学生出席率的数据和类似产品的销售数据。她相信自己的预测是合理的、准确的，并且是经过深思熟虑的。

4. 选择方案做决策。艾玛做了 CVP 分析，并决定在芝加哥的展览会上租赁摊位。

5. 实施决策、评价业绩与学习。展览会结束后，艾玛将实际业绩与预测业绩进行比较，以了解事情没有按计划进行的原因。例如，艾玛评估了自己对价格和资料销售数量的预测是否正确。这有助于她学习并更好地做出有关未来展览会摊位租赁的决策。

正如我们在第 1 章中所描述的，机器学习和数据分析可以帮助艾玛完成上述几个步骤。艾玛可以存储多种因素的信息，如参加类似展览会的个人的详细信息、在这些展览会上以不同价格出售的备考学习资料数量、天气、市场条件，以及竞争对手的数量和位置等。数据分析模型使用这些信息可以预测艾玛可能会以不同的价格销售多少套资料。该模型没有人为偏见，因为过去两个月的销售额低于预期不是该模型的特征。在芝加哥的展览会的经验（模型预测实际结果的准确度）成为模型的输入信息，有助于改进和完善模型。机器和模型从每次经验中学习。

但是，在第 4 步中艾玛如何利用 CVP 分析做决策呢？艾玛从确认固定成本与变动成本开始，然后计算贡献毛益。

3.1.1 贡献毛益

摊位租金 2 000 美元是固定成本，因为无论艾玛售出多少套，租金成本都是一样的。资料的成本是变动成本，因为其随销售量的增长成比例增加。艾玛能退回没有售出的资料，收回全额退款。

为了理解营业利润如何随不同销售数量变化，艾玛计算了销售 5 套资料和 40 套资料时的营业利润。

	销售 5 套	销售 40 套
收入	$ 1 000（$200/套×5 套）	$8 000（$200/套×40 套）
变动购买成本	$ 600（$120/套×5 套）	$4 800（$120/套×40 套）
固定成本	$ 2 000	$2 000
营业利润	$(1 600)	$1 200

由于销售量不同而发生变化的只有总收入和总变动成本。总收入与总变动成本之间的差额称为**贡献毛益**（contribution margin）。即

　　　　贡献毛益＝总收入－总变动成本

贡献毛益解释了为什么销售量从 5 套增加到 40 套时，营业利润从亏损 1 600 美元变为盈利 1 200 美元，增加了 2 800 美元。艾玛售出 5 套资料时的贡献毛益是 400 美元（1 000 美元总收入减去 600 美元总变动成本）；售出 40 套时的贡献毛益是 3 200 美元（8 000 美元总收入减去 4 800 美元总变动成本），增加 2 800 美元（3 200－400）。当计算贡献毛益时，要确保减去了所有的变动成本。如果艾玛在展览会上售出的每套资料都会产生支付给销售人员的佣金，从而发生了变动销售成本，那么变动成本就包括每套资料的成本和销售佣金。

单位贡献毛益（contribution margin per unit）是计算贡献毛益和营业利润的一个有用工具。单位贡献毛益的定义如下：

　　　　单位贡献毛益＝售价－单位变动成本

在《GMAT 考试成功》的例子中，每套资料（或每单位）的贡献毛益是 80 美元（200－120）。单位贡献毛益是售价和单位变动成本的结合。与固定成本不同，艾玛销售一套《GMAT 考试成功》只产生 120 美元的单位变动成本。

单位贡献毛益提供了计算贡献毛益的第二种方法：

　　　　贡献毛益＝单位贡献毛益×销售量

例如，当艾玛售出 40 套资料时，贡献毛益＝80 美元/套×40 套＝3 200 美元。

在艾玛参加展览会以前，就已经产生了 2 000 美元的固定成本。因为单位贡献毛益是 80 美元，艾玛在展览会上每销售一套资料就会收回 80 美元。艾玛希望销售足够多的资料以收回 2 000 美元的摊位租金并赚取利润。

为了了解营业利润如何随销售量变化，艾玛可以编制一张如图表 3-1 所示的利润表。图表 3-1 中的利润表称为**贡献毛益利润表**（contribution income statement），因为它将成本分为变动成本和固定成本以强调贡献毛益。

　　　　营业利润＝贡献毛益－固定成本

文件	开始	插入	页面布局	公式	数据	审阅	视图	
	A	B	C	D	E	F	G	H
1						销售套数		
2				0	1	5	25	40
3	收入	$ 200	每套	$ 0	$ 200	$ 1 000	$ 5 000	$ 8 000
4	变动成本	$ 120	每套	$ 0	$ 120	$ 600	$ 3 000	$ 48 00
5	贡献毛益	$ 80	每套	$ 0	$ 80	$ 400	$ 2 000	$ 3 200
6	固定成本	$ 2 000	每套	$ 2 000	$ 2 000	$ 2 000	$ 2 000	$ 2 000
7	营业利润			$ (2 000)	$ (1 920)	$ (1 600)	$ 0	$ 1 200

图表 3-1　《GMAT 考试成功》不同销售量下的贡献毛益利润表

销售量从 0 到 1 套再到 5 套，每多出售 1 套资料，贡献毛益就会增加 80 美元，从而帮助艾玛收回更多的固定成本并减少营业损失。如果艾玛售出 25 套，则贡献毛益等于 2 000 美元

（80×25），正好收回所有的固定成本，营业利润为零。如果艾玛售出 40 套，贡献毛益就再增加 1 200 美元（3 200−2 000），所有新增的贡献毛益都成为营业利润。如果从左往右看图表 3 - 1，可以发现贡献毛益的增加恰好等于营业利润的增加（或营业损失的减少）。

当公司（如三星和普拉达（Prada））销售多种产品时，计算单位贡献毛益是比较麻烦的。这些公司也可以使用百分比而不用金额来表示单位贡献毛益，称为**贡献毛益百分比**（contribution margin percentage），或**贡献毛益率**（contribution margin ratio）。

$$\text{贡献毛益百分比（或贡献毛益率）}=\frac{\text{贡献毛益}}{\text{收入}}$$

以图表 3 - 1 中的销售 40 套资料为例：

$$\text{贡献毛益百分比}=\frac{80}{200}=0.40 \text{ 或 } 40\%$$

贡献毛益百分比是每一美元收入的贡献毛益。艾玛每获得 1 美元的收入，就能赚取 40%（40 美分）的利润。贡献毛益百分比是计算不同收入的贡献毛益的简便方法。重新整理贡献毛益百分比公式，得到：

$$\text{贡献毛益}=\text{贡献毛益百分比}\times\text{收入}$$

为了推导营业利润与贡献毛益百分比之间的关系，回想一下：

$$\text{营业利润}=\text{贡献毛益}-\text{固定成本}$$

替换上面公式中的贡献毛益：

$$\text{营业利润}=\text{贡献毛益百分比}\times\text{收入}-\text{固定成本}$$

如果艾玛售出了 40 套资料，则

收入	$8 000
贡献毛益百分比	40%
贡献毛益(0.40× $8 000)	$3 200
固定成本	$2 000
营业利润	$1 200

当只有一种产品时，可以将贡献毛益百分比公式中的分子、分母同时除以销售量，计算贡献毛益百分比：

$$\text{贡献毛益百分比}=\frac{\text{贡献毛益/销售量}}{\text{收入/销售量}}$$

$$=\frac{\text{单位贡献毛益}}{\text{售价}}$$

在上例中，可得到：

$$\text{贡献毛益百分比}=\frac{80}{200}=0.40 \text{ 或 } 40\%$$

贡献毛益百分比是计算收入变化如何改变贡献毛益的一个有用的工具。当艾玛的收入增加 3 000 美元，即从 5 000 美元增加到 8 000 美元时，她的贡献毛益从 2 000 美元增加到 3 200 美元（增加 1 200 美元）：

$8 000 收入的贡献毛益(0.40×$8 000)	$3 200
$5 000 收入的贡献毛益(0.40×$5 000)	$2 000
收入增加$3 000 时,贡献毛益的变化(0.40×$3 000)	$1 200

贡献毛益变化＝贡献毛益百分比×收入变化

贡献毛益分析是一种应用十分广泛的方法。例如,家得宝公司的管理者使用贡献毛益分析来评估经济衰退期间的销售波动如何影响公司的盈利能力。

3.1.2　CVP 关系的表达

如何构建图表 3-1 所示的电子表格? 其基础是表达 CVP 关系并且影响图表 3-1 中所示的贡献毛益利润表结构的公式。有三种建立 CVP 关系模型的相关方式(我们称其为"方法"):

1. 方程式法;
2. 贡献毛益法;
3. 图表法。

不同方法用于不同的决策。当管理者想要确定特定销售水平(如销售量为 5,15,25,40 单位)下的营业利润时,方程式法和贡献毛益法最有用。图表法可以帮助管理者将销售量与营业利润之间的关系用图表的形式展现。

方程式法

图表 3-1 中的每一列都可以表述为一个方程式。

收入－变动成本－固定成本＝营业利润

每一列的收入如何计算?

收入＝售价(SP)×销售量(Q)

每一列的变动成本如何计算?

变动成本＝单位变动成本(VCU)×销售量(Q)

因此:

售价×销售量－单位变动成本×销售量－固定成本＝营业利润　　　　　(方程式 1)

方程式 1 是计算不同销售量下营业利润的基础。例如,当艾玛销售 5 套资料时,营业利润(见图表 3-1 中的单元格 F7)的计算是:

$$200×5－120×5－2 000＝1 000－600－2 000＝－1 600(美元)$$

贡献毛益法

重新整理方程式 1,可得:

(售价－单位变动成本)×销售量－固定成本＝营业利润

单位贡献毛益×销售量－固定成本＝营业利润　　　　　(方程式 2)

单位贡献毛益是 80 美元(200－120),因此,当艾玛销售 5 套资料时,可得:

营业利润＝80×5－2 000＝－1 600(美元)

方程式 2 表达了我们前面描述的基本思想——每单位销售量帮助艾玛收回了 2 000 美元固定成本中的 80 美元（单位贡献毛益）。

小练习 3-1

Best Windows 是一家安装窗户的小公司。其成本结构如下：

每扇窗户的售价	$ 700
安装每扇窗户的变动成本	$ 600
年固定成本	$160 000

使用方程式法和贡献毛益法，分别计算该公司安装 4 000 扇窗户的营业利润。

图表法

图表法帮助管理者将总收入与总成本之间的关系绘制成图表。图表 3-2 以《GMAT 考试成功》为例说明了图表法的应用。因为我们假定总收入和总成本随销售量呈线性变动，因此在图表中将每种关系显示为一条线。确定每条线只需要两个点即可。

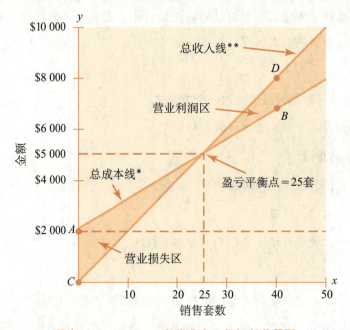

图表 3-2　《GMAT 考试成功》成本-销售量图

* 总成本线的斜率是单位变动成本，即 $120。

** 总收入线的斜率是售价，即 $200。

1. 总成本线。总成本是固定成本与变动成本之和。在相关范围内，任何销售量水平下的固定成本均为 2 000 美元。要绘制总成本线，可将销售量为零时的固定成本 2 000 美元（A 点）作为一个点，因为没有销售时的变动成本为 0。可选择任意销售量水平（如 40 套）作为第二个点，并确定相应的总成本。该销售量下的总变动成本为 4 800 美元（400×120）。记住，在相关范围内，固定成本在任何销售量水平下均为 2 000 美元，因此，销售 40 套的总成本为 6 800 美元（2 000+4 800），也即图表 3-2 中的 B 点。总成本线即为经过 A，B 两点的直线。

2. 总收入线。一个明显的起点是零收入点，即图表 3-2 中的 C 点。选择一个便于计算的销售量水平，确定相应的总收入来确定第二个点。当销售量为 40 套时，总收入为 8 000 美元

（200×40），即图表 3-2 中的 D 点。总收入线是经过 C，D 两点的直线。

利润或损失可以用该水平上两线的垂直距离来表示。当销售量小于 25 套时，总成本超过总收入，表现为营业损失；当销售量大于 25 套时，总收入超过总成本，表现为营业利润。当销售量为 25 套时，总收入等于总成本，即艾玛销售 25 套资料可以实现盈亏平衡。

3.1.3 CVP 假设

既然已经知道了 CVP 分析的作用，现在思考我们在分析中所做的下列假设：

1. 收入和成本的变动仅仅是由销售的产品（或服务）的数量变动引起的。也就是说，销售量是唯一的收入动因和成本动因。正如成本动因是影响成本的因素，**收入动因**（revenue driver）是影响收入的变量，如销售量。

2. 总成本能分解为不随销售量而变的固定成本部分（如艾玛的 2 000 美元摊位费）和随销售量而变的变动成本部分（如每套《GMAT 考试成功》的 120 美元成本）。

3. 如果给定一个相关范围（和一个时间区间），用图形表示的总收入和总成本性态与销售量的关系是线性的（即可以用直线表示）。

4. 售价、单位变动成本和总固定成本（在一个相关范围和时间段内）是已知且不变的。

从假设中可以看出，要进行 CVP 分析，必须正确区分固定成本与变动成本。但是要记住，一项成本是固定成本还是变动成本取决于决策的时间段。

时间短，就有更大比例的总成本被认为是固定的。例如，假设美国航空公司的一架飞机将在 1 个小时后起飞，现在还有 20 个座位没有售出。一位潜在乘客带着一张竞争对手公司的可转换机票抵达。美国航空公司在空座位上多安排一位乘客的变动成本（如向顾客提供免费饮料的成本）可以忽略不计。还有 1 个小时飞机就要起飞了，实际上所有的成本（如员工成本和行李处理成本）都是固定成本。

或者，假设美国航空公司必须决定是否在下一年继续提供这种特殊的航班。因为上一年很少有顾客乘坐这种航班，如果美国航空公司决定取消这种航班，那么许多成本（包括员工成本、行李处理成本和机场费）将被视作变动成本：在一年内，如果不再运营这种航班，美国航空公司将不必承担这些成本。将成本分为变动或固定成本时，常常要考虑相关范围、时间段和特定决策情形。

3.2 盈亏平衡点与目标营业利润

在上一节，我们将销售的套数作为贡献毛益利润表的输入信息，使用方程式法、贡献毛益法和图表法来计算不同销售量下艾玛的营业利润。在本节，我们使用相同的工具来反推这一逻辑。我们将艾玛想要获取的营业利润作为输入信息，然后计算获取该利润必须销售的套数。我们首先考虑艾玛必须销售多少套才能避免亏损。

3.2.1 盈亏平衡点

盈亏平衡点（breakeven point，BEP）是总收入等于总成本时的销售量，即营业利润为零时的销售量。你已经学习了怎样使用图表法计算盈亏平衡点。在图表 3-1 中，艾玛销售 25 套资料时，营业利润是 0，此即盈亏平衡点。但是通过理解图表 3-1 中的计算方程式，我们能够直接计算出《GMAT 考试成功》的盈亏平衡点，而不需要尝试不同的数量并检查营业利润何时等于 0。

使用方程式法（方程式 1）：

$$售价 \times 销售量 - 单位变动成本 \times 销售量 - 固定成本 = 营业利润$$

假设营业利润为 0，以 Q 表示销售的产品数量，则

$$200Q - 120Q - 2\,000 = 0$$
$$80Q = 2\,000$$
$$Q = 2\,000 \div 80 = 25（套）$$

如果艾玛销售的资料少于 25 套，她就会亏损；如果销售 25 套，她将不盈不亏；如果销售超过 25 套，她就会盈利。盈亏平衡点可以用销售量表示，也可以用收入表示：25 套×200 美元/套=5 000 美元。

使用贡献毛益法（方程式 2）：

$$单位贡献毛益 \times 销售量 - 固定成本 = 营业利润$$

在盈亏平衡点，营业利润是 0，因此：

$$单位贡献毛益 \times 盈亏平衡点销售量 = 固定成本 \qquad （方程式 3）$$

重新整理方程式 3，并代入数据，可得：

$$盈亏平衡点销售量 = \frac{固定成本}{单位贡献毛益} = \frac{2\,000}{80} = 25（套）$$

$$盈亏平衡点收入 = 盈亏平衡点销售量 \times 售价$$
$$= 25 \times 200 = 5\,000（美元）$$

在实务中（因为公司生产多种产品），管理会计师通常使用贡献毛益百分比直接计算盈亏平衡点收入。在《GMAT 考试成功》的例子中，当收入为 8 000 美元时，贡献毛益是 3 200 美元，则

$$贡献毛益百分比 = \frac{贡献毛益}{收入} = \frac{3\,200}{8\,000} = 0.40 \text{ 或 } 40\%$$

也就是说，每 1 美元收入中的 40%，即 40 美分，就是贡献毛益。为实现盈亏平衡，贡献毛益必须等于固定成本 2 000 美元。为赚取 2 000 美元的贡献毛益，当每 1 美元收入创造 0.40 美元的贡献毛益时，收入必须为 5 000 美元（2 000÷0.40）。

$$盈亏平衡点收入 = \frac{固定成本}{贡献毛益百分比} = \frac{2\,000}{0.40} = 5\,000（美元）$$

当盈亏平衡点告诉管理者，必须销售多少产品才能避免亏损时，管理者也想知道他们如何实现其战略和计划中的目标营业利润。在上面的例子中，如果能以每套 200 美元的价格售出 25 套资料，艾玛将确信她租赁摊位后不会亏损。这一消息是令人欣慰的，但艾玛如何确定必须销售多少套资料才能实现目标营业利润呢？

3.2.2 目标营业利润

假设艾玛想赚取 1 200 美元的营业利润，她必须销售多少套资料呢？一种方法是把不同的

数字插入图表 3-1 中，当营业利润等于 1 200 美元时停止。图表 3-1 显示，当销售 40 套资料时，营业利润是 1 200 美元。一种更简便的方法是使用方程式 1。

售价×销售量－单位变动成本×销售量－固定成本＝营业利润

我们用 Q 表示艾玛为了赚取 1 200 美元的营业利润而必须销售的产品数量。售价是 200 美元，每套的变动成本是 120 美元，固定成本是 2 000 美元，目标营业利润是 1 200 美元。将这些数值代入方程式 1，可得到：

$$200×Q－120×Q－2\,000＝1\,200$$
$$80×Q＝2\,000＋1\,200＝3\,200$$
$$Q＝3\,200÷80＝40（套）$$

或者，用方程式 2：

单位贡献毛益×销售量－固定成本＝营业利润

给定目标营业利润（本例中为 1 200 美元），重新整理各项，可得到如下方程式：

$$所需销售量＝\frac{固定成本＋目标营业利润}{单位贡献毛益}\qquad（方程式 4）$$

$$所需销售量＝\frac{2\,000＋1\,200}{80}＝40（套）$$

验算如下：

收入（$200/套×40 套）	$8 000
变动成本（$120/套×40 套）	$4 800
贡献毛益（$80/套×40 套）	$3 200
固定成本	$2 000
营业利润	$1 200

获得 1 200 美元营业利润所需的收入也可以直接算出：（1）必须获得 3 200 美元的贡献毛益（以支付固定成本 2 000 美元并赚取营业利润 1 200 美元）；（2）1 美元收入能得到 0.40 美元（40 美分）的贡献毛益（贡献毛益百分比为 40%）。所以，为了获得 3 200 美元的贡献毛益，收入必须为 8 000 美元（3 200÷0.40）：

$$赚取目标营业利润所需收入＝\frac{固定成本＋目标营业利润}{贡献毛益百分比}$$

$$赚取 1\,200 美元目标营业利润所需收入＝\frac{2\,000＋1\,200}{0.40}＝\frac{3\,200}{0.40}＝8\,000（美元）$$

小练习 3-2

Best Windows 是一家安装窗户的小公司。其成本结构如下：

每扇窗户的售价	$ 700
安装每扇窗户的变动成本	$ 600
年固定成本	$160 000

计算：（1）盈亏平衡点的销售量和收入；（2）该公司赚取 180 000 美元的目标营业利润所需安装的窗户数量和实现的收入。

　　我们可以用图表法和图表 3-2 计算出艾玛必须销售多少套资料才能获得 1 200 美元的营业利润吗？可以。但是很难准确确定在哪一点上总收入线与总成本线的差异是 1 200 美元。如果将图表 3-2 转换成利润-销售量（PV）图的形式，就很容易回答这个问题。

　　PV 图（PV graph）显示了销售量的变动如何影响营业利润。图表 3-3 所示的是《GMAT 考试成功》的 PV 图（固定成本 2 000 美元，售价 200 美元，单位变动成本 120 美元）。可以用两个点来绘制 PV 线。为方便起见，第一个点（M）可以选取销售量为 0 时的营业损失，它等于固定成本 2 000 美元，在图中表现为纵轴上－2 000 美元的那一点。第二个点（N）是盈亏平衡点，在图中是横轴上销售量为 25 套的那一点。PV 线就是从 M 点经过 N 点的直线。为了找到艾玛赚取 1 200 美元营业利润所必须销售的数量，过纵轴上 1 200 美元那一点画一条与横轴平行的直线，与 PV 线交于一点，再从此点向下画一条垂直线与横轴交于一点，此交点为 40，这意味着艾玛卖出 40 套资料才能获得 1 200 美元的营业利润。

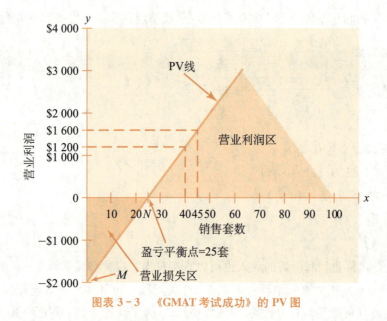

图表 3-3　《GMAT 考试成功》的 PV 图

　　就像艾玛一样，加利福尼亚比萨厨房（California Pizza Kitchen）等大公司的管理者也会使用 PV 分析来了解利润如何随销售量变化。他们应用这种知识来确定目标销售水平，以实现利润计划。

　　到目前为止，我们在 CVP 分析中忽略了所得税的影响。在许多公司中，董事会要求高层管理者和经理考虑他们的决策对公司税后营业利润的影响，因为这个指标决定股东的股利和回报。有些决策可能不会带来大量营业利润，但其有利的税收结果使它们比其他营业利润更高但税负也更高的投资决策更有吸引力。CVP 分析可以很容易地进行调整，以适用于考虑所得税的影响。

3.3　所得税和目标净利润

　　净利润（net income）等于营业利润加上营业外收入（如利息收入）减去营业外成本（如利息成本）再减去所得税。为简单起见，假设营业外收入和营业外成本均为零。这样，净利润公式为：

　　　净利润＝营业利润－所得税

为了计算净利润，目标营业利润的 CVP 计算要用目标净利润而不是目标营业利润。例如，当艾玛想知道要获得 1 120 美元的税后净利润需要销售多少套资料时，假定所得税税率为 30%。

　　　目标净利润＝目标营业利润－目标营业利润×所得税税率

　　　目标净利润＝目标营业利润×（1－所得税税率）

　　　目标营业利润＝$\dfrac{目标净利润}{1-所得税税率}$＝$\dfrac{1\,120}{1-0.30}$＝1 600（美元）

换句话说，为了获得 1 120 美元的目标净利润，艾玛的目标营业利润应为 1 600 美元。

验算如下：

目标营业利润	$1 600
税率 30%（0.30×$1 600）	$ 480
目标净利润	$1 120

关键步骤是取得目标净利润数并将其转换成对应的目标营业利润数。然后，我们可以用方程式 1 确定目标营业利润，并且代入《GMAT 考试成功》例子中的数据。

　　　售价×销售量－单位变动成本×销售量－固定成本＝营业利润　　　（方程式 1）

　　　$200Q-120Q-2\,000=1\,600$

　　　$80Q=3\,600$

　　　$Q=3\,600\div80=45$（套）

或者，可以用贡献毛益法和方程式 4，计算艾玛必须销售的数量：

　　　所需销售量＝$\dfrac{固定成本＋目标营业利润}{单位贡献毛益}$

　　　　　　　　＝$\dfrac{2\,000+1\,600}{80}=45$（套）

验算如下：

收入（$200/套×45 套）	$9 000
变动成本（$120/套×45 套）	$5 400
贡献毛益	$3 600
固定成本	$2 000
营业利润	$1 600
所得税（$1 600×0.30）	$ 480
净利润	$1 120

艾玛也可以用图表 3-3 所示的 PV 图。要获得 1 600 美元的目标营业利润，艾玛必须售出 45 套资料。

关注目标净利润而不是目标营业利润的分析并不会改变盈亏平衡点，因为根据定义，盈亏平衡点的营业利润是 0，此时不需要缴纳所得税。

> **小练习 3-3**
>
> Best Windows 是一家安装窗户的小公司。其成本结构如下：
>
> | | |
> |---|---:|
> | 每扇窗户的售价 | $ 700 |
> | 安装每扇窗户的变动成本 | $ 600 |
> | 年固定成本 | $160 000 |
> | 税率 | 30% |
>
> 计算该公司赚取 63 000 美元的净利润必须安装的窗户数量和所需的收入。

3.4 利用 CVP 分析制定决策

管理者也可以用 CVP 分析来制定其他战略决策，如为新车型选择发动机、传输系统或转向系统的产品特性。不同的选择会影响汽车的售价、单位变动成本、固定成本、销售量。CVP 分析帮助管理者估计不同选择的预期盈利能力。在《GMAT 考试成功》的例子中，艾玛使用 CVP 分析制定广告和售价决策。

3.4.1 广告决策

假设艾玛预期在展览会上销售 40 套《GMAT 考试成功》。图表 3-3 显示营业利润是 1 200 美元。艾玛考虑在展览会的宣传册上宣传产品及其特性。做广告的固定成本是 500 美元。艾玛预计做广告将增加 10% 的销售量，即可销售 44 套资料。她应该做广告吗？下表是这个问题的 CVP 分析。

	无广告 售出 40 套 (1)	有广告 售出 44 套 (2)	差异 (3) = (2) - (1)
收入（$200×40；$200×44）	$8 000	$8 800	$ 800
变动成本（$120×40；$120×44）	$4 800	$5 280	$ 480
贡献毛益（$80×40；$80×44）	$3 200	$3 520	$ 320
固定成本	$2 000	$2 500	$ 500
营业利润	$1 200	$1 020	$ (180)

营业利润从 1 200 美元减少到 1 020 美元，所以艾玛不应该做广告。注意，艾玛只需关注差异列就可以得出同样的结论：如果艾玛做广告，贡献毛益将增加 320 美元（收入 800 美元减去变动成本 480 美元），而固定成本将增加 500 美元，导致营业利润减少 180 美元。

在进行 CVP 分析时，可以试着利用差异来评估决策，而不需要机械地编制贡献毛益利润表。如果广告费用是 400 美元或 600 美元，而不是 500 美元，结果会怎么样？差异分析是 CVP 分析的核心，仅仅关注决策对收入和成本的影响可以使直觉更敏锐。

3.4.2　降价决策

决定不做广告后，艾玛考虑是否将价格降低到 175 美元。按照这个价格，她认为可以卖出 50 套资料。在此数量下，提供《GMAT 考试成功》的公司将以每套 115 美元而不是 120 美元的价格将其卖给艾玛。艾玛应该降低售价吗？

降价到 175 美元后的贡献毛益：($175/套－$115/套)×50 套	$3 000
保持原价的贡献毛益：($200/套－$120/套)×40 套	$3 200
降价带来的贡献毛益变动	$（200)

降价会使贡献毛益减少 200 美元，而由于固定成本 2 000 美元保持不变，营业利润将降低 200 美元。因此，艾玛不应该降价。

3.4.3　确定目标价格

艾玛还可以问："我以什么价格卖 50 套资料（进价为每套 115 美元）仍然能够获取 1 200 美元的营业利润？"答案是 179 美元，计算如下：

目标营业利润	$1 200
加：固定成本	$2 000
目标贡献毛益	$3 200
除以：销售量	50 套
目标单位贡献毛益	$　64
加：单位变动成本	$　115
目标售价	$　179

验算如下：

收入($179/套×50 套)	$8 950
变动成本($115/套×50 套)	$5 750
贡献毛益	$3 200
固定成本	$2 000
营业利润	$1 200

艾玛也可以研究其他决策的影响，如在增加广告成本的同时提高或降低《GMAT 考试成功》的售价。在每种情况下，艾玛都要将贡献毛益的变化（通过影响售价、变动成本和销售量，从而影响贡献毛益）与固定成本的变化进行比较，从而选择营业利润最高的方案。"观念实施：本量利分析能帮助全食摆脱'全额支票'陷阱吗？"描述了全食如何降低产品价格以增加贡献毛益和营业利润。

战略决策肯定会有风险。管理者可以使用 CVP 分析估计若达不到预测的数量（如销售量比预计低 10%），公司的营业利润将会受到何种影响。对这种风险的估计将影响管理者制定的战略决策。例如，如果销售量下降的可能性很大，管理者可能选择有更多变动成本和更少固定成本的成本结构，即使这种成本结构会导致更低的营业利润。

◀ **观念实施**

本量利分析能帮助全食摆脱"全额支票"陷阱吗？

多年来，美国连锁超市全食（Whole Foods）一直因其有机食品的高价格而饱受批评。虽然全食的利润率在业内最高，但它一直在努力摆脱其作为富人食品店的"全额支票"名声，这些富人愿意花高价购买芦笋水和观赏甘蓝。

2017 年，亚马逊以 137 亿美元收购了全食。它首先做的事情是降价出售 500 多种食品，包括香蕉、牛油果和鸡蛋。这是为什么？亚马逊相信，更低的价格将吸引新顾客到全食，并提高其利润。

亚马逊高管杰夫·威尔克（Jeff Wilke）表示："我们决心让每个人都能买得起健康和有机食品。每个人都应该能吃到优质的全食食品，我们将在不影响全食长期以来对最高标准的承诺的情况下降低价格。"

亚马逊还在全食为其亚马逊 Prime 会员推出了特别折扣，包括数百种商品降价 10％ 和每周轮换特价优惠，如比目鱼牛排每磅降价 10 美元。它还开始通过其网站、Amazon Fresh、Prime Pantry 和 Prime Now 项目销售全食自有品牌。全食在被亚马逊收购一年后，年收入增长了约 7％，每笔交易的商品数量也增加了。

资料来源：Abha Bhattarai, "Whole Foods Has Tried to Lower Prices Before. Can Amazon Make It Work?" *The Washington Post*, August 25, 2017 (https://www.washingtonpost.com/business/capitalbusiness/whole-foods-has-tried-lower-prices-before-can-amazon-make-it-work/2017/08/25/2b2d1308-89a1-11e7-a50f-e0d4e6ec070a_story.html)；Tonya Garcia, "Amazon Prime Members Are Adopting Whole Foods Benefits Faster Than Previous Perks," MarketWatch.com, July 31, 2018 (https://www.marketwatch.com/story/amazon-prime-members-are-adopting-whole-foods-benefits-faster-than-previ ousperks-2018-07-27)；Christian Hetrick, "A Year After Amazon Takeover, Whole Foods Still Hasn't Shed Its Whole Paycheck Status," *The Philadelphia Inquirer*, August 20, 2018 (http://www2.philly.com/philly/business/consumer_news/amazon-whole-foods-prices-prime-wegman-20180820.html)；Lisa Baertlein and Jeffrey Dastin, "Amazon Cuts Whole Foods Prices for Prime Members in New Grocery Showdown," *Reuters*, May 16, 2018 (https://www.reuters.com/article/us-amazon-com-whole-foods/amazon-cuts-whole-foods-prices-for-prime-members-in-new-grocery-showdown-idUSKCN1IH0BM).

3.5 敏感性分析与安全边际

敏感性分析（sensitivity analysis）是一种"假设"方法，管理者用它来研究如果达不到初始预测的数量，或者基础假设发生变动，结果将会怎样变化。敏感性分析回答这样的问题：如果销售量比预测值少 5％，营业利润会有什么变化？如果单位变动成本增加 10％，营业利润又会怎样变化？例如，波音和空客等公司为了收回数十亿美元的新飞机设计与开发成本，使用 CVP 分析评估需要销售多少架飞机。然后，管理者做敏感性分析，以检验他们的结论对不同假设（如飞机市场规模、售价以及他们认为可以抢占的市场份额）的敏感性。这种分析可以帮助公司在投资项目前，将可能的结果和风险直观地表示出来。

电子表格（如 Excel）使管理者能系统、有效地进行以 CVP 为基础的敏感性分析，并检查售价、单位变动成本、固定成本的变化对目标营业利润的影响及其相互关系。图表 3-4 展示了《GMAT 考试成功》CVP 关系的电子表格分析。

	A	B	C	D	E	F
1			以$200售价获取目标营业利润			
2			需要销售的数量（套）			
3		单位	$0	$1 200	$1 600	$2 000
4	固定成本	变动成本	（盈亏平衡点）			
5	$2 000	$100	20	32[a]	36	40
6	$2 000	$120	25	40	45	50
7	$2 000	$150	40	64	72	80
8	$2 400	$100	24	36	40	44
9	$2 400	$120	30	45	50	55
10	$2 400	$150	48	72	80	88
11	$2 800	$100	28	40	44	48
12	$2 800	$120	35	50	55	60
13	$2 800	$150	56	80	88	96
14						
15						
16						

a.需要销售的数量 $= \dfrac{固定成本+目标营业利润}{单位贡献毛益} = \dfrac{2\,000+1\,200}{200-100} = 32(套)$

图表 3-4 《GMAT 考试成功》CVP 关系的电子表格分析

在任何给定的固定成本和单位变动成本水平下，艾玛使用电子表格，可以立刻知道要实现特定水平的营业利润需要销售多少产品。例如，如果固定成本为 2 000 美元，而单位变动成本为 100 美元，艾玛要得到 1 200 美元的营业利润必须销售 32 套资料。如果展览会的摊位租赁固定成本上涨到 2 800 美元，并且备考资料供应商将单位变动成本增加到 150 美元，艾玛也可以使用图表 3-4 中的单元格 C13 来确定她需要销售 56 套资料才能实现盈亏平衡。艾玛能够用这种信息和敏感性分析，以及对销售量的预测，来决定她是否应该租赁摊位。

敏感性分析的一个重要方面是**安全边际**（margin of safety）：

安全边际（收入）＝预算（或实际）收入－盈亏平衡点收入

安全边际（销售量）＝预算（或实际）销售量－盈亏平衡点销售量

安全边际可用来回答"如果……那么"的问题：如果预算收入在盈亏平衡点之上，那么收入下跌多少才能达到盈亏平衡点？收入下跌可能是市场营销计划执行不力或竞争者推出了更好的产品等引起的。假定《GMAT 考试成功》的固定成本是 2 000 美元，售价是 200 美元，单位变动成本是 120 美元。从图表 3-1 中可知，如果艾玛销售 40 套，预算收入是 8 000 美元，预算营业利润是 1 200 美元。盈亏平衡点为 25 套或 5 000 美元总收入。

安全边际（收入）＝预算收入－盈亏平衡点收入＝8 000－5 000＝3 000（美元）

安全边际（销售量）＝预算销售量－盈亏平衡点销售量＝40－25＝15（套）

有时，安全边际以百分比的形式表示：

安全边际百分比 $= \dfrac{安全边际收入}{预算（或实际）收入}$

在本例中，可得：

安全边际百分比 $= \dfrac{3\,000}{8\,000} = 37.5\%$

也就是说，收入大幅减少 37.5% 达到盈亏平衡。这么高的安全边际让艾玛相信她不可能亏损。

但是，如果艾玛预计只销售 30 套资料，预算收入将只有 6 000 美元（200×30），安全边际将等于：

$$预算收入 - 盈亏平衡点收入 = 6\ 000 - 5\ 000 = 1\ 000（美元）$$

$$安全边际百分比 = \frac{安全边际收入}{预算收入} = \frac{1\ 000}{6\ 000} = 16.67\%$$

也就是说，如果收入减少超过 16.67%，艾玛将遭受亏损。低安全边际增加了亏损的风险。艾玛需要想办法通过降低固定成本或增加贡献毛益来降低盈亏平衡点。例如，她可以在不减少需求的情况下收取更高的价格，或者以更低的成本购买资料吗？如果艾玛既不能降低固定成本，也不能增加贡献毛益，并且她不能忍受这种风险水平，那么她不会愿意在展览会上租赁摊位。

敏感性分析使管理者对决策风险有一个良好的把握。它是识别不确定性的一种简单方法，**不确定性**（uncertainty）是实际值偏离预期值的可能性。本章附录介绍了一种使用概率分布对不确定性进行建模的综合方法。

小练习 3-4

Best Windows 是一家安装窗户的小公司。其成本结构如下：

每扇窗户的售价	$ 700
安装每扇窗户的变动成本	$ 600
年固定成本	$160 000

如果该公司预计当年销售 4 000 扇窗户，计算安全边际收入、安全边际销售量和安全边际百分比。

3.6 成本计划与 CVP

管理者有能力在成本结构中选择变动成本与固定成本的水平。这是一个影响风险与回报的战略决策。在这一部分，我们将描述管理者和管理会计师如何考虑这个决策。

3.6.1 可替代的固定成本/变动成本结构

基于 CVP 的敏感性分析突出了在公司成本结构中用固定成本替代变动成本所带来的风险和回报。在图表 3-4 中，比较第 6 行和第 11 行。

			在 $200 的售价下 赚取目标利润所需的销售量（套）	
	固定成本	单位变动成本	$0（盈亏平衡点）	$2 000
第 6 行	$2 000	$120	25	50
第 11 行	$2 800	$100	28	48

与第 6 行相比，第 11 行有较高的固定成本和较低的单位变动成本，盈亏平衡点较高，但只

需要更少的销售量（48 对 50）就能赚取 2 000 美元的营业利润。CVP 分析帮助管理者评估不同的固定成本/变动成本结构。假设芝加哥的展览会组织者给艾玛三种租金选择：

选项 1：2 000 美元的固定费用。

选项 2：800 美元的固定费用加《GMAT 考试成功》收入的 15%。

选项 3：《GMAT 考试成功》收入的 25%，无固定费用。

图表 3 - 5 用图形描述了每种选项下的 PV 关系和风险。

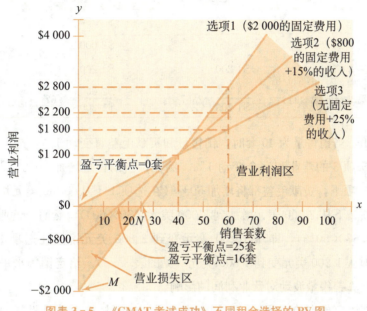

图表 3 - 5　《GMAT 考试成功》不同租金选择的 PV 图

● 选项 1 的 PV 线与图表 3 - 3 中的 PV 线相同（固定成本为 2 000 美元，单位贡献毛益为 80 美元）。

● 选项 2 的 PV 线显示固定成本为 800 美元，单位贡献毛益为 50 美元（售价 200 美元减去单位变动成本 120 美元，再减去单位变动租金 30 美元（0.15×200））。

● 选项 3 的 PV 线显示没有固定成本，单位贡献毛益为 30 美元（售价 200 美元减去单位变动成本 120 美元，再减去单位变动租金 50 美元（0.25×200））。

选项 3 的盈亏平衡点最低（0 套），选项 1 的盈亏平衡点最高（25 套）。如果销售量较低，选项 1 的亏损风险最大，但同时它的单位贡献毛益（80 美元）最大，因而当销售量较高（大于 40 套）时，选项 1 下的营业利润最大。

在选项 1，2，3 之间进行选择是一个战略决策。艾玛的决策将会显著影响她的营业利润（或损失），这取决于市场对产品的需求。面对这种不确定性，艾玛的选择将取决于她对《GMAT 考试成功》需求的把握以及如果需求量低她承担损失的意愿。例如，如果艾玛的风险承受能力很强，她将选择选项 1，因为它有很高的潜在回报。如果艾玛厌恶风险，她会选择选项 3，因为虽然销售量高时，它的回报相对较少，但是如果销售量低，她不会遭受损失。

3.6.2　经营杠杆

经营杠杆衡量不同成本结构下的风险-回报。**经营杠杆**（operating leverage）描述了当销售量和贡献毛益发生变动时，固定成本对营业利润变动的影响。成本结构中固定成本占比较高的组织，如选项 1 的情形，其经营杠杆也较高。图表 3 - 5 中表示选项 1 的直线是三条直线中最陡峭的。销售量的小幅增长将带来营业利润的大幅增长；销售量的小幅下降也将带来营业利润的大幅下降和更大的亏损风险。在任何给定的销售水平上，可得：

$$经营杠杆系数 = \frac{贡献毛益}{营业利润}$$

下面显示了销售量为 40 套时三种租金选择的经营杠杆系数。

	选项 1	选项 2	选项 3
1. 单位贡献毛益	$ 80	$ 50	$ 30
2. 贡献毛益（第 1 行×40 套）	$3 200	$2 000	$1 200
3. 营业利润（见图表 3-5）	$1 200	$1 200	$1 200
4. 经营杠杆系数（第 2 行÷第 3 行）	$\frac{3\,200}{1\,200}=2.67$	$\frac{2\,000}{1\,200}=1.67$	$\frac{1\,200}{1\,200}=1.00$

这些结果表明，当销售量为 40 套时，销售量和贡献毛益每变动 1%，选项 1 的营业利润就会变动 2.67%，选项 3 的营业利润会变动 1%。例如，当销售量增加 50%，即从 40 套增加到 60 套时，在每种选项下，贡献毛益都将增加 50%（在选项 1 下从 3 200 美元增加到 4 800 美元（80×60），在选项 2 下从 2 000 美元增加到 3 000 美元（50×60））。然而，营业利润在选项 1 下将增加 133%（2.67×50%），即从 1 200 美元变到 2 800 美元；但在选项 3 下只增加 50%（1.00×50%），即从 1 200 美元变到 1 800 美元（见图表 3-5）。给定销售水平下的经营杠杆系数能帮助管理者计算销售量波动对营业利润的影响。

注意，在存在固定成本的情况下，不同销售水平的经营杠杆系数是不同的。例如，当销售量是 60 套时，三种选项的经营杠杆系数如下：

	选项 1	选项 2	选项 3
1. 单位贡献毛益	$ 80	$ 50	$ 30
2. 贡献毛益（第 1 行×60 套）	$4 800	$3 000	$1 800
3. 营业利润（见图表 3-5）	$2 800	$2 200	$1 800
4. 经营杠杆系数（第 2 行÷第 3 行）	$\frac{4\,800}{2\,800}=1.71$	$\frac{3\,000}{2\,200}=1.36$	$\frac{1\,800}{1\,800}=1.00$

经营杠杆系数在选项 1 下从 2.67（销售量为 40 套时）降到 1.71（销售量为 60 套时），在选择 2 下从 1.67 降到 1.36。通常，只要存在固定成本，当销售水平上升至盈亏平衡点以上时，经营杠杆系数就会下降。如果固定成本为 0，如选项 3 的情形，则贡献毛益等于营业利润，并且经营杠杆系数在任何销售水平上都等于 1.00。

对管理者来说，认真监控经营杠杆是很重要的。以通用汽车和美国航空公司为例。高经营杠杆是它们产生财务问题的主要原因。这些公司预计市场对其提供的服务需求很大，于是借钱购买资产，导致固定成本很高。当销售额下降时，它们遭受了损失，无法获得足够的现金偿还利息和债务，这导致它们寻求破产保护。管理者和管理会计师必须管理固定成本和变动成本水平以平衡风险-回报。

管理者可以做些什么来降低固定成本？耐克是一家鞋类和服装公司，它并不从事生产活动，也没有经营工厂的固定成本。它将生产外包，并从中国、印度尼西亚、越南等国的供应商那里购买产品。因此，耐克的所有生产成本都是变动成本。耐克通过增加变动成本和减少固定成本来降低亏损风险。

为了降低变动成本和固定成本，许多公司正在把它们的生产设备从美国转移到低成本的国家，如墨西哥和中国。其他公司，如通用电气和惠普公司将服务职能（如售后客户服务）转移到其他国家（如印度的客户服务中心）。公司的这些决策通常是有争议的。某些经济学家认为，外包或在其他国家建立工厂有助于降低成本，从而降低价格，使本国公司保持全球竞争力。另一些经济学家则认为，外包和在其他国家建立工厂减少了本国的工作机会，损害了工薪家庭的利益。

小练习 3－5

Best Windows 是一家安装窗户的小公司。其成本结构如下：

每扇窗户的售价	$ 700
安装每扇窗户的变动成本	$ 600
年固定成本	$160 000
窗户销售量（扇）	3 400

该公司正在考虑改变下一年的销售佣金。公司下一年计划向销售人员按销售收入的 3% 支付佣金，并将固定销售成本减少 67 000 美元。

计算在两种方案下，销售 3 400 扇窗户时的经营杠杆系数，并对结果进行简要评论。

3.7 销售组合对利润的影响

公司销售多种产品，每种产品都是收入和成本的驱动因素。**销售组合**（sales mix）是公司内构成总销售量的不同产品（或服务）的数量（或比例）关系。假设艾玛正在为参加芝加哥的展览会编制预算。她计划销售两种不同的备考资料——《GMAT 考试成功》和《GRE 保证通过》，预算如下：

	《GMAT 考试成功》	《GRE 保证通过》	合计
预计销售量（套）	60	40	100
收入（$200/套，$100/套）	$12 000	$4 000	$16 000
变动成本（$120/套，$70/套）	$ 7 200	$2 800	$10 000
贡献毛益（$80/套，$30/套）	$ 4 800	$1 200	$ 6 000
固定成本			$ 4 500
营业利润			$ 1 500

现在艾玛的业务盈亏平衡点是多少？在经营多种产品的公司中，实现盈亏平衡所要销售的总产品数量取决于销售组合。对艾玛来说，这是《GMAT 考试成功》的销售量与《GRE 保证通过》的销售量的组合。假设当总销量发生变化时，预算的销售组合（《GMAT 考试成功》销售 60 套和《GRE 保证通过》销售 40 套，即比率为 3：2）保持不变。即我们认为艾玛将 3 套

《GMAT 考试成功》和 2 套《GRE 保证通过》捆绑在一起销售。（注意，这并不意味着艾玛在实际上把这两种产品捆绑在一起形成一个大包裹。）

每个销售组合的贡献毛益是 300 美元，计算如下：

	每个组合中《GMAT 考试成功》与《GRE 保证通过》的数量（套）	《GMAT 考试成功》与《GRE 保证通过》的单位贡献毛益	销售组合的贡献毛益
《GMAT 考试成功》	3	$80	$240
《GRE 保证通过》	2	$30	$ 60
合计			$300

为了计算盈亏平衡点，要先计算艾玛需要销售的销售组合数。

$$\text{盈亏平衡点的销售组合数} = \frac{\text{固定成本}}{\text{每个销售组合的贡献毛益}} = \frac{4\,500}{300} = 15（组）$$

《GMAT 考试成功》和《GRE 保证通过》在盈亏平衡点的销售量是：

《GMAT 考试成功》：（15 组×3 套/组）	45 套
《GRE 保证通过》：（15 组×2 套/组）	30 套
盈亏平衡点的总销售量	75 套

《GMAT 考试成功》和《GRE 保证通过》在盈亏平衡点的收入是：

《GMAT 考试成功》：（45 套× $200/套）	$ 9 000
《GRE 保证通过》：（30 套× $100/套）	$ 3 000
盈亏平衡点的收入	$12 000

当有多种产品时，使用贡献毛益百分比通常是很方便的。在这种方法下，艾玛也可以计算出销售 3 套《GMAT 考试成功》和 2 套《GRE 保证通过》的销售组合可获得的收入，如下所示：

	每个组合中《GMAT 考试成功》与《GRE 保证通过》的数量（套）	《GMAT 考试成功》与《GRE 保证通过》的售价	销售组合的收入
《GMAT 考试成功》	3	$200	$600
《GRE 保证通过》	2	$100	$200
合计			$800

$$\text{每个销售组合的贡献毛益百分比} = \frac{\text{每个销售组合的贡献毛益}}{\text{每个销售组合的收入}}$$

$$= \frac{300}{800} = 0.375 \text{ 或 } 37.5\%$$

$$\text{盈亏平衡点收入} = \frac{\text{固定成本}}{\text{每个销售组合的贡献毛益百分比}} = \frac{4\,500}{0.375} = 12\,000（美元）$$

$$\text{实现盈亏平衡所需销售组合销售量} = \frac{\text{盈亏平衡点收入}}{\text{每个销售组合收入}} = \frac{12\,000}{800} = 15（组）$$

《GMAT 考试成功》和《GRE 保证通过》在盈亏平衡点的销售量和收入如下：

《GMAT 考试成功》：15×3×200＝9 000（美元）

《GRE 保证通过》：15×2×100＝3 000（美元）

盈亏平衡点的计算假设在不同的销售量下，预算的销售组合（3 套《GMAT 考试成功》对应 2 套《GRE 保证通过》）是一样的。

当然，有很多不同的销售组合（销售量）能产生 4 500 美元的贡献毛益使艾玛实现盈亏平衡，如下所示：

销售组合（销售量）		贡献毛益		
《GMAT 考试成功》 (1)	《GRE 保证通过》 (2)	《GMAT 考试成功》 (3)＝80×(1)	《GRE 保证通过》 (4)＝30×(2)	总贡献毛益 (5)＝(3)＋(4)
48	22	$3 840	$ 660	$4 500
36	54	$2 880	$1 620	$4 500
30	70	$2 400	$2 100	$4 500

如果销售组合变成每 3 套《GMAT 考试成功》对应 7 套《GRE 保证通过》，则盈亏平衡点从 75 套上升到 100 套，由 30 套《GMAT 考试成功》和 70 套《GRE 保证通过》组成。盈亏平衡点销售量的增加，是由于销售组合转向了低贡献毛益的产品，即《GRE 保证通过》（每套 30 美元，而《GMAT 考试成功》是每套 80 美元）。一般来说，在给定的总销售量下，销售组合转向低贡献毛益的产品会使营业利润降低。

小练习 3 - 6

Best Windows 公司计划销售两种不同品牌的窗户——Chad 和 Musk，预算如下：

	Chad 窗户	Musk 窗户	合计
预计销售量（扇）	3 000	1 500	4 500
收入（$700/扇，$300/扇）	$2 100 000	$450 000	$2 550 000
变动成本（$600/扇，$250/扇）	$1 800 000	$375 000	$2 175 000
贡献毛益（$100/扇，$50/扇）	$ 300 000	$ 75 000	$ 375 000
固定成本			$ 160 000
营业利润			$ 215 000

计算该公司盈亏平衡点的销售量和收入。

公司如何选择销售组合？它们可以根据需求变化调整销售组合。例如，当汽油价格上升，顾客需要小型汽车时，汽车公司（如福特、日产和丰田）就会改变生产组合，转向生产小型汽车。转向生产小型汽车导致盈亏平衡点上升，因为销售组合转向了贡献毛益更低的产品。虽然盈亏平衡点上升了，但将销售组合转向小型汽车是正确的决策，因为顾客对大型汽车的需求已经下降了。在任何时候，管理者都不应该不考虑顾客的偏好与需求，而只顾改变销售组合以降低盈亏平衡点。

3.8 服务业公司和非营利组织的 CVP 分析

到目前为止，CVP 分析都是针对艾玛的商业公司而言的。当然，制造业公司（如宝马）、服务业公司（如美国银行（Bank of America））和非营利组织（如联合劝募协会）的管理者也应用 CVP 分析做决策。为了能在服务业公司和非营利组织中应用 CVP 分析，我们需要衡量产出，其与制造业公司和商业公司的有形产品销售量不同。不同的服务业公司（如航空公司、酒店/汽车旅馆和医院）和非营利组织（如大学）的产出指标示例如下：

行业	产出指标
航空业	旅客周转量
酒店业	客房入住天数
医院	患者住院天数
大学	学生学时

CVP 分析基于与这些产出指标相关的变动成本和固定成本。以管理咨询公司高桥咨询（Highbridge Consulting）为例。高桥咨询以咨询服务的人-日来衡量产出。它聘请顾问以满足客户对咨询服务的需求。

高桥咨询在安排顾问执行任务之前，会聘用并培训新顾问。2020 年，高桥咨询的招聘预算为 1 250 000 美元。该预算包括每年平均每人 100 000 美元的顾问聘用成本，以及 250 000 美元的招聘和培训固定成本（包括招聘部门的人员工资和费用）。2020 年，高桥咨询可以招聘多少名顾问？高桥咨询将招聘部门的营业利润设为 0，使用 CVP 分析来回答这个问题。设 Q 为聘用的顾问人数：

$$招聘预算 - 变动成本 - 固定成本 = 0$$
$$1\ 250\ 000 - 100\ 000Q - 250\ 000 = 0$$
$$100\ 000Q = 1\ 250\ 000 - 250\ 000 = 1\ 000\ 000$$
$$Q = 1\ 000\ 000 \div 100\ 000 = 10（名）$$

假设高桥咨询预测 2021 年咨询服务需求减少。它将招聘预算削减 40%，即只有 750 000 美元（1 250 000×（1-0.40）），预计聘用 6 名顾问。假设每名顾问的成本和招聘部门的固定成本与 2020 年相同，这个预算是否正确？答案为不正确。计算如下所示：

$$750\ 000 - 100\ 000Q - 250\ 000 = 0$$
$$100\ 000Q = 750\ 000 - 250\ 000 = 500\ 000$$
$$Q = 500\ 000 \div 100\ 000 = 5（名）$$

高桥咨询只能聘用 5 名顾问。在服务业公司的 CVP 关系中，有两点值得注意：

1. 聘用的顾问人数减少的幅度 50%（（10-5）÷10）比招聘预算削减的幅度 40% 大。这是因为公司仍然要支付 250 000 美元的固定成本，只剩下更少的预算去聘用顾问。换句话说，因为固定成本的原因，聘用的顾问人数下降的百分比超过了招聘预算下降的百分比。

2. 鉴于 2021 年的招聘预算降至 750 000 美元，管理者可以用以下一种或多种方法来调整招聘活动以聘用 6 名顾问：(1) 降低目前每名顾问 100 000 美元的变动成本（平均薪酬）；(2) 降低招聘部门目前 250 000 美元的总固定成本。例如，如果招聘部门的固定成本降低到 210 000 美元，且每名顾问的成本减少到 90 000 美元，那么高桥咨询将能够聘用所需的 6 名顾问（(750 000－210 000)÷90 000）。

如果招聘部门的固定成本仍为 250 000 美元，而高桥咨询希望以 100 000 美元的平均成本聘用 6 名顾问，则招聘预算必须设定为 850 000 美元（100 000×6＋250 000），而不是 750 000 美元。同样，由于招聘部门固定成本的原因，聘用顾问人数减少 40%（(10－6)÷10），大于招聘预算减少幅度 32%（(1 250 000－850 000)÷1 250 000）。

3.9　贡献毛益与毛利

到现在为止，我们已经介绍了两个与利润率相关的重要概念——贡献毛益（本章介绍）和毛利（第 2 章介绍）。这两个概念之间有关系吗？在下面的方程式中，我们清楚地区分了贡献毛益（它为 CVP 和风险分析提供信息）和毛利（一个衡量竞争力的指标）。

> 毛利＝收入－产品销售成本
> 贡献毛益＝收入－所有变动成本

毛利衡量公司能够为它的产品收取多少高于购买或生产产品成本的费用。知名医药生产商有很高的毛利，因为它们的产品通常有专利，并且可为顾客带来独特的益处。相比之下，非专利药品和基础化学品制造商的毛利较低，因为这些产品的市场竞争激烈。贡献毛益表明公司有多少收入可以用来补偿固定成本。它有助于评估亏损风险。例如，即使销售收入较低，但如果贡献毛益超过了公司的固定成本，亏损风险也较低。毛利和贡献毛益是相关的，但提供的信息不同。例如，一家在竞争激烈的市场中经营的公司，即使毛利较低，但如果固定成本较低，那么它的亏损风险也较低。

考虑制造业公司的贡献毛益与毛利的区别。这两个概念的区别体现在以下两个方面：固定生产成本和变动营业（非生产）成本。下面的例子（数字为虚构）显示了在这两个方面的差别（单位：千美元）。

突出贡献毛益的贡献毛益利润表			突出毛利的财务会计利润表	
收入		1 000	收入	1 000
变动生产成本	250		产品销售成本（变动生产成本 250＋固定生产成本 160）	410
变动营业（非生产）成本	270	520		
贡献毛益		480	毛利	590
固定生产成本	160			
固定营业（非生产）成本	138	298	营业（非生产）成本（变动 270＋固定 138）	408
营业利润		182	营业利润	182

在计算贡献毛益时不将 160 000 美元的固定生产成本从收入中减去，但在计算毛利时要减去。制造业公司的产品销售成本包括所有变动和固定生产成本（250 000＋160 000）。公司 270 000 美元的变动营业（非生产）成本（如支付给销售人员的佣金）在计算贡献毛益时要从收入中减去（因为其为变动成本），但在计算毛利时不减去（因为产品销售成本仅包括生产成本）。

与贡献毛益一样，毛利也能用总金额、单位金额或百分比表示。比如，**毛利率**（gross margin percentage）就是毛利除以收入，在上述示例中等于 59％（590 000÷1 000 000）。

管理者有时会混淆毛利和贡献毛益，其中的一个原因是，在商业公司中，二者通常是一样的，因为产品销售成本等于购买（随后销售）产品的变动成本。

自测题

Wembley 旅行社（以下简称 Wembley）专门代理买卖洛杉矶与伦敦之间的航班机票。它帮助顾客从联合航空公司按每张往返票 900 美元的价格订票。截至上个月，联合航空公司支付给 Wembley 的佣金仍为票价的 10％。这笔佣金是 Wembley 的唯一收入。Wembley 的固定成本是每月 14 000 美元（包括工资、租金等），其变动成本（如销售佣金和奖金）是每张机票 20 美元。

联合航空公司刚刚宣布实行新的旅行代理商报酬方案。现在，它规定向旅行社支付的佣金为每张机票价格的 10％，最高不超过 50 美元；超过 500 美元的机票只支付每张 50 美元的佣金。Wembley 的管理者关心的是联合航空公司新的报酬方案如何影响其盈亏平衡点和盈利能力。

要求：

1. 在以前 10％的佣金结构下，计算 Wembley 每月要售出多少张往返机票才能：（1）实现盈亏平衡；（2）每月获得 7 000 美元的营业利润。

2. 联合航空公司的新方案将如何影响要求 1 的答案？

解答：

1. Wembley 每售出一张票能获得 90 美元的佣金（10％×900），因此：

售价＝90（美元）

单位变动成本＝20（美元）

单位贡献毛益＝90－20＝70（美元）

固定成本＝14 000（美元）

（1）实现盈亏平衡的机票数为：

$$盈亏平衡点机票数 = \frac{固定成本}{单位贡献毛益} = \frac{14\,000}{70} = 200（张）$$

（2）当目标营业利润为每月 7 000 美元时：

$$需要销售的机票数 = \frac{固定成本＋目标营业利润}{单位贡献毛益}$$

$$= \frac{14\,000＋7\,000}{70} = \frac{21\,000}{70} = 300（张）$$

2. 在新方案下，Wembley 每售出一张 900 美元的机票只能得到 50 美元，因此：

售价＝50（美元）

单位变动成本＝20（美元）

单位贡献毛益＝50－20＝30(美元)

固定成本＝14 000(美元)

(1) 实现盈亏平衡的机票数为：

$$盈亏平衡点机票数 = \frac{14\ 000}{30} = 467(张)(四舍五入)$$

(2) 当目标营业利润为每月 7 000 美元时：

$$需要销售的机票数 = \frac{21\ 000}{30} = 700(张)$$

每张机票 50 美元的佣金上限使得盈亏平衡点增长了一倍多（从 200 张增加到 467 张），为获取 7 000 美元营业利润所需的销售量也增长了一倍多（从 300 张增加到 700 张）。正如所料，Wembley 的管理者对联合航空公司改变佣金支付方式的反应很消极。

📖 决策要点

下面的问答形式是对本章学习目标的总结，"决策"代表与学习目标相关的关键问题，"指南"则是对该问题的回答。

决策	指南
1. CVP 分析如何帮助管理者？	CVP 分析帮助管理者了解当产品或服务的产出水平、售价、变动成本或固定成本发生变动时，总成本和总收入的变化情况。
2. 管理者如何确定盈亏平衡点或实现目标营业利润所需的产出水平？	盈亏平衡点是总收入等于总成本时的产出数量。有三种方法来计算盈亏平衡点和实现目标营业利润的产出水平：方程式法、贡献毛益法和图表法。每种方法只是其他方法的不同形式。管理者通常根据特定情况选择最方便使用的方法。
3. 如何将所得税纳入 CVP 分析？	可以通过使用目标净利润计算目标营业利润，将所得税纳入 CVP 分析。所得税不会影响盈亏平衡点，因为当营业利润等于 0 时，不需要缴纳所得税。
4. 管理者如何使用 CVP 分析制定决策？	管理者比较不同方案的收入、成本和贡献毛益的变化，然后选择能使营业利润最大的方案。
5. 管理者如何应对不确定性或基本假设的变动？	敏感性分析是一种"如果……那么"的方法，用来研究如果达不到初始预计数量或基本假设发生变动，结果的变动情况。在制定决策时，管理者用 CVP 分析来比较不同假设下的贡献毛益和固定成本。管理者还可以计算安全边际（收入），它等于预算收入减去盈亏平衡点收入。
6. 管理者如何在不同的变动成本/固定成本结构中进行选择？	选择变动成本/固定成本结构是公司的一个战略决策。CVP 分析有助于管理者比较公司成本结构中不同比例的固定和变动成本在收入较低时的亏损风险和收入较高时的利润上升空间。
7. 管理者如何才能将 CVP 分析应用于生产多种产品的公司？	管理者在生产多种产品的公司中运用 CVP 分析时，假设产品销售总量发生变化时，产品的销售组合保持不变。
8. 管理者如何在服务业公司和非营利组织中应用 CVP 分析？	管理者定义产出指标，如航空公司的客运里程或医院中的患者住院天数，并且确定固定成本和随产出指标变动的成本。
9. 贡献毛益与毛利之间的区别是什么？	贡献毛益是收入减去所有变动成本，而毛利是收入减去产品销售成本。贡献毛益衡量损失的风险，而毛利则衡量产品的竞争力。

习题

3-23 CVP 分析，改变收入和成本。Sunset 旅行社专门代理买卖多伦多与牙买加之间航班的机票，它为乘客预订汉密尔顿航空公司的机票。公司每个月的固定成本为 23 500 美元，汉密尔顿航空公司向乘客收取的每张往返票价格是 1 500 美元。

计算 Sunset 旅行社在以下各种情况下，为了实现盈亏平衡和每月赚取 10 000 美元的目标营业利润，必须销售的机票数量。

要求：

1. Sunset 旅行社的变动成本为每张机票 43 美元，汉密尔顿航空公司向 Sunset 旅行社支付的佣金为票价的 6%。

2. Sunset 旅行社的变动成本为每张机票 40 美元，汉密尔顿航空公司向 Sunset 旅行社支付的佣金为票价的 6%。

3. Sunset 旅行社的变动成本为每张机票 40 美元，汉密尔顿航空公司向 Sunset 旅行社支付每张机票 60 美元的固定佣金。对结果进行评论。

4. Sunset 旅行社的变动成本为每张机票 40 美元，它从汉密尔顿航空公司收到每张机票 60 美元的佣金，并向顾客收取每张机票 5 美元的运送费。对结果进行评论。

3-27 CVP 分析，所得税。Express Meal 有两家 24 小时营业的餐厅。两家餐厅每年的固定成本合计 400 000 美元。服务范围小到一杯咖啡，大到正餐。每位顾客的平均消费额为 8.50 美元。每位顾客的平均食物成本和其他变动成本为 3.50 美元。所得税税率为 30%。目标净利润为 140 000 美元。

要求：

1. 计算赚取目标净利润所需的营业收入。

2. 需要多少顾客消费才能实现盈亏平衡？赚取 140 000 美元的净利润需要多少顾客？

3. 如果顾客人数是 150 000，计算净利润。

3-28 CVP 分析，敏感性分析。Right Fit 牛仔裤公司向全国各大零售商批发蓝色牛仔裤。每条牛仔裤的销售价格是 40 美元，产品销售变动成本为 30 美元。公司的固定生产成本为 1 050 000 美元，固定营销成本为 150 000 美元。公司支付给批发销售代表的佣金是营业收入的 10%。公司所得税税率为 20%。

要求：

1. 为了实现盈亏平衡，必须销售多少条牛仔裤？

2. 公司必须销售多少条牛仔裤才能达到下列要求？

（1）目标营业利润 300 000 美元；

（2）净利润 300 000 美元；

3. 要销售多少条牛仔裤才能达到净利润 300 000 美元（分别考虑下列每种要求）？

（1）单位贡献毛益增加 20%；

（2）销售价格增加到 45 美元；

（3）公司将生产外包给一家海外公司，单位变动成本增加了 1 美元，固定生产成本减少了 60%。

3－34 销售组合，三种产品。Kenosha 公司有三类啤酒杯（A，B 和 C），三类杯子的贡献毛益分别为 5 美元、4 美元和 3 美元。管理者预计在未来一段时间内销售 175 000 只杯子，其中 A 类杯子为 25 000 只，B 类杯子为 100 000 只，C 类杯子为 50 000 只。公司当期的固定成本为 351 000 美元。

要求：

1. 基于给定的销售组合，公司的盈亏平衡销售量是多少？

2. 如果销售组合保持不变，当销售 175 000 只杯子时，总的贡献毛益是多少？营业利润是多少？

3. 如果该公司出售 25 000 只 A 类杯子，75 000 只 B 类杯子，75 000 只 C 类杯子，那么营业利润是多少？如果下期仍旧保持这种销售组合，那么新的盈亏平衡点销售量是多少？

4. 比较要求 1 和要求 3 中的盈亏平衡点销售量，对于公司来说，选择能够带来更低盈亏平衡点的销售组合总是更好吗？请解释。

3－36 贡献毛益、毛利与安全边际。Bella Beauty 公司生产一种面霜，并向洛杉矶地区的小型专卖店销售。它向潜在投资者乔治·桑切斯提供了一张月度营业利润表，如下所示。请帮助乔治·桑切斯了解公司的成本结构。

	A	B	C
1	**Bella Beauty公司**		
2	**2020年6月营业利润表（美元）**		
3	销售量		10 000
4	收入		120 000
5	产品销售成本		
6	变动生产成本	50 000	
7	固定生产成本	19 920	
8	总产品销售成本		69 920
9	毛利		50 080
10	营业成本		
11	变动营销成本	22 000	
12	固定营销与管理成本	18 000	
13	总营业成本		40 000
14	营业利润		10 080

要求：

1. 调整利润表以突出贡献毛益。

2. 计算 2020 年 6 月的贡献毛益百分比、盈亏平衡点的销售量和收入。

3. 计算 2020 年 6 月的安全边际（销售量）。

4. 如果 2020 年 6 月的销售量是 9 500 件，所得税税率为 30％。计算净利润。

 **附　录**

决策模型与不确定性[①]

本附录探讨了不确定性的特征，介绍了一种管理者在不确定性环境下做出决策的方法，并说明了在 CVP 分析中识别不确定性时获得的启示。面对不确定性，管理者依靠决策模型来帮助他们做出正确的选择。

---

① 基于 R. Williamson 的教学笔记。

决策模型的作用

不确定性是指实际值偏离预期值的可能性。在《GMAT 考试成功》的例子中，假设艾玛预测销量为 42 套，但实际销量可能是 30 套或 60 套。决策模型有助于管理者应对这种不确定性。这是一种做出选择的正式方法，通常涉及定量和定性分析。本附录侧重于定量分析，通常包括以下步骤：

步骤 1：确定一个选择标准。选择标准是一个可以量化的目标，如收入最大化或成本最小化。管理者使用选择标准来选择最佳备选行动方案。艾玛的选择标准是在芝加哥的展览会上实现预期营业利润最大化。

步骤 2：确定可以采用的一系列备选行动方案。我们用带有下标 1，2 和 3 的字母 a 来区分艾玛的三种可能的行动方案：

a_1：支付 2 000 美元的固定费用

a_2：支付 800 美元的固定费用加《GMAT 考试成功》收入的 15%

a_3：支付《GMAT 考试成功》收入的 25%，无固定费用

步骤 3：确定可能发生的一组事件。事件是指可能发生的相关情况，比如艾玛在展览会上可能出售的《GMAT 考试成功》的实际数量。一组事件应该是互斥的、完全穷尽的。如果事件不能同时发生，则它们是互斥的。如果事件组合在一起，就构成了可能发生的相关事件的完整集合（不可能再发生其他事件），则这些事件是完全穷尽的。互斥、完全穷尽事件的例子包括行业需求的增长、下降或不变以及利率的增长、下降或不变。在一组互斥、完全穷尽的事件中，只有一个事件会真正发生。

假设艾玛面临的唯一的不确定性是她能出售的《GMAT 考试成功》的数量。为简单起见，假设艾玛估计销售量为 30 套或 60 套。这组事件是互斥的，因为 30 套和 60 套的销售量显然不能同时出现。它是完全穷尽的，因为在我们的假设下，销售量不可能是 30 套或 60 套以外的任何数量。我们使用带有下标 1 和 2 的字母 x 来区分一组互斥、完全穷尽的事件：

$x_1 = 30$

$x_2 = 60$

步骤 4：为每个可能发生的事件分配一个概率。概率是指事件发生的可能性。应对不确定性的决策模型方法为事件分配概率。**概率分布**（probability distribution）描述了一组互斥、完全穷尽的事件中，每个事件发生的可能性。在某些情况下，会有很多证据来引导概率的分配。例如，掷硬币时显示正面的概率为 1/2，从一副经过精心洗牌的扑克牌中抽出一张特定扑克牌的概率为 1/54。在商业活动中，根据数千单位产品的生产经验，可以非常有信心地确定出现特定百分比缺陷产品的概率。而在其他情况下，几乎没有证据支持估计的概率，例如下一年一种新药品的预期销量。假设艾玛根据以前的经验，估计出售 30 套资料的概率为 60%，或 6/10；出售 60 套资料的概率为 40%，或 4/10。使用 $P(x)$ 作为事件概率的符号，概率为：

$P(x_1) = 6/10 = 0.60$

$P(x_2) = 4/10 = 0.40$

这些概率之和必须等于 1.00，因为这些事件是互斥的、完全穷尽的。

步骤 5：确定一组可能的结果。根据选择标准，**结果**（outcomes）说明了各种可能的行动和事

件组合的预测经济效果。在《GMAT 考试成功》的例子中，结果是图表 3-6 决策表中显示的六种可能的营业利润。**决策表**（decision table）是对备选行动方案、事件、结果和事件概率的汇总。

文件	开始	插入	页面布局	公式	数据	审阅	视图	帮助		
	A		B	C	D	E	F	G	H	I
1	售价=		$200			每种可能事件下的				
2	资料成本=		$120			营业利润				
3				展览会						
4			固定	收入	事件x_1:销售量=30		事件x_2:销售量=60			
5	行动方案		费用	百分比	$P(x_1)=0.60$		$P(x_2)=0.40$			
6	a_1: 支付$2 000的固定费用		$2 000	0%	$400[1]		$2 800[m]			
7	a_2: 支付$800的固定费用加收入的15%		$ 800	15%	$700[n]		$2 200[p]			
8	a_3: 支付收入的25%，无固定费用		$ 0	25%	$900[q]		$1 800[r]			
9										
10	l. 营业利润=(200-120)×30-2 000		=	$ 400						
11	m. 营业利润=(200-120)×60-2 000		=	$2 800						
12	n. 营业利润=(200-120-15%×200)×30-800		=	$ 700						
13	p. 营业利润=(200-120-15%×200)×60-800		=	$2 200						
14	q. 营业利润=(200-120-25%×200)×30		=	$ 900						
15	r. 营业利润=(200-120-25%×200)×60		=	$1 800						

图表 3-6　《GMAT 考试成功》决策表

区分行动方案、事件和结果。行动方案是管理者可用的决策选择，例如，艾玛可以选择的特定租赁备选方案。事件是可能发生的所有相关事情的集合，例如，可能在展览会上出售的《GMAT 考试成功》的不同数量。结果就是营业利润，它既取决于管理者选择的行动方案（选择的租赁备选方案），也取决于发生的事件（出售的资料数量）。

图表 3-7 概述了决策模型、所选行动方案的实施、行动方案实施结果以及后续业绩评价之间的关系。深思熟虑的管理者会回过头来评估所发生的事情，并从经验中学习。这种学习可作为反馈，用于调整未来行动方案的决策模型。

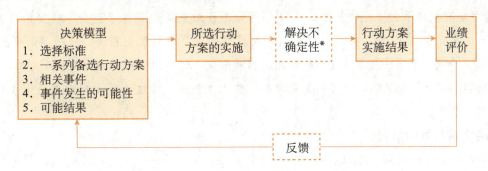

图表 3-7　决策模型及其与业绩评价的联系

* 解决不确定性意味着事件变为已知。

期望值

期望值是以每个结果的概率作为权重计算的结果的加权平均值。当用货币衡量结果时，期望值通常被称为期望货币价值。使用图表 3-6 中的信息，用 $E(a_1)$、$E(a_2)$ 和 $E(a_3)$ 表示的每个展位租赁备选方案的期望货币价值如下：

支付 2 000 美元的固定费用：$E(a_1)=0.60\times400+0.40\times2\ 800=1\ 360$（美元）

支付 800 美元的固定费用加收入的 15%：$E(a_2)=0.60\times700+0.40\times2\ 200$

$$=1\ 300（美元）$$

支付收入的 25%，无固定费用：$E(a_3) = 0.60 \times 900 + 0.40 \times 1\,800 = 1\,260$（美元）

为了使预期营业利润最大化，艾玛应该选择行动方案 a_1：向芝加哥的展览会组织者支付 2 000 美元的固定费用。

为了解释选择行动方案 a_1 的期望值，假设艾玛参加了许多展览会，每个展览会的营业利润概率分布如图表 3-6 所示。对于一个特定的展览会，艾玛将获得 400 美元（如果她出售 30 套）或者 2 800 美元（如果她出售 60 套）的营业利润。但如果艾玛参加 100 场展览会，她预计会花 60% 的时间（60 场展览会）赚取 400 美元的营业利润，花 40% 的时间（40 场展览会）赚取 2 800 美元的营业利润，总营业利润为 136 000 美元（400×60＋2 800×40）。1 360 美元的期望值是艾玛在每个展览会上平均获取的营业利润（136 000÷100）。当然，在很多现实情况下，管理者必须在不确定性下做出一次性决策。即使在这些情况下，期望值也是在备选方案中进行选择的有用工具。

考虑不确定性对首选行动方案的影响。如果艾玛确定她只会出售 30 套（也就是说，$P(x_1) = 1$），则她更愿意选择行动方案 a_3——支付收入的 25%，无固定费用。根据这一推断，请查看图表 3-6。当出售 30 套时，行动方案 a_3 的营业利润为 900 美元。由于固定成本为 0，所以当销售量较低时，展位租赁成本较低，等于 1 500 美元（收入的 25%＝0.25×200×30）。

不过，如果艾玛确定她会出售 60 套（$P(x_2) = 1$），则她会更偏向选择行动方案 a_1——支付 2 000 美元的固定费用。图表 3-6 显示，当售出 60 套时，行动方案 a_1 的营业利润为 2 800 美元。那是因为当出售 60 套时，a_2（800＋0.15×200×60＝2 600）和 a_3（0.25×200×60＝3 000）下的租金比 a_1 下 2 000 美元的固定费用高。

虽然仅出售 30 套的概率很高，但艾玛还是更倾向于采取行动方案 a_1，即支付 2 000 美元的固定费用。那是因为低营业利润的高风险（仅出售 30 套的概率为 60%）被出售 60 套（概率为 40%）的高回报所抵消。如果艾玛更厌恶风险（以出售 30 套与 60 套时营业利润的差异来衡量），她可能更倾向于选择行动方案 a_2 或 a_3。例如，行动方案 a_2 确保了至少 700 美元的营业利润，高于如果只售出 30 套，在行动方案 a_1 下将获得的 400 美元营业利润。当然，如果出售 60 套，选择 a_2 会将上涨潜力限制在 2 200 美元，相对来说，a_1 下的营业利润为 2 800 美元。然而，如果艾玛非常担心下跌风险，她可能愿意放弃一些上涨收益，通过选择 a_2 来避免获得 400 美元营业利润的结果。[1]

好的决策与好的结果

要始终区分好的决策和好的结果。其中一个可以在没有另一个的情况下存在。假设给你一次掷硬币的机会。如果结果是正面，你将赢得 20 美元，但如果结果是反面，你将损失 1 美元。作为一名决策者，你要经历一个逻辑过程：收集信息、评估结果和做出选择。你接受了这个赌注。为什么？因为期望值是 9.50 美元（0.5×20＋0.5×（－1））。掷硬币的结果是反面。你输了。在你看来，这是一个好决策，却是一个坏结果。

我们只能根据评估和做出决策时可用的信息做出决策。根据定义，不确定性排除了总能获得最好结果的可能性。就像我们的例子一样，即使做出了好决策，坏运气也可能会导致产生坏结果。坏结果并不意味着做出了坏的决策。防止坏结果的最佳方法就是做出好决策。

---

[1] 更正式的方法，可参见 Jeffrey H. Moore and Larry R. Weatherford，*Decision Modeling with Microsoft Excel*，6th ed. (Upper Saddle River，NJ：Prentice Hall，2001)。

第 **4** 章
分批成本法

没有人愿意赔钱。

无论一家公司是提供营销咨询服务的新创公司，还是定制摩托车的知名制造商，都知道了解分批成本（即生产单个产品的成本）对于公司创造利润非常关键。如下面的"引例"所示，Mortenson | Clark 公司对此深有体会。

> 💡 **引例**　　　　**分批成本法与新的金州勇士队体育馆**
>
> Mortenson | Clark 公司负责斯蒂芬·库里（Steph Curry）和金州勇士队（Golden State Warriors）在旧金山的新主场——大通中心（Chase Center）的成本计算、定价和建造。这座耗资 12 亿美元的先进体育场于 2019 年竣工，是旧金山湾沿岸新开发项目的核心，其中设有餐厅、咖啡馆、两座办公楼、公共广场和新公共海滨公园。
>
> 为了建造大通中心，Mortenson | Clark 公司的管理者利用历史数据和市场信息仔细估算了与项目相关的所有成本：直接成本、间接成本和一般管理成本。直接成本包括建筑所需

的 9 000 吨结构钢成本、10 万立方码混凝土成本，以及每天 450 名建筑工人的成本。间接成本包括监管人工成本、公司自有设备成本和安全设备成本。最后，分配给大通中心项目的一般管理成本包括办公室租金、水电费和保险费。

在为期 3 年的建设过程中，当现场管理者报告新体育馆的状态时，分批成本法是至关重要的。管理者每月使用 200 页的《行动手册》来识别该项目存在的潜在问题，并采取纠正措施，以确保大通中心在原项目预算内按时交付，以开启 2019—2020 年 NBA 赛季。

资料来源：Carol Eaton, "Innovative Chase Center Taking Shape in San Francisco," *California Constructor*, September-October 2018 (http://www.modernpubsonline.com/CA-Constructor/CCSeptOct2018/html/ print/CC％20S-O％2018_DL.pdf); Christine Kirkpatrick, "Warriors Basketball Arena Stays in Lead at Halftime," *Engineering News-Record*, July 23, 2018 (https://www.enr.com/articles/44887-warriors-basketball-arena-stays-in-lead-at-halftime); Cindy Riley, " $1B Arena Awaits Warriors' Return to Frisco," ConstructionEquipmentGuide.com, March 14, 2018 (https://www.constructionequipmentguide.com/1b-arena-awaits-warriors-return-to-frisco/39470).

4.1 成本系统的基本概念

在开始讨论成本系统前，首先回顾第 2 章中与成本有关的一些术语，并介绍一些新术语。

1. 成本对象是需要计量其成本的任何事物。比如一件产品（如一台 iMac 电脑）或一项服务（如膝关节置换手术）。

2. 成本对象的直接成本是与某个特定成本对象直接相关，并能轻易且明确地追溯到该成本对象（如膝关节置换手术所需的植入物）的成本。

3. 成本对象的间接成本是与某个特定成本对象相联系，但不能轻易且明确地追溯到该成本对象的成本。例如，监督多种产品（其中只有一种是 iMac）的人员的工资，或提供多种不同类型医疗服务的医院设施的折旧成本。间接成本通过一种成本分配方法被分配给成本对象。成本分派是一个一般性的术语，包括将直接成本和间接成本分派给成本对象。成本追溯是分派直接成本的过程；成本分配是分派间接成本的过程。这三个概念的关系可用图表示如下：

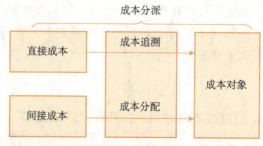

此外还需要介绍和解释两个新术语以帮助理解成本系统：

4. 成本库。**成本库**（cost pool）是单个间接成本项目的组合。成本库的范围有大有小，大到如工厂的所有成本，小到如金属切割机的运营成本。成本库中的成本项目具有相同的成本分配基础，它们被组合在一起并分配给成本对象。成本库简化了间接成本的分配，因为不同的成本项目不必单独分配。

5. 成本分配基础。公司如何在其生产的不同产品间分配金属切割机的运营成本？一种方法是按照生产不同产品使用的机器小时数来分配。**成本分配基础**（cost allocation base）（机器小时数）是一种以系统方式将间接成本或间接成本组合（所有金属切割机的运营成本）与成本对象（不同产品）联系起来的因素。例如，如果金属切割机的运营成本是 500 000 美元，机器运转了 10 000 小时，则成本分配率是 500 000 美元÷10 000 小时＝50 美元/小时，其中，机器小时数就是成本分配基础。如果一种产品耗用了 800 小时，它将被分配 50 美元/小时×800 小时＝40 000 美元的成本。理想的成本分配基础是间接成本的成本动因，因为成本动因与间接成本之间存在因果关系。成本分配基础可以是财务的（如直接人工成本），也可以是非财务的（如机器小时数）。

有时，成本需要在因果关系不明确的情况下进行分配。以一家公司的广告项目为例，它能够提升公司、各部门以及产品的总体形象，而不是单个产品的形象。许多公司，如百事，按收入将成本分配给各部门和产品：一个部门的收入越高，分配的广告项目成本也越高。这种分配成本的方式是基于受益标准而不是因果关系。收入高的部门与收入低的部门相比，从广告中受益更多，所以分配到的广告成本更多。

另一种分配成本的标准是成本对象承担分配给它的成本的能力。例如，得克萨斯州休斯敦市政府根据城市其他部门（包括警察局、消防局、图书馆系统等）的预算规模将城市管理者的办公费用分配给它们。该市的理由是规模较大的部门应该承担更大份额的间接成本。组织通常使用因果关系标准分配成本，其次是受益标准，最后是很少使用的承担能力标准。

这五个术语所代表的概念组成了我们用来设计本章所描述的成本系统的基础。

4.2 分批成本法和分步成本法

管理会计师用两种基本的成本系统来为产品或服务分派成本：

1. **分批成本系统**（job-costing system）[①]。在此系统中，成本对象是一个或多个单位的不同产品或服务，也称为**批次**（job）。每一批次通常耗用不同数量的资源。产品或服务通常是一个单位，如日立公司（Hitachi）生产的一台专用机器，贝泰公司（Bechtel Corporation）建造的一个项目，梅奥诊所进行的一台心脏移植手术或萨奇公司开展的一次宣传活动。日立公司生产的每台专用机器都是独一无二的，与工厂生产的其他机器不同。萨奇公司为客户做的每次宣传也都是独一无二的，与给其他客户做的宣传截然不同。由于产品和服务各不相同，因此采用分批成本法来为每种产品或服务单独计算成本。

2. **分步成本系统**（process-costing system）。在此系统中，成本对象是大量同质或类似的产品或服务。例如，花旗银行在处理客户存款时向所有的客户提供相同的服务。英特尔公司向每位顾客提供相同的产品（如酷睿 i9 芯片）。美汁源公司的所有顾客都会收到同样的冷冻橙汁产品。在每个时期，分步成本法都是用总成本除以总生产数量来得到单位成本。这一单位成本是适用于该期间生产的同质或类似产品或服务的平均单位成本。

图表 4-1 列出了在服务业、商业和制造业中分批成本法和分步成本法的示例。这两种成本法位于一个连续体的两端，而在中间，两者有不同程度的交叉。

---

① 根据不同语境，有时也译作分批成本法。后文的分步成本系统等也采用这种译法，不再一一说明。——译者

许多公司的成本系统既不是纯粹的分批成本系统也不是纯粹的分步成本系统，而是兼有两者的特点，与基本的生产运作相适应。例如，家乐氏使用分批成本法来计算生产不同产品，如玉米片、Crispix 和果脆圈的总成本，并且用分步成本法来计算生产每盒相同的玉米片、Crispix 等的单位成本。在本章，我们重点关注分批成本法。第 18 章和第 19 章再讨论分步成本法。

图表 4-1　服务业、商业和制造业中分批成本法和分步成本法示例

	服务业	商业	制造业
分批成本法	● 普华永道的审计业务 ● 麦肯锡公司的咨询业务 ● 奥美（Ogilvg & Mather）的广告代理活动 ● 和而德（Hale & Dorr）律师事务所的法律业务 ● 网飞公司的电影制作	● 家得宝交付在线订购的个人电器 ● 沃尔玛新产品的特别促销	● 波音公司的飞机组装 ● 利顿工业公司（Litton Industries）的造船
分步成本法	● 美国银行的银行支票清算 ● ATI 物理治疗公司的标准物理治疗疗程	● 阿彻丹尼尔斯米德兰（Archer Daniels Midland）的粮食交易 ● 惠好（Weyerhauser）的木材交易	● 壳牌石油的炼油业务 ● 百事公司的饮料生产

4.3　分批成本法：评价与实施

下面以罗宾逊公司（Robinson Company）为例来介绍分批成本法，该公司生产和安装造纸厂专用机器。2020 年年初，罗宾逊公司收到了为 Western Pulp and Paper（WPP）公司生产和安装新型造纸机的投标邀请。但是，罗宾逊公司从未制造过类似机器，公司的管理者不知道如何投标。为了制定决策，罗宾逊公司的管理层使用了五步决策制定程序。

1. 确定问题与不确定性。是否参加投标以及出价多少取决于管理者如何应对两个关键的不确定性因素：（1）完成这一批次产品的成本；（2）竞争对手可能的投标价格。

2. 获取信息。罗宾逊公司的管理者首先应评估投标是否符合公司的战略。他们想生产更多的这种机器吗？这是一个很有吸引力的细分市场吗？罗宾逊公司能创造一种战胜对手的竞争优势并且使 WPP 公司这样的客户满意吗？在完成这些研究后，罗宾逊公司的管理者得出的结论是生产 WPP 批次的产品非常符合公司的战略和能力要求。

罗宾逊公司的管理者研究了 WPP 公司提供的图纸和工程说明书，并对机器的技术细节做出了决定。他们将这种机器的说明书的信息与公司过去制造的类似机器的信息进行了比较，确认了可能参与投标的竞争对手，并收集了有关投标的信息。

3. 预测未来。罗宾逊公司的管理者估计了 WPP 批次的直接材料成本、直接制造人工成本和制造费用。他们也考虑了定性因素和风险因素，并且评估了可能的偏差。例如，为 WPP 批次产品

工作的工程师和员工有必要的技艺和技术能力吗？他们是否会觉得这种经历是有价值和有挑战性的？成本估计是否准确，成本超支的可能性有多大？罗宾逊公司的管理者必须谨慎对待什么偏差？

4. 选择方案做决策。罗宾逊公司的管理者基于他们对竞争对手投标的预测、技术专长、经营风险以及其他定性因素考虑了几种投标方案。最终，公司决定出价 15 000 美元。它包括估计的 9 800 美元的生产成本和超过 50% 的生产成本加成。

5. 实施决策、评价业绩与学习。罗宾逊公司赢得了 WPP 批次的投标。当罗宾逊公司生产 WPP 批次产品时，管理会计师仔细追溯了发生的所有成本（本章后面有详述）。最后，罗宾逊公司的管理者将预算成本与实际成本相比较，以评估公司在 WPP 批次上的工作表现。

在分批成本系统中，罗宾逊公司累积了某一批次在价值链不同部分（如生产、营销和客户服务）的成本。此处重点关注罗宾逊公司的生产职能（也包括在客户现场安装造纸机）。为了生产一台机器，罗宾逊公司需要从外部供应商处买入一些零件，并自行制造其他零件。罗宾逊公司的每一批次都包括一个服务环节：到客户现场去安装机器，并将其与客户的其他机器及流程整合起来。

罗宾逊公司可以使用的一种分批成本法是实际成本法，在**实际成本法**（actual costing）下，基于实际直接成本分配率乘以直接成本投入的实际数量，将直接成本追溯至成本对象；基于实际间接成本分配率乘以成本分配基础的实际数量来分配间接成本。实际间接成本分配率等于实际年度间接成本除以实际年度成本分配基础数量。

$$实际间接成本分配率 = \frac{实际年度间接成本}{实际年度成本分配基础数量}$$

顾名思义，实际成本法计算的是批次的实际成本。但在实务中，实际成本法的应用并不常见，因为实际成本通常不能及时计算。[①] 问题不在于计算直接材料和直接制造人工的直接成本分配率。例如，罗宾逊公司记录了购买材料实际支付的价格。当使用材料时，所支付的价格可作为实际直接成本分配率，将材料成本计入批次。但是，正如下面讨论的那样，每周或每月及时计算实际间接成本分配率是一个问题。罗宾逊公司只能在年末计算精确的实际间接成本分配率。但是，公司的管理者不愿意等那么久才知道各批次的成本，因为在生产过程中他们就需要成本信息来监督和管理各批次的成本。当前各批次的持续成本信息也有助于管理者估计新批次的成本，并为新批次制定有竞争力的价格。

4.3.1 用于计算间接成本分配率的时间区间

使用更长的时间段（如一年）来计算间接成本分配率有两个原因。

1. 分子原因（间接成本库）。时间段越短，季节性因素对成本库中成本金额的影响就越大。例如，如果按月计算间接成本分配率，则取暖成本（包含在分子中）将只会在寒冷的月份才计入生产费用。按年计算间接成本，则可将四个季节的影响整合进一个单一的年度间接成本分配率。

总间接成本的水平还受到非季节性随机成本的影响。非季节性随机成本是指在某月发生而在以后月份受益的成本，如设备的维修成本和节假日员工工资成本。如果按月计算间接成本分配率，则在那些非季节性随机成本较高的月份完成的批次将被计入这些较高的成本。将一整年的所有间接成本汇总在一起，并计算出一个单一的年度间接成本分配率，有助于平滑一些不稳定的短期成本波动。

2. 分母原因（成本分配基础的数量）。使用长时间段计算间接成本分配率的另一个原因是避免

---

① 实际成本法在稍后的"实际成本法"一节中有详细描述。

在每月波动的产出水平和波动的成本分配基础数量上平摊月度固定间接成本。以下举例说明。

Reardon and Pane 是一家税务师事务所，其工作具有高度的季节性。税务季节（1—4 月）非常繁忙，但一年中的其他时间不是很忙。公司有变动间接成本和固定间接成本。变动间接成本（如物料、电力和间接支持人工）随成本分配基础（直接专业人工小时）数量的变动而变动。每月的固定间接成本（折旧和一般管理支持）不随成本分配基础数量的短期波动而变动：

| | 间接成本 | | | 直接专业人工小时 (4) | 每直接专业人工小时变动间接成本分配率 (5)=(1)÷(4) | 每直接专业人工小时固定间接成本分配率 (6)=(2)÷(4) | 每直接专业人工小时总间接成本分配率 (7)=(3)÷(4) |
	变动 (1)	固定 (2)	总和 (3)				
高产出月份	$40 000	$60 000	$100 000	3 200	$12.50	$18.75	$31.25
低产出月份	$10 000	$60 000	$ 70 000	800	$12.50	$75.00	$87.50

变动间接成本随直接专业人工小时数的变化而成比例变化。因此，变动间接成本分配率在高产出月份和低产出月份是相同的（表中显示均为 12.50 美元）。（有时加班费可能会导致高产出月份的月度变动间接成本分配率升高。）

现在考虑 60 000 美元的固定间接成本。Reardon and Pane 公司选择了该年度这一水平的月度固定间接成本，是因为认识到它需要在一年中的某些时段支持较多的专业人工小时，而在其他时段支持较少的专业人工小时。固定间接成本导致月度总间接成本分配率大幅变化，从每小时 31.25 美元到每小时 87.50 美元。几乎没有管理者认为，在不同月份生产同样批次应该分配如此悬殊的间接成本分配率（87.5÷31.25＝2.80 或 280％）。此外，如果准备纳税申报单的费用是基于计算的成本，那么在低产出月份费用应该高，而这会导致失去业务，实际上管理者想接受更多的业务以利用这些月份闲置的生产能力（更多细节，见第 9 章）。Reardon and Pane 公司选择的特定生产能力所跨越的时间范围远不止一个月。基于年度总间接成本和年度总产出水平计算的年度间接成本分配率将平滑月度产出变化带来的影响。这个分配率更能代表公司管理者在选择生产能力水平以及由此产生的固定间接成本水平时考虑的总成本和总产出。

使用年度间接成本分配率的另一个原因是，一个月中的工作日天数会影响月度间接成本分配率的计算。一年中不同月份的工作日天数从 20 天至 23 天不等。因为 2 月份的工作日最少（从而人工小时最少），如果每月单独计算分配率，那么 2 月份完成的批次将比其他月份完成的相同批次承担更大份额的固定间接成本（如折旧和财产税）。按年计算间接成本分配率则减少了每月工作日天数不同对计算的单位成本的影响。

4.3.2 正常成本法

因为很难精确计算每周或每月的实际间接成本分配率，所以管理者不能在批次完工时计算出其实际成本。但是，管理者需要在批次完工时而不只是在年末知道不同批次的生产成本的近似数。管理者想要知道批次的即时生产成本（以及其他成本，如营销成本），以便制定批次的价格，监督和管理成本，评价工作的成效，了解已做以及没做的事情、投标新批次以及编制中期财务报表。为了便于及时估算批次成本，则应在财务年度开始时就为每个成本库计算预计或预算间接成本分配率，并在批次完工时用其将间接成本分配给各批次。考虑到前述的分子原因和分母原因，每个成本库的**预算间接成本分配率**（budgeted indirect cost rate）计算如下：

$$\text{预算间接成本分配率} = \frac{\text{预算年度间接成本}}{\text{预算年度成本分配基础数量}}$$

使用预算间接成本分配率的方法就是正常成本法。

正常成本（normal costing）是这样的一种成本系统：（1）用实际直接成本分配率乘以实际直接成本项目投入数，将直接成本追溯至成本对象；（2）用预算间接成本分配率乘以实际成本分配基础数量来分配间接成本。

4.4　分批成本系统使用正常成本法的一般方法

我们以罗宾逊公司为例，使用下面的七个步骤来说明正常成本法，从而将成本分派给单个批次。这种方法适用于制造业、商业和服务业公司。

步骤 1：确定被选为成本对象的批次。罗宾逊公司示例中的成本对象是批次 WPP 298，即在 2020 年为 WPP 公司生产一台造纸机。罗宾逊公司的管理者和管理会计师通过原始凭证收集成本批次的信息。**原始凭证**（source document）是在会计系统中向分类账提供数据的原始记录（如用来记录员工工作时间的人工时间卡）。WPP 298 批次中最主要的原始凭证是批次成本记录。**批次成本记录**（job cost record），也称**批次成本表**（job cost sheet），用于记录和累计分派到某一特定批次的所有成本。图表 4-2 为 WPP 公司造纸机订单的批次成本记录。其列示了 WPP 298 批次成本计算的多个步骤。

	A	B	C	D	E	F
1			批次成本记录			
2	批次编号：	WPP 298		客户：	WPP 公司	
3	开工日期：	2020年2月10日		完工日期：	2020年2月28日	
4						
5						
6	直接材料成本					
7		材料领用				
8	收到日期	记录号	零件编号	数量	单位成本	总成本
9	2020年2月10日	2020:198	MB 468-A	8	$14	$ 112
10	2020年2月10日	2020:199	TB 267-F	12	$63	$ 756
11						•
12						•
13	合计					$4 606
14						
15	直接制造人工成本					
16	直接人工	人工时间		工作		
17	覆盖期间	记录号	员工编号	小时数	小时工资率	总成本
18	2020年2月10-16日	LT 232	551-87-3076	25	$18	$ 450
19	2020年2月10-16日	LT 247	287-31-4671	5	$19	$ 95
20	•	•	•	•		•
21	•	•	•	•		•
22	合计			88		$1 579
23						
24	制造费用*					
25				分配基础		
26	日期	成本库类别	分配基础	数量	分配率	总成本
27	2020年2月28日	生产	直接制造人工	88小时	40	$3 520
28			小时			
29						
30	合计					$3 520
31	总批次成本					$9 705
32						
33						
34	*罗宾逊公司使用单一制造费用成本库。若使用多个制造费用成本库则意味着在批次成					
35	本记录的"制造费用"部分有多条记录。					
36						

图表 4-2　罗宾逊公司的原始凭证：批次成本记录

步骤 2：确认该批次的直接成本。罗宾逊公司将直接生产成本分为两类：直接材料成本和直接制造人工成本。

● **直接材料成本**：根据 WPP 公司提供的工程说明书和图纸，一位生产工程师向仓库提出了材料领用请求。这是通过一份叫作**材料领用记录**（materials-requisition record）的原始凭证完成的，其中包含了有关某一批次及某一部门使用的直接材料成本的信息。图表 4-3 的 A 部分是罗宾逊公司的一份材料领用记录。请看一下如何记录领用材料的批次（WPP 298），如何描述领用的材料（零件编号为 MB 468-A，金属支架）、实际数量（8）、实际单位成本（14 美元）和实际总成本（112 美元）。112 美元的实际总成本也列示在批次成本记录中。加总所有材料领用记录上的成本就得到批次成本记录中的实际直接材料成本 4 606 美元。它显示在图表 4-2 批次成本记录的直接材料部分。

图表 4-3　罗宾逊公司的原始凭证：材料领用记录与人工时间表

A 部分

材料领用记录				
材料领用记录编号：__2020：198__				
批次编号：__WPP 298__			日期：__2020 年 2 月 10 日__	
零件编号	零件名称	数量	单位成本	总成本
MB 468-A	金属支架	8	$14	$112
发料人：B. Clyde			日期：__2020 年 2 月 10 日__	
领料人：L. Daley			日期：__2020 年 2 月 10 日__	

B 部分

人工时间表								
人工时间表编号：__LT 232__								
员工姓名：__G. L. Cook__				员工编号：__551-87-3076__				
员工类别：__三级机械师__								
小时工资率：__$18__								
本周开始时间：__2020 年 2 月 10 日__				本周结束时间：__2020 年 2 月 16 日__				
批次编号	周一	周二	周三	周四	周五	周六	周日	合计
WPP 298	4	8	3	6	4	0	0	25
JL 256	3	0	4	2	3	0	0	12
维护	1	0	1	0	1	0	0	3
总计	8	8	8	8	8	0	0	40
主管：R. Stuart			日期：2020 年 2 月 16 日					

● **直接制造人工成本**：直接制造人工成本的记录与直接材料成本类似。直接制造人工成本的原始凭证是**人工时间表**（labor-time sheet），它包含有关某一批次某一部门所耗用的人工时间的信息。图表 4-3 的 B 部分是员工库克（G. L. Cook）的一周人工时间表。库克每天记录花在不同批次（本例中是 WPP 298 和 JL 256）上的时间以及花在其他任务上的时间，如与特定批次不相关的机器的维护。

库克花在 WPP 298 批次上的 25 小时在图表 4-2 批次成本记录中表现为 450 美元（25×18）的成本。同样，JL 256 批次的成本记录上显示了 216 美元（12×18）的成本。花在维护上的 3

小时价值 54 美元（每小时价值 18 美元）。这一成本是间接生产成本的一部分，因为它不可追溯到任何特定批次上。这一间接成本包含在制造费用成本库中，随后将分配到不同批次。图表 4-2 批次成本记录的直接制造人工成本部分显示的造纸机的直接制造人工成本总额 1 579 美元是生产和安装 WPP 298 批次的不同员工的直接制造人工成本的总和。

直接材料成本和直接制造人工成本之外的所有成本都是间接成本。

步骤 3：选择成本分配基础，以便将间接成本分配到该批次。 间接生产成本是某一批次必需而又不能轻易且明确追溯到该批次的成本。此外，不同的批次需要不同数量的间接资源。如果不发生监管、制造工程、水电费、机器折旧和修理等间接成本，就不可能完成一个批次的生产。因为这些成本不能追溯到某一特定批次，所以，管理者必须将它们系统地分配给所有批次。

公司常常使用多个成本分配基础来分配间接成本，因为不同的间接成本有不同的成本动因。例如，一些间接成本，如机器折旧和修理，与机器小时的关系密切。其他间接成本，如监督和生产支持，与直接制造人工小时的关系密切。但罗宾逊公司只选择将直接制造人工小时作为分配间接成本的唯一成本分配基础。管理者这样做是因为罗宾逊公司是劳动密集型公司，他们认为直接制造人工小时在很大程度上决定了各批次需要的制造费用资源。（在第 5 章我们将会看到，在许多制造环境中，管理者常常需要扩大成本分配基础集。）2020 年，罗宾逊公司预算的直接制造人工小时为 28 000 小时。

步骤 4：确定与各成本分配基础相关的间接成本。 由于罗宾逊公司认为只用一个成本分配基础，即直接制造人工小时就可以将间接生产成本分配给各批次，因此它只建立了一个成本库，叫作制造费用成本库。这一成本库代表了工厂生产部门发生的难以直接追溯到特定批次的所有间接成本。2020 年预算的间接生产成本总共有 1 120 000 美元。

正如我们在这一步和步骤 3 中看到的，管理者首先要确定成本分配基础，然后确定与各成本分配基础相关的成本。他们选择这种顺序，是因为成本库的建立（成本库的数量和将特定的间接成本项目分组到特定的成本库中）必须以对公司成本动因（间接成本发生的原因）的理解为指导。当然，步骤 3 和步骤 4 几乎是同时进行的。

步骤 5：计算每一成本分配基础的间接成本分配率。 对每一成本库，预算间接成本分配率可以用库内的预算总间接成本（由步骤 4 确定）除以预算总成本分配基础数量（由步骤 3 确定）得到。罗宾逊公司单一制造费用成本库的分配率计算如下：

$$预算制造费用分配率 = \frac{预算制造费用}{预算总成本分配基础数量}$$

$$= \frac{1\ 120\ 000}{28\ 000}$$

$$= 40(美元/直接制造人工小时)$$

步骤 6：计算分配给批次的间接成本。 将与批次相关的各个成本分配基础（每一成本库一个成本分配基础）的实际数量乘以各成本分配基础的预算间接成本分配率（由步骤 5 计算确定），即可计算出批次的间接成本。回想一下，罗宾逊公司的管理者将直接制造人工小时作为唯一的成本分配基础。罗宾逊公司使用了 88 直接制造人工小时来生产 WPP 298 批次。因此，分配给 WPP 298 批次的制造费用等于 3 520 美元（40×88），并显示在图表 4-2 中 WPP 298 批次成本记录的制造费用部分。

步骤 7：加总批次的所有直接和间接成本得到批次的总成本。 图表 4-2 显示 WPP 298 批次的总成本是 9 705 美元。计算如下：

直接生产成本		
直接材料成本	$4 606	
直接制造人工成本	$1 579	$6 185
制造费用		
（$40/直接制造人工小时×88 直接制造人工小时）		$3 520
WPP 298 批次的总生产成本		$9 705

回想一下，罗宾逊公司对这一批次出价 15 000 美元。在此收入下，正常成本系统显示该批次的毛利为 5 295 美元（15 000－9 705），毛利率为 35.3％（5 295÷15 000）。

小练习 4－1

Huckvale 公司生产厨房定制橱柜。它使用正常成本系统核算，有两类直接成本——直接材料成本和直接制造人工成本，还有一个间接成本库（制造费用）。2020 年的相关信息如下：

预算制造费用	$1 160 000
预算直接制造人工小时	29 000 小时
实际制造费用	$1 260 000
实际直接制造人工小时	28 000 小时

基于以下信息，使用正常成本法计算 32 Pioneer Drive 批次的总生产成本：

实际直接材料成本	$3 600
实际直接制造人工	180 小时
实际直接制造人工费率	$18/小时

罗宾逊公司的生产和销售经理可以用毛利和毛利率来比较不同批次的盈利能力。分批成本分析向管理者提供了评估公司生产和销售业绩所需的信息，并回答了为什么某些批次的盈利不如其他批次的问题。是不是存在直接材料浪费？批次的直接制造人工成本是否太高？批次的定价是否过低？随着数据和分析工具的激增，公司利用分批成本法来提高盈利能力的能力显著提高（见"观念实施：通过大数据和数据分析更好地计算分批成本"）。

> **观念实施**
>
> ### 通过大数据和数据分析更好地计算分批成本
>
> 全球各地的公司都希望从大型数据集中获取有意义的情报，并将其转化为竞争优势。在《财富》1 000 强公司中，73％的公司正在利用大数据来减少开支。公司实现这个目标的一种方法是利用大数据和数据分析来提高分批成本计算能力。
>
> 得益于大数据，公司现在可以分析数百万个内部和外部数据点，以确定与各种活动相关的成本和收入。通过汇总所有数据，并将其与历史业绩和当前活动进行比较，就有可能提取关于做某些工作的盈利能力的有意义的信息。利用大数据，可以准确回答建筑公司是否应该投标，或咨询公司是否应该雇用另一位业务开发人员等具体问题。

平均来看，有效利用数据驱动决策的公司比竞争对手的生产率高 5%，利润高 6%。因此，新的软件程序正在利用大数据帮助公司提高分批成本计算能力，以确保每个新批次都是盈利的。

资料来源：Andrew McAfee and Erik Brynjolfsson, "Big Data: The Management Revolution," *Harvard Business Review*, October 2012 (https://hbr.org/2012/10/big-data-the-management-revolution); Randy Bean, "How Companies Say They're Using Big Data," *Harvard Business Review* online, April 28, 2017 (https://hbr.org/2017/04/how-companies-say-theyre-using-big-data); "How To Make Job Costing More Accurate With Big Data," Datafloq.com, June 14, 2016 (https://datafloq.com/read/how-to-make-job-costing-more-accurate-big-data/2119); "New Partnership to Launch Big Data Scope & Costing Tool to Australian Agencies," Virtu Group press release, Sydney, Australia, January 20, 2017 (https://www.thevirtugroup.com/2017/01/20/tangram-partnership/).

图表 4-4 是罗宾逊公司分批成本系统概览图。它说明了在本章开始部分介绍的分批成本系统的五个组成部分：（1）成本对象；（2）成本对象的直接成本；（3）成本对象的间接成本；（4）间接成本库；（5）成本分配基础。（图表 4-4 中的图形将在本书中所有的成本系统概览中使用。比如，三角形表示直接成本，长方形代表间接成本库，八边形描述成本分配基础。）图表 4-4 所示的成本系统概览图是一种很重要的学习工具。我们建议读者在需要理解成本系统时绘制这样的一个图表。

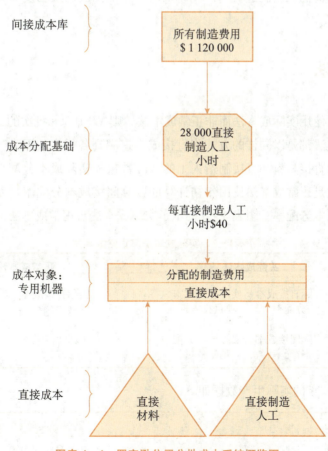

图表 4-4　罗宾逊公司分批成本系统概览图

注意图表 4-4 与步骤 7 中描述的 WPP 298 批次的成本之间的相似之处。图表 4-4 显示了两类直接成本（直接材料和直接制造人工）和一类间接成本（制造费用）。步骤 7 也描述了两类直接成本和一类间接成本。

信息技术的作用

现代信息技术为管理者提供了快速准确的产品成本信息，使得管理和控制批次更加方便。以计入批次的直接材料成本为例。管理者在购买和使用材料时就控制着这些成本。使用电子数据交换（EDI）技术，像罗宾逊这样的公司只需在计算机键盘上按几个键就可以从供货商那里订购材料。EDI 是公司与其供货商之间的一种电子计算机连接，保证了订单能快速准确地传递，同时所耗费的纸张及其他成本又能保持最小。条形码扫描仪可以用来记录材料的到货情况，计算机将收据与订单进行比对，安排向供货商付款，并记录收到的原材料。当生产车间的操作员通过计算机终端发送领料要求时，计算机会自动编制材料领用记录，同时在材料账户和批次成本记录中记录材料的发放情况。每天，计算机都会汇总某批次或某生产部门的所有材料领用记录。随后编制一份业绩报告，监测直接材料的实际成本。如果管理者认为直接材料的使用是经济有效的，则可以要求每小时报告一次。

同样，当员工登录计算机终端，输入批次编号、员工编号以及在不同批次上作业的起止时间时就获得了有关直接制造人工的信息。计算机将自动打印人工时间记录，并使用预先存进计算机的每名员工的小时工资率计算出各批次的直接制造人工成本。信息技术还可以向管理者提供及时的反馈，帮助他们控制制造费用、在产批次、完工批次以及已发货并在现场为客户安装的批次。

4.5 实际成本法

如果罗宾逊公司使用实际成本法而非正常成本法，则 WPP 298 批次的成本会如何变化？正常成本法和实际成本法都是以同样的方式将直接成本追溯到各批次，因为当工作在进行时，原始凭证确认了批次的直接材料和直接制造人工的实际数量和实际成本分配率。正常成本法和实际成本法的唯一区别是正常成本法使用年初计算的预算间接成本分配率，而实际成本法使用年末计算的实际间接成本分配率。图表 4-5 列示了实际成本法与正常成本法的区别。

图表 4-5　实际成本法与正常成本法

	实际成本法		正常成本法	
直接成本	实际直接成本分配率	× 实际直接成本项目投入量	实际直接成本分配率	× 实际直接成本项目投入量
间接成本	实际间接成本分配率	× 实际成本分配基础数量	预算间接成本分配率	× 实际成本分配基础数量

罗宾逊公司 2020 年的实际生产数据如下：

	实际
总制造费用	$1 215 000
总直接制造人工小时	$　27 000

正常成本法和实际成本法中的步骤 1、步骤 2 是相同的：步骤 1 将 WPP 298 批次确定为成

本对象；步骤 2 计算出实际直接材料成本 4 606 美元，实际直接制造人工成本 1 579 美元。回想一下步骤 3，罗宾逊公司使用单一成本分配基础，即直接制造人工小时，将所有的制造费用分配到各批次。2020 年实际直接制造人工小时为 27 000 小时。在步骤 4 中，罗宾逊公司把所有实际间接生产成本 1 215 000 美元归入一个单一制造费用成本库。在步骤 5 中，用成本库中的实际总间接成本（在步骤 4 中确定）除以成本分配基础的实际总数量（在步骤 3 中确定）计算得到实际间接成本分配率。罗宾逊公司 2020 年单一制造费用成本库的实际制造费用分配率的计算如下：

$$实际制造费用分配率 = \frac{实际年制造费用}{实际年总成本分配基础数量}$$

$$= \frac{1\ 215\ 000}{27\ 000}$$

$$= 45(美元/直接制造人工小时)$$

在步骤 6 中，实际成本法下 WPP 298 批次的制造费用如下：

$$分配给 WPP 298 批次的制造费用 = 实际制造费用分配率 \times 实际直接制造人工小时$$
$$= 45 \times 88$$
$$= 3\ 960(美元)$$

在步骤 7 中，实际成本法下的批次生产成本是 10 145 美元，计算如下：

直接生产成本		
直接材料成本	$4 606	
直接制造人工成本	$1 579	$ 6 185
制造费用		
（$45/直接制造人工小时×88 直接制造人工小时）		$ 3 960
批次总生产成本		$10 145

在实际成本法下，WPP 298 批次的生产成本（10 145 美元）比在正常成本法下高 440 美元（10 145－9 705），这是因为实际间接成本分配率是每小时 45 美元，而预算间接成本分配率是每小时 40 美元。也就是说，（45－40）×88＝440 美元。

正如前面所讨论的，使用正常成本法比实际成本法能更快地得到批次的生产成本数据。因此，罗宾逊公司的生产和销售经理能够在批次一完工时就评价不同批次的盈利能力和定价的适当性、已完工批次的效率，而这时生产流程在每个人的脑海里还是清晰的。正常成本法的另一个优点是它能在管理者还有时间采取改善措施，如改进公司的人工效率或减少公司的间接成本时，为他们提供成本信息。

一般来说，使用正常成本法分配的成本通常不等于实际成本法基于年末计算的实际间接成本分配率分配的成本。就财务会计而言，如果正常成本法与实际成本法核算的成本之间的差异很大，就必须进行调整，以使产品销售成本和不同存货账户中的成本都是基于实际成本法而不是正常成本法。公司必须根据实际发生的事项而非年初预计发生的事项来编制财务报表。我们将在本章后面介绍这种调整。

下一节将详细描述为了实现财务会计的成本计算目标，如何在财务会计框架内使用正常的分批成本系统。不想研究这些细节的教师和学生可以直接学习"预算间接成本和期末调整"这一节。

小练习 4 - 2

Huckvale 公司生产定制橱柜。它使用实际成本系统核算，有两类直接成本——直接材料成本和直接制造人工成本，还有一个间接成本库（制造费用）。2020 年的相关信息如下：

预算制造费用	$1 160 000
预算直接制造人工小时	29 000 小时
实际制造费用	$1 260 000
实际直接制造人工小时	28 000 小时

基于以下信息，使用实际成本法计算 32 Pioneer Drive 批次的成本：

实际直接材料成本	$3 600
实际直接制造人工小时	180 小时
实际直接制造人工率	$18/小时

4.6 制造业正常分批成本系统

下面以 2020 年 2 月发生在罗宾逊公司的事件为例。在详细说明如何在财务会计框架内使用正常成本法之前，先研究图表 4 - 6，该图表为理解成本流提供了一个概览。

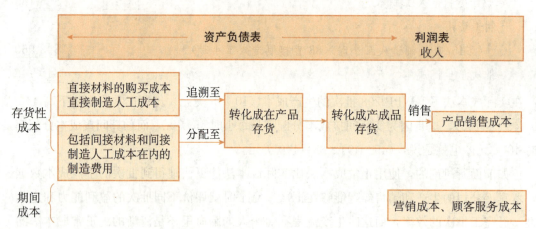

图表 4 - 6 分批成本法中的成本流

图表 4 - 6 的上半部分显示的是存货性成本流，即从材料购买和其他生产资料的投入，到转化成在产品和产成品，再到产成品销售的流程。

直接材料成本与直接制造人工成本能够很容易地追溯到批次。一旦工作开始，它们就会变成资产负债表上在产品存货资产的一部分。为了将直接材料转变成在产品存货，罗宾逊公司还产生了制造费用（包括间接材料和间接制造人工成本）。但是，这些制造费用（间接成本）不能很容易地追溯到特定批次。正如本章前面所述，制造费用首先被累积在一个制造费用账户，然后分配到特定批次。制造费用被分配后就变成了在产品存货的一部分。

正如第 2 章所述，当特定批次完工后，在产品存货就变成了资产负债表上的另一项资产，即产成品存货。产成品被销售后，成本就从资产成了一项费用，即产品销售成本，并被确认在利润表中，与获取的收入相配比。

图表 4-6 的下半部分显示的是期间成本——营销成本和顾客服务成本。这些成本不产生任何资产负债表上的资产，因为它们不是为了把材料转化成产成品而发生的。它们在发生的当期被计入利润表上的费用中。

下面描述总分类账中的记录。

4.6.1 总分类账

到目前为止，你已经知道了分批成本系统为每一批次单独记录成本。批次成本记录在明细分类账中，在产品控制总分类账反映了所有未完工批次的成本总和。批次成本记录和在产品控制总分类账跟踪从批次开工到最终完工发生的全部成本。当批次完工或出售时，它们被记录在明细分类账的批次产成品存货记录中。产成品控制总分类账记录所有完工和售出批次的成本总和。

图表 4-7 显示了罗宾逊公司总分类账的 T 形账户之间的关系。总分类账提供了成本系统的"鸟瞰图"。图表 4-7 中列示的数字来源于每月的交易和相应的日记账分录。当你检查下面的每条日记账分录时，可以利用图表 4-7 来查看不同的分录是如何组合在一起的。名称中有"控制"二字的总分类账（如材料控制账和应付账款控制账）都有支持性的明细分类账，其中包含更多的交易细节，如存货中每种材料的情况和罗宾逊公司对各供货商的欠款等。

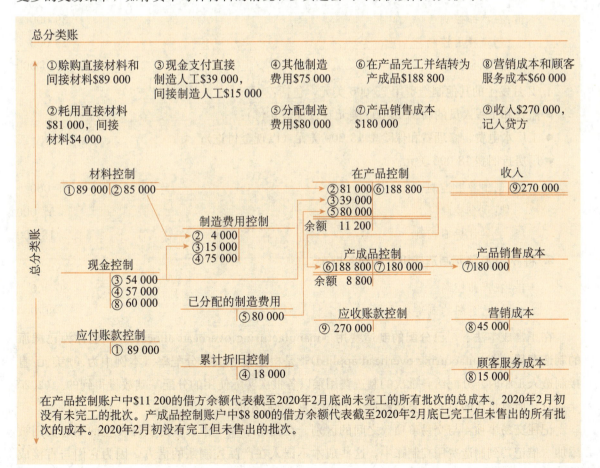

图表 4-7　使用正常成本法的制造业分批成本系统：2020 年 2 月总分类账关系图

某些公司在记录总分类账的同时记录明细分类账。还有一些公司（如罗宾逊公司）在交易发生时记录明细分类账，记录总分类账不是很频繁，即通常在编制每月财务报表时每月记录一次，从而简化了会计处理。

总分类账仅仅是管理者用于计划和控制的诸多工具中的一种。为了控制运作，管理者不仅要依赖用于记录明细分类账金额的原始凭证，还要依赖非财务信息，如项目的返工率或落后于计划的情况。

4.6.2　交易事项的解释

下面我们来看看罗宾逊公司 2020 年 2 月的交易概况和相应的日记账分录。

1. 赊购材料（直接和间接材料）89 000 美元。

借：材料控制	89 000
贷：应付账款控制	89 000

2. 使用直接材料 81 000 美元和间接材料 4 000 美元。

借：在产品控制	81 000
制造费用控制	4 000
贷：材料控制	85 000

3. 2 月份生产工人工资：直接制造人工 39 000 美元、间接制造人工 15 000 美元，以现金付讫。

借：在产品控制	39 000
制造费用控制	15 000
贷：现金控制	54 000

4. 2 月发生的其他制造费用 75 000 美元，包括：

- 监管和工程人员的薪酬 44 000 美元（以现金支付）；
- 工厂水电费、修理费和保险费 13 000 美元（以现金付讫）；
- 厂房折旧费 18 000 美元。

借：制造费用控制	75 000
贷：现金控制	57 000
累计折旧控制	18 000

5. 将 80 000 美元制造费用分配到各批次。

借：在产品控制	80 000
贷：已分配的制造费用	80 000

在正常成本法下，**已分配的制造费用**（manufacturing overhead allocated），也称为**已摊派的制造费用**（manufacturing overhead applied），是根据预算成本分配率（本例中为 40 美元/直接制造人工小时）分配给各批次的制造费用乘以各批次实际使用的分配基础数量得到的。（2020 年 2 月，所有批次的总实际直接制造人工小时为 2 000 小时。）

记住交易事项 4 与交易事项 5 之间的区别。在交易事项 4 中，全月实际发生的制造费用被添加（借记）到制造费用控制账中，这些成本不记入在产品控制账的借方，因为它们与直接成本不同，不能追溯到单个批次。而只有在交易事项 5 中分配制造费用时，制造费用才被添加（借记）到单个批次和在产品控制账。在分配这些成本时，制造费用控制账实际上是通过它的备抵账户——已分配的制造费用减少（贷记）的。已分配的制造费用被称为备抵账户，是因为它的借方金额就是制造费用控制账的贷方金额。将已分配的制造费用作为备抵账户可以使分批成本系统分别保留公司已发生的制造费用（在制造费用控制账中）和已分配的制造费用（在已分配的制造费用账中）信息。如果已分配的制造费用已经记入制造费用控制账的贷方，那么公司将会丢失正在发生的实际制造费用信息。

在罗宾逊公司例子描述的正常成本系统中，年初公司就在预计的年度制造费用和年度成本分配基础数量的基础上计算出了预算制造费用分配率——40 美元/直接制造人工小时。几乎可以确定的是，用预算制造费用分配率分配的总金额将与预计的总制造费用不同。本章后面将讨论如何处理这种差异。

6. 2020 年 2 月所有完工并结转为产成品的不同批次总额是 188 800 美元。

借：产成品控制　　　　　　　　　　　　　　　　188 800
　　贷：在产品控制　　　　　　　　　　　　　　　　　188 800

7. 产品销售成本 180 000 美元。

借：产品销售成本　　　　　　　　　　　　　　　　180 000
　　贷：产成品控制　　　　　　　　　　　　　　　　　180 000

8. 2020 年 2 月发生营销成本 45 000 美元和顾客服务成本 15 000 美元，以现金付讫。

借：营销成本　　　　　　　　　　　　　　　　　　45 000
　　顾客服务成本　　　　　　　　　　　　　　　　15 000
　　贷：现金控制　　　　　　　　　　　　　　　　　　60 000

9. 2020 年 2 月销售并交付的所有批次的销售收入均为赊销，金额为 270 000 美元。

借：应收账款控制　　　　　　　　　　　　　　　　270 000
　　贷：收入　　　　　　　　　　　　　　　　　　　　270 000

小练习 4-3

Huckvale 公司生产厨房定制橱柜。它使用正常成本系统核算，有两类直接成本——直接材料成本和直接制造人工成本，还有一个间接成本库（制造费用）。2020 年 4 月的相关信息如下：

实际使用的直接材料	$ 20 000
以现金支付的实际直接制造人工成本	$ 50 000
使用的间接材料	$ 2 000
以现金支付的监督与工程人员薪酬	$ 49 000
以现金支付的工厂水电费与维修费	$ 7 000
厂房折旧费	$ 20 000
实际直接制造人工小时	3 000 小时
完工并结转为产成品的单个批次成本	$ 230 000
产品销售成本	$ 225 000

以下信息也适用于 2020 年：

预算制造费用	$ 1 160 000

预算直接制造人工小时   29 000 小时

为以下事项编制分录：（1）直接与间接材料的使用；（2）发生的制造人工；（3）发生的制造费用；（4）将制造费用分配至批次；（5）完工并结转为产成品的批次成本；（6）产品销售成本。

4.6.3 明细分类账

图表 4-8 和 4-9 列出了包含基本细节的明细分类账。明细分类账帮助罗宾逊公司的管理者追踪诸如 WPP 298 批次等单个批次。所有基础的明细分类账的总额等于相应总分类控制账中的金额。

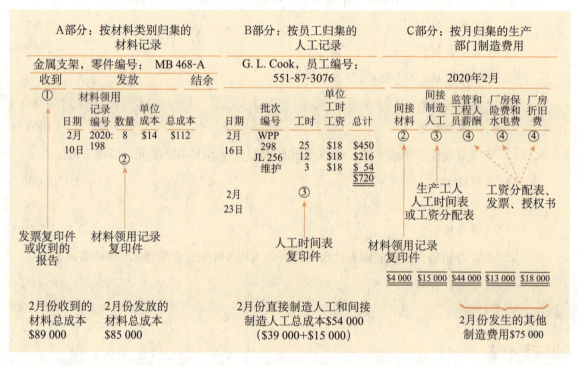

图表 4-8 材料、人工和生产部门制造费用明细分类账

注：箭头表示原始凭证（如材料领用记录复印件）是如何被最终反映为图表 4-7 中以带圈数字表示的会计分录的。

按材料类别归集的材料记录

罗宾逊公司的材料明细分类账称为材料记录，其用于持续记录收到的材料数量、发放给各批次的材料数量和每类材料的结余。图表 4-8 的 A 部分显示了金属支架（零件编号为 MB 468-A）的材料记录。在许多公司，记录材料收发的原始凭证（图表 4-3 的 A 部分中的材料领用记录）被扫描到计算机中。然后，软件程序会自动更新材料记录，并在总分类账和明细分类账中编制所有必要的会计分录。罗宾逊公司 2020 年 2 月各类直接和间接材料记录中显示收到的材料成本是 89 000 美元（图表 4-8 的 A 部分）。2020 年 2 月各类直接和间接材料记录中显示发放的材料成本是 85 000 美元（图表 4-8 的 A 部分）。

在使用直接材料时，将其记录在材料记录中（见图表 4-8 的 A 部分，向 WPP 机器批次发放金属支架的记录）。直接材料也记入各批次在产品存货记录中，它是在产品控制总账的明细分类账。例如，WPP 机器批次使用的金属支架在 WPP 298 批次的在产品存货记录明细分类账中

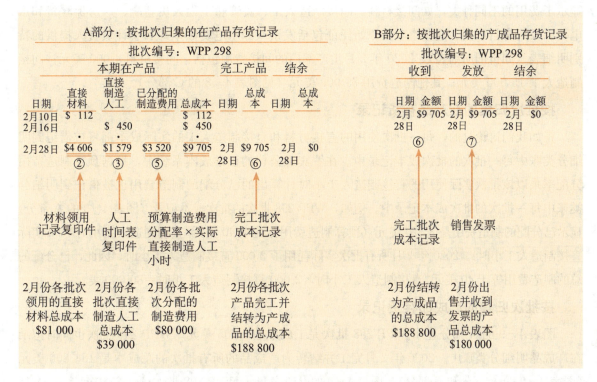

图表 4-9 各批次的明细分类账

注：箭头表示原始凭证（如材料领用记录复印件）是如何被最终反映为图表 4-7 中以带圈数字表示的会计分录的。

以 112 美元的直接材料成本的形式出现（图表 4-9 的 A 部分，基于图表 4-2 中的批次成本记录）。2020 年 2 月所有批次成本记录中使用的直接材料成本为 81 000 美元（图表 4-9 的 A 部分）。

在使用间接材料（如润滑油）时，将其记录在生产部门费用记录中，它是制造费用控制账的明细分类账。生产部门费用记录用于累计总分类账中每个间接成本库账户在各种制造费用中的实际成本。回想一下，罗宾逊公司只有一个间接成本库：制造费用。使用的间接材料的成本没有被直接加到各批次中，而是作为制造费用的一部分被分配到各批次记录。

按员工归集的人工记录

按员工归集的人工记录（见图表 4-8 的 B 部分，关于库克）用来将直接制造人工成本追溯到特定批次，并把间接制造人工成本累计到生产部门费用记录中（见图表 4-8 的 C 部分）。人工记录是根据人工时间表这一原始凭证记录的（见图表 4-3 的 B 部分）。按员工归集的人工记录明细分类账显示了截至 2 月 16 日结束的这一周，库克（员工编号为 551-87-3076）生产的不同批次和应付给库克的 720 美元工资。2020 年 2 月应付给所有员工的总工资是 54 000 美元。WPP 298 的批次成本记录显示库克在一周内花在该批次上的劳动时间对应的直接制造人工成本为 450 美元（见图表 4-9 的 A 部分）。2020 年 2 月所有批次成本记录（在产品控制账的明细分类账）中的直接制造人工成本为 39 000 美元。

库克的员工工时记录中显示有 54 美元的维护费，这是一项间接制造人工成本。2020 年 2 月 15 000 美元总的间接制造人工成本记在明细分类账中的生产部门费用记录中。根据定义，这些成本不能追溯到单一批次，而应作为制造费用的一部分分配到各批次。

按月归集的生产部门制造费用记录

生产部门制造费用记录（见图表 4-8 的 C 部分）是制造费用控制账的明细分类账，它详细显示了费用的不同种类，如间接材料、间接制造人工、监管和工程人员薪酬、厂房保险费和水电费以及厂房折旧费。这些事项的原始凭证包括发票（如水电费账单）和会计负责人提供的特别明细表（如折旧明细表）。2020 年 2 月生产部门的间接费用包括：间接材料 4 000 美元；间接制造人工 15 000 美元；其他制造费用 75 000 美元（见图表 4-8 的 C 部分）。

按批次归集的在产品存货记录

正如我们讨论过的，每一批次使用的直接材料和直接制造人工的实际成本都将被借记到明细分类账中每一批次的批次成本记录中。在罗宾逊公司的正常成本系统中，根据预算制造费用分配率乘以该批次实际使用的直接制造人工小时计算出的已分配的制造费用也被借记到明细分类账中每一批次的批次成本记录中。例如，WPP 298 批次的批次成本记录（图表 4-9 的 A 部分）显示已分配的制造费用是 3 520 美元（预算制造费用分配率 40 美元/直接制造人工小时×88 实际直接制造人工小时）。2020 年 2 月所有批次实际耗用了 2 000 直接制造人工小时，因此，已分配的总的制造费用等于 40 美元/直接制造人工小时×2 000 直接制造人工小时＝80 000 美元。

按批次归集的产成品存货记录

图表 4-9 的 A 部分显示 WPP 298 批次完工成本是 9 705 美元。WPP 298 批次也同时记录在产成品明细分类账中。2020 年 2 月完工并结转为产成品的所有批次的总成本是 188 800 美元（图表 4-9 的 A 部分和 B 部分）。图表 4-9 的 B 部分显示 WPP 298 批次已于 2020 年 2 月 28 日出售并交付给顾客，此时有 9 705 美元从产成品转变为产品销售成本。2020 年 2 月出售并开具发票的所有批次的总成本是 180 000 美元（图表 4-9 的 B 部分）。

其他明细记录

就像制造业工资的处理一样，罗宾逊公司在明细分类账中保存了与营销和顾客服务工资相对应的员工工时记录和不同类型广告（如印刷广告、电视和广播广告）成本的记录。应收账款明细账也用于记录 2020 年 2 月应收每位顾客的金额，包括销售 WPP 298 批次应收取的 15 000 美元。

至此，我们回顾一下本例中的 9 个分录。图表 4-7 是以 T 形账户显示的 9 个总分类账的简单总结。一定要一步一步地将每个日记账分录追踪到图表 4-7 所示的总分类账的 T 形账户中。罗宾逊公司的管理者将会用这种信息来评估公司在 WPP 298 批次上的表现。

图表 4-10 是罗宾逊公司 2020 年 2 月的利润表，该表使用了分录 7，8，9 中的信息。管理者可以将产品销售成本的计算进一步细化，以图表 2-8 所示的格式呈现。使用细分格式的好处是，管理者可以直观地辨别详细的业绩趋势，从而帮助自身提高在未来批次上的生产效率。

图表 4-10　罗宾逊公司 2020 年 2 月利润表

收入		$270 000
产品销售成本（180 000＋14 000*）		$194 000
毛利		$ 76 000
营业成本		
营销成本	$45 000	
顾客服务成本	$15 000	
总营业成本		$ 60 000
营业利润		$ 16 000

*产品销售成本增加了 $14 000，这是制造费用控制账户（$94 000）与已分配的制造费用账户（$80 000）之间的差额。在本章后面，我们将讨论这种调整，它代表了 2020 年 2 月实际制造费用超过了分配给各批次的制造费用。

4.6.4 非生产成本和分批成本法

在第 2 章中，你们已经知道，公司基于不同的目的定义产品成本。作为可计入存货性成本向股东报告的产品成本，可能与向管理者报告的用于指导定价和产品组合策略的产品成本不同。管理者必须记住，虽然基于财务会计目的，营销成本和顾客服务成本在发生时就要计入费用，但是公司出于定价、产品组合以及成本管理决策的考虑，还是常常会把这些成本追溯或者分配到各批次上。

罗宾逊公司可以将直接营销成本和顾客服务成本追溯到批次上，就像将直接生产成本追溯到批次上一样。那么间接营销成本和顾客服务成本如何处理？假设这些成本对应着相同的成本分配基础和收入，并且包含在一个单一成本库中。然后，罗宾逊公司就可以计算出一个预算间接成本分配率，它可以用预算间接营销成本与预算间接顾客服务成本之和除以预算收入的方式来得到。罗宾逊公司可以使用这一成本分配率将这些间接成本分配到各批次。比如，如果成本分配率是收入的 15%，那么罗宾逊公司将向 WPP 298 批次分配 2 250 美元（0.15×15 000，该批次的收入为 15 000 美元）。通过把生产成本和非生产成本都分派到批次上，罗宾逊公司就能把不同批次的所有成本与其收入相比较。

4.7 预算间接成本和期末调整

在计算预算间接成本分配率时，管理者应尽量使用接近实际的制造费用和实际的成本分配基础总量。但是，由于本章前面解释的分子和分母原因，在正常成本法下，公司每月发生的实际间接成本可能不等于每月分配的间接成本。即使在年末，分配的间接成本总额也不可能等于实际发生的间接成本总额，因为分配的成本是基于实际成本发生前 12 个月的情况做出的估计。出于财务会计目的，根据 GAAP，公司必须基于实际成本在财务报表中报告结果。现在，我们将介绍在会计年度末，分配的间接成本不同于实际发生的间接成本时，会计师需要做出的调整。

4.7.1 少分配的间接成本和多分配的间接成本

少分配的间接成本（underallocated indirect costs）发生在某一会计期间已分配的间接成本少于当期实际发生的间接成本时。**多分配的间接成本**（overallocated indirect costs）发生在某一会计期间已分配的间接成本多于当期实际发生的间接成本时。

少分配(多分配)的间接成本＝实际发生的间接成本－已分配的间接成本

少分配（多分配）的间接成本又叫作少摊派（多摊派）的间接成本或少吸收（多吸收）的间接成本。

以罗宾逊公司的制造费用成本库为例进行说明。在总分类账中有两个与制造费用有关的间接成本账户：

1. 制造费用控制账户，记录所有制造费用类别（如间接材料、间接制造人工、监管、工程、水电费以及厂房折旧费）的实际成本。

2. 已分配的制造费用账户，记录按预算间接成本分配率乘以实际直接制造人工小时计算的分配给各批次的制造费用。

年末，这两个间接成本账户分别显示了如下金额：

制造费用控制		已分配的制造费用	
2020 年 12 月 31 日余额	1 215 000	2020 年 12 月 31 日余额	1 080 000

已分配的制造费用账户 1 080 000 美元的贷方余额是由 2020 年所有批次花费的 27 000 直接制造人工小时乘以每直接制造人工小时 40 美元的预算分配率得到的。

135 000 美元（1 215 000－1 080 000）的差异（借方净额）是少分配的金额，因为实际发生的制造费用比分配的金额大。产生这一差异的原因有两个，并与计算每直接制造人工小时 40 美元的预算分配率有关：

1. 分子原因（间接成本库）。实际制造费用 1 215 000 美元大于预算的 1 120 000 美元。
2. 分母原因（分配基础数量）。27 000 总的实际直接制造人工小时少于预算的 28 000 小时。

对于罗宾逊公司低估制造费用、高估成本分配基础数量所造成的这 135 000 美元少分配制造费用，主要有三种记账方法：（1）调整分配率法；（2）按比例分配法；（3）直接计入产品销售成本法。

4.7.2　调整分配率法

调整分配率法（adjusted allocation-rate approach）使用实际制造费用分配率代替预算制造费用分配率来重新编制总分类账和明细分类账中所有的制造费用分录。首先，在年末时计算出实际制造费用分配率。其次，使用这个实际制造费用分配率（而不是预算制造费用分配率）来重新计算当年分配给各批次的制造费用。最后，进行各账户的年末结转。结果是在年末每个批次成本记录、产成品记录以及在产品控制账户、产成品控制账户和产品销售成本账户中都反映了实际发生的制造费用。

电算化会计系统的广泛使用大大降低了使用调整分配率法的成本。在罗宾逊公司的例子中，实际制造费用分配率（45 美元/直接制造人工小时）比预算制造费用分配率（40 美元/直接制造人工小时）高出 12.5%（（45－40）÷40）。在年末，罗宾逊公司能用一个计算机指令将 2020 年每批次分配的制造费用增加 12.5%。这一指令既调整明细分类账，也调整总分类账。

以 WPP 公司的 WPP 298 批次为例。在正常成本法下，分配给该批次的制造费用为 3 520 美元（预算分配率 40 美元/直接制造人工小时×88 直接制造人工小时）。将分配的制造费用增加 12.5%，即 440 美元（3 520×0.125），意味着把分配给 WPP 298 批次的制造费用调整到 3 960 美元（3 520＋440）。注意，在实际成本法下，分配给这一批次的制造费用也是 3 960 美元（实际分配率 45 美元/直接制造人工小时×88 直接制造人工小时）。在正常成本法下对明细分类账上的每一批次都做这样的调整，就保证了分配给各批次的实际制造费用总额是 1 215 000 美元。

使用调整分配率法有两个优点：年度内及时、方便地使用正常成本法；年度末分配全部实际制造费用。每个批次成本记录以及存货账户、产品销售成本账户的年末余额都会根据实际成本进行调整。这些调整反过来又会影响罗宾逊公司报告的利润。对各批次完工后实际盈利能力的了解给管理者提供了准确而有用的信息，为生产何种批次、批次定价以及如何管理成本等决策提供了帮助。

4.7.3　按比例分配法

按比例分配法（proration approach）是年末在产品、产成品和产品销售成本账户中直接分摊少分配或多分配的制造费用。材料存货账户没有分配制造费用，因此不涉及按比例分配。我们以罗宾逊公司为例说明年末按比例分配的方法。假设 2020 年罗宾逊公司的相关实际数据如下：

	A	B	C
1		账户余额 （按比例分配前）	各账户余额中所含的 已分配的制造费用 （按比例分配前）
2	账户	（1）	（2）
3	在产品控制	$ 50 000	$ 16 200
4	产成品控制	$ 75 000	$ 31 320
5	产品销售成才	$2 375 000	$1 032 480
6		$2 500 000	$1 080 000

罗宾逊公司应该如何按比例分配 2020 年年末少分配的 135 000 美元制造费用？

罗宾逊公司应该按照在产品、产成品和产品销售成本账户期末余额中所含的 2020 年已分配的制造费用总额（按比例分配前）来按比例分配少分配的金额。在下面的图表中，135 000 美元的少分配的制造费用要按第（2）列已分配的制造费用（按比例分配前）在三个账户中按比例分配，其结果是第（5）列的期末余额（按比例分配后）。

	A	B	C	D	E	F	G
1		账户余额 （按比例分配前）	各账户余额中 所含的已分配 的制造费用（按 比例分配前）	各账户余额中所含的 已分配的制造费用 占总成本的百分比	按比例分配$135 000 少分配的制造费用		账户余额 （按比例分配后）
2	账户	（1）	（2）	(3) = (2)/$1 080 000	(4) = (3) × $135 000		(5) = (1) + (4)
3	在产品控制	$ 50 000	$ 16 200	1.5%	0.015×$135 000=	$ 2 025	$ 52 025
4	产成品控制	$ 75 000	$ 31 320	2.9%	0.029×$135 000=	$ 3 915	$ 78 915
5	产品销售成本	$ 2 375 000	$ 1 032 480	95.6%	0.956×$135 000=	$129 060	$ 2 504 060
6	合计	$ 2 500 000	$ 1 080 000	100.0%		$135 000	$ 2 635 000

2020 年罗宾逊公司的实际制造费用（1 215 000 美元）比已分配的制造费用（1 080 000 美元）高出 12.5%，因此上面图表第（4）列的金额也可以通过第（2）列中的余额乘以 12.5% 得到。例如，产成品控制账户的制造费用调整额 3 915 美元等于 12.5% 乘以 31 320 美元。加上按比例分配的金额，罗宾逊公司分配的制造费用是按比例分配前金额的 112.5%，因此，罗宾逊公司使用的是实际制造费用分配率。（回想一下，罗宾逊公司的实际制造费用分配率（45 美元/直接制造人工小时）比预算制造费用分配率（40 美元/直接制造人工小时）高出 12.5%。）记录这一调整的日记账分录如下：

借:在产品控制	2 025
产成品控制	3 915
产品销售成本	129 060
已分配的制造费用	1 080 000
贷:制造费用控制	1 215 000

如果制造费用多分配了，在产品控制账户、产成品控制账户和产品销售成本账户就应该调减（贷记）而不是调增（借记）。

这个日记账分录结清了制造费用相关账户，并将在产品控制账户、产成品控制账户和产品销售成本账户的 2020 年年末余额重新调整为使用实际制造费用分配率而不是预算制造费用分配率时的余额。使用这一方法与前面讨论的调整分配率法会得出相同的 2020 年年末总分类账余额。但是，与调整分配率法不同的是，在按比例分配后，明细分类账中显示的金额总和与总分类账中显示的金额不匹配，因为在批次成本记录中，没有对预算制造费用分配率进行调整。基于财务报告的目的，按比例分配法的目标是仅仅将总分类账调整为使用实际制造费用分配率。由于按比例分配，产品销售成本增加了 129 060 美元，导致罗宾逊公司报告的营业利润减少了相同的金额。

一些公司所使用的按比例分配法是基于在产品控制账户、产成品控制账户和产品销售成本账户的按比例分配前的期末余额（见上一个图表中的第（1）列）。下面的图表显示，基于期末账户余额的按比例分配与前面基于分配至账户的制造费用金额（按比例分配前）的更准确的按比例分配不同，因为在这些账户中分配的制造费用占总成本的比例是不同的。

	A	B	C	D	E	F
1		账户余额（按比例分配前）	账户余额占总成本的百分比	按比例分配$135 000少分配的制造费用		账户余额（按比例分配后）
2	账户	（1）	(2) = (1)/$2 500 000	(3) = (2) × $135 000		(4) = (1) + (3)
3	在产品控制	$ 50 000	2.0%	0.02×$135 000= $ 2 700		$ 52 700
4	产成品控制	$ 75 000	3.0%	0.03×$135 000= $ 4 050		$ 79 050
5	产品销售成本	$2 375 000	95.0%	0.95×$135 000= $128 250		$2 503 250
6	合计	$2 500 000	100.0%		$135 000	$2 635 000

但是，采用基于期末账户余额的按比例分配法经常被认为是一种权宜之计，可以通过使用已分配的制造费用获得更准确的结果。

4.7.4 直接计入产品销售成本法

在这种方法下，所有少分配或多分配的制造费用计入当年的产品销售成本账户中。对于罗宾逊公司而言，日记账分录如下：

借：产品销售成本	135 000
已分配的制造费用	1 080 000
贷：制造费用控制	1 215 000

通过把差额转到产品销售成本账户中，罗宾逊公司结清了两个制造费用账户——制造费用控制账户和已分配的制造费用账户。调整后的产品销售成本账户余额为 2 510 000 美元，等于调整前的 2 375 000 美元加上少分配的 135 000 美元制造费用。这导致营业利润减少 135 000 美元。

小练习 4-4

Huckvale 公司生产厨房定制橱柜。它使用正常成本系统核算，有两类直接成本——直接材料成本和直接制造人工成本，还有一个间接成本库（制造费用）。2020 年有关制造费用的信息如下：

预算制造费用	$1 160 000
预算直接制造人工小时	29 000 小时
实际制造费用	$1 260 000
实际直接制造人工小时	28 000 小时

截至 2020 年 12 月 31 日的信息如下：

账户	账户余额 （按比例分配前）	当年账户余额中已分配的 制造费用（按比例分配前）
在产品控制	$ 45 000	$ 29 000
产成品控制	$ 65 000	$ 63 800
产品销售成本	$1 600 000	$1 067 200
	$1 710 000	$1 160 000

计算 2020 年年末少分配或多分配的制造费用，并使用正常成本法根据每个账户余额中已分配的制造费用，将其按比例分配至在产品控制账户、产成品控制账户和产品销售成本账户。

4.7.5 三种方法的选择

在处理少分配和多分配的制造费用的三种方法中，哪一种最好？在回答这个问题时，管理者应该考虑少分配或多分配的制造费用的总额以及调整的目的，如下所示。

如果调整的目的是	少分配或多分配的总额	那么管理者倾向于使用
基于实际而非预算的制造费用分配率描述资产负债表和利润表	大，相对于总营业利润而言，并且存货水平高	按比例分配法，因为它是将实际制造费用分配到总分类账的最准确方法
基于实际而非预算的制造费用分配率描述资产负债表和利润表	小，相对于总营业利润而言，并且存货水平低	直接计入产品销售成本法，因为此时使用它近似于更准确的按比例分配法
为了进行盈利能力分析，学习如何更好地管理批次成本和为未来批次报价，提供准确的单个批次实际成本记录	大，相对于总营业利润而言	调整分配率法，因为除了总分类账之外，它还对单个批次记录进行了调整

许多管理会计师和管理者认为在某种程度上，少分配的制造费用反映了当期的效率低下，因此应将其直接计入产品销售成本账户而不应该按比例计入在产品或产成品账户。这种推理方法建议将直接计入产品销售成本法和按比例分配法结合使用。例如，由于效率低下（如过度支出或产能闲置）而本可以避免的成本应该直接计入产品销售成本账户，而与效率低下无关且不可避免的部分则应该按比例分配。与全部按比例分配不同，这种方法可避免将当期低效率成本计入存货资产。

正如我们的讨论指出的，选择使用何种方法并确定计入产品销售成本账户的金额通常是一个判断问题。管理者选择的方法会影响公司报告的营业利润。在存在少分配的制造费用的情况下，与按比例分配法相比，直接计入产品销售成本法会导致营业利润更低。在存在多分配的制造费用的情况下，与直接计入产品销售成本法相比，按比例分配法会导致营业利润更低。

管理者愿意报告更低还是更高的营业利润？报告更低的营业利润会降低公司的所得税，节省公司的现金，增加公司的价值。但管理者通常根据营业利润获得报酬，因此即使会导致所得税增加，管理者也倾向于报告更高的营业利润。处于财务困境中的公司的管理者也倾向于报告更高的营业利润，以避免违反财务契约。股东和董事会希望激励管理者采取能增加公司价值的行动。因此，除了营业利润外，许多薪酬计划还涉及税后现金流等指标。在任何时候，管理者都不应该做出违法或不道德的选择。我们将在第 24 章中更详细地讨论这些问题。

罗宾逊公司的管理者认为，将直接制造人工小时作为成本分配基础的单一制造费用成本库适合将所有制造费用分配到各批次中。如果罗宾逊公司的管理者认为不同的生产部门（例如，加工和装配）使用的产生制造费用的资源不同，他们就会将制造费用分配给各部门，并且基于各部门的制造费用动因为各部门计算单独的费用分配率。总分类账包含每个部门的制造费用控制账户和已分配的制造费用账户，从而在年末对每个部门少分配或多分配的制造费用进行调整。

对更详细的分配感兴趣的教师与学生可以阅读第 16 章，在该章中我们将继续以罗宾逊公司为例进行阐述。

4.8　正常成本法的变形：服务业的示例

分批成本法在会计和咨询公司、广告公司、汽车修理厂和医院这样的服务型组织中也十分有用。在会计师事务所，每一项审计业务就是一个批次。每一次审计的成本都会累积到批次成本记录中，就像罗宾逊公司使用的相应文档一样，按照前面描述的七个步骤进行。根据人工工时记录，专业人员（审计合伙人、审计经理和审计员）的直接人工成本被追溯到各独立批次上。其他直接成本如差旅费、工作餐、住宿费等也都追溯到各批次上。文秘工作的成本、办公室人员薪酬、租金以及家具和设备的折旧费等是间接成本，因为这些成本不能追溯到批次上。间接成本要分配到批次上，要使用成本分配基础，如根据专业人员的人工小时数进行分配。

在一些服务型组织中，正常成本法的变形是很有用的，因为实际直接人工成本是总成本的最大组成部分，在完工时也很难追溯到批次上。例如，一项审计业务的实际直接人工成本可能包括年末才能确定的奖金（分子原因）。此外，每个时期的工作时长也可能波动很大，这取决于每个月的工作天数和服务需求（分母原因），而直接人工成本基本上是固定的。只是因为某个月的工作天数更少或服务需求较低，就向某个批次收取更高的实际直接人工成本是不恰当的。使用预算分配率可以更好地描绘公司在雇用员工时计划的每小时直接人工成本。在此类情况下，一个需要在审计过程中及时了解成本信息的公司，除了在间接成本上使用预算分配率外，也将在某些直接成本上使用预算分配率。所有预算分配率都在年初计算。与之相对，"纯粹的"正常成本法在所有直接成本上使用实际分配率而只在间接成本上使用预算分配率。

在直接成本上使用预算分配率的机制与在间接成本上使用预算分配率的方法类似。以多纳休会计师事务所（Donahue and Associates）为例进行说明。2020 年，多纳休会计师事务所预算的总直接人工成本为 14 400 000 美元，总间接成本为 12 960 000 美元，总直接（专业人员的）人工小时为 288 000 小时。在这种情况下，

$$预算直接人工成本分配率 = \frac{预算总直接人工成本}{预算总直接人工小时}$$

$$= \frac{14\ 400\ 000}{288\ 000} = 50（美元/直接人工小时）$$

假设只有一个间接成本库，以总直接人工成本为成本分配基础，则

$$预算间接成本分配率 = \frac{间接成本库中的总预算成本}{预算总成本分配基础数量（总直接人工成本）}$$

$$= \frac{12\ 960\ 000}{14\ 400\ 000} = 0.90，或总直接人工成本的 90\%$$

假设在 2020 年 3 月，多纳休会计师事务所对一个客户——汉利运输公司（Hanley Transport）的审计工作用了 800 直接人工小时。多纳休会计师事务所用预算直接人工成本分配率（50 美元/直接人工小时）乘以实际的直接人工小时（800 小时）来计算这项审计业务的直接人工成本；用预算间接成本分配率（90%）乘以分配给该批次的直接人工成本（40 000 美元）来分配间接成本。假设没有差旅费等其他直接成本，则对汉利运输公司进行审计的成本计算如下：

直接人工成本（$50/直接人工小时×800 直接人工小时）	$40 000
分配的间接成本（90%× $40 000）	$36 000
合计	$76 000

在年末，用预算分配率进行追溯的直接成本通常不等于实际的直接成本，因为实际分配率和预算分配率是在不同时间用不同数据计算出来的。少分配或多分配的直接成本需要在年末进行调整，调整方法与少分配或多分配的间接成本相同。

多纳休会计师事务所的例子表明，在实务中使用的成本系统与本章前面描述的实际成本系统或正常成本系统并不完全一致。另一个示例是工程咨询公司，如印度的 Tata Consulting Engineers 和美国的 Terracon Consulting Engineers，常常使用预算分配率分配间接成本（如工程和办公室支持成本）以及某些直接成本（如专业人工成本），并且追溯某些实际直接成本（如蓝图的制作成本和支付给外部专家的费用）。成本系统的用户应该知道他们可能会遇到不同的系统。

📖 自测题

你的经理请你完成 Endeavor 印刷公司截至 2020 年 1 月 31 日的未完成账户，同时考虑 T 形账户中的数据和下文 a~j 中包含的信息。

Endeavor 印刷公司的正常成本系统有两类直接成本（直接材料和直接制造人工成本）和一个间接成本库（制造费用按直接制造人工成本进行分配）。

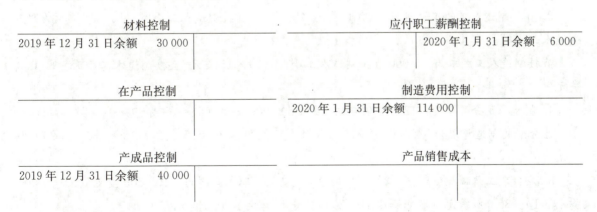

材料控制		应付职工薪酬控制	
2019 年 12 月 31 日余额 30 000		2020 年 1 月 31 日余额 6 000	

在产品控制		制造费用控制	
		2020 年 1 月 31 日余额 114 000	

产成品控制		产品销售成本	
2019 年 12 月 31 日余额 40 000			

补充信息如下：

a. 制造费用按照每年 12 月确定的预算分配率进行分配。请预计下年的制造费用和直接制造人工成本。2020 年预计制造费用为 1 200 000 美元、直接制造人工成本为 800 000 美元。

b. 2020 年 1 月 31 日唯一未完工的批次为 419 批次，其直接制造人工成本为 4 000 美元（250 直接制造人工小时）、直接材料成本为 16 000 美元。

c. 2020 年 1 月用于生产的总直接材料成本为 180 000 美元。

d. 1 月产成品成本为 360 000 美元。

e. 2020 年 1 月 31 日材料存货余额为 40 000 美元。

f. 2020 年 1 月 31 日产成品存货余额为 30 000 美元。

g. 工厂所有工人的工资率相同。1 月总直接制造人工小时为 5 000 小时。其他人工成本合计 20 000 美元。

h. 1 月工厂支付的工资总额为 104 000 美元。忽略扣缴税款。

i. 1 月发生的所有实际制造费用均已入账。

j. 所有材料都是直接材料。

要求：

计算下面的项目：

1. 1 月购入的材料金额。

2. 1 月的产品销售成本。

3. 1 月发生的直接制造人工成本。

4. 1 月已分配的制造费用。

5. 2019 年 12 月 31 日应付职工薪酬控制账户余额。

6. 2020 年 1 月 31 日在产品控制账户余额。

7. 2019 年 12 月 31 日在产品控制账户余额。

8. 2020 年 1 月少分配或多分配的制造费用。

解答：

来自 T 形账户的数据标记为"（T）"：

1. 材料控制账户，购入的材料金额为：180 000 美元（c）＋40 000 美元（e）－30 000 美元（T）＝190 000 美元。

2. 产成品控制账户，产品销售成本为：40 000 美元（T）＋360 000 美元（d）－30 000 美元（f）＝370 000 美元。

3. 直接制造人工的工资率为：4 000 美元（b）÷250 直接制造人工小时（b）＝16 美元/直接制造人工小时。

直接制造人工成本为：5 000 直接制造人工小时（g）×16 美元/直接制造人工小时＝80 000 美元。

4. 制造费用分配率为：1200 000 美元（a）÷800 000 美元（a）＝150%。

已分配的制造费用为：80 000 美元的 150%（参见解答 3）＝150%×80 000 美元＝120 000 美元。

5. 应付职工薪酬控制账户，2019 年 12 月 31 日应付职工薪酬为：104 000 美元（h）＋6 000 美元（T）－80 000 美元（参见解答 3）－20 000 美元（g）＝10 000 美元。

6. 2020 年 1 月 31 日在产品控制账户余额为：16 000 美元（b）＋4 000 美元（b）＋150%×4 000 美元（b）＝26 000 美元（后面的解答 7 将用到这个结果）。

7. 在产品控制账户，2019 年 12 月 31 日在产品控制账户余额为：360 000 美元（d）＋26 000 美元（参见解答 6）－180 000 美元（c）－80 000 美元（参见解答 3）－120 000 美元（参见解答 4）＝6 000 美元。

8. 多分配的制造费用为：120 000 美元（参见解答 4）－114 000 美元（T）＝6 000 美元。

下面 T 形账户括号内的字母对应前面补充信息中的字母，括号内的数字对应前面要求中的数字。

材料控制

2019 年 12 月 31 日余额	（已知）	30 000			
	（1）	190 000*		（c）	180 000
2020 年 1 月 31 日余额	（e）	40 000			

在产品控制

2019 年 12 月 31 日余额	（7）	6 000		（d）	360 000
直接材料	（c）	180 000			
直接制造人工	（b）（g）（3）	80 000			
已分配的制造费用	（3）（a）（4）	120 000			
2020 年 1 月 31 日余额	（b）（6）	26 000			

产成品控制

2019 年 12 月 31 日余额	（已知）	40 000		（2）	370 000
	（d）	360 000			
2020 年 1 月 31 日余额	（f）	30 000			

应付职工薪酬控制

	（h）	104 000	2019 年 12 月 31 日余额	（5）	10 000
				（g）（3）	80 000
				（g）	20 000
			2020 年 1 月 31 日	（已知）	6 000

制造费用控制

1 月共发生	（已知）	114 000			

已分配的制造费用

				（3）（a）（4）	120 000

产品销售成本

	（d）（f）（2）	370 000		

* 只有当账户中所有其他项过账后才能计算得出。

📊 决策要点

下面的问答形式是对本章学习目标的总结，"决策"代表与学习目标相关的关键问题，"指南"则是对该问题的回答。

决策	指南
1. 成本系统的基本概念有哪些？	成本系统的基本概念有成本对象、成本对象的直接成本、成本对象的间接成本、成本库、成本分配基础。成本系统旨在报告成本数字，以反映成本对象（如产品或服务）耗用组织资源的方式。

续表

决策	指南
2. 如何区分分批成本法与分步成本法？	分批成本法把成本分派给不同的产品或服务。分步成本法把成本分派给大量同质或类似的产品或服务，并按平均值计算单位成本。两种成本法位于一个连续体的两端，多数公司的成本法整合了两种方法中的某些要素。
3. 实施分批成本法的主要挑战是什么？	实施分批成本法的主要挑战是及时估计批次的实际成本。
4. 如何实施正常成本法？	七个步骤要求确定：（1）批次；（2）实际直接成本；（3）成本分配基础；（4）与每个成本分配基础（如间接成本库）相关的预算间接成本；（5）预算间接成本分配率；（6）已分配的间接成本（预算间接成本分配率乘以成本分配基础的实际数量）；（7）批次的总成本（直接成本＋间接成本）。

5. 如何区别实际成本法与正常成本法？	区别在于是用实际还是预算的间接成本分配率： 		实际成本法	正常成本法
直接成本分配率	实际分配率	实际分配率
间接成本分配率	实际分配率	预算分配率	 这两种方法都使用实际投入数量来追溯直接成本，都用实际分配基础数量来分配间接成本。

6. 制造业分批成本系统如何记录交易？	制造业分批成本系统在总分类账和明细分类账中记录以下存货性成本流：（1）获取材料和其他生产投入；（2）将其加工成在产品；（3）加工成产成品；（4）销售产成品。分批成本系统在期间成本（如营销成本）发生时就将其费用化。
7. 在会计年度末，管理者如何调整少分配或多分配的制造费用？	为了以实际成本列示资产负债表和利润表，在会计年度末，调整少分配或多分配的制造费用主要有三种方法：（1）调整分配率法。（2）根据在产品控制账户、产成品控制账户、产品销售成本账户中已分配的制造费用按比例分配。（3）当金额不多或少分配的间接成本是低效率导致的时候，许多公司直接把少分配或多分配的制造费用计入产品销售成本。
8. 正常成本法的变形有哪些？	一些组织使用变形的正常成本法，用预算分配率向各批次分配直接成本和间接成本。

习 题

4-21 分批成本法，分步成本法。 确定在下列各种情况下，采用分批成本法和分步成本法中的哪一种更合适。

a. 会计师事务所

b. 炼油厂

c. 定制家具制造厂

d. 轮胎制造厂

e. 教材出版社

f. 房屋建筑公司

g. 广告公司

h. 乳制品公司

i. 面粉厂

j. 油漆生产厂

k. 养老院

l. 园林绿化公司

m. 浓缩橙汁生产商

n. 电影制片厂

o. 律师事务所

p. 商用飞机制造商

q. 管理咨询公司

r. 手机电池制造商

s. 餐饮服务公司

t. 造纸厂

u. 电脑维修店

4-22　实际成本法，正常成本法，制造费用的会计处理。Dakota 公司的分批成本系统中有两类直接成本（直接材料成本和直接制造人工成本）和一个制造费用成本库。Dakota 公司以直接制造人工成本为基础来分配制造费用。数据如下：

	2020 年预算	2020 年实际
直接材料成本	\$2 250 000	\$2 150 000
直接制造人工成本	\$1 700 000	\$1 650 000
制造费用	\$3 060 000	\$3 217 500

要求：

1. 计算 2020 年实际和预算的制造费用分配率。

2. 3 月，626 批次的批次成本记录包含如下信息：

耗用的直接材料	\$55 000
直接制造人工成本	\$45 000

用实际成本法和正常成本法分别计算 626 批次的成本。

3. 2020 年年末，计算正常成本法下少分配或多分配的制造费用。为什么在实际成本法下没有少分配或多分配的制造费用？

4. 为什么公司的管理者更倾向于使用正常成本法？

4-32　分批成本法，单位成本，期末在产品。Robert 公司生产演奏用的管乐器。每个批次是独一无二的。2019 年 4 月，该公司完成了所有未完工订单；2019 年 5 月，它只生产了两个批次——M1 和 M2，生产信息如下：

	A	B	C
1	Robert公司，2019年5月	M1批次	M2批次
2	直接材料	\$ 79 000	\$ 58 000
3	直接制造人工	\$273 000	\$208 000

每小时直接制造人工成本为 26 美元，制造费用按照预计的每直接制造人工小时 16 美元进行分配。5 月份只完成了批次 M1。

要求：

1. 计算 M1 批次的总成本。

2. M1 批次共生产了 1 000 个管乐器，计算每个管乐器的成本。

3. 编制将 M1 批次转入产成品的日记账分录。

4. 在产品控制账户的期末余额是多少？

4-33　分批成本法；实际成本法，正常成本法，正常成本法的变形。Chico & Partners 是一家位于加拿大魁北克省的公共会计合营公司，专门从事审计服务。其分批成本系统中有一个单一的直接成本类别（专业人工）和单一的间接成本库（审计支持，其中包含审计支持部门的所有成本），按照实际专业人工工时将审计支持成本分配到单个批次。Chico & Partners 雇用了 10 名专业人员来提供审计服务。

2020 年的预算和实际金额如下：

	A	B	C
1	Chico & Partners		
2	2020年预算		
3	专业人工薪酬	$990 000	
4	审计支持部门成本	$774 000	
5	向客户开出的专业人工小时账单	18 000	小时
6			
7	2020年实际结果		
8	审计支持部门成本	$735 000	
9	向客户开出的专业人工小时账单	17 500	小时
10	实际专业人工成本分配率	$ 58	/小时

要求：

1. 分别使用实际成本法、正常成本法、将预算分配率用于直接成本的变形的正常成本法，计算 2020 年每专业人工工时的直接成本分配率和间接成本分配率。

2. 你会推荐 Chico & Partners 使用哪种分批成本法？请解释。

3. Chico & Partners 公司 2020 年审计 Pierre & Co. 预计需要 160 小时的专业人工小时。审计所耗用的实际专业人工小时为 180 小时。分别使用实际成本法、正常成本法和将预算分配率用于直接成本的变形的正常成本法，计算审计 Pierre & Co. 的成本。解释批次成本的差异。

4-35 按比例分配制造费用。Row-On-Watershed（ROW）公司生产一系列非机动船。公司采用正常成本系统，并使用直接制造人工成本分配制造费用。2020 年的数据如下：

预算制造费用	$110 000
预算直接制造人工成本	$220 000
实际制造费用	$117 000
实际直接制造人工成本	$230 000

2020 年 12 月 31 日的存货账户余额如下：

账户名称	期末余额	2020 年期末余额中的 直接制造人工成本
在产品	$ 41 500	$ 23 000
产成品	$232 400	$ 66 700
产品销售成本	$556 100	$140 300

要求：

1. 计算制造费用分配率。

2. 计算少分配或多分配的制造费用金额。

3. 用以下方法调整少分配或多分配的制造费用，计算在产品、产成品和产品销售成本账户的期末余额：

（1）直接计入产品销售成本。

（2）根据在产品、产成品和产品销售成本账户期末余额（按比例分配前）按比例分配。

（3）根据在产品、产成品和产品销售成本期末账户余额中（按比例分配前）已分配的制造费用按比例分配。

4. 你会选择哪种方法？说明理由。

第**5**章
作业成本核算与作业管理

学习目标

1. 解释广泛平均如何导致产品或服务多计成本或少计成本
2. 介绍改进成本系统的三个指导方针
3. 区分简单成本系统与作业成本系统
4. 描述成本的四个层级
5. 使用作业成本系统计算产品或服务的成本
6. 评估实施作业成本系统的收益和成本
7. 解释管理者在作业管理中如何使用作业成本系统

一个好的谜题总是引人遐想。

企业就像一个好的谜题。它们的成本系统常常存在着未解决的问题：为什么我们有严重的财务问题？我们给产品制定的价格准确吗？作业成本法能够解开这个谜题，并改善运营。IBM 使用作业成本法来评估数据泄露的真实成本。

💡 引例　　　　作业成本法和数据泄露的真实成本

又一天，又有数据泄露的事件发生。仅在 2017 年，就有 1 300 多家美国公司、政府机构和其他组织出现重大数据泄露。

但这些数据泄露给受影响的公司造成了多大的损失？除了昂贵的技术调查和监管备案之外，数据泄露还会带来隐性成本，如业务损失、对声誉的负面影响，以及员工花在恢复上的时间。为了确定数据泄露的真实成本，IBM 采用了作业成本法。作业成本法将公司在数据泄露方面的支出划分为四个作业成本中心：

- 检测和升级——检测个人数据泄露并向相关人员报告。
- 通知——通知受影响的个人、监管机构和媒体。
- 数据泄露后的应对——为受影响的个人提供服务并支付监管罚款和接受处罚。
- 业务损失——失去客户和管理业务中断、系统宕机，以及与新客户获取相关的成本和收入损失。

IBM 使用作业成本法得出结论，全球数据泄露的平均成本为 386 万美元，即每丢失一条记录的成本为 148 美元。IBM 高管温迪·惠特莫尔（Wendi Whitmore）说："了解成本所在，以及如何降低成本，可以帮助公司更具战略性地投资资源，降低面临的巨大财务风险。"

资料来源：IBM, *2018 Cost of a Data Breach Study*：*Global Overview*, July 2018 (https://www-01. ibm. com/common/ssi/cgi-bin/ssialias? htmlfid=55017055USEN&)；"IBM Study：Hidden Costs of Data Breaches Increase Expenses for Businesses," IBM press release, Cambridge, Massachusetts, July 11, 2018 (https://newsroom. ibm. com/2018 - 07 - 11-IBM-Study-Hidden-Costs-of-Data-Breaches-Increase-Expenses-for-Businesses)；Herb Weisbaum, "The Total Cost of a Data Breach—Including Lost Business—Keeps Growing," NBCnews. com, July 30, 2018 (https://www. nbcnews. com/business/consumer/total-cost-data-breach-including-lost-business-keeps-growing-n895826)；Victor Reklaitis, "How the Number of Data Breaches Is Soaring—in One Chart," MarketWatch. com, May 25, 2018 (https://www. marketwatch. com/story/how-the-number-of-data-breaches-is-soaring-in-one-chart-2018 - 02 - 26).

在本章中，我们将说明作业成本系统如何通过改进产品设计、流程和效率来帮助管理者制定成本管理决策。

5.1　广泛平均及其后果

过去，公司（如电视机和汽车制造商）生产的产品种类有限。这些公司使用相对较少的间接资源来支持其运营，因此间接成本在总成本中占的比例相对较小。管理者用简单成本系统来广泛分配间接成本，这种方法简便、易用、准确度高。然而，随着产品的多样化和间接成本所占比例的增加，广泛平均会导致产品成本计算不准确。这是因为简单的**花生酱成本法**（peanut butter costing）（是的，这就是它的称谓）统一将资源成本广泛平均或统一平摊到成本对象（如产品或服务）上，然而，实际上单个产品或服务使用这些资源的方式并不一样。

5.1.1　少计成本与多计成本

下面的例子说明了成本平均如何导致产生不准确和误导性的成本数据。四位同事每月会面一次，以讨论业务发展。他们点了主菜、甜点和饮料。最近一次会面的餐饮账单如下：

	艾玛	詹姆士	杰西卡	马太	总计	平均
主菜	$11	$20	$15	$14	$ 60	$15
甜点	$ 0	$ 8	$ 4	$ 4	$ 16	$ 4
饮料	$ 4	$14	$ 8	$ 6	$ 32	$ 8
总计	$15	$42	$27	$24	$108	$27

如果将 108 美元的账单金额平均分配，则每人的平均成本是 27 美元。这种成本平均方法对

所有人一视同仁。当成本在四人之间平均时，艾玛和马太应支付的成本都被多计了（分配给他们的成本大于他们的个人成本），詹姆士应支付的成本被少计了（分配给他的成本小于他的个人成本），而杰西卡应支付的成本（碰巧）计算准确。特别是，艾玛可能会反对支付按平均法计算的 27 美元，因为她的个人账单只有 15 美元。

广泛平均法常常导致少计或多计产品的成本：

- 少计产品成本——成本计量系统报告的产品成本低于产品消耗的资源成本（詹姆士的正餐）。

- 多计产品成本——成本计量系统报告的产品成本高于产品消耗的资源成本（艾玛的正餐）。

产品成本少计和多计的战略后果是什么？假设一名管理者使用成本计量系统报告的产品成本指导定价决策。少计成本的产品将定价过低。少计成本的产品的收入甚至可能低于生产这些产品的资源成本，从而导致组织亏损。多计成本的产品会定价过高，可能导致市场份额被以较低的价格销售类似产品的竞争者夺走。

如果产品（如冰箱）的销售价格由市场根据顾客需求和企业之间的竞争决定，结果会怎样？假设一家公司生产两种类型的冰箱，一种是简单冰箱，另一种是有许多不同内部隔间、温度设置和通风口的复杂冰箱。假设复杂冰箱被少计了成本，而简单冰箱被多计了成本。在这种情况下，复杂冰箱的利润看起来比实际利润高，而简单冰箱的利润看起来比实际利润低。管理者可能会战略性地推广少计了成本的复杂冰箱，认为它们的利润很高，而事实上这些冰箱消耗了大量资源，可能远没有表面上那么盈利。反过来，管理者可能会对多计了成本的简单冰箱投资不足，因为其显示的利润很低，而实际上这种冰箱的利润可能高得多。或者，他们可能会专注于降低简单冰箱的成本，以使其利润更高，而事实上，这种冰箱的利润相当可观，降低其成本的机会可能非常有限。

5.1.2 产品成本的相互补贴

产品成本的相互补贴（product-cost cross-subsidization）是指如果公司少计了某种产品的成本，那么它将至少多计一种其他产品的成本。类似地，如果公司多计了某种产品的成本，那么它将至少少计一种其他产品的成本。当成本在多种产品之间被统一平摊（即成本被广泛平均），而管理者没有确认每种产品消耗的资源数量时，产品成本的相互补贴现象非常普遍。

在餐厅账单的例子中，每位用餐者餐费的相互补贴额能很容易地计算出来，因为所有成本作为直接成本都能追溯到每位用餐者身上。如果所有用餐者每人支付 27 美元，则艾玛支付的费用比她的实际成本 15 美元多 12 美元。她补贴了詹姆士，詹姆士支付的费用比他的实际成本 42 美元少 15 美元。当考虑间接成本时，计算相互补贴的金额需要更多的工作量。为什么？因为当两位或多位用餐者共同使用间接成本所代表的资源时，我们需要找到一种方法将成本分配给每位用餐者。例如，一瓶 40 美元的酒，其成本由所有用餐者平摊。每位用餐者需要支付 10 美元（40÷4）。假设马太喝了两杯酒，而艾玛、詹姆士和杰西卡每人喝了一杯，总共五杯。根据每位用餐者喝的杯数分配这瓶酒的成本将导致马太支付 16 美元（40×2/5），其他人每人支付 8 美元（40×1/5）。在这种情况下，如果平均分摊成本，则艾玛、詹姆士和杰西卡每人多付 2 美元（10－8）补贴了马太，而马太则对当晚的酒少付了 6 美元（16－10）。

为了弄清广泛平均对间接成本和直接成本的影响，下面我们以 Plastim 公司的成本系统为例进行说明。

5.1.3　Plastim 公司的简单成本系统

Plastim 公司生产汽车尾灯的透镜。透镜由黑色、红色、橙色或白色塑料制成，是汽车外部可见的尾灯部分。透镜是通过把融化的塑料注入模具中制成的。模具冷却后，融化的塑料变硬，透镜就做好了。

Plastim 公司向大型汽车生产商 Giovanni 汽车公司出售所有的透镜。根据合同，Plastim 公司为 Giovanni 汽车公司生产两种类型的透镜：简单透镜 S3 和复杂透镜 C5。复杂透镜是有特殊性质的大透镜，例如需要彩铸（将多种颜色注入模具中）和制成环绕车角的复杂形状。C5 透镜的生产非常复杂，因为模具中的不同部分必须精确对齐和组装。S3 透镜的生产要简单些，因为它只有单一颜色并且几乎没有特色。

5.1.4　设计、生产和分销流程

无论透镜是简单的还是复杂的，Plastim 公司都会按照以下步骤进行设计、生产和分销：

● 设计产品和流程。Giovanni 汽车公司每年都要对新车型所需的简单和复杂透镜提出一些细节要求。Plastim 公司的设计部门负责设计新模具，并确定透镜的生产流程。

● 生产透镜。透镜制模、完工、清洗和检查。

● 分销透镜。制成的透镜被包装后送往 Giovanni 汽车公司的工厂。

Plastim 公司满负荷运营并且营销成本非常低。由于产品质量高，Plastim 公司的顾客服务成本也非常低。Plastim 公司与同样生产简单透镜的其他几家公司竞争。在最近的一次会议中，Giovanni 汽车公司的采购经理告诉 Plastim 公司的销售经理，一家只生产简单透镜的供应商——Bandix 公司愿意以 53 美元的单价向 Giovanni 汽车公司供应 S3 透镜，这个价格比 Plastim 公司 2020 年计划和预算的 63 美元的价格低很多。除非 Plastim 公司降低售价，否则在下一年度它将可能失去为 Giovanni 汽车公司生产简单透镜的业务。幸运的是，对于复杂透镜，这样的竞争压力并不存在，Plastim 公司现在正以 137 美元的单价向 Giovanni 汽车公司出售复杂透镜。

Plastim 公司的管理者有两个主要的方案：

● 如果销售简单透镜不盈利，则放弃为 Giovanni 汽车公司生产简单透镜的业务。Bandix 公司只生产简单透镜，因此可能使用的技术和流程比 Plastim 公司更简单，这种更简单的经营可能给 Bandix 公司带来 Plastim 公司所不及的成本优势。如果是这样，Plastim 公司最好不要向 Giovanni 汽车公司供应 S3 透镜。

● 降低简单透镜的价格，要么接受更低的利润，要么尽力寻找方法降低成本。

为了制定这些长期战略决策，管理者首先要了解设计、生产和分销 S3 和 C5 透镜的成本。

Bandix 公司只生产简单透镜，它能够用发生的总成本除以产量相当准确地计算出透镜的成本。因为制造费用既支持简单透镜的生产，也支持复杂透镜的生产，所以 Plastim 公司的成本计算更具挑战性。Plastim 公司的管理者和管理会计师需要找到一种方法，将制造费用分配给每种类型的透镜。

在计算这些成本时，Plastim 公司将变动成本和短期固定成本分配给 S3 和 C5 透镜。管理者

对产品和服务进行成本核算，是为了指导长期战略决策，如生产和销售何种产品和服务组合，为产品和服务制定什么样的价格。从长期来看，管理者有能力影响所有成本。只有当收入超过总成本（不管这些成本在短期内是变动的还是固定的）时，公司才能长期生存。

为了指导定价和成本管理决策，Plastim 公司的管理者需要考虑所有的成本，并把生产成本和非生产成本都分配给 S3 和 C5 透镜。如果管理者要计算存货成本，Plastim 公司的管理会计师将按 GAAP 的要求，只将生产成本分配给透镜。对全球范围内公司实务的调查表明，大多数公司使用成本计算系统不仅是为了计算存货成本，还用于战略目的，如定价和产品组合决策，以及关于降低成本、改进流程、设计、计划和预算的决策。这些公司的管理者将所有成本分配给产品和服务。即使是商业公司（它们的存货成本计算很简单）和服务业公司（它们没有存货）也花了大量的资源来设计和运行成本系统，以便为战略目的分配成本。

5.1.5　使用单一间接成本库的简单成本系统

Plastim 公司目前有一个简单成本系统，其使用单一间接成本分配率分配间接成本，这种系统在第 4 章介绍过。这两章的唯一差别是，第 4 章关注批次，而本章的成本对象是产品。图表 5-1 是 Plastim 公司简单成本系统的概览图。在学习下面的步骤（图表 5-1 标注了每个步骤）时，可将该图表作为指导。

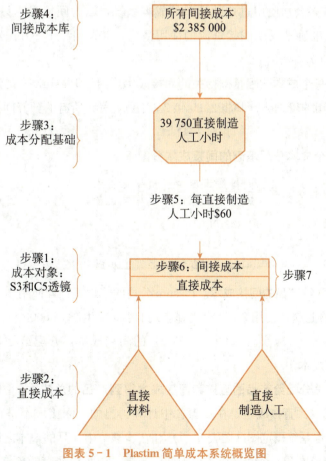

图表 5-1　Plastim 简单成本系统概览图

步骤 1：确定被选为成本对象的产品。成本对象是 Plastim 公司将在 2020 年生产的 60 000 个简单 S3 透镜和 15 000 个复杂 C5 透镜。Plastim 公司的管理会计师首先计算这些透镜的总成本，然后计算设计、生产和分销这些透镜的单位成本。

步骤 2：确定产品的直接成本。直接成本包括直接材料成本和直接制造人工成本。图表 5-2 显示了使用简单成本系统计算的 S3 和 C5 透镜的直接和间接成本。直接成本计算显示在图表 5-2 的第 5，6，7 行。Plastim 公司的简单成本系统把直接材料和直接制造人工以外的所有成本归类为间接成本。

	A	60 000个 简单透镜（S3）		D	15 000个 复杂透镜（C5）		
		总成本 （1）	单位成本 （2）＝（1）÷60 000		总成本 （3）	单位成本 （4）＝（3）÷15 000	总成本 （5）＝（1）＋（3）
直接材料		$1 125 000	$18.75		$ 675 000	$45.00	$1 800 000
直接制造人工		$ 600 000	$10.00		$ 195 000	$13.00	$ 795 000
总直接成本（步骤2）		$1 725 000	$28.75		$ 870 000	$58.00	$2 595 000
分配的间接成本（步骤6）		$1 800 000	$30.00		$ 585 000	$39.00	$2 385 000
总成本（步骤7）		$3 525 000	$58.75		$1 455 000	$97.00	$4 980 000

图表 5-2 Plastim 公司使用简单成本系统计算的产品成本

步骤 3：选择用于将间接成本分配到产品的成本分配基础。大部分间接成本是由支付给主管、工程师、生产支持人员和维修人员的工资组成的，他们为直接生产劳动提供支持。Plastim 公司的管理者将直接制造人工小时作为唯一的分配基础来把所有的生产和非生产间接成本分配给 S3 和 C5 透镜。许多公司使用过这种简单的成本系统，因为间接成本只占成本的一小部分，且单一成本动因可以准确地反映间接资源的使用情况。2020 年，Plastim 公司的管理者预计直接制造人工小时为 39 750 小时。

步骤 4：确定与每个成本分配基础相关的间接成本。因为 Plastim 公司使用单一成本分配基础，所以 Plastim 公司的管理会计师将 2020 年 2 385 000 美元所有的预算间接成本归入一个单一的制造费用成本库。

步骤 5：计算每个成本分配基础的间接成本分配率。

$$预算间接成本分配率＝\frac{间接成本库中的预算总成本}{成本分配基础的预算总数量}$$

$$＝\frac{2\ 385\ 000}{39\ 750}$$

$$＝60（美元/直接制造人工小时）$$

步骤 6：计算分配给产品的间接成本。Plastim 公司的管理者预计使用 30 000 直接制造人工小时来生产 60 000 个 S3 透镜，使用 9 750 直接制造人工小时来生产 15 000 个 C5 透镜。图表 5-2 显示分配给简单透镜 1 800 000 美元（60×30 000）的间接成本，分配给复杂透镜 585 000 美元（60×9 750）的间接成本。

步骤 7：通过加总分配给产品的直接和间接成本得到产品的总成本。图表 5-2 显示了简单透镜和复杂透镜的成本。直接成本是在步骤 2 中计算得出的，间接成本是在步骤 6 中计算得出的。请注意在简单成本系统概览图（图表 5-1）和在步骤 7 中计算的成本之间的对应关系。图表 5-1 显示了两个直接成本和一个间接成本。因此，步骤 7 中每种透镜的预算成本（见图表 5-2）有三个细列项目：两个是直接成本，一个是间接成本。在了解产品和服务的成本核算细节前，绘制概览图有助于观察成本核算系统的全貌。S3 透镜的单位预算成本是 58.75 美元，远高于

Bandix 公司 53 美元的报价。C5 透镜的单位预算成本是 97 美元。

小练习 5 - 1

　　Vanderbilt 金属制品公司生产两种类型的金属灯具。该公司生产 24 640 个简单灯具和 6 250 个时尚灯具。其简单成本系统使用单一的间接成本库，并根据直接制造人工小时将成本分配给两种灯具。公司预算成本信息如下：

	简单灯具	时尚灯具	合计
单位直接材料成本	$ 5	$19	
单位直接制造人工小时	0.4 小时	0.5 小时	
每小时直接制造人工成本	$30	$30	
间接生产成本			$220 677

　　使用该公司的简单成本系统，计算简单灯具和时尚灯具的总预算成本。

5.1.6　在 Plastim 公司应用五步决策制定程序

　　为了决定如何应对 Bandix 公司对其 S3 透镜业务的威胁，Plastim 公司的管理者采用了第 1 章介绍的五步决策制定流程。

　　1. 确定问题与不确定性。问题很明显：如果 Plastim 公司想保留 Giovanni 汽车公司的 S3 透镜业务并获得利润，就必须找到一种方法降低 S3 透镜的价格和成本。Plastim 公司面临的两个主要不确定性是：（1）Plastim 公司的 S3 透镜技术和流程与 Bandix 公司相比是否具有竞争力？（2）S3 透镜的成本是否被简单成本系统多计了？

　　2. 获取信息。高级管理层要求一个由设计和流程工程师组成的团队来分析和评估 S3 透镜的设计、生产和分销业务。该团队确信 Plastim 公司生产简单透镜的技术和流程并不比 Bandix 公司和其他竞争者差，因为 Plastim 公司在生产和分销 S3 透镜方面有多年的经验，也有持续进行流程改进的历史和企业文化。团队对 Plastim 公司生产和分销复杂透镜的能力不是那么有把握，因为公司最近才开始生产这种透镜。即使有这些疑问，高级管理层仍对 Giovanni 汽车公司认为 C5 透镜的价格非常有竞争力一事表示欣慰。但是让 Plastim 公司的管理者感到困惑的是，按照目前的预算价格销售，Plastim 公司预计在 C5 透镜上能实现很大的毛利百分比（营业利润÷收入），而在 S3 透镜上的毛利百分比较小：

	60 000 个简单透镜（S3）		15 000 个复杂透镜（C5）		总成本
	总成本 (1)	单位成本 (2)=(1)÷60 000	总成本 (3)	单位成本 (4)=(3)÷15 000	(5)=(1)+(3)
收入	$ 3 780 000	$ 63.00	$ 2 055 000	$ 137.00	$ 5 835 000
总成本	$ 3 525 000	$ 58.75	$ 1 455 000	$ 97.00	$ 4 980 000
营业利润	$ 255 000	$ 4.25	$ 600 000	$ 40.00	$ 855 000
毛利百分比		6.75%		29.20%	

在继续收集信息时，Plastim 公司的管理者开始思考，公司有很强的生产能力，但为什么 S3 透镜的毛利很低，而新近投产的 C5 透镜的毛利却不低。Plastim 公司并没有刻意为 S3 透镜制定一个低价格，因此管理者开始评估成本系统。公司的简单成本系统可能多计了简单透镜 S3 的成本（给它分配了太多的成本），而少计了复杂透镜 C5 的成本（给它分配了太少的成本）。

3. 预测未来。Plastim 公司面临的主要挑战是如何更好地估计设计、生产和分销 S3 和 C5 透镜花费的成本。管理者对每种透镜的直接材料和直接制造人工成本很有信心，因为这些成本可以很容易地追溯到这些透镜上。令人担忧的是，简单成本系统如何准确地计量每种透镜使用的间接资源。管理者认为可以大幅改进成本系统。

即使得出了这样的结论，管理者也要避免偏颇的想法。特别是，他们要注意，使 S3 透镜有竞争力的愿望不应该导致他们的假设偏向于降低 S3 透镜的成本。

4. 选择方案做决策。根据预测的成本并考虑到 Bandix 公司可能做出的反应，Plastim 公司的管理者必须决定是否竞标 Giovanni 汽车公司的 S3 透镜业务，如果参与竞标，报价是多少。

5. 实施决策、评价业绩与学习。如果 Plastim 公司竞标并赢得了 Giovanni 汽车公司的 S3 透镜业务，则它在生产和运输 S3 透镜时，必须比较其实际成本和预计成本，并了解实际成本偏离预计成本的原因。这样的评价和学习形成了未来改进的基础。

下面几节重点介绍步骤 3，4 和 5：（3）Plastim 公司如何改进对 S3 和 C5 透镜的间接成本分配；（4）它如何利用这些预测去竞标 S3 透镜业务；（5）它如何使用新系统评价业绩、改进产品设计和流程并进行学习。

5.2　改进成本系统

改进的成本系统（refined costing system）可以在将成本分配至成本对象（如作业、产品和服务）时减少广泛平均法的使用，并提供更好的方法来测量被不同的成本对象所耗用的资源——无论成本对象对间接资源的耗费方式有多大的差异。改进的成本系统有助于管理者制定更好的决策，如怎样确定产品价格与生产何种产品。

5.2.1　增加成本系统改进需求的原因

有三个主要因素增加了成本系统改进的需求。

1. 产品多样性增加。对定制产品需求的增加促使管理者增加公司所提供的产品和服务的种类。例如，瑞典的一家加热元件生产商康泰尔（Kanthal）生产了 10 000 多种不同类型的电加热金属丝和自动调温器。银行（如英国的巴克莱银行）提供许多不同类型的账户和服务，包括特别存折账户、自动取款机、信用卡和电子银行产品。因为数量、流程、技术和复杂性不同，这些产品的生产对资源的要求不同。例如，支持电子银行产品的计算机和网络资源远远多于支持存折储蓄账户的计算机和网络资源。广泛平均不能反映这些需求差异，会导致成本信息扭曲和不准确。

2. 具有不同成本动因的间接成本增加。产品和流程技术（如 CIM 和柔性制造系统 (FMS)）的应用导致间接成本增加，直接成本特别是直接制造人工成本减少。在 CIM 和 EMS 中，生产车间的计算机指示设备快速且自动地进行设置和运行。计算机可准确计量数百个生产参数，并且直接控制生产流程以实现高质量的产出。管理复杂的技术和生产多样化的产品还需要额外的支持功能资源，用于生产计划、产品与流程的设计和工程等作业。因为直接制造人工不是这些成本的成本动因，因此在直接制造人工的基础上分配间接成本（就像 Plastim 公司的简单成本系统那样）不能准确地计量不同的产品对资源的使用情况。

3. 产品市场竞争加剧。随着市场竞争的加剧，管理者认为有必要获得更准确的成本信息，以帮助他们做出重要的战略决策，例如，怎样确定产品价格以及销售何种产品。在竞争激烈的市场中，做出正确的定价和产品组合决策是至关重要的，因为竞争者会很快利用管理者的失误。例如，如果 Plastim 公司多计了 S3 透镜的成本并且收取了更高的价格，那么知道生产该透镜真实成本的竞争对手就可以报出更低的价格，从而获得 S3 透镜的业务，正如 Bandix 公司试图做的那样。

上述内容说明了管理者有日益增加的改进成本系统的需求的原因。改进成本系统需要收集、验证、分析和存储大量的数据。信息技术的发展显著降低了进行这些活动的成本。

5.2.2　改进成本系统的指导方针

改进成本系统有三个主要的指导方针。

1. 将更多的成本作为直接成本追溯。只要经济上可行，就尽可能多地把成本划分为直接成本。这个方针旨在减少被归入间接成本的金额，从而最大限度地减少需要分配而不是追溯的成本。

2. 增加间接成本库数量。增加间接成本库的数量直到每个成本库都是高度同质的。一个同质成本库中的所有成本都与用作成本分配基础的单一成本动因或衡量指标有相同或相似的因果或受益关系。例如，考虑一个同时包含间接机器成本和间接分销成本，并用机器小时对其进行分配的单一间接成本库。这个成本库不是同质的，因为机器小时是机器成本的成本动因，但不是分销成本的成本动因。分销成本的成本动因是交付的产品立方英尺。如果机器成本和分销成本被分为两个间接成本库，机器成本库用机器小时作为成本分配基础，分销成本库用交付的产品立方英尺作为成本分配基础，那么每个间接成本库都变成同质的。

3. 确认成本动因。就像本章后面所描述的，只要可行，管理者就应该用成本动因（间接成本的原因）作为每个同质的间接成本库（结果）的成本分配基础。

5.3　作业成本系统

改进成本系统最好的工具之一是作业成本系统。**作业成本**（activity-based costing，ABC）系统通过将单独的作业确认为间接成本的基本来源来改进成本系统。**作业**（activity）是指一个事件、任务或具有特定目的的工作单元，如设计产品、装配机器、运转机器和分销产品。通俗地说，作业是动词，是企业做的事情。作业成本系统识别价值链上所有职能中的作业，计量单个作业的成本，并根据生产每种产品或服务所需的作业组合将成本分配到产品或服务等成本对象上。[1]

---

[1]　关于作业成本系统的更多细节描述，参见 R. Cooper and R. S. Kaplan, *The Design of Cost Management System* (Upper Saddle River, NJ: Prentice Hall, 1999); G. Cokins, *Activity-Based Cost Management: An Executive's Guide* (Hoboken, NJ: John Wiley & Sons, 2001); and R. S. Kaplan and S. Anderson, *Time-Driven Activity-Based Costing: A Simpler and More Powerful Path to Higher Profits* (Boston: Harvard Business School Press, 2007).

5.3.1　Plastim 公司的作业成本系统

Plastim 公司的管理者在对其简单成本系统和固有的潜在产品成本计算错误进行审查后，决定实施作业成本系统。直接材料成本和直接制造人工成本能够轻易地追溯到产品，因此作业成本系统的核心目标是将间接成本分配到部门、流程、产品或其他成本对象上。为了识别这些作业，Plastim 公司组织了一个由设计、生产、分销、会计和管理部门经理组成的小组。下一步，Plastim 公司的作业成本系统会把现在的单一间接成本库细分为与已经识别的不同作业相关的更精细的成本库。

识别作业是很困难的。这个小组评估了 Plastim 公司完成的数百项任务。小组必须决定哪些任务应该被归类为单独的作业，哪些应该被合并。例如，制模机器的维护、制模机器的操作和流程控制应该被视为单独的作业还是应该合并成一个单一的作业？带有许多作业的一个作业成本系统可能会变得过于详细，不便于操作。带有太少作业的一个作业成本系统不能得到足够的改进，从而无法精确地捕捉成本动因与不同的间接成本之间的因果关系。为了实现有效的平衡，该小组专注于研究占间接成本比例较大的作业，并将具有相同成本动因的作业合并成一个单一的作业。例如，该小组决定把制模机器的维护、制模机器的操作和流程控制合并成一个单一的作业——制模机器操作，因为所有的这些作业有相同的成本动因：制模机器小时。

这个小组基于设计、生产、分销 S3 和 C5 透镜所需的步骤和流程，确定了下列七个作业：

（1）设计产品和流程。

（2）安装制模机器，确保在生产开始之前模具被放置在正确的位置，各组件正确排列。

（3）运转制模机器生产透镜。

（4）生产透镜后，清洗和保养模具。

（5）准备完工透镜的运送。

（6）向客户分销透镜。

（7）管理 Plastim 公司的所有流程。

这些作业描述（或作业清单或作业词典）构成了作业成本系统的基础。然而，编制作业清单只是实施作业成本系统的第一步。Plastim 公司还必须使用改进成本系统的三个指导方针（"改进成本系统的指导方针"部分介绍过）来确定每个作业的成本和相关的成本动因。

1. 将更多的成本作为直接成本追溯。Plastim 公司的作业成本系统把单一间接成本库细分为与已识别的不同作业相关的七个小成本库。清洗和保养作业成本库（作业 4）中的成本包括支付给清洗模具工人的工资和薪酬。这些成本是直接成本，因为它们能被经济地追溯到具体模具和透镜。

2. 增加间接成本库数量。剩下的六个作业成本库是间接成本库。与 Plastim 公司简单成本系统中的单一间接成本库不同，每个与作业相关的成本库都是高度同质的。也就是说，每个作业成本库只包括有相同成本动因的有限和集中的成本集。例如，管理者将递送包裹的立方英尺数作为分销成本的唯一成本动因，因为所有分销成本（如卡车司机的工资）随递送包裹的立方英尺数而变化。在简单成本系统中，Plastim 公司将所有的间接成本归集在一起，并使用直接制造人工小时作为单一的成本分配基础，而直接制造人工小时不是所有间接成本（如分销成本）的成本动因。因此，管理者无法准确衡量不同成本对象（S3 和 C5 透镜）如何使用资源。

为了确定作业库的成本，管理者将累计在多种分类账户（如工资、薪酬、维修、电力）中的成本分配到每个作业成本库。这个程序通常称为第一阶段分配。例如，本章后面会介绍，Plastim 公司确认在 2 385 000 美元的总间接成本库中有 300 000 美元的安装成本。安装成本包括安装设备的折旧和维修成本、安装工人的工资以及分配的设计工程师、工艺工程师和监督员的薪酬。第 15 和 16 章将详细讨论第一阶段分配。此处，重点关注第二阶段分配——将作业成本库的成本分配到成本对象（如产品或服务）。

3. 确认成本动因。作业成本系统是通过确定间接成本来源的作业而发展起来的。在许多情况下，可以用不同的方式来衡量所执行作业的数量或单位数量，管理者必须决定哪种度量指标最能反映作业与作业库中成本之间的因果关系。Plastim 公司的管理者考虑了多种方案，并运用他们的运营知识在其中进行选择。例如，Plastim 公司的管理者将安装小时而不是安装次数作为安装成本的成本动因，因为他们认为 C5 透镜更复杂的安装比 S3 透镜的简单安装要花费更多的时间，并且成本也更高。随着时间的推移，Plastim 公司的管理者可以使用数据来检验他们对成本动因的选择。（第 10 章讨论判断成本动因与相关成本之间关系的方法。）

作业成本系统的逻辑体现在两个方面：第一，管理者将作业成本库建立得越精细，单个作业的成本计算就越准确。第二，通过计量不同产品使用的不同作业的成本分配基础单位，将作业库中的成本分配给产品，就能得到更精确的产品成本。我们以 Plastim 公司的安装作业为例来描述这种逻辑。

通常，安装制模机器需要试运转、调试和修正。安装不当会导致如透镜表面有划痕等质量问题。每次安装所需的资源取决于生产操作的复杂性。生产复杂透镜每次安装所需的安装资源（安装时间）比简单透镜多。此外，复杂透镜仅能小批量生产，因为与简单透镜的模具相比，复杂透镜模具需要更频繁地清洗。相比之下，生产复杂透镜不仅每次安装需要耗费更多的时间，而且需要更频繁的安装。

简单透镜 S3 和复杂透镜 C5 的安装数据如下：

		简单透镜 S3	复杂透镜 C5	合计
1	透镜生产量（个）	60 000	15 000	
2	每批透镜数量（个）	240	50	
3＝(1)÷(2)	批数	250	300	
4	每批安装小时	2	5	
5＝(3)×(4)	总安装小时	500	1 500	2 000

回想一下，在简单成本系统中，Plastim 公司使用直接制造人工小时将 2 385 000 美元的总间接成本（包括 300 000 美元的间接安装成本）分配给产品。下表显示当 Plastim 公司基于安装小时而不是直接制造人工小时将安装成本分配给透镜时，分配给简单透镜和复杂透镜的安装成本是不同的。每直接制造人工小时的预算间接成本分配率是 60 美元，每直接制造人工小时的安装成本是 7.547 17 美元（300 000÷39 750）。每安装小时的安装成本为 150 美元（300 000÷2 000）。

	简单透镜 S3	复杂透镜 C5	合计
以直接制造人工小时作为基础分配的安装成本			
$7.547 17×30 000；$7.547 17×9 750	$ 226 415	$ 73 585	$ 300 000
以安装小时作为基础分配的安装成本			
$150×500；$150×1 500	$ 75 000	$ 225 000	$ 300 000

使用可用时间（本例中为安装小时）将作业成本分配给成本对象的作业成本系统有时被称为**时间驱动的作业成本系统**（time-driven activity-based costing（TDABC）systems）。根据指导方针 2 和 3，Plastim 公司应该使用安装小时（安装成本的成本动因）而不是直接制造人工小时将安装成本分配给产品。C5 使用的安装小时比 S3 多得多（1 500÷2 000＝总安装小时的 75%），因为 C5 需要更多次数的安装，并且每次安装更具挑战性和需要更多的安装小时。

因此，作业成本系统分配给 C5 的安装成本比 S3 多得多。在简单成本系统中，当使用直接制造人工小时而不是安装小时分配安装成本时，S3 被分配了非常大比例的安装成本，因为 S3 使用了更大比例的直接制造人工小时（30 000÷39 750＝75.47%）。因此，简单成本系统多计了 S3 的安装成本。

正如我们将在本章后面看到的，作业成本系统除了能向管理者提供更准确的产品成本信息之外，还能提供有价值的信息。例如，将安装小时作为成本动因，为管理者正确地指明了将降低安装小时和每安装小时成本作为降低成本的努力方向。注意，安装小时与生产透镜的批次（或组）相关而不是与单个透镜的数量相关。作业成本系统试图为每个作业库确认最相关的因果关系，而不将成本动因限制为成本对象单位或与成本对象单位相关的衡量指标（如直接制造人工小时）。正如我们讨论安装成本时阐明的，将成本分配基础仅仅限制在成本对象单位上会削弱成本分配基础与成本库中成本之间的因果关系。将成本动因扩展到透镜的批次（或组），而不仅仅是单个透镜，会把我们引向成本层级。

5.4 成本层级

成本层级（cost hierarchy）把成本划分到不同的成本库，其划分或基于不同类型的成本动因、成本分配基础，或基于确定因果（或受益）关系的不同难度。作业成本系统通常使用反映作业成本库成本动因的四个成本层级，包括单位产出成本、批次成本、产品维持成本、设备维持成本。

单位产出成本（output unit-level costs）是随每个单位成本对象（如产品或服务）变动的所执行作业的成本。与运转自动制模机器作业相联系的机器运行成本（如能源成本、机器折旧和修理成本）是单位产出成本，因为随着时间的推移，这种作业的成本随着产出单位数（或使用的机器小时）的增加而增加。Plastim 公司的作业成本系统使用制模机器小时这一单位产出的成本分配基础，将机器运行成本分配到产品中。

批次成本（batch-level costs）是随一组成本对象而不是随每一单位成本对象变动的作业成本。在 Plastim 公司的例子中，安装成本是批次成本。因为随着时间的推移，安装作业的成本随生产多批（组）透镜的安装小时数而变化，且与每批透镜的数量无关。例如，如果 Plastim

公司使用相同的安装小时数生产的透镜数量减少 20％，安装成本会改变吗？不会，因为是安装小时数而不是生产的透镜数量决定安装成本。

如前面表格所描述的，S3 需要 500 安装小时（2×250），C5 需要 1 500 安装小时（5×300）。分配给 S3 和 C5 的总安装成本取决于每种透镜所需的安装小时数，而不是 S3 和 C5 的生产数量。Plastim 公司的作业成本系统使用安装小时（批次成本分配基础）将安装成本分配给产品。批次成本的另一个例子是与生产的产品批数（不是数量）有关的材料处理和质量检查成本，以及与发出的采购订单数量而不是采购材料价值或数量相关的发出采购订单、接收材料与支付发票的成本。

产品维持成本（product-sustaining costs）（**服务维持成本**（service-sustaining costs））是用来支持某一产品或服务的作业的成本，与提供的产品或服务的单位数或批数无关。在 Plastim 公司的例子中，设计成本是产品维持成本。设计成本主要取决于设计师设计和修改产品、模具和流程所花的时间，而不是随后生产的透镜数量或使用模具生产透镜的批数。这些设计成本是模具复杂程度的函数，模具复杂程度通过在模具中融化的塑料必须流过的面积（用平方英尺计量）乘以模具零件的数量来测量（对 S3 来说，12 个零件×2.5 平方英尺，即 30 零件平方英尺；对 C5 来说，14 个零件×5 平方英尺，即 70 零件平方英尺）。Plastim 公司的作业成本系统使用零件平方英尺（产品维持成本分配基础）来给产品分配设计成本。产品维持成本的其他例子有产品研发成本、工程变化成本和推广新产品的营销成本。

设备维持成本（facility-sustaining costs）是指管理者无法追溯到单个成本对象（如产品或服务），但能支持整个组织的作业成本。在 Plastim 公司以及沃尔沃、三星、通用电气等公司中，一般管理成本（包括高级管理层薪酬、租金和建造安全设施费用）是设备维持成本。通常，很难找到一个能反映这些成本与成本对象之间因果关系的好的成本分配基础，因此，有些公司把设备维持成本作为单独的一次性金额从营业利润中扣除，而不分配到产品上。采用这种方法的管理者必须记住，在基于成本制定决策时（如定价），有些一次性成本还没有分配。他们必须将价格定得高于成本，以收回部分没有分配的设备维持成本。另一些公司，如 Plastim 公司，以某种标准，如直接制造人工小时将设备维持成本分配到产品上，因为其管理者认为所有的成本都应该分配到产品上，即使这样做有些武断。将所有成本分配给产品或服务，能够确保管理者在基于成本制定决策时考虑了所有成本。只要管理者知道设备维持成本的性质和分配成本的利弊，那么选用何种方法就是个人偏好或公司惯例问题。

5.5 实施作业成本系统

在了解了作业成本的基本概念之后，现在来看 Plastim 公司的管理者如何通过改进简单成本系统来建立作业成本系统。我们也会比较这两个系统，并确定在决定是否建立作业成本系统时需要考虑的因素。

5.5.1 在 Plastim 公司实施作业成本系统

为了实施作业成本系统，Plastim 公司的管理者使用了成本计算的七步法和改进成本系统的三个指导方针（将更多的成本作为直接成本进行追溯，增加同质间接成本库数量，并且确定成本库中成本的成本动因）。图表 5 - 3 为 Plastim 公司作业成本系统概览图。当研究下面的步骤时（每一步都标注在图表 5 - 3 中），可以将这个图表作为指导。

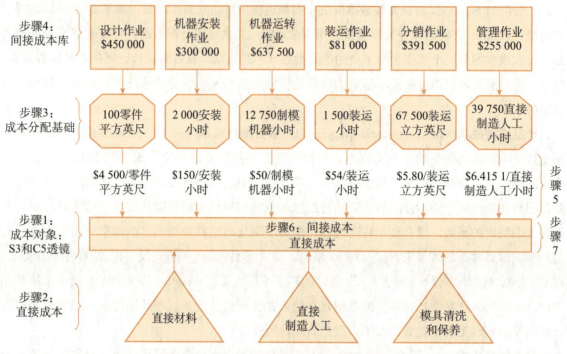

图表 5 - 3　Plastim 公司作业成本系统概览图

步骤 1：确定被选为成本对象的产品。成本对象是 Plastim 公司将在 2020 年生产的 60 000 个 S3 透镜和 15 000 个 C5 透镜。Plastim 公司的管理者想要确定总成本，然后计算设计、生产和分销这些透镜的单位成本。

步骤 2：确定产品的直接成本。管理者确定了透镜的以下直接成本，因为这些成本可以轻易且明确地追溯至特定模具和透镜：直接材料成本、直接制造人工成本、模具清洗和保养成本。

图表 5 - 5 显示了使用作业成本系统的 S3 和 C5 透镜的直接和间接成本。直接成本计算显示在图表 5 - 5 的第 6，7，8，9 行，Plastim 的管理者将所有其他成本归类为间接成本，就像我们在图表 5 - 4 中看到的。

步骤 3：选择用于将间接成本分配到产品的成本分配基础。根据改进成本系统的指导方针 2（增加同质间接成本库数量）和指导方针 3（确定成本库中成本的成本动因），为了向产品分配间接成本，Plastim 公司的管理者确定了六个作业：（1）设计；（2）机器安装；（3）机器运转；（4）装运；（5）分销；（6）管理。图表 5 - 4 第（2）列显示了成本层级分类，第（4）列显示了第（1）列中所描述的每个作业的成本分配基础及其总预算数。

明确成本分配基础能有效地确定作业成本系统中成本必须分组归入的作业库。例如，Plastim 公司的管理者没有将产品设计、流程设计和生产模型的设计作业界定为独立的作业，而是把这三个作业归为一组作为一个合并的"设计"作业，并形成一个同质的设计成本库。为什么？因为同样的成本动因，即模具的复杂性，决定了每个设计作业的成本。相比之下，制造部门确定了两个作业成本库——制模机器安装成本库和机器运行成本库，而不是一个单一的制造费用

		（步骤4）	（步骤3）		（步骤5）	
作业	成本层级	总预算间接成本	成本分配基础的总预算数		预算间接成本分配率	分配基础与作业成本之间的因果关系
（1）	（2）	（3）	（4）		（5）＝（3）÷（4）	（6）
设计	产品维持	$450 000	100	零件平方英尺	$ 4 500 每零件平方英尺	设计部门的间接成本随设计的复杂模具（更多的零件，更大的表面积）数量的增加而增加
机器安装	批次	$300 000	2 000	安装小时	$ 150 每安装小时	间接安装成本随安装小时数的增加而增加
机器运转	单位产出	$637 500	12 750	制模机器小时	$ 50 每制模机器小时	制模机器运转的间接成本随制模机器小时数的增加而增加
装运	批次	$ 81 000	1 500	装运小时	$ 54 每装运小时	装运成本随装运小时数的增加而增加
分销	单位产出	$391 500	67 500	装运立方英尺	$ 5.80 每装运立方英尺	分销成本随装运包裹的立方英尺数的增加而增加
管理	设备维持	$255 000	39 750	直接制造人工小时	$ 6.415 1 每直接制造人工小时	对管理资源的需求随直接制造人工小时数的增加而增加

图表 5－4 间接成本库的作业成本分配率

成本库，因为每个作业有不同的成本动因：制模机器安装成本库的成本动因是安装小时，机器运行成本库的成本动因是机器小时。

步骤 4：确定与每个成本分配基础相关的间接成本。 在这一步骤中，Plastim 公司的管理者试图根据每个成本分配基础与各项间接成本之间的因果关系，将 2020 年的预算间接成本分配给步骤 3 中确定的作业（见图表 5－4 第（3）列）。例如，所有与装运包裹立方英尺数有因果关系的成本被分配到分销成本库中。当然，不同成本库中的成本分配基础与作业成本之间的因果关系的强度不同。例如，直接制造人工小时与管理作业成本之间的因果关系（正如我们前面讨论的，这种关系有些武断），并不像安装小时与安装作业成本之间的关系那样紧密（安装小时是安装成本的成本动因）。

与某一特殊作业有关的一些间接成本可以被直接识别。例如，支付给设计工程师的工资和设计部门使用的设备的折旧费能直接与设计作业一起识别。其他的间接成本则需要在不同作业之间分配。例如，基于访谈和工作时间记录，生产工程师和监督员会估计他们将花在设计、制模机器安装和机器运行上的时间。如果一位生产工程师将 15% 的时间用于设计，45% 的时间用于制模机器安装，40% 的时间用于机器运行，那么公司将把生产工程师的工资按所花的时间的比例分配给这些作业。又如，租赁成本就是基于不同作业所使用的面积被分配到作业成本库中。

大多数成本并非都恰好适合某一作业。通常，在作业成本被分配到成本对象（如产品）（第二阶段）之前，成本首先需要被分配到作业（两阶段成本分配模式中的第一阶段）。

下表显示了将间接成本分配给步骤 3 中确定的七个作业。注意，Plastim 公司的管理会计师把模具清理成本重新分类为直接成本，因为这些成本可以轻易地追溯到特定模具和透镜上。

	设计	机器安装	机器运转	模具清理	装运	分销	管理	合计
工资（监督员、设计工程师和流程工程师）	$320 000	$105 000	$137 500	$ 0	$21 000	$ 61 500	$165 000	$ 810 000
支持人员工资	$ 65 000	$115 000	$ 70 000	$234 000	$34 000	$125 000	$ 40 000	$ 683 000
折旧费	$ 24 000	$ 30 000	$290 000	$ 18 000	$11 000	$140 000	$ 15 000	$ 528 000
维修费	$ 13 000	$ 16 000	$ 45 000	$ 12 000	$ 6 000	$ 25 000	$ 5 000	$ 122 000
电力和燃料费	$ 18 000	$ 20 000	$ 35 000	$ 6 000	$ 5 000	$ 30 000	$ 10 000	$ 124 000
租金	$ 10 000	$ 14 000	$ 60 000	$ 0	$ 4 000	$ 10 000	$ 20 000	$ 118 000
合计	$450 000	$300 000	$637 500	$270 000	$81 000	$391 500	$255 000	$2 385 000

步骤 5：计算每个成本分配基础的间接成本分配率。图表 5-4 的第（5）列总结了如何用步骤 3 中的成本分配基础总预算数和步骤 4 中的每个作业的总预算间接成本来计算预算间接成本分配率。

步骤 6：计算分配给产品的间接成本。图表 5-5 显示了分配到简单透镜上的 1 153 953 美元和复杂透镜上的 961 047 美元的总预算间接成本。理解图表 5-5 中每种透镜的预算间接成本的计算。对于每个作业，Plastim 公司的运营人员需要预计每种透镜将会使用的成本分配基础的总数量（回想一下，Plastim 公司满负荷运营）。例如，图表 5-5 的第 15 行和第 16 行显示，在 2 000 总安装小时中，S3 透镜预计使用 500 安装小时，C5 透镜预计使用 1 500 安装小时。预算间接成本分配率是每安装小时 150 美元（图表 5-4 第 5 行第（5）列）。因此，分配到 S3 透镜上的安装作业的总预算成本是 75 000 美元（500×150），分配到 C5 透镜上的是 225 000 美元（1 500×150）。S3 透镜的单位预算安装成本是 1.25 美元（75 000÷60 000），C5 透镜的单位预算安装成本是 15 美元（225 000÷15 000）。

接下来，考虑装运成本。Plastim 公司为 Giovanni 汽车公司的两家不同的工厂提供 S3 和 C5 透镜。其中一家是位于墨西哥的工厂。由于需要提供与海关、税务和保险相关的额外文件，准备墨西哥工厂的装运比准备印第安纳州当地工厂的装运更费时间。下表显示了每家工厂的 S3 和 C5 透镜的预算装运次数。

	墨西哥工厂	印第安纳工厂	总计数
简单透镜 S3 装运次数	10	100	110
复杂透镜 C5 装运次数	30	60	90
			200

每次向墨西哥工厂的装运需要装运部门人员花 12.5 小时，而向印第安纳工厂的装运只需要一半的时间，即 6.25 小时。下表显示了 S3 和 C5 透镜的预算装运时间。

	墨西哥工厂	印第安纳工厂	总计时
简单透镜 S3 装运小时（12.5 小时×10；6.25 小时×100）	125	625	750
复杂透镜 C5 装运小时（12.5 小时×30；6.25 小时×60）	375	375	750
			1 500

预算间接成本分配率为每装运小时 54 美元（图表 5-4 第（5）列第 7 行）。因此，图表 5-5 中的第 21 行和第 22 行显示，分配给 S3 透镜的装运作业的总预算成本也为 40 500 美元（750×54），分配给 C5 透镜的装运作业的总预算成本也为 40 500 美元（750×54）。S3 透镜单位预算装运成本为 0.67 美元（40 500÷60 000），C5 透镜单位预算装运成本为 2.70 美元（40 500÷15 000）。

	A	B	C	D	E	F	G
		60 000个			15 000个		
1		简单透镜（S3）			复杂透镜（C5）		
2		总价	单价		总价	单价	合计
3	成本描述	（1）	（2）=（1）÷60 000		（3）	（4）=（3）÷15 000	（5）=（1）+（3）
4							
5	直接成本						
6	直接材料	$ 1 125 000	$ 18.75		$ 675 000	$ 45.00	$ 1 800 000
7	直接制造人工	$ 600 000	$ 10.00		$ 195 000	$ 13.00	$ 795 000
8	模具清洗和保养	$ 120 000	$ 2.00		$ 150 000	$ 10.00	$ 270 000
9	直接成本合计（步骤2）	$ 1 845 000	$ 30.75		$ 1 020 000	$ 68.00	$ 2 865 000
10	作业的间接成本						
11	设计						
12	S3：30零件平方英尺×84 500/零件平方英尺	$ 135 000	$ 2.25				} $ 450 000
13	C5：70零件平方英尺×$4 500/零件平方英尺				$ 315 000	$ 21.00	
14	机器安装						
15	S3：500安装小时×$150/安装小时	$ 75 000	$ 1.25				} $ 300 000
16	C5：1 500安装小时×$150/安装小时				$ 225 000	$ 15.00	
17	机器运转						
18	S3：9 000机器小时×$50/机器小时	$ 450 000	$ 7.50				} $ 637 500
19	C5：3 750机器小时×$50/机器小时				$ 187 500	$ 12.50	
20	装运						
21	S3：750装运小时×$54/装运小时	$ 40 500	$ 0.67				} $ 81 000
22	C5：750装运小时×$54/装运小时				$ 40 500	$ 2.70	
23	分销						
24	S3：45 000装运立方英尺×$5.80/装运立方英尺	$ 261 000	$ 4.35				} $ 391 500
25	C5：22 500装运立方英尺×$5.80/装运立方英尺				$ 130 500	$ 8.70	
26	管理						
27	S3：30 000直接制造人工小时×$6.4151/直接制造人工小时	$ 192 453	$ 3.21				} $ 255 000
28	C5：9 750直接制造人工小时×$6.4151/直接制造人工小时				$ 62 547	$ 4.17	
29	分配的间接成本合计（步骤6）	$ 1 153 953	$ 19.23		$ 961 047	$ 64.07	$ 2 115 000
30	总成本（步骤7）	$ 2 998 953	$ 49.98		$ 1 981 047	$ 132.07	$ 4 980 000
31							

图表 5-5 采用作业成本系统的 Plastim 公司的产品成本

将装运小时作为成本动因的装运成本计算是时间驱动的作业成本法的另一个示例，因为可用时间被用于分配作业库中的成本。时间驱动的作业成本法使 Plastim 公司的管理者能够考虑到 S3 和 C5 透镜不同装运的复杂性。注意，如果 Plastim 公司忽略了不同装运的复杂性，并仅根据装运次数将成本分配给透镜，那么将在图表 5-4 中计算出每次装运 405 美元（81 000÷200）的预算间接成本分配率。根据该预算间接成本分配率，分配给 S3 透镜的装运作业的总预算成本为 44 550 美元（110×405），分配给 C5 透镜的装运作业的总预算成本为 36 450 美元（90×405）。S3 透镜的单位预算装运成本为 0.74 美元（44 550÷60 000），C5 透镜的单位预算装运成本为 2.43 美元（36 450÷15 000）。使用装运次数而不是装运小时作为成本动因，将会多计简单透镜 S3 的成本，少计复杂透镜 C5 的成本。

步骤 7：通过加总分配给产品的直接和间接成本得到产品的总成本。 图表 5-5 显示了简单透镜和复杂透镜的产品成本。直接成本在步骤 2 中计算出，间接成本在步骤 6 中计算出。图表 5-3

显示有 3 个直接成本和 6 个间接成本。在图表 5-5 中，每种类型透镜的预算成本有 9 个细列项目，其中，3 个直接成本，6 个间接成本。在图表 5-5 中，用作业成本法计算的 S3 和 C5 透镜成本之间的差别突出显示了每种产品如何使用与每个作业相关的不同数量的直接和间接成本。

小练习 5-2

Vanderbilt 金属制品公司生产两种类型的金属灯具。该公司生产 24 640 个简单灯具和 6 250 个时尚灯具。其作业成本系统使用两个间接成本库：一个是安装成本库，一个是制造费用成本库。该公司分别根据安装人工小时和直接制造人工小时将安装成本和制造费用分配给两种灯具。公司预算成本信息如下：

	简单灯具	时尚灯具	合计
单位直接材料成本	$5	$19	
单位直接制造人工小时	0.4 小时	0.5 小时	
每小时直接制造人工成本	$30	$30	
安装成本			$130 800
每批产量	320 个	50 个	
每批安装小时	1 小时	2 小时	
制造费用			$89 887

使用该公司的作业成本系统，计算简单灯具和时尚灯具的总预算成本。

我们强调了作业成本系统的两个主要特征。首先，系统能识别产品使用的所有成本，无论这些成本在短期内是变动的还是固定的。因此，作业成本系统有助于管理者在希望收入超过总成本的情况下做出长期战略决策。否则，公司就会亏损，无法继续经营。其次，在为产品分配成本时，确定成本层级非常重要。管理会计师首先使用成本层级来计算每种产品的总成本，然后用总成本除以产量得到单位成本。

5.5.2 两种成本系统的比较

图表 5-6 比较了 Plastim 公司一直使用的使用单一间接成本库的简单成本系统（见图表 5-1 和图表 5-2）和新建立的作业成本系统（见图表 5-3）。注意图表 5-6 中的三个关键点，这三个关键点与改进成本系统的指导方针是一致的：(1) 作业成本系统将更多的成本划为直接成本；(2) 作业成本系统有更多反映不同作业同质成本的间接成本库；(3) 对于每个作业成本库，作业成本系统都能找到一个与成本库中的成本有因果关系的成本分配基础（成本动因）。

成本库数量的增加和同质化，以及与成本层级有关的成本分配基础的选择，使 Plastim 公司的管理者更加相信来自作业成本系统的作业和产品成本数据。

图表 5-6 的下半部分显示，若仅使用单一间接成本库和单一的单位产出分配基础（直接制造人工小时）将成本分配给透镜，则会使每个简单透镜 S3 多计 8.77 美元的成本，每个复杂透镜 C5 少计 35.07 美元的成本。与使用直接制造人工小时成本分配基础所得到的数字相比较，复杂透镜 C5 不成比例地多使用了间接成本，而简单透镜 S3 不成比例地少使用了这些成本。

作业成本系统的好处是它提供了更准确的信息，从而有助于管理者做出更好的决策。但是，管理者必须权衡作业成本系统带来的好处与其计量和实施成本。

图表 5-6　两种成本系统的比较

	使用单一间接成本库的简单成本系统 (1)	作业成本系统 (2)	差异 (3)=(2)-(1)
直接成本	2 个	3 个	1 个
	直接材料	直接材料	
	直接制造人工	直接制造人工	
		模具清洗和保养	
直接成本合计	$2 595 000	$2 865 000	$270 000
间接成本库	1 个	6 个	5 个
	使用直接制造人工小时分配间接成本	设计（零件平方英尺）*	
		机器安装（安装小时）	
		机器运转（机器小时）	
		装运（装运小时）	
		分销（装运立方英尺）	
		管理（直接制造人工小时）	
间接成本合计	$2 385 000	$2 115 000	($270 000)
分配给简单透镜（S3）的总成本	$3 525 000	$2 998 953	($526 047)
简单透镜（S3）的单位成本	$ 58.75	$ 49.98	($ 8.77)
分配给复杂透镜（C5）的总成本	$1 455 000	$1 981 047	$526 047
复杂透镜（C5）的单位成本	$ 97.00	$ 132.07	$ 35.07

* 不同间接成本的成本动因如括号内所示。

5.6　作业成本系统实施中需要考虑的问题

管理者通过评估成本系统的预期成本与更准确的成本信息所带来的更好决策的预期收益，来选择成本系统的详细程度。

5.6.1　作业成本系统的收益与成本

这里有一些迹象表明，与现有成本系统相比，实施作业成本系统可能会针对以下几个问题带来显著的收益和改进：

● 相当数量的间接成本仅通过一个或两个成本库进行分配。

● 所有或大部分的间接成本被确定为单位产出成本（即几乎没有间接成本被描述为批次、产品维持和设备维持成本）。

● 因为数量、流程步骤、批次大小或复杂性不同，产品对资源的需求不同。

● 公司非常适合生产和销售的产品利润很小，而不太适合生产和销售的产品利润却很大。

● 运营人员对报告的制造与销售产品与服务的成本存在重大分歧。

当管理者决定实施作业成本系统时，一定要对使用的详细程度做出选择。管理者应该选择许多详细规定的作业、成本动因和成本库，还是选择少数几个就足够了？例如，Plastim 公司的管理者可以为每种制模机器确定不同的制模机器小时分配率。在做出这样的选择时，管理者应该权衡实施一个更详细的成本系统的收益与成本和局限性。

作业成本系统的主要成本和局限性在于实施该系统所需的计量。作业成本系统要求管理者估计作业库的成本，并确定及计量这些成本库的成本动因，以作为成本分配基础。即使是基本的作业成本系统，也需要经过多次计算来确定产品和服务的成本。完成这些计量所需的成本很高，作业成本分配率也需要定期更新。

当作业成本系统变得非常详细，并且创建了更多的成本库时，就需要更多的分配基础来计算每个成本库的作业成本。这增加了错误确认不同作业成本库成本的概率。例如，如果管理者不得不在五个作业而不是仅仅两个作业上分配他们的时间，则更有可能错误地确认他们花在不同作业上的时间。

有时，管理者被迫使用容易得到数据的分配基础，而不是他们原本希望使用但难以获得数据的分配基础。例如，在作业成本系统中，Plastim 公司的管理者根据模具中零件的数量和模具的表面积（零件平方英尺）来衡量模具的复杂性。如果这些数据很难获得或测量，Plastim 公司的管理者可能不得不使用一些其他的复杂衡量指标，如流经模具的材料量，但这可能与设计作业的成本关系不大。

当使用不正确的或不精确的成本分配基础时，得到的作业成本信息可能是不准确的，甚至会产生误导性。例如，单位运载成本下降了，公司可能得出的结论是材料装卸效率提高了。实际上，单位运载成本降低可能仅仅是因为负载更轻、搬运距离更短。

许多公司，如瑞典的加热元件制造商康泰尔，发现一个不是很详尽的作业成本系统带来的战略和营运收益足够好，而且不用承担更详尽的作业成本系统的成本。其他组织，如惠普，只在某些部门（如 Roseville 网络部，该部门生产印刷电路板）或职能部门（如采购部门和生产部门）中采用作业成本系统。随着信息技术的不断进步和计量成本的持续下降，更详尽的作业成本系统已经在许多公司变成了实用的可选项。有了这些进步，更详尽的作业成本系统能通过成本-效益测试。

对全球范围内公司实务的调查表明，作业成本系统的实施情况在不同公司间是不同的。然而，作业成本系统的框架和思想为判断简单成本系统是否足以满足特殊的管理目标提供了一个标准。作业成本系统思想能够帮助管理者改进任何简单成本系统。

5.6.2 服务业和商业公司的作业成本系统

虽然许多早期的作业成本系统案例都起源于制造业公司，但是管理者也在服务业公司和商业公司中应用作业成本系统。例如，Plastim 公司的例子就包括作业成本系统在服务作业（设计）和商业作业（分销）上的应用。Braintree 医院、BCTel、嘉信理财（Charles Schwab）和联合太平洋铁路公司（Union Pacific Railroad）等都已实施了某种形式的作业成本系统来确定具有盈利能力的产品组合、提高效率和满足顾客需求。同样，许多零售和批发公司，如杂货店产品零售商和分销商 Supervalu 以及医用材料分销商 Owens and Minor，也使用了作业成本系统。正如我们在第 15 章中描述的，大量的金融服务公司应用不同的作业成本系统来分析和改进与顾客互动的盈利能力。

作业成本系统在服务业公司和商业公司中的广泛应用强化了这样一种思想，即作业成本系统被管理者用于战略决策，而不用于存货估价。（商业公司中进行的存货估价相当简单，而服务业公司不需要进行存货估价。）特别的是，服务业公司能从作业成本系统中发现更大的价值，因为它们的产品成本绝大部分是间接成本。毕竟，当银行发放贷款或代理人在呼叫中心接听电话时，几乎没有直接成本。正如我们所看到的，作业成本系统的主要优点是能通过确认作业和成本动因，将间接成本分配给成本对象。因此，与传统成本系统相比，作业成本系统能够更深入地管理这些间接成本。服务业公司和商业公司应用作业成本系统的一般方法与制造业公司类似。

美国联邦储蓄银行（USAA Federal Savings Bank）在其银行业务中实施作业成本系统时，采用了本章描述的方法。管理者通过将作业成本除以可用于执行作业的时间，得到不同作业（如进行 ATM 交易、开户和销户、管理抵押贷款和处理维萨交易）的成本分配率。管理者使用这些基于时间的成本分配率来计算单一产品，如支票账户、抵押贷款和维萨卡的成本，并计算支持不同类型顾客的成本。这种时间驱动的作业成本系统所提供的信息可以帮助美国联邦储蓄银行改进流程，并确定盈利产品和顾客群。"观念实施：梅奥诊所使用时间驱动的作业成本法降低成本和改进护理服务"描述了梅奥诊所如何从作业成本分析中受益。

当作业成本法被应用于公共服务机构（如美国邮政局（U. S. Postal Service））时，产生了一些有趣的问题。向边远地区投递邮件的成本远高于在市内投递邮件的成本。然而，出于公平和社区建设的考虑，美国邮政局未向边远地区的客户收取更高的费用。在这种情况下，作业成本法对于理解、管理和降低成本是有用的，但对定价决策无用。

观念实施

梅奥诊所使用时间驱动的作业成本法降低成本和改进护理服务

在美国，每 5 美元的支出中就有近 1 美元用于医疗保健。明尼苏达州罗切斯特市的梅奥诊所等多家医疗中心正在使用时间驱动的作业成本法，帮助将准确的成本和价值计量方法引入医疗保健系统。

时间驱动的作业成本法使用一个需要两组估计的框架，从而将组织所有的资源成本分配给成本对象。时间驱动的作业成本法首先计算提供资源能力的成本，比如医生的时间。资源的总成本（包括人事、监督、保险、空间占用、技术和用品）除以可用生产能力（医生可用于工作的时间），得到生产能力成本分配率。然后，时间驱动的作业成本法使用生产能力成本分配率，通过估计成本对象所需的资源能力（时间），将资源成本分配给成本对象（如就诊的患者数量）。

实施时间驱动的作业成本法的医疗中心已成功降低了成本。在梅奥诊所的骨科手术中，经过时间驱动的作业成本法改良的程序缩短了患者的住院时间，将患者送往昂贵的专业护理机构的次数减少了 24%，成本降低了 15%。同样，梅奥诊所重新设计了中风康复做法，将成本降低了 25%，且不会对患者产生不利影响。

更广泛地说，实施了时间驱动的作业成本法的医疗保健提供商发现，为患者提供更好的治疗效果的同时，总成本往往也会降低。例如，在疾病早期检查和更好地诊断方面投入更多的资金，可以减少患者的痛苦，且减少护理的复杂性和成本。时间驱动的作业成本法带来的启示是，医疗保健提供商可以更有效地利用医务人员、设备、设施和管理资源；简化患者的就医流程；在取消不必要服务的同时，选择可以改善疗效的治疗方法。

资料来源：W. David Freeman, Kevin M. Barrett, Lisa Nordan, Aaron C. Spaulding, Borert S. Kaplan, and Meredith Karney, "Lessons from Mayo Clinic's Redesign of Stroke Care," *Harvard Business Review*, October 19, 2018（https://

hbr. org/2018/10/lessons-from-mayo-clinics-redesign-of-stroke-care）；Derek A. Haas, Richard A. Helmers, March Rucci, Meredith Brady, and Robert S. Kaplan, "The Mayo Clinic Model for Running a Value-Improvement Program," *Harvard Business Review*, October 22, 2015（https://hbr. org/2015/10/the-mayo-clinic-model-for-running-a-value-improvement-program）；Robert S. Kaplan and Michael E. Porter, "How to Solve the Cost Crisis in Health Care," *Harvard Business Review*, September 2011（https://hbr. org/2011/09/how-to-solve-the-cost-crisis-in-health-care）；Robert S. Kaplan and Steven R. Anderson, "The Innovation of Time-Driven Activity-Based Costing," *Journal of Cost Management* 21, 2（March-April 2007）；5 - 15.

5.6.3 作业成本系统实施中的行为问题

成功实施作业成本系统需要的不仅仅是了解技术细节。作业成本系统的实施通常代表着成本系统的重大变化，正如本章所讨论的，这需要管理者选择详细程度以及确定作业。那么，在实施作业成本系统时，管理者和管理会计师必须注意哪些行为问题呢？

1. 获得高级管理层的支持，为作业成本工作创造紧迫感。这需要管理者和管理会计师清晰地传达作业成本的战略和运营利益，如产品和流程设计的改进。例如，在美国联邦储蓄银行，管理者计算了单个作业的成本，如开户和销户，并且证明了从作业成本系统中获得的信息如何提供改进银行经营效率的深刻见解，这在以前是不可行的。

2. 在整个价值链上建立一个由管理者组成的作业成本工作指导联盟。作业成本系统计量一个组织的资源如何被使用。负责这些资源的管理者最了解作业及其成本动因。使管理者进行合作并主动实施作业成本系统对于获得所需的专门技能、适当的可靠性、更大的承诺、有价值的协调和必要的领导能力是必不可少的。

3. 将教育和培训员工的作业成本知识作为向员工授权的一个基础。管理会计师必须在组织内传播关于作业成本的信息，使每个业务领域的员工都能够利用作业成本知识进行改进。例如，印度的一家绝缘材料生产商 WS Industries 不仅与员工共享作业成本信息，还制订了一项激励计划，让员工从节约的成本中提成。结果非常显著，因为员工得到授权和激励，实施了更多的成本节约方案。

4. 寻找短期内的小成就，以作为作业成本系统实施正在产生效果的证明。管理者和管理会计师常常过于急躁地追求大的改进。在许多情况下，要在一夜之间发生显著变化是很困难的。然而，展示作业成本信息是如何帮助改进流程和节约成本的，即使是小的方面，也能激励团队坚持到底。从小的成就中获得的信心能够促使更多的人和组织的其他部门参与到更多的改进中来。最终，作业成本系统的思想将会在组织文化中扎根。分享短期的成功也能激励员工创新。在美国联邦储蓄银行，管理者创建了一个"流程改进"项目用于分享流程改进思想。

5. 认识到作业成本信息是不完美的。管理会计师必须帮助管理者认识到作业成本系统的价值和局限。开诚布公地交流作业成本系统的利弊得失，可确保管理者深思熟虑地使用信息做出正确的决策，并对结果提出质疑，而不会表现出敌意。

5.7 作业成本管理

到目前为止，本章的重点一直放在作业成本系统能帮助公司获得更好或更准确的产品成本这一作用上。但是，现在 Plastim 公司的管理者必须使用这些信息制定决策（五步决策制定程序的步骤 4），并实施决策、评价业绩与学习（步骤 5）。**作业管理**（activity-based management，ABM）是一种使用作业成本信息提高顾客满意度和盈利能力的管理决策制定方法。我们对作业成本管理的定义很广泛，包括定价、产品组合、成本降低、流程改进、产品和流程设计以及计划和管理作业等方面的决策。

5.7.1　定价和产品组合

作业成本系统向管理者提供了关于生产和销售不同产品的成本信息。依据这些信息，管理者能制定定价和产品组合决策。例如，作业成本系统表明，Plastim 公司的 S3 透镜能够以低于竞争对手的报出的 53 美元的价格出售，且仍能获利，因为 S3 透镜的作业成本是 49.98 美元（见图表 5-5）。

Plastim 公司的管理者以 52 美元的价格向 Giovanni 汽车公司出售 S3 透镜。Plastim 公司的管理者相信，他们能够用作业成本系统提供的对成本的深入理解来提高效率并进一步降低 S3 透镜的成本。如果没有作业成本系统提供的信息，Plastim 公司的管理者可能会错误地认为他们以 53 美元的价格出售 S3 透镜将会亏损。这个不正确的结论可能导致 Plastim 公司削减或终止简单透镜的生产业务并集中到生产复杂透镜的业务上来，因为单一间接成本库系统表明生产复杂透镜是非常有利可图的。

将业务集中到复杂透镜上是错误的。作业成本系统显示生产复杂透镜的成本高得多——132.07 美元，而不是 Plastim 公司一直使用的以直接制造人工小时为基础的成本系统所显示的 97 美元。正如 Plastim 公司的运营人员一直认为的那样，公司在生产 C5 透镜方面没有竞争优势。每个 C5 透镜以 137 美元的价格出售，毛利非常小（137.00 美元－132.07 美元＝4.93 美元）。为了获得更高的利润率，当 Plastim 公司降低简单透镜的价格时，需要就复杂透镜的更高价格进行谈判。

5.7.2　成本降低和流程改进

管理者利用作业成本系统来确定如何以及在何处降低成本。他们会为不同的作业设置成本降低目标来减少成本分配基础的每单位成本。例如，Plastim 公司分销作业的管理者可以设定一个业绩目标，即通过降低分销作业的人工成本和库房租赁成本将每立方英尺产品的分销成本从 5.80 美元降到 5.40 美元。目标是在不影响顾客服务，或者顾客从产品或服务中获得的实际或感知价值（有用性）的前提下，通过改进工作方式来降低成本。也就是说，Plastim 公司的管理者试图去掉那些不增加价值的成本。

控制一些成本动因，如安装小时或装运立方英尺，常常是运营人员管理成本最基本的方法。例如，分销部门可以使用一种能减少装运包裹体积的方法包装透镜，从而降低分销成本。

下表显示了 S3 和 C5 透镜分销成本的降低效果，这得益于降低每装运立方英尺成本（从 5.80 美元到 5.40 美元）和降低装运总立方英尺（S3 透镜从 45 000 立方英尺降到 40 000 立方英尺；C5 透镜从 22 500 立方英尺降到 20 000 立方英尺）的行动。

	60 000 个 S3 透镜		15 000 个 C5 透镜	
	总成本 (1)	单位成本 (2)＝(1)÷60 000	总成本 (3)	单位成本 (4)＝(3)÷15 000
分销成本（见图表 5-5）				
S3（45 000 装运立方英尺× $5.80/装运立方英尺）	$261 000	$4.35		

续表

	60 000 个 S3 透镜		15 000 个 C5 透镜	
	总成本 (1)	单位成本 (2)=(1)÷60 000	总成本 (3)	单位成本 (4)=(3)÷15 000
C5（22 500 装运立方英尺× $5.80/装运立方英尺）			$130 500	$8.70
改进流程后的分销成本				
S3（40 000 装运立方英尺× $5.40/装运立方英尺）	$216 000	$3.60		
C5（20 000 装运立方英尺× $5.40/装运立方英尺）			$108 000	$7.20
改进流程带来的分销成本的节省	$ 45 000	$0.75	$ 22 500	$1.50

从长期来看，总分销成本将从 391 500 美元（261 000＋130 500）下降到 324 000 美元（216 000＋108 000）。但是在短期内，分销成本可能是固定的，无法降低。假设 391 500 美元的分销成本在短期内是固定的。效率提高（使用更少的分销人工和空间）意味着同样的 391 500 美元的分销成本现在可以用于分销 72 500 立方英尺（391 500÷5.40）的透镜，相比之下，它目前分销 67 500 立方英尺的透镜（见图表 5-4）。在此情况下，如何将成本分配给 S3 和 C5 透镜呢？

许多作业成本系统将发生的成本与设计、生产及运送产品和服务所耗费的资源区分开来。对于分销作业来说，改进流程后：

发生的成本＝391 500(美元)

耗用的资源＝21 600(S3 透镜)＋108 000(C5 透镜)＝324 000(美元)

Plastim 公司的作业成本系统按照每种产品耗用的资源，将 21 600 美元分配给 S3 透镜，将 108 000 美元分配给 C5 透镜，合计 324 000 美元。67 500 美元（391 500－324 000）的差异代表没有使用可利用的分销能力的成本。作业成本系统没有将未使用能力的成本分配给产品，这样就不会用 S3 透镜和 C5 透镜没有使用的资源成本来加重其产品成本负担。相反，这个系统强调未使用能力的数量是一个单独的项目，以此提醒管理者降低这些成本，如重新调配人工到其他地方或解雇工人。

5.7.3 产品和流程设计

作业成本系统帮助管理者评估当前的产品和流程设计选择对作业及其成本的影响，并且确定可降低成本的设计变化。例如，减少模具复杂性的设计决策不仅降低了设计成本，还能降低材料、人工、机器安装、机器运转以及模具的清洗和保养成本，因为不太复杂的设计减少了废品以及安装和操作制模机器的时间。Plastim 公司的客户可能愿意放弃透镜的一些特性来换取一个更低的价格。注意 Plastim 公司以前的成本系统，它以直接制造人工小时作为所有间接成本的成本分配基础，该系统可能错误地提示 Plastim 公司应该选择最能减少直接制造人工小时的设计。实际上，直接制造人工小时与间接成本之间的因果关系很弱。

5.7.4 计划和管理作业

大多数第一次实施作业成本系统的管理者都会先分析实际成本，以确定作业成本库、成本分配基础和作业成本分配率，然后计算出用于计划、决策和作业管理的预算成本分配率（如 Plastim 公司的例子）。在年末，管理者将预算成本与实际成本进行比较，以评价不同作业的管理情况。管理会计师使用第 4 章中所介绍的方法对每个作业多计或少计的间接成本进行调整。当作业和流程发生变化时，管理者需要计算新的作业成本分配率。

在后面的章节我们将再次讨论作业成本管理。使用作业成本信息的管理决策将在第 6 章介绍，我们将在该章讨论作业预算；在第 12 章，我们将讨论外购决策，以及增加或减少业务分部；在第 13 章，我们将讨论重组和缩减规模的问题；在第 14 章，我们将评估备选设计方案以提高效率和降低非增值成本；在第 15 章，我们将探究客户盈利性管理；在第 20 章，我们将讨论质量改进；在第 21 章，我们将描述怎样评估供应商。

自测题

家庭超市（FS）决定扩大孟菲斯店铺的规模。FS 希望了解软饮料、生鲜产品和包装食品等产品线的盈利情况。2020 年 FS 每个产品线的数据如下：

	软饮料	生鲜产品	包装食品
收入	$317 400	$840 240	$483 960
产品销售成本	$240 000	$600 000	$360 000
退瓶成本	$　4 800	$　　　0	$　　　0
采购订单数	144	336	144
运送次数	120	876	264
货架存放小时	216	2 160	1 080
销售数量（件）	50 400	441 600	122 400

2020 年的其他信息如下：

作业 (1)	作业内容 (2)	商店支持成本 (3)	成本分配基础 (4)
1. 退瓶	将空瓶退回商店	$　　4 800	直接追溯到软饮料生产线
2. 下订单	下采购订单	$　62 400	624 张采购订单
3. 运送	实物交付和接收	$ 100 800	1 260 次运送
4. 货架存放	在商店货架上摆放商品并不断补货	$　69 120	3 456 个货架存放小时
5. 顾客支持	为顾客提供帮助，包括结账和装袋	$ 122 880	614 400 件售出商品
合计		$ 360 000	

要求：

1. FS 目前根据各产品线的产品销售成本将商店支持成本（除产品销售成本以外的所有成本）分配给各产品线。计算各产品线的营业利润和利润率（营业利润占收入的百分比）。

2. 如果 FS 使用作业成本法将商店支持成本（除产品销售成本以外的所有成本）分配给各产品线，计算各产品线的营业利润和利润率。

3. 评价要求 1 和要求 2 的答案。

解答：

1. 下面的表格显示了各产品线的营业利润和营业利润占收入的百分比。所有商店支持成本

（除产品销售成本以外的所有成本）以各产品线上的产品销售成本为成本分配基础分配给产品线。总商店支持成本为 360 000 美元（退瓶成本 4 800 美元＋采购订单成本 62 400 美元＋运送成本 100 800 美元＋货架存放成本 69 120 美元＋顾客支持成本 122 880 美元）。

商店支持成本的分配率＝360 000 美元÷1 200 000 美元（软饮料 240 000 美元＋生鲜产品 600 000 美元＋包装食品 360 000 美元）＝产品销售成本的 30%。

FS 用 0.30 乘以每条产品线的产品销售成本，从而将商店支持成本分配给各产品线。

	软饮料	生鲜产品	包装食品	合计
收入	$317 400	$840 240	$483 960	$1 641 600
产品销售成本	$240 000	$600 000	$360 000	$1 200 000
商店支持成本				
（$240 000；$600 000；$360 000）×0.30	$ 72 000	$180 000	$108 000	$ 360 000
总成本	$312 000	$780 000	$468 000	$1 560 000
营业利润	$ 5 400	$ 60 240	$ 15 960	$ 81 600
营业利润÷收入	1.70%	7.17%	3.30%	4.97%

2. 作业成本系统将退瓶成本作为直接成本，因为这些成本能被追溯到软饮料产品线。FS 随后计算每个作业的成本分配率（如本章描述的成本计算七步法中的步骤 5）。成本分配率计算如下：

作业 （1）	成本层级 （2）	总成本 （3）	成本分配基础数量 （4）	成本分配率 （5）=（3）÷（4）
下订单	批次	$ 62 400	624 张采购订单	$100/张采购订单
运送	批次	$100 800	1 260 次运送	$80/次运送
货架存放	单位产出	$ 69 120	3 456 个货架存放小时	$20/个货架存放小时
顾客支持	单位产出	$122 880	614 400 件售出商品	$0.20/件售出商品

用作业成本分配率乘以每个产品线的成本分配基础数量，就得到了按作业分配的各生产线的商店维持成本。每条产品线的营业利润和营业利润占收入的百分比如下：

	软饮料	生鲜产品	包装食品	合计
收入	$317 400	$840 240	$483 960	$1 641 600
产品销售成本	$240 000	$600 000	$360 000	$1 200 000
退瓶成本	$ 4 800	$ 0	$ 0	$ 4 800
采购订单成本				
（144；336；144）张采购订单×$100	$ 14 400	$ 33 600	$ 14 400	$ 62 400
运送成本				
（120；876；264）次运送×$80	$ 9 600	$ 70 080	$ 21 120	$ 100 800
货架存放成本				
（216；2 160；1 080）个货架存放小时×$20	$ 4 320	$ 43 200	$ 21 600	$ 69 120
顾客支持成本				
（50 400；441 600；122 400）件售出商品×$0.20	$ 10 080	$ 88 320	$ 24 480	$ 122 880
总成本	$283 200	$835 200	$441 600	$1 560 000
营业利润	$ 34 200	$ 5 040	$ 42 360	$ 81 600
营业利润÷收入	10.78%	0.60%	8.75%	4.97%

3. 管理者认为作业成本系统比简单成本系统更可靠。作业成本系统能更准确地区分 FS 的不同类型的作业，也能更准确地跟踪各产品线如何使用资源。在简单成本系统和作业成本系统下，三个产品线的利润率（营业利润占收入的百分比）排名如下：

简单成本系统		作业成本系统	
1. 生鲜产品	7.17%	1. 软饮料	10.78%
2. 包装食品	3.30%	2. 包装食品	8.75%
3. 软饮料	1.70%	3. 生鲜产品	0.60%

各产品线的收入、产品销售成本和作业成本所占比例如下：

	软饮料	生鲜产品	包装食品
收入	19.34%	51.18%	29.48%
产品销售成本	20.00	50.00	30.00
退瓶	100.00	0	0
作业：			
下订单	23.08	53.84	23.08
运送	9.53	69.52	20.95
货架存放	6.25	62.50	31.25
顾客支持	8.20	71.88	19.92

软饮料相比生鲜产品和包装食品需要更少的运送次数、货架存放时间和顾客支持。大多数软饮料供应商自己把商品运送到货架上。相比之下，生鲜产品区的运送量大，占用了大量的货架存放时间，并且该区域的销售数量也最多，因此需要最多的顾客支持。简单成本系统假定每条产品线在每个作业上使用的资源比率与其产品销售成本占已售商品总成本的百分比相同。很明显，这个假定是不正确的。相对于产品销售成本，软饮料和包装食品使用的资源更少，而生鲜产品使用的资源更多。因此，作业成本系统减少了分配给软饮料和包装食品的成本，增加了分配给生鲜产品的成本。简单成本系统是广泛平均的一个例子。

FS 的管理者能使用作业成本信息来指导决策，例如，如何分配计划增加的货架空间。增加分配给软饮料的面积是合理的决策，但请注意，作业成本信息只是货架空间分配决策的一个考虑因素。在许多情况下，公司不能孤立地制定产品决策，而必须考虑到停止或减少生产一种产品可能会影响顾客对其他产品的需求。例如，FS 将对分配给生鲜产品的货架空间设定一个下限，因为减少生鲜产品的选择会导致顾客不在 FS 购物，进而导致其他更具有盈利能力的产品的销售受损。

利用作业成本信息，定价决策也能更加明智。例如，假定一个竞争对手宣布将软饮料降价 5%。鉴于 FS 当前在软饮料产品线上的利润率为 10.78%，因此有降价空间并仍然能在这条产品线上盈利。相比之下，简单成本系统错误地显示软饮料仅有 1.70% 的利润率，只留下很小的调整空间来应对竞争对手的降价挑战。

📖 决策要点

下面的问答形式是对本章学习目标的总结，"决策"代表与学习目标相关的关键问题，"指南"则是对该问题的回答。

决策	指南
1. 产品成本多计或少计在什么情况下会发生？	当成本计量系统得出的产品成本低于（高于）产品所消耗的资源成本时，就会出现产品成本少计（多计）的情况。广泛平均或花生酱成本法，是造成成本多计或少计的常见原因。广泛平均是指各产品以不同方式消耗资源，但成本却在产品间进行统一分派或分摊。产品成本的相互补贴意味着一种产品成本被少计（或多计），导致至少一种产品成本被多计（或少计）。
2. 改进一个成本系统的主要指导方针是什么？	改进成本系统意味着做出改变，以更好地计量不同成本对象（如产品或服务）使用的间接资源成本。这可能需要将更多的成本划为直接成本，增加间接成本库的数量以使每个成本库高度同质，或使用成本动因作为成本分配基础。
3. 在设计成本系统时，简单成本系统与作业成本系统之间有什么不同？	作业成本系统与简单成本系统的不同之处是它基本上关注作业。一般来说，作业成本系统比简单成本系统有更多的同质间接成本库和更多的作为成本分配基础的成本动因。
4. 什么是成本层级？	成本层级基于成本动因、成本分配基础的不同类型，或确定因果（或受益）关系的不同难度对作业成本库进行分类。作业成本系统通常使用四个成本层级：单位产出成本、批次成本、产品维持成本和设备维持成本。
5. 管理者如何使用作业成本系统计算产品或服务的成本？	在作业成本系统中，先确定单个作业的成本，然后根据产品或服务消耗的作业将其分配给成本对象，如产品或服务。
6. 实施作业成本系统的主要收益和成本是什么？	使用作业成本系统的主要收益是提供的成本信息更准确，特别是在间接成本占总成本的比例很高，以及产品和服务对间接资源有不同的需求的情况下。作业成本系统的主要成本来自实施和更新系统而必须进行的更多的计量工作。
7. 如何使用作业成本系统更好地进行管理？	作业管理是一种使用作业成本信息来满足顾客需求和提高利润的决策管理方法。作业成本系统可用于这样一些管理决策，如定价、产品组合、成本降低、流程改进、产品和流程设计以及计划和管理作业。

📖 习 题

5-19 作业成本系统，成本层级，服务（CMA，改编）。Vineyard 测试实验室对材料进行温度测试（HT）和压力测试（ST），并满负荷运转。在现行的简单成本系统下，实验室将 1 190 000 美元的运行成本归入一个单一的间接成本库中。实验室计算出每测试小时的费率为 17 美元（1 190 000÷70 000）。HT 使用了 40 000 测试小时，ST 使用了 30 000 测试小时。实验室的主计长盖瑞·塞莱斯特（Gary Celeste）认为，测试程序和成本结构之间存在的差异足以分别为 HT 和 ST 制定单独的成本计算和收费标准。测试服务市场的竞争日趋激烈。如果没有这些信息，任何错误的成本计算和错误的服务定价都可能使实验室失去业务。塞莱斯特将实验室的成本划分成如下四个作业成本类别：

（1）直接制造人工成本 146 000 美元。这些成本可直接追溯到 HT（100 000 美元）和 ST

（46 000 美元）。

（2）与设备相关的成本（租金、维修、能源等）350 000 美元。这些成本基于测试小时分配给 HT 和 ST。

（3）安装成本 430 000 美元。这些成本基于所需的安装小时数分配给 HT 和 ST。HT 需要 13 600 安装小时，ST 需要 3 600 安装小时。

（4）设计测试的成本 264 000 美元。这些成本基于所需的设计测试的时间分配给 HT 和 ST。HT 需要 3 000 小时，ST 需要 1 400 小时。

要求：

1. 把上述每个作业成本划分为单位产出、批次、产品维持和设备维持成本，并解释每个答案。

2. 计算 ST 和 HT 每测试小时的成本，并简要解释这些数据不同于实验室使用简单成本系统计算的每测试小时 17 美元的原因。

3. 解释使用简单成本系统和作业成本系统计算的产品成本的准确性。实验室的管理者如何使用成本层级和作业成本信息来更好地经营业务？

5 – 22　全公司、部门和作业成本分配率。 Trendy 公司生产两种类型的奖杯，即基本型和豪华型，并满负荷运转。Trendy 公司承接大型定制订单，其预计生产 10 000 个基本型奖杯和 5 000 个豪华型奖杯。制造工作在两个生产部门进行：成型和装配。在成型部门，间接生产成本累积在两个成本库中，即生产准备费用和一般间接费用。在装配部门，所有的间接生产成本都累积在一个一般间接费用成本库中。基本型奖杯以 200 个为一批，但由于豪华型奖杯的生产细节更为复杂，因此其以 50 个为一批。

主计长要求你比较全公司、部门和作业成本分配率。Trendy 公司截至 2020 年 11 月 30 日的年度预算信息如下：

Trendy 公司截至 2020 年 11 月 30 日的年度预算信息

成型部门	基本型	豪华型	合计
直接材料成本	$25 000	$19 800	$44 800
直接制造人工成本	$24 000	$25 000	$49 000
间接费用			
生产准备费用			$36 750
一般间接费用			$31 850

装配部门	基本型	豪华型	合计
直接材料成本	$ 5 000	$ 4 450	$ 9 450
直接制造人工成本	$15 500	$19 500	$35 000
间接费用			
一般间接费用			$42 000

要求：

1. 如果总的间接费用是根据总的直接费用分配的，那么根据单一的全公司间接费用分配率计算出基本型和豪华型奖杯的预算单位成本。（不要忘记在单位成本计算中包括直接材料和直接制造人工成本。）

2. 以部门间接费用分配率为基础计算基本型和豪华型奖杯的预算单位成本，其中成型部门的间接费用是根据成型部门的直接制造人工成本分配的，而装配部门的间接费用是根据装配部门的直接制造人工成本总额分配的。

3. 如果 Trendy 公司使用作业成本法来计算分配给每个部门的间接费用，计算基本型和豪华型奖杯的预算单位成本。其中，生产准备费用是根据批次来分配的，每个部门的一般间接费用是根据各部门的直接制造人工成本来分配的。

4. 简要解释为什么全公司、部门和作业成本系统显示出基本型和豪华型奖杯有不同的成本。你建议采用哪个系统，为什么？

5-23 作业成本系统，分步成本系统。Walsh 公司生产数学计算器和金融计算器，并满负荷运转。下面为这两种产品的相关数据：

	数学计算器	金融计算器
年产量	25 000	50 000
直接材料成本	$75 000	$150 000
直接制造人工成本	$25 000	$ 50 000
直接制造人工小时	1 250	2 500
机器小时	40 000	70 000
生产运行次数	50	50
检查小时	1 200	800

总制造费用如下：

	合计
加工成本	$440 000
安装成本	$110 000
检查成本	$120 000

要求：

1. 为每个间接成本库选择一个成本动因，计算每种产品的单位制造费用。

2. 计算每种产品的单位生产成本。

3. Walsh 公司的管理者如何应用作业成本系统中的新成本信息来更好地管理业务？

5-25 作业成本法，服务业公司。Aniline 公司拥有一家小型印刷厂，专门印刷传单、小册子和宣传材料。Aniline 公司将印刷批次分为标准批次和特殊批次。Aniline 公司的简单分批成本系统有两个直接成本类别（直接材料和直接人工）以及一个间接成本库。Aniline 公司满负荷运转，并以印刷机器小时作为分配基础分配所有的间接成本。

Aniline 公司对标准批次和特殊批次成本分配的准确性感到担忧，因此计划实施作业成本系统。Aniline 公司的作业成本系统具有与简单成本系统一样的直接成本类别。但是，不是只有一个单一的间接成本库，而是有六个间接成本库：设计、采购、安装、印刷机运行、营销和管理。为了了解作业成本系统对标准批次和特殊批次成本的影响，Aniline 公司收集了刚刚结束的 2020 财年的数据：

	A	B	C	D	E
1		标准批次	特殊批次	合计	分配基础与作业成本 之间的因果关系
2	印刷批次数量	2 400	1 200		
3	每批次价格	$1 700	$2 000		
4	每批次耗材成本	$ 210	$ 310		
5	每批次直接人工成本	$ 170	$ 220		
6	每批次印刷机器小时	10	10		
7	印刷机器运行成本			$1 008 000	印刷机器运行间接成本随印刷机器
8					工时数的增加而增加
9	每批次安装小时	6	9		
10	安装成本			$ 781 200	间接安装成本随安装小时数的增加
11	采购订单总数	360	430		而增加
12	采购订单成本			$ 27 360	间接采购成本随采购订单数的增加
13					而增加
14	设计成本	$7 000	$35 000	$ 42 000	按照设计部门的专题研究，将设计
15					成本分配至标准批次和特殊批次
16	营销成本占收入的百分比	4%	4%	$ 259 200	
17	管理成本			$ 309 120	管理资源的需求随直接人工成本的 增加而增加

要求：

1. 在简单成本系统下，计算标准批次和特殊批次的成本。

2. 在作业成本系统下，计算标准批次和特殊批次的成本。

3. 比较要求 1 和要求 2 中的标准批次和特殊批次的成本。为什么标准批次和特殊批次的成本在简单成本系统和作业成本系统中不同？

4. Aniline 公司如何使用作业成本系统中新的成本信息来更好地管理业务？

5-30 作业成本系统，银行的产品成本核算，相互补贴。联合储蓄银行（United Savings Bank，USB）正在审查其高级账户（集储蓄账户和支票存款账户于一体的账户）的盈利能力。储户的平均存款年利率为 2%。联合储蓄银行以 5% 的住房贷款利率放贷，从中赚取 3% 的利差（贷款利率与存款利率之差）。因此，如果 2020 年储户在高级账户中的年平均余额为 2 000 美元，则联合储蓄银行可得到 60 美元（2 000×3%）的利差。

高级账户允许其储户无限制地使用存款、取款、签发支票以及开具外币汇票等服务。在高级账户中，余额达到或超过 1 000 美元的储户均可免费享受这些服务，余额低于 1 000 美元的储户则需每月支付 22 美元的服务费。

联合储蓄银行最近对其下述六项个人服务进行了作业成本法的成本分析。2020 年三位客户对服务的使用情况如下：

	每次"交易"的	账户使用情况		
	作业成本	林德尔	韦尔克	科龙
柜台存取	$ 2.50	44	49	4
自动取款机存取	$ 0.80	12	24	13
每月预先安排存取	$ 0.50	0	14	58
签发银行支票	$ 8.20	8	2	3
开具外币汇票	$ 12.10	6	1	5
查询账户余额	$ 1.70	7	16	6
2020 年高级账户平均余额		$ 1 200	$ 700	$ 24 900

假定林德尔和科龙的高级账户余额一直高于 1 000 美元，而韦尔克的高级账户余额一直低于 1 000 美元。

要求：

1. 计算联合储蓄银行林德尔、韦尔克和科龙这三个高级账户 2020 年的盈利能力。

2. 为什么在高级账户总体盈利的情况下，联合储蓄银行还是对其个人客户盈利能力感到不安？

3. 你建议联合储蓄银行对高级账户做何种改变？

第 **6** 章

总预算和责任会计

学习目标

1. 描述总预算并解释其作用
2. 描述编制预算的好处与面临的挑战
3. 编制经营预算
4. 应用基于计算机的财务计划模型进行敏感性分析
5. 了解责任中心及责任会计
6. 识别预算编制中的人为因素
7. 了解跨国公司预算编制面临的挑战

没有人喜欢现金短缺。

为了管理支出，企业和个人一样需要预算。预算可以帮助管理者和员工了解他们是否达到了增长和支出目标。预算对所有类型的公司都很重要：大型金融机构，如花旗银行，它在 20 世纪中期房地产泡沫破灭后遭受了巨大的经济损失；利润微薄的大型零售商，如家得宝；利润丰厚的计算机公司，如苹果公司，它出售高价值商品；豪华酒店，如丽思卡尔顿（Ritz Carlton），它提供高价值服务。

💡 **引例** 　　　　　丽思卡尔顿的"吝啬"：总预算

丽思卡尔顿的格言是：我们是为女士和绅士提供服务的女士和绅士。然而，它高雅的气质却与其幕后对成本控制和预算的重视形成鲜明对比。从波士顿到北京，丽思卡尔顿的业绩由其下属的各家酒店的经理和主计长负责。每年编制的预算是对酒店和工作人员进行行业绩评价的依据。预算包括收入预测以及酒店客房、会议、婚宴、会议设施、商品、食物和饮料的标准成本。经理每天监控收入预算，审查入住率，并在必要时调整价格。公司总部每月依据批准的预算对每家酒店的实际业绩进行监控。酒店之间会定期分享任何增加收入、降低成本的想法。

为什么成功的公司都要编制预算？因为，正如丽思卡尔顿的例子所示，编制预算是组织决策程序中的一项关键职能。例如，西南航空公司使用预算来监控和管理波动的燃料成本。沃尔玛在与塔吉特竞争时，依靠预算保持微薄的利润率。吉列公司使用预算进行剃须刀和刀片的市场推广。

虽然编制预算对企业来讲至关重要，但许多管理者常常对预算编制程序感到沮丧。他们觉得很难预测未来的市场环境，并且不喜欢上级提出硬性要求让他们提高部门业绩。他们也倾向于避免根据有挑战性的目标对个人进行评价，而更偏好于制定他们易于达到的预算目标。我们将在本章后面讨论这些问题以及有想法的经理处理这些问题的方法。而现在，我们强调管理者从预算编制中得到的某些好处。

预算帮助管理者完成以下任务：

1. 将方向与目标传达给公司不同的部门以帮助它们协调它们必须采取的行动，满足顾客需求并在市场上取得成功。

2. 将财务结果与计划目标、行动和时间期限进行比较来判断业绩，并且了解潜在的问题。

3. 激励员工实现目标。

有趣的是，研究表明，即使在进行创业活动时，商业策划书也能提高新企业的存活率，以及产品研发与企业组织活动的效率。[①] 正如谚语所说的："如果你没有计划，你就会计划失败。"

在本章中，你将会看到预算是根据组织的战略编制的，表达了组织的经营和财务计划。更重要的是，你将会看到预算编制是一种需要判断和聪明的解释的人类活动。

6.1　预算和预算循环

预算是：（1）管理层在某特定期间内制订的行动计划的数量化表达；（2）协助执行这一计划所需工作的辅助工具。预算可作为公司在未来一段时间的行动蓝图，通常包括计划的财务方面和非财务方面。财务预算通过预算利润表、预算现金流量表、预算资产负债表，量化了管理者对公司未来一个时期收入、现金流量和财务状况的预期。管理者使用非财务预算中的支持信息制定财务预算，如产量或销售量、员工人数和即将投放市场的新产品数量。

6.1.1　战略计划和经营计划

预算编制只有与公司战略相结合才能发挥最大作用。战略规定了一个组织如何将自身能力与市场机会结合在一起以达到目标。要制定成功的战略，管理者必须考虑如下问题：

● 我们的目标是什么？

---

① 更多细节，参见 Frederic Delmar and Scott Shane，"Does Business Planning Facilitate the Development of New Ventures？" *Strategic Management Journal*（December 2003）。

● 我们可以在价值链上（例如，在产品和服务设计、运营和营销方面）做出哪些综合选择，为客户创造价值，同时使自己与竞争对手区分开来？

● 何种形式的组织和财务结构最适合我们？

● 可供选择的战略带来了什么风险和机会？如果我们的首选计划失败，有哪些应急计划可供使用？

一家公司，如家得宝，可能有一个提供质优价廉的产品或服务的战略。另一家公司，如保时捷或丽思卡尔顿，可能有一个提供独特产品或服务但其价格高于竞争对手的战略。图表 6-1 表明，战略计划通过长期预算来体现，而经营计划通过短期预算来体现。但是，事情还不止这些！图表中的箭头既指向下方，也指向上方。向上的箭头说明预算会导致计划和战略的变化。预算通过向管理者提供关于战略和计划的可能影响的反馈，帮助管理者评价战略风险和机会。有时，这种反馈会促使管理者修改计划，甚至可能修改战略。

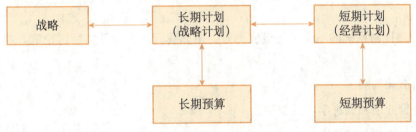

图表 6-1　战略、计划与预算

波音公司在 747-8 项目上的经历说明了预算如何帮助管理者修订经营计划。波音公司认为，利用 787 梦想飞机项目中实施的某些设计理念，可以以相对低的成本改装 747-8 喷气式飞机。但是，持续的成本超支和延误破坏了这种战略：在 2012 年年初，747-8 项目就已经超出预算 20 亿美元，并且比计划推出时间晚了一年。因此，公司预计其账面上的 100 多架 747-8 喷气式飞机订单将无利可图。由于显示设计和生产的成本高于预算，波音公司推迟了 747-8 项目的生产计划，直到可以重新制订计划。

6.1.2　预算循环和总预算

一个管理良好的公司通常会按照以下步骤循环编制年度预算：

1. 在财务年度开始前，各级管理者会考虑公司过去的业绩、市场反馈和预测的未来变化以制订下一期的计划。如果预测经济将从衰退中复苏，管理者可能会制订增加销售额、提高产量和增加促销费用的计划。管理者和管理会计师共同为整个公司及其各个单元（如部门或分公司）制订计划。

2. 在财务年度开始时，上级管理者给下级管理者一个参照框架，即一组可与实际结果比较的具体的财务和非财务预期值。

3. 在年度过程中，管理会计师帮助管理者调查计划偏离实际的情况，如销售额意外下降。如果有必要，便加以修正，如改变产品的特征、降低价格以促进收入增长或降低成本，从而保持盈利能力。

前面的三个步骤描述了运行中的预算相关流程。该流程的核心工作文件是总预算。**总预算**（master budget）反映了管理者在特定时期（通常为一个会计年度）的经营和财务计划，其中包括一系列预算财务报表。总预算是公司想要在预算期完成的初步计划，由管理者在制定预算时做出的经营和财务决策发展而成。

- 经营决策致力于如何最好地使用组织的有限资源。
- 财务决策致力于如何筹集资金来获取这些资源。

用于描述预算的术语在不同公司间有差异。例如，预算财务报表有时又称为**预计报表**（pro forma statements）；还有一些公司将预算称为目标，如惠普；还有许多公司将预算称为利润计划，如日产和欧文斯科宁（Owens Corning）。微软将目标叫作承诺，并且在整个公司内分配公司层面的目标，并把目标与组织、团队以及最终的个人承诺联系起来。

本书的重点是讨论管理会计怎样帮助管理者制定经营决策，这也是本章着重论述经营预算的原因。管理者在准备和分析预算上花了大量的时间，因为编制预算有许多好处。

6.2　编制预算的好处与面临的挑战

预算是管理控制系统的一个重要组成部分。正如我们在本章开头所讨论的，只要管理得当，预算可以：

- 促进协调和沟通。
- 提供评价业绩和促进学习的框架。
- 激励管理者和其他员工。

6.2.1　促进协调和沟通

协调就是以最好的方式全面组织和平衡公司的产品或服务的所有方面和所有部门，以达到公司的目标。沟通就是确保所有的员工理解这些目标。协调促使业务主管考虑公司内部各部门之间，以及公司与供应链合作伙伴之间的关系。

以总部设在英国的电子产品制造商 Pace 的预算编制为例。该公司的主要产品是用于解码卫星广播的数字机顶盒。营销团队与公司的客户（如英国天空广播公司（BSkyB））进行协调和沟通，以了解其计划提供的新服务并预测未来需求。生产经理与营销部门和材料采购组进行协调和沟通，以根据客户的需要制订机顶盒的生产计划。

6.2.2　提供评价业绩和促进学习的框架

预算能使公司的管理者根据预测业绩评价实际业绩。预算能克服将过去的业绩作为判断实际成果的依据的两个局限。一个局限是过去的成果往往包含了过去的失误和未达到标准的业绩。假设移动电话公司 Mobile Communication 正在制定本年（2020 年）的销售预算。2019 年业绩不佳的原因是销售力量薄弱，其中许多人后来离职。Mobile Communication 总裁在谈到那些销售人员时说："他们在炎热的天气都卖不出去冰激凌。"使用 2019 年的销售额会将 2020 年的业绩标准设定得太低。

另一个局限是未来的情况可能与过去不同。假如 2020 年 Mobile Communication 的收入增长了 20%，而 2019 年的收入只增长了 10%，这是否说明销售业绩突出呢？如果 2020 年预测和实际的行业增长率都是 40%，答案就是否定的。与使用 2019 年 10% 的实际增长率作为基准相比，Mobile Communication 用 40% 的行业预算增长率作为基准能够更好地评价 2020 年销售业绩。许多公司根据管理者相对于同行的表现来评价他们。

预算编制最有价值的一点是帮助管理者收集信息，以改善未来业绩。当实际结果比预算或计划结果差时，它促使高层管理者思考发生了什么、为什么会发生以及如何运用这方面的知识来确保这样的不足不会再次产生。调查和学习是预算编制能够帮助改善业绩的重要原因之一。

6.2.3　激励管理者和其他员工

研究表明，当员工收到一个富有挑战性的预算时，他们的业绩改善了。为什么？因为员工把不能完成预算视为一种失败。大多数员工拼命工作的动机与其说是取得成功，不如说是为了避免失败（他们厌恶失败）。当员工距离目标越来越近时，就会愈发努力以实现目标。适当的焦虑会提高业绩，但不可能实现的预算会降低员工的积极性，因为员工几乎无法避免失败。因此，许多高层管理者倾向于为下属管理人员和员工设定富有挑战性但又可达到的目标。[1] 通用电气前首席执行官杰克·韦尔奇（Jack Welch）认为富有挑战性而又能实现的预算能使人才充分发挥潜能，鼓励创造性思维，从而激励管理者和其他员工，并使他们获得满足感。

6.2.4　来自预算管理的挑战

预算编制过程涉及各级管理者。高层管理者要求低层管理者参与预算编制过程，因为低层管理者在公司日常运营方面拥有更多的专业知识和第一手经验。这是自下而上参与式预算编制的信息优势。这种参与也使低层管理者对预算负有更大的责任。但自下而上的预算编制会产生激励问题。因为是根据预算对下级管理者进行评价，所以下级管理者倾向于设定更容易实现的目标。为了应对激励问题，高层管理者对下属提交的预算会进行调查和讨论，以使其富有挑战性但又可达到。这是预算编制自上而下的特点。

上级和下级管理者之间的来回沟通使得预算编制过程需要花大量时间。据估计，高层管理者在预算编制上花费了 10%～20% 的时间，财务计划部门花费了多达 50% 的时间。[2] 对大多数组织来说，年度预算编制过程长达数月，需要消耗大量的资源。

预算在大型跨国公司和小型地方公司中的广泛应用表明，预算系统带来的收益高于产生的成本。为了使预算发挥更大作用，公司各级管理者，特别是高层管理者，应该支持编制预算。如果低层管理者觉得高层管理者并不信赖预算，他们也就不可能积极地参与编制并成功实施预算。

预算管理不应过于僵化。管理者要遵守预算安排，但意外事件可能要求管理者偏离预算目标。

2015 年下半年，Chipotle 公司因食品安全问题导致约 500 名食客患病，并使其股价跌去一半。为了吸引顾客回流，Chipotle 公司开展了新的营销活动，并进行了史上最大规模的媒体宣传活动。2007—2009 年经济衰退期间，消费需求大幅下降，导致古驰等公司削减了广告预算，并搁置了设立新精品店的计划。梅西百货和其他零售商的货架上堆满了金融危机前订购的商品，公司不得不降价、裁员。

---

① 有关设定具体努力目标的优点的详细讨论与若干实例，参见 Gary P. Latham, "The Motivational Benefits of Goal-Setting," *Academy of Management Executive* 18, no. 4 (2004)。

② 参见 Peter Horvath and Ralf Sauter, "Why Budgeting Fails: One Management System Is Not Enough," *Balanced Scorecard Report* (September 2004)。

6.3 编制经营预算

预算通常是针对一个固定的时期编制的，如 1 个月、1 个季度、1 年。这个固定的期间也可以分为若干子期间。例如，一个为期 12 个月的现金预算可以分解成 12 个月度预算，这样可以更好地协调现金的流入和流出。

6.3.1 预算的时间跨度

编制预算的动机将指导管理者选择预算期间。例如，为哈雷-戴维森（Harley-Davidson）500-cc 新型摩托车制定预算。如果是为了给这种新款摩托车的总体盈利能力编制预算，那么 5 年期（或更长）可能较合适，能够涵盖从设计到生产、销售和售后支持的整个产品周期。相比之下，对于季节性的戏剧制作，从计划阶段到最终演出，编制 6 个月的现金预算就足够了。

管理者最常用的预算期是 1 年，1 年又被细分为季度和月度。管理者在年度内修订和更新预算。例如，在第 2 季度末，管理者可能根据从前 6 个月得到的新信息对后 2 个季度的预算进行修订。

有些公司使用滚动预算。**滚动预算**（rolling budget）也称**连续预算**（continuous budget），是一种在未来特定期间内始终可用的预算。滚动预算是通过在刚刚结束的时期基础上不断增加 1 个月、1 个季度或 1 年而得到的。例如，伊莱克斯（Electrolux）是一家全球性的仪器制造公司，该公司确定了 3～5 年的战略计划和 4 季度的滚动预算。2019 年 4 月到 2020 年 3 月的 4 季度滚动预算在下个季度（即 2019 年 6 月）被 2019 年 7 月到 2020 年 6 月的 4 季度滚动预算取代，以此类推。总有一个 12 个月（下一年）的预算。滚动预算不断地促使伊莱克斯的管理者对未来 12 个月进行动态思考，而不论公司当前处在哪个季度。缺点是编制新预算需要时间。一些公司，如欧洲领先的聚烯烃塑料制造商北欧化工公司（Borealis）、北欧和波罗的海地区最大的金融服务集团北欧联合银行（Nordea）都会编制未来 5 个季度的滚动财务预算。

6.3.2 经营预算的编制步骤

以 Stylistic 家具公司为例，这家公司生产两种花岗岩台面的咖啡桌：休闲型和豪华型。2019 年年末，Stylistic 家具公司的 CEO 雷克斯·乔丹（Rex Jordan）对董事会提出的在下一年度利润增长 10％的要求感到很有压力。乔丹完成了第 1 章介绍的五步决策制定程序：

1. 确定问题与不确定性。问题是确定战略并编制预算，以实现 10％的利润增长。这存在一些不确定性：Stylistic 家具公司能否大幅提高盈利能力更高的豪华型咖啡桌的销售量？Stylistic 家具公司会面临什么样的价格压力？材料成本会上升吗？Stylistic 家具公司能否通过提高效率降低成本？

2. 获取信息。Stylistic 家具公司的管理者收集了当年咖啡桌销售量的信息。豪华型咖啡桌的销售量高于预期。Stylistic 家具公司在休闲型咖啡桌领域的一个主要竞争对手存在质量问题，而该质量问题可能持续到 2020 年。2019 年直接材料价格较 2018 年略有上升。

3. 预测未来。Stylistic 家具公司的管理者相信，只要再加大营销力度，他们就能够在 2020 年实现豪华型咖啡桌业务的增长，甚至可以在 2019 年的基础上适度提高价格。由于主要竞争对手面临质量问题，他们预期休闲型咖啡桌不会有巨大的价格压力。

采购经理预期 2020 年直接材料价格与 2019 年无异。生产经理认为效率提高可以抵消其他投入品的价格上涨，所以咖啡桌的生产成本与 2019 年相同。如果 Stylistic 家具公司想要保持 12% 的营业毛利率（即营业利润÷收入），并增加收入及营业利润，就必须提高效率。

4. 选择方案做决策。乔丹和他的经理们对增加豪华型咖啡桌销售量的战略有信心。这个决策有一定的风险，但它是 Stylistic 家具公司利润增长 10% 的最佳选择。

5. 实施决策、评价业绩与学习。如我们将在第 7 章和第 8 章中讨论的，管理者通过比较公司的实际业绩与预算业绩，了解为什么事情会变成这样以及怎么做得更好。Stylistic 家具公司的管理者想知道：他们对休闲型咖啡桌和豪华型咖啡桌的价格预测是正确的吗？投入品价格的涨幅是高于预期还是低于预期？效率提高了吗？这样的学习对以后编制预算是有帮助的。

Stylistic 家具公司的管理者开始着手编制 2020 年预算。图表 6-2 显示了总预算的不同部分，总预算包括 Stylistic 家具公司 2020 年经营预算和财务预算的财务预测。图表 6-2 显示了**经营预算**（operating budget），包括预算利润表及其支持计划表。

收入预算是经营预算的编制起点。支持计划表量化了价值链中从研发到分销等各种业务职能的预算。这些计划表是编制预算利润表的基础，也是经营预算中的关键报表。

财务预算（financial budget）是总预算的一部分，包括资本支出预算、现金预算、预算资产负债表和预算现金流量表，它关注经营活动及计划的资本支出对现金的影响。管理会计师用现金预算和预算利润表来编制另外两个财务报表：预算资产负债表和预算现金流量表。

以图表 6-2 为指南，可编制 2020 年 Stylistic 家具公司经营预算。本章附录中介绍了 Stylistic 家具公司的现金预算和预算资产负债表。Stylistic 家具公司的经营详情如下：

● Stylistic 家具公司销售两种花岗岩台面的咖啡桌——休闲型和豪华型。与销售无关的收入，如利息收入，为零。

● 在产品存货可以忽略不计。

● 直接材料存货和产成品存货价值以先进先出法（FIFO）计量。购入的直接材料的单位成本和售出的产成品单位成本在每个预算年度内保持不变，但可以在不同年度间有所变化。

● 直接材料有两种：红橡木和花岗岩。直接材料成本随咖啡桌产量的变动而变动。

● 直接制造人工以小时计，没有加班费。

● 制造费用有两个成本动因：直接制造人工小时和安装人工小时。有两个制造费用成本库：制造业务成本和机器安装成本。

● 直接制造人工小时是制造业务成本变动部分的成本动因。制造业务成本的固定部分与 Stylistic 家具公司 2020 年计划的 300 000 直接制造人工小时的生产能力有关。

● 安装人工小时是机器安装成本变动部分的成本动因。机器安装成本的固定部分与 Stylistic 家具公司 2020 年计划的 15 000 安装人工小时的安装能力有关。

● 计算产成品存货性成本时，Stylistic 家具公司使用直接制造人工小时分配所有（变动和固定）的制造业务成本，使用安装人工小时分配机器安装成本。

● 运营（非生产）成本包括产品设计、营销和分销成本。2020 年所有的产品设计成本都是固定成本。营销成本的变动部分等于收入的 6.5%，是支付给销售人员的销售佣金。分销成本的变动部分随销售与运输咖啡桌的立方英尺数的变动而变动。

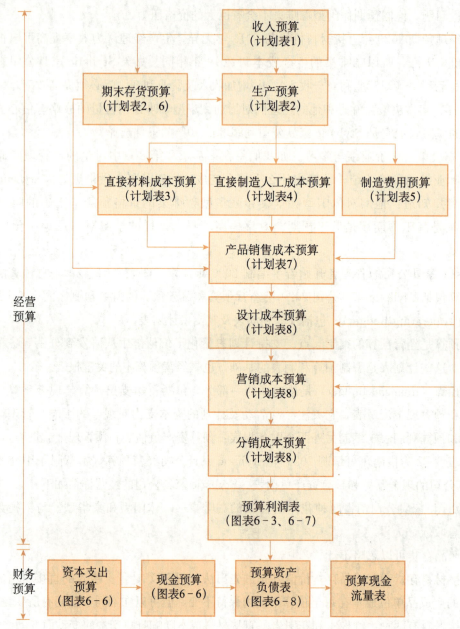

图表 6 - 2　Stylistic 家具公司的总预算图解

以下数据可用于 2020 年预算：

直接材料

红橡木　　　　　　　　　　　　　　　　　　　　　　　$7/板英尺（与 2019 年相同）

花岗岩　　　　　　　　　　　　　　　　　　　　　　　$10/平方英尺（与 2019 年相同）

直接制造人工　　　　　　　　　　　　　　　　　　　　　　　$20/小时

	单位产品内容	
	休闲型咖啡桌	豪华型咖啡桌
红橡木	12 板英尺	12 板英尺
花岗岩	6 平方英尺	8 平方英尺
直接制造人工	4 小时	6 小时

	产品	
	休闲型咖啡桌	豪华型咖啡桌
预期销售量	50 000 张	10 000 张
售价	$　600	$　800
目标期末存货量	11 000 张	500 张
期初存货量	1 000 张	500 张
期初存货额	$384 000	$262 000

	直接材料	
	红橡木	花岗岩
期初存货	70 000 板英尺	60 000 平方英尺
目标期末存货	80 000 板英尺	20 000 平方英尺

考虑到 2020 年可能实现的效率提升，Stylistic 家具公司编制成本预算以支持收入预算。回想决策制定程序中的步骤 3，效率提升对于抵消预期投入品成本的增加和保持 Stylistic 家具公司 12％的营业毛利率至关重要。

预算手册包含编制预算的指导原则和其他信息。虽然不同公司的预算编制细节不同，但以下的编制经营预算的基本步骤，对于制造业公司是通用的。我们首先讨论收入预算，其他预算将按逻辑关系依次进行介绍。在了解编制预算的细节时，考虑两个问题：（1）编制预算所需的信息；（2）为改善业绩，管理者计划采取的行动。

步骤 1：编制收入预算。 Stylistic 家具公司的管理者计划在 2020 年销售两种花岗岩台面的咖啡桌：休闲型和豪华型。收入预算描述了每种桌子的数量与价格。

收入预算通常是编制经营预算的起点。为什么？因为预测的单位销售额或收入水平对 2020 年的生产能力和存货水平有重大影响，进而影响生产成本和运营（非生产）成本。许多因素影响销售预测，包括近期销售量、宏观经济和行业状况、市场调研、定价政策、广告和推销活动、竞争以及管制政策。Stylistic 家具公司实现利润增长 10％的目标的关键是将豪华型咖啡桌的销售量从 2019 年的 8 000 张增加到 2020 年的 10 000 张。

管理者使用顾客关系管理（CRM）或销售管理系统来收集信息。统计方法、机器学习和数据分析模型，如回归、趋势分析、决策树和梯度提升等，利用经济活动指标和过去的销售数据预测未来的销售量。这些模型借鉴了过去预测销售量的经验并进行了改进。销售经理和销售代表会讨论，如何更好地针对竞争对手的产品为休闲型和豪华型咖啡桌进行定位、定价以及促销。他们与高层管理者一起考虑如增加产品特色、数字广告以及改变销售激励等多种行动，以增加收入，同时考虑相关成本。销售预测是模型、集体经验和管理者判断的结果。

高层管理者决定了 38 000 000 美元收入预算（见计划表 1）中的预算销售量和销售价格。这些目标具有挑战性，目的是激励组织实现更高的业绩水平。

计划表 1：收入预算
（截至 2020 年 12 月 31 日的会计年度）

	销售量	销售价格	销售收入合计
休闲型咖啡桌	50 000	$600	$30 000 000
豪华型咖啡桌	10 000	$800	$ 8 000 000
合计			$38 000 000

收入预算通常是基于市场条件和预期需求制定的，因为这些因素推动收入变化。有时，其他因素也会限制收入，如可用生产能力（小于需求）或生产投入短缺。在这种情况下，管理者根据最大产量来编制收入预算。

步骤 2：编制生产预算（以单位计）。 预算编制程序的下一步是编制休闲型咖啡桌和豪华型咖啡桌的生产数量计划。管理者编制生产预算所需的唯一新信息是期望的产成品存货水平。高存货水平会增加存货的持有成本、质量成本和损耗成本。低存货水平会增加安装成本，并且会因缺货而损失销售收入。Stylistic 家具公司的管理者决定维持豪华型咖啡桌的存货水平，但增加休闲型咖啡桌的存货，以避免出现 2019 年给公司造成损害的供应短缺。

生产经理编制了生产预算，如计划表 2 所示（单位：张）。要生产的产成品数量计算公式如下：

$$预算产成品生产量＝预算销售量＋目标期末产成品存货量－期初产成品存货量$$

计划表 2：生产预算（以单位计）
（截至 2020 年 12 月 31 日的会计年度）

	产品	
	休闲型咖啡桌	豪华型咖啡桌
预算销售量（计划表 1）	50 000	10 000
加：目标期末产成品存货量	11 000	500
总需求量	61 000	10 500
减：期初产成品存货量	1 000	500
预算产成品生产量	60 000	10 000

考虑到 2020 年的效率提升计划，生产预算决定了预算生产成本（例如，直接材料成本、直接制造人工成本和制造费用）。成本还受到实现收入预算所需的产品重新设计等行动的影响。

管理者总是在寻找降低成本的方法，例如，改进流程、精简生产、缩短安装机器或运输材料等各种作业的时间。这些变化提高了公司的竞争力，但是它也需要投入。预算编制是管理者评估计划和申请所需财务资源的理想时机。

小练习 6 - 1

Firelight 公司生产并销售两种类型的装饰灯：Knox 和 Ayer。以下是 2020 年的数据：

	产品	
	Knox	**Ayer**
预算销售量（盏）	22 100	15 000
售价	$29	$39
目标期末存货量（盏）	2 200	1 200
期初存货量（盏）	3 300	1 200

编制 2020 年的收入预算（标注为计划表 1）和生产预算（以单位计）（标注为计划表 2）。

步骤 3：编制直接材料耗用预算和直接材料采购预算。 计划表 2 中的预算产成品生产量和工人使用材料的效率决定了直接材料耗用的数量和金额。在编制直接材料耗用预算时，高层管理者会考虑改进流程以提高质量和减少浪费。预算激励生产经理降低直接材料成本。

与许多公司一样，Stylistic 家具公司在计算机系统中存储了一份材料文件，并且为了提高效率而不断更新。这份文件确定了每件产品的生产方式，说明了使用的所有材料（和零件）、材料的使用顺序、每件产成品所需的材料数量和业务运行的工作中心。比如，材料文件显示一张休闲型咖啡桌需要 12 板英尺的红橡木和 6 平方英尺的花岗岩，一张豪华型咖啡桌需要 12 板英尺的红橡木和 8 平方英尺的花岗岩；采用先进先出法核算直接材料存货成本。管理会计师使用这些信息编制直接材料耗用预算，如计划表 3A 所示：

计划表 3A：直接材料耗用数量和金额预算
（截至 2020 年 12 月 31 日的会计年度）

	材料		合计
	红橡木	花岗岩	
实物单位预算			
休闲型咖啡桌耗用的直接材料			
（60 000 张×12 板英尺或 6 平方英尺）	720 000 板英尺	360 000 平方英尺	
豪华型咖啡桌耗用的直接材料			
（10 000 张×12 板英尺或 8 平方英尺）	120 000 板英尺	80 000 平方英尺	
直接材料耗用总量	840 000 板英尺	440 000 平方英尺	
成本预算			
可从期初直接材料存货中获取			
（假设采用先进先出法）（给定）			
红橡木：70 000 板英尺×$7/板英尺	$ 490 000		
花岗岩：60 000 平方英尺×$10/平方英尺		$ 600 000	
本期预计采购与使用量			
红橡木：（84 000−70 000）板英尺× $7/板英尺	$5 390 000		
花岗岩：（440 000−60 000）平方英尺× $10/平方英尺		$3 800 000	
本期耗用直接材料	$5 880 000	$4 400 000	$10 280 000

编制直接材料采购预算所需的唯一新信息是期望的直接材料存货水平。2020 年，Stylistic 家具公司的管理者计划增加红橡木的存货量，减少花岗岩的存货量（见前面的描述）。然后，采购部经理编制直接材料采购预算，如计划表 3B 所示：

计划表 3B：直接材料采购预算
（截至 2020 年 12 月 31 日的会计年度）

	材料		合计
	红橡木	花岗岩	
实物单位预算			
生产耗用量（见计划表 3A）	840 000 板英尺	440 000 平方英尺	
加：目标期末存货量	80 000 板英尺	20 000 平方英尺	
总需求量	920 000 板英尺	460 000 平方英尺	
减：期初存货量	70 000 板英尺	60 000 平方英尺	
采购量	850 000 板英尺	400 000 平方英尺	
成本预算			
红橡木：850 000 板英尺×$7/板英尺	$5 950 000		
花岗岩：400 000 平方英尺×$10/平方英尺		$4 000 000	
本期直接材料采购量	$5 950 000	$4 000 000	$9 950 000

步骤 4：编制直接制造人工成本预算。 为了编制直接制造人工成本预算，公司的管理者评估了工资率、生产方法、流程和效率改进以及招聘计划。公司雇用的直接制造工人按小时计算工资，工人不加班。生产经理根据前面的信息，使用标准人工（单位产量可用时间）编制了直接制造人工成本预算，如计划表 4 所示：

计划表 4：直接制造人工成本预算
（截至 2020 年 12 月 31 日的会计年度）

	生产量 （计划表 2）	单位直接制造 人工小时	总工时	单位小时工资率	总计
休闲型咖啡桌	60 000	4	240 000	$20	$4 800 000
豪华型咖啡桌	10 000	6	60 000	$20	$1 200 000
总计			300 000		$6 000 000

小练习 6-2

Firelight 公司生产并销售两种类型的装饰灯：Knox 和 Ayer。公司预计 2020 年生产 21 000 盏 Knox 和 15 000 盏 Ayer。以下是 2020 年的数据：

直接材料	
金属	$2/磅（与 2019 年相同）
布料	$3/码（与 2019 年相同）
直接制造人工	$18/小时

	单位产品	
	Knox	**Ayer**
金属	6 磅	7 磅
布料	1 码	3 码
直接制造人工	0.1 小时	0.2 小时

	直接材料	
	金属	**布料**
期初存货	10 000 磅	3 000 码
目标期末存货	8 000 磅	1 000 码

编制 2020 年的预算：（1）直接材料耗用数量和金额预算（标注为计划表 3A）；（2）直接材料采购数量和金额预算（标注为计划表 3B）；（3）直接制造人工成本预算（标注为计划表 4）。

步骤 5：编制制造费用预算。 下一步，公司的管理者开始编制制造费用（如监督、折旧、维修、供应和电力）预算。为了管理间接成本，管理者需要了解生产产品所需的各种作业及其成本动因。如前所述，Stylistic 家具公司的管理者确定了其作业成本系统中制造费用的两个作业：制造业务与机器安装。下表列示了这两个作业及其成本动因。

制造费用	变动间接成本的成本动因	固定间接成本的成本动因	2020 年制造与安装能力
制造业务成本	直接制造人工小时	制造能力	300 000 直接制造人工小时
机器安装成本	安装人工小时	安装能力	15 000 安装人工小时

作业成本动因的使用催生出了**作业预算**（activity-based budgeting，ABB），这种预算编制方法关注生产和销售产品与服务所必需的作业的预算成本。

在作业成本系统中，Stylistic 家具公司的生产经理估计了包括制造业务成本（即以直接制造人工小时为成本动因的所有成本）在内的间接成本的各种项目。管理者确定了改进流程与提高效率的机会，如减少次品率和生产桌子的时间，然后计算了运营部门的预算制造业务成本。他们还确定了来自两个支持部门的资源数量：电力部门提供的能源千瓦时数和维修部门提供的维修服务小时数。反过来，支持部门的管理者也会计划为运营部门提供所需的人员和用品的成本。然后，支持部门的成本将作为制造业务成本进行分配（成本分配第一阶段）。第 15 章介绍了当支持部门相互提供服务以及为经营部门提供服务时，其成本如何分配给经营部门。计划表 5 的上半部分显示了制造业务成本的项目，即由 300 000 直接制造人工小时（成本动因）引起的所有变动和固定间接成本（在经营部门和支持部门）。

Stylistic 家具公司为变动和固定间接成本编制了不同的预算。考虑物料这一变动间接成本：Stylistic 家具公司的管理者使用历史数据和业务知识，估计物料每直接制造人工小时的成本是 5 美元。2020 年物料总预算成本是 5 美元乘以 300 000 预算直接制造人工小时，即 1 500 000 美元。总变动制造业务成本等于每直接制造人工小时 21.60 美元（5＋5.60＋7＋4）乘以 300 000 预算直接制造人工小时，即 6 480 000 美元。

Stylistic 家具公司根据设施配置支持的直接制造人工小时衡量制造业务生产能力。当前，其生产能力为 300 000 直接制造人工小时。为了支持此生产能力水平，并考虑到潜在的成本节约，管理者估计总固定制造业务成本为 2 520 000 美元。（注意，与 2020 年不同，Stylistic 家具公司可能不会每年都利用全部生产能力，但是它的固定制造业务成本仍是 2 520 000 美元。）2 520 000 美元的固定制造业务成本除以 300 000 直接制造人工小时得到每直接制造人工小时 8.40 美元的固定制造业务成本（不考虑预算直接制造人工小时在特定年份可能小于 300 000 小时）。也就是说，每直接制造人工小时将会吸收 21.60 美元变动制造业务成本和 8.40 美元的固定制造业务成本，因此每直接制造人工小时的总制造业务成本为 30 美元。

下一步，Stylistic 家具公司的管理者根据过去的经验和安装效率的提高潜力，确定了休闲型咖啡桌和豪华型咖啡桌的安装方法。

例如，管理者可能考虑下列情况：

- 增加每批生产的桌子数量，以便减少预算生产所需的批次（也就减少了安装次数）。
- 减少每批安装时间。
- 减少所需的监督时间，如通过提高员工的技能水平来达到这一目的。

Stylistic 家具公司的管理者预测休闲型咖啡桌和豪华型咖啡桌的安装信息如下：

	休闲型咖啡桌	豪华型咖啡桌	总计
（1）生产量	60 000 张	10 000 张	
（2）每批生产量	50 张	40 张	

续表

	休闲型咖啡桌	豪华型咖啡桌	总计
（3）批次（1）÷（2）	1 200 批	250 批	
（4）每批安装时间	10 小时	12 小时	
（5）总安装时间（3）×（4）	12 000 小时	3 000 小时	15 000 小时
（6）每张安装时间（5）÷（1）	0.2 小时	0.3 小时	

　　采用类似于描述制造业务成本的方法，Stylistic 家具公司的管理者估计了构成变动机器安装成本的各个成本（物料、间接制造人工、电力），即由 15 000 安装人工小时（成本动因）产生的所有成本，以及固定机器安装成本（如折旧和监管）。计划表 5 下半部分做了如下概括：（1）每安装人工小时的总变动机器安装成本＝88 美元（26＋56＋6）×预算的 15 000 安装人工小时＝1 320 000 美元；（2）用于支持计划的 15 000 安装人工小时生产能力的固定机器安装成本为 1 680 000 美元。（公司可能不会每年都使用全部的生产能力，但固定机器安装成本仍然是 1 680 000 美元。）1 680 000 美元的固定机器安装成本除以 15 000 安装人工小时得到每安装人工小时 112 美元的固定机器安装成本（不考虑预算安装人工小时在特定年份可能小于 15 000 小时）。也就是说，每安装人工小时将会吸收 88 美元的变动机器安装成本和 112 美元的固定机器安装成本，因此每安装人工小时的总机器安装成本为 200 美元。

计划表 5：制造费用预算
（截至 2020 年 12 月 31 日的会计年度）

制造业务成本		
变动成本（300 000 直接制造人工小时）		
物料（$5/直接制造人工小时）	$1 500 000	
间接制造人工（$5.60/直接制造人工小时）	$1 680 000	
电力（支持部门成本）（$7/直接制造人工小时）	$2 100 000	
维修（支持部门成本）（$4/直接制造人工小时）	$1 200 000	$ 6 480 000
固定成本（支持 300 000 直接制造人工小时的生产能力）		
折旧	$1 020 000	
监管	$ 390 000	
电力（支持部门成本）	$ 630 000	
维修（支持部门成本）	$ 480 000	$ 2 520 000
制造业务成本合计		$ 9 000 000
机器安装成本		
变动成本（15 000 安装人工小时）		
物料（$26/安装人工小时）	$ 390 000	
间接制造人工（$56/安装人工小时）	$ 840 000	
电力（支持部门成本）（$6/安装人工小时）	$ 90 000	$ 1 320 000
固定成本（支持 15 000 安装人工小时的生产能力）		
折旧	$ 603 000	
监管	$1 050 000	
电力（支持部门成本）	$ 270 000	$ 1 680 000
机器安装成本合计		$ 3 000 000
制造费用合计		$12 000 000

　　注意，与仅基于产量成本动因编制预算相比，使用作业成本动因可以提供改进决策制定的

更多且详细的信息。当然，管理者必须经常评估增加更多的成本动因所带来的预期收益是否超过预期成本。[1]

注意，Stylistic 家具公司计划利用全部生产能力进行生产。因此，变动间接成本与固定间接成本的成本分配基础或成本动因的预算数量是一样的——制造业务成本是 300 000 直接制造人工小时，机器安装成本是 15 000 安装人工小时。在这种情况下，制造业务成本的预算分配率不必如我们之前所做的那样按变动成本和固定成本分开计算，而是可以通过使用总预算制造业务成本来直接计算：9 000 000 美元÷300 000 直接制造人工小时＝30 美元/直接制造人工小时。类似地，机器安装成本预算分配率的计算为：3 000 000 美元总预算机器安装成本÷15 000 预算安装人工小时＝200 美元/安装人工小时。

小练习 6-3

Firelight 公司生产并销售两种类型的装饰灯：Knox 和 Ayer。以下是 2020 年的数据。机器安装小时是制造费用的唯一成本动因。公司的安装能力为 660 小时。

	产品	
	Knox	**Ayer**
1. 生产量	21 000 盏	15 000 盏
2. 每批生产量	200 盏	100 盏
3. 每批安装时间	2 小时	3 小时

变动成本＝$80/机器安装小时；固定成本＝$71 000。

编制制造费用预算（标注为计划表 5）。

步骤 6：编制期末存货预算。 计划表 6A 显示了 2020 年开始生产并完工的咖啡桌的单位成本计算过程。Stylistic 家具公司将这些计算结果用于编制期末存货预算和产品销售成本预算。根据 GAAP，存货性（产品）成本包括直接成本，以及变动与固定制造费用。Stylistic 家具公司分别以每直接制造人工小时 30 美元的预算分配率和每安装人工小时 200 美元的预算分配率将制造业务成本和机器安装成本分配给产成品存货。

计划表 6A：期末产成品存货单位成本预算
(2020 年 12 月 31 日)

		产品			
		休闲型咖啡桌		豪华型咖啡桌	
	单位投入成本	单位产量投入量	总计	单位产量投入量	总计
红橡木	$ 7	12 板英尺	$ 84	12 板英尺	$ 84
花岗岩	$ 10	6 平方英尺	$ 60	8 平方英尺	$ 80
直接制造人工	$ 20	4 小时	$ 80	6 小时	$120
制造业务成本	$ 30	4 小时	$120	6 小时	$180
机器安装成本	$200	0.2 小时	$ 40	0.3 小时	$ 60
总计			$384		$524

---

[1] Stylistic 家具公司的例子用制造费用预算中的制造业务成本和安装成本来描述作业预算。作业预算在实务中的应用涉及价值链许多部分的成本。参见 Sofia Borjesson, "A Case Study on Activity-Based Budgeting," *Journal of Cost Management* 10，4 (Winter 1997)；7-18。

在先进先出法下，管理者用这种单位成本计算计划表 6B 中的目标期末产成品存货的成本。

计划表 6B：期末存货预算
（2020 年 12 月 31 日）

	数量	单位成本	合计	
直接材料				
红橡木	80 000*	$ 7	$ 560 000	
花岗岩	20 000*	$ 10	$ 200 000	$ 760 000
产成品				
休闲型咖啡桌	11 000*	$384**	$4 224 000	
豪华型咖啡桌	500*	524**	$ 262 000	$4 486 000
期末存货合计				$5 246 000

* 数据来自本章前文；

** 来自计划表 6A，这是基于 2020 年产成品的成本，因为先进先出法下，产成品期末存货数量来自 2020 年的产量。

小练习 6-4

Firelight 公司生产并销售两种类型的装饰灯：Knox 和 Ayer。以下是 2020 年的数据：

	产品	
	Knox	**Ayer**
目标期末存货量	**2 200 盏**	**1 200 盏**
金属		$2/磅（与 2019 年相同）
布料		$3/码（与 2019 年相同）
直接制造人工		$18/小时
机器安装成本		$140/小时

	单位产品内容	
	Knox	**Ayer**
金属	6 磅	7 磅
布料	1 码	3 码
直接制造人工	0.1 小时	0.2 小时
机器安装成本	0.01 小时	0.015 小时

	直接材料	
	金属	**布料**
目标期末存货	8 000 磅	1 000 码

编制 2020 年预算：（a）2020 年 12 月 31 日的期末产成品存货单位成本预算（标注为计划表 6A）；（b）2020 年 12 月 31 日的期末存货预算（标注为计划表 6B）。

步骤 7：编制产品销售成本预算。生产和采购经理与管理会计师一起用计划表 3 至计划表 6 中的信息编制计划表 7——产品销售成本预算。从收入中减去产品销售成本，可计算出 Stylistic 家具公司 2020 年的预算毛利。

计划表 7：产品销售成本预算
（截至 2020 年 12 月 31 日的会计年度）

	来源		总计
期初产成品存货（2020 年 1 月 1 日）	已知*		$　646 000
直接材料耗用	计划表 3A	$10 280 000	
直接制造人工成本	计划表 4	$　6 000 000	
制造费用	计划表 5	$12 000 000	
产成品成本			$28 280 000
可供销售的产品成本			$28 926 000
减：期末产成品存货（2020 年 12 月 31 日）	计划表 6B		$　4 486 000
产品销售成本			$24 440 000

＊基于 2020 年期初存货价值，休闲型咖啡桌价值为 $384 000，豪华型咖啡桌价值为 $262 000。

步骤 8：编制运营（非生产）成本预算。 计划表 2 至计划表 7 描述的是 Stylistic 家具公司的生产成本预算。在价值链的其他部分（设计、营销和分销），Stylistic 家具公司也发生了运营（非生产）成本。与生产成本一样，管理运营成本的关键是了解 2020 年有效设计、营销和分销休闲型和豪华型咖啡桌的各种作业和成本动因数量。

设计变更的次数是设计成本的成本动因。2020 年 1 024 000 美元的设计成本是固定成本，其依据 2020 年预期设计变更次数在年初进行调整。

总收入是营销（和销售）成本变动部分的成本动因。支付给销售人员的销售佣金相当于每 1 美元收入中的 0.065 美元（或收入的 6.5%）。管理者在年初依据 2020 年的预算收入制定的营销成本固定部分预算为 1 330 000 美元。

销售与运送桌子的立方英尺数（18 立方英尺×50 000 张（休闲型）＋24 立方英尺×10 000 张（豪华型）＝1 140 000 立方英尺）是预算分销成本变动部分的成本动因。变动分销成本为每立方英尺 2 美元。固定预算分销成本为 1 596 000 美元，它与公司分销能力有关，2020 公司分销能力是 1 140 000 立方英尺（以支持 50 000 张休闲型咖啡桌和 10 000 张豪华型咖啡桌的分销）。为简洁起见，计划表 8 显示了 2020 年的设计、营销和分销成本预算。

计划表 8：运营（非生产）成本预算
（截至 2020 年 12 月 31 日的会计年度）

业务功能	变动成本	固定成本	总成本
设计	—	$1 024 000	$1 024 000
营销（变动成本：$38 000 000×0.065）	$2 470 000	$1 330 000	$3 800 000
分销（变动成本：$2/立方英尺×1 140 000 立方英尺）	$2 280 000	$1 596 000	$3 876 000
	$4 750 000	$3 950 000	$8 700 000

创新是大多数公司议程上的重要项目。有时，就像 Stylistic 家具公司的情况一样，产品设计创新是渐进式的或小规模的，创新在当年就能带来收入。在其他情况下，创新（如开发新药）是激进式或突破性的。在实现任何收入之前，研究和开发（R&D）成本可能需要持续发生数年。[1]

---

[1]　一些批评者认为，突破性创新的短期成本和不确定的长期收益导致企业对创新投资不足。其他人则认为，公司在创新上支出过多而没有创造价值。在创新上的支出始终是管理者需要判断的问题。

管理会计师会单独为突破性创新编制预算并进行跟踪，以将当年的经营绩效与随后年度的创新投资区分开来。他们确定项目里程碑，如专家评估、知识产权创造、获得专利和客户参与，以监控创新项目的进展和价值创造。

步骤9：编制预算利润表。如图表6-3所示，公司的CEO和各部门经理在管理会计师的帮助下，使用计划表1、计划表7和计划表8中的信息编制预算利润表。表6-3中使用的样式具有典型性，管理者和会计师可以将更多详细信息包括在利润表中。利润表中包含的详细信息越多，所需的支持计划表就越少。

	A	B	C	D
1	Stylistic家具公司预算利润表			
2	（截至2020年12月31日的会计年度）			
3	收入	计划表1		$38 000 000
4	产品销售成本	计划表7		$24 440 000
5	毛利			$13 560 000
6	运营成本			
7	设计成本	计划表8	$1 024 000	
8	营销成本	计划表8	$3 800 000	
9	分销成本	计划表8	$3 876 000	$8 700 000
10	营业利润			$4 860 000

图表6-3　Stylistic家具公司的预算利润表

预算编制是一项跨职能的活动。高层管理者为实现收入和营业利润目标而制定的战略会影响价值链上不同业务职能的计划成本。例如，计划加大营销投入会使销售量增加，因此必须相应地增加生产成本以确保有足够的桌子供应，而且必须增加分销成本以确保及时将桌子交付给顾客。

Stylistic家具公司的CEO乔丹对2020年的预算和营业利润比2019年增长10％的计划感到非常满意。实现更高营业利润的关键是显著增加豪华型咖啡桌的销售量，以及改善价值链流程和提升效率。当乔丹仔细研究预算时，他对预算中附带的两个注解印象深刻：一是，竞争环境的变化要求Stylistic家具公司降价3％，即休闲型咖啡桌582美元，豪华型咖啡桌776美元，以实现预算销售量。二是，直接材料供应短缺可能导致直接材料（红橡木和花岗岩）价格比预算价格高5％。在这种情况下，预计售价将保持不变。他要求管理会计师使用Stylistic家具公司的财务计划模型评估这些事件对预算营业利润的影响。

小练习 6-5

Firelight公司生产并销售两种类型的装饰灯：Knox和Ayer。以下是2020年的数据。下面的数字来自前面的小练习6-1至6-4中的计算结果及其相关计划表。

收入（计划表1）	$1 125 900
产成品期初存货（2020年1月1日）	$ 94 500
产成品期末存货（2020年12月31日）（计划表6B）	$ 77 000
消耗的直接材料（计划表3A）	$ 660 000
直接制造人工成本（计划表4）	$ 91 800
制造费用（计划表5）	$ 123 800
变动营销成本（收入的2％）	
固定营销成本	$ 42 000

变动分销成本(35 000 立方英尺，$3.00/立方英尺)

固定分销成本	$　47 000
固定管理成本	$　79 000

编制 2020 年的预算：(a) 产品销售成本预算（标注为计划表7）；(b) 运营（非生产）成本预算（标注为计划表8）；(c) 营业利润预算。

6.4　财务计划模型与敏感性分析

财务计划模型（financial planning models）是经营活动、融资活动和其他影响总预算的因素之间关系的数学表示。基于计算机的 ERP 系统存储了大量有关生产不同产品所需的材料、机器设备、劳动力、电力、维修和安装方面的信息。ERP 系统中的预算编制工具简化了预算编制流程，减少了重复输入数据的需要，并缩短了编制预算的时间。管理者确定了不同产品的销售量后，软件会迅速计算出生产这些产品的预算成本。ERP 系统也可以帮助管理者编制运营成本预算。

许多服务公司，如银行、医院、航空公司和餐馆，也使用 ERP 系统来管理其运营。"观念实施：华馆和基于互联网的预算"就是一家服务公司使用软件平台协调和管理多家餐厅预算的例子。

观念实施

华馆和基于互联网的预算

华馆（P. F. Chang's China Bistro）是一家亚洲主题休闲餐饮连锁店，在全球拥有 300 多家分店，年收入约 9 亿美元。该公司使用基于互联网的软件平台 Adaptive Insights 商业规划云来管理其规划和预算编制流程。华馆为每个分店的收入、食品成本、人工成本和管理费用编制预算。Adaptive Insights 商业规划云整合这些预算，以快速编制全公司的预算。该系统将预算编制和预测周期缩短了 80%。正如一位华馆的管理者总结的那样："用做生菜卷的时间，我就能够编制出预算！"

管理者可以实时查看各分店的关键业绩指标，以更好地了解成本、提高利润率和筹集发展资金。餐厅管理者可以分析营销活动的成功与否以及菜单变化的影响。来自世界各地的管理者可以相互合作，进行"如果……会怎样"的预算情景分析。最近，首席财务官吉姆·贝尔（Jim Bell）在从华盛顿州斯波坎市飞往亚利桑那州凤凰城的航班上，研究了该公司波士顿餐厅削减厨房员工对盈利能力的影响。

资料来源："Cooking Up a Modern FP&A Environment for a Global Dining Empire," Adaptive Insights customer case study, June 2017 (https://www.adaptiveinsights.com/customer-stories/p-f-changs)；Tatyana Shumsky, "Corporate Finance Cuts Back on Excel," *The Wall Street Journal*, November 24, 2017, (https://www.wsj.com/articles/stop-using-excel-finance-chiefs-tell-staffs-1511346601).

管理者在编制预算时，不仅要关注能够实现的目标，还要识别面临的风险，如对公司产品需求的潜在下降、新竞争对手的进入、投入品价格的上涨。管理者使用敏感性分析评估这些风险。敏感性分析是一种假设分析技术，用于研究原始的预计数据没有实现或基本假设发生变化时，结果将怎样变化。

为了说明敏感性分析过程，我们考察了两个可能影响 Stylistic 家具公司 2020 年预算模型的方案。每个方案都可能发生，但不同时发生。

方案 1：休闲型咖啡桌和豪华型咖啡桌的销售价格均下降 3％。

方案 2：红橡木每板英尺的价格和花岗岩每平方英尺的价格均上涨 5％。

图表 6-4 显示了两个方案的预算营业利润。

	A	B	C	D	E	F	G	H	I
1	关键假设								
2		销售量		售价		直接材料成本		预算营业利润	
3	假设方案	休闲型	豪华型	休闲型	豪华型	红橡木	花岗岩	金额	总预算的变化
4	总预算	50 000	10 000	$600	$800	$7.00	$10.00	$4 860 000	
5	方案1	50 000	10 000	$582	$776	$7.00	$10.00	$3 794 100	下降22%
6	方案2	50 000	10 000	$600	$800	$7.35	$10.50	$4 418 000	下降9%

图表 6-4　Stylistic 家具公司的预算假设对营业利润的影响

在第一个方案下，注意每张桌子销售价格的变动会影响收入（计划表 1）和变动营销成本（销售佣金，计划表 8）。同样，直接材料价格的变动也会影响直接材料耗用预算（计划表 3A）、期末产成品存货单位成本预算（计划表 6A）、期末存货预算（计划表 6B）和产品销售成本预算（计划表 7）。

图表 6-4 显示，如果销售价格下降 3％，营业利润会大幅减少，但如果直接材料价格上升 5％，营业利润只会略微减少。敏感性分析促使管理者制订应急计划。例如，如果 2020 年销售价格下降，Stylistic 家具公司可能需要降低成本，降幅甚至比计划的还要多。更一般地说，当一家企业的成功或生存能力高度依赖于达到某个收入目标时，管理者应随着不确定性的消除经常更新预算。更新后的预算能够帮助管理者根据环境变化调节支出水平。

在本章前面，我们将滚动预算描述为在未来特定时期内始终可用的预算。滚动预算即时更新，以反映最新的成本与收入信息，使管理者能够对不断变化的条件和市场需求做出反应。

至此，想研究 Stylistic 家具公司现金预算和预算资产负债表的学生和老师可以跳至本章附录进行学习。

6.5　预算编制与责任会计

为了达到总预算中描述的目标，高层管理者必须对企业所有员工——从高层管理者到中层管理者再到普通员工——的工作进行协调。为了协调工作，高层管理者会将某些责任分派给低层管理者，并让他们对自己的行为负责。因此，一家公司的组织结构在很大程度上决定了其协调行动的方式。

6.5.1　组织结构与责任

组织结构（organization structure）是对组织责任的一种安排。如埃克森美孚等公司按业务职能（炼油和营销等）来建立组织机构，每个业务职能的总裁对其职能都有决策权。职能组织在每个职能部门内展现出强大的能力，但其通常不太关注特定的市场或客户。针对这一问题，如家用产品巨头宝洁公司等主要按产品系列或品牌系列来建立组织。各个部门（生产牙膏、香皂等）的经理对本公司内的所有业务职能（生产、销售等）都有决策权。这就造成了效率低下的问题，因为支持职能在没有足够规模或能力的不同部门中被重复设置。如瑞士制药公司诺华等公司将职能结构和部门结构结合起来，例如，将营销留在部门内，但将制造作为一项业务职能，从而为不同部门供应产品。没有完美的组织结构。公司会选择最符合其当时需求的组织结构，并在效率和端到端业务权限之间进行权衡。

每个管理者，无论级别高低，都负责一个责任中心。**责任中心**（responsibility center）是组织的一个部分、分部或子单元，它的管理者负责一系列特定的经营活动。较高级别的管理者负责监督责任范围更广、下属人员更多的中心。**责任会计**（responsibility accounting）是一种衡量各责任中心的计划、预算、行动和实际结果的系统。有四种类型的责任中心：

1. **成本中心**（cost center）——管理者只对成本负责。

2. **收入中心**（revenue center）——管理者只对收入负责。

3. **利润中心**（profit center）——管理者对收入和成本负责。

4. **投资中心**（investment center）——管理者对投资、收入和成本负责。

万豪酒店的维修部门是一个成本中心，因为维修经理只对成本负责，所以预算仅仅是基于成本的。酒店的销售部门是一个收入中心，因为销售经理主要对收入负责，该部门的预算主要是基于收入的。酒店经理则负责一个利润中心，因为其既要对收入负责，又要对成本负责，所以该中心的预算是基于收入和成本的。区域经理负责新酒店的项目投资，同时又要对投资产生的收入和成本负责，因此他负责的是一个投资中心，该中心的预算是基于收入、成本及投资的。

责任中心可以使个人目标与公司目标更好地结合。例如，办公室用品经销商 OPD 曾把销售部门当成收入中心来运作。每个销售人员都从每笔订单收入中提取 3％的佣金，而不考虑订单大小、订单处理成本或送货成本。OPD 在对其顾客盈利能力进行分析后发现，许多订单是无利可图的，主要原因在于小额订单具有高额订货成本和配送成本。OPD 的经理决定将销售部门改为利润中心，以对收入和成本负责，并将激励计划改为按每月订单利润的 15％进行奖励。针对每个顾客的成本包括生产成本、订货成本和配送成本。这种变革的效果立竿见影。销售部门开始向顾客收取订货费和配送费，并且 OPD 的销售人员积极鼓励顾客将采购需求整合为更大的订单，这样每笔订单带来的收入更多。由于订货成本和配送成本在 1 年内降低了 40％，OPD 的顾客盈利能力也随之增强了。

6.5.2　反馈

预算与责任会计相结合，可以向高层管理者反馈不同责任中心管理者相对于预算的业绩。

实际结果与预算金额之间的不同叫作差异，差异能够从三个方面帮助管理者实施和评估战略：

1. 预警。这些差异使管理者及早发现不易或无法立即察觉的问题，这使他们能够尽早采取纠正措施或利用有用机会。例如，管理者在观察到一段时间内销售收入的小幅下降后，可能会研究这是否预示着其在接下来的时间里会有更大幅度的下跌。

2. 业绩评价。这些差异促使管理者研究公司战略的实施情况：材料和人工的利用是否有效率？研发支出是否按计划增加？产品保修成本是否按计划减少？

3. 战略评估。差异有时会向管理者发出信号，告诉他们战略是无效的。例如，一家公司为了夺取市场份额而削减成本、提高质量，但它可能会发现在实现目标的同时，销售收入和利润却没有什么变化，这时高层管理者就会考虑重新评估战略。

6.5.3　责任和可控性

可控性（controllability）是指某个特定的管理者对其所负责的成本、收入或相关项目施加影响的程度。**可控成本**（controllable cost）就是在一定期限内主要受某一责任中心管理者影响的成本。在责任会计制度中，经理的业绩报告要么不包括不可控成本，要么包括不可控成本，但将它与可控成本分开。例如，机器加工主管的业绩报告只限于直接材料、直接制造人工、电力和机器维修成本，而不包括工厂支付的租金和税费等成本。

在实践中，至少有两个原因导致可控性很难确定：

1. 很少有成本很确切地只受某个管理者的影响。例如，采购经理能够影响直接材料的价格，但是该价格还取决于市场条件，这就超出了该管理者的控制范围。同样，生产经理的决策影响直接材料的耗用量，但它还取决于所购材料的质量。此外，管理者往往是在团队中工作，在这种情况下，很难评价个人的责任。

2. 在一个足够长的时期内，所有的成本都将在某人的控制下。然而，大多数业绩报告关注1 年或更短的时期，现任管理者可能会受益于前任的业绩，也可能会继承前任遗留下来的问题和低效率。例如，现任管理者也许不得不履行与供货商和工会的合同，尽管他不愿意，但这些合同是前任签订的。如何将他人的决策结果与现任管理者实际的控制分开？现任管理者到底对什么负责？答案可能并不明确。

高层管理者在评价下属时，对可控性的理解是不同的。有些 CEO 将预算看作下属必须履行的坚定的承诺，认为"数字总能说明问题"。没有完成预算被视为糟糕的结果。一位高级经理曾经说过："可以一次完不成计划，但你不希望第二次也完不成。"这种方法迫使管理者学会在不利的环境下开展工作，并且年复一年地取得一致的结果。它消除了讨论哪些成本是可控的，哪些成本是不可控的必要性，因为业绩是受可控因素还是不可控因素影响并不重要。这种方法的缺点是，它使管理者的薪酬面临更大的风险。当不可控因素对管理者的业绩评价造成不利影响时，即使他们在可控因素方面做得很好，它也会降低管理者的积极性。

还有一些 CEO 认为专注于完成预算中的数字会给管理者施加过多的压力。这些 CEO 会调整不可控因素，只就管理者可控的因素对其进行评价，如他们相对于竞争对手的表现。使用相对业绩指标可以清除管理者无法控制的有利或不利经营情况的影响，这些因素对所有竞争的管理者的影响都是一样的。挑战在于找到正确的基准。但是，相对业绩指标减轻了管理者在困难情况下的业绩压力。

管理者应该避免只在业绩评价时才考虑可控性。责任会计应着眼于长远。它强调获得信息和知识，而不只是控制。责任会计帮助管理者首先关注谁可以为他们提供信息，而不是应该追究谁的责任。在评价丽思卡尔顿酒店销售经理的业绩时，比较实际收入与预算收入的差异当然是有意义的。但是，责任会计的根本目的是从销售经理处收集信息以便未来改进。让销售经理对销售额负责，可以激励他们了解市场情况及其动态变化。虽然市场情况及其动态变化超出了他们的控制，但它们与决定酒店为提高未来销售额可能采取的行动是相关的。类似地，采购经理对总采购成本负责，不是因为他们能够控制市场价格，而是因为他们能够预测和应对不可控的价格，并了解其形成的原因。

　　有时，责任中心的业绩报告会使管理者的行为朝着最高管理层所希望的方向改变，即使报告降低了可控性。例如，某生产部门被确定为一个成本中心，生产经理可能重视效率，而不重视销售人员对更快速的服务和紧急订单的要求，因为这些要求会降低效率并增加成本。将该部门作为利润中心进行评价，会降低生产经理的可控性（因为生产经理对销售的影响很有限），但会促使经理看到紧急订单对销售的更多益处。他将权衡决策对成本和收入的双重影响，而不仅仅是对成本的影响。

　　另一个例子是客服中心。如果将该中心设计成一个成本中心，那么管理者就会把重点放在控制营业成本上，例如，减少顾客服务代表接听电话的时间。如果将该中心设计成一个利润中心，那么管理者就会促使顾客服务代表在提高效率和提供更好的服务之间保持平衡，并且努力追加销售和交叉销售其他产品。惠普、微软、甲骨文等公司都提供了软件平台，旨在激励和帮助客服中心人员将成本中心转变为利润中心。新的格言是："每个服务电话都是销售电话"。

　　许多管理者对预算持负面看法。对他们来说，预算这个词就像裁员、失业或罢工一样流行。高层管理者必须要让下属确信，预算是帮助他们设定和实现目标的一个工具。与所有管理工具一样，预算有好处，但也面临挑战，必须深思熟虑和明智地使用预算。但是，无论管理者对预算是赞成还是反对，预算都不能解决管理能力不足、组织不健全或会计系统不完善的问题。

6.6　预算编制中的人为因素

　　为什么我们要在同一章中讨论总预算和责任会计？主要原因是想强调人为因素在编制预算过程中起至关重要的作用。但预算常常被视为一种机械工具，因为编制预算的技术本身不带任何感情色彩，然而，管理预算需要教育、说服和巧妙的阐释。

6.6.1　预算松弛

　　正如本章前面论述的那样，当低层管理者积极地真正参与预算编制过程时，预算才是最有效的。低层管理者的参与会增加编制的预算的可信度，并且使员工对完成预算更加投入和负责。但是，参与需要下属或低层管理者"诚实"地与其上司进行业务沟通。

　　有时下属会"要花招"，从而产生预算松弛。**预算松弛**（budgetary slack）是指低估预算收入或高估预算成本，以使预算目标更易达到。这种情况通常出现在用预算差异（实际金额与预算金额之间的差额）来评估部门经理及其下属的业绩时。如果高层管理者在面临收入降低的情况下，机械地全面削减预算成本（比如，各项成本均削减 10%），那么部门经理也不太可能在预算沟通中保持完全的诚实。

　　预算松弛为管理者提供了应对意外的不利情况的手段，但同时也会使高层管理者对公司的实际盈利潜力产生误判，从而导致资源规划和分配效率低下，以及公司不同部门之间的活动协调不力。

　　为了避免预算松弛带来的问题，一些公司主要将预算用于制订计划，而很少用于业绩评价。他们使用多种指标来评估管理者的业绩，这些指标考虑了年度内出现的各种因素，比如当前的商业环境、行业或竞争者的业绩。但是，以这种方式评估业绩很花费时间，也需要缜密判断。

　　处理预算松弛问题的一种方法是在编制预算时获得好的基准数据。以一家饮料灌装工厂的经理为例进行说明。假设高层管理者能够从咨询公司购买其他类似灌装工厂的生产水平（如每小时的装瓶数量）报告。高层管理者可以将这些独立信息告知其工厂经理，并将其用于制定经营预算。使用这种外部基准业绩评价方法可以降低经理制定容易实现的预算的能力。

另一种减少预算松弛的方法是滚动预算。正如我们在本章前面讨论的，采用滚动预算的公司始终有一个确定的预算期间，如 12 个月，并在每个季度末增加一个季度的预算以替换刚结束的季度。相对于年度预算来说，滚动预算提供持续更新和更加丰富的信息，减少了产生预算松弛的机会。

如 IBM 等公司设计了创新性的业绩评价指标，它们基于预算编制时使用的预测信息的后续准确性对管理者进行奖励。例如，部门经理的预算利润预测得越高且越准确，他们的激励奖金也就越高。[1] 另一种减少预算松弛的方法是，管理者与下属就预算和业绩目标进行深入对话，以了解下属的工作情况。管理者不应该对下属的决策和行为发号施令。相反，管理者应该提供支持，进行鞭策，并促进相互学习。然后，管理者使用客观指标和主观判断来评价下属的业绩。当然，使用主观判断需要下属相信上司能够公正地评价他们的业绩。

除了制定组织战略外，高层管理者也负责确定公司的核心价值观和规范，并培养员工对它们的认同感。规范与核心价值观描述了可以接受与不可以接受的行为。例如，强生公司有一个信条，阐述了公司对医生、病人、员工、社会和股东的责任。公司对员工进行信条的培训，以帮助他们了解公司期望他们做出的行为。强生公司也有一种指导下属的强大文化。强生公司的价值观和惯例创造了一种环境，在这种环境中，管理者对下属有深入了解，这有助于减少预算松弛。

6. 6. 2　伸展目标

许多业绩很好的公司，比如通用电气、微软和诺华，都设定了伸展目标。伸展目标是有挑战性但可达到的预期业绩水平，目的是让员工产生一些不适。让员工产生某些业绩焦虑，会激励他们付出更多努力并取得更好的业绩。但是，设定非常难或不可能实现的目标会损害业绩，因为员工不会努力去实现这些目标。高盛等公司也制订"水平"伸展目标计划。目的是通过要求员工承担自己舒适区以外的不同责任，来促进员工的职业发展。

伸展目标的主要作用机制是心理激励。考虑下面向销售人员提供的两种薪酬安排：

● 在第一种安排中，销售人员实现 1 000 000 美元的销售目标可以获得 80 000 美元的薪酬；对于 1 000 000 美元至 1 100 000 美元之间的部分，每多销售 1 美元，销售人员可获得 8 美分的薪酬。

● 在第二种安排中，销售人员实现 1 100 000 美元的销售目标（伸展目标）可以获得 88 000 美元的薪酬；对于销售额低于 1 100 000 美元但高于 1 000 000 美元的部分，每少销售 1 美元，销售人员的薪酬减少 8 美分。

为了简化运算，我们假定销售额在 1 000 000 美元至 1 100 000 美元之间。

对于 1 000 000 美元至 1 100 000 美元之间的所有销售额，销售人员在这两种安排下得到的薪酬是一样的。问题是，这两种安排的心理激励作用是否相同。许多赞成伸展目标的高级经理指出，销售人员对这两种薪酬安排的心理感知是不对等的。在第一种安排中，实现 1 000 000 美元的销售目标被视为良好表现，高于这一目标的部分是奖金。在第二种安排中，没有达到 1 100 000 美元的伸展目标被视为失败。如果销售人员厌恶损失，即他们感受到的损失的痛苦大于成功的

---

① 有关这些问题的一个非常好的讨论，见 Robert S. Kaplan and Anthony A. Atkinson, *Advanced Management Accounting*, 3rd ed.（Upper Saddle River, NJ: Prentice Hall, 1998）第 14 章（"Formal Models in Budgeting and Incentive Contracts"）。

喜悦，那么他们将在第二种方案下更加努力工作以实现 1 100 000 美元的销售目标，避免失败。

嵌入伸展目标中的业绩压力不应该促使员工做出非法或不道德的行为。公司越是努力提升业绩，就越应该重视培训员工遵守行为规则（例如，不得行贿、收受贿赂或进行不诚实的交易）以及公司的规范与核心价值观（例如，顾客第一和不降低质量）。

有些道德问题是微妙的、不明确的。例如，一位部门经理面临着在 2019 年年末或 2020 年年初对一台机器进行维修的选择。在 2019 年维修更好，因为推迟维修会增加机器损坏的可能性。但如果维修意味着经理不能达到 2019 年的营业利润目标，并可能会损失部分奖金，那么其可能不会这么做。如果机器损坏和造成损失的风险是巨大的，那么许多观察者会认为推迟维修是不道德的。如果风险非常小，那么推迟维修是否不道德就可能引起更多的争议。

6.6.3　改善预算

第 1 章提到了持续改进的重要性。持续改进在日语中用 "kaizen" 表示。**改善预算法**（kaizen budgeting）明确地将预算期内预计的持续改进纳入预算数字中。许多专注于降低成本的公司，包括美国通用电气、日本丰田，都使用改善预算来持续降低成本。与改善预算有关的成本降低主要来自许多微小的改进，而不是"巨大突破"。这些改进往往来自员工的建议，是重视、认可、奖励员工建议的文化的成果。

以 Stylistic 家具公司的九个预算编制步骤为例，我们假设生产一张休闲型咖啡桌需要花费 4 小时的直接制造人工小时。如果采用改善预算法，则 2020 年第一季度每张桌子的直接制造人工小时为 4.00 小时，第二季度为 3.95 小时，第三季度为 3.90 小时，以此类推。这意味着直接制造人工成本更低，变动制造费用也更低（因为直接制造人工小时是变动制造费用的成本动因）。如果没有达到持续改进的目标，那么管理者会调整目标，或与员工一起确定流程改进措施。

管理者也可以将改善预算法应用于作业，如应用于安装作业以降低每次安装的时间和成本，或应用于分销以降低每次装运的立方英尺数或每立方英尺的运输成本。对于采用改善预算法的公司来说，针对具体活动的改善预算编制是总预算的关键组成部分。

在美国，诸如环境保护署（EPA）和国防部等越来越多的机构正在使用改善预算法，将政府雇员、监管者和终端用户联结起来，以减少低效率和消除官僚程序。美国邮政局已经确定了许多项目以降低成本。这些努力的成功主要取决于人为因素，如管理者和员工对做出这些改变的承诺和约定。

6.6.4　编制减少碳排放的预算

为了应对来自消费者、投资者、政府和非政府组织的压力，许多公司都主动管理和报告其环境绩效。预算是激励管理者减少碳排放的一个非常有效的工具。诸如英国电信（British Telecom）和联合利华等公司根据气候模型制定了科学的碳减排目标。

这些以科学为基础的目标被用来激励创新，促进新技术和商业模式的发展，并使公司为未来的监管和政策变化做好准备。伸展目标对实际减排的影响是什么？最近的一些研究表明，设定了较高难度的目标（将在未来几年内实现）的公司完成了更高比例的目标。尤其是在高污染行业，因为这些行业的碳减排项目需要更多的创新。[①]

---

① Ioannis Ioannou, Shelley Xin Li, and George Serafeim, "The Effect of Target Difficulty on Target Completion: The Case of Reducing Carbon Emissions," *The Accounting Review*（2016）.

6.7　跨国公司的预算

跨国公司，比如联邦快递、卡夫和辉瑞在许多国家都有业务。国际化经营带来了好处——进入新市场和获取新资源，也带来了一些挑战——在不太熟悉的商业环境中经营以及面临汇率波动风险。

在编制预算时，跨国公司的管理者需要了解其经营所在国的政治、法律、税务和经济环境。他们不仅要以不同的货币编制收入和支出预算，还要编制外汇汇率预算，以便将利润转换为本国货币（如美元）。某些国家（如土耳其和津巴布韦）的通货膨胀率非常高，当地货币严重贬值。为了减少不利的汇率变动带来的负面影响，财务经理常常会使用远期、期货和期权合约等技术，以使外汇波动的影响最小化（见第 12 章）。

当与全球经营相关的业务和汇率存在相当大的不确定性时，自然就要问一个问题："跨国公司的管理者认为预算是一个有用的工具吗？"答案是肯定的。在条件不稳定的情况下，预算编制对于评估业绩没有帮助。管理者转而使用预算来帮助他们在环境变化时调整计划和协调行动。高层管理者根据下属管理者在不断变化和动荡的环境中的管理水平主观地评估业绩。

📊 自测题

考虑前面描述的 Stylistic 家具公司的例子。假设为了维持销售量，Stylistic 家具公司需要将咖啡桌的售价降低 3%，即每张休闲型咖啡桌的售价降至 582 美元，每张豪华型咖啡桌的售价降至 776 美元。其他数据保持不变。

要求：

编制预算利润表和所有必要的支持计划表。指出保持不变的计划表。

解答：

计划表 1 和计划表 8 将会发生变化。计划表 1 发生变化是因为销售价格的变化会影响收入。计划表 8 发生变化是因为收入是营销成本（销售佣金）的一个成本动因。计划表 2～7 保持不变是因为销售价格的变化不影响生产成本。修正的计划表和新预算利润表如下：

计划表 1：收入预算
（截至 2020 年 12 月 31 日的会计年度）

	销售价格	销售量	销售收入合计
休闲型	$582	50 000	$29 100 000
豪华型	$776	10 000	$ 7 760 000
总计			$36 860 000

计划表 8：运营（非生产）成本预算
（截至 2020 年 12 月 31 日的会计年度）

业务功能	变动成本	固定成本	总成本
设计	—	$1 024 000	$1 024 000
营销（变动成本：36 860 000×0.065）	$2 395 900	$1 330 000	$3 725 900
分销（变动成本：2×1 140 000）	$2 280 000	$1 596 000	$3 876 000
	$4 675 900	$3 950 000	$8 625 900

Stylistic 家具公司		
预算利润表		
(截至 2020 年 12 月 31 日的会计年度)		
收入	计划表 1	$36 860 000
产品销售成本	计划表 7	$24 440 000
毛利		$12 420 000
运营成本		
设计成本	计划表 8	$1 024 000
营销成本	计划表 8	$3 725 900
分销成本	计划表 8	$3 876 000	$ 8 625 900
营业利润		$ 3 794 100

决策要点

下面的问答形式是对本章学习目标的总结，"决策"代表与学习目标相关的关键问题，"指南"则是对该问题的回答。

决策	指南
1. 什么是总预算，它为什么有用？	总预算概括了公司所有预算的财务预测，它描述了管理者的经营计划和财务计划，即公司的财务目标和实现这些目标所使用的手段的正式提纲。预算作为工具，本身并无好坏之分，其价值取决于管理者使用它的技巧。
2. 公司应在何时编制预算？编制预算有什么好处与挑战？	当公司的预期收益超过预期成本时，需要编制预算。编制预算有以下几个好处：促进协调和沟通；提供评价业绩和促进学习的框架；激励管理者和其他员工。挑战在于高层管理者和下级管理者之间为编制预算而进行的颇费时间的来回讨论。
3. 什么是经营预算，其组成部分包括什么？	经营预算包括预算利润表及其支持计划表。经营预算的编制起点通常是收入预算。下面的支持计划表是根据支持预算利润表的作业编制的：生产预算，直接材料成本预算，直接制造人工成本预算，制造费用预算，期末存货预算，产品销售成本预算，运营（非生产）成本预算。
4. 如果预算的基本假设改变，管理者应该如何调整计划并管理风险？	管理者可以利用财务计划模型——经营活动、融资活动及影响预算的其他因素之间的关系的数学表示。这些模型使管理者得以进行敏感性分析，以测算原始预测数据的变化或预算假定条件的变化对总预算造成的影响，并根据环境变化对计划做出调整。
5. 企业如何使用责任中心？责任中心管理者的业绩报告是否只应包括管理者可控的成本？	责任中心是组织的一个部分、分部或子单位，其管理者对一系列特定的经营活动负责。责任中心有四种类型，分别是成本中心、收入中心、利润中心和投资中心。责任会计制度是有用的，因为它可以衡量每个责任中心的计划、预算、行动和实际结果。 可控成本是指在一定期限内主要受某一责任中心的管理者影响的成本。责任中心管理者的业绩报告通常包括其不能控制的成本、收入和投资。责任会计将财务项目分配给管理者的依据是管理者对该项目的了解程度，而不论其能否进行完全控制。

续表

决策	指南
6. 为什么人为因素在预算编制中非常关键？	预算管理需要教育、说服和巧妙的解释。如果管理得当，预算就可以使员工之间产生承诺、责任感和诚实的沟通，并可作为持续改进工作的基础。如果管理不善，预算编制可能导致"要花招"和预算松弛，即使预算目标更容易实现的做法。
7. 跨国公司预算编制中的特殊挑战是什么？	预算对于跨国公司来说是一个非常有用的工具，但由于在多个国家的经营存在不确定性，预算编制具有挑战性。除了使用不同货币编制预算，跨国公司的管理者还需要编制外汇汇率预算，并考虑经营所在的不同国家的政治、法律、税务和经济环境。当业务和汇率存在相当大的不确定性时，管理者使用预算更多的是帮助组织学习和适应环境，而不是评估业绩。

习 题

6-25 收入、生产和采购预算。墨西哥的 Yucatan 公司有一个生产自行车的部门。2021 年，XG 型自行车的预算销售量为 95 000 辆。Yucatan 公司的目标期末库存为 7 000 辆，它的期初库存为 11 000 辆。公司给分销商和经销商的预算销售价格为每辆自行车 3 500 墨西哥比索。

Yucatan 公司从外部供应商那里购买所有车轮。所有车轮都没有缺陷。公司的一个独立部门专门负责订购 Yucatan 公司所需用作替换零部件的额外车轮。该公司的目标期末库存为 14 000 个车轮，期初库存为 16 000 个车轮。预算采购价格为每个车轮 400 比索。

要求：

1. 计算以墨西哥比索计算的预算收入。

2. 计算 Yucatan 公司应该生产的自行车数量。

3. 计算车轮的预算采购量和以比索计算的采购额。

4. 假设 XG 型自行车的预算销售量不变，Yucatan 公司的经理可以采取哪些措施来降低车轮的预算采购成本？

6-27 编制预算；直接材料使用、生产成本和毛利。Xander 制造公司以羊毛和染料为直接材料生产蓝色地毯。一块地毯预计要使用 36 束羊毛，每束成本为 2 美元；还要使用 0.8 加仑的染料，每加仑成本为 6 美元。所有其他材料都是间接材料。年初，Xander 制造公司的羊毛库存为 458 000 束，成本为 961 800 美元；染料库存为 4 000 加仑，成本为 23 680 美元。羊毛和染料的目标期末库存均为零。Xander 制造公司使用先进先出存货成本流法。

Xander 制造公司生产的蓝色地毯在市场上很受欢迎，需求量很大。但是由于产能限制，公司每年只能生产 200 000 块地毯。每块地毯的预算销售价格为 2 000 美元。地毯没有期初库存，目标期末库存也为零。

Xander 制造公司手工制作地毯，但是使用机器来给羊毛染色。因此，间接成本被归集在两个成本库中：一个是染色成本库；一个是编织成本库。公司根据机器小时将染色费用分配给产品，根据直接制造人工小时将编织费用分配给产品。

在染色过程中，公司预计给一块地毯染色需要 0.2 机器小时。染色过程不涉及直接制造人工成本。Xander 制造公司预计编织一条地毯需要 62 直接制造人工小时，预算分配率为每小时 13 美元。

下表列示了染色成本库和编织成本库中的预算间接成本：

	染色 （基于 1 440 000 机器小时）	编织 （基于 12 400 000 直接制造人工小时）
变动成本		
间接材料	$　　　　 0	$15 400 000
维护费用	$ 6 560 000	$ 5 540 000
水电费	$ 7 550 000	$ 2 890 000
固定成本		
间接人工	$　 347 000	$ 1 700 000
折旧	$ 2 100 000	$　 274 000
其他	$　 723 000	$ 5 816 000
总预算成本	$17 280 000	$31 620 000

要求：

1. 编制直接材料使用量和使用额预算。

2. 计算染色和编织的预算间接成本分配率。

3. 计算蓝色地毯全年的预算单位成本。

4. 假设 Xander 制造公司卖出 200 000 块或者 185 000 块蓝色地毯（也就是说，在两个不同的销售水平上），编制一份蓝色地毯全年的收入预算。

5. 在不同的销售假设下，计算蓝色地毯的预算产品销售成本。

6. 在不同的销售假设下，计算蓝色地毯的预算毛利。

7. 如果蓝色地毯的销售量下降到 18 500 块，作为经理，你会采取哪些措施来提高盈利能力？

8. Xander 制造公司的高层管理者应该怎样利用要求 1～6 中得出的预算数据来更好地管理公司？

6-28 编制预算，服务业公司。Stevens Snow Removal（SSR）公司为商业客户提供除雪服务。由于成功的营销活动和与商业房地产开发商建立的新关系，该公司近年来实现了显著的增长。SSR 公司的所有者杰森·史蒂文斯（Jason Stevens）亲自打电话销售，并根据除雪面积进行报价。SSR 公司雇用自由职业的卡车车主使用 SSR 的铲雪机附件来扫除停车场的积雪，并向他们支付每小时 40 美元的费用。一名兼职记账员负责向客户开具账单和处理其他办公任务。间接成本根据直接人工小时进行分配。

杰森·史蒂文斯估计，除雪工人在一年内会完成总共 2 000 项工作。每项工作平均有 5 000 平方英尺的除雪面积，需要 6 直接人工小时。下表列出了 2021 年的预算间接成本。

变动成本	
物资和维修（每直接人工小时 10 美元）	$120 000
固定成本（支持 12 000 直接人工小时的生产能力）	
间接人工	$ 30 000
折旧	$　 6 000
其他	$ 24 000
总预算成本	$180 000

要求：

1. 编制直接人工小时预算和金额预算。

2. 按照成本动因的预算数量，计算预算间接成本分配率。

3. 计算全年所有工作的预算总成本和平均 5 000 平方英尺除雪工作的预算成本。

4. 假设 SSR 公司向客户收取每平方英尺 0.08 美元的费用，编制该年度的收入预算。

5. 计算预算营业利润。

6. 如果公司每年的工作下降到 1 800 项，史蒂文斯可以采取什么行动？

6-32 责任和可控性。考虑 Prestige 喷泉公司面临的以下每种相互独立的情境。Prestige 喷泉公司生产和销售用于商业地产的装饰性喷泉。该公司还为其自有品牌和其他品牌的喷泉提供维修服务。Prestige 喷泉公司有一个生产工厂，也有一个为生产工厂和技术服务人员（他们经常需要维修喷泉的零部件）供货的仓库，还有 12 辆服务车。技术服务人员驾车去客户所在地提供服务。Prestige 喷泉公司拥有这些车，需要支付汽油费，并且提供喷泉的零部件。但是，维修工具是技术服务人员自己的。

要求：

1. 生产工厂的生产经理对于采购经理采购的发动机不是很满意。5 月份，生产经理停止从供货仓库申请发动机，并且开始直接从另外一个发动机生产商那里购买发动机。5 月份的实际材料成本高于预算。

2. 供应仓库 8 月份的水电费高于预算。调查显示，空调在每天晚上和周末都是开着的，这违反了公司政策。当被问及这个问题时，经理抱怨说，如果不让空调持续运行，夏天早上仓库就会太热。

3. 汽油成本的预算是根据货车的服务区域和该月预计行驶的里程来编制的。3 号服务车的司机每月的汽油费用经常超过该车的预算。服务经理调查后发现，司机经常公车私用。

4. Prestige 喷泉公司的喷泉服务客户之一是 Regency Mall，它只有在紧急状况下才会呼叫维修人员，并不要求进行日常维护。因此，提供这种服务所需的原料成本和人工成本都要超过合约客户的每月预算成本。

5. Prestige 喷泉公司的销售代表最近与 50 英里外的一个城市的五个新客户签订了合同。目前，Prestige 喷泉公司不对维修工作的差旅时间进行收费。最近的盈利能力分析显示，当为该城市的一个客户提供服务时，公司在该服务上是亏损的。

6. 本年技术服务人员的医疗保险费用增加了 40%，这导致实际医疗保险费用大大超过了技术服务人员的预算医疗保险费用。

要求：

对于上述每种情况，确定谁承担责任和哪些方面具有可控性。提出解决问题或者改善现状的方法。

6-34 现金流分析，敏感性分析。HealthMart 是一家销售家用氧气设备的零售商。HealthMart 还提供家用氧气设备的维修服务，为此公司每月向客户收取费用。由于最近开展了一项广告宣传活动，HealthMart 预计每月的服务收入将增加 200 美元。2021 年 3—6 月的销售和服务收入预算如下：

2021 年 3—6 月的销售和服务收入预算

月份	预计销售收入	预计服务收入	总收入
3	$6 000	$4 000	$10 000
4	$8 000	$4 200	$12 200
5	$7 500	$4 400	$11 900
6	$9 000	$4 600	$13 600

家用氧气设备的销售收入几乎全部来自信用卡销售，现金销售可以忽略不计。信用卡公司将每天收入的 97% 存入 HealthMart 的账户。对于家用氧气设备的维修服务，每月开具的服务账单中的 60% 在提供服务的当月收取，40% 在次月收取。

要求：

1. 计算 2021 年 4 月、5 月和 6 月 HealthMart 预计能从销售和服务收入中收取的现金。请写出每个月这些收入的计算过程。

2. 5 月份，HealthMart 的预算支出为 11 000 美元，要求每月末的最低现金余额为 250 美元。5 月 1 日的现金余额为 400 美元。

（1）根据要求 1 中的答案，HealthMart 是否需要借入现金来支付 5 月份的费用，并在 5 月末保持 250 美元的最低现金余额？

（2）假设（每种情况都是独立的）：1）5 月份的总收入可能减少 10%；2）总成本可能增加 5%。在这两种情况下，分别计算 5 月份的净现金总额，以及 HealthMart 为支付 5 月份的费用并在 5 月末保持 250 美元的最低现金余额而必须借入的现金。（同样，假设 5 月 1 日的现金余额为 400 美元。）

3. 除了编制收入、支出和营业利润预算之外，HealthMart 的管理者为什么还要编制现金预算？编制现金预算有帮助吗？请简要解释。

附 录

现金预算

本章阐述了经营预算，它是总预算的一个组成部分。总预算的另一个组成部分是财务预算，它包括资本支出预算、现金预算、预算资产负债表和预算现金流量表。本附录主要介绍现金预算和预算资产负债表。资本支出预算将在第 22 章介绍。预算现金流量表超出了本书的讨论范围，一般会在财务会计和公司金融课程中涉及。

除了本章介绍的营业利润预算之外，为什么 Stylistic 家具公司的管理者还需要编制现金预算？回想一下，Stylistic 家具公司的管理会计师基于权责发生制会计编制了经营预算，这与公司报告实际营业利润的方式是一致的。但是，Stylistic 家具公司的管理者还需要制订现金流量计划，以确保公司在款项到期时有足够的现金来偿还供应商，支付工资和营业费用。Stylistic 家具公司的盈利能力可能很强，但是来自收入的现金收款可能会延迟，从而导致现金不足，不能如期支付。这时，Stylistic 家具公司的管理者可能就需要启动一个借款计划，以弥补资金短缺。制订一个盈利的经营计划并不能保证有足够的现金，所以除了编制营业利润预算外，Stylistic 家具公司的管理者还需要编制现金预算。

图表 6-5 显示了 Stylistic 家具公司 2019 年 12 月 31 日的资产负债表。2020 年的预算现金流量如下：

| | 季度 | | | |
	1	2	3	4
收取顾客的账款	$9 136 600	$10 122 000	$10 263 200	$8 561 200
支出				
直接材料	$3 031 400	$ 2 636 967	$ 2 167 900	$2 242 033

续表

	季度			
	1	**2**	**3**	**4**
直接制造人工工资	$1 888 000	$1 432 000	$1 272 000	$1 408 000
制造费用	$3 265 296	$2 476 644	$2 199 924	$2 435 136
运营（非生产）成本	$2 147 750	$2 279 000	$2 268 250	$2 005 000
购买机器	—	—	$ 758 000	—
所得税	$ 725 000	$ 400 000	$ 400 000	$ 400 000

	A	B	C	D
1	Stylistic家具公司			
	资产负债表			
2	2019年12月31日			
3	资产			
4	流动资产		$ 300 000	
5	现金		$ 1 711 000	
6	应收账款		$ 1 090 000	
7	直接材料存货		$ 646 000	$ 3 747 000
8	产成品存货			
9	不动产、厂房和设备			
10	土地		$ 2 000 000	
11	建筑物和设备	$22 000 000		
12	累计折旧	$(6 900 000)	$15 100 000	$17 100 000
13	合计			$20 847 000
14	负债和股东权益			
15	流动负债			
16	应付账款		$ 904 000	
17	应交所得税		$ 325 000	$ 1 229 000
18	股东权益			
19	流通在外的25 000股无面值普通股股票		$ 3 500 000	
20	留存收益		$16 118 000	$19 618 000
21	合计			$20 847 000

图表 6 - 5　Stylistic 家具公司 2019 年 12 月 31 日资产负债表

　　每季度的数据来自本章计划表 1 至计划表 8 中业务所产生的现金收付，为了保持阐述简洁明了并切中要点，有关编制的细节不在此说明。

　　公司要在每季度末保持 320 000 美元的最低现金余额。它可以按 12％的年利率进行借贷。除非有必要，管理者不希望借入超过必要数额的短期现金。经过与银行的特殊协商，公司在偿还本金时支付利息。为简单起见，假设借款（数额为 1 000 美元的整数倍）发生在季度初，而还款发生在季度末。利息额取整数。

　　假设 Stylistic 家具公司的管理会计师收到了以上数据及本章预算中的其他数据信息，他的任务如下：

　　1. 编制 2020 年分季度现金预算表。即按季度编制现金收支表，包括借款、还款和利息等的详情。

　　2. 编制截至 2020 年 12 月 31 日的年度预算利润表。该报表应包括利息费用和所得税（联邦、州和地方的所得税税率为营业利润的 35％）。

　　3. 编制 2020 年 12 月 31 日的预算资产负债表。

预算的编制

1. **现金预算**（cash budget）是预计现金收入和支出的明细表。它用于预计在既定业务水平上的现金量。图表 6-6 分季度列示了现金预算，以显示现金在不同时间的流量对银行借款及其偿还的影响。在实际工作中，每月，有时是每周甚至每天的现金预算对于现金的使用和控制至关重要。现金预算可以帮助企业避免出现不必要的现金闲置及意外的现金短缺问题。因此，它能使现金余额与需求量保持一致。现金预算一般包括以下几个主要部分：

	第1季度	第2季度	第3季度	第4季度	全年
Stylistic家具公司					
现金预算					
截至2020年12月31日的会计年度					
期初现金余额	$ 300 000	$ 320 154	$ 320 783	$ 324 359	$ 300 000
加：收入					
收取顾客账款	$ 9 136 600	$10 122 000	$10 263 200	$8 561 200	$38 083 000
可用现金总额（x）	$ 9 436 600	$10 442 154	$10 583 983	$8 885 559	$38 383 000
现金支出					
直接材料采购	$ 3 031 400	$ 2 636 967	$ 2 167 900	$2 242 033	$10 078 300
直接制造人工工资	$ 1 888 000	$ 1 432 000	$ 1 272 000	$1 408 000	$ 6 000 000
制造费用	$ 3 265 296	$ 2 476 644	$ 2 199 924	$2 435 136	$10 377 000
非生产成本	$ 2 147 750	$ 2 279 000	$ 2 268 250	$2 005 000	$ 8 700 000
购买机器			$ 758 000		$ 758 000
所得税	$ 725 000	$ 400 000	$ 400 000	$ 400 000	$ 1 925 000
现金支出总额（y）	$11 057 446	$ 9 224 611	$ 9 066 074	$8 490 169	$37 838 300
所需最低现金余额	$ 320 000	$ 320 000	$ 320 000	$ 320 000	$ 320 000
总现金需求	$11 377 446	$ 9 544 611	$ 9 386 074	$8 810 169	$38 158 300
现金溢余（短缺）*	$(1 940 846)	$ 897 543	$ 1 197 909	$ 75 390	$ 224 700
筹资					
借款（期初）	$ 1 941 000	$ 0	$ 0	$ 0	$ 1 941 000
还款（期末）	$ 0	(846 000)	$(1 095 000)	$ 0	$(1 941 000)
利息（年利率12%）**	$ 0	(50 760)	(98 550)	$ 0	(149 310)
筹资效果合计（z）	$ 1 941 000	(896 760)	$(1 193 550)	$ 0	(149 310)
期末现金余额***	$ 320 154	$ 320 783	$ 324 359	$ 395 390	$ 395 390
*可用现金总额的剩余部分减去筹资前总现金需求。					
**注意，短期利息支付仅与季末偿还的本金金额有关。利息的具体计算为：$846 000×0.12×0.5=$50 760；$1 095 000×0.12×0.75=$98 550。还要注意折旧不涉及现金支出。					
***期末现金余额＝可用现金总额（x）－现金支出总额（y）－筹资效果合计（z）。					

图表 6-6　Stylistic 家具公司截至 2020 年 12 月 31 日的会计年度的现金预算

（1）可用现金总额（筹资前）。期初现金余额加上现金收入等于筹资前可用现金总额。现金收入取决于应收账款收回、现金销售和经常发生的杂项收入，如租金和特许权使用费收入。要使预计准确，还需要了解应收账款的可收回性。其中，关键的因素包括以往坏账（不可收回的账款）的经历（Stylistic 家具公司不存在这种问题），以及销售与回款之间的平均滞后时间。

（2）现金支出。Stylistic 家具公司的现金支出包括如下几项：

1）直接材料采购。在货物发出后的当月向供应商全额付款。

2）直接制造人工工资及其他工资、薪金支出。所有与工资相关的成本均在人工劳动发生的当月支付。

3）其他成本。这些成本取决于发生时间及信贷条件。（在 Stylistic 家具公司的例子中，所有其他成本都在发生的当月支付。）请注意，折旧不涉及现金支出。

4）其他现金支出。包括不动产、厂房、设备和其他长期投资的支出。

5）每季度所得税的支付。

（3）筹资效果。短期筹资需求等于可用现金总额（在图表 6-6 中标记为 x）与现金支出总额（标记为 y）的差额，加上所需最低期末现金余额。筹资计划由可用现金总额与需要的现金总额之间的关系决定。如果现金短缺，则 Stylistic 家具公司需要借款。如果有现金溢余，则 Stylistic 家具公司将偿还借款。

（4）期末现金余额。图表 6-6 的现金预算显示了短期"自动清偿"现金贷款模式。在第 1 季度，Stylistic 家具公司预计有 1 940 846 美元的现金短缺，因此公司借入了 1 年期的 1 941 000 美元的短期借款。在公司生产或销售产品的过程中，生产或销售的季节性高峰往往会导致大量的现金支出，以用于采购、支付工资和其他经营支出。顾客回款一般也都在销售之后。贷款的自动清偿是将所借款项用于获取资源以进行生产，然后将销售所得款项用来归还借款。**自动清偿循环**（self-liquidating cycle）就是从现金到存货再到应收账款最终回到现金的运动过程。

2. 图表 6-7 是预算利润表。它只是图表 6-3 预算利润表的扩展，具体来说是纳入了利息费用和所得税。

	A	B	C	D
1	Stylistic家具公司			
2	预算利润表			
3	（截至2020年12月31日的会计年度）			
4	收入	计划表1		$38 000 000
5	产品销售成本	计划表7		$24 440 000
6	毛利			$13 560 000
7	运营成本			
8	设计成本	计划表8	$1 024 000	
9	营销成本	计划表8	$3 800 000	
10	分销成本	计划表8	$3 876 000	$ 8 700 000
11	营业利润			$ 4 860 000
12	利息费用	图表6-6		$ 149 310
13	税前利润			$ 4 710 690
14	所得税（税率为35%）			$ 1 648 742
15	净利润			$ 3 061 948

图表 6-7　Stylistic 家具公司截至 2020 年 12 月 31 日的会计年度的预算利润表

3. 图表 6-8 是预算资产负债表。其中的每个项目都是按照前述的计划表中有关的业务计划细节进行预测的。例如，应收账款期末余额 1 628 000 美元，就是在应收账款期初余额 1 711 000 美元（见图表 6-5）的基础上加上预算收入 38 000 000 美元（见计划表 1）再减去现金收入 38 083 000 美元（见图表 6-6）而计算得出的。

为了简化，本例明确给出了现金收入和支出数据。然而，在通常情况下，现金收入和支出是根据利润表和资产负债表中以权责发生制为基础记录的项目金额与相关的现金实际收付金额之间的差额计算的。下面以应收账款为例进行说明。

年度预算销售额被分解为月度和季度的销售预算。例如，Stylistic 家具公司第 1 至第 4 季度的销售额分别为 9 282 000 美元、10 332 000 美元、10 246 000 美元和 8 140 000 美元，2020 年合计预算销售额为 38 000 000 美元。

	A	B	C	D
1			Stylistic家具公司	
2			预算资产负债表	
3			（2020年12月31日）	
4			资产	
5	流动资产			
6	现金（见图表6-6）		$　　395 390	
7	应收账款（1）		$　1 628 000	
8	直接材料存货（2）		$　　760 000	
9	产成品存货（2）		$　4 486 000	$　7 269 390
10	不动产、厂房和设备			
11	土地（3）		$　2 000 000	
12	建筑物和设备（4）	$ 22 758 000		
13	累计折旧（5）	$（8 523 000）	$　14 235 000	$　16 235 000
14	合计			$　23 504 390
15			负债和股东权益	
16	流动负债			
17	应付账款（6）		$　　775 700	
18	应交所得税（7）		$　　　48 742	$　　824 442
19	股东权益			
20	流通在外的25 000股无面值普通股股票（8）		$　3 500 000	
21	留存收益（9）		$　19 179 948	$　22 679 948
22	合计			$　23 504 390
23				
24	注意：			
25	以下大部分计算均以期初余额为起点。			
26	（1）$1 711 000+$38 000 000收入−$38 083 000支出（见图表6-6）=$1 628 000。			
27	（2）来自计划表6B。			
28	（3）来自资产负债表（见图表6-5）。			
29	（4）$22 000 000（见图表6-5）+$758 000采购（见图表6-6）=$22 758 000。			
30	（5）$6 900 000（见图表6-5）+$1 020 000+$603 000折旧（见计划表5）。			
31	（6）$904 000（见图表6-5）+$9 950 000（见计划表3B）−$10 078 300（见图表6-6）=$775 300。			
32	没有其他流动负债。见图表6-6： 　　直接制造人工现金流为$6 000 000，见计划表4。 　　制造费用现金流为$10 377 000（$12 000 000−$1 623 000折旧），见计划表5。 　　非生产成本现金流为$8 700 000，见计划表8。			
33	（7）$325 000（见图表6-5）+$1 648 742（见图表6-7）−$1 925 000支出（见图表6-6）=$48 742。			
34	（8）来自资产负债表（见图表6-5）。			
35	（9）$16 118 000（见图表6-5）+$3 061 948净利润（见图表6-7）=$19 179 948。			

图表6-8　Stylistic 家具公司 2020 年 12 月 31 日预算资产负债表

	第 1 季度		第 2 季度		第 3 季度		第 4 季度	
	休闲型	豪华型	休闲型	豪华型	休闲型	豪华型	休闲型	豪华型
预算销售量	12 270	2 400	13 620	2 700	13 610	2 600	10 500	2 300
售价	$　　600	$　　800	$　　600	$　　800	$　　600	$　　800	$　　600	$　　800
预算销售额	$7 362 000	$1 920 000	$8 172 000	$2 160 000	$8 166 000	$2 080 000	$6 300 000	$1 840 000
	$9 282 000		$10 332 000		$10 246 000		$8 140 000	

　　注意，预计第 2 季度和第 3 季度的销售额比第 1 季度和第 4 季度高，因为第 1 季度和第 4 季度的天气条件限制了购买家具的顾客数量。

　　一旦 Stylistic 家具公司的管理者确定了销售预算，管理会计师就会编制一份现金收款计划表，以作为编制现金预算的资料。Stylistic 家具公司估计一个季度内销售额的 80% 会在当期收回，20% 会在下个季度收回。下表计算了每季度从顾客处收回的估计款项：

现金收款计划表

	季度			
	1	**2**	**3**	**4**
2020 年 1 月 1 日应收账款余额				
（2020 年第 1 季度收到上年第 4 季度销售额）	$1 711 000			
来自 2020 年第 1 季度的销售额				
（9 282 000×0.80；9 282 000×0.20）	$7 425 600	$1 856 400		
来自 2020 年第 2 季度的销售额				
（10 332 000×0.80；10 332 000×0.20）		$8 265 600	$2 066 400	
来自 2020 年第 3 季度的销售额				
（10 246 000×0.80；10 246 000×0.20）			$8 196 800	$2 049 200
来自 2020 年第 4 季度的销售额				
（8 140 000×0.80）				$6 512 000
收款合计	$9 136 600	$10 122 000	$10 263 200	$8 561 200

2020 年第 4 季度未收回的销售额为 1 628 000 美元（8 140 000×0.20），其作为应收账款出现在 2020 年 12 月 31 日的预算资产负债表（见图表 6-8）中。注意，每个季度来自顾客的现金收入等于前面列示的分季度现金收入。

小练习 6-6

Firelight 公司生产并销售两种类型的装饰灯：Knox 和 Ayer。以下是 2020 年的数据：

应收账款（2020 年 1 月 1 日）	$105 000
第 1 季度（2020 年 1 月 1 日至 3 月 31 日）的预算销售额	$315 900
第 2 季度（2020 年 4 月 1 日至 6 月 30 日）的预算销售额	$340 000
第 3 季度（2020 年 7 月 1 日至 9 月 30 日）的预算销售额	$280 000
第 4 季度（2020 年 10 月 1 日至 12 月 31 日）的预算销售额	$290 000

所有销售均为赊销，一个季度内销售额的 65% 在该季度内收回，35% 在下一季度内收回。计算 2020 年 4 个季度中每个季度从应收账款中收回的现金。

敏感性分析和现金流量

图表 6-4 说明了销售价格和直接材料价格的变化对 Stylistic 家具公司预算营业利润的影响。敏感性分析的一个主要用途就是预算现金流量。图表 6-9 概述了图表 6-4 中所示的两种组合对短期借款的影响。方案 1 中的咖啡桌的销售单价较低（每张休闲型咖啡桌的售价为 582 美元，每张豪华型咖啡桌的售价为 776 美元），第 1 季度需要 2 146 000 美元的短期借款，这笔款项在 2020 年 12 月 31 日前无法全部偿还。方案 2 中的直接材料成本上升了 5%，公司需要 2 048 000 美元的短期借款，这笔款项在 2020 年 12 月 31 日前也无法偿还。敏感性分析帮助管理者预测这些结果，并采取措施尽量减少预期营业现金流量降低的影响。

	A	B	C	D	E	F	G	H	I	J
1				直接材料			每季度的短期借款与偿还			
2		售价		采购成本		预算	季度			
3	方案	休闲型	豪华型	红橡木	花岗岩	营业利润	1	2	3	4
4	1	$582	$776	$7.00	$10.00	$3 794 100	$2 146 000	$(579 000)	$(834 000)	$170 000
5	2	$600	$800	$7.35	$10.50	$4 483 800	$2 048 000	$(722 000)	$(999 000)	$41 000

图表 6-9　敏感性分析：图表 6-4 中关键预算假设对 2020 年短期借款的影响

弹性预算、直接成本差异与管理控制

每个组织，无论其盈利能力或成长性如何，都必须保持对费用的控制。

当顾客在消费时变得谨慎时，管理者使用预算和差异分析工具进行成本控制就变得特别重要。通过研究差异，管理者可以重点关注具体表现不佳的领域，并且进行修正调整，从而为公司节省大量成本。降低成本的动力似乎与企业日益追求环保的良好商业惯例不符。与此相反，试图提高运营效率的管理者发现，可持续发展运动的基石，如减少浪费和能源使用，为他们提供了新的管理风险、控制成本的方法，就像下面的"引例"说明的那样。

> ⚡ **引例**　　　　**沃尔玛车队奉行环保政策以降低标准成本**
>
> 运输货物不仅成本高昂，也是美国乃至全球最大的碳排放源之一。全球最大零售商沃尔玛找到了一种方法，可以在减少行驶里程的同时向商店运送更多的商品，从而减少温室气体排放和公司的标准（预算）运输成本。
>
> 2005 年，沃尔玛制定了到 2015 年将拥有 6 000 辆卡车的车队效率提高一倍的目标。这个目标鼓励公司在拖车上装载更多的货物，并改变行驶路线，以减少无效里程。该公司还开

始与拖拉机和拖车制造商在卡车新绿色技术（如混合动力传动系统和碳纤维拖车）方面开展合作。沃尔玛提前 6 个月实现了提高效率的目标，如今，该公司交付的货物比 2005 年多 10 亿箱，而行驶里程减少 4.6 亿英里。这使得公司每年减少二氧化碳排放量 65 万吨。

更高的车队效率也显著降低了沃尔玛的标准运输成本。与 2005 年的基准相比，沃尔玛每年节省 10 亿多美元，这表明更清洁的环境和更低的成本可以兼得。

资料来源：Walmart Inc.，2018 Global Responsibility Report，Bentonville，AR，2018（https://corporate. walmart. com/media-library/document/2018-grr-summary/_proxyDocument? id＝00000162-e4a5-db25-a97f-f7fd785a0001）；Jim Mele，"Green Fleet of the Year：Walmart," *FleetOwner*，May 2，2017（https://www. fleetowner. com/running-green/green-fleet-year-walmart）；"Walmart Marks Fulfillment of Key Global Responsibility Commitments," Walmart Inc. press release，Bentonville，AR，November 17，2015（https://news. walmart. com/news-archive/2015/11/17/walmart-marks-fulfillment-of-key-global-responsibility-commitments).

在第 6 章中，我们了解了预算如何帮助管理者实现计划功能。现在，我们将解释预算，特别是弹性预算，如何用于计算差异，从而帮助管理者实现控制功能。差异分析支持五步决策制定程序中的最终关键职能，使管理者能够在决策实施后评价业绩和学习。在本章和下一章中，我们将解释如何实现这一目标。

7.1 静态预算与差异

差异（variance）是实际结果与预期业绩之间的差别。预期业绩也称为**预算业绩**（budgeting performance），它是进行比较的参照点。

7.1.1 差异的用途

差异将管理的计划和控制功能结合在一起，并促进了例外管理的发展。**例外管理**（management by exception）是一种方法，即管理者将更多注意力集中在与预计情况不符的领域，而更少关注与预计情况一致的领域。以 Maytag 设备工厂的废料和返工成本为例。如果实际成本远远高于预算成本，这一差异将促使管理者探究其中的原因，并解决问题，以减少未来的废料和返工。如果出现正向差异，如实际成本低于计划成本，管理者会试图弄清成本降低的原因（例如，操作员得到了更好的培训或者生产方法发生变化），如此，这些做法就可以延续下去并被其他部门实施。

差异也可用于业绩评价和激励管理者。例如，Maytag 设备工厂的生产线管理者可能会获得与实现预算营业成本目标相关的激励。

有时，差异表明公司应该转变战略。例如，新产品废品率过高导致的较大的负向差异可能促使管理者调查并修改产品设计，或将产品撤出市场。差异也有助于管理者对未来做出更明智的决策，从而提高五步决策制定程序的质量。

差异分析的好处不仅限于公司。政府官员已经意识到，基于差异信息及时做出战术调整，可以减少以后做出苛刻调整的需要。例如，亚利桑那州斯科茨代尔市每月都会根据支出情况监控税费情况。为什么？因为该市的目标之一是保持用水量的稳定。通过监控该市水费收入与当期支出的匹配程度，该市可以避免向居民收取的水费激增，并为与水相关的基础设施项目提供资金。①

差异分析作为一种决策工具有多重要？答案是非常重要！英国特许管理会计师公会进行的一项调查发现，它是各种规模的组织最常用的成本核算工具。

7.1.2　静态预算和静态预算差异

在学习本章的图表时，注意用数字加"级"表明差异分析的详细程度。一级代表报告的信息最不详细，二级代表报告的信息比较详细，以此类推。

以生产并销售夹克衫的 Webb 公司为例。其夹克衫的生产需要裁剪和许多其他手工操作。Webb 公司仅向批发商销售产品，然后批发商再向各个服装店及零售连锁店销售。为简单起见，我们假定：

1. 公司唯一的成本是生产成本，在营销、分销等其他价值链功能中没有成本发生。
2. 2020 年 4 月生产的所有产品均在当月售出。
3. 没有期初或期末直接材料、在产品或产成品存货。

Webb 公司有三类变动成本，每件夹克衫的预算变动成本如下：

成本类别	每件夹克衫的变动成本
直接材料成本	$60
直接制造人工成本	$16
变动制造费用	$12
变动成本合计	$88

生产数量是直接材料成本、直接制造人工成本和变动制造费用的成本动因，其相关范围是12 000 件夹克衫。2020 年 4 月的预算和实际数据如下所示：

生产 0～12 000 件夹克衫的预算固定生产成本	$ 276 000
预算销售价格	$ 120/件
预算生产和销售量	12 000 件
实际生产和销售量	10 000 件

静态预算（static budget），也称总预算，是以预算期期初计划的产出水平为基础编制的。总预算被称为静态预算，是因为预算是依据单一的（静态的）计划产出水平编制的。图表 7－1的第（3）列显示了 Webb 公司 2020 年 4 月的静态预算，这个预算是在 2019 年年末编制的。对于利润表中的每个项目，图表 7－1 的第（1）列显示了 4 月份的实际结果数据。下表详细介绍了实际结果与预算结果之间的一些差异：

	实际收入与成本（1）	实际产量与销售量（2）	实际单位价格/成本（3）＝（1）÷（2）	预算单位价格/成本（4）
收入	$1 250 000	10 000	$125.00	$120.00
直接材料成本	$ 621 600	10 000	$ 62.16	$ 60.00

---

① 来自政府机构的相关例子和精彩讨论，参见 S. Kavanagh and C. Swanson，"Tactical Financial Management：Cash Flow and Budgetary Variance Analysis，" *Government Finance Review*（October 1，2009）；Adam Khan，*Cost and Optimization in Government：An Introduction to Cost Accounting*. New York：Routledge，2017。

我们在本章讨论不同的差异时，将描述这些差异产生的可能原因并进行解释。

静态预算差异（static budget variance）（见图表 7-1 第（2）列）是指实际结果与静态预算中相应预算金额之间的差额。

图表 7-1　Webb 公司 2020 年 4 月以静态预算为基础的差异分析（一级分析）

	实际结果（1）	静态预算差异（2）＝（1）－（3）	静态预算（3）
销售量	10 000	2 000 U	12 000
收入	$1 250 000	$190 000 U	$1 440 000
变动成本			
直接材料成本	$ 621 600	$ 98 400 F	$ 720 000
直接制造人工成本	$ 198 000	$ 6 000 U	$ 192 000
变动制造费用	$ 130 500	$ 13 500 F	$ 144 000
变动成本合计	$ 950 100	$ 105 900 F	$1 056 000
贡献毛益	$ 299 900	$ 84 100 U	$ 384 000
固定成本	$ 285 000	$ 9 000 U	$ 276 000
营业利润	$ 14 900	$ 93 100 U	$ 108 000
		$ 93 100 U	

静态预算差异

注：F 表示对营业利润的有利差异；U 表示对营业利润的不利差异。

单独来看，**有利差异**（favorable variance）（本书用 F 表示）会使实际营业利润相对于预算金额有所增加。对于收入项目，F 表示实际收入超过预算收入；对于成本项目，F 表示实际成本低于预算成本。单独来看，**不利差异**（unfavorable variance）（本书用 U 表示）会使实际营业利润相对于预算金额有所减少。不利差异在有些国家（如英国）也被称为逆差异。

在图表 7-1 中，营业利润的不利静态预算差异为 93 100 美元，这是用实际营业利润 14 900 美元减去静态预算营业利润 108 000 美元得到的：

$$营业利润的静态预算差异＝实际结果－静态预算金额$$
$$＝14\ 900－108\ 000$$
$$＝－93\ 100（美元）$$

图表 7-1 为管理者提供了关于 93 100 美元营业利润静态预算不利差异的更多信息。更详细的分类显示了这 93 100 美元是怎样由每个营业利润的分项（收入、各项变动成本和固定成本）计算得出的。

回想一下，Webb 公司实际只销售了 10 000 件夹克衫，而管理者在静态预算中预计销售量为 12 000 件。管理者想知道静态预算差异中有多少归因于不准确的产销预测，又有多少归因于实际产销 10 000 件夹克衫这一情况。因此，管理者编制了弹性预算，以便更深入地理解与静态预算的偏差。

小练习 7-1

Jay Draperies 公司生产并销售窗帘。与 2020 年业绩相关的信息如下：

	实际	预算
产销量	1 500	1 400
售价	$　　190/副	$　　200/副
变动成本	$162 750	$　　110/副
固定成本	$ 75 000	$77 000

计算 Jay Draperies 公司以下项目的静态预算差异：（a）收入；（b）变动成本；（c）固定成本；（d）营业利润。

7.2　弹性预算

弹性预算（flexible budget）是指在预算期内根据实际产出水平来计算预算收入和预算成本。弹性预算在期末（对于 Webb 公司来说是 2020 年 4 月）编制，也就是在管理者得知 10 000 件夹克衫的实际产量之后编制。弹性预算是假设预算，如果能够正确预测 4 月的实际产量为 10 000 件，Webb 公司就可以在预算期期初编制预算了。Webb 公司制订了 12 000 件夹克衫的产量计划，因此弹性预算不是 Webb 公司为 2020 年 4 月编制的计划。在编制 Webb 公司的弹性预算时，所有成本对于夹克衫的产量来说要么是完全变动的，要么是完全固定的。注意：

- 预算销售价格是每件 120 美元，与静态预算使用的数据相同。
- 预算单位变动成本是每件 88 美元，与静态预算使用的数据相同。
- 预算单位贡献毛益＝预算销售价格－预算单位变动成本＝120－88＝32（美元/件）。
- 预算总固定成本与静态预算的数据相同，为 276 000 美元。为什么？因为生产的 10 000 件夹克衫在 0～12 000 件的相关范围内，此相关范围的预算固定成本为 276 000 美元。

静态预算与弹性预算的唯一区别是，静态预算是基于计划的 12 000 件产出水平编制的，而弹性预算是基于实际的 10 000 件产出水平编制的。换句话说，预算从 12 000 件夹克衫被"弹回"或调整到了 10 000 件夹克衫。[①]

Webb 公司分三步编制弹性预算。

步骤 1：确定实际产量。2020 年 4 月，Webb 公司生产并销售了 10 000 件夹克衫。

步骤 2：以预算销售价格和实际产量为基础，计算弹性预算收入。

弹性预算收入＝120×10 000＝1 200 000（美元）

步骤 3：以单位产出的预算变动成本、实际产量和预算固定成本为基础，计算弹性预算成本。

弹性预算变动成本	
直接材料成本（$60/件×10 000 件）	$　600 000
直接制造人工成本（$16/件×10 000 件）	$　160 000
变动制造费用（$12/件×10 000 件）	$　120 000

---

① 假设 Webb 公司在 2019 年年底编制 2020 年度预算时准确预测到 2020 年 4 月的产量是 10 000 件，那么 2020 年 4 月的弹性预算与静态预算就是一样的。

弹性预算变动成本合计		$ 880 000
弹性预算固定成本		$ 276 000
弹性预算成本合计		$1 156 000

Webb 公司按这三个步骤编制了图表 7－2 第（3）列的弹性预算。通过弹性预算，可以更详细地分析 93 100 美元营业利润的不利静态预算差异。

图表 7－2　Webb 公司 2014 年 4 月二级弹性预算差异分析

	实际结果（1）	弹性预算差异 （2）＝（1）－（3）	弹性预算（3）	销售量差异 （4）＝（3）－（5）	静态预算 （5）
销售量	10 000	0	10 000	2 000 U	12 000
收入	$ 1 250 000	$ 50 000 F	$ 1 200 000	$240 000 U	$1 440 000
变动成本					
直接材料成本	$　621 600	$ 21 600 U	$　600 000	$120 000 F	$　720 000
直接制造人工成本	$　198 000	$ 38 000 U	$　160 000	$ 32 000 F	$　192 000
变动制造费用	$　130 500	$ 10 500 U	$　120 000	$ 24 000 F	$　144 000
变动成本合计	$　950 100	$ 70 100 U	$　880 000	$176 000 F	$1 056 000
贡献毛益	$　299 900	$ 20 100 U	$　320 000	$ 64 000 U	$　384 000
固定成本	$　285 000	$　9 000 U	$　276 000	0	$　276 000
营业利润	$　14 900	$ 29 100 U	$　44 000	$ 64 000 U	$　108 000
二级	↑	$ 29 100 U	↑	$ 64 000 U	↑
		弹性预算差异		销售量差异	
一级	↑		$ 93 100 U		↑
			静态预算差异		

注：F 表示对营业利润的有利差异；U 表示对营业利润的不利差异。

小练习 7－2

以 Jay Draperies 公司为例。与小练习 7－1 中的 2020 年信息相同，计算 Jay Draperies 公司以下项目的弹性预算：（a）收入；（b）变动成本；（c）固定成本；（d）营业利润。

7.3　弹性预算差异和销售量差异

图表 7－2 展示了 Webb 公司基于弹性预算的差异分析，它把营业利润的不利静态预算差异 93 100 美元进一步细分为两部分：29 100 美元的不利弹性预算差异和 64 000 美元的不利销售量差异。**销售量差异**（sales-volume variance）是弹性预算金额与相应的静态预算金额之间的差异。**弹性预算差异**（flexible-budget variance）是实际结果与相应的弹性预算金额之间的差异。

7.3.1　销售量差异

注意，图表 7－2 第（3）列的弹性预算金额与第（5）列的静态预算金额都是用预算销售价格、单位预算变动成本和预算固定成本计算得出的。

静态预算与弹性预算金额之间的差异称为销售量差异，因为它完全是由实际销售量 10 000 件与静态预算中预期销售量 12 000 件的差额导致的差异。

营业利润的销售量差异＝弹性预算金额－静态预算金额
$$＝44\,000－108\,000$$
$$＝－64\,000(美元)$$

Webb 公司营业利润的销售量差异反映了预算贡献毛益的变化，因为公司销售了 10 000 件夹克衫，而不是预计的 12 000 件。

营业利润的销售量差异＝预算单位贡献毛益×(实际销售量－静态预算销售量)
$$＝32×(10\,000－12\,000)$$
$$＝32×(－2\,000)＝－64\,000(美元)$$

图表 7-2 的第（4）列通过确定利润表中每个项目的销售量差异，显示了总差异的组成部分。营业利润中的不利销售量差异的产生可归结为以下一个或多个原因：

1. 公司的管理者没有完成销售计划。
2. 夹克衫的总需求低于预期。
3. 竞争对手抢占了 Webb 公司的市场份额。
4. 顾客的品味和偏好发生了意想不到的变化，不再喜欢 Webb 公司产品的设计。
5. 质量问题导致顾客对 Webb 公司夹克衫不满。

Webb 公司对不利销售量差异的应对取决于管理者认为的差异产生的原因。例如，如果 Webb 公司认为不利销售量差异是市场因素造成的（原因 1，2，3 或 4），那么销售经理可能最有资格对此做出解释并采取改正行动，比如进行促销、市场研究、改变广告计划或设计。然而，如果管理者认为不利销售量差异是质量问题（原因 5）造成的，那么生产经理可能最有资格分析其原因并提出改进策略，比如改进生产工艺或者购买新机器。

静态预算差异比较的是 10 000 件夹克衫的实际收入及成本与 12 000 件夹克衫的预算收入及成本。这一差异的一部分是销售量差异，它反映的是销售单位减少或销售预测不准确的影响。通过将这一部分从静态预算差异中分离出来，管理者就可以将 2020 年 4 月的实际收入和成本与弹性预算中基于实际生产和销售的 10 000 件夹克衫的预算收入和成本进行比较。弹性预算差异是一种比静态预算差异更好的衡量销售价格和成本绩效的指标，因为它将同样 10 000 件夹克衫的实际收入与预算收入、实际成本与预算成本进行了比较。

7.3.2　弹性预算差异

图表 7-2 的第（1）、（2）和（3）列显示的是实际结果与弹性预算金额的比较情况。第（2）列显示了利润表中每个项目的弹性预算差异。

弹性预算差异＝实际结果－弹性预算金额

图表 7-2 中的营业利润这一行显示了 29 100 美元的不利弹性预算差异（14 900－44 000）。这一不利差异是实际销售价格、单位实际变动成本和实际固定成本与预算金额的不同造成的。销售价格和单位变动成本的实际结果和预算金额如下：

	实际结果	预算金额
销售价格	$125.00（1 250 000÷10 000）	$120.00（1 200 000÷10 000）
单位变动成本	$ 95.01（950 100÷10 000）	$ 88.00（880 000÷10 000）

收入的弹性预算差异称为**销售价格差异**（selling-price variance），造成这一差异的唯一原因是实际销售价格与预算销售价格存在差异。

$$销售价格差异＝（实际销售价格－预算销售价格）×实际销售量$$
$$＝（125－120）×10\ 000$$
$$＝50\ 000（美元）F$$

Webb 公司的销售价格差异是有利的，因为 125 美元的实际销售价格高于 120 美元的预算销售价格，从而增加了营业利润。营销经理最有资格对这一差额的产生原因进行推测和解释。比如，这种差异是因为质量更好造成的？还是市场价格普遍上涨造成的？Webb 公司的管理者得出的结论是由于价格的普遍上涨。

$$总变动成本的弹性预算差异＝（单位实际变动成本－单位预算变动成本）×实际销售量$$
$$＝（95.10－88）×10\ 000$$
$$＝70\ 100（美元）U$$

这种不利可能是以下一个或两个原因造成的：
- 某种投入（如直接制造人工小时）的实际消耗量比预算消耗量多；
- 某种投入（如直接制造人工小时的工资率）的单位价格比预算单位价格高。

之所以会出现比预算更高的投入消耗量或投入价格，可能是因为 Webb 公司决定生产比原计划更好的产品，或者是因为公司的生产和采购业务效率低下，或者两种原因都有。差异分析的作用是为深入调查提供建议，而不是为业绩的好坏提供结论性证据。

285 000 美元的实际固定成本比 276 000 美元的预算金额高出 9 000 美元。这种不利的弹性预算差异反映了固定间接成本的计划外增加，比如工厂租金或监督人员的工资。

在本章的剩余部分，我们将重点关注变动直接成本投入差异。第 8 章主要介绍制造费用差异。

小练习 7 - 3

仍以 Jay Draperies 公司为例。与小练习 7 - 1 中的 2020 年信息相同，计算 Jay Draperies 公司以下项目的弹性预算和销售量差异：（a）收入；（b）变动成本；（c）固定成本；（d）营业利润。

7.4 差异分析的标准成本

为了进一步了解情况，公司会将直接成本投入的弹性预算差异分解为两种更详细的差异：

1. 反映实际投入价格和预算投入价格差别的价格差异。
2. 反映实际投入数量和预算投入数量差别的效率差异。

我们将这两种差异称为三级差异。管理者对效率差异的控制力通常要比对价格差异的控制力强，因为投入的数量主要受公司内部因素（如操作效率）的影响，而材料价格或工资率的变化则在很大程度上受外部市场力量的影响。

获得预算投入价格和预算投入数量

为了计算价格和效率差异，Webb 公司需要得知预算投入价格和预算投入数量。Webb 公司获取这些信息的三个主要来源包括：（1）历史数据；（2）同类公司或有相似流程的公司的数据；（3）标准。每种信息来源都有其优点与缺点。

1. 以前期间的实际投入数据。大多数公司都有实际投入价格与实际投入数量的历史数据。我们可以使用将在第 10 章和第 11 章中讨论的技术对这些历史数据进行趋势或模式分析，以估计预算价格和数量。机器学习和人工智能模型使用复杂的算法来进行这些预测。

优点：历史数据代表了真实的数量和价格，而非假设的基准。此外，历史数据通常很容易以低成本收集。

缺点：历史数据可能纳入了企业的低效率，如直接材料的浪费。因此，历史数据不能代表企业能够取得的理想业绩，而仅仅代表过去取得的业绩。此外，历史数据也没有考虑预算期内的任何预期变动，如技术投资带来的改进。

2. 同类公司或有相似流程的公司的数据。这些数据可以作为基准。例如，肯塔基州路易斯维尔的浸礼会卫生保健系统以类似的一流医院的人工绩效数据作为基准。

优点：来自其他公司的数据能够为公司提供有用的信息，以使其了解自己相对于竞争对手的表现。

缺点：其他公司的投入价格及投入数量数据往往不容易获得，或可能与特定公司的实际情况不具有可比性。

开市客员工的时薪平均超过 20 美元，远高于全美零售销售人员 11.50 美元的平均时薪。开市客还为绝大多数员工提供公司赞助的医疗保健服务。公司认为，更高的工资和更好的福利会提高员工满意度，提高生产力，并减少人员流失率。但是，对于采用不同劳动策略的公司来说，这一工资率并不是一个相关的基准。

3. 公司自身制定的标准。**标准**（standard）是经过深思熟虑后决定的价格、成本或数量，用作判断业绩的基准，通常用单位数额表示。以 Webb 公司如何确定它的直接制造人工标准为例。Webb 公司进行工程研究，获得了生产夹克衫所需步骤的详细分解。每一步骤都分配标准时间，标准时间是根据熟练工在高效操作设备的情况下完成这一步骤的时间确定的。同样，Webb 公司还根据熟练工制作一件夹克衫所需的布料平方码数确定了标准数量。

优点：标准时间能够排除过去的低效率；考虑到了预算期内可能发生的变动。第二个优点的例子是，Webb 公司的管理者决定租赁新的、速度更快且精度更高的缝纫机。这样，Webb 公司就可以把更高水平的效率纳入新标准之中。

缺点：由于这些标准不是基于已实现的基准制定的，因此可能无法实现，员工在努力达到这些标准的过程中可能会感到沮丧。

标准这个词涵盖许多不同的名词：

● **标准投入**（standard input）是精心确定的单位投入量，比如制作一件夹克衫需要的布料平方码数或直接制造人工小时数。

● **标准价格**（standard price）是精心确定的单位投入价格。在 Webb 公司的例子中，公司期望支付给操作工的标准工资率就是直接制造人工小时的标准价格。

● **标准成本**（standard cost）是精心确定的单位产出成本，如 Webb 公司制作一件夹克衫的标准直接制造人工成本。

$$\begin{array}{c}\text{每产出单位的每一变动}\\\text{直接成本投入标准成本}\end{array}=\begin{array}{c}\text{每产出单位所需的}\\\text{标准投入}\end{array}\times\begin{array}{c}\text{每投入单位的}\\\text{标准价格}\end{array}$$

每件夹克衫的标准直接材料成本：每产出单位（夹克衫）需要 2 平方码布料，每平方码的标准价格为 30 美元。

每件夹克衫的标准直接材料成本＝2×30＝60（美元）

每件夹克衫的标准直接制造人工成本：每产出单位需要 0.8 直接制造人工小时，每小时的标准价格为 20 美元。

每件夹克衫的标准直接制造人工成本＝0.8×20＝16（美元）

"预算"和"标准"这两个词有什么联系？预算是一个更宽泛的概念。需要说明的是，预算的投入价格、投入数量和成本不需要以标准为基础。如前所述，它们可能是以历史数据和竞争基准为基础的。但是，当用标准来计算预算投入数量及价格时，标准和预算这两个词就可以互相代替。例如，前面所示的直接材料和直接制造人工标准成本的计算结果是，每件夹克衫的预算直接材料成本为 60 美元，预算直接制造人工成本为 16 美元。

在标准成本系统中，Webb 公司采用了既可通过高效运营实现，又允许存在正常中断情况的标准。例如，正常的中断可能是接收用于生产夹克衫的材料时发生短暂延迟，也可能是因设备需要小修而导致生产停滞。另一种方法是设置更有挑战性、更难达到的标准。正如我们在第 6 章中讨论的，有挑战性的标准能够提高员工的积极性和公司的业绩。然而，如果员工认为这些标准不可能实现，他们就会感到沮丧，公司业绩就会受到影响。

7.5 直接成本投入的价格差异和效率差异

Webb 公司有两类直接成本。2020 年 4 月生产并销售 10 000 件夹克衫的两类实际成本如下：

采购并耗用的直接材料[①]

1. 采购并耗用的布料平方码数	22 200
2. 每平方码的实际价格	\$ 28
3. 直接材料成本（22 200×\$28）（图表 7-2 第(1)列）	\$621 600

耗用的直接制造人工

1. 耗用的直接制造人工小时	9 000
2. 单位直接制造人工小时的实际价格	\$ 22
3. 直接制造人工成本（9 000×\$22）（图表 7-2 第(1)列）	\$198 000

下面使用 Webb 公司的数据来说明直接成本的价格差异和效率差异。

价格差异（price variance）是实际价格与预算价格之间的差额与实际投入量（如采购的直接材料）的乘积。价格差异有时也称为**比率差异**（rate variance），尤其是用它来描述直接制造人工价格差异时。**效率差异**（efficiency variance）是实际投入量（如布料的平方码数）与实际产出水平所需的预算投入量之间的差额与预算价格的乘积。效率差异有时也称为**用量差异**（usage

---

① 本章后面的自测题放松了耗用的直接材料数量等于购买的直接材料数量这个假设。

variance）。下面我们将更详细地探究价格差异和效率差异。

7.5.1 价格差异

价格差异的计算公式如下：

价格差异＝（投入的实际价格－投入的预算价格）×实际投入量

Webb 公司两类直接成本的价格差异如下：

直接成本种类	（投入的实际价格－投入的预算价格）	×	实际投入量	=	价格差异
直接材料	（$28/平方码－$30/平方码）	×	22 200 平方码	=	－$44 400 F
直接制造人工	（$22/小时－$20/小时）	×	9 000 小时	=	$18 000 U

直接材料价格差异是有利的，因为布料的实际价格低于预算价格，导致营业利润增加。直接制造人工价格差异是不利的，因为支付给员工的实际工资率高于预算工资率，导致营业利润减少。

管理者应该考虑造成价格差异的多种可能原因。例如，Webb 公司的有利直接材料价格差异也许是由以下一个或多个原因造成的：

- 采购经理通过巧妙的谈判降低了直接材料价格。
- 采购经理选择了一个产品报价更低的供货商。
- 采购经理通过大批量订购货物获得了数量折扣。
- 由于材料供给过剩，直接材料价格意外下降。
- 直接材料的预算采购价格设定得过高，因为管理者没有认真分析市场情况。
- 采购经理通过谈判获得了有利的价格，因为他愿意接受除价格因素之外的其他不利条款（如质量更差的材料）。

Webb 公司的管理者对直接材料价格差异的应对取决于其对差异原因的判断。例如，如果采购经理订购的直接材料数量高于预算而得到数量折扣，Webb 公司的管理会计师就会调查数量折扣是否会超过额外的储存成本和存货持有成本。有利的价格差异并不意味着 Webb 公司从采购经理的行为中受益，这只能在评估经理的行为对业务的其他部分或未来时期的影响后才能确定。

7.5.2 效率差异

对于任何实际产出水平，效率差异都是实际投入量与实际产出下预算投入量之间的差额与预算投入价格的乘积：

效率差异＝（实际投入量－实际产出下预算投入量）×预算投入价格

其中的思想是：在一定的产出水平下，如果一家公司的实际投入量大于预算投入量，那么它就是低效率的；相反，如果公司实际投入量小于预算投入量，那么它就是有效率的。

Webb 公司每种直接成本的效率差异如下：

直接成本种类	（实际投入量－实际产出下的预算投入量）	×	预算投入价格	=	效率差异
直接材料	（22 200 平方码－（10 000 件×2 平方码/件））	×	$30/平方码		
	＝（22 200 平方码－20 000 平方码）	×	$30/平方码	=	$66 000 U
直接制造人工	（9 000 小时－（10 000 件×0.8 小时/件））	×	$20/小时		
	＝（9 000 小时－8 000 小时）	×	$20/小时	=	$20 000 U

这两个生产效率差异，即直接材料差异和直接制造人工差异都是不利的。为什么？因为给

定公司的实际产出，实际投入量高于预算投入量，这降低了 Webb 公司的营业利润。

与价格差异一样，造成效率差异的原因也很多。例如，Webb 公司不利的直接制造人工效率差异可能是以下一个或多个原因造成的：

- 员工的工作速度太慢，或生产了低质量的夹克衫而需要返工。
- 人事经理雇用了技术不熟练的员工。
- 生产调度计划效率低下，导致闲置和时间浪费。
- 维护不当导致设备故障。
- 没有准确评估员工的技能水平和工作环境，因此设定了过于严格的标准。

假设 Webb 公司的管理者认为不利差异是机器维护不当造成的，那么其就可能会建立一个由工厂工程师和机器操作员组成的团队，制订维护计划，以减少未来发生故障的概率，并防止对人工时间和产品质量造成不利影响。

图表 7-3 提供了另一种计算价格差异和效率差异的方法。它显示了弹性预算差异是怎样被分解成为价格差异和效率差异的。以直接材料为例，不利直接材料弹性预算差异为 21 600 美元，是第（1）列所示的实际成本（实际投入量×实际价格）621 600 美元和第（3）列所示的弹性预算（实际产出下的预算投入量×预算价格）600 000 美元的差额。第（2）列（实际投入量×预算价格）被插在第（1）列和第（3）列之间。

- 第（1）列与第（2）列的差额为 44 400 美元（有利价格差异），其中，第（1）列是用实际价格（28 美元）与实际投入量（22 200 平方码）相乘得到的，而第（2）列是用预算价格（30 美元）与实际投入量（22 200 平方码）相乘得到的。

- 第（2）列与第（3）列的差额为 66 000 美元（不利效率差异），其中，第（2）列是用实际投入量（22 200 平方码）与预算价格（30 美元）相乘得到的，而第（3）列是用实际产出下的预算投入量（20 000 平方码）与预算价格（30 美元）相乘得到的。

- 有利直接材料价格差异 44 400 美元与不利直接材料效率差异 66 000 美元之和等于不利直接材料弹性预算差异 21 600 美元。

图表 7-3　差异分析的分列图示：Webb 公司 2014 年 4 月的直接成本（三级分析）

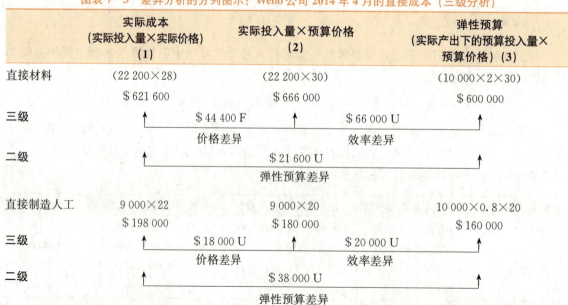

	实际成本 （实际投入量×实际价格） （1）	实际投入量×预算价格 （2）	弹性预算 （实际产出下的预算投入量× 预算价格）（3）
直接材料	（22 200×28）	（22 200×30）	（10 000×2×30）
	$621 600	$666 000	$600 000
三级		$44 400 F　　　价格差异	$66 000 U　　　效率差异
二级		$21 600 U　　弹性预算差异	
直接制造人工	9 000×22	9 000×20	10 000×0.8×20
	$198 000	$180 000	$160 000
三级		$18 000 U　　　价格差异	$20 000 U　　　效率差异
二级		$38 000 U　　弹性预算差异	

注：F 表示对营业利润的有利差异；U 表示对营业利润的不利差异。

图表 7-4 总结了不同的差异。注意，每个更高层级的差异为评价业绩提供了更详细的分类信息。

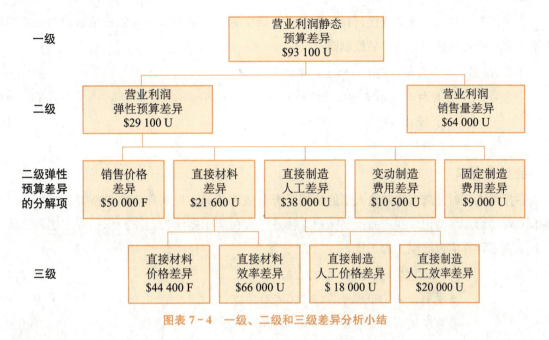

图表 7-4　一级、二级和三级差异分析小结

小练习 7-4

Jay Draperies 公司生产窗帘。要生产一幅窗帘，公司需要如下投入：

直接材料标准　　　　　　　　　　　　　　　　　　　10 平方码，$5/平方码
直接制造人工标准　　　　　　　　　　　　　　　　　5 小时，$12/小时

第 2 季度，Jay Draperies 公司生产了 1 500 幅窗帘，使用了 14 000 平方码布料，成本为 67 200 美元。直接制造人工共计 7 800 小时，成本为 95 550 美元。

a. 计算该季度的直接材料价格差异和效率差异。

b. 计算该季度的直接制造人工价格差异和效率差异。

现在我们列示 Webb 公司标准成本系统下的会计分录。

7.5.3　标准成本系统下的会计分录

接下来，我们使用标准成本系统为 Webb 公司编制会计分录，重点放在直接材料和直接制造人工上。下面会计分录中的所有数据均来自图表 7-3。

注意，在下列每个会计分录中，不利差异（它们会使营业利润减少）总是在借方，有利差异（它们会使营业利润增加）总是在贷方。

会计分录 1A

在购入材料时分离直接材料价格差异，按材料的标准价格增加（借记）直接材料控制账户。这是最早可以单独记录此差异的时间点。

1a. 借：直接材料控制（22 200×30）	666 000	
贷：直接材料价格差异（22 200×2）		44 400
应付账款控制（22 200×28）		621 600

记录直接材料采购。

会计分录 1B

在领用直接材料时分离直接材料效率差异，以实际产出量所需投入的标准数量与标准采购价格的乘积增加（借记）在产品控制账户。

1b. 借：在产品控制(10 000×2×30)	600 000
直接材料效率差异(2 200×30)	66 000
贷：直接材料控制(22 200×30)	666 000

记录直接材料耗用。

会计分录 2

在投入人工时分离直接制造人工的价格差异与效率差异，以实际产出量所需的标准小时和标准工资率增加（借记）在产品控制账户。注意，应付职工薪酬控制账户依据职工实际工作小时和工资率计算应付给职工的工资。

2. 借：在产品控制(10 000×0.8×20)	160 000
直接制造人工价格差异(9 000×2)	18 000
直接制造人工效率差异(1 000×20)	20 000
贷：应付职工薪酬控制(9 000×22)	198 000

记录直接制造人工成本负债。

标准成本和差异分析使管理者将注意力集中到与预期不一致的领域。而以上的会计分录则体现了标准成本系统的另一个优势：标准成本简化了产品成本核算。在生产时，直接材料成本、直接制造人工成本和制造费用（参见第 8 章）的标准成本均分派到单位产品中。

从控制的角度看，差异应被尽早分离。例如，在材料购入时计算直接材料价格差异。在采购完成且已知不利差异后，管理者立即采取纠正行动，如与现有供应商协商以降低成本，或从新供应商处获得报价。如果管理者只在材料耗用后才了解到差异，就会使行动延迟。

假设在会计年度末，差异账户金额很小。为简单起见，假设 2020 年 4 月不同直接成本差异账户的余额也是 2020 年年末的余额。Webb 公司会编制如下会计分录以将直接成本差异账户余额转入产品销售成本账户。

借：产品销售成本	59 600
直接材料价格差异	44 400
贷：直接材料效率差异	66 000
直接制造人工价格差异	18 000
直接制造人工效率差异	20 000

或者，假设 Webb 公司在会计年度末有存货，并且差异账户余额很大。公司用第 4 章介绍的方法将差异账户余额在产品销售成本账户和不同的存货账户之间按比例分配。例如，根据各账户期末余额中直接材料的标准成本，将直接材料价格差异在材料控制、在产品控制、产成品控制和产品销售成本账户之间按比例分配。根据各账户期末余额（直接材料价格差异按比例分配以后）中的直接材料成本将直接材料效率差异在在产品控制、产成品控制和产品销售成本账户之间按比例分配。

正如第 4 章所讨论的，许多会计师、产业工程师和管理者都认为差异在一定程度上计量了年度内的低效率，因此它们应该被冲销，从而减少当期的利润，而不是在存货与产品销售成本之间按比例分配。他们认为最好对每项差异使用直接计入产品销售成本法和按比例分配法相结合的方法，因此，与完全按比例分配不同的是，公司最终不会将低效率成本计入存货性成本。以效率差异为例。可以避免的低效率导致的那部分差异应计入产品销售成本；相反，不可避免的那部分应该按比例分配。同样，由于完全受市场情况的影响而不可避免的那部分直接材料价格差异，也应按比例分配。

7.5.4 标准成本法的实施

标准成本法为管理和控制材料、人工及其他生产相关活动提供了有价值的信息。

标准成本法和信息技术

无论是大型企业还是小型企业，都越来越多地使用计算机化的标准成本系统。山德士（Sandoz，一家仿制药品生产商）和戴尔等公司将标准价格和标准数量信息存储在计算机系统中。条形码扫描仪记录材料的接收情况，并立即利用存储的标准价格计算各种材料的成本。然后，将材料的接收情况与公司的购货订单进行比对，并记录在应付账款中，从而分离出直接材料价格差异。

当生产结束时，通过将应该耗用的直接材料标准数量与生产车间操作员提交的计算机化直接材料请求数量进行比较，就可以计算出直接材料效率差异。当员工登录生产线终端并输入员工编号、开始和终止时间以及参与生产的产品数量时，系统就可以计算出人工差异。ERP 系统（见第 6 章）使企业能够轻松地记录标准成本、平均成本和实际成本，并对差异进行实时评估。管理者可以通过这种即时反馈，立即查明并纠正与成本相关的问题。

标准成本法的广泛应用

制造业和服务业公司都发现标准成本法是一个有用的工具。实行全面质量管理的公司用标准成本法来控制材料成本。麦当劳等服务业公司用标准成本法来控制人工成本。实施计算机集成制造的公司，比如丰田，使用弹性预算和标准成本法来管理作业，比如材料处理和安装。差异信息帮助管理者确定公司生产和采购流程中最需要关注的领域。

7.6 差异在管理上的应用

管理者和管理会计师利用差异来评估决策实施后的业绩，促进组织学习，并进行持续改进。差异可作为一种预警系统，提醒管理者注意存在的问题或未来的机会。如果运用得当，差异分析可以帮助管理者评估当期行动的有效性和员工的业绩，也可以帮助管理者微调战略，以便在未来取得更好的业绩。"观念实施：Chipotle 能否控制住材料成本上涨？"显示了直接成本差异分析对这家快餐业巨头的重要性。

观念实施

Chipotle 能否控制住材料成本上涨？

多年来，Chipotle 凭借其墨西哥风味卷饼实现了盈利增长。该公司通过对有机和天然食材的重视等，成功吸引了全美数百万顾客。然而，随着竞争的加剧和运营成本的上升，Chipotle 未来的成功将取决于其控制材料成本的能力。

对 Chipotle 来说，盈利的关键在于以尽可能低的成本制作每个卷饼。劳动力和材料成本是两个主要的直接成本。劳动力成本包括餐厅经理和员工的工资，以及医疗保险等福利。材料成本包括"关键的七种"昂贵的食材——牛排、猪肉块、烤肉、鸡肉、奶酪、牛油果酱和酸奶油，以及铝箔、纸袋和塑料餐具等物品。

为了降低劳动力成本，Chipotle 对食谱和制作方法进行了细微的调整，以在口味和成本之间找到适当的平衡。例如，它在中央厨房清洗和切割西红柿、生菜等农产品，并切碎奶酪，以确保食品安全并降低店内的劳动力成本。自 2010 年以来，这些措施有助于将劳动力成本的增长限制在合理的范围内：从 2010 年占收入的 25.4% 增至 2017 年的 26.9%。由于公司专注于使用天然食材和确保食品安全，材料成本占收入的比例从 30.5% 上升到了 34.3%。与传统食材相比，Chipotle 来自被可靠地饲养的动物的肉类和新鲜本地农产品的成本更高。为了减少材料用量，Chipotle 严格控制份量。虽然员工会欣然接受顾客对额外米饭、豆类或辣酱的要求，但他们会严格控制"关键的七种"食材的用量。

2018 年，为了进一步控制材料成本，并推动环境的可持续性，Chipotle 推出了新措施，以减少制作过程中的食物浪费。它还开始根据销售情况烹饪食物，以减少每天打烊时的剩余食物。未来的盈利能力取决于材料成本的降低，因此差异分析将成为 Chipotle 兑现其"良心食品"承诺的关键因素。

资料来源：Sarah Nassauer, "Inside Chipotle's Kitchen：What's Really Handmade," *The Wall Street Journal*, February 24, 2015 (https://www.wsj.com/articles/inside-chipotles-kitchen-whats-really-handmade-1424802150); "New Chipotle Food Safety Procedures Largely in Place; Company Will Share Learnings from 2015 Outbreaks at All-Team Meeting," Chipotle Mexican Grill press release, Denver, CO, January 19, 2016 (https://ir.chipotle.com/news-releases? item=122453).

7.6.1 差异产生的多种原因

为了正确地解释差异，并制定恰当的决策，管理者需要了解差异产生的多种原因。管理者也不能孤立地解释某个差异。价值链某一环节的差异可能是价值链中同一环节或另一环节决策的结果。以 Webb 公司生产线上的不利直接材料效率差异为例。该价值链中可能导致这种差异的原因如下：

1. 产品或生产流程设计存在缺陷。
2. 员工技术不熟练或机器故障导致生产线运作效率低下。
3. 将劳动力或机器不恰当地分配给特定作业。
4. 销售代表安排紧急订单而造成生产拥堵。
5. 布料供应商生产的材料质量不一致。

第 5 项为不利直接材料效率差异的产生原因提供了一个更宽泛的解释——公司夹克衫的布料供应商供应链效率低下。只要有可能，管理者必须设法了解差异产生的根本原因。

7.6.2 调查差异的时机

标准不是一个单一的数量，而是投入量、成本、产出量或价格的一个可接受范围。在可接受范围内的差异常常被视为"控制内的事件"，不需要进行调查或采取行动。那么，管理者如何决定何时调查差异呢？他们可以使用主观判断或经验法则。对于某些重要项目，如次品率，即使是很小的差异也可能引起调查。对于其他项目，如直接材料成本、人工成本和维修成本，公司通常会有这样的规定，如"调查所有超过 5 000 美元或预算成本 20% 的差异（以二者中较低者为准）"。为什么？因为 100 万美元直接材料成本的 4% 的差异，即 40 000 美元的差异，比 10 000 美元修理成本的 15% 的差异，即 1 500 美元的差异，更值得关注。换句话说，与管理控制系统中的其他阶段一样，差异分析也应遵循成本-效益原则。

7.6.3　利用差异进行业绩评价

管理者经常使用差异分析来评价员工或业务部门的业绩。假设星巴克的采购经理刚刚在一笔购买交易中获得了一个有利的直接材料价格差异。正如我们之前讨论的，在对采购经理的业绩下结论之前，需要进一步调查有利直接材料价格差异。如果采购经理与供应商进行了有效的谈判，那么这将支持对他的正面评价。但是，如果采购经理通过下更大的订单来获得折扣，从而导致存货成本上升，或者通过牺牲质量接受了低价供应商的报价，那么结论就不是很明确了。有利直接材料价格差异带来的收益可能会被更高的存货储存成本或更高的质检成本和次品率所抵消，从而导致不利直接材料效率差异（即使用比预算更多的投入来达到一定水平的产出）。

基本论点：管理者不应该机械地把有利差异当作一个"好消息"或认为这意味着他们的下属表现良好。

企业从差异分析中获益，因为差异分析强调了业绩的个别方面。然而，如果过分强调某个单一的业绩指标（例如，实现一定的人工效率差异或一定的顾客评级），管理者就倾向于做出使该特定业绩指标看起来更好的决策。这些行为可能与公司的总体目标相冲突，从而阻碍目标的实现。当高层管理者设计的业绩评价和奖励制度不强调公司的总体目标或整体效益（如销售额、市场份额或总体盈利能力）时，通常会产生这种错误的业绩观点。

7.6.4　利用差异促进组织学习

差异分析的目标是让管理者了解差异产生的原因，从中学习并提高公司未来的业绩。例如，为了减少不利直接材料效率差异，Webb 公司的管理者可能尝试改进夹克衫的设计、完善员工首次就做好工作的承诺和提高材料的质量。有时，不利直接材料效率差异可能是产品战略需要改变的一个信号，也许是因为该产品的成本无法降低到足够低的水平。差异分析不应用于"追究责任"（为每个不利差异寻找承担责任的人），而应帮助管理者了解已经发生的事情以及未来怎样才能做得更好。

公司必须在使用差异评价业绩与促进组织学习之间保持一种微妙的平衡。如果过分强调业绩评价，管理者就会专注于设定和达成那些容易实现的目标，而不是那些具有挑战性、需要创造性和智慧并促进学习的目标。例如，Webb 公司的生产经理会倾向于制定一个容易达到的标准，让员工有充足的时间进行生产。但这样做会削弱员工学习和提出新生产方法的动力。过度强调业绩可能会产生其他负面影响，如生产经理可能会迫使员工在规定的时间内生产夹克衫，即使这会导致质量下降，进而损害收入。如果将差异分析视为促进学习的一种方式，那么这样的负面影响可以被最小化。

7.6.5　利用差异进行持续改进

学习的一种形式是持续改进。管理者可以使用差异分析进行持续改进。怎样做？反复查找差异产生的原因，采取纠正行动，并评价结果。一些公司采用改善预算法（见第 6 章）来专门针对连续预算期内的成本削减。改善预算法的优势在于它能明确、持续地改进目标。

持续改进目标的实施需要深思熟虑。在研究或设计环境中，引入过多的规则并专注于渐近式改进可能会阻碍创造力的发挥和真正的创新方法的产生。过度依赖提高效率不应阻止员工采取冒险的方法或质疑有关产品和流程的基本假设。

7.6.6 财务与非财务业绩指标

几乎所有公司都会结合使用财务指标与非财务指标来进行计划和控制，而非仅使用其中的一种。为了控制生产流程，管理者不能空等以金额形式反映差异的会计报告。他们会及时使用非财务业绩指标实施控制。比如，日产公司和其他制造商会在车间的大屏幕上实时显示缺陷率和生产水平，以监控绩效。

在 Webb 公司的裁剪车间，布料被剪裁和拼接，管理者对该部门的控制表现在对员工的观察和对非财务指标的关注上，比如生产 1 000 件夹克衫所使用布料的平方码数，或从开始到完工都不需要返工的夹克衫数量百分比。Webb 公司的员工认为这些非财务指标很容易理解。Webb 公司的生产经理也会使用一些财务指标来评估经营的总成本效益，并帮助指导决策，比如改变生产夹克衫所使用的投入组合。在一家公司中，财务指标非常重要，因为它们反映了不同作业的经济影响。对财务指标的了解使管理者能够进行权衡，如增加某一作业（如剪裁）的成本以减少另一作业（如处理次品）的成本。

7.7 基准测试与差异分析

Webb 公司根据对自身业务的分析来确定预算金额。有时公司会根据其他公司的经营情况制定标准。**基准测试**（benchmarking）是将一家公司的业绩水平与竞争公司或有相似流程的公司的最佳业绩进行比较的持续过程。当基准被用作标准时，管理者和管理会计师就会知道，如果公司能够达到或超过标准，它在市场上就有竞争力。

公司制定基准并计算对其业务最重要的项目的差异。用于比较航空公司效率的一个常用的衡量指标是每可用座位英里（ASM）的成本。可用座位英里是衡量航空公司规模的一个指标，等于飞机上的座位数与飞行距离的乘积。考虑与 5 家竞争的美国航空公司相比，联合航空公司每可用座位英里的成本的大小。数据汇总见图表 7-5。基准公司按英文字母顺序排列在 A 列。表中也列出了每家公司每 ASM 的营业成本、营业收入、营业利润、燃料成本、人工成本，以及总 ASM。所有航空公司的营业利润均为正。

联合航空公司的成本管理水平如何？答案取决于比较基准的选择。联合航空公司的实际每 ASM 营业成本为 14.60 美分，高于其他 5 家航空公司的平均每 ASM 营业成本 13.08 美分。此外，联合航空公司的每 ASM 营业成本比该成本最低（每 ASM 为 10.75 美分）的竞争者捷蓝航空公司高出 35.8%（(14.60-10.75)÷10.75）。那么，为什么联合航空公司的每 ASM 营业成本如此高？第（5）列表明，人工成本是一个重要原因，它提醒联合航空公司管理者在人工投入方面提高成本竞争力。

找到合适的基准并不容易。很多公司从咨询公司购买基准数据。另一个问题是确定可比基

	A	B	C	D	E	F	G
1		营业成本（美分/ASM）	营业收入（美分/ASM）	营业利润（美分/ASM）	燃料成本（美分/ASM）	人工成本（美分/ASM）	总ASM（百万）
2							
3	航空公司	（1）	（2）	(3)=(2)-(1)	（4）	（5）	（6）
4	联合航空公司	14.60	16.09	1.49	2.40	4.99	234 547
5	作为基准的航空公司：						
6	阿拉斯加航空公司	12.05	15.16	3.11	2.04	3.65	41 468
7	美国航空公司	15.65	17.31	1.66	2.42	5.14	243 824
8	达美航空公司	15.47	18.16	2.69	2.49	5.10	228 416
9	捷蓝航空公司	10.75	12.52	1.77	2.34	3.58	56 039
10	西南航空公司	11.47	13.75	2.28	2.43	5.03	153 966
11	基准航空公司的平均值	13.08	15.38	2.30	2.35	4.50	144 743
12							
13	资料来源：2017年的数据来自MIT Airline Data Project。						

图表 7-5 联合航空公司与其他 5 家航空公司的可用座位英里基准比较

准，即进行一个"苹果与苹果"的比较。不同公司有不同的战略、存货计价方法、折旧方法等。比如，捷蓝航空公司只在较少城市提供服务，且大多为长途航班；而联合航空公司向几乎所有的美国大城市和多个国际城市提供服务，且既有长途航班也有短途航班。西南航空公司与联合航空公司的不同之处在于，它专门提供短途直航，并且只提供少量的机上服务。因为联合航空公司的战略与捷蓝航空公司和西南航空公司不同，它们的每 ASM 营业成本也可能不同。联合航空公司的战略与美国航空公司、达美航空公司的战略更有可比性，且它的每 ASM 营业成本比这些航空公司低。但是在多个城市和市场，联合航空公司与阿拉斯加航空公司、捷蓝航空公司和西南航空公司存在激烈竞争，因此它仍需要以这些公司作为基准。

联合航空公司的管理会计师可以使用基准数据来解决几个问题。飞机的大小、类型或续航时间等因素如何影响每 ASM 营业成本？不同航空公司的固定或变动成本结构是否不同？如果变更航线、改变航班的频率和时间或使用不同机型，联合航空公司的业绩能在多大程度上得到改善？是什么原因造成了不同航空公司的每 ASM 营业收入差异？是因为感受到的服务质量不同还是在特定机场的竞争力不同？当管理会计师使用基准数据来洞察不同公司或工厂的成本或收入差异的原因，而不是简单地报告差异的大小时，它们对管理者来说更有价值。

自测题

O'Shea 公司生产陶瓷花瓶，在编制弹性预算时采用标准成本法。2020 年 9 月，公司生产了 2 000 单位产成品。该公司有两类直接生产成本：直接材料与直接制造人工。相关资料如下：

直接材料耗用 4 400 千克。每单位产品所需的标准直接材料投入为 2 千克，每千克成本为 15 美元。该公司购进直接材料 5 000 千克，每千克 16.5 美元，共计 82 500 美元。（本自测题旨在说明某一时期内购买的材料数量不等于该期使用的材料数量时，如何计算直接材料差异。）

实际直接制造人工为 3 250 小时，总成本为 66 300 美元。每单位产出的标准制造人工为 1.5 小时，每小时标准直接制造人工成本为 20 美元。

要求：

1. 计算直接材料价格差异和效率差异，以及直接制造人工价格差异和效率差异。直接材料价格差异根据实际采购量的弹性预算计算，效率差异则根据实际耗用量的弹性预算计算。

2. 编制标准成本系统下的会计分录，并尽早分离差异。

解答：

1. 图表 7-6 显示了如何对图表 7-3 中的材料采购及耗用差异进行适时调整。值得注意的是，表中第（2）列直接材料有两组不同数字——75 000 美元是购入的直接材料，66 000 美元是耗用的直接材料。直接材料价格差异是根据购买量计算的，是为了让采购经理能够立即识别和分析差异产生的原因，并采取必要的纠正行动。效率差异由生产经理负责，因此这种差异只有在材料被耗用时才能识别。

图表 7-6　2020 年 9 月 O'Shea 公司差异分析的分列图示：直接材料和直接制造人工（三级分析）

	实际成本（实际投入量×实际价格）(1)		实际投入量×预算价格（2）	弹性预算（实际产出下的预算投入量×预算价格）(3)
直接材料	(5 000×16.50) $82 500	(5 000×15.00) $75 000	(4 400×15.00) $66 000	(2 000×2×15.00) $60 000
		$7 500 U 价格差异		$6 000 U 效率差异
直接制造人工	(3 250×20.40) $66 300		(3 250×20.00) $65 000	(2 000×1.50×20.00) $60 000
		$1 300 U 价格差异		$5 000 U 效率差异

注：F 表示对营业利润的有利差异；U 表示对营业利润的不利差异。

2. 会计分录如下：

借：材料控制(5 000×15) 75 000
　　直接材料价格差异(5 000×1.50) 7 500
　贷：应收账款控制(5 000×16.50) 82 500
借：在产品控制(2 000×2×15) 60 000
　　直接材料效率差异(400×15) 6 000
　贷：材料控制(4 400×15) 66 000
借：在产品控制(2 000×1.5×20) 60 000
　　直接制造人工价格差异(3 250×0.40) 1 300
　　直接制造人工效率差异(250×20) 5 000
　贷：应付职工薪酬控制(3 250×20.40) 66 300

注意，所有的差异均为贷记，因为这些差异是不利的，会减少营业利润。

📊 决策要点

下面的问答形式是对本章学习目标的总结，"决策"代表与学习目标相关的关键问题，"指南"则是对该问题的回答。

决策	指南
1. 什么是静态预算和静态预算差异？	静态预算是以预算期期初计划的产出水平为基础编制的。静态预算差异是实际结果与静态预算中相应的预算金额之间的差额。
2. 管理者怎样编制弹性预算？为什么编制弹性预算是有用的？	弹性预算通过调整来计算实际产出水平下的预算。如果所有成本相对于产出而言都是变动成本或固定成本，编制弹性预算需要了解有关预算销售价格、每产出单位预算变动成本、预算固定成本和实际产量的信息。与静态预算相比，弹性预算有助于管理者更深入地了解差异产生的原因。
3. 如何计算弹性预算差异和销售量差异？	静态预算差异可细分为弹性预算差异（实际结果与弹性预算金额之间的差异）及销售量差异（弹性预算金额与静态预算金额之间的差异）。
4. 什么是标准成本？它的目的是什么？	标准成本是精心确定的单位产出成本，用作评判业绩的基准。标准成本的目标是排除过去的低效率并考虑预算期内可能发生的变化。
5. 为什么要计算价格差异和效率差异？	价格差异和效率差异有助于管理者深入了解业绩的两个不同（但非独立）层面。价格差异强调实际投入价格与预算投入价格之间的差异。效率差异则强调实际投入量与实际产出下的预算投入量之间的差异。
6. 管理者如何使用差异？	管理者将差异用于控制、决策实施、业绩评价、组织学习与持续改进。在使用差异时，管理者应综合考虑多种差异而不是只关注单个差异。
7. 什么是基准测试？它有什么作用？	基准测试将本公司的业绩与竞争公司或有类似流程公司的最佳业绩水平进行比较，以衡量公司及其管理者的表现。

习 题

7-25 弹性预算和销售量差异。Cascade 公司生产许多流行的冷冻甜品和零食，如香草和巧克力冰激凌、布丁、糕饼和软糖中的馅料。公司使用标准成本法，且月末没有存货。2020 年 6 月冰激凌产品部的业绩报告如下：

2020 年 6 月业绩报告

	实际结果	静态预算
销售量（磅）	460 000	447 000
收入	$2 626 600	$2 592 600
变动生产成本	$1 651 400	$1 564 500
贡献毛益	$ 975 200	$1 028 100

冰激凌产品部的业务经理杰夫·盖勒（Jeff Geller）非常高兴，因为冰激凌的销售量超过了预算，收入也增加了。但不幸的是，变动生产成本也增加了。因此，贡献毛益减少了 52 900 美元，占预算收入 2 592 600 美元的比例略高于 2%。总的来说，盖勒认为经营状况良好。

要求：

1. 计算销售量、收入、变动生产成本和贡献毛益的静态预算差异。各静态预算差异占其静态预算金额的百分比是多少？

2. 将每一静态预算差异分解为弹性预算差异和销售量差异。

3. 计算销售价格差异。

4. 假定你是该公司的管理会计师。你如何向杰夫·盖勒报告结果？他会更担心吗？如果是，为什么？

7-26 价格与效率差异。Sunshine 食品公司生产南瓜松饼。2020 年 1 月，公司预计购买并使用 14 750 磅南瓜，每磅 0.92 美元。然而，2020 年 1 月实际购买并使用 16 000 磅南瓜，每磅 0.85 美元。公司预计生产 59 000 个南瓜松饼，但实际产量为 59 200 个。

要求：

1. 计算弹性预算差异。

2. 计算价格和效率差异。

3. 评论要求 1 和 2 的结果，并给出一个可能的解释。

7-30 直接材料与直接制造人工差异，标准成本。Dawson 公司是一家私营家具生产商。2020 年 8 月，公司为藤椅制定了以下标准：

	每把藤椅的标准
直接材料	3 平方码，$5.50/平方码
直接制造人工	0.5 小时，$10.50/小时

实际业绩的数据如下：实际产出 2 200 把（藤椅）；采购并使用 6 200 平方码的材料，每平方码售价 5.70 美元；直接制造人工成本为 9 844 美元，实际投入时间为 920 小时，每小时 10.70 美元。

要求：

1. 计算直接材料与直接制造人工价格差异与效率差异，并为每个差异产生的原因提供合理解释。

2. 假设购买了 8 700 平方码的材料（每平方码 5.70 美元），但只耗用了 6 200 平方码。进一步假设差异能被及时地识别；相应地，在采购时，直接材料价格差异能够被分离并追溯至采购部门而非生产部门。根据这种方法计算价格差异和效率差异。

7-32 价格与效率差异，基准测试。Jacinta 公司生产印有大学和企业标志的隔热冷饮杯，它在全国范围内以 12 打为一批进行分销。2020 年 6 月，Jacinta 公司在其皮奥里亚工厂生产了 5 000 批其最受欢迎的杯子，即 24 盎司的带盖玻璃杯。生产经理索菲·巴雷特（Sophie Barrett）要求她的助手约翰·哈迪（John Hardy）计算出皮奥里亚工厂精确的单位实际变动成本，以及竞争对手 Beverage King 产品的变动成本，后者以更低的价格提供类似质量的玻璃杯。哈迪为每批产品收集了以下信息：

	皮奥里亚工厂	Beverage King
直接材料	72 磅，$3.20/磅	70 磅，$2.90/磅
直接制造人工	2.5 小时，$11/小时	2.4 小时，$10/小时
变动制造费用	$21/批	$20/批

要求：

1. 皮奥里亚工厂和 Beverage King 每批产品的实际变动成本各是多少？

2. 以 Beverage King 的数据为标准，计算皮奥里亚工厂的直接材料、直接制造人工的价格和效率差异。

3. Jacinta 公司以 Beverage King 的数据为基准计算差异的优势是什么？指出巴雷特在以 Beverage King 的数据为基准时，应该注意的两个问题。

7-33 静态预算与弹性预算，服务业。Student Finance（简称 StuFi）是一家初创公司，旨在利用社会团体的力量来改变学生贷款市场。它通过一个专门的贷款池连接每位参与者，使在校生可以从学校的校友社区借款。StuFi 的盈利模式是向投资的校友和学生借款人收取其平台上每笔贷款的 40 个基点（0.40%）的预付费用。StuFi 希望在不久的将来上市，同时也希望其财务成果符合这一目标。公司 2020 年第 3 季度的预算和实际结果如下：

	静态预算	实际结果
新发放贷款	$ 8 200	$ 10 250
平均贷款额	$ 14 500	$ 162 000
每笔贷款的变动成本		
专业人工	$ 360（8 小时，$45/小时）	$ 475（9.2 小时，$50/小时）
信用验证	$ 100	$ 100
联邦文件费	$ 120	$ 125
快递服务费	$ 50	$ 54
管理成本（固定）	$ 800 000	$ 945 000
技术成本（固定）	$1 300 000	$1 415 000

要求：

1. 编制该公司 2020 年第 3 季度营业利润的静态预算。

2. 按照图表 7-2 的思路，编制 2020 年第 3 季度的差异分析，并确定营业利润的销售量差异和弹性预算差异。

3. 计算 2020 年第 3 季度专业人工价格差异和效率差异。

4. 在评价 2020 年第 3 季度专业人工的效率时，你会考虑哪些因素？

 附　录

可替代投入的组合和产出差异

Webb 公司的例子说明了当每种投入只有一种形式，即一种直接材料（布料）和一种直接人工时，如何计算价格和效率差异。但是，如果管理者在组合或者替代投入方面有选择空间会怎么样呢？例如，德尔蒙食品公司（Del Monte Foods）可以将材料（如菠萝、樱桃和葡萄）按不同的比例组合起来，制成什锦水果罐头。在一定范围内，这些单独的水果在生产什锦水果罐头时是可替代投入。

我们已在本章中说明了如何将效率差异细分为多个差异，以突出投入可替代时投入组合和投入产量对财务的影响。此处我们将重点放在多种直接制造人工投入和这些投入之间的替代上。同样的方法也可用于可替代的直接材料投入。

Mode 公司也生产夹克衫，但与 Webb 公司不同的是，它雇用的工人具有不同的技能（或经验）水平。工人的技能水平分为低、中、高三种。高技能的工人负责夹克衫较复杂的方面，他们的报酬也相应更高。根据 Mode 公司的生产标准，生产一件夹克衫需要 0.80 小时，其中，低技能工人预计使用 50% 的工时，中技能工人预计使用 30%，高技能工人预计使用 20%。生产一件夹克衫的直接制造人工投入预算是：

　　低技能工人：0.40 小时（0.80 小时的 50%），$12/小时　　　　　　　$ 4.80

中技能工人：0.24 小时（0.80 小时的 30%），$20/小时	$ 4.80
高技能工人：0.16 小时（0.80 小时的 20%），$40/小时	$ 6.40
1 件夹克衫的总预算直接制造人工成本	$16.00

生产一件夹克衫需要 0.80 小时，预算人工成本为 16 美元，这意味着加权平均人工费用率为每小时 20 美元（16÷0.80）。

2020 年 4 月，Mode 公司使用 9 000 小时生产了 10 000 件夹克衫，数据如下所示：

低技能工人：	4 500 小时，$12/小时	$ 54 000
中技能工人：	3 150 小时，$20/小时	$ 81 900
高技能工人：	1 350 小时，$40/小时	$ 62 100
直接制造人工：9 000 小时		$198 000
20 美元/小时，8 000 直接制造人工小时的预算成本		$160 000
直接制造人工弹性预算差异		$ 38 000 U

实际人工组合百分比是：低技能工人工时占 50%（4 500÷9 000）；中技能工人工时占 35%（3 150÷9 000）；高技能工人工时占 15%（1 350÷9 000）。

直接制造人工价格和效率差异

图表 7-7 以分栏的形式列示了 Mode 公司的直接制造人工弹性预算差异。分别计算每类直接制造人工的价格和效率差异，然后加总。差异分析促使 Mode 公司调查每个类别中的不利价格和效率差异。为什么会为某种类型的人工支付更多的费用，使用的工时也比预算更多呢？是实际工资率普遍较高，还是人事部门可以通过协商确定更低的工资率？额外的人工成本是由于加工过程效率低下造成的吗？

图表 7-7　Mode 公司 2020 年 6 月的直接制造人工价格和效率差异

实际成本： 实际投入量× 实际价格 (1)		实际投入量× 预算价格 (2)		弹性预算： 实际产出下的 预算投入量× 预算价格(3)
低技能：4 500× $12= $ 54 000		4 500× $12= $ 54 000		4 000× $12= $ 48 000
中技能：3 150× $26= $ 81 900		3 150× $20= $ 63 000		2 400× $20= $ 48 000
高技能：1 350× $46= $ 62 100		1 350× $40= $ 54 000		1 600× $40= $ 64 000
$198 000		$171 000		$160 000

三级　↑　$270 00 U　↑　$11 000 U　↑
　　　　　价格差异　　　　效率差异

二级　↑　　　$38 000 U　　　↑
　　　　　弹性预算差异

注：F 表示对营业利润的有利差异；U 表示对营业利润的不利差异。

直接制造人工组合和产出差异

管理者有时可以决定用一种投入替代另一种投入。Mode 公司的管理者在不影响夹克衫质量的情况下，可以将低技能、中技能和高技能的工人进行组合，具有一定的灵活性。我们假设，为了保证质量，每类人工的组合比例与标准组合相比，最多只能偏离 5%。例如，低技能人工的比例可以在 45%～55%（50%±5%）之间变化。当投入可替代时，相对于预算成本，直接制造人工效率的提高有两个途径：（1）使用价格更低的组合方式达到给定的产出量，这通过组合差异来衡量；（2）使用更少的投入来达到给定的产出量，这通过产出差异来衡量。

在保持实际耗用的直接制造人工总量不变的情况下，总**直接制造人工组合差异**（direct manufacturing labor mix variance）是以下两者之差：

1. 实际耗用直接制造人工总量的实际组合的预算成本；
2. 实际耗用直接制造人工总量的预算组合的预算成本。

在保持预算投入组合不变的情况下，**直接制造人工产出差异**（direct manufacturing labor yield variance）是以下两者之差：

1. 实际耗用直接制造人工总量的预算成本；
2. 实际产出下耗用直接制造人工的预算总量的弹性预算成本。

图表 7-8 显示了 Mode 公司的直接制造人工组合和产出差异。注意，图表中的第（1）列与图表 7-7 中的第（2）列相同，且两个图表中的第（3）列也相同。

图表 7-8　Mode 公司 2020 年 6 月的直接制造人工组合和产出差异

实际耗用的投入总量× 实际投入组合× 预算价格 (1)	实际耗用的投入总量× 预算投入组合× 预算价格 (2)	弹性预算 (实际产出下的 投入的预算总量× 预算投入组合× 预算价格）(3)
低技能：9 000×0.50×$12= $ 54 000	9 000×0.50×$12= $ 54 000	8 000×0.50×$12= $ 48 000
中技能：9 000×0.35×$20= $ 63 000	9 000×0.30×$20= $ 54 000	8 000×0.30×$20= $ 48 000
高技能：9 000×0.15×$40= $ 54 000	9 000×0.20×$40= $ 72 000	8 000×0.20×$40= $ 64 000
$171 000	$180 000	$160 000

四级　　　　　　　　　　$9 000 F　　　　　　　$20 000 U
　　　　　　　　　　　组合差异　　　　　　　产出差异

三级　　　　　　　　　　　　　$11 000 U
　　　　　　　　　　　　　　效率差异

注：F 表示对营业利润的有利差异；U 表示对营业利润的不利差异。

直接制造人工组合差异

总直接制造人工组合差异是每种投入的直接制造人工组合差异之和：

$$\begin{matrix}\text{每种投入的直接}\\ \text{制造人工组合差异}\end{matrix} = \begin{matrix}\text{实际耗用的直接制造}\\ \text{人工投入的总量}\end{matrix} \times \left(\begin{matrix}\text{实际直接制造人工}\\ \text{投入组合比例}\end{matrix} - \begin{matrix}\text{预算直接制造人工}\\ \text{投入组合比例}\end{matrix} \right)$$
$$\times \begin{matrix}\text{直接制造人工}\\ \text{投入的预算价格}\end{matrix}$$

直接制造人工组合差异如下：

低技能：9 000×（0.50－0.50）×12=9 000×0.00×12=　　$　　　0
中技能：9 000×（0.35－0.30）×20=9 000×0.05×20=　　$ 9 000 U
高技能：9 000×（0.15－0.20）×40=9 000×（－0.05）×40=　$18 000 F
总直接制造人工组合差异　　　　　　　　　　　　　　$ 9 000 F

总直接制造人工组合差异是有利的，因为相对于预算组合，公司用价格更低的 5% 的中技能人工替换了价格更高的 5% 的高技能人工。

直接制造人工产出差异

产出差异是各种投入的直接制造人工产出差异之和：

$$每种投入的直接制造人工产出差异 = \left(\begin{array}{cc}实际耗用的直接制造 & 实际产出下的直接 \\ 人工投入总量 & 制造人工投入预算总量\end{array}\right)$$

$$\times\begin{array}{c}直接制造人工投入的 \\ 预算组合比例\end{array}\times\begin{array}{c}直接制造人工投入的 \\ 预算价格\end{array}$$

直接制造人工产出差异如下：

低技能：$(9\,000-8\,000)\times0.50\times12=1\,000\times0.50\times12=\$\,6\,000\ U$

中技能：$(9\,000-8\,000)\times0.30\times20=1\,000\times0.30\times20=\$\,6\,000\ U$

高技能：$(9\,000-8\,000)\times0.20\times40=1\,000\times0.20\times40=\underline{\$\,8\,000\ U}$

总直接制造人工产出差异 $\underline{\$20\,000\ U}$

总直接制造人工产出差异是不利差异，因为 Mode 公司生产 10 000 件夹克衫耗用了 9 000 小时的直接制造人工而不是预算中的 8 000 小时。预算组合中每小时人工的预算成本为 20 美元。不利产出差异代表了多耗用 1 000 小时直接制造人工的预算成本，即 $(9\,000-8\,000)\times20=20\,000$ 美元 U。公司应该调查不利产出差异的产生原因。例如，采用更廉价的中技能人工替代高技能人工导致有利的组合差异的同时，是否也会导致出现不利的产出差异？

图表 7-7 和图表 7-8 中计算的直接制造人工差异可以总结如下：

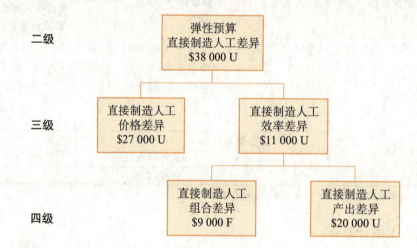

第8章

弹性预算、制造费用差异与管理控制

学习目标

1. 解释对变动制造费用的计划与对固定制造费用的计划有何异同
2. 计算预算变动制造费用分配率和预算固定制造费用分配率
3. 计算变动制造费用弹性预算差异、变动制造费用效率差异及变动制造费用耗费差异
4. 计算固定制造费用弹性预算差异、固定制造费用耗费差异及固定制造费用生产量差异
5. 解释四差异分析如何使实际发生的制造费用与期间内分配的制造费用相一致
6. 解释销售量差异与生产量差异之间的关系
7. 在作业成本系统中计算差异
8. 探讨非生产部门间接成本差异的使用

本周的天气预报与组织业绩有什么共同点呢?

在大多数情况下,现实与人们的期望并不一致。导致一场小联赛取消的大雨可能突然让位给太阳。希望"吹着口哨去银行"的企业所有者在清点完每月的账单并发现飞涨的经营成本导致利润大幅减少后,可能会改变他们的"曲调"。不同或者说差异在我们身边随处可见。

对于一个组织来说,分析差异是一项有价值的活动,因为这个过程能凸显出业绩最不符合预期的地方。公司使用这些信息进行纠正性调整,就可以节省大量的成本。此外,制定标准的过程要求公司全面了解固定和变动间接成本,这会给公司带来诸多好处,就像下面的"引例"所揭示的那样。

> 💡 **引例**　　　　　　　　　　**管理 WeWork 的间接成本**
>
> 　　全球最富有的初创公司之一——WeWork，是一家全球共享办公空间提供商。WeWork 通过签订长期租赁合同获取原始办公空间，然后将其改造成具有灵活空间和独特设计的办公场所，再将其转租给初创公司和成熟公司。WeWork 已将其社区规模扩展至超过 15 万的个人和公司，租赁空间起价为每月 190 美元。
>
> 　　WeWork 的商业模式伴随着大量的间接成本。公司在全球拥有 170 多家分支机构，进行了旨在使公司多年受益的前期固定成本投资。每家分支机构的固定间接成本包括长期租赁成本以及办公室改造所需的材料成本，如玻璃、木地板、铝材和现代灯具。WeWork 的变动间接成本包括部分员工的工资、水电费、办公用品，以及每家分支机构向成员提供的烘焙咖啡。
>
> 　　了解其固定和变动间接成本之后，WeWork 的管理会计师就能为其出租的每张办公桌和每间办公室确定预算固定和变动间接成本。这也会影响其偏好的客户组合。公司约四分之一的收入来自微软、脸书和通用电气等大公司。这些公司的长期承诺使其在收回间接成本方面有更大的收入确定性。然而，2019 年 11 月，WeWork 因未能盈利而不得不取消首次公开募股。
>
> 　　资料来源：Eliot Brown, "A $20 Billion Startup Fueled by Silicon Valley Pixie Dust," *The Wall Street Journal*, October 20, 2017（https://www.wsj.com/articles/wework-a-20-billion-startup-fueled-by-silicon-valley-pixie-dust-1508424483）; Ellen Huet, "WeWork, with $900 Million in Sales, Finds Cheaper Ways to Expand," Bloomberg.com, February 26, 2018（https://www.bloomberg.com/news/articles/2018-02-26/wework-with-900-million-in-sales-finds-cheaper-ways-to-expand）; John Havel, "Why Is WeWork Worth So Much?" TheHustle.com, March 11, 2016（https://thehustle.co/why-wework-is-worth-so-much）; WeWork Cos., "WeWork Pricing & Membership Plans," https://www.wework.com/workspace, accessed December 2018.

　　第 7 章介绍了管理者如何使用弹性预算和差异分析对直接材料、直接制造人工这样的直接成本进行计划和控制。本章将介绍管理者如何对变动制造费用和固定制造费用这样的间接成本进行计划和控制。

8.1　变动与固定制造费用的计划

　　我们以 Webb 公司为例，描述变动和固定制造费用的计划。Webb 公司生产夹克衫并销售给批发商，然后批发商又销售给独立的服装店和连锁零售商。Webb 公司的变动制造费用包括能源、机器维护、工程支持及间接材料费用等。Webb 公司的固定制造费用包括厂房租金、工厂设备的折旧费和工厂管理者的工资等。

8.1.1　变动制造费用的计划

　　为了有效地计划变动制造费用，管理者应将重点放在能为顾客创造优质产品或服务的作业上，并剔除非增值作业。例如，顾客希望 Webb 公司的夹克衫耐穿，所以 Webb 公司的管理者将缝制作为一项必要作业，并计划将变动制造费用用于维护缝纫机。为了降低维护成本，管理者会制订定期的设备维护计划，而不是等机器出现故障后再去维修。

许多公司会在机器中嵌入传感器来收集机器性能数据，并将这些数据输入机器学习算法中，以便在恰当的时间安排每台机器所需的精确预防性维护。许多公司也在寻求减少能源消耗的方法，以降低变动制造费用和实现环保。Webb 公司安装了智能电表，以便实时监控能源使用情况，并引导生产操作避开能源消费高峰期。

8.1.2　固定制造费用的计划

固定制造费用的计划和变动制造费用的计划类似——只用于必要作业，并确保高效。但在制订固定制造费用计划时，还必须考虑一个战略问题：应从公司的长远利益出发，选择适当的产能或投资水平。以 Webb 公司租赁缝纫机为例，公司每年都要为此支付一笔固定费用。租入机器过多，会导致产能过剩，产生不必要的固定租赁成本。租入机器太少，将造成市场需求无法满足从而损失来自夹克衫的收入，并引发顾客不满。以美国电话电报公司（AT&T）为例，它最初没有预料到 iPhone 的吸引力或"应用程序"的普及，因此没有充分升级其网络以应对由此产生的数据流量。AT&T 后来不得不对顾客使用 iPhone 施加限制（如限制网络访问和流媒体播放）。这就解释了为何在 iPhone 发布后，AT&T 的顾客满意度评级在所有主要运营商中是最低的。

固定制造费用的计划区别于变动制造费用的计划的另一个方面是：时间安排。在预算期期初，管理者就需要确定将要产生的固定制造费用水平，但变动制造费用计划却是逐日、不间断进行的经营决策，主要决定一个时期的变动制造费用水平。例如，医院的变动制造费用（包括一次性用品、药剂、缝合包和医疗废物处置的成本）与所开展的手术的数量和性质以及医生的操作习惯有关。但是，提供医疗服务的大部分成本是固定制造费用，即与建筑物、设备和受薪劳动力有关的成本。这些成本是在一个时期的期初确定的，与医院的业务量无关。[①]

8.2　Webb 公司的标准成本法

Webb 公司实行标准成本法。第 7 章介绍了如何制定 Webb 公司的直接生产成本标准。本章将介绍如何制定 Webb 公司的制造费用标准。**标准成本法**（standard costing）是这样的一种成本系统：（1）用标准价格或比率乘以实际产出所需的标准投入数量，以计算产出的直接成本；（2）用标准制造费用分配率乘以实际产出所需的成本分配基础标准数量，以分配制造费用。

Webb 公司生产的夹克衫的标准成本在预算期期初就可以计算出来。标准成本法的这一特点简化了记录保存工作，因为无须记录实际的制造费用，也无须记录生产夹克衫的成本分配基础的实际数量。管理者真正需要的就是根据计划的变动以及成本固定制造费用水平和成本分配基础标准数量，计算出 Webb 公司的变动和固定制造费用的标准制造费用分配率。下面我们将描述这些计算。一旦管理者制定了标准，使用标准成本法计算出的成本就比使用实际成本法或正常成本法计算出的成本低。

---

① 独立的外科中心蓬勃发展，因为与传统的医院相比，其固定制造费用更低。对医疗保健成本问题的具有启发性的总结，参见 A. Macario, "What Does One Minute of Operating Room Time Cost?" *Journal of Clinical Anesthesia*, June 2010。

8.2.1　计算预算变动制造费用分配率

预算变动制造费用分配率可以根据四个步骤计算。本章我们不用"标准分配率"而使用更广义的"预算分配率"，以便与前面章节中描述正常成本法所用的术语保持一致。当使用标准成本法时，如 Webb 公司的情况，预算分配率就是标准分配率。

步骤 1：选择预算期。Webb 公司的预算期为 12 个月。第 4 章提出了使用年度制造费用分配率而非月度分配率的两个理由。第一个理由与分子相关，如减少季节性对公司成本结构的影响。第二个理由与分母相关，如减少每月产量和天数变化的影响。此外，每年设定一次而非 12 次制造费用分配率可以节省管理者的时间。

步骤 2：选择成本分配基础，将变动制造费用分配至产出。Webb 公司的运营经理选择将机器小时作为成本分配基础，因为其认为机器小时数是变动制造费用的唯一成本动因。根据工程研究，Webb 公司估计每单位实际产出将耗费 0.40 机器小时。2020 年的预算产量是 144 000 件夹克衫，公司预计需要消耗 57 600 （0.40×144 000）机器小时。

步骤 3：确定与成本分配基础相关的变动制造费用。Webb 公司将所有变动制造费用（包括能源、机器维护、工程支持、间接材料和间接制造人工成本）归入一个单一成本库。Webb 公司 2020 年变动制造费用的总预算为 1 728 000 美元。

步骤 4：计算单位成本分配基础的分配率，将变动制造费用分配至产出。将步骤 3 中的数据（1 728 000 美元）除以步骤 2 中的数据（57 600 机器小时），可以得到 Webb 公司每标准机器小时 30 美元的变动制造费用分配率。

在使用标准成本法时，成本分配基础的单位变动制造费用分配率（对 Webb 公司来说是每机器小时 30 美元）通常用单位产出的标准分配率表示。Webb 公司按照下式计算单位产出的预算变动制造费用分配率：

$$单位产出的预算变动制造费用分配率 = \frac{单位产出所需的}{预算投入量} \times \frac{单位投入的预算变动}{制造费用分配率}$$

$$= 0.40 \times 30$$

$$= 12（美元/件）$$

每件夹克衫 12 美元是 Webb 公司 2020 年静态预算和 2020 年编制的月度业绩报告中使用的预算变动制造费用分配率。如果 Webb 公司有多个成本分配基础（例如，机器小时和直接制造人工小时）和对应的变动制造费用成本库，公司将对每个成本库重复步骤 1 至 4。

每件夹克衫 12 美元代表了管理者预计的 Webb 公司的变动制造费用随产量的变化而变化的金额。随着夹克衫产量的增加，分配到产出的变动制造费用（用于存货成本计算）将按每件夹克衫 12 美元的比率增加。每件夹克衫 12 美元构成了公司单位产出的总变动制造费用，包括能源、机器维修、间接制造人工成本等。管理者为每个项目编制预算，并调查任何重大差异可能的产生原因，从而控制变动制造费用。

8.2.2　计算预算固定制造费用分配率

顾名思义，固定制造费用是指在给定期间内为固定金额，不随公司的作业及产量水平的变动而变动的成本。固定成本包括在弹性预算中，但在相关范围内，无论选择何种产量水平来

"调整"变动成本和收入，固定成本都保持不变。回想一下图表 7-2 及编制弹性预算的步骤，静态预算和弹性预算中的月度固定制造费用都是 276 000 美元。然而，不要认为固定制造费用永远不变。管理者可以通过出售设备或者裁员等方式来降低固定制造费用。但是，与变动成本（如直接材料成本）不同的是，在相关范围内，固定成本不随作业水平的变化而自动增减。从这个意义上讲，它们是固定不变的。

计算预算固定制造费用分配率的步骤与计算预算变动制造费用分配率的步骤一样。具体如下：

步骤 1：选择预算期。与变动制造费用相同，固定制造费用的预算期通常为一年，这样有助于平滑季节性影响。

步骤 2：选择成本分配基础，将固定制造费用分配至产出。Webb 公司使用机器小时作为公司固定制造费用的唯一成本分配基础。为什么？因为 Webb 公司的管理者认为从长期来看，公司固定制造费用将会增减到支持所需机器小时数的水平。在预算制造费用分配率的计算中，机器小时数作为分母，称为**基准水平**（denominator level）。为简便起见，我们假设 Webb 公司 2020 会计年度将满负荷生产，预算使用量为 57 600 机器小时，预算产量为 144 000 件夹克衫。①

步骤 3：确定与每一制造费用分配基础相关的固定制造费用。因为 Webb 公司将机器小时作为固定制造费用的唯一成本分配基础，所以 Webb 公司所有的固定制造费用都归入单一成本库。这些成本包括厂房及设备的折旧费、厂房及设备的租金、工厂管理者的工资。Webb 公司 2020 年的固定制造费用总额算为 3 312 000 美元。

步骤 4：计算单位成本分配基础的分配率，将固定制造费用分配至产出。将步骤 3 中的 3 312 000 美元除以步骤 2 中的 57 600 机器小时，可以得到每机器小时 57.50 美元的固定制造费用分配率：

$$\frac{单位成本分配基础的预算固定制造费用}{} = \frac{预算固定制造费用总额}{成本分配基础的预算耗用量}$$

$$= \frac{3\ 312\ 000}{57\ 600} = 57.50（美元/机器小时）$$

在标准成本法下，每机器小时 57.50 美元的固定制造费用通常用单位产出的标准成本表示。回想一下，Webb 公司的工程研究估计出每单位实际产出将耗用 0.40 机器小时，现在 Webb 公司可以用下列公式计算出单位产出的预算固定制造费用：

$$单位产出的预算固定制造费用 = 单位产出所需的成本分配基础预算耗用量 \times 单位成本分配基础的预算固定制造费用$$

$$= 0.40 \times 57.50$$

$$= 23.00（美元/件）$$

当 Webb 公司编制 2020 年的月度预算时，将 3 312 000 美元的年固定制造费用总额除以 12，就可以得出每月固定制造费用金额为 276 000 美元。如果 Webb 公司有多个成本分配基础（例如，机器小时和直接制造人工小时）和相应的固定制造费用成本库，公司将对每个成本库重复步骤 1 至 4。

---

① 由于 Webb 公司的产能计划跨越数个期间，2020 年的预期需求可能导致 2020 年的预算产量低于产能。不同公司会选择不同的基准水平，如有些公司选择预期产量，而有些公司选择产能。不管在哪种情况下，本章介绍的方法和分析不变。第 9 章将更详细地讨论基准水平选择的影响。

8.3　变动制造费用差异

我们现在说明管理会计师如何用预算变动制造费用分配率来计算 Webb 公司的变动制造费用差异。下面为 2020 年 4 月的资料，当时 Webb 公司生产并销售了 10 000 件夹克衫：

	实际结果	弹性预算金额
1. 产量（夹克衫）	10 000 件	10 000 件
2. 单位产出的机器小时	0.45 小时	0.40 小时
3. 机器小时（第 1 行×第 2 行）	4 500 小时	4 000 小时
4. 变动制造费用	$130 500	$120 000
5. 单位机器小时的变动制造费用（第 4 行÷第 3 行）	$ 29.00	$ 30.00
6. 单位产出的变动制造费用（第 4 行÷第 1 行）	$ 13.05	$ 12.00

正如我们在第 7 章看到的，弹性预算使得 Webb 公司能够关注实际产出 10 000 件夹克衫时实际成本及数量与预算成本及数量之间的差异。

8.3.1　弹性预算分析

变动制造费用弹性预算差异（variable overhead flexible-budget variance）是实际发生的变动制造费用与弹性预算变动制造费用之间的差异。

$$变动制造费用弹性预算差异 = 实际发生的变动制造费用 - 弹性预算变动制造费用$$

$$= 130\ 500 - 120\ 000$$

$$= 10\ 500（美元）U$$

这 10 500 美元的不利弹性预算差异意味着 Webb 公司实际生产并销售 10 000 件夹克衫的实际变动制造费用超出弹性预算金额 10 500 美元。Webb 公司的管理者想知道原因。Webb 公司生产这 10 000 件夹克衫所耗费的机器小时数比计划的多吗？如果是这样，是因为工人操作机器的技术没有期望的娴熟？还是花费了更多的变动制造费用，如维护费用？

正如第 7 章对直接成本项目弹性预算差异的阐述那样，Webb 公司的管理者可以将这 10 500 美元的不利差异进一步分解成效率差异和耗费差异，以深入理解差异产生的原因。

8.3.2　变动制造费用效率差异

变动制造费用效率差异（variable overhead efficiency variance）是实际产量下变动制造费用分配基础的实际耗用量与实际产量下变动制造费用分配基础的预算量之差，与单位成本分配基础的预算变动制造费用的乘积。

$$变动制造费用效率差异 = \left(\begin{array}{c}实际产量下变动制造费用\\分配基础的实际耗用量\end{array} - \begin{array}{c}实际产量下变动制造费用\\分配基础的预算量\end{array}\right)$$
$$\times \begin{array}{c}单位成本分配基础的\\预算变动制造费用\end{array}$$

$$= (4\ 500 - 0.40 \times 10\ 000) \times 30$$

$$= (4\ 500 - 4\ 000) \times 30$$

$$= 15\,000(美元)U$$

图表 8-1 的第（2）列和第（3）列显示了变动制造费用效率差异。差异的产生完全是因为成本分配基础的实际耗用量（4 500 小时）与预算耗用量（4 000 小时）之间的差额。变动制造费用效率差异与直接成本项目效率差异的计算方法相同（见第 7 章）。但是，对差异的解释不同。直接成本项目效率差异反映了实际投入与实际产量下的预算投入之间的差异。例如，一个法医实验室会基于实验室是否使用了比实际 DNA 检测数量下的标准小时数更多或更少的小时数来计算直接人工效率差异。相比之下，变动制造费用的效率差异则反映了成本分配基础的使用效率。Webb 公司 15 000 美元的不利变动制造费用效率差异表示实际机器小时（成本分配基础）4 500 小时高于生产 10 000 件夹克衫所需的预算机器小时（4 000 小时）。因为机器小时是变动制造费用的成本动因，这推高了变动制造费用的潜在耗费。

图表 8-1　变动制造费用差异分析的分列图示：Webb 公司 2020 年 4 月

实际发生的成本：实际投入量×实际分配率 (1)	实际投入量×预算分配率 (2)	弹性预算：实际产出下的预算投入量×预算分配率 (3)
(4 500×29) = \$130 500	(4 500×30) = \$135 000	(0.40×10 000×30) (4 000×30) = \$120 000

三级　　↑——— \$4 500 F ———↑——— \$15 000 U ———↑
　　　　　　　耗费差异　　　　　　效率差异

二级　　↑————————— \$10 500 U —————————↑
　　　　　　　　　　弹性预算差异

注：F 表示对营业利润的有利差异；U 表示对营业利润的不利差异。

下表给出了 Webb 公司的实际机器小时数超过预算机器小时数的可能原因，以及 Webb 公司对于每种原因可能采取的措施：

超出预算的可能原因	管理者可能采取的措施
1. 工人技术水平低，机器使用效率低于预期	1. 鼓励人力资源部门实施更有效的员工招聘计划及培训程序
2. 生产调度员安排作业的效率不高，导致使用的机器小时数超出预算	2. 安装生产调度软件，改善工厂运营
3. 机器没有得到良好的维护，处于非正常运行状态	3. 确保对所有机器进行预防性维护
4. Webb 公司的销售人员向分销商承诺会尽快交货，导致使用的机器小时数超出预算	4. 与销售人员和分销商协调生产计划，并共享信息
5. 预算的机器小时标准设置得太高	5. 投入更多资源，制定适当的标准

注意，如何在生产和价值链的其他业务职能（销售和分销）上采取纠正行动，取决于 15 000 美元不利效率差异产生的原因。

正如我们在第 6 章中讨论的，如果管理者专注于实现短期成本目标可能会导致长期不良后果，那么他们就不应该这样做。在 Webb 公司的例子中，2020 年 4 月，机器可能未处于良好的工作状态，因为为了达到前几个月的月度成本目标，没有进行预防性维护。许多公司都有内部维护程序，未能完成当月维护任务将会受到警告。

8.3.3 变动制造费用耗费差异

变动制造费用耗费差异（variable overhead spending variance）是单位成本分配基础的实际变动制造费用与预算变动制造费用之差，与变动制造费用分配基础的实际耗用量的乘积。

$$
\begin{aligned}
\genfrac{}{}{0pt}{}{变动制造费用}{耗费差异} &= \left(\genfrac{}{}{0pt}{}{单位成本分配基础的}{实际变动制造费用} - \genfrac{}{}{0pt}{}{单位成本分配基础的}{预算变动制造费用}\right) \\
&\quad \times 变动制造费用分配基础的实际耗用量 \\
&= (29-30)\times 4\,500 \\
&= (-1)\times 4\,500 \\
&= -4\,500(美元)F
\end{aligned}
$$

图表 8-1 中的第（1）列和第（2）列描述了这一差异。变动制造费用耗费差异是有利的，因为单位成本分配基础的实际变动制造费用（每机器小时 29 美元）比单位成本分配基础的预算变动制造费用（每机器小时 30 美元）低。

为了理解为什么会出现这种情况，回想一下，Webb 公司耗费了 4 500 机器小时，比弹性预算值 4 000 机器小时高出 12.5%。而实际变动制造费用 130 500 美元只比弹性预算值 120 000 美元高出 8.75%。因此，相对于弹性预算，实际变动制造费用增长率小于机器小时增长率，单位机器小时的实际变动制造费用小于预算金额。

为什么实际变动制造费用增长率小于机器小时增长率？有两个可能的原因：

1. 变动制造费用中个别项目的实际价格低于预算价格，如能源、间接材料、间接制造人工。例如，电力的弹性预算价格为每千瓦时 0.10 美元，而实际价格也许仅为每千瓦时 0.09 美元。

2. 相对于弹性预算，变动制造费用中个别项目的实际使用量增长率低于机器小时增长率。假设实际能源耗用 32 400 千瓦时，弹性预算消耗量为 30 000 千瓦时，则增长率为 8%。这个增长率小于机器小时增长率 12.5%（4 500 实际机器小时与 4 000 机器小时的弹性预算相比），导致了有利的变动制造费用耗费差异，这表明能源使用效率更高。

在五步决策制定程序中的最后一个阶段，Webb 公司的管理者会分析变动制造费用差异所提供的信息，以评价公司业绩并进行学习。通过学习，他们可以做出更好的预测，并采取相应的行动改善未来的业绩。

Webb 公司的管理者应该分析变动制造费用项目的实际价格低于预算价格的潜在原因（上述原因 1），如采购经理的高超谈判技巧、市场供给过剩或间接材料等投入品的质量更差。Webb 公司采用的应对措施取决于管理者认为差异产生的可能原因。例如，如果价格下降是由投入品质量不高造成的，则 Webb 公司可能采用新的质量管理系统。

Webb 公司的管理者应该分析影响变动制造费用使用效率的潜在原因（上述原因 2），如工人的技术水平、机器的维护情况及生产流程的效率。例如，如果效率的提高源于生产流程的改进，管理者可能会组织成立跨职能团队，以实现更多的流程改进。

正如我们之前所强调的，管理者不应该总是认为有利的变动制造费用耗费差异是可取的。比如，如果 Webb 公司的管理者购买廉价但质量更差的间接材料、雇用低技能水平的间接工人或是机器维护不到位，那么变动制造费用耗费差异是有利的。虽然这些决策在短期内可以使公司降低成本，但从长远来看，可能损害产品质量和业务。

为了阐明变动制造费用效率差异与耗费差异的概念，请看下面的例子。假设：（1）能源是唯一的变动制造费用项目，机器小时是成本分配基础；（2）实际耗费的机器小时等于弹性预算下的机器小时；（3）能源的实际价格等于预算价格。那么效率差异是多少？答案为零，因为公司在实际产出所需的机器小时（成本分配基础）利用方面是有效率的。是否存在耗费差异？答案为是的，因为假设（3）只排除了上述原因 1。例如，因为没有正确地维护机器，单位机器小时耗费的能源可能高于预算（上述原因 2）。这种更高的能源使用成本将会反映在不利的耗费差异中。

小练习 8-1

Duvet 公司生产枕头。2020 年公司基于生产 20 000 个枕头，每个枕头需要 0.75 机器小时编制了经营预算。每机器小时预算变动制造费用为 25 美元。

2020 年实际生产 18 000 个枕头，耗用 13 000 机器小时。每机器小时实际变动制造费用为 26 美元。

计算下列数据：

a. 2020 年预算变动制造费用；

b. 变动制造费用耗费差异；

c. 变动制造费用效率差异。

8.3.4　变动制造费用及差异的会计分录

我们现在编制与变动制造费用控制账户及其备抵账户——已分配的变动制造费用账户有关的会计分录。

2020 年 4 月的变动制造费用的会计分录（数据来自图表 8-1）如下：

1. 借：变动制造费用控制　　　　　　　　　　　　　　　　　　130 500
　　　贷：应付账款及其他账户　　　　　　　　　　　　　　　　　　130 500
记录实际发生的变动制造费用。

2. 借：在产品控制　　　　　　　　　　　　　　　　　　　　　120 000
　　　贷：已分配的变动制造费用　　　　　　　　　　　　　　　　　120 000
记录已分配的变动制造费用（0.4×10 000×30）。（归集到在产品控制账户的成本在产品完工时结转到产成品控制账户，在产品售出时结转到产品销售成本账户。）

3. 借：已分配的变动制造费用　　　　　　　　　　　　　　　　　120 000
　　　　变动制造费用效率差异　　　　　　　　　　　　　　　　　15 000
　　　贷：变动制造费用控制　　　　　　　　　　　　　　　　　　130 500
　　　　　变动制造费用耗费差异　　　　　　　　　　　　　　　　　4 500
记录会计期间的差异。

这些差异是少分配或多分配的变动制造费用。在会计年度末，如果差异金额较小，则将其结转到产品销售成本账户中进行冲销；如果差异金额较大，如第 4 章所述，则根据已分配的制造费用将其按比例分配到在产品控制、产成品控制及产品销售成本账户中。如第 4 章所述，只有不可避免的成本才按比例分配。任何可避免的低效率造成的差异都要在当期冲销。假设 2020 年 4 月的变动制造费用差异账户的余额与 2020 年会计年度末的余额相同，并且金额很小。下面是将差异金额结转到产品销售成本账户的会计分录：

借：产品销售成本   10 500

  变动制造费用耗费差异   4 500

 贷：变动制造费用效率差异   15 000

下面我们说明如何计算固定制造费用差异。

8.4 固定制造费用差异

固定成本项目的弹性预算值也包含在期初编制的静态预算中。对固定成本的实际发生值与预算值之间的差异无须进行调整，因为在相关范围内，固定成本不受产出水平变动的影响。2020 年年初，Webb 公司预计每月的固定制造费用为 276 000 美元，而 2020 年 4 月的实际发生值为 285 000 美元。**固定制造费用弹性预算差异**（fixed overhead flexible budget variance）是实际发生的固定制造费用与弹性预算固定制造费用之间的差额。

$$固定制造费用弹性预算差异＝实际发生的固定制造费用－弹性预算固定制造费用$$
$$＝285\,000－276\,000$$
$$＝9\,000（美元）U$$

此差异是不利差异，因为 2020 年 4 月实际发生的固定制造费用 285 000 美元超过了 276 000 美元的预算值，这使得当月的营业利润减少了 9 000 美元。

本章前面所描述的变动制造费用弹性预算差异可分解为耗费差异和效率差异。而对固定制造费用而言，其没有效率差异。这是因为给定的固定制造费用不受给定预算期内机器小时的使用效率高低的影响。如图表 8-2 所示，因为没有效率差异，**固定制造费用耗费差异**（fixed overhead spending variance）等于固定制造费用弹性预算差异。

$$固定制造费用耗费差异＝实际发生的固定制造费用－弹性预算固定制造费用$$
$$＝285\,000－276\,000$$
$$＝9\,000（美元）U$$

图表 8-2 固定制造费用差异的分列图示：Webb 公司 2020 年 4 月

实际发生的成本 (1)	弹性预算：无论产出水平如何， 预算值不变（同静态预算） (2)	已分配：实际产出下的 预算投入量×预算分配率 (3)
		(0.40×10 000×57.50) (4 000×57.50)
$285 000	$276 000	$230 000

三级   ↑ $9 000 U ↑   ↑ $46 000 U ↑

      耗费差异   生产量差异

二级   ↑ $9 000 U ↑

      弹性预算差异

注：F 表示对营业利润的有利差异；U 表示对营业利润的不利差异。

不利固定制造费用耗费差异的产生原因可能是设备租金增加、厂房和设备的折旧费增加以及管理费用增加，如支付给车间经理的工资超出预算。例如，如果设备租金增加，管理者可能会考虑从其他供应商处租赁设备。

8.4.1 生产量差异

生产量差异（production volume variance）仅产生于固定成本。它是预算固定制造费用与实际产出下分配的固定制造费用的差额。回想一下，年初时，Webb 公司基于月度预算固定制造费用 276 000 美元计算的每机器小时预算固定制造费用是 57.50 美元。在标准成本法下，Webb 公司的固定制造费用以每标准机器小时 57.50 美元（相当于每件夹克衫 23 美元（0.40×57.50））的预算分配率分配到当期产品中。所以，如果 Webb 公司生产了 1 000 件夹克衫，则 4 月份 276 000 美元预算固定制造费用中的 23 000 美元（23×1 000）将分配到这些产品中。只有当 Webb 公司生产 12 000 件夹克衫（即按预算达到最大生产量）时，276 000 美元的预算固定制造费用才全部分配到产品中。这里的关键点是，即使 Webb 公司的预算固定制造费用是 276 000 美元，也不必把这些成本全部分配到产品中。因为 Webb 公司是为了支持 12 000 件夹克衫的计划生产量而制定了 276 000 美元的预算固定成本。如果 Webb 公司的生产量不足 12 000 件，只需按实际需要并用于生产夹克衫的产能分配预算成本。

生产量差异也称为**基准水平差异**（denominator level variance），是预算固定制造费用与按实际产量分配的固定制造费用的差额。注意，分配的制造费用可以用分配基础（在 Webb 公司为机器小时）单位预算固定成本或单位预算固定成本表示：

$$生产量差异＝预算固定制造费用－按实际产量分配的固定制造费用$$
$$＝276\ 000－(0.4\times57.50\times10\ 000)$$
$$＝276\ 000－(23\times10\ 000)$$
$$＝276\ 000－230\ 000$$
$$＝46\ 000(美元)U$$

如图表 8-2 所示，预算固定制造费用（276 000 美元）在静态预算中是一个定值，在弹性预算中的相关范围内亦为一个定值。已分配的固定制造费用（230 000 美元）等于单位产出预算成本（23 美元）乘以预算期内的生产量（10 000 件）。46 000 美元的不利生产量差异也可以认为是每件夹克衫 23 美元与没有生产出来的 2 000 件夹克衫数量的乘积。

图表 8-3 显示了 Webb 公司的生产量差异。出于计划和控制目的，Webb 公司的固定（生产）制造费用在 0～12 000 件的相关范围内是不变的。与固定成本的性态相比，图表 8-3 出于存货计价的目的，描述了这些成本。根据 GAAP，固定（生产）制造费用作为存货性成本分配给产品。Webb 公司每生产一件产品，分配给产品的固定制造费用就会增加 23 美元。也就是说，为了把固定制造费用分配给产品，可以认为这些成本具有变动成本的性态模式。如图表 8-3 所示，276 000 美元的预算固定制造费用与 230 000 美元的分配成本之间的差额就是 46 000 美元的不利生产量差异。

注意区分固定成本的真实性态与固定成本分配给产品的方式。特别是，虽然固定成本被单位化（即转换为单位金额）并用于存货计价，但在计划和控制时，应该谨慎使用相同的单位固定制造费用。在预测或控制固定成本、确定最佳产能利用方式或制定决策时，应该重点关注总成本，而不是单位成本。

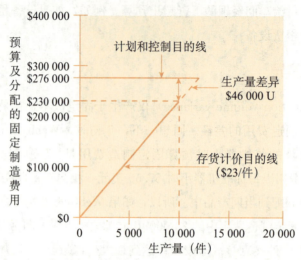

图表 8-3　固定制造费用性态：Webb 公司 2020 年 4 月计划与控制目的预算及存货计价目的的分配

8.4.2　对生产量差异的阐释

总固定制造费用表示获取生产能力所需要的成本。这些成本不因为实际使用的生产能力比获得的少而自动减少。有时，因为合同的原因（如设备的年度租赁合同），某些成本在某个特定的时期是固定的。在其他情况下，成本固定是因为生产能力是以固定的成本取得或处置的。例如，假设购买一台缝纫机能给 Webb 公司带来 1 000 件夹克衫的生产能力。如果不可能购买或租赁机器的一部分，那么 Webb 公司只能按 1 000 件的增长量来增加生产能力。也就是说，Webb 公司可能选择的生产能力水平有 10 000 件、11 000 件或 12 000 件，但不能选择这些数值之间的值。

为什么会出现 46 000 美元的不利生产量差异？为什么会出现生产能力过剩？为什么生产的是 10 000 件而不是 12 000 件？是需求不足吗？Webb 公司应该重新评估其产品和营销战略吗？是否存在质量问题？Webb 公司是否因获取了过多的生产能力而犯了战略上的错误？这 46 000 美元的不利生产量差异产生的原因将决定 Webb 公司的管理者所采取的行动。

与此相反，有利生产量差异说明了固定制造费用的超额分配。也就是说，分配给实际产出的固定制造费用超出了 276 000 美元的预算固定制造费用。

当根据不利生产量差异来决定公司的生产能力时，要十分谨慎。考虑一下为什么 Webb 公司 4 月只售出了 10 000 件夹克衫。假定一个新的竞争对手通过制定低于 Webb 公司的价格抢走了市场份额。为了销售 12 000 件夹克衫，Webb 公司必须降低全部（12 000 件）夹克衫的售价。假设 Webb 公司认为高价销售 10 000 件的营业利润比低价销售 12 000 件的营业利润高。这将是一个好的决策，尽管这意味着公司不会利用其全部的生产能力。生产量差异无法考虑此类信息。我们不能把 46 000 美元的不利生产量差异解释为比预算的 12 000 件少 2 000 件夹克衫的总经济成本。

公司应该基于将来一段时间内生产能力需求的市场信息，战略性地制订工厂的生产能力计划。2020 年，Webb 公司的预算产量等于预算期内工厂的最大生产能力，而实际需求（及生产量）低于预算产量，因此公司在 2020 年 4 月产生了不利的生产量差异。然而，这并不意味着管理者的生产能力计划是错误的。对 Webb 公司所产夹克衫的需求或许是极其不确定的。考虑到这种不确定性和没有足够的生产能力来满足激增的需求而产生的成本（包括毛利的损失或业务的减少），Webb 公司的管理者可能为 2020 年的生产能力做出了一个明智的选择。

那么，Webb 公司的管理者最终应该如何应对 4 月份的不利差异呢？他们应该尝试降低生产能力、增加销量，还是不采取任何行动？假设 Webb 公司的管理者预计未来若干年不需要 12 000 件夹克衫的生产能力。那么，公司可能会取消部分机器的租赁，但会继续保留一部分剩余生产能力以应对不可预期的需求激增。"观念实施：差异分析和标准成本法帮助山德士管理制造费用"是管理者使用差异来指导决策的另一个例子。

下面我们将介绍如何在标准成本法下编制固定制造费用及差异的会计分录。

观念实施

差异分析和标准成本法帮助山德士管理制造费用

山德士是总部位于瑞士的诺华公司的仿制药部门，价值 101 亿美元，是全球第三大仿制药制造商。随着产品专利的到期，多家制造商进入市场，导致药品价格大跌。降幅有多大？非常明显。例如，在美国，90% 的处方药均为仿制药，但它们只占总药品成本的 23%。为了在竞争中取胜，仿制药公司必须严格控制成本。

为了管理制造费用，山德士根据详细的生产计划、计划的制造费用支出和其他因素编制制造费用预算。山德士使用作业成本法将预算的制造费用分配给不同的工作中心（如配制、混合、压片、测试和包装）。最后，根据每件产品在每个工作中心所需的作业水平，将制造费用分配给产品。

每月，山德士都会将制造产品的实际成本与标准成本进行比较，以评估成本是否与预算一致。如果不一致，则会调查原因并通知责任经理。制造费用差异在工作中心层面进行检查。这些差异有助于确定设备是否未按预期运行，以便进行维修或更换。差异还有助于识别处理、设置和清洁方面的低效率，从而找到更高效的设备使用方式。有时，制造费用差异分析会导致对标准本身进行审查和改进，这是规划工厂生产能力水平的一个关键要素。管理者还每月审查当前和未来的生产能力，以确定制约因素和未来的资本需求。

资料来源：Novartis AG, 2018 Form 20-F（Basel, Switzerland：Novartis AG, 2019）（https://www.novartis.com/sites/www.novartis.com/files/novartis-20-f-2018.pdf）；Association for Accessible Medicines, *2018 Generic Drug Access and Savings in the U.S.*, Washington, DC：Association for Accessible Medicines, 2018（https://accessiblemeds.org/resources/blog/2018-generic-drug-access-and-savings-report）；conversations with, and documents prepared by, Tobias Hestler and Chris Lewis of Sandoz, 2016.

小练习 8-2

Duvet 公司生产枕头。2020 年公司预计固定制造费用为 300 000 美元。公司使用机器小时分配固定制造费用，并且预计当年将耗费 15 000 小时来生产 20 000 个枕头。

2020 年，公司生产了 18 000 个枕头，所需的固定制造费用为 290 000 美元。

计算 2020 年的下列数据：

a. 固定制造费用分配率；

b. 固定制造费用耗费差异；

c. 生产量差异。

8.4.3　固定制造费用及差异的会计分录

我们用固定制造费用控制账户及其备抵账户——已分配的固定制造费用账户来说明 2020 年 4 月固定制造费用的会计分录（数据来自图表 8-2）。

1. 借：固定制造费用控制　　　　　　　　　　　　　　　　　　285 000
　　　贷：应付职工薪酬、累计折旧及其他账户　　　　　　　　　　　285 000
记录实际发生的固定制造费用。

2. 借：在产品控制　　　　　　　　　　　　　　　　　　　　　230 000
　　　贷：已分配的固定制造费用　　　　　　　　　　　　　　　　230 000
记录已分配的固定制造费用（0.4×10 000×57.5）。（归集到在产品控制账户的成本在产品完工时结转到产成品控制账户，在产品售出时结转到产品销售成本账户。）

3. 借：已分配的固定制造费用　　　　　　　　　　　　　　　　230 000
　　　固定制造费用耗费差异　　　　　　　　　　　　　　　　　9 000
　　　固定制造费用生产量差异　　　　　　　　　　　　　　　　46 000
　　　贷：固定制造费用控制　　　　　　　　　　　　　　　　　　285 000
记录会计期间的差异。

总体而言，4 月份发生了 285 000 美元的固定制造费用，但其中只有 230 000 美元分配给产品。这 55 000 美元的差额正是在第 4 章学习正常成本法时介绍的少分配的固定制造费用。第三个分录说明了如何在标准成本系统中，记录 9 000 美元的固定制造费用耗费差异和 46 000 美元的固定制造费用生产量差异。

在会计年度末，如果固定制造费用耗费差异金额较小，则将其结转到产品销售成本账户中进行冲销，或者如第 4 章所述，将其按比例分配到在产品控制、产成品控制及产品销售成本账户中。有些公司会将直接计入产品销售成本法和按比例分配法结合起来使用，即冲销本可避免的因效率低下而产生的差异部分，并按比例分配不可避免的差异部分。假设 2020 年 4 月的固定制造费用耗费差异账户的余额与 2020 年年末余额相等，并且金额很小。下面是将差异结转到产品销售成本账户进行冲销的会计分录：

借：产品销售成本　　　　　　　　　　　　　　　　　　　9 000
　贷：固定制造费用耗费差异　　　　　　　　　　　　　　　　9 000

现在我们来考虑生产量差异。假设 2020 年 4 月的固定制造费用生产量差异账户的余额与 2020 年年末余额也是相等的，并且假设 2020 年生产的夹克衫在年末时一部分是在产品，一部分是产成品。很多管理会计师都极力主张将不利的生产量差异结转到产品销售成本账户中进行冲销而不是按比例进行分配。这种观点的支持者认为，46 000 美元（23×2 000）的不利生产量差异是为未生产出来的 2 000 件产品所耗用的资源的成本，而将未生产的 2 000 件夹克衫发生的固定制造费用分配到已生产的产品上是不恰当的。已生产的产品已经承担了每件夹克衫 23 美元的固定制造费用份额，因此，该观点支持用不利的生产量差异冲减当年的收入，这样未使用生产能力的固定制造费用就不用计入在产品和产成品的存货成本中。

然而，还有另外一种观点，此观点认为基准水平是衡量生产每件夹克衫所需固定资源的一种"软"指标，而不是"硬"指标。假设由于夹克衫的设计或机器的功能原因，生产每件夹克衫耗用的机器小时数超过了之前的预期。因此，Webb 公司 4 月份可能只生产 10 000 件夹克衫，而不是计划的 12 000 件。这样，276 000 美元的预算固定制造费用支持了这 10 000 件夹克衫的生产。在这种情况下，按比例分配固定制造费用生产量差异就是把固定制造费用合理地分配到在产品控制、产成品控制及产品销售成本账户中。

对于有利的生产量差异应该如何处理呢？假设 Webb 公司在 2020 年 4 月份生产了 13 800 件夹克衫。

$$生产量差异＝预算固定制造费用－实际产量下的预算固定制造费用$$
$$＝276\ 000－23×13\ 800$$
$$＝276\ 000－317\ 400＝－41\ 400（美元）F$$

因为实际产量超过了计划生产能力，276 000 美元的固定制造费用显然用于支持所有（13 800 件）夹克衫的生产，所以应该将其分配给这些夹克衫。将有利生产量差异按比例进行分配可以实现这种目标，并减少在产品控制、产成品控制及产品销售成本账户中的金额。按比例分配在某种意义上是一种比较保守的方法，如果把全部有利生产量差异记入产品销售成本账户的贷方，将会降低营业利润。

不总是冲销差异的另一个理由是，这种政策可能会引发投机行为。如果总是将差异结转到产品销售成本账户中进行冲销，那么公司可能会为了增加收入（财务报告目的）或减少营业利润（税收目的）而设定标准。例如，Webb 公司可以通过降低用于分配固定制造费用的基准水平来产生有利的生产量差异，从而增加营业利润。或者，如果公司想通过降低营业利润减少所得税，那么可以采取完全相反的做法。按比例分配法能够根据实际成本和实际产出近似地分配固定成本，这样就不容易受到此类操纵的影响。

没有一个明确或首选的方法处理生产量差异。要根据不同情况来使用恰当的会计程序。按比例分配法可能是比较理想的。例如，一家公司可能冲销一部分生产量差异而将剩余部分进行分配。这样做的目的是冲销生产量差异中未用于支持当期产出的生产能力成本。剩余的生产量差异则分配到在产品控制、产成品控制及产品销售成本账户中。

如果 Webb 公司拟将生产量差异结转到产品销售成本账户中进行冲销，则应该编制下面的会计分录：

借：产品销售成本　　　　　　　　　　　　　　　　　　　　　　46 000
　　贷：固定制造费用生产量差异　　　　　　　　　　　　　　　　　46 000

8.5　制造费用差异的整体分析

如前所述，对变动制造费用和固定制造费用的差异计算方式是不同的：
- 变动制造费用没有生产量差异。
- 固定制造费用没有效率差异。

图表 8-4 概括了 2020 年 4 月用标准成本法计算的变动及固定制造费用差异。其中，A 部分说明了变动制造费用差异，B 部分说明了固定制造费用差异。在研究图表 8-4 时，注意观察 A 部分和 B 部分中的不同列是怎样联合计量差异的。差异如下：
- 第（1）、（2）列之差：耗费差异。

- 第（2）、（3）列之差：效率差异（若存在差异）。
- 第（3）、（4）列之差：生产量差异（若存在差异）。

图表 8-4　整体差异分析的分列图示：Webb 公司 2020 年 4 月

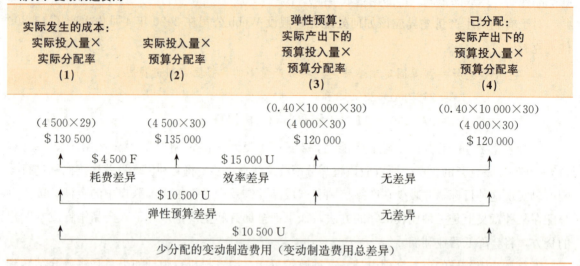

A 部分：变动制造费用

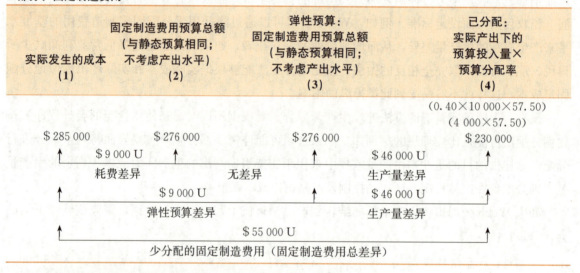

B 部分：固定制造费用

注：F 表示对营业利润的有利差异；U 表示对营业利润的不利差异。

　　A 部分中有效率差异，而 B 部分中没有效率差异。正如我们讨论的，在特定的预算期内，固定成本总额不受运营效率的影响。

　　A 部分中没有生产量差异，因为分配的变动制造费用金额总是与弹性预算金额相同。变动成本中不包含任何闲置的生产能力。当夹克衫的产销量从 12 000 件下降为 10 000 件时，预算变动制造费用也会同比例减少。固定成本则不同。B 部分中包含生产量差异（见图表 8-3），因为公司没有使用原计划生产 12 000 件夹克衫时支付的固定制造费用的某些生产能力。

8.5.1　四差异分析

　　如图表 8-4 所示，当制造费用差异同时出现时，我们将其称为四差异分析。

	四差异分析		
	耗费差异	效率差异	生产量差异
变动制造费用	$4 500 F	$15 000 U	无差异
固定制造费用	$9 000 U	无差异	$46 000 U

四差异分析和分别对变动制造费用及固定制造费用进行的差异分析（分别见图表 8 - 1 和 8 - 2）提供了相同层级的信息，但四差异分析将两者以统一的形式表示出来，并表明了不存在差异的情况。

与其他差异一样，制造费用差异之间不一定相互独立。例如，Webb 公司购入一种低质量的机油（导致有利的变动制造费用耗费差异），这会导致机器的运行时间超出预算（导致不利的变动制造费用效率差异），并且产量低于预算（产生不利的生产量差异）。

8.5.2　合并差异分析

不同公司使用差异分析的方式不同。大型复杂公司（如通用电气和迪士尼）的管理者使用详尽的四差异分析来了解那些理想与不理想的经营方面。小型公司的管理者更依赖个人的观察和非财务指标。他们认为四差异分析额外计量的价值比较小。正如第 2 章及之后的第 10 章中所述，许多成本如监督、质量控制及材料处理等同时含有变动和固定成本两部分，且不易分离。因此，管理者可以进行不太详细的分析，将变动制造费用和固定制造费用合并为单一的总制造费用。

当使用单一的总制造费用成本类别时，仍可以对其进行深入分析。管理者仍然需要估算变动制造费用和固定制造费用，以将总制造费用差异细分为耗费差异、效率差异和生产量差异。

如图 8 - 4 所示，现在的差异为变动制造费用和固定制造费用差异的总和。合并差异分析如下：

	合并三差异分析		
	耗费差异	效率差异	生产量差异
制造费用合计	$4 500 U	$15 000 U	$46 000 U

三差异分析的会计处理比四差异分析更简单，但因为变动和固定制造费用的耗费差异合并为单一的总制造费用耗费差异，所以会丢失一些信息。

总制造费用差异（total overhead variance）等于上面的差异总和。在 Webb 公司的例子中，这等于 65 500 美元的不利差异。这一金额是弹性预算差异和生产量差异的总和，等于少分配（少使用）的制造费用（回顾一下在第 4 章正常成本法中关于少分配的制造费用的讨论）。使用图表 8 - 4 中的数据，65 500 美元的不利总制造费用差异是以下两者的差：（1）实际发生的制造费用总额（130 500＋285 000＝415 500）；（2）已分配至实际产出的制造费用（120 000＋230 000＝350 000）。如果总制造费用差异是有利的，那么它等于多分配（或多使用）的制造费用。

小练习 8 - 3

仍以 Duvet 公司为例。根据你对小练习 8 - 1 和小练习 8 - 2 的回答完成下表。

差异	耗费差异	效率差异	生产量差异
变动制造费用			
固定制造费用			

a. 在合并三差异分析中，总耗费差异是多少？

b. 总制造费用差异是多少？

8.6 生产量差异和销售量差异

当我们完成对 Webb 公司差异分析的研究时，退回去看"全局"，并把标准成本法的会计核算与绩效评价功能连接起来，是很有帮助的。首先，图表 7-1 将 93 100 美元的不利静态预算差异确认为 108 000 美元的静态预算营业利润与 14 900 美元的实际营业利润之间的差额。图表 7-2 将 93 100 美元的不利静态预算差异分解为 29 100 美元的不利弹性预算差异和 64 000 美元的不利销售量差异。在第 7 章和本章中，我们介绍了更详细的差异类别，尽可能地将 29 100 美元的不利弹性预算差异细分为销售价格、直接材料、直接制造人工和变动制造费用等单个弹性预算差异。对于固定制造费用，我们注意到弹性预算差异与耗费差异是一样的。那么，生产量差异归属于哪里呢？我们将会看到，生产量差异是销售量差异的一个组成部分。假设实际产销量为 10 000 件夹克衫，Webb 公司的成本系统将生产 10 000 件产品的标准成本记入在产品控制账户的借方，然后将其结转至产成品控制账户，最后结转到产品销售成本账户。

直接材料（第 7 章"标准成本系统下的会计分录"，分录 1B）（$60/件×10 000 件）	
	$ 600 000
直接制造人工（第 7 章"标准成本系统下的会计分录"，分录 2）（$16/件×10 000 件）	
	$ 160 000
变动制造费用（第 8 章"变动制造费用及差异的会计分录"，分录 2）（$12/件×10 000 件）	
	$ 120 000
固定制造费用（第 8 章"固定制造费用及差异的会计分录"，分录 2）（$23/件×10 000 件）	
	$ 230 000
按标准成本计算的产品销售成本（$111/件×10 000 件）	$ 1 110 000

Webb 公司的成本系统同时记录以每件 120 美元的预算销售价格出售 10 000 件夹克衫所取得的收入。对 Webb 公司预算营业利润的净影响如下：

按预算销售价格计算的收入（$120/件×10 000 件）	$1 200 000
按标准成本计算的产品销售成本（$111/件×10 000 件）	$1 110 000
以单位预算利润为基础的营业利润（$9/件×10 000 件）	$ 90 000

需要记住的关键点是，在标准成本法下，固定制造费用会随着每件夹克衫的生产而分配给产成品，因此固定制造费用看起来像是变动成本。也就是说，在确定 90 000 美元的预算营业利润时，只考虑了 230 000 美元（23×10 000）的固定制造费用，而不是 276 000 美元的预算固定制造费用。Webb 公司的会计师在记录总额为 29 100 美元的不利弹性预算差异（包括固定制造费用耗费差异，见图表 7-2）的同时，记录了 46 000 美元的不利生产量差异（预算固定制造费用 276 000 美元与已分配的固定制造费用 23 000 美元之间的差额）。因此，实际营业利润为 14 900 美元，具体计算如下：

以单位预算利润为基础的营业利润（$9/件×10 000 件）	$　90 000
不利生产量差异	$（46 000)
弹性预算营业利润（图表 7-2）	$　44 000
营业利润的不利弹性预算差异（图表 7-2）	$（29 100)
实际营业利润（图表 7-2）	$　14 900

相比之下，108 000 美元的静态预算营业利润从未在 Webb 公司的成本系统中出现过，因为标准成本法只记录实际生产并销售的 10 000 件而不是计划生产并销售的 12 000 件夹克衫的预算收入、标准成本和差异。因此，64 000 美元的不利销售量差异，即静态预算营业利润 108 000 美元与弹性预算营业利润 44 000 美元之间的差额（见图表 7-2），在标准成本法下从未被记录过。不过，销售量差异是有用的，因为它可以帮助管理者了解因少出售 2 000 件夹克衫所损失的贡献毛益（销售量差异假定固定成本保持在 276 000 美元的预算水平）。

销售量差异由两部分组成：

1. 在标准成本法下报告的营业利润 90 000 美元与实际生产 10 000 件夹克衫的弹性预算营业利润 44 000 美元（见图表 7-2）的差。该差异产生的原因是 Webb 公司的成本系统将固定成本分配给每件产品（就像成本是变动的），因此分配了 230 000 美元（23×10 000），而不是预算固定成本 276 000 美元。这个差异是 46 000 美元的不利生产量差异，它被记录在 Webb 公司的标准成本系统中。

2. 12 000 件夹克衫的静态预算营业利润 108 000 美元与 10 000 件夹克衫的预算营业利润 90 000 美元的差，即为 18 000 美元的不利营业利润额差异。该差异反映了 Webb 公司比预算少生产和销售 2 000 件夹克衫的事实。这部分销售量差异没有出现在 Webb 公司的标准成本系统中。

总结如下：

	生产量差异	$46 000 U
（＋）	营业利润额差异	$18 000 U
等于	销售量差异	$64 000 U

虽然从管理角度来看，销售量差异和营业利润额差异是有用处的，但它们不是标准成本系统的一部分。而生产量差异是标准成本系统的一部分，因为 Webb 公司必须对未分配给产品的固定制造费用进行核算。现在，我们可以进行总结（见图表 8-5），正式地将 93 100 美元的静态预算差异分解为不同的组成部分。注意，这张综合图表中包含了第 7 和第 8 章中介绍的所有差异。

下面，我们描述差异分析在作业成本系统中的应用。

8.7　差异分析与作业成本法

作业成本法致力于将单个作业作为基本的成本对象。作业成本法将不同作业的成本分成多个层级，包括单位产出成本、批次成本、产品维持成本和设备维持成本（见第 5 章的"成本层级"）。本节我们将说明使用作业成本法和批次成本的公司如何从差异分析中受益。批次成本是与一组产品或服务相关的作业成本，与单独的产品或服务不相关。我们将举例说明变动批次直接成本及固定批次间接成本的差异分析。[①]

以 Lyco Brass Works（以下简称 Lyco）公司为例，该公司生产不同类型的水龙头和和黄铜配件。

---

① 我们使用的技术也可以用于分析变动批次间接成本。

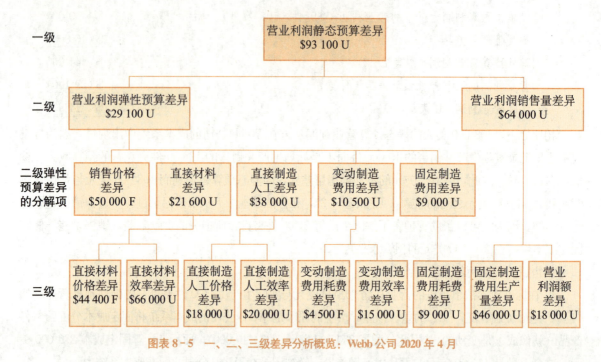

图表 8-5　一、二、三级差异分析概览：Webb 公司 2020 年 4 月

因为产品种类繁多，Lyco 公司使用作业成本系统。相比之下，Webb 公司使用简单成本系统，因为它只生产一种类型的夹克衫。Lyco 公司制造一种名为 Elegance 的家庭浴室专用装饰性黄铜水龙头。

Lyco 公司批量生产 Elegance。它使用专门的材料处理人工将材料运送到生产车间，将在产品从一个工作中心运送到下一个工作中心，并将产成品运送到发货区。因此，Elegance 的材料处理人工成本是直接成本。因为一批产品的材料是同时运送的，所以材料处理人工成本随批数变化，而不随每批中的产品数量变化。材料处理人工成本是变动批次直接成本。

为了生产一批 Elegance，公司必须使用来自独立生产准备部门的高技能人工来安装机器和模具。生产准备成本（本例中即安装机器和模具的成本）是间接成本。为了简化，假定生产准备成本是固定成本，即支付给工程师及主管的工资和生产准备设备的租赁成本。从长期来看，生产准备小时数是生产准备成本的成本动因。

2020 年有关 Elegance 的信息如下：

	实际结果	静态预算值
1. 产销量	151 200	180 000
2. 批次规模（每批中包含的个数）	140	150
3. 批数（第 1 行÷第 2 行）	1 080	1 200
4. 每批的材料处理人工小时	5.25	5
5. 材料处理人工小时总量（第 3 行×第 4 行）	5 670	6 000
6. 材料处理人工小时单位成本	$ 14.50	$ 14
7. 材料处理人工总成本（第 5 行×第 6 行）	$ 82 215	$ 84 000
8. 每批的生产准备小时	6.25	6
9. 生产准备小时总量（第 3 行×第 8 行）	6 750	7 200
10. 固定生产准备成本总额	$220 000	$216 000

8.7.1 直接材料处理人工成本的弹性预算与差异分析

为了编制材料处理人工成本的弹性预算，Lyco 公司最先确认实际产量为 151 200 单位，然后按以下步骤进行：

步骤 1：采用预算批次规模，计算实际产量下应该使用的批数。预算批次规模为每批 150 单位，Lyco 公司生产的 151 200 单位的产品应分成 1 008 批（151 200÷150）。

步骤 2：采用每批的预算材料处理人工小时，计算实际产量下应该使用的材料处理人工小时。每批的预算为 5 材料处理人工小时，按此计算，1 008 批需要 5 040 材料处理人工小时（1 008×5）。

步骤 3：采用单位材料处理人工小时的预算成本，计算材料处理人工小时的弹性预算金额。弹性预算金额＝5 040 材料处理人工小时×单位材料处理人工小时 14 美元预算成本＝70 560 美元。

注意，材料处理人工成本弹性预算的计算重点是批次规模（每批次而非每单位产品的材料处理人工小时）。如果成本是产品维持成本（如产品设计成本），则弹性预算数量的计算重点应放在产品维持层级，例如，评价产品设计相对于预算的实际复杂性。

材料处理人工成本的弹性预算差异计算如下：

$$材料处理人工成本的弹性预算差异＝实际发生的成本－弹性预算成本$$
$$＝5\ 670×14.50－5\ 040×14$$
$$＝82\ 215－70\ 560$$
$$＝11\ 655（美元）U$$

不利差异表明，材料处理人工成本比弹性预算目标高 11 655 美元。通过将弹性预算差异分解为价格差异和效率差异，我们可以了解造成这种不利结果的可能原因。图表 8-6 是差异的分列图示。

图表 8-6 材料处理人工成本差异分析的分列图示：Lyco 公司 2020 年

实际发生的成本：实际投入量×实际分配率 (1)	实际投入量×预算分配率 (2)	弹性预算：实际产出下的预算投入量×预算分配率 (3)
（5 670×14.5） $82 215	（5 670×14） $79 380	（5 040×14） $70 560

三级　　↑　　$2 835 U　　↑　　$8 820 U　　↑
　　　　　　价格差异　　　　　效率差异

二级　　↑　　　　　$11 655 U　　　　　↑
　　　　　　　　　弹性预算差异

注：F 表示对营业利润的有利差异；U 表示对营业利润的不利差异。

$$价格差异＝（投入的实际价格－投入的预算价格）×实际投入量$$
$$＝（14.50－14）×5\ 670$$
$$＝0.50×5\ 670$$
$$＝2\ 835（美元）U$$

材料处理人工的不利价格差异表明，每材料处理人工小时 14.50 美元的实际成本超过了每材料处理人工小时 14.00 美元的预算成本。产生这种差异可能是由于 Lyco 公司的人力资源经理在与员工谈判工资时缺乏技巧，或者劳动力短缺导致工资率意外上涨。

$$效率差异＝（实际耗用的投入量－实际产出下投入的预算量）×投入的预算价格$$
$$＝（5\ 670－5\ 040）×14$$
$$＝630×14$$
$$＝8\ 820（美元）U$$

不利效率差异表明，实际材料处理人工小时（5 670 小时）超过了实际产出下的预算材料处理人工小时（5 040 小时）。导致不利效率差异的可能原因如下：

● 预算批次规模为每批 150 单位，而实际批次规模只有 140 单位，导致生产 151 200 单位产品从 1 008 批（151 200÷150）变为 1 080 批（151 200÷140）。

● 实际每批材料处理人工小时（5.25 小时）高于预算每批材料处理人工小时（5 小时）。

实际批次规模小于预算批次规模的原因可能包括每批多于 140 单位产品时会发生质量问题，以及存货持有成本高。

实际每批材料处理人工小时高于预算的可能原因如下：

● Elegance 生产线布局不合理。

● 材料处理人工必须在工作中心等待领取或交付材料。

● 员工缺乏积极性、经验不足或技术水平低。

● 材料处理时间的标准非常严格。

确认效率差异产生的原因有助于 Lyco 公司的管理者制订提高材料处理人工效率的计划，并采取纠正行动。

接下来，我们考虑固定生产准备成本。

8.7.2　固定生产准备成本的弹性预算与差异分析

图表 8－7 以分列的形式介绍了固定生产准备成本的差异。

图表 8－7　固定生产准备成本差异分析的分列图示：2020 年 Lyco 公司

实际发生的成本 (1)	弹性预算：相同的预算总额 (与静态预算相同； 不考虑产出水平) (2)	已分配：实际产出下的 预算投入量×预算分配率 (3)
		(1 008×6×30)
		(6 048×30)
$ 220 000	$ 216 000	$ 181 440
三级 ↑ $ 4 000 U ↑ 耗费差异	$ 34 560 U 生产量差异	↑
二级 ↑ $ 4 000 U ↑ 弹性预算差异		

注：F 表示对营业利润的有利差异；U 表示对营业利润的不利差异。1 008 批＝151 200 单位÷150 单位/批。

Lyco 公司固定生产准备成本的弹性预算差异计算如下：

$$固定生产准备成本的弹性预算差异＝实际发生的成本－弹性预算成本$$
$$＝220\ 000－216\ 000$$
$$＝4\ 000（美元）U$$

注意，固定生产准备成本的弹性预算值等于静态预算值 216 000 美元。这是因为固定成本没有"弹性"。此外，因为固定制造费用没有效率差异，固定生产准备成本的耗费差异与固定制造费用的弹性预算差异相同。耗费差异可能是不利差异，因为新安装设备的租金更高，或支付给工程师和主管的工资更高。

为了计算生产量差异，Lyco 公司首先遵循同样的四步法（见本章"计算预算固定制造费用分配率"）计算固定生产准备的预算分配率。

步骤 1：选择预算期。Lyco 公司使用 12 个月（2020 年）。

步骤 2：选择成本分配基础，将固定制造费用分配至产成品。Lyco 公司将 7 200 预算生产准备小时（等于生产准备能力）作为固定生产准备成本的成本分配基础。

步骤 3：确认与成本分配基础相关的固定制造费用。Lyco 公司 2020 年固定生产准备成本的预算为 216 000 美元。

步骤 4：计算将固定制造费用分配至产成品时的单位成本分配率。用步骤 3 中的 216 000 美元除以步骤 2 中的 7 200 预算生产准备小时，得出固定生产准备成本分配率为每生产准备小时 30 美元。

固定生产准备成本的生产量差异计算如下：

$$
\begin{aligned}
\text{固定生产准备成本的生产量差异} &= \text{预算固定生产准备成本} - \text{实际产出下的预算固定生产准备成本} \\
&= 216\,000 - 1\,008 \times 6 \times 30 \\
&= 216\,000 - 6\,048 \times 30 \\
&= 216\,000 - 181\,440 \\
&= 34\,560 (\text{美元})U
\end{aligned}
$$

2020 年 Lyco 公司计划生产 180 000 单位的 Elegance，而实际产出只有 151 200 单位。不利的生产量差异衡量了公司闲置生产准备能力所耗用的固定生产准备成本。一种解释是，34 560 美元的不利生产量差异代表公司生产准备能力的低效利用。然而，公司以更高的销售价格售出 151 200 单位产品，比起以较低价格售出 180 000 单位产品，能获得更高的营业利润，因此，Lyco 公司的管理者应谨慎解释生产量差异，因为它没有反映生产量对销售价格和营业利润的影响。

小练习 8-4

Trivor 公司批量生产一种特殊系列的玩具赛车。为了批量生产赛车，Trivor 公司必须安装机器和模具。生产准备成本（本例中即安装机器和模具的成本）是固定的批次成本。从长期来看，生产准备小时是生产准备成本的成本动因。一个独立的生产准备部门负责为每种类型的赛车安装机器和模具。2020 年 7 月的信息如下：

	实际值	静态预算值
产销量	13 000	15 000
批次规模（每批中的产品数量）	260	250
每批的生产准备小时	5.4	5
固定生产准备成本总额	$12 150	$12 000

计算下列数据：

a. 固定生产准备成本的耗费差异；

b. 预算固定生产准备成本分配率；

c. 固定生产准备成本的生产量差异。

8.8　非生产部门的间接成本差异

我们已对 Webb 公司的变动及固定制造费用进行了分析。管理者也可以用差异分析来考察公司非生产部门的间接成本。例如，当产品分销成本较高时（如汽车、耐用消费品、水泥和钢铁行业就是这样），标准成本法可以向管理者提供关于变动分销成本的耗费差异及效率差异的可靠且及时的信息。

那么航空公司、医院、酒店和铁路等服务业行业的公司呢？它们如何从差异分析中获益？这些公司常用的产出衡量指标分别是飞行英里数、住院天数、客房使用天数及货运吨英里数。按照成本-效益原则，几乎没有成本可以追溯至这些产出。大部分成本是固定间接成本，如与设备、建筑及员工相关的成本。有效利用生产能力是实现盈利的关键，而分析固定间接成本差异有助于管理者完成这一任务。零售企业，如凯马特公司（Kmart），也有较高的与生产能力相关的固定成本（租赁和占用成本）。就凯马特公司而言，销售量的减少导致生产能力闲置和不利的固定成本差异。凯马特公司通过关闭一些店铺减少了固定成本，但还是不得不申请破产。

联合航空公司过去 18 年中若干年的数据如下。ASM 等于每架飞机上的座位数与飞行距离的乘积。

年份	总 ASM （百万） (1)	每 ASM 营业收入 (2)	每 ASM 营业成本 (3)	每 ASM 营业利润 (4)＝(2)－(3)
2000	175 493	10.2 美分	10.0 美分	0.2 美分
2003	136 566	8.6 美分	9.8 美分	−1.2 美分
2006	143 085	10.6 美分	10.8 美分	−0.2 美分
2008	135 859	11.9 美分	13.6 美分	−1.7 美分
2011	118 973	13.1 美分	13.5 美分	−0.4 美分
2015	219 956	13.1 美分	12.2 美分	0.9 美分
2018	234 547	16.1 美分	14.6 美分	1.5 美分

2001 年"9·11"事件后，航空运输需求下降，联合航空公司的收入减少。但是公司的大部分固定成本，如机场设施、设备维护和人员工资等并没有减少。由于联合航空公司的运输能力未得到充分利用，所以产生了很大的不利生产量差异。如上表中的第（1）列所示，联合航空公司的应对措施是大幅削减运输能力。ASM 从 2000 年的 1 754.93 亿减少到 2003 年的 1 365.66 亿，但是联合航空公司仍然不能充分利用保留下来的运输能力，因此，每 ASM 营业收入下降（第（2）列），而每 ASM 营业成本基本保持不变（第（3）列）。联合航空公司于 2002 年 12 月申请了破产保护，并开始寻求政府担保以获得所需要的贷款。随后，由于对航空运输的强烈需求以及更高效利用资源与网络带来的生产力提升，运输量增加，平均票价上涨。2003—2006 年，联合航空公司对运输能力和增长进行严格控制，每 ASM 营业收入增长了 20％以上。2006 年 2 月 1 日，联合航空公司走出了破产困境。然而，随后发生的全球经济衰退和航空燃油价格激增对

联合航空公司的业绩造成了负面影响，导致公司亏损，运输能力也进一步下降。2011 年，联合航空公司收购了大陆航空公司（Continental Airlines），导致 2011 年至 2015 年间 ASM 增长了约 85%。到 2018 年，受益于强劲的经济和燃油价格暴跌带来的收入效益，联合航空公司每 ASM 的盈利能力有所提高。

财务与非财务绩效指标

本章介绍的制造费用差异就是财务绩效衡量指标的一个例子。如前所述，与生产能力利用和投入使用量相关的非财务指标也能提供有用的信息。Webb 公司管理者发现对计划和控制其制造费用有用的非财务指标包括：

1. 每机器小时实际耗用的间接材料，相对于每机器小时预算耗用的间接材料；
2. 每机器小时实际耗用的能源，相对于每机器小时预算耗用的能源；
3. 生产一件夹克衫实际耗用的机器小时，相对于生产一件夹克衫预算耗用的机器小时。

这些绩效指标与本章及第 7 章介绍的财务差异一样，可以向管理者发出警示，并每天或每小时报告生产现场的情况。制造费用差异反映了上面所列的三种因素产生的财务影响。在这方面有一个特别有趣的例子，有些日本公司通过对比二氧化碳排放量的预算值和实际值来分析差异，从而在一定程度上控制其排放量。这样做的目的是让员工意识到排放量问题，并在日本政府制订温室气体减排计划前减少二氧化碳的排放量。

财务及非财务绩效指标都可用于评价管理者的绩效。只依赖其中任何一种都过于简单，因为每种指标只反映绩效的一个方面。非财务指标（如上文所述）为管理者绩效的个别方面提供反馈，而财务指标则对不同的非财务绩效指标起到的整体效果和指标之间的权衡进行评估。我们将在第 12、19 和 23 章中，进一步讨论这些问题。

📊 自测题

尼娜·加西亚（Nina Garcia）是航空航天产品事业部（APD）的新任总裁。该事业部生产卫星用太阳能电池板。加西亚十分关注事业部的制造费用情况。事业部根据激光切割小时将变动及固定制造费用分配给太阳能电池板。2020 年 5 月的预算信息如下：

变动制造费用预算分配率	$200/小时
固定制造费用预算分配率	$240/小时
每个太阳能电池板的预算激光切割小时	1.5 小时
2020 年 5 月预算产销量	5 000 个太阳能电池板
2020 年 5 月预算固定制造费用	$1 800 000

2020 年 5 月实际结果为：

太阳能电池板产销量	4 800 个
激光切割小时	8 400 小时
变动制造费用	$1 478 400
固定制造费用	$1 832 200

要求：

1. 计算变动制造费用的耗费差异及效率差异。

2. 计算固定制造费用的耗费差异及生产量差异。

3. 分别对要求 1 和 2 中计算的差异分别给出两个解释。

解答：

要求 1 和 2 的答案参见图表 8-8。

图表 8-8 综合差异分析的分列图示：2020 年 5 月

A 部分：变动制造费用

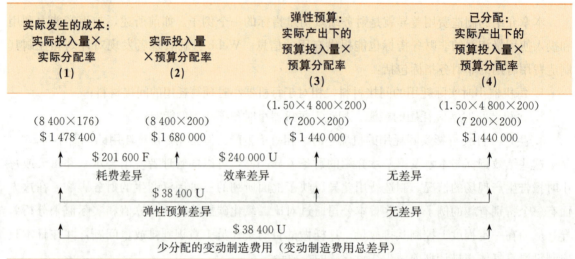

B 部分：固定制造费用

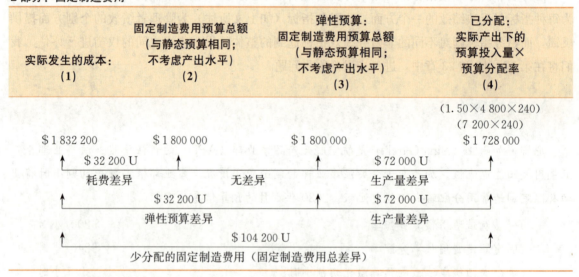

注：F 表示对营业利润的有利差异；U 表示对营业利润的不利差异。

4. （1）变动制造费用存在 201 600 美元的有利耗费差异。可能原因是：1）变动制造费用中的单个项目（如切割液）的实际价格低于预算价格；2）与弹性预算相比，变动制造费用中单个项目的实际消耗量增长率低于激光切割小时的增长率。

（2）变动制造费用存在 240 000 美元的不利效率差异。可能原因是：1）激光设备的维护不足，导致单位太阳能电池板需要更多的激光切割小时；2）员工缺乏工作积极性、经验不足或技术不熟练，这些也导致单位太阳能电池板需要更多的激光切割小时。

（3）固定制造费用存在 32 200 美元的不利耗费差异。可能原因是：1）固定制造费用中单个项目（如机器租赁）的实际价格意外地高于预算价格；2）公司需要租用比预算更多的机器或雇用比预算更多的主管。

（4）不利生产量差异为 72 000 美元。太阳能电池板的实际产量为 4 800 单位，而预算产量为 5 000 单位。可能原因是：1）需求因素，如航空航天项目的减少，导致卫星需求下降；2）供给因素，如人工问题或机器故障导致生产停滞。

决策要点

下面的问答形式是对本章学习目标的总结，"决策"代表与学习目标相关的关键问题，"指南"则是对该问题的回答。

决策	指南
1. 管理者怎样计划变动及固定制造费用？	对变动和固定制造费用的计划都涉及有效地开展增加价值的活动。对于变动制造费用，管理者在整个预算期内都要进行计划；而对于固定制造费用，大部分关键决策都会在预算期开始前做出。
2. 如何计算预算变动及固定制造费用分配率？	预算变动（固定）制造费用分配率是用预算变动（固定）制造费用除以成本分配基础的基准水平得出的。
3. 变动制造费用有哪些差异？	变动制造费用效率差异是实际产量下变动制造费用分配基础的实际耗用量与实际产量下变动制造费用分配基础的预算量之差，与单位成本分配基础的预算变动制造费用的乘积。变动制造费用耗费差异是单位成本分配基础的实际变动制造费用与预算变动制造费用之差，与变动制造费用分配基础实际耗用量的乘积。
4. 固定制造费用有哪些差异？	弹性预算与实际之差是弹性预算差异，等同于耗费差异。生产量差异是预算固定制造费用与按实际产量分配的固定制造费用之差。
5. 将预算期内实际发生的成本与已分配的成本统一起来的最详细的方法是什么？	最详细的方法是四差异分析，它包括变动制造费用耗费差异与效率差异，以及固定制造费用耗费差异与生产量差异。
6. 销售量差异与生产量差异有何关系？	销售量差异可以分为生产量差异和营业利润额差异。
7. 如何在作业成本法中使用差异分析？	在作业成本系统中，利用作业的投入及产出指标，以及弹性预算和差异分析，我们可以深入了解实际作业成本与预算作业成本之间产生差异的原因。
8. 间接成本差异在非生产部门有何作用？	固定间接成本差异对以有效利用生产能力为盈利关键的服务部门的成本控制特别有用。在任何情况下，差异所提供的信息都是由非财务指标补充的。

习　题

8-23　变动制造费用差异分析。Sourdough 面包公司烘焙法棍面包并分销给高档食品店。公司有两类直接成本：直接材料与直接制造人工。公司根据标准直接制造人工小时将变动制造费用分配给产品。部分预算数据如下：

直接制造人工	0.02 小时/个法棍面包
变动制造费用	$10.00/直接制造人工小时

公司提供了截至 2020 年 12 月 31 日的年度补充数据：

计划（预算）产量	3 100 000 个法棍面包

实际产量	2 600 000 个法棍面包
直接制造人工小时	46 800 小时
实际变动制造费用	$617 760

要求：

1. 用于分配变动制造费用的基准水平是多少？（即公司预算的直接制造人工小时是多少？）

2. 对变动制造费用进行差异分析。参考图表 8-4。

3. 对已计算出的差异进行讨论，并给出可能的解释。

8-24　固定制造费用差异分析（续上题）。 Sourdough 面包公司也根据标准直接制造人工小时将固定制造费用分配给产品。2020 年，预算固定制造费用是每直接制造人工小时 3.00 美元，当年实际发生的固定制造费用为 294 000 美元。

要求：

1. 对固定制造费用进行差异分析。参考图表 8-4。

2. 固定制造费用是少分配了还是多分配了？差额是多少？

3. 对结果进行评论，讨论差异并解释可能导致差异的原因。

8-26　四差异分析，填空。 Tytler 公司为大型生物科技公司生产化学制品。公司 2020 年 8 月份的制造费用数据如下：

	变动	固定
实际发生的成本	$33 500	$16 000
分配给产品的成本	$30 000	$14 200
弹性预算	_____	$15 000
实际投入量×预算分配率	$32 200	_____

请填空。用 F 代表有利差异，U 代表不利差异：

	变动	固定
（1）耗费差异	$_____	$_____
（2）效率差异	_____	_____
（3）生产量差异	_____	_____
（4）弹性预算差异	_____	_____
（5）少分配（多分配的）的制造费用	_____	_____

8-30　总制造费用，三差异分析，倒推。 Stained 玻璃公司用废旧的彩色玻璃材料制作珠宝盒。以下是 2020 年 7 月的预算和实际信息，首先列示直接制造人工，然后列示制造费用。

直接制造人工

实际直接制造人工成本	$178 125
直接制造人工效率差异	$7 500 U
直接制造人工弹性预算差异	$1 875 F
直接制造人工预算价格	$15/小时

制造费用

实际总制造费用	$133 000

预算变动制造费用分配率	$7/直接制造人工小时
预算固定制造费用分配率	$5/直接制造人工小时
预算固定制造费用	$ 44 000

要求：

1. 计算 2020 年 7 月的下列数据：（1）直接制造人工价格差异；（2）实际使用的直接制造人工小时；（3）直接制造人工弹性预算金额；（4）实际产出下的直接制造人工小时。

2. 计算总制造费用的耗费差异及效率差异。

3. 说明如何对个别变动制造费用项目进行日常控制，并说明如何控制个别固定制造费用项目。

8-31 生产量差异分析与销售量差异分析。Chart Hills 公司生产定制的高尔夫球衣，并出售给高尔夫球场。由于每个高尔夫球场的定制徽标，每件高尔夫球衣的生产需要 3 直接制造人工小时。Chart Hills 公司使用直接制造人工小时来分配制造费用。固定制造费用预算为每月 28 500 美元，包括租金、折旧、主管工资和其他生产费用。目前使用的厂房足够大，每月可生产 5 000 件高尔夫球衣。

3 月份，Chart Hills 公司生产了 4 200 件高尔夫球衣，实际固定成本为 28 000 美元。

要求：

1. 计算固定制造费用耗费差异，并指出它是有利差异（F）还是不利差异（U）。

2. 如果公司使用在满负荷生产下的直接制造人工小时计算预算的固定制造费用分配率，那么生产量差异是多少？指出它是有利差异（F）还是不利差异（U）。

3. 一项不利的生产量差异可以解释为未使用生产能力的经济成本，为什么公司愿意承担这项成本？

4. 公司的单位预算变动成本为 18 美元，预计每件高尔夫球衣售价为 35 美元。计算销售量差异，并将其与要求 2 中的生产量差异进行比对。这两个概念分别衡量的是什么？

第 **9** 章
存货成本与生产能力分析

学习目标

1. 区分变动成本法与吸收成本法
2. 计算变动成本法与吸收成本法下的营业利润并解释差异
3. 解释为什么在吸收成本法下管理者有增加存货的不良动机
4. 区别产量成本法与变动成本法、吸收成本法
5. 解释吸收成本法使用的不同生产能力的含义
6. 了解管理者选择生产能力水平计算预算固定生产成本分配率时考虑的主要因素
7. 了解在生产能力计划与控制中发挥重要作用的因素

没有什么数字比企业利润表中的营业利润更能吸引管理者和股东的注意力了。

在需要对生产能力进行大量前期投资的行业中，有两个关键决策对公司的财务会计利润有重大影响：(1) 公司的固定投资额；(2) 公司最终利用生产能力满足顾客需求的程度。遗憾的是，公司的薪酬与奖金制度，以及编制财务报表时对存货成本计算方法的选择，可能会诱使管理者制定那些以牺牲公司长期财务健康为代价、有利于短期盈利的决策。正如下面的"引例"所说明的，可能需要一个重大的威胁才能促使管理者做出正确的生产能力和库存选择。

引例　　　　安德玛快速战胜库存积压

好东西会嫌多吗？当这种好东西是超额库存时，答案是"会！"

运动服装零售商安德玛（Under Armour）在 2017 年就体会到了这一点，当时一个软件发生故障，公司无法按时将产品交给批发商，导致库存同比增长了 22%。安德玛不得不大幅降价以清空库存，从而在零售合作伙伴的货架上销售新产品。这导致公司在一年多的时间里收入和盈利能力双双下降。

　　为了更好地管理库存，安德玛实施了新的公司内部制度，确保公司高效、精准地管理库存和供应链。安德玛将供应商减少了 25%、产品种类减少了 40%，以更好地管理现有业务和生产线。到 2018 年，公司又将产品促销日减少了 1/3，这增加了收入，并帮助公司稳定了在竞争激烈的运动服装市场的运营。

资料来源：Angus Loten and Sara Germano, "Under Armour Links Sales Decline to Software Upgrade," *CIO Journal* (blog), *The Wall Street Journal*, October 31, 2017 (https://blogs.wsj.com/cio/2017/10/31/under-armour-links-sales-decline-to-software-upgrade/); Jacob Sonenshine, "Under Armour's Newest Executive is Zeroing in on Its Biggest Problem," *Business Insider*, June 20, 2018 (https://markets.businessinsider.com/news/stocks/under-armour-stock-price-newest-executive-is-zeroing-in-on-its-biggest-problem-2018-6-1027263545); Holden Wilen, "Kevin Plank Warns Competitors: Under Armour Will Soon Be 'Something to Deal With' Again," *Baltimore Business Journal*, October 30, 2018 (https://www.bizjournals.com/baltimore/news/2018/10/30/kevin-plank-warns-competitors-under-armour-will.html).

　　制造业等固定成本较高的行业的管理者必须管理生产能力水平，并就可用生产能力的使用做出决策。管理者还必须确定生产和存货管理方法（如安德玛）。管理者做出的这些决策和会计选择会影响制造业公司利润表中报告的营业利润。本章重点关注两类选择：

　　1. 存货成本选择是成本系统中的选择影响公司财务报表中的报告结果的重要应用。回想一下第 2 章，存货性成本是指产品的所有成本，这些成本在发生时被视为公司资产负债表中的资产，当产品被销售时作为利润表中的产品销售成本进行费用化。有三类存货成本计算方法：变动成本法、吸收成本法和产量成本法。

　　2. 基准水平生产能力选择的重点是成本系统中用于计算预算固定生产成本分配率的生产能力水平，有四种可供选择的生产能力水平：理论生产能力、实际生产能力、正常生产能力和总预算生产能力。

　　本章还讨论了管理者在出于产品成本计算、产品定价或绩效评估等管理会计目的以及财务或税务会计目的进行成本计算时，在选择这些不同的生产能力水平时应考虑的因素。

9.1　变动成本法和吸收成本法

　　变动成本法和吸收成本法是制造业企业最常用的两种存货成本计算方法。我们将在本节分别介绍这两种方法，然后以一个假想的望远镜制造公司为例进行详细讨论。

9.1.1　变动成本法

　　变动成本法（variable costing）是一种将全部变动生产成本作为存货性成本的成本计算方法。固定生产成本不包括在存货性成本之中，而是作为当期的期间成本进行处理。注意，变动成本法这个术语并不准确，因为只有变动生产成本才可计入存货。变动非生产成本仍然被视为期间成本并计入费用。另一个描述这种成本计算方法的常用术语是**直接成本法**（direct costing），但这个术语也不准确，因为在变动成本法下，变动制造费用（一种间接成本）被视为存货性成本，而固定直接成本（如营销成本）被视为期间成本。

9.1.2　吸收成本法

　　吸收成本法（absorption costing）是一种将全部变动和固定生产成本均作为存货性成本的

成本计算方法。也就是说，存货"吸收"了全部生产成本。第 4 章中的分批成本系统就是吸收成本法的一个例子。

无论是在变动成本法下还是在吸收成本法下，所有的变动生产成本都计入存货性成本。价值链上的所有非生产成本（如研发成本和营销成本），无论是变动成本还是固定成本，都是期间成本，并在发生时计入费用。

9.1.3　比较变动成本法与吸收成本法

了解变动成本法与吸收成本法差异的最好方法就是举例说明。在本章中，我们将以光学日用消费品制造商 Stassen 公司为例，关注它为天文爱好者生产望远镜的生产线。

Stassen 公司采用标准成本法：

● 直接成本按实际产出下的标准价格与标准投入量追溯至产品。

● 间接成本按实际产出下的标准投入量乘以标准间接成本分配率进行分配。

Stassen 公司的管理者想编制 2020 年（刚结束的会计年度）的利润表，以评价望远镜生产线的业绩。当年的经营信息如下：

	A	B
1		单位
2	期初存货	0
3	生产量	8 000
4	销售量	6 000
5	期末存货	2 000

2020 年实际价格和成本数据如下：

	A	B
10	销售价格	$　1 000
11	单位变动生产成本	
12	单位直接材料成本	$　110
13	单位直接制造人工成本	$　40
14	单位制造费用	$　50
15	单位变动生产成本合计	$　200
16	单位变动营销成本	$　185
17	固定生产成本（全部为间接成本）	$1 080 000
18	固定营销成本（全部为间接成本）	$1 380 000

为简单起见并突出重点，我们做如下假设：

● Stassen 公司只有生产和营销成本。所有变动生产成本的成本动因是生产量；变动营销成本的成本动因是销售量。没有批次成本及产品维持成本。

● 无价格差异、效率差异和耗费差异，因此，2020 年预算（标准）价格及成本就是实际价格及成本。

● 在产品库存为零。

● 2020 年的预算销售量为 6 000 单位，与 2020 年的实际销售量相同。

● 2020 年的预算生产量为 8 000 单位，以此计算出单位预算固定生产成本是 135 美元（1 080 000/8 000）。[①]

---

① 为了论述方便，在本节中，我们以预算生产量作为计算单位固定生产成本的基准。在本章的后半部分，我们将考虑在计算单位成本时，不同基准选择的相对优缺点。

● 2020 年的实际生产量为 8 000 单位，因此 2020 年的生产成本没有生产量差异。后面的例子是基于 2021 年的数据，包括了生产量差异。但是，即使是在这样的情况下，利润表中也不包含除生产量差异以外的其他差异。

● 所有差异都在发生当期（年）计入产品销售成本账户。

基于前面的信息，两种存货成本计算方法下 Stassen 公司 2020 年单位存货性成本如下：

	变动成本法		吸收成本法	
单位变动生产成本				
直接材料成本	$110		$110	
直接制造人工成本	$ 40		$ 40	
制造费用	$ 50	$200	$ 50	$200
单位固定生产成本		—		$135
单位存货性成本合计		$200		$335

总之，变动成本法与吸收成本法的主要区别在于对固定生产成本的会计处理：

● 在变动成本法下，固定生产成本不计入存货，而被视为期间成本。

● 在吸收成本法下，固定生产成本可计入存货。在本例中，标准固定生产成本为每单位 135 美元（1 080 000÷8 000）。

小练习 9-1

Cowan Auto 公司生产并销售电池。2020 年，公司生产了 50 000 节电池，并售出了 35 000 节，平均售价为 40 美元/节。以下是 Cowan Auto 公司 2020 年的其他相关信息：

直接材料成本	$24.00/节
直接制造人工成本	$8.00/节
变动生产成本	$0.50/节
销售佣金	$3.50/节
固定生产成本	$325 000/年
管理费用（均为固定）	$250 000/年

使用变动成本法和吸收成本法，分别计算公司的单位存货性成本。

9.2　变动成本法与吸收成本法：营业利润与利润表

在比较变动成本法与吸收成本法时，我们必须考虑它们所使用的时间跨度。在一年期内，变动成本法与吸收成本法生成的数据有什么不同？在两年期内，二者又有什么不同？

9.2.1　比较一年的利润表

如果 Stassen 公司使用变动成本法或吸收成本法，它的营业利润是多少？图表 9-1 说明了这两种方法之间的区别。A 部分显示的是变动成本法下 2020 年 Stassen 公司望远镜生产线的利润表，B 部分显示的是吸收成本法下的利润表。变动成本法下的利润表使用了第 3 章中介绍的贡献毛益的形式。吸收成本法下的利润表使用了第 2 章中介绍的毛利的形式。为什么使用不同的形式？变动成本与固定成本的区别是变动成本法的核心，而贡献毛益的形式突出了这一点。相比之下，生产成本和非生产成本的区别是吸收成本法的核心，而毛利的形式突出了这一点。

	A	B	C	D	E	F	G
1	**A部分：变动成本法**				**B部分：吸收成本法**		
2	收入：$1 000×6 000单位		$ 6 000 000		收入：$1 000×6 000单位	$	$6 000 000
3	变动产品销售成本				产品销售成本		
4	期初存货	$ 0			期初存货	$ 0	
5	变动生产成本：$200×8 000单位	$1 600 000			变动生产成本：$200×8 000单位	$1 600 000	
6					分配的固定生产成本：$135×8 000单位	$1 080 000	
7	可供销售的产品成本	$1 600 000			可供销售的产品成本	$2 680 000	
8	减 期末存货：$200×2 000单位	$ (400 000)			减 期末存货：$335×2 000单位	$ (670 000)	
9	变动产品销售成本		$ 1 200 000		产品销售成本		$2 010 000
10	变动营销成本：$185×6 000单位		$ 1 110 000				
11	贡献毛益		$ 3 690 000		毛利		$3 990 000
12	固定生产成本		$ 1 080 000		变动营销成本：$185×6 000单位		$1 110 000
13	固定营销成本		$ 1 380 000		固定营销成本		$1 380 000
14	营业利润		$ 1 230 000		营业利润		$1 500 000
15							
16	A部分中计入费用的生产成本				B部分中计入费用的生产成本		
17	变动产品销售成本		$ 1 200 000				
18	固定生产成本		$ 1 080 000				
19	合计		$ 2 280 000		产品销售成本		$2 010 000

图表 9－1　Stassen 公司变动成本法与吸收成本法的比较：2020 年望远镜生产线利润表

吸收成本法下的利润表不需要区分变动成本和固定成本，然而在 Stassen 公司的例子中，为了区分变动成本法与吸收成本法在项目归类上的不同，我们将变动成本与固定成本分开列示。在图表 9－1 的 B 部分中，吸收成本法下的存货性成本为每单位 335 美元，包括分配的单位固定生产成本 135 美元和单位变动生产成本 200 美元。

注意图表 9－1 中变动成本法与吸收成本法下对 1 080 000 美元的固定生产成本的会计处理方式。在变动成本法下，1 080 000 美元被当作 2020 年的费用从利润表中扣除。而在吸收成本法下，1 080 000 美元（135×8 000）从一开始就被当作 2020 年的存货性成本。其中，810 000 美元（135×6 000）随后变成了 2020 年产品销售成本的一部分，而 270 000 美元（135×2 000）仍作为资产保留，成为 2020 年 12 月 31 日期末产成品存货的一部分。

吸收成本法下的营业利润比变动成本法下的营业利润高 270 000 美元，这是因为在吸收成本法下只有 810 000 美元的固定生产成本计入费用，而在变动成本法下全部的 1 080 000 美元固定生产成本计入费用。注意，在图表 9－1 的两个利润表中，每单位 200 美元的变动生产成本的会计处理方式相同。

这些要点可以概括如下：

	变动成本法	吸收成本法
变动生产成本： 每单位望远镜 $200	可计入存货	可计入存货
固定生产成本： 每年 $1 080 000	作为当期费用扣除	生产一单位望远镜有 $135 可计入存货 以年产 8 000 单位的预算基准水平为基础 （$1 080 000÷8 000 单位＝$135/单位）

变动成本法与吸收成本法的区别在于固定生产成本的会计处理方式。如果存货水平发生变化，由于对固定生产成本的会计处理不同，两种方法下的营业利润不同。为了说明这一点，我

们在 8 000 单位的产出水平下分别讨论 Stassen 公司 2020 年三种不同的望远镜销售情况——6 000 单位、7 000 单位和 8 000 单位。对于 1 080 000 美元的总固定生产成本，在三种不同的情况下，2020 年利润表中的费用化金额如下所示：

	A	B	C	D	E		G		H
1			变动成本法				吸收成本法		
2									
3			固定生产成本				固定生产成本		
4	销售量	期末存货	计入存货	费用化金额			计入存货[a]		费用化金额[b]
5	6 000	2 000	$0	$1 080 000			$270 000		$ 810 000
6	7 000	1 000	$0	$1 080 000			$135 000		$ 945 000
7	8 000	0	$0	$1 080 000			$ 0		$1 080 000
8									
9	a. $135×期末存货量。								
10	b. $135×销售量。								

在最后一种情况下，生产量和销售量都是 8 000 单位，由于存货水平不变，在变动成本法与吸收成本法下报告的净利润相同。本章附录详细介绍了当存货水平发生变化时，变动成本法与吸收成本法对盈亏平衡点销售量的影响。

小练习 9 - 2

SW 玩具公司 2020 年没有期初存货。该年预计和实际产量均为 34 000 件，以每件 80 美元售出了其中的 23 800 件。该年的成本数据如下：

生产成本：	
变动成本	$520 000
固定成本	$425 000
营销成本：	
变动成本	$162 100
固定成本	$ 81 600

分别使用变动成本法和吸收成本法，计算公司的营业利润。解释为什么两种方法下的营业利润不同。

9.2.2　比较多年的利润表

为了更全面地了解变动成本法和吸收成本法的影响，Stassen 公司的管理会计师编制了从 2020 年开始的两个经营年度的利润表。下表中的经营数据以单位计：

	E	F	G
1		2020年	2021年
2	预算生产量	8 000	8 000
3	期初存货	0	2 000
4	实际生产量	8 000	5 000
5	销售量	6 000	6 500
6	期末存货	2 000	500

2021 年沿用前面给出的 2020 年的数据。

2021 年，Stassen 公司望远镜的实际生产量与用来计算预算单位固定生产成本的 8 000 单位的预算生产量有所不同，因此出现了生产量差异。2021 年的实际销售量是 6 500 单位，与当年的预算销售量相同。

图表 9-2 显示了 2020 年和 2021 年变动成本法下的利润表（A 部分）及吸收成本法下的利润表（B 部分）。注意，A 部分和 B 部分中 2020 年的数字与图表 9-1 中的数字相同。除了 B 部分中吸收成本法下的生产量差异项目外，2021 年这一列与 2020 年是相似的。在研究图表 9-2 的吸收成本法（B 部分）时，牢记以下几点：

	A	B	C	D	E
1	**A部分：变动成本法**				
2			2020年		2021年
3	收入：$1 000×6 000；6 500单位		$ 6 000 000		$ 6 500 000
4	变动产品销售成本：				
5	期初存货：$200×0；2 000单位	$　　　0		$　400 000	
6	变动生产成本：$200×8 000；5 000单位	$1 600 000		$1 000 000	
7	可供销售的产品成本	$1 600 000		$1 400 000	
8	减　期末存货：$200×2 000；500单位	$ (400 000)		$ (100 000)	
9	变动产品销售成本		$ 1 200 000		$1 300 000
10	变动营销成本：$185×6 000；6 500单位		$ 1 110 000		$1 202 500
11	贡献毛益		$ 3 690 000		$3 997 500
12	固定生产成本		$ 1 080 000		$1 080 000
13	固定营销成本		$ 1 380 000		$1 380 000
14	营业利润		<u>$ 1 230 000</u>		<u>$1 537 500</u>
15					
16	**B部分：吸收成本法**				
17			2020年		2021年
18	收入：$1 000×6 000；6 500单位		$ 6 000 000		$ 6 500 000
19	产品销售成本				
20	期初存货：$335×0；2 000单位	$　　　0		$　670 000	
21	变动生产成本：$200×8 000；5 000单位	$1 600 000		$1 000 000	
22	分配的固定生产成本：$135×8 000；5 000单位	$1 080 000		$　675 000	
23	可供销售的产品成本	$2 680 000		$2 345 000	
24	减　期末存货：$335×2 000；500单位	$ (670 000)		$ (167 500)	
25	生产量差异调整ᵃ	$　　　0		$　405 000 U	
26	产品销售成本		$ 2 010 000		$2 582 500
27	毛利		$ 3 990 000		$3 917 500
28	变动营销成本：$185×6 000；6 500单位		$ 1 110 000		$1 202 500
29	固定营销成本		$ 1 380 000		$1 380 000
30	营业利润		<u>$ 1 500 000</u>		<u>$1 335 000</u>
31					
32	a.生产量差异=预算固定生产成本–实际产出水平下分配的固定制造费用（B部分第22行）				
33	2020年：$1 080 000–$135×8 000=$1 080 000–$1 080 000=0				
34	2021年：$1 080 000–$135×5 000=$1 080 000–$675 000=$405 000 U				
35					
36	生产量差异也可以按如下方式计算：				
37	单位固定生产成本×（基准水平–实际产量）				
38	2020年：$135×（8 000–8 000）=$135×0=0				
39	2021年：$135×（8 000–5 000）=$135×3 000=$405 000 U				

图表 9-2　Stassen 公司变动成本法与吸收成本法的比较：2020 年和 2021 年望远镜生产线利润表

1. 2020 年和 2021 年，135 美元（1 080 000÷8 000）的固定生产成本分配率是在生产 8 000 单位的预算基准水平上计算出来的。只要生产量与基准水平不同，就会出现生产量差异。差异等于每单位 135 美元乘以基准水平与实际生产量之差。

请回想在吸收成本法下标准成本是怎样运作的。每生产一单位产品，135 美元的固定生产成本就会计入可供销售的产品成本中。2021 年，当生产 5 000 单位产品时，675 000 美元（135× 5 000）的固定生产成本（见图表 9-2 第 22 行）计入可供销售的产品成本中。2021 年总固定生产成本为 1 080 000 美元。405 000 美元的不利生产量差异等于 1 080 000 美元与 675 000 美元之差。注意，在 B 部分中，每年包含在可供销售的产品成本中的固定生产成本加上生产量差异始终等于 1 080 000 美元。

2. 在吸收成本法下，由于生产量差异的影响，即使 2021 年多销售了 500 单位产品，其利润仍低于 2020 年。我们将在本章后面更详细地研究吸收成本法下生产量对利润的影响。

3. 仅与固定生产成本相关的生产量差异只会在吸收成本法下出现，而不会在变动成本法下出现。在变动成本法下，1 080 000 美元的固定生产成本始终被视为期间成本，不受生产量（和销售量）的影响。

在两种方法下，Stassen 公司 2020 年和 2021 年营业利润差异概括（数据来自图表 9-2）如下：

	2020 年	2021 年
（1）吸收成本法下的营业利润	$1 500 000	$1 335 000
（2）变动成本法下的营业利润	$1 230 000	$1 537 500
（3）差异：（1）－（2）	$ 270 000	$（202 500）

上表中显示的巨大差异说明了为什么在用报告的营业利润衡量业绩的情况下，管理者会关注变动成本法与吸收成本法的选择。

为什么变动成本法与吸收成本法计算的营业利润不一致？一般来说，如果在一个会计期间内存货水平上升，变动成本法下的营业利润将低于吸收成本法下的营业利润。相反，如果存货水平降低，变动成本法下的营业利润将高于吸收成本法下的营业利润。报告的营业利润不同，完全是由于在吸收成本法下：（1）当存货增加时，固定生产成本被转移到了存货中；（2）当存货减少时，固定生产成本被从存货中移出。

吸收成本法与变动成本法下的营业利润差异可通过公式 1 计算得出，公式 1 关注期初及期末存货中包含的固定生产成本。

	A	B	C	D	E	F	G	H
1	公式1							
2								
3		吸收成本法下的	－	变动成本法下的	=	吸收成本法下期末存货中的	－	吸收成本法下期初存货中的
4		营业利润		营业利润		固定生产成本		固定生产成本
5	2020年	$1 500 000	－	$1 230 000	=	（$135/单位×2 000单位）	－	（$135/单位×0单位）
6		$270 000			=	$270 000		
7								
8	2021年	$1 335 000	－	$1 537 500	=	（$135/单位×500单位）	－	（$135/单位×2 000单位）
9		$（202 500）			=	$（202 500）		

在吸收成本法下，期末存货中包含的固定生产成本将被递延至下一期间。例如，2020 年 12 月 31 日 270 000 美元的固定生产成本被递延到了 2021 年。相比之下，在变动成本法下，全部 1 080 000 美元的固定生产成本被视为 2020 年的费用。

回想一下：

期初存货＋产品生产成本＝产品销售成本＋期末存货

因此，我们重点关注完工产品和销售产品中的固定生产成本，而不是期初和期末存货中的固定生产成本（如公式 1）。后一种方法（见公式 2）强调固定生产成本在会计年度内如何在完工产品与销售产品之间转移。

	A	B	C	D	E	F	G	H
1	公式2							
2								
3		吸收成本法下的	−	变动成本法下的	=	吸收成本法下期末存货中的	−	吸收成本法下期初存货中的
4		营业利润		营业利润		固定生产成本		固定生产成本
5	2020年	$1 500 000	−	$1 230 000	=	($135/单位×8 000单位)	−	($135/单位×6 000单位)
6		$270 000			=		$270 000	
7								
8	2021年	$1 335 000	−	$1 537 500	=	($135/单位×5 000单位)	−	($135/单位×6 500单位)
9		$(202 500)			=		$(202 500)	

对管理者来说，降低存货水平的压力越来越大。一些公司利用适时生产（在此生产系统中，产品按需生产）等管理方法大幅降低了存货水平。从公式 1 中可以看出，随着 Stassen 公司存货水平的降低，吸收成本法与变动成本法下的营业利润差异变得越来越小，甚至微不足道。以 2020 年的公式为例。如果 Stassen 公司的期末存货只有 2 单位而不是 2 000 单位，那么吸收成本法与变动成本法下的营业利润差异将从 270 000 美元下降到 270 美元。

9.2.3 变动成本法下销售量及生产量对营业利润的影响

假设单位贡献毛益和固定成本不变，采用变动成本法计算的营业利润在不同期间的变化可以完全归结于销售量的变化。考虑 Stassen 公司 2020 年与 2021 年在变动成本法下的营业利润。回想一下：

单位贡献毛益＝销售价格－单位变动生产成本－单位变动营销成本

＝1 000－200－185

＝615(美元/单位)

变动成本法下营业利润的变动＝单位贡献毛益×销售量变动

2021 年对比 2020 年：1 537 500－1 230 000＝615×(6 500－6 000)

307 500 美元＝307 500 美元

在变动成本法下，Stassen 公司的管理者不能通过"为存货而生产"来增加营业利润。因为从前面的计算中我们可以看到，在变动成本法下，只有提高销售量才能增加营业利润。本章后面会解释，吸收成本法允许管理者通过增加销售量与生产量来加营业利润。变动成本法与吸收成本法对营业利润的影响的比较如图表 9-3 所示。

图表 9-3　变动成本法与吸收成本法对营业利润影响的比较

问题	变动成本法	吸收成本法	说明
固定生产成本是否计入存货？	否	是	何时将成本计入费用的基本理论问题
是否存在生产量差异？	否	是	仅在吸收成本法下，基准水平的选择对营业利润有影响

续表

问题	变动成本法	吸收成本法	说明
是否需要区分变动成本与固定成本？	是	不经常	将吸收成本法稍加改动就可以得到变动成本和固定成本的细分成本构成（参见图表 9－1 的 B 部分）
存货水平变化怎样影响营业利润？[a]			
生产量＝销售量	相等	相等	差异取决于固定生产成本费用化的时间
生产量＞销售量	较低[b]	较高[c]	
生产量＜销售量	较高	较低	
对本量利关系有什么影响（给定固定成本及单位贡献毛益）？	受销售量驱动	受销售量、生产量及基准水平驱动	管理控制效益：在变动成本法下，生产量变动对营业利润的影响更易理解

　　a. 假设所有制造费用差异都结转至期间成本，在产品存货未发生变动，且不同会计期间的预算固定生产成本分配率未发生变化。
　　b. 即与吸收成本法下计算的营业利润相比较低。
　　c. 即与变动成本法下计算的营业利润相比较高。

9.3　吸收成本法与业绩评价

　　大多数国家规定外部财务报告中的存货成本计算必须采用吸收成本法（本章后面将介绍采用这种规则的可能原因）。出于以下几个原因，许多公司也将吸收成本法用于内部会计：

　　● 将一种通用的存货成本计算方法用于内部、外部报告和业绩评价，不仅成本效益高，而且不容易引起管理者的混淆。

　　● 它有助于防止管理者采取使他们的业绩指标看起来很好，但损害股东利益的行为。

　　● 它可以衡量生产存货所需的所有生产资源（无论是变动的还是固定的）的成本。许多公司将存货成本信息，如定价和选择产品组合用于长期决策。对于这些长期决策，存货成本应该包括变动成本和固定成本。

　　吸收成本法的一个重要特性是，它使管理者能够通过生产更多的期末存货来增加营业利润。当管理者预计需求会快速增长，并需要生产和储存更多的产品以应对下一年可能出现的产品短缺时，为存货而生产就是合理的。例如，由于预计全球太阳能发电能力将在未来 5 年内增加两倍，太阳能电池板制造商正在加紧生产，以满足预计的高需求。但是，在吸收成本法下，管理者可能会试图生产存货，即使他们预测顾客的需求不会增加。原因是，这种生产会带来更高的营业利润，从而在两个方面对管理者有利：一是直接方面，因为更高的营业利润通常会导致管理者获得更高的奖金；二是间接方面，更高的营业利润对股价有正向影响，这会增加管理者基于股票的薪酬。但是，更高的营业利润会导致公司缴纳更高的所得税。股东和良好公司治理的支持者也会认为，如果管理者采取行动只是为了增加他们的薪酬而不是改善公司治理，这是不道德的。为存货而生产是一种冒险的策略，特别是在需求波动大或产品因创新速度快而过时的风险高的行业中。例如，自 2014 年以来，平板电脑的销量一直在下滑，甚至像 iPad Pro 这样的新机型也在大幅打折销售，以增加销量并减少存货。

　　为了减少吸收成本法可能带来的不利存货增长，许多公司采用变动成本法进行内部报告。变动成本法侧重于区分变动生产成本和固定生产成本。这种区分对于短期决策是非常重要的

（见第 3 章中的本量利分析和第 6~8 章中的计划与控制）。

有些公司同时将这两种方法用于内部报告——变动成本法用于短期决策和业绩评价，吸收成本法用于长期决策，这样就能取二者之长。世界上最大的管理会计师专业机构之一——英国特许管理会计师公会发起的调查显示，虽然大多数组织都采用吸收成本法，但是 75% 以上的组织表示变动成本信息是最重要或次重要的决策信息。

在后文，我们更详细地讨论吸收成本法带来的挑战。

9.3.1　不利存货增长

如果管理者的奖金是根据吸收成本法报告的营业利润计算的，那么管理者就有动机增加不利存货。假设 Stassen 公司也实行这样的奖励计划。图表 9-4 显示了 Stassen 公司在吸收成本法下，2021 年营业利润如何随生产量的变化而变化。该图表假设生产量差异在年底结转至产品销售成本账户。2021 年期初存货为 2 000 单位，销售量为 6 500 单位，与图表 9-2 所示的情况相同。图表 9-4 中的计算与图表 9-2 中的计算基本相同。

	A	B	C	D	E	F	G	H	I
1	**数量数据**								
2	期初存货	2 000		2 000		2 000		2 000	
3	生产量	4 500		5 000		6 500		9 000	
4	可供销售的产品	6 500		7 000		8 500		11 000	
5	销售量	6 500		6 500		6 500		6 500	
6	期末存货	0		500		2 000		4 500	
7									
8	**利润表**								
9	收入	$6 500 000		$6 500 000		$6 500 000		$ 6 500 000	
10	产品销售成本								
11	期初存货 ($335×2 000)	$ 670 000		$ 670 000		$ 670 000		$ 670 000	
12	变动生产成本: $200×生产量	$ 900 000		$1 000 000		$1 300 000		$ 1 800 000	
13	分配的固定生产成本: $135×生产量	$ 607 500		$ 675 000		$ 877 500		$ 1 215 000	
14	可供销售的产品成本	$2 177 500		$2 345 000		$2 847 500		$ 3 685 000	
15	减　期末存货: $335×期末存货	$ 0		$ (167 500)		$(670 000)		$(1 507 500)	
16	生产量差异调整ᵃ	$ 472 500 U		$ 405 000 U		$ 202 500 U		$ (135 000) F	
17	产品销售成本	$2 650 000		$2 582 500		$2 380 000		$ 2 042 500	
18	毛利	$3 850 000		$3 917 500		$4 120 000		$ 4 457 500	
19	营销成本: ($1 380 000+$185/单位×6 500单位)	$2 582 500		$2 582 500		$2 582 500		$ 2 582 500	
20	营业利润	$1 267 500		$1 335 000		$1 537 500		$ 1 875 000	
21									
22	a. 生产量差异=预算固定生产成本－分配的固定生产成本（第13行）。								
23	产量4 500单位: $1 080 000-$607 500=$472 500 U。								
24	产量5 000单位: $1 080 000-$675 000=$405 000 U。								
25	产量6 500单位: $1 080 000-$877 500=$202 500 U。								
26	产量9 000单位: $1 080 000-$1 215 000=($135 000) F。								

图表 9-4　不同产出水平对吸收成本法下营业利润的影响：Stassen 公司 2021 年 6 500 单位销售量下的望远镜生产线利润表

图表 9-4 显示，2021 年只需生产 4 500 单位产品即可满足销售预算 6 500 单位（期初存货 2 000 单位＋生产 4 500 单位），在这一产出水平下的营业利润为 1 267 500 美元。当生产量超过 4 500 单位时，通常称之为"为存货而生产"，Stassen 公司可以增加吸收成本法下的营业利润。2021 年期末存货每增加一单位，营业利润就会增加 135 美元。例如，如果生产 9 000 单位（图表 9-4 第 H 列），则期末存货变为 4 500 单位，营业利润将增加至 1 875 000 美元。这一金额比期末存货为零时的营业利润高 607 500 美元（1 875 000－1 267 500，或 4 500×135）。通过生产 4 500 单位存货，使用吸收成本法的公司将 607 500 美元的固定生产成本记入产成品存货账户中，因此 2021 年这些成本没有费用化。

图表 9-4 所示的利润表还涉及另外三个重要问题。首先，D 列是基本情况，只是再次重申

了图表 9-2 的 B 部分中 2021 年吸收成本法的结果。其次，F 列强调，当存货水平不变时，即生产量等于销售量时，吸收成本法下的利润等于变动成本法下的利润（比较见图表 9-2 的 A 部分）。最后，图表 9-4 的例子仅涉及一年（2021 年）的会计信息。如果 Stassen 公司管理者在 2021 年年底将望远镜的库存增加至 4 500 单位，那么为了通过为存货而生产来增加当年的营业利润，他必须在 2022 年进一步增加期末存货。因为储存空间和管理控制方面的实际限制，存货水平的提高是有限度的。这些限制降低了吸收成本法产生不利影响的可能性。尽管如此，为了管理吸收成本法下的营业利润，管理者都有能力和动机将成本从存货中移入和移出。

在吸收成本法下，高层管理者能够实施制衡措施，限制管理者为存货而生产。但是，这种做法在实务中不可能完全禁止。管理者有许多隐秘的方法进行这种生产，这种行为并不容易被察觉。例如，考虑下面的情况：

● 工厂经理可能会使工厂转向生产那些能够最大限度地吸收固定生产成本的产品而不考虑顾客的需要（称为有选择的生产线）。没有或包含较少固定生产成本的产品生产会被推迟，可能导致在承诺的交货日无法交货（随着时间的推移，这可能会导致顾客流失）。

● 工厂经理可能会接受某个订单以增加生产量，即使同一公司的另一家工厂更适合完成这份订单。

● 为了增加生产，工厂经理可能会把设备的维修保养推迟到以后期间。这样做虽然会使当期的营业利润增加，但如果设备维修成本增加且设备使用效率降低，未来的营业利润可能会大幅下降。

9.3.2 对改进业绩评价体系的建议

高层管理者在主计长和管理会计师的帮助下，可以采取一些措施来减少吸收成本法带来的不利影响：

● 认真对待预算编制和存货计划，减少管理者提高存货水平的自由度。比如，在每月的预算资产负债表中列入存货金额的估计数，如果实际库存超出预算，高层管理者应对存货增加的原因展开调查。

● 在内部会计系统中记录存货持有成本。例如，在对管理者进行业绩评价时，对存货投资和存货损坏与过时进行评估，每月收取 1% 的存货结转费用。越来越多的公司开始采用这种做法。

● 改变业绩评价的期间。吸收成本法会导致管理人员采取行动以牺牲长期利润为代价换取当季或当年利润的最大化。当业绩评价期间延长至 3 年至 5 年时，管理者为存货而生产的动机就会降低。

● 在业绩评价方案中纳入非财务指标和财务指标。可用于监测 Stassen 公司管理者 2021 年业绩的非财务指标（见图表 9-4 的 H 列）如下：

(a) $\dfrac{2021 年期末存货数量}{2021 年期初存货数量} = \dfrac{4\,500}{2\,000} = 2.25$

(b) $\dfrac{2021 年生产量}{2021 年销售量} = \dfrac{9\,000}{6\,500} = 1.38$

高层管理者希望看到生产量与销售量相等，且存货水平相对稳定。生产和销售若干种产品的公司可能会报告每种产品的这两个指标。

除了正式的业绩评价系统外，公司还制定了行为准则，以遏制那些有利于管理者但不利于公司的行为，并且建立强调道德行为的价值观和文化。我们将在第 24 章讨论这些主题。

9.4 存货成本计算方法的比较

在开始讨论生产能力之前，我们先来了解一下变动成本法的一种变形——产量成本法，并且比较这三种存货成本计算方法。

9.4.1 产量成本法

某些管理者认为，即使是采用变动成本法也会导致存货成本过高。他们认为只有直接材料成本（如 Stassen 公司望远镜的透镜、套管、瞄准器和底座），才是"真正可变的"产出成本。**产量成本法**（throughput costing），也称**超变动成本法**（super-variable costing），是变动成本法的一种极端形式，在这种存货成本计算方法之下，只有直接材料成本可以计入存货性成本，而其他所有成本在发生当期均作为期间成本处理。特别是，变动直接制造人工成本和变动制造费用被视为期间成本，在发生当期作为费用扣除。

图表 9-5 是 Stassen 公司 2020 年及 2021 年采用产量成本法编制的利润表。产量毛利等于收入减去所有已售产品的直接材料成本。

	A	B	C
1		2020年	2021年
2	收入：$1 000×6 000；6 500单位	$ 6 000 000	$ 6 500 000
3	已售产品的直接材料成本		
4	期初存货：$110×0；2 000单位	$　　　　0	$　220 000
5	直接材料：$110×8 000；5 000单位	$　880 000	$　550 000
6	可供销售的产品成本	$　880 000	$　770 000
7	减　期末存货：$110×2 000；500单位	$ (220 000)	$　(55 000)
8	已售产品的直接材料成本	$　660 000	$　715 000
9	产量毛利[a]	$ 5 340 000	$ 5 785 000
10	生产成本（不含直接材料）[b]	$ 1 800 000	$ 1 530 000
11	营销成本[c]	$ 2 490 000	$ 2 582 500
12	营业利润	$ 1 050 000	$ 1 672 500
13			
14	a. 产量毛利等于收入减去全部已售产品的直接材料成本。		
15	b. 固定生产成本+（单位变动制造人工成本＋单位变动制造费用）×生产量；$1 080 000+[($40+$50)×8 000；5 000单位]。		
16	c. 固定营销成本+（单位变动营销成本×销售量）；$1 380 000+($185×6 000；6 500单位)。		

图表 9-5　产量成本法：Stassen 公司 2020 年和 2021 年望远镜生产线利润表

将图表 9-5 中的营业利润与吸收成本法及变动成本法下的营业利润进行比较：

	2020 年	2021 年
吸收成本法下的营业利润	$1 500 000	$1 335 000
变动成本法下的营业利润	$1 230 000	$1 537 500
产量成本法下的营业利润	$1 050 000	$1 672 500

在产量成本法下，只有 110 美元的单位直接材料成本被计入存货性成本，而在吸收成本法下为 335 美元，在变动成本法下为 200 美元。当生产量超过销售量时，如 2020 年的情况，产量成本法将导致当期的利润表中出现大量费用。因此，产量成本法的支持者认为相比变动成本法，特别是吸收成本法，产量成本法下为存货而生产的动力最低。与变动成本法和吸收成本法相比，产量成本法出现得比较晚，虽然它拥有很多支持者，但目前还没有得到广泛应用。[①]

小练习 9－3

Greer Replica 公司生产一种特色雕像，并出售给收藏家。2020 年，公司的预计和实际产量均为 17 000 座雕像，并以 330 美元的平均售价售出了 13 600 座雕像。该公司 2020 年的其他信息如下：

直接材料成本	$83/座
变动生产成本	$60/座
固定生产成本	$64/座
变动管理成本	$40/座

分别使用吸收成本法、变动成本法和产量成本法，计算每座雕像的成本。2020 年公司的产量毛利是多少？

9.4.2　可供选择的存货成本计算方法的比较

变动成本法和吸收成本法可以与实际成本法、正常成本法或标准成本法结合起来。图表 9－6 比较了这几种存货成本计算方法的产品成本的计算。

图表 9－6　不同存货成本计算法的比较

		实际成本法	正常成本法	标准成本法
吸收成本法 ｛ 变动成本法 ｛	变动直接生产成本	实际价格×实际投入量	实际价格×实际投入量	标准价格×实际产出下的标准投入量
	变动间接生产成本	实际变动间接成本分配率×成本分配基础的实际消耗量	预算变动间接成本分配率×成本分配基础的实际消耗量	标准变动间接成本分配率×实际产出下的成本分配基础的标准消耗量
	固定直接生产成本	实际价格×实际投入量	实际价格×实际投入量	标准价格×实际产出下的标准投入量
	固定间接生产成本	实际固定间接成本分配率×成本分配基础的实际消耗量	预算固定间接成本分配率×成本分配基础的实际消耗量	标准固定间接成本分配率×实际产出下的成本分配基础的标准消耗量

在会计界中一直存在关于变动成本法的争论，原因在于它如何影响外部报告，而不是在于对内部计划和控制中区分变动成本和固定成本的需要存在分歧。主张采用变动成本法编制外部报告的会计师认为，生产成本中的固定部分与生产能力的关系比与特定产量下的实际生产水平

---

① 参见 E. Goldratt, The Theory of Constraints (New York: North River Press, 1990); E. Noreen, D. Smith, and J. Mackey, *The Theory of Constraints and Its Implications for Management Accounting* (New York: North River Press, 1995)。

的关系更密切。因此，他们认为固定成本应该费用化，而不是计入存货性成本。

吸收成本法的支持者认为存货应该包含固定生产成本。因为变动及固定生产成本都是生产产品所必须支付的成本，因此，两种成本都应计入存货性成本，以使全部生产成本与收入配比，而不论其本身的性态如何。在全球范围内，越来越多的公司在面向股东的外部报告中开始遵循GAAP 的规定，即将所有生产成本（包括固定成本）计入存货性成本。这也减轻了公司和审计师区分变动和固定生产成本的负担，但在实务中，这种差别并不总是很明显。

类似地，美国公司在报税时，根据存货性成本计算的"全部吸收"法，管理者必须将直接生产成本以及固定和变动间接生产成本都计入存货。间接生产成本包括租金、水电费、维护费、修理费、间接材料费和间接人工费。对于其他间接成本（包括折旧费、保险费、税费、办公人员工资、工厂管理费和罢工相关成本）来说，"生产或制造业务或流程必不可少的"这部分成本只有在财务报告中被当作可计入存货的成本时，才可以因税收目的而计入存货性成本。因此，管理者必须经常在与生产作业相关的活动和与生产作业不相关的活动之间分配成本。①

9.5　基准水平生产能力概念与固定成本生产能力分析

我们已经看到，变动成本法与吸收成本法的差异仅在于对固定生产成本的处理方式。固定生产成本的支出使企业能够获得满足顾客预期市场需求所需的生产规模或生产能力。确定"正确的"支出金额或适当的生产能力水平是管理者面临的最困难的决策之一。生产能力超过市场需求意味着生产能力有闲置，并将产生与未使用生产能力相关的成本。生产能力小于市场需求则意味着部分顾客的需求无法得到满足，这些顾客可能会坚决地转向其他厂商。因此，管理者和会计师必须了解与生产能力成本相关的问题。

我们从分析吸收成本法中的一个关键问题开始：在公司的固定生产成本支出水平下，管理者和会计师应该使用什么样的生产能力水平来计算单位产品的固定生产成本？然后，我们研究一个更广泛的问题，即企业应该如何决定其生产能力投资水平。

9.5.1　吸收成本法与基准水平生产能力的几个概念

前面几章，特别是第 4、5 和 8 章着重阐述的是对于一个会计期间内的持续生产作业，如何运用正常成本法和标准成本法报告成本。用于将预算固定生产成本分配给产品的生产能力水平的选择，会极大地影响管理者可获取的产品成本信息，以及正常成本法或标准成本法下报告的营业利润。

仍以 Stassen 公司为例。它的年固定生产成本是 1 080 000 美元。公司采用吸收成本法编制外部报告，并使用标准成本计算预算固定生产成本分配率。现在我们来计算四种不同基准水平生产能力下的预算固定生产成本分配率。这四种基准分别水平为理论生产能力、实际生产能力、正常生产能力和总预算生产能力。

---

① 有关税务规则的详细信息，参见《美国国内税收法典》第 1.471 - 11 部分：制造业企业存货（见 http://ecfr.gpoaccess.gov）。回想一下第 2 章，与生产不相关的成本，如营销、分销或研究费用，在财务报告中被视为期间成本。根据美国税法的规定，企业出于税收目的，仍然可以将这些成本作为存货性成本，前提是企业始终这样处理。

理论生产能力与实际生产能力

在商业和会计领域，生产能力一词带有"约束"和"上限"的含义。**理论生产能力**（theoretical capacity）是指一直满负荷高效运转下的生产能力。当生产线以最大速度运行时，Stassen 公司每一班能够生产 25 单位产品。假设一年生产 360 天，每天分 2 班轮换生产，则理论年生产能力计算如下：

$$25 \times 2 \times 360 = 18\ 000（单位）$$

理论生产能力是一种理论意义上的生产能力，它没有考虑因设备维修、停工期、装配线中断造成的减速或停机时间。理论生产能力在现实世界中是无法达到的，但它代表了对生产能力利用的理想化追求。

实际生产能力（practical capacity）是指在考虑到不可避免的生产中断（如定期维修时间和节假日停工）后，从理论生产能力中排除这些中断所能达到的生产能力水平。假设一年有 300 个工作日（在理论生产能力下一年有 360 个工作日），每天 2 班轮换生产，每班生产 20 单位（在理论生产能力下是每班 25 单位），那么实际年生产能力计算如下：

$$20 \times 2 \times 300 = 12\ 000（单位）$$

在计算理论生产能力或实际生产能力时，还要同时考虑工程因素与人力资源因素。Stassen 公司的工程师可以提供机器切割和抛光镜片技术可行性方面的信息。人力资源部门可以评估员工安全因素，如生产线以较高的速度运转时受伤风险的增加。

正常生产能力与总预算生产能力

理论生产能力和实际生产能力反映的都是工厂能够提供的生产能力，即可达到的生产能力；相比而言，正常生产能力和总预算生产能力衡量的则是与产品需求对应的生产能力，即在为满足市场需求而生产时使用的生产能力。在许多情况下，预算需求远远低于可以达到的生产能力。

正常生产能力利用水平（normal capacity utilization）是指在一定时期（如 2～3 年）内，能够满足顾客平均需求的生产能力利用水平，包含了季节性、周期性和趋势性的因素。**总预算生产能力利用水平**（master-budget capacity utilization）是指在当前预算期（通常为 1 年）内，预期的生产能力利用水平。在面临周期性需求模式的行业中，这两种生产能力利用水平可能有很大的差别。例如：

- 汽车行业可能预计在利率较低时出现高需求，或在经济衰退时出现低需求。
- 医疗保健信息技术系统的供应商可能会在美国最大的医疗保健服务支付方 Medicare 提高其支付率时经历一段高需求期，或者在医疗保健服务的报销率降低时经历一段低需求期。

Stassen 公司 2020 年总预算是建立在年产 8 000 单位望远镜的生产水平上的。虽然 2020 年的总预算生产能力利用水平是 8 000 单位望远镜，但公司高层管理者认为在今后 3 年内，正常（平均）的年产出水平将达到 10 000 单位望远镜。因此 2020 年预算 8 000 单位的产出水平是"异常"低的，因为 Stassen 公司的一个主要竞争对手已大幅削减其产品的销售价格并且在广告宣传方面投入了大量资金。Stassen 公司认为竞争对手的降价和宣传攻势不会长期持续，到 2021 年及以后，公司的产销量会增加。

9.5.2　对预算固定生产成本分配率的影响

我们现在讨论这四个基准水平分别对预算固定生产成本分配率的影响。Stassen 公司 2020

年的预算（标准）固定生产成本为 1 080 000 美元。该成本是望远镜的生产所产生的固定成本，主要包括设备的租赁成本和人员的薪酬。在四种生产能力水平下，2020 年预算固定生产成本分配率如下表第（4）列所示：

	A	B	C	D	E	F
1 2 3	基准水平 生产能力概念 (1)	预算年固定 生产成本 (2)	预算生产能力 水平（单位） (3)	预算单位固定 生产成本 (4)=(2)/(3)	预算单位变动 生产成本 (5)	预算单位总 生产成本 (6)=(4)+(5)
4	理论生产能力	$1 080 000	18 000	$ 60	$200	$260
5	实际生产能力	$1 080 000	12 000	$ 90	$200	$290
6	正常生产能力	$1 080 000	10 000	$108	$200	$308
7	总预算生产能力	$1 080 000	8 000	$135	$200	$335

第（4）列中成本分配率的显著差异（从 60 美元到 135 美元）是不同生产能力概念下预算生产能力水平的巨大差异造成的。

第（5）列中预算单位变动生产成本是固定的 200 美元，由此得到第（6）列中不同生产能力概念下的预算单位总生产成本。

因为不同基准水平的生产能力概念会产生不同的预算单位固定生产成本，所以 Stassen 公司必须决定使用哪种生产能力水平。Stassen 公司在从事管理计划和控制、编制外部报告或申报所得税时，不必使用同一种生产能力水平概念。

小练习 9 - 4

Allbirds 公司每小时最多能生产 900 双运动鞋。每天 2 班轮换生产，每班 12 小时。由于不可避免的操作中断，平均每小时生产 500 双运动鞋。工厂每月实际仅运行 26 天。由于一家具有高度个性化能力的竞争对手进入市场，Allbirds 公司根据本月的预算估计只能售出 306 000 双运动鞋。但未来需求不太可能受到影响，每月平均需求量约 311 000 双。

每月按 30 天计，计算公司每月的：（1）理论生产能力；（2）实际生产能力；（3）正常生产能力；（4）总预算生产能力。

9.6　生产能力水平的选择

在每个会计年度初，管理者必须确定不同用途的预算固定生产成本分配率，具体用途包括：（1）产品成本计算及生产能力管理；（2）定价决策；（3）业绩评价；（4）财务报告；（5）税务要求。下面我们将讨论如何在与各种生产能力概念相关的不同基准水平之间做出选择。

9.6.1　产品成本计算及生产能力管理

Stassen 公司的例子说明了采用理论生产能力会导致单位固定生产成本过小，因为它是根据理想化的、不可能达到的生产能力水平计算的。由于理论生产能力与公司可有效利用的生产能力相去甚远，所以理论生产能力很少被用于计算预算单位固定生产成本。

许多公司倾向于将实际生产能力作为计算预算单位固定生产成本的基准。在 Stassen 公司的例子中，实际生产能力是 Stassen 公司每年在生产能力上花费 1 080 000 美元所能合理预期的最大年产量（12 000 单位）。如果公司一直计划将产量保持在较低水平，比如年产量 6 000 单位望远镜，那么公司应该缩小工厂规模，从而降低固定生产成本。

维持 12 000 单位生产能力的固定生产成本为每年 1 080 000 美元，因此预算单位固定生产成本为每单位 90 美元。早在生产之初，公司还不知道实际将会利用多少生产能力的情况下，管理者就确定了这一生产能力水平。也就是说，每单位 90 美元的预算固定生产成本衡量的是可以提供的生产能力的单位成本。

预计 2020 年 Stassen 公司望远镜的需求量为 8 000 单位，这一水平比实际生产能力 12 000 单位少 4 000 单位，但维持 12 000 单位生产能力的成本为每年 1 080 000 美元，因此生产 12 000 单位望远镜所需能力的供给成本仍为每单位 90 美元。生产能力及其成本在短期内是固定的，与变动成本不同，可用的生产能力并不会自动减少到 2020 年所需的生产能力水平。因此，以每单位 90 美元的成本提供的生产能力在 2020 年并不能被完全利用。将实际生产能力作为基准水平，管理者可以把生产能力的供给成本分为已利用生产能力成本和闲置生产能力成本两部分。按照每单位 90 美元的生产能力的供给成本计算，Stassen 公司将会利用的生产资源成本为 720 000 美元（90×8 000）；将会闲置的生产资源成本为 360 000 美元（90×(12 000−8 000)）。

在使用实际生产能力时，无论对生产能力的需求如何变动，生产能力成本总是固定在提供实际生产能力的成本上。强调那部分已取得但未利用的生产能力成本，可以引导管理者注意闲置生产能力的管理，包括为了利用闲置生产能力而开发新产品、将闲置生产能力出租或者消除闲置生产能力。相比之下，以需求为出发点的生产能力水平——总预算生产能力或正常生产能力，均掩盖了闲置生产能力的问题。例如，如果 Stassen 公司将总预算生产能力作为生产能力水平，那么计算出的预算单位固定生产成本为每单位 135 美元（1 080 000÷8 000）。这种计算方法并未使用实际生产能力数据，因而没有单独确认闲置生产能力的成本。然而，请注意，每单位 135 美元的成本中实际包含了闲置生产能力成本，其中 90 美元的固定生产成本是实际生产能力耗用的，剩下的 45 美元（360 000÷8 000）就是闲置生产能力成本。

从长期的视角来看，Stassen 公司应该以哪种生产能力为基础，为其产品定价或与竞争对手的产品成本结构进行比较呢？是采用实际生产能力成本 90 美元，还是总预算生产能力成本 135 美元？90 美元也许是更好的选择。为什么？因为 90 美元排除了任何闲置生产能力成本，代表了仅仅用于产出的生产能力的成本。客户愿意为实际使用的生产能力付出一个价格，而不愿意为闲置生产能力付费，他们希望 Stassen 公司对其闲置生产能力进行管理，或者承担这部分成本而不是转嫁给他们。不仅如此，如果 Stassen 公司的竞争对手对闲置生产能力的利用更加有效，在其竞争对手的成本结构（用于指导竞争对手的定价决策）中，生产能力的成本可能接近每单位 90 美元。在后文，我们将说明正常生产能力和总预算生产能力对非竞争性定价的影响。

9.6.2 定价决策与需求螺旋式下降

需求螺旋式下降（downward demand spiral）体现了当产品价格无法降低到与竞争对手相同的情况下，市场对本公司产品需求是持续降低的。随着需求的进一步下降，基于正常生产能力和总预算生产能力的成本系统产生的单位成本越来越高，导致公司越来越没有能力与竞争对手进行竞争。

理解需求螺旋式下降的最简单方法就是举例说明。假设 2020 年 Stassen 公司以总预算生产能力 8 000 单位为基础进行产品成本计算。由此得出的生产成本为每单位 335 美元（变动生产成本 200 美元/单位＋固定生产成本 135 美元/单位）。如果一个竞争对手在 2019 年 12 月份对 Stassen 公司的一个主要客户（预计 2020 年这一客户将购买 Stassen 公司 2 000 单位产品）承诺以每单位 300 美元的价格向其提供产品。Stassen 公司不愿意在账户上出现亏损，并且希望在长期内收回所有成本，因此并没有降价。这样账面上出现了一项损失，该客户的流失意味着总预算产量降低到 6 000 单位，但仍要分摊所有的预算固定生产成本 1 080 000 美元，即每单位 180 美元（1 080 000÷6 000）。

假设 Stassen 公司的另一个客户也是 2 000 单位的预算销售量，它接受了来自另一个竞争对手的每单位 350 美元的销售价格。Stassen 公司将这一价格与修正后的单位成本 380 美元（200＋180）进行比较，还是没有采取降价措施，账面上又出现了损失。计划生产量进一步减少到 4 000 单位，预算单位固定生产成本增至每单位 270 美元（1 080 000÷4 000）。随着总预算生产能力利用水平的降低，固定生产成本的变化情况如下表所示：

	A	B	C	D
1	总预算		预算单位固定	
2	生产能力	预算单位变动	生产成本	预算单位总
3	基准水平（单位）	生产成本	（$1 080 000÷（1））	生产成本
4	(1)	(2)	(3)	(4)=（2）+（3）
5	8 000	$200	$135	$335
6	6 000	$200	$180	$380
7	4 000	$200	$270	$470
8	3 000	$200	$360	$560

相比较而言，实际生产能力是一个稳定的衡量指标。如果把实际生产能力作为计算预算单位固定生产成本的基准，当需求水平变动时，单位成本是不变的，因为固定生产成本分配率是根据可以达到的生产能力而不是利用的生产能力来确定的，因此公司如果采用实际生产能力作为分配固定生产成本的基准并以此进行产品定价，则不太可能出现向下的需求曲线。

将实际生产能力作为基准水平，还能让管理者更准确地了解生产单位产品所需和所用的资源，因为未使用的生产能力被排除在外。如前所述，生产一单位望远镜的生产资源成本是 290 美元（200 美元的单位变动生产成本加上 90 美元的单位固定生产成本）。这一成本低于竞争对手的报价，将会正确引导管理者制定相应的价格并留住客户（为了讨论方便，假定 Stassen 公司没有其他成本）。然而，如果竞争对手的报价低于 290 美元，Stassen 公司的管理者将不能收回生产望远镜的资源成本。这就向管理者发出了一个信号，即使公司的生产能力得到了充分利用，它也是没有竞争力的。从长远来看，Stassen 公司盈利和留住客户的唯一方法是降低单位生产成本。

传统的固定电话行业目前正处于需求螺旋式下降的过程中。随着越来越多的电话用户转向无线和互联网服务，美国最大的两家电话服务提供商威瑞森和 AT&T 正在减少向家庭和企业提供的有线电话服务。正如 AT&T 对美国联邦通信委员会（U. S. Federal Communications Commission）所说的那样："传统电话服务的商业模型正处在一个死亡螺旋中。""观念实施：ESPN 能否避免陷入'断线'的'死亡螺旋'？"说明了一个影响有线电视网络的类似现象。

ESPN 能否避免陷入"断线"的"死亡螺旋"？

多年来，娱乐与体育节目电视网（Entertainment and Sports Programming Network，ESPN）一直在美国和全球体育广播领域占据主导地位。ESPN 是迪士尼公司旗下的一个价值 80 亿美元的业务部门，由八个有线电视网络、一个网站、一本杂志和各种国际业务组成。直到 2015 年，ESPN 还为公司最大的业务，即迪士尼媒体网络业务贡献了约一半的总收入，并且其营业利润率高达 40%，实现了 44 亿美元的利润。

但 ESPN 的处境已经发生了变化。从 2012 年到 2018 年，ESPN 失去了 1 600 多万订阅用户。随着网飞、Hulu、Amazon Prime 等推出新的娱乐选项，许多电视观众取消了昂贵的有线电视订阅（这些人被称为"断线族"），或者从未订阅有线电视（这些人被称为"无线族"）。ESPN 网络的订阅费每月约 8 美元，在固定成本不断上升的情况下，"断线"让 ESPN 在 2018 年损失了超过 15 亿美元的收入。自 2013 年以来，ESPN 每年向体育联盟支付的直播赛事的费用增加了一倍多，达到每年 47 亿美元。2015 年，ESPN 与 NBA 签署了一项新协议，将在 9 年内每年花费 14 亿美元直播职业篮球比赛。2018 年，ESPN 与终极格斗冠军赛（Ultimate Fighting Championship）签订了一项类似的协议，5 年内每年支付 3 亿美元，用于购买广播权和流媒体播放权。

某些观察人士想知道，"断线"是否会导致 ESPN 和其他有线电视网络陷入需求螺旋式下降的困境，即出现所谓的"死亡螺旋"。在这种情况下，订阅用户数量的进一步减少将迫使 ESPN 提高订阅费用，以弥补损失的收入并覆盖高昂的固定成本。单位成本的上升，反过来又会促使更多的订阅用户选择"断线"。这会进一步减少 ESPN 的收入，使 ESPN 的商业模式不可持续。

因此，ESPN 的管理者已采取了积极行动来尽可能地降低成本。从 2015 年至 2017 年，ESPN 解雇了 450 多名台前与幕后的员工。公司还在积极寻求新的创收机会，包括推出 ESPN＋流媒体服务。用户每月只需支付 4.99 美元便可观看数千场美国职业棒球大联盟（Major League Baseball）、全美冰球联盟（National Hockey League）、美国职业足球大联盟（Major League Soccer）和职业高尔夫协会（Professional Golf Association）的赛事，以及足球、板球和橄榄球等的热门国际体育赛事。虽然许多体育迷仍在收看体育节目，但在未来几年是否有足够多的体育迷愿意向 ESPN 付费，以确保它避免陷入"死亡螺旋"，仍有待观察。

资料来源：Jeremy Bowman, "Don't Expect ESPN to Cut the Cord Anytime Soon," *The Motley Fool*, January 24, 2016 （https://www.fool.com/investing/general/2016/01/24/dont-expect-espn-to-cut-the-cord-anytime-soon.aspx）; Kevin Draper, "ESPN Is Laying Off 150 More Employees," *The New York Times*, November 29, 2017 （https://www.nytimes.com/2017/11/29/sports/espn-layoffs.html）; Todd Spangle, "ESPN＋ Launches With a Ton of Live Sports and Limited Ads," *Variety*, April 12, 2018 （https://variety.com/2018/digital/news/espn-plus-subscription-sports-streaming-limited-ads-1202751319/）; Trefis Team, "With Subscriber Declines Continuing, How Much is ESPN Worth?" Forbes.com, March 15, 2018 （https://www.forbes.com/sites/greatspeculations/2018/03/15/with-subscriber-declines-continuing-how-much-is-espn-worth/）; Shalini Ramachandran, "Adding to ESPN's Struggles: Politics," *The Wall Street Journal*, May 25, 2018 （https://www.wsj.com/articles/how-a-weakened-espn-became-consumed-by-politics-1527176425）; Cynthia Littleton, "ESPN Loses 2 Million Subscribers in Fiscal 2018," *Variety*, November 21, 2018 （https://variety.com/2018/biz/news/espn-disney-channel-subscriber-losses-2018-1203035003/）.

9.6.3　业绩评价

我们选择的基准水平，如正常生产能力、总预算生产能力或实际生产能力，会影响公司对营销经理的业绩评价。正常生产能力取决于选择的时间跨度以及对各年的预测，经常被用于制订长期计划。然而，正常生产能力是一个平均值，无法反映营销经理在特定年份的业绩。如果使用这一指标评价营销经理的业绩，就犯了用长期评价指标衡量短期业绩的错误。公司应该使用总预算生产能力而不是正常生产能力或实际生产能力来评价当年营销经理的业绩，因为总预算是主要的短期计划和控制工具。编制总预算时考虑到了当年可以达到的最高销售水平，这对于管理者来说更有强制力。

当实际生产能力与总预算生产能力之间存在巨大差异时，一些公司（如得州仪器（Texas Instruments）、宝兰山（Polysar）和山德士）会将这一差异归类为计划内的闲置生产能力。采用这种方法的原因之一就是有利于业绩评价。仍以 Stassen 公司生产的望远镜为例。生产能力的规划者通常无权为产品定价。高层管理者在未来 5 年需求预测的基础上，决定建立一个年产 12 000 单位望远镜的工厂，指定由中层管理者，即营销经理进行产品定价决策。这些中层管理者认为他们只应对与 2020 年潜在顾客基础相关的制造费用负责。总预算生产能力利用水平表明，2020 年潜在顾客基础为 8 000 单位（实际生产能力 12 000 单位的 2/3）。根据责任会计原则（见第 6 章），在预算总固定生产成本中，只有 2/3(1 080 000×2/3) 是为满足 2020 年的市场需求而消耗的固定生产能力成本，剩下的 1/3(1 080 000×1/3) 是与 2020 年以后的长期需求增长相关的生产能力成本。[1]

9.6.4　财务报告

在吸收成本法下，用于计算单位预算固定生产成本的基准水平的选择，会影响有利或不利生产量差异的大小。假设 Stassen 公司 2020 年的实际运营信息如下：

	A	B	C
	文件　开始　插入　页面布局　公式　数据　审阅　视图		
1	期初存货	0	
2	生产量	8 000	单位
3	销售量	6 000	单位
4	期末存货	2 000	单位
5	销售价格	$　1 000	每单位
6	变动生产成本	$　200	每单位
7	固定生产成本	$1 080 000	
8	变动营销成本	$　185	每销售单位
9	固定营销成本	$1 380 000	

注意，这些数据与图表 9-1 中使用变动成本法和吸收成本法计算利润时使用的数据相同。与之前一样，我们假设不存在生产成本的价格差异、耗费差异或效率差异。

生产量差异的计算公式已在第 8 章介绍过，如下所示：

---

[1]　有关进一步讨论，详见 T. Klammer，*Capacity Measurement and Improvement*（Chicago：Irwin，1996）。本研究得到了 CAM-I 的协助。CAM-I 是一个致力于推动创新成本管理实践的组织。CAM-I 关于生产能力成本的研究探讨了公司如何在不影响满足顾客需求的必要产出的情况下，确定可以减少（或消除）的生产能力成本类型。例如，通过改进流程，成功消除因供应商与客户之间协调不善而预计会遇到的处理困难所导致的生产能力成本。

生产量差异＝预算固定制造费用－按实际产量分配的固定制造费用

　　生产能力水平的不同概念导致了四个不同的预算固定制造费用分配率。不同的分配率又导致分配给实际生产的 8 000 单位产品的固定制造费用不同，并且生产量差异也不同。使用总预算固定生产成本 1 080 000 美元（等于实际固定生产成本）和不同基准水平下的分配率，可以计算生产量差异：

$$生产量差异(理论生产能力) = 1\ 080\ 000 - 8\ 000 \times 60$$
$$= 1\ 080\ 000 - 480\ 000$$
$$= 600\ 000(美元)U$$

$$生产量差异(实际生产能力) = 1\ 080\ 000 - 8\ 000 \times 90$$
$$= 1\ 080\ 000 - 720\ 000$$
$$= 360\ 000(美元)U$$

$$生产量差异(正常生产能力) = 1\ 080\ 000 - 8\ 000 \times 108$$
$$= 1\ 080\ 000 - 864\ 000$$
$$= 216\ 000(美元)U$$

$$生产量差异(总预算生产能力) = 1\ 080\ 000 - 8\ 000 \times 135$$
$$= 1\ 080\ 000 - 1\ 080\ 000$$
$$= 0$$

　　Stassen 公司在期末如何处理这些差异，将决定这些生产量差异对营业利润的影响。我们现在讨论三种可供选择的方案，这些方法已经在第 4 章中讨论过了。

　　1. 调整分配率法。这种方法使用重新计算的实际成本分配率来重新计算总分类账和明细分类账中的所有金额。鉴于实际固定生产成本是 1 080 000 美元，实际产量为 8 000 单位，则重新计算后的固定生产成本为每单位 135 美元（1 080 000÷8 000）。成本分配率如此调整之后，计算预算固定生产成本之前对基准生产能力的不同选择就不会对期末的财务报表产生影响了，实际上相当于在期末采用了实际成本法。

　　2. 按比例分配法。这种方法将少分配或多分配的间接成本分配到在产品控制、产成品控制和产品销售成本账户。按比例分配法将这些账户的期末余额重新调整为使用实际成本分配率而非预算成本分配率时的余额。在这种方法下，计算预算单位固定生产成本的生产能力的选择也不会对期末的财务报表产生影响。

　　3. 直接计入产品销售成本法。图表 9-7 说明了这种方法如何影响 Stassen 公司 2020 年的营业利润。回想一下，Stassen 公司 2020 年 12 月 31 日的期末存货为 2 000 单位。若基准水平为总预算生产能力，则会导致最高的单位固定生产成本分配给期末存货中的 2 000 单位（见图表 9-7 中的"减：期末存货"项目），而相应的营业利润也是最高的。在图表 9-7 中，四种基准水平下营业利润之间的差异归结于 2020 年年末固定生产成本计入存货性成本的差异：

2020 年 12 月 31 日包含在存货中的固定生产成本	
理论生产能力	2 000 单位×$60/单位＝120 000 美元
实际生产能力	2 000 单位×$90/单位＝180 000 美元
正常生产能力	2 000 单位×$108/单位＝216 000 美元
总预算生产能力	2 000 单位×$135/单位＝270 000 美元

	理论生产能力		实际生产能力		正常生产能力		总预算生产能力	
基准水平	18 000		12 000		10 000		8 000	
收入a	$6 000 000		$6 000 000		$6 000 000		$6 000 000	
产品销售成本								
期初存货	$ 0		$ 0		$ 0		$ 0	
变动生产成本b	$1 600 000		$1 600 000		$1 600 000		$1 600 000	
固定生产成本c	$ 480 000		$ 720 000		$ 864 000		$1 080 000	
可供销售的产品成本	$2 080 000		$2 320 000		$2 464 000		$2 680 000	
减：期末存货d	$ (520 000)		$ (580 000)		$ (616 000)		$ (670 000)	
产品销售成本（标准成本）	$1 560 000		$1 740 000		$1 848 000		$2 010 000	
生产量差异调整	$ 600 000	U	$ 360 000	U	$ 216 000	U	$ 0	
产品销售成本	$2 160 000		$2 100 000		$2 064 000		$2 010 000	
毛利	$3 840 000		$3 900 000		$3 936 000		$3 990 000	
营销成本e	$2 490 000		$2 490 000		$2 490 000		$2 490 000	
营业利润	$1 350 000		$1 410 000		$1 446 000		$1 500 000	

a. $1 000×6 000＝$6 000 000。	d. 期末存货成本：
b. $200×8 000＝$1 600 000。	（$200＋$60）×2 000＝$520 0000
c. 固定制造费用：	（$200＋$90）×2 000＝$580 000
$60×8 000＝$480 000	（$200＋$108）×2 000＝$616 000
$90×8 000＝$720 000	（$200＋$135）×2 000＝$670 000。
$108×8 000＝$864 000	e. 营销成本：
$135×8 000＝$1 080 000。	$1 380 000＋$185×6 000＝$2 490 000。

图表 9－7　使用不同生产能力对利润表的影响：Stassen 公司 2020 年

　　从图表 9－7 中可以看出，总预算生产能力与正常生产能力之间的营业利润差异为 54 000 美元（1 500 000－1 446 000），它是计入存货性成本的固定生产成本差异 54 000 美元（270 000－216 000）造成的。

　　总之，图表 9－4 和图表 9－7 从左到右各列营业利润数字不断增加的共同原因是期末存货中包括的固定生产成本不断增加。固定生产成本计入存货的金额取决于两个因素：期末存货数量和固定生产成本分配率。图表 9－4 显示了期末存货数量增加（通过增加生产）对营业利润的影响。图表 9－7 显示了固定生产成本分配率增加（通过降低用于计算分配率的基准水平）对营业利润的影响。

　　第 8 章讨论了管理者和管理会计师在决定将生产量差异按比例分配给存货和产品销售成本还是直接将其计入产品销售成本时必须考虑的各种问题。目标是将代表没有用于支持当期生产的生产能力成本的那部分生产量差异冲销掉。确定这个数额常常是一个判断问题。

　　在财务报告方面，《财务会计准则第 151 号》要求根据设备的正常生产能力来分配固定制造费用，从而使财务报告更加清晰。在这种情况下，正常生产能力是指在正常情况下，预计在多个时期或季节内达到的生产水平范围。在产量异常高时，分配给单位产品的固定制造费用会减少，因此存货的计量不会高于成本。当产量低于预期产量的变化范围时，未分配的固定制造费用在发生当期被确认为费用。《财务会计准则第 151 号》的规定不适用于不重要的项目。此外，该规定不要求披露为合规而进行的任何调整的金额，即与未使用的生产能力相关的固定制造费用金额，该金额目前已计入产品销售成本，而不是计入期末在产品和产成品存货。

9.6.5　税务要求

　　美国国税局（IRS）要求公司在报税时，按照"在生产的多种产品间公允地分配成本的分配方法"来分配存货性间接生产成本。IRS 接受使用间接费用分配率（IRS 称之为"生产负担分配率"）和标准成本的方法。在每种方法下，美国的税收报告都要求期末使用调整分配率法或按比例分配法在实际与使用的间接成本之间进行协调。[①] 更有趣的是，无论采用哪种方法，IRS 都允许使用实际生产能力计算预算单位固定生产成本。此外，使用这种方法产生的生产量差异可以在成本发生的当年在税前扣除。从图表 9－7 中可以明显看出这种政策带来的税收优惠。注意，当基准水平设定为实际生产能力（D 列，360 000 美元的生产量差异计入产品销售成本）时，营业利润小于正常生产能力（F 列）或总预算生产能力（H 列）下的营业利润。

9.7 生产能力成本的计划与控制

在制订生产能力水平计划和决定如何最好地控制和分配生产能力成本时，除了本章前面讨论的会计相关问题，管理者还必须考虑许多其他因素。这些因素包括：已有生产能力的预期成本和预期需求的不确定性水平；在价值链的非生产部分存在的与生产能力有关的问题；在分配生产能力成本中使用作业成本法的潜在可能性。

9.7.1 选择生产能力水平的困难

实际生产能力衡量的是可利用的生产能力的大小。管理者通常能够利用工程研究工具，同时考虑一些人力资源因素（比如工人安全），对预算期基准水平做出可靠的估计。

有效估计需求方的基准水平更加困难，特别是获取长期正常生产能力利用数据。例如，在 20 世纪 80 年代，很多美国的钢铁制造公司坚信它们虽身处需求波动周期的下降阶段，但随后 2～3 年，需求将出现回升。毕竟，钢铁行业一直是一个周期性行业，上升阶段紧随着下降阶段，因此处于这一行业中的企业对正常生产能力进行预测应该说是比较有把握的。然而，20 世纪 80 年代钢铁的需求状况并没有好转，这导致许多工厂和公司倒闭。

全球经济问题表明，在某种程度上，需求预测可能是不准确的。例如，苹果公司在 2019 年 1 月将其 2019 财年第一季度收入预测从两个月前预测的 915 亿美元下调至 840 亿美元。同样，出于对国际贸易形势的担忧，万豪国际（Marriot International）于 2018 年 11 月将其 2018 财年第四季度的平均客房收入增长预测从 2018 年早些时候估计的 2.5%～3% 下调至 2%。

除了应对经济周期和预测不准确的问题，公司也面临市场营销管理者的问题，他们可能高估自己夺回失去的销售额和市场份额的能力。因此他们对产品"正常"需求的估计往往过于乐观。总预算生产能力仅关注下一年的预期需求。因此，公司对总预算生产能力的估计比正常生产能力更为可靠。但是，总预算生产能力仍然只是一个预测，真实的需求可能高于或低于这一估计。

重要的是要理解成本系统（如正常成本法或标准成本法）并不以管理者所认识到的方式来识别不确定性。在计算吸收成本法下的单位固定生产成本时，使用的是单一金额作为基准水平，而不是一个可能的范围。例如，Stassen 公司的实际生产能力估计为 12 000 单位，预计 2020 年

---

① 例如，《美国国内税收法典》第 1.471－11 部分规定，正确使用标准成本法，纳税人必须将总差异（净正或净负）按一定比例在期末存货产品中分摊。当然，如果差异在金额上不重要，可以计入费用（即直接计入产品销售成本），但企业的财务报告中也必须做同样的处理。

的总预算生产能力为 8 000 单位。但是，对于 Stassen 公司在 2020 年及以后年度实际将生产多少单位望远镜，仍存在相当大的不确定性。管理者意识到了生产计划的这种不确定性。Stassen 公司把工厂设计为 12 000 单位的产出水平，部分原因就是应对可能的需求波动。即使在给定期间内需求并没有激增，也不要认为在该期间内存在闲置生产能力必然是资源的浪费。在某些时期，满足需求激增所带来的收益可能远远超过生产能力的闲置成本。

9.7.2　预测固定生产成本的困难

根据分子（预算固定生产成本）和分母（某种生产能力指标）可以确定固定生产成本分配率。到目前为止，我们的讨论一直围绕着分母的选择问题。然而分子的确定，同样是一个具有挑战性的问题。例如，可再生能源的发展导致许多传统能源公司无利可图，不得不减记发电厂等资产的价值。资产减值会使分子变小，因为每千瓦时发电的固定生产能力成本计算中包含的折旧费用更少了。在这种情况下，管理者面临的困难是减记的金额并不明确，而是需要进行判断。另外，由于供应商（如亚马逊网络服务（Amazon Web Services））提供的云能力，信息技术基础设施的成本不断下降，该成本在许多情况下可以从固定成本转变为变动成本。

9.7.3　非生产成本

生产能力成本同样会发生在价值链上的非生产环节。Stassen 公司可能会收购一批能够分配其生产设施实际生产能力的车辆。当实际产量低于实际生产能力时，将会产生与分销功能相关的闲置生产能力成本，以及与生产功能相关的闲置生产能力成本。

正如你在第 8 章中看到的，生产能力成本问题在许多服务业公司中十分突出，如航空公司、医院、铁路公司，即使这些公司并没有存货，不涉及存货成本计算的问题。以医院为例，对于如何计算妇产科每个病人每天的固定成本，医院必须决定选择哪种生产能力作为基准：实际生产能力、正常生产能力或总预算生产能力。医院的决策将影响生产能力管理、定价决策以及业绩考核。

9.7.4　作业成本法

为了简化，本章中的 Stassen 公司示例假设所有成本要么是变动的，要么是固定的。特别是，没有批次成本和产品维持成本。不难看出，变动成本法与吸收成本法之间的区别直接体现在作业成本系统中，其中，批次成本是变动成本，产品维持成本是固定成本。

为了专注于为预算固定生产成本分配率选择一个适当的基准，我们在 Stassen 公司的例子中假设所有固定生产成本只有一个成本动因：望远镜的生产台数。如第 5 章所述，作业成本法将生产成本归入若干个成本库中，包括单位产出成本、批次成本、产品维持成本和设备维持成本，且每类成本的成本动因都不同。在计算作业成本分配率时（比如生产准备成本和材料处理成本），管理者必须为成本动因的数量（如生产准备小时数或装运材料批数）选择一个生产能力水平。管理者应该选择实际生产能力、正常生产能力，还是总预算生产能力？基于本章给出的理由（如定价和生产能力管理），大多数作业成本法的支持者都认为管理者应该将实际生产能力作为计算作业成本分配率的基准。

📖 自测题

假设 Stassen 公司在 2020 年 1 月 1 日决定与另一公司签订合同，以预先组装该公司望远镜的大部分部件。2020—2021 年，修订后的生产成本结构如下：

单位变动生产成本	
直接材料成本	$ 250
直接制造人工成本	$ 20
制造费用	$ 5
单位变动生产成本总额	$ 275
固定生产成本	$480 000

在修订后的成本结构下，单位生产成本中变动成本所占的比例更大。用于计算 2020 年与 2021 年预算单位固定生产成本的基准生产水平是 8 000 单位。假设与图表 9-1 与 9-2 中的数据相比没有其他变化。在修订后的成本结构下，吸收成本法与变动成本法下的营业利润信息如下：

	2020 年	2021 年
吸收成本法下的营业利润	$1 500 000	$1 560 000
变动成本法下的营业利润	$1 380 000	$1 650 000
差异	$ 120 000	$ （90 000）

要求：

1. 计算 2020 年和 2021 年预算单位固定生产成本。

2. 解释 2020 年和 2021 年吸收成本法与变动成本法下营业利润之间的差异，重点关注期初和期末存货中的固定生产成本。

3. 为什么这些差异小于图表 9-2 中的差异？

4. 假设除了 2020 年的总预算生产能力由 8 000 单位变为 10 000 单位之外，其他信息不变。公司 2020 年吸收成本法下的营业利润与以前的 1 500 000 美元相比，有何不同？展示计算过程。

解答：

1. 计算过程如下：

$$预算单位固定生产成本 = \frac{预算固定生产成本}{预算生产量}$$

$$= \frac{480\ 000}{8\ 000}$$

$$= 60（美元/单位）$$

2. 计算过程如下：

$$\frac{吸收成本法下的}{营业利润} - \frac{变动成本法下的}{营业利润} = \frac{吸收成本法下期末}{存货中的固定生产成本} - \frac{吸收成本法下期初}{存货中的固定生产成本}$$

2020 年：1 500 000 − 1 380 000 = 60 × 2 000 − 60 × 0

120 000 美元 = 120 000 美元

2021 年：1 560 000 − 1 650 000 = 60 × 500 − 60 × 2 000

$$-90\ 000\ 美元＝-90\ 000\ 美元$$

3. 将大部分生产分包出去可以大幅降低固定生产成本，这种降低意味着吸收成本法和变动成本法之间的差异小于图表 9-2 中的差异。

4. 更高的总预算生产能力水平为 10 000 单位，2020 年的预算固定生产成本分配率计算如下：

$$\frac{480\ 000}{10\ 000}＝48（美元/单位）$$

每单位的生产成本为 323 美元（275＋48），因此，2020 年的生产量差异计算如下：

$$(10\ 000-8\ 000)\times48＝96\ 000（美元）U$$

2020 年吸收成本法下的利润表数据如下：

收入：$1 000/单位×6 000 单位	$6 000 000
产品销售成本	
期初存货	$　　　0
变动生产成本（$275/单位×8 000 单位）	$2 200 000
固定生产成本（$48/单位×8 000 单位）	$　384 000
可供销售的产品成本	$2 584 000
减：期末存货（$323/单位×2 000 单位）	$（646 000）
产品销售成本（标准成本）	$1 938 000
生产量差异调整	$　96 000U
产品销售成本	$2 034 000
毛利	$3 966 000
营销成本（固定 $1 380 000＋$185/单位×6 000 单位）	$2 490 000
营业利润	$1 476 000

用于计算预算单位固定生产成本的基准水平更高，意味着计入存货的固定生产成本（48×2 000＝96 000 美元）比总预算生产能力为 8 000 单位（60×2 000＝120 000 美元）时更低。这一 24 000 美元（120 000-96 000）的差异导致营业利润比之前计算的 1 500 000 美元减少了 24 000 美元。

📊 决策要点

下面的问答形式是对本章学习目标的总结，"决策"代表与学习目标相关的关键问题，"指南"则是对该问题的回答。

决策	指南
1. 变动成本法与吸收成本法有何差异？	变动成本法与吸收成本法只有一点不同，即如何记录固定生产成本。在变动成本法下，固定生产成本不计入存货性成本，而是作为发生当期的一项期间成本进行处理。在吸收成本法下，固定生产成本可计入存货性成本，当产品售出时成为产品销售成本的一部分。

续表

决策	指南
2. 变动成本法与吸收成本法下的营业利润有何不同？	变动成本法下的利润表建立在贡献毛益形式的基础上，营业利润受销售量的影响。而吸收成本法下的利润表建立在毛利形式的基础上，营业利润受生产量、销售量和分配固定生产成本的基准水平的影响。
3. 公司使用吸收成本法时，管理者为什么要设立产成品存货账户？	管理者在使用吸收成本法时，可通过生产更多的存货来增加当期的营业利润。为了增加存货而进行生产，将使存货中包含更多的固定生产成本，同时减少当期利润表中的费用。吸收成本法的批评者将这种可能的利润操纵描述为将固定生产成本计入存货性成本的主要负面后果。
4. 产量成本法与变动成本法及吸收成本法有何不同？	产量成本法将除直接材料成本之外的所有成本都视为其发生期间的成本。与变动成本法和吸收成本法相比，产量成本法下计入存货的生产成本更低。
5. 一家公司可以使用哪些不同的生产能力来计算预算固定生产成本分配率？	生产能力可以用工厂能够提供的生产水平来衡量——理论生产能力或实际生产能力；亦可用市场对产品的需求来衡量——正常生产能力或总预算生产能力。
6. 管理者为计算预算固定生产成本分配率而选择生产能力水平时，考虑的主要因素有哪些？	管理者为计算预算固定生产成本分配率而选择生产能力水平时，考虑的主要因素包括：(1) 对产品成本计算及生产能力管理的影响；(2) 对定价决策的影响；(3) 对业绩评价的影响；(4) 对财务报告的影响；(5) 税务要求。
7. 管理者在计划生产能力水平和分配生产能力成本时，应该考虑哪些问题？	管理者在计划生产能力水平并分配生产能力成本时，需要考虑的关键因素包括：已有生产能力的预期成本和预期需求的不确定性程度；非生产领域中与生产能力相关的因素的作用；在分配生产能力成本时，作业成本法的可能应用。

习 题

9-21 变动成本法与吸收成本法，解释营业利润的差异。Nascar 汽车公司组装并销售汽车。该公司采用标准成本法，其 2020 年 4 月和 5 月的实际数据如下：

	A	B	C	D
1		4月		5月
2	数量数据			
3	期初存货	0		150
4	生产量	500		400
5	销售量	350		520
6	变动成本			
7	单位生产成本	$ 10 000		$ 10 000
8	单位营业（营销）成本	$ 3 000		$ 3 000
9	固定成本			
10	生产成本	$2 000 000		$2 000 000
11	营业（营销）成本	$ 600 000		$ 600 000

每辆汽车的售价为 24 000 美元。用于计算预算单位固定生产成本的预算生产量是 500 辆。没有价格、效率或耗费差异。生产量差异计入差异发生当月的产品销售成本。

要求：

1. 分别采用变动成本法和吸收成本法，编制 Nascar 汽车公司 2020 年 4 月和 5 月的利润表。

2. 编制对账表，并解释两种方法下营业利润差异的产生原因。

9-22　产量成本法（续上题）。 Nascar 汽车公司单位产品的变动生产成本数据如下：

	A	B	C
1		4月	5月
2	单位直接材料成本	$6 700	$6 700
3	单位直接制造人工成本	$1 500	$1 500
4	单位制造费用	$1 800	$1 800

要求：

1. 采用产量成本法编制 Nascar 汽车公司 2020 年 4 月和 5 月的利润表。

2. 将本题要求 1 与上题要求 1 的结果进行比较。

3. 阐述 Nascar 汽车公司采用产量成本法的一个动机。

9-28　变动成本法与吸收成本法、销售量和营业利润变化。 Honeyland 公司使用标准成本法生产一种特别受欢迎的糖果。Honeyland 公司的总裁蒂姆·索恩（Tim Thorne）在审阅了公司前三年的利润表后很不高兴。他说："公司的会计师告诉我——事实上我也一直记得——公司的盈亏平衡点销售量是 29 000 单位。我很高兴前两年我们达到了这个销售目标。但是有一个奇怪的事情：在第 1 年公司销售了 29 000 单位产品，实现了盈亏平衡。在第二年，公司销售了同样数量的产品，却实现了可观的正营业利润。当然，我并没有抱怨，但现在出现了糟糕的情况。在第 3 年，产品的销售量比第 2 年多 20%，但营业利润下降了接近 90%。在过去的 3 年里，产品的售价和成本结构都没有变化，也没有价格、效率和耗费差异……这到底是怎么回事？"

	A	B	C	D
1	吸收成本法			
2		2019年	2020年	2021年
3	销售量	29 000	29 000	34 800
4	收入	$2 233 000	$2 233 000	$2 679 600
5	产品销售成本			
6	期初存货	$　　　0	$　　　0	$　406 000
7	生产的产品	$2 030 000	$2 436 000	$2 030 000
8	可供销售的产品	$2 030 000	$2 436 000	$2 436 000
9	减：期末存货	$　　　0	$（406 000）	$　　　0
10	生产量差异调整	$　　　0	$（324 800）	$　　　0
11	产品销售成本	$2 030 000	$1 705 200	$2 436 000
12	毛利	$　203 000	$　527 800	$　243 600
13	销售与管理费用（固定）	$　203 000	$　203 000	$　203 000
14	营业利润	$　　　0	$　324 800	$　40 600
15				
16	期初存货	0	0	5 800
17	生产量	29 000	34 800	29 000
18	销售量	29 000	29 000	34 800
19	期末存货	0	5 800	0
20	单位变动生产成本	$　　　14	$　　　14	$　　　14
21	固定制造费用	$1 624 000	$1 624 000	$1 624 000
22	单位产品分配的固定制造费用	$　　　56	$　　　56	$　　　56

要求：

1. Honeyland 公司使用什么基准水平分配糖果的固定生产成本？公司在年末如何处理有利或不利的生产量差异？简要解释你的答案。

2. 公司的会计师是如何计算出 29 000 单位的盈亏平衡点销售量的？

3. 编制各年以变动成本法为基础的利润表。根据单位贡献毛益和销售量，解释各年变动成本法下营业利润的变化。

4. 比较各年变动成本法与吸收成本法下的营业利润。并用这些信息向蒂姆·索恩解释 2020 年营业利润为正和 2021 年营业利润下降的原因。

9-30 基准水平问题。Thunder Bolt 公司是畅销摩托车 G36 的生产商。公司最近采用了吸收成本法，公司管理者也正在讨论使用哪种基准水平生产能力概念。G36 摩托车平均售价为 8 200 美元。2020 年的预算固定制造费用为 6 480 000 美元。公司从组件运营商处购买零部件。公司管理者考虑的基准水平生产能力有以下几个：

a. 理论生产能力——基于三班制，每班生产 5 辆摩托车，一年生产 360 天——3×5×360＝5 400 辆；

b. 实际生产能力——根据不可避免的中断、故障等调整后的理论生产能力——3×4×320＝3 840 辆；

c. 正常生产能力——预计为 3 240 辆；

d. 总预算生产能力——股票市场的走强与摩托车的日益流行使营销部门预计 2020 年的生产能力为 3 600 辆。

要求：

1. 分别计算四种基准水平生产能力概念下的预算固定制造费用分配率。

2. 使用理论生产能力或实际生产能力对 Thunder Bolt 公司有什么好处？

3. 在基于成本的定价系统中，使用总预算生产能力的负面影响是什么？正面影响是什么？

9-31 变动成本法、吸收成本法与盈亏平衡点。Ardella 公司是体育行业的龙头企业，为消费市场生产篮球。在截至 2020 年 12 月 31 日的会计年度中，Ardella 公司销售了 177 700 个篮球，平均单位售价为 37 美元。2020 年的有关信息如下（假设单位成本不变，没有任何差异）。

2020 年 1 月 1 日的存货	32 800 个
2020 年 12 月 31 日的存货	25 100 个
固定生产成本	$1 020 000
固定管理成本	$4 726 400
直接材料成本	$9/个
直接人工成本	$6/个

要求：

1. 计算 2020 年使用以下方法的盈亏平衡点（销售数量）：

(1) 变动成本法；

（2）吸收成本法。

2. 假设每个篮球的直接材料成本是 11 美元，其他数据不变，计算 2020 年使用以下方法为达到 110 000 美元目标营业利润所必须销售的最少篮球数量：

（1）变动成本法；

（2）吸收成本法。

✘ 附 录

变动成本法和吸收成本法下的盈亏平衡点

第 3 章介绍了本量利分析。如果使用变动成本法，盈亏平衡点（当营业利润为 0 时的点）按常规方式计算。在这种情况下，只有一个盈亏平衡点，它取决于固定（生产和营业）成本和单位贡献毛益。

在变动成本法下，盈亏平衡点计算公式是第 3 章目标营业利润一般公式的一个特例。令：

$$Q = 获取目标营业利润所需的销售量$$

则有：

$$Q = \frac{总固定成本 + 目标营业利润}{单位贡献毛益}$$

当目标营业利润为 0 时就实现了盈亏平衡。在 2020 年 Stassen 公司的实例中（见图表 9-1）：

$$Q = \frac{(1\ 080\ 000 + 1\ 380\ 000) + 0}{1\ 000 - (200 + 185)} = \frac{2\ 460\ 000}{615}$$

$$= 4\ 000（单位）$$

现在我们证明，在变动成本法下 Stassen 公司要实现盈亏平衡需要销售 4 000 单位产品：

收入（$1 000×4 000）	$4 000 000
变动成本（$385×4 000）	$1 540 000
贡献毛益（$615×4 000）	$2 460 000
固定成本	$2 460 000
营业利润	$ 0

如果使用吸收成本法，获得特定目标营业利润所需的销售量就会因为包含的变量数量而不是唯一的。下面的公式显示了在吸收成本法下，影响目标营业利润的因素：

$$Q = \frac{总固定成本 + 目标营业利润 + 固定生产成本分配率 \times (盈亏平衡点销售量 - 生产量)}{单位贡献毛益}$$

在这个公式中，分子是三个项目的总和（从两个加号的角度看），而前面的变动成本法公式的分子中只有两个项目。在吸收成本法下，分子中增加的项目如下：

$$固定生产成本分配率 \times (盈亏平衡点销售量 - 生产量)$$

这一项目减去了当生产量超过盈亏平衡点销售量时需要补偿的固定成本。当生产量超过盈亏平衡点销售量时，一些在变动成本法下被计入费用的固定生产成本却没有在吸收成本法下被计入费用，而是计入了产成品存货。因此，吸收成本法下的盈亏平衡点销售量要相应小于变动成本法下的盈亏平衡点销售量。①

假设 Stassen 公司 2020 年的实际生产量是 5 280 单位。那么，吸收成本法下的一个盈亏平衡点 Q 的计算如下：

$$Q = \frac{(1\,080\,000 + 1\,380\,000) + 0 + 135 \times (Q - 5\,280)}{1\,000 - (200 + 185)}$$

$$= \frac{2\,460\,000 + 135Q - 712\,800}{615}$$

$$615Q = 1\,747\,200 + 135Q$$

$$480Q = 1\,747\,200$$

$$Q = 3\,640\,(单位)$$

接下来，我们证明在吸收成本法下，生产量为 5 280 单位、销售量为 3 640 单位时，Stassen 公司能实现盈亏平衡。

收入（$1 000×3 640）		$3 640 000
产品销售成本		
以标准成本法计算的产品销售成本（$335×3 640）	$1 219 400	
生产量差异（$135×(8 000−5 280)）	$　　367 200 U	$1 586 600
毛利		$2 053 400
营销成本		
变动营销成本（$185×3 640）	$　　673 400	
固定营销成本	$　1 380 000	$2 053 400
营业利润		$　　　　0

在吸收成本下，盈亏平衡点取决于：（1）固定生产成本；（2）固定营业（营销）成本；（3）单位贡献毛益；（4）生产量水平；（5）选择作为基准以设定固定生产成本分配率的生产能力水平。对于 Stassen 公司来说，2020 年的销售量为 3 640 单位，固定生产成本为 1 080 000 美元，固定营销成本为 1 380 000 美元，单位贡献毛益为 615 美元，基准水平为 8 000 单位，生产量为 5 280 单位，则营业利润为 0。但是，请注意，这 5 个因素的许多组合可以使营业利润为 0。比如，在吸收成本法下保持其他因素不变，生产量为 6 240 单位、销售量为 3 370 单位，也可以使营业利润为 0。下面我们将对该盈亏平衡点进行验证：

收入（$1 000×3 370）		$3 370 000
产品销售成本		
以标准成本法计算的产品销售成本（$335×3 370）	$1 128 950	
生产量差异（$135×(8 000−6 240)）	$　　237 600 U	$1 366 550
毛利		$2 003 450
营销成本		
变动营销成本（$185×3 370）	$　　623 450	
固定营销成本	$　1 380 000	$2 003 450
营业利润		$　　　　0

---

① 除非工厂有期初存货，否则生产量低于盈亏平衡点销售量的情况不可能出现。在这种情况下，只要单位变动生产成本和固定生产成本分配率是恒定的，盈亏平衡公式就有效。这样，吸收成本法下的盈亏平衡点销售量将高于变动成本法下的盈亏平衡点销售量。

　　假设 2020 年的实际生产量等于基准水平 8 000 单位，且未销售，也没有固定营销成本。所有生产的产品都计入存货，那么所有固定生产成本都将包含在存货中。此时不会产生生产量差异。基于这些条件，在吸收成本法下，公司可以在没有任何销售的情况下实现盈亏平衡！相比之下，在变动成本法下，营业损失等于 1 080 000 美元的固定生产成本。

第 **10** 章

成本性态的确定

学习目标

1. 描述线性成本函数及三种常见类型
2. 解释因果关系在成本函数估计中的重要性
3. 了解成本估计的各种方法
4. 概述用定量分析法估计成本函数的六个步骤
5. 说明评价和选择成本动因的三个标准
6. 解释非线性成本函数，特别是学习曲线效应导致的非线性成本函数
7. 注意在估计成本函数时遇到的数据问题

回顾过去有什么作用？

也许是为了唤起对家人和朋友的美好回忆，也许是帮助你了解历史事件。一个组织通过回顾过去来分析业绩，并为改善未来的业绩做出正确的决策。例如，管理者会收集有关成本的信息，并确定成本性态，以预测未来的情况。他们还使用过去的数据来了解那些有助于降低成本的行动（如预防性维护或存货计划），以及有助于增加收入和利润的成本投资（如品牌建设、发布广告和举办促销活动）。了解成本和收入的动因是一项非常有价值的技能，近年来，随着新的海量数据集的可用性和分析这些数据的廉价计算能力的提高，这项技能的重要性日益凸显。在此过程中获得的知识能够激励组织以创新的方式重新组织其运营，并应对重大的挑战。我们将在本章和下一章中介绍数据分析思维技能。

> **⚡ 引例**　　　　　**西南航空公司使用 "大数据分析" 降低油耗和成本**
>
> 　　西南航空公司拥有一支由 700 架飞机组成的机队，每天飞往 100 多个国家和国际目的地，航班数量高达 4 000 架次。西南航空公司的第二大支出是燃油费用。依据市场价格，公司每年在燃油上的支出在 40 亿美元至 60 亿美元之间。燃油成本的任何小幅改善都代表着巨大的节约。
>
> 　　西南航空公司利用大数据分析技术，深入研究了其每年 100 多万个航班的诸如燃油装载量和外部空气湿度等无数变量，以了解每个变量如何改变燃油使用量和盈利能力。例如，如果对西南航空公司的分析结果显示，特定航线上的飞机持续携带过多燃油，那么该公司未来将减少燃油装载量以降低成本。
>
> 　　得益于可用的计算能力，这种复杂的分析在几分钟内就能完成，从而为公司节约了大量成本。应用大数据分析技术的第一年，其就帮助西南航空公司节省了 1.05 亿美元的燃油成本。
>
> 资料来源：Jessica Davis, "How Southwest Airlines Chooses Big Impact Analytics Projects," *Information Week*, April 9, 2018（https://www. informationweek. com/big-data/software-platforms/how-southwest-airlines-chooses-big-impact-analytics-projects/d/d-id/1331469）；Mark Egan, "How Big Data and the Industrial Internet Can Help Southwest Save $100 Million on Fuel," *GE Reports*, October 5, 2015（https://www. ge. com/reports/big-data-industrial-internet-can-help-southwest-save-100-million-fuel/）.

　　西南航空公司的例子说明，管理者必须了解成本性态，以做出具有积极影响的战略和经营决策。本章将重点讨论管理者如何确定成本性态模型，即成本如何随着作业水平、产量等的变动而变动。我们将从最基本的概念开始介绍，并在第 11 章中构建更现代的数据分析模型。

10.1　基本假设和成本函数示例

　　管理者通过成本函数来理解成本性态，成本函数是估计成本的基本构件。**成本函数**（cost function）是解释成本如何随作业水平变动而变动的一种数学描述。对作业水平进行计量后，可绘制出成本函数图，如用横轴（也称 x 轴）表示产品的生产批数或使用的机器小时数，用纵轴（也称 y 轴）表示与作业水平相对应（或者根据作业水平而定）的总成本。

10.1.1　基本假设

　　管理者对成本函数的估计通常基于以下两个假设：

1. 总成本的变动可解释为与这些成本有关的单个作业（成本动因）水平的变动。

2. 在相关范围内，可以用线性成本函数很好地估计出成本性态。回想一下第 2 章的内容，相关范围是作业水平与总成本之间存在关系的作业范围。对于**线性成本函数**（linear cost function）来说，在相关范围内，总成本与相关的单个作业水平之间的关系可以绘制为一条直线。

　　本章的大部分内容都使用了这两个假设。不是所有的成本函数都是线性且可以用单个作业加以解释的。后面的章节将会讨论不依赖于这些假设的成本函数。

10.1.2　线性成本函数

　　下面以技术初创公司 StoreBox 公司与提供企业级云计算和数据分析服务的 Forest Web

Services（FWS）之间的谈判为例，说明线性成本函数的三种类型以及成本函数在公司决策中的作用。

● 方案 1：StoreBox 公司每小时 CPU 使用费为 0.50 美元。StoreBox 公司的总成本随 CPU 使用时间的变动而变动。CPU 使用时间是影响总成本变动的唯一因素。

图表 10-1 中的 A 部分显示了 StoreBox 公司的这种变动成本。在方案 1 中，云计算服务没有固定成本。我们可以将图表 10-1 中 A 部分的成本函数写为：

$$y = 0.50X$$

式中，X 表示 CPU 使用时间（x 轴），y 表示 CPU 使用时间的总成本（y 轴）。从 A 部分中可以看出，0.50 美元为**斜率系数**（slope coefficient），即 CPU 使用每变动 1 小时，总成本的变动数。在本章中，大写字母如 X 表示实际的观测值，而小写字母如 y 表示利用成本函数进行估计或计算而得到的数值。

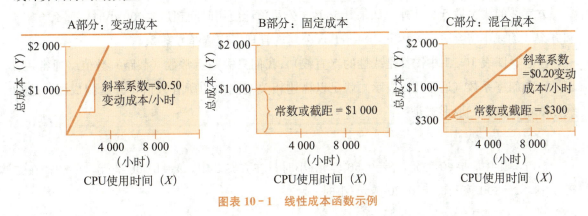

图表 10-1　线性成本函数示例

● 方案 2：StoreBox 公司每月固定支付 1 000 美元。无论 CPU 使用时间长短，每月固定总成本为 1 000 美元（我们用同一个作业指标——CPU 使用时间，来比较三种不同备选方案下的成本性态模式）。

图表 10-1 中的 B 部分显示了 StoreBox 公司的固定成本方案。我们可以将 B 部分中的成本函数写为：

$$y = 1\,000$$

1 000 美元的固定成本被称为**常数**（constant），它是总成本的一个组成部分，不随作业水平的变动而变动。从图上看，常数是成本函数与 y 轴的交点。因此，常数也称为**截距**（intercept）。在本例中，由于不存在变动成本，常数便代表了全部的成本。从图上看，成本函数的斜率系数为零。

● 方案 3：StoreBox 公司每月固定支付 300 美元，外加 CPU 使用每小时支付 0.20 美元。这是一个混合成本的例子。**混合成本**（mixed cost），也称**半变动成本**（semivariable cost），是既包含固定成本又包含变动成本的一种成本。

图表 10-1 中的 C 部分绘制了 StoreBox 公司的混合成本函数。我们可以将图表 10-1 中 C 部分的成本函数写为：

$$y = 300 + 0.20X$$

与方案 1 和方案 2 不同，C 部分中既有 300 美元的常数，又有 0.20 美元/小时的斜率系数。相关范围内的总成本随 CPU 使用时间的增加而增加，但请注意，在相关范围内，总成本并不严格随 CPU 使用时间的变动而成比例变动。例如，当 CPU 使用时间为 4 000 小时时，总成本为 1 100 美元（300＋0.20×4 000），但是当 CPU 使用时间为 8 000 小时时，总成本变为 1 900 美元（300＋0.20×8 000）。虽然使用时间增加了一倍，但总成本仅增加了约 73%（(1 900－1 100)÷1 100），原因是其中有些成本是固定的，不随 CPU 使用时间的增加而增加。

StoreBox 公司的管理者必须了解三种备选方案下的成本性态模型，以选择最佳方案。假设 StoreBox 公司估计每月的 CPU 使用时间至少为 4 000 小时，那么三种备选方案下 4 000 小时的成本分别为：

- 方案 1，2 000 美元（0.50×4 000）；
- 方案 2，1 000 美元；
- 方案 3，1 100 美元（300＋0.20×4 000）。

方案 2 的成本最低。此外，如果 StoreBox 公司预计使用时间超过 4 000 小时，那么方案 1 和方案 3 的成本将会更高，因此，StoreBox 公司的管理者应选择方案 2。

注意，图表 10-1 中图都是线性的（直线）。我们只需知道常数（截距）数值（通常用 a 表示）和斜率系数（通常用 b 表示）就足以描述相关范围内的所有数值，并绘制成图。这种线性成本函数的一般形式是：

$$y=a+bX$$

在方案 1 中，$a=0$ 美元，$b=0.50$ 美元/小时；在方案 2 中，$a=1 000$ 美元，$b=0$；在方案 3 中，$a=300$ 美元，$b=0.20$ 美元/小时。

小练习 10-1

为以下每种情况写出一个线性成本函数方程。用 y 表示估计的成本，用 X 表示成本动因的作业量。

a. 直接材料成本为每磅 1.40 美元。

b. 无论产量是多少，每月总成本固定为 7 000 美元。

c. 汽车租赁费用包括为每天 70 美元的固定费用，外加每行驶一英里 0.50 美元的费用。

d. 机器运营成本包括每月 1 600 美元的维护成本和每天 17 美元的冷却剂使用成本。

10.1.3 成本分类的回顾

在讨论与估计成本函数相关的问题之前，我们先简单地回顾一下第 2 章中将成本划分为变动成本和固定成本的三个考虑因素。

成本对象的选择

特定的成本项目可能对一个成本对象来说是变动的，而对另一个成本对象来说是固定的。以机场运输公司 Super Shuttle 为例，若以运货车队为成本对象，则每年的货车登记和执照费相对于货车数而言是变动成本，但若以某一特定的货车为成本对象，则该货车的登记和执照费相对于一年的驾驶里程而言是固定成本。

时间跨度

对一个特定的作业而言，一项成本是变动成本还是固定成本，取决于管理者在做出决策时考虑的时间跨度。其他条件不变，时间跨度越长，成本就越有可能是变动的。例如，在短期内，波音公司的质检成本相对于检查时间而言通常是固定成本，因为质检人员在某一年内的工资是固定的，不受检查小时数的影响。但在长期内，波音公司的总质检成本将会随所需检查时间的变动而变动：如果需要更多的检查时间，就需要雇用更多的质检人员，而如果所需的检查时间减少，就要解雇一些质检人员，或给他们分配其他任务。

相关范围

只有在特定的相关范围内，变动成本和固定成本性态模型才对线性成本函数有效。在相关范围以外，变动成本和固定成本性态模型发生变动会导致成本变得非线性（非线性意味着坐标图中的关系将不是一条直线）。例如，图表 10 - 2 展示了 Winter Sports Authority 公司佛蒙特州工厂总直接制造人工成本与每年滑雪板产量之间的（多年）关系。在本例中，相关范围外的非线性关系是人工或其他方面的低效（最初是因为工人正在学习生产滑雪板，后来是因为生产能力达到极限）造成的。了解相关范围对于正确划分成本至关重要。

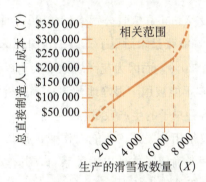

图表 10 - 2　Winter Sports Authority 公司相关范围内的线性关系

10.2　识别成本动因

在 StoreBox 公司的例子中，我们使用 StoreBox 公司正在考虑的未来成本结构信息讨论了变动成本、固定成本和混合成本函数。然而，管理者通常基于过去的成本数据和相关的作业水平，使用**成本估计**（cost estimation）来衡量一种关系。管理者之所以对估计过去的成本函数感兴趣，主要是因为这些估计能帮助他们对未来成本做出更为精确的**成本预测**（cost prediction）。例如，为了选择新款电视机的功能和特性，LG 公司的管理者使用过去的成本函数评估不同方案的设计成本，并将其与顾客的支付意愿相比较。类似地，奥迪公司的营销经理也会确定顾客服务成本的成本动因（如推出的新车型的数量或汽车销售量）以及这些成本的固定成本部分和变动成本部分。他们使用这些信息编制顾客服务预算。

10.2.1　因果标准

在估计成本函数时，最重要的是识别成本动因——影响成本的变量，如作业水平。如果没有因果关系，管理者就会对他们估计、预测或管理成本的能力缺乏信心。在估计成本函数时，我们交替使用作业水平和成本动因水平这两个术语。因果关系可能在以下几种情况下产生：

● 作业水平与成本之间的实物关系。直接材料成本与产量之间的实物关系就是一个例子。生产更多的滑雪板需要更多的塑料，从而导致更高的总直接材料成本。

● 合同安排。以 StoreBox 公司与 FWS 之间的合同为例。合同规定 CPU 使用时间为影响云服务成本的作业水平。因此，二者之间有直接的因果关系。

● 业务知识。管理者基于对业务的理解，可能将零部件数量作为订购成本的成本动因。零部件数量较多的联想计算机的订购成本高于零部件较少的新型号产品。

管理者必须小心，不要将两个变量之间的高度相关性理解为两者之间存在因果关系。以 Winston 家具公司为例，该公司生产两种类型的桌子：一种是花岗岩桌面，一种是木质桌面。花岗岩桌子的直接材料成本较高，但由于花岗岩被预切割为块状，因此直接制造人工成本较低。Winston 家具公司目前销售 10 000 张花岗岩桌子和 30 000 张木质桌子。

如果 Winston 家具公司每种类型桌子的销量增加 20％（即销售 12 000 张花岗岩桌子和 36 000 张木质桌子），那么每种桌子的总直接材料成本和总直接制造人工成本都将会增加 20％。在这种情况下，这两类成本是高度相关的，但二者都不是对方的成本动因。用一种成本来预测另一种成本是有问题的。

为了说明这一点，再次假设 Winston 家具公司多销售 20％的桌子（总共 48 000 张），但其中 18 000 张是花岗岩桌子，30 000 张是木质桌子。由于花岗岩桌子需要的人工更少，因此，总直接制造人工成本的增加将少于 20％。而因为花岗岩比木头更昂贵，总直接材料成本的增加将超过 20％。总直接制造人工成本不能被用于很好地预测总直接材料成本。预测总直接材料成本的最佳指标是其成本动因，即各种桌子的生产数量。

只有存在因果关系，而不仅是相关关系，才能在作业水平与成本之间建立经济上的合理关系。经济合理性使分析师和管理者确信，估计出的关系将在其他数据集中重复出现。识别成本动因还可以帮助管理者深入了解降低成本的方法。

10.2.2　成本动因和决策制定程序

管理者常常会使用一个比较长的时间跨度来识别成本动因。因为成本在短期内可能是固定的（在此期间其没有成本动因），但是从长期来看却是变动的，并且有成本动因。如果只关注短期，管理者可能会认为某项成本没有成本动因。

以 Elegant Rugs 公司为例，它使用最先进的自动化纺织机器生产家用和办公用地毯。管理者想推出一种新型的地毯并管理成本。他们按照第 1 章中介绍的五步决策制定程序来评估成本，并确定应该推出哪种类型的地毯。

步骤 1：确定问题与不确定性。 Elegant Rugs 公司的管理者对其掌握的新型地毯的直接材料和直接制造人工成本信息很有信心。但是他们不太确定不同类型地毯对间接制造人工成本（如监督、维修和质量控制成本）的影响。管理者希望了解间接制造人工成本的成本动因，并利用了解的情况来确定要生产的地毯类型以及如何最好地管理成本。

步骤 2：获取信息。 管理者收集关于间接制造人工成本的潜在成本动因信息，如机器小时或直接制造人工小时等。管理者也开始探索估计成本函数的不同技术（下一节讨论）。他们的目标是确定最佳单一成本动因。

步骤 3：预测未来。 管理者用历史数据估计成本动因与成本之间的关系，并利用这种关系来预测未来的成本。

步骤 4：选择方案做决策。 正如我们将会看到的，管理者将机器小时作为间接制造人工成本的成本动因。管理者使用回归分析估计单位机器小时的间接制造人工成本，以便管理成本并选择能够实现利润最大化的地毯类型。

步骤 5：实施决策、评价业绩与学习。 一年后，管理者评价了其决策的结果。将预计成本与实际成本进行比较，有助于管理者确定估计的准确性，设定持续改进目标，并寻求提高 Elegant Rugs 公司效率和效益的方法。

10.3　成本估计方法

成本估计方法有四种：（1）工业工程法；（2）会谈法；（3）账户分析法；（4）定量分析法（有不同的形式）。这些方法在实施成本、前提假设和估计成本函数的准确性等方面存在差异。但它们并不互斥，因此许多组织把它们结合起来使用。

10.3.1　工业工程法

方法描述

工业工程法（industrial engineering method）也称**工作衡量法**（work-measurement method），通过分析投入与产出之间的实物关系来确定成本函数。Elegant Rugs 公司的投入包括棉花、羊毛、染料、直接制造人工、机器小时及电力。产出是按平方英尺计算的地毯。时间与运动研究分析的是执行各种操作所要求的时间。假设生产 10 平方英尺的地毯要用 1 小时的直接制造人工。生产标准与预算把这些实物形态的投入转化为成本来计量。这样就建立了反映直接制造人工成本与成本动因（即生产的地毯的平方英尺数）之间关系的估计成本函数。

优势与面临的挑战

当投入与产出之间存在实物关系时，工业工程法是估计成本函数的一种全面且详细的方法。有些政府合同强制要求使用这种方法。很多组织（如 Bose 和诺基亚）使用这种方法来估计直接制造人工成本，但发现分析整个成本结构成本太高或不切实际。例如，对于某些项目，如间接生产成本、研发成本和广告成本，很难说明投入与产出之间的实物关系。

10.3.2　会谈法

方法描述

会谈法（conference method）是以公司各部门（如采购、工艺工程、生产、员工关系等）对成本和成本动因的分析和意见为基础估计成本函数的方法。例如，某些银行在归纳相关部门意见的基础上为其零售银行产品（如支票账户、信用卡、抵押贷款等）估计成本函数。软件开发项目的成本常常基于专家的集体判断。在 Elegant Rugs 公司中，管理会计师会收集监督员和生产工程师的意见，以了解间接制造人工成本如何随机器小时和直接制造人工小时数的变动而变动。

优势与面临的挑战

会谈法促进了部门间的合作。价值链中各个环节专业知识的融合使会谈法具有可信性。由于会谈法使用的是意见，不需要对数据进行深入分析，因此成本函数和成本估计可以被快速确定。因此，成本估计的精确程度依赖于信息提供者的技能水平和努力程度。

10.3.3　账户分析法

方法描述

账户分析法（account analysis method）是指把不同成本账户按作业水平划分为变动成本、固定成本和混合成本，从而估计成本函数。管理者通常采用定性分析而不是定量分析的方法来进行成本分类决策。

以 Elegant Rugs 公司一个作业区域（单元）的间接制造人工成本为例。间接制造人工成本包括支付给监管人员、维修人员、质量控制人员及调试人员等的工资。在最近的 12 周内，Elegant Rugs公司的机器在该单元总共运行了 862 小时，发生间接制造人工成本共计 12 501 美元。管理者和管理会计师在进行定性分析后，确定间接制造人工成本为混合成本，其唯一的成本动因是机器小时。当机器小时数发生变动时，成本中的某一项（如监管成本）保持不变，而另一项（如维修成本）则随之变动。为了使用机器小时数作为成本动因来估计该单元间接制造人工成本的线性成本函数，他们区分了变动成本与固定成本。依据历史经验和判断，他们根据使用的机器小时数将总间接制造人工成本（12 501 美元）分解为固定成本（2 157 美元）和变动成本（10 344 美元）。每机器小时的变动成本是 12 美元（10 344/862）。代入线性成本函数公式 $y=a+bX$，得出成本函数：

$$间接制造人工成本＝2\ 157\ 美元＋(12\ 美元/机器小时×机器小时数)$$

Elegant Rugs 公司的管理者可以利用这个成本函数估计间接制造人工成本。比如，可以估计在未来 12 周内耗用 1 000 机器小时生产新型地毯而发生的间接制造人工成本。估计的成本等于 14 157 美元（2 157＋1 000×12）。当机器小时数为 862 时，单位机器小时的间接制造人工成本为 14.50 美元（12 501÷862）。当机器小时数为 1 000 时，因为固定成本 2 157 美元被分配到了更多的机器小时上，所以单位机器小时的间接制造人工成本降到了 14.16 美元（14 157÷1 000）。

优势与面临的挑战

账户分析法在实务中运用很广，因为它相当准确、符合成本-效益原则并且使用方便。为了对成本中固定和变动两部分做出更可信的估计，企业必须确保制定成本分类决策的人员非常熟悉企业的运作过程。将会谈法作为对账户分析法的补充，可以提高结果的可信度。账户分析法的准确性取决于对固定成本和变动成本分类判断的准确性。

10.3.4　定量分析法

方法描述

定量分析法是指用过去的观测资料按正式的数学方法来估计线性成本函数。图表 10-3 中的 B 列和 C 列分别为 Elegant Rugs 公司最近 12 周内总间接制造人工成本（12 501 美元）和总机器小时数（862 小时）的每周数据明细。注意，这些数据都是成对出现的，即每周的间接制造人工成本都有与之相对应的机器小时数。比如第 12 周显示间接制造人工成本为 963 美元，机器小时为 48 小时。在下一节，我们将用图表 10-3 中的数据说明如何利用定量分析估计成本函数。我们将研究两种技术：相对简单的高低点法和更一般的定量分析工具——回归分析法。

	周数	成本动因：机器小时	间接制造人工成本
1			
2		(X)	(Y)
3	1	68	$ 1 190
4	2	88	$ 1 211
5	3	62	$ 1 004
6	4	72	$ 917
7	5	60	$ 770
8	6	96	$ 1 456
9	7	78	$ 1 180
10	8	46	$ 710
11	9	82	$ 1 316
12	10	94	$ 1 032
13	11	68	$ 752
14	12	48	$ 963
15	合计	862	$12 501
16			

图表 10 - 3　Elegant Rugs 公司每周的间接制造人工成本和机器小时

优势与面临的挑战

定量分析，特别是回归分析，是一种严谨的成本估计方法。回归分析需要关于成本、成本动因和成本函数的详细信息，因此实施起来更费时。但是，现在可获得的数据比以往任何时候都要多，并且随着存储和分析成本的下降，进行回归分析并获得重要见解比过去容易得多。同时，需要强大计算能力的更多数据分析技术仍在不断发展中。这些技术侧重于预测，并引入了定量分析的新思路。我们将在本章后半部分和下一章中详尽阐述这些思路和技术。

10.4　用定量分析法估计成本函数

使用对过去数据的定量分析估计成本函数有六个步骤。我们以 Elegant Rugs 公司为例进行说明。

步骤 1：选择因变量。因变量（dependent variable，需要预测或管理的成本）的选择取决于估计的成本函数。在 Elegant Rugs 公司的例子中，因变量为间接制造人工成本。

步骤 2：确认自变量或成本动因。自变量（作业水平或成本动因）是指用来预测因变量（成本）的因素。若该成本为间接成本，自变量也称为成本分配基础。通常，管理会计师和管理团队会多次循环执行这六个步骤，尝试不同的经济上合理的成本动因，以识别出最能拟合数据的成本动因。

回想一下，成本动因应该是可以准确计量的，并且与因变量之间有经济上合理的关系。经济合理性指成本动因与因变量之间的关系（描述成本如何随成本动因的变化而变化）以实物形态、契约或运营知识为基础，并且对营运经理和管理会计师而言具有经济意义。所有列入因变量的项目应具有相同的成本动因，即成本库应该是同质的。当情况并非如此时，管理会计师应该调查建立同质成本库的可能性，为每对成本项目/成本动因估计一个以上的成本函数。

例如，支付给员工的额外福利的几种形式及其成本动因如下：

额外福利	成本动因
健康福利	员工人数
餐费补贴	员工人数
养老金福利	员工工资
人寿保险	员工工资

健康福利和餐费补贴的成本可以归结到一个同质成本库，因为它们有相同的成本动因——员工人数。养老金福利和人寿保险的成本动因是员工工资，与健康福利和餐费补贴的成本动因不同，所以不能与它们合并在一个成本库内，而应归为另一个独立的同质成本库。在这个成本库里，我们用员工工资作为成本动因来估计养老金福利和人寿保险成本。

步骤 3：收集因变量和成本动因的数据。这通常是成本分析中最困难的一步。管理会计师从公司文件、与管理人员的座谈以及专项研究中获得数据。这些数据可以是时间序列数据，也可以是横截面数据。

时间序列数据是指同一单位（如组织、工厂、作业）不同历史时期的数据。Elegant Rugs 公司每周观测的间接制造人工成本和机器小时数就是时间序列数据。理想的时间序列数据库应由大量不受经济或技术变化影响的观测数据组成。稳定的经济和技术可确保在估计期间收集的数据所反映的成本动因与因变量之间的关系稳定不变。

横截面数据是指在数据同一时期不同单位的数据。例如，对 2020 年 3 月一家银行 50 个独立但相似的分支机构的贷款及相关人员成本的调查数据就构成了这家银行 3 月份的横截面数据。横截面数据来自不同的单位，每个单位的成本动因与成本之间有相似的关系。本章后面将描述数据收集过程中产生的问题。

步骤 4：绘制散点图。通过绘制散点图，可以直观地看出成本动因与成本之间的一般关系。从散点图上也可以直接看出成本动因与成本之间是否近似线性相关，以及成本函数的相关范围。此外，散点图还可以突出显示分析人员应注意检查的那些极端观测值（与一般模式不符的观测值）。需要判断是否数据记录有误或者发生了一些不正常事件（如停工），从而使观测值不能代表成本动因与成本之间的正常关系。

图表 10 - 4 是图表 10 - 3 中 B 列和 C 列的每周数据的散点图。它直观地显示出 Elegant Rugs 公司进行生产所需的机器小时数与间接制造人工成本之间存在正线性相关关系（当机器小时数增加时，间接制造人工成本也会增加）。图表 10 - 4 中没有极端观测值，相关范围是每周 46～96 机器小时（分别产生于第 8 周和第 6 周）。

步骤 5：估计成本函数。两种最常用的定量分析法是高低点法和回归分析法。我们将在步骤 6 之后介绍这两种方法。

步骤 6：评价估计成本函数的成本动因。在这一步骤中，管理者和管理会计师会提出一些问题，例如，成本动因与成本之间的因果关系是否合理？这种关系有多强？接下来我们将介绍高低点法。

10.4.1　高低点法

将数据点拟合成直线的最简单的定量分析法是**高低点法**（high-low method）。高低点法只

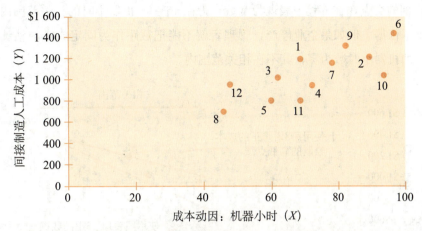

图表 10 - 4 Elegant Rugs 公司每周间接制造人工成本和机器小时的散点图

用成本动因在相关范围内的最高和最低观测值以及它们对应的成本来估计成本函数的斜率系数和常数。高低点法可以帮助我们快速初步了解成本与成本动因之间的关系。我们用图表 10 - 3 中的数据来说明高低点法的应用。

	成本动因：机器小时（X）	间接制造人工成本（Y）
成本动因的最高观测值（第 6 周）	96	$1 456
成本动因的最低观测值（第 8 周）	46	$ 710
差异	50	$ 746

斜率系数 b 的计算公式如下：

$$斜率系数 = \frac{成本动因最高与最低观测值对应成本之间的差异}{成本动因最高与最低观测值之间的差异}$$

$$= 746 \div 50$$

$$= 14.92（美元/机器小时）$$

我们可以用成本动因的最高或最低观测值来计算常数。两种方法得到的结果相同，因为用两个线性方程可以解出两个未知数：斜率系数和常数。即

$$y = a + bX$$

$$a = y - bX$$

因此，在成本动因的最高观测值处，常数 a 的计算如下：

$$a = 1 456 - 14.92 \times 96 = 23.68（美元）$$

在成本动因的最低观测值处，常数 a 的计算如下：

$$a = 710 - 14.92 \times 46 = 23.68（美元）$$

因此，用高低点法估计的成本函数为：

$$y = a + bX$$

$$y = 23.68 + 14.92 \times 机器小时数$$

图表 10 - 5 中靠下的线条表示的就是用高低点法连接成本动因（机器小时）最高观测值与最低观测值估计的成本函数。这条简单的高低点线位于数据点之间，其中有三个观测值位于线上，四个观测值位于线上方，五个观测值位于线下方。截距（$a = 23.68$ 美元）是靠下线条的虚

线延长线与 y 轴的交点，在方程中表现为常数，为在 46～96 机器小时的相关范围内成本的最佳线性估计提供了依据。但如果企业停产，管理者就不能把截距作为固定成本的估计值。因为没有机器运转，即机器小时数为零，其不在相关范围内。

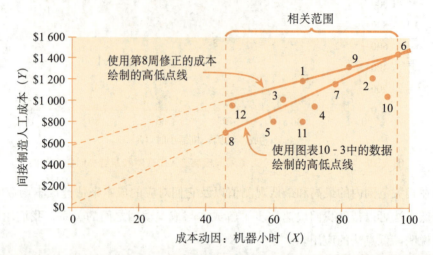

图表 10 – 5　对 Elegant Rugs 公司每周间接制造人工成本和机器小时所用的高低点法

假设 Elegant Rugs 公司第 6 周的间接制造人工成本不是 1 456 美元，而是 1 280 美元。在这种情况下，成本动因的最高观测值（第 6 周的 96 机器小时）与新的成本最高观测值（第 9 周的 1 316 美元）就不一致了。这一变化将对高低点的计算产生何种影响？因为因果关系是成本动因与成本之间的关系，所以高低点法仍然使用成本动因的最高观测值和最低观测值，并使用第 6 周（高点）和第 8 周（低点）的数据估计新的成本函数。

高低点法计算简便且易于理解，有助于 Elegant Rugs 公司的管理者快速、直观地了解成本动因——机器小时对间接制造人工成本的影响。但有时管理者仅仅依靠两个观测值估计成本函数会产生误判。假设劳动合同规定了第 8 周的最低工资限额，那么第 8 周即使使用了 46 机器小时，间接制造人工成本也必须是 1 000 美元，而不是 710 美元。图表 10 – 5 中靠上的线条表示成本修正后用高低点法估计的成本函数。注意，所有数据点都位于线条上或线条的下方。在这种情况下，采用机器小时数的最高值和最低值估计的成本函数并不能很好地描述间接制造人工成本与机器小时之间的线性关系。管理者可以修正高低点法，从观测值中选择一个"有代表性的高点"和一个"有代表性的低点"用于更准确地估计成本函数。这种调整可以避免由非常事件所引起的极端观测值对成本函数估计的影响。修正的成本函数更能代表成本与成本动因之间的关系，因此对决策更有用。下面，我们介绍回归分析法。回归分析法不是只使用最高值和最低值，而是使用所有数据估计成本函数。

小练习 10 – 2

Rexburg 公司收集了某些与成本相关的数据，这些成本无法被轻易确定为固定成本还是变动成本。Rexburg 公司听说有一种被称为高低点法的成本函数测量方法，并决定使用此方法。

月份	成本	小时
1 月	$37 100	3 500
2 月	$35 600	2 900
3 月	$33 380	3 200
4 月	$35 100	3 400
5 月	$67 100	6 050
6 月	$42 100	4 150

a. 斜率系数是多少？

b. 估计的成本函数的常数是多少？

c. 根据上述数据估计的成本函数是什么？

d. 在 3 200 小时的运营水平下，估计的总成本是多少？

10.4.2　回归分析法

回归分析法（regression analysis）是一种统计方法，用于计量一个或多个自变量每变动一单位导致因变量变动的平均值。这种方法得到了广泛应用，因为它有助于管理者了解数字背后的含义，这样管理者就能了解成本性态，并知道采取哪些措施来影响成本。例如，在数字和模拟集成电路制造商 Analog Devices 公司中，管理者应用回归分析法评价缺陷率和产品质量随着时间推移变化的原因和方式。管理者理解这些关系后就能获得更多的洞察力，并做出更好的决策。

简单回归（simple regression）分析用于估计因变量与单个自变量之间的关系。在 Elegant Rugs 公司的例子中，因变量是总间接制造人工成本，单个自变量或成本动因是机器小时。**多元回归**（multiple regression）分析则用于估计因变量与两个或多个自变量之间的关系。对于 Elegant Rugs 公司而言，其多元回归分析可能会将机器小时和批数作为自变量。本章附录部分详细介绍了简单回归和多元回归。

图表 10-6 显示了与图表 10-3 的 B 列和 C 列中的数据拟合得最好的回归线。成本函数为：

$$y = 300.98 + 10.31X$$

图表 10-6 中的回归线是使各个数据点（图中各点）到回归线的垂直距离平方和最小的线。垂直距离也称**残差项**（residual term），衡量的是成本动因的每个观测值的实际成本与估计成本之间的差值。图表 10-6 显示了第 1 周的残差项。从观测值到回归线的直线应与水平轴（或 x 轴）垂直。残差项越小，说明估计成本与实际成本之间的拟合程度越高。拟合优度表示成本动因与成本之间关系的强弱。图表 10-6 中的回归线向右上方倾斜，其斜率系数为正、残差项很小，这表明平均来说，间接制造人工成本随机器小时数的增加而增加。图表 10-6 中的垂直虚线表示的是相关范围，即成本函数适用的范围。

斜率系数 b 的估计值表明，在相关范围内，平均每使用 1 机器小时，间接制造人工成本就会增加 10.31 美元。管理者可以利用回归方程来编制预算。例如，如果 Elegant Rugs 公司估计下周将使用 90 机器小时，那么预计间接制造人工成本为：

$$y = 300.98 + 10.31 \times 90 = 1 228.88（美元）$$

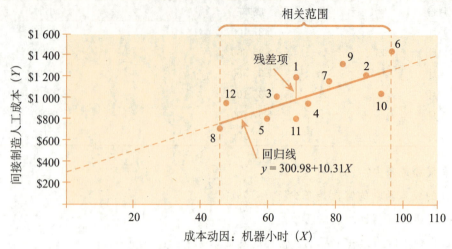

图表 10-6　对 Elegant Rugs 公司间接制造人工成本和机器小时所用的回归分析法

　　与高低点法相比，回归分析法预测得更准确，因为回归分析法使用所有的观测值来估计成本函数，而高低点方程只用了两个观测值。高低点法的不精确可能会误导管理者。以前述高低点方程"$y=23.68+14.92×$机器小时数"为例，若机器小时数为 90，使用高低点方程预测的周成本为 1 366.48 美元（23.68+14.92×90）。假设 Elegant Rugs 公司在接下来的 12 周内，机器每周运转 90 小时，这 12 周的平均间接制造人工成本为 1 300 美元。那么，根据高低点法预测的 1 366.48 美元的成本，Elegant Rugs 公司可能会认为公司运转良好，因为实际成本低于预测成本。但如果将 1 300 美元的实际值与用回归分析法预测的成本值 1 228.88 美元进行比较，就会得出不同的结论，这可能促使 Elegant Rugs 公司寻求提高其成本效率的方法。

　　Elegant Rugs 公司的管理者希望评估生产作业流程的变化（这些变化导致了图表 10-3 中的数据）是否降低了如监管、维修、质量控制等间接制造人工成本。根据以前流程的机器小时和间接制造人工成本数据（此处不列示），管理者估计以前的回归方程为

　　　　$y=545.26+15.86×$机器小时数

新流程的常数 300.98 美元及斜率系数 10.31 美元小于旧流程对应的 545.26 美元及 15.86 美元，这表明间接制造人工成本降低了。

10.5　评价与选择成本动因

　　确定成本动因和估计成本函数需要深入了解公司的运营情况。以跑步机制造商 Helix 公司为例，考虑其金属切割机的维修成本。Helix 公司将机器维修安排在生产任务较少的时期，以避免在生产任务多的情况下机器停止运转。月度数据分析结果表明，低产量月份的维修成本较高，高产量月份的维修成本较低。不熟悉公司运营情况的人可能会得出产量与维修成本之间存在反向变动关系的结论。然而，维修成本与产量之间通常存在着很明显的生产技术上的因果关系：产量越高，维修成本越高。为了正确估计维修成本与产量之间的关系，运营经理和分析人员必须认识到维修成本的产生往往会滞后于高产量时期，因此必须用前期产量作为成本动因。

　　在其他情况下，对成本动因的选择则更为微妙和困难。再次以 Elegant Rugs 公司的间接制造人工成本为例，机器小时和直接制造人工小时都是间接制造人工成本的成本动因似乎是合理

的。但是，管理者不能确定哪一个是更好的成本动因。图表 10－7 列出了图表 10－3 中最近 12 周每周的间接制造人工成本和机器小时数据，以及同一时期直接制造人工小时数据。

	A	B	C	D
1	周数	原始成本动因：机器小时	另一种成本动因：直接制造人工小时（X）	间接制造人工成本（Y）
2	1	68	30	$ 1 190
3	2	88	35	$ 1 211
4	3	62	36	$ 1 004
5	4	72	20	$ 917
6	5	60	47	$ 770
7	6	96	45	$ 1 456
8	7	78	44	$ 1 180
9	8	46	38	$ 710
10	9	82	70	$ 1 316
11	10	94	30	$ 1 032
12	11	68	29	$ 752
13	12	48	38	$ 963
14	合计	862	462	$12 501
15				

图表 10－7　Elegant Rugs 公司每周的间接制造人工成本、机器小时和直接制造人工小时

那么，不同的成本估计方法在选择成本动因时提供了哪些指导？工业工程法依赖于成本动因与成本之间的实物关系，但在本例中操作起来比较困难。会谈法和账户分析法则要求管理者根据自己的最佳主观判断来选择成本动因，并估计成本函数中的变量和常量。管理者不能用这些方法来探究和检验其他的成本动因。定量分析法（如回归分析法）的最大优势在于其客观性，因此管理者可以运用定量分析法评价不同的成本动因。

成本分析师首先将直接制造人工小时作为自变量，对公司的间接制造人工成本进行了以下估计：

$$y = 744.67 + 7.72X$$

图表 10－8 显示了间接制造人工成本和直接制造人工小时的散点图，以及与这些数据最为拟合的回归线。回想一下，图表 10－6 所示的是以机器小时为成本动因时的散点图。为了确定 Elegant Rugs 公司应选择哪一种成本动因，分析人员比较了机器小时回归方程和直接制造人工小时回归方程，并使用三个标准来进行评价。

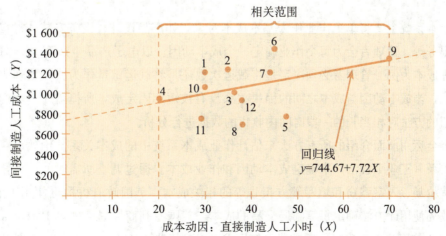

表 10－8　Elegant Rugs 公司每周间接制造人工成本和直接制造人工小时的回归模型

1. 经济合理性。两种成本动因都具备经济合理性，但在 Elegant Rugs 公司先进且高度自动化的生产环境中，熟悉运营的管理者认为诸如机器维修等间接制造人工成本可能与机器小时更相关，而不是直接制造人工小时。

2. 拟合优度。比较图表 10-6 和图表 10-8，以机器小时作为成本动因回归时的实际成本与预测成本的垂直差异要比以直接制造人工小时作为成本动因回归的差异小，机器小时与间接制造人工成本之间有更强的相关关系，或者说拟合优度更高。

3. 自变量的显著性。再次比较图表 10-6 和图表 10-8（两个图表的刻度大致相同），机器小时回归线相对陡峭而直接制造人工小时回归线相对平缓。若观测值的分散程度（拟合优度）一样（或更强），回归线水平或略有倾斜表示成本动因与成本之间的相关程度不高。在本例中，直接制造人工小时的变动对间接制造人工成本的影响很小。

因此，Elegant Rugs 公司的管理者将机器小时而不是直接制造人工小时作为成本动因，并用成本函数"$y=300.98+10.31×$机器小时数"来预测未来的间接制造人工成本。

为什么选择正确的成本动因来预测间接制造人工成本如此重要？因为确定错误的成本动因或错误估计成本函数可能导致错误（且代价高昂）的决策。以 Elegant Rugs 的下述战略决策为例。公司正在评估一种新型地毯，这种地毯与其过去生产的地毯相似。公司预计这种地毯每周的销售量为 650 平方英尺，需要 72 机器小时和 21 直接制造人工小时。根据机器小时回归方程，Elegant Rugs 公司可预测出新型地毯的间接制造人工成本 $y=300.98+10.31×72=1\,043.30$ 美元。如果将直接制造人工小时作为成本动因，就会得出一个不正确的预测成本 906.79 美元（$744.67+7.72×21$）。如果其他错误的成本动因也低估了其他间接成本，管理者就会得出新型地毯生产成本低的结论。但是，机器小时和其他正确的成本动因驱动的实际成本却相对较高。由于没有确定正确的成本动因，管理者会认为新型地毯的盈利能力比实际的更强。如果管理者正确地估计了成本和盈利能力，他们可能决定不推出新型地毯。

错误估计成本函数也会影响成本管理和成本控制。假设将直接制造人工小时作为成本动因，而新型地毯的实际间接制造人工成本为 990 美元，高于预测成本 906.79 美元。管理者会认为有必要降低成本。但实际上，基于机器小时这一适当的成本动因，实际成本要比预测成本（$1\,043.30$ 美元）低，那么管理层应该保持成本现状而不是寻求改变！

10.5.1 成本动因和作业成本制度

作业成本系统主要将单个作业作为基本成本对象，如产品设计、设备安装、材料处理、分销、顾客服务等。管理者会为每个作业确定一个成本动因。以电子产品生产商 Westronics 公司的材料处理成本为例。管理者必须决定是将载运次数还是将载运重量作为材料处理成本的成本动因。为此，当成本动因与成本之间的因果关系没有被短期固定成本所掩盖时，他们将采用本章前面介绍的方法对相当长的一段时间内收集的数据进行分析。

管理者会运用前面介绍的所有方法来估计作业成本系统中的成本关系。伦敦市警察局使用投入产出关系（工业工程法）来确定成本动因和作业成本。通过调查所需时间，该警察局确定了处理入室抢劫、入室盗窃和填写警方报告等的相关成本。美国政府机构也使用工业工程法，如美国邮政局使用此方法确定每笔邮局交易的成本，美国专利商标局（U.S. Patent and Trademark Office）使用此方法确定每项专利审查的成本。卡特彼勒公司（Caterpillar）使用工业工程法来计算其产品生产过程中每项作业的标准化成本，然后将作业成本汇总到产品层次。

在选择估计成本函数的方法时，管理者要在详细程度、准确性、可行性和成本之间进行权衡。例如，为了估计开设银行账户或进行转移支付的成本，西班牙洲际银行（Bankinter）使用工作测量法，而加拿大皇家银行（Royal Bank of Canada）则使用包括回归分析在内的高级分析技术。

越来越多的管理者使用定量分析法来确定作业的成本动因。国际航运公司中外运敦豪（DHL Express）从使用会谈法转向对其"大数据"系统进行深入的定量分析。该系统使中外运敦豪有机会以相对较低的成本对大型数据集进行复杂的分析。一个统一的全球作业成本系统可以显示其网络中每批货物的成本和盈利能力。算法优化了将货物分配给机队的最有利可图的方式。

在估算成本库的成本函数时，管理人员必须注意成本层级。比如，如果成本为批次成本（如生产准备成本），那么管理人员只需考虑类似生产准备小时等批次成本动因。在某些情况下，成本库中的成本可能有来自不同成本层级的多个成本动因。Elegant Rugs 公司的间接制造人工成本的成本动因可能是机器小时和地毯生产批数。此外，将间接制造人工成本细分为两个成本库，并计量与每个成本动因相关的成本可能很难。在这样的情况下，公司可以基于多个自变量使用多元回归分析（正如我们在本章附录中所讨论的那样）来估计成本。

10.6 非线性成本函数

成本函数并不总是线性的。**非线性成本函数**（nonlinear cost function）是指在相关范围内总成本（以单个作业水平为基础）的几何图形并不表现为一条直线的成本函数。要了解非线性成本函数的形状，请回到图表 10-2。当前的相关范围是 2 000～6 500 个滑雪板。但是，如果我们将相关范围扩展到 0～8 000 个滑雪板，就会发现在扩展后的范围内，成本函数并非一条直线。

再举一个例子，如规模经济效应可以使广告公司制作的广告数目增加 2 倍而广告成本的增加却小于 2 倍。即使是直接材料成本也并不总是线性的。如图表 10-9 的 A 部分所示，总直接材料成本随着直接材料购买数量的增加而上升，但由于数量折扣的存在，当购买数量增加时，成本上升速度变慢了（如斜率系数的变化所示）。当购买数量为 1～1 000 单位时，成本函数的斜率系数 $b=25$ 美元/单位；当购买数量为 1 001～2 000 单位时，$b=15$ 美元/单位；当购买数量为 2 001～3 000 单位时，$b=10$ 美元/单位。单位直接材料成本随着每一次降价而下降。在相关范围为 1～3 000 单位时，成本函数是非线性的。在一个更窄的相关范围内（如 1～1 000 单位），成本函数是线性的。

阶梯成本函数也是非线性成本函数。**阶梯成本函数**（step cost function）是成本在一定作业水平范围内保持不变，但随着作业水平从一个范围增加到另一个范围，成本会不连续地增加，也就是阶梯式增加。图表 10-9 的 B 部分展示了一个阶梯变动成本函数，即在每个相关范围内，作业水平小幅变化，而成本保持不变。B 部分表明了生产准备成本与产量之间的关系。这种模式是阶梯成本函数，因为生产准备成本随着每个生产批次的开始而增加，然后在同一批次的每件产品生产时保持不变。在 0～6 000 个生产单位的相关范围内，成本函数就是非线性的。然而，如图表 10-9 的 B 部分中的直线所示，管理人员通常用连续变动的成本函数来近似估计阶梯

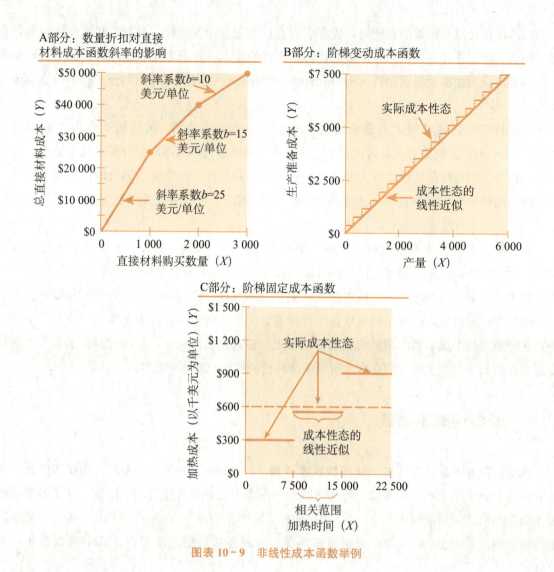

图表 10-9 非线性成本函数举例

变动成本。当材料处理人工、监管和程序工程人工等成本一次性投入但分次消耗时，也会出现这种阶梯成本模式。

图表 10-9 的 C 部分显示了 Crofton Steel 公司的阶梯固定成本函数，这家公司主要运营大型热处理炉以硬化钢件。比较 B 部分和 C 部分，阶梯变动成本函数与阶梯固定成本函数之间的主要区别在于，在每个相关范围内，阶梯固定成本函数的成本在作业的较大范围内是不变的。这一范围表示已用热处理炉的数目（每个热处理炉的运营成本为 300 000 美元）。当增加一个热处理炉时，成本就从一个范围增至下一个较高的范围。在 7 500～15 000 加热小时的相关范围内，公司预计需要两座热处理炉，固定成本为 600 000 美元。但是在 0～22 500 加热小时的相关范围内，成本函数就是非线性的：图表 10-9 的 C 部分中不是一条直线，而是三条断开的线。

线性回归技术可以用于估计本节所描述的非线性关系。例如，可以使用分段线性回归来估计图表 10-9 的 A 部分中的不同线段。可以使用不同的非线性函数形式（如二次函数关系）对数据进行曲线拟合。在"大数据"世界中，构建模型最常用的工具之一是逻辑回归。当因变量，如二元变量（包括客户是否会在未来 3 个月内离开电信公司，或者借款人是否会拖欠贷款）的取值范围受限时，就可以使用这种技术。

例如，一家银行正在评估如何根据申请人过去的信用记录，使用公开的、范围在 300～850

之间的 FICO 评分来评估贷款违约风险。图表 10-10 的 A 部分显示了过去的贷款数据，其中，如果申请人贷款违约，则因变量编码为 1；如果申请人没有违约，则编码为 0。自变量是申请人的 FICO 评分。图表 10-10 的 B 部分为绘制的数据图。如果对数据进行线性回归拟合，它还会显示回归线。尽管在技术上可以对数据进行线性拟合，但自变量（FICO 评分）与因变量（0 或 1）之间的关系不是线性的。对这些数据进行线性回归拟合似乎并不合适。相反，如 B 部分所示，逻辑回归使用一种称为最大似然估计（MLE）的技术对数据进行 S 曲线拟合。虽然数学细节超出了本书的范畴，但可以将 MLE（范围为 0~1）视为一种概率。这种估计技术会拟合出一条 S 曲线，目的是给违约贷款分配一个高概率（接近 1），给已偿还贷款分配一个低概率（接近 0）。当然，它不能完美地实现这一点，因为有一些贷款（如贷款 5）的 FICO 评分较低（类似于通常会违约的贷款），但实际上已经偿还，而有些贷款（如贷款 18）的 FICO 评分较高（类似于通常会偿还的贷款），但实际上已经违约。正如我们将在下一章中看到的，管理会计师将与管理层一起确定一个临界值，对银行从发放贷款中获得的利息与贷款违约可能带来的损失进行权衡。所有计算值低于临界值（对应相对较高的 FICO 评分）的借款人都将获得贷款，而所有计算值高于临界值（对应相对较低的 FICO 评分）的借款人将不会获得贷款。接下来，我们将注意力转向另一种非线性估计形式——学习曲线。

图表 10-10　线性回归与逻辑回归

A 部分：贷款的 FICO 评分与违约评分

贷款编号	1	2	3	4	5	6	7	8	9	10	11	12	13	14	15	16	17	18	19	20	21	22	23	24
FICO 评分	529	553	601	607	625	632	643	645	653	672	685	687	706	713	721	735	736	753	754	757	772	793	801	845
违约评分	1	1	1	1	0	1	1	1	1	0	1	1	0	0	1	0	1	0	1	0	0	0	0	0

B 部分：贷款的 FICO 评分和违约评分的线性回归与逻辑回归图

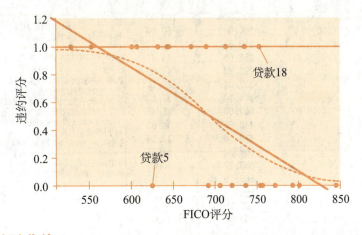

10.6.1　学习曲线

非线性成本函数也源于学习曲线，这种现象最早出现在飞机装配行业。**学习曲线**（learning curve）是用来衡量因工人学习而熟练程度提高，单位人工小时数如何随产量的增加而减少的函数。工人越熟悉他们的工作，工作效率就越高。管理者应学习如何有效地安排工作班次和运营工厂。如果单位成本随产量的增加而降低，单位成本函数就是非线性的。在估计和预测单位成本时，必须考虑到单位成本函数的非线性。

"经验曲线"一词描述了学习曲线更广阔的适用领域——延伸到价值链中的其他业务职能，

如营销、分销及顾客服务。**经验曲线**（experience curve）衡量的是这些业务职能的单位成本如何随作业量的增加而下降。对于戴尔、沃尔玛和麦当劳这样的公司来说，学习曲线和经验曲线是其降低成本，提高顾客满意度、市场份额和盈利能力的关键要素。

现在，我们描述两种学习曲线模式：累积平均时间学习模式和增量单位时间学习模式。

10.6.2 累积平均时间学习模式

在**累积平均时间学习模式**（cumulative average-time learning model）中，累积产量每增加一倍，单位累积平均时间都会以固定比例递减。以雷达系统生产商 Rayburn 公司为例。Rayburn 公司有一条 80% 的学习曲线，这意味着当产量从 X 增至 $2X$ 时，在 $2X$ 产出水平下的单位累积平均时间是产量为 X 时的 80%。换句话说，单位累积平均时间减少了 20%（100%－80%）。图表 10-11 显示了 Rayburn 公司累积平均时间学习模式的计算过程。注意，当 A 列中的产量从 1 增至 2 时，B 列中的单位累积平均时间从 100 小时下降至 100 小时的 80%，即 80 小时（0.8×100）。当产量从 2 增至 4 时，单位累积平均时间下降至 80 小时的 80%，即 64 小时，以此类推。单位累积平均时间乘以累积产量就得到 D 列中的累积总时间，例如，当累积产量为 4 时，累积总时间为 256 小时（4×64）。

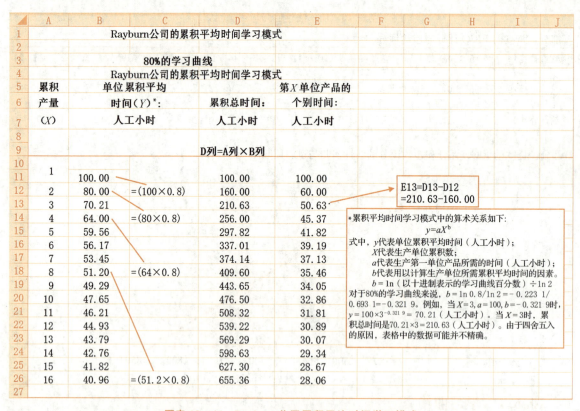

图表 10-11　Rayburn 公司累积平均时间学习模式

10.6.3 增量单位时间学习模式

在**增量单位时间学习模式**（incremental unit-time learning model）中，累积产量每增加一倍，生产最后一单位产品所需要的增量时间就以固定比例递减。再以 Rayburn 公司为例。它有一个 80% 的学习曲线。在这个模式中，80% 意味着当产量从 X 增至 $2X$ 时，生产第 $2X$ 单位所需要的时间是生产第 X 单位所需时间的 80%。图表 10-12 显示了增量单位时间学习模式的计算过程。注意，当 A 列中的产量从 2 增至 4 时，B 列中生产第 4 个单位（产量为 4 单位时的最后一个单位）所需的时间为 64 小时，是生产第 2 个单位（产量为 2 单位时的最后一个单位）所需时间 80 小时的 80%。将第 B 列中的各个时间累加，就可以得到 D 列中的累积总时间。例如，当累积产量为 4 时，需要 314.21 人工小时（100.00＋80.00＋70.21＋64.00）。

Rayburn公司增量单位时间学习模式

80%的学习曲线

累积产量(X)	第X单位产品的个别时间 $(Y)^*$：人工小时	累积总时间：人工小时	单位累积平均时间：人工小时
			E列=D列÷A列
1	100.00	100.00	100.00
2	80.00　=(100×0.8)	180.00	90.00
3	70.21	250.21	83.40
4	64.00　=(80×0.8)	314.21	78.55
5	59.56	373.77	74.75
6	56.17	429.94	71.66
7	53.45	483.39	69.06
8	51.20　=(64×0.8)	534.59	66.82
9	49.29	583.89	64.88
10	47.65	631.54	63.15
11	46.21	677.75	61.61
12	44.93	722.68	60.22
13	43.79	766.47	58.96
14	42.76	809.23	57.80
15	41.82	851.05	56.74
16	40.96　=(51.2×0.8)	892.01	55.75

D14=D13+B14
=180.00+70.21

*增量单位时间学习模式中的算术关系如下：
$$y=aX^b$$
式中，y 代表生产最近一单位产品耗费的时间（人工小时）；X 代表生产单位累积数；a 代表生产第一单位产品所需的时间（人工小时）；b 代表用以计算生产单位所需增量单位时间的因素。$b=\ln$（以十进制表示的学习曲线百分数）$\div\ln 2$，对于80%的学习曲线来说，$b=\ln 0.8\div\ln 2=-0.223\ 1\div 0.693\ 1=-0.321\ 9$。例如，当 $X=3$，$a=100$，$b=-0.321\ 9$ 时，$y=100\times 3^{-0.321\ 9}=70.21$（人工小时）。当 $X=3$ 时，累积总时间是 100+80+70.21=250.21（人工小时）。由于四舍五入的原因，表格中的数据可能并不精确。

图表 10-12　Rayburn 公司增量单位时间学习模式

图表 10-13 显示了累积平均时间学习模式（数据来自图表 10-11）和增量单位时间学习模式（数据来自图表 10-12）。A 部分是用图表 10-11 中 B 列的数据和图表 10-12 中 E 列的数据绘制的累积平均时间学习模式和增量单位时间学习模式下单位累积平均时间与累积产量的关系图。B 部分是用图表 10-11 中 D 列的数据和图表 10-12 中 D 列的数据绘制的累积平均时间学习模式和增量单位时间学习模式下累积总人工小时与累积产量的关系图。

若两个模式的学习比率相同，则累积平均时间学习模式代表着更快的学习速度。例如，在图表 10-13 的 B 部分中，80% 增量单位时间学习模式的曲线位于 80% 累积平均时间学习模式的曲线的上方。当累积产量为 4 时，80% 增量单位时间学习模式预测出 314.21 累积总人工小时，而 80% 累积平均时间学习模式预测的却只有 256.00 累积总人工小时。这是因为在累积平均时间学习模式下，生产 4 单位产品所需的平均人工小时为 64 小时，生产第 4 单位产品所需的人工小时为 45.37 小时（参见图表 10-11），远远小于 64 小时。在增量单位时间学习模式下，生产第 4 单位产品所需的人工小时为 64 小时，而生产前三单位产品所需的人工小时超过了 64 小时，因此生产 4 单位产品所需的平均时间就会超过 64 小时。

管理者应根据具体情况选择模式和学习曲线百分比。例如，当产量提高时，如果人工小时的耗用符合 80% 学习曲线累积平均时间学习模式，他们就会选用这个模式。工程师、工厂经理

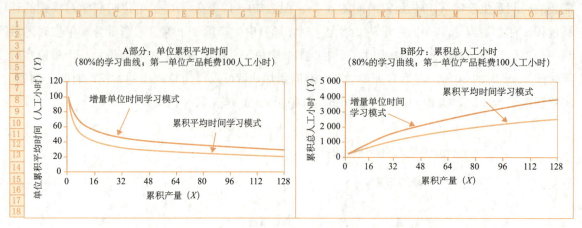

图表 10 - 13 Rayburn 公司累积平均时间学习模式和增量单位时间学习模式

及工人都是了解实际学习效果与产量增量之间关系的良好信息来源。将这些信息绘制成图表并估计最能拟合数据的模式将有助于选择合适的评价模式。[①]

10.6.4 将学习曲线效应与定价和标准相结合

公司如何使用学习曲线？以图表 10 - 11 中 Rayburn 公司累积平均时间学习模式的数据为例。假设受学习曲线效应影响的变动成本包括直接人工成本（每人工小时 20 美元）及相关间接费用（每人工小时 30 美元），合计是每人工小时 50 美元。管理者可以预测如图表 10 - 14 所示的成本。

累积产量	单位累积平均时间：人工小时[a]	累积总时间：人工小时[a]	每人工小时50美元累积成本[b]	增加的累积成本	单位平均成本
1	100.00	100.00	$5 000	$5 000	$5 000
2	80.00	160.00	8 000	3 000	4 000
4	64.00	256.00	12 800	4 800	3 200
8	51.20	409.60	20 480	7 680	2 560
16	40.96	655.36	32 768	12 288	2 048

a. 基于累积平均时间学习模式。金额计算见图表10-11。

b. C列中的累积人工小时×50美元/人工小时。

图表 10 - 14 Rayburn 公司使用学习曲线预测成本

这些数据表明，学习曲线效应可能会对 Rayburn 公司管理者的决策产生重大影响。例如，管理者对公司雷达系统的定价可能低于最初生产的几套雷达系统的成本，以刺激需求。当公司增加雷达系统的产量以满足日益增长的需求时，单位平均成本也随之下降（见图表 10 - 14 的 F列）。Rayburn 公司"沿着学习曲线降低产品价格"的同时，也获得了市场份额。尽管公司在最

---

① 进一步的讨论参见 Charles Bailey，"Learning Curve Estimation of Production Costs and Labor-Hours Using a Free Excel Add-in," *Management Accounting Quarterly*（Summer 2000）：25 - 31。在 Bailey 的网站（www. profbailey. com）上可以找到用于估计学习曲线的免费软件。

初的销售中盈利不佳，甚至有可能亏损，但随着产量的增加，公司在单位产品上的盈利将会越来越多。

另外，受法律和其他因素的影响，公司管理者可能只对最后 8 单位的产品制定较低的价格。据预测，最后 8 单位产品的总人工成本和相关间接成本只有 12 288 美元（见图表 10-14 的 E 列）；单位增量成本仅为 1 536 美元（12 288÷8），远低于第一单位产品成本 5 000 美元。

必胜客和家得宝等许多公司都使用学习曲线来评价业绩水平。日产公司为新车型设定装配人工效率标准并评价业绩时就考虑到了随着产量的增加而产生的学习曲线效应。美国国防部将学习曲线纳入其军事武器项目的成本估算中。"观念实施：学习曲线和可再生能源价格下跌"展示了学习曲线如何帮助降低可再生能源价格。

图表 10-11 至图表 10-14 中的学习曲线模式都假定学习过程仅与一个自变量（产量）有关。模拟器件公司（Analog Devices）和惠普等公司还开发了其他的学习模式，这些模式关注的是产品质量，而不是人工小时将如何随时间的变化而变化——不管是否生产更多单位产品。研究表明，除产量之外的其他因素，如岗位轮换、建立团队等也有助于提高质量的学习。

观念实施

学习曲线和可再生能源价格下跌

随着时间的推移，可再生能源供应商通过不断学习，降低了制造和部署成本。随着世界各地安装数量的增加，通过在实践中学习，其制造和分销操作、安装程序以及销售和融资流程得到了改善。固定成本被分摊给了更多产品。成本也随着新技术的采用和其他行业创新的溢出效应而下降。

净效应是可再生能源价格的大幅下跌。从 2009 年至 2017 年，全球太阳能装置的价格下降了 81%，而生产 1 千瓦时太阳能的成本从 0.36 美元降至 0.10 美元，降幅达 72%。水电、海上风电和陆上风电市场也出现了类似的价格下降。

预计在不远的将来，目前商用的所有可再生能源发电技术将以等于或低于煤炭和石油等化石燃料的千瓦时价格发电。得益于学习曲线，可再生能源在满足全球新能源发电需求方面越来越具有竞争力。

资料来源：Alan AtKisson, "The 'Big Push' Transforming the World's Energy Systems," *North Star* (*blog*), *GreenBiz*, January 23, 2018 (https://www.greenbiz.com/article/big-push-transforming-worlds-energy-systems); National Academies of Sciences, Engineering, and Medicine, *The Power of Change: Innovation for Development and Deployment of Increasingly Clean Electric Power Technologies*, Washington, DC: The National Academies Press, 2016 (https://www.nap.edu/catalog/21712/the-power-of-change-innovation-for-development-and-deployment-of); International Renewable Energy Agency, *Renewable Power Generation Costs in 2017*, Abu Dhabi: International Renewable Energy Agency, 2018 (https://www.irena.org/-/media/Files/IRENA/Agency/Publication/2018/Jan/IRENA_2017_Power_Costs_2018.pdf).

小练习 10-3

Maude 设计公司生产各种相框。每位新员工制作第一个相框需要 6 小时，制作第二个相框需要 4.8 小时。每小时的制造费用为 25 美元。

a. 假设采用累积平均法，学习曲线百分比是多少？

b. 新员工使用累积平均时间学习模式制作 8 个相框需要多少时间？你可以使用 −0.152 0 作为指数。

c. 在累积平均时间学习模式下，生产 8 个相框需要多少制造费用？

d. 假设采用增量单位时间学习模式，学习曲线百分比是多少？

e. 新员工使用增量单位时间学习模式制作第 16 个相框需要多少时间？你可以使用 −0.321 9 作为指数。

10.7 数据收集及调整问题

在成本函数的估计中，理想的数据库有两个特征：

1. 数据库应包括大量计量可靠的成本动因（自变量）与相关成本（因变量）的观测值。成本和成本动因出现计量差错是很严重的事，因为这会导致错误估计成本动因对成本的影响。

2. 数据库中的成本动因值应涉及的范围大、数量多。若只用少量且相近的成本动因值，会使得相关范围太小，从而降低估计的可信性。

然而，管理会计师通常不能得到同时具有上述两个特征的数据库。本部分将讨论一些经常遇到的数据问题，以及解决这些问题的步骤。管理者应在依赖数据生成的成本估计前考虑这些问题，并且评估如何解决这些问题。

● 计量因变量的期间与计量成本动因的期间不一致。这一问题在公司不以权责发生制为基础进行会计记录时经常出现。以采用机器小时为成本动因、机器润滑剂成本为因变量的成本函数为例，假设有一批零星购买以备日后使用的润滑剂，在以收付实现制为基础的会计记录中反映为在大多数月份几乎不消耗润滑剂，而在少数月份消耗特别多的润滑剂。这些记录不能准确反映成本动因与成本之间的关系。因此，分析师应使用权责发生制来计量机器润滑剂的消耗情况，以使成本与成本动因更好地配比。

● 将固定成本像变动成本那样进行分配。例如，折旧费、保险费、租金一类的成本可能会被分配给产品以计算单位产出的成本。管理者面临的风险是将这些成本视为可变动的而不是固定的。因为使用的分配方法而不是成本的实际性态会使这些成本看起来像变动成本。为避免这个问题，分析师应仔细区分固定成本与变动成本，不要把分配到每单位的固定成本当作变动成本。

● 无法获得所有观测数据，或者数据不完全可靠。如果数据是手工输入而不是电子输入的，并且没有被正确地记录或分类，那么经常会出现成本观测值缺失的情况。例如，把销售拜访成本错当作售后服务成本，可能会导致营销成本被低估。当成本动因数据来源于内部会计系统之外时，也会出现错误。例如，会计部门可能会从公司的生产部门得到医疗设备的测试时间数据，从分销部门得到发出产品的数量数据，然而这些部门的记录可能并不准确。为了最大限度地减少这些问题，成本分析师应设计数据汇总报告以便能够定期得到所需数据，并在数据缺失时立即跟进。

● 出现极端观测值。这些极端值的产生原因包括：（1）成本记录错误（如小数点错位）；（2）数据来自特殊时期（如发生重大机器故障的时期）；（3）观测值超出相关范围。在估计成本关系之前，分析师应调整或剔除异常观测值。

● 因变量成本库中的单个成本项目与成本动因之间不存在同质关系。只有成本被包含在因变量中的每个作业都有同样的成本动因时，才存在同质关系。只有在这种情况下，才可能估计出单一的成本函数。正如用定量分析法估计成本函数的步骤 2 所述，当每个作业的成本动因都不同时，必须（用各自的成本动因）为每个作业分别估计成本函数。或者，分析师应该使用多元回归分析估计有多个自变量的成本函数。

● 成本动因与成本之间的关系并不稳定。生成观测值的基本流程不稳定时就会发生这种情况。例如，如果在观测值涵盖的期间引入新技术，制造费用与机器小时之间的关系就不太可能是稳定的。在这种情况下，分析师应该将样本分为技术变化前和技术变化后两个部分，分别估计成本函数。如果这两个期间估计的斜率系数是相似的，分析师就可以把数据合并在一起估计出单一的成本函数。如果可行，合并数据可以为估计成本函数提供一个更大的数据集，从而增加成本预测的可信度。

● 成本和成本动因分别或同时受通货膨胀的影响。例如，即使成本动因未发生变化，通货膨胀也可能导致成本发生变化。分析师在研究成本动因与成本之间的内在因果关系之前，应先将每项成本除以成本发生当日的价格指数，以从数据中剔除纯粹的通货膨胀的价格影响。

在许多情况下，成本分析师需要在根据过去的数据估计成本函数之前花费大量精力来减少这些问题的影响。在制定决策前，管理者必须仔细审查可疑数据，并与企业的分析师和会计师密切配合，以获取和处理正确且相关的信息。

自测题

GLD 公司的直升机部门正在检查其印第安纳州工厂的直升机装配成本。它已收到首次 8 架新型巡逻直升机的订单。GLD 可以采用劳动密集法或机器密集法装配直升机，数据如下所示：

	A	B	C	D	E
1			劳动密集法		机器密集法
2	每架直升机的直接材料成本	$40 000		$36 000	
3	第一架直升机的直接装配人工小时	2 000	人工小时	800	人工小时
4	每架直升机的装配人工小时学习曲线	85%	累积平均时间*	90%	增量单位时间**
5	直接装配人工成本	$ 30	单位小时	$ 30	单位小时
6	与设备相关的间接生产成本	$ 12	单位直接装配人工小时	$ 45	单位直接装配人工小时
7	与材料处理相关的间接生产成本	50%	直接材料成本	50%	直接材料成本
8					
9					
10	*使用图表10-11中的公式，85%的学习曲线中的$b=\dfrac{\ln 0.85}{\ln 2}=\dfrac{-0.162\ 519}{0.693\ 147}=-0.234\ 465$。				
11					
12					
13					
14					
15	**使用图表10-11中的公式，90%的学习曲线中的$b=\dfrac{\ln 0.90}{\ln 2}=\dfrac{-0.105\ 361}{0.693\ 147}=-0.152\ 004$。				
16					
17					

要求：

1. 在下面两种方法下，装配前 8 架直升机需要的直接装配人工小时数分别为多少？

（1）劳动密集法；

（2）机器密集法。

2. 在下面两种方法下，装配前 8 架飞机的总装配成本分别是多少？

（1）劳动密集法；

（2）机器密集法。

解答：

1.（1）劳动密集法（85％累积平均时间学习模式）下的计算如下：

	G	H	I	J	K
1	累积	单位累积		累积	第 X 单位
2	产量	平均时间		总时间：	产品的
3	（X）	（Y）：		人工小时	个别时间：
4		人工小时			人工小时
5				J列＝G列 × H列	
6	1	2 000		2 000	2 000
7	2	1 700	（2 000×0.85）	3 400	1 400
8	3	1 546		4 637	1 237
9	4	1 445	（1 700×0.85）	5 780	1 143
10	5	1 371		6 857	1 077
11	6	1 314		7 884	1 027
12	7	1 267		8 871	987
13	8	1 228.25	（1 445×0.85）	9 826	955
14					

H 列中第 X 单位的累积平均时间的计算公式是：$y＝aX^b$（见图表 10-11）。例如，当 $X＝3$ 时，$Y＝2\,000×3^{-0.234\,456}＝1\,546$（人工小时）。装配前 8 架直升机总共需要 9 826 直接装配人工小时。

（2）机器密集法（90％增量单位时间学习模式）下的计算如下：

	G	H	I	J	K
1	累积	第 X 单位		累积	单位累积
2	产量	产品的		总时间：	平均时间：
3	（X）	个别时间（Y）：		人工小时	人工小时
4		人工小时			
5					K列＝J列 ÷ G列
6	1	800		800	800
7	2	720	（800×0.9）	1 520	760
8	3	677		2 197	732
9	4	648	（720×0.9）	2 845	711
10	5	626		3 471	694
11	6	609		4 081	680
12	7	595		4 676	668
13	8	583	（648×0.9）	5 258	657

H 列中第 X 单位产品的个别时间的计算公式是：$y＝aX^b$（见图表 10-12）。例如，当 $X＝3$ 时，$Y＝800×3^{-0.152\,004}＝677$（人工小时）。装配前 8 架直升机总共需要 5 258 直接装配人工小时。

2. 前 8 架直升机的总装配成本如下所示。

O	劳动密集法	机器密集法
	P	Q
1	劳动密集法	机器密集法
2		
3	（用1（1）中的数据）	（用1（2）中的数据）
4 直接材料成本：		
5　8架×$40 000/架；$36 000/架	$ 320 000	$ 288 000
6 直接装配人工：		
7　9 826小时；5 258小时×$30/小时	294 780	157 740
8 间接生产成本：		
9　与设备相关的间接生产成本：		
10　9 826小时×$12/小时；5 258小时×$45/小时	117 912	236 610
11　与材料处理相关的间接生产成本：		
12　0.50×$320 000；$288 000	160 000	144 000
13 总装配成本	$ 892 692	$ 826 350

机器密集法下的总装配成本比劳动密集法下少 66 342 美元（892 692－826 350）。

决策要点

下面的问答形式是对本章学习目标的总结，"决策"代表与学习目标相关的关键问题，"指南"则是对该问题的回答。

决策	指南
1. 什么是线性成本函数？它能表示哪几种成本性态？	线性成本函数是这样的函数：在相关范围内，总成本与单个作业水平之间的关系呈现为一条直线。线性成本函数可用常数 a、斜率系数 b 来描述。其中，常数 a 表示在相关范围内对总成本中不随作业水平变动而变动的部分的估计；斜率系数 b 表示在相关范围内对总成本中随作业水平变动而变动的部分的估计。三种线性成本函数分别是变动成本函数、固定成本函数及混合（或半变动）成本函数。
2. 在估计成本函数时应注意的最重要的问题是什么？	估计成本函数时应注意的最重要的问题是确定作业水平与相关成本之间是否存在因果关系。只有存在因果关系，而不只是相关关系，才能在作业水平与成本之间建立经济合理的关系。
3. 估计成本函数的方法有哪几种？	估计成本函数的四种方法分别是工业工程法、会谈法、账户分析法、定量分析法（包括高低点法和回归分析法）。若有可能，成本分析师应尽量使用多种分析方法。每种方法都可用来检验其他方法。
4. 使用定量分析法估计成本函数有哪几个步骤？	使用定量分析法估计成本函数的六个步骤包括：（1）选择因变量；（2）确认自变量或成本动因；（3）收集因变量和成本动因的数据；（4）绘制散点图；（5）估计成本函数；（6）评价估计成本函数的成本动因。在大多数情况下，成本分析人员需与运营经理紧密合作，在确定一个可接受的成本函数前常常要多次重复以上步骤。
5. 公司应如何评价和选择成本动因？	评价和选择成本动因的三个标准包括：（1）经济合理性；（2）拟合优度；（3）自变量的显著性。

续表

决策	指南
6. 什么是非线性成本函数？学习曲线是如何导致产生非线性成本的？	非线性成本函数是这样的成本函数：在相关范围内，总成本与作业水平之间的关系不呈现为一条直线。非线性成本可能会因为数量折扣、阶梯成本函数、因变量取一组有限的值（如二元变量）及学习曲线效应而产生。当存在学习曲线效应时，随着产量的增加，单位人工小时减少。在累积平均时间学习模式中，累积产量每增加一倍，单位累积平均时间都会以固定比例减少。在增量单位时间学习模式中，累积产量每增加一倍，增量单位时间（生产最后一单位产品所需时间）都会以固定比例减少。
7. 公司在估计成本时必须注意哪些常见的数据问题？	成本估计中最困难的工作是收集质量高且计量可靠的成本及成本动因数据。通常容易出现的问题包括数据缺失、出现极端观测值、技术变化以及通货膨胀带来的数据失真等。

习 题

10-23 各种成本性态图（CPA，改编）。图中的纵轴表示总成本，横轴表示一个财务年度的产量。在下面的图中，成本和产量的零点即为两轴的交点。

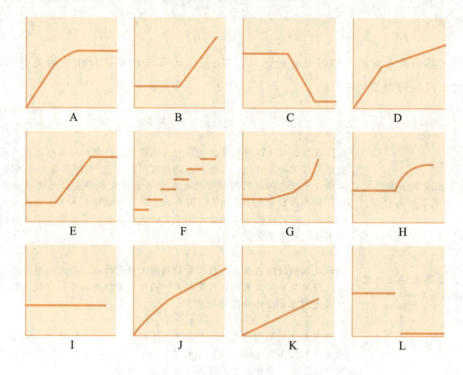

要求：

选择与编号的生产成本数据（要求 1~9）相对应的图形。用字母指出哪个图形与下面所描述的各项目或情况最相符。某些图可能被多次使用，也可能完全不被使用。

1. 按机器小时数计算的设备年折旧额。

2. 电费——固定的基本费用加上耗用一定千瓦时后的变动成本。这里千瓦时的耗用量随产量的变化而成比例变化。

3. 城市水费，计算方法如下：

小于等于 1 000 000 加仑   1 000 美元固定费用

1 000 001～1 010 000 加仑	每加仑 0.003 美元
1 010 001～1 020 000 加仑	每加仑 0.006 美元
1 020 001～1 030 000 加仑	每加仑 0.009 美元
以此类推	以此类推

用水量随产品产量成比例变化。

4. 直接材料成本，其单位成本随材料用量的增加而减少，但最低金额为 9.20 美元（例如，1 磅材料的成本是 10 美元，2 磅材料的成本是 19.98 美元，3 磅材料的成本是 29.94 美元）。

5. 设备的年折旧额按直线法计算。在编制折旧时间表时，预期设备陈旧导致的折旧额大于磨损所导致的折旧额。

6. 市政府捐赠的厂房的租金。按协议规定，如果人工小时数达到 200 000 小时，可以不支付租金，否则要按照固定数额支付租金。

7. 修理工的薪水，每 1 000 机器小时或不足 1 000 机器小时时需要 1 名修理工（即从 0～1 000 机器小时需要 1 名修理工，1 001～2 000 机器小时需要 2 名修理工，以此类推）。

8. 耗用的直接材料成本（假设没有数量折扣）。

9. 县政府捐赠的厂房的租金。按协议规定，租金为 100 000 美元，超过 200 000 直接制造人工小时后，每增加 1 个小时，可减少 1 美元的租金，但最低租金为 20 000 美元。

10-25 账户分析法，高低点法。史密斯公司希望找到一个方程式来估计 2021 年经营预算中的每月营业成本。收集的 2020 年的成本和其他数据如下：

月份	维修成本	机器小时	健康保险	员工人数	运输成本	运输量
1 月	$4 510	170	$8 570	63	$28 240	7 060
2 月	$4 473	110	$8 570	73	$32 920	8 230
3 月	$4 660	239	$8 570	89	$31 600	7 900
4 月	$4 870	304	$8 570	102	$25 760	6 440
5 月	$5 120	459	$8 570	84	$23 760	5 940
6 月	$4 745	285	$8 570	85	$36 960	9 240
7 月	$4 927	338	$8 570	88	$34 800	8 700
8 月	$4 916	363	$8 570	80	$33 720	8 430
9 月	$5 055	429	$8 570	90	$26 960	6 740
10 月	$5 226	476	$8 570	101	$28 440	7 110
11 月	$5 370	500	$8 570	91	$22 000	5 500
12 月	$4 795	281	$8 570	101	$38 400	9 600

要求：

1. 上述成本中哪些是固定成本、变动成本或混合成本？请解释。

2. 使用高低点法确定每种成本的成本函数。

3. 结合以上信息给出每月的营业成本函数。

4. 下个月，史密斯公司预计将使用 350 机器小时和 90 名员工来运送 8 600 单位产品。估计该月的总营业成本。

10-32 高低点法，回归分析法。梅·布莱克威尔（May Blackwell）是 Clayton 制造公司材料库房的新任主管。梅被要求估计零件♯696 未来每月的采购成本，公司的两种产品的生产会用到这种零件。梅掌握的过去 9 个月的采购成本和数量数据如下：

月份	采购成本	采购数量
1月	$12 675	2 710
2月	$13 000	2 810
3月	$17 653	4 153
4月	$15 825	3 756
5月	$13 125	2 912
6月	$13 814	3 387
7月	$15 300	3 622
8月	$10 233	2 298
9月	$14 950	3 562

根据当年剩余月份两种产品的预计需求量估计这种零件的每月采购量如下：

月份	预计采购数量
10月	3 340
11月	3 710
12月	3 040

要求：

1. 梅办公室的计算机出现了故障，她被要求立即提供一个方程来估计零件♯696 的未来采购成本。梅拿起计算器，采用高低点法估计成本方程。她得到的成本方程是什么？

2. 使用要求 1 中的方程，计算当年最后三个月的每月预计采购成本。

3. 几小时后，梅的计算机被修好了。梅使用前 9 个月的数据进行回归分析，以估计零件♯696 的采购数量与采购成本之间的关系。梅得到的线性回归方程如下：

$$y = 2\,582.6 + 3.54X$$

使用经济合理性、拟合优度与自变量的显著性等标准评价这条回归线。将回归方程与用高低点法计算出的方程进行比较，哪个拟合得更好？为什么？

4. 使用回归结果计算 10 月、11 月与 12 月的预计采购成本。将预计采购成本与要求 2 中用高低点法计算出的预计采购成本进行比较。对结果进行评论。

10-33 学习曲线，累积平均时间学习模式。Global Defender 公司生产雷达系统。它刚刚完成了一种新型雷达系统 RS-32 的生产。生产数据如下：

直接材料成本	$82 000/单位 RS-32
第一个产品的直接制造人工时间	3 600 直接制造人工小时
每个雷达系统的直接制造人工时间学习曲线	85% 累积平均时间[a]
直接制造人工成本	$20/单位直接制造人工小时
变动制造费用	$17/单位直接制造人工小时

a. 使用图表 10-11 中的公式，85% 的学习曲线中的 $b = \dfrac{\ln 0.85}{\ln 2} = \dfrac{-0.162\,519}{0.693\,147} = -0.234\,465$。

要求：

分别计算生产 2、4 和 8 个 RS-32 雷达系统的总变动成本。

10-34 学习曲线，增量单位时间学习模式。假设除了 Global Defender 公司将 85% 的增量单位时间学习模式作为预测直接制造人工小时的基础外，其他信息与习题 10-33 中的相同。（85% 的学习曲线意味着 $b = -0.234\,465$。）

要求：

1. 分别计算生产 2，3 和 4 个 RS - 32 雷达系统的总变动成本。

2. 比较习题 10 - 33 和本题中生产 2 个和 4 个 RS - 32 雷达系统的成本预测值。解释为什么会产生这种差异。公司如何确定应该使用哪种模式？

 **附 录**

回归分析

本附录介绍回归方程的估计、几种常用的回归统计量以及如何在通过回归分析估计得出的成本函数之间进行选择。我们以图表 10 - 3 中 Elegant Rugs 公司的数据为例说明这些问题。

周数	成本动因：机器小时（X）	间接制造人工成本（Y）
1	68	$ 1 190
2	88	$ 1 211
3	62	$ 1 004
4	72	$ 917
5	60	$ 770
6	96	$ 1 456
7	78	$ 1 180
8	46	$ 710
9	82	$ 1 316
10	94	$ 1 032
11	68	$ 752
12	48	$ 963
合计	862	$12 501

估计回归线

用来估计回归线的最小二乘法是使数据分布点到估计回归线之间的垂直距离（即图表 10 - 6 中的残差项）平方和最小的一种方法。目的是求出线性回归方程 $y=a+bX$ 中 a 和 b 的数值。其中，y 是成本预测值，以区别于用 Y 表示的成本观测值。我们希望能够找出使 $\sum(Y-y)^2$，即 Y 与 y 之间垂直距离平方和最小的 a 和 b 的数值。通常可用 R 软件包等来完成这些计算。对本例中的数据进行计算[①]，可得 $a=300.98$ 美元，$b=10.31$ 美元，因此回归线方程为 $y=300.98+10.31X$。

---

① 计算 a 和 b 的公式为：

$$a=\frac{\sum Y\sum X^2-\sum X\sum XY}{n\sum X^2-\sum X\sum X}；b=\frac{n\sum XY-\sum X\sum Y}{n\sum X^2-\sum X\sum X}$$

代入图表 10 - 3 中 Elegant Rugs 公司的数据：

n（代表数据个数）$=12$

$\sum X$（代表给定的 X 值之和）$=68+88+\cdots+48=862$

$\sum X^2$（代表 X 的平方和）$=68^2+88^2+\cdots+48^2=4\ 624+7\ 744+\cdots+2\ 304=64\ 900$

$\sum Y$（代表给定的 Y 值之和）$=1\ 190+1\ 211+\cdots+963=12\ 501$

$\sum XY$（代表给定的 X 与相应观测值 Y 的乘积之和）$=68\times1\ 190+88\times1\ 211+\cdots+48\times963$

$=80\ 920+106\ 568+\cdots+46\ 224=928\ 716$

$a=\dfrac{12\ 501\times64\ 900-862\times928\ 716}{12\times64\ 900-862\times862}=300.98$ $b=\dfrac{12\times928\ 716-862\times12\ 501}{12\times64\ 900-862\times862}=10.31$

拟合优度

拟合优度衡量的是成本动因 X 通过回归分析得到的成本预测值 y 与实际成本观测值 Y 之间的匹配程度。使用回归分析法计算出的拟合优度称为**可决系数**（coefficient of determination）。可决系数（r^2）是指 Y 的变动中可用 X（自变量）来解释的百分比，也就是说，Y 的变差中有多大比例可用自变量 X 来解释。可用一种更简便的方法来计算 r^2，即用 1 减去不能解释的变差与总变差之比。不能解释的变差来源于实际值 Y 与预测值 y 之间的差异。在 Elegant Rugs 公司的例子中，拟合优度的计算公式为[①]：

$$r^2 = 1 - \frac{\text{不能解释的变差}}{\text{总变差}} = 1 - \frac{\sum (Y-y)^2}{\sum (Y-\overline{Y})^2} = 1 - \frac{290\ 824}{607\ 699} = 0.52$$

计算结果表明，当预测值 y 越接近实际观测值 Y 时，r^2 也就越大。r^2 的变动范围是从 0（指毫无解释力）到 1（指完全有解释力）。一般来说，r^2 大于或等于 0.30 就可认为通过了拟合优度检验。但是不能过分依赖拟合优度，因为它可能导致不加判断地选择那些能增加 r^2 但不具备经济合理性的自变量。只有当成本动因与成本之间具备经济合理性时，拟合优度才有意义。

评估拟合优度的另一种方法是计算回归标准误差。**回归标准误差**（standard error of the regression）是残差的标准差。其计算公式为：

$$S = \sqrt{\frac{\sum (Y-y)^2}{\text{自由度}}} = \sqrt{\frac{\sum (Y-y)^2}{n-2}} = \sqrt{\frac{290\ 824}{12-2}} = 170.54\text{（美元）}$$

自由度等于观测值个数 12 减去回归中被估计的系数个数（本例中为 2，即 a 和 b）。170.54 美元的回归标准误差是对观察到的间接制造人工成本在回归线周围变化的估计。它的计量单位（美元）与间接制造业人工成本（因变量）相同。为了便于比较，注意 Y 的平均值 $\overline{Y}$ 是 1 041.75 美元。回归标准误差越小，拟合得就越好，对不同 X 值的预测越准确。

自变量的显著性

图表 10-15 显示了一个方便概括机器小时与间接制造人工成本的回归结果的形式。如果具备经济合理性的自变量发生变化，是否会引起因变量的显著变化？或者换言之，回归线斜率系数 b（10.31）是否具备统计意义上的显著性（也就是说，不同于 0）？回想一下，在对 Elegant Rugs 公司机器小时与间接制造人工成本的回归中，b 是由 12 个观测值样本计算而来的。从统计学的角度看，斜率系数 b 受随机因素的影响。也就是说，另外选取 12 个数据点作为样本，会得到不同的 b 估计值。**估计系数的标准误差**（standard error of the estimated coefficient）表示 b 估计值在多大程度上受这种随机因素的影响。

斜率系数 b 的 t 值可以用来衡量估计的斜率系数相对于其标准误差的大小。斜率系数 b 的 t 值（也称为 t 统计量）等于估计的系数值 10.31 除以估计系数的标准误差 3.12，即 3.30。将它与临界值比较，可以判断自变量与因变量之间的关系不是出于偶然因素。用来判断的临界 t 值

[①] 从上个脚注可知，$\sum Y = 12\ 501$，$\overline{Y} = 12\ 501 \div 12 = 1\ 041.75$

$\sum (Y-\overline{Y})^2 = (1\ 190 - 1\ 041.75)^2 + (1\ 211 - 1\ 041.75)^2 + \cdots + (963 - 1\ 041.75)^2 = 607\ 699$

每个 X 都对应产生一个预测值 y。例如，在第 1 周，$y = 300.98 + 10.31 \times 68 = 1\ 002.06$（美元）；在第 2 周，$y = 300.98 + 10.31 \times 88 = 1\ 208.26$（美元）；在第 12 周，$y = 300.98 + 10.31 \times 48 = 795.86$（美元）。

$\sum (Y-y)^2 = (1\ 190 - 1\ 002.06)^2 + (1\ 211 - 1\ 208.26)^2 + \cdots + (963 - 795.86)^2 = 290\ 824$

	A	B	C	D
1		系数	标准误差	t 值
2		(1)	(2)	(3) = (1) ÷ (2)
3	截距	$300.98	$229.75	1.31
4	自变量: 机器小时 (X)	$ 10.31	$ 3.12	3.30
5				
6		回归统计		
7	R^2	0.52		
8	Durbin-Watson 统计量	2.05		

表 10-15 Elegant Rugs 公司用机器小时作为自变量（成本动因）、间接制造人工成本作为因变量的简单回归结果

是自由度和显著性水平的函数。典型的做法是寻求 5% 的显著性水平，它表明随机因素影响斜率系数 b 的概率小于 5%。在 10 个自由度和 5% 的显著性水平上的临界 t 值是 2.228。因为斜率系数 b 的 t 值是 3.30，超过了 2.228，所以我们可以得出结论，机器小时与间接制造人工成本之间存在统计意义上的显著关系。[1]

或者，可以用置信区间来检验斜率系数 b 显著不为零：机器小时斜率系数 b 的真实值位于区间 10.31 美元±2.228×3.12 美元（或 10.31 美元±6.95 美元，或 3.36～17.26 美元）之外的可能性小于 5%。因为 0 没有出现在置信区间中，所以，我们可以得出结论，机器小时的变动确实会影响间接制造人工成本。类似地，用图表 10-15 中的数据可以得到，常数 a 的 t 值为 1.31（300.98÷229.75），小于 2.228。这个 t 值表明，在相关范围内，常数显著不为零。我们将在以后章节讨论图表 10-15 中尚未论及的 Durbin-Watson 统计量。

小练习 10-4

Yan's Palace 餐厅近几个月来开展了一系列促销活动，以引起顾客的兴趣。餐厅的财务经理珍妮·楚（Jenny Chu）想知道这些活动是否对销售额产生了影响。她获得了过去 10 个月的以下数据：

月份	促销成本	销售收入
3 月	$12 000	$500 000
4 月	$18 000	$700 000
5 月	$ 9 000	$550 000
6 月	$21 000	$650 000
7 月	$ 6 000	$550 000
8 月	$12 000	$650 000
9 月	$ 9 000	$450 000
10 月	$24 000	$800 000
11 月	$15 000	$550 000
12 月	$17 000	$600 000

a. 绘制促销成本与销售收入之间的关系图。

b. 估计能反映促销成本与销售收入之间关系的回归方程。

c. 绘制回归线，并根据经济合理性、拟合优度和回归线斜率系数等标准对其进行评估。

d. 在相关范围内，促销成本每增加 1 000 美元，销售收入会增加多少？

---

[1] 如果估计的系数是负的，那么 t 值低于 −2.228 表示统计上显著相关。正如预期的那样，如果估计的关系基于更多的观测值，那么临界值的绝对值会更低。例如，自由度为 60、5% 显著性水平下的临界 t 值是 2.00。

估计假设的规范分析

规范分析是对回归分析假设的检验。如果满足四个假设条件——在相关范围内线性相关；残差的方差恒定；残差独立；残差为正态分布——那么使用简单回归方法可以得出可靠的系数估计值。本部分简要介绍规范分析。如果不能满足这些假设，就必须用更为复杂的回归方法来求得最佳的估计值。[1]

1. 在相关范围内线性相关。一般我们假设自变量 X 和因变量 Y 在相关范围内线性相关。这在很多商业应用中看似合理，但如果在关系为非线性的情况下假设其为线性关系，那么得出的系数估计值是不正确的。[2]

在只有一个自变量的情况下，检验线性关系最简便的方法是研究散点图中的数据，这一步骤常被人们忽视。图表 10-6 就是 Elegant Rugs 公司间接制造人工成本与机器小时变量的散点图。散点图显示，对这些数据而言，线性关系这一假设是合理的。

本章讨论的学习模式是非线性成本函数的例子。虽然成本随产量的增加而增加，但增加的幅度小于按线性成本函数计算增加的幅度。在这种情况下，成本分析师应该估计一个包含学习曲线效应的非线性成本函数。

2. 残差的方差恒定。残差（或称残差项、扰动项、误差项）是指观测值 Y 与回归线上的预测值 y 之间的垂直偏差，用 $u=Y-y$ 表示。残差的方差恒定的假设意味着残差不受成本动因水平的影响。该假设还意味着数据点在回归线周围均匀分布，如图表 10-16 的 A 部分所示。在估计不同规模营业活动的成本时进行的横截面估计可能会违背这个假设。例如，假设 Elegant Rugs 公司有不同规模的生产区域，公司收集不同生产区域的数据以估计机器小时与间接制造人工成本之间的关系。在这个回归中，机器小时与间接制造人工成本更高的大生产区域的回归残差很可能更大。在回归线（见图表 10-16 的 B 部分）周围的数据点不会均匀分布。残差的方差恒定说明具有同方差性，违背这个假设则说明具有异方差性。

异方差性不影响回归估计值 a 和 b 的准确性，但是它会降低标准误差估计值的可信度，进而影响从回归估计值推断总体参数的精确度。

 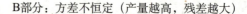

A部分：方差恒定（回归线附近的数据点均匀分布）　　B部分：方差不恒定（产量越高，残差越大）

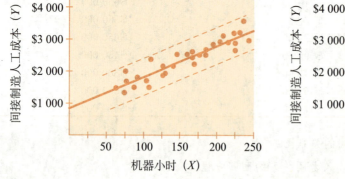 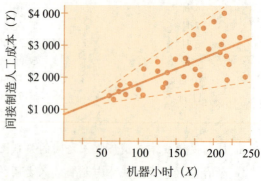

图表 10-16　残差的方差恒定性假设

---

① 例如，详见 William H. Greene, *Econometric Analysis*, 8th ed.（Upper Saddle River, NJ: Prentice Hall, 2017）。

② 从技术上讲，线性回归可以用来估计非线性关系。例如，可以通过线性回归模型来估计方程 $y=a+bX^2$，因为系数 a 和 b 是线性相关的。然而，在大多数成本估计模型中，假设成本预测值 y 成本动因 X 之间的关系是线性的，即 $y=a+bX$。在本章中，我们始终假设存在这种线性成本关系。

3. 残差独立。残差的独立是指任何一个观测值的残差都与另外一个观测值的残差不相关。当残差序列中存在系统模式时，如第 n 个观测值的残差传递了第 $n+1$、$n+2$ 个观测值的残差信息时，就会出现序列相关（也称为自相关）的问题。以 Elegant Rugs 公司的另一个生产单元为例，在 20 周的时间内，它的产量增加导致机器小时数也随之增加。图表 10-17 的 B 部分是机器小时和间接制造人工成本的散点图。观察 B 部分中残差的系统模式——机器小时极端值（高或低）的残差为正，中间值的残差为负。在成本动因值比较低时出现这种模式的一个原因是成本存在"黏性"。当机器小时数低于 50 小时时，间接制造人工成本不会下降。当机器小时数随着产量的增加而增加时，由于 Elegant Rugs 公司的经理要努力管理更高的产量，间接制造人工成本增加的幅度会更大。如果没有自相关，残差图会是怎样的？就像图表 10-17 的 A 部分所示，残差没有系统模式。

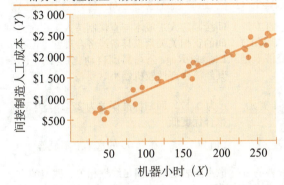
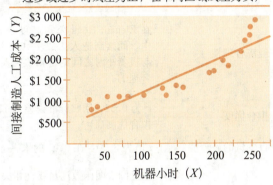

图表 10-17 残差的独立性假设

与残差的方差不恒定一样，序列相关也不会影响回归估计值 a 和 b 的准确性，但会影响系数的标准误差，进而影响从回归估计值推断总体参数的精确度。

用 Durbin-Watson 统计量可以检验在残差估计中是否出现序列相关。对于包含 10～20 个观测值的样本，如果 Durbin-Watson 统计量在 1.10～2.90 的范围内，就可以认为残差是独立的。在图表 10-15 中，Elegant Rugs 公司的回归结果的 Durbin-Watson 统计量为 2.05。因此，在该回归模型中，残差独立的假设是合理的。

4. 残差为正态分布。这是指残差在回归线附近呈正态分布。在对实际成本数据进行回归分析时，通常会满足残差的正态分布假设。即使该假设不成立，会计人员也能够根据回归方程得出精确的估计值，但置信区间可能是不准确的。

用回归结果选择成本函数的成本动因

前面已介绍了间接制造人工成本（y）的两个成本动因：

$y=a+b\times$机器小时数

$y=a+b\times$直接制造人工小时数

图表 10-6 和图表 10-8 是两种回归的分布点图。图表 10-15 显示了以机器小时作为自变量的成本函数的回归结果，图表 10-18 显示了以直接制造人工小时作为自变量的成本函数的回归结果。

根据本附录所述内容，哪一个回归结果更好？图表 10-19 系统地比较了这两个成本函数。根据多个判断标准，以机器小时作为成本动因的成本函数要优于以直接制造人工小时作为成本动因的成本函数。其中，经济合理性是特别重要的一个判断标准。

	系数 (1)	标准误差 (2)	t 值 (3) = (1) ÷ (2)
截距	\$744.67	\$217.61	3.42
自变量： 直接制造人工小时(X)	\$ 7.72	\$ 5.40	1.43
回归统计			
R^2	0.17		
Durbin-Watson 统计量	2.26		

图表 10 - 18　Elegant Rugs 公司以直接制造人工小时作为自变量（成本动因）、
间接制造人工成本作为因变量的简单回归结果

图表 10 - 19　Elegant Rugs 公司用简单回归估计间接制造人工成本的两个成本函数的比较

标准	成本函数 1： 机器小时为自变量	成本函数 2： 直接制造人工小时为自变量
经济合理性	在 Elegant Rugs 公司高度自动化的工厂中，间接制造人工成本（技术支持人工）与机器小时之间的正相关关系在经济上是合理的	间接制造人工成本与直接制造人工小时之间的正相关关系也具备经济合理性，但在 Elegant Rugs 公司高度自动化的工厂中，其经济合理性较机器小时要差
拟合优度	r^2 为 0.52，回归标准误差为 170.54 美元。拟合优度高	r^2 为 0.17，回归标准误差为 224.61 美元。拟合优度低
自变量的显著性	t 值为 3.30，在 0.05 的水平上显著	t 值为 1.43，在 0.05 的水平上不显著
估计假设的规范分析	散点图表明函数满足线性相关、残差的方差恒定、残差独立（Durbin-Watson 统计量为 2.05）且为正态分布的假设，但仅由 12 个观测值推导出的结论可信度不高	散点图表明函数满足线性相关、残差的方差恒定、残差独立（Durbin-Watson 统计量为 2.26）且为正态分布的假设，但仅由 12 个观测值推导出的结论可信度不高

　　不要奢望任何一个成本函数都能完全满足图表 10 - 19 中所有的判断标准。成本分析师常常不得不在"不完美"的成本函数之间做出选择，因为任何一个特定成本函数的数据都不可能完全满足回归分析的一个或多个假设。例如，图表 10 - 18 中的两个成本函数都是不完美的，因为仅由 12 个观测值推导出的结论可信度不高。

多元回归分析和成本层级

　　在某些情况下，只要有一个自变量，如机器小时，就可以估计出令人满意的成本函数。但在多数情况下，选用多个自变量（即多元回归）可能更具备经济合理性，并可提高精确度。描述两个或多个自变量与因变量之间的关系时，应用最为广泛的方程为线性方程，如下所示：

$$y = a + b_1 X_1 + b_2 X_2 + \cdots + u$$

式中，y 表示待测成本；X_1，X_2，…表示预测所基于的自变量；a，b_1，b_2，…表示回归模型的估计系数；u 表示残差，包括模型外的其他因素的净效应以及自变量和因变量的计量误差。

　　以图表 10 - 20 中 Elegant Rugs 公司的数据为例，该公司的作业成本分析表明，当开始生产一批新地毯时，间接制造人工成本中就包含了大量的调试成本和转换成本。管理者认为间接制造人工成本除了受机器小时（单位产出层面的成本动因）的影响外，还受到每周生产的地毯批数（批次层面的成本动因）的影响，因此，Elegant Rugs 公司估计了两个自变量（机器小时和生产批数）与间接制造人工成本之间的关系。

	A	B	C	D	E
1	周数	机器小时 (X_1)	生产批数 (X_2)	直接制造人工小时	间接制造人工成本 (Y)
2	1	68	12	30	$ 1 190
3	2	88	15	35	$ 1 211
4	3	62	13	36	$ 1 004
5	4	72	11	20	$ 917
6	5	60	10	47	$ 770
7	6	96	12	45	$ 1 456
8	7	78	17	44	$ 1 180
9	8	46	7	38	$ 710
10	9	82	14	70	$ 1 316
11	10	94	12	30	$ 1 032
12	11	68	7	29	$ 752
13	12	48	14	38	$ 963
14	合计	862	144	462	$12 501
15					

图表 10 - 20　Elegant Rugs 公司每周的间接制造人工成本、
机器小时、直接制造人工小时和生产批数

图表 10 - 21 是图表 10 - 20 中 B，C，E 列的数据用下面的多元回归模型得到的回归结果：

$$y = 42.58 + 7.60X_1 + 37.77X_2$$

式中，X_1 表示机器小时；X_2 表示生产批数。用机器小时和生产批数这两个自变量解释间接制造人工成本的变动更具经济合理性，因为用机器小时进行简单回归的 r^2 为 0.52（见图表 10 - 15），而在多元回归模型下的 r^2 增至 0.72（见图表 10 - 21）。t 值表明机器小时和生产批数这两个自变量的系数都显著不为零（与临界 t 值 2.26 相比，机器小时自变量系数的 t 值为 2.75，生产批数自变量系数的 t 值为 2.48）。图表 10 - 21 中的多元回归模型既满足经济合理性，又满足统计标准，并且比起只用机器小时作为自变量的简单回归模型，能更好地解释间接制造人工成本的变动（即 r^2 为 0.72，而非 0.52）。[①] 将生产批数作为自变量的回归方程的标准误差是：

$$\sqrt{\frac{\sum (Y - y)^2}{n - 3}} = \sqrt{\frac{172\ 931}{9}} = 138.62（美元）$$

这一误差低于仅以机器小时作为自变量的回归标准误差（170.54 美元）。也就是说，即使增加一个变量减少了分母的自由度，但它能大幅提高拟合度，因此分子 $\sum (Y - y)^2$ 下降得更多。在 Elegant Rugs 公司中，机器小时和生产批数都是间接制造人工成本的重要成本动因。

在图表 10 - 21 中，斜率系数（机器小时的斜率系数为 7.60 美元，生产批数的斜率系数为 37.77 美元）衡量的是一个自变量每变动一个单位所引起的间接制造人工成本的变动（假定其他自变量保持不变）。例如，假设机器小时数保持不变，每增加一个生产批次，间接制造人工成

---

① 增加一个变量总是会增大 r^2。问题是增大的 r^2 是否足够显著。了解这个问题的一种方法是计算调整后的 r^2：调整后的 $r^2 = 1 - (1 - r^2) \times \frac{n-1}{n-p-1}$，式中，$n$ 是观测值的数量；p 是估计的系数数量。在仅以机器小时作为自变量的模型中，调整后的 $r^2 = 1 - (1 - 0.52) \times \frac{12-1}{12-1-1} = 0.47$。在以机器小时和生产批数作为自变量的模型中，调整后的 $r^2 = 1 - (1 - 0.72) \times \frac{12-1}{12-2-1} = 0.65$。虽然调整后的 r^2 与 r^2 的解释不一样，但将生产批数作为自变量加入后，调整后的 r^2 变大了。这表明该变量的加入显著地改善了模型的拟合度，改善程度超过了估计另一个系数所损失的自由度。

	A	B	C	D
1		系数	标准误差	t 值
2		(1)	(2)	(3) = (1) ÷ (2)
3	截距	$42.58	$213.91	0.20
4	自变量1: 机器小时 (X_1)	$ 7.60	$ 2.77	2.75
5	自变量2: 生产批数 (X_2)	$37.77	$ 15.25	2.48
6				
7	回归统计			
8	R^2	0.72		
9	Durbin-Watson统计量	2.49		

图表 10-21　Elegant Rugs 公司间接制造人工成本与两个自变量或
成本动因（机器小时与生产批数）的多元回归结果

本就会增加 37.77 美元。

另一种方法是把间接制造人工成本分为两个独立成本库：一个与机器小时相关；另一个与生产批数相关。然后，分别估计每个成本库中的成本动因与成本之间的关系。但实际上，把间接制造人工成本恰当地分为两个成本库是相当困难的。

多重共线性

在多元回归分析中应注意多重共线性问题。当两个或两个以上的自变量之间高度相关时，就会产生**多重共线性**（multicollinearity）。一般来说，若自变量之间的相关系数超过 0.70，就可以认为存在多重共线性。多重共线性会增加单个变量系数的标准误差，也就是说，原本在经济和统计上显著的变量在多重共线性的影响下，可能会变得不那么显著。

图表 10-20 中不同变量之间的相关系数矩阵如下所示：

	间接制造人工成本	机器小时	生产批数	直接制造人工小时
间接制造人工成本	1			
机器小时	0.72	1		
生产批数	0.69	0.4	1	
直接制造人工小时	0.41	0.12	0.31	1

结果显示，运用图表 10-20 中的任何两个自变量进行多元回归分析，都不会产生多重共线性问题。

如果存在多重共线性，就应该试着获取不受多重共线性影响的新数据。不要因为一个自变量（成本动因）与另一个自变量相关，而放弃一个应该包含在模型中的自变量。遗漏这样的一个变量会造成模型中的自变量系数估计值偏离真实值。

数据分析思维与预测

学习目标

1. 解释管理会计师如何与数据科学家合作创造价值
2. 确定管理者想要提出的问题和相关数据
3. 解释决策树模型的要素
4. 描述如何对决策树模型进行改进以确保数据代表业务情境
5. 解释如何验证完全长成的决策树与修剪后的决策树的预测结果
6. 评估不同数据科学模型的预测结果，以选择最适合业务需求的模型，可视化并交流对数据科学模型的见解
7. 描述如何使用数据科学模型

管理会计师最重要的职责之一就是帮助管理者做出决策。在当今的商业环境中，管理者可以获取数量空前的数据。具体来说，企业在日常运营过程中会产生大量关于客户偏好、供应商行为和市场运营的数据。管理者使用数据分析技术，并根据这些数据进行预测。商业媒体将这一趋势称为大数据时代、机器学习时代、人工智能时代。如下面的"引例"所述，管理会计师帮助管理者使用数据分析技术来改造公司，并发掘大量的成本节约和创收机会，帮助公司从大数据中获取价值。

引例 内部预测分析：英特尔如何推动价值增长并加速产品上市

50 多年来，英特尔一直是全球领先的半导体制造商之一。近年来，公司的信息技术（IT）部门已转向预测分析，以帮助推动收入增长，并加快产品上市速度。

2018 年，英特尔的 IT 部门通过在公司的销售、供应链和制造业务中使用预测分析，为公司创造了 12.5 亿美元的商业价值。英特尔在其销售和营销渠道中应用分析和人工智能（AI），实时解读来自世界各地的市场数据，以帮助客户配置机器，从而提高客户满意度和收入。

此外，英特尔还通过智能分析，将公司关键平台和产品的上市时间缩短了近 52 周。这是如何做到的？英特尔创建了一个机器学习平台，以便在产品开发前的设计阶段发现并弥补潜在的缺陷。现在，测试和验证的速度比以前快了约 60 倍，发现的缺陷也比之前多了30％，所有的这些都是在成本高昂的制造活动开始之前完成的。

资料来源：Intel Corporation, *2018-2019 Intel IT Annual Performance Report*（Santa Clara, CA：Intel Corporation, 2019）；Justine Brown, "Intel Is Saving ＄656M per Year Using Predictive Analytics Across Departments," *CIO Dive*, June 1, 2017（https://www.ciodive.com/news/intel-saving-predictive-analytics-across-department/443957/）；Peter High, "Intel's CIO Leverages AI to Drive ＄350 Million In Revenue Growth," Forbes.com, November 20, 2017（https://www.forbes.com/sites/peterhigh/2017/11/20/intels-cio-leverages-ai-to-drive-350-million-in-revenue-growth/＃54d43d9d6c1e）.

11.1　数据科学基础与管理会计

本章介绍用于预测建模的数据科学的基本概念，以帮助制定决策。数据科学是指使用数据分析技术从数据中得出结论的过程。预测建模是指基于过去或当前数据进行预测的一种数据科学技术。

11.1.1　结果预测

随着低成本数据存储的能力和网络（云）计算能力的日益增强，数据科学家能够使用非常大的数据集来训练复杂的算法模型。这些模型通过学习训练数据（数千条或数百万条记录）来掌握规律，然后可以根据某些感兴趣的特征来预测新的记录。例如，电信服务供应商感兴趣的一个特征是客户流失率，即客户是否会在下一季度更换服务供应商。AT&T 或德国电信公司（T-Mobile）等蜂窝通信运营商可以使用通话次数、掉线次数、家庭计划中家庭成员人数等数据，来预测未来 3 个月哪些客户最有可能离开公司。在本例中，客户流失率特征取两个可能值（二元的）：可能在 3 个月内离开（1）；不可能在 3 个月内离开（0）。然后，管理会计师可以与营销部门合作，确定留住这些客户或让他们离开的成本和收益。准确预测结果的能力可以直接影响组织制定战略的方式。

如图表 11-1 所示，数据科学位于计算机科学与数据技能、数学与统计学以及感兴趣的特定范围或领域（如行业和管理会计知识）的实质性专业知识三者的交汇处。正如电信行业中客户流失率的例子所表明的，深入了解企业和行业的经济规律，对于提出数据科学要解决的相关问题至关重要。图表 11-1 还说明了另一个问题。管理会计师需要了解数据科学中使用的一些计算机科学和统计工具，以便能够与数据科学团队的其他成员进行有效互动。代表管理会计师所需专业知识的圆圈与包括计算机科学和统计技能的圆圈重叠。

图表 11-1 数据科学的组成部分

11.1.2 价值创造

在第 10 章中，管理会计师使用线性回归和历史成本数据来估算成本并了解成本动因。了解成本性态有助于管理者制定更好的决策。本章的重点是预测未来的收入和成本。预测方法能够帮助管理者和管理会计师了解成本动因，但这并不是首要目标。

管理会计师与数据科学家合作，在价值链的各个环节创造价值。例如，他们使用数据来确定哪些产品设计决策和生产参数会导致产品缺陷。然后，他们会进行成本-效益分析，评估公司是否应该投入额外资源来改变设计或实施新的生产控制。具体例子如下所示：

● 在销售公共汽车票的旅游网站 Busbud，管理会计师与数据科学家合作，评估向谷歌支付广告关键词费用是否有助于提高销售额。

● 在克罗格杂货店（Kroger），管理会计师与数据科学家合作，帮助确定每个地点的每种产品的库存量，以及根据需求预测应在哪个地点完成在线订单。

● 在维萨公司，管理会计师与数据科学家合作，确定在检测信用卡欺诈方面应投入的资金。

● 在惠而浦公司（Whirl pool），管理会计师与数据科学家合作，根据预测的违约风险来评估向客户销售产品并提供信贷的成本和收益。

● 在诺华公司，管理会计师与数据科学家合作，根据内部和市场信息预测处方药的销售额和现金流，并就如何最好地分配营销和销售资源提出建议。

"观念实施：嘉年华利用大数据和机器学习实现更高的盈利能力"介绍了数据科学工具在游轮行业收入和成本管理中的应用。正如这些例子所说明的，利用数据科学可以扩大管理会计师为创造价值所能处理的问题的集合。尤其是，它有助于管理会计师更多地参与到增加收入的活动中，而不仅仅是专注于成本管理。

11.1.3 数据科学框架

在本章中，我们重点关注一家小型财富管理公司——Sierra 投资公司（以下简称 Sierra 公司）。Sierra 公司正在评估是否应该投资和购买某些贷款。为了做出这一决策，Sierra 公司将贷款带来的利息收入与获得贷款的成本进行了比较，包括延迟付款、违约和收款活动的成本。Sierra 公司的管理会计师佩奇·鲍曼（Paige Baumann）有兴趣探索如何利用数据科学来帮助管理着通过识别不同投资选择的收益和风险，帮助管理者做出更有效的投资决策。[①]

观念实施

嘉年华利用大数据和机器学习实现更高的盈利能力

嘉年华（Carnival）是全球最大的游轮运营商，它利用大数据、机器学习和人工智能来削减成本、提高收入，打造"海上智慧城市"。其目标是：在增强可持续性的同时更高效地运营。

嘉年华利用船上数千个传感器收集的数据和机器学习技术来预测游轮上的用水量。这使得嘉年华能够针对特定航线和特定乘客群体优化所携带的水量。通过减少携水量，每艘游轮每年可节省多达 20 万美元的燃油成本，同时还能减少碳排放。

嘉年华还利用数据科学来减少浪费。在运送乘客的过程中，游轮会产生多种垃圾：食物垃圾、餐厨垃圾、纸板容器、清洁垃圾和发动机垃圾。大数据分析正在帮助嘉年华减少并回收利用垃圾，从而降低成本。

除了降低成本，嘉年华还将大数据和人工智能用于价格优化和个性化服务。公司的数据科学团队定期分析来自过往消费者和度假者的内部和外部数据，以帮助客户匹配合适的游轮体验，无论是经济型家庭游轮还是豪华游轮。同样，嘉年华也使用可穿戴设备和数千个传感器，为客户提供个性化的船上活动建议。让客户满意有助于提高收入。

资料来源：Rebecca Gibson, "Carnival Maritime Uses Machine Learning to Optimize Cruise Operations," *Cruise & Ferry*, February 2, 2017（http://www.cruiseandferry.net/articles/carnival-maritime-uses-machine-learning-to-optimise-cruise-operations）；Barbara Grady, "Trash 2.0? Nike, Carnival Cruises and Wading Through Waste Data," *GreenBiz*, October 8, 2015（https://www.greenbiz.com/article/trash-20-nike-cruise-ships-and-wading-through-waste-data）；Kim Nash, "Carnival Strategy Chief Bets That Big Data Will Optimize Prices," *The Wall Street Journal*, April 30, 2015（https://blogs.wsj.com/cio/2015/04/30/carnival-strategy-chief-bets-that-big-data-will-optimize-prices/）；Bernard Marr, "The Amazing Ways Carnival Cruises Is Using IoT and AI to Create Smart Cities at Sea," Forbes.com, March 22, 2019（https://www.forbes.com/sites/bernardmarr/2019/03/22/the-amazing-ways-carnival-cruises-is-using-iot-and-ai-to-create-smart-cities-at-sea/#192d22ce5a64）.

在思考下一步行动时，佩奇回顾了数据科学框架，这是一个在商业环境中应用机器学习技术的七步决策过程：

1. 获得对问题的业务理解；
2. 获取并探索相关数据；
3. 准备数据；

---

① 本章内容以网络借贷公司面临的问题和挑战为基础。例如，可参见 Harvard Business School LendingClub Case Series, Srikant Datar and Caitlin Bowler, "LendingClub（A）: Data Analytic Thinking（Abridged），" HBS No. 119 - 020（Boston: Harvard Business School Publishing, 2018）；Srikant Datar and Caitlin Bowler, "LendingClub（B）: Decision Trees & Random Forests," HBS No. 119 - 021（Boston: Harvard Business School Publishing, 2018）；and Srikant Datar and Caitlin Bowler, "LendingClub（C）: Gradient Boosting & Payoff Matrix," HBS No. 119 - 022（Boston: Harvard Business School Publishing, 2018）. HBS 案例仅作为课堂讨论的基础，无意用作背书、原始数据来源以及有效或无效管理的说明。

4. 构建模型；

5. 评估模型；

6. 可视化并交流见解；

7. 部署模型。

我们将在后续章节中讨论这些步骤。在完成这些步骤时，请牢记"大局观"。数据科学依靠回溯测试和反馈来选择模型。为此，数据科学家会将数据细分为一个训练样本（在第四步中用于构建模型）、一个交叉验证样本（在第五步中用于评估和选择模型）和一个保留样本（在第五步中用于测试模型在全新数据上的表现）。回溯测试有助于数据科学家决定构建模型的详细程度。过于简单的模型可能会遗漏重要的特征，从而无法做出良好的预测；过于复杂的模型可能会引入与预测不相关的特征，从而降低预测的准确性。

11.2　明确问题和相关数据

随着数据收集和存储成本的不断降低，企业正在存储大量数据。如何使用这些数据取决于管理者希望回答的问题。管理会计师在帮助管理者确定哪些问题和哪些数据有可能为组织创造价值方面发挥着重要作用。这是决策过程的前三个步骤。下面描述了这些步骤以及管理会计师在 Sierra 公司面临的投资决策情境中的贡献。

11.2.1　第一步：获得对问题的业务理解

决策过程的第一步是了解业务问题。也就是说，管理会计师需要研究哪些问题，才能就业务决策向管理者提供建议。我们以代表客户管理资产的 Sierra 公司为例说明这一过程。该公司正在考虑投资由贷款平台 PeerLend Digital（PD）提供的贷款，PD 通过在线平台将个人借款人与个人投资者（贷款人）联系起来。作为交换，借款人可以获得更低的利率，投资者则可以获得更高的回报。PD 平台上的贷款额度从 1 000 美元到 10 000 美元不等。PD 收集并保存投资者从平台上获得的所有贷款的数据。

PD 根据对贷款风险（即借款人违约的概率）的估计，为每笔贷款评级。PD 使用复杂的模型估计贷款风险，这个模型使用了历史贷款数据和信用评分、年收入和贷款金额等特征。PD 将低风险贷款评为 A 级或 B 级，将中等风险贷款评为 C 级或 D 级，将高风险贷款评为 E 级或 F 级。[①] PD 为每个等级指定一个利率，以反映该等级的风险水平。图表 11-2 显示了 PD 某些贷款的违约率（违约贷款数量除以贷款总数）、利率以及调整后的净年化收益率。请注意，利率随着违约风险的增加而上升。调整后的净年化收益率是考虑了 PD 服务费和违约损失后的收益率。例如，在利率为 13.0%、违约率为 19.6% 的情况下，投资 C 级贷款的调整后的净年化收益率为 7.6%。请注意，当借款人违约时，投资者不会损失全部投资。这是因为借款人往往在违约前已经支付了一些利息和本金。

————————————————————

① 在实践中，贷款可以被分为许多更详细的类别。

图表 11-2　A 级至 F 级贷款

	A 级	B 级	C 级	D 级	E 级	F 级
违约率	5.3%	11.4%	19.6%	26.0%	34.8%	40.8%
利率	6.0%	9.3%	13.0%	17.4%	22.5%	31.1%
调整后的净年化收益率	5.2%	7.0%	7.6%	7.9%	7.4%	7.7%

PD 是如何盈利的？PD 向借款人收取每笔贷款 3.5% 的发放费，并向投资者收取 1% 的服务费，以用于收取利息和本金。在发生违约的情况下，PD 会向投资者收取收款费，以便从借款人那里追回款项。[①]

佩奇有两个选择：

1. 根据她愿意承担的风险水平，投资 PD 贷款的随机样本。例如，投资 C 级贷款的随机样本，预期收益率为 7.6%。

2. 根据 PD 网站上提供的每笔贷款的特点进行额外分析，选择要投资的具体贷款。

问题是："除了 PD 已经做过的将贷款划分为不同等级之外，佩奇是否应该做进一步的数据分析？"她从中可以学到什么？

对于管理会计师来说，在数据科学任务的开始阶段，提出问题是至关重要的第一步。数据的广泛可用性和计算资源的可获取性使管理会计师能够进行许多不同的分析。然而，重要的是停下来思考这样做是否值得。在这种情况下，佩奇决定进行更多的分析，因为违约率和违约成本非常高。如果她能更准确地识别违约贷款，Sierra 公司就可以通过避免提供这些贷款来增加回报。她的下一项任务是确定对分析最有用、最相关的数据。

11.2.2　第二步：获取并探索相关数据

管理会计师的一个重要职责是评估管理者在决策时使用的数据。例如，数据的客观性如何？数据是估计的还是经过仔细测量的？哪些数据和成本与当前的决策相关？

探索性数据分析指的是对数据集进行更深入了解的任何活动。这项活动可能包括数值分析，比如寻找年收入等特征的均值、中位数、最小值和最大值。

在数据科学团队构建复杂模型之前，佩奇查看了 PD 数据集，以了解其规模和内容。数据集中有 2015 年至 2016 年的 500 000 笔已发放贷款，其中 100 000 笔为违约贷款（贷款状态为 1），400 000 笔为已偿还贷款（贷款状态为 0），整体违约率为 20%（100 000÷500 000）。

PD 数据集中的每条记录都有许多描述贷款和借款人特点的特征。目标特征是贷款状态。这是 Sierra 投资团队想要预测的特征（违约或偿还）。每条记录的独立特征是佩奇计划用于预测贷款是否会违约或偿还的贷款和借款人的特征。一些独立特征来自过去，如信用评分、抵押贷款次数、破产次数。其他特征来自当前，如借款人的就业情况、年收入、贷款金额以及贷款用途。（见图表 11-3"第一阶段"部分。）贷款用途的示例有偿还信用卡债务或房屋翻修。PD 在核实就业情况和年收入等信息方面做了细致的工作，因为其商业模式以贷款人做决策时可以信任的

---

① 例如，考虑一位通过 PD 申请 10 000 美元贷款的 A 级借款人。PD 将该笔贷款评为 A 级，并向借款人提供 6.03%（与前文提到的利率不一致，原书如此，故照录。——译者）的利率。PD 向借款人收取 3.5% 的贷款发放费（350 美元），并向借款人发放 9 650 美元。借款人每月向投资者支付 304.36 美元（未显示计算结果），而 PD 从这笔款项中保留 3.046 美元（304.36×0.01）作为服务费。在 304.36 美元中，第一个月的利息为 50.25 美元，剩余的 254.11 美元（304.36－50.25）用于偿还本金。

透明且高质量的数据为基础。

图表 11 - 3 未经修改的 PD 数据集中的特征

第一阶段(前)			第二阶段(后)
过去数据	现在数据	投资决策	"未来"数据
● 信用评分	● 贷款金额	是或否	● 已付款
● 抵押贷款次数	● 年收入		● 未付款
● 破产次数	● 债务收入比		● 延迟付款次数
	● 贷款用途		
	● 等级		
	● 房屋所有权		
	● 国家		

佩奇想知道，贷款用途是否是她应该纳入分析的一个特征。对于为什么贷款用途可能有助于区分违约贷款与偿还贷款，她应该有一个先验的理由吗？或者，她是否应该简单地把这个特征包括进来，让分析告诉她这是否重要？管理会计师可以在模型中包含许多独立的特征，因为处理大量数据既简单又便宜。同时，了解一个特定特征为何会影响目标特征也很重要。否则，正如我们在第 10 章中所讨论的，我们可能会将相关关系误认为因果关系。管理会计师的一个重要职责是批判性地思考应将哪些数据纳入模型。然而，正如我们将在本章后面看到的，有一些能够明确选择那些最能解释目标特征的特征变量的数据分析方法。

11.2.3 第三步：准备数据

在这一步中，管理会计师会确定如何组织和处理数据。可能还需要哪些额外数据？应该如何衡量不同的变量，应该排除哪些变量？例如，佩奇必须探究 PD 是如何衡量"年收入"的。作为管理会计师，她可能会对这个指标的价值得出不同的结论，这取决于它是指过去 5 年的平均年收入（表明年收入具有一定的稳定性），还是仅指过去 1 年的收入。为了明确这一定义，她可能需要参考 PD 的数据字典，或查找有关数据收集过程的更详细文件。这个例子说明了在数据科学工作中实质性专业知识的重要性，如图表 11 - 1 所示。

数据集特征

佩奇注意到，PD 数据中包含了"过去"和"现在"的数据以及贷款履行情况数据。图表 11 - 3 "第二阶段"部分显示了这些特征。PD 在贷款资金到位且借款人已开始偿还贷款后收集这些数据。PD 在批准借款人借款并将贷款放在平台上时没有这些数据。Sierra 公司也没有这些数据。从模型来看，这些数据来自未来。Sierra 公司使用这些履行情况数据构建的模型将比不使用这些数据构建的模型表现更好，因为这些来自未来的数据提供了有关贷款履行情况的重要额外信号。但 Sierra 公司的管理者在构建模型时不能使用这些数据，因为在制定投资决策时无法获得这些数据。如果 Sierra 公司的管理者确实使用了未来的数据，那么这将是目标泄露的一个例子。数据科学家使用"目标泄露"一词来指代在分析时无法获得的数据，这些数据应被排除在外。佩奇必须使用实质性专业知识来确定哪些特征可能导致目标泄露。在准备数据时，管理会计师必须告知数据科学团队，这些特征不能用于训练预测模型。

为了构建预测违约的模型，Sierra 公司从 PD 网站上下载了 2015 年第一季度至 2016 年第四季度的 500 000 条记录的数据集。所有这些贷款都计划在 2018 年第一季度至 2019 年第四季度到期。Sierra 公司计划使用此模型来预测 PD 在 2020 年第一季度应该避免提供哪些新贷款，因为这些贷款可能会违约。佩奇想知道，她是否应该获得更早期的数据，比如 2005 年以后的数据。如果这样做，她就能用更多数据来估算模型。数据科学的核心是利用过去的数据预测未来。她必须做出的判断是，旧数据是否能代表 2020 年的经济状况。佩奇担心旧数据来自全球金融危机时期，当时的情况与她对 2020 年的预期不同。利用最新数据进行预测让她更有信心。她也相信，500 000 条记录足以运行她的模型。

数据隐私

在发布历史贷款数据之前，PD 会清除数据中任何可能让投资者发现借款人个人身份的信息。了解这些信息可能有助于数据科学团队做出更明智的决策。如果该团队能够将有关借款人的其他数据整合到数据集中，预测结果将是特别精确的。这些数据可能包括在社交媒体上分享的偏好、犯罪记录、驾驶记录等。任何表明冒险的决策和行为倾向的数据都可能提供额外的信号。

佩奇可能会试图寻找这样的数据。然而，近年来，个人数据隐私已经成为一个备受关注的问题，法律环境正在迅速发生变化。在采取行动之前，她必须研究哪些收集数据的活动是合法的。例如，数据科学家可以从网站上"抓取"数据，但他们只能在网站条款允许的情况下这样做。有些网站允许"抓取"数据，而有些网站则限制这种活动。此外，她还需要仔细思考，从公司的角度来看，哪些活动是道德的，哪些活动是不道德的。例如，如果她可以从 PD 购买借款人的第三方数据，她是否应该购买？或者，如果数据中包含种族、宗教、性别、年龄或婚姻状况等信息，这些数据是否会对个别借款人构成歧视？

11.3 数据算法与模型

近年来，数据科学家开发了众多模型来分析海量数据。这些模型从简单的回归技术到复杂的神经网络工程，不一而足。大多数模型的特点是在拟合数据方面极其灵活，并严重依赖计算能力。然而，这种灵活性也会带来一些问题，而管理会计师的技能可以帮助解决这些问题。在本节中，我们将研究函数关系与灵活性关系，并介绍一种模型：决策树。

第四步：构建模型

在这一步中，管理会计师与数据科学家合作构建模型。他们必须决定构建什么类型的模型，以及如何验证模型。

函数关系模型

佩奇和数据科学团队认识到，目标变量（因变量）是二元的：如果贷款违约，则为 1；贷款偿还，则为 0。正如我们在第 10 章中看到的，团队可以使用逻辑回归来估计独立特征变量（如（年）收入、信用评分和贷款金额）与目标变量之间的关系。这种方法假设了特征变量与目标变量之间关系的特定函数形式，以拟合图表 10 - 10 所示的曲线。团队中的数据科学家建议，如果他们不假设特征变量与目标变量之间存在特定的函数关系，而是采用更灵活的模型，就可以更好地预测违约情况。他们提议使用一种名为**决策树**（decision tree）的非常流行的数据科学技术。

决策树：一种预测建模技术

决策树是一种基于一组规则将目标变量划分至不同区域的技术。这些规则使得该模型比其他模型更容易解释。行业分析师迪安·阿博特（Dean Abbot）写道："所有树都可以被解读为最终生成一个预测值的一系列'如果—那么—否则'规则……（它们）比数学公式更容易被决策者使用。"此外，决策树也很容易构建，而且数据越多性能越好。

佩奇急于了解为什么更灵活的模型会产生更好的违约预测结果。她还渴望了解决策树技术存在的问题和面临的挑战。在有数千个变量和数百个特征的情况下，这似乎很难做到。她询问数据科学团队是否有可能以简单的可视化方式描述这种方法。这样，她将能够使用模型的输出结果来指导管理者进行决策。

为了解释这项技术，团队首先列举了一个与 Sierra 公司的目标直接相关的简单例子。它选择了一个包含 24 笔贷款的数据集，其中有 12 笔违约贷款（标记为 1）和 12 笔偿还贷款（标记为 0）。收入和信用评分这两个特征描述了每个数据点。图表 11-4 的第 1 列至第 3 列为违约贷款的数据，第 4 列至第 6 列为偿还贷款的数据。

图表 11-4　24 笔违约贷款和偿还贷款数据

收入 (1)	信用评分 (2)	贷款状态 （违约＝1） (3)	收入 (4)	信用评分 (5)	贷款状态 （偿还＝0） (6)
$50 000	530	1	$ 86 000	620	0
$62 000	552	1	$108 000	648	0
$57 000	594	1	$ 59 000	676	0
$45 000	604	1	$110 000	701	0
$64 000	627	1	$ 69 000	731	0
$84 000	637	1	$ 81 000	716	0
$49 000	638	1	$ 95 000	747	0
$66 000	667	1	$ 61 000	752	0
$33 000	674	1	$ 65 000	767	0
$75 000	708	1	$ 52 000	788	0
$43 000	730	1	$ 82 000	802	0
$53 000	748	1	$ 87 000	840	0

图表 11-5 是用图表 11-4 中的数据绘制而成的。横轴代表收入，纵轴代表信用评分。图表 11-4 第 3 列中的每笔违约贷款均用深色点表示。图表 11-4 第 6 列中的每笔偿还贷款都用浅色点表示。例如，收入水平为 50 000 美元、信用评分为 530 分的深色点代表第一笔违约贷款（来自图表 11-4 中的第 1，2，3 列）。在这个初始图表中，12 笔偿还贷款和 12 笔违约贷款位于一个矩形内。如果佩奇从这个矩形中随机选择一个点，它是浅色点或深色点的可能性是相同的。

决策树算法

算法是一组指令。决策树是从一个算法过程中产生的，该算法过程按照收入和信用评分这两个可能的特征对数据进行细分。决策树算法指导佩奇用一条与横轴（收入）或纵轴（信用评分）平行的分割线或直线来划分数据，从而使两个更小矩形中的每一个都包含比原始矩形更纯净的点的组合；也就是说，一个矩形中包含的偿还贷款多于违约贷款，而另一个矩形中包含的

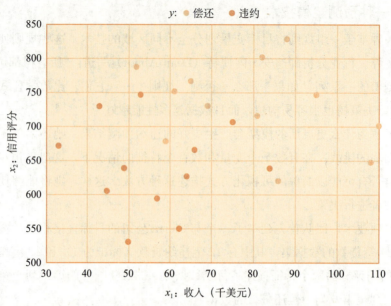

图表 11 - 5　贷款数据：12 笔违约贷款和 12 笔偿还贷款

违约贷款多于偿还贷款。例如，在图表 11 - 6 的散点图中，佩奇在信用评分 675 分处放置了一条分割线（平行于 x 轴的水平线）。① 这将在直线上方形成矩形 R1，在直线下方形成矩形 R2。R1 中所有借款人的信用评分均大于 675 分，且偿还贷款（10 个浅色点）多于违约贷款（3 个深色点）。R2 中所有借款人的信用评分均低于 675 分，且偿还贷款（2 个浅色点）少于违约贷款（9 个深色点）。因此，矩形 R1 和 R2 中点的组合都比原始矩形中点的组合更纯净，原始矩形中的深色点和浅色点数量相等。不过，每个矩形中点的组合仍然不纯净：矩形 R1 包含的大多是偿还贷款，但也有少量违约贷款；矩形 R2 包含的大多是违约贷款，但也有少量偿还贷款。图表 11 - 6 中的表格显示了每个新矩形中的违约贷款和偿还贷款总数。

在图表 11 - 6 中，有一棵可视化的决策树，它由一系列决策节点和连接线组成。在本例中，信用评分为 675 分是第一个决策节点。信用评分高于 675 分的 13 名借款人向右至 R1，信用评分低于 675 分的 11 名借款人向左至 R2。

将数据细分为更小的子集，并使每个子集随着细分而变得更加纯净，这是决策树的本质。该算法使用不纯度测量来精确计算在任何特定分割下所得子集的纯度。

不纯度测量

基尼不纯度（Gini impurity）是一种测量矩形（集合）中观测值集合纯度的方法。如果一个矩形是混合的，那么它是不纯净的，基尼不纯度就很高。随着矩形变得更加纯净，也就是说，它包含的一个类别的成员比另一个类别的成员更多，基尼不纯度就会降低。基尼不纯度可以计算任何数量的类别；在 Sierra 公司的例子中有两类：偿还债务和违约债务。基尼不纯度从原始矩形中的水平减少到分割产生的新矩形（在我们的示例中为 R1 和 R2）中的水平被称为信息增益。信息增益与基尼不纯度呈负相关关系。

---

① 截止边界不需要设在实际信用评分处。例如，对于不同的样本，决策树算法可能将截止边界设置在 675.5 分处，这不是一个实际的信用评分。

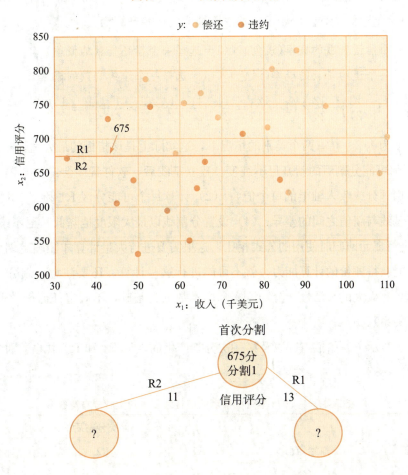

图表 11－6　决策树首次分割

贷款状况	R1	R2	总计
偿还（浅色）	10	2	12
违约（深色）	3	9	12
总计	13	11	24

注：1. 决策节点：这些节点用圆圈表示。圆圈下面的标签是划分所依据的特征。圆圈内的数字表示矩形在此值处被拆分。

2. 连接线：这些线连接树中各个层级的节点。节点右侧的路径代表观测值大于截止值，节点左侧的路径代表观测值小于截止值。连接线下方的数字表示沿着该路径的观测值的数量。

3. 终端节点：这些节点由矩形表示，它们是纯净的分组（无法进一步分类）。它们没有后继节点，因此被称为"终端"。由于 R1 和 R2 不纯净（分别包含偿还贷款和违约贷款），所以它们以决策节点（圆圈）而不是终端节点结束。

　　为了进行第一次分割，就像在信用评分 675 分处所做的那样，算法会测试垂直和水平分割的所有可能值。它会计算分割后每对矩形的基尼不纯度，然后将分割后矩形的基尼不纯度与分割前矩形的基尼不纯度进行比较。算法选取了使基尼不纯度降幅最大的值。

　　信用评分或收入轴上任何一点的基尼不纯度计算公式为：

　　　　选择一个偿还贷款（浅色）×（1－选择一个偿还贷款的概率）

　　　　＋（选择一个违约贷款的概率）（深色）×（1－选择一个违约贷款的概率）

　　基尼不纯度的计算过程如下所示：

1. 建立基尼不纯度基线。这个计算基于总体中的类别数。在本例中，有两个类别，包括 12 笔偿还贷款和 12 笔违约贷款。原始矩形基尼不纯度的初始计算为：

选择一个偿还贷款的概率（浅色）×（1−选择一个偿还贷款的概率）

＋选择一个违约贷款的概率（深色）×（1−选择一个违约贷款的概率）

$$=\frac{12}{24}\times\left(1-\frac{12}{24}\right)+\frac{12}{24}\times\left(1-\frac{12}{24}\right)=\frac{1}{2}\times\frac{1}{2}+\frac{1}{2}\times\frac{1}{2}=\frac{1}{4}+\frac{1}{4}=\frac{1}{2}$$

基尼不纯度为 1/2。在有两个类别的情况下，这实际上是该指标的最大值。[1]

2. 比较任何可能分割后的新基尼不纯度。建立基线后，软件程序会：（1）测试每个可能的分割位置（信用评分或收入轴上的每个值）；（2）计算每个可能分区 R1 和 R2 的新基尼不纯度值；（3）计算基线与新值之间的差异；（4）设置分割线以最大限度地降低基尼不纯度。请注意，与第 10 章中进行多元回归时使用的公式相比，这里需要进行大量计算才能确定划分数据的最佳方法。如果不能获得廉价的计算能力，就不可能进行这些计算。还要注意，划分违约贷款与偿还贷款的技术具有极大的灵活性。分割以实际样本数据为基础，不假定任何函数形式（如第 10章假定的线性关系）。

图表 11 - 7 显示了原始散点图以及第一次分割产生的矩形 R1 和 R2 中的类别分布（偿还贷款和违约贷款）。

图表 11 - 7　675 分分割前后偿还贷款及违约贷款分布情况

贷款状况	原始矩形	首次分割后的矩形		
		R1	R2	总计
偿还	12	10	2	12
违约	12	3	9	12
总计	24	13	11	24

对于信用评分 675 分处的第一次分割，R1 和 R2 的基尼不纯度计算如下：

$$R1：\frac{10}{13}\times\left(1-\frac{10}{13}\right)+\frac{3}{13}\times\left(1-\frac{3}{13}\right)=\frac{10}{13}\times\frac{3}{13}+\frac{3}{13}\times\frac{10}{13}=\frac{60}{169}=0.355$$

$$R2：\frac{2}{11}\times\left(1-\frac{2}{11}\right)+\frac{9}{11}\times\left(1-\frac{9}{11}\right)=\frac{2}{11}\times\frac{9}{11}+\frac{9}{11}\times\frac{2}{11}=\frac{36}{121}=0.298$$

R1 和 R2 的加权平均基尼不纯度

＝R1 中的观测值比例×R1 的基尼不纯度＋R2 中的观测值比例×R2 的基尼不纯度

$$=\frac{13}{24}\times0.355+\frac{11}{24}\times0.298=0.329$$

决策树算法通过将第一次分割的分割线放置在信用评分 675 分处，将基尼不纯度从 0.500 降到了 0.329。

为什么该算法选择在信用评分 675 分处进行第一次分割？回看一下图表 11 - 6，沿着这条线放置一把尺子，然后将其向下拉至信用评分 600 分处。记录新 R1 和新 R2 中的深色点和浅色点

---

[1]　如果有 3 类，每类 12 笔，可以得出基尼不纯度为 2/3。

的数量。如果算法在 600 分处进行了第一次分割，我们可以使用这些数量值来计算基尼不纯度的降低量。

在信用评分 600 分处，R1 和 R2 的基尼不纯度计算为：

$$R1: \frac{12}{21} \times \left(1 - \frac{12}{21}\right) + \frac{9}{21} \times \left(1 - \frac{9}{21}\right) = \frac{12}{21} \times \frac{9}{21} + \frac{9}{21} \times \frac{12}{21} = 0.490$$

$$R2: \frac{0}{3} \times \left(1 - \frac{0}{3}\right) + \frac{3}{3} \times \left(1 - \frac{3}{3}\right) = \frac{0}{3} \times \frac{3}{3} + \frac{3}{3} \times \frac{0}{3} = 0$$

R1 和 R2 的加权平均基尼不纯度

＝R1 中的观测值比例×R1 的基尼不纯度＋R2 中的观测值比例×R2 的基尼不纯度

$$= \frac{21}{24} \times 0.490 + \frac{0}{3} \times 0 = 0.429$$

通过将第一次分割的分割线放置在信用评分 600 分处，决策树算法将基尼不纯度从 0.500 降到了 0.429。图表 11-8 显示了在不同的信用评分值下进行首次分割的数量值和基尼不纯度值。此外，它还显示了在不同的收入值处进行首次分割的数量值和基尼不纯度值。在信用评分 675 分处的首次分割使基尼不纯度降幅最大。

图表 11-8　基于信用评分和收入的不同分割的基尼不纯度

		信用评分					收入		
		600	**650**	**675**	**700**	**800**	**$49 000**	**$74 000**	**$85 000**
R1	偿还	12	10	10	9	2	12	5	7
	违约	9	5	3	3	0	8	10	12
	总计	21	15	13	12	2	20	15	19
R2	偿还	0	2	2	3	10	0	7	5
	违约	3	7	9	9	12	4	2	0
	总计	3	9	11	12	22	4	9	5
基尼不纯度		0.429	0.407	0.329	0.375	0.455	0.400	0.407	0.368

继续建树

接下来，该算法会评估在任何一个矩形中对信用评分的水平分割或对收入的垂直分割的所有可能值。图表 11-9 所示的散点图将矩形 R1 中的第二次分割放在 56 000 美元的收入特征上。这条线将 R1 分割成两个较小的矩形，即左边的 R3 和右边的 R4。R3 中三笔贷款的收入均低于 56 000 美元，其中 1 笔为偿还贷款，2 笔为违约贷款。R4 中 10 笔贷款的收入超过 56 000 美元，其中 9 笔为偿还贷款，1 笔为违约贷款。现在有三个矩形，即 R2、R3、R4，且没有一个是完全纯净的。在图表 11-9 所示的决策树中，第一个节点右边的节点现在的收入值为 56 000 美元。在第一个节点处，信用评分大于 675 分的 13 名借款人向右移动；其中，收入超过 56 000 美元的 10 名借款人再次向右移动，而收入低于 56 000 美元的 3 名借款人向左移动。

图表 11 - 9　决策树第二次分割

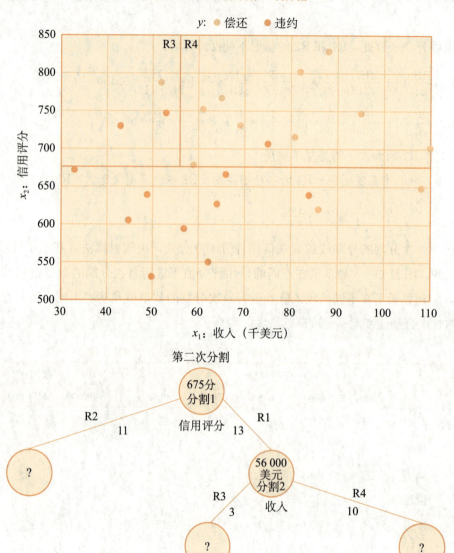

第二次分割

贷款状况	R1	R2	R3	R4	总计
偿还（浅色）	n/a	2	1	9	12
违约（深色）	n/a	9	2	1	12
总计	n/a	11	3	10	24

对于收入等于 56 000 美元处的第二次分割，R3 和 R4 的基尼不纯度计算如下：

$$R3: \frac{1}{3} \times \left(1 - \frac{1}{3}\right) + \frac{2}{3} \times \left(1 - \frac{2}{3}\right) = \frac{1}{3} \times \frac{2}{3} + \frac{2}{3} \times \frac{1}{3} = \frac{4}{9} = 0.444$$

$$R4: \frac{9}{10} \times \left(1 - \frac{9}{10}\right) + \frac{1}{10} \times \left(1 - \frac{1}{10}\right) = \frac{9}{10} \times \frac{1}{10} + \frac{1}{10} \times \frac{9}{10} = \frac{18}{100} = 0.180$$

R2、R3 和 R4 的加权平均基尼不纯度

＝R2 中的观测值比例×R2 的基尼不纯度＋R3 中的观测值比例×R3 的基尼不纯度

＋R4 中的观测值比例×R4 的基尼不纯度

$$= \frac{11}{24} \times 0.298 + \frac{3}{24} \times 0.444 + \frac{10}{24} \times 0.180 = 0.267$$

　　通过将第二次分割的分割线放置在收入为 56 000 美元处，决策树算法将基尼不纯度从 0.329 降至 0.267。

　　随后，该算法在矩形 R2 中 85 000 美元的收入值处进行了第三次分割。图表 11-10 所示的散点图将矩形 R2 分割成左边的 R5 和右边的 R6。R5 中的 9 名借款人收入低于 85 000 美元，其中 0 笔偿还贷款，9 笔违约贷款。R6 中的 2 名借款人收入超过 85 000 美元，其中 2 笔偿还贷款，0 笔违约贷款。矩形 R5 和 R6 现在都是纯净的。决策树中这些节点的纯净度在图表 11-10 中用围绕类别名称的矩形表示。第三个节点为收入值 85 000 美元，收入高于这一水平的 2 名借款人向右移动。他们都偿还了货款，所以终端节点被标记为"偿还"。收入低于 85 000 美元的 9 名借款人向左移动，由于他们都违约了，因此这也是终端节点，并被标记为"违约"。

图表 11-10　决策树第三次分割

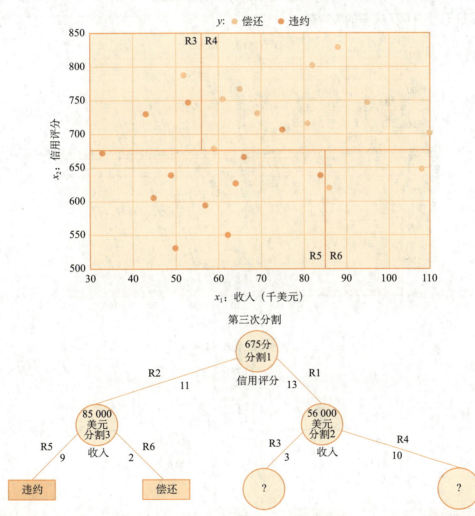

贷款状况	R1	R2	R3	R4	R5	R6	总计
偿还（浅色）	n/a	n/a	1	9	0	2	12
违约（深色）	n/a	n/a	2	1	9	0	12
总计	n/a	n/a	3	10	9	2	24

　　对于例子中的第三次分割，即在收入为 85 000 美元时，R5 和 R6 的基尼不纯度计算如下：

$$R5: \frac{0}{9} \times \left(1 - \frac{0}{9}\right) + \frac{9}{9} \times \left(1 - \frac{9}{9}\right) = \frac{0}{9} \times \frac{9}{9} + \frac{9}{9} \times \frac{0}{9} = 0$$

$$R6：\frac{2}{2}\times\left(1-\frac{2}{2}\right)+\frac{0}{2}\times\left(1-\frac{0}{2}\right)=\frac{2}{2}\times\frac{0}{2}+\frac{0}{2}\times\frac{2}{2}=0$$

R3、R4、R5 和 R6 的加权平均基尼不纯度

＝R3 中的观测值比例×R3 的基尼不纯度＋R4 中的观测值比例×R4 的基尼不纯度

＋R5 中的观测值比例×R5 的基尼不纯度＋R6 中的观测值比例×R6 的基尼不纯度

$$=\frac{3}{24}\times0.444+\frac{10}{24}\times0.180+\frac{9}{24}\times0+\frac{2}{24}\times0=0.131$$

通过将第三次分割的分割线放置在 85 000 美元收入处，决策树算法将基尼不纯度从 0.267 降至 0.131。

该算法会不断重复这个过程，直到所有矩形都纯净为止。这一过程的专业术语是递归分区。递归意味着反复应用一个过程。在这种情况下，算法通过"分割"将空间划分成越来越小的子集。图表 11 - 11 显示了完整的决策树。

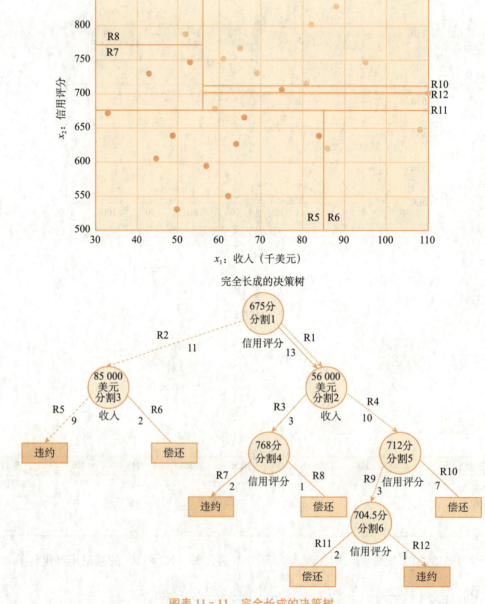

完全长成的决策树

图表 11 - 11　完全长成的决策树

图表 11-11 所示的决策树模型中违约的全套分类规则如下：

1. 如果信用评分<675 分且收入<85 000 美元，则归类为 1（违约），用虚线标识。这条规则确定了 9 笔违约贷款。

2. 如果 675 分<信用评分<768 分，收入<56 000 美元，则归类为 1（违约），由实线标识。该规则确定了 2 笔违约贷款。

3. 如果 704.5 分<信用评分<712 分，收入>56 000 美元，则归类为 1（违约），由点线标识。这条规则确定了 1 笔违约贷款。

如果借款人的特征不满足上述任何条件，则归类为 0（偿还）。

佩奇对这一分析感到困惑。她观察到，在标记为 704.5 分的节点上，违约终端节点位于偿还终端节点的右侧。这表明，对于同一收入水平（大于 56 000 美元），决策树会将信用评分较高（大于 704.5 分）的借款人归类为违约，而将信用评分较低（小于 704.5 分）的借款人归类为偿还。她想知道为什么会出现这种情况，以及这是否合理。

小练习 11-1

Wyatt 制造公司的管理会计师拉斐尔·阿尔瓦雷斯（Rafael Alvarez）正在审查工厂最新一批复杂的招牌产品 SB171 中的缺陷产品。该产品由工厂的不同机器生产，缺陷率为 20%。工人的工作年限和这些机器的自动化水平（以 0～5 衡量）各不相同，拉斐尔猜想这两个因素会导致产品出现缺陷。

Wyatt 公司生产了 40 件产品，其中 8 件存在缺陷（40×0.2）。拉斐尔选取了 8 件缺陷产品和 8 件随机选择的优良产品的记录，建立了一个包括 16 个观测值的训练集。然后，他使用这个数据集构建了一棵决策树。

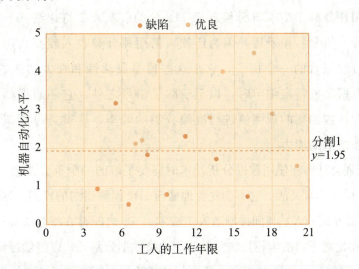

a. 该图显示了数据的分布和第一次分割处。计算此次分割的基尼不纯度。

b. 使用尺子，考虑在 x 轴（工作年限）或 y 轴（自动化水平）上可能进行分割的其他值。确认在工作年限或自动化水平上没有其他首次分割会导致少于三个错误分类的情况。

11.4 改进决策树

管理会计师有独特优势为决策模型的发展做出贡献，因为他们对商业经济有深刻的理解。在改进决策树以更好地反映商业经济特征的过程中，管理会计师会处理以下两个具体问题：

- 解决过度拟合问题，即模型与数据集的特定细节匹配得过于紧密，限制了其预测能力；
- 修剪决策树，以增强模型预测能力。

开发有效的决策树模型需要管理会计师和数据科学家通力合作。正是基于这种认识，佩奇对决策树模型提出了质疑。

11.4.1 过度拟合

基于对业务的理解，佩奇认为，根据 24 名借款人的数据集开发的决策树以一种直观的形式说明了 21 名借款人的情况。但最后两个节点——信用评分 712 分、信用评分 704.5 分的规则却显得不合逻辑，具体为：

如果收入＞56 000 美元，且 704.5 分＜信用评分＜712 分，则归类为 1（违约）。

如果收入＞56 000 美元，且信用评分＜704.5 分，则归类为 0（偿还）。

考虑 2 名收入同为 65 000 美元的借款人。借款人 1 的信用评分为 700 分，借款人 2 的信用评分为 710 分。根据上述规则，信用评分低于 704.5 分、低于借款人 2 的借款人 1 将偿还贷款，而信用评分高于 704.5 分但低于 712 分的借款人 2 将违约（＝1）。这一预测与数据中的整体趋势（信号）相矛盾，因为还款人信用评分和收入较高，违约者信用评分和收入较低。这是过度拟合的一个例子，它是这些模型灵活性和强大功能的一个直接结果。当模型过于贴近数据集的特定细节时，以至于除了信号之外，它还捕捉到了随机因素的噪声，从而降低了对新数据集的观测值进行准确分类的效率，这就是过度拟合。过度拟合限制了模型预测未来结果的能力。

过度拟合是管理会计师在使用数据分析技术时需要了解的一个重要概念。决策树算法与许多数据分析方法一样，非常灵活。它不会先验地假定一个预测违约的模型。回想一下，在第 10 章中，我们假设机器小时（X）与间接制造人工成本（y）之间存在线性关系 $y=a+bX$，然后估计系数 a 和 b。相比之下，决策树算法只是简单地将数据分割开，以将偿还贷款与违约贷款分开（通过降低基尼不纯度），并创建规则来预测新的贷款是偿还贷款还是违约贷款。凭借管理会计师所接受的培训和掌握的技能，他会很快意识到，即使在以下情况下，决策树方法也会"适用"于观测值：

1. 信用评分和收入水平的记录可能有误。

2. 模型未考虑的其他因素（如贷款金额；模型只考虑收入和信用评分）可能影响贷款的偿还情况。

3. 信用评分较高的借款人因为其他一些偶然事件或随机事件而违约（例如，由于家庭成员发生意外而不得不支付医疗费用）。

11.4.2　修剪

解决过度拟合问题的一个办法是修剪。修剪是一种技术，在这种技术中，树不能长到其最大尺寸，而只允许其长到一定的深度。图表 11-12 显示了上一个例子中的决策树生长至三层深度的结果。

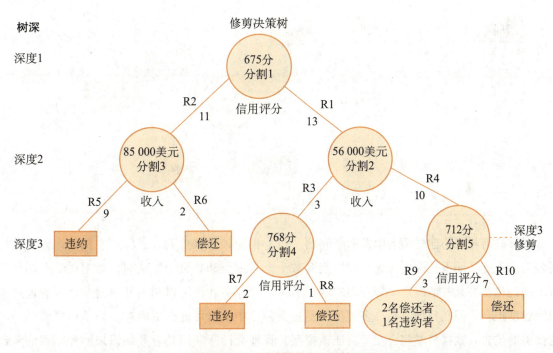

图表 11-12　树被修剪至三层的深度

如果我们将决策树修剪到三层的深度，就会得到下列决策树和针对违约者的规则：

1. 如果信用评分＜675 分，且收入＜85 000 美元，则归类为 1（违约）。
2. 如果 675 分＜信用评分＜768 分，且收入＜56 000 美元，则归类为 1（违约）。
3. 如果 675 分＜信用评分＜712 分，且收入＞56 000 美元，则违约概率为 1/3。

如果借款人的特征不满足上述任何一个条件，则归类为 0（偿还）。

修剪后的决策树（也称修剪树）对违约者进行分类的前两个规则与完全长成的决策树（也称完全树）对违约者进行分类的规则相同。第三条规则不同。修剪会在树的右下侧产生一个不纯净的节点，如图表 11-12 所示。在信用评分低于 712 分的 3 名借款人中，该节点上的 2 名借款人是偿还者，1 名是违约者。在节点不纯净的情况下，该模型根据概率对 3 名借款人进行分类。当借款人的信用评分低于 712 分但高于 675 分，且收入大于 56 000 美元时，修剪后的决策树模型表明借款人违约的概率为 1/3（3 笔贷款中有 1 笔违约）。

小练习 11-2

Wyatt 制造公司的管理会计师拉斐尔·阿尔瓦雷斯构建了以下决策树。他在深度为 4 处进行了修剪。基于修剪后的树编写缺陷产品分类规则。

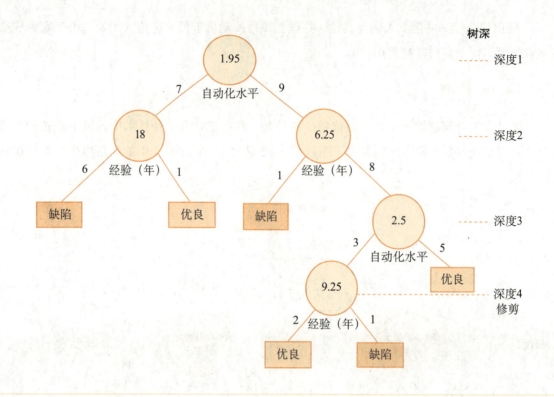

通过修剪树来构建模型会引发两个问题：（1）树应该被修剪到什么深度？例如，为什么把树修剪到深度 2 而不是深度 3 呢？（2）当有数千个数据点和数百个特征时，数据科学家如何比较不同的树？在某些情况下，如前面的例子所示，管理会计师可以利用其对商业经济的理解来识别过度拟合，但在其他具有许多特征的更复杂模型中，这可能会更困难。为了选择模型并决定修剪的位置，数据科学家会交叉验证该模型。管理会计师利用其业务知识来解释和评估所选模型。

11.5 验证和选择模型

既然你已经了解了完全长成的决策树与修剪后的决策树及其相关的权衡，我们来介绍三种技术：使用预测准确性进行交叉验证、使用最大似然值进行选择，以及在保留样本上进行检验，这些都是管理会计师和数据科学家在选择完全长成的决策树和修剪后的决策树等模型时所使用的技术。

11.5.1 使用预测准确性在完全长成的决策树与修剪后的决策树之间进行交叉验证

交叉验证是在实际结果（违约或偿还）已知的新数据集中比较不同模型的预测结果的过程。管理者会选择预测最准确的模型。

为了确定修剪树是否比完全树表现得更好，Sierra 公司的数据科学家根据图表 11-13 中列出的 10 个随机选择的新借款人记录测试了这两个模型。对于第 1 列中列出的每个新借款人，第 2 列列出了收入，第 3 列列出了信用评分，第 4 列列出了实际结果：违约或偿还。在 10 个新观测值中，8 个为偿还，2 个为违约；也就是说，交叉验证（也称验证）样本的违约率为 20%，与总体相同。

图表 11-13 显示了完全树（第 5 列）和修剪树（第 6 列）对每个借款人的预测结果。[①]

图表 11-13　基于最少错误分类的模型选择

观测值序号	收入	信用评分	实际结果（y）	完全树预测	修剪树预测
(1)	(2)	(3)	(4)	(5)	(6)
1	$60 000	690	违约	偿还*	偿还*（概率为 2/3）
2	$67 000	710	偿还	违约*	偿还（概率为 2/3）
3	$55 000	772	偿还	偿还	偿还（概率为 1）
4	$61 000	702	偿还	偿还	偿还（概率为 2/3）
5	$58 000	715	偿还	偿还	偿还（概率为 1）
6	$54 000	725	违约	违约	违约（概率为 1）
7	$87 000	665	偿还	偿还	偿还（概率为 1）
8	$90 000	660	偿还	偿还	偿还（概率为 1）
9	$59 000	718	偿还	偿还	偿还（概率为 1）
10	$53 000	775	偿还	偿还	偿还（概率为 1）
			正确分类率	8/10	9/10

＊错误分类。

完全长成的决策树

要比较完全长成的决策树和修剪后的决策树如何对借款人进行分类，请考虑收入为 67 000 美元、信用评分为 710 分的记录 2。按照图表 11-11 中的完全长成的决策树对该记录进行分类。

1. 节点 1 的截止值为信用评分 675 分；记录 2 的信用评分为 710 分，因此向右移动。

2. 节点 2 的截止值为收入 56 000 美元；记录 2 的收入为 67 000 美元，因此再次向右移动。

3. 节点 3 的截止值为信用评分 712 分；记录 2 的信用评分为 710 分，因此向左移动。

4. 在深度为 4 的节点上，截止值为信用评分 704.5 分，记录 2 的信用评分为 710 分，树将记录 2 安排到右边，并将其分类为违约（第 5 列）。

这种违约分类是错误的，因为图表 11-13 中记录 2 的已知实际结果是偿还。

修剪后的决策树

现在来看图表 11-12 中的修剪后的决策树，并根据修剪后的决策树对记录 2 进行分类，注意前三个节点的记录路径与完全长成的决策树相同：

1. 节点 1 的截止值为信用评分 675 分；记录 2 的信用评分为 710 分，因此向右移动。

2. 节点 2 的截止值为收入 56 000 美元；记录 2 的收入为 67 000 美元，因此再次向右移动。

3. 节点 3 的截止值为信用评分 712 分；记录 2 的信用评分为 710 分，因此向左移动。

4. 记录 2 现在进入了一个包含 2 笔偿还贷款和 1 笔违约贷款的混合池。修剪后的决策树无法将此条记录归类为违约或偿还。它只能根据池中的内容分配一个概率。池中的 3 个观测值中

---

① 如果验证样本观测值恰好等于截止值，则其会被随机分配给任一部分（矩形）。这在大型数据集中对结论没有影响。

只有 1 个为违约，因此记录 2 为违约的概率是 1/3。在模型的最简单版本中，任何违约概率小于 1/2 的数据池都被归类为偿还。因此，修剪后的决策树预测记录 2 为偿还。

在图表 11-13 中，记录 2 的实际结果也是偿还。修剪后的决策树正确预测了实际结果。

图表 11-13 显示了完全长成的决策树和修剪后的决策树对 10 名新借款人的预测结果。修剪后的决策树通过正确预测了 10 笔贷款中的 9 笔（9/10）来更准确地对验证集进行了分类，而完全长成的决策树只正确预测了 10 笔贷款中的 8 笔（8/10）。Sierra 公司的数据科学家建议在新数据上使用修剪后的决策树模型，因为它在预测违约和偿还贷款方面表现更好。

数据科学家还建议采用一种更复杂的方法来比较完全长成的决策树模型与修剪后的决策树模型。

11.5.2　使用最大似然值在完全长成的决策树与修剪后的决策树之间进行选择

数据科学家用来比较完全长成的决策树和修剪后的决策树性能的另一种方法是计算预测的最大似然值。图表 11-14 描述了完全长成的决策树和修剪后的决策树的最大似然值的计算。在下面的描述中，我们重点介绍修剪后的决策树。

图表 11-14　使用最大似然值在完全长成的决策树与修剪后的决策树模型之间进行选择

观测值序号	收入	信用评分	实际结果 (y)	完全长成的决策树 违约概率 (p)	似然值 $p^y(1-p)^{1-y}$	修剪后的决策树 违约概率 (p)	似然值 $p^y(1-p)^{1-y}$
(1)	(2)	(3)	(4)	(5)	(6)	(7)	(8)
1	$60\ 000	690	1（违约）	0.01	0.01[a]	0.33	0.33[e]
2	$67\ 000	710	0（偿还）	0.99	0.01	0.33	0.67[f]
3	$55\ 000	772	0（偿还）	0.01	0.99[b]	0.01	0.99
4	$61\ 000	702	0（偿还）	0.01	0.99	0.33	0.67[g]
5	$58\ 000	715	0（偿还）	0.01	0.99	0.01	0.99
6	$54\ 000	725	1（违约）	0.99	0.99[c]	0.99	0.99
7	$87\ 000	665	0（偿还）	0.01	0.99	0.01	0.99
8	$90\ 000	660	0（偿还）	0.01	0.99	0.01	0.99
9	$59\ 000	718	0（偿还）	0.01	0.99	0.01	0.99
10	$53\ 000	775	0（偿还）	0.01	0.99	0.01	0.99
					$L_f = 0.000\ 092$[d]		$L_p = 0.138\ 07$[h]

a. $0.01^1 \times (1-0.01)^{1-1} = 0.01 \times 1 = 0.01$；

b. $0.01^0 \times (1-0.01)^{1-0} = 1 \times 0.99 = 0.99$；

c. $0.99^1 \times (1-0.99)^{1-1} = 0.99 \times 1 = 0.99$；

d. $0.01 \times 0.01 \times 0.99 \times 0.99 \times 0.99 \times 0.99 \times 0.99 \times 0.99 \times 0.99 \times 0.99 = 0.000\ 092$；

e. $0.33^1 \times (1-0.33)^{1-1} = 0.33 \times 1 = 0.33$；

f. $0.33^0 \times (1-0.33)^{1-0} = 1 \times 0.67 = 0.67$；

g. $0.33^0 \times (1-0.33)^{1-0} = 1 \times 0.67 = 0.67$；

h. $0.33 \times 0.67 \times 0.99 \times 0.67 \times 0.99 \times 0.99 \times 0.99 \times 0.99 \times 0.99 \times 0.99 = 0.138\ 07$。

前 4 列是图表 11-13 中的交叉验证数据，如果是违约贷款，则编码为 1；如果是偿还贷款，则编码为 0。现在关注第（7）列，该列显示了取自图表 11-13 第（6）列的每笔交叉验证贷款的违约概率：

1. 修剪后的决策树预测观测值 1，2 和 4 的偿还概率为 2/3，或者说，违约概率为 1/3（1−2/3）。图表 11-14 的第（7）列记录了观测值 1，2 和 4 的违约概率为 0.33。

2. 修剪后的决策树预测图表 11-13 第（6）列中的观测值 3，5，7，8，9 和 10 将以 1 的概率偿还（或者说，以 0 的概率违约）。图表 11-14 第（7）列记录的违约概率为 0.01。[①]

3. 最后，修剪后的决策树预测了图表 11-13 第（6）列中的观测值 6，将以 1.00 的概率违约，因此图表 11-14 第（7）列记录的违约概率为 0.99。[②]

对于验证样本中的每个观测值，图表 11-14 第（8）列基于修剪后的决策树模型计算似然值：$L = p^y \times (1-p)^{1-y}$。其中 p 是预测的违约概率，如果贷款违约，则 y 等于 1，否则为 0。似然值有什么作用？其范围在 0 到 1 之间，当预测概率与实际值相差甚远时，其值接近 0；当预测概率接近实际值时，其值接近 1。

假设有一笔违约贷款，此时 $y=1$。如果预测模型预测的违约概率较高，比如 $p=0.99$，那么似然值 $L = 0.99^1 \times (1-0.99)^{1-1} = 0.99$。然而，如果预测模型预测的违约概率较低，比如 $p=0.01$，那么似然值 $L = 0.01^1 \times (1-0.01)^{1-1} = 0.01$。当 $y=1$，p 接近 1 时，似然值最大。

现在假设有一笔偿还贷款，此时 $y=0$。如果预测模型预测的违约概率较低，比如 $p=0.01$，那么似然值 $L = 0.01^0 \times (1-0.01)^{1-0} = 0.99$。然而，如果预测模型预测的违约概率较高，比如 $p=0.99$，那么似然值 $L = 0.99^0 \times (1-0.99)^{1-0} = 0.01$。当 $y=0$，p 接近 0 时，似然值最大。

考虑修剪后的决策树第（8）列中观测值 1 的似然值计算。实际结果为违约（$y=1$），而预测的违约概率为 0.33。似然值 $L = 0.33^1 \times (1-0.33)^{1-1} = 0.33 \times 1 = 0.33$，这表明模型对于本观测值的违约评估不佳。图表 11-14 第（8）列显示了交叉验证样本中所有 10 个观测值的似然值计算结果。这些观测值的似然值从最低的 0.33 到最高的 0.99 不等。

该模型对所有观测值的违约预测效果如何？为了衡量模型的这种性能，数据科学家会计算单个观测值的似然值并将其相乘。[③] 图表 11-14 第（8）列显示了修剪后的决策树模型的整体似然值 $L_p=0.138\,07$。图表 11-14 第（6）列显示了完全长成的决策树模型的整体似然值 $L_f=0.000\,092$。在本例中，修剪后的决策树模型的整体似然值更大，高于完全长成的决策树模型。这意味着，在对所有观测值进行测量时，修剪后的决策树模型的预测值更接近实际值。Sierra 公司更倾向于使用修剪后的决策树模型而不是完全长成的决策树模型来预测违约。在其他情况下，完全长成的决策树模型可能比修剪后的决策树模型有更高的整体似然值。

佩奇对这种方法仍有一些疑虑。基于验证样本的反馈来选择模型意味着数据科学家实际上是在使用验证样本来决定哪个模型表现更好。真正的考验是，修剪后的决策树模型在处理未遇到过的数据时表现如何。佩奇建议在一个名为保留样本（有时也称为测试样本）的全新数据集上测试修剪后的决策树模型。如果整体似然值与交叉验证集中的整体似然值相似，她将对模型预测违约的能力更有信心。

---

① 由于（似然）值后面会相乘，数据科学家不会将违约概率记录为 0，而是记录为某个非常小的数字。例如，他们可以将其记为 0.000 001，但 0.01 会使运算更简单。

② 将概率记录为一个非常接近 1 而不是 1 的数字，可以避免数学运算上的复杂性。

③ 如果验证样本中有大量的观测值，则将一系列小于 1 的数字相乘，乘积会变得非常小，小数点后有几千位。因此，数据科学家会计算似然值的自然对数。数字乘积的对数是对数的总和，因此计算机模型不是将似然值相乘，而是将似然值的自然对数相加。小于 1 的数字的自然对数为负值，这意味着将一个负值最大化。数据科学家经常翻转对数似然值的符号，最小化对数似然值的负值，即最小化对数损失。

11.5.3 基于保留样本检验修剪后的决策树模型

管理者随机选择了图表 11 - 15 中列出的 10 名新借款人的记录。对于第（1）列中列出的每名新借款人，第（2）列列出了收入，第（3）列列出了信用评分，第（4）列列出了实际结果：违约或偿还。在 10 个新观测值中，8 个为偿还，2 个为违约。基于修剪后的决策树模型，该图表显示了每名借款人的违约预测概率（第（5）列）和似然值计算结果（第（6）列）。整体似然值为 0.189 72，与验证样本中的整体似然值非常相近。佩奇现在对使用修剪后的决策树来预测违约概率更有信心了。如果基于保留样本得出的结果与验证样本大相径庭，Sierra 公司的数据科学团队就需要重新构建模型。

图表 11 - 15　保留样本中修剪后的决策树的预测似然值

观测值序号	收入	信用评分	实际结果	违约概率	似然值
			(y)	(p)	$p^y \times (1-p)^{1-y}$
(1)	(2)	(3)	(4)	(5)	(6)
1	\$87 000	650	0（偿还）	0.01	0.99[a]
2	\$79 000	670	1（违约）	0.99	0.99[b]
3	\$70 000	708	0（偿还）	0.33	0.67[c]
4	\$51 000	695	1（违约）	0.99	0.99[b]
5	\$64 000	700	0（偿还）	0.33	0.67[c]
6	\$68 000	710	0（偿还）	0.33	0.67[c]
7	\$59 000	690	0（偿还）	0.33	0.67[c]
8	\$92 000	670	0（偿还）	0.01	0.99[a]
9	\$52 000	778	0（偿还）	0.01	0.99[a]
10	\$65 000	720	0（偿还）	0.01	0.99[a]
			整体似然值		$L_f = 0.189\ 72$[d]

a. $0.01^0 \times (1-0.01)^{1-0} = 1 \times 0.99 = 0.99$；

b. $0.99^1 \times (1-0.99)^{1-1} = 0.99 \times 1 = 0.99$；

c. $0.33^0 \times (1-0.33)^{1-0} = 1 \times 0.67 = 0.67$；

d. $0.99 \times 0.99 \times 0.67 \times 0.99 \times 0.67 \times 0.67 \times 0.67 \times 0.99 \times 0.99 \times 0.99 = 0.189\ 72$。

模型选择的原则

选择模型有两个重要原则：

1. 反馈循环是数据科学的基础。数据科学家使用训练数据集来训练模型。他们根据模型在独立随机选择的交叉验证集上进行分类或预测的表现，在竞争模型中进行选择。数据科学家不会依赖 R^2、t 值和 F 值等统计指标来选择模型。相反，来自交叉验证集的反馈循环成为在竞争模型中做出选择的基础。

2. 模型的选择基于交叉验证数据而不是训练数据的性能。在 Sierra 公司的例子中，完全长成的决策树通过适应训练数据的特性和具体细节，在训练数据中识别违约贷款和偿还贷款的表现优于修剪后的决策树。由于它过度拟合了训练数据，因此在验证数据上表现不佳。相比之下，修剪后的决策树在验证样本中更准确地预测了违约概率。这就引发了一个问题：进一步修剪是否会产生更准确的预测结果？

偏差-方差权衡

进一步修剪会带来什么影响？正如我们已经讨论过的，修剪的好处是避免模型对噪声的过度拟合，因此使用不同的训练数据集会得到非常相似的模型。进一步修剪的风险在于，它可能会削弱特征变量中的信号，这些信号有助于更准确地评估违约概率。这样，该模型将无法充分利用数据中的信息信号。过度修剪将会使数据"拟合不足"，从而使模型无法充分理解有助于区分违约贷款和偿还贷款的特征。

相比之下，构建完全长成的决策树可以更充分地利用这些特征来区分违约贷款和偿还贷款。一棵完全长成的决策树能捕捉到更丰富的数据，因此能更准确地反映基本现实。但是，如前所述，它也有可能使模型过度拟合训练数据中的噪声和随机性。略有不同的数据集将产生截然不同的模型。构建完全长成的决策树会增加模型的方差，使其在预测新贷款样本的违约概率时可靠性降低。通常，模型越复杂，偏差越小，方差越大。反之，模型越不复杂，偏差越大，方差越小。

数据科学家试图通过如将树修剪到不同深度等方式在偏差与方差之间寻求平衡。深度越大，模型的偏差越小，方差越大。但什么时候才是最佳平衡点呢？Sierra 公司无法先验地确定将树修剪到深度 2 还是深度 3 更好。它必须简单地尝试运行这两种模型，看看使用哪种模型得出的整体似然值更高。这就是偏差-方差权衡最优化的模型。在决策树中，修剪的深度被称为**超参数**（hyperparameter）。超参数是无法通过运行模型来学习的参数，必须在进行分析之前选定。[1]

修剪指南

在大型数据集中，很难像我们在示例中所做的那样，检测到树完全长成后再进行修剪造成的异常。数据科学家会使用一些经验法则来指导他们的修剪工作。

1. 达到一定深度后停止树的生长。在本例中，数据科学家允许树生长到最大深度 3。因此，即使矩形 9（R9）因包含 2 笔偿还贷款和 1 笔违约贷款而显得不纯净，也不会再进行进一步的分割。

2. 如果节点中包含的数据点少于一定数量，则停止树的生长。在本例子中，如果树中的数据点少于 4 个，数据科学家可能会选择停止树的生长。如果应用了这一规则，就不会将矩形 3（R3）在信用评分 768 分处分割为矩形 7 和 8（R7 和 R8）。为什么？因为收入水平低于 56 000 美元的数据点只有 3 个，决策树会将信用评分大于 675 分且收入低于 56 000 美元的贷款归类为不纯净的，即违约贷款的概率为 2/3。

管理会计见解

管理会计师为数据科学家评估的模型提供了重要见解。例如，如果树被修剪到深度 2，那么从图表 11-10 中可以得出违约规则是：如果信用评分＜675 分，收入＜85 000 美元，则为 1（违约）。

如果借款人特征不满足此条件，则分类为 0（偿还），因为对于修剪到深度为 2 的决策树，所有其他节点的偿还概率都将大于 0.5。

即使使用预测准确性或最大似然值进行交叉验证，被修剪至深度 2 的模型表现略好于被修剪至深度 3 的模型，管理会计师也可能会认为该模型只能提供有关违约概率的微弱信号。

1. 当信用评分和收入都低于特定阈值时，该模型才发出违约信号。基于业务知识，管理会

---

[1] 除了修剪之外，还可以使用更复杂的数据科学模型（如随机森林、梯度提升和神经网络）在 PD 情境中获得更准确的违约概率，以优化偏差-方差权衡。这些技术超出了本书的范围。

计师可能会认为该模型在很大程度上是由信用评分驱动的，因为许多借款人的收入低于 85 000 美元。

2. 从业务角度来看，管理会计师可能会问，当收入较低但信用评分较高时，是否可以加强模型以识别违约情况。

平衡与不平衡样本

佩奇还对另一个问题感到好奇。尽管数据集中违约贷款的数量接近 20%，但训练样本中违约贷款和偿还贷款的数量相等，而验证样本和保留样本中的违约贷款的比例为 20%。她想知道，训练数据中违约贷款和偿还贷款的数量是应该代表总体（20% 的违约贷款和 80% 的偿还贷款），还是应该包括 50% 的违约贷款和 50% 的偿还贷款。在她看来，其中的利弊似乎很明显：如果决策树模型是根据违约贷款和偿还贷款的总体分布构建的，那么这些模型将由偿还贷款驱动，因为它们的数量更多。但是，就像检测信用卡欺诈一样，"询问"的主要目标是识别违约贷款。在训练数据中选择更多的违约贷款（比总体中出现的多）将突出违约贷款，并为模型提供更多的违约数据以帮助识别违约贷款的特征。

小练习 11-3

Wyatt 制造公司的管理会计师拉斐尔·阿尔瓦雷斯获得了产品 SB171 的验证样本，如下所示。该样本包含工人经验（以年计）、机器自动化水平（以 0~5 衡量）和实际结果（缺陷产品为 1、优良产品为 0）的数据。

用图表 11-14 的格式，使用小练习 11-2 中显示的修剪后的决策树做以下几项工作：（1）计算每个观测值的缺陷概率。（如果预测观测值是纯净的（终端）节点上的缺陷产品，则将概率写为 0.99；如果预测观测值是纯净的（终端）节点上的优良产品，则将概率写为 0.01；如果预测观测值位于混合节点上，请根据编写的决策树规则，写出在节点上缺陷产品的概率。）（2）使用公式 $L = p^y \times (1-p)^{1-y}$ 计算交叉验证集中每个观测值的似然值。记住：$x^1 = x$；$x^0 = 1$。（3）计算交叉验证集的整体似然值。

观测值序号	1	2	3	4	5	6	7	8	9	10
自动化水平	3.5	1.5	2.25	2.1	2.6	1.7	2.3	3.4	3.2	2.3
经验（年）	9	15	10	11	12	19	8.5	11	10	11.5
实际结果	0	1	0	1	0	0	0	0	0	0

不利的一面是，决策树模型建立在不具有总体代表性的数据（20% 的违约贷款，而不是 50%）上。当然，交叉验证和保留样本具有总体代表性（它们各包含 20% 的违约贷款），因此在选择和测试模型时使用的是模型在实践中会遇到的违约贷款比例。虽然这个问题没有明确的答案，但在很多情况下，在训练样本中选择违约贷款和偿还贷款（各占 50%）"平衡"的样本往往比"不平衡"的样本（20% 的违约贷款和 80% 的偿还贷款）表现更好。数据科学家通常会使用"平衡"和"不平衡"的数据运行不同的训练模型，看看使用哪种方法可以得出更高的整体似然值，并在交叉验证和保留样本中做出更好的预测。

11.6　评估数据科学模型

管理会计师在帮助管理者评估和使用数据科学模型方面发挥着关键作用。模型是否具有经济意义？它是否反映了基本现实？在 Sierra 公司的例子中，修剪后的决策树模型能否将贷款分类为偿还和违约两种类型，从而为投资决策提供足够的信息？我们将介绍数据科学框架中的第五步，研究评估模型的几种方法，最后介绍第六步，即管理会计师将见解可视化并进行交流。

11.6.1　第五步：评估模型

选择模型后，在决策过程的第五步，佩奇会帮助评估模型并回答重要问题。评估模型的方法有多种，佩奇会依次考虑每种方法：（1）似然值大小的评估；（2）特征变量的评估；（3）识别错误分类；（4）接受者操作特征（ROC）曲线；（5）混淆矩阵；（6）利用收益矩阵量化预测。

似然值大小的评估

具有高似然值的模型预测效果更好。有时，即使是最复杂的数据科学模型也无法做出很好的预测，因为问题本身很复杂，缺少重要变量，或者数据存在错误或不完整。从图表 11-14 和 11-15 中可以看出，该模型在验证样本和保留样本中都能很好地预测违约概率。似然值均值约为 0.86。[①] 均值高于 0.65 表明模型预测效果良好。似然值为 0.5 则表明该模型只是随机地区分违约贷款与偿还贷款。

特征变量的评估

管理会计师利用他们对业务的了解来判断用于预测目标变量的特征变量是否具有经济意义。在 Sierra 公司的例子中，佩奇对用于区分违约贷款和偿还贷款的模型特征感到满意。收入表示借款人的偿还能力，信用评分表示借款人过去管理债务的情况。决策树分区将低收入和低信用评分的借款人识别为更有可能违约，而将高收入和高信用评分的借款人识别为更有可能偿还贷款。这些结果很直观且符合她所认为的基本经济现实。她无法判断从该模型中得出的确切截止值，但大致的见解与她的业务经验一致。

识别错误分类

数据科学模型并不完美，会对预测进行错误分类。在 Sierra 公司的案例中，模型：（1）将某些违约贷款进行了正确分类，但将其他违约贷款错误地分类为偿还贷款；（2）将某些偿还贷款进行了正确分类，但将其他偿还贷款错误地分类为违约贷款。将违约贷款归类为偿还贷款和将偿还贷款归类为违约贷款都会带来风险。

为了识别错误分类，佩奇使用图表 11-14 的部分信息构建了图表 11-16。图表 11-16 的第（2）列将图表 11-14 第（7）列中的信息按违约预测概率从高到低进行了排序。观测值 6 的违约预测概率最高，为 0.99。她将其记录为图表 11-16 第（1）列和第（2）列中的第 1 个观测值。观测值 1，2，4 的违约预测概率均为 0.33。她将它们记录为图表 11-16 第（1）列和

---

① 来自图表 11-14 的第（8）列，似然值均值＝(0.33＋0.67＋0.99＋0.67＋0.99＋0.99＋0.99＋0.99＋0.99)÷10＝0.86。

第（2）列中接下来的 3 个观测值。最后，观测值 3，5，7，8，9，10 的违约预测概率均为 0.01。她将它们记录为图表 11-16 第（1）列和第（2）列中的最后 6 个观测值。第（3）列记录了每个观测值的实际结果。

第（4）列和第（5）列根据第（3）列中的信息记录了 0（偿还贷款）和 1（违约贷款）的累积个数。例如，第（3）列中的第 1 个观测值为 1（违约），因此第 1 个观测值后 0 的累积个数为 0，1 的累积个数为 1。第 2，3，4 个观测值具有相同的违约概率，属于一个群体。实际值分别为 1，0，0。这组观测值后 0 的累积个数为 2，1 的累积个数也是 2。① 第 5，6，7，8，9，10 个观测值均为 0，这些观测值后 0 的累积个数为 8，1 的累积个数为 2。

图表 11-16 中的第（6）列和第（7）列列示了**假阳性率**（false positive rate）和**真阳性率**（true positive rate）。就 Sierra 公司而言，目标（阳性）特征变量是违约。在分类问题中，假阳性率是指在给定阈值下将阴性（偿还贷款）错误地识别为阳性（违约贷款）的比率。而真阳性率是指在给定阈值下将阳性（违约贷款）正确地识别为阳性（违约贷款）的比率。图表 11-16 第（6）列列示的假阳性率等于偿还贷款累积个数除以偿还贷款总个数（第（4）列/8）。图表 11-16 第（7）列列示的真阳性率等于违约贷款累积个数除以违约贷款总个数（第（5）列/2）。

佩奇使用图表 11-16 的主要方式有两种：第一，她可以绘制 ROC 曲线；第二，她可以构建混淆矩阵。

图表 11-16　修剪后的决策树验证样本的实际结果与违约预测概率

观测值序号 （来自图表 11-14）	违约预测概率 排序（从高到低） （来自图表 11-14）	实际结果 （来自图表 11-14）	0 的累积 个数	1 的累积 个数	假阳性率 （x 轴）	真阳性率 （y 轴）
(1)	(2)	(3)	(4)	(5)	(6)=(4)÷8	(7)=(5)÷2
6	0.99	1	0	1	0	0.5
1	0.33	1				
2	0.33	0				
4	0.33	0	2	2	0.25	1
3	0.01	0				
5	0.01	0				
7	0.01	0				
8	0.01	0				
9	0.01	0				
10	0.01	0	8	2	1	1

ROC 曲线

评估模型的一个有用且常用的工具是 ROC 曲线，该曲线绘制了 x 轴上的假阳性率（FP）和 y 轴上的真阳性率（TP）。通过比较这两个比率，可以了解模型在任何阈值下对借款人进行

---

① 我们无法计算每次观测后 0 和 1 的累积个数，因为概率为 0.33 时，所有三个结果都同时出现。表中的三条水平线表示这些分组。

正确分类的能力。图表 11-17 显示了基于图表 11-16 中的假阳性率（第（6）列）和真阳性率（第（7）列）绘制的 ROC 曲线。ROC 曲线上的 A 点表明，违约预测模型可以选择一个截止值，以在不产生任何假阳性的情况下获得 50% 的真阳性（y 轴上的值）。当截止值设置为高于 0.33 的违约概率（比如 0.50）时，就会出现这种情况。在该截止违约概率下，模型正确预测了违约概率为 0.99（大于 0.50）的贷款 6 为违约贷款（2 笔违约贷款中的 1 笔被正确地预测为真阳性）。该模型不会将任何偿还贷款预测为违约贷款（0 假阳性），因为所有偿还贷款的违约预测概率都低于 0.50。然而，如果佩奇希望避免向所有实际违约者（100% 真阳性）发放贷款，她必须将 ROC 曲线上的点移动到 B 点（并选择一个低于 0.33（比如 0.30）的违约概率）。但是在这一点上，Sierra 公司必须接受 25% 的假阳性。也就是说，虽然这个截止概率正确地预测了 2 笔违约贷款，但它也将 8 笔偿还贷款中的 2 笔错误地认定为违约贷款（25%）。提升真阳性率的同时也会提升假阳性率。

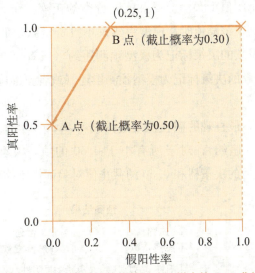

图表 11-17 修剪后的决策树验证样本的 ROC 曲线

模型将违约预测为违约、将偿还预测为偿还的准确度越高，ROC 曲线就越接近左侧的 y 轴，然后横向移动到顶部。图表 11-18 的 A 部分显示了一条 ROC 曲线。就 Sierra 公司而言，这样的 ROC 曲线意味着存在一个截止概率，使得所有违约贷款的违约概率都高于该截止值（100% 真阳性），而不会将任何偿还贷款归类为违约贷款（0 假阳性）。换句话说，该模型有很高的命中率，没有任何误报！如图表 11-18 的 B 部分所示，ROC 曲线离从原点（0，0）到右上角（1，1）的对角线越近，该模型在正确预测新贷款方面的效果就越差（增加真阳性的同时会以相同的比率增加假阳性）。图表 11-18 的 C 部分显示了一条相当不错的 ROC 曲线，与图表 11-17 中的 ROC 曲线非常相似。如果整个数据集的实际 ROC 曲线与该 ROC 曲线类似，那么佩奇就会更有信心，相信模型预测有助于预测违约，而不会有太大的假阳性风险。

数据科学家无法做出完美的预测。正如我们所看到的，他们可能会将一笔最终会偿还的贷款预测为违约。他们还可能将一笔最终会违约的贷款预测为偿还。仅基于 ROC 曲线，数据科学家倾向于选择一个与违约概率截止值相对应的点，在该处 ROC 曲线开始变平，从而在不显著增加假阳性率的情况下产生较高的真阳性率。佩奇指出，选择违约概率截止值的一个更好方法是估算收益，即混淆矩阵四个象限中每个象限的收益和成本。

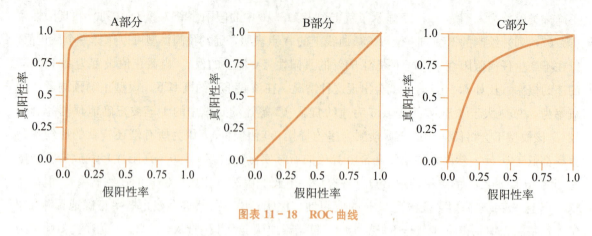

图表 11 - 18　ROC 曲线

混淆矩阵

混淆矩阵是显示在给定阈值下预测分类和实际分类的矩阵。在 Sierra 公司的例子中，该阈值是违约概率的截止值，高于该阈值时，模型将建议不投资贷款，低于该阈值时，模型将建议投资贷款。我们将不投资贷款的决策标记为模型预测违约（或者更准确地说，因为违约而造成损失的高风险），将投资贷款的决策标记为模型预测偿还（或者更准确地说，因为偿还的可能性而获得高回报）。

正如图表 11 - 13 所示，最直观的截止值是违约概率 0.50。也就是说，对于所有大于 0.50 的值，模型将预测不投资（违约）；对于所有小于 0.50 的值，模型将预测投资（偿还）。图表 11 - 19 显示了使用修剪后的决策树和 0.50 的截止值对验证样本构建的混淆矩阵。

		预测结果		合计
		违约 （不投资贷款）	偿还 （投资贷款）	
实际结果	违约	真阳性（A） 1	假阴性（Z） 1	2
	偿还	假阳性（Y） 0	真阴性（B） 8	8
合计		1	9	10

图表 11 - 19　修剪后的决策树验证样本在截止值为 0.50 时的混淆矩阵

要了解如何在 0.50 的截止值下构建混淆矩阵，可参考图表 11 - 16 中位于 0.33 和 0.99 的概率值之间在值 0.50 处绘制的线。截止值为 0.50 意味着 Sierra 公司将拒绝所有违约预测概率大于或等于 0.50 的贷款（即线上方的所有贷款），并投资所有违约预测概率小于 0.50 的贷款（即线下方的所有贷款）。在理想情况下，Sierra 公司希望：（1）线上方的所有贷款都是违约贷款（编码为 1），没有偿还贷款（编码为 0）；（2）线下方的所有贷款都是偿还贷款（编码为 0），没有违约贷款（编码为 1）。

从图表 11 - 16 来看，Sierra 公司将贷款 6 预测为违约贷款，且不会投资这笔贷款（违约预测概率为 0.99）。它将所有其他贷款都预测为偿还贷款并投资这些贷款（违约预测概率为 0.33 或 0.01）。0.50 的截止概率正确地预测了贷款 6 将实际违约，但它错误地预测 Sierra 公司应该投资实际上会违约的贷款 1。它正确地预测了低于截止概率的其他 8 笔贷款为偿还贷款。使用 0.50 的截止概率仅导致一个错误分类。

　　由此得出图表 11－19 所示的混淆矩阵。第 1 列显示了唯一被预测为违约的贷款 6，该贷款实际违约了，并作为真阳性（TP）在标有（A）的框中显示——阳性被正确地预测为阳性，即违约贷款被正确地预测为违约贷款。Sierra 公司不会投资被预测为违约的贷款，从而避免了这些损失。实际偿还但被错误地预测为违约的贷款作为假阳性（FP）在标有（Y）的框中显示——阴性被错误地预测为阳性。这些都是 Sierra 公司愿意投资并赚取利息的优良贷款，因为模型错误地将其预测为违约贷款，因此其不会投资。在截止概率为 0.50 时，不存在此类贷款，因此标记为 Y 的框中的值为 0。

　　图表 11－19 的第 2 列显示了预测的偿还贷款——1，2，3，4，5，7，8，9 和 10。在这 9 笔贷款中，有 8 笔实际上得到了偿还，并作为真阴性（TN）在标有（B）的框中显示——阴性被正确地预测为阴性，也就是说，偿还贷款被正确地预测为偿还贷款。Sierra 公司投资于被分类为偿还的贷款，并从这些全额偿还的贷款中获得利息收益。在标有（Z）或假阴性（FN）的框中有 1 笔贷款（贷款 1）——阳性被错误地预测为阴性，即违约贷款被预测为偿还贷款，导致 Sierra 公司进行了投资，但实际上却违约了。Sierra 公司希望避免方框 Z 中的贷款，因为贷款违约会导致本金损失。

　　那么，将截止概率设置为 0.50 的结果是什么呢？好消息是，Sierra 公司投资的都是偿还贷款。不利的一面是，Sierra 公司投资了 1 笔贷款（即贷款 1），而该笔贷款被模型错误地归类为偿还贷款，但实际上是违约贷款（假阴性）。

　　作为管理会计师，佩奇对这个问题有着数据科学家所不具备的洞察力。她明白，Sierra 公司投资违约贷款的成本非常高。尽管 0.50 的违约截止概率听起来对违约贷款与偿还贷款的区分很有帮助，但 Sierra 公司可能希望保守一点，最大限度地减少对违约贷款的投资，即使这意味着不投资某些偿还贷款。Sierra 公司减少投资违约贷款的一种方式是将截止概率设置得更低，比如 0.30。在这个截止值下，Sierra 公司将只投资违约预测概率小于 0.30 的贷款，而不会投资违约预测概率大于 0.30 的贷款。[①]

　　较低的截止概率意味着将图表 11－16 中的截止线降低到贷款 1，2，4 的下方，这些贷款的违约预测概率为 0.33。这意味着，违约预测概率为 0.99 和 0.33 的贷款 6，1，2，4 位于截止线的上方。Sierra 公司不会投资这些贷款，因为它们的违约预测概率高于截止概率。它将投资截止线以下的贷款 3，5，7，8，9，10（违约预测概率为 0.01）。这就形成了图表 11－20 所示的混淆矩阵。第 1 列显示的是 Sierra 公司不会投资的贷款（称为预测违约贷款）——贷款 6，1，2 和 4。在这些贷款中，有 2 笔贷款（6 和 1）实际上违约了，并作为真阳性（TP）在标有（A）的框中显示。Sierra 公司不会投资这些贷款。另外 2 笔贷款（2 和 4）实际上得到了偿还，但由于它们的违约预测概率高于截止概率，因此作为假阳性（FP）在标有（Y）的框中显示。这些都是 Sierra 公司愿意投资并赚取利息的偿还贷款，但因为违约预测概率高于截止概率而没有被投资。

　　图表 11－20 的第 2 列显示了 Sierra 公司将投资的贷款（称为预测偿还贷款）——3，5，7，8，9 和 10。这 6 笔贷款实际上都得到了偿还，并作为真阴性（TN）在标有（B）的框中显示。标有（Z）的框中没有假阴性（FN）贷款。在 0.30 的截止值下，Sierra 公司可以避免投资预计会偿还但实际违约的贷款。

――――――――――

　　① 在许多数据科学应用中，由于数据质量问题，即使不考虑收益或风险因素，也会将违约截止概率设置在 0.50 以下。

图表 11-20 修剪后的决策树验证样本在截止值为 0.30 时的混淆矩阵

		预测结果		合计
		违约 （不投资贷款）	偿还 （投资贷款）	
实际结果	违约	真阳性（A） 2	假阴性（Z） 0	2
	偿还	假阳性（Y） 2	真阴性（B） 6	8
合计		4	6	10

这两个混淆矩阵表明了在选择违约截止概率时权衡的性质。如果截止概率较低（0.30），Sierra 公司将只投资违约概率低于 0.30 的贷款。这样做将避免投资违约贷款（假阴性），但也将错过投资偿还贷款（真阴性）的机会。如果将违约截止概率提高至 0.50，Sierra 公司将采取更激进的策略，投资违约概率低于 0.50 的贷款。这样，Sierra 公司就会投资于更多偿还贷款（真阴性），但也会遇到一些违约贷款（假阴性）。总之，提高截止概率会减少真阳性和假阳性，增加真阴性和假阴性。

那么，Sierra 公司应该选择哪一个截止概率呢？乍一看，0.50 的截止概率更具吸引力——它很直观，违约概率高于 0.50 的贷款会被拒绝，而违约概率低于 0.50 的贷款会被接受。图表 11-19 中的混淆矩阵在截止概率为 0.50 的情况下仅错误分类了 1 笔贷款（贷款 1 为假阴性）。相比之下，图表 11-20 中的混淆矩阵在截止概率为 0.30 的情况下错误分类了 2 笔贷款（贷款 2 和贷款 4 为假阳性）。但截止概率的选择并非显而易见，这取决于混淆矩阵每个象限的收益。

利用收益矩阵量化预测

管理会计师利用他们对业务的见解和知识来估计收益。在 Sierra 公司的例子中，佩奇必须在图表 11-19 的 0.30 违约概率截止值或图表 11-20 的 0.50 违约概率截止值之间进行选择。佩奇估算了在 3 年贷款期内，混淆矩阵的四个象限中每个象限对 Sierra 公司的回报。为简单起见，她忽略了货币的时间价值。她在计算回报时假设她投资了 100 美元贷款。

1. 象限 B 中真阴性（Sierra 公司投资且实际偿还的贷款）的回报计算相对容易。如果 Sierra 公司在每笔贷款中投资 100 美元，那么 Sierra 公司每年将获得 15% 的回报，即在 3 年内获得 45 美元的回报，此外还将收回公司为 45 美元的净回报而投资的 100 美元。

2. 象限 Z 中假阴性（Sierra 公司投资但实际违约的贷款）的回报计算并不是那么简单。Sierra 公司不会损失投资于这些贷款的 100 美元。这是因为违约贷款在未来 3 年的某个时间点才开始违约。佩奇对借款人在违约前偿还的金额进行了详细分析。她估计，在贷款违约前 Sierra 公司平均将获得 30 美元的贷款利息和本金偿还。因此，她得出结论，象限 Z 中假阴性的回报为 -70 美元。

3. 接下来，她考虑了因为该模型预测违约风险较高，Sierra 公司未投资 PD 贷款的所有情况下的回报。这些包括象限 A 中的真阳性——预测违约风险高且实际违约的贷款，以及象限 Y 中的假阳性——预测违约风险高但实际偿还的贷款。无论是哪种情况，一旦模型预测这些贷款存在高违约风险，Sierra 公司就不会投资这些贷款，即使是在假阳性的情况下，Sierra 公司的投资是有利的。关键问题是 Sierra 公司将未投资于 PD 的资金用于其他方面所能获得的回报。

案例 A： 佩奇得知 Sierra 公司会将未投资于 PD 的 100 美元投资于一只债券基金，该基金预计年收益率为 4%，3 年总收益为 12 美元。她将象限 A 和象限 Y 的收益都确定为 12 美元。图

表 11-21 显示了收益矩阵。

图表 11-21　收益矩阵

实际结果		预测结果		合计
		违约 （不投资贷款）	偿还 （投资贷款）	
实际结果	违约	真阳性（A） 12 美元	假阴性（Z） −70 美元	
	偿还	假阳性（Y） 12 美元	真阴性（B） 45 美元	

如果佩奇选择的违约概率截止值为 0.30，那么该策略下的总收益等于图表 11-20 中每个象限中的贷款数量乘以图表 11-21 中相应象限的收益：

12×2（象限 A）＋12×2（象限 Y）＋（−70）×0（象限 Z）＋45×6（象限 B）

＝24＋24＋0＋270＝318（美元）

全部 10 笔贷款的总投资额为 1 000 美元（100×10），因此 318 美元的净收益意味着 3 年 31.8％的收益率（318÷1 000）或平均每年 10.6％的收益率（31.8％÷3）。

如果佩奇选择的违约概率截止值为 0.50，那么该策略下的总收益等于图表 11-19 中每个象限中的贷款数量乘以图表 11-21 中相应象限的收益：

12×1（象限 A）＋12×0（象限 Y）＋（−70）×1（象限 Z）＋45×8（象限 B）

＝12＋0−70＋360＝302（美元）

如果佩奇选择不开发用于预测违约的决策树模型，并且没有进行任何分析，该怎么办？她可以简单地投资验证样本中的全部 10 笔贷款。在这种情况下，8 笔偿还贷款每笔收益为 45 美元，2 笔违约贷款每笔损失为 70 美元，Sierra 公司的预期收益将是 220 美元（45×8＋（−70）×2），或 3 年期的收益率为 22％（22÷1 000），或每年的收益率为 7.33％（22％÷3）。

基于这些假设，佩奇将向她的经理建议，Sierra 公司应该保守一点，使用违约概率截止值 0.30 来投资贷款。也就是说，只投资预期违约概率小于 0.30 的贷款。这意味着 Sierra 公司将只投资 10 笔贷款中的 6 笔，以避免违约贷款带来的损失。使用决策树模型进行投资贷款决策将 Sierra 公司的盈利能力从 7.33％提高到 10.6％。

案例 B：如果外部投资机会每年仅产生 2％的收益率，或 3 年 6 美元的总收益，那么预期收益如下：

截止值 0.30：6×2（象限 A）＋6×2（象限 Y）＋（−70）×0（象限 Z）＋45×6（象限 B）

＝12＋12＋0＋270＝294（美元）

截止值 0.50：6×1（象限 A）＋6×0（象限 Y）＋（−70）×1（象限 Z）＋45×8（象限 B）

＝6＋0−70＋360＝296（美元）

在这种情况下，外部投资机会的吸引力不足，因此 Sierra 公司愿意采用更加激进的策略（投资违约概率低于 0.50 的贷款）。尽管这意味着也会接受一些假阴性（违约贷款），但 Sierra 公司仍会投资更多还款的 PD 贷款（真阴性）。

根据外部投资机会（案例 A 或案例 B），决策树模型可以帮助 Sierra 公司将收益增加至 300 美元左右，或实现 3 年 30％（300÷1 000）左右的收益率，或实现每年 10％（30％÷3）左右的收益率。佩奇现在可以清晰地看到模型的作用，并渴望与管理者交流她的收获。

11.6.2 第六步：可视化并交流见解

可视化并交流对数据科学模型的见解是管理会计师的一项重要任务，因为这有助于管理者了解使用这些模型的价值和进行权衡。我们已经看到了模型工作过程的可视化方法（例如，使用决策树来解释特征变量的不同值如何将目标变量的不同类别分开）。ROC 曲线和混淆矩阵通过识别假阳性和真阳性（以及相应的假阴性和真阴性）并进行权衡，帮助管理者直观地了解模型的性能。ROC 曲线的视觉形状显示了一个模型能够准确地对感兴趣的目标值（图表 11 - 18 中的违约贷款）进行分类。

交流模型的输出结果可以帮助管理者理解他们面临的选择和必须做出的判断。例如，佩奇应该尝试交流并直观地解释为什么决策树模型有助于产生更高的回报。假设外部投资机会如案例 B 所述。在违约概率截止值为 0.50 的情况下，决策树模型识别出了 2 笔违约贷款中的 1 笔，而没有将任何偿还贷款归类为违约贷款。因此，Sierra 公司将投资 9 笔 PD 贷款，其中 1 笔为违约贷款。如果没有使用该模型，Sierra 公司会投资 10 笔 PD 贷款，其中 2 笔为违约贷款。正确识别 1 笔违约贷款从而不对其进行投资将使 Sierra 公司的回报增加 70 美元，即从 220 美元增加到 290 美元（220＋70）。此外，Sierra 公司通过投资 PD 之外的 1 笔贷款赚取了 6 美元，因此总回报为 296 美元。

如果管理者选择更低的违约概率截止值 0.30 会怎么样？佩奇解释说，在这个截止值下，Sierra 公司将避免投资 2 笔违约贷款，但会将 2 笔偿还贷款错误归类为违约贷款，因此不会投资这些偿还贷款。正确识别 2 笔违约贷款并且不对其投资，会使 Sierra 公司的回报增加 140 美元（70×2）。但不投资其中的 2 笔偿还贷款会使 Sierra 公司的回报减少 90 美元（45×2）。结果是回报增加了 50 美元（140－90），即从 220 美元增加到 270 美元。此外，Sierra 公司还投资了 PD 以外的 4 笔贷款，每笔贷款赚取 6 美元，共赚取 24 美元，导致 0.30 截止值下的总回报为 294 美元（270＋24）。

佩奇还应与管理者沟通模型在什么情况下无法有效增加回报。假设在违约概率截止值内 0.30 时，模型只正确识别了 2 笔违约贷款中的 1 笔（真阳性），但在此过程中也将 2 笔偿还贷款归类为违约贷款（假阳性）。同样，正确识别和不投资违约贷款将使 Sierra 公司的回报增加 70 美元，但现在 Sierra 公司也不会投资 2 笔偿还贷款，导致回报减少 90 美元（45×2）。Sierra 公司会少赚 20 美元。通过投资 3 笔外部贷款，Sierra 公司将获得 18 美元（6×3），但使用该模型后仍会少赚。该模型只有在能够识别真阳性（违约贷款）而不将太多偿还贷款错误归类为违约贷款（假阳性）的情况下才有价值。

小练习 11 - 4

Wyatt 制造公司的管理会计师拉斐尔·阿尔瓦雷斯估计，公司每销售一件优良产品就能赚取 200 美元，每生产一件缺陷产品就会损失 300 美元。拉斐尔认为，如果他能够使用基于工人经验和机器自动化水平的模型来预测缺陷，那么他可以重新调整生产能力，转而生产一种更简单的产品，这种产品可以由技能较低的工人在自动化程度水平较低的机器上成功生产。每生产一单位这种替代产品，公司将赚取 40 美元。

a. 参考小练习 11 - 3 中的验证样本表。为截止值 0.30 和 0.50 构建混淆矩阵。

b. 构建收益矩阵。

c. 拉斐尔应该选择哪一个截止值？简要解释你的答案。

11.6.3　与 PD 合作

在了解了数据科学家使用的工具和方法及其优缺点后，佩奇准备使用完整的 PD 数据集训练一个模型，并构建一个收益矩阵，以量化该模型对 2020 年第一季度 PD 提供的新贷款的预测。佩奇的团队回到第二步"获取并探索相关数据"中描述的 PD 数据集。数据集中有 500 000 笔已发放贷款，其中 100 000 笔为违约贷款（贷款状态＝1），400 000 笔为偿还贷款（贷款状态＝0）。整体违约率为 20%（100 000÷500 000）。

根据第三步"准备数据"，团队清理了数据，消除了任何可能导致目标泄露的特征。然后，将数据集分为训练样本、验证样本和保留样本。保留样本占总数据集的 20%（500 000×0.20＝100 000），训练样本占总数据集的 60%（500 000×0.60＝300 000），验证样本占总数据集的 20%（500 000×0.20＝100 000）。

在第四步"构建模型"中，团队在包含 300 000 笔贷款的样本上训练模型，并在包含 100 000 笔贷款的样本上对模型进行交叉验证。团队选择了在验证样本中使似然值最大化的修剪后的决策树。[①] 然后，团队在保留样本上运行该模型，并获得了类似的似然值。

在第五步"评估模型"中，佩奇和团队考虑了一些重要指标，以了解他们可以在多大程度上依赖该模型对一组新贷款数据进行准确预测。第一个指标是在验证集上计算的模型似然值，该指标的表现非常出色，达到了 0.85。[②] 这意味着该模型将提供相当准确的预测。第二组指标是特征影响。图表 11 - 22 显示了特征影响。特征影响是分配给训练集中每个特征变量的一个值（0~100），该值表明该特征在划分数据以最小化基尼不纯度时的重要程度，也就是一个特征在决策树模型的各个节点进行分割时被使用的频率。使用频率最高的变量（等级）被标准化为 100 的值。在进行分割时，另一个重要的变量是信用评分，其值为 18，表明其在分割中的使用频率是等级的 18%。

图表 11 - 22　PD 的特征影响评分

特征	影响评分
等级	100
信用评分	18
债务收入比	17
年收入	15
贷款金额	11
贷款用途	1
房屋所有权	1

不足为奇的是，PD 为贷款划分的等级是区分违约贷款和偿还贷款的最重要特征。A 级和 B 级贷款中，偿还贷款的数量较多，而 E 级和 F 级贷款中，违约贷款的数量较多。正如佩奇所预期的那样，这表明 PD 在识别违约风险方面做得很好。然而，有趣的是，在决策树模型中，信

[①]　在将完整数据集分为保留集和训练集后，数据科学家通常会将训练集进一步划分为多个大小相等的较小子集，而不是本章所述的 2 个子集。例如，他们可能会将训练集分成 4 部分，这样 1~3 部分可用于训练模型，第 4 部分则用于验证。然后，他们可以重新组合这些子集，如使用第 2~4 部分来训练模型，并将第 1 部分用于验证。通过系统地混合较小的数据切片，他们可以人为地创建一个更大的数据集。当可用数据量太少时，这种方法会有所帮助。

[②]　在保留集上，该指标的表现同样出色。

用评分、债务收入比、年收入和贷款金额也是区分偿还贷款和违约贷款的相关特征（尽管其远不如等级重要）。这意味着，除了等级特征之外，这些变量中存在识别违约贷款的增量信息内容。这些变量可能有助于识别更多的违约贷款（真阳性），而不会将太多偿还贷款错误地归类为违约贷款（假阳性）。如果它们能够做到这一点，Sierra 公司将不会投资预期会违约的贷款，从而获得比投资所有 PD 贷款更高的收益。

佩奇对一些特征与识别违约贷款无关感到惊讶。例如，她曾预计拥有房屋所有权会产生更大的影响；她假设，拥有住房的贷款申请人往往有更稳定的收入、储蓄和生活，这些都是使他们更有可能偿还小额贷款的特征。然而，该模型显示，这个特征没有明显的影响。尽管如此，佩奇还是对该模型用于识别违约贷款的特征感到满意。它们具有直观的意义。她准备评估该模型在违约贷款和偿还贷款分类方面的表现。

佩奇转向分析 ROC 曲线。图表 11－23 显示了 ROC 曲线。它沿着 y 轴向上移动，远离连接原点（0，0）与右上角（1，1）的对角线，这表明模型在区分违约贷款和偿还贷款方面表现很好。曲线的形状表明，该模型将有助于预测违约情况，而不会有太高的假阳性和假阴性的风险。

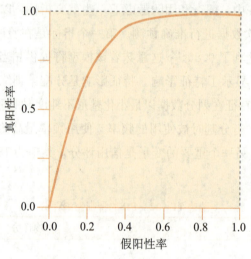

图表 11－23　针对 PD 的 ROC 曲线

佩奇使用不同的违约概率截止值探索了几种混淆矩阵。图表 11－24 垂直展示了混淆矩阵的内容，以便比较 100 000 笔贷款验证样本在 6 个选定的违约概率截止值下的预测分布。Sierra 公司计划向 100 000 笔贷款中的每笔贷款投资 100 美元；如果 Sierra 公司没有投资 PD 贷款，则将把指定用于该笔贷款的 100 美元用于其他投资。回想一下，佩奇会拒绝所有超过违约概率截止值的贷款（分类为阳性，违约预测概率高），并接受所有低于违约概率截止值的贷款（分类为阴性，违约预测概率低）。例如，在 0.35 的截止值下，Sierra 公司拒绝了所有违约预测概率大于 0.35 的贷款，其中 3 942 笔为真阳性和 5 072 笔为假阳性，总计 9 014 笔贷款，并投资了所有违约预测概率低于 0.35 的贷款，其中 76 959 笔为真阴性，14 027 笔为假阴性，总计90 986笔贷款。

与简单的例子一致，较高的违约概率截止值意味着 Sierra 公司会拒绝的贷款更少，接受的贷款更多。因此，随着违约概率截止值的增大，Sierra 公司拒绝的违约贷款（真阳性）会减少，同时被错误归类为违约贷款的偿还贷款（假阳性）也会减少。在更高的违约概率截止值下，Sierra 公司接受的偿还贷款（真阴性）更多，但被错误分类为偿还贷款的违约贷款

	A	B	C	D	E	F	G
1	混淆矩阵每个象限的贷款数量						
2	模型分类	0.20	0.25	0.30	0.35	0.37	0.40
3	真阳性	10 840	8 082	5 590	3 942	3 183	2 369
4	真阴性	57 702	67 035	73 586	76 959	78 201	79 392
5	假阳性	24 328	14 994	8 444	5 072	3 828	2 637
6	假阴性	7 130	9 889	12 380	14 027	14 788	15 602
7	贷款总数	100 000	100 000	100 000	100 000	100 000	100 000
8	投资额	$10 000 000	$10 000 000	$10 000 000	$10 000 000	$10 000 000	$10 000 000

图表 11-24　PD 验证样本中的贷款分类

（假阴性）也更多。

　　佩奇使用其收益矩阵中的值来确定哪个违约概率截止值是最有利可图的投资。回想一下，佩奇为每个真阴性（偿还贷款）分配了 45 美元，为每个假阴性（违约贷款）分配了 -70 美元。她对替代投资机会使用了两个值，即 3 年 6 美元和 3 年 12 美元，以模拟较保守和较不保守的收益方案。图表 11-25 展示了这两种收益方案，以及 10 000 000 美元投资的累计回报率和年投资回报率（ROI）。以 0.35 违约概率截止值和 3 年 6 美元的替代投资收益为例进行说明。

	A	B	C	D	E	F	G	H
1	其他投资收益（3年）：$6							
2	模型分类	收益	0.20	0.25	0.30	0.35	0.37	0.40
3	真阳性	$ 6.00	$ 65 040	$ 48 492	$ 33 540	$ 23 652	$ 19 098	$ 14 214
4	真阴性	$ 45.00	$ 2 596 590	$ 3 016 575	$ 3 311 370	$ 3 463 155	$ 3 519 045	$ 3 572 640
5	假阳性	$ 6.00	$ 145 968	$ 89 964	$ 50 664	$ 30 432	$ 22 968	$ 15 822
6	假阴性	$(70.00)	$ (499 100)	$ (692 230)	$ (866 600)	$ (981 890)	$ (1 035 160)	$ (1 092 140)
7	合计		$2 308 498.00	$2 462 801.00	$2 528 974.00	$2 535 349.00	$2 525 951.00	$2 510 536.00
8	ROI（3 年）		23.08%	24.63%	25.29%	25.35%	25.26%	25.11%
9	ROI（1年）		7.69%	8.21%	8.43%	8.45%	8.42%	8.37%
10								
11	其他投资收益（3年）：$12							
12	模型分类	收益	0.20	0.25	0.30	0.35	0.37	0.40
13	真阳性	$ 12.00	$ 130 080	$ 96 984	$ 67 080	$47 304	$ 38 196	$ 28 428
14	真阴性	$ 45.00	$2 596 590	$ 3 016 575	$ 3 311 370	$ 3 463 155	$ 3 519 045	$ 3 572 640
15	假阳性	$ 12.00	$ 291 936	$ 179 928	$ 101 328	$60 864	$ 45 936	$ 31 644
16	假阴性	$(70.00)	$ (499 100)	$ (692 230)	$ (866 600)	$ (981 890)	$ (1 035 160)	$ (1 092 140)
17	合计		$2 519 506	$ 2 601 257	$ 2 613 178	$ 2 589 433	$ 2 568 017	$ 2 540 572
18	ROI（3 年）		25.20%	26.01%	26.13%	25.89%	25.68%	25.41%
19	ROI（1 年）		8.40%	8.67%	8.71%	8.63%	8.56%	8.47%

图表 11-25　针对 PD 的两种收益方案

　　Sierra 公司在 76 959 笔真阴性贷款上赚取了 3 463 155 美元（76 959×45），在 14 027 笔假阴性贷款上损失了 981 890 美元（14 027×（-70））。Sierra 公司没有投资被归类为真阳性的 3 942 笔贷款，而是将可用资金 394 200 美元（3 942×100）投资于安全债券，以在 3 年内赚取 6%的收益，即 23 652 美元（6%×394 200）。Sierra 公司也没有投资被归类为假阳性的 5 072 笔贷款，而是将 507 200 美元投资于安全债券，以赚取 30 432 美元（6%×507 200）的收益。0.35 违约概率截止值带来了最高的投资回报率，即 3 年 25.35%（2 535 349÷10 000 000），或每年 8.45%（25.35%÷3）。[1]

---

　　[1]　根据 Sierra 公司在每个截止值下继续投资不同类别贷款（A，B，C，D，E 和 F）的数量，可以进一步改善收益。例如，如果在 0.35 的截止值下，Sierra 公司较少投资有较高利率的 E 级和 F 级贷款，那么真阳性的平均回报率将低于 15%（这是验证样本中全部 100 000 笔贷款的平均利率）。同样，如果 A 类、B 类、C 类和 D 类贷款在违约前的偿还期更长（比如 25 个月），那么假阴性造成的损失将小于 70 美元，这是基于验证样本中全部六类贷款的偿还模式得出的平均损失。这些都是管理会计师可用于增加收益的额外方式。

从技术角度来看，佩奇对分析结果感到满意。在 6 美元的替代收益方案中，最佳违约概率截止值 0.35 带来的年收益率为 8.45%，比 Sierra 公司投资全部 100 000 笔 PD 贷款获得的收益率高约 1%。其中，20% 的贷款会违约，80% 的贷款会偿还，收益为 2 200 000 美元（20 000×（−70）＋80 000×45）。10 000 000 美元投资 3 年的收益率为 22%（2 200 000÷10 000 000）或每年收益率为 7.33%（22%÷3）。数据科学让她能够代表客户进行更好的投资，以增加他们的回报和增加公司的利润。

11.7 使用数据科学模型

管理会计师与管理者合作，将数据科学模型应用于制定决策。在此过程中，他们根据模型输入评估哪些要素需要修改，以及如何最好地平衡定量和定性评估。我们以 Sierra 公司为例来描述这些一般性见解。

第七步：部署模型

当管理者准备运行模型时，管理会计师必须着重说明关键模型输入和重要判断领域。这些通常与数据和截止值有关。

数据

数据问题可能很棘手，并需要判断。数据是否满足预期用途？数据的准确性如何？过去的数据在预测未来方面的代表性如何？过去的情况与未来可能遇到的情况有何不同？佩奇通过她对数据科学模型以及偏差-方差权衡的理解，知道这些模型足够强大，可以处理不完整的数据。但如果她判断数据很可疑，那么数据科学家也无法解决这个问题。

例如，佩奇相信 PD 正在提供相关且准确的数据。这是因为创建和维护相关且适当数据的完整性是 PD 对贷款人-投资者的主要价值主张之一。这是 PD 非常重视的一个问题。然而，PD 核实所有贷款人信息的成本非常高。佩奇会审查个人申请者为获得贷款而提供给 PD 的数据，并使用定性判断来评估这些数据是否足够准确，以便在模型中使用。

佩奇还意识到，该模型反映了截至特定时刻的 PD 的贷款活动的数据。这些是她用来构建预测未来的模型的数据。只有当历史数据具有代表性时，该模型才能发挥作用。市场环境一直在变化。佩奇将不得不使用定性判断来评估该模型在 2 年后是否仍然有用，或者她是否需要从 PD 处获得更新的数据来训练新模型。这些都是她必须做出的重要判断。她回想起 2008 年 10 月开始的经济衰退。华尔街最复杂的模型都未能预测出这场灾难性的股市崩盘，以及由一系列前所未有的特定条件和动态组合导致的经济衰退。佩奇会让管理者意识到这些问题。但根据她自己的判断，她得出的结论是，这些数据是丰富的、准确的、具有代表性的，足以用来预测未来的违约贷款。

截止值

截止值的选择在很大程度上取决于收益矩阵，因此对收益进行良好估计很重要。管理会计师最了解不同决策的经济后果，以及他们对不同收益值的把握程度。在存在不确定性的情况下，管理会计师将评估不同收益对截止值决策的敏感性。

佩奇非常了解不同投资策略对 PD 投资决策的影响。她对贷款偿还后的收益相当有信心，因为这些都是合同规定的金额，而且如果 Sierra 公司不投资 PD 贷款，然而她对其他投资的收益也相当有信心。然而，她不太确定应该分配给假阴性的值。她把 100 美元贷款的损失从 60 美元调整为 80 美元。虽然截止值发生了变化，但如图表 11-25 所示，整体收益相差不大，且远高于投资全部 500 000 笔 PD 贷款的收益。她计划与管理者分享这些分析结果，以支持她提出的使用该模型投资 PD 贷款的建议。

　　数据科学的进步为组织创造了许多令人兴奋的机会。尽管算法各不相同，但数据科学的基本方法遵循本章描述的方法——避免过度拟合、偏差-方差权衡、识别假阳性和假阴性、评估模型以及衡量经济影响。管理会计师对决策的经济后果有着深刻的见解。通过了解和使用数据科学家使用的统计和计算机科学工具，管理会计师可以构建创造价值的模型。

📊 自测题

　　现在是 6 月，零售连锁店 PriceTrimmer 的管理者想在学生返校期间增加收入。他计划在 8 月初确定那些孩子将在 9 月首次入学的家庭。他向管理会计师和数据科学团队提出的问题是，如何识别和锁定那些需要购买学习用品的家庭。

　　PriceTrimmer 的数据科学团队从客户数据库中提取了 10 000 个家庭上一年的数据，并训练了一个新模型。该团队将样本划分为三个子样本：一个包含 6 000 个观测值的训练样本，一个包含 2 000 个观测值的验证样本和一个包含 2 000 个观测值的保留样本。在每个子样本中有首次入学的孩子的家庭比率均为 18%。

　　1. 这是 PriceTrimmer 要解决的一个有趣的问题吗？为什么？

　　2. 哪些数据可以帮助解决这个问题？

　　3. 完成下面验证样本的混淆矩阵。

A. 混淆矩阵（截止值为 0.5）

		预测结果		合计
		有首次入学的孩子	无首次入学的孩子	
实际结果	有首次入学的孩子	（真阳性） 100	（假阴性） ?	360
	无首次入学的孩子	（假阳性） ?	（真阴性） 1 440	1 640
	合计	300	1 700	2 000

B. 混淆矩阵（截止值为 0.3）

		预测结果		合计
		有首次入学的孩子	无首次入学的孩子	
实际结果	有首次入学的孩子	（真阳性） ?	（假阴性） ?	360
	无首次入学的孩子	（假阳性） 900	（真阴性） ?	1 640
	合计	1 210	?	2 000

　　4. 你作为管理会计师已经确定了以下信息。在不做任何推广活动的情况下，PriceTrimmer 将从每个有首次入学的孩子的家庭平均赚取 20 美元。如果 PriceTrimmer 决定推广该计划，它将向被

预测有首次入学的孩子的家庭发送邮件和促销信息，费用为每个孩子 10 美元。如果该家庭无首次入学的孩子，则这笔费用将不会带来任何回报。然而，如果这个家庭有首次入学的孩子，PriceTrimmer 将赚取 50 美元（扣除促销费用后）而不是 20 美元。针对这种情况构建一个收益矩阵。

5. 你会选择哪一个首次入学的孩子的截止概率：0.3 还是 0.5？简要评论一下结果。

解答：

1. 这是 PriceTrimmer 要解决的一个有趣的问题，因为有首次入学的孩子的家庭比孩子已经入学且有许多必要用品的家庭更有可能购买更多的学习用品。有首次入学的孩子的家庭正在寻找一家能够帮助他们提供现在和以后所需的一切学习用品的商店。如果 PriceTrimmer 能够准确地识别这些家庭及其需求，并在这些家庭寻找这些物资时向它们推销产品，那么这就是一个增加收入的好机会。

2. PriceTrimmer 可能已经掌握了持有会员卡的家庭的数据。一些会员计划要求提供所有家庭成员的数据。对于那些没有提供这种明确数据的家庭，PriceTrimmer 可能会根据其过去的购买行为来进行识别。例如，当孩子从 1 岁长到 2 岁，再到上幼儿园并需要背包、铅笔盒等时，一个家庭为孩子购买的物品可能会有一系列的变化。如果 PriceTrimmer 能够识别老客户的这种模式，它就可以建立一个模型来预测那些未来会有类似行为的家庭。

3. 有首次入学的孩子的家庭的比例是 18%，所以在验证集中这个目标特征的实例数是 360（2 000×0.18）。

A. 混淆矩阵（截止值为 0.5）

		预测结果		合计
		有首次入学的孩子	无首次入学的孩子	
实际结果	有首次入学的孩子	（真阳性）100	（假阴性）260	360
	无首次入学的孩子	（假阳性）200	（真阴性）1 440	1 640
	合计	300	1 700	2 000

B. 混淆矩阵（截止值为 0.3）

		预测结果		合计
		有首次入学的孩子	无首次入学的孩子	
实际结果	有首次入学的孩子	（真阳性）310	（假阴性）50	360
	无首次入学的孩子	（假阳性）900	（真阴性）740	1 640
	合计	1 210	790	2 000

4. 收益矩阵如下：

收益矩阵

		预测结果	
		有首次入学的孩子	无首次入学的孩子
实际结果	有首次入学的孩子	（真阳性）50 美元	（假阴性）20 美元
	无首次入学的孩子	（假阳性）−10 美元	（真阴性）0 美元

预测有首次入学的孩子：

● 真阳性（TP）：这些家庭是 PriceTrimmer 正确预测的有首次入学的孩子的家庭（真阳性）。商店向它们发送促销信息，认为它们可能会购买许多学习用品，平均收益为 50 美元。

● 假阳性（FP）：这些家庭是 PriceTrimmer 预测的首次有孩子入学的家庭，但实际上并没有。这−10 美元代表向这些客户进行宣传的营销成本，但没有带来任何收益。

预测无首次入学的孩子：

● 真阴性（TN）：这些家庭是模型正确预测的无首次入学的孩子的家庭。PriceTrimmer 不将它们作为推广目标，它们产生 0 美元的增量现金，因为这些客户不需要首次入学的学习用品。

● 假阴性者（FN）：这些家庭是 PriceTrimmer 预测的无首次入学的孩子的家庭，但实际上他们有。这 20 美元代表这些家庭在没有任何定向促销的情况下在 PriceTrimmer 购买东西，从而为 PriceTrimmer 带来的收益。这比 PriceTrimmer 正确预测的有首次入学的孩子的家庭带来的收益少得多，因为它们没有收到促销信息而在竞争对手的商店购买了一些其他商品。

5. 为了计算模型在首次入学的孩子的某一特定截止概率下的收益，可将收益矩阵与混淆矩阵相乘，并将每个象限的乘积加在一起。

当截止值为 0.3 时：

$$收益=50\times310+20\times50+(-10)\times900+0\times740$$
$$=15\,500+1\,000-9\,000+0=7\,500（美元）$$

当截止值为 0.5 时：

$$收益=50\times100+20\times260+(-10)\times200+0\times1\,440$$
$$=5\,000+5\,200-2\,000+0=8\,200（美元）$$

管理会计师将选择截止值 0.5，因为此时的收益为 8 200 美元，高于截止值为 0.3 时的收益（7 500 美元）。

关键的一点是，通过将首次入学的孩子的截止概率降低到 0.3，PriceTrimmer 可以向更多的客户推销其产品，即从 300 个家庭增到 1 210 个家庭。其中，310 个是真正的有首次入学的孩子家庭，其比 PriceTrimmer 通过设置首次入学的孩子的截止概率为 0.5 而产生的 100 个增加了 210 个。这 210 个家庭使 PriceTrimmer 的现金流增加了 6 300 美元（210×（50−20）），但假阳性家庭也增加了 700 个，即从 200 个增加到 900 个，导致无收益的额外营销费用增加了 7 000 美元。净效应是现金流减少 700 美元（7 000−6 300）。只有在营销和推广的成本显著更低，或者目标定位带来的收益显著更高的情况下，降低首次入学的孩子的截止概率才是更优的选择。

决策要点

下面的问答形式是对本章学习目标的总结，"决策"代表与学习目标相关的关键问题，"指南"则是对该问题的回答。

决策	指南
1. 管理会计师如何与数据科学家合作创造价值？	管理会计师可以在商业环境中应用机器学习技术的七步决策过程的每一步做出贡献：（1）获得对问题的业务理解；（2）获取并探索相关数据；（3）准备数据；（4）构建模型，（5）评估模型；（6）可视化并交流见解；（7）部署模型。

续表

决策	指南
2. 解决所提出的问题能否创造价值，相关数据是否可用？	管理会计师必须与数据科学家合作，判断解决这个问题能否创造价值。管理会计师必须避免目标泄露，并确保数据是客观的、正确测量的，并与预测目标特征相关。
3. 决策树模型有哪些优缺点？	决策树是一种算法预测建模技术，它按照特征对数据进行细分，以降低基尼不纯度，从而使每个分区更加纯净（即某个类别的成员多于其他类别）。它的优点是非常灵活，可以适应它所训练的数据集。它的缺点是会适应噪声，而不仅仅是信号，因此在一个全新的数据集上表现不佳。
4. 什么是修剪，为什么它是有用的？	修剪是一种技术，通过这种技术，树不会长到最大，而是只允许其长到一定的深度。修剪的好处是，它有助于避免过度拟合，因为当一个模型过于紧贴数据集的具体细节时，除了捕捉信号之外，它还会捕捉到随机因素的噪声。
5. 管理者如何在不同的数据科学模型中进行选择？	管理者要求数据科学家对模型进行交叉验证，方法是在一组新数据上比较不同模型的预测结果，而这些数据的实际结果（如违约或偿还）是已知的。管理者根据正确预测的总体数量或较高的整体似然值来选择预测最准确的模型。所选的模型能最好地进行偏差-方差权衡。就决策树而言，树的深度越大，模型的偏差越小，方差越大。数据科学家还验证了用于选择模型的验证样本的整体似然值是否与全新的、尚未被（模型）看到的保留样本的整体似然值相近。
6. 管理会计师如何帮助管理者评估数据科学模型？	管理会计师在评估数据科学模型时会帮助管理者回答如下问题：（1）似然值是否足够大？（2）混淆矩阵和 ROC 曲线对决策是否有用？（3）模型和特征变量是否有经济意义？（4）该模型是否反映了基本现实？（5）对指导决策的收益矩阵是否有信心？为了帮助管理者评估模型，管理会计师将模型的见解可视化并进行交流。
7. 管理会计师如何帮助管理者操作数据科学模型？	管理会计师帮助管理者了解运行模型需要监测和评估的关键输入。他们将定量和定性的判断结合起来，说明应该如何使用数据和模型来得出结论。

习 题

11-22 基尼不纯度。劳里·雷希（Laurie Rech）是 Donnelly 银行的一名管理会计师，该银行最近遭受了重大的贷款损失。雷希和她的团队担心他们没有完全了解贷款的风险状况，所以他们希望借助一些方法来识别可能会违约的贷款。一位团队成员建议开发一棵决策树，这样就可以快速、方便地将贷款分为"可能违约"或"可能偿还"。

在绘制和检查了一个包含 7 笔贷款（3 笔违约贷款和 4 笔偿还贷款）的样本后，雷希和她的团队注意到有两种不同的分割方法，它们都只导致了一个错误的观察结果：信用评分为 650 分和年收入为 70 000 美元。在此基础上，他们得出结论，这两种中的任何一种都可以作为决策树的第一个节点。

要求：

1. 雷希和她的团队认为这两种分割方式是等价的，这种说法正确吗？你会选择哪一个作为决策树的第一个节点？

2. 为什么雷希在做决策时会关注基尼不纯度？

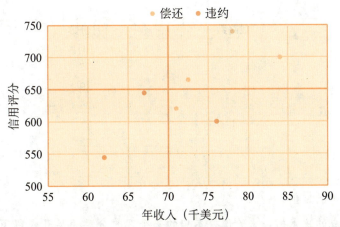

11-24 决策树。TelMark 移动服务公司为美国数百万客户提供移动电话服务。随着老客户的离开和新客户的加入，TelMark 的客户群在不断变化。这就是所谓的客户流失率，对公司来说，这是一个非常重要的动态变化指标，必须对其进行有效管理，因为它对利润有重大影响。最近，客户流失率上升，所以 TelMark 的管理者启动了一项计划，向可能放弃接受服务的客户提供有针对性的促销活动。他们希望开发一个机器学习模型来帮助识别这些客户。管理会计师西尔维亚·雷斯特勒（Sylvia Restler）被指派与数据科学团队一起从事该项目。

西尔维亚与客户服务团队的一些成员进行了交谈，以更好地了解客户离开的原因。团队成员告诉她，有两个变量与客户流失高度相关：客户家庭计划的电话线路数，以及客户与公司合作的月份数。根据他们的数据，已经与公司合作很长时间的客户倾向于留下来，家庭计划中拥有很多电话线路的客户也是如此。西尔维亚要求数据科学团队使用这两个变量来创建一个决策树。

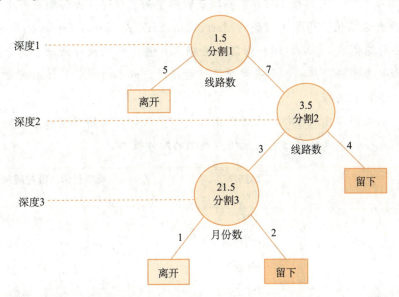

该团队使用以下数据作为验证集：

观测值序号	线路数	月份数	实际结果
(1)	(2)	(3)	(4)
1	2	13	离开
2	2	23	留下
3	1	20	留下
4	4	21	留下

续表

观测值序号	线路数	月份数	实际结果
(1)	(2)	(3)	(4)
5	3	27	留下
6	3	19	离开
7	5	25	留下
8	1	21	留下
9	3	23	留下

要求：

1. 写出该决策树的规则。

2. 使用完全长成的决策树，将验证样本中的每个客户分类为离开或留下。计算出正确分类的客户比例，如图表 11-13 的第（5）列所示。

11-25 决策树和修剪（续习题 11-24）。假设 TelMark 的信息与习题 11-24 中的相同。数据科学团队的一名成员指出，决策树经常出现过度拟合的问题。为了避免这个问题，他建议在深度为 3 时对树进行修剪，即不进行第三次分割。

要求：

1. 使用修剪后的决策树，将验证样本中的每个客户分类为离开或留下（如果离开的概率大于 0.5，则将客户分类为离开）。计算正确分类的客户比例，如图表 11-13 的第（6）列所示。

2. 根据你对本题要求 1 和习题 11-24 要求 2 的回答，西尔维亚应该用哪棵树来识别可能离开的客户？

3. 作为管理会计师，西尔维亚可以根据决策树模型向管理者提出哪些业务建议？

11-26 最大似然值。马戈·朗登（Margo London）是 Norse Credit 公司的管理会计师。Norse Credit 公司花费了大量的时间和资源来检测客户账户中的欺诈活动。对于大多数客户来说，这是一个低概率事件。然而，如果发生了这种情况，而 Norse Credit 公司却没有发现，那么这将给公司造成很大的损失。

朗登正在与数据科学团队合作，改进预测客户账户欺诈活动的模型。下表列出了模型验证样本中的 6 个观测值，以及修剪后的决策树所预测的欺诈概率。

观测值序号	实际结果（y）	修剪后的决策树所预测的欺诈概率（p）
(1)	(2)	(3)
1	1（欺诈）	0.45
2	0（守法）	0.30
3	0（守法）	0.01
4	0（守法）	0.99
5	0（守法）	0.70
6	0（守法）	0.01

要求：

1. 使用公式 $L = p^y(1-p)^{1-y}$（注意 $x^1 = x$ 和 $x^0 = 1$）计算验证集中每个观测值的似然值，如图表 11-14 的第（8）列所示。

2. 通过将每个观测值的似然值相乘，计算这组预测的整体似然值。

3. 作为管理会计师，你会使用这个模型进行决策吗？请解释。

4. 在进一步熟悉数据之后，朗登的团队又构建了第二个模型。下表列出了该模型验证样本中的 6 个观测值，以及修剪后的决策树所预测的欺诈概率。这个模型与之前的模型相比如何？朗登应该对新模型的准确性感到满意吗？请解释。

观测值序号	实际结果 （y）	修剪后的决策树所预测的欺诈概率 （p）
(1)	(2)	(3)
1	1（欺诈）	0.99
2	0（守法）	0.20
3	0（守法）	0.33
4	0（守法）	0.01
5	0（守法）	0.01
6	0（守法）	0.01

11-28 混淆矩阵，收益矩阵，选择截止值。Sun TV 销售电视机，但不销售智能电视机，所以客户如果想购买智能电视机，就不会来 Sun TV。Sun TV 想开始销售智能电视机，并且只向投放广告的客户销售智能电视机。管理者团队利用客户信息（收入水平、以前的购买记录）来决定他们的目标客户。

该团队需要确定在预测客户对智能电视机的兴趣时必须有多大的把握。如果过于谨慎，他们将选择一个非常高的截止概率，并只向团队认为非常有可能在市场上购买智能电视机的客户进行推销。这可能导致公司错失许多客户。如果过于激进，选择一个较低的截止概率，他们可能会识别出更多有意购买智能电视机的个人，但最终也会将营销费用浪费在没有兴趣购买智能电视机的客户身上。

为了选择截止概率，该团队在由 100 个智能电视机购买者和 900 个非购买者组成的 1 000 个家庭验证样本上，针对两个截止概率构建了以下混淆矩阵。

混淆矩阵（截止值为 0.70）

		预测结果		合计
		购买者	非购买者	
实际结果	购买者	20		100
	非购买者			900
合计		120		1 000

混淆矩阵（截止值为 0.30）

		预测结果		合计
		购买者	非购买者	
实际结果	购买者	90		100
	非购买者			900
合计		750		1 000

要求：

1. 按照图表 11-19 和 11-20 中所示的方式，完成验证集的混淆矩阵。

2. 公司的一个管理会计师团队估计了他们的行动所带来的回报。对于每个目标客户，公司将花费 20 美元进行营销。对于卖出的每台智能电视机，在考虑了花在该客户身上的 20 美元后，公司的利润为 200 美元。构建如图表 11-21 所示的收益矩阵，并确定公司应该使用哪个截止值。

3. 在建立这样的模型之前，公司还应该考虑其他因素吗？

第 **12** 章

决策制定与相关信息

学习目标

1. 使用五步决策制定程序

2. 区分决策中的相关信息与不相关信息

3. 解释机会成本的概念及其在自制或外购决策制定中的作用

4. 了解在生产能力约束下如何做出产品选择决策

5. 解释如何管理瓶颈

6. 说明在增加或减少客户和经营分部时应考虑的因素

7. 解释设备账面价值与管理者制定设备更新决策不相关的原因

8. 解释管理者使用的决策模型与高层管理者用于评价管理者的业绩评价模型是如何产生冲突的

今天你做了多少决策?

也许你做了一个重大决策,如投资共同基金;也许你做了一个简单决策,如购买了一台咖啡机,或选择一家餐厅吃晚饭。无论何种决策,决策程序通常都包括评价每种选择的成本和收益。对于涉及成本的决策,有些成本是不相关的。例如,一旦你购买了咖啡机,在计算每次在家煮咖啡与在星巴克买咖啡相比能节省多少钱时,咖啡机的成本就是不相关的。因为咖啡机的成本是过去发生的,而且你不能收回。本章将解释哪些成本和收益是相关的,哪些是不相关的,以及在不同方案之间进行选择时,应该如何考虑它们。

对于百老汇制作人来说，增加一位观众观看像《汉密尔顿》这样的演出所需的增量成本非常小。大部分成本（演员费、演出布景费、剧院租金、宣传和营销费）都是在演出前几周甚至几个月就已确定。《汉密尔顿》的一张门票售价为 200 美元。但因为增量成本如此小，该剧的制作人是否应该以远低于这个金额的价格出售门票来填补空座位？

如果需求旺盛且演出门票售罄，制作人就不会以低于 200 美元的价格出售门票，因为有观众愿意支付全价观看演出。但如果在演出前一天，演出场地没有满座，制作人可能愿意大幅降低票价，以吸引更多观众，减少空置座位，从而赚取更多利润。

这时，TKTS 就派上了用场。这个位于时代广场的知名折扣售票亭出售百老汇音乐剧、话剧、舞蹈演出的当日门票，最高售价为原价的 50%。观众可以在 TKTS 移动应用程序上浏览实时演出信息，查看是否有票。

资料来源：Musical Workshop, "Production Costs and ROI of Theatrical Shows-From Broadway to West End" (http://www.musicalworkshop.org/workshop/production-costs-and-roi-of-theatrical-shows-from-broadway-to-west-end/), accessed June 2019; Theatre Development Fund, "TKTS Ticket Booths" (https://www.tdf.org/nyc/7/TKTS-Overview), accessed June 2019.

正如百老汇的制作人一样，世界各地企业的管理者也会利用他们对成本的深刻理解来制定决策。摩根大通的管理者在决定是否向客户提供新服务之前，会收集有关金融市场、消费者偏好、经济趋势和成本的信息。梅西百货的管理者在为零售店的商品定价时，会获取有关客户需求和产品购买成本的信息。而保时捷公司的管理者在决定究竟是生产组装配件还是从供应商那里购买时，也会收集成本信息。做出决策也许并不容易，但正如彼得·德鲁克（Peter Drucker）所说："每一个成功的企业，都曾做出过勇敢的决策。"

12.1　信息与决策过程

管理人员通常用决策模型在各种活动中进行选择。**决策模型**（decision model）是做出选择的一种正式方法，通常涉及定性和定量分析。管理会计师要分析并提供相关数据以帮助管理人员制定决策。

以高尔夫球杆制造商精密运动用品公司（Precision Sporting Goods）为例，该公司管理者面临一个战略决策问题：应该重组还是不重组生产作业以降低生产成本？

生产作业重组可以去掉所有的人工处理材料工序。现有生产线有 15 人操作机器，5 人处理材料。这 5 个材料处理工人签订的合同允许无额外补偿地解雇他们。每个工人的年工作量为 2 000 小时。预计重组费（主要是新设备租赁费）为每年 90 000 美元。重组不影响 25 000 单位产品的产量、250 美元的单位售价、50 美元的单位直接材料成本、750 000 美元的制造费用、2 000 000 美元的营销费用。

管理者采用图表 12-1 所示的五步决策制定程序做出重组还是不重组的决策，该程序在第 1 章中介绍过。研究图表 12-1 中各步骤的顺序。请注意，管理者不考虑不受决策影响的产量、售价和成本信息。步骤 5 中的评价业绩能够为前几个步骤提供反馈。这一反馈可能会影响对未来的预期、预测方法、选择方法或决策的实施。

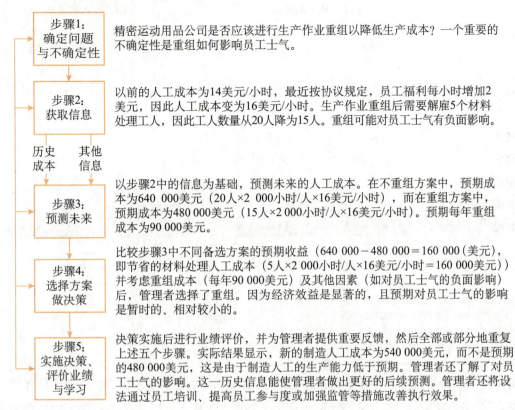

| 步骤1：
确定问题
与不确定性 | 精密运动用品公司是否应该进行生产作业重组以降低生产成本？一个重要的不确定性是重组如何影响员工士气。 |

| 步骤2：
获取信息 | 以前的人工成本为14美元/小时，最近按协议规定，员工福利每小时增加2美元，因此人工成本变为16美元/小时。生产作业重组后需要解雇5个材料处理工人，因此工人数量从20人降为15人。重组可能对员工士气有负面影响。 |

历史　　其他
成本　　信息

| 步骤3：
预测未来 | 以步骤2中的信息为基础，预测未来的人工成本。在不重组方案中，预期成本为640 000美元（20人×2 000小时/人×16美元/小时），而在重组方案中，预期成本为480 000美元（15人×2 000小时/人×16美元/小时）。预期每年重组成本为90 000美元。 |

| 步骤4：
选择方案
做决策 | 比较步骤3中不同备选方案的预期收益（640 000−480 000＝160 000（美元），即节省的材料处理人工成本（5人×2 000小时/人×16美元/小时＝160 000美元））并考虑重组成本（每年90 000美元）及其他因素（如对员工士气的负面影响）后，管理者选择了重组。因为经济效益是显著的，且预期对员工士气的影响是暂时的、相对较小的。 |

| 步骤5：
实施决策、
评价业绩
与学习 | 决策实施后进行业绩评价，并为管理者提供重要反馈，然后全部或部分地重复上述五个步骤。实际结果显示，新的制造人工成本为540 000美元，而不是预期的480 000美元，这是由于制造人工的生产能力低于预期。管理者还了解了对员工士气的影响。这一历史信息能使管理者做出更好的后续预测。管理者还将设法通过员工培训、提高员工参与度或加强监管等措施改善执行效果。 |

图表 12-1　精密运动用品公司的五步决策制定程序

12.2　相关概念

本章的介绍重点为图表 12-1 中的步骤 4 及选择方案时的相关成本与相关收入。

12.2.1　相关成本与相关收入

相关成本（relevant costs）是预期的未来成本，**相关收入**（relevant revenues）是预期的未来收入，不同的方案有不同的相关收入和相关成本。不相关的成本和收入称为无关的成本和收入。相关成本与相关收入必须：

● 在未来发生——每个决策都涉及管理者以预期未来结果为基础的方案选择；

● 因方案的不同而不同——未来的成本和收入如果没有差异，就不重要，也就与决策无关。

问题始终是：特定方案会导致何种差异？

精密运动用品公司在重组和不重组两种方案之间做出选择所依据的财务数据如图表 12-2 所示。管理者可以用两种方法分析数据：考虑全部收入和成本或只考虑相关收入和成本。

图表 12-2　确定精密运动用品公司的相关收入和成本

	全部收入和成本		相关收入和成本	
	方案1： 不重组	方案2： 重组	方案1： 不重组	方案2： 重组
收入[a]	$6 250 000	$6 250 000	—	—

续表

	全部收入和成本		相关收入和成本	
	方案 1： 不重组	方案 2： 重组	方案 1： 不重组	方案 2： 重组
成本				
直接材料成本[b]	$1 250 000	$1 250 000	—	—
制造人工成本	$ 640 000[c]	$ 480 000[d]	$ 640 000[c]	$ 480 000[d]
制造费用	$ 750 000	$ 750 000	—	—
营销费用	$2 000 000	$2 000 000	—	—
重组成本	—	$ 90 000	—	$ 90 000
总成本	$4 640 000	$4 570 000	$ 640 000	$ 570 000
营业利润	$1 610 000	$1 680 000	$(640 000)	$(570 000)
	差异 $70 000		差异 $70 000	

a. 25 000 单位 × $250/单位 = $6 250 000；

b. 25 000 单位 × $50/单位 = $1 250 000；

c. 20 人 × 2 000 小时/人 × $16/小时 = $640 000；

d. 15 人 × 2 000 小时/人 × $16/小时 = $480 000。

前两列描述的是第一种方法并展示了全部数据，后两列描述的是第二种方法且只有相关成本数据：640 000 美元及 480 000 美元的预期未来制造人工成本，以及 90 000 美元的预期未来重组成本。两种方案的这些成本都不同。管理者可以忽略收入、直接材料成本、制造费用及营销费用，因为无论精密运动用品公司是否重组，它们都不变。这些成本在两种方案之间无差异，是不相关的成本。

值得注意的是，图表 12-2 中没有过去（历史）14 美元/小时的制造人工成本和 560 000 美元（20×2 000×14）的总制造人工成本。尽管在预测 640 000 美元和 480 000 美元的预期未来制造人工成本时可能要用到这两个数据，但历史成本本身是过去的成本，与决策制定无关。过去的成本也被称为**沉没成本**（sunk costs），因为无论采取什么措施它们都不可避免，而且无法改变。

图表 12-2 中的数据表明，生产作业重组将使每年的预期营业利润增加 70 000 美元。值得注意的是，公司管理者在分析中不论是用全部数据还是相关数据，都能得到同样的结论。通过将分析限定于相关数据，管理者能够清除潜在的令人迷惑的不相关数据。当无法取得编制详尽的利润表所需的全部信息时，只考虑相关数据尤其有用。了解哪些成本是相关的，哪些是不相关的，有助于决策制定者只关注获取相关数据。

12.2.2 定性和定量的相关信息

管理者将决策结果分为定量和定性两大类。**定量因素**（quantitative factors）是指可用数字计量的结果。有些定量因素是财务性的，能表现为货币形式，比如，直接材料成本、直接制造人工成本和营销费用。其他定量因素是非财务性的，它们能用数字计量，但很难表现为货币形式，例如微软等公司新产品研发时间的减少和捷蓝航空等公司的航班准点率等。**定性因素**

（qualitative factors）是指很难用数字准确计量的结果，如员工士气等。

相关成本分析通常强调可以用财务数据表示的定量因素。虽然非财务的定量因素和定性因素很难用财务数据表示，但是它们对管理者来说很重要。在精密运动用品公司的例子中，管理者在选择重组方案前，会再三考虑解雇材料处理工人对员工士气的负面影响，这就是一个定性因素。考虑和权衡非财务和财务因素对管理者来说常常是一个挑战。例如，减少环境影响的决策所带来的收益包括这些行动在消费者、员工和投资者心目中的声誉收益。这些收益虽不易衡量，但对于管理者评估和权衡减少有害于环境的污水的成本来说，是相关且重要的。管理者必须考虑其决策的所有后果，而不能只关注财务因素。

图表 12-3 总结了适用于所有决策情形的相关信息的重要特征。在本章中，我们介绍了其中一些决策情形。后面的一些章将描述需要管理者应用相关概念的其他决策情形，如联合成本（第 17 章），质量和及时性（第 20 章），存货管理和供应商评估（第 21 章），资本投资（第 22 章），转移定价（第 23 章）。我们从影响产出水平的决策开始讨论相关性，比如，是推广新产品还是增加现有产品销售量。

图表 12-3　相关信息的重要特征

- 过去（历史）成本作为预测基础可能很有用，但过去的成本本身却是与决策制定不相关的成本。
- 可通过检查预期的未来总收入与成本之间的差异来比较不同方案。
- 不是所有的预期未来收入和成本都是相关的。不同方案之间没有差异的预期未来收入和成本是不相关的，因此可以从分析中剔除这些不相关项。关键问题是它会导致何种差异。
- 必须给定性因素和非财务的定量因素分配适当的权重。

12.2.3　一次性特殊订单

影响产出水平的一种决策涉及在公司存在闲置生产能力时是否接受无长期影响的订单。我们用**一次性特殊订单**（one-time-only special order）描述这一情形。

例 1：Surf Gear 公司在其北卡罗来纳州伯灵顿市高度自动化的工厂生产毛巾。该工厂的生产能力是每月 48 000 条，现在每月产量是 30 000 条。所有毛巾的销售均由零售百货商店负责。下个月（8 月）的预期结果如图表 12-4 所示（这些数字都是基于历史成本的预期值）。我们假定，在短期内，对一个成本动因（产量）而言，所有成本要么归入变动成本，要么归入固定成本。

Azelia 是一家豪华连锁酒店，它一直从 Mugar 公司购买毛巾。Mugar 公司的工人正在罢工，因此 Azelia 必须寻找一个新的供应商。8 月，Azelia 与 Surf Gear 公司联系，提出以每条 11 美元的价格购入 5 000 条毛巾的订货要求。基于下面的事实，Surf Gear 公司的管理者是否应接受 Azelia 的订单？

管理会计师收集了下面的额外信息：

- 预期 Azelia 以后不再购买。
- 固定生产成本以 45 000 条毛巾的生产能力为基础。也就是说，固定生产成本与可用生产能力有关，而与已用生产能力无关。如果 Surf Gear 公司接受这笔特殊订单，它可以利用现有闲置生产能力生产这 5 000 条毛巾，而不影响固定生产成本。

	A	B	C	D
1		总额	单位	
2	销售量	30 000		
3				
4	销售收入	$600 000	$20.00	
5	产品销售成本（生产成本）			
6	变动生产成本	$225 000	$ 7.50[b]	
7	固定生产成本	$135 000	$ 4.50[c]	
8	总产品销售成本	$360 000	$12.00	
9	营销成本[a]			
10	变动营销成本	$150 000	$ 5.00	
11	固定营销成本	$ 60 000	$ 2.00	
12	总营销成本	$210 000	$ 7.00	
13	产品的全部成本	$570 000	$19.00	
14	营业利润	$ 30 000	$ 1.00	
15				
16	a.Surf Gear公司没有研发、产品设计、分销或顾客服务成本。			
17	b.单位变动生产成本=单位直接材料成本+单位变动直接制造人工成本+单位变动制造费用			
18	=$6.00+$0.50+$1.00=$7.50。			
19	c.单位固定生产成本=单位固定直接制造人工成本+单位固定制造费用			
20	=$1.50+$3.00=$4.50。			

图表 12-4　Surf Gear 公司 8 月份在吸收成本法下的预算利润表

● 这笔 5 000 条毛巾的一次性特殊订单没有营销成本。

● 接受这笔订单预计不会影响产品的正常售价或销售量。

管理会计师在吸收成本法（按照 GAAP 的要求，将变动和固定生产成本计入存货性成本和产品销售成本中）的基础上编制了图表 12-4。在图表中，12 美元/条的生产成本和 7 美元/条的营销成本均包括变动成本和固定成本。**业务职能成本**（business function costs）是指价值链上的某一特定业务职能包含的所有成本（固定和变动），如生产成本、营销成本等。**产品的全部成本**（full costs of the product）（本例为 19 美元/条）是价值链上所有业务职能（研发、设计、生产、营销、分销和顾客服务）的变动成本和固定成本的总和。对 Surf Gear 公司而言，产品的全部成本包括生产成本和营销成本，因为它只有这两个业务职能。因为特殊订单不需要营销成本，所以 Surf Gear 公司的经理只需关注生产成本。而单位生产成本为 12 美元，大于 Azelia 提出的单价 11 美元，因此管理人员可能会拒绝接受此订单。

在图表 12-5 中管理会计师将生产成本和营销成本分为变动成本和固定成本两部分，并将这些数据以贡献毛益表的形式列示出来。相关收入和成本是 Surf Gear 公司接受特殊订单后的预期未来收入和成本：55 000 美元（11×5 000）的收入和 37 500 美元（7.50×5 000）的变动生产成本。在此情况下，固定生产成本和所有营销成本（包括变动营销成本）都是不相关成本，因为无论是否接受这笔特殊订单，这些成本的总额都不会变化。若 Surf Gear 公司接受这笔订单，其营业利润将会增加 17 500 美元（相关收入 55 000 美元－相关成本 37 500 美元）。在这个例子中，通过比较图表 12-5 中 30 000 条和 35 000 条的总金额，或者只关注图表 12-5 中差异列中的相关数值，管理者能避免做出错误的决定：因 11 美元的单价低于 12 美元的单位生产成本（如图表 12-4 所示，既包括变动生产成本，又包括固定生产成本）而拒绝这个特殊订单。

	A	B	C D	E F	G H
1			除特殊订单外，有	包含特殊订单，有	差异：与
2			30 000 条	35 000 条	5 000 条
3			可供出售	可供出售	特殊订单
4		单价	总额	总额	相关的金额
5		(1)	(2)=(1)×30 000	(3)	(4)=(3)-(2)
6	销售收入	$20.00	$600 000	$655 000	$55 000[a]
7	变动成本				
8	生产成本	$ 7.50	$225 000	$262 500	$37 500[b]
9	营销成本	$ 5.00	$150 000	$150 000	$　　0[c]
10	总变动成本	$12.50	$375 000	$412 500	$37 500
11	贡献毛益	$ 7.50	$225 000	$242 500	$17 500
12	固定成本				
13	生产成本	$ 4.50	$135 000	$135 000	$　　0[d]
14	营销成本	$ 2.00	$ 60 000	$ 60 000	$　　0[d]
15	总固定成本	$ 6.50	$195 000	$195 000	$　　0
16	营业利润	$ 1.00	$ 30 000	$ 47 500	$17 500
17					
18	a.5 000×11.00=$55 000;				
19	b.5 000×7.50=$37 500;				
20	c.这份一次性的 5 000 条毛巾的特殊订单没有变动营销成本;				
21	d.这笔特殊订单不会影响固定生产成本和固定营销成本。				

图表 12 - 5　Surf Gear 公司的一次性特殊订单决策：比较贡献毛益

在一次性特殊订单决策分析中，没有长期或战略影响这一假设非常重要。例如，如果 Surf Gear 公司以 11 美元的单价将毛巾售给 Azelia 会导致零售百货商店（Surf Gear 公司的长期客户）提出降价的要求，那么来自长期客户的收入就变成了相关收入。为什么？因为在 Surf Gear 公司接受和拒绝订单两种情况下，来自长期客户的未来收入是不一样的。因此 Surf Gear 公司的管理者必须修正对 Azelia 订单的相关收入和相关成本分析，不仅要考虑接受订单带来的短期利益，还应考虑向所有长期客户降价对盈利能力的长期影响。

小练习 12 - 1

　　Gannett 公司为企业提供景观美化服务。所有的景观美化工作都需要使用景观美化设备。其景观美化设备能够完成 14 000 小时的景观美化工作。公司目前预计从现有客户处收到的订单将使用设备 13 200 小时。Gannett 公司提供的景观美化服务收费标准为每小时 115 美元。当前作业水平的成本信息如下：

收入（$115/小时×13 200 小时）	$1 518 000
变动景观美化成本（主要是人工），随工作小时数变化（$60/小时×13 200 小时）	$ 792 000
固定景观美化成本	$ 110 000
变动营销成本（收入的 5%）	$ 75 900
固定营销成本	$ 74 000
总成本	$1 051 900
营业利润	$ 466 100

　　Gannett 公司刚刚收到了 Flora 公司景观美化工作的一次性特殊订单，报价为每小时 65 美

元，需要使用设备 800 小时。该一次性特殊订单不涉及营销成本。鉴于每小时收入低于每小时 68.33 美元（（792 000＋110 000）÷13 200）的景观美化成本，Gannett 公司应接受该报价吗？

12.2.4　相关成本分析中的潜在问题

管理者在进行相关成本分析时，应避免两个潜在问题。第一，注意不要有不正确的一般性假设，如所有变动成本都是相关的，所有固定成本都是不相关的。在 Surf Gear 公司的例子中，5 美元的单位变动营销成本就是不相关的，因为 Surf Gear 公司接受特殊订单并不会产生额外的营销成本。但固定生产成本可能是相关的。每月多生产 5 000 条（从 30 000 条到 35 000 条）毛巾并不会影响固定生产成本，因为我们假定固定生产成本能够支持每月 30 000 条至 45 000 条毛巾这一相关范围内的任何生产水平。但是，在某些情况下，多生产 5 000 条毛巾可能会增加固定生产成本（也会增加单位变动生产成本）。假设 Surf Gear 公司要达到其最大生产能力，即每月生产 45 000 条毛巾，就必须用到三个班次，每个班次每月生产 15 000 条毛巾。因为两个班次只能生产 30 000 条毛巾，将月产量从 30 000 条提高到 35 000 条就需要第三个班次的部分生产能力（或支付加班费）。这部分班次将增加固定生产成本，从而使得增加的固定生产成本与决策相关。

第二，单位成本数据可能在以下两个方面误导决策制定者：

1. 包含不相关成本时。以 Surf Gear 公司的一次性特殊订单为例，其单位生产成本 12 美元中包括 4.50 美元的单位固定生产成本（1.50 美元的单位直接制造人工成本和 3.00 美元的制造费用）（参见图表 12-4 和图表 12-5）。这 4.50 美元的单位成本是不相关成本，因为即使接受了一次性特殊订单，这些成本也不会改变。因此，管理者不应将其纳入考虑范围。

2. 不同的产出水平有相同的单位固定成本时。一般来说，管理者应该用总固定成本，而不是单位固定成本，因为总固定成本更容易使用，并且减少了错误决策的可能性。但如果需要，也可将总固定成本单位化。在 Surf Gear 公司的例子中，即使公司接受了特殊订单并生产了 35 000 条毛巾，总固定生产成本仍为 135 000 美元。而如果将 4.50 美元的单位固定生产成本当作特殊订单的成本，管理者就会得出总固定生产成本增至 157 500 美元（4.50×35 000）的错误结论。

管理者避免这两个潜在问题的最佳方法是只考虑：（1）总固定成本（而不是单位固定成本）；（2）相关概念。管理者应始终要求分析中包含的所有项目都是预期未来总收入或预期未来总成本，这些项目在不同的备选方案中存在差异。

12.2.5　短期定价决策

在前面的一次性特殊订单决策中，Surf Gear 公司的管理者必须决定是接受还是拒绝 Azelia 以每条 11 美元购买毛巾的订单。有时管理者必须决定一次性特殊订单的报价。这是一个短期定价决策（时间跨度只有几个月的决策）的例子。

考虑 Surf Gear 公司的管理者面临的短期定价决策。Cranston 公司要求 Surf Gear 公司在 8 月份完成 Azelia 的订单后，对 9 月份其竞标供应的 5 000 条毛巾进行报价。Cranston 公司在未来不会再与 Surf Gear 公司签订订单。Cranston 公司将在 Surf Gear 公司的销售区域外以自有品牌销售 Surf Gear 公司生产的毛巾。无论 Surf Gear 公司是接受还是拒绝此订单，都不会影响其现有销售渠道的收入——既不影响销量，也不影响售价。

短期定价决策的相关成本

和以前一样，Surf Gear 公司的管理者估算了提供 5 000 条毛巾的成本。由于不存在增量营销成本，因此相关成本是 7.50 美元的变动生产成本（前面已经计算了）。同样，9 月份产量从 30 000 条增加到 35 000 条（多生产 5 000 条毛巾）并不影响固定生产成本，因为相关范围是每月 30 000 条到 45 000 条毛巾。价格高于 7.50 美元将会提高 Surf Gear 公司的短期盈利能力。Surf Gear 公司的管理者应该为 5 000 条毛巾的订单设定什么价格？

短期定价中的战略因素和其他因素

基于市场调查，Surf Gear 公司的管理者认为，竞争对手的报价应该在 10～11 美元之间，因此他们决定每条毛巾报价 10 美元。如果 Surf Gear 公司中标，其营业利润将会增加 12 500 美元（相关收入（$10 \times 5\ 000 = 50\ 000$ 美元）－相关成本（$7.50 \times 5\ 000 = 37\ 500$ 美元））。鉴于剩余的生产能力和激烈的竞争，管理层的战略是报价尽可能高于 7.50 美元，同时仍要低于竞争对手的报价。注意，Surf Gear 公司是站在竞争对手的角度选择价格，而不只是基于自身的成本。

如果 Surf Gear 公司是唯一的供应商，Cranston 公司可能压低 Surf Gear 公司在当前市场上的售价吗？报价决策的相关成本包括向现有客户销售而损失的贡献毛益。如果其他方报价并赢得了 Cranston 公司的合同怎么办？在这种情况下，向现有客户销售而损失的贡献毛益与决策无关，因为无论 Surf Gear 公司是否向 Cranston 公司供应毛巾，Cranston 公司都会压低其现有业务的价格。

与 Surf Gear 公司的情况相反，在某些短期情况下，公司可能会遇到产品的市场需求旺盛或生产能力有限的问题。在这种情况下，管理者应该在短期内战略性地将价格提高到市场可以承受的高度。我们在微处理器、计算机芯片、手机和软件等新产品或旧产品的新模型中观察到了短期高价格的情况。

12.3 自制或外购决策

现在，我们运用相关这一概念解释另一个战略决策问题：公司应自制部件还是从供应商那里购买部件？我们再次假定公司存在闲置生产能力。

12.3.1 外购与闲置设备

外购（outsourcing）是指从外部供应商那里购买产品或服务，而不是**自制**（insourcing）——在组织内生产同样的产品或提供同样的服务。例如，诺华公司倾向于自行生产药品（自制），而委托 HCL 技术公司管理其部分信息技术基础设施（外购）。本田公司的一部分零部件由外部供应商生产（外购），而另一部分则在公司内部生产（自制）。

厂商选择自制还是外购产品或服务的决策称为**自制或外购决策**（make-or-buy decisions）。调查表明，公司在制定自制或外购决策时，考虑得最多的因素是质量、供应商按计划交付的可靠性和成本。有时，定性因素在管理者的自制或外购决策中占主导地位。比如，戴尔公司从英特尔公司购买用于其计算机的英特尔酷睿 i9 处理器，因为戴尔公司没有生产处理器的技术。相反，可口可乐公司为保持其配方的秘密，从不将浓缩液的生产外包。

例 2：Soho 公司生产一种二合一系统，包括一台 DVD 播放机、一个数字媒体接收器（从互联网网站下载音乐和视频）。下表中的第（1）和（2）列显示了生产 DVD 播放机的预期总成本和单位成本。Soho 公司计划分 2 000 批生产 250 000 台 DVD 播放机，每批 125 台。每批 625 美元的变动批次成本随批数变化，而不随总产量变化。

一家生产 DVD 播放机的厂商 Broadfield 公司可在明年根据 Soho 公司希望的交付时间向 Soho 公司提供 250 000 台 DVD 播放机，单价为 64 美元。假定只考虑财务因素，Soho 公司是应外购还是自制 DVD 播放机？

	明年生产 2 000 批，250 000 台的预期总成本（1）	预期单位成本 (2) ＝ (1) ÷250 000
直接材料成本（$36/台×250 000 台）	$ 9 000 000	$36.00
直接制造人工成本（$10/台×250 000 台）	$ 2 500 000	$10.00
变动制造费用（包括动力和水电费）（$6/台×250 000 台）	$ 1 500 000	$ 6.00
混合（变动和固定）制造费用（包括材料处理费和生产准备费）（$750 000＋$625/批×2 000 批）	$ 2 000 000	$ 8.00
固定制造费用（包括设备租赁费、保险费和管理费）	$ 3 000 000	$12.00
总生产成本	$18 000 000	$72.00

上表中预期明年的单位生产成本为 72 美元。乍一看，公司管理者应外购 DVD 播放机，因为预期自制的单位成本 72 美元大于外购的单位成本 64 美元。然而，自制或外购决策并非如此简单。为制定这一决策，管理者需要考虑这个问题：不同方案之间相关成本的差异是多少？

现在假设：（1）如果选择外购，现有 DVD 播放机的生产能力明年将会被闲置；（2）无论做出何种决策，明年都会发生 3 000 000 美元的固定制造费用；（3）如果完全停止 DVD 播放机的生产，就不用支付材料处理和生产准备人员 750 000 美元的固定工资。

图表 12-6 列出了相关成本的计算，结果显示，与从 Broadfield 公司购买相比，Soho 公司自制 DVD 播放机节约了 1 000 000 美元。基于此分析，Soho 公司的管理者决定自制 DVD 播放机。

图表 12-6　Soho 公司自制或外购 DVD 播放机决策的相关（增量）项目

相关项目	总相关成本 自制	总相关成本 外购	单位相关成本 自制	单位相关成本 外购
外购（$64/台×250 000 台）		$16 000 000		$64
直接材料成本	$ 9 000 000		$36	
直接制造人工成本	$ 2 500 000		$10	
变动制造费用	$ 1 500 000		$ 6	
混合（变动和固定）制造费用（包括材料处理费和生产准备费）	$ 2 000 000		$ 8	
总相关成本[a]	$15 000 000	$16 000 000	$60	$64
自制 DVD 播放机的有利差异	$1 000 000		$4	

a. 也可以在两种方案中都加上 3 000 000 美元的设备租赁费、保险费、管理费。从概念上讲，它们不属于相关成本，因为这些成本与决策无关。在实务中，有些管理者想列出每种方案下发生的所有成本，这时就会把这些成本包括进来。

请注意，这里是如何应用图表 12-3 中的相关信息的重要特征的：

● 图表 12-6 比较了预期未来总成本的差异。在制定决策时，过去的成本总是不相关的。

● 图表 12-6 显示，自制方案中包括 2 000 000 美元的未来材料处理费和生产准备费，但外购方案则不包括这些费用。为什么？因为 Soho 公司只有在自制而不是外购 DVD 播放机时，才会产生未来每批的变动成本与可避免的固定成本。这些成本在两个方案中不同，因此与自制或外购决策相关。

● 在图表 12-6 中，两种方案都没有将 3000 000 美元的设备租赁费、保险费和管理费包括在内。为什么？因为这些未来成本在不同方案之间没有差异，属于不相关成本。

增量成本是决策制定中经常用到的一个术语。**增量成本**（incremental cost）是指某一作业所引起的总成本的增加。在图表 12-6 中，自制 DVD 播放机的增量成本是 Soho 公司选择自制时的总成本增加额 15 000 000 美元。而 3 000 000 美元的固定制造费用不是增量成本，因为不论 Soho 公司是否自制 DVD 播放机，这些成本都会产生。类似地，外购 DVD 播放机的增量成本是 Soho 公司外购时的总成本增加额 16 000 000 美元。**差量成本**（differential cost）是指两种方案下总（相关）成本之间的差值。在图表 12-6 中，自制 DVD 播放机和外购 DVD 播放机两种方案的差量成本为 1 000 000 美元（16 000 000－15 000 000）。应注意的是，在实务中有时会将增量成本与差量成本交替使用。在见到这些术语时，应明确它们的含义。

增量收入和差量收入的定义与增量成本和差量成本的定义类似。**增量收入**（incremental revenue）是指某一作业所引起的总收入的增加。**差量收入**（differential revenue）是指两种方案总收入之间的差值。

12.3.2　战略因素和定性因素

战略因素和定性因素会影响外购决策。例如，Soho 公司的管理者可能更倾向于在公司内部自制 DVD 播放机，以保持对 DVD 播放机的设计、质量、可靠性和发货时间的控制。相反，虽然存在着图表 12-6 所示的成本优势，但 Soho 公司的管理者可能会选择外购 DVD 播放机，而专注于发展其在数字媒体接收器方面的专长。广告等其他行业确实如此。比如，Wunderman Thompson 公司只专注于广告创意和广告策划方面的工作（其核心竞争力），并将电影、照片等制作活动外包出去。

外购是有风险的。随着公司对其供应商的依赖性增强，供应商可能会提高价格，不重视质量或延迟交货时间。为了将这些风险降至最低，公司通常会与供应商签订长期合同，且在合同中明确价格、质量要求和交货时间。聪明的管理者甚至会与供应商建立密切的合作关系。例如，丰田公司的工程师会帮助供应商改进生产流程。福特、现代、松下和索尼等公司与其供应商合作开发它们自己无法开发的创新产品。战略与定性因素几乎总是外购决策的重要考虑因素。

12.3.3　国际外包

如果 DVD 播放机的供应商位于墨西哥，那么 Soho 公司的管理者还需要考虑哪些因素？其中一个重要的因素是汇率风险。假设墨西哥供应商提出以 320 000 000 墨西哥比索的价格向 Soho 公司销售 250 000 台 DVD 播放机。那么 Soho 公司是应该自制还是外购？答案取决于 Soho 公司管理者对明年汇率的预期。如果其预期汇率是 20 墨西哥比索兑换 1 美元，那么 Soho 公司的预期购买成本为 16 000 000 美元（320 000 000÷20），大于生产 DVD 播放机的相关成本

15 000 000 美元（如图表 12-6 所示），因此 Soho 公司更愿意自制而不是外购。但是，如果 Soho 公司的管理者预期汇率是 22 比索兑换 1 美元，那么预期购买成本是 14 545 455 美元（320 000 000÷22），小于自制 DVD 播放机的相关成本 15 000 000 美元，因此 Soho 公司更愿意外购而不是自制。

Soho 公司的管理者还有另一个选择。公司可以签订一个远期合约，购买 320 000 000 墨西哥比索。远期合约允许 Soho 公司现在签订一个合约，在明年以预先确定的固定成本购买墨西哥比索，这样可以使它免受汇率风险的影响。如果 Soho 公司的管理者选择这种方法，当合约的成本大于（小于）15 000 000 美元时，公司就会自制（外购）DVD 播放机。

国际外包要求管理者评估生产和运输成本、汇率风险和其他战略与定性因素，如供应链的质量、可靠性和效率。"观念实施：星巴克酝酿重振国内生产"描述了星巴克如何将生产迁回美国。

观念实施

星巴克酝酿重振国内生产

多年来，许多总部位于美国的公司将生产外包给世界各地的低成本国家，而现在它们正在将生产活动转移回美国。全球最大的咖啡连锁店星巴克就是这一运动的领导者。2012 年，星巴克开始从俄亥俄州东北部重新开业的陶瓷厂 American Mug and Stein 采购咖啡杯。星巴克还在佐治亚州建造了一座耗资 1.72 亿美元的工厂，用于生产 VIA 免煮咖啡和星冰乐混合饮料的咖啡基底。

虽然俄亥俄州和佐治亚州工厂的人工成本高于许多离岸工厂，但在国内生产可以节约成本。其中包括：

● 获得高技能劳动力，有助于提高生产效率；

● 减少运输和仓储成本，因为超过 50% 的星巴克零售店位于美国；

● 加快上市速度，缩短交付时间，降低存货持有成本。

许多公司继续从全球供应链中受益，而星巴克与包括美国服装公司（American Apparel）和拉夫·劳伦（Ralph Lauren）在内的许多美国公司，正因生产组合包括国内制造和外包而受益。

资料来源：Zachary Hines, "Case Study: Starbucks' New Manufacturing in the USA," University of San Diego Reshoring Institute (San Diego: University of San Diego, 2015) (http://www.reshoringinstitute.org/wp-content/uploads/2015/05/Starbucks-Casestudy.pdf), accessed June 2019; Shan Li, Tiffany Hsu, and Andrea Chang, "American Apparel, Others Try to Profit From Domestic Production," *Los Angeles Times*, August 10, 2014 (http://www.latimes.com/business/la-fi-american-apparel-made-in-usa-20140810-story.html); Adrienne Selko, "Starbucks Chooses Domestic Production," *Industry Week*, July 13, 2012 (http://www.industryweek.com/expansion-management/starbucks-chooses-domestic-production).

12.3.4 完全替代法

在图表 12-6 所示的是自制还是外购的简单决策中，我们假定如果 Soho 公司从 Broadfield 公司那里购买 DVD 播放机，就会闲置其现有 DVD 播放机的生产能力。但闲置的生产能力常常还可用于其他可获利的用途。在这种情况下，Soho 公司的管理者必须基于如何最好地使用可用生产能力来选择自制或外购。

　　例 3：如果 Soho 公司决定从 Broadfield 公司处购买其二合一系统所需的 DVD 播放机，那么 Soho 公司闲置生产能力的最佳用途就是生产 100 000 台独立的便携式 DVD 播放机 Digiteks。从生产的角度看，Digiteks 与目前 Soho 公司为二合一系统生产的 DVD 播放机相似。如果 Soho 公司决定生产并销售 Digiteks，公司的管理会计师估计的未来收入和成本如下：

未来增量收入	$8 000 000
未来增量成本	
直接材料成本	$3 400 000
变动直接制造人工成本	$1 000 000
变动制造费用（动力、水电费）	$ 600 000
材料处理费和生产准备费	$ 500 000
未来增量成本合计	$5 500 000
未来增量营业利润	$2 500 000

　　由于存在生产能力约束，Soho 公司或者生产二合一系统的 DVD 播放机，或者生产 Digiteks，但不能同时生产这两种产品。Soho 公司的管理者应选择两个方案中的一个：（1）生产二合一系统的 DVD 播放机，不生产 Digiteks；（2）购买二合一系统的 DVD 播放机，生产 Digiteks。

　　图表 12-7 的 A 部分总结了完全替代法，列出了所有产品的未来成本和收入。Soho 公司的管理者将会选择方案 2，即购买二合一系统的 DVD 播放机并利用可用生产能力生产和销售 Digiteks。外购 DVD 播放机的未来增量成本（16 000 000 美元）大于自制 DVD 播放机的未来增量成本（15 000 000 美元）。但利用因外购而闲置的生产能力可以生产和销售 Digiteks，从而增加 2 500 000 美元（未来增量收入 8 000 000 美元－未来增量成本 5 500 000 美元）的营业利润。因此，外购 DVD 播放机并生产和销售 Digiteks 的净相关成本是 13 500 000 美元（16 000 000－2 500 000）。

图表 12-7　Soho 公司自制或外购决策的完全替代法和机会成本法

相关项目	Soho 公司的方案	
	1. 自制 DVD 播放机，不自制 Digiteks	2. 外购 DVD 播放机，自制 Digiteks
A 部分：自制或外购决策的完全替代法		
自制/外购 DVD 播放机未来总增量成本（来自图表 12-6）	$15 000 000	$16 000 000
减去 Digiteks 的未来收入与未来成本的差额	$ 0	$ 2 500 000
完全替代法下的总相关成本	$15 000 000	$13 500 000
	1. 自制 DVD 播放机	**2. 外购播放机**
B 部分：自制或外购决策的机会成本法		
自制/外购 DVD 播放机未来总增量成本（来自图表 12-6）	$15 000 000	$16 000 000
机会成本：没有利用闲置生产能力生产 Digiteks（次优方案）而放弃的利润	$ 2 500 000	$ 0
机会成本法下的总相关成本	$17 500 000	$16 000 000

　　注：A 部分和 B 部分总相关成本之间的差额是一样的，即方案 2 的成本比方案 1 的成本少 1 500 000 美元。

12. 3. 5　机会成本法

决定以某种方式使用一种资源意味着管理者必须放弃以其他方式使用该种资源的机会。这种机会损失也是管理者在决策时应该考虑的一种成本。**机会成本**（opportunity cost）是指没有将有限资源用于次优方案而丧失的收益。例如，在学校读会计学士学位的（相关）成本不仅包括学费、书本费、住宿费和餐饮费，还包括选择学习而非工作而丧失的收益（机会成本）。但是，很可能获得会计学士学位后的预期未来收益（如薪酬更高的职位）会超过这些付现成本和机会成本。

图表 12 - 7 的 B 部分显示了用于分析 Soho 公司各种可选方案的机会成本法。注意，在两种方法下，方案的定义是不同的：

完全替代法：

1. 自制二合一系统的 DVD 播放机，不自制 Digiteks

2. 外购二合一系统的 DVD 播放机，自制 Digiteks

机会成本法：

1. 自制二合一系统的 DVD 播放机

2. 外购二合一系统的 DVD 播放机

机会成本法并未涉及 Digiteks。在机会成本法下，每种方案的成本包括：（1）增量成本；（2）机会成本，即不生产 Digiteks 而放弃的利润。因为 Digiteks 被排除在方案的正式考虑之外，所以产生了机会成本。

考虑方案 1，即自制二合一系统的 DVD 播放机。自制 DVD 播放机的全部成本是多少？显而易见，Soho 公司自制 DVD 播放机的增量成本为 15 000 000 美元。但这是全部成本吗？不是，由于把有限的生产资源用来生产 DVD 播放机，Soho 公司丧失了生产 Digiteks 获得 2 500 000 美元收益的机会。因此，自制 DVD 播放机的相关成本应该是 15 000 000 美元的增量成本加上 2 500 000 美元的机会成本。

下面考虑方案 2，即外购二合一系统的 DVD 播放机。外购 DVD 播放机的增量成本为 16 000 000 美元。机会成本是 0。这是为什么？因为该方案没有放弃生产并销售 Digiteks 带来的收益。

根据 B 部分可以得到与 A 部分相同的结论——外购 DVD 播放机并生产 Digiteks 是最优方案。

图表 12 - 7 中的 A 部分和 B 部分描述了在生产能力约束下解决决策制定问题的两种常见的方法。A 部分中的完全替代法涉及所有未来的增量成本和收入。例如，在方案 2 下，预期外购 DVD 播放机的未来增量成本（16 000 000 美元）要减去利用生产能力生产并销售 Digiteks 带来的未来增量营业利润（2 500 000 美元）。B 部分中的机会成本法则采用了相反的方法。它以 DVD 播放机为中心，无论生产能力是否用于生产并销售 Digiteks，未来放弃的营业利润都作为自制或外购 DVD 播放机的一项机会成本，如方案 1 所示。（请注意，当生产 Digiteks 时，如方案 2 所示，不存在"不自制 Digiteks 的机会成本"。）因此，在方案 2 下，A 部分减少了 2 500 000 美元；在方案 1 下，B 部分增加了 2 500 000 美元。B 部分强调了这样一种观点：当存在生产能力约束时，任一方案的相关收入和成本都等于未来增量收入和成本加上机会成本。但

是，当管理者同时考虑两个以上的方案时，一般用完全替代法较为简单。

财务会计系统中没有记录机会成本。为什么呢？因为历史记录仅限于实际被选用的方案而不包括被放弃的方案，因为一旦被放弃，就没有交易可以记录。如果 Soho 公司自制 DVD 播放机，同时不自制 Digiteks，那么财务会计系统中就不会有任何关于 Digiteks 的会计记录。然而，生产 DVD 播放机的机会成本，即不生产 Digiteks 而放弃的营业利润，是进行自制或外购决策时必须考虑的重要因素。在图表 12 - 7 的 B 部分中，若仅考虑会计系统记录于账面的增量成本，那么自制成本将低于外购成本。在考虑 2 500 000 美元的未记录机会成本后，结果相反，外购 DVD 播放机成为优选方案。

若假设 Soho 公司即使自制 DVD 播放机也有足够的生产能力生产 Digiteks，自制 DVD 播放机的机会成本为 0。因为即使 Soho 公司选择自制 DVD 播放机也没有丧失生产并销售 Digiteks 可获得的 2 500 000 美元营业利润。因而相关成本为 15 000 000 美元（15 000 000 美元的增量成本与 0 美元的机会成本之和）。在这种情况下，Soho 公司的管理者更愿意自制播放机而不是外购，并同时生产 Digiteks。

除定量因素以外，管理者也要考虑自制或外购决策中的战略因素和定性因素。在决定外购 DVD 播放机时，Soho 公司的管理者就应考虑供应商在产品质量和按时交货方面的信誉等因素。他们也应考虑销售 Digiteks 的战略后果。例如，销售 Digiteks 会使公司的重心偏离二合一系统业务吗？

小练习 12 - 2

Gannett 公司为企业提供景观美化服务。所有的景观美化工作都需要使用景观美化设备。其景观美化设备能够完成 14 000 小时的景观美化工作。公司目前预计从现有客户处收到的订单将使用设备 13 200 小时。Gannett 公司提供的景观美化服务收费标准为每小时 115 美元。当前作业水平的成本信息如下：

收入（$115/小时×13 200 小时）	$1 518 000
变动景观美化成本（主要是人工），随工作小时数变化（$60/小时×13 200 小时）	$ 792 000
固定景观美化成本	$ 110 000
变动营销成本（收入的 5%）	$ 75 900
固定营销成本	$ 74 000
总成本	$1 051 900
营业利润	$ 466 100

Gannett 公司收到了 Gerald 公司的一笔景观美化订单，报价为每小时 80 美元，需要使用设备 4 600 小时。Gerald 公司订单的变动景观美化成本为每小时 60 美元，变动营销成本为收入的 5%。Gannett 公司可以接受或者拒绝 Gerald 公司的报价。Gannett 公司应该接受该报价吗？

12.3.6 存货持有成本

下面以 Soho 公司 DVD 播放机购买决策中的数据为例，说明机会成本的另一应用。

估计的明年 DVD 播放机需求量	250 000 台
每次采购量为 2 500 台时的单位成本	$ 64.00
每次采购量等于或大于 30 000 台时的单位成本	$ 63.68
（$64 扣除 0.5％的折扣）	
订购单成本	$ 150.00

Soho 公司的管理者正在评估下面的方案：

    A. 明年采购 100 次（每周两次），每次 2 500 台

    B. 明年采购 8 次（每季度两次），每次 31 250 台

平均存货投资：

A. （2 500 台×$64/台）÷2[a]	$ 80 000
B. （31 250 台×$63.68/台）÷2[a]	$995 000
将现金用于其他与存货投资有相同风险的投资（如股票或债券）的年收益率	12％

a. 本例假设购买的 DVD 播放机将在这一年内均匀耗尽。平均存货投资是指收到货物时的存货成本与下一次购买之前的存货成本（本例为零）的平均值。

    Soho 公司在购买 DVD 播放机时支付现金，那么对它来说，哪一种采购方案更为经济？

    管理会计师使用完全替代法向公司的管理者提供了如下分析，并确认 Soho 公司平均有 995 000 美元的现金可以用于投资。如果 Soho 公司采用方案 A，只将 80 000 美元投资于存货，则还有 915 000 美元（995 000−80 000）的现金可用于其他方案，按照 12％的年收益率计算，就会产生 109 800 美元的总收益。这笔收益将从方案 A 的订货成本和订购单成本中扣除。如果 Soho 公司采用方案 B，将 995 000 美元全部投资于存货，它就没有现金用于其他方案，因此不能获得任何收益。

	方案 A： 一年采购 100 次， 每次 2 500 台，并且 将剩余现金用于投资 (1)	方案 B： 一年采购 8 次， 每次 31 250 台，并且 将剩余现金用于投资 (2)	差异 (3)＝(1)－(2)
年订购单成本 （100 张订购单×$150/张；8 张订购单× $150/张）	$ 15 000	$ 1 200	$ 13 800
年采购成本 （250 000 台×$64.00/台；250 000 台× $63.68/台）	$ 16 000 000	$15 920 000	$ 80 000
扣除将剩余现金用于其他与存货投资有 相同风险的投资所取得的年收益 （0.12×（$995 000−$80 000）；0.12× （$995 000−$995 000））	$ (109 800)	$ 0	$(109 800)
相关成本	$15 905 200	$15 921 200	$ (16 000)

    与持有更少存货的趋势一致，当采购数量较少时，即使采购和订购单成本较高，但对于 Soho 公司来说，每年购买 100 次、每次购买 2 500 台比每年购买 8 次、每次购买 31 250 台更经济（节省 16 000 美元）。

下表展示了管理会计师使用机会成本法对两种方案的分析。每种方案仅根据两种购买决策进行定义，没有明确提到将剩余现金进行投资。

	方案 A： 一年采购 100 次， 每次 2 500 台 (1)	方案 B： 一年采购 8 次， 每次 31 250 台 (2)	差异 (3)＝(1)－(2)
年订购单成本 (100 张订购单×\$150/张；8 张订购单×\$150/张)	\$ 15 000	\$ 1 200	\$ 13 800
年采购成本 (250 000 台×\$64.00/台；250 000 台×\$63.68/台)	\$ 16 000 000	\$ 15 920 000	\$ 80 000
机会成本：如果将投资存货的现金用于其他相同风险的投资所获得的年收益 (0.12×\$80 000；0.12×\$995 000)	\$ 9 600	\$ 119 400	\$(109 800)
相关成本	\$16 024 600	\$16 040 600	\$ (16 000)

注意，在机会成本法下，任何方案的相关成本都是方案的增量成本加上选择该方案而放弃的利润的机会成本。持有存货的机会成本也就是将现金投资于存货而不是其他地方而放弃的收益。机会成本不记录在会计系统，因为一旦将资金投资于存货，就没有资金可投资于其他地方，因此就没有与其他投资有关的收益可以记录。基于会计系统中记录的成本（订购单成本和采购成本），Soho 公司的管理者会错误地认为一年采购 8 次、每次购买 31 250 台是成本更低的方案。但第（3）列表明，在完全替代法下，一年采购 100 次、每次购买 2 500 台，比一年采购 8 次、每次购买 31 250 台节省 16 000 美元。为什么？因为持有更少存货的机会成本的减少超过了采购和订购单成本的增加。如果投资于存货的机会成本每年大于 12％，或者如果考虑到持有少量存货所带来的其他好处（如保险、材料处理、保管、过时、损坏等费用的减少），那么采购 100 次的方案更经济。

12.4 生产能力约束下的产品组合决策

现在，我们来看相关这一概念如何应用于**产品组合决策**（product-mix decisions），即管理者就销售哪些产品以及销售多少数量所做的决策。因为受生产能力约束，这些决策通常只关注短期，而长期内生产能力约束是可以放松的。例如，在短期内，德国汽车生产商宝马公司必须经常调整其不同型号的汽车（如 328i、528i 和 750i）组合以适应售价和需求的波动。

为了确定产品组合，管理者要在给定约束（如生产能力和需求量约束）下使公司的营业利润最大化。在本节中，我们假设随着产品组合在短期内的变化，唯一发生变化的成本是与产量（销售量）有关的变动成本。在这种假设下，对单个产品贡献毛益的分析提供了使产品组合营业利润最大化的思路。同样的基本概念适用于更一般的情况，只是我们需要考虑基于不同成本层级的变动成本来计算贡献毛益。

例 4：以 Power Recreation 公司为例，其设在肯塔基州的列克星敦工厂组装两种发动机：一种是雪地车发动机；一种是船用发动机。下表显示了这两种发动机的部分相关数据：

	雪地车发动机	船用发动机
售价	$800	$1 000
单位变动成本	$560	$ 625
单位贡献毛益	$240	$ 375
贡献毛益率（$240÷$800；$375÷$1 000）	30%	37.5%

每天仅有600机器小时可用于组装发动机，短期内不能获得额外的生产能力。Power Recreation公司能售出其生产的全部发动机，因此约束因素只有机器小时数。组装一台雪地车发动机需2机器小时，组装一台船用发动机需5机器小时。Power Recreation公司的管理者应选择哪一种产品组合以实现营业利润最大化？

从单位贡献毛益和贡献毛益率的角度来看，组装船用发动机比雪地车发动机更有利可图。Power Recreation公司应生产并销售船用发动机吗？不一定。下表显示，管理者应选择约束资源（限制因素）的单位贡献毛益最高的产品。这些约束资源限制了产品的生产或销售。

	雪地车发动机	船用发动机
单位贡献毛益	$240	$375
单位产品所需机器小时数	2 机器小时	5 机器小时
单位机器小时贡献毛益		
$240/台÷2 机器小时/台	$120/机器小时	
$375/台÷5 机器小时/台		$75/机器小时
600 机器小时的总贡献毛益		
$120/机器小时×600 机器小时	$72 000	
$75/机器小时×600 机器小时		$45 000

在本例中，机器小时数是约束资源。与船用发动机的单位机器小时贡献毛益（75美元/机器小时）相比，雪地车发动机的单位机器小时贡献毛益（120美元/机器小时）更大。因此，应生产并销售雪地车发动机以最大化总贡献毛益（72 000美元，而生产并销售船用发动机的总贡献毛益是45 000美元）和营业利润。生产过程中的另一些限制因素可能是直接材料、部件、熟练工人的可获得性，以及财务或销售因素。在零售百货商店中，限制因素可能是摆放商品的空间。无论是哪种限制因素，管理者都应选择使限制因素的单位贡献毛益最大的产品，从而最大化总贡献毛益。

在很多情况下，生产商或零售商不得不面临这样的挑战：试图使一个产品组合的总营业利润最大，而其中的每个产品又面临多种限制因素。一些限制因素可能要求生产商或零售商保留一定数量的某种产品，即使这些产品的利润并不高。例如，超市必须储存一些微利的商品，如纸巾和卫生纸，因为顾客通常更愿意在产品种类丰富的超市购物。为了确定盈利能力最强的产品组合，生产商或零售商必须在面临多种约束的情况下最大化总贡献毛益。最优化技术（如本章附录中的线性规划技术）可以解决这些复杂的问题。

同时，管理者会努力缓解瓶颈的约束以增加产出和贡献毛益。例如，能否通过减少闲置时间，将可用于组装发动机的机器小时数增加到600小时以上？能否通过减少生产准备时间和处理时间来减少组装每台雪地车发动机（2机器小时）和船用发动机（5机器小时）所需的时间？

能否通过外包某些组装操作增加发动机的生产？我们将在下一节中讨论这些问题。

　　Gannett 公司为企业提供景观美化服务。所有的景观美化工作都需要使用景观美化设备。其景观美化设备能够完成 14 000 小时的景观美化工作。公司目前预计从现有客户处收到的订单将使用设备13 200 小时。Gannett 公司提供的景观美化服务收费标准为每小时 115 美元。当前作业水平的成本信息如下：

收入（$115/小时×13 200 小时）	$1 518 000
变动景观美化成本（主要是人工），随工作小时数	$　792 000
变化（$60/小时×13 200 小时）	
固定景观美化成本	$　110 000
变动营销成本（收入的 5%）	$　 75 900
固定营销成本	$　 74 000
总成本	$1 051 900
营业利润	$　466 100

　　为了充分利用现有生产能力，Gannett 公司的销售人员正在努力寻找新的业务。Russell 公司希望 Gannett 公司以每小时 100 美元的价格完成 4 600 小时的景观美化工作。Russell 公司订单的变动景观美化成本为每小时 50 美元，变动营销成本为收入的 5%。Gannett 公司可以尽可能多地或尽可能少地接受 Russell 公司 4 600 小时的景观美化工作。Gannett 公司应该怎么做？

12.5　瓶颈、约束理论与产量边际分析

　　假设 Power Recreation 公司的雪地车发动机在进行组装操作前要经过锻造操作。公司每天有 1 200 小时的雪地车发动机锻造生产能力。每台雪地车发动机的锻造时间为 3 小时，因此 Power Recreation 公司每天能够锻造 400 台雪地车发动机（1 200÷3）。注意，公司每天只能组装 300 台雪地车发动机（600÷2）。因此，雪地车发动机的生产受到组装操作而非锻造操作的约束。

　　约束理论（theory of constraints，TOC）描述了在面临某些瓶颈与非瓶颈操作时，最大化营业利润的方法。[①] 为了应用约束理论，我们定义并使用以下三个指标：

　　1. **产量边际**（throughput margin）等于收入减去销售产品的直接材料成本。

　　2. 投资等于三者之和：（a）直接材料、在产品和产成品存货的材料成本；（b）研发成本；（c）设备与建筑物的资本成本。

---

　　① 参见 Eliyahu M. Goldratt and Jeff Cox，The Goal（New York：North River Press，1986）；Eliyahu M. Goldratt，*The Theory of Constraints*（New York：North River Press，1990）；Umesh Nagarkatte and Nancy Oley，*The Theory of Constraints：Creative Problem Solving*（Florida：Productivity Press，2018）。

3. 营业成本等于为获得产量边际而发生的全部营业成本（不含直接材料成本）。营业成本包括工资、租金、水电费、折旧费等成本。

约束理论的目标是增加产量边际，同时减少投资和营业成本。约束理论考虑的是几个月的短期时间跨度，并且假定营业成本是固定的，直接材料成本是唯一的变动成本。在某些营业成本在短期内也是变动成本的情况下，贡献毛益（即收入减去直接材料成本再减去其他变动营业成本）就可以替代产量边际。在 Power Recreation 公司的例子中，每台雪地车发动机的售价是 800 美元。我们假定，560 美元的变动成本仅包括直接材料成本（在锻造部门产生），那么产量边际就等于贡献毛益。为了阐述方便并与前面章节一致，在本节中我们使用贡献毛益一词代替产量边际。

约束理论专注于管理瓶颈操作，下面的步骤对此进行了解释：

步骤 1：应该认识到，瓶颈操作决定整个系统的贡献毛益。在 Power Recreation 公司的例子中，组装操作的产量决定了雪地车发动机的产量。

步骤 2：通过识别有大量存货等待加工的操作来识别瓶颈操作。如果锻造部门满负荷生产雪地车发动机，那么存货就会堆集在组装部门，因为组装部门每天可组装 300 台雪地车发动机，而锻造部门每天可锻造 400 台雪地车发动机。

步骤 3：使瓶颈操作处于忙碌状态，并且使所有非瓶颈操作服从于瓶颈操作。为了最大限度地提高受约束资源或瓶颈资源的贡献毛益，瓶颈组装操作必须始终保持运行状态，工人无须等待即可组装发动机。如何实现？保留一个小的已经过锻造操作并等待组装的雪地车发动机缓冲库存。组装操作按照一个详细的锻造操作生产计划以最大生产能力运行，以确保组装操作不会出现待工现象。瓶颈组装操作决定了非瓶颈锻造操作的进度，以避免锻造出不能组装的雪地车发动机。这样做并不能增加产量或贡献毛益，只会造成未组装的雪地车发动机库存过剩。

步骤 4：只要增加的贡献毛益超过了为提高效率和生产能力而增加的成本，就应该采取行动来提高瓶颈操作的效率与生产能力。

我们用锻造与组装操作数据来说明步骤 4。

	锻造	组装
每日生产能力	400 台	300 台
每日产销量	300 台	300 台
每日其他固定营业成本（不包括直接材料）	$24 000	$18 000
单位产品其他固定营业成本	$80/台	$60/台

（$24 000÷300 台；$18 000÷300 台）

Power Recreation 公司的产量受组装操作 300 台生产能力的约束。公司管理者如何缓解组装操作的瓶颈约束呢？

可采取的行动如下：

1. 消除瓶颈操作的空闲时间（组装设备既没有准备组装也没有实际组装雪地车发动机的时间）。Power Recreation 公司的管理者正在评估是否在组装操作中长期安排 2 名工人，以便在雪地车发动机组装完成后立即卸载，并调整设备以开始组装下一批雪地车发动机。这种行为每天将花费 320 美元，并使瓶颈产量每天增加 3 台雪地车发动机。管理者应该追加这些成本吗？应该，因为 Power Recreation 公司的贡献毛益每天将会增加 720 美元（240×3），大于每天的增量成本 320 美元。所有其他成本都是不相关成本。

2. 将不必在瓶颈机器上生产的产品转移到非瓶颈机器或外部加工设备上生产。假设外部承包商 Spartan 公司提出以每台 75 美元的价格每天组装 5 台已经过锻造操作的雪地车发动机。Spartan 公司的报价高于 Power Recreation 公司组装部门每台 60 美元的营业成本。那么，Power Recreation 公司的管理者应该接受这个报价吗？应该，因为组装是瓶颈操作。让 Spartan 公司组装更多的雪地车发动机，将使每天的贡献毛益增加 1 200 美元（240×5），而增加生产能力的相关成本是每天 375 美元（75×5）。Power Recreation 公司的单位成本低于 Spartan 公司的报价这一事实与决策无关。

假定另一个外部承包商 Gemini Industries 公司愿意使用 Power Recreation 公司提供的直接材料，以每台 65 美元的价格每天锻造 8 台雪地车发动机。Gemini Industries 公司的报价高于 Power Recreation 公司锻造部门每台 80 美元的营业成本。那么，Power Recreation 公司的管理者应该接受这个报价吗？不应该，因为其他营业成本是固定成本。Power Recreation 公司将锻造操作转包出去并不会节省任何成本。相反，由于受组装能力的约束，它的成本每天增加 520 美元（65×8），而贡献毛益并不会增加。

3. 减少瓶颈操作的准备时间与加工时间（例如，简化设计或减少产品部件数量）。假设 Power Recreation 公司通过减少组装操作的准备时间，能以 1 000 美元的成本每天多组装 10 台雪地车发动机。那么管理者应该追加成本吗？应该，因为贡献毛益每天增加 2 400 美元（240×10），大于每天的增量成本 1 000 美元。

Power Recreation 公司的管理者是否会认为追加成本以减少非瓶颈锻造操作的加工时间是值得的？不会。其他营业成本将会增加，而贡献毛益保持不变，这是因为受到组装操作的瓶颈生产能力的限制，而组装操作的瓶颈生产能力没有增加。

4. 提高瓶颈操作生产的产品或部件的质量。瓶颈操作中低质量产品的成本比非瓶颈操作中更高。在非瓶颈操作中，低质量产品的成本是浪费的材料成本。如果 Power Recreation 公司在锻造操作中生产出 5 台有缺陷的雪地车发动机，那么低质量产品的成本是 2 800 美元（直接材料成本 560 美元/台×5 台）。因为锻造部门有未利用的生产能力，因此没有损失贡献毛益。尽管存在缺陷产品，锻造部门还是能生产 300 台高质量的雪地车发动机并转交到组装部门。在瓶颈操作中，低质量产品的成本是浪费的材料成本加上损失的贡献毛益的机会成本。没有浪费在生产有缺陷的雪地车发动机上的瓶颈生产能力可以用来创造额外的贡献毛益。如果公司在组装操作中生产了 5 台有缺陷的产品，那么低质量产品的成本就是损失的 4 000 美元（800×5）收入，或者说是 2 800 美元（直接材料成本 560 美元/台×5 台）直接材料成本加上损失的 1 200 美元（560×5）贡献毛益。

瓶颈操作中低质量产品的高成本意味着瓶颈时间不应该浪费在加工缺陷产品上。也就是说，应在瓶颈操作前对发动机进行检测，以确保在瓶颈操作中只加工高质量的部件。此外，质量改进计划应该特别强调最小化瓶颈机器上的缺陷。

如果步骤 4 中的行动成功，组装操作的生产能力将提高，直到最终超过锻造操作的生产能力。这样瓶颈就会转移到锻造操作上。此时，Power Recreation 公司会将持续改进行动重点放在提高锻造操作的效率和生产能力上。例如，与 Gemini Industries 公司签订合约，规定以每台 65 美元的价格每天锻造 8 台雪地车发动机，直接材料由 Power Recreation 公司提供。这个合约将会变得非常有吸引力，因为每天的贡献毛益将会增加 1 920 美元（240×8），大于增量成本 520 美元（65×8）。

Apple Watch 的经历说明了本节中讨论的许多问题。在最后的测试过程中，苹果公司发现其两家供应商中的一家制造的"触觉引擎"（taptic engine）电机（由苹果公司设计，用于产生敲击手腕的感觉）开始出现故障。因此，苹果公司不得不报废一些已完工的手表，并将这一部件的生产转移到第二家供应商。虽然第二家供应商的部件没有出现同样的问题，但该供应商需要时间去增加产量。因此，苹果公司要求其他部件供应商根据触觉引擎瓶颈的产量来调整生产。

约束理论强调瓶颈操作的管理是提高整体生产操作绩效的关键。它重点关注短期内贡献毛益的最大化。因为约束理论认为营业成本在短期内很难改变，所以它没有识别单个作业和成本动因。因此，约束理论对成本的长期管理不是很有帮助。相反，作业成本系统从长期角度出发，致力于通过消除非增值作业和降低增值作业的成本来改进流程。因此，在长期定价、成本控制和生产能力管理方面，作业成本系统比约束理论更有用。短期内，约束理论强调通过管理瓶颈来最大化贡献毛益，这与作业成本系统的长期战略成本管理相辅相成。[①]

12.6 客户盈利能力和相关成本

管理者经常需要就增设或关闭某条生产线或某个经营分部做出决策。类似地，如果成本对象是客户，管理者就必须决定是增加还是放弃客户（类似于生产线）或分公司（类似于经营分部）。我们使用客户而不是产品作为成本对象来说明这些决策的相关收入和相关成本分析。

例 5：Allied 家具公司是一家家具批发商，它在西海岸的销售办事处 Allied West 向三家当地的零售商——Vogel、Brenner 和 Wisk 供货。图表 12-8 显示了 Allied West 使用作业成本系统按客户划分的下一年的预期收入和成本。Allied West 的管理会计师根据支持每位客户所需的作业将成本分配给客户。Allied West 在不同成本层级下不同作业的成本信息如下：

- 家具搬运人工成本随着家具发货量的变化而变化。
- Allied West 为不同的客户预留了仓库的不同区域。为简化起见，假设某一区域的家具搬运设备和 Allied West 已购设备的折旧费用与个别客户（客户层次成本）相关联。任何未使用的设备都处于闲置状态，这些设备的使用寿命是 1 年，处置价值为 0。
- Allied West 根据为客户预留的仓库面积将固定租金分配到客户账户。
- 营销支持成本随上门推销次数的变化而变化。
- 销售订单成本是批次成本，随客户订单数的变化而变化；运输成本是批次成本，随运输次数的变化而变化。
- Allied West 根据客户的购买金额将一般管理费用（设备层次成本）分配到客户账户。
- Allied 家具公司根据各销售办事处的预算成本将固定的公司办公费用分配到各销售办事处。然后，Allied 家具公司根据客户的购买金额将这些费用分配到客户账户。

---

① 关于约束理论、运营管理、成本会计，以及约束理论与作业成本法之间关系的出色评价，参见 Anthony Atkinson，*Cost Accounting*，*The Theory of Constraints*，*and Costing*（Issue Paper，CMA Canada，December 2000）。

图表 12 - 8　Allied West 的客户盈利能力分析

	客户			
	Vogel	**Brenner**	**Wisk**	**合计**
销售收入	$500 000	$300 000	$400 000	$1 200 000
产品销售成本	$370 000	$220 000	$330 000	$　920 000
家具搬运人工成本	$ 41 000	$ 18 000	$ 33 000	$　 92 000
计入折旧费的家具搬运设备成本	$ 12 000	$ 4 000	$ 9 000	$　 25 000
租金	$ 14 000	$ 8 000	$ 14 000	$　 36 000
营销支持成本	$ 11 000	$ 9 000	$ 10 000	$　 30 000
销售订单成本和运输成本	$ 13 000	$ 7 000	$ 12 000	$　 32 000
一般管理费用	$ 20 000	$ 12 000	$ 16 000	$　 48 000
已分配的公司办公费用	$ 10 000	$ 6 000	$ 8 000	$　 24 000
成本合计	$491 000	$284 000	$432 000	$1 207 000
营业利润（损失）	$　 9 000	$ 16 000	$(32 000)	$　 (7 000)

在后文，我们将考虑如下几个决策：Allied West 是否应终止与 Wisk 的业务？是否应增加第 4 个客户 Loral？Allied 家具公司是否应关闭 Allied West 销售办事处？是否应再开设一个销售办事处 Allied South（其收入和成本与 Allied West 一样）？

12.6.1　放弃客户的相关收入和相关成本分析

图表 12 - 8 显示 Wisk 账户亏损 32 000 美元，因为 Wisk 向 Allied West 订购的商品利润较低，并且其销售订单、运输、家具搬运人工以及营销支持等成本相对较高。Allied West 的管理者正在考虑对 Wisk 采用几种可能的方案：通过提高效率来降低支持 Wisk 的成本；减少为 Wisk 提供的某些服务；要求 Wisk 减少订单次数而增加每次订货量；提高对 Wisk 的收费标准或终止与 Wisk 的业务。以下分析的是终止与 Wisk 的业务对本年营业利润的影响。

Allied West 的管理者和管理会计师首先关注相关收入和相关成本。终止与 Wisk 的业务将：

● 节省发生在 Wisk 上的产品销售成本、家具搬运人工成本、营销支持成本、销售订单成本和运输成本。

● 原来用于向 Wisk 供货的仓库和家具搬运设备将闲置。

● 不影响固定租金、一般管理费用或公司办公费用。

图表 12 - 9 的第（1）列展示了用图表 12 - 8 中 Wisk 一列的数据进行的相关收入和相关成本分析。终止与 Wisk 的业务节约的成本 385 000 美元不足以抵消 400 000 美元的收入损失。由于终止与 Wisk 的业务将使 Allied West 的营业利润减少 15 000 美元，因此 Allied West 的管理者决定保留与 Wisk 的业务。当然，他们会继续想方设法提高效率、改变 Wisk 的订购模式或收取更高的价格。

图表 12 - 9 终止与 Wisk 的业务和增加与 Loral 的业务的相关收入和相关成本分析

	终止与 Wisk 的业务引起的收入减少和成本节约 (1)	增加与 Loral 的业务引起的收入增加和成本增加 (2)
销售收入	$ (400 000)	$ 400 000
产品销售成本	$ 330 000	$(330 000)
家具搬运人工成本	$ 33 000	$ (33 000)
计入折旧费用的家具搬运设备成本	$ 0	$ (9 000)
租金	$ 0	$ 0
营销支持成本	$ 10 000	$ (10 000)
销售订单成本和运输成本	$ 12 000	$ (12 000)
一般管理费用	$ 0	$ 0
公司办公费用	$ 0	$ 0
成本合计	$ 385 000	$(394 000)
营业利润（损失）	$ (15 000)	$ 6 000

　　Allied West 已购设备的折旧费用属于过去的成本，因此与决策无关。租金、一般管理费用和公司办公费用都是未来的成本，终止与 Wisk 的业务对它们没有影响，因此也与决策无关。

　　分配给销售办事处和单个客户账户的公司办公费用始终与决策无关。唯一的问题是，公司办公费用的预期总额是否会因终止与 Wisk 的业务而减少？在这个例子中，它们不受影响，因此这些成本与决策无关。如果公司办公费用预期总额因终止与 Wisk 的业务而减少，那么即使分配给 Allied West 的金额不变，这些节省的成本也是相关的。

　　注意，Wisk 使用仓库空间与设备不存在机会成本，因为仓库与设备没有其他用途。也就是说，如果管理者终止与 Wisk 的业务，这些空间与设备仍然是闲置的。但是，假设 Allied West 以每年 20 000 美元的价格将闲置的空间和设备租给 Sanchez 公司。那么 20 000 美元就是 Allied West 继续使用仓库向 Wisk 提供服务的机会成本。终止与 Wisk 的业务并出租仓库，Allied West 可以获利 5 000 美元（租金收入 20 000 美元减去损失的 15 000 美元）。在完全替代法下，终止与 Wisk 的业务带来的收入损失是 380 000 美元（400 000－20 000），而节省的成本是 385 000 美元（见图表 12 - 9 第（1）列）。但在进行最后决策之前，Allied West 的管理者必须考虑 Wisk 是否能够变成一个盈利客户，从而使向 Wisk 提供产品获得的利润超过从 Sanchez 公司处获取的租金收入 20 000 美元。同时，它还要考虑诸如终止与 Wisk 的业务对公司与客户建立稳定长期业务关系声誉的影响等战略因素。

12.6.2 增加客户的相关收入和相关成本分析

　　假设 Allied West 的管理者正在评估在现有客户 Vogel、Brenner 和 Wisk 的基础上增加一客户——Loral 的盈利性。Allied West 的设备没有其他用途。Loral 的情况与 Wisk 相似，因此管理者预测与 Loral 开展业务的收入和成本与图表 12 - 8 中 Wisk 列下的收入和成本相同。特别之处是，Allied West 必须为与 Loral 的业务购买价值 9 000 美元的家具搬运设备，设备的使用年限为 1 年，处置价值为 0。如果增加与 Loral 的业务，仓库租金（36 000 美元）、一般管理费用（48 000 美元）和实际的公司办公费用都不会改变。Allied West 应该增加与 Loral 的业务吗？

图表 12-9 的第（2）列表明相关收入超出相关成本 6 000 美元。增加与 Loral 业务的机会成本是 0，因为 Allied West 的设备没有其他用途。基于这个分析，Allied West 的管理者建议增加与 Loral 的业务。租金、一般管理费用和公司办公费用是不相关成本，因为即使增加与 Loral 的业务，这些成本也不会改变。但为 Loral 购买新设备的成本（在图表 12-9 的第（2）列中作为 9 000 美元的折旧费用冲销）被视为相关成本，这是因为如果 Allied West 不与 Loral 开展业务就不会发生该成本。注意此处的关键区别是：已购设备的折旧费用在决定是否终止与 Wisk 的业务时是不相关成本（它是过去发生的成本），但未来购买新设备的成本（将作为折旧费用冲销）在增加与 Loral 的业务时是相关成本。

12.6.3　关闭或增设分公司或经营分部的相关收入与相关成本分析

公司经常会做出应关闭或增设分公司或经营分部的决策。例如，在 Allied West 预期年亏损为 7 000 美元的情况下（见图表 12-8），Allied 家具公司是否应关闭 Allied West？关闭 Allied West 将会节省其所有成本，但是 Allied West 的设备没有处置价值，其空间也没有其他用途。终止 Allied West 的经营不会影响公司办公费用总额。

图表 12-10 的第（1）列给出了用图表 12-8 的"合计"列数据所做的相关收入和相关成本分析。1 200 000 美元的收入损失将超过 1 158 000 美元的成本节约，导致营业利润减少 42 000 美元。因此，不应关闭 Allied West。关键的原因是关闭 Allied West 不会减少折旧费用或实际的公司办公费用总额。折旧费用是过去成本或沉没成本，因为它代表着 Allied West 已经购买的设备的成本。原来分配给 Allied West 的 24 000 美元公司办公费用将分配给其他销售办事处，但总费用不会下降，因此是不相关的。

图表 12-10　关闭 Allied West 和增设 Allied South 的相关收入和相关成本分析

	关闭 Allied West 引起的收入减少和成本节约 (1)	增设 Allied South 引起的收入增加和成本增加 (2)
销售收入	$(1 200 000)	$ 1 200 000
产品销售成本	$ 920 000	$ (920 000)
家具搬运人工成本	$ 92 000	$ (92 000)
计入折旧费用的家具搬运设备成本	$ 0	$ (25 000)
租金	$ 36 000	$ (36 000)
营销支持成本	$ 30 000	$ (30 000)
销售订单成本和运输成本	$ 32 000	$ (32 000)
一般管理费用	$ 48 000	$ (48 000)
公司办公费用	$ 0	$ 0
成本合计	$ 1 158 000	$(1 183 000)
营业利润（损失）	$ (42 000)	$ 17 000

最后，假设 Allied 家具公司可以另开设一个销售办事处 Allied South，其收入和成本与 Allied West 相同，包括购买一台价值 25 000 美元的家具搬运设备，使用年限为 1 年，处置价值为 0。开设该销售办事处不会影响公司办公费用总额。那么，Allied 家具公司的管理者是否应增

设 Allied South？图表 12-10 的第（2）列表明应增设这个销售办事处，因为增设 Allied South 可以使营业利润增加 17 000 美元。如前所述，未来将要购买的新设备成本（作为折旧费用冲销）属于相关成本，而已分配的公司办公费用是不相关成本，因为如果开设 Allied South，公司办公费用总额不会发生改变。

小练习 12-4

Sloan 公司经营着两家商店，一家位于梅德菲尔德，一家位于奥克兰。2020 年每家商店的营业利润如下：

	梅德菲尔德商店	奥克兰商店
销售收入	$2 200 000	$1 600 000
营业成本		
产品销售成本	$1 400 000	$1 230 000
变动营业成本（人工、水电费）	$ 210 000	$ 120 000
租金（每年续期）	$ 152 000	$ 165 000
设备折旧费用	$ 47 000	$ 42 000
已分配的公司间接费用	$ 89 000	$ 80 000
总营业成本	$1 898 000	$1 637 000
营业利润（损失）	$ 302 000	$ (37 000)

其设备的处置价值为 0。

1. 通过关闭奥克兰商店，Sloan 公司可以使公司间接费用减少 90 000 美元。Sloan 公司应该关闭奥克兰商店吗？

2. Sloan 公司没有关闭奥克兰商店，而是考虑再开一家收入和成本与奥克兰商店相同的商店（包括以 42 000 美元的成本购买使用寿命为 1 年、处置价值为 0 的设备）。开设这家商店将使公司间接费用增加 9 000 美元。Sloan 公司应该再开一家像奥克兰商店那样的商店吗？请解释。

12.7　过去成本的无关性与设备更新决策

在本章中，我们曾多次推断过去的（历史或沉没）成本与决策无关，因为决策不能改变已经发生的事情。现在，我们将相关这一概念应用于设备更新决策。我们要强调这样一种思想：**现有设备的账面价值**（book value），即初始成本减去累计折旧是不相关的过去成本。

例 6：Toledo 公司是一家飞机零部件制造商，它打算用新设备取代现有金属切割机。新设备比旧设备的生产效率高，但使用年限较短。该更新决策不会影响飞机零部件的销售收入（每年 1 100 000 美元）。管理会计师提供的现有（旧）设备和替换（新）设备的数据如下：

	旧设备	新设备
初始成本	$1 000 000	$600 000
使用年限	5 年	2 年
已使用年限	3 年	0 年

续表

	旧设备	新设备
剩余年限	2 年	2 年
累计折旧	$ 600 000	未知
账面价值	$ 400 000	未知
现行处置价值（现金）	$ 40 000	未知
期末处置价值（2 年后的现金）	$ 0	$ 0
年营业成本（维修、能源、修理、冷却剂等）	$ 800 000	$460 000

Toledo 公司采用直线法进行折旧。为便于集中讨论相关性，此处不考虑货币的时间价值和所得税。[①] Toledo 公司的管理者是否应更新旧设备？

图表 12-11 展示了两种设备的成本比较。考虑以下四个项目，为什么在 Toledo 公司的设备更新决策中这些项目是相关的或不相关的？

1. 旧设备的账面价值 400 000 美元：不相关，因为它是过去成本或沉没成本。所有的过去成本都已"付之东流"，现在的决策无法改变公司已经支出的成本或已经发生的事情。

2. 旧设备的现行处置价值 40 000 美元：相关，因为它是预期的未来利益，只有在公司更新设备时才会发生。

3. 处置损失 360 000 美元：这是第（1）项和第（2）项金额之间的差值。由于模糊了不相关的账面价值与相关的处置价值之间的区别，它是一个毫无意义的组合。管理者应对每个项目单独加以考虑，就如第（1）项和第（2）项中的处理一样。

4. 新设备成本 600 000 美元：相关，因为它是预期的未来成本，只有在公司购买设备时才会发生。

图表 12-11 营业利润比较：Toledo 公司的设备更新、相关项和不相关项

	两年合计		
	继续使用 (1)	更新 (2)	差异 (3) = (1) − (2)
销售收入	$2 200 000	$2 200 000	—
营业成本			
现金营业成本 （$800 000/年×2 年；$460 000/年×2 年）	$1 600 000	$ 920 000	$ 680 000
旧设备账面价值			
分期计提折旧或	$ 400 000	—	—
一次性冲销	—	$ 400 000[a]	—
旧设备的现行处置价值	—	$ (40 000)[a]	$ 40 000
新设备成本，分期计提折旧	—	$ 600 000	$(600 000)
营业成本合计	$2 000 000	$1 880 000	$ 120 000
营业利润	$ 200 000	$ 320 000	$(120 000)

a. 在正式的利润表中，这两个项目将合并作为"设备处置损失" 360 000 美元列示。

图表 12-11 清晰地表明了这四点。其中"差异"列表明旧设备账面价值在不同方案之间没有差异，因此在决策时可完全忽略。无论是当期一次性冲销还是在两年内分期计提折旧，对不

---

① 参见第 22 章关于货币的时间价值和所得税的讨论。

同的方案来说，费用均为 400 000 美元，因为它是过去（历史）成本。相比之下，600 000 美元的新设备成本和 40 000 美元的旧设备的现行处置价值是相关成本，因为如果不更新设备就不会产生这一成本。考虑更新设备的成本和现金营业成本的节约，Toledo 公司的管理者应该更新设备，因为更新设备后两年合计营业利润将增加 120 000 美元。

图表 12-12 仅集中讨论了相关项目，即使在计算过程中忽略了账面价值，也可以得到相同的结果——更新设备能降低成本并增加 120 000 美元的营业利润。此处仅有的相关项目是现金营业成本、旧设备的现行处置价值及新设备的购置成本（在图表 12-12 中表示为折旧费用）。

图表 12-12　成本比较：Toledo 公司的设备更新（仅限于相关项）

	两年合计		
	继续使用 (1)	更新 (2)	差异 (3) = (1) - (2)
现金营业成本	$1 600 000	$ 920 000	$ 680 000
旧设备的现行处置价值	—	$ (40 000)	$ 40 000
新设备，分期计提折旧	—	$ 600 000	$(600 000)
相关成本合计	$1 600 000	$1 480 000	$ 120 000

12.8　决策与业绩评价

根据图表 12-1 中的五步决策制定程序，考虑上面设备更新的例子。

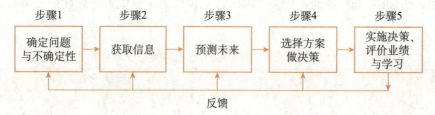

图表 12-11 和图表 12-12 中的决策模型（步骤 4）表明应更新设备而不是继续使用旧设备。但在现实世界中，管理者会更新设备吗？一个重要因素是管理者对决策模型是否与决策实施后的业绩评价（步骤 5 中的业绩评价模型）相一致的看法。

从自身职业生涯的角度考虑，管理者倾向于能让自己的业绩看上去更好的方案。在我们前面的例子中，决策模型与业绩评价模型是一致的。但是，如果业绩评价模型与决策模型相冲突，那么业绩评价模型常常会影响管理者的决策。下表比较了当管理者决定继续使用旧设备或更新设备时，Toledo 公司第一年和第二年的应计会计利润。

	权责发生制下第一年损益		权责发生制下第二年损益	
	继续使用	更新	继续使用	更新
销售收入	$1 100 000	$1 100 000	$1 100 000	$1 100 000
营业成本				
现金营业成本	$ 800 000	$ 460 000	$ 800 000	$ 460 000
折旧费用	$ 200 000	$ 300 000	$ 200 000	$ 300 000
处置损失	—	$ 360 000	—	—
营业成本合计	$1 000 000	$1 120 000	$1 000 000	$ 760 000
营业利润（损失）	$ 100 000	$ (20 000)	$ 100 000	$ 340 000

如图 12 - 11 所示，如果更新设备，两年合计的应计会计利润会增加 120 000 美元。但是，如果 Toledo 公司的管理者的升迁或奖金取决于权责发生制下第一年的营业利润，那么管理人员就绝不会更新设备。为什么？因为在权责发生制下，继续使用旧设备时第一年的营业利润是 100 000 美元，而更新设备第一年会亏损 20 000 美元。即使高层管理者以两年为目标（与决策模型一致），但只要其根据第一年的营业利润等短期指标评价基层管理者的业绩，他们就会只注重第一年的收益。

通常很难解决决策模型与业绩评价模型之间的冲突。从理论上讲，解决这个问题似乎很简单：高层管理者设计出使二者一致的模型。仍以上述设备更新为例。设备更新对营业利润的年度影响可以列入两年的规划期内，然后根据第一年业绩较差、第二年业绩大幅好转的预期对低层管理者的业绩进行评价。然而，如果对每项决策都这样做，业绩评价模型将会变得很烦琐。由于这些实际困难，会计系统很少单独追溯每项决策。业绩评价的重点是特定时期的责任中心，而不是项目或者设备寿命期限内的单个条目。因此，许多不同决策的影响被合并在一个业绩报告或评价指标（如营业利润）中。低层管理者做出的决策是使营业利润最大化，而高层管理者很少能通过报告系统了解特别有利，但因为决策模型与业绩评价模型之间的冲突而未被低层管理者选中的方案。

再看决策模型与业绩评价模型之间的另一种冲突。假设管理者在购买了一台设备后发现本应该购买一台更好的设备。决策模型会建议用更好的设备替换刚刚购入的设备。但管理者会这么做吗？可能不会。为什么？因为在设备买回不久就更换会显得管理者能力低下，业绩不佳。如果其上级不知道有更好的设备，管理者可能更愿意保留最近购买的设备，而不是提醒上级存在更好的设备。

许多管理者认为，当行动不符合公司最佳利益时，采取这种行动使自己的业绩看起来很好是不道德的。但是批评者认为，正是这种行为导致了 2008 年的全球金融危机。为了遏止这种行为，管理者制定了行为准则，强调价值观，并且建立了致力于做正确事情的企业文化。第 24 章详细讨论了业绩评价模型、道德规范以及减少决策模型与业绩评价模型之间冲突的方法。

📖 自测题

沃利·刘易斯（Wally Lewis）是 Goldcoast Products 公司的技术研发部经理。他刚刚收到一份由工程师们签署的报告，建议用联网个人计算机替换现有工作站。刘易斯对该项提议并不感兴趣。

工作站和联网个人计算机的相关资料如下：

	工作站	联网个人计算机
初始成本	$ 300 000	$ 135 000
使用年限	5 年	3 年
已使用年限	2 年	0 年
剩余年限	3 年	3 年
累计折旧	$ 120 000	未知
现行账面价值	$ 180 000	未知
现行处置价值（现金）	$ 95 000	未知
期末处置价值（3 年后的现金）	$ 0	$ 0

续表

	工作站	联网个人计算机
与计算机相关的年现金营业成本	$ 40 000	$ 10 000
年收入	$1 000 000	$1 000 000
与计算机无关的年现金营业成本	$ 880 000	$ 880 000

刘易斯年终奖金的一部分与部门营业利润有关。他下一年有可能晋升为 Goldcoast Products 公司的副总裁。

要求：

1. 忽略货币的时间价值和所得税的影响，考虑 3 年的累计结果，比较工作站和联网个人计算机的成本。

2. 为什么刘易斯不愿意购买联网个人计算机？

解答：

1. 在比较工作站和联网个人计算机的未来成本时，下表列示了两者的所有成本项目。

所有项目	3 年合计		
	工作站 (1)	联网个人计算机 (2)	差异 (3) = (1) - (2)
收入	$ 3 000 000	$3 000 000	—
营业成本			
与计算机无关的营业成本 　（$880 000/年×3 年）	$ 2 640 000	$2 640 000	—
与计算机相关的现金营业成本 　（$40 000；$10 000/年×3 年）	$ 120 000	$ 30 000	$ 90 000
工作站的账面价值			
分期计提折旧或	$ 180 000	—	
一次性冲销	—	$ 180 000	
工作站的现行处置价值	—	$ (95 000)	$ 95 000
联网个人计算机的每期折旧	—	$ 135 000	$ (135 000)
营业成本合计	$ 2 940 000	$2 890 000	$ 50 000
营业利润	$ 60 000	$ 110 000	$ (50 000)

或者，仅对不同方案之间的差异项目进行分析，如下表所示。

相关项目	3 年合计		
	工作站	联网个人计算机	差异
与计算机相关的现金营业成本 （$40 000；$10 000/年×3 年）	$120 000	$ 30 000	$ 90 000
工作站的现行处置价值	—	$(95 000)	$ 95 000
联网个人计算机的每期折旧	—	$135 000	$(135 000)
相关成本合计	$120 000	$ 70 000	$ 50 000

分析表明，相比工作站，使用联网个人计算机成本更低。

2. 权责发生制下两种方案第一年的营业利润如下。

	继续使用工作站	购买联网个人计算机
收入	$1 000 000	$1 000 000
营业成本		
与计算机无关的营业成本	$880 000	$880 000
与计算机相关的现金营业成本	$ 40 000	$ 10 000
折旧	$ 60 000	$ 45 000
工作站处置损失	—	$ 85 000ᵃ
营业成本合计	$ 980 000	$1 020 000
营业利润	$ 20 000	$ (20 000)

　　a. $85 000＝工作站的账面价值$180 000－当前处置价值$95 000。

　　刘易斯更愿意展示的是保留工作站获得的 20 000 美元的营业利润，而不是购买联网个人计算机产生的 20 000 美元的营业损失。购买联网个人计算机将消除他根据营业利润计算的奖金。他还可能认为，20 000 美元的营业损失会降低他晋升为公司副总裁的概率。

决策要点

　　下面的问答形式是对本章学习目标的总结，"决策"代表与学习目标相关的关键问题，"指南"则是对该问题的回答。

决策	指南
1. 管理者用于制定决策的五步程序是什么？	五步决策制定程序是：（1）确定问题与不确定性；（2）获取信息；（3）预测未来；（4）选择方案做决策；（5）实施决策、评价业绩与学习。
2. 收入或成本在什么情况下与特定决策相关？在相关成本分析中管理者应避免的潜在问题是什么？	成本或收入与特定决策相关，它必须：（1）是预期的未来收入或未来成本；（2）因方案的不同而不同。相关收入和相关成本分析仅考虑能用财务数据表示的定量结果。但是管理者在制定决策时，必须考虑非财务定量因素和定性因素，如员工士气。 相关成本分析中常见的两个潜在问题是：（1）默认不正确的一般性假定，如所有变动成本都是相关的，所有固定成本都是不相关的；（2）不考虑固定成本总额，只关注单位固定成本。
3. 什么是机会成本？为什么管理者在制定自制或购决策时要考虑机会成本？	机会成本是指没有将有限资源用于次优方案而丧失收益。之所以在制定决策时考虑机会成本，是因为任何决策的相关成本都是决策的增量成本加上放弃利润的机会成本。在生产能力有限的情况下，管理者在决定是自制还是外购时，必须考虑使用该生产能力的机会成本。
4. 当存在资源约束，且管理者应如何从多种产品中选择一种进行生产和销售？	当存在资源约束，且需从多种产品中进行选择时，管理者应选择使约束资源（限制因素）的单位贡献毛益最大的产品。这将最大限度地提高总贡献毛益。
5. 管理者可以采取哪些步骤来管理瓶颈？	管理者可以采取四个步骤来管理瓶颈：（1）认识到瓶颈操作决定产量边际（贡献毛益）；（2）识别瓶颈操作；（3）使瓶颈操作处于忙碌状态，并且使所有非瓶颈操作服从于瓶颈操作；（4）提高瓶颈操作的效率与生产能力。
6. 在决定增加或放弃客户，增设或关闭分公司、经营分部时，管理者应关注什么？如何处理已分配的间接成本？	在制定增加或放弃客户，增设或关闭分公司、经营分部的决策时，管理者应该只关注会发生变化的成本和机会成本。管理者应忽略已分配的间接成本。

续表

决策	指南
7. 现有设备的账面价值是否与设备更新决策相关？	现有设备的账面价值为过去（历史或沉没）成本，与设备更新决策不相关。
8. 低层管理者使用的决策模型是如何与高层管理者的业绩评价模型发生冲突的？	高层管理者面临着一个持续性的挑战：确保对下属人员的业绩评价模型与决策模型一致。一种常见的不一致之处是，要求下属人员在决策时有长远眼光，却又以当年的营业利润为基础来评价他们的业绩。

习 题

12-22 相关成本和不相关成本。回答下列问题：

1. Davanit 计算机公司生产了 5 600 块 CB76 型线路板，单位成本为 200 美元。其中，单位变动成本为 160 美元，单位固定成本为 40 美元。Peach 电子公司可以提供 5 600 块 CB76 型线路板，单位售价为 180 美元。如果 Davanit 计算机公司从 Peach 电子公司处购买，它能够节省每单位 15 美元的固定成本，但仍需承担每单位剩余的 25 美元固定成本。Davanit 计算机公司是否应该接受 Peach 电子公司的报价？请解释。

2. LF 制造公司正在决定是否替换旧机器。信息如下：

	旧机器	新机器
初始成本	$10 900	$ 8 200
使用年限	10 年	3 年
已使用年限	7 年	0 年
剩余年限	3 年	3 年
累计折旧	$ 7 630	未知
账面价值	$ 3 270	未知
现行处置价值（现金）	$ 2 700	未知
期末处置价值（3 年后）	$ 0	$ 0
年现金营业成本	$17 500	$14 500

LF 制造公司采用直线法计提折旧。不考虑货币的时间价值和所得税，LF 制造公司是否应该更换机器？请说明理由。

12-26 存货决策，机会成本。割草机制造商 Ever Lawn 预计明年将采购 228 000 个火花塞，月需求量为 19 000 个。某供应商的报价是每个火花塞 7 美元，它还提供了一个特殊折扣选择：若在年初一次性购买 228 000 个火花塞，则给予 4% 的价格折扣。Ever Lawn 现金投资的年收益率为 10%。每下一次订单要花费 210 美元。

要求：

1. 与每月购买 19 000 个火花塞相比，年初一次性购买 228 000 个火花塞的机会成本是多少？

2. 机会成本是否会在会计系统中记录？为什么？

3. Ever Lawn 应在年初一次性购买 228 000 个火花塞还是每月购买 19 000 个？列出计算过程。

4. Ever Lawn 在做出决策时还应考虑哪些因素？

12-29 约束理论，产量边际，相关成本。Phoenix 公司生产档案柜要经过两道工序：加工和抛光。信息如下：

	加工	抛光
年生产能力	160 000 个	135 000 个
年产量	135 000 个	135 000 个
固定营业成本（不包括直接材料成本）	$1 620 000	$1 350 000
单位固定营业成本	$12/个	$10/个
（$1 620 000÷135 000 个；$1 350 000÷135 000 个）		

每个档案柜售价 100 美元，开始加工时发生直接材料成本 70 美元。Phoenix 公司没有其他变动成本，制造的产品都可以销售出去。下面的要求仅涉及前面的数据，这些要求之间没有联系。

要求：

1. Phoenix 公司正在考虑使用某些现代化的夹具和工具进行抛光操作，由此可以增加年抛光量 1 400 个，夹具和工具的年成本是 40 000 美元。Phoenix 公司应该使用这些工具吗？列出计算过程。

2. 加工部门的生产经理提交了一份加快安装速度的方案，该方案可以使加工部门的年产量增加 14 000 个、年成本增加 22 000 美元。Phoenix 公司应该实施这一方案吗？列出计算过程。

3. 一家外部承包商提出以每单位 20 美元的价格为 18 000 个产品抛光，这个价格是 Phoenix 公司单位抛光成本（10 美元）的两倍。Phoenix 公司应该接受承包商的报价吗？列出计算过程。

4. Henry 公司提出以每单位 6 美元的价格加工 5 600 个产品，这个价格是 Phoenix 公司加工成本（12 美元）的一半。Phoenix 公司应该接受该公司的报价吗？列出计算过程。

5. Phoenix 公司在加工阶段生产了 1 800 个缺陷产品。缺陷产品的成本是多少？简要解释你的答案。

6. Phoenix 公司在抛光阶段生产了 1 800 个缺陷产品。缺陷产品的成本是多少？简要解释你的答案。

12-30 关闭与开设商店。Rivera 公司经营着两家便利店：一家位于康涅狄格州；另一家位于罗得岛州。2020 年每家商店的营业利润如下：

	康涅狄格州商店	罗得岛州商店
销售收入	$1 110 000	$830 000
营业成本		
产品销售成本	$ 790 000	$620 000
租金（每年更新）	$ 94 000	$ 79 000
人工成本（计时工资）	$ 49 000	$ 37 000
设备折旧	$ 24 000	$ 23 000
水电费（电力、供暖）	$ 46 000	$ 50 000
已分配的公司间接费用	$ 47 000	$ 39 000
营业成本合计	$1 050 000	$848 000
营业利润（损失）	$ 60 000	$(18 000)

设备的处置价值为 0。在一次高级管理会议上，Rivera 公司的管理会计师玛丽亚·洛佩兹（Maria Lopez）做了以下陈述："公司可以通过关闭罗得岛州商店或增设一家类似的商店来提高盈利能力。"

要求：

1. 如果关闭罗得岛州商店，Rivera 公司可以削减 46 000 美元的公司间接费用。计算 Rivera 公司关闭罗得岛州商店后的营业利润。玛丽亚的关店建议正确吗？请解释。

2. 如果继续经营罗得岛州商店，并且新开设一家收入、成本均与罗得岛州商店一样的商店（包括花 23 000 美元购买使用寿命为 1 年、处置价值为 0 的设备），计算 Rivera 公司的营业利润。新开设的商店会增加公司间接费用 5 000 美元，玛丽亚关于新开设商店的建议正确吗？请解释。

12-33 设备升级与设备更换。TechGuide 公司每年生产并销售 7 500 张电脑桌，单价为 750 美元。它现行的生产设备购置于 2 年前，价格为 1 800 000 美元，使用寿命为 5 年，按直线法计提折旧，期末处置价值是 0。设备的现行处置价值是 450 000 美元。然而新技术的出现促使 TechGuide 公司考虑升级或者更换生产设备。两种方案的信息如下所示：

	A	B	C
1		升级	更换
2	设备一次性成本	$3 000 000	$4 800 000
3	每张桌子的变动生产成本	$ 150	$ 75
4	设备剩余年限	3年	3年
5	设备期末处置价值	$ 0	$ 0

所有设备继续采用直线法计提折旧。为简单起见，不考虑所得税和货币的时间价值。

要求：

1. TechGuide 公司应该升级还是更换设备？列出计算过程。

2. 现在假设更换生产设备的一次性成本是可协商的。其他数据如上所述。选择更换设备而不是升级时，TechGuide 公司愿意支付的一次性成本最多为多少？

3. 假设升级和更换设备的资本支出数据如图表所示，但生产量和销售量未知。TechGuide 公司是会升级还是会更换设备？

4. 假设 TechGuide 公司的管理者丹·多利亚（Dan Doria）的奖金是根据营业利润确定的。因为一年后他可能会离开，现在的奖金是他首要关心的问题。丹会选择升级还是更换设备？请解释。

 **附 录**

线性规划

以本章讨论的 Power Recreation 公司为例，假定所有雪地车发动机和船用发动机在向客户交付前都要在一台非常昂贵的机器上进行检测。可用于检测的机器小时是有限的。生产数据如下：

部门	日可用生产能力（机器小时）	单位产品所用生产能力（机器小时）		最大日产量（台）	
		雪地车发动机	船用发动机	雪地车发动机	船用发动机
组装	600	2.0	5.0	300[a]	120
检测	120	1.0	0.5	120	240

a. 比如，600 机器小时÷2.0 机器小时/台＝300 台，该数值为组装线仅生产雪地车发动机的最大日产量。

上述数据和其他相关数据列示在图表 12-13 中。此外，由于船用发动机的生产材料短缺，每天最多只能生产 110 台船用发动机。每种发动机的日产量为多少才能使营业利润最大？

图表 12-13 **Power Recreation** 公司的经营数据

	部门日生产能力（台）		售价	单位变动成本	单位贡献毛益
	组装	检测			
只生产雪地车发动机	300	120	$ 800	$560	$240
只生产船用发动机	120	240	$1 000	$625	$375

因为这里存在多种约束条件，管理者可以用**线性规划**（linear programming，LP）技术来确定每种发动机的产量。LP 模型一般假定所有成本都可以在单一成本动因（产量）下划分为变动成本和固定成本。同时，它还要求一些其他的线性假设成立。如果这些假设不成立，就必须考虑使用其他决策模型。[①]

解决 LP 问题的步骤

使用图表 12-13 中的数据来说明解决 LP 问题的三个步骤。此处，S 代表雪地车发动机的产销量，B 代表船用发动机的产销量。

步骤 1：确定目标函数。线性规划的**目标函数**（objective function）表达了要最大化（如营业利润）或最小化（如营业成本）的目的或目标。本例的目标是找到使总贡献毛益最大的产品组合。无论产品组合决策如何，固定成本保持不变，且与产品组合决策无关。总贡献毛益（TCM）用线性函数表示如下：

$$TCM = 240S + 375B$$

步骤 2：指定约束条件。**约束条件**（constraint）是数学模型中的变量必须满足的等式或不等式。本例中的约束条件用线性不等式表示如下：

组装部门约束条件	$2S + 5B \leqslant 600$
检测部门约束条件	$1S + 0.5B \leqslant 120$
船用发动机材料约束条件	$B \leqslant 110$
产量不能为负	$S \geqslant 0$ 且 $B \geqslant 0$

图表 12-14 中的三条实线分别表示组装、检测和材料约束条件。[②] 可行方案或技术上可行的替代方案是满足所有约束条件的雪地车发动机和船用发动机的产品组合。图表 12-14 中的阴影部分表示所有可行的产品组合。

步骤 3：计算最优解。线性规划是在多个约束条件下用来最大化目标函数的一种优化技术。用 LP 得到最优解的方法有两种：试错法和图解法。这些方法在本例中都很容易使用，因为目标函数中只有两个变量，并且约束条件较少。了解这两种方法有助于掌握 LP 模型。在多数 LP 的实际应用中，管理者用计算机软件包来计算最优解。[③]

---

① 其他决策模型可参考 Barry Render, Ralph M. Stair, and Michael E. Hanna, *Quantitative Analysis for Management*, 13th ed. (Upper Saddle River, NJ：Prentice Hall, 2017)；以及 Steven Nahmias, *Production and Operations Analysis*, 7th ed. (New York：McGraw-Hill/Irwin, 2015)。

② 图表 12-14 中直线的画法：用等号代替不等号，并假设组装部门的 $B=0$，计算出 $S=300$（600÷2）；再假设 $S=0$，计算出 $B=120$（600÷5）。连接两点得到直线。

③ 标准计算机软件包使用简单算法。简单算法通过迭代程序确定 LP 问题的最优解。它从一个特定可行解开始，然后进行变量替代，看能否改善结果，在结果无法再改善时即得到最优解。

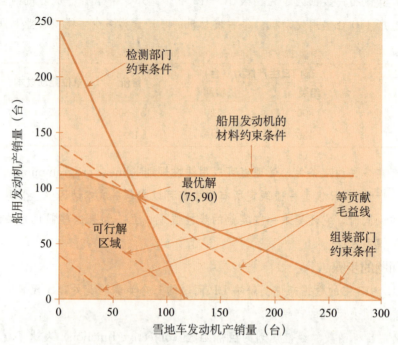

图表 12 - 14　线性规划：Power Recreation 公司的图解法

试错法

管理者可以通过试错法，利用可行解区域角点的坐标来找到最优解。正如我们将看到的，最优解总是位于可行解区域的极值点上。

首先，选择任一角点计算总贡献毛益。图表 12 - 14 中共有 5 个角点。用联立方程组可以得到图中精确的坐标值。比如，将两个相关的约束不等式联立为方程组，并进行求解可得到角点（$S=75$，$B=90$）：

$$2S+5B=600 \tag{1}$$

$$1S+0.5B=120 \tag{2}$$

式（2）乘以 2 得：

$$2S+1B=240 \tag{3}$$

式（1）减去式（3）得：

$$4B=360$$

因此：

$$B=360\div4=90$$

将 B 代入式（2）得：

$$1S+0.5\times90=120$$

$$S=120-45=75$$

当 $S=75$ 台雪地车发动机，$B=90$ 台船用发动机时，$TCM=240\times75+375\times90=51\ 750$ 美元。

然后，依次计算每个角点的总贡献毛益。

序号	角点 (S, B)	雪地车发动机 (S)	船用发动机 (B)	总贡献毛益
1	(0, 0)	0	0	\$240×0＋\$375×0＝\$0
2	(0, 110)	0	110	\$240×0＋\$375×110＝\$41 250
3	(25, 110)	25	110	\$240×25＋\$375×110＝\$47 250
4	(75, 90)	75	90	\$240×75＋\$375×90＝\$51 750[a]
5	(120, 0)	120	0	\$240×120＋\$375×0＝\$28 800

a. 最优解。

最优产品组合是总贡献毛益最大的产品组合，即 75 台雪地车发动机和 90 台船用发动机。为了更好地理解这个结果，思考从点（25，110）移动到点（75，90）将会发生什么。Power Recreation 公司放弃了船用发动机 7 500 美元（375×(110－90)）的贡献毛益，获得了雪地车发动机 12 000 美元（240×(75－25)）的贡献毛益，从而使得贡献毛益增加了 4 500 美元（12 000－7 500），即从 47 250 美元增至 51 750 美元。

图解法

考虑所有总贡献毛益都为 12 000 美元的产品组合，即

$$240S＋375B＝12\ 000（美元）$$

在图表 12-14 中，贡献毛益为 12 000 美元的集合是一条通过（$S＝50$（12 000÷240），$B＝0$）和（$S＝0$，$B＝32$（12 000÷375））的虚线。其他等贡献毛益线可用与之平行的直线表示。在图表 12-14 中，我们画出了三条等贡献毛益线。等贡献毛益线离原点越远，代表总贡献毛益越大，因为相应的产销量增加了。

最优线是一条离原点最远但又经过可行解区域内一点的直线，其代表最大贡献毛益。最优解在角点（$S＝75$，$B＝90$）上，表示使目标函数总贡献毛益最大的雪地车发动机产销量和船用发动机产销量。如果在图表上放一把直尺，将其从原点向外移动，并与 12 000 美元的贡献毛益线平行，就可以很明显地发现这一结果。在不离开可行解区域的情况下，使直尺尽可能地远离原点，即增加总贡献毛益。最大化问题的最优解一般是虚线与可行解区域极值点相交的角点。如果将直尺再向外移动，就会让它落到可行解区域外。

敏感性分析

在目标函数（如雪地车发动机或船用发动机的单位贡献毛益）或约束条件（如制造雪地车发动机或船用发动机所需机器小时）中使用的会计或技术系数存在不确定性时会产生什么影响？考虑雪地车发动机的单位贡献毛益由 240 美元变为 300 美元对最优解的影响。假设船用发动机的单位贡献毛益仍为 375 美元，修正后的目标函数为：

$$TCM＝300S＋375B$$

用试错法计算图表 12-14 中 5 个角点的总贡献毛益，最优解仍是（$S＝75$，$B＝90$）。如果雪地车发动机的单位贡献毛益降至 160 美元，结果会如何呢？最优解保持不变（$S＝75$，$B＝90$）。因此，雪地车发动机单位贡献毛益的大幅变化对最优解没有影响。这是因为，虽然雪地车发动机的单位贡献毛益从 240 美元变为 300 美元再变为 160 美元，会导致图表 12-14 中的等贡献毛益线的斜率发生改变，但等贡献毛益线与可行解区域相交的离原点最远的点依旧为（$S＝75$，$B＝90$）。

第 **13** 章

战略、平衡计分卡与战略盈利性分析

学习目标

1. 确认公司运用哪一种基本战略
2. 理解平衡计分卡的四个维度
3. 分析营业利润的变化以评价战略
4. 识别未利用生产能力并学习如何管理它

橄榄园公司（Olive Garden）想知道。

塔吉特和百事也想知道，甚至当地汽车经销商和运输管理机构也很好奇，它们都想知道自己是否实现了目标。像英国的巴克莱银行等成功运用了平衡计分卡方法测量它们的进步。

💡 **引例**　　　　　**巴克莱求助于平衡计分卡**

2008—2012 年的一系列丑闻损害了英国跨国银行巴克莱的声誉。从金融危机前夕欺诈性地出售抵押担保证券，到操纵一个名为 LIBOR（帮助设定全球借贷成本的基准利率）的关键利率，巴克莱的形象和财务业绩都受到了冲击。当新领导层受命扭转巴克莱的局面时，巴克莱求助于平衡计分卡，以改变其业绩目标和激励结构。

巴克莱在 2014 年推出平衡计分卡，在每个"5C"（客户、同事、公民义务、行为和公司）上都设定了具体的目标和指标。以成为世界"首选"银行为目标，平衡计分卡成为确保巴克莱"帮助人们以正确的方式实现他们的雄心壮志"并平衡"利益相关者短期和长期需求"的工具。

不是只关注短期财务结果，巴克莱的平衡计分卡使公司的 5C 与平衡计分卡更广泛的维度保持一致。最值得注意的是，学习和成长维度纳入了巴克莱的行为和公民义务目标，其中包括公司的新目标和价值陈述。该公司甚至采取了不同寻常的举措，将管理人员的业绩奖金与巴克莱的企业道德和公民义务目标，而不仅仅是季度利润和股价上涨挂钩。

公司在 2016 年发展了平衡计分卡绩效衡量工具，以确定新的关键绩效指标（KPI），该指标继续优先考虑客户、同事和公民义务目标，并以公司范围内的行为和文化（由公司更改而来）为基础。到 2018 年，巴克莱在实现新的 KPI 方面取得了重大进展。公司最近的年报指出，"通过纳入广泛的财务和非财务指标，我们的框架专注于为不同的利益相关者群体实现积极和可持续的结果，并影响巴克莱员工的激励结果"。

资料来源：Jed Horowitz，"New Barclays Chief Ties Executive Compensation to Societal Goals," *Reuters*，September 24，2012（http://www. reuters. com/article/us-barclays-jenkins-idUSBRE88N0YY20120924）；Alex Brownsell，"Barclays Reveals '5Cs' Values Scorecard in Drive for Brand Transformation," *Marketing*，November 2，2014（http://www. marketingmagazine. co. uk/article/1230626/barclays-reveals-5cs-values-scorecard-drive-brand-transformation）；Kadhim Shubber，"Barclays to Pay ＄2Bn to Settle US Mortgage Mis-Selling Probe," *Financial Times*，March 29，2018（https://www. ft. com/content/9ff69988-3352-11e8-ac48-10c6fdc22f03）；Barclays PLC，"Barclays' Balanced Scorecard"（https://www. home. barclays/about-barclays/balanced-scorecard. html），accessed December 2018；Barclays PLC，*2017 Annual Report*（London：Barclays PLC，2018）.

本章重点关注管理会计信息如何帮助诸如信诺（Cigna）、迪士尼、辉瑞、西门子等公司实施并评估其战略。战略驱动着公司的运营，并指导管理者的短期和长期决策。我们将描述实施战略的平衡计分卡方法和分析营业利润，以评价战略成功的方法。

13.1 什么是战略

战略确定一个组织如何将自身能力和市场机会相匹配来实现其目标。换句话说，战略描述了一个组织如何区别于竞争者，为其顾客创造价值。比如说，零售巨头沃尔玛通过将商店建在郊区和农村地区，提供价格低廉、种类繁多但每个种类可选品种较少的产品为顾客创造价值。为了与战略保持一致，沃尔玛与供应商协商，以低价格大量采购产品，并且通过不提供非必要服务、注重成本、雇用最少的销售人员的方式，来开发降低成本的能力。

在设计战略时，组织必须对它所在的行业有透彻的理解。行业分析集中于五种力量：（1）竞争对手；（2）潜在进入者；（3）替代品；（4）顾客议价能力；（5）供应商议价能力。[①]这些力量的综合影响决定了一个组织的盈利潜力。一般而言，更强大的竞争对手、更强的潜在进入者、相似的产品，以及要求更高的顾客和供应商会使盈利潜力下降。下面我们将以 Chipset 公司为例说明这五种力量。该公司是扬声器、调制解调器和通信网络使用的线性集成电路器件（LICD）的生产商。它生产一种专用芯片 CX1。这种高性能的标准微芯片可以用于多种操作。Chipset 在进行广泛的市场调查并考虑了顾客的许多意见后设计了 CX1。

---

① Michael Porter，*Competitive Strategy*（New York：Free Press，1998）；Michael Porter，*Competitive Advantage*（New York：Free Press，1998）；Michael Porter，"What Is Strategy?" *Harvard Business Review*（November-December 1996）：61 – 78.

1. 竞争对手。CX1 在价格、及时交货和质量方面面临严峻的挑战。本行业的公司有很高的固定成本，在充分利用生产能力和削减销售价格上始终存在着压力。销售价格降低会刺激需求的增长，因为它会使得 LICD 在新的应用，如数码用户线路（digital subscriber line，DSL）中，是一个物有所值的选择。

2. 潜在进入者。利润率低、资本成本高阻止了新的进入者。而且，现有公司（如 Chipset）具有降低成本并与顾客和供应商建立紧密关系的经验。

3. 替代品。Chipset 根据顾客需求生产 CX1，并且通过不断改进 CX1 的设计和生产流程以减少生产成本来降低销售价格，由此降低了未来几年替代品或新技术替代 CX1 的风险。

4. 顾客议价能力。诸如 EarthLink 和威瑞森等顾客与 Chipset 及其竞争对手进行激烈的谈判以降低成交价格，因为它们需要购买大量产品。

5. 供应商议价能力。为了生产 CX1，Chipset 需要高质量的材料（如硅片、连接插件、塑胶或陶制的包装物）以及高技能工程师、技术人员和生产工人。这些使得供应商和员工在要求更高的价格和工资方面有一定的议价能力。

总之，激烈的竞争以及顾客与供应商的议价能力给 Chipset 的销售价格带来了很大的压力。Chipset 必须选择两种基本战略中的某一种来应对这些挑战：产品差异化战略和成本领先战略。

产品差异化（product differentiation）是组织的一种能力，它使顾客感觉到公司的产品和服务要比竞争对手的产品和服务更优质和更独特。苹果公司在消费电子行业成功地实现了产品差异化，强生公司在制药行业和可口可乐在软饮料行业都是如此。通过创新产品研发和品牌推广并将产品快速投放市场，这些公司实现了差异化。这种差异化提升了顾客的品牌忠诚度和顾客支付更高价格的意愿。

成本领先（cost leadership）也是组织的一种能力，它通过提高生产率和效率、减少浪费和严格控制成本来实现比竞争对手更低的成本。各行业的成本领先者包括麦当劳和沃尔玛（消费品）、家得宝和劳氏（家装产品）、百思买（消费电子产品）、艾默生电气（Emerson Electric）（电动机）。这些公司都以更低的成本提供与竞争对手相似而不是差异化的产品。更低的销售价格而不是独特的产品或服务给这些成本领先者带来竞争优势。

为了评估战略的成功，公司必须能够追踪其盈利能力来源于产品差异化战略还是成本领先战略。例如，保时捷公司的盈利能力与其成功地将自己的汽车与竞争对手的汽车区分开来密切相关。产品差异化使保时捷能够提升利润率和销售额。家得宝盈利能力变化的原因是通过提高生产率和改进质量成功地实施了成本领先战略。

Chipset 应该选择什么战略？为了帮助做出决策，Chipset 绘制了如图表 13-1 所示的顾客偏好图。纵轴描述了顾客要求的产品属性，横轴描述了 Chipset 与实行产品差异化战略的竞争对手 Visilog 在顾客要求的产品属性上的等级——从 1 分（差）到 5 分（非常好）。该图强调了战略中的权衡，可以看出，Chipset 的 CX1 在价格、可扩展性①和顾客服务方面有优势，而 Visilog 的芯片在功率与速度方面有优势，并且可以根据不同类型的调制解调器和通信网络定制芯片设计。

CX1 是与竞争对手有一定差异的产品。进一步差异化 CX1 的成本会很高，但它使得 Chipset 可以制定一个更高的价格。相反，降低 CX1 的成本可以使公司降价、刺激成长并扩大

---

① 通过改变产品中 CX1 元件的数量来达到不同的性能水平的能力。

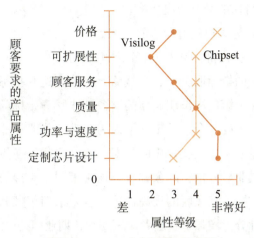

图表 13-1 LTCD 的顾客偏好图

市场份额。CX1 的可扩展性为满足不同顾客的需求提供了一个有效的解决方案。这些年来 Chipset 一直都在招募更擅长产品和业务流程改进而不是创造性设计新产品和开发新技术的工程技术人员。市场份额的扩大受益于因改进业务流程提高生产效率而引起的价格降低，这也导致了 Chipset 选择成本领先战略。

为了实现成本领先，Chipset 认为提高其制造质量和生产率至关重要。这可以通过消除过剩生产能力、降低缺陷率、对工人进行质量管理技术培训以确定产生缺陷的根本原因并采取措施提高制造质量等来实现。同时，Chipset 的管理团队不想削减人员以免损害员工士气，阻碍公司未来成长。除了提高制造质量和生产率外，Chipset 还将缩短交付周期（客户订购产品和收到产品之间的时间）视为实施成本领先战略的关键因素（某些顾客抱怨等待时间过长）。我们将在下一节中探讨这些不同的战略组成部分，了解 Chipset 如何有效地实施其战略。

13.2 战略实施和平衡计分卡

许多组织，如好事达保险公司（Allstate Insurance）、蒙特利尔银行（Bank of Montreal）、英国石油公司（British Petroleum）、陶氏化学公司（Dow Chemical）和杜克大学医院（Duke University Hospital），引入了平衡计分卡来管理其战略的执行。

13.2.1 平衡计分卡

平衡计分卡（balanced scorecard）将组织的使命和战略转化为一系列业绩衡量指标，作为实施组织战略的框架。[1] 平衡计分卡不仅仅关注财务目标，还强调一些非财务目标，这是一个组织为达到和保持它的财务目标所必须实现的目标。平衡计分卡从四个维度评价一个组织的业绩：

1. 财务维度：为股东创造的利润和价值。

---

① Robert S. Kaplan and David P. Norton, *The Balanced Scorecard* (Boston: Harvard Business School Press, 1996); Robert S. Kaplan and David P. Norton, *Strategy Maps: Converting Intangible Assets into Tangible Outcomes* (Boston: Harvard Business School Press, 2004); Robert S. Kaplan and David P. Norton, *Alignment: Using the Balanced Scorecard to Create Corporate Synergies* (Boston: Harvard Business School Press, 2006); Sanjiv Anand, *Execution Excellence* (New Jersey: Wiley, 2016).

2. 顾客维度：公司在目标市场上的成功。

3. 内部业务流程维度：为客户创造价值的内部活动。

4. 学习和成长维度：支持内部活动的人与系统的能力。

一个公司用来追踪业绩的指标取决于它的战略。为什么这套指标被称为平衡计分卡呢？因为它平衡了在一个报告中评价短期和长期业绩的财务和非财务指标的运用。平衡计分卡削弱了管理者对短期财务业绩（如季度盈余）的重视。因为关键的战略性非财务和经营指标，如产品质量和顾客满意度等，衡量公司在这些领域的长期投资。这些长期投资的财务效益也许不能在短期盈余上立即显现，但是非财务指标的大幅改善通常表明未来经济价值的创造。例如，通过顾客调查和重复购买衡量的顾客满意度的提高，预示着未来销售额和利润可能更高。通过平衡财务和非财务指标，平衡计分卡增强了管理者对短期和长期业绩的关注。

在许多营利公司，平衡计分卡的主要目标是维持长期财务绩效。非财务指标只是作为难以测度的长期财务目标的先导指标。某些公司明确设定了社会和环境目标。其中一些公司将实现社会和环境目标视为实现长期财务目标的一种手段，因为社会和环境因素的良好表现会吸引顾客、员工和投资者。其他公司之所以关注社会和环境目标，是因为它们认为公司对多个利益相关者（不仅是金融投资者）负责。

13.2.2 战略地图和平衡计分卡

在这一部分，我们以 Chipset 为例来阐释战略地图和平衡计分卡的四个维度。Chipset 的管理者为每一个方面选择的目标和措施都与推进 Chipset 的成本领先战略相关：提高制造质量与生产率。

战略地图

设计平衡计分卡的第一个步骤是绘制战略地图。**战略地图**（strategy map）是一个图表，描述了组织如何以明确的因果关系，将财务、顾客、内部业务流程以及学习和成长四个维度的战略目标联系起来以创造价值。图表 13-2 介绍了 Chipset 公司 2020 年的战略地图。你可以沿着箭头观察一个战略目标如何影响相同或不同维度的其他战略目标。例如，给员工授权有助于协调员工与组织目标，并改进制造与业务流程，由此提高制造质量与生产率，缩短交付时间，实现准时交货，改进售后服务，所有这些都会提高顾客满意度。提高制造质量和生产率有助于增加营业利润，并且提高顾客满意度，而这反过来又会扩大市场份额、增加营业利润和提升股东价值。

Chipset 可以将许多其他因果关系纳入如图表 13-2 所示的战略地图中。但是，像许多实施平衡计分卡的其他公司一样，Chipset 只关注那些它认为最重要因果关系，因此，它的平衡计分卡并没有变得杂乱而难以理解。

战略地图的结构分析

Chipset 的管理者在开发平衡计分卡之前，会先评估和完善战略地图。他们利用结构分析仔细思考战略地图中的因果关系。该分析有助于 Chipset 的管理者深入了解战略地图。

进行结构分析需要考虑的项目有：关系强度（因果联系）、落单目标、焦点、触发点和独特目标。[1] 我们在下面给出这些项目的定义，并参考如图表 13-2 所示的战略地图来说明它们。在

---

[1] 更详细的讨论见 Jacob Goldenberg, Amnon Levav, David Mazursky, and Sorin Solomon, *Cracking the Ad Code* (New York: Cambridge University Press, 2009)。

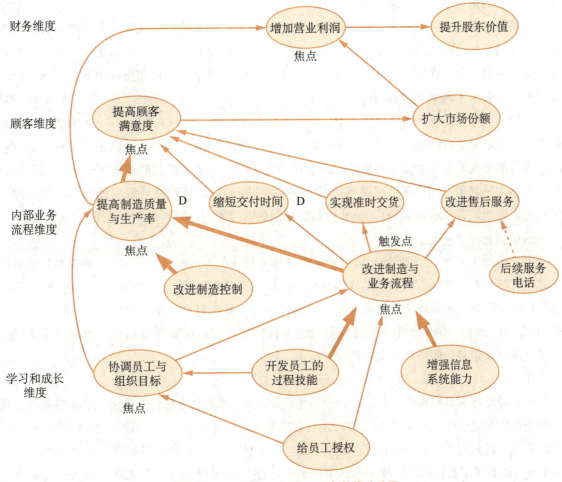

图表 13－2　Chipset 公司 2020 年的战略地图

论述中，我们将学习和成长维度放在战略地图底部，将财务维度放在顶部。

关系强度

关系是战略目标之间的因果联系，可以定性为强、中等或弱。强关系是指相对于战略地图中的其他关系，一个战略目标对另一个战略目标的影响较大的因果联系。同样，中等关系（或者弱关系）是指，相对于战略地图中的其他关系，一个战略目标对另一个战略目标的影响一般（或较小）的因果联系。对业务深入了解的管理者和管理会计师根据历史数据、逻辑和经验来确定一种关系是强、中等还是弱。在图表 13－2 中，粗箭头表示强关系，细箭头表示中等关系，虚线箭头表示弱关系。

强关系表明，如果管理者成功实现某一特定战略目标，将对受影响的战略目标产生强烈的因果效应。请注意，图表 13－2 中有五个强关系。例如，Chipset 的管理者认为，要提高制造质量与生产率，组织必须改进制造控制以及制造与业务流程。为了实现后者，组织又必须增强其信息系统能力，并开发员工的过程技能。

协调员工与组织目标对于提高制造质量与生产率也很重要，但这种关系被认为是中等的，因此不如改进制造控制、改进制造与业务流程那么重要。

中等或弱关系表明，管理者预计实现某个战略目标不会对与其相关的战略目标的实现产生强烈影响。关系可能为中等，因为一些不受组织和管理者控制的因素会影响相关战略目标的结果。例如，扩大市场份额对增加营业利润的影响程度为中等，因为其他因素（如顾客议价能力或竞争对手的价格压力）会影响营业利润。

关系强度影响管理者在不同战略目标之间分配资源。因为管理者认为与某战略目标存在强关系的战略目标会对前者产生很大的影响，他们可能愿意在后者上投入更多资源。正如我们将在后面看到的，关系强度还可能影响管理者在平衡计分卡中制订计划和指标的方式，以及管理者对平衡计分卡不同要素设置的权重。

在如图表 13-2 所示的战略地图中，有许多中等关系和一个弱关系。Chipset 的管理者仔细分析弱关系，考虑后续服务电话的战略目标。Chipset 的管理者认为，即使实现了这一目标，对改进售后服务也只会产生微弱的影响。这是因为在 LICD 技术含量高的情境下，客户对后续服务电话不太感兴趣。客户真正想要的是 Chipset 的快速响应，并积极地解决他们可能遇到的任何问题。因此，客户看重的是 Chipset 对特定问题的响应能力，而不是例行的跟进电话。

落单目标

再考虑图表 13-2。我们把后续服务电话的战略目标称为落单目标。落单目标是与其他战略目标只有弱关系（如果有的话）的战略目标。落单状态通常表明，这类战略目标不会对总体战略目标做出贡献，不值得为其分配资源。但管理层应该分析每个落单目标给组织整体战略带来的价值。在 Chipset 的案例中，管理人员决定不再提供任何后续服务电话，因为这一战略目标最多只能对改进售后服务产生微弱影响。

焦点

一些战略目标具有中心辐射特征，并有多个流入和/或流出关系。焦点是一个战略目标，其他多个目标与之连接（见图表 13-2）。焦点意味着战略的复杂性，多个战略目标需要协调一致，才能完全实现焦点目标。例如，提高制造质量与生产率（内部业务流程维度）是一个焦点，因为 Chipset 要真正看到制造质量和生产率的改善，还必须实现另外三个战略目标：改进制造与业务流程、改进制造控制、协调员工与组织目标。尽管完全实现焦点目标很复杂，但 Chipset 实现这一目标很重要，因为没有它，Chipset 可能无法实现其总体战略目标，以增加营业利润和提升股东价值。然而，如果焦点只有弱关系，那么战略地图分析将建议公司不对焦点目标投入资源。因为全面实现战略目标是复杂的，即使成功实现该焦点目标，也未必有所收益。

触发点

触发点是一个与从中产生的其他目标有多重联系的战略目标，触发点是令人兴奋的，因为如果一个组织能够完全实现触发点战略目标，就能够实现其他多个战略目标。在图表 13-2 中，改进制造与业务流程（内部业务流程维度）是一个触发点，因为它辅助实现另外四个战略目标（提高制造质量与生产率，缩短交付时间，实现准时交货，改进售后服务）。由于触发点相对于整个战略地图上的许多其他战略目标处于中心地位，因此需要管理者给予特别关注。即使其中一个关系是弱关系，只要其他关系是强关系或中等关系，触发点也是有趣的。

独特目标

将组织与其竞争对手区分开来并对实施组织战略至关重要的战略目标就是独特目标。它们通常处于学习和成长以及内部业务流程维度，因为它们界定了公司为满足顾客需求和实现财务业绩而开展的重要活动。在战略地图中，用"D"来标记这些战略目标。

回想一下，基于竞争分析，Chipset 的管理层选择实施成本领先战略——降低成本和价格，而不是开发更先进的芯片并收取更高的价格。实现成本领先的关键步骤要求 Chipset 通过消除过剩产能并缩短交付时间等方式来提高制造质量与生产率。因此，Chipset 的管理者和管理会计师将提高制造质量与生产率、缩短交付时间确定为独特目标，从而使 Chipset 与竞争对手区别开来。Chipset 的管理者争论是否应该选择"更低层次"的战略目标（如改进制造控制或改进制造与业务流程）作为独特目标，而不是采用他们已经选择的目标。他们没有这样做，因为就像许多公司的管理者一样，Chipset 的管理者更愿意选择顾客体验到的那些目标作为独特目标。更高的制造质量与生产率以及更短的交付时间赋予 Chipset 独特的竞争优势，而改进制造控制、改进制造与业务流程是实现这些目标的重要步骤。

在内部业务流程维度下思考独特性还有另外两个好处。第一，内部业务流程维度中的目标描述了核心能力的发展。因此，这些战略目标除了能产生短期效益外，还能产生长期效益，进而创造可持续的竞争优势。第二，内部业务流程维度中的目标迫使高层管理者制定非财务指标来衡量重要但难以量化的活动，这些活动能带来竞争优势。

如果没有真正独特的战略目标，管理者需要重新审视战略目标，并思考如何修改或替换这些目标，以实现将公司与竞争对手区分开来，并为顾客创造价值的战略。这样一来，结构分析既有助于公司实施战略，也有助于公司改进战略。

洞察战略地图

让我们总结一下 Chipset 的管理者利用结构分析分析关系强度、落单目标、焦点、触发点、独特目标所获得的洞见。为了实现财务目标，Chipset 需要通过提高制造质量与生产率以及缩短交付时间来满足顾客需求，这是 Chipset 区别于竞争对手的两个独特目标。实现这两个独特目标的众多焦点表明，竞争对手很难与 Chipset 成功竞争。一系列强关系有助于提高制造质量与生产率。Chipset 的管理者认为，开发员工的过程技能、增强信息系统能力、改进制造控制、改进制造与业务流程，将对提高制造质量与生产率产生强烈影响。缩短交付时间环节的关系就没那么强。Chipset 的管理者将不得不继续监测其新订单交付流程的运行情况。从积极的一面来看，顾客似乎更关心质量和成本（强关系），而不是交付时间（中等关系）。

Chipset 的管理者将根据结构分析的结论，在不同的战略目标之间细致地分配资源（例如，将更多资源用于提高制造质量与生产率，而不是用于缩短交付时间）。他们不会为落单目标分配任何资源，也不会将后续服务电话从战略地图和平衡计分卡中删除。

Chipset 利用图表 13-2 中的战略地图构建如图表 13-3 所示的平衡计分卡。平衡计分卡突出了业绩的四个维度：财务、顾客、内部业务流程以及学习和成长。第一列展示了图表 13-2 所示战略地图中的战略目标。2020 年初，公司管理者明确了战略目标、指标、举措（实现目标所需的行动）和目标业绩（图表 13-3 的前四列）。

平衡计分卡的四个维度

下面我们描述一下平衡计分卡的四个维度，并且用 Chipset 的管理者选择用于实现单个战略目标和实施整体战略的指标来说明每一个维度。在分析平衡计分卡时，我们从每个维度的底部指标（原因）开始讨论，并逐步上升到顶部指标（效果）。

1. 财务维度。这一维度评价战略的盈利性。因为相对于竞争对手的成本降低和销售量增加是 Chipset 的关键战略行动，所以财务维度主要考虑由成本降低和销售量增加带来的 CX1 的营业利润的多少。

图表 13 - 3 Chipset 公司 2020 年平衡计分卡

战略目标	指标	举措	目标业绩	实际业绩
财务维度				
增加营业利润	来自生产率提高的营业利润	管理成本和未利用生产能力	$1 850 000	$1 912 500
提升股东价值	来自成长的营业利润收入增长	建立牢固的顾客关系	$2 500 000 9%	$2 820 000 10%[a]
		↑		
顾客维度				
扩大市场份额	在通信网络单元的市场份额	识别未来的顾客需求	6%	7%
提高顾客满意度	新顾客数量	识别新的目标顾客群	1	1[b]
	顾客满意度等级	增加销售组织对顾客的关注	90%的顾客给出的评价为前两个等级	87%的顾客给出的评价为前两个等级
		↑		
内部业务流程维度				
改进售后服务	服务响应时间	改进顾客服务流程	4 小时以内	3 小时以内
提高制造质量与生产率	产量	识别问题的根源并改进质量	91%	92.3%
缩短交付时间	订单交付时间	重组订单交付流程	30 天	30 天
实现准时交货	及时交付	重组订单交付流程	97%	95%
改进制造与业务流程	制造与业务流程改进的数量	由生产和销售部门组成团队来改进流程	5	5
改进制造控制	实现先进控制的流程比例	组织研发/生产团队来实施先进的控制	90%	90%
		↑		
学习和成长维度				
协调员工与组织目标	员工满意度等级	员工参与与建议项目，以培养团队精神	80%的员工给出的评价为前两个等级	88%的员工给出的评价为前两个等级
给员工授权	一线员工被授权管理流程的百分比	让主管充当教练而不是决策制定者	92%	94%
开发员工的过程技能	接受流程和质量管理培训的员工的百分比	员工培训项目	94%	96%
增强信息系统能力	有实时反馈功能的制造流程的百分比	改进在线和离线数据的收集	93%	93%

a. （2020 年收入－2019 年收入）÷2019 年收入＝（25 300 000－23 000 000）÷23 000 000＝10%。

b. 2020 年顾客的数量从 7 家增长到 8 家。

Chipset 希望利用平衡计分卡的目标来推动组织达到更高的绩效水平。因此，管理者将目标设定在一个可以实现但明显优于竞争对手的业绩水平上。Chipset 的管理者在第五列中报告了 2020 年底的实际业绩，可以与目标业绩进行比较。

2. 顾客维度。这一维度识别目标顾客、细分市场，并衡量公司在这些细分市场的成功与否。为了监控顾客维度的目标，Chipset 的管理者采取以下两种手段：（1）市场研究，如通过调查和采访来决定通信网络细分市场的市场份额；（2）从顾客管理系统中获取新顾客数量和顾客满意度等级的信息。

3. 内部业务流程维度。这一维度集中于为顾客创造价值的内部业务流程，内部业务流程通过提升股东价值来促进财务业绩实现。在将主要竞争对手设为标杆后，Chipset确定了内部业务流程改进目标。标杆管理需要从公开的财务报表、现行价格、顾客、供应商、以前的职员、行业专家和财务分析师那里获得竞争对手的信息。内部业务流程维度由以下三个子流程组成：

● 售后服务：在销售产品后为顾客提供服务和支持。Chipset监测如何快速、准确地对顾客要求做出反应。

● 经营流程：生产并交付满足顾客需求的产品和服务。Chipset的战略行动是：（1）提高制造质量与生产率；（2）缩短交付时间；（3）实现准时交货。因此，Chipset衡量的是产量、订单交付时间和及时交付。

● 创新流程：创造满足顾客需求的产品、服务和流程。对于实行产品差异化战略的公司来说，这是一个重要的流程。这些公司必须不断地设计和开发创新产品以保持市场竞争力。Chipset的创新重点是改进制造与业务流程、改进制造控制，以降低成本和改进生产质量。Chipset通过制造与业务流程改进的数量和实现先进控制的流程比例来衡量创新。

4. 学习和成长维度。这一维度确定组织学习、提高和成长所必需的人力和信息能力。这些能力将帮助企业获得先进的内部流程，从而为顾客和股东创造价值。Chipset的学习和成长维度强调了以下三个方面：

● 员工实现组织目标的动机（用员工满意度来衡量）和授权水平（用一线员工被授权管理流程的百分比来衡量）。

● 员工的过程技能，用接受流程和质量管理培训的员工的百分比来衡量。

● 信息系统能力，用有实时反馈功能的制造流程的百分比来衡量。

图表13-3中的箭头表明了广泛的因果关系——学习和成长维度的收益导致内部业务流程的改善，这进一步带来更高的顾客满意度和更大的市场份额，最后导致更优异的财务业绩。图表13-2中的战略地图描述了每个维度中的详细因果关系。注意平衡计分卡是如何描述Chipset的战略执行元素的。员工培训和授权改善了员工满意度并导致了制造与业务流程的改进。这提高了制造质量与生产率，缩短了交付时间，结果又进一步提升了顾客满意度并扩大了市场份额。图表13-3最后一列表明，从财务维度讲这些行动是成功的。Chipset通过实施成本领先战略获得了巨大的营业利润，同时也促进了它的成长。

为了维持长期财务业绩，公司必须加强平衡计分卡不同维度间的关联。例如，美国西南航空公司员工的高满意度和低离职率（学习和成长维度）导致了更高的效率和顾客友好型服务（内部业务流程维度），由此提高了顾客满意度（顾客维度）并增加了利润和投资回报（财务维度）。

平衡计分卡的一个主要优点是它促进了前文描述的因果思考，即一个领域的改进会引起另一个领域的改进。因此，我们可以将平衡计分卡视为一个联系计分卡或因果计分卡。管理者必须寻求经验证据（而不是仅仅依靠直觉）测试各种联系之间的有效性和强度。因果计分卡使公司能够将重点放在促进战略实施的关键动因上。如果没有令人信服的关联，因果计分卡将失去其大部分价值。

13. 2. 3　实施平衡计分卡

为了成功实施平衡计分卡，部门领导和下属管理者需要最高管理层的承诺和领导。在 Chipset，制定平衡计分卡的团队（由战略规划副总裁领导）会见高管，向其询问关于顾客、竞争对手和技术发展的情况，为平衡计分卡的四个维度目标征求意见。接下来团队一起讨论这些反馈意见并建立有优先次序的目标列表。

在所有高管参加的会议上，团队力争在这四个维度目标上达成共识。随后，战略规划副总裁将高管分成四组，每组负责一个维度。另外，通过将下一级管理层的代表和核心职能管理者纳入每个小组来扩大投入基础。小组为每一个目标确定指标及信息来源，然后一起制定最终战略目标、指标、目标业绩和实现目标业绩的举措。管理会计师在平衡计分卡的设计和实施，特别是在确定反映业务现状的指标中起着重要作用。这需要管理会计师了解行业的经济环境，Chipset 的顾客、竞争对手和内部业务问题，如人力资源、运营和分销。

Chipset 的管理者要确保员工理解平衡计分卡及其流程。最终的平衡计分卡要向所有的员工传达。例如，分享平衡计分卡可以使工程师和操作人员理解顾客满意和不满意的原因，并对改进内部业务流程提出建议，目的在于使顾客满意和顺利实施 Chipset 的总体战略。常常只有选定的一组管理者能看到平衡计分卡。由于限制了平衡计分卡的公开范围，Chipset 失去了组织成员广泛参与和调整的机会。诸如花旗银行、埃克森美孚、诺华等公司均在分公司和部门间分享平衡计分卡。

Chipset 也鼓励每一个部门制定自己的平衡计分卡，并与图表 13－3 所示的 Chipset 的主平衡计分卡关联。例如，质量控制部门的平衡计分卡包括部门经理用于改进质量的指标——质量圈的数量、统计流程控制图、帕累托图，并实施根本原因分析（更多细节见第 20 章）。部门平衡计分卡有助于调整每一个部门的行动，以顺利实施 Chipset 的总体战略。

公司常常使用平衡计分卡评价和奖励管理者的业绩，由此影响管理者的行为。平衡计分卡的使用激励管理者更多地考虑业绩的非财务驱动因素，从而拓宽业绩管理的视野。但是，调查表明，许多公司继续将更多的权重分配给财务维度（45％～55％）而不是其他维度——顾客（15％～25％）、内部业务流程（10％～20％）以及学习和成长（10％～20％）。公司为此列举了几个原因——评价不同指标相对重要性的难度、衡量和量化定性非财务数据面临的挑战以及虽然财务业绩差但仍要向管理者支付薪酬的问题（业绩评价的更详细讨论见第 24 章）。公司更重视代表独特目标、与财务业绩有密切联系且可以合理衡量的非财务指标。例如，在评价高级管理人员时，Chipset 更重视接受流程和质量管理培训的员工的百分比（员工过程技能指标）和产量（制造质量与生产率改进指标）。这是因为 Chipset 认为，这些指标创造了与顾客满意度和营业利润密切相关的独特竞争优势。

越来越多的制造业、商业和服务业公司在激励员工时将更大的权重分配给非财务指标，因为它们相信诸如顾客满意度、流程改进、员工激励等非财务指标能够更好地评价管理者在管理上取得成功的潜力。随着这种趋势的持续，运营经理在决策时将赋予非财务因素更大的比重，尽管这些非财务因素在决定他们的年薪时只占很小的比重。但是，为了使平衡计分卡发挥效用，管理者必须将其视为评价管理者业绩和晋升前景的所有重要方面的一种公平的方法。

13.2.4 不同的战略需要不同的平衡计分卡

回想一下，当 Chipset 实施成本领先战略时，它的竞争对手 Visilog 在设计用于调制解调器和通信网络的定制芯片时，遵循了产品差异化战略。Visilog 将设计适合其产品差异化战略的平衡计分卡。例如，在财务维度，Visilog 评价有多少营业利润来自其产品溢价；在顾客维度，Visilog 衡量来自新产品和新顾客的收入百分比；在内部业务流程维度，Visilog 衡量推出的新产品数和新产品的开发时间；在学习和成长维度，Visilog 衡量生产定制芯片的先进制造能力的开发。

Visilog 也运用如图表 13-3 所示 Chipset 的平衡计分卡的一些指标。例如，收入增长、顾客满意度等级、订单交付时间、及时交付、一线员工被授权管理流程的百分比和员工满意度等级也是产品差异化战略的重要指标。[①] 图表 13-4 介绍了服务、零售和制造业公司平衡计分卡中的一些共同指标。

图表 13-4 常见的平衡计分卡指标

财务维度
利润指标：营业利润、毛利率
收入和成本指标：收入增长、来自新产品的收入、关键领域的成本降低
利润和投资指标：经济增加值[a]（EVA®）、投资回报
顾客维度
市场份额、顾客满意度、顾客保持率、满足顾客请求的时间、顾客投诉数
内部业务流程维度
创新流程：实现先进控制的流程百分比、新产品或新服务的数量、新产品开发时间、新专利数
经营流程：产出、缺陷率、及时交付率、完成订单的平均时间、生产准备时间、生产停工期
售后服务：替换和修理缺陷产品的时间、培训顾客使用产品的小时数
学习和成长维度
员工指标：员工教育背景和技能水平、员工满意度等级、员工流动率、员工建议采用率、基于个人和团体激励的报酬百分比
技术指标：信息系统可用性、有实时反馈的流程百分比

a. 该指标将在第 24 章进行阐述。

13.2.5 环境绩效、社会绩效与平衡计分卡

布伦特兰委员会（Brundtland Commission）[②] 将可持续发展社会定义为"当代人在没有危及子孙后代满足需求的前提下满足自己的需求"的社会。鉴于近年来气候变化的加速发展，致力于可持续发展日益成为世界上许多国家的优先事项。对于公司和管理者在努力实现可持续发展目标时应扮演的角色，存在不同的看法。

为了提高公司和股东对可持续发展对于公司商业模式的重要性的认识，政府越来越多地推动公司报告环境和社会挑战对其实现未来价值的能力带来的风险。例如，美国证券交易委员会（Securities and Exchange Commission）在 2010 年通过了一项规则，要求公司将与气候变化及

---

① 为简单起见，我们通过实施成本领先战略或产品差异化战略的公司的背景来介绍平衡计分卡。当然，对一家公司来说，可能有些部门注重成本领先，而有些部门注重产品差异化。公司将为不同的产品战略分别开发平衡计分卡。在其他情况下，产品差异化可能很重要，但是也必须实现成本领先。平衡计分卡的指标与战略之间应存在因果关系。

② 联合国设立布伦特兰委员会作为世界环境与发展委员会（World Commission on Environment and Development）。1987 年，它发布了报告《我们共同的未来》（*Our Common Future*）。

其后果相关的商业风险纳入向股东提交的年度报告中。同样，欧盟于 2014 年引入了《非财务报告指令》（Non-Financial Reporting Directive，简称"NFR 指令"）。该指令要求，从 2018 年开始，在欧洲运营的大型上市公司在其年度报告中向股东披露有关环境、社会、人权和反腐败事项的信息，这些信息对了解公司的发展、业绩、处境和影响至关重要。

关于公司是否应该促进可持续发展，学界有两种基本观点。第一种观点是，管理者应该只关注长期财务绩效，而不应该为追求超出法律最低要求的社会和环境目标分心。根据这种观点，公司的社会责任充分体现在长期财务绩效这个唯一的目标上。然而，即使是赞同这种观点的公司和管理者也认识到，为了实现长期财务绩效的最大化，环境和社会目标对其组织越来越重要。在这些公司中，可持续发展目标是实现长期财务绩效最大化的一部分。例如，管理者已经认识到，促进环境和社会目标有助于吸引和激励优秀员工，改善员工安全和健康水平，提高生产率，降低运营成本，所有这些都有助于长期财务绩效最大化。从风险最小化的角度来看，促进环境和社会绩效以及成为一个良好的企业公民也符合公司的最佳利益。例如，减少温室气体排放可能会避免美国环境保护署的罚款或触及碳排放上限，并降低诉讼风险，减少可能损害公司声誉的负面新闻和利益相关者的激进行为。

第二种观点是，除了长期财务目标外，公司和管理者必须将超出法律要求的环境和社会目标（通常将三者称为三重底线）作为公司社会责任的一部分。根据这种观点，环境和社会目标是仅次于长期财务目标的总体目标，而不仅仅是达到目的的手段。在追求可持续发展目标（如减少温室气体排放和不可回收的废物）和最大限度地减少腐败时，可能会牺牲财务目标——特别是在短期内——但这也可能为公司创造机会，从而带来长期战略优势和财务绩效。事实上，强调环境和社会绩效的公司的一个显著特征是具有长期导向。例如，追求三重底线的公司可能会成功地从技术、流程、产品和商业模式的创新中获益，从而减少财务目标与可持续发展目标之间的权衡取舍。这些公司还建立了转型和过渡时期的领导能力与变革能力，从而实施战略以实现多个目标。追求可持续发展目标还可能提高公司在具有社会责任意识的员工、顾客和投资者中的声誉，并提升公司形象以及改善与政府和公民的关系。

对衡量环境和社会绩效感兴趣的管理者将这些因素纳入他们的平衡计分卡，以确定行动的优先级，指导决策和行动，并围绕战略和商业模式展开讨论，进而提高绩效。假设 Chipset 决定在其平衡计分卡中强调环境和社会目标。它可以在如图表 13-3 所示的平衡计分卡中添加哪些指标？图表 13-5 列出了这些额外的环境和社会指标。在实践中，与大多数强调环境和社会目标的公司一样，Chipset 将图表 13-5 中的可持续发展目标和指标与图表 13-3 中的业务目标和指标整合到一个单一的综合计分卡中。

Chipset 从衡量环境和社会绩效中获得的主要好处之一是公司提高了竞争力，并为业务提供了战略优势。例如，减少温室气体排放促使 Chipset 重新设计产品和工艺流程，以减少能源消耗。减少不可回收的运营废弃物促使 Chipset 与供应商合作，重新设计并减少材料和组件的包装和有毒物质。减少工伤和疾病促使 Chipset 重新设计流程，以减少此类事件的发生。在每一项举措中，Chipset 都通过降低成本、推动创新并将环境和社会价值主张纳入其业务战略，实现环境和社会目标，并获得竞争优势。

图表 13 - 5　Chipset 公司 2020 年环境和社会平衡计分卡指标

战略目标	指标	举措	目标业绩	实际业绩
财务维度				
减少废物	通过减少废物和能源使用节约成本	质量改进项目	$400 000	$415 000
降低工伤和疾病带来的时间损失成本	更少的工伤和疾病带来的成本节约	通过培训增强员工的安全和卫生意识	$50 000	$55 000
		↑		
顾客维度				
为增加长期顾客提高声誉	对环境和社会绩效给予前两个等级评价的顾客百分比	传达环境和社会目标与绩效	90%	92%
		↑		
内部业务流程维度				
减少温室气体排放	每 100 万美元销售收入的温室气体排放量	提高能源使用效率并且通过种树减少碳排放	27 克/100 万美元收入	25.6 克/100 万美元收入
减少不可回收的运营废弃物	每 100 万美元销售收入的有害和无害不可回收废弃物	增加回收项目以及重新设计产品	130 克/100 万美元收入	126 克/100 万美元收入
减少工伤和疾病	由工伤和疾病导致的每个员工每年减少的工作天数	重新设计流程以改善员工的卫生和安全状况	每人每年 0.20 天	每人每年 0.18 天
		↑		
学习和成长维度				
通过环境和社会目标激励员工	对环境和社会绩效给予前两个等级评价的员工百分比	对员工进行环境和社会效益的培训	87%	90%
员工多样化	管理职位中女性和少数族裔所占的百分比	制定人力资源措施以支持对妇女和少数族裔的指导和辅导	40%	42%

　　如果 Chipset 能够合理准确地衡量因其环境和社会行动吸引顾客而带来的收入或营业利润的增长，那么公司可能会在其财务维度中增加这一指标。平衡计分卡显示，Chipset 已实现其所有环境和社会目标，表明其在环境和社会方面的行动正在转化为财务收益。这些结果将鼓励 Chipset 继续其在环境和社会方面的努力。

　　除了 Chipset 的例子里描述的指标之外，公司还可以使用各种衡量环境和社会绩效的指标：

　　1. 财务维度。碳税或碳费（在对碳排放征收碳税的国家），预防和补救环境破坏的成本（培训、清理、诉讼费用和消费者抵制的成本）；可回收材料成本与总材料成本之比。

　　2. 顾客维度。品牌形象（对企业高度信任的受访者比例）。

　　3. 内部业务流程维度。能源消耗，水消耗；废水排放；不同温室气体的数量，如二氧化碳、一氧化二氮、二氧化硫；环境事故的数量（例如气体、液体或固体废物的排放）；违反行为准则（占总雇员的百分比）；对社区非营利组织的贡献；企业和社区组织间合资企业和合作伙伴的数量。

4. 学习和成长维度。国际标准化组织（ISO）14000 环境管理标准的实施（主观评分）；受过行为准则培训和经过认证的雇员（占总雇员的百分比）；受过联合国全球契约（例如人权，公平的薪酬，禁止雇用童工，预防腐败和贿赂）培训的雇员（占总雇员的百分比）。

13. 2. 6 设计良好平衡计分卡的特征

设计良好的平衡计分卡有以下几个特征：

1. 它讲述了公司战略的情况，阐明了一系列因果关系——概述各种战略目标之间的联系。在营利公司中，平衡计分卡中的每一个指标都是导致财务结果的因果关系链的一部分。非营利组织设计因果关系链以实现战略服务目标，例如，减少贫困人口或提高高中毕业率。

2. 平衡计分卡通过把战略转化为一套连贯的可理解和可计量的经营目标集，有助于把战略传达给组织的所有成员。以平衡计分卡作为指导，管理者与员工采取行动、制定决策来实现公司战略。公司有不同的战略业务单元（SBU）——如强生公司的消费品和药品——在战略业务单元层面制定平衡计分卡。每一个战略业务单元有其独特的战略和实施目标，建立各自的平衡计分卡可以使每个战略业务单元选择有助于实现其独特战略的指标。

3. 在营利公司，平衡计分卡激励管理者采取最终能导致财务绩效改善的行动。管理者有时过于关注质量和顾客满意度，结果并没有带来相应的回报。例如，施乐公司（Xerox）发现通过服务保证获得的更高顾客满意度并没有提升顾客忠诚度和财务回报，因为顾客也希望有满足他们需求的产品创新，如高速彩色打印机。有些公司用统计方法，如回归分析，检验预测的不同财务指标和非财务指标之间的因果关系。这种分析所用的数据可能来自时间序列数据（一段时期内收集的数据）或横截面数据（如跨越零售链上的多个商店收集的数据）。在 Chipset 的例子中，非财务因素的改进实际上已经带来了财务因素的改进。

4. 平衡计分卡只关注最关键的指标。例如，Chipset 的平衡计分卡有 16 个指标，每一个维度有 3～6 个指标。限制指标的数量使管理者将注意力集中在对战略执行影响最大的指标上。使用过多的指标将使管理者很难处理相关信息。

5. 平衡计分卡突出次优权衡，这是当管理者没有很好地一起考虑经营和财务指标时所做出的权衡。例如，考虑一家实施创新和产品差异化战略并投资于研发的公司。一个好的平衡计分卡应能表明短期财务绩效是通过采取牺牲未来财务绩效的行动实现的，因为未来业绩的先导指标——研发支出和研发产出下降了。

13. 2. 7 实施平衡计分卡时应注意的问题

在实施平衡计分卡时需要注意以下几个方面：

1. 管理者不应该设想因果关系是精确的。实际上这些因果关系仅仅是假设的。随着时间的推移，公司必须收集不同指标之间关系强度和关系存续时间的证据，并且利用这些反馈为未来战略和实施计划提供信息。凭借经验，公司应该调整平衡计分卡，使它包括非财务目标和指标，它们是财务业绩（滞后指标或结果）最好的先导指标（原因）。了解平衡计分卡会随时间演变，有助于管理者在一开始时就避免试图设计"完美的"平衡计分卡而花费过多的时间和金钱。而且当业务环境和战略随时间变化时，平衡计分卡中的指标也需要更新。例如，当诺华旗下的仿制化学药品生产商山德士将其战略转向同时生产生物药品时，需要在新技术和病患试验方面进行大量投资。同时，它的平衡计分卡也更新了，从仅仅强调生产率和成本效率发展到包括创新指标。

2. 管理者不应该寻求整个过程中所有指标的改进。实际上，管理者为改善质量和及时性而做出的业绩努力不能超过某个临界点，以免这些目标上的改进成本过高，以致与长期利润最大化目标不一致。成本-效益因素始终是设计平衡计分卡时要考虑的基本要素。

3. 管理者在平衡计分卡中不应仅用客观指标。Chipset 的平衡计分卡既包含客观指标（如营业利润、市场份额、产量），也包含主观指标（如顾客和员工满意度等级）。然而，在运用主观指标时，管理者必须小心，丰富信息带来的收益可能会因为使用这些不精确或容易被操纵的指标而丧失。

4. 尽管存在计量上的挑战，在评价管理者和其他员工时，高级管理层也不应该忽略非财务指标。管理者倾向于把重点放在那些用来奖励他们业绩的指标上。评价业绩时如果排除非财务指标（如顾客满意度或产品质量），将会减少管理者为非财务指标分配的权重。

13.2.8　评价战略与实施的成功与否

为了评价战略及其实施是否成功，Chipset 的管理层比较了平衡计分卡中的目标业绩和实际业绩这两列（见图表 13-3）。2020 年，Chipset 实现了以竞争对手为基准设置的大多数目标。因为学习和成长维度的改进很快影响到财务维度，Chipset 将继续在没有实现的目标上寻求改进。但是大多数目标的实现表明，Chipset 在学习和成长维度确定和衡量的战略行动带来了内部业务流程、顾客和财务维度的改进。

如果 Chipset 没有实现平衡计分卡中的所有目标，它如何判断未能实现目标是因为战略实施问题还是战略问题？首先考虑 Chipset 在两个关注公司内部的维度（学习和成长、内部业务流程）上没有实现目标的情况。在这种情况下，Chipset 会得出结论，它没有实施战略是因为它没有实施能给它带来竞争优势的活动。如果 Chipset 在学习和成长、内部业务流程方面做得比较好，但是当年和下一年的顾客和财务维度并没有改进，那会怎么样呢？Chipset 的管理者可能认为实施得不错（设定的多种内部非财务指标得到了改进），但是它的战略是错的（对顾客或长期财务业绩和价值创造没有影响）。虽然管理层没有识别正确的因果关系，但它把错误的战略实施得很好！那么，管理层应该重新评估战略和驱动战略的因素。

小练习 13-1　战略地图——零售公司

Nile 是一家为客户提供各种产品的在线邮购公司。

Nile 的管理者已经确定了他们的财务目标：增加营业利润和股东价值。为了实现公司的财务目标，管理者已经确定公司需要提高顾客满意度和市场份额。为了提高顾客满意度和市场份额，Nile 需要缩短交付时间，增加产品供应，并改善顾客服务。为了实现这些目标，Nile 需要吸引和留住高素质的员工，并不断提高员工培训质量。公司支持在线订单的信息技术系统与竞争对手不相上下。

1. 绘制如图表 13-2 所示的战略地图，描述你期望看到的战略目标之间的因果关系。在平衡计分卡的每个维度下，至少提出你期望看到的两个战略目标。确定强关系、焦点、触发点和独特目标。对战略地图的结构分析发表评论。

2. 对于 Nile 平衡计分卡中的每个战略目标，提出一个你推荐的指标。

13.3　营业利润的战略性分析

如我们所讨论的，Chipset 在许多非财务指标方面做得很好，营业利润也增加了。因此，Chipset 的管理者可能会宣称战略是成功的。但是，在管理者得出 Chipset 成功制定和实施其既定战略的结论之前，还需要做更多的分析。因为营业利润增长可能仅仅是因为投入价格下降或整个市场扩大了，也可能是因为选择成本领先战略的公司（比如 Chipset）发现其营业利润的增长实际上来自一定程度的产品差异化。管理者和管理会计师需要通过把营业利润增长的来源和战略联系起来评价战略的成功。这些都是高管和董事会在业绩评估会议上需要讨论的细节。那些掌握了营业利润变化战略分析方法的管理者能够理解有助于他们持续实现经营业绩的战略方法和战略实施。

Chipset 的管理者能得出他们成功实施战略的结论吗？如果财务业绩和营业利润的改善可以归因于成本节约和市场份额增长目标的实现，他们可以得出这样的结论。图表 13-3 中 Chipset 平衡计分卡的前两行显示，来自生产率提高的营业利润（1 912 500 美元）和来自成长的营业利润（2 820 000 美元）超过了目标业绩。（之后将介绍这些数字是如何计算的。）这意味着是 Chipset 的战略制定和实施，而不是其他因素，导致了营业利润的增长。战略成功意味着 Chipset 的管理层对随后几年收益的持续性可能更有信心。

下面我们讨论公司的管理会计师如何把营业利润的变化细分为分别与产品差异化、成本领先和成长有关的三部分。分解营业利润变化来评价公司战略是否成功与第 7 章和第 8 章讨论的差异分析在概念上相似。然而，第一个区别是，在营业利润战略分析中，管理会计师将两个不同时期的实际经营业绩相对比，而差异分析是将同一时期的实际数字与预算数字相对比。[①] 第二个区别是本节的分析分解了营业利润的变化，而不像第 7 章和第 8 章那样关注各类成本（直接材料、直接制造人工和间接费用）的差异。

接下来，我们将解释如何将任意两个时期的营业利润变化细分为与产品差异化、成本领先和成长相关的三个组成部分。[②] 我们使用 2019—2020 年的数据进行分析，因为 Chipset 在 2019 年底和 2020 年初实施了战略关键因素，预期这些战略的财务结果将会在 2020 年显现。假设这些战略的财务结果只影响 2021 年的营业利润，那么，我们可以简单地将 2019 年与 2021 年进行比较。如果有必要，我们也可以将 2019 年与 2020 年和 2021 年一起进行比较。

Chipset 公司 2019 年和 2020 年的数据如下：

	2019 年	2020 年
1. CX1 的产销量（单位）	1 000 000	1 150 000
2. 售价	$　　23	$　　22
3. 直接材料（平方厘米硅片）	3 000 000	2 900 000

① 关注两个时期的实际业绩而不是实际与预算的比较的其他例子可参见 Jeremy Hope and Robin Fraser, *Beyond Budgeting* (Boston, MA: Harvard Business School Press, 2003)。

② 进一步的讨论见 Rajiv D. Banker, Srikant M. Datar, and Robert S. Kaplan, "Productivity Measurement and Management Accounting," *Journal of Accounting, Auditing and Finance* (1989): 528 - 554; Anthony J. Hayzens, and James M. Reeve, "Examining the Relationships in Productivity Accounting," *Management Accounting Quarterly* (2000): 32 - 39。

续表

	2019 年	2020 年
4. 每平方厘米直接材料成本	$ 1.4	$ 1.5
5. 生产流程的生产能力（平方厘米硅片）	3 750 000	3 500 000
6. 加工成本	$16 050 000	$15 225 000
7. 单位产量的加工成本（第6行÷第5行）	$ 4.28	$ 4.35

Chipset 的管理者还获得了以下信息：

1. 每年的加工成本（人工和制造费用）依赖于以能够加工的硅片平方厘米数定义的生产能力。这些成本不会随实际加工的硅片数量变化。

2. Chipset 没有发生研发费用。相对其他成本来说，它的营销、销售和顾客服务成本都很低。2020 年 Chipset 有 8 个客户，每个客户购买大约相同数量的 CX1。由于产品的高技术性质，Chipset 采用跨职能团队来进行营销和销售活动。这种方法能够确保，虽然营销、销售和顾客服务成本很低，但整个公司仍然能够保持对提高顾客满意度和市场份额的关注。（本章末的自测题描述了一种营销、销售和顾客服务成本都很高的情况。）

3. Chipset 公司 2019 年和 2020 年的资产结构非常相似。

4. 每年的营业利润如下：

	2019 年	2020 年
收入 （23×1 000 000；22×1 150 000）	$ 23 000 000	$ 25 300 000
成本		
直接材料成本 （1.40×3 000 000；1.50×2 900 000）	$ 4 200 000	$ 4 350 000
加工成本 （4.28×3 750 000；4.35×3 500 000）	$16 050 000	$15 225 000
总成本	$ 20 250 000	$ 19 575 000
营业利润	$ 2 750 000	$ 5 725 000
营业利润增长	$2 975 000 F	

Chipset 管理者的目标是评估 2 975 000 美元的营业利润增长有多少是由成功执行公司的成本领先战略带来的。因此，管理会计师分析三个主要因素：成长、价格补偿和生产率。

成长部分（growth component）衡量的是仅由 2019 年和 2020 年销量变化带来的营业利润变化。它评估当公司销售更多的产品和服务时，其收入和成本如何变化。

价格补偿部分（price-recovery component）衡量的是仅由 2019 年和 2020 年 Chipset 投入价格与产出价格变化带来的营业利润变化。价格补偿部分衡量的是产出价格变化导致的收入变化与投入价格变化导致的成本变化。与投入价格的增长相比，成功实施产品差异化战略的公司将能够更快地提高产出价格，提高毛利和营业利润。其价格补偿部分将显示为一个较大的正数。

生产率部分（productivity component）衡量的是 2020 年投入数量与为生产 2020 年的产出 2019 年应投入的数量之间的变化带来的成本变化。生产率部分衡量的是因有效使用投入而降低成本所带来的营业利润的增长。在固定成本的情况下，生产率的提高表现为降低未使用生产能力的成本。一个成功实施成本领先战略的公司能够用更少的投入生产既定的产品：生产率部分将显示为一个较大的正数。假定 Chipset 实施成本领先战略，我们预期营业利润的增长应归因于生产率部分和成长部分，而不是价格补偿部分。下面我们详细讨论这三个部分。

13.3.1 营业利润变化的成长部分

营业利润变化的成长部分衡量的是由于 2020 年的产销量（1 150 000 单位）大于 2019 年的产销量（1 000 000 单位）而带来的收入增加减去成本增加，假定其他因素不变。

成长的收入影响

$$成长的收入影响＝(2020 年实际产销量－2019 年实际产销量)×2019 年销售价格$$
$$＝(1\ 150\ 000－1\ 000\ 000)×23$$
$$＝3\ 450\ 000(美元)F$$

这部分是有利的（F），因为假定其他因素不变，相比 2019 年，2020 年产销量的提高增加了营业利润。减少营业利润的部分是不利的（U）。

注意，此处 Chipset 使用了 2019 年 CX1 的价格，并且只关注 2019—2020 年产销量的增加，这是因为成长的收入影响计算的是如果 Chipset 销售的是 1 150 000 单位而不是 1 000 000 单位，2019 年收入变化有多大。

成长的成本影响

如果 Chipset 在 2019 年生产了更多的产品，那么为了生产这些产品也会产生更多的成本。这些额外成本必须用生产和销售额外产品的更高收入来抵消，以确定营业利润会因成长而变化多少。成长的成本影响衡量的是如果 2019 年 Chipset 生产 1 150 000 单位而不是 1 000 000 单位的 CX1，成本变化有多大。为了衡量成长的成本影响，Chipset 的管理会计师区分了变动成本（如直接材料成本）与固定成本（如加工成本），这是因为当生产（和销售）量增加时，变动成本成比例增加，而固定成本通常不变。

$$成长的变动成本影响＝(2019 年生产 2020 年的产出需要的投入量－生产 2019 年产出实际的投入量)×2019 年投入价格$$

$$成长的直接材料成本影响＝(3\ 000\ 000×\frac{1\ 150\ 000}{1\ 000\ 000}－3\ 000\ 000)×1.40$$

$$＝(3\ 450\ 000－3\ 000\ 000)×1.40＝630\ 000(美元)U$$

2019 年生产 2020 年的单位产出需要的投入量也可以计算如下：

$$2019 年单位产出所需的投入量＝\frac{3\ 000\ 000}{1\ 000\ 000}＝3(平方厘米/单位)$$

2019 年生产 2020 年的产出 1 150 000 单位需要的投入量＝3×1 150 000＝3 450 000 平方厘米。

$$成长的固定成本影响＝(2019 年生产 2020 年的产出需要的 2019 年实际生产能力－2019 年实际生产能力)×2019 年每单位生产能力价格$$

$$成长的加工成本影响＝(3\ 750\ 000－3\ 750\ 000)×4.28＝0(美元)$$

在给定的生产能力水平下，加工成本是固定成本。2019 年 Chipset 有加工 3 750 000 平方厘米硅片的生产能力，每平方厘米硅片的成本为 4.28 美元（见前面的数据）。2019 年为了生产

1 150 000 单位产出，Chipset 需要加工 3 450 000 平方厘米的直接材料，小于 3 750 000 的可用生产能力。在本章，我们假定 2019 年有足够的生产能力生产 2020 年的产出。在此假设下，根据定义，与生产能力相关的成长的固定成本影响是 0。如果 2019 年没有足够的生产能力生产 2020 年的产出，我们就需要计算 2019 年生产 2020 年产出所需的额外生产能力成本。这些计算超出了本书的范围。

总之，成长带来的营业利润的净增长为：

成长的收入影响		$3 450 000 F
成长的成本影响		
直接材料成本	$630 000 U	
加工成本	$　　0	$　630 000 U
归因于成长的营业利润变化		$2 820 000 F

13.3.2　营业利润变化的价格补偿部分

假定 2019 年投入和产出之间的关系在 2020 年保持不变，营业利润变化的价格补偿部分衡量的仅是销售价格变化对收入的影响减去投入价格变化对 2020 年生产和销售 1 150 000 单位 CX1 的成本的影响。

价格补偿的收入影响

$$价格补偿的收入影响=(2020 年的销售价格-2019 年的销售价格)$$
$$\times 2020 年实际产销量$$
$$=(22-23)\times 1 150 000$$
$$=-1 150 000(美元)U$$

注意，计算的重点是 2019 年（23 美元）和 2020 年（22 美元）间 CX1 销售价格变化引起的收入变化。

价格补偿的成本影响

Chipset 的管理会计师分别计算价格补偿的变动成本和固定成本影响，就像他们计算成长的成本影响时那样。

$$价格补偿的变动成本影响=(2020 年投入价格-2019 年投入价格)\times 2019 年生产 2020$$
$$年产出需要的投入单位$$
$$价格补偿的直接材料成本影响=(1.50-1.40)\times 3 450 000=345 000(美元)U$$

回想一下，在计算成长的成本影响时，已经计算过 2019 年生产 2020 年产出需要的 3 450 000 平方厘米的直接材料成本。

$$价格补偿的固定成本影响=(2020 年单位生产能力价格-2019 年单位生产能力价格)$$
$$\times 2019 年实际的生产能力(因为现有生产能力足以在 2019$$
$$年生产 2020 年所需的产出)$$

价格补偿的固定成本影响是：

加工成本：$(4.35-4.28)\times 3 750 000=262 500(美元)U$

回想一下，在计算成长的成本影响时提供了生产能力的详细分析。

总之，价格补偿导致的营业利润净减少如下所示：

价格补偿的收入影响		$1 150 000 U
价格补偿的成本影响		
直接材料成本	$345 000 U	
加工成本	$262 500 U	$ 607 500 U
归因于价格补偿的营业利润变化		$1 757 500 U

价格补偿分析表明，虽然投入价格上涨，但 CX1 的销售价格下降，Chipset 不能将投入价格的上涨转嫁给顾客。

13.3.3　营业利润变化的生产率部分

营业利润变化的生产率部分利用 2020 年的投入价格来衡量与 2019 年需要的投入和生产能力相比，利用更少的投入、更好的投入组合或者更少的生产能力生产 2020 年的产出，成本是如何降低的。

生产率部分的计算采用 2020 年的价格和产出，这是因为生产率部分独立于由投入量、投入组合或生产能力变化导致的 2019 年和 2020 年的成本变化。[①]

$$\begin{array}{c}\text{生产率的变动}\\\text{成本影响}\end{array}=\left(\begin{array}{c}\text{生产 2020 年产出}\\\text{利用的实际投入量}\end{array}-\begin{array}{c}\text{2019 年生产 2020 年产}\\\text{出需要的投入量}\end{array}\right)\times\begin{array}{c}\text{2020 年的}\\\text{投入价格}\end{array}$$

使用前面给出的 2020 年的数据和讨论成长的成本影响时计算的 2019 年生产 2020 年产出需要的投入量，有如下计算：

$$\begin{aligned}\text{生产率的直接材料成本影响}&=(2\ 900\ 000-3\ 450\ 000)\times1.50=-550\ 000\times1.50\\&=-825\ 000(\text{美元})F\end{aligned}$$

相对于 2019 年来说，Chipset 的质量和产出改进减少了生产 2020 年产出需要的直接材料数量。

$$\begin{aligned}\text{生产率的固定成本影响}=&\left(\begin{array}{c}\text{2020 年实际生产能力}-\text{2019 年实际生产能力（因为现有生产}\\\text{能力足以使 2019 年生产 2020 年所需的产出）}\end{array}\right)\times\begin{array}{c}\text{2020 年的单位}\\\text{生产能力价格}\end{array}\end{aligned}$$

为了计算生产率的固定成本影响，我们参考前面给出的 2020 年的价格数据和讨论成长的成本影响时对 2019 年生产 2020 年的产出需要的生产能力的分析。

生产率的固动成本影响是：

加工成本：$(3\ 500\ 000-3\ 750\ 000)\times4.35=-1\ 087\ 500(\text{美元})F$

2020 年 Chipset 的管理者将生产能力减少到 3 500 000 平方厘米。他们通过卖掉旧设备以及退休与裁员相结合减少劳动力来降低生产能力。

总之，生产率提高导致的营业利润净增加是：

---

① 注意，生产率部分的计算利用 2020 年实际的投入价格，然而对应的第 7 章和第 8 章的效率差异采用预算价格（实际上，预算价格符合 2019 年的价格）。生产率的计算运用 2020 年的价格是因为 Chipset 想使管理者基于当前的一般价格选择投入数量来最小化 2020 年的成本。如果在生产率计算中运用 2019 年的价格，管理者将基于一年前流行的不相关的投入价格来选择投入数量。第 7 章和第 8 章使用预算价格不会引起类似问题。为什么呢？因为 2019 年的价格描述一年前发生的事，而预算价格代表对当期价格的预期。而且如果有必要，可以改变预算价格以使它们与当前的实际价格相符。

生产率的成本影响

直接材料成本	$ 825 000 F
加工成本	$1 087 500 F
归因于生产率的营业利润变化	$1 912 500 F

生产率部分表明，Chipset 能够通过提高制造质量、生产率，以及削减生产能力以减少成本来增加营业利润。本章附录考察了 2019 年和 2020 年部分生产率和全要素生产率的变化，并且描述了管理会计师如何才能更深刻地理解 Chipset 的成本领先战略。注意，生产率部分只关注成本，所以这部分没有收入影响。

图表 13-6 总结了营业利润变化的成长、价格补偿和生产率部分。一般情况下，成功实施成本领先战略的公司将显示有利的生产率部分和成长部分，成功进行产品差异化的公司将显示有利的价格补偿和成长部分。在 Chipset 的例子中，与组织的战略和实施一致，生产率为营业利润的增长贡献了 1 912 500 美元，成长贡献了 2 820 000 美元，但是，价格补偿对营业利润的减少贡献了 1 757 500 美元，因为即使投入价格上涨，CX1 的售价仍然下降。如果 Chipset 能够进行产品差异化并收取更高的价格，那么价格补偿影响可能没有那么不利或者可能变得有利。因此，Chipset 的管理者计划评估产品特征的一些适度变化，这可能有助于将 CX1 与竞争对手的产品区别开来。

图表 13-6 盈利性战略分析

	2019 年利润表金额 (1)	2020 年成长的收入与成本影响 (2)	2020 年价格补偿的收入与成本影响 (3)	2020 年生产率的成本影响 (4)	2020 年利润表金额 (5)=(1)+(2)+(3)+(4)
收入	$23 000 000	$3 450 000 F	$1 150 000 U	—	$25 300 000
成本	20 250 000	630 000 U	607 500 U	$1 912 500 F	19 575 000
营业利润	$ 2 750 000	$2 820 000 F	$1 757 500 U	$1 912 500 F	$ 5 725 000

$2 975 000 F
营业利润的变化

小练习 13-2 营业利润的战略性分析

Costa Associates 是一家建筑工程公司，为独栋住宅绘制详细的施工图。这项服务的市场竞争非常激烈。为了在竞争中成功，该公司必须以低成本提供优质服务。公司提供了 2019 年和 2020 年的以下数据。

	2019 年	2020 年
1. 计费的作业数量	450	650
2. 单位作业售价	$ 3 500	$ 3 300
3. 工程人工小时	27 000	32 000
4. 单位工程人工小时成本	$ 39	$ 40
5. 工程支持能力（企业每年能进行的作业数量）	850	850
6. 工程支持总成本（空间租赁、设备等）	$263 500	$306 000
7. 单位作业工程支持能力成本	$ 310	$ 360

工程人工小时成本是变动成本。每年的工程支持成本取决于该公司每年选择维持的工程支持能力（即企业每年能进行的作业数量）。工程支持成本不会随着一年内实际完成的作业数量而变化。

1. 计算该公司 2019 年和 2020 年的营业利润。

2. 计算 2019—2020 年营业利润变化的成长部分、价格补偿部分和生产率部分。

3. 对你对上一题的回答进行评论。这些部分表明了什么？

13.3.4　成长、价格补偿和生产率部分的进一步分析

如同所有其他的差异和利润分析一样，Chipset 的管理者希望更加严密地分析营业利润的变化。在 Chipset 的例子中，成长可能是由于整个行业的市场规模都在增长。所以，营业利润的增长可能部分归因于行业内有利的市场条件，而不是任何战略的成功执行。很多成长可能是由于管理者减价，而这可能源于生产率的提高。在这种情况下，成本领先带来的营业利润增加必须包括生产率收益加上由于生产率提高从而市场份额增长所带来的营业利润增加。

我们用 Chipset 公司的例子和下面的信息来说明这些观点。不关心这些详细计算的阅读者可以转到下一节，这样并不会失去连贯性。

● 2020 年行业的市场增长率为 8%。2019—2020 年增加的 150 000 单位（1 150 000－1 000 000）CX1 销售数量中，80 000 单位（0.08×1 000 000）是由于行业市场规模的增长（不考虑生产率收益下 Chipset 的收益），剩下的 70 000 单位是由于市场份额的增加。

● 2020 年期间，CX1 的销售价格应该维持 2019 年每单位 23 美元的价格。但是管理层决定凭借生产率优势将 CX1 的销售价格降低 1 美元以提高市场份额，因此增加了 70 000 单位的销售。

行业市场规模因素对营业利润的影响（而不是特定的战略行动）如下：

行业市场规模增长带来的营业利润变化

$$2\ 820\ 000\text{（见图表 }13-6\text{ 第（2）列）}\times\frac{80\ 000}{150\ 000}=\underline{1\ 504\ 000}\text{（美元）F}$$

即使缺少差异化产品，Chipset 仍可以将 CX1 的价格维持在每单位 23 美元。在这种假设下，1 150 000 美元的价格补偿的收入（见图表 13－6 第（3）列）不能归因于缺乏产品差异化。产品差异化的缺乏只会因投入价格上涨而影响营业利润。

产品差异化对营业利润的影响是：

投入价格的变化（价格补偿的成本影响）	$607 500 U
产品差异化导致的营业利润下降	$607 500 U

为了实施成本领先战略并实现快速增长，Chipset 做出了将 CX1 降价 1 美元的战略决策。这种决策导致市场份额增加和销售增加 70 000 单位。

成本领先对营业利润的影响是：

生产率部分	$1 912 500 F
降价的战略决策的影响（1×1 150 000）	$1 150 000 U
生产率提高和降价的战略决策带来的市场份额增长	
$2 820 000（见图表 13－6 第（2）列）×$\frac{70\ 000}{150\ 000}$	$1 316 000 F

成本领先带来的营业利润变化	$2 078 500 F

2019 年和 2020 年的营业利润变化总结如下：

归因于行业市场规模的变化	$1 504 000 F
归因于产品差异化的变化	$　607 500 U
归因于成本领先的变化	$2 078 500 F
营业利润的变化	$2 975 000 F

与其成本领先战略一致，Chipset 在 2020 年得到的 1 912 500 美元的生产率收益是 2019—2020 年营业利润增长的很大一部分。Chipset 凭借生产率收益将每个单位的产品降价 1 美元，由此付出了 1 150 000 美元的代价，但因销售增加 70 000 单位而获得 1 316 000 美元的营业利润。在 CX1 销售价格变化的不同假设下，分析会将营业利润变化的不同金额归因于不同的战略。

本章的自测题描述了对一个实施产品差异化战略的公司的成长、价格补偿和生产率部分的分析。"观念实施：营业利润分析与休闲餐厅的衰落"描述营业利润分析如何揭示布法罗鸡翅烧烤吧（Buffalo Wild Wings）等连锁餐厅所面临的战略挑战。

观念实施

营业利润分析与休闲餐厅的衰落

几十年来，诸如橄榄园和星期五餐厅（TGI Fridays）等连锁餐厅主导了餐饮业。在美国各地的购物中心，可选的就餐地点很多，休闲餐饮行业发展非常强劲，利润丰厚。

然而，到 21 世纪 10 年代中期，对这些连锁店的营业利润的分析揭示了其面临的战略挑战。例如，对于布法罗鸡翅烧烤吧来说，尽管它在 2014—2016 年的收入增长了 31%，但同期营业利润下降了 23%。同时，同店销售下滑，销售成本、人工成本、营业费用上升。原因是年轻的食客正在抛弃布法罗鸡翅烧烤吧和其他连锁餐厅，转而选择更时尚、更懂科技、更注重健康的餐厅。布法罗鸡翅烧烤吧前首席执行官莎莉·史密斯（Sally Smith）表示："千禧一代消费者比他们的长辈更喜欢在家做饭、点外卖或在快餐店用餐。"

为了扭转局面，从奇利斯餐厅（Chili's）到澳拜客牛排餐厅（Outback Steakhouse），连锁店正在迅速行动，重塑菜单，翻新餐厅，以吸引年轻消费者，包括用别致的、更健康的菜单营造氛围，以发布到 Instagram 上，并推出新的送餐和移动点餐服务。然而，对于一些连锁店来说，这可能为时已晚。2018 年，苹果蜂（Applebee）宣布计划关闭 80 家门店，IHOP 也关闭了 40 家门店。至于布法罗鸡翅烧烤吧，由于无法迅速吸引年轻消费者，2018 年被 Arby 的母公司洛克资本集团（Roark Capital Group）以 29 亿美元收购。

资料来源：Katie Richards, "Younger Consumers Are Abandoning Casual Chains. Here's What Restaurants Are Doing to Fix It," *AdWeek*, April 8, 2018（https://www.adweek.com/brand-marketing/younger-consumers-are-still-abandoning-casual-chains-heres-what-theyre-doing-to-fix-it/）; Kate Taylor, "Buffalo Wild Wings Was Sucked into a Downward Spiral as Millennials Ditched the Chain — But the New CEO Has a Plan for a Comeback," *Business Insider*, February 11, 2018（https://www.businessinsider.com/buffalo-wild-wings-comeback-plan-2018-2）; "Buffalo Wild Wings President and CEO Sends Letter to Shareholders," Buffalo Wild Wings, Inc. press release, Minneapolis, May 30, 2017（https://www.businesswire.com/news/home/20170530005597/en/Buffalo-Wild-Wings-President-CEO-Sends-Letter）; Buffalo Wild Wings, Inc., 2016 Annual Report（Minneapolis：Buffalo Wild Wings, Inc.，2017）.

小练习 13-3　成长、价格补偿和生产率部分分析

请参阅小练习 13-2 中关于 Costa Associates 公司的信息。假设在 2020 年，建筑图纸作业市场增长了 14%。假设任何超过 14% 的市场份额的增长、任何销售价格的下降都是该公司管理层进行战略选择并实施战略的结果。

计算 2019—2020 年有多少营业利润的变化是由行业市场规模因素、产品差异化和成本领先造成的。该公司在实施战略方面取得了多大的成功？请解释。

13.4　生产能力的缩减和管理生产能力

正如我们在生产率部分的讨论中讲到的，固定成本与生产能力紧密联系。与变动成本不同，固定成本并不自动随业务量的变化而变化（例如，在 Chipset 的例子中投入生产的硅片）。那么管理者如何减少基于生产能力的固定成本呢？答案是通过衡量和管理未利用生产能力。**未利用生产能力**（unused capacity）是超出或高于满足当前顾客需求所需的生产能力的能力。

成本领先战略要求管理者特别注意生产能力成本。诸如美国联合航空公司（简称美联航）等公司都在努力盈利，因为它们在管理与生产能力相关的固定成本时都有困难。对于一个给定的航班数，美联航的大多数成本（如飞机租赁、燃油和员工工资）都是固定的，美联航必须预测未来收入并确定生产能力水平及相关成本。如果收入不足，美联航就很难快速降低成本。

13.4.1　识别未利用生产能力成本

考虑加工成本。2019 年初，Chipset 拥有当年加工 3 750 000 平方厘米硅片的生产能力。结果 2019 年 Chipset 通过加工 3 000 000 平方厘米硅片生产了 1 000 000 单位的 CX1。2019 年其未利用生产能力为 750 000 平方厘米硅片（3 750 000－3 000 000）的加工能力。2019 年加工成本是 4.28 美元/平方厘米，因此：

$$未利用生产能力成本＝年初生产能力成本－当年利用的生产资源价值$$
$$＝(3\ 750\ 000×4.28)－(3\ 000\ 000×4.28)$$
$$＝16\ 050\ 000－12\ 840\ 000＝3\ 210\ 000（美元）$$

13.4.2　管理未利用生产能力

当意识到存在未利用生产能力时，Chipset 的管理层能采取什么行动？通常有两种选择：消除未利用生产能力；使用未利用生产能力来增加产出。

近年来，很多公司在试图消除未利用生产能力时缩减规模。**缩减规模**（downsizing）（又称为**合适规模**（rightsizing））是一种整合方式，对流程、产品和人员进行配置，以使成本与那些需要在现在和将来有效果并有效率地执行的作业相匹配。如 AT&T、达美航空、通用汽车、IBM 等公司进行规模缩减以集中于核心业务并进行组织变革以提高效率、降低成本和改进质量。然而，缩减规模经常意味着削减业务，这会给员工士气和公司文化造成不利影响。最好在公司整个战略背景下进行规模缩减，并在缩减规模时保留那些有更好管理水平、领导力、技术技能

和经验的员工。

　　考虑 Chipset 对未利用生产能力的处理。因为在 2020 年它需要加工 2 900 000 平方厘米硅片，所以公司可以在 2020 年初将生产能力从 3 750 000 平方厘米降低到 3 000 000 平方厘米（生产能力只能以 250 000 平方厘米为单位增加或减少），这将会节约成本 3 262 500 美元（（3 750 000－3 000 000）×4.35）。然而 Chipset 的战略不仅是降低成本，还包括发展业务。因此，在 2020 年初，Chipset 只降低生产能力 250 000 平方厘米——从 3 750 000 平方厘米降低到 3 500 000 平方厘米——节约 1 087 500 美元（4.35×250 000）。它为将来发展保留了一些未利用生产能力。通过避免生产能力的更大幅度削减，它还维持了有技能、有能力的员工的士气。这一战略的成功将依赖于 Chipset 实现预期的未来成长。

小练习 13 - 4　识别和管理未利用生产能力

　　请参阅小练习 13 - 2 中关于 Costa Associates 公司的信息。

　　1. 根据 2020 年实际完成的作业数量，计算 2020 年初未利用的工程支持能力的数量和成本。

　　2. 假设该公司可以以 50 个作业为单位增加或减少其工程支持能力。该公司在 2020 年通过缩减工程支持能力可以节省的最大成本是多少？

　　3. 事实上，该公司并没有消除任何未利用的工程支持能力。为什么该公司可以不缩减规模？

自测题

　　Westwood 公司生产高端厨房抽油烟机 KE8，并实施产品差异化战略。Westwood 在 2019 年和 2020 年的数据如下：

	2019 年	2020 年
1. 生产和销售 KE8 的数量（台）	40 000	42 000
2. 销售价格	$　　 100	$　　 110
3. 直接材料（平方英尺）	120 000	123 000
4. 每平方英尺直接材料的成本	$　　 10	$　　 11
5. KE8 的生产能力（台）	50 000	50 000
6. 加工成本	$1 000 000	$1 100 000
7. 每单位生产能力的加工成本（第 6 行÷第 5 行）	$　　 20	$　　 22
8. 销售和顾客服务能力（顾客数量）	30	29
9. 销售和顾客服务成本	$ 720 000	$ 725 000
10. 每位顾客的销售和服务成本（第 9 行÷第 8 行）	$　 24 000	$　 25 000

　　2020 年，Westwood 减少了每单位 KE8 的直接材料用量。每年的加工成本与生产能力有关。销售和顾客服务成本与顾客数量有关，销售和服务职能用来保持顾客数量。Westwood 在 2019 年有 23 位顾客，2020 年有 25 位顾客。

要求：

1. 简要描述你将要纳入 Westwood 平衡计分卡的关键要素。

2. 计算 2019—2020 年解释营业利润变化的成长、价格补偿和生产率部分。

3. 假设在 2020 年，在产品数量方面，高端厨房抽油烟机的市场规模增加 3％，所有市场份额的增长（也就是产品销售量的增长大于 3％ 的部分）都是由于 Westwood 的产品差异化战略。计算 2019—2020 年营业利润变化的多大部分是由行业市场规模因素、成本领先和产品差异化产生的。

4. Westwood 在执行战略的过程中是如何成功的？请解释。

解答：

1. 平衡计分卡应该描述 Westwood 的产品差异化战略，包含在平衡计分卡中的关键要素如下：

- 财务维度：由 KE8 更高的毛利和成长带来的营业利润的增长。

- 顾客维度：顾客满意度等级和在高端市场中的份额。

- 内部业务流程维度：主要有新产品特性的数量、新产品开发时间、生产过程中先进控制的数量、返工产品的数量、订单交付时间和及时交付。

- 学习和成长维度：参加产品开发的员工数量、接受流程和质量管理培训的员工百分比和员工满意度等级。

2. 每年的营业利润如下：

	2019 年	2020 年
收入		
（100×40 000；110×42 000）	$4 000 000	$4 620 000
成本		
直接材料成本		
（10×120 000；11×123 000）	$1 200 000	$1 353 000
加工成本		
（20×50 000；22×50 000）	$1 000 000	$1 100 000
销售和顾客服务成本		
（24 000×30；25 000×29）	$ 720 000	$ 725 000
总成本	$2 920 000	$3 178 000
营业利润	$1 080 000	$1 442 000
营业利润变动额	$362 000 F	

营业利润变动的成长部分

成长的收入影响＝（2020 年实际产销量－2019 年实际产销量）

$$×2019 年销售价格$$

$$＝（42 000－40 000）×100$$

$$＝200 000（美元）F$$

成长的变动成本影响＝（2019 年生产 2020 年的产出需要的投入量－生产 2019 年产出实际的投入量）×2019 年投入价格

$$成长的直接材料成本影响＝(120\ 000×\frac{42\ 000}{40\ 000}－120\ 000)×10$$

$$＝(126\ 000－120\ 000)×10＝60\ 000(美元)U$$

成长的固定成本影响＝(2019 年生产 2020 年的产出需要的 2019 年实际生产能力－2019
年实际生产能力)×2019 年每单位生产能力价格

成长的固定成本影响是：

加工成本：(50 000－50 000)×20＝0

销售和顾客服务成本：(30－30)×24 000＝0

总之，成长部分的净营业利润增长是：

成长的收入影响		$200 000 F
成长的成本影响		
直接材料成本	$60 000 U	
加工成本	$　　0	
销售和顾客服务成本	$　　0	$ 60 000 U
归因于成长的营业利润变化		$140 000 F

营业利润变动的价格补偿部分

价格补偿的收入影响＝(2020 年的销售价格－2019 年的销售价格)
×2020 年实际产销量
＝(110－100)×42 000
＝420 000(美元)F

价格补偿的变动成本影响＝(2020 年投入价格－2019 年投入价格)
×2019 年生产 2020 年产出需要的投入单位

价格补偿的直接材料成本影响：(11－10)×126 000＝126 000(美元)U

价格补偿的固定成本影响＝(2020 年单位生产能力价格－2019 年单位生产能力价格)
×2019 年实际的生产能力(因为现有生产能力足以在 2019
年生产 2020 年所需的产出)

价格补偿的固定成本影响是：

加工成本：(22－20)×50 000＝100 000(美元)U

销售和顾客服务成本：(25 000－24 000)×30＝30 000(美元)U

总之，价格补偿部分的净营业利润增长是：

价格补偿的收入影响		$420 000 F
价格补偿的成本影响		
直接材料成本	$126 000 U	
加工成本	$100 000 U	
销售和顾客服务成本	$ 30 000 U	$256 000 U
归因于价格补偿的营业利润变化		$164 000 F

营业利润变动的生产率部分

生产率的变动成本影响＝（生产 2020 年产出利用的实际投入量－2019 年生产 2020 年产
出需要的投入量）×2020 年的投入价格

生产率的直接材料成本影响＝（123 000－126 000）×11＝－33 000（美元）F

生产率的固定成本影响＝（2020 年实际生产能力－2019 年实际生产能力（因为现有生产
能力足以使 2019 年生产 2020 年所需的产出））×2020 年的单
位生产能力价格

生产率的固定成本影响是：

加工成本:（50 000－50 000）×22＝0

销售和顾客服务成本:（29－30）×25 000＝－25 000（美元）F

总之，归因于生产率的营业利润净增加是：

生产率的成本影响	
直接材料成本	$33 000 F
加工成本	$ 0
销售和顾客服务成本	$25 000 F
归因于生产率的营业利润变化	$58 000 F

2019 年与 2020 年营业利润变化的总结如下：

	2019 年利润表金额 (1)	2020 年成长的收入与成本影响 (2)	2020 年价格补偿的收入与成本影响 (3)	2020 年生产率的成本影响 (4)	2020 年利润表金额 (5)＝(1)+(2)+(3)+(4)
收入	$4 000 000	$200 000 F	$420 000 F	—	$4 620 000
成本	$2 920 000	$ 60 000 U	$256 000 U	$58 000 F	$3 178 000
营业利润	$1 080 000	$140 000 F	$164 000 F	$58 000 F	$1 442 000

$362 000 F
营业利润变化

3. 行业市场规模对营业利润的影响：产销量从 40 000 台上升到 42 000 台，其中的 3% 或
1 200 台（0.03×40 000）是因为市场规模的增长，800 台（2 000－1 200）是由于市场份额的
增长。Westwood 来自行业市场规模而不是特定战略行为的营业利润增长如下：

$$140\ 000（上表第(2)列）\times \frac{1\ 200}{2\ 000} \qquad \underline{\$84\ 000\ F}$$

产品差异化对营业利润的影响：

销售价格的上涨（价格补偿的收入影响）	$420 000 F
投入价格的上涨（价格补偿的成本影响）	$256 000 U
归因于产品差异化的市场份额增长	

$$140\ 000（上表第(2)列）\times \frac{800}{2\ 000} \qquad \underline{\$\ 56\ 000\ F}$$

归因于产品差异化的营业利润增长	$220 000 F

成本领先对营业利润的影响：

生产率部分	$ 58 000 F

2019—2020 年营业利润变化的总结如下：

归因于行业市场规模的变化	$ 84 000 F
归因于产品差异化的变化	$220 000 F
归因于成本领先的变化	$ 58 000 F
营业利润的变化	$362 000 F

4. 营业利润分析表明，营业利润中的大部分增长是因为 Westwood 成功执行了产品差异化战略（归因于产品差异化的营业利润是 220 000 美元（F））。公司能够继续对产品收取溢价并且增加市场份额。Westwood 也能够通过提高生产能力来改善成本领先战略，从而获得额外的营业利润。

决策要点

下面的问答形式是对本章学习目标的总结，"决策"代表与学习目标相关的关键问题，"指南"则是对该问题的回答。

决策	指南
1. 公司能够利用的两种基本战略是什么？	这两种基本战略是产品差异化和成本领先。产品差异化是指向顾客提供优质、独特的产品和服务。成本领先是指与竞争对手相比实现更低的成本和价格。公司基于对顾客偏好的理解及其生产能力选择战略，以区别于竞争对手。
2. 组织如何将战略转化为一系列业绩衡量指标？	通过开发能够为战略衡量和管理系统提供框架的平衡计分卡来做到。平衡计分卡通过四个维度来衡量业绩：（1）财务；（2）顾客；（3）内部业务流程；（4）学习和成长。为了建立平衡计分卡，组织常常创建战略地图以描述不同战略目标之间的因果关系。
3. 公司如何通过分析营业利润的变化来评价战略的成功与否？	为了评价战略是否成功，公司将营业利润变化分解为成长、价格补偿和生产率部分。成长部分衡量的是假定价格、效率或生产能力没有变化，由销量变化带来的收入和成本的变化。价格补偿部分衡量来自产出价格和投入价格变化的收入和成本变化。生产率部分衡量来自使用更少的投入、更好的投入组合和更少的生产能力的成本减少。当营业利润的有利变化与战略紧密相关时，公司被认为成功地实施了战略。
4. 公司如何识别和管理未利用生产能力？	未利用生产能力成本是指期初承诺的生产能力成本中在该期间未得到有效利用的部分。通过使成本与需要执行的作业相匹配来缩减规模是管理未利用生产能力的一种方式。

习　题

13-19 平衡计分卡。Pineway Electric 公司生产电动机。它以低价销售高质量的电动机，并在收到客户订单后的合理时间内将其交付给客户，从而进行竞争并计划发展。有许多生产类似电动机的其他生产商。Pineway Electric 公司相信在 2020 年生产流程的不断改善和员工满意度的提高对执行战略至关重要。

要求：

1. Pineway Electric 公司 2020 年的战略是产品差异化还是成本领先？请简要解释。

2. Pineway Electric 公司的一个竞争对手 Ramsey 公司生产电动机，其产品型号和特征比 Pineway Electric 公司的更丰富，价格也更高。Ramsey 公司的产品质量高，但生产时间更长，交货时间也因此更长。利用价格、交货时间、质量和设计属性，为两家公司画一张如图表 13-1 所示的简单的顾客偏好图。

3. 画一张如图表 13-2 所示的战略地图，每个维度至少设定两个战略目标。确定你认为的强关系、焦点、触发点和独特目标。对你的战略地图的结构分析进行评论。

4. 指出你希望在 Pineway Electric 公司 2020 年平衡计分卡中看到的每个战略目标的一个指标。

13-21 战略，平衡计分卡，商业经营。Gianni & Sons（简称 Gianni）批量购买 T 恤，用其引领潮流的丝印设计进行加工，再将这些 T 恤销售给多家零售商。Gianni 希望因为其引领潮流的设计而闻名，并且它希望每个少年都穿上独特的 Gianni T 恤。Gianni 前两年（2019 年和 2020 年）的数据如下。

	2019 年	2020 年
1. 购买的 T 恤数量	215 000	245 000
2. 废弃的 T 恤数量	15 000	20 000
3. 销售的 T 恤数量	200 000	225 000
4. 平均售价	$ 30	$ 31
5. 每件 T 恤的平均成本	$ 15	$ 13
6. 管理能力（顾客数量）	4 500	4 250
7. 管理费用	$1 633 500	$1 593 750
8. 每位顾客的管理费用	$ 363	$ 375

管理费用由 Gianni 的管理能力能够支持的顾客数量决定，而不是由其实际服务的顾客数量决定。2019 年 Gianni 有 3 600 名顾客，2020 年有 3 500 名顾客。

要求：

1. Gianni 的战略是产品差异化还是成本领先？请简要解释。

2. 简要描述 Gianni 应该包括在其平衡计分卡里的关键指标以及这样做的原因。

13-22 营业利润的战略分析（续习题 13-21）。参考习题 13-21。

要求：

1. 计算 Gianni 2019 年和 2020 年的营业利润。

2. 计算能够解释 2019—2020 年营业利润变化的成长、价格补偿和生产率部分。

3. 简要评论你在要求 2 中的回答，这些部分表明了什么？

13-23 成长、价格补偿和生产率部分的分析（续习题 13-21 和习题 13-22）。参考习题 13-21。假设在 2020 年，丝印 T 恤的市场规模增加 10%。所有超过 10% 的销售增长都是 Gianni 执行战略的结果。

要求：

计算 2019—2020 年由行业市场规模、产品差异化和成本领先引起的营业利润变化。Gianni 在实施战略时如何才能成功？请解释。

13-24 识别和管理未利用生产能力（续习题 13-21）。参考习题 13-21。

要求：

1. 基于 Gianni 在 2020 年服务的实际顾客数量，计算 2020 年初未利用管理能力的数量和成本。

2. 假设 Gianni 只能以 250 名顾客为单位增加或减少管理能力。2020 年若缩减管理能力，Gianni 能够节约的最大成本额是多少？

3. 在缩减管理能力前，除成本之外，Gianni 还应考虑什么因素？

 附　录

生产率衡量

生产率（productivity）衡量实际投入（数量和成本）与实际产出的关系。既定产出所需投入更少或既定投入得到更高的产出，则生产率更高。随着时间的推移，衡量生产率的提高突出了有助于成本领先的特定投入-产出关系。本附录中讨论的生产率指标与本章正文部分介绍的生产率部分密切相关。

部分生产率指标

部分生产率（partial productivity）是经常使用的生产率指标，它将所用的某单一投入数量与产出数量进行比较。常见的部分生产率形式表达如下：

$$部分生产率 = \frac{产出数量}{使用的投入数量}$$

该比率越大，生产率越高。

思考一下 Chipset 在 2020 年的直接材料部分生产率。

$$直接材料部分生产率 = \frac{2020 年生产的 CX1 数量}{2020 年用于生产 CX1 的直接材料数量}$$

$$= \frac{1\ 150\ 000}{2\ 900\ 000}$$

$$= 0.397(单位/平方厘米硅片)$$

注意，直接材料部分生产率忽略了 Chipset 的其他投入和生产加工能力。当比较是用来监测一段时间内不同设备间或与基准相比的生产率变化时，部分生产率指标更有意义。图表 13-7 介绍了 Chipset 2020 年投入的部分生产率指标和 2019 年生产 2020 年产出的可比较投入，信息来自前面有关生产率部分的计算。这些指标比较了 2020 年生产 1 150 000 单位 CX1 实际利用的投入和假定 2019 年的投入-产出关系在 2020 年保持不变时 2020 年应利用的投入。

图表 13 - 7　比较 Chipset 在 2019 年和 2020 年的部分生产率

投入 (1)	2020 年部分 生产率 (2)	基于 2019 年投入- 产出关系的可比较 部分生产率 (3)	从 2019 年到 2020 年的 变化百分比 (4)
直接材料成本	$\dfrac{1\,150\,000}{2\,900\,000}=0.397$	$\dfrac{1\,150\,000}{3\,450\,000}=0.333$	$\dfrac{0.397-0.333}{0.333}=19.2\%$
生产加工成本	$\dfrac{1\,150\,000}{3\,500\,000}=0.329$	$\dfrac{1\,150\,000}{3\,750\,000}=0.307$	$\dfrac{0.329-0.307}{0.307}=7.2\%$

评价部分生产率的变化

注意区别变动成本部分和固定成本部分的部分生产率影响。对于变动成本部分，如直接材料成本，生产率改进衡量的是用于生产产出的投入资源的减少（硅片从 3 450 000 平方厘米减少到 2 900 000 平方厘米）。对于像生产加工成本这样的固定成本要素，部分生产率衡量的是从 2019 年到 2020 年总生产能力的减少（硅片从 3 750 000 平方厘米减少到 3 500 000 平方厘米），而不管每期实际使用的生产能力。

部分生产率指标的一个优点是，它们集中于单一投入。因此，它们计算简单并容易被操作人员理解。管理者和操作人员通过分析这些数字可以明确生产率变化的原因——更好的员工培训、更低的人员流动率、更好的激励措施、改善的方法。分离相关因素可帮助 Chipset 在未来执行和维持这些行为。

尽管部分生产率指标有这些优点，但它同样有很多严重的缺陷。由于部分生产率在一个时期集中于单一投入而不是同时集中于所有投入，所以管理者不能评估投入替代物对整个生产率的影响。假设从一个时期到下一个时期，生产加工部分生产率上升的同时直接材料部分生产率下降，部分生产率指标就不能评价生产加工部分生产率的增长是否抵减了直接材料部分生产率的下降。全要素生产率或者总生产率是同时考虑所有投入的生产率指标。

全要素生产率

全要素生产率（total factor productivity，TFP）是产出数量与基于当期价格的所有投入的成本之比。

$$全要素生产率 = \frac{产出数量}{使用的所有投入的成本}$$

全要素生产率同时考虑所有投入，并基于当期投入价格权衡各项投入。不要把所有生产率指标都看作缺乏财务含义的实物指标——每单位投入带来多少单位产出。全要素生产率与最小化成本（一个财务目标）有着错综复杂的关系。

计算和比较全要素生产率

我们首先利用 2020 年的价格和 1 150 000 单位的产出（根据正文相关内容）来计算 Chipset 在 2020 年的全要素生产率。

$$\begin{aligned}
\frac{基于 2020 年价格的}{2020 年全要素生产率} &= \frac{2020 年产出数量}{基于 2020 年价格的 2020 年使用的投入的成本}\\[2mm]
&= \frac{1\,150\,000}{(2\,900\,000\times1.50)+(3\,500\,000\times4.35)}\\[2mm]
&= \frac{1\,150\,000}{19\,575\,000}
\end{aligned}$$

$$=0.058\ 748(单位产出/美元投入成本)$$

就其本身而言，CX1 2020 年 0.058 748 单位产出/美元投入成本的全要素生产率没有特别的用处。我们需要与 2020 年的全要素生产率做比较。一种选择是与 2020 年其他相似公司的全要素生产率进行比较。然而，找到类似公司和获得可比较的准确数据往往很困难。所以，公司通常比较其在不同时间段的全要素生产率。在 Chipset 的例子中，我们使用一个基准全要素生产率，利用基于 2020 年的价格 2019 年生产 1 150 000 单位产品所需的投入（我们利用正文相关计算得出的成本）。我们为什么使用 2020 年的价格？因为在两个计算中都使用当年价格可控制投入价格差异并集中分析管理者为相应价格变化而进行的调整。

$$基准全要素生产率 = \frac{2020\ 年产出数量}{2019\ 年生产\ 2020\ 年产出本应使用的投入的成本}$$

$$= \frac{1\ 150\ 000}{(3\ 450\ 000 \times 1.50) + (3\ 750\ 000 \times 4.35)}$$

$$= \frac{1\ 150\ 000}{21\ 487\ 500}$$

$$= 0.053\ 519(单位产出/美元投入成本)$$

使用 2020 年的价格，2019—2020 年全要素生产率增长 9.8%（（0.058 748 − 0.053 519）÷ 0.053 519）。注意，全要素生产率 9.8% 的增长也等于 1 912 500 美元（见图表 13-6 第（4）列）的收益除以 2020 年实际发生的 19 575 000 美元（见图表 13-6 第（5）列）的成本。全要素生产率增长了，因为以 2020 年的价格计算，与 2019 年相比，Chipset 在 2020 年的每美元投入有更高的产出。之所以产生来自全要素生产率的收益，是因为 Chipset 提高了单一投入的部分生产率，而且与战略保持一致，使用成本更最低的投入组合生产 CX1。注意，全要素生产率的提高不是因为投入价格的差异，因为我们都采用 2020 年的价格来评价在 2019 年生产 1 150 000 单位 CX1 需要的投入和 2020 年实际使用的投入。

运用部分生产率和全要素生产率指标

全要素生产率的一个主要优点是它衡量所有投入的综合生产率，并且精确地考虑因减少实际投入和投入品之间的互相替代而产生的收益。管理者能通过分析这些数字理解全要素生产率的变化原因——例如，人力资源管理实践的改善、材料质量的提高或生产方法的改进。

虽然全要素生产率指标是综合性的，但操作人员发现财务性全要素生产率指标更难理解，并且在执行目标时不如实物的部分生产率指标有用。例如，比 Chipset 劳动密集程度更高的公司使用制造人工部分生产率指标。然而，如果基于生产率的红利仅仅取决于制造人工部分生产率的收益，那么员工就有以材料（或资本）替代人工的动机，这种替代提高了他们自己的生产率指标，但可能降低公司的全要素生产率。为了解决这些动机问题，伊顿（Eaton）和惠而浦等许多公司考虑新设备投资和更高的废品率等其他因素的影响，准确地调整基于人工部分生产率的红利，也就是说，它们结合了部分生产率和类似全要素生产率的指标。

钢铁生产商 Behlen Manufacturing 和戴尔等许多公司同时利用部分生产率和全要素生产率来评价业绩。因为其中一个的优点可以抵减另一个的弱点，所以部分生产率和全要素生产率一起使用最好。

定价决策与成本管理

大多数公司仔细分析投入成本和产品价格。

它们知道如果价格太高，顾客将会转向竞争对手；如果价格太低，公司无法收回产品的生产成本。公司必须知道顾客对特殊的定价战略会如何反应。了解这些内容是宜家成功的关键。

💡 **引例**　　　　　　　　　　　　**宜家的极端定价和成本管理**

宜家是全球家具零售行业的奇迹。宜家以用瑞典小镇命名的产品、现代设计、扁平包装、自己动手组装而闻名，现已发展成全球最大的家具零售商，在 29 个国家拥有 355 家门店。它是怎么做到的？通过积极的定价，再加上坚持不懈的成本管理。

当宜家决定开发一种新产品时，产品开发者会调查竞争对手，确定它们对类似产品的定价，然后选择比竞争对手的价格低 30％～50％ 的目标价格。宜家把这样的产品称为"令人惊叹的产品"。在确定了产品和价格后，宜家再确定要使用的材料，并通过竞争性招标流程从众多供应商中选择一家制造该产品。它还确认了整个设计和生产过程的成本效率。宜家的所有产品都是以未经组装的扁平包装的形式发货的，因为如果产品在发货前组装好，运输成本至少是原来的 7 倍。

宜家将同样的成本管理技术应用于现有产品。例如，宜家最畅销的产品之一——Lack 床头柜，尽管原材料价格和工资率上涨，但自 1981 年以来它一直以同样的低价零售。自上市以来，宜家已在 Lack 床头柜上实施了 100 多个技术开发项目，以降低产品生产和分销成本，保持盈利能力。

为应对不断变化的购物习惯和向在线销售的转变，宜家目前正将重点转向新的数字商务解决方案，包括虚拟现实，并以合理的价格为客户提供配送和组装服务。在积极管理成本的同时这么做，符合宜家多年来的经营方式。正如创始人英格瓦·坎普拉德（Ingvar Kamprad）曾经总结的那样："在宜家，浪费资源是不可饶恕的大罪。昂贵的解决方案是平庸的标志，没有价格标签的想法永远是不可接受的。"

资料来源：Lisa Margonelli, "How IKEA Designs Its Sexy Price Tags," Business 2.0, October 2002；Enrico Baraldi and Torkel Strömsten, "Managing Product Development the IKEA Way—The Role of Accounting and Control in Networks," in Proceedings of the 25th IMP conference, Marseille, France, September 3 - 5, 2009；Beth Kowitt, "It's IKEA's World, We Just Live in It," Fortune, March 10, 2015（http://fortune.com/ikea-world-domination/）；Richard Milne, "Ikea Vows 'Transformation' as It Reshapes Business Model," Financial Times, April 10, 2018（https://www.ft.com/content/1a66c838-3cc1-11e8-b7e0-52972418fec4）.

像宜家一样，诸如亚马逊、联合利华和沃尔玛等公司的管理者都从战略高度制定定价决策。本章将描述管理者如何评估不同价位的需求以及如何通过管理整个价值链和产品生命周期的成本来实现盈利。

14.1　影响定价决策的主要因素

考虑一下，阿迪达斯的管理者如何为最新款式的运动鞋制定价格，或者，康卡斯特的决策者如何确定互联网服务每月的订购费是多少。管理者如何制定产品或服务的价格最终取决于其供给和需求。影响供给和需求的三个因素是：顾客、竞争对手和成本。

14.1.1　顾客

顾客通过他们对产品或服务的需求来影响价格。需求受诸如产品的特点和质量等因素的影响。公司必须时常从顾客的角度来检查它们的定价决策，然后管理成本以赚取利润。

14.1.2　竞争对手

没有任何一家公司是在真空中经营的。管理者必须时刻了解竞争对手的行为。一种极端情况是，对于诸如家得宝或得州仪器这样的公司，竞争对手的替代产品可能通过影响需求迫使企业降低自己的价格。另一种极端情况是，诸如苹果、美诺（Miele）或保时捷这样的公司有独特的产品和有限的竞争，公司可以制定较高的价格。当存在竞争对手时，企业可以通过了解竞争对手的生产技术、生产能力和经营策略来估计其产品成本，这些信息对于制定产品价格是很有价值的，因为这有助于管理者了解竞争对手愿意在不造成亏损的情况下降低价格的程度。

竞争常常是跨越国界的，因此成本和定价决策也会受到关税和不同国家之间货币汇率波动的影响。例如，如果美国政府对来自墨西哥的某些产品征收 25％的进口关税，墨西哥生产者想要维持利润就必须以更高的价格将额外成本转嫁给美国消费者，这样就降低了产品在美国市场的竞争力。当墨西哥比索对美元贬值时，对于每一美元的销售，墨西哥生产者会收到更多的墨西哥比索。这些生产者能够降低价格而仍然赚钱，墨西哥产品对美国的顾客来说就更加便宜，当然也就在美国市场上更有竞争力。

14.1.3　成本

成本影响定价，因为它影响供给。产品（如丰田普锐斯汽车或诺基亚手机）的生产成本越低，公司愿意提供的产品数量就越多。只要销售额外产品的收入超过额外的生产成本，公司就会提供产品。了解公司产品成本的管理者会把价格制定在最大化公司的营业利润而又能吸引顾客的水平上。

14.1.4　顾客、竞争对手和成本的权衡

调查显示，不同公司的管理者在制定定价决策时，会给顾客、竞争对手和成本赋予不同的权重。一种极端的情况是，公司在完全竞争的市场上出售非常相似的产品，如小麦、大米、钢铁和铝。这些公司的管理者无法控制价格，必须接受由众多参与者组成的市场决定的价格。这里，成本信息仅仅能帮助管理者确定使营业利润最大化的产出水平。

在诸如智能手机、笔记本电脑和电视机等竞争较弱的市场上，产品是有差异的，以下三个因素都会影响定价：顾客对产品价值的评价、竞争产品的价格对需求的影响、产品的生产和运输成本对供给的影响。如果市场竞争变得更弱，例如，在微处理器或操作软件市场，影响定价决策的关键因素是基于顾客对产品或服务的估价的顾客支付意愿，而不是成本或竞争对手。极端的情况下会有垄断。垄断者没有竞争对手，有很大的余地制定高价格，不过也有限度。垄断者制定的价格越高，顾客对垄断者产品的需求就越少，因为顾客可能会寻找替代产品或放弃购买产品。

14.2　长期成本与定价

长期定价是一个战略性决策，旨在在稳定的、可预见的价格基础上与顾客建立长期的关系。管理者偏好稳定的价格，因为它降低了持续监督价格的必要性，提高了企业的计划水平，并能建立买卖双方的长期合作关系。麦当劳的"一美元菜单"保持稳定的价格。Nespresso 每个咖啡粉囊包 0.70 美元的价格在很长一段时间内也保持稳定。但是为了制定稳定的价格和赚取长期的目标回报，管理者必须了解和管理向顾客提供产品的成本，包括所有未来的直接和间接成本。回想一下，一个特定成本对象的间接成本是那些与成本对象相关但不能轻易且明确地追溯的成本。这些成本通常占分配给产品的总成本的很大比例。

考虑 Astel Computers 公司（以下简称 Astel 公司）的成本分配问题。Astel 公司生产两种

产品：高端电脑 Deskpoint 和装有英特尔酷睿 i9 芯片的笔记本电脑 Provalue。下图描述了 Astel 公司价值链的六个业务功能。

图表 14-1 举例说明了成本分配的四个目的，不同成本适用于不同目的。在制定 Deskpoint 和 Provalue 的定价决策时，Astel 公司的管理者分配所有六个业务功能的间接成本。为什么？因为从长远来看，只有顾客愿意为产品支付的价格超过生产的全部成本，公司能够赚取合理的资本回报时，销售产品才是值得的。

图表 14-1 成本分配的目的

目的	举例说明
为经济决策提供信息	决定产品或服务的销售价格 决定是否增加一项新的产品特色
激励管理者和员工	激励生产更简单或服务成本更低的设计 激励销售代表推销高边际利润的产品或服务
合理化成本或计算补偿	给产品估定一个"公允"价格，法律和政府合同经常会有这个要求 计算给咨询公司的报酬，通常根据执行其建议带来的成本节约确定一个比例
计量利润和资产	为财务报告估定存货价值 为向税务部门报告估定存货价值

成本分配和产品盈利性分析影响公司推广的产品。为了增加利润，管理者往往专注于高边际利润产品。除了收入之外，他们还根据产品盈利性给予销售人员报酬，以激励销售人员销售那些能够增加营业利润而不仅仅是维持收入的产品。成本分配也影响管理者的成本管理决策。例如，确认所有的采购和订货成本促使 Astel 公司的管理者在设计 Provalue 时减少部件数量，以降低成本。

成本分配有时被用于成本补偿。Astel 公司向美国政府供应电脑的合同是基于成本和利润率的。美国政府的成本补偿规则允许用全部分配的生产和设计成本加上边际利润，但明确将营销成本排除在外。

为利润表和资产负债表上的利润和资产计量而进行的存货估价要求进行成本分配时计算生产存货的成本。出于这种目的，Astel 公司仅向产品分配生产成本，不分配来自价值链其他部分（如研发、营销或分销）的成本。

成本分配是不同成本适用于不同目的的另一个例子。我们将在后面几章讨论成本分配。在本章，我们关注基于整个价值链成本制定长期定价决策时成本分配的作用。

14.2.1 计算长期定价决策的生产成本

Astel 公司的市场研究表明，Provalue 的市场竞争日益激烈。公司管理者面临着为 Provalue 制定价格的重要决策。

管理者首先审查 2019 年的数据。Astel 公司没有 Provalue 的期初和期末存货，这一年的生产和销售都是 150 000 台。Astel 公司采用作业成本法计算并分配 Provalue 的生产成本。Astel

公司的作业成本系统有如下特点：

● 有三类直接生产成本：直接材料成本、直接制造人工成本和直接加工成本。

● 有三个间接生产成本库：订购及接收部件、测试及检查最终产品、返工（纠正错误和弥补缺陷）。

Astel 公司将加工成本作为 Provalue 的直接成本，因为 Provalue 是在专门的机器上制造的。[①]

Astel 公司使用长时间范围（1 年）为 Provalue 制定价格。在这个时间范围内，Astel 公司的管理者注意到：

● 直接材料成本随 Provalue 的产量变动。

● 直接制造人工成本随直接制造人工小时数变动。

● 直接加工成本是多年中每年租赁 300 000 机器小时的生产能力的固定成本。这些成本不随每年使用的机器小时变动。生产每台 Provalue 需要 2 个机器小时。2019 年 Astel 公司全部的加工能力都用于生产 Provalue（2×150 000＝300 000 机器小时）。

● 订货及收货、测试及检查、返工成本随对应的成本动因变动。例如，订货及收货的成本随订单数量的变动而变动。从长期而言，如果企业需要发出的订单数量减少，那些负责发订单的工作人员可能会被调换工作或解雇，如果要处理更多的订单，工作人员人数可能要增加。

下面的 Excel 电子表格汇总了 2019 年生产 150 000 台 Provalue 的成本信息。如第 5 章所述，管理会计师用 Astel 公司每个成本库中的总成本除以成本动因数量得到成本动因分配率（第（6）列）（没有列示计算过程）。

成本类别	成本动因	成本动因数量明细		成本动因总数	成本动因分配率
(1)	(2)	(3)	(4)	(5)＝(3)×(4)	(6)
直接生产成本					
直接材料成本	配套元件数	1 配套元件/台	150 000 台	150 000	$460
直接制造人工成本	直接制造人工小时	3.2 直接制造人工小时/台	150 000 台	480 000	$ 20
直接加工成本（固定的）	机器小时			300 000	$ 38
间接生产成本					
订货及收货成本	订单数	50 订单/部件	450 个部件	22 500	$ 80
测试及检查成本	测试小时	30 测试小时/台	150 000 台	4 500 000	$ 2
返工成本	返工小时	2.5 返工时间小时/台	8% 缺陷率 / 12 000[a] 台	30 000	$ 40

生产 150 000 台 Provalue 的成本信息

a.8%×150 000＝12 000（台）。

[①] 回想一下，Astel 公司生产高端电脑 Deskpoint 和笔记本电脑 Provalue。如果使用相同的机器生产 Deskpoint 和 Provalue，加工成本就是间接的，Astel 公司将根据生产两种产品使用的预算机器小时来分摊加工成本。

图表 14 - 2 将 2019 年 Provalue 产品 1.02 亿美元的总生产成本分为不同类别的间接成本与直接成本。在图表 14 - 2 中，单位生产成本为 680 美元。但是产品生产仅仅是价值链上的一个业务职能。为了制定产品的长期价格，Astel 公司的管理者必须通过分配价值链上所有职能中的成本，计算生产并销售 Provalue 的全部成本。

	A	B	C
1		**150 000台Provalue**	
2		**的总生产成本**	**单位生产成本**
3		**(1)**	**(2) = (1)÷150 000**
4	直接生产成本		
5	直接材料成本		
6	（150 000×460）	$ 69 000 000	$460
7	直接制造人工成本		
8	（480 000×20）	$ 9 600 000	$ 64
9	直接加工成本		
10	（300 000×38）	$ 11 400 000	$ 76
11	直接生产成本合计	$ 90 000 000	$600
12			
13	间接生产成本		
14	订货及收货成本		
15	（22 500×80）	$ 1 800 000	$ 12
16	测试及检查成本		
17	（4 500 000×2）	$ 9 000 000	$ 60
18	返工成本		
19	（30 000×40）	$ 1 200 000	$ 8
20	间接生产成本合计	$ 12 000 000	$ 80
21	总生产成本	$102 000 000	$680

图表 14 - 2　2019 年基于作业成本系统的 Provalue 的生产成本

图表 14 - 3 显示了 150 000 台 Provalue 的全部成本。对于每个非生产业务职能，Astel 公司的管理者追溯产品的直接成本，使用成本库和衡量因果关系的成本动因分配间接成本（没有给出计算过程）。该图表汇总了 2019 年 Provalue 的营业利润，结果显示，2019 年 Astel 公司从 Provalue 产品中赚取了 1 500 万美元，每台合 100 美元。

14.2.2　其他长期定价方法

Astel 公司的管理者如何应用产品成本信息来制定 Provalue 2020 年的价格呢？有两种不同的定价方法：

1. 以市场为基础。

2. 以成本为基础，又称成本加成法。

以市场为基础的定价方法着眼于："给定顾客的需求和竞争对手的反应，我们应该制定什么价格？"基于这个价格，管理者控制成本以赚取目标投资回报。以成本为基础的定价方法则着眼于："给定生产产品的成本，我们应该制定什么样的价格才能弥补我们的成本并得到目标投资回报？"

在竞争的市场上（如钢铁、石油、天然气等商品），公司采用以市场为基础的定价方法。一

	150 000 台 Provalue 的总收入及总成本	单位收入及单位成本
	(1)	(2) = (1) ÷ 150 000
销售收入	$150 000 000	$1 000
产品销售成本^a（来自图表14-2）	$102 000 000	$ 680
营业成本^b		
研究与开发成本	$ 2 400 000	$ 16
产品与流程设计成本	$ 3 000 000	$ 20
营销与管理成本	$ 15 000 000	$ 100
分销成本	$ 9 000 000	$ 60
顾客服务成本	$ 3 600 000	$ 24
营业成本合计	$ 33 000 000	$ 220
产品全部成本	$135 000 000	$ 900
营业利润	$ 15 000 000	$ 100
a. 产品销售成本＝总生产成本，因为Provalue在2019年没有期初和期末存货。		
b. 营业成本项目的数字假定没有来源。		

图表 14 - 3　2019 年基于价值链作业成本系统的 Provalue 的盈利性

家公司提供的产品或服务与其他公司提供的同类产品或服务相比具有高度的可替代性。这些市场上的公司必须接受市场确定的价格。

小练习 14 - 1

Guppy 公司是一家小型自动铅笔分销商。Guppy 公司确定了三个主要作业和成本库：订购、接收和存储、运输，并报告了 2019 年的详细信息：

作业	成本动因	成本动因数量	成本动因分配率
1. 下单和支付铅笔包订单	订单数量	800	$100/订单
2. 接收和存储	载运单位	4 500	$ 60/载运单位
3. 向零售商运送铅笔包	运送次数	1 500	$ 70/次

2019 年，Guppy 公司以每包 3 美元的平均成本购买了 250 000 个铅笔包，并以每包 7 美元的平均价格卖给零售商。假设 Guppy 公司没有固定成本和存货。

计算 Guppy 公司 2019 年的营业利润。

在缺少竞争的市场上，公司提供的产品或服务（如汽车、计算机、管理咨询以及法律服务）各不相同，公司可以采用以市场为基础的定价方法或以成本为基础的定价方法作为定价决策的起点。有些公司使用以成本为基础的定价方法：它们先考虑成本，因为成本信息更容易获得，然后再考虑顾客和竞争对手。另一些公司使用以市场为基础的定价方法：它们先考虑顾客和竞争对手，再考虑成本。两种定价方法都必须考虑顾客、竞争对手和成本，只是它们的起点不同。不管采用哪一种定价方法，管理者必须始终考虑市场的影响。例如，建造合同最初常常在成本加成的基础上报价，但是在随后协商的过程中会降低价格，以应对其他更低成本的报价。

在没有竞争的市场上（如电力设备），公司采用以成本为基础的定价方法。因为这些公司不需要考虑竞争对手的价格。确定价格时，在成本基础上增加的利润取决于顾客对产品或服务的支付能力和意愿。然而，在许多非竞争性市场中，监管机构干预定价以限制公司可能获得的利润。

我们首先考虑以市场为基础的定价方法。

14.3　以市场为基础的定价方法：目标成本与目标定价

以市场为基础的定价方法从目标价格开始。**目标价格**（target price）是估计的潜在顾客对某种产品或服务愿意支付的价格。管理者将目标价格的估计建立在了解顾客对产品或服务的感知价值和竞争对手如何制定竞争产品或服务的价格基础之上。

14.3.1　了解顾客的感知价值

公司的销售和营销部门通过与顾客的密切联系和相互影响，识别顾客的需求和他们对产品的价值判断。公司也对顾客需要什么样的产品以及他们愿意为产品支付的价格进行市场调查。

14.3.2　分析竞争对手

为了估计竞争对手对预期价格的反应，管理者需要了解竞争对手的技术、产品或服务、成本和财务状况。通常，产品或服务越有特色，公司越能制定更高的价格。公司从何处得到竞争对手的信息呢？一般是通过以前的顾客、供应商及竞争对手的员工。有时公司通过反向工程——拆解并分析竞争对手的产品，以了解其设计和材料并理解其技术。管理者绝不应该通过非法或不道德的方式获取竞争对手的信息。例如，管理者不应该贿赂现有员工或冒充供应商或顾客以获取竞争对手的信息。

14.3.3　目标定价和目标成本的实施

我们用 Provalue 的例子描述确定目标价格和目标成本的五个步骤。

步骤 1：开发出满足潜在顾客需要的产品。Astel 公司的管理者利用顾客反馈和有关竞争对手产品的信息，修改 2020 年 Provalue 的产品特征和设计。市场调查表明顾客不看重 Provalue 产品的额外特征，如使个人电脑运行速度更快的特殊音频元素和设计。相反，顾客希望 Astel 公司将 Provalue 重新设计成一款简单、可靠且价格低廉的个人电脑。

步骤 2：选择目标价格。预计竞争对手会将个人电脑的价格下调至 850 美元。Astel 公司的管理者想主动将 Provalue 的价格降低 20％，由每台 1 000 美元降至每台 800 美元，以回击竞争对手。在这样一个较低的价格水平上，营销经理预计年销量将由 150 000 台上升到 200 000 台。

步骤 3：从目标价格中减去单位目标营业利润，得到单位目标成本。单位目标营业利润（target operating income per unit）是指企业每销售 1 单位产品（或服务）所希望得到的营业利润。**单位目标成本**（target cost per unit）是指当以目标价格销售时，使公司能够实现单位目标营业利润的预期单位长期成本。① 单位目标成本是从目标价格中减去单位产品的目标营业利润而得。单位目标成本往往低于目前的单位产品的全部成本。单位目标成本其实只是一个目标，是公司必须去实现的。

为了赚取资本的目标回报，Astel 公司需要从计划销售的 200 000 台 Provalue 中赚取 10％的目标营业利润。

总目标收入	＝800×200 000＝160 000 000(美元)
总目标营业利润	＝10％×160 000 000＝16 000 000(美元)
单位目标营业利润	＝16 000 000÷200 000＝80(美元/台)
单位目标成本	＝目标价格－单位目标营业利润
	＝800－80＝720(美元/台)
目前 Provalue 的总成本	＝135 000 000(美元)(来自图表 14－3)
目前 Provalue 的单位成本	＝135 000 000÷150 000＝900(美元/台)

每台 Provalue 720 美元的目标成本比目前每台 900 美元的成本低 180 美元。为了实现目标成本，Astel 公司必须减少从研发到顾客服务的价值链各个部分的成本。

目标成本包括所有未来成本、变动成本和短期内固定的成本，因为从长远来看，如果一个公司想继续经营的话，它的价格和收入必须超过它所有的成本。相反，对于短期定价或一次性特殊订单决策，管理者只需考虑短期内变化的成本。

步骤 4：执行价值工程，实现目标成本。价值工程（value engineering）是对价值链各个方面的系统评估，其目的在于在满足顾客质量需要的同时降低成本。价值工程包含产品设计的改进，材料规格的改变，或者生产流程的修正。"观念实施：Zara 利用目标定价成为全球最大时尚零售商"描述了 Zara 的目标定价和目标成本。

观念实施

Zara 利用目标定价成为全球最大时尚零售商

近年来，快时尚风靡服装界。快时尚零售商为响应最新时尚趋势而快速设计和制造产品，致力于确保其商店货架上总是以合理的价格陈列最时尚的衣服。在 Zara，你今天在商店里看到的许多商品是两周前才设计好的。这使得 Zara 的母公司 Inditex SA 成为全球销售额最大的时尚零售商。2017 年，Zara 在 50 个国家的 2 251 家门店销售了价值近 200 亿美元的 1.8 万款快时尚设计产品。它是怎么做到的？依靠积极的目标定价，加上专注于快速上市和减少不必要成本的独特商业模式。

每天，位于西班牙 Zara 总部的 200 多名设计师都会在连锁店的各家门店收集顾客的决策信息。当 Zara 决定生产一款产品时，一个由设计师、生产经理和物流人员组成的内部团队会确定它的价格以及产量。与大多数只关注春季和秋季系列时装的时尚零售商不同，Zara

---

① 对目标成本的更详细讨论参见 Shahid L. Ansari，Jan E. Bell，and the CAM-I Target Cost Core Group，*Target Costing：The Next Frontier in Strategic Cost Management*（Martinsville，IN：Mountain Valley Publishing，2009）. 关于执行的详细信息见 Shahid L. Ansari，Dan Swenson，and Jan E. Bell，"A Template for Implementing Target Costing，" *Cost Management*（September-October 2006）：20－27.

大约每 15 天就更换一次库存。它以小批量生产产品，这使得其 60％以上的服装可以在几天内在西班牙和附近国家生产。这对 Zara 来说至关重要，因为所有服装都是从总部直接运往门店的，目的是尽可能减少存货。这意味着 Zara 的库存比竞争对手少得多，因此库存成本更低，很少需要对未售出商品进行打折。平均而言，只有 15％～20％的 Zara 产品被降价出售，而竞争对手 H&M 有 45％的产品被降价出售。当一家 Zara 门店需要一种特定商品的更多存货时，它会通知总部经理，然后重新开始上述流程。

这种模式激励顾客以不同的方式花钱。在 Zara，每一次购买都是冲动购买，因为橱窗里那件时髦的皮夹克很可能在几天内就卖出去了。因此，Zara 的顾客去商店的次数通常是更传统的时尚零售商的顾客的五六倍。

资料来源：Intedex SA，*2017 Annual Report*（Arteixo，Spain：Intedex SA，2018）；Karan Girotra and Serguei Netessine，"Business Model Innovation is the Gift That Keeps on Giving," HBR. org，December 5，2012（https://hbr. org/2012/12/the-gift-that-keeps-giving-bus）；Tobias Buck，"Fashion：A Better Business Model," *Financial Times*，June 18，2014（https://www. ft. com/content/a7008958-f2f3-11e3-a3f8-00144feabdc0）；Jose Colon，"A Model for Fast Fashion," *The Wall Street Journal*，December 7，2016（https://www. wsj. com/articles/fast-fashion-how-a-zara-coat-went-from-de-sign-to-fifth-avenue-in-25-days-1481020203）；Suzy Hansen，"How Zara Grew into the World's Largest Fashion Retailer," *The New York Times Magazine*，November 9，2012（https://www. nytimes. com/2012/11/11/magazine/how-zara-grew-into-the-worlds-largest-fashion-retailer. html）。

小练习 14 - 2

假设 2019 年 Guppy 公司的信息与小练习 14 - 1 中给出的信息相同。2020 年，零售商要求在 2019 年价格基础上打 6％的折扣。而 Guppy 公司的供应商只愿意提供 5％的折扣。Guppy 公司预计 2020 年的铅笔包销量与 2019 年相同。

如果所有其他成本和成本动因信息保持不变，Guppy 公司要在 2020 年获得与 2019 年相同的目标营业利润（从而获得必要收益率），那么它必须将总成本和单位成本降低多少？

14.4 价值工程、成本发生与锁定成本

为了实施价值工程，管理人员要区分增值作业及其成本与非增值作业及其成本。**增值成本**（value-added cost）是一种成本，如果省去的话，将会减少顾客从产品或服务中感知到的或实际的价值或效用（有用性）。在 Provalue 的例子中，增值成本是顾客期望的某种产品的特质和特色，如可靠性、足够的内存、预装的软件以及快捷的顾客服务。

非增值成本（nonvalue-added cost）是一种成本，如果省去的话，将不会减少顾客从产品或服务中感知到的或实际的价值或效用（有用性）。非增值成本的例子是生产缺陷产品和机器停工的成本。因为非增值成本不能给顾客带来好处，公司希望将它们降到最低。

作业及其成本并非总能清楚地分为增值与非增值两类。因此管理者通常必须通过判断进行成本分类。有些成本，如监督和生产控制成本，既有增值成分又有非增值成分。当不确定时，某些管理者宁愿将成本归为非增值成本，以便将组织的注意力集中于降低成本。这种方法的风

险是，组织可能降低某些增值成本，导致低劣的产品质量和糟糕的顾客体验。

虽然存在这些棘手的灰色区域，但是管理者发现，区分增值成本和非增值成本对价值工程是有用的。在 Provalue 的例子中，直接材料成本、直接制造人工成本以及直接加工成本是增值成本，订货及收货成本、测试及检查成本既有增值成分也有非增值成分，返工成本则是非增值成本。

然后，Astel 公司的管理者需要区分成本发生与锁定成本。**成本发生**（cost incurrence）描绘的是为了达到特定目标而消耗资源（或放弃利润）的发生时间。成本系统测量成本的实际发生。例如，只有在 Provalue 被装配并售出时，Astel 公司才能确认 Provalue 的直接材料成本。但是，Provalue 的单位直接材料成本早在设计师选择 Provalue 的组成部件时就被锁定或设计好了。**锁定成本**（locked-in costs）或**设计成本**（designed-in costs），是指那些尚未发生，但根据已经做出的决策在未来必然要发生的成本。

管理成本的最好时机是在成本锁定前，Astel 公司的管理者模拟不同产品设计选择对非增值成本（例如，仅发生在生产阶段的废料和返工成本）的影响，然后试图通过明智的设计选择来最小化成本。

图表 14-4 描绘了 Provalue 的锁定成本曲线和成本发生曲线。下面的曲线利用图表 14-3 中的信息描绘了在价值链上不同职能中发生的累计单位成本。上面的曲线描绘了累计的锁定成本（省略了据以画出曲线的具体数字）。两条曲线的总累计单位成本都为 900 美元。但是，锁定成本和发生的成本之间存在巨大差异。例如，研发与设计环节锁定了 Provalue 86% 以上（780÷900）的单位成本（包括直接材料、订货、检测和返工、分销和顾客服务成本），但是只发生了 4%（36÷900）的单位成本。

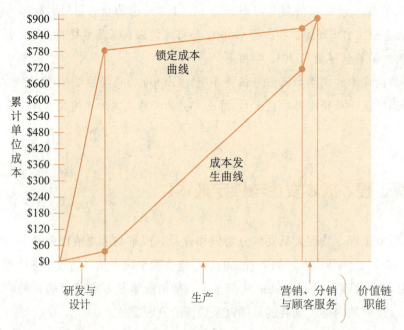

图表 14-4 Provalue 成本发生和锁定成本的图示

14.4.1 价值链分析与跨职能团队

由营销经理、产品设计人员、生产工程师、采购经理、供应商、经销商以及管理会计人员组成的跨职能价值工程团队重新设计 Provalue，将其命名为 ProvalueⅡ，以降低成本，同时保留顾客看重的产品特征。团队的某些想法列示如下：

- 使用更简单、更可靠且没有复杂特征的主板，以减少生产与修理成本。
- 零部件咬合而不是焊接在一起，以减少直接制造人工小时及相关成本。
- 使用更少的零部件，减少订货、收货、测试与检查成本。
- 使 Provalue 更轻、更小，减少分销和包装成本。

管理会计师根据他们对价值链的了解估计成本节省。

团队关注设计决策，试图在成本锁定前减少成本。但是，不是所有成本在设计阶段都被锁定。管理者改善或持续改进技术，以减少完成作业的时间，消除浪费，并提升经营效率和生产率。总的来说，价值工程的关键步骤如下：

1. 理解顾客需求和增值成本、非增值成本。
2. 在成本发生之前预测成本是如何被锁定的。
3. 采用跨职能团队重新设计产品和流程，在满足顾客需求的同时减少成本。

14.4.2　实现 Provalue 的单位目标成本

图表 14-5 使用作业成本法比较了 2019 年生产并销售的 150 000 台 Provalue 和 2020 年预算的 200 000 台 Provalue Ⅱ 的成本动因数量和成本动因分配率。价值工程既减少增值成本（通过设计 Provalue Ⅱ，减少直接材料成本、直接制造人工小时和测试小时），也减少非增值成本（简化 Provalue Ⅱ 的设计，减少返工）。价值工程也将生产 Provalue Ⅱ 所需的机器小时减少到了每台 1.5 小时。Astel 公司现在可以利用其 300 000 机器小时的生产能力来生产 200 000 台 Provalue Ⅱ（而 Provalue 为 150 000 台），减少了单位产品的加工成本。为简便起见，我们假定价值工程不会减少每直接制造人工小时成本 20 美元，单位订单成本 80 美元、每小时测试成本 2 美元或每小时返工成本 40 美元。（本章自测题研究价值工程如何才能减少这些成本动因分配率。）

				2019年150 000台Provalue的 生产成本信息						2020年200 000台Provalue Ⅱ的 生产成本信息			
	A	B	C	D	E	F	G	H	I	J	K	L	M	N
成本类别	成本动因	成本动因数量明细				成本动因总数		成本动因单位成本	成本动因数量明细		成本动因总数		成本动因分配率
(1)	(2)	(3)		(4)		(5)=(3)×(4)		(6)	(7)		(8)	(9)=(7)×(8)		(10)
直接生产成本													
直接材料成本	配套元件数	1	配套元件/台	150 000	台	150 000		$460	1	配套元件/台	200 000	台	200 000	$385
直接制造人工成本	直接制造人工小时	3.2	直接制造人工小时/台	150 000	台	480 000		$ 20	2.65	直接制造人工小时/台	200 000	台	530 000	$ 20
直接加工成本(固定的)	机器小时					300 000		$ 38					300 000	$ 38
间接生产成本													
订货及收货成本	订单数 50		订单/部件		450	个部件	22 500	$ 80	50	订单/部件	425	个部件	21 250	$ 80
测试及检查成本	测试小时 30		测试小时/台		150 000	台	4 500 000	$ 2	15	测试小时/台	200 000	台	3 000 000	$ 2
返工成本					8%	缺陷率					6.5%	缺陷率		
	返工小时	2.5	返工小时/台		12 000ᵃ	台	30 000	$ 40	2.5	返工小时/台	13 000ᵇ	台	32 500	$ 40
a.8%×150 000 (台)。													
b.6.5%×200 000 (台)。													

图表 14-5　使用作业成本法计算的 2019 年 Provalue 和 2020 年 Provalue Ⅱ 的成本动因数量和成本动因分配率

图表 14 - 6 列出了 Provalue Ⅱ 的目标生产成本，成本动因和成本动因分配率数据来自图表 14 - 5。为便于比较，图表 14 - 6 中显示了来自图表 14 - 2 的 Provalue 的 2019 年实际单位生产成本。若预计销售量为 200 000 台，Astel 公司的管理者期望减少单位生产成本 140 美元（由 680 美元降低到 540 美元），其他业务职能的单位成本从 220 美元（见图表 14 - 3）减少到 180 美元（没有列示计算过程）。Provalue Ⅱ 的预算全部单位成本是 720 美元（540＋180），这是它的目标单位成本。在 2020 年末，管理者将把实际成本与目标成本进行比较，以了解后续可以做出的改进。

	A	B	C D	E F
1			Provalue Ⅱ	Provalue
2		200 000台产品	预计单位	单位生产成本
3		的预计生产成本	生产成本	（见图表14-2）
4		(1)	(2)=(1)÷200 000	(3)
5	直接生产成本			
6	直接材料成本			
7	(200 000×385)	$ 77 000 000	$385.00	$460.00
8	直接制造人工成本			
9	(530 000×20)	10 600 000	$ 53.00	$ 64.00
10	直接加工成本			
11	(300 000×38)	$ 11 400 000	$ 57.00	$ 76.00
12	直接生产成本合计	$ 99 000 000	$495.00	$600.00
13	制造费用			
14	订货及收货成本			
15	(21 250×80)	$ 1 700 000	$ 8.50	$ 12.00
16	测试及检查成本			
17	(3 000 000×2)	$ 6 000 000	$ 30.00	$ 60.00
18	返工成本			
19	(32 500×40)	$ 1 300 000	$ 6.50	$ 8.00
20	制造费用合计	$ 9 000 000	$ 45.00	$ 80.00
21	总生产成本	$108 000 000	$540.00	$680.00

图表 14 - 6　2020 年 Provalue Ⅱ 的目标生产成本

除非管理得当，否则价值工程和目标成本可能会带来一些不利的影响：

● 如果员工不能实现目标成本，他们会感到沮丧。

● 跨职能团队可能会仅仅为了满足团队成员的不同愿望而给产品增加过多的功能。

● 因为反复地评定各种设计，可能需要很长时间才能研制出一种产品。

● 当削减成本的压力在公司价值链上的各职能之间分配不均（如生产部门的压力比营销部门更大）时，可能会产生组织冲突。

为了避免这些不利的影响，目标成本法必须：（1）鼓励员工参与并表扬为实现目标成本而做出的细小改进；（2）关注顾客；（3）注意进度表；（4）为所有价值链职能设定成本削减目标以鼓励团队文化和合作文化。

目标定价法是第 1 章中介绍的五步决策制定程序的另一个例证。

1. 确定问题与不确定性。问题是 2020 年为 Provalue 索取的价格。不确定性是指要明确顾客需要什么，竞争对手如何反应，以及如何管理成本。

2. 获取信息。Astel 公司的管理者进行市场调查，以识别顾客需求、竞争对手可能索取的价格以及减少成本的机会。

3. 预测未来。管理者预测不同价格对销售量的影响，以及通过价值工程和产品重新设计能够在多大程度上减少成本。

4. 选择方案做决策。管理者决定 2020 年将 Provalue 的价格从 1 000 美元减至 800 美元，预计销售量将从 150 000 台增加到 200 000 台。

5. 实施决策、评价业绩与学习。跨职能团队重新设计 Provalue，以实现 720 美元的单位目标成本，明显低于目前 900 美元的成本。2020 年末，管理者将比较实际成本与目标成本，以评价业绩，并识别进一步降低成本的途径。

小练习 14-3

假设 2019 年和 2020 年 Guppy 公司的信息与小练习 14-1 和 14-2 中给出的信息相同。

利用价值工程，Guppy 公司决定对其订货、收货和存储实践进行调整。通过向其主要供应商下长期订单，Guppy 公司预计将订单数量减少到 700 个，每个订单成本减少到 75 美元。通过重新设计仓库布局和重新配置装运铅笔包的板条箱，Guppy 公司希望将载运单位减少到 4 000，每载运单位的成本减少到 50 美元。

2020 年，Guppy 公司会实现 545 000 美元的目标营业利润和每个铅笔包 2.18 美元的目标单位营业利润吗？请列示计算结果。

14.5　成本加成定价法

尽管管理者在竞争性市场中采用以市场为基础的定价方法进行长期定价决策，但在对不同的产品或服务进行定价时，他们有时也采用以成本为基础的定价方法。制定以成本为基础的售价的一般方法是在成本之上加一个加成额。因为有了加成，以成本为基础的定价方法常被称为成本加成定价法。在使用成本加成定价公式时，管理者以成本基础作为起点，加成额通常是灵活的，随竞争对手和顾客的行为而发生变动。换句话说，市场条件最终决定加成额的大小。[①]
例如，考虑大型仓储店开市客，在制定产品价格时，开市客采用成本加成定价法。然而，如果山姆会员店（Sam's Club）等竞争对手以更低的价格提供类似产品，开市客的管理者将会降低价格。

14.5.1　目标投资回报率成本加成定价法

假设 Astel 公司使用 Provalue Ⅱ 的全部单位成本再加上 12% 的成本加成计算售价。成本加成价格如下：

成本基础（Provalue Ⅱ 的全部单位成本）	$720.00
加成因子 12%（0.12×720 美元）	$ 86.40

---

① 在很多国家，电力和天然气的价格是个例外，其价格是政府在成本的基础上加上投入资本回报率设定的。在这些情况下，产品不受竞争力量的影响，成本会计技术代替市场作为定价基础。

预期售价 $806.40

管理者如何确定全部单位成本的 12％的加成率呢？一种方法是根据目标投资回报率选择加成率。**目标投资回报率**（target rate of return on investment）是目标年营业利润与投入资本额的比率。投入资本额的确定有很多方法，在本章中，我们将其定义为总资产——也就是长期资产加上流动资产。我们假定 Astel 公司的（税前）目标投资回报率为 15％，ProvalueⅡ的投资额（总资产）为 11 520 万美元。ProvalueⅡ的目标年营业利润如下所示：

投入资本	$115 200 000
目标投资回报率	15％
目标年营业利润(0.15×115 200 000)	$ 17 280 000
ProvalueⅡ的单位目标营业利润(17 280 000÷200 000)	$ 86.40

计算表明 Astel 公司需要从每台 ProvalueⅡ中得到 86.40 美元的目标营业利润。86.40 美元的加成额表述成单位产品全部成本 720 美元的一个百分比，即为 12％（86.40÷720）。

不要把 15％的目标投资回报率与 12％的成本加成率混淆。

- 15％的目标投资回报率是 Astel 公司的预期年营业利润占投资额的比率。
- 12％的成本加成率是单位营业利润占单位产品全部成本的比率。

Astel 公司使用目标投资回报率计算成本加成率。

14.5.2 其他成本加成定价法

确定单个产品的具体投资额是有挑战性的，因为需要在不同产品之间分配设备和建筑成本，这是一项困难的、有时比较随意的工作。下表使用其他成本基础（详细计算过程省略）和假定的加成率确定 ProvalueⅡ的期望售价，不需要通过计算投入资本来确定价格。

成本基础	预计单位成本 (1)	加成率 (2)	加成额 (3)=(1)×(2)	期望售价 (4)=(1)+(3)
变动生产成本	$475.00	65％	$308.75	$783.75
产品的变动成本	$547.00	45％	$246.15	$793.15
生产成本	$540.00	50％	$270.00	$810.00
产品的全部成本	$720.00	12％	$ 86.40	$806.40

由上表可知，根据不同的成本基础和加成率得到了四个相近的期望售价，而第（2）列加成率差别很大，从最高的 65％的变动生产成本加成率到最低的 12％的产品的全部成本加成率。为什么有这么大的变化呢？在确定期望售价时，如果成本基础（如变动生产成本）包含的成本较少，则需要更高的加成率，因为制定的价格需要赚取利润，以补偿成本基础之外的成本（固定生产成本和所有非生产成本）。

调查表明，大多数管理者使用产品的全部成本——也就是说，他们在计算单位成本时既考虑变动成本，又考虑短期内固定成本。管理者在成本基础中纳入单位固定成本有几个原因：

1. 可以全额补偿产品的全部成本。从长期来看，如果公司要继续经营，产品价格必须超过产品的全部成本。仅仅使用变动成本作为成本基础可能诱使管理者将价格削减至仅高于变动成本的水平，从而产生正的贡献毛益。航空业的经验证明，当航空公司将价格削减至仅超过变动成本的水平时，价格战将导致航空公司亏损，因为收入太低，不足以补偿产品的全部成本。使用产品的全部成本作为定价基础，减少了将价格削减至全部成本以下的诱惑。

2. 价格稳定。使用产品的全部成本作为定价决策的基础，限制了销售人员降低价格的能力与企图，也促进了价格稳定。稳定的价格便于购销双方进行更准确的预测和计划。

3. 简单。全部成本加成公式不需要管理会计师对成本性态进行详细分析，不需要把每种产品的成本分为固定成本和变动成本。对诸如检验成本、调查成本、装备成本等许多成本以及诸如会计和管理咨询等许多服务业务来说，很难识别变动成本与固定成本。

在定价的成本基础中包括单位固定成本可能是有挑战性的。在不同的产品间分配固定成本可能是随意的。而且，计算单位固定成本需要知道未来的产品销量，而这只是一个估计值。错误的估计将导致单位产品的实际全部成本与估计数据不同。尽管有这些挑战，管理者在制定基于成本的定价决策时仍通常考虑固定成本。

小练习 14-4

Dory 公司与 Guppy 公司在自动铅笔分销方面展开竞争。Dory 公司还将其主要作业和成本库确定为订购、接收和存储、运输。它报告 2020 年的详细信息如下：

作业	成本动因	成本动因数量	成本动因分配率
1. 下单和支付铅笔包订单	订单数量	300	$75/订单
2. 接收和存储	载运单位	3 600	$50/载运单位
3. 向零售商运送铅笔包	运送次数	1 500	$90/次

2020 年，Dory 公司以每个铅笔包 4.75 美元的平均价格购买了 250 000 个铅笔包。Dory 公司计划采用成本加成定价法。

计算期望售价：（1）如果 Dory 公司在铅笔包的购买成本上加成 20%；（2）如果 Dory 公司在铅笔包的全部成本上加成 6%。

14.5.3 成本加成定价法和目标定价法

在成本加成定价法下计算的产品售价是期望售价。例如，假定 Astel 公司最初的产品设计结果是每台 ProvalueⅡ 的成本预计为 750 美元。假定加成率为 12%，则 Astel 公司设定的期望售价为 840 美元（750+（0.12×750））。由于个人电脑市场竞争十分激烈，顾客和竞争对手对这个价格的反应可能迫使 Astel 公司降低加成率，并将价格压得更低，如 800 美元。Astel 公司可以重新设计 ProvalueⅡ，将其单位成本降至 720 美元（就像我们在例子中所描述的），这样就可以在 800 美元售价的情况下获得接近 12% 的加成率。最终的设计和成本加成价格应该在成本、加成以及顾客反应中取得平衡。

目标定价法消除了在期望的成本加成价格、顾客反应、设计修改之间反复权衡的过程。与成本加成定价法相比，目标定价法首先在顾客偏好和预期竞争对手反应的基础上决定产品的特征和目标价格，然后确定目标成本。

提供独特产品或服务的公司，例如会计师事务所、管理咨询机构和律师事务所，经常使用成本加成定价法。专业服务公司为顾客做的每一项工作都是独一无二的。它们在合伙人、经理以及助理的单位小时成本加成率的基础上确定价格。可是，在面临激烈竞争的情况下，这些价格会下调。专业服务公司在制定价格时，也会考虑服务多年的情况，因为顾客往往喜欢与同一公司进行长期合作。例如，注册会计师有时开始时对顾客索取较低的价格，后来则索取较高的价格，以补偿最初的低利润或亏损。

服务公司如房屋维修服务、汽车维修服务和建筑公司使用一种叫作时间加材料法的成本加成定价法。根据材料和人工成本制定价格。材料价格等于材料的成本加上一个加成，人工价格是人工成本加上一个加成，即每一直接成本项目的价格包括它自己的加成。公司选择加成以补偿间接成本并赚取利润。

14.6 生命周期产品预算与成本法

管理者有时要考虑产品生命周期中多年的产品目标价格与目标成本。**产品生命周期**（product life cycle）是指从产品最初研发到不再向顾客提供该产品的技术支持和服务的期间。对诸如宝马、福特和日产等汽车公司而言，从设计、产品推出、销售到最后服务，一款汽车的典型产品生命周期是 12~15 年。对诸如辉瑞、默克（Merck）和罗氏等医药公司而言，一种成功的新药的生命周期可能是 15~20 年。对诸如美国银行和大通（Chase）等银行而言，诸如新设计的有特定优惠的储蓄账户等产品的生命周期为 10~20 年。个人计算机的生命周期比较短，为 2~3 年，因为计算能力和微处理器的快速创新，使老机型很快就过时了。

运用**生命周期预算**（life-cycle budgeting），管理人员可以估计分配给每一种产品的收入和价值链业务职能成本（从最初的研发到最后为顾客提供服务与支持）。**生命周期成本法**（life-cycle costing）跟踪并归集分配给每一种产品的价值链业务职能成本（从最初的研发到最后为顾客提供服务与支持）。生命周期预算和生命周期成本法的时间跨度为若干年。

14.6.1 生命周期预算与定价决策

预算的生命周期成本可为从战略上评估定价决策提供有用的信息。以 Insight 公司为例，该公司是一家计算机软件公司，正在开发一款名为"总账"的新会计软件包。假定下面是"总账"软件包在 6 年的产品生命周期内的预算：

第 1 年至第 2 年

	总固定成本
研究与开发成本	$240 000
设计成本	$160 000

第 3 年至第 6 年

	总固定成本	单位变动成本
生产成本	$100 000	$25
营销成本	$ 70 000	$24
分销成本	$ 50 000	$16
顾客服务成本	$ 80 000	$30

图表 14－7 列示了"总账"软件包三种可选择的销售价格/销量组合的生命周期预算。

图表 14 - 7 Insight 公司"总账"软件包的生命周期预算

| | 各种可选择的销售价格/销量组合 | | |
	A	B	C
每套软件包的销售价格	$ 400	$ 480	$ 600
销量	5 000	4 000	2 500
生命周期收入			
(400×5 000；480×4 000；600×2 500)	$2 000 000	$1 920 000	$1 500 000
生命周期成本			
研究与开发成本	$ 240 000	$ 240 000	$ 240 000
产品及流程设计成本	$ 160 000	$ 160 000	$ 160 000
生产成本			
100 000＋(25×5 000)			
100 000＋(25×4 000)			
100 000＋(25×2 500)	$ 225 000	$ 200 000	$ 162 500
营销成本			
70 000＋(24×5 000)			
70 000＋(24×4 000)			
70 000＋(24×2 500)	$ 190 000	$ 166 000	$ 130 000
分销成本			
50 000＋(16×5 000)			
50 000＋(16×4 000)			
50 000＋(16×2 500)	$ 130 000	$ 114 000	$ 90 000
顾客服务成本			
80 000＋(30×5 000)			
80 000＋(30×4 000)			
80 000＋(30×2 500)	$ 230 000	$ 200 000	$ 155 000
总生命周期成本	$1 175 000	$1 080 000	$ 937 500
生命周期营业利润	$ 825 000	$ 840 000	$ 562 500

注：表中数字在计算生命周期收入和生命周期成本过程中没有考虑货币的时间价值。本书第 22 章介绍了如何在此类计算中考虑这一重要因素。

生命周期预算在某些情况下特别重要，例如以下情况：

1. 研发和设计的过程很长且代价很大。就像"总账"软件包的例子里那样，当开始生产之前或获得收入之前发生的成本占总生命周期成本的比例很高时，企业特别需要考虑产品生命周期内的收入和成本，以决定是否开始进行昂贵的研发与设计活动。

2. 许多成本在研发和设计阶段被锁定，即使研发与设计成本很小。在"总账"软件包的例子里，软件包的设计和质量决策将在随后几年里影响营销成本、分销成本和顾客服务成本。生命周期收入与成本预算可以防止 Insight 公司的管理者在决策中忽略这些成本之间的相互联系。生命周期预算强调整个产品生命周期内的成本，以便于制定目标价格和目标成本，注重成本被锁定前在设计阶段运用价值工程。图表 14 - 7 中所列示的数据是运用价值工程的结果。

Insight 公司的管理者决定将"总账"软件包以每套 480 美元的价格卖出，因为这个价格可以使公司的生命周期营业利润最大化。然后他们会将实际成本与生命周期预算进行比较以获得反馈，并了解如何更好地为以后的产品估计成本。图表 14 - 7 假定每套软件卖出的价格在整个生命周期中是一样的。出于战略考虑，Insight 公司的管理者可能决定对市场撇脂，这意味着当"总账"软件包首次进入市场时，对急于购买该软件包的顾客索要更高的价格，当产品成熟后再降低价格。或者在以后年度，公司也可以决定增加产品的特色，以区别于其他产品，从而实现更高的价格与销量。生命周期预算将包括这些战略决策的成本和收入。

14.6.2　环境成本和可持续发展成本管理

环境成本管理是管理者应用生命周期成本法和价值工程的一个关键领域。诸如《美国空气清洁法案》（U. S. Clean Air Act）以及《美国超级基金法修正案与再授权法案》（U. S. Super-fund Amendment and Reauthorization Act）等环境保护法案已经引入了严格的环境标准，提出了严格的要求，对污染空气、地表土壤和地下水的行为进行严厉处罚。在某些国家（如瑞典），政府对碳基燃料和其他污染源征收碳税、碳费或附加费。碳税是排放温室气体所付出的货币代价。欧盟等其他地区采用总量管制和交易制度，政府对碳污染的总体水平设定限制或上限，并对污染配额进行市场拍卖。公司为污染权付费，如果污染量低于（或高于）配额，则可以向其他公司出售（或从其他公司购买）这些权利。

在产品生命周期若干年内发生的环境成本往往在产品和流程设计阶段就被锁定了。为了避免环境责任，减少碳税或购买污染配额的成本，诸如炼油、化工和汽车制造等行业的管理者必须实施价值工程，并对产品和流程进行设计，以降低或杜绝整个产品生命周期的污染。在计算机行业，诸如惠普和苹果等便携式电脑的制造商已经引入再循环系统，以保证镍镉电池的危险化学物质不会渗入土壤。碳税刺激了节能产品和清洁能源解决方案（如太阳能和风能）设计方面的创新。[1]

可持续性投资对后续的总体财务绩效有何影响？可持续发展会计准则委员会（Sustainability Accounting Standards Board）是一个非营利组织，它已经开始为不同行业的环境、社会和治理（ESG）绩效制定标准。根据财务影响和用户群体的兴趣，相关（或重要）ESG 标准因行业而异。例如，石油和天然气行业的相关 ESG 标准包括温室气体排放以及水和废水管理，而技术和通信行业的相关 ESG 标准包括产品和服务的生命周期影响以及能源管理。当在多个时期进行衡量时，相关 ESG 评级更高的公司具有更高的未来盈利能力和财务绩效，这可能是因为其更高的顾客忠诚和满意度、员工敬业度或品牌知名度和声誉。[2]

14.6.3　顾客生命周期成本

在前面的内容中，我们从产品或服务的视角考虑了生命周期成本。**顾客生命周期成本**（customer life-cycle costs）把重点放在顾客购买、使用、维修和处置产品或服务所发生的总成本上。

顾客生命周期成本影响公司能够为产品制定的价格。例如，如果福特汽车公司的汽车在

---

[1]　尽管瑞典是碳税最高的国家之一，其碳税是每吨碳污染 140 美元，但自 1991 年开征该税以来，瑞典经济持续强劲增长。

[2]　M. Khan, G. Serafeim, and A. Yoon, "Corporate Sustainability: First Evidence on Materiality," *The Accounting Review* (September 2016).

100 000 英里内的维护费用最低，那么它可以制定一个较高的价格，并且（或者）获得更大的市场份额。同样，美泰克公司（Maytag）为它的节电与维修成本低的家电制定更高的价格；波音公司对波音 777 收取更高的价格是合理的，因为飞机的设计使技师能够更容易实施日常维修，减少维修时间和成本，并显著降低飞机的生命周期成本。

14.7　在定价决策中考虑非成本因素

截至目前，我们已经看到，成本是影响定价决策的一个主要因素。现在我们探讨法律、政治和经济等因素如何影响企业根据生产与提供产品和服务的成本制定价格的能力。

14.7.1　掠夺性定价

在美国，诸如《谢尔曼法》（Sherman Act）、《克莱顿法》（Clayton Act）、《联邦贸易委员会法》（Federal Trade Commission Act）以及《罗宾逊-帕特曼法》（Robinson-Patman Act）等反托拉斯法，规定价格不得具有掠夺性。**掠夺性定价**（predatory pricing）是指企业有意使产品的售价低于成本，以期将竞争对手逐出市场以限制供给，然后抬高产品价格或扩大市场需求以弥补损失。[1]

美国最高法院规定，如果具备如下条件可以证明进行了掠夺性定价：
● 掠夺性定价企业制定一个低于合理成本指标（通常被认为是短期边际成本或平均变动成本）的价格。
● 掠夺性定价企业对未来通过更高的市场占有率或更高的价格来弥补价格低于成本的损失有合理的预期。

由于需要证实具备这两种条件，通常很难证明公司实施了掠夺性定价。[2]

14.7.2　合谋定价

虽然前述相关法律阻止企业制定过低的价格，但当价格过高时，也会产生其他违反反托拉斯法的行为。**合谋定价**（collusive pricing）是指某一行业中的若干企业就其定价和产量决策达成协议，以实现高于竞争性价格的销售价格，从而限制贸易。例如，2015 年，上诉法院维持了 2013 年的一项裁决，即苹果公司在电子书定价问题上与五家大型图书出版商非法合谋。其目标是推广苹果公司的新款 iPad，防止亚马逊公司降低电子书的售价。该案最终以 4.5 亿美元达成和解，苹果公司向买家支付了两倍于其损失的赔偿金。

14.7.3　价格歧视

以一家航空公司对从纽约到伦敦的往返机票的定价为例，如果乘客周六在伦敦停留一个晚

---

[1]　更多详情参见 W. Kip Viscusi，Joseph E. Harrington，and David E. M. Sappington，*Economics of Regulation and Antitrust*，5th ed.（Cambridge，MA：MIT Press，2018）。

[2]　1993 年布鲁克集团诉布朗威廉森烟草公司案这个著名的案例，就说明了这一困难。美国最高法院认为布朗威廉森烟草公司的定价低于成本，但不构成掠夺性定价罪。肯尼迪（Kennedy）大法官指出，在 12% 的市场份额下，布朗威廉森烟草公司在降价过程中每花费 1 美元，就必须获得 9 美元的未来利润，因此其弥补损失的可能性几乎为零。

上，提前 7 天预订一张经济舱机票的价格是 1 100 美元。如果乘客周六没有停留一个晚上就返回了，机票的价格是 2 000 美元。这种价格差异能够用航空公司往返飞行的成本来解释吗？显然不能，航空公司将乘客从纽约送到伦敦再回来的成本是一样的，而无论乘客是否在伦敦停留一个晚上。这种价格差异源于价格歧视。

价格歧视（price discrimination）是在实际定价中对于相同的产品和服务，对不同的顾客收取不同的价格。那么，价格歧视在航空公司的这个例子中是如何实现的呢？对机票的需求主要有两个来源：商务乘客和旅游乘客。商务乘客的旅行是由于需要代表他们的公司去处理商业业务，这使得商务乘客对机票价格相对不太敏感，航空公司能够对商务乘客索取较高的价格。需求对价格变动的敏感性称为需求弹性。商务乘客一般在到达目的地完成他们的工作之后立即返回。旅游乘客对在本周内返回的需求不是那么紧迫，且他们更愿意在旅游目的地度过周末。由于他们自己支付机票，他们的需求是有弹性的：更低的价格刺激需求，而更高的价格限制需求。通过向旅游乘客收取更低的价格，航空公司能够赚到更高的营业利润。

航空公司怎样在向商务乘客索要高价格的同时向那些旅游乘客索要较低的价格呢？利用他们不同的旅行习惯，通过是否停留一个周六晚上将两类旅客区分开来。

从法律角度来看，1936 年的《罗宾逊-帕特曼法》和相关法律规定：

1. 如果可以通过成本差异来证明价格差异是正当的，则允许实施价格歧视。
2. 只有当实施价格歧视的目的是减少或阻止竞争时，价格歧视才是非法的。

在航空公司的情况中，服务这两个顾客群体的成本显然没有差异，但是，实施价格歧视是合法的，因为这种做法并不妨碍竞争。

14.7.4　国际定价

当同一种产品在不同国家销售时，许多经济和监管因素都会起作用。考虑在一个国家生产并在全球范围内销售的软件或电子产品。由于不同国家消费者购买力的差异，每个国家的定价差异可能远大于将这些产品运输到每个国家的成本差异（价格歧视的一种形式）。政府管制也可能对海外公司定价有限制，例如生产急救药品的一些公司。

另外，当一家外国公司在美国以低于产品生产国市场价格的价格销售产品，并且这种行为严重损害（或威胁）美国的某一行业时，就会发生**倾销**（dumping）。若倾销行为得到证实，根据美国关税法，可以征收与价格差相等的反倾销税。

14.7.5　高峰定价法

除了上述因素，生产能力限制也影响定价决策。**高峰定价法**（peak-load pricing）是指在实务中当对产品或服务的需求接近实际的能力上限时，对该种产品或服务制定较高的价格。当需求旺盛，而生产能力供给有限时，顾客愿意为得到产品或服务支付更多的费用。相反，在淡季或存在大量闲置生产能力时，公司降低价格刺激需求以利用生产能力。高峰定价法在电话、电信、旅馆、汽车租赁和电力行业都有应用。例如，优步科技公司（Uber Technologies Inc.）在诸如周六晚上等高需求期使用高峰定价法。另一个例子是 2016 年里约热内卢夏季奥运会期间，酒店对旅客收取高额费用，并且要求住宿多个晚上。在奥运会期间大约一个月的时间里，航空公司对进出该地区多个城市的航班收取高额费用。由于需求远大于供给能力，服务业和航空公司可以采用高峰定价法增加它们的利润。

📖 自测题

再次考虑 Astel 公司的例子。Astel 公司的营销经理认为，要实现售出 200 000 台 Provalue Ⅱ 的目标，有必要进一步降价。为了获得 1 600 万美元的目标利润或者说使每台 Provalue Ⅱ 获得 80 美元的利润，Astel 公司需要将 Provalue Ⅱ 的成本降低 600 万美元或者说每台降低 30 美元。Astel 公司的目标是将生产成本降低 400 万美元，也就是每台降低 20 美元；营销、分销以及顾客服务成本降低 200 万美元，也就是每台降低 10 美元。接受这项任务的跨部门团队对生产一个不同版本的 Provalue（名为 Provalue Ⅲ）提出了下面几点建议：

1. 购买组装而不是单个部件，以减少直接材料和订货成本。
2. 重新设计订货及收货流程，以减少单位订单的订货及收货成本。
3. 缩短测试时间，并减少每小时测试所需的人工和动力。
4. 开发新的返工程序，以减少每小时返工成本。

单位直接制造人工成本和总加工成本没有发生改变。

下表总结了 Provalue Ⅱ 与 Provalue Ⅲ 的成本动因数量和每个成本动因分配率。

成本类别	成本动因	成本动因预算数量明细		成本动因预算总数	成本动因预算分配率	成本动因预算数量明细		成本动因预算总数	成本动因预算分配率
(1)	(2)	(3)	(4)	(5)=(3)×(4)	(6)	(7)	(8)	(9)=(7)×(8)	(10)
直接材料成本	配套元件数	1 配套元件/台	200 000 台	200 000	$385	1 配套元件/台	200 000 台	200 000	$375
直接制造人工成本	直接制造人工小时	2.65 直接制造人工小时/台	200 000 台	530 000	$20	2.65 直接制造人工小时/台	200 000 台	530 000	$20
直接加工成本（固定的）	机器小时			300 000	$38			300 000	$38
订货及收货成本	订单数	50 订单/部件	425 个部件	21 250	$80	50 订单/部件	400 个部件	20 000	$60
测试及检查成本	测试小时	15 测试小时/台	200 000 台	3 000 000	$2	14 测试小时/台	200 000 台	2 800 000	$1.70
返工成本	返工小时	6.5% 缺陷率 2.5 返工小时/台	13 000ᵃ 台	32 500	$40	6.5% 缺陷率 2.5 返工小时/台	13 000ᵃ 台	32 500	$32

其中：2020年200 000台ProvalueⅡ的生产成本信息；2020年200 000台ProvalueⅢ的生产成本信息。

a. 6.5%×200 000＝13 000（台）。

要求：

新方案是否能够实现 Astel 公司将生产成本降低 400 万美元（或者每台降低 20 美元）的目标？列出你的计算过程。

解答：

图表 14-8 列示了改进后的 Provalue Ⅲ 的目标生产成本。新方案将成本从 1.08 亿美元，或者每台 540 美元（见图表 14-6），降至 1.04 亿美元，或者每台 520 美元（见图表 14-8），从而实现 Astel 公司将成本降低 400 万美元或每台降低 20 美元的目标。

	A	B	C
1		**200 000台**	**预算**
2		**的预算生产成本**	**单位生产成本**
3		**（1）**	**（2）=（1）÷200 000**
4	直接生产成本		
5	直接材料成本		
6	（200 000×375）	$ 75 000 000	$375.00
7	直接制造人工成本		
8	（530 000×20）	$ 10 600 000	$ 53.00
9	直接加工成本		
10	（300 000×38）	$ 11 400 000	$ 57.00
11	直接生产成本合计	$ 97 000 000	$485.00
12			
13	间接生产成本		
14	订货及收货成本		
15	（20 000×60）	$ 1 200 000	$ 6.00
16	测试及检查成本		
17	（2 800 000×1.70）	$ 4 760 000	$ 23.80
18	返工成本		
19	（32 500×32）	$ 1 040 000	$ 5.20
20	间接生产成本合计	$ 7 000 000	$ 35.00
21	总生产成本	$104 000 000	$520.00

图表 14 - 8　改进后的 Provalue Ⅲ 在 2020 年的目标生产成本

ⅷ 决策要点

下面的问答形式是对本章学习目标的总结，"决策"代表与学习目标相关的关键问题，"指南"则是对该问题的回答。

决策	指南
1. 影响定价决策的三个主要因素是什么？	顾客、竞争对手和成本通过其对需求和供给的影响来影响定价；顾客和竞争对手影响需求，成本影响供给。
2. 公司如何制定长期定价决策？	公司考虑所有未来成本（变动的或短期内固定的），并使用以市场或成本为基础的定价方法获得目标投资回报率。
3. 企业如何确定目标成本？	长期定价方法之一是确定目标价格。目标价格是所估计的潜在顾客对某种产品或服务愿意支付的价格。单位目标成本等于目标价格减去单位目标营业利润。单位目标成本是某种产品或服务的预计长期成本，这一成本保证了当产品售出时目标营业利润的实现。价值工程帮助企业进行必要的成本改进以达到目标成本。
4. 为什么区分成本发生和锁定成本很重要？	成本发生于资源被真正消耗之时。锁定成本是指那些尚未发生，但根据已经做出的决策将在未来发生的成本。在成本锁定以前，价值工程对降低成本是最有效的。
5. 企业如何使用成本加成定价法为产品定价？	成本加成定价法通过在成本基础之上附加加成额进行定价。许多不同的成本，如产品的全部成本或生产成本可以在运用成本加成公式时作为成本基础，然后在消费者和竞争对手反应的基础上修正价格，即加成额的大小是由市场决定的。

续表

决策	指南
6. 描述生命周期预算和生命周期成本法。企业什么时候使用这些技术？	生命周期预算和生命周期成本法跟踪并归集从最初的研发到最终的顾客服务与支持整个产品生命周期的所有成本（和收入）。这些生命周期技术在下面这些情况下尤为重要：（1）总生命周期成本的很大一部分是在生产开始前发生的，而收入是在几年内获得的；（2）很大一部分生命周期成本在研发和设计阶段被锁定。
7. 哪些非成本因素会影响企业根据生产和提供产品和服务的成本制定价格的能力？	以低于成本的价格将竞争对手赶出市场（掠夺性定价）是非法的，与同行业的其他公司串通收取过高的价格（合谋定价）也是非法的。价格歧视是指对同一产品或服务向顾客收取不同的价格。这可能是由于当需求接近实际的能力上限（高峰定价法）时收取更高的价格，也可能反映了监管或消费者购买力的跨国差异。

习　题

14-17　增值成本，非增值成本。 Magill Repair Shop 是一家提供器具维修服务的修理店。其 2020 年的成本信息（按作业分）汇总如下：

维修器具所需材料及人工成本	$1 100 000
返工成本	$ 90 000
工作延误导致的额外成本	$ 65 000
材料处理成本	$ 80 000
材料验收成本	$ 45 000
设备保养维修成本	$ 55 000
设备故障维修成本	$ 75 000

要求：

1. 把上述 7 项成本按增值成本、非增值成本和两者间的灰色区域成本进行分类。

2. 假设灰色区域成本中的 60% 是增值成本，40% 是非增值成本，那么总成本中有多少增值成本和非增值成本？

3. 该修理店正在考虑采取以下措施：（1）引进质量改进项目，使返工成本和工作延误导致的额外成本下降 40%，维修器具所需材料及人工成本下降 5%；（2）通过与供应商协调把材料验收成本降低 20%，材料处理成本降低 30%；（3）增加 70% 的设备保养维修成本以降低 50% 的设备故障维修成本。这三项措施将会对增值成本、非增值成本以及总成本产生什么影响？请简要评论。

14-20　目标成本，产品设计变化对产品成本的影响。 Neuro Instruments 使用一个制造成本系统，有一个直接成本类别（直接材料成本）和三个间接成本类别：

（1）随批次数量变动的生产准备、生产订单和材料处理成本；

（2）随机器小时变动的制造操作成本；

（3）随工程变化次数变动的工程变化成本。

为了应对 2019 年末的竞争压力，Neuro Instruments 使用了价值工程技术来降低制造成本。2019 年和 2020 年的实际信息如下：

	2019 年	2020 年
每批的生产准备、生产订单和材料处理成本	$ 8 900	$8 000
单位机器小时的总制造操作成本	$ 64	$ 48
单位工程变化成本	$16 000	$8 000

Neuro Instruments 的管理层想要评估价值工程是否成功地将 HJ6（它的产品之一）的单位目标制造成本降低了 5%。

2019 年和 2020 年 HJ6 的实际结果如下：

	2019 年 实际结果	2020 年 实际结果
HJ6 的产量	2 700	4 600
每单位 HJ6 的直接材料成本	$1 400	$1 300
HJ6 的生产总批次	60	70
HJ6 的生产总机器小时	20 000	30 000
工程变化发生的次数	24	7

要求：

1. 计算 2019 年 HJ6 的单位制造成本。

2. 计算 2020 年 HJ6 的单位制造成本。

3. 2020 年 Neuro Instruments 达到 HJ6 的单位目标制造成本了吗？请解释。

4. 请解释 2020 年 Neuro Instruments 如何降低 HJ6 的单位制造成本。

5. Neuro Instruments 的管理者在实现目标成本的过程中可能会遭遇什么挑战？他们会怎样应对这些挑战呢？

14-23 成本加成，目标定价。KidsPlay 公司生产和销售桌椅组合。2019 年，公司报告了如下数据：

产销量	3 000
投资	$3 000 000
全部成本加成百分比	10%
投资回报率	15%
单位变动成本	$ 600

要求：

1. 公司 2019 年的营业利润是多少？单位全部成本是多少？销售价格是多少？为达到销售价格，加成额占变动成本的百分比是多少？总固定成本是多少？

2. 公司正在考虑将年度营销支出增加 200 000 美元。管理者认为这将使产销量增加 10%。公司应该增加营销支出吗？请列示计算过程。

3. 参考原始数据。2020 年，公司认为只能以要求 1 中计算的价格销售 2 700 单位产品。管理层已经确定可以消除 185 000 美元的固定成本。如果公司要保持 10% 的全部成本加成，单位目标变动成本为多少？

14-24 生命周期预算和生命周期成本法。Teletronics 公司将推出一款手机/平板电脑的二合一产品。

　　该产品设计和测试将需要 8 个月。Teletronics 公司预计之后的 6 个月将销售 24 000 件；再后面的 12 个月的销售预计将不太强劲，为 20 000 件。而且，在产品生命周期的最后 6 个月，销售量预计为 9 000 件。

　　公司该产品预算如下：

月数	成本类型	期间总固定成本	单位变动成本
前 8 个月	设计	$ 800 200	
第 9~14 个月	生产	$ 998 400	$65/件
	营销	$ 840 000	
	分销	$ 432 000	$ 5/件
第 15~26 个月	生产	$ 760 000	$60/件
	营销	$1 350 000	
	分销	$ 360 000	$ 5/件
第 27~32 个月	生产	$ 351 000	$58/件
	营销	$ 480 000	
	分销	$ 162 000	$ 5/件

　　忽略资金的时间价值。

　　要求：

　　1. 如果每件产品的定价为 280 美元，那么在产品生命周期内公司能获得多少营业利润？单位营业利润是多少？

　　2. 假设价格保持在 280 美元，除去最初的产品设计成本，在产品生命周期的三个销售阶段，每个阶段的营业利润是多少？

　　3. 你会如何解释产品生命周期内预算营业利润的变化？在研发新的手机/平板电脑二合一产品前，公司还需要考虑哪些其他因素？

　　4. 公司对其在第一个销售阶段的预计销量表示担忧。公司考虑在该阶段将产品定价为 220 美元，而后提高到 280 美元。采用这种定价策略，公司预计在第一个销售阶段将销售 27 000 件，而不是最初预测的 24 000 件，在剩余的产品生命周期中也将销售相同数量的产品。假定成本结构相同，你会推荐哪种定价策略？请解释。

　　14-25　定价决策中成本之外的考虑因素。 欢乐时光酒店（Happy Times Hotel）在一个繁华的游乐园附近经营一家拥有 100 个房间的酒店。在 6 月的 30 天里，酒店从周一到周四（工作日）的入住率为 70%。然而，从周五到周日（周末）的入住率为 90%（6 月共有 18 个工作日和 12 个周末）。每间房每天收费 80 美元。公司最近雇用吉娜·戴维斯（Gina Davis）来管理酒店以提高盈利。下面是酒店的相关成本信息：

	固定成本	变动成本
折旧	$25 000/月	
行政成本	$40 000/月	
客房及用品	$25 000/月	每间房每天 15 美元
早餐	$12 000/月	每份早餐 8 美元

　　酒店会为顾客提供免费的早餐。6 月份，工作日每间房每天平均提供 2 份早餐，而周末每

间房每天平均提供 4 份早餐。

要求：

1. 6 月份酒店的营业利润或亏损是多少？

2. 吉娜预测如果酒店将每天价格降至 70 美元，那么工作日的入住率会提高到 80%。她还预测如果酒店把周末的价格提高至 100 美元，那么周末的入住率仍为 90%。对酒店来说，这是一个好的举措吗？请列示计算过程。

3. 为什么酒店房间在工作日和周末有 30 美元的价差？

4. 一家折扣旅行交易公司向该酒店提出建议，为工作日和周末的空房提供最后一分钟交易。假定每间房每天平均提供 3 份早餐，那么酒店所能接受的最后一分钟客房交易的最低价格是多少？

第 15 章

成本分配、客户盈利性分析和销售差异分析

学习目标

1. 讨论为什么公司的收入和成本在客户之间有差异
2. 认识到客户盈利性剖面图的重要性
3. 理解基于成本层级的营业利润表
4. 理解指导成本分配决策的标准
5. 讨论归集和分配间接成本给客户时面临的决策
6. 将销售量差异细分为销售组合差异和销售数量差异，将销售数量差异细分为市场份额差异和市场规模差异

许多公司竭力想让它们的客户满意。

但是它们应该在多大程度上、以什么代价让客户满意？一家公司应该区别对待客户，还是一视同仁？下面的"引例"解释了公司会竭尽全力取悦最有利可图的客户。

💡 **引例**　　　　　**星巴克奖励计划开始奖励高额消费者**

2016 年，星巴克向当时的 1 100 万会员推出了修订的星巴克奖励计划。为什么？星巴克希望将其奖励计划与客户消费更好地结合起来。原来的星巴克奖励计划是客户的每笔消费均可获得一颗"星"，而不管他们花了多少钱。收集 12 颗星后，客户可获得一杯免费饮料，这使低消费者获得丰厚的回报。因为这些客户每次只点一件商品，以便收集更多的星。这导致人们在收银机前排起长队，并延长了员工的工作时间，从而增加了公司的成本。

在经过全面修订的星巴克奖励计划下，客户在星巴克的饮料、食品和其他商品上每花一美元，就会获得两颗星。黄金会员（1 年内至少获得 300 颗星的客户）现在可以获得免费饮料，并可享受免费咖啡续杯以及使用星巴克移动应用程序预订商品和支付等特殊福利。

对星巴克来说，这些变化能更好地使奖励与客户消费挂钩。此外，星巴克在移动应用程序上收集有价值的用户数据，使公司能够更好地锁定潜在客户。虽然修订的星巴克奖励计划使频繁到店购买小额商品的客户处于不利地位，但自 2016 年以来，新的星巴克奖励计划已经带来了数百万新会员。

资料来源：Phil Wahba, "Why Starbucks Is Overhauling Its Loyalty Rewards Program," *Fortune*, February 22, 2016 (http://fortune.com/2016/02/22/starbucks-loyalty/); Samir Palnitkar, "Loyalty Rewards Case Study—New Starbucks Rewards Program," *Zinrelo*, April 12, 2017 (https://zinrelo.com/loyalty-rewards-case-study-new-starbucks-rewards-program.html); Erica Sweeney, "Starbucks Eyes Expanded Loyalty Offerings as Digital Push Delivers," *Marketing Dive*, July 30, 2018 (https://www.marketing-dive.com/news/starbucks-eyes-expanded-loyalty-offerings-as-digital-push-delivers/528847/).

为了确定哪个产品、客户、项目或部门是盈利的，组织需要分配成本。在本章和下一章中，我们以第 5 章中介绍的作业成本法思想为基础，对成本分配进行了深入讨论。本章强调成本分配中的宏观问题：将成本分配给分公司和客户。第 16 章描述成本分配中的微观问题，即将辅助部门的成本分配给生产部门以及将成本分配给不同的使用者和作业——收入分配也是如此。

15.1 客户盈利性分析

客户盈利性分析（customer-profitability analysis）是对来自客户的收入与为获得这些收入发生的成本的报告和分析。对客户收入和成本差异的分析能够对为何不同的客户带来不同的营业利润提供观察点。掌握了这些信息，管理者就能够确信对公司营业利润做出更大贡献的客户相应地受到了公司更多的关注，而给公司带来损失的客户没有使用比他们提供的收入更多的资源。正如本章"引例"中描述的那样，星巴克的管理者使用客户盈利性分析来奖励那些高额消费的有利可图的客户。

仍以第 14 章中的 Astel 公司为例。Astel 公司生产两种产品：Deskpoint 是高端电脑，Provalue 是装有英特尔酷睿 i9 芯片的笔记本电脑。每种产品为一个分公司。图表 15-1 与图表 14-3 一样，提供了 Provalue 2019 年的数据。Astel 公司通过两个渠道销售并分销 Provalue：（1）批发渠道，把 Provalue 卖给零售店；（2）企业销售渠道，把 Provalue 直接卖给企业客户。Astel 公司销售同样的 Provalue 电脑给批发渠道客户和企业客户，因此，不管卖给谁，Provalue 的全部制造成本都是 680 美元。2019 年 Provalue 的目录销售价格是 1 100 美元，扣除价格折扣后其平均售价为 1 000 美元。我们重点关注 Provalue 分公司 10 个批发渠道客户的客户盈利性。

15.1.1 客户收入分析

考虑一下 2019 年 Provalue 分公司 10 个批发渠道客户中 4 个的收入：

	A	B	C	D	E
1			客户		
2		A	B	G	J
3	Provalue销量	30 000	25 000	5 000	4 000
4	目录销售价格	$ 1 100	$ 1 100	$ 1 100	$ 1 100
5	价格折扣	$ 100	$ 50	$ 150	—
6	发票价格	$ 1 000	$ 1 050	$ 950	$ 1 100
7	收入（第3行×第6行）	$ 30 000 000	$ 26 250 000	$ 4 750 000	$ 4 400 000

以下两个变量解释了 4 个批发渠道客户的不同：（1）它们购买的电脑数；（2）价格折扣的数量。**价格折扣**（price discount）是为了鼓励客户大量购买而给予客户低于目录销售价格的价格。如果公司只是在信息系统中记录最后发票价格，就不能容易地跟踪其价格折扣的数量。[①]

	A	B	C
		总量	
1			
2		**150 000台**	**每台**
3		(1)	(2)=(1)÷150 000
4	收入	$150 000 000	$1 000
5	产品销售成本[a]（来自图表14-2）	$102 000 000	$ 680
6	营业成本[b]		
7	研发成本	$ 2 400 000	$ 16
8	产品与流程设计成本	$ 3 000 000	$ 20
9	营销与管理成本	$ 15 000 000	$ 100
10	分销成本	$ 9 000 000	$ 60
11	客户服务成本	$ 3 600 000	$ 24
12	营业成本合计	$ 33 000 000	$ 220
13	产品全部成本	$135 000 000	$ 900
14	营业利润	$ 15 000 000	$ 100
15			
16	a.产品销售成本＝总生产成本，因为2019年Provalue没有期初和期末存货。		
17	b.营业成本项目的数字假定没有来源。		

图表 15-1 2019 年 Provalue 分公司基于价值链作业成本系统的盈利性

出现价格折扣的原因是多方面的，包括购买量（客户购买量越大，价格折扣越高）和销售产品给这位客户可能促进其他销售的愿望。在某些情况下，价格折扣也可能是因为销售人员较差的谈判能力或者是一个仅基于收入的激励计划的不利影响。但是，在任何时候价格折扣都不应该源于非法活动，如以价格歧视、掠夺性定价或合谋定价的方式实施价格折扣。

对客户和销售人员进行折扣追踪有利于改善客户盈利性。例如，Provalue 分公司经理可能决定严格执行基于销量的折扣政策。公司也可以要求销售人员给那些正常情况下得不到大额折扣的客户很大的折扣，还可以要求销售人员向通常不符合条件的客户提供有限数量的折扣。此外，公司可能追踪客户（如客户 G）的未来销售额，它们因高增长潜力而获得了可观的价格折扣。

客户收入是客户盈利性的一个因素，而另一个同等重要的因素是获得、服务和维持客户的成本。

15.1.2 客户成本分析

我们将第 5 章讨论的成本层级应用于客户。根据不同类型的成本动因、成本分配基础，或确定因果关系、受益关系的困难程度，**客户成本层级**（customer-cost hierarchy）将与客户有关的成本分别归到不同的成本库。Provalue 分公司的客户成本由几部分构成：（1）营销与管理成

[①] 客户收入的进一步分析将区别毛收入和净收入，这种方法突出了销售回报中的客户差异。对客户收入差异的进一步讨论见 Robert S. Kaplan and Robin Cooper，*Cost and Effect：Using Integrated Cost Systems to Drive Profitability and Performance*（Boston：Harvard Business School Press，1998），Chapter 10；Gary Cokins，*Activity-Based Cost Management：An Executive's Guide*（New York：Wiley，2001），Chapter 3。

本 15 000 000 美元；（2）分销成本 9 000 000 美元；（3）客户服务成本 3 600 000 美元（见图表 15-1）。经理确认了以下五种类别的间接成本。

1. 客户单位产出成本——销售每台电脑给客户的作业成本。如售出每台电脑的产品处理成本。

2. 客户批次成本——与销售一批产品有关的作业成本。如处理订单或进行交付时发生的成本。

3. 客户维持成本——支持单独客户的作业成本，不考虑交付客户的产品数量、产品批次。如访问客户的成本或在客户所在地举办展览的成本。

4. 分销渠道成本——与一种特定销售渠道有关的作业成本，而不是与单位产品、产品批次或特定客户有关的作业成本。如 Provalue 分公司批发渠道经理的工资。

5. 分公司维持成本——不能追踪到某个客户或某个销售渠道的作业成本。如 Provalue 分公司经理的工资。

从以上描述中可发现，除 Provalue 分公司将重点放在客户而第 5 章的成本层级关注产品外，Provalue 分公司成本层级中有四个与第 5 章中描述的成本层级一致；Provalue 分公司有一个额外的成本层级类别——分销渠道成本，这些成本是用来支持其批发渠道和企业销售渠道的。

15.1.3　客户层成本

图表 15-2 按作业总结了营销、管理、分销与客户服务的成本细节。这个图表也确认了成本动因（如果适当的话）、作业总成本、成本动因总量、成本动因分配率和客户成本层级类别。

	A	B	C	D	E	F	G	H
1			2019年150 000台Provalue的营销、管理、分销与客户服务成本					
2								
3	作业	成本动因	作业总成本	成本动因总量		成本动因分配率		客户成本层级类别
4	(1)	(2)	(3)	(4)		(5)=(3)÷(4)		(6)
5	营销与管理							
6	销售订单	销售订单量	$ 6 750 000	6 000	销售订单	$1 125	每个销售订单	客户批次成本
7	客户拜访	客户拜访量	$ 4 200 000	750	客户拜访	$5 600	每次客户拜访	客户维持成本
8	批发渠道营销		$　800 000					分销渠道成本
9	企业销售渠道营销		$ 1 350 000					分销渠道成本
10	Provalue 分公司的管理		$ 1 900 000					分公司维持成本
11	营销与管理总成本		$15 000 000					
12								
13	分销							
14	产品处理	移动立方英尺数	$ 4 500 000	300 000	立方英尺	$　15	每立方英尺	客户单位产出成本
15	定期出货	定期出货量	$ 3 750 000	3 000	定期出货	$1 250	每次定期出货	客户批次成本
16	快速出货	快速出货量	$　750 000	150	快速出货	$5 000	每次快速出货	客户批次成本
17	总分销成本		$ 9 000 000					
18								
19	客户服务							
20	客户服务	出货单位量	$ 3 600 000	150 000	出货单位	$　24	每个出货单位	

图表 15-2　Provalue 分公司 2019 年营销、管理、分销与客户服务成本

例如，下面是 Provalue 分公司的 15 000 000 美元营销与管理成本的分解：

● 6 750 000 美元销售订单成本，包括 6 000 个销售订单的协商、完成、发出和收款，每个销售订单成本为 1 125 美元（6 750 000÷6 000）。销售订单成本属于客户批次成本，因为这些成本随发出的销售订单数量的变化而变化，而不随一个销售订单中的 Provalue 电脑数量的变化而变化。

- 4 200 000 美元用于客户拜访，这属于客户维持成本。每位客户的维持成本随拜访次数的变化而变化，而不随 Provalue 分公司交付给客户的产品数量或批次的变化而变化。
- 800 000 美元用于批发渠道营销，这属于分销渠道成本。
- 1 350 000 美元用于企业销售渠道营销，这属于分销渠道成本。
- 1 900 000 美元用于 Provalue 分公司的管理，这属于维持成本。

Provalue 分公司的管理者对分析客户层间接成本特别有兴趣，这些成本是客户成本层级中的前三种类别：客户单位产出成本、客户批次成本和客户维持成本。管理者相信，他们可以与客户合作，影响客户的行动，以降低这些成本。Provalue 分公司 4 个代表性批发渠道客户使用的成本动因数量信息如下：

		客户			
作业	成本动因数量	A	B	G	J
营销					
销售订单	销售订单量	1 200	1 000	600	300
客户拜访	客户拜访量	150	100	50	25
分销					
产品处理	移动立方英尺数	60 000	50 000	10 000	8 000
定期出货	定期出货量	600	400	300	120
快速出货	快速出货量	25	5	20	3
客户服务					
客户服务	出货单位量	30 000	25 000	5 000	4 000

图表 15-3 使用前面介绍的客户收入信息和成本动因分配率（见图表 15-2）乘以每位客户使用的成本动因数量（见上表）得到的客户层间接成本信息，说明了 4 个批发渠道客户的客户层营业利润。图表 15-3 显示，Provalue 分公司在客户 G 上亏损了（使用的资源成本超过了收入），而在收入更少的情况下，从客户 J 上盈利了。即使与客户 A 相比，Provalue 分公司销售给客户 B 的电脑更少，但从客户 B 处获得的营业利润却比从客户 A 处获得的多。

Provalue 分公司的管理者能够使用图表 15-3 中的信息与客户合作来减少支持它们的作业数量。以客户 G 和客户 J 为例，客户 G 购买的电脑比客户 J 多 25%（（5 000－4 000）/5 000），但是为了实现这些销售，公司向客户 G 提供了大量的价格折扣。与客户 J 相比，客户 G 开出了 2 倍的销售订单，要求 2 倍的客户拜访，发生了 2.5 倍的定期出货和接近 7 倍的快速出货。只要限制价格折扣，且客户不使用 Provalue 分公司的大量资源，那么销售更少数量的产品是有利可图的。例如，向客户收取营销（销售订单和客户拜访）与分销服务（定期出货和快速出货）费用，可能激励客户 G 使用更少却更大额的订单，要求更少的客户拜访、定期出货和快速出货。类似的分析可以帮助管理者理解客户 A 相对于客户 B 盈利性更低的原因，以及他们可以采取的提高客户 A 盈利性的措施。

医院医疗用品分销商 Owens and Minor 公司对其每种服务（如快递或特殊包装）分别定价。公司的客户是如何反应的呢？重视这些服务的医院对服务有需求，因而会继续支付这些服务的费用，而不重视这些服务的医院放弃了这些服务，节省了 Owens and Minor 公司的成本。Owens and Minor 公司的定价策略通过影响客户的行为增加了客户收入或减少了客户成本。

作业成本系统还提供了另一个降低成本的机会：通过将价值工程程序应用于非制造成本，Provalue 分公司的管理者可以降低作业成本：（1）了解客户需求以及增值和非增值成本；（2）预测成本发生前如何锁定成本；（3）在满足客户需求的同时，利用跨职能团队重新设计产品和流

	客户A	客户B	客户G	客户J
1				
2 目录销售价格下的收入	$33 000 000	$27 500 000	$5 500 000	$4 400 000
3 价格折扣	$ 3 000 000	$ 1 250 000	$ 750 000	—
4 收入	$30 000 000	$26 250 000	$4 750 000	$4 400 000
5				
6 产品销售成本[a]	$20 400 000	$17 000 000	$3 400 000	$2 720 000
8 毛利	$ 9 600 000	$ 9 250 000	$1 350 000	$1 680 000
9				
10 客户层成本				
11 营销成本				
12 销售订单[b]	$ 1 350 000	$ 1 125 000	$ 675 000	$ 337 500
13 客户拜访[c]	$ 840 000	$ 560 000	$ 280 000	$ 140 000
14 分销成本				
15 产品处理[d]	$ 900 000	$ 750 000	$ 150 000	$ 120 000
16 定期出货[e]	$ 750 000	$ 500 000	$ 375 000	$ 150 000
17 快速出货[f]	$ 125 000	$ 25 000	$ 100 000	$ 15 000
18 客户服务成本				
19 客户服务[g]	$ 720 000	$ 600 000	$ 120 000	$ 96 000
20				
21 总客户层成本	$ 4 685 000	$ 3 560 000	$1 700 000	$ 858 500
22				
23 客户层营业利润	$ 4 915 000	$ 5 690 000	$ (350 000)	$ 821 500

24 a.$680×30 000;25 000;5 000;4 000　b.$1 125×1 200;1 000;600;300　c.$5 600×150;100;50;25　d.$15×60 000;50 000;10 000;
25 8 000　e.$1 250×600;400 300;120　f.$5 000×25;5;20;3　g.$24×30 000;25 000;5 000;4 000

图表 15-3　Provalue 分公司 2019 年 4 个批发渠道客户的客户盈利性分析

程以减少成本。例如，提高处理订单的效率（使客户订单电子化）以降低销售订单成本，即使客户开出了同样数量的订单。

2020 年新设计的 ProvalueⅡ简化设计并降低了重量，减少了每立方英尺的处理成本和总产品处理成本。通过影响客户行为，改进营销、分销和客户服务操作，管理者拟将 ProvalueⅡ的非制造成本降至每台电脑 180 美元，实现 ProvalueⅡ 720 美元的目标成本。

小练习 15-1

Mason 公司只有两个批发客户和两个零售客户。2020 年每个客户的相关信息如下：

	批发客户		零售客户	
	东区 批发商	西区 批发商	Sloan 公司	Snyder 公司
按标价计算的收入	$745 000	$1 200 000	$330 000	$320 000
标价折扣	$ 52 300	$ 78 500	$ 20 200	$ 6 130
产品销售成本	$610 000	$1 010 000	$302 000	$170 000
配送成本	$ 28 100	$ 23 470	$ 16 530	$ 14 300
订单处理成本	$ 12 680	$ 16 890	$ 9 420	$ 7 230
销售拜访成本	$ 12 700	$ 10 300	$ 9 310	$ 8 160

使用图表 15-3 中的格式编制客户层营业利润。

15.2　客户盈利性剖面图

客户盈利性剖面图是管理者的一个有用工具。图表 15 - 4 按照客户层营业利润对 Provalue 分公司的 10 个批发渠道客户进行了排序（其中 4 家已在图表 15 - 3 中分析过）。

	A	B	C	D	E	F
1	批发渠道客户	客户层营业利润	客户收入	客户层营业利润除以客户收入	累计客户层营业利润	累计客户层营业利润占总客户层营业利润的百分比
2		(1)	(2)	(3) = (1) ÷ (2)	(4)	(5) = (4) ÷ 15 027 500
3	B	$ 5 690 000	$26 250 000	21.7%	$ 5 690 000	38%
4	A	$ 4 915 000	$30 000 000	16.4%	$10 605 000	71%
5	C	$ 2 655 000	$13 000 000	20.4%	$13 260 000	88%
6	D	$ 1 445 000	$ 7 250 000	19.9%	$14 705 000	98%
7	F	$ 986 000	$ 5 100 000	19.3%	$15 691 000	104%
8	J	$ 821 500	$ 4 400 000	18.7%	$16 512 500	110%
9	E	$ 100 000	$ 1 800 000	5.6%	$16 612 500	111%
10	G	$ (350 000)	$ 4 750 000	−7.4%	$16 262 500	108%
11	H	$ (535 000)	$ 2 400 000	−22.3%	$15 727 500	105%
12	I	$ (700 000)	$ 2 600 000	−26.9%	$15 027 500	100%
13	合计	$15 027 500	$97 550 000			

图表 15 - 4　2019 年 Provalue 分公司 10 个批发渠道客户的累计客户盈利性分析

第(4)列由第(1)列中的相应数据相加得出，表示累计客户层营业利润。例如，第(4)列显示客户 C 的累计客户层营业利润是 13 260 000 美元，这个数字是客户 B 的 5 690 000 美元、客户 A 的 4 915 000 美元和客户 C 的 2 655 000 美元的总和。

第(5)列表示累计客户层营业利润占总客户层营业利润的百分比。由图表可知，B，A，C 这三个最具盈利性的客户创造了总客户层营业利润的 88%。这些客户应该享受最好的服务和最大的优先权。较高的营业利润百分比通常是由较少的客户贡献的。微软用"并不是所有的收入具有同等的盈利性"来强调这一点。公司想尽办法让它们最好的客户满意，包括提供特殊电话号码、为精英层常客提供升级特权、免费使用豪华酒店套房等。"观念实施：亚马逊 Prime 与客户盈利能力"描述了亚马逊公司如何引入亚马逊 Prime 来支持其最有利可图的客户。

第（3）列表明了客户单位收入的盈利性。这一客户盈利性标准表明，虽然批发商 A 贡献了次高的营业利润，但因为很高的价格折扣和更高的客户层成本（参见前面），其单位收入的盈利性在前 6 个客户中最低。为了提高客户 A 的利润率，管理者需要降低价格折扣或节约客户层成本同时保持或增加销售额。客户 D，F，J 有很高的利润率，但总销售额较低。对于这些客户，管理者希望在保持利润率的同时提高销售额。对于客户 E，G，H，I，管理者面临增加营业利润和销售额的双重挑战。

观念实施

亚马逊 Prime 与客户盈利能力

亚马逊 Prime 是一个订阅计划，客户只需支付年费，就可以享受亚马逊所有订单的两天内免费配送服务。自推出以来，亚马逊 Prime 已经改变了用户对电子商务的预期，同时扩展为一个包括流媒体视频、电子书借阅以及独家获得亚马逊品牌产品在内的全包套餐。

到 2019 年，估计有 1 亿位订阅者每年支付 119 美元订阅亚马逊 Prime。由于该计划成本高昂，许多行业观察人士断定，公司在每位亚马逊 Prime 的订阅者上都是亏损的。事实上，亚马逊 Prime 订阅者其实是公司最赚钱的客户！

虽然 Prime 计划的成本很高，但亚马逊 Prime 的订阅者在亚马逊上的花费是非订阅者的数倍（2 486 美元对 600 美元）。许多订阅者更频繁地从亚马逊下单，并从亚马逊上购买以前不会购买的商品。诸如全食超市折扣和大城市 2 小时内送货等新的福利确保公司最赚钱的客户每天都让亚马逊成为首选零售商。

资料来源：Heather Haddon and Laura Stevens, "It's Amazon Prime Time at Whole Foods," *The Wall Street Journal*, June 18, 2018 (https://www.wsj.com/articles/attention-amazon-prime-members-who-shop-at-whole-foods-youre-in-luck-1529154000); Jonathan Varian, "Amazon Has Over 100 Million Prime Members," *Fortune*, April 28, 2018 (http://fortune.com/2018/04/18/amazon-prime-members-millions/); Rafi Mohammed, "The Logic Behind Amazon's Prime Day," HBR.org, July 13, 2015 (https://hbr.org/2015/07/the-logic-behind-amazons-prime-day).

15.2.1 呈现盈利性分析结果

图表 15−5 描述了呈现客户盈利分析结果的两种常用方法。A 部分的条形图（基于图表 15−4 第（1）列）是一个将客户盈利性形象化的直观方法，因为高盈利性的客户被清楚地突显出来，而且招致损失的客户数目和损失额也很明显。B 部分展示了呈现客户盈利性的另一种流行方法。它把图表 15−4 第（5）列的内容绘制成图，这个图中的线叫作鲸鱼曲线，因为在客户开始变得不盈利的那一点（累计客户层营业利润从计入客户 E 后的 111% 到计入客户 I 后的 100%），线是向右下方弯曲的，整个曲线像一头座头鲸。[①]

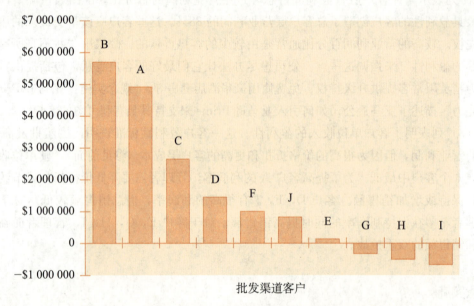

A 部分：2019 年 Provalue 分公司批发渠道客户的客户层营业利润

---

① 实际上，图表的曲线可能非常陡峭。鲸鱼曲线通常反映出最盈利的 20% 的客户创造了 150%～300% 的总利润；中间 70% 的客户不盈不亏；最不盈利的 10% 的客户损失了总利润的 50%～200%。参见 Robert S. Kaplan and V. G. Narayanan, "Measuring and Managing Customer Profitability," *Journal of Cost Management* (September/October 2001)：1−11。

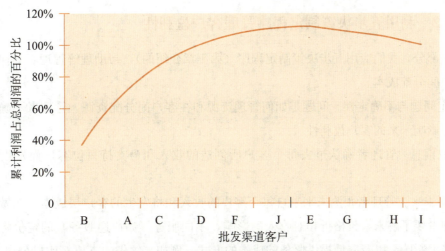

B 部分：2019 年 Provalue 分公司批发渠道客户的累计盈利能力鲸鱼曲线

图表 15－5　呈现客户盈利性分析结果的两种方法

图表 15－2 至图表 15－5 强调了年度的客户盈利性。管理者在优先考虑客户时，还应该考虑以下其他因素：

● 维持客户的可能性。客户与公司继续做生意的可能性越大，客户就越有价值，如过去几年每年都销售 Provalue 的批发商。在忠诚度和经常"做生意"的意愿上，每个客户是不同的。

● 销售增长的潜力。客户未来可能的销售额越高，就越有价值。公司更愿意拥有那些同时购买其他盈利产品的客户，例如，愿意同时分销 Astel 公司的 Provalue 电脑和 Deskpoint 电脑的批发商。如果批发商同时销售两种品牌的电脑，管理者需要根据二者的销售情况评估客户盈利性。

● 长期客户盈利性。这个因素将受到前述两个因素以及为支持客户而需要的客户支持人员及特殊服务成本的影响。

● 由知名客户带动的整体需求的增长。一些知名客户（也称为参考客户）认可产品，能帮助公司从其他客户那里创造销售额。

● 向客户学习的能力。能够提供新产品想法或改进现有产品方法的客户尤其有价值，例如，向 Astel 公司反馈诸如内存大小或视频显示等主要特性的批发商。

管理者对放弃客户应该谨慎。例如在图表 15－4 中，因为预期销售额更高，客户 G 当前不盈利可能不代表其长期不盈利。而且，像在作业成本系统中一样，分配给客户 G 的成本并不都是变动的。短期来看，Provalue 分公司的管理者以贡献毛益为基础，使用闲置产能为客户 G 提供服务是有效的。放弃客户 G 不会消除分配给这个客户的所有成本，可能导致失去比节省的成本还多的收入。

当然，特殊客户可能长期不盈利，而且未来前景有限；或者它们不属于公司的目标市场，或者相对于公司的战略与能力，不需要持续的高水平服务。在这些情况下，组织应切断客户关系。例如，美国最大的贷款机构、增长最快的金融服务组织之一 Capital One 360，每月要求 10 000 个"高维持成本"的客户（如余额少且经常存取款的客户）注销账户。[①]

---

① 示例见 http://hbswk.hbs.edu/item/5884.html，"The New Math of Customer Relationships"。

15.2.2　利用五步决策制定程序管理客户盈利性

在这一部分，我们应用五步决策制定程序（第 1 章介绍的），帮助理解管理者如何利用客户分析在客户间分配成本。

1. 确定问题与不确定性。问题是如何管理资源和在客户间分配资源。管理者不确定他们的行为将如何影响未来的客户盈利性。

2. 获取信息。管理者确认过去每个客户所创造的收入和为支持每位客户而发生的客户层成本。

3. 预测未来。管理者预测未来来自每个客户的收入和将发生的客户层成本。在做出这些预测后，管理者要了解未来价格折扣对收入的影响，不同服务（如快递服务）的定价将会对客户需求产生多大影响，以及降低提供服务的成本的方式。例如，领先的支票打印机公司 Deluxe 通过开放电子渠道使客户从纸质订购转向自动订购，降低了客户成本。

4. 选择方案做决策。管理者使用客户盈利性剖面图确定应该享受最高水平服务和优先权的小部分客户。他们还寻找各种方式使盈利性较低的客户（例如，Astel 公司的客户 G）更加具有盈利性。例如，银行经常对客户提出最小余额的要求；分销企业可能要求最小的订单数量，或者对小额订单或定制的订单征收附加费。在做出资源分配的决策后，管理者还要考虑长期影响，如未来销售增长的潜力和充分利用特定客户与其他客户达成交易的机会。

5. 实施决策、评价业绩与学习。在决策实施后，管理者通过对实际结果与预测结果进行比较，评估他们做出的决策及决策实施情况，以及提高盈利性的方式。

15.3　基于成本层级的营业利润表

到目前为止，我们的分析集中在客户层成本——Provalue 分公司的管理者能够与客户合作影响的作业（如销售订单、客户拜访和出货）成本。现在我们考虑 Provalue 分公司的其他成本（如研发与设计成本、管理不同分销渠道的成本和分公司管理成本）和 Astel 公司发生的公司成本（如公司品牌广告成本与管理成本）。客户行为不影响这些成本，由此产生了两个重要问题：(1) 在计算客户盈利性时，这些成本应该分配给客户吗？(2) 给定成本与客户行为之间的弱因果关系，如果分配这些成本，那么应该根据什么基础进行分配？我们先考虑第一个问题，介绍基于成本层级的营业利润表，此表不分配非客户层成本。

图表 15-6 显示了 2019 年 Provalue 分公司的营业利润表。图表 15-3 中客户 A，B 的客户层营业利润显示在图表 15-6 的第 (3)、(4) 列。图表 15-6 是基于 Provalue 分公司成本层级形成的。正如图表 15-2 中描述的那样，图表 15-6 中某些客户服务成本，如批发渠道经理的工资不是客户层成本，因此不分配给客户。管理者确认这些成本为分销渠道成本，因为客户行为的变化对这些成本没有影响，只有与渠道有关的决策，如决定终止批发的决策才会影响这些成本。许多管理者也认为，如果负责管理单个客户账户的销售人员的销售奖金受到已分配的分销渠道成本的影响，而他们对这些成本的影响力很小，那么他们将失去动力。如图表 15-6 所示，Astel 分公司从批发渠道的总的客户层营业利润中减去批发渠道成本，而不将这些成本分配给单个批发渠道客户。

	客户分销渠道										
		批发渠道客户					企业客户				
	总计	合计	A**	B**	C		合计	BA	BB	BC	
	(1)=(2)+(7)	(2)	(3)	(4)	(5)	(6)	(7)	(8)	(9)	(10)	(11)
收入（按实际价格）	$150 000 000	$97 550 000	$30 000 000	$26 250 000	—	—	$52 450 000	$7 000 000	$6 250 000	—	—
产品销售成本加客户层成本	$125 550 000*	$82 522 500	$25 085 000 ª	$20 560 000	—	—	$43 027 500	$5 385 000	$4 760 000	—	—
客户层营业利润	$ 24 450 000	$15 027 500	$ 4 915 000	$ 5 690 000			$ 9 422 500	$1 615 000	$1 490 000		
分销渠道成本	$ 2 150 000	$ 800 000					$ 1 350 000				
分销渠道营业利润	$ 22 300 000	$14 227 500					$ 8 072 500				
分公司维持成本											
管理成本	$ 1 900 000										
研发成本	$ 2 400 000										
设计成本	$ 3 000 000										
分公司维持成本合计	$ 7 300 000										
分公司营业利润	$ 15 000 000										

*产品销售成本102 000 000（见图表15-1）+销售订单成本6 750 000+客户拜访成本4 200 000+产品处理成本4 500 000+定期出货成本3 750 000+快速出货成本750 000+客户服务成本3 600 000（所有内容见图表15-2）。

*详细内容见图表15-3。

a. 产品销售成本+图表15-3中客户A的总客户层成本＝20 400 000+4 685 000＝25 085 000（美元）。

图表 15－6　2019 年 Provalue 分公司基于成本层级的营业利润表

接下来考虑分公司维持成本，如 Provalue 分公司的管理成本、研发成本与设计成本。管理者认为这些成本与客户或销售经理的行为没有直接因果关系。根据这种观点，分配分公司维持成本对决策制定、业绩评价或激励毫无用处。例如，假设 Provalue 分公司将 7 300 000 美元分公司维持成本分配给分销渠道，在后续期间，这种分配会导致企业销售渠道出现亏损。Provalue 分公司应该关闭企业销售渠道吗？不，如果（如我们在第 12 章讨论的）关闭企业销售渠道，分公司维持成本不变。将分公司维持成本分配到分销渠道可能会使公司误认为关闭分销渠道潜在的成本节约将大于实际成本。因此，图表 15－6 中基于成本层级的营业利润表从分销渠道层面的总营业利润中减去 Provalue 分公司的维持成本，而不将分公司维持成本分配给分销渠道或单个批发渠道客户。

在一个基于成本层级的营业利润表中，我们应该怎样处理 Astel 公司支持 Provalue 分公司和 Deskpoint 分公司而发生的 1 050 000 美元广告成本和 4 400 000 美元管理成本呢？Deskpoint 分公司有 200 000 000 美元的收入和 170 000 000 美元的分公司营业成本。图表 15－7 提供了 Astel 公司基于成本层级的营业利润表。公司维持成本没有分配给分公司、渠道或客户。正如前面在分公司维持成本中讨论的那样，因为这些成本与不同客户或分公司的盈利性之间没有直接因果关系。这些成本不受分公司经理或客户行为的影响，因此在汇总分公司营业利润后，将公司维持成本作为一个总金额减掉了。

	合计	Provalue 分公司	Deskpoint 分公司
收入	$ 350 000 000	$150 000 000	$ 200 000 000
分公司营业成本	$(305 000 000)	$(135 000 000)*	$(170 000 000)
未扣除公司成本的分公司营业利润	$ 45 000 000	$ 15 000 000	$ 30 000 000
公司广告成本	$ (1 050 000)		
公司管理成本	$ (4 400 000)		
营业利润	$ 39 550 000		

*135 000 000＝125 550 000+2 150 000+7 300 000，见图表15-6第(1)列。

图表 15－7　2019 年 Astel 公司基于成本层级的营业利润表

　　某些管理者和管理会计人员主张将所有成本全部分配给客户和分销渠道，因为所有发生的成本都是为了支持向客户销售产品。分配所有公司成本可以激励分公司管理者检查公司成本的计划与控制。类似地，把分公司成本分配给分销渠道可以激励分销渠道管理者监督分公司发生的成本。想计算客户服务全部成本的管理者必须把所有公司、分公司和分销渠道的成本分配给客户。这些管理者和管理会计人员认为，从长远来看，以全部成本为基础的客户和产品最终都必须是盈利的。正如我们在第 14 章讨论的那样，为了制定某些决策，如定价决策，分配所有成本能够保证长期价格被设定在这样一个水平上，即可以补偿生产和销售产品使用资源的所有成本。在这种情况下，所有客户营业利润之和等于公司范围的营业利润。

　　还有一些公司只向客户分配某些公司成本、分公司成本或渠道成本，这些成本被普遍认为与客户行为有因果关系，或者为客户的盈利性提供了明确的好处。公司广告成本是这种成本的一个例子。这些公司排除了其他成本，如公司管理成本或对慈善基金的捐赠，因为它们对客户的好处不明显。如果一个公司决定不分配部分或所有公司成本、分公司成本和渠道成本，将导致总的公司盈利性少于单个客户盈利性的总和。

　　为了制定某些决策，分配部分而非全部间接成本给客户可能是首选的方案。考虑 Provalue 分公司批发渠道经理的业绩评价问题。可控观念常常用于证明从批发渠道经理责任会计报告中扣除公司成本（如公司总部高管的工资）是合理的。虽然批发渠道经理易于从这些公司成本中受益，但是他对使用多少公司资源或资源的价值没有发言权（不负责任）。

　　图表 15-6 与图表 15-7 中层级形式的价值在于，在分配成本时区别客观性的不同程度，使其与制定决策和业绩评价的不同层次相吻合。何时分配成本和分配哪些成本的问题是全书强调的"不同目的不同成本"主题的又一个例子。

　　在下一节，我们计算 Astel 公司的管理者将分销渠道成本（如批发渠道成本）、分公司维持成本（如研发与设计成本）和公司维持成本（如 Astel 公司管理成本）分配给单个客户时的客户盈利性。

小练习 15-2

Mason 公司只有两个批发客户和两个零售客户。2020 年每个客户的相关信息如下：

	批发客户		零售客户	
	东区 批发商	西区 批发商	Sloan 公司	Snyder 公司
按标价计算的收入	$745 000	$1 200 000	$330 000	$320 000
标价折扣	$ 52 300	$ 78 500	$ 20 200	$ 6 130
产品销售成本	$610 000	$1 010 000	$302 000	$170 000
配送成本	$ 28 100	$ 23 470	$ 16 530	$ 14 300
订单处理成本	$ 12 680	$ 16 890	$ 9 420	$ 7 230
销售拜访成本	$ 12 700	$ 10 300	$ 9 310	$ 8 160

　　Mason 公司的年分销渠道成本为：批发客户 35 000 美元，零售客户 16 000 美元。客户行为的变化不会影响分销渠道成本。该公司的年度公司成本为 46 000 美元。任何成本分配基础与公司维持成本之间都没有因果关系或受益关系，即只有在公司倒闭的情况下才能节省公司维持成本。

使用图表 15-6 中的格式编制客户成本层级报告。

15.4　指导成本分配决策的标准

图表 15-8 介绍了管理者用来指导成本分配决策的四个标准。这些决策不但影响间接成本库的数目，还影响每个间接成本库的成本分配基础。如前几章所述，我们强调因果和受益标准的优先性，尤其当成本分配的目的是制定经济决策或激励管理者和员工时。在作业成本系统中，因果标准是最主要的标准。作业成本系统使用成本层级以确定最能代表作业与相关成本库中的成本之间因果关系的成本动因。这些成本动因也就成为成本分配的基础。在分公司维持成本和公司维持成本中，因果关系常常很难确定。在此情况下，管理者与对分配成本感兴趣的管理会计师会使用图表 15-8 中概述的其他标准，如受益、公允或公正、承担能力。[①]

图表 15-8　指导成本分配决策的标准

1. **因果。** 管理者利用这一标准识别出导致资源消耗的变量。例如，当将产品监测的成本分配给产品时，管理者可能将监测小时数作为变量。根据因果标准分配成本对操作人员来说最可靠。
2. **受益。** 管理者利用这一标准识别出成本对象产出的受益者。成本对象的成本按照受益比例在受益者之间分配。以提升公司整体形象而非单个产品的广告项目为例，项目的成本可能按照部门收入基础来分配：收入越高，部门分配的广告成本越高。这样分配的合理性在于，有更高收入的部门从广告中得到的收益显然多于低收入部门，所以应该被分配更多的广告成本。
3. **公允或公正。** 这一标准经常列在政府合同里，成本分配是制定政府和供应商都满意的价格的基础。在签订合同的双方的意识中，这里的成本分配是制定销售价格的"合理"和"公平"的方法。对大多数分配决策而言，公允是比其他操作性标准更难实现的目标。
4. **承担能力。** 这一标准提倡按照成本对象承担分配给它的成本的能力来进行成本分配。在分公司营业利润基础上分配公司高级经理人员的工资是一个例子。它的假设是高盈利的分公司有更强的能力来吸收公司总部的成本。

如果不能确定因果关系，最好的成本分配方法是使用受益标准识别出成本对象产出的受益者。例如，考虑 Provalue 分公司批发渠道管理成本（如批发渠道经理的工资）。这些成本与批发渠道客户的销售额之间没有因果关系，但是可以合理假设高收入客户从批发渠道支持中受益更多。受益标准证明，基于客户收入将 800 000 美元的批发渠道管理成本分配给客户是合理的。

公允或公正标准和承担能力标准没有因果标准和受益标准用得频繁。双方很难就公允标准达成一致，一方认为是公允的，另一方可能认为不公允。[②] 例如，一所大学可能认为将管理费用的一部分分配给政府合同是公允的，因为发生的管理费用支持大学的一切活动。但是政府

[①]　联邦会计准则顾问委员会（Federal Accounting Standards Advisory Board，FASAB）（为美国政府部门和机构制定管理会计准则）建议："成本分配应使用下列按优先顺序列出的方法：（1）只要能以经济可行的方式追溯，就直接追溯成本；（2）在因果基础上分配成本；（3）在合理和一致的基础上分配成本。"（*FASAB Handbook*，Version 17，June 2018）。

[②]　例如，卡普洛（Kaplow）和沙维尔（Shavell）在一篇法律文献评论中提道："公允理念是多种多样的。不同的作者以不同的方式分析和解释公允理念，公允理念取决于具体情景。因此，不可能在这些理念上达成共识。"参阅 L. Kaplow and S. Shavell，"Fairness Versus Welfare," *Harvard Law Review* （February 2001）；L. Kaplow and S. Shavell, *Fairness Versus Welfare* （Boston：Harvard University Press，2002）。

可能认为这样的成本分配不公允，因为不管是否签订政府合同，大学的管理费用都要发生。解决这个问题的最公允的方法可能是尽可能理解政府合同与管理费用之间的因果关系，但这很难。换句话说，公允不仅是一个简单的选择标准，更是一种判断。

为了理解使用承担能力标准时产生的问题，以客户 G 为例进行说明。在分公司维持成本或公司维持成本分配前，其客户层成本超过了收入，即这个客户没有能力承担任何分公司维持成本或公司维持成本，因此，按承担能力标准，这些成本不分配给客户 G。不分配成本给客户 G 的逻辑是，Provalue 分公司的管理者将减少客户 G 对分公司和公司维持成本（如管理成本）的需求，以恢复客户 G 的盈利性。但是，如果不减少分公司和公司维持成本，而只是简单地将其分配给其他客户，那么这些客户将会补贴客户 G。承担能力标准会导致人为降低盈利客户的盈利性并采取潜在的不当行为，比如提高价格恢复盈利性，这可能引发竞争。

最重要的是，公司在设计和实施成本分配时必须在成本和效益之间进行权衡。公司不仅在收集数据上花费成本，而且要花费时间对管理者进行成本分配方面的教育。一般情况下，成本分配越复杂，教育成本越高。

设计和实施复杂的成本分配也是需要成本的。精心设计的成本分配能够使管理者做出明智的采购决策、定价决策、成本控制决策。但不幸的是，它所带来的收益很难计量。尽管如此，在进行成本分配时，管理者应该既考虑收益也考虑成本。随着收集和处理信息的成本的降低，更详细的成本分配将更好地通过成本-效益测试。

15.5 完全分配的客户盈利性

在本节，我们将重点介绍成本分配的第一个目的（见图表 14-1）：通过计量作业成本系统下产品的全部成本为经济决策（如定价）提供信息。

我们继续以本章前面介绍的 Astel 公司为例，关注 Provalue 分公司 10 个批发渠道客户的完全分配的客户盈利性计算。Provalue 分公司也使用直接销售渠道直接向企业客户销售 Provalue 电脑。回想一下，Astel 公司有另一个销售高端电脑的分公司 Deskpoint。我们说明发生在不同分公司的成本如何被分配、再分配，以计算客户盈利性。

我们概括的成本类别如下：

● 公司成本——有两种主要的公司成本类别：

1. 公司广告成本——提升 Astel 公司品牌形象的广告成本是 1 050 000 美元。

2. 公司管理成本——高级管理人员工资、租金和管理费用为 4 400 000 美元。

● 分公司成本——Provalue 分公司是我们分析的焦点，它有三个间接成本库，每个成本库对应不同的成本动因，向分销渠道分配分公司成本：（1）成本库 1 包括基于每个渠道的收入（每个渠道的受益）分配给批发渠道和企业销售渠道的所有分公司成本；（2）成本库 2 包括在公允或公正的基础上分配给分销渠道的研发与设计成本；（3）成本库 3 包括如果渠道营业利润为正（基于每个渠道的承担能力），就基于分配前每个渠道的营业利润分配给批发渠道和企业销售渠道的所有分公司成本。成本库是同质的，即一个成本库中的所有成本与成本分配基础都有相同或相似的因果、受益、公允和承担能力关系。不同的成本库需要不同的成本分配基础，以便将成本库中的成本分配给分销渠道。

● 渠道成本——Provalue 分公司的每个分销渠道有两个间接成本库：一个成本库包括所有基于客户收入（每个客户的受益）分配给客户的渠道成本；另一个成本库包括所有基于分配前的正的客户营业利润（每个客户的承担能力）分配给客户的渠道成本。

图表 15-9 介绍了将公司、分公司和分销渠道间接成本分配给 Provalue 分公司的批发渠道客户的概览图。注意 Deskpoint 分公司自己有间接成本库用于将成本分配给客户。这些成本库和成本分配基础与 Provalue 分公司的间接成本库和成本分配基础是类似的。

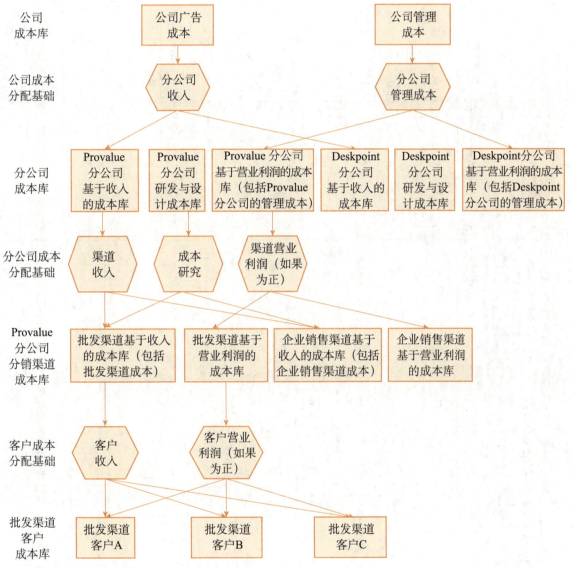

图表 15-9　将公司、分公司和分销渠道间接成本分配给 Provalue 分公司的批发渠道客户的概览图

15.5.1　实施公司与分公司成本分配

图表 15-10 基于图表 15-9 中的概览图将所有的间接成本分配给客户。我们基于图表 15-8 所示的指导成本分配决策的标准描述某些分配选择。

1. 从图表 15-9 顶部开始，基于 Provalue 分公司和 Deskpoint 分公司客户对公司资源的需求，分配公司广告成本与公司管理成本。图表 15-10 中前两列显示将公司广告成本与公司管理成本分配给 Provalue 分公司。

项目	Astel公司成本库·基于分公司收入分配的成本	Astel公司成本库·基于分公司管理成本分配的成本	Provalue分公司成本库·基于渠道收入分配的成本	Provalue分公司成本库·研发与设计成本分配的成本	Provalue分公司成本库·基于渠道营业利润分配的成本分库	Provalue分公司分销渠道成本库·基于客户收入分配的批发渠道成本	Provalue分公司分销渠道成本库·基于客户营业利润分配的批发渠道成本	Provalue分公司分销渠道成本库·基于客户收入分配的企销售渠道成本	A	B	C	D	E	F	G	H	I	J	合计
收入（见图表15-4）									30 000	26 250	13 000	7 250	1 800	5 100	4 750	2 400	2 600	4 400	97 550
客户层成本（见图表15-4，第(2)列-第(11)列）									(25 085)	(20 560)	(10 345)	(5 805)	(1 700)	(4 114)	(5 100)	(2 935)	(3 300)	(3 578)	(82 522)
客户层营业利润（见图表15-4）									4 915	5 690	2 655	1 445	100	986	(350)	(535)	(700)	822	15 028
Astel公司广告成本	(1 050)																		
Astel公司管理成本		(4 400)																	
基于分公司收入向公司分配广告成本[1]	1 050		(450)																
基于分公司管理成本向分公司分配公司管理成本[2]		4 400			(2 090)														
研发成本				(2 400)															
设计成本				(3 000)															
分公司管理成本					(1 900)														
基于渠道收入向批发渠道分配Provalue分公司广告成本[3]			450			(293)		(157)											
基于公允标准向渠道分配研发与设计成本[4]				5 400		(2 700)		(2 700)											
分销渠道成本						(800)		(1 350)											
基于渠道营业利润向批发渠道分配Provalue分公司管理成本[5]					3 990		(2 725)	(1 265)											
基于客户收入向客户分配批发渠道成本						3 793			(1 166)	(1 021)	(505)	(282)	(70)	(198)	(185)	(93)	(101)	(172)	(3 793)
分公司与公司管理成本分配后的营业利润									3 749	4 669	2 150	1 163	30	788	(535)	(628)	(801)	650	11 235
批发渠道客户营业利润（如果为正）（向客户分配）							2 725		(774)	(964)	(444)	(240)	(6)	(163)				(134)	(2 725)
完全分配的客户盈利性									2 975	3 705	1 706	923	24	625	(535)	(628)	(801)	516	8 510

1. $1\,050 \times 150\,000/(150\,000+200\,000)=450$
2. $4\,400 \times 1\,900/(1\,900+2\,100)=2\,090$
3. $450 \times 97\,550/150\,000=293$；$450 \times 52\,450/150\,000=157$
4. $5\,400/2=2\,700$
5. $3\,990 \times 11\,235/16\,450=2\,725$；$3\,990 \times 5\,215/16\,450=1\,265$

图表 15-10 将公司、分公司和渠道间接成本完全分配后Provalue分公司的批发渠道客户盈利性（单位：千美元）

注：个别数据经过了四舍五入处理。

a. Astel 公司基于各分公司的收入（受益），将 1 050 000 美元的公司广告成本分配给两个分公司。假定高收入者比低收入者（各分公司的收入信息见图表 15-7）从公司广告成本中受益更多是合理的。

$$\text{Provalue 分公司：} 1\,050\,000 \times \frac{150\,000\,000}{150\,000\,000 + 200\,000\,000} = 450\,000\text{（美元）}$$

$$\text{Deskpoint 分公司：} 1\,050\,000 \times \frac{200\,000\,000}{150\,000\,000 + 200\,000\,000} = 600\,000\text{（美元）}$$

b. 因为公司管理的主要作用是支持分公司管理，因此，Astel 公司基于分公司管理成本，使用受益标准，将 4 400 000 美元公司管理成本分配给各分公司。图表 15-6 显示，Provalue 分公司的管理成本是 1 900 000 美元。Deskpoint 分公司的管理成本是 2 100 000 美元。分配如下：

$$\text{Provalue 分公司：} 4\,400\,000 \times \frac{1\,900\,000}{1\,900\,000 + 2\,100\,000} = 2\,090\,000\text{（美元）}$$

$$\text{Deskpoint 分公司：} 4\,400\,000 \times \frac{2\,100\,000}{1\,900\,000 + 2\,100\,000} = 2\,310\,000\text{（美元）}$$

2. 在图表 15-9 中下移一级，关注 Provalue 分公司将分公司成本库的成本分配给分销渠道成本库。在图表 15-10 中，标示有"Provalue 分公司成本库"的三列显示，Provalue 分公司将成本分配给批发渠道和企业销售渠道。

a. 现在使用受益标准，基于各渠道的收入，将已经分配给 Provalue 分公司的 450 000 美元公司广告成本再分配给批发渠道和企业销售渠道（见图表 15-6）。

$$\text{批发渠道：} 450\,000 \times \frac{97\,550\,000}{97\,550\,000 + 52\,450\,000} = 292\,650\text{（美元）}$$

$$\text{企业销售渠道：} 450\,000 \times \frac{52\,450\,000}{97\,550\,000 + 52\,450\,000} = 157\,350\text{（美元）}$$

b. 研发成本与设计成本整合到一个同质的成本库，并且基于批发渠道和企业销售渠道对研发与设计资源需求的研究，分配给批发渠道和企业销售渠道。研发与设计成本的大部分来自更有经验的企业客户对 Provalue 电脑提出的改进要求。使用研究结果和公允标准，Provalue 分公司将一半的研发与设计成本分配给企业销售渠道（另一半分配给批发渠道），即使企业销售渠道只占 Provalue 分公司总收入的大约 1/3。图表 15-10 显示，Provalue 分公司向批发渠道和企业销售渠道各分配了 2 700 000 美元（5 400 000÷2）。

c. 各分公司将分配的公司管理成本纳入分公司管理成本库。此成本库中的成本是设备维持成本，与分销渠道中的任何作业都没有因果关系。但是，Astel 公司将所有成本分配给产品，以便管理者在制定价格或其他决策时了解所有的成本。Provalue 分公司基于批发渠道和企业销售渠道的营业利润，将管理成本库中 3 990 000 美元的总成本（分配给 Provalue 分公司的公司管理成本 2 090 000 美元＋Provalue 分公司的管理成本 1 900 000 美元）分配给批发渠道和企业销售渠道。营业利润代表着各渠道承担分公司管理成本（包括分配的公司管理成本）的能力：渠道的营业利润越低，分配给它的分公司成本越低。正如本章前面所述，承担能力标准的原理是 Provalue 分公司将努力减少向低利润渠道提供的支持。图表 15-10 中，减去所有分配给它的成本后，批发渠道的营业利润是 11 234 850 美元（单元格 U7 中的 15 027 500-单元格 G15 中的 292 650-单元格 G16 中的 2 700 000-单元格 G17 中的 800 000），而企业销售渠道的营业利润是 5 215 150 美元（没有列示计算过程）。

$$批发渠道：3\ 990\ 000 \times \frac{11\ 234\ 850}{11\ 234\ 850 + 5\ 215\ 150} = 2\ 725\ 049（美元）$$

$$企业销售渠道：3\ 990\ 000 \times \frac{5\ 215\ 150}{11\ 234\ 850 + 5\ 215\ 150} = 1\ 264\ 951（美元）$$

3. 在图表 15-9 中继续向下移，关注 Provalue 分公司将批发渠道成本库的成本分配给单个批发渠道客户。在图表 15-10 中，标示有 "Provalue 分公司分销渠道成本库" 的四列显示了批发渠道和企业销售渠道归集的成本。图表 15-10 仅显示了将批发渠道成本分配给批发渠道客户。

a. 批发渠道基于收入的成本库是根据收入将成本分配给单个批发渠道客户的，因为收入是一个衡量单个客户从成本中受益的好指标。这个成本库中的成本总额是 3 792 650 美元，由三部分组成：（1）在步骤 2a 中分配给批发渠道的公司广告成本 292 650 美元；（2）在步骤 2b 中分配给批发渠道的研发与设计成本 2 700 000 美元；（3）批发分销渠道自身的成本 800 000 美元（见图表 15-6）。在图表 15-10 中，分配给客户 A 和 B 的成本如下：

$$客户 A：3\ 792\ 650 \times \frac{30\ 000\ 000}{97\ 550\ 000} = 1\ 166\ 371（美元）$$

$$客户 B：3\ 792\ 650 \times \frac{26\ 250\ 000}{97\ 550\ 000} = 1\ 020\ 574（美元）$$

b. 第二个批发渠道成本库由步骤 2c 中分配给批发渠道的 2 725 049 美元分公司管理成本构成。这些成本基于营业利润（如果为正的话）（见图表 15-10 第 20 行）分配给图表 15-10 第 21 行中的单个批发渠道客户，因为营业利润代表着客户承担这些成本的能力。在图表 15-10 中，第 20 行的所有正数之和等于 13 195 922 美元。分配给客户 A 和客户 B 的成本如下：

$$客户 A：2\ 725\ 049 \times \frac{3\ 748\ 629}{13\ 195\ 922} = 774\ 117（美元）$$

$$客户 B：2\ 725\ 049 \times \frac{4\ 669\ 426}{13\ 195\ 922} = 964\ 269（美元）$$

15.5.2　向分公司和客户分配公司成本中存在的问题

Astel 公司的管理团队有几种选择来将公司成本归集和分配给分公司。我们提出如下两个问题：

1. 当 Astel 公司把公司成本分配给分公司时，它是只分配随分公司作业变动的公司成本还是也分配固定成本？管理者将变动成本和固定成本分配到分公司，然后再分配到客户，因为这些成本对制定长期战略决策（如应该重视哪些客户，制定什么价格）是有用的。为了制定好的长期决策，管理者需要知道向客户销售产品所需要的所有资源的成本（无论在短期内是固定的还是变动的）。为什么呢？因为从长远来看，企业能够管理所有成本的水平，很少有成本是真正固定的。而且，为了长期生存与繁荣发展，企业必须确保来自客户的收入超过支持客户所消耗的总资源的成本，不管这些成本在短期内是变动的还是固定的。

同时，将成本分配给分公司，公司必须仔细识别与特定决策相关的成本。假定一个分公司在公司成本分配前是盈利的，但在公司成本分配后是 "亏损" 的。短期内该分公司是否应该关闭？在这种情况下，相关的公司成本不是所分配的公司成本，而只是如果关闭该分公司可以节约的成本。如果分公司的利润超过了相关的公司成本，则不应该关闭该分公司。

2. 如果 Astel 公司把成本分配给分公司、渠道和客户，它应该使用多少个成本库呢？一个极端是将所有公司成本归集到一个成本库，另一个极端是拥有大量的单个成本库。如第 5 章讨论的，主要的考虑是建立**同质成本库**（homogeneous cost pool），这样成本库中的所有成本与成本分配基础有相同的或类似的因果或受益关系。

例如，当把公司成本分配给分公司时，如果公司广告成本与公司管理成本与同一成本分配基础有相同的或类似的因果关系，Astel 公司就能够将它们合并为一个成本库。但是，正如现在的情形，如果每个成本类别与不同的成本分配基础（例如，每个分公司的收入都得益于公司广告成本，而公司管理成本支持每个分公司的管理）有因果关系或受益关系，公司应该为这些成本各自设立一个成本库。决定同质成本库需要进行判断，并应该定期评估。

管理者必须权衡使用多个成本库系统的收益与其实施成本。信息收集技术的进步使得多个成本库系统更有可能符合成本-效益原则。

15.5.3　使用完全分配的成本做决策

Astel 公司的管理者是如何进行如图表 15 - 10 所示的完全分配的客户盈利性分析的？正如我们在第 14 章中讨论的，管理者在做出定价决策时常常喜欢使用产品的全部成本。计算完全分配的客户成本有同样的好处。

考虑一个例子，图表 15 - 10 中显示在客户 E 上有 24 000 美元盈利。如果这个客户要求降价50 000 美元，Provalue 分公司应该如何回应？基于图表 15 - 4，在客户 E 上有 100 000 美元的盈利，即使降价 50 000 美元，客户 E 仍然是一个盈利的客户。但从长期来看，客户 E 必须产生足够的利润，以收回 Provalue 分公司的所有分公司成本和 Astel 的公司成本。从长期来看，50 000 美元的降价是不可持续的。当 Provalue 分公司开始为 ProvalueⅡ制订计划时（见第 14 章），它必须同时考虑它能做什么以更好地管理客户，提高盈利。

向客户分配成本的另一个好处是强调管理成本的机会。例如，批发渠道经理想研究公司广告或研发和设计支出是否有助于促进对批发渠道客户的销售。这些讨论可能引起对广告、研发和设计作业数量与类型的重新评估。

小练习 15 - 3

Mason 公司只有两个批发客户和两个零售客户。2020 年每个客户的相关信息如下：

	批发客户		零售客户	
	东区 批发商	西区 批发商	Sloan 公司	Snyder 公司
按标价计算的收入	$745 000	$1 200 000	$330 000	$320 000
标价折扣	$ 52 300	$ 78 500	$ 20 200	$ 6 130
产品销售成本	$610 000	$1 010 000	$302 000	$170 000
配送成本	$ 28 100	$ 23 470	$ 16 530	$ 14 300
订单处理成本	$ 12 680	$ 16 890	$ 9 420	$ 7 230
销售拜访成本	$ 12 700	$ 10 300	$ 9 310	$ 8 160

Mason 公司的年分销渠道成本为：批发客户 35 000 美元，零售客户 16 000 美元。该公司的年度公司维持成本为 46 000 美元。

公司根据收入（按实际价格）向每个渠道的客户分配分销渠道成本。它根据渠道营业利润（如果为正）将公司间接成本分配给分销渠道，根据客户营业利润（如果为正）将公司间接成本从渠道分配给客户。

参照图表 15 – 10，根据完全分配的成本编制客户盈利性报告。

15.6　销售差异

前一节的客户盈利性分析集中在一种销售渠道（如批发渠道）中的单个客户的实际盈利性和它们对 Provalue 分公司 2019 年盈利性的影响。然而，在一个更高的战略层面上，Provalue 分公司是在两个不同的市场上销售 Provalue：批发市场和企业销售市场。企业销售市场的营业利润比批发市场高。2019 年 Provalue 分公司按预算通过批发销售 60％的 Provalue，直接向企业销售 40％的 Provalue。实际上销售的总量比预算的要少，它的实际销售组合（按电脑计算）是 66.67％销售给批发渠道客户，33.33％直接销售给企业客户。不考虑企业销售渠道还是批发渠道的单个客户的销售盈利性，与总预算相比，销售的 Provalue 减少和转向盈利较低的批发渠道客户的销售组合对 Provalue 分公司的实际营业利润有负面影响。销售数量差异和销售组合差异识别了各因素对 Provalue 分公司盈利性的影响。许多公司，如思科（Cisco）、通用电气和惠普做了同样的分析，因为它们通过多种分销渠道，如互联网、电话或零售商店销售产品。

Provalue 分公司把所有客户层成本（除了固定加工成本 11 400 000 美元）都归为变动成本，把所有分销渠道成本、分公司维持成本和公司维持成本归为固定成本。为了简化销售差异的分析和计算，我们假设变动成本随销售 Provalue 数量的变化而变化（这意味着当 Provalue 销售总数变动时，平均客户批次规模保持不变）。如果没有这些假设，分析将变得更加复杂，就需要使用第 8 章描述的作业成本差异分析方法了。当然，基本的观点没有变化。

2019 年预算数据和实际结果如下：

2019 年预算数据

	单位销售 价格 (1)	单位变动 成本 (2)	单位贡献 毛益 (3)=(1)-(2)	销售量 (4)	销售组合 （基于销售量） (5)	贡献毛益 (6)=(3)×(4)
批发渠道	$ 980	$755	$225	93 000	60％[a]	$ 20 925 000
企业销售渠道	$1 050	$775	$275	62 000	40％	$ 17 050 000
总计				155 000	100％	$ 37 975 000

a. 批发渠道的销售量百分比＝93 000÷155 000＝60％。

2019 年实际结果

	单位销售 价格 (1)	单位变动 成本 (2)	单位贡献 毛益 (3)=(1)-(2)	销售量 (4)	销售组合 （基于销售量） (5)	贡献毛益 (6)=(3)×(4)
批发渠道	$ 975.50	$749.225	$226.275	100 000	66.67％[a]	$ 22 627 500
企业销售渠道	$1 049.00	$ 784.55	$ 264.45	50 000	33.33％	$ 13 222 500
总计				150 000	100.00％	$ 35 850 000

a. 批发渠道的销售量百分比＝100 000÷150 000＝66.67％。

预算和实际的固定分销渠道成本、分公司成本和公司成本是一样的（参见图表 15 - 6 与图表 15 - 7）。

第 7 章详细介绍的差异（层级）包括静态预算差异（一级）、弹性预算差异（二级）和销售量差异（二级）。本章讨论的销售数量差异和销售组合差异是三级差异，它们细分了销售量差异。[①]

15.6.1　静态预算差异

静态预算差异是实际结果与对应的静态预算数字之间的差异。我们分析的重点在于实际与预算贡献毛益的差异（前表中的第（6）列）。总静态预算差异是 2 125 000 美元的不利差异（实际贡献毛益 35 850 000 美元－预算贡献毛益 37 975 000 美元）。图表 15 - 11（第（1）列和第（3）列）使用第 7 章介绍的格式说明了静态预算差异的详细计算。管理者可以通过将静态预算差异细分为弹性预算差异和销售量差异来更深入地了解它。

图表 15 - 11　Provalue 分公司 2019 年弹性预算差异和销售量差异分析

实际结果： 所有Provalue的 实际销售数量 ×实际销售组合比例 ×单位实际贡献毛益 （1）	弹性预算： 所有Provalue的 实际销售数量 ×实际销售组合比例 ×单位预算贡献毛益 （2）	静态预算： 所有Provalue的 预算销售数量 ×预算销售组合比例 ×单位预算贡献毛益 （3）

A部分：
批发
渠道

(150 000×0.666 7)×\$226.275 100 000×\$226.275	(150 000×0.666 7)×\$225 100 000×\$225	(155 000×0.60)×\$225 93 000×\$225
\$22 627 500	\$22 500 000	\$20 925 000

二级　　　\$127 500 F　　　　　\$1 575 000 F
　　　　　弹性预算差异　　　　　销售量差异

一级　　　　　　　\$1 702 500 F
　　　　　　　　静态预算差异

B部分：
企业销
售渠道

(150 000×0.333 3)×\$264.45 50 000×\$264.45	(150 000×0.333 3)×\$275 50 000×\$275	(155 000×0.40)×\$275 62 000×\$275
\$13 222 500	\$13 750 000	\$17 050 000

二级　　　\$527 500 U　　　　　\$3 300 000 U
　　　　　弹性预算差异　　　　　销售量差异

一级　　　　　　　\$3 827 500 U
　　　　　　　　静态预算差异

C部分：
所有
Provalue

\$35 850 000	\$36 250 000	\$37 975 000

二级　　　\$400 000 U　　　　　\$1 725 000 U
　　　　　总弹性预算差异　　　　总销售量差异

一级　　　　　　　\$2 125 000 U
　　　　　　　　总静态预算差异

注：F 表示对营业利润的有利差异，U 表示对营业利润的不利差异。

[①]　本章中的差异陈述借鉴了哈里斯（J. K. Harris）的教学笔记。

15.6.2 弹性预算差异与销售量差异

弹性预算差异是实际结果与对应的基于预算期实际产出的预算数字之间的差异。弹性预算贡献毛益等于单位预算贡献毛益乘以实际销售数量。图表 15－11 第（2）列说明了弹性预算的计算。弹性预算衡量的是 Provalue 分公司为实际销售数量预算的贡献毛益。弹性预算差异是图表 15－11 中第（1）列和第（2）列的差异。第（1）列和第（2）列的唯一差异在于第（1）列采用的是单位实际贡献毛益，而第（2）列采用的是单位预算贡献毛益。400 000 美元的不利总弹性预算差异是由于企业销售渠道销售每台电脑的实际贡献毛益 264.45 美元低于预算的 275 美元，批发渠道销售的实际贡献毛益 226.275 美元略高于预算的 225 美元。Provalue 分公司的管理者知道企业销售每台电脑的贡献毛益较低，为 10.55 美元（275－264.45），这是由于较高的订货与测试成本，并且提出了未来减少这些成本的行动计划。

销售量差异是弹性预算数字与对应的静态预算数字的差异。在图表 15－11 中，销售量差异说明了实际销售数量和预算销售数量差异对预算贡献毛益的影响。图表 15－11 第（2）列和第（3）列的差异是 1 725 000 美元的不利总销售量差异。在这种情况下，差异是不利的，因为批发渠道 Provalue 的销售量高于预算，而预期每台电脑盈利更多的企业销售渠道的销售量则低于预算。Provalue 分公司的管理者可以通过将销售量差异细分为销售组合差异和销售数量差异来深入了解它。

15.6.3 销售组合差异

销售组合差异（sales-mix variance）是指实际销售组合下的预算贡献毛益与预算销售组合下的预算贡献毛益之间的差异。计算过程如下：

	所有 Provalue 的实际销售数量	×	$\left(\begin{array}{c}\text{实际销售} \\ \text{组合比例}\end{array}-\begin{array}{c}\text{预算销售} \\ \text{组合比例}\end{array}\right)$	×	单位预算贡献毛益	=	销售组合差异
批发渠道	150 000	×	（0.666 67－0.60）	×	$225	=	$2 250 000 F
企业销售渠道	150 000	×	（0.333 33－0.40）	×	$275	=	$2 750 000 U
总销售组合差异							$ 500 000 U

一个有利的销售组合差异来自批发渠道，因为实际的销售组合比例 66.67％大于预算的销售组合比例 60％。相反，企业销售渠道有一个不利差异，因为实际的销售组合比例 33.33％小于预算的销售组合比例 40％。总销售组合差异是不利的，因为实际的销售组合比例与预算的相比偏向了盈利性较差的批发渠道。

解释销售组合差异时最好用组合单位来表示。**组合单位**（composite unit）是为组合中单个产品赋予一定权重而假设形成的单位。考虑到 2019 年的预算销售，组合单位由 0.60 单位的批发渠道销售和 0.40 单位的企业销售渠道销售组成。因此，预算销售组合下每组合单位的预算贡献毛益如下：

$$0.60\times225+0.40\times275=245（美元）[1]$$

类似地，对于实际销售组合，组合单位由 0.666 67 单位的批发渠道销售和 0.333 33 单位的

---

[1] 每组合单位的预算贡献毛益可以用总预算贡献毛益 37 975 000 除以总预算单位 155 000 来计算：37 975 000÷155 000 ＝245（美元）。

企业销售渠道销售组成。因此，实际销售组合下每组合单位的预算贡献毛益是：

$$0.666\,67×225+0.333\,33×275=241.666\,7(美元)$$

现在销售组合变化的影响很明显。Provalue 分公司获得了更低的每组合单位预算贡献毛益 3.333 3 美元（245－241.666 7）。这种下降对于实际销售的 150 000 单位而言，便转化为 500 000 美元的不利销售组合差异（3.333 3×150 000）。

管理者应该研究 2019 年为什么发生 500 000 美元的不利销售组合差异。销售组合变化是因为很难发现盈利的企业客户吗？是因为企业销售渠道的竞争者以更低的价格提供了更好的服务吗？还是因为开始估计销售量时没有对潜在市场进行充分分析？

图表 15–12 计算了销售组合差异和销售数量差异。

图表 15–12　Provalue 分公司 2019 年销售组合差异和销售数量差异分析

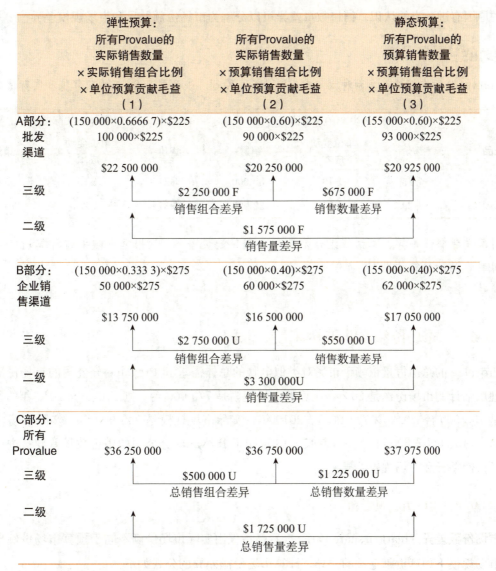

15.6.4　销售数量差异

销售数量差异（sales-quantity variance）是指在预算销售组合下实际销售数量的预算贡献毛益与静态预算（在预算组合下基于预算销售数量）中贡献毛益的差异。公式和计算（使用前面的数据）如下：

	（实际销售 数量	－	预算销售） 数量	×	预算销售 组合比例	×	单位预算贡献 毛益	=	销售数量 差异
批发渠道	（150 000	－	155 000）	×	0.60	×	$225	=	$ 675 000 U
企业销售渠道	（150 000	－	155 000）	×	0.40	×	$275	=	$ 550 000 U
销售数量差异									$1 225 000 U

当实际销售数量少于预算销售数量时，这一差异是不利的。Provalue 分公司比预算少销售了 5 000 台电脑，产生不利销售数量差异 1 225 000 美元（也等于预算组合下每组合单位的预算贡献毛益乘以少销售的数量，即 245×5 000）。管理者应该查明销售数量下降的原因：更少的销售数量是因为竞争者的积极营销？还是由于提供了更差的客户服务？抑或是因为整个市场的衰退？通过分析整个市场中 Provalue 分公司市场份额的变化和整个市场规模的变化，管理者能够对销售数量差异的原因有进一步的认识。销售数量差异可以分解为市场份额差异和市场规模差异。

小练习 15–4

Forever 公司在纽约买卖两种太阳镜：Duma 和 Kool。该公司 2020 年的预算值和实际值如下：

产品	2020 年的预算值			2020 年的实际值		
	售价	单位变动 成本	销量	售价	单位变动 成本	销量
Duma	$23	$19	88 000	$21	$18	90 000
Kool	$29	$24	132 000	$31	$25	110 000

计算总销售量差异、总销售组合差异和总销售数量差异。（根据贡献毛益计算所有差异。）显示每种产品的计算结果。

15.6.5　市场份额差异和市场规模差异

Provalue 的总销售量依赖于市场对类似电脑的总体需求和 Provalue 分公司的市场份额。假定管理层估计的市场份额是 20%，预算的市场规模是 775 000 台，则 Provalue 2019 年的预算销售量是 155 000 台（0.20×775 000）。2019 年，实际市场规模是 800 000 台，实际市场份额是 18.75%（150 000÷800 000）。图表 15–13 说明了 Provalue 分公司的销售数量差异被进一步分为市场份额差异和市场规模差异。

15.6.6　市场份额差异

市场份额差异（market-share variance）是指仅由实际市场份额不同于预算市场份额导致的实际市场规模下预算贡献毛益的差异。计算市场份额差异的公式如下：

$$市场份额差异＝实际市场规模×（实际市场份额－预算市场份额）$$
$$×预算组合下每组合单位的预算贡献毛益$$
$$＝800 000×（0.187 5－0.20）×245$$
$$＝－2 450 000（美元）U$$

图表 15 - 13 Provalue 分公司 2019 年的市场份额差异和市场规模差异分析[a]

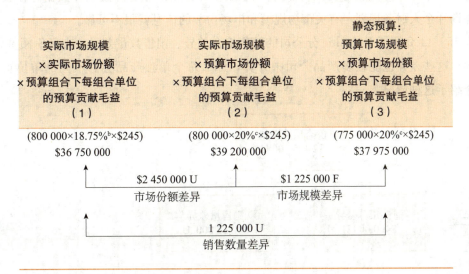

实际市场规模 ×实际市场份额 ×预算组合下每组合单位 的预算贡献毛益 （1）	实际市场规模 ×预算市场份额 ×预算组合下每组合单位 的预算贡献毛益 （2）	静态预算： 预算市场规模 ×预算市场份额 ×预算组合下每组合单位 的预算贡献毛益 （3）
(800 000×18.75%[b]×$245) $36 750 000	(800 000×20%[c]×$245) $39 200 000	(775 000×20%[c]×$245) $37 975 000

$2 450 000 U　　　　　$1 225 000 F
市场份额差异　　　　　市场规模差异

1 225 000 U
销售数量差异

a. F 表示对营业利润的有利差异，U 表示对营业利润的不利差异。
b. 实际市场份额：150 000÷800 000＝0.187 5 或 18.75％。
c. 预算市场份额：155 000÷775 000＝0.20 或 20％。

Provalue 分公司的市场份额下降了 1.25 个百分点——从预算的 20％降到实际的 18.75％。2 450 000 美元的不利市场份额差异是贡献毛益下降导致的。

15.6.7 市场规模差异

市场规模差异（market-size variance）是指由实际市场规模不同于预算市场规模导致的预算市场份额下预算贡献毛益的差异。计算市场规模差异的公式是：

$$市场规模差异＝（实际市场规模－预算市场规模）×预算市场份额×预算组合下每组合$$
$$单位的预算贡献毛益$$
$$＝（800 000－775 000）×0.20×245$$
$$＝1 225 000（美元）F$$

市场规模差异是有利的，因为实际的市场规模比预算上涨了 3.23％（（800 000－775 000）÷775 000）。

管理者应该调查 2019 年市场份额差异和市场规模差异产生的原因。1 225 000 美元的有利市场规模差异是由于市场规模的增长，这一增长在未来是否能继续？如果是，Provalue 分公司通过等于或超过 20％的预算市场份额将得到更多利益。2 450 000 美元的不利市场份额差异是因为竞争者提供了更好的产品或更高的价值，还是因为竞争者积极削减价格刺激了市场需求？相对于预算，Provalue 分公司的管理者略微降低了价格，他们应该更大幅度地降低价格吗？特别是对企业销售客户，Provalue 的销售大幅低于预算，而售价显著高于批发价格。Provalue 的质量和可靠性不如竞争者的产品吗？

在评价管理者时，很多公司往往更愿把重点放在市场份额差异而不是市场规模差异上。因为它们认为市场规模差异是由经济体系因素和客户偏好转移影响的，这些不是管理者所能控制的，而市场份额差异衡量管理者与同行相比表现如何。

当计算市场规模差异和市场份额差异时须谨慎，不是所有行业都有可靠的市场规模和市场份额信息。汽车、计算机和电视机行业有广泛的市场规模和市场份额统计数据。在其他行业，如管理咨询和个人财务规划，有关市场规模和市场份额的信息就很不可靠。

图表 15 - 14 介绍了 Provalue 分公司的销售组合差异、销售数量差异、市场份额差异和市场规模差异。这些差异也能在多产品公司中计算，那么每个单独产品会有不同的单位贡献毛益。自测题介绍了这种情况。

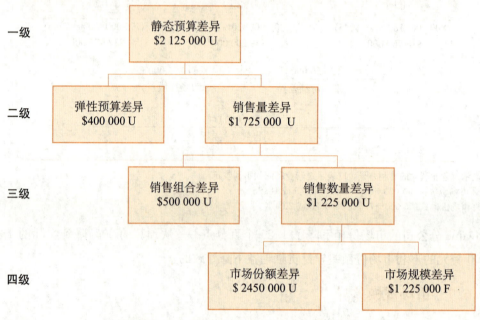

图表 15 - 14　Provalue 分公司 2019 年差异概览

小练习 15 - 5

Forever 公司在纽约买卖两种太阳镜：Duma 和 Kool。该公司 2020 年的预算值和实际值如下：

产品	2020 年的预算值			2020 年的实际值		
	售价	单位变动成本	销量	售价	单位变动成本	销量
Duma	$23	$19	88 000	$21	$18	90 000
Kool	$29	$24	132 000	$31	$25	110 000

假设市场份额为 11%，纽约的预算总销量为 2 000 000 副，Forever 公司编制了 2020 年的预算。而纽约的实际总销量为 2 500 000 副。

计算 Forever 公司的市场份额差异和市场规模差异，根据贡献毛益计算所有差异，对结果进行评论。

自测题

Payne 公司生产两种类型的乙烯基地板，2020 年的静态预算数据和实际数据如下：

	静态预算数据			实际数据		
	商用	居住用	总计	商用	居住用	总计
销售量	20 000	60 000	80 000	25 200	58 800	84 000
贡献毛益	$10 000 000	$24 000 000	$34 000 000	$11 970 000	$24 696 000	$36 666 000

2019 年底，一家市场研究公司预测 2020 年商用和居住用乙烯基地板的预算行业销量是 800 000 单位，2020 年的实际行业销量是 700 000 单位。

要求：

1. 计算不同类型地板及总销售组合差异和总销售数量差异。（根据贡献毛益计算所有差异。）

2. 计算市场份额差异和市场规模差异。

3. 要求 1 和要求 2 中计算的差异对 Payne 公司 2020 年的业绩有什么启示？

解答：

1. 实际销售组合比例：

　　商用：25 200÷84 000＝0.30 或 30%

　　居住用：58 800÷84 000＝0.70 或 70%

预算销售组合比例：

　　商用：20 000÷80 000＝0.25 或 25%

　　居住用：60 000÷80 000＝0.75 或 75%

单位预算贡献毛益：

　　商用：10 000 000÷20 000＝500（美元）

　　居住用：24 000 000÷60 000＝400（美元）

	实际销售数量	×	（实际销售组合比例－预算销售组合比例）	×	单位预算贡献毛益	=	销售组合差异
商用	84 000	×	（0.30－0.25）	×	$500	=	$2 100 000 F
居住用	84 000	×	（0.70－0.75）	×	$400	=	$1 680 000 U
销售组合差异							$4 200 000 F

	（实际销售数量－预算销售数量）	×	预算销售组合比例	×	单位预算贡献毛益	=	销售数量差异
商用	（84 000－80 000）	×	0.25	×	$500	=	$ 500 000 F
居住用	（84 000－80 000）	×	0.75	×	$400	=	$1 200 000 F
销售数量差异							$1 700 000 F

2. 预算组合中每组合单位的预算贡献毛益计算如下：

　　　实际市场份额＝84 000÷700 000＝0.12 或 12%

　　　预算市场份额＝80 000÷800 000＝0.10 或 10%

　　　预算组合中每组合单位的预算贡献毛益＝34 000 000÷80 000＝425（美元）

预算组合中每组合单位的预算贡献毛益也可以这样计算：

　　　商用：500×0.25　　　　＝125（美元）

　　　居住用：400×0.75　　　＝300（美元）

$$每组合单位的预算贡献毛益 = \underline{425}(美元)$$

$$\begin{aligned}\frac{市场份额}{差异} &= \frac{实际市场}{规模} \times \binom{实际市场份额}{-预算市场份额} \times \frac{预算组合下每组合单位的}{预算贡献毛益}\end{aligned}$$

$$= 700\,000 \times (0.12 - 0.10) \times 425$$

$$= 5\,950\,000(美元)F$$

$$\begin{aligned}\frac{市场规模}{差异} &= \binom{实际市场规模}{-预算市场规模} \times \frac{预算市场}{份额} \times \frac{预算组合下每组合单位的}{预算贡献毛益}\end{aligned}$$

$$= (700\,000 - 800\,000) \times 0.10 \times 425$$

$$= 4\,250\,000(美元)U$$

注意市场份额差异和市场规模差异之和等于销售数量差异：5 950 000 F＋4 250 000 U＝1 700 000 F。

3. 总销售组合差异和总销售数量差异都是有利的：有利的销售组合差异发生是因为实际销售组合中边际利润更高的商用地板占了更大比例；有利的销售数量差异发生是因为实际销售的总数量超过预算数量。

公司较大的有利市场份额差异是由于实际市场份额是 12% 而预算市场份额是 10%，市场规模差异不利是因为实际行业销量比预算销量少了 100 000 单位。总体来看，2020 年 Payne 公司的业绩非常好：虽然公司的市场规模下降，但公司通过扩大市场份额增加了销售数量。

📊 决策要点

下面的问答形式是对本章学习目标的总结，"决策"代表与学习目标相关的关键问题，"指南"则是对该问题的回答。

决策	指南
1. 公司收入与成本是如何在客户间产生差异的？	购买数量和价格折扣不同，收入就会不同。在提交订单、交付产品、客户支持方面，不同客户对公司资源有不同的要求，成本也会不同。
2. 客户盈利性剖面图怎样帮助管理者？	公司应该提供足够的资源来维持或加强与对营业利润做出了重大贡献的客户的关系，公司还应该设计激励措施以改变无利可图的客户的行为模式。客户盈利性剖面图经常表明是一小部分客户贡献了大部分营业利润。
3. 为什么管理者编制基于成本层级的营业利润表？	基于成本层级的营业利润表仅分配那些受到特定层级行为影响的成本。例如，将销售订单和运输等成本分配给客户，因为客户行为可能影响这些成本，但是管理批发渠道的成本并不分配给客户，因为客户行为的变化不会对这些成本产生影响。
4. 管理者应该使用什么样的标准来指导成本分配决策？	管理者可以使用因果和受益标准来指导大多数成本分配决策，其他标准有公允或公正和承担能力。
5. 当归集和分配间接成本库中的成本时，管理者必须做哪两个重要决策？	与间接成本库相关的两个重要决策是：形成的间接成本库的数量和形成同质成本库时每个成本库包含的单个成本项目。通常，成本库既包括变动成本，也包括固定成本。
6. 销售量差异的两个组成部分是什么？销售数量差异的两个组成部分是什么？	销售量差异的两个组成部分是：(1) 实际销售组合与预算销售组合的差异（销售组合差异）；(2) 实际销售数量和预算销售数量的差异（销售数量差异）。销售数量差异的两个组成部分是：(1) 实际市场份额与预算销售份额的差异（市场份额差异）；(2) 实际市场规模与预算市场规模的差异（市场规模差异）。

习题

15-19 客户盈利性，客户成本层级。Enviro-Tech 有两个批发客户和两个零售客户。2020 年每个客户相关的信息如下（单位：千美元）：

	批发客户		零售客户	
	北美批发商	南美批发商	绿色能源	全球电力
目录价格下的收入	375 000	590 000	175 000	130 000
目录价格的折扣	25 800	47 200	8 400	590
产品销售成本	285 000	510 000	144 000	95 000
交付成本	4 550	6 710	2 230	2 145
订单处理成本	3 820	5 980	2 180	1 130
销售拜访成本	6 300	2 620	2 620	1 575

Enviro-Tech 每年的批发渠道成本是 33 000 000 美元，零售渠道成本是 12 000 000 美元，公司维持成本（如高层管理人员的薪酬和一般管理成本）是 48 000 000 美元。任何成本分配基础和公司维持成本之间都没有因果关系或受益关系。也就是说，只要公司完全停工，就可以节约公司维持成本。

要求：

1. 使用图表 15-3 的格式计算客户层营业利润。

2. 使用图表 15-6 的格式编制客户成本层级报告。

3. 公司管理层决定将所有公司维持成本分配给分销渠道：38 000 000 美元分配给批发渠道，10 000 000 美元分配给零售渠道。这样批发渠道的成本是 71 000 000 美元（33 000 000+38 000 000），零售渠道的成本是 22 000 000 美元（12 000 000+10 000 000）。计算分销渠道层营业利润。基于这些计算，如果公司管理层采取行动的话，他们应该采取什么行动？请解释。

4. Enviro-Tech 应该怎样使用作业成本系统的新成本信息来更好地管理业务？

15-20 客户盈利性，服务公司。Instant Service（IS）公司为美国三个州的 5 家多营业网点公司维修打印机和复印机。公司的成本包括技术人员成本和设备成本，二者都可以直接追溯到客户所在地和办公费用库。最近，公司根据收入份额将办公费用分配给每位客户，估计了客户盈利性。2020 年公司报告了如下结果：

	A	B	C	D	E	F	G
1		Avery	Okie	Wizard	Grainger	Duran	合计
2	收入	$390 000	$300 000	$483 000	$183 000	$318 000	$1 674 000
3	技术人员成本和设备成本	$273 000	$262 500	$337 500	$160 500	$267 000	$1 300 500
4	分配的办公费用	$ 47 789	$ 36 760	$ 59 186	$ 22 423	$ 38 967	$ 205 125
5	营业利润	$ 69 211	$ 740	$ 86 314	$ 77	$ 12 033	$ 168 375

公司的新主计长艾比·科斯塔（Abby Costa）注意到办公费用超过了总成本的 10%，因此她花了几周时间来分析为客户花费的办公费用。她收集到了如下信息：

	I	J	K
1	作业	成本动因单位成本	
2	服务电话处理	$85	每次服务电话
3	零件订单	$80	每份零件订单
4	计费和收款	$50	每份账单（或缴费单）

	A	B	C	D	E	F
8		Avery	Okie	Wizard	Grainger	Duran
9	服务电话数	225	360	60	180	270
10	零件订单数	180	315	90	225	225
11	账单（或缴费单）数	45	135	135	90	180

要求：

1. 用科斯塔收集的新信息计算客户层营业利润。

2. 为公司编制类似于图表 15-4 和 15-5 的图表，并对结果进行评论。

3. 根据对新数据和办公费用的分析，针对单个客户，公司应该考虑什么选择？

15-22 成本分配和决策制定。Travel Ready 公司有三个分部：美国、欧洲和加勒比地区。公司总部位于波士顿。Travel Ready 公司总部每年产生的费用 34 000 000 美元是各分部的间接成本。公司总部目前根据每个分部的收入将这笔费用分配给各分部。总裁让每个分部的经理从收入、直接成本、部门毛利和员工人数中选择一个指标作为公司总部成本的分配基础。每个分部的相关信息如下：

	美国	欧洲	加勒比地区
收入	$40 000 000	$34 000 000	$26 000 000
直接成本	$25 000 000	$21 000 000	$14 000 000
部门毛利	$15 000 000	$13 000 000	$12 000 000
部门毛利率	37.5%	38.2%	46.2%
员工人数	15 000	20 000	10 000

要求：

1. 分别以收入、直接成本、部门毛利和员工人数为成本分配基础，将公司总部成本分配给四个分部。计算公司总部成本分配后各分部的营业利润。

2. 你希望每个经理推荐哪种分配方法？请解释。

3. 在确定公司应该使用哪个成本分配基础时，你会考虑什么因素？

4. 假设公司决定用员工人数作为成本分配基础。那么应该关闭欧洲分部吗？为什么？

15-27 差异分析，多种产品。Emcee 公司生产并销售两种水果饮料——Kostor 和 Limba。公司 2020 年的预算结果和实际结果如下：

产品	2020 年的预算结果			2020 年的实际结果		
	销售价格	每箱变动成本	销售量（箱）	销售价格	每箱变动成本	销售量（箱）
Kostor	$12	$7.20	130 000	$12.5	$8.00	132 000
Limba	$15	$8.25	120 000	$16.00	$7.75	108 000

要求：

1. 计算 2014 年的总销售量差异、总销售组合差异和总销售数量差异。（根据贡献毛益计算所有差异。）在计算中显示每种产品的结果。

2. 根据要求 1 中计算的差异，你能得出什么结论？

15-28 市场份额差异和市场规模差异（续习题 15-27）。Emcee 公司编制 2020 年预算时，基于在美国中西部地区的总销量，假设公司占有 20% 的市场份额。据估计整个水果饮料市场在这个地区的销量可以达到 1 250 000 箱，不过中西部地区的实际总销售量是 1 500 000 箱。

要求：

为 Emcee 公司计算 2020 年的市场份额差异和市场规模差异（根据贡献毛益计算所有差异），并评价结果。

第 **16** 章

辅助部门成本、共同成本分配与收入

学习目标

1. 区别单一比率法和双重比率法

2. 理解预算分配率或实际分配率、预算使用量或实际使用量的选择如何影响对分公司管理者的激励

3. 使用直接分配法、阶梯分配法和交互分配法分配辅助部门成本

4. 使用增量成本分配法或独立成本分配法分配共同成本

5. 解释以发生成本为基础计算补偿时，合同双方明确协议的重要性

6. 理解捆绑产品如何引发收入分配问题以及管理者用于分配收入的方法

公司如何将信息系统、生产控制和其他内部服务的间接成本和内部支持成本分配给不同的生产部门或项目，会影响这些部门或项目的盈利能力。

从整体上看，分配不影响公司的利润，但分配能使某些部门或项目（和它们的经理）的盈利看起来比实际的更好或更差。正如下面的"引例"表明的那样，在某些情况下，分配可能影响管理者的决策和竞争。

💡 引例　　　　　　成本分配与美国邮政服务

近年来，美国邮政局（USPS）的成本分配一直是一个备受争议的商业和政治问题。争议集中在 USPS 如何将其固定的机构成本，如司机工资、卡车运输费和其他间接费用，在两种业务之间进行分配："市场主导"的信件业务（政府保护下的垄断业务）和"竞争性"的包裹业务（与联合包裹速递服务公司（UPS）和联邦快递等竞争）。

　　2017 年，"市场主导"业务占 USPS 业务量的 97% 和收入的 70%，而"竞争性"业务只占业务量的 3%，但占收入的 30%。USPS 被要求支付其"竞争性"业务的成本，但应将多少固定成本分配给该业务？美国法律要求 USPS 用来自"竞争性"业务的收入支付至少 5.5% 的固定成本（尽管根据业务量，只应分配 3% 的固定成本）。UPS 和联邦快递认为，"竞争性"业务应该承担更大的固定成本份额——约 30%，这与 USPS 包裹业务收入相符。它们认为，通过向"竞争性"业务分配较低的成本，USPS 收取较低的包裹运费，并以垄断的"市场主导"业务不公平地补贴"竞争性"业务。

　　诸如亚马逊等公司希望将份额保持在 5.5%，甚至完全取消，因为它们严重依赖 USPS 发货，希望保持较低的发货价格。这些货运量大的货主辩称，成本分配应该基于业务量而不是收入。一些观察人士认为，亚马逊占 USPS "竞争性"收入的 25%，增加成本分配和提高运输价格将鼓励亚马逊围绕所谓的"最后一英里"建立自己的基础设施，也就是说，将 USPS 在过去一个世纪一直拥有的东西直接交到客户手中。这可能会导致"竞争性"业务对 USPS 整体收入的贡献显著下降。

　　资料来源：Eugene Kim, "Amazon and UPS Have Been Quietly Fighting over the Post Office's Cost Structure—Long Before Trump," CNBC.com, April 5, 2018（https://www.cnbc.com/2018/04/05/amazon-and-ups-disagree-postal-regulatory-commission-public-filings-post-office-cost-structure.html）; Helen Edwards and Dave Edwards, "What the US Post Office Really Gets from Amazon," Quartz.com, April 9, 2018（https://qz.com/1247302/what-the-us-post-office-really-gets-from-amazon/）.

　　在雀巢等制造企业、康卡斯特等服务企业、乔氏超市（Trader Joe's）等商业企业和奥本大学等学术机构，当组织辅助部门的成本在多个分部或运营部门之间进行分配时，会出现同样的分配困境。本章重点关注管理者在分配成本和收入时面临的挑战，以及这些分配的结果。

16.1　使用单一比率法与双重比率法分配辅助部门成本

　　公司划分了运营部门（和运营分公司）和辅助部门。**运营部门**（operating department）也称为**生产部门**（production department），直接增加产品或服务的价值。**辅助部门**（support department）也称为**服务部门**（service department），为该公司的其他内部部门（运营部门和其他辅助部门）提供服务。辅助部门有信息系统、生产控制、材料管理和设备维修等部门。管理者在将辅助部门的成本分配到运营部门或运营分公司时面临两个问题：（1）辅助部门的固定成本（如部门经理的工资）应该分配给运营部门吗？大多数公司认为应该分配，因为需要发生固定成本以提供运营部门所需要的服务。（2）如果分配固定成本，变动成本与固定成本按同样的方式分配吗？有两种分配辅助部门成本的方法：单一比率法与双重比率法。

16.1.1　单一比率法与双重比率法

　　单一比率法（single-rate method）不区分变动成本与固定成本。它采用单一成本分配基础的单一的分配率将每个成本库（本节中指辅助部门）中的成本分配给成本对象（本节中指运营部门）。**双重比率法**（dual-rate method）将辅助部门的成本划分为一个变动成本库与一个固定成本库，每个成本库采用不同的成本分配基础。对于单一比率法和双重比率法，管理者可以使用预算分配率或最终的实际分配率将辅助部门成本分配到运营部门。实际分配率在理论上不是首选，在实务中也没有广泛使用（我们将在下一节解释原因）。因此，我们用预算分配率来说明单一比率法与双重比率法。

罗宾逊公司为造纸行业生产并安装特定的机器。在第 4 章中，罗宾逊公司将制造费用归集在一个单一成本库中，并使用直接制造人工小时把制造费用分配给各批次产品。在本章中，我们描述一个更详细的会计系统，考虑罗宾逊公司生产部门中不同的运营部门和辅助部门。

罗宾逊公司有两个运营部门——加工部门和装配部门——生产特定机器，并且有三个辅助部门——工厂管理、工程与生产控制和材料管理——它们为运营部门提供服务。

● 工厂管理部门负责管理工厂的所有作业。本部门发生的成本支持其他部门的监督作业。

● 工程与生产控制部门成本支持其他部门的所有工程作业。

● 材料管理部门负责管理和移动不同批次产品需要的材料与部件。罗宾逊公司的每一批次产品都需要加工与装配少量的独特部件。材料管理部门的成本随一个部门材料处理人工小时数的变化而变动。

罗宾逊公司生产的特定机器不经过辅助部门，因此辅助部门的成本必须分配给运营部门，以确定生产特定机器的全部成本。一旦将成本归集在运营部门，就可以分配给生产的不同机器。不同批次产品需要不同数量的加工与装配资源。我们根据加工部门的机器小时和装配部门的装配人工小时，将间接费用分配给生产的机器。

我们先关注将材料管理部门的成本分配给加工部门和装配部门。材料管理部门 2020 年的预算与实际信息如下：

实际生产能力	4 000 小时
在 3 000～4 000 人工小时相关范围内材料管理部门的固定成本	$144 000
支持生产部门的材料管理人工小时预算使用量	
加工部门	800 小时
装配部门	2 800 小时
合计	3 600 小时
在 3 000～4 000 人工小时相关范围内预算的单位材料处理	
人工小时变动成本	$30/小时
支持生产部门的材料管理人工小时实际使用量	
加工部门	1 200 小时
装配部门	2 400 小时
合计	3 600 小时

材料管理部门成本的预算分配率和成本分配基础的计算可以基于：（1）材料处理服务需求（或使用）；（2）材料处理服务的供给。

16.1.2 基于材料处理服务需求（或使用）的分配

我们先介绍单一比率法，再介绍双重比率法。

单一比率法

在此方法下，为固定成本和变动成本计算一个合并的分配率：

材料处理人工小时预算使用量	3 600 小时
预算总成本库(144 000＋(3 600×30))	$ 252 000
预算每小时分配率(252 000÷3 600)	$70/小时

使用 70 美元/小时的分配率将材料管理部门的成本分配给加工部门和装配部门。注意，70 美元/小时的预算分配率远高于 30 美元/小时的预算变动成本，因为 70 美元/小时的预算分配率包括运行设备的固定成本分配率 40 美元/小时（预算固定成本 144 000÷预算使用量 3 600）。

对于实际使用中心设施的每一小时，按预算分配率向部门收费。在我们的例子中，罗宾逊公司基于每小时 70 美元的预算分配率和运营部门使用的实际小时数分配材料管理部门的成本。

加工部门(70×1 200)	$ 84 000
装配部门(70×2 400)	$168 000
材料管理部门分配的总成本	$252 000

双重比率法

在双重比率法下，管理者必须为材料管理部门的变动成本库与固定成本库选择成本分配基础。正如单一比率法，公司基于各部门使用的实际小时的预算变动成本 30 美元/小时分配变动成本，基于每小时预算固定成本和各部门的预算小时数分配固定成本。根据加工部门 800 小时的预算使用量和装配部门 2 800 小时的预算使用量，可得出预算的固定成本分配率是 40 美元/小时（144 000/3 600）。因为这个分配率是基于预算使用量计算的，所以固定成本是基于预算使用量事先一次性分配给运营部门的。

2020 年分配给加工部门的成本等于：

固定成本(40×800(预算))	$32 000
变动成本(30×1 200(实际))	$36 000
总成本	$68 000

2020 年分配给装配部门的成本等于：

固定成本(40×2 800(预算))	$112 000
变动成本(30×2 400(实际))	$ 72 000
总成本	$184 000
材料管理部门分配的总成本(68 000＋184 000)	$252 000

在单一比率法和双重比率法下，每个运营部门承担同样数量的变动成本（每小时 30 美元乘以使用的实际小时数）。但是，总成本分配是不同的，因为单一比率法下材料管理部门的固定成本是根据运营部门实际使用的材料处理资源进行分配的，而双重比率法基于预算使用量分配固定成本。

接下来我们考虑根据材料处理服务提供能力分配材料管理部门成本的方法。

16.1.3　基于生产能力供给的分配

我们以材料管理部门的实际生产能力 4 000 小时为例来说明这种方法。预算分配率计算如下：

预算固定成本分配率(144 000÷4 000)	$36/小时
预算变动成本分配率	$30/小时
预算总成本分配率	$66/小时

根据前述讨论，在相同的程序下使用单一比率法和双重比率法，分配给运营部门的材料管理部门的成本如下：

单一比率法

加工部门(66×1 200(实际))	$ 79 200
装配部门(66×2 400(实际))	$158 400
未利用材料管理部门生产能力的固定成本:36×400ᵃ	$ 14 400
材料管理部门总成本	$252 000

a. 400（小时）＝实际生产能力 4 000 小时－（加工部门利用的 1 200 小时＋装配部门利用的 2 400 小时）。

双重比率法

加工部门	
固定成本(36×800(预算))	$28 800
变动成本(30×1 200(实际))	$36 000
总成本	$64 800
装配部门	
固定成本(36×2 800(预算))	$100 800
变动成本(30×2 400(实际))	$ 72 000
总成本	$172 800
未利用材料管理部门生产能力的固定成本(36×400ᵇ)	$ 14 400
材料管理部门总成本(64 800＋172 800＋14 400)	$252 000

b. 400（小时）＝实际生产能力 4 000 小时－（加工部门预算使用的 800 小时＋装配部门预算使用的 2 800 小时）。

当公司使用实际生产能力分配成本时，单一比率法只分配加工部门和装配部门使用的实际固定成本资源，而双重比率法分配运营部门使用的预算固定成本资源。未利用材料管理部门生产能力的固定成本单独显示但并未分配给这些部门。①

采用实际生产能力分配成本将管理者的注意力集中在管理未利用生产能力上（第 9 章和第 13 章有描述）。采用实际生产能力还可以避免因为材料管理部门未利用生产能力的成本而加重部门的负担。当以材料处理服务需求为基础分配成本时，包括未利用生产能力成本在内的所有 144 000 美元预算固定成本均被分配给使用部门。如果成本被用作定价的基础，向使用部门收取未利用生产能力的费用可能导致需求呈螺旋式下降（见第 9 章相关内容）。

一种管理会计系统——资源消耗会计（resource consumption accounting，RCA）采用与双重比率法类似的分配程序。对于每个成本/资源库，固定成本的成本分配率基于实际供给能力，

---

① 在我们的例子中，单一比率法与双重比率法下未使用生产能力的成本是一致的（都等于 14 400 美元）。这是因为实际总使用量与预算总使用量均为 3 600 小时。未使用生产能力的预算成本（双重比率法中）可能大于，也可能小于实际成本（单一比率法中），这取决于实际总使用量是少于还是多于预算总使用量。

而资源库的变动成本使用预算分配率。①

下面我们讨论单一比率法和双重比率法的优点和缺点。

16.1.4　单一比率法的优点和缺点

优点：（1）单一比率法的实施成本很低，因为它避免了将单个成本项目分别归入固定成本和变动成本类别的昂贵分析；（2）单一比率法以辅助服务的实际使用量而不是预期需求的不确定性预测来决定最终分配，为使用部门承担的费用提供了运营控制。

缺点：单一比率法可能导致运营部门管理者做出最符合他们自己的利益，但对整个组织来说效率低下的次优决策。这种情况之所以发生，是因为在单一比率法下，辅助部门分配的固定成本显示为运营部门的变动成本。在罗宾逊公司的例子中，在单一比率法下，各使用部门承担每小时 70 美元（或者按实际生产能力分配的每小时 66 美元）的费用，其中 40 美元（或 36 美元）的费用与材料管理部门分配的固定成本有关。假设一个外部供应商以每小时 55 美元为加工部门提供材料处理人工服务，此时，材料管理部门有未利用的生产能力。加工部门的管理者可能会利用这个供应商，因为它会降低部门的成本（每小时 55 美元代替了每小时 70 美元的内部费用）。但是，从短期看，在相关范围内（使用量 3 000 小时到实际生产能力 4 000 小时之间）材料管理部门的固定成本没有变化。如果管理者接受这种提议，罗宾逊公司将会发生每小时 25 美元的额外成本——55 美元的外部购买价格和材料管理部门的内部变动成本 30 美元之间的差额。

16.1.5　双重比率法的优点和缺点

优点：（1）双重比率法指导部门管理者做出既利于各部门又利于组织整体的决策，因为它向部门管理者传递了一个信号，即变动成本和固定成本的性态不同。通过一次性支付部门预计使用的资源的固定成本，在制定关于服务外包的边际决策时，双重比率法成功地将固定成本从部门管理者的考虑中消除了。运营部门的管理者只会使用一家收费少于材料管理部门每小时 30 美元变动成本的材料处理服务外部供应商。因此，双重比率法避免了单一比率法下可能产生的潜在利益冲突。（2）基于预算使用量分配固定成本有助于使用部门制订长期与短期计划，因为使用部门事先知道分配给它们的成本。基于长期计划的视角，公司承担基础设施成本（如辅助部门的固定成本）；预算使用量衡量使用部门对辅助部门服务的长期需求。

缺点：（1）双重比率法要求管理者区分变动成本与固定成本，这通常是一项具有挑战性的工作。（2）双重比率法并不计量运营部门实际使用的辅助部门资源的固定成本，因为固定成本是基于预算而非实际使用量分配的。例如，即使加工部门实际使用了 1 200 人工小时，加工部门的管理者仍基于 800 人工小时的预算使用量分配材料管理部门的固定成本。（3）把预算长期使用量作为固定成本的分配基础，可能使一些管理者企图低估他们的预算使用量。低估预算使

---

① 资源消耗会计的其他重要特征包括：（1）选择性地使用作业成本法；（2）不存在因果关系时不分配固定成本；（3）资产按重置成本计提折旧。资源消耗会计植根于有近 50 年历史的德国成本会计系统 Grenzplankostenrechnung（GPK），被梅赛德斯-奔驰（Mercedes-Benz）、保时捷、斯蒂尔（Stihl）等组织采用。资源消耗会计和 GPK 在组织中应用的更多细节和例证见 Sally Webber and Douglas B. Clinton，"Resource Consumption Accounting Applied：The Clopay Case," *Management Accounting Quarterly*（Fall 2004）；Brain Mackie，"Merging GPK and ABC on the Road to RCA," *Strategic Finance*（November 2006）。

用量将导致更低的固定成本分配（假定其他运营部门的管理者没有低估使用量）。如果所有使用部门的管理者都低估使用量，将会导致罗宾逊公司低估辅助部门的总需求。为了防止这种低估，公司会用"胡萝卜"的方法来奖励那些对长期使用量做出准确预测的管理者。其他公司用"大棒"方法对低估长期使用量进行成本处罚，如果运营部门超过预算使用量，则收取更高的成本分配率。

小练习 16 - 1

Amp 公司有一个辅助部门（工程服务部门）和两个生产部门（加工部门和装配部门）。下面的数据与工程服务部门 2020 年的预算有关：

实际生产能力	16 000 小时
在 12 000～16 000 小时相关范围内工程服务部门的固定成本	$560 000
支持生产部门所需的工程服务	
加工部门	5 000 小时
装配部门	9 000 小时
合计	14 000 小时
在 12 000～16 000 小时相关范围内	
单位工程服务小时的预算变动成本	$25/小时
支持生产部门所需的工程服务	
加工部门	4 000 小时
装配部门	8 000 小时
合计	12 000 小时

1. 如果基于工程服务的预算成本和预算数量计算分配率，并基于每个部门使用的实际工程服务小时数进行分配，则使用单一比率法计算分配给加工部门和装配部门的成本。

2. 如果根据每个部门实际使用小时的每小时预算变动成本分配变动成本，根据每小时预算固定成本和每个部门的预算小时数分配固定成本，则使用双重比率法计算分配给加工部门和装配部门的成本。

3. 如果根据工程服务部门的预算成本和实际生产能力计算分配率，并根据每个部门实际使用的工程服务小时数进行分配，则使用单一比率法计算分配给加工部门和装配部门的成本。

4. 如果根据每个部门实际使用小时的每小时预算变动成本分配变动成本，根据工程服务部门的预算成本和实际生产能力计算固定成本分配率，并根据每个部门的预算工程服务小时分配固定成本，则使用双重比率法计算分配给加工部门和装配部门的成本。

16.2 预算成本与实际成本以及成本分配基础的选择

在本节中，我们更详细地研究使用预算或实际成本以及预算或实际使用量作为成本分配基础的决策。这些选择对分配给各运营部门的成本和运营部门管理者的激励有重要影响。

16.2.1　预算分配率与实际分配率

在单一比率法和双重比率法中，罗宾逊公司使用预算分配率将辅助部门的成本（固定成本与变动成本）分配至使用部门。另一种方法是基于当期实际辅助成本采用实际分配率进行成本分配。因为后一种方法给使用部门带来了不确定性，所以很少采用。当成本分配采用预算分配率时，被分配成本的部门的经理确切地知道预算期间使用的分配率。使用部门可以决定要求服务的数量（如果公司政策允许的话）并决定使用内部资源还是外部资源。相反，当采用实际分配率分配成本时，使用部门的管理者直到预算期末才能知道分配给部门的成本。

预算分配率还可以激励辅助（供应）部门管理者改善效率。辅助部门而非使用部门承担任何不利差异的成本。使用部门不为辅助部门导致实际费用超过预算费用的任何成本或低效率买单。

当不利成本差异是由无法人为控制的价格上涨引起时，辅助部门经理可能消极地看待预算分配率。有些组织试图识别出这些不能控制的因素，不让辅助部门经理对这些差异负责任。在其他组织，辅助部门和使用部门商定分担辅助部门的材料不可控的价格大幅上涨风险（通过一个明确的规则）。这种程序避免完全由辅助部门（当使用预算分配率时）或使用部门（当使用实际分配率时）承担风险。

在本章余下的部分，我们只关注使用预算分配率的成本分配方法。

16.2.2　预算使用量与实际使用量

在单一比率法和双重比率法中，基于预算分配率和实际使用量分配变动成本，因为变动成本与实际使用量直接相关，且有因果关系。基于预算使用量分配变动成本将不会激励使用部门控制它们的辅助服务消耗。

固定成本怎么处理？以罗宾逊公司材料管理部门的预算固定成本 144 000 美元为例，加工部门的预算使用量是 800 小时，装配部门为 2 800 小时。假定加工部门的实际使用量等于预算使用量。考虑三种情况：

情况 1：装配部门实际使用量等于预算使用量。
情况 2：装配部门实际使用量大于预算使用量。
情况 3：装配部门实际使用量小于预算使用量。

16.2.3　基于预算分配率与预算使用量的固定成本分配

当以预算使用量作为成本分配基础时，不管实际使用量如何（即情况 1、情况 2 或者情况 3 发生），使用部门均得到预设的一次性固定成本，就像前面讨论的双重比率法的程序。如果根据预算使用量计算出分配率为每小时 40 美元（144 000÷3 600），则加工部门分配 32 000 美元（40×800），装配部门分配 112 000 美元（40×2 800）。如果根据实际生产能力将分配率设定为每小时 36 美元（144 000÷4 000），那么加工部门承担 28 800 美元（36×800），装配部门承担 100 800 美元（36×2 800），剩下的 14 400 美元（36×400）是过剩生产能力的未分配成本。

16.2.4　基于预算分配率与实际使用量的固定成本分配

图表 16-1 第（2）列显示了预算分配率是基于预算使用量（每小时 40 美元）时的分配，第（3）列显示了用实际生产能力推导预算分配率（每小时 36 美元）时的分配。注意每个运营

部门的固定成本分配随辅助设施的实际使用量变动，但是，一个部门实际使用量的变动并不影响其他部门的成本分配。如加工部门分配 32 000 美元或 28 800 美元取决于选择的预算分配率，与装配部门的实际使用量无关。

图表 16-1 实际使用量的变化对运营部门固定成本分配的影响

情况	(1) 实际使用量		(2) 基于预算使用量的预算分配率[a]		(3) 基于实际生产能力的预算分配率[b]		(4) 预算总固定成本分配	
	加工部门	装配部门	加工部门	装配部门	加工部门	装配部门	加工部门	装配部门
1	800	2 800	$32 000	$112 000	$28 800	$100 800	$32 000[c]	$112 000[d]
2	800	3 200	$32 000	$128 000	$28 800	$115 200	$28 800[e]	$115 200[f]
3	800	2 400	$32 000	$96 000	$28 800	$86 400	$36 000[g]	$108 000[h]

a. $\frac{144\,000}{(800+2\,800)}=40$（美元/小时）。

b. $\frac{144\,000}{4\,000}=36$（美元/小时）。

c. $\frac{800}{(800+2\,800)}\times 144\,000$。

d. $\frac{2\,800}{(800+2\,800)}\times 144\,000$。

e. $\frac{800}{(800+3\,200)}\times 144\,000$。

f. $\frac{3\,200}{(800+3\,200)}\times 144\,000$。

g. $\frac{800}{(800+2\,400)}\times 144\,000$。

h. $\frac{2\,400}{(800+2\,400)}\times 144\,000$。

这种固定成本的分配程序与单一比率法下的分配程序完全一样。因此，这个程序具有单一比率法的优点，如预先知道预算分配率，可以控制基于实际使用量分配给运营部门的成本。[①]

第（2）列中的程序也具有前面讨论过的单一比率法的缺点。在根据预算使用量计算预算分配率时，使用部门要承担未利用生产能力的成本。考虑情况 1，实际使用量等于材料处理 3 600 人工小时的预算使用量，少于 4 000 人工小时的实际生产能力。在这种情况下，即使材料管理部门有闲置的生产能力，也会将材料管理部门全部固定成本 144 000 美元（32 000＋112 000）分配给运营部门。另外，如情况 2，实际使用量（4 000 人工小时）大于预算使用量（3 600 人工小时）时，总共分配 160 000 美元（32 000＋128 000）（大于 144 000 美元）的固定成本。这导致固定成本过度分配，需要在期末进行调整，正如第 4 章与第 8 章讨论的那样。然而，如果使用实际生产能力来计算预算分配率（每小时 36 美元），如第（3）列所示，则仅对使用部门收取使用的材料管理部门的实际资源费用，而不对未利用生产能力的成本收费。

如前所述，在评估外包可能性时，基于实际使用量的固定成本分配会导致利益冲突。加工部门和装配部门可以通过减少材料管理部门服务的实际使用量来减少分配给它们的固定成本，这是因为材料管理部门分配的固定成本对运营部门来说是变动成本。然而，从公司整体的角度来看，如果运营部门不使用材料管理部门的服务，材料管理部门将无法节省固定成本，即使支付给外部供应商的变动成本低于分配的固定成本，也会增加罗宾逊公司的总成本。

---

① 分配给部门的成本总额通常不等于实际实现的成本，然后使用前面第 4，7，8 章讨论的方法调整过度分配和分配不足。

16.2.5　基于实际使用量分配预算固定成本

在这种情况下，不计算预算固定成本分配率。相反，根据图表 16 - 1 第（1）列中显示的加工部门和装配部门使用的实际人工小时，将 144 000 美元预算固定成本分配给加工部门和装配部门。

● 在情况 1 中，分配给加工部门的预算总固定成本等于第（2）列中基于预算使用量和预算分配率计算的金额。

● 在情况 2 中，分配给加工部门的预算总固定成本比第（2）列中基于预算使用量和预算分配率计算的金额少 3 200 美元（28 800 美元与 32 000 美元之差）。

● 在情况 3 中，分配给加工部门的预算总固定成本比第（2）列中基于预算使用量和预算分配率计算的金额多 4 000 美元（36 000 美元与 32 000 美元之差）。

为什么即使加工部门的实际使用量等于预算使用量，情况 3 中加工部门还是多分配了 4 000 美元？因为固定成本 144 000 美元被分配在比实际总使用量少 400 人工小时的使用小时上。装配部门更低的使用量导致分配到加工部门的固定成本增加。当基于实际使用量分配预算固定成本时，使用部门直到预算期末才能知道有多少固定成本分配给它。这种方法与那些依赖实际成本分配率而非预算成本分配率的方法有同样的缺点。

总之，公司有明显的经济和激励原因使用上一节介绍的双重比率法。

16.3　多个辅助部门的成本分配

在本节中，我们考虑多个辅助部门，即当两个或更多辅助部门既相互支持又对运营部门提供支持时产生的成本分配问题。辅助部门相互支持的一个例子是罗宾逊公司材料管理部门为所有其他部门（包括工程与生产控制部门）提供材料处理人工服务的同时，为了管理材料处理设备和安排材料转移至生产车间，也利用工程与生产控制部门的服务。更精确的辅助部门成本分配带来更精确的产品、服务和顾客成本。

图表 16 - 2 第（6）列提供了罗宾逊公司 2020 年 1 120 000 美元总预算间接生产成本的明细。例如，监督工资 200 000 美元，折旧与维修成本 193 000 美元，间接人工成本 195 000 美元，以及租金、水电费和保险费 160 000 美元。罗宾逊公司按几个步骤将 1 120 000 美元的总预算间接生产成本分配给加工部门和装配部门。

步骤 A：将每种成本追溯或分配至不同的辅助部门和运营部门。图表 16 - 2 第（1）列至第（5）列显示了这一步的计算结果。例如，追溯监督工资至监督者工作的部门。如第 2 章所述，监督成本是单个批次的间接成本，因为监督成本不能追溯至单个批次。但是，它们是不同部门的直接成本，因为它们能以经济可靠的方式确认至每个部门。租金、水电费和保险费不能追溯至每个部门，因为这些成本是罗宾逊公司所有生产设备产生的。因此，基于租金、水电费和保险费的成本动因平方英尺，将这些成本分配给不同的部门（第 9 行）。

步骤 B：将工厂管理成本分配给其他辅助部门和运营部门。工厂管理支持每个部门的监督者，因此，基于监督工资将工厂管理成本分配给各部门。

有些公司不愿意把工厂管理成本分配给各批次、产品或顾客，因为这些成本是固定的，不

	A	B	C	D	E	F	G
1		辅助部门			运营部门		
2	步骤A	工厂 管理部门 （1）	工程与生产 控制部门 （2）	材料 管理部门 （3）	加工部门 （4）	装配部门 （5）	合计 （6）
3	工厂管理者的工资	$ 92 000					$ 92 000
4	监督工资（追踪至各部门）		$ 48 000	$ 40 000	$ 52 000	$ 60 000	$ 200 000
5	工程工资（追踪至各部门）		$110 000	$ 36 000	$ 60 000	$ 24 000	$ 230 000
6	折旧与维修成本（追踪至各部门）		$ 39 000	$ 55 000	$ 79 000	$ 20 000	$ 193 000
7	间接材料成本（追踪至各部门）		$ 20 000	$ 12 000	$ 11 000	$ 7 000	$ 50 000
8	间接人工成本（追踪至各部门）		$ 43 000	$ 77 000	$ 37 000	$ 38 000	$ 195 000
9	租金、水电费和保险费（按平方英尺分配至各部门，8[1]×1 000；2 000；3 000；8 000；6 000）	$ 8 000	$ 16 000	$ 24 000	$ 64 000	$ 48 000	$ 160 000
10	合计	$ 100 000	$276 000	$244 000	$303 000	$197 000	$1 120 000
11							
12	**步骤B**						
13	工厂管理成本分配 (0.50[2]×48 000；40 000；52 000；60 000)	$(100 000)	$ 24 000	$ 20 000	$ 26 000	$ 30 000	
14		$ 0	$300 000	$264 000	$329 000	$227 000	
15	① 160 000÷20 000=8（美元/平方英尺）。						
16	② 工厂管理成本分配率 = $\dfrac{\text{工厂管理总成本}}{\text{总监督工资}}$ = $\dfrac{100\ 000}{200\ 000}$ =0.50。						

图表 16－2　罗宾逊公司 2020 年总预算间接生产成本的明细与工厂管理部门的成本分配

受工厂作业水平的影响。但是，诸如罗宾逊等大部分公司将工厂管理成本分配给各部门和批次、产品或顾客，以计算产品的全部生产成本。罗宾逊公司计算的工厂管理成本分配率如下：

$$\text{工厂管理成本分配率}=\frac{\text{工厂管理总成本}}{\text{总监督工资}}=\frac{100\ 000}{200\ 000}=0.50$$

在图表 16－2 的步骤 B 中，罗宾逊公司使用成本分配率 0.50 和监督工资，将工厂管理成本分配给其他辅助部门和运营部门。

步骤 C：将工程与生产控制和材料管理成本分配给加工部门和装配部门。工程与生产控制部门和材料管理部门这两个辅助部门的成本已经被分配了，它们互相提供支持，并为运营部门提供支持，即工程与生产控制部门服务于材料管理部门（例如，为材料处理设备和安排材料转移提供工程服务），而材料管理部门服务于工程与生产控制部门（如运送材料）。

考虑材料管理部门。从图表 16－2 来看，材料管理部门总预算成本等于 264 000 美元。我们也可以使用前面章节的固定成本与变动成本分类来计算这一成本。材料管理部门预计为加工部门提供 800 小时的材料处理人工服务，为装配部门提供 2 800 小时的材料处理人工服务。在本节中，我们进一步假设材料管理部门将为工程与生产控制部门额外提供 400 小时的材料处理人工服务。前面提到，材料管理部门有 144 000 美元的预算固定成本（如工厂管理、折旧和租金），预算变动成本（如间接材料、间接人工和维修）是每人工小时 30 美元。材料管理部门的总预算成本等于 264 000 美元（144 000＋30×（800＋2 800＋400））（见图表 16－2）。[①]

图表 16－3 显示了在分配工厂管理部门成本后，在每个辅助部门对向其他部门提供的服务进行进一步的部门间成本分配之前的预算间接成本数据。我们以工程与生产控制部门为例解释图表中的百分比。该部门支持其他部门的工程作业，因此该部门的预算成本是基于预算工程工资（材料管理部门的预算工程工资是 36 000 美元，加工部门 60 000 美元，装配部门 24 000 美元，合计 120 000 美元分配给其他部门的。工程与生产控制部门预计为材料管理部门提供 30%（36 000÷120 000）的服务，为加工部门提供 50%（60 000÷120 000）的服务，为装配部门提供 20%（24 000÷120 000）的服务。类似地，材料管理部门预计总共提供 4000 材料处理人工小时的辅助服务：为工程与生产控制部门提供 10%（400÷4 000）的服务，为加工部门提供 20%（800÷4 000）的服务，为装配部门提供 70%（2 800÷4 000）的服务。

	A	辅助部门		运营部门		
1		工程与生产控制部门	材料管理部门	加工部门	装配部门	合计
3	部门间成本分配前的预算					
4	间接成本	$300 000	$264 000	$329 000	$227 000	$1 120 000
5	提供的服务					
6	工程与生产控制部门					
7	预算工程工资	—	$ 36 000	$ 60 000	$ 24 000	$ 120 000
8	百分比	—	30%	50%	20%	100%
9	材料管理部门					
10	预算材料处理人工小时	400	—	800	2 800	4 000
11	百分比	10%	—	20%	70%	100%

图表 16－3 2020 年罗宾逊公司辅助部门成本分配数据

我们描述了将辅助部门预算间接成本分配给运营部门的三种方法：直接法、阶梯法和交互法。在分配辅助部门（材料管理部门、工程与生产控制部门）的成本后，我们使用运营部门和辅助部门的预算成本和预算小时计算运营部门（加工部门和装配部门）的预算成本。用加工部门的预算成本除以加工部门的预算机器小时（加工部门成本的成本动因）、装配部门的预算成本除以装配部门的预算直接制造人工小时（装配部门成本的成本动因）来计算各运营部门的预算间接成本分配率。根据各批次在加工部门使用的实际机器小时数和在装配部门使用的实际直接制造人工小时数，使用这些间接成本分配率将间接成本分配给各批次。为了简化解释并突出概念，我们采用单一比率法来分配每个辅助部门的成本。（本章末的自测题将举例说明如何使用双重比率法分配辅助部门成本。）

16.3.1 直接分配法

直接分配法（direct allocation method）直接将每个辅助部门的预算成本分配给各个运营部门，而不将其分配给其他辅助部门。图表 16－4 使用图表 16－3 中的数据阐释了这一方法。将工程与生产控制成本分配给运营部门的基础是运营部门的预算工程工资：60 000＋24 000＝84 000 美

[①] 前文假定，材料处理部门只为加工部门和装配部门提供服务，不为工程与生产控制部门提供服务，因此，总预算成本是 252 000 美元（144 000＋30×（800＋2 800））。

元。这个金额不包括材料管理部门的 36 000 美元预算工程工资。工程与生产控制部门 300 000 美元的预算成本按分配率（60 000÷84 000，24 000÷84 000）或 5/7 与 2/7 的比例分配给加工部门和装配部门，即加工部门分配 214 286 美元（5/7×300 000），而装配部门分配 85 714 美元（2/7×300 000）。同样，将材料管理部门的预算成本分配给运营部门的基础是运营部门的 3 600 美元（800＋2 800）预算材料处理人工小时，不包括工程与生产控制部门的 400 预算材料处理人工小时。

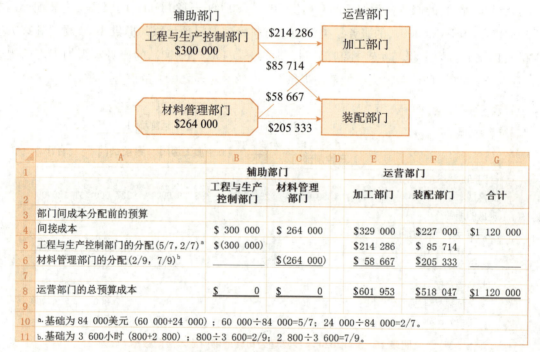

	辅助部门		运营部门		
	工程与生产控制部门	材料管理部门	加工部门	装配部门	合计
部门间成本分配前的预算					
间接成本	$ 300 000	$ 264 000	$329 000	$227 000	$1 120 000
工程与生产控制部门的分配(5/7, 2/7)ᵃ	$(300 000)		$214 286	$ 85 714	
材料管理部门的分配(2/9, 7/9)ᵇ		$(264 000)	$ 58 667	$205 333	
运营部门的总预算成本	$ 0	$ 0	$601 953	$518 047	$1 120 000
ᵃ.基础为 84 000美元（60 000+24 000）；60 000÷84 000=5/7；24 000÷84 000=2/7。					
ᵇ.基础为 3 600小时（800+2 800）；800÷3 600=2/9；2 800÷3 600=7/9。					

图表 16 - 4　2020 年罗宾逊公司辅助部门成本的直接分配法

使用直接分配法的另一个等效的方法是计算每个辅助部门的预算成本分配率。例如，工程与生产控制部门的预算成本分配率是 3.571 43 美元（300 000÷84 000），或 357.143％。然后加工部门分配 214 286 美元（357.143％×60 000），装配部门分配 85 714 美元（357.143％×24 000）。为便于计算和说明，我们将在本部分采用其他部门使用的辅助部门服务的比例，而不是预算分配率来分配辅助部门的成本。

直接分配法简单且易于使用，管理者不必预计其他辅助部门对该辅助部门资源的使用。其缺点是没有确认辅助部门之间互相提供的服务，可能因此导致运营部门的成本估计不准确。我们现在研究第二种方法，它能部分确认辅助部门之间互相提供的服务。

16.3.2　阶梯分配法

阶梯分配法（step-down allocation method）亦称**次序分配法**（sequential allocation method）。这一方法按次序将辅助部门的成本分配给其他辅助部门和运营部门，部分确认所有辅助部门间互相提供的服务。

图表 16 - 5 说明了阶梯分配法。首先分配的是 300 000 美元的工程与生产控制预算成本，30％分给材料管理部门，50％分给加工部门，20％分给装配部门（见图表 16 - 3）。所以分配给材料管理部门 90 000 美元（300 000×30％），分配给加工部门 150 000 美元（300 000×50％），

分配给装配部门 60 000 美元（300 000×20％）。现在材料管理部门的总预算成本是 354 000 美元：部门间成本分配前的材料管理部门预算成本 264 000 美元，加上工程与生产控制部门分配给材料管理部门的 90 000 美元。接下来 354 000 美元的成本根据加工部门与装配部门 800∶2 800 的预算材料处理人工小时比例只分配给这两个运营部门（见图表 16 - 3）。78 667 美元（800/3 600×354 000）分配给加工部门，275 333 美元（2 800/3 600×354 000）分配给装配部门。

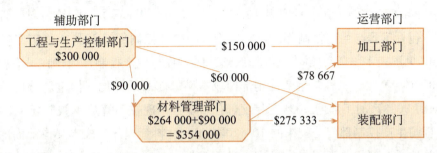

	辅助部门		运营部门		
	工程与生产控制部门	材料管理部门	加工部门	装配部门	合计
部门间成本分配前的预算					
间接成本	$ 300 000	$ 264 000	$329 000	$227 000	$1 120 000
工程与生产控制部门的分配(3/10, 5/10, 2/10)ᵃ	$(300 000)	$ 90 000	$150 000	$ 60 000	
		354 000			
材料管理部门的分配 (2/9, 7/9)ᵇ		$(354 000)	$ 78 667	$275 333	
运营部门的总预算成本	$ 0	$ 0	$557 667	$562 333	$1 120 000

a. 基础为120 000美元（36 000+60 000+24 000）；36 000÷120 000=3/10；60 000÷120 000=5/10；24 000÷120 000=2/10。

b. 基础为3 600小时（800+2 800）；800÷3 600=2/9；2 800÷3 600=7/9。

图表 16 - 5　2020 年罗宾逊公司辅助部门成本的阶梯分配法

这种方法要求管理者按阶梯分配的过程将辅助部门排序。在我们的例子中，首先分配工程与生产控制部门的预算成本。不同的次序将导致辅助部门成本对运营部门的不同分配，例如，如果首先分配材料管理部门的成本，再分配工程与生产控制部门的成本，一种普遍的阶梯分配次序是从提供给其他辅助部门最大比重服务的辅助部门开始，接下来是比重稍小的辅助部门，最后是比重最小的辅助部门。① 在我们的例子中，首先分配工程与生产控制部门的预算成本是因为它为材料管理部门提供 30％ 的服务，而材料管理部门只为工程与生产控制部门提供 10％ 的服务（见图表 16 - 3）。

在阶梯分配法下，一个辅助部门的成本一旦被分配给其他部门，如工程与生产控制部门的成本被分配给材料管理部门、加工部门和装配部门，后继辅助部门的成本就不会再分配给它。这样，阶梯分配法没有确认辅助部门互相提供的总服务。下面你将看到交互分配法确认了所有这些服务。

16.3.3　交互分配法

交互分配法（reciprocal allocation method）在将辅助部门成本分配给运营部门时包括了所

---

① 另一种决定分配次序的方法是从为其他辅助部门提供最高金额服务的辅助部门的成本分配开始，以为其他辅助部门提供最低金额服务的辅助部门的成本分配结束。

有辅助部门间互相提供的服务。例如，交互分配法包括工程与生产控制部门为材料管理部门提供的工程服务和材料管理部门为工程与生产控制部门提供的材料处理服务。

图表 16-6 介绍了理解交互分配法（阶梯分配法的一种扩展）的一种方式。首先，工程与生产控制预算成本分配给其他所有部门，包括材料管理部门（材料管理部门 30％，加工部门 50％，装配部门 20％）。这样材料管理部门的总预算成本就是 354 000 美元（264 000 美元＋来自第一次分配的 90 000 美元，见图表 16-5）。354 000 美元再被分配给材料管理部门支持的其他部门，包括工程与生产控制部门，其中工程与生产控制部门 10％，加工部门 20％，装配部门 70％（见图表 16-3）。预算成本降低到 0 的工程与生产控制部门现在又有材料管理部门分配来的 35 400 美元。工程与生产控制部门成本又像前面的分配那样重新分配给其他部门（材料管理部门 30％，加工部门 50％，装配部门 20％）。现在预算成本被降至 0 的材料管理部门又有工程与生产控制部门分配来的 10 620 美元。材料管理部门成本又像前面的分配那样重新分配给其他所有部门（工程与生产控制部门 10％，加工部门 20％，装配部门 70％）。循环分配导致分配至辅助部门和从辅助部门分配来的数目越来越小，直到最后所有的成本分配至加工部门和装配部门。

	文件 开始 插入 页面布局 公式 数据 审阅 视图						
	A	B 工程与生产控制部门	C 材料管理部门	D	E 加工部门	F 装配部门	G 合计
2	部门间成本分配前的预算						
3	间接成本	$ 300 000	$ 264 000		$329 000	$227 000	$1 120 000
4	工程与生产控制部门的第一次分配 (3/10, 5/10, 2/10)ᵃ	$(300 000)	$ 90 000		$150 000	$ 60 000	
5			$ 354 000				
6	材料管理部门的第一次分配 （1/10, 2/10, 7/10)ᵇ	$ 35 400	$(354 000)		$ 70 800	$247 800	
7	工程与生产控制部门的第二次分配 (3/10, 5/10, 2/10)ᵃ	$ (35 400)	$ 10 620		$ 17 700	$ 7 080	
8	材料管理部门的第二次分配 (1/10, 2/10, 7/10)ᵇ	$ 1 062	$ (10 620)		$ 2 124	$ 7 434	
9	工程与生产控制部门的第三次分配 (3/10, 5/10, 2/10)ᵃ	$ (1 062)	$ 319		$ 531	$ 212	
10	材料管理部门的第三次分配 (1/10, 2/10, 7/10)ᵇ	$ 32	$ (319)		$ 63	$ 224	
11	工程与生产控制部门的第四次分配 (3/10, 5/10, 2/10)ᵃ	$ (32)	$ 10		$ 16	$ 6	
12	材料管理部门的第四次分配 (1/10, 2/10, 7/10)ᵇ	$ 1	$ (10)		$ 2	$ 7	
13	工程与生产控制部门的第五次分配 (3/10, 5/10, 2/10)ᵃ	$ (1)	$ 0		$ 1	$ 0	
14							
15	运营部门的总预算成本	$ 0	$ 0		$570 237	$549 763	$1 120 000
16							
17	辅助部门分配与再分配的总额（前两列括号中的数字）						
18	工程与生产控制部门：300 000+35 400+1 062+32+1=336 495（美元）						
19	材料管理部门：354 000+10 620+319+10=364 949（美元）						
20	ᵃ.基础为36 000+60 000+24 000=120 000（美元）；36 000÷120 000=3/10;60 000÷120 000=5/10；24 000÷120 000=2/10。						
21	ᵇ.基础为400+800+2 800=4 000（人工小时）；400÷4 000=1/10；800÷4 000=2/10；2 800÷4 000=7/10。						

图表 16-6 2020 年罗宾逊公司采用重复迭代的交互分配法分配辅助部门成本

实施交互分配的另一种方法是用公式表达并求解线性方程组，这需要三个步骤。

步骤 1：以线性方程组的形式表达辅助部门预算成本与辅助部门间的相互联系。以 EPC 表示工程与生产控制部门的全部交互成本，MM 表示材料管理部门的全部交互成本。**全部交互成本**（complete reciprocated costs）指辅助部门的成本加上所有部门间分配的成本。图表 16-3 中的数据可表达如下：

$$EPC=300\ 000+0.1MM \qquad (16-1)$$

$$MM=264\ 000+0.3EPC \qquad (16-2)$$

式（16-1）中的 0.1MM 表示材料管理部门服务中为工程与生产控制部门所用的部分。式

（16-2）中的 0.3EPC 则表示工程与生产控制部门服务中为材料管理部门所使用的部分。式（16-1）和式（16-2）中的全部交互成本有时被称作辅助部门的**人为成本**（artificial costs）。

步骤 2：解联立方程组求得各个辅助部门的全部交互预算成本。将式（16-1）代入式（16-2）：

$$MM = 264\,000 + 0.3 \times (300\,000 + 0.1MM)$$

$$MM = 264\,000 + 90\,000 + 0.03MM$$

$$0.97MM = 354\,000$$

$$MM = 364\,949 \text{（美元）}$$

代入式（16-1）得：

$$EPC = 300\,000 + 0.1 \times 364\,949$$

$$EPC = 300\,000 + 36\,495 = 336\,495 \text{（美元）}$$

材料管理部门的全部交互成本或人为成本预算是 364 949 美元，工程与生产控制部门的是 336 495 美元。全部交互成本数字也会作为材料管理部门和工程与生产控制部门分配与再分配的合计数出现在图表 16-6 的底部。当有两个以上的辅助部门存在交互关系时，可以用软件帮助求解每一个辅助部门的全部交互成本。因为计算涉及求解逆矩阵，交互分配法有时也被称为**矩阵分配法**（matrix method）。[①]

步骤 3：根据预算使用比例（基于向所有部门提供的服务量），将各辅助部门的全部交互预算成本分配给其他所有部门（包括运营部门和辅助部门）。以材料管理部门为例，该部门 364 949 美元的全部交互成本分配如下：

工程与生产控制部门：1/10×364 949		= $ 36 495
加工部门：2/10×364 949		= $ 72 990
装配部门：7/10×364 949		= $255 464
合计		$364 949

同样地，工程与生产控制部门的交互成本 336 495 美元分配给材料管理部门（3/10）、加工部门（5/10）和装配部门（2/10）。

图表 16-7 介绍了交互分配法下的综合数据。

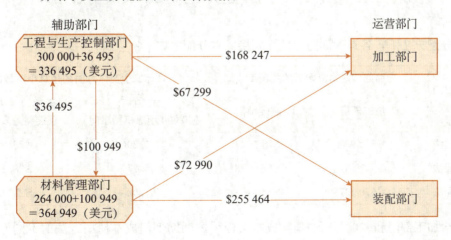

---

① 如果有 n 个辅助部门，那么步骤 1 会产生 n 个线性方程。解方程计算全部交互成本，需要求解一个 $n \times n$ 的逆矩阵。

	A	辅助部门		运营部门		
1		工程与生产控制部门	材料管理部门	加工部门	装配部门	合计
3	部门间成本分配前的预算					
4	间接成本	$ 300 000	$ 264 000	$329 000	$227 000	$1 120 000
5	工程与生产控制部门的分配(3/10, 5/10, 2/10)ᵃ	$(336 495)	100 949	$168 247	$ 67 299	
6	材料管理部门的分配(1/10, 2/10, 7/10)ᵇ	$ 36 495	$(364 949)	$ 72 990	$255 464	_____
8	运营部门总预算成本	$ 0	$ 0	$570 237	$549 763	$1 120 000
10	ª.基础为120 000美元 (36 000+60 000+24 000)；36 000÷120 000=3/10；60 000÷120 000=5/10；24 000÷120 000=2/10。					
11	ᵇ.基础为4 000小时 (400+800+2 800)；400÷4 000＝1/10；800÷4 000=2/10；2 800÷4 000=7/10。					

图表 16－7　2020 年罗宾逊公司采用线性方程组的交互分配法分配辅助部门成本

罗宾逊公司辅助部门 701 444 美元的全部交互预算成本超过了 564 000 美元的预算成本。

辅助部门	全部交互预算成本	预算成本	差异
工程与生产控制部门	$ 336 495	$ 300 000	$ 36 495
材料管理部门	$ 364 949	$ 264 000	$ 100 949
合计	$ 701 444	$ 564 000	$ 137 444

　　各辅助部门的全部交互预算成本大于预算成本，因为考虑到将辅助部门的成本分配给所有使用其服务的部门而不仅仅是运营部门。这不仅确认了辅助部门与运营部门之间的关系，而且全部确认了辅助部门之间的交互关系。每个辅助部门的全部交互预算成本与预算成本的差异等于辅助部门之间分配的全部成本。在交互分配法下，分配给运营部门的总预算成本仍然仅是564 000 美元（从工程与生产控制部门分配来的 168 247 美元＋67 299 美元和从材料管理部门分配来的 72 990 美元＋255 464 美元，见图表 16－7）。

16.3.4　方法总结

　　罗宾逊公司使用每个运营部门（加工和装配）的预算成本，计算用于将间接成本分配给批次的各成本分配基础的分配率（见第 4 章，分批成本法的步骤 5）。罗宾逊公司为装配部门安排20 000 预算直接制造人工小时（总预算直接制造人工小时 28 000），为加工部门安排 10 000 预算机器小时。

　　不同分配方法下，各运营部门的预算间接成本分配率如下：

辅助部门成本分配法	辅助部门成本分配后的总预算成本		计算生产成本时的预算小时费率	
	加工部门	装配部门	加工部门（10 000 预算机器小时）	装配部门（20 000 预算直接制造人工小时）
直接分配法	$601 953	$518 047	$60.20	$25.90
阶梯分配法	$557 667	$562 333	$55.77	$28.12
交互分配法	$570 237	$549 763	$57.02	$27.49

　　分配给加工部门和装配部门的预算成本会因分配辅助部门成本使用方法的不同而不同。如果交互分配数量很大，且运营部门以不同的比例使用每个辅助部门的服务，则使用三种方法分配给运营部门的成本的差异会增大。在我们的例子中，交互分配法下的最终分配数处在直接分

配法和阶梯分配法下的最终分配数之间（见前表）。通常在不同的方法下，分配给运营部门的成本之间没有关系。在要求分配辅助部门成本的成本补偿合同中，分配方法的选择特别重要。为了避免引发争议，管理者应该阐明所采用的方法。例如，医疗保险报销和联邦政府与大学签订的允许补偿间接成本的合同通常强制要求采用阶梯分配法，对顺序和可包含在间接成本库中的成本有明确要求。

交互分配法在理论上是最精确的方法，因为它考虑了所有辅助部门之间相互提供的服务。直接分配法与阶梯分配法的优点在于易于计算且易于理解。如果使用直接分配法或阶梯分配法分配给运营部门的成本接近使用交互分配法分配的成本，管理者应该使用更简单的直接分配法或阶梯分配法。然而，随着重复迭代（图表 16-6 中的情况）与求解联立方程组能力的增强，更多的公司将发现交互分配法会更容易执行。

交互分配法的另一个优点是它突出了辅助部门的全部交互成本，并且突出了这些成本如何不同于部门的预算或实际成本。我们知道一个辅助部门的全部交互成本是决定是否把辅助部门提供的服务外包的一个重要考虑因素。

假设罗宾逊公司所有辅助部门的成本是变动成本。考虑第三方的报价，第三方将提供当期原来由材料管理部门提供的所有服务。不要将该报价与材料管理部门的预计（预算）成本 264 000 美元相比。材料管理部门的全部交互成本是 364 949 美元，其中包括工程与生产控制部门提供给材料管理部门的服务；材料管理部门为罗宾逊公司所有其他部门提供了 4 000 小时的材料处理人工服务。单位材料处理人工的全部交互成本是 91.24 美元（364 949÷4 000）。其他情况相同，外包商提供与罗宾逊公司内部部门同样的材料管理服务小于 364 949 美元或小于 91.24 美元/小时（即使大于 264 000 美元）的报价将会提升罗宾逊公司的营业利润。

为了理解这一点，注意关闭材料管理部门的相关成本节约包括 264 000 美元的材料管理部门成本加上 100 949 美元工程与生产控制部门分配的预算成本（见图表 16-7）。通过关闭材料管理部门，罗宾逊公司将不再发生支持材料管理部门的 30% 的工程与生产控制部门成本（等于 100 949 美元）。所以，总的预计成本节约是 364 949 美元（264 000＋100 949）。[①] 无论是直接分配法还是阶梯分配法都无法为外包决策提供这些相关信息。

16.3.5　计算 WPP 298 批次的成本

分批成本法的下一步（见第 4 章步骤 6）是计算分配给批次的间接成本。对于 WPP 298 批次来说，罗宾逊公司实际使用了加工部门 40 机器小时，装配部门 55 人工小时（源自 88 直接制造人工小时）。在三种方法下，分配给 WPP 298 批次的间接成本如下：

> 直接分配法：$3 833（＝60.20×40＋25.90×55）
>
> 阶梯分配法：$3 777（＝55.77×40＋28.12×55）
>
> 交互分配法：$3 793（＝57.02×40＋27.49×55）

在三种方法下，分配给 WPP 298 批次的间接生产成本仅有细微不同，因为 WPP 298 批次需要大致相同的机器小时和装配人工小时。如果批次需要比装配人工小时更多的机器小时或反之，这些差异将会更大。

---

① 关于外包决策中使用交互分配法的技术性问题，请参见 Robert S. Kaplan and Anthony A. Atkinson, *Advanced Management Accounting*, 3rd ed. (Upper Saddle River, NJ: Prentice Hall, 1998, pp. 73-81)。

使用正常成本法和多成本分配基础会导致分配给 WPP 298 批次更高的间接生产成本 3 793 美元（交互分配法下），而第 4 章中使用直接制造人工小时作为唯一的成本分配基础因而分配的成本是 3 520 美元。通过使用两种成本分配基础——机器小时和装配人工小时——罗宾逊公司能够更好地模拟间接生产成本的动因。

最后一个步骤（见第 4 章步骤 7）将所有分配给批次的直接成本与间接成本加起来计算批次的总成本。在交互分配法下，WPP 298 批次的总生产成本如下：

直接生产成本		
直接材料成本	$4 606	
直接制造人工成本	$1 579	$6 185
制造费用		
加工部门(57.02×40)	$2 281	
装配部门(27.49×55)	$1 512	$3 793
WPP 298 批次的总制造费用		$9 978

注意，步骤 7 中的成本有 4 个金额，每一个分别对应成本系统中的两个直接成本和两个间接成本类别。

年末，加工部门和装配部门的实际间接生产成本将会与它们被分配的预算间接生产成本进行比较。为了计算加工部门和装配部门的实际间接生产成本，罗宾逊公司需要使用本章介绍的方法，将材料管理部门和工程与生产控制部门的实际（非预算）成本分配给加工部门和装配部门。然后，管理会计师将分别为间接成本分配过度与分配不足的成本库进行年末调整。

小练习 16 - 2

Traxx Tours 公司为大学校友会提供带导游的教育旅游。公司分为两个运营部门：国内旅游部和世界旅游部。每个旅游部门都使用公司两个辅助部门的服务：管理部和信息技术部。此外，管理部和信息技术部相互使用彼此的服务。过去一年的数据如下：

	辅助部门		运营部门		合计
	管理部	信息技术部	国内旅游部	世界旅游部	
部门间成本分配前的预算间接成本	$400 000	$300 000	$1 350 000	$1 860 000	$3 910 000
管理部门完成的辅助工作					
预算管理工资	—	$ 80 000	$ 50 000	$ 70 000	$ 200 000
百分比	—	40%	25%	35%	100%
信息技术部					
预算 IT 服务小时	400	—	2 800	800	4 000
百分比	10%	—	70%	20%	100%

使用本章介绍的几种方法——（1）直接分配法；（2）阶梯分配法（首先分配管理部成本）；（3）阶梯分配法（首先分配信息技术部成本）；（4）重复迭代和线性方程组的交互分配法——分配管理部和信息技术部的辅助部门成本后，运营部门（国内旅游部和世界旅游部）的总间接成本是多少？

16.4　共同成本的分配

管理会计师有时必须分配共同成本。**共同成本**（common cost）是两个或多个使用者共享设备、作业或成本对象时，这些设备、作业或成本对象的运营成本。共同成本产生的原因是与独立运行设备或进行作业相比，每个使用者共享设备或作业所产生的成本更低。成本会计的挑战是如何以合理的方式将共同成本分配给每个使用者。

例如，西雅图一名即将毕业的大学生杰森·史蒂文斯（Jason Stevens）到奥尔巴尼进行面试，西雅图到奥尔巴尼的往返机票需花费 1 200 美元。一周后，史蒂文斯又被邀请到芝加哥进行另一场面试，西雅图到芝加哥的往返机票需花费 800 美元，史蒂文斯决定把两次应聘旅行并为一个花费为 1 500 美元的西雅图—奥尔巴尼—芝加哥—西雅图之旅，两边的未来雇主会为史蒂文斯报销机票。这 1 500 美元是共同成本，使两边的未来雇主均受益，因为此成本低于史蒂文斯独立的往返所需支付的 2 000 美元（1 200＋800）。

史蒂文斯应该如何将 1 500 美元共同成本分配给两位雇主？分配共同成本的两种方法是独立成本分配法与增量成本分配法。

16.4.1　独立成本分配法

独立成本分配法（stand-alone cost-allocation method）通过将共同成本设备或作业的每个使用者视为一个单独的实体来确定成本分配的权重。

对于 1 500 美元的共同成本，我们将独立的往返费用信息（1 200 美元与 800 美元）作为决定分配权重的依据：

$$奥尔巴尼雇主应分配的费用＝\frac{1\ 200}{1\ 200＋800}×1\ 500＝0.60×1\ 500＝900（美元）$$

$$芝加哥雇主应分配的费用＝\frac{800}{1\ 200＋800}×1\ 500＝0.40×1\ 500＝600（美元）$$

这种方法的提倡者总是强调其公允或公正标准。它之所以被视为合理，是因为每个雇主都承担了与各自独立成本相对应的总成本的一部分。

16.4.2　增量成本分配法

增量成本分配法（incremental cost-allocation method）按照应对共同成本负责的程度将成本对象的各个使用者排序，然后按此顺序把成本分配给这些使用者。成本对象的第一使用者被称为主要使用者（也称为主要方），并作为一个独立使用者被分配成本。列于第二位的使用者被称为第一增量使用者（第一增量方），只分配因两者共同使用而非主要使用者单独使用而导致的额外成本。列于第三位的使用者被称为第二增量使用者（第二增量方），只分配因三者共同使用而非前两者使用而导致的额外成本，依此类推。

我们以史蒂文斯和他的 1 500 美元机票费用为例说明这种方法。假设将奥尔巴尼的雇主视为主要方，因为史蒂文斯在接受芝加哥的面试邀请前已经决定去奥尔巴尼。成本分配如下：

雇主	分配的成本	累计分配的成本
奥尔巴尼（主要方）	$1 200	$1 200
芝加哥（增量方）	$ 300（1 500－1 200）	$1 500
合计	$1 500	

奥尔巴尼的雇主分摊了西雅图至奥尔巴尼的全部费用，全部成本中未能被分配的部分分摊给芝加哥雇主。如果芝加哥的雇主被选为主要方，那么分配给芝加哥的雇主的成本为 800 美元（西雅图到芝加哥的往返费用），分配给奥尔巴尼雇主的成本为 700 美元（1 500－800）。当存在两个以上的成员时，此方法要求将多方从头至尾排序（例如，根据每个雇主邀请候选人参加面试的日期）。

在增量成本分配法下，一般来说主要方分摊到的共同成本最高。这种方法的问题是每一位使用者都愿意被视为增量方。

解决这一问题的一种方法是采用 Shapley 值法（Shapley value method），它把每一方首先作为主要方，然后作为增量方。从前面显示的计算看，奥尔巴尼的雇主作为主要方分摊了 1 200 美元，作为增量方分摊了 700 美元，平均是 950 美元（（1 200＋700）÷2）。芝加哥的雇主作为主要方分摊了 800 美元，作为增量方分摊了 300 美元，平均为 550 美元（（800＋300）÷2）。Shapley 值法向每位雇主分配平均成本（分配给主要方和增量方的成本的平均值）：分配给奥尔巴尼的雇主 950 美元，分配给芝加哥的雇主 550 美元。[1]

就像我们的讨论表明的那样，共同成本的分配并不是很明确，可能会产生争议。在可能的情况下，管理者应该事先确定分配原则。管理者不能盲目地遵循某一种方法，在分配共同成本的时候，应该选择对各方公平的分配方法。例如，史蒂文斯必须选择每个未来雇主所能接受的机票成本分配方法，不能超过每位雇主最大的报销额。

小练习 16－3

Travis 公司和 Vilk 公司是两家小型服装公司，正在考虑一起租赁染色机。公司估计，为了满足生产需求，Travis 公司需要使用机器 1 100 小时，而 Vilk 公司需要使用 900 小时。如果两家公司自行租用机器，则每小时使用费用为 80 美元。如果它们一起租用机器，则每小时使用费用将降至 75 美元。

1. 在独立成本分配法下，计算 Travis 公司和 Vilk 公司各自的费用份额。

2. 分别假设 Travis 公司和 Vilk 公司被列为主要方，使用增量成本分配法计算 Travis 公司和 Vilk 公司各自的费用份额。

3. 使用 Shapley 值法计算 Travis 公司和 Vilk 公司各自的费用份额。

4. 你会建议 Travis 公司和 Vilk 公司使用哪种方法来分担费用？

---

① 关于 Shapley 值法的进一步讨论请参阅 Joel S. Demski, "Cost Allocation Games," in *Joint Cost Allocations*, ed. Shane Moriarity（University of Oklahoma Center for Economic and Management Research，1981）；Lech Kruś and Piotr Bronisz, "Cooperative Game Solution Concepts to a Cost Allocation Problem," *European Journal of Operational Research* 122：2（April 16，2000）：258－271.

16.5　成本分配与合同争议

许多商业合同中包含基于成本会计信息和成本分配的条款。例如：

● 国防部与一家设计并生产新型战斗机的公司间的合同说明，飞机的支付价格基于该公司的直接成本和间接成本加上固定费用。

● 一家咨询公司与一家医院间的合同说明，咨询公司收取一笔固定费用并加上因实施咨询公司的建议而产生的成本节约的一部分。

成本计算方面经常出现合同纠纷，例如，计算上述合同中规定的成本时应包括哪些成本。管理者通过制定明确的"游戏规则"并将其写入合同，可减少缔约双方的争议。这种游戏规则包括可列支成本项目的定义、使用术语的定义（如直接人工包括什么）、可接受的成本分配基础、如何解释预算成本与实际成本之间的差异等。

美国政府通常以下面两种方式中的一种向大多数承包商付款：

1. 不分析实际成本数据就支付预定价格。当存在竞争性投标、充分的价格竞争或有向公众大量销售的价格为证时，会采用这一方式。

2. 分析实际合同成本数据后支付。在某些情况下，任务的性质，例如研发新的武器系统，使完成一项工作的成本产生了很大的不确定性。这种合同常常涉及几十亿美元，很少进行竞争性招标，因为没有承包商愿意承担以固定价格履行合同而后来发生很高的成本的风险。为合同设定固定价格要么不会吸引承包商，要么需要把合同价格设得非常高以弥补不确定的成本。为了解决这个问题，政府通常承担履行合同可能发生潜在高成本的主要风险。政府不设定合同价格，而是根据成本加固定费用来进行合同谈判。这种安排称为成本加成合同。

成本加成合同明确规定了什么成本是可列支的。一项**可列支成本**（allowable cost）是合同各方同意以此来补偿的成本。例如，许多美国政府合同只允许列支经济舱机要的费用。成本加成合同也确认了不可列支的成本种类。例如，游说活动及酒类饮料的成本不是美国政府合同的可列支成本。然而，什么成本是可列支的并不总是很明确。合同纠纷和关于多向政府收费的指控不时出现，涉及包括医疗保健在内的一系列领域（参阅"观念实施：与美国政府关于补偿成本的合同纠纷"）。

某些可列支的间接费用（如监督费用）支持许多不同的合同和作业。美国政府规定，监督费用可根据因果或受益关系分配给具体合同；其他可列支的间接费用（如一般管理费用）支持许多合同，难以根据因果或受益关系进行分配。尽管如此，订约各方仍可能认为以某种方式分配这些费用以帮助确定合同金额是合理或公平的。政府成本加成合同的一般规则是，补偿金额基于实际可分配成本加上固定费用。[①]

所有与政府机构签订的合同都必须与**成本会计准则委员会**（Cost Accounting Standards

---

① 2019 年 3 月发布的《联邦采购条例》（见 www.acquisition.gov/far/current/pdf/FAR.pdf）对"可列支"有以下定义（第 31.201-4 部分）：根据受益或其他公平的关系能够分摊或对一个或多个成本对象进行收费的成本是可列支的。根据前述规定，当满足以下条件时，成本是可以列支到政府合同中的：

(a) 专门为此合同而发生；

(b) 使合同与其他工作受益……可根据合理的受益比例分配给它们；

(c) 虽然与特别成本对象没有明显的关系，但对整个业务的操作来说是必要的。

Board，CASB）制定的成本会计准则一致。对政府合同而言，CASB 具有制定、颁布、修正、废止成本会计准则及其说明的绝对权威；这些标准的设计是为了实现美国政府合同成本计量、分配、分摊的一致性与连贯性。[①] 这些准则代表了政治考虑与会计准则的复杂相互影响。像因果与受益一样，诸如"公平"与"公允"等词语经常出现在政府合同中。

观念实施

与美国政府关于补偿成本的合同纠纷

美国政府每年花费数十亿美元向私营公司购买医疗保健产品和服务。近年来，政府对几家承包商提起诉讼，指控其对这些合同收取过高费用。以下例子来自美国司法部民事司代表联邦政府审理的案件。

● 药品制造商 Mylan 支付了 4.65 亿美元，以解决有关其向医疗补助计划支付过低的返利的指控。该公司错误地将其品牌药物 EpiPen 归为仿制药，以逃避支付更高返利的义务。2010—2016 年，EpiPen 的价格上涨了 400%，但基于 EpiPen 被错误地归为仿制药，Mylan 在同一时期仅向 Medicaid 支付了 13% 的固定返利。

● 医院连锁健康管理协会（Hospital Chain Health Management Associates）同意支付 2.16 亿美元，以解决其错误地向政府医疗保健计划收取更高住院服务费用的索赔，这些住院服务本应是成本较低的观察或门诊服务。

资料来源：Press releases from the U. S. Department of Justice，Civil Division（2017 - 2018）.

16.6 捆绑产品与收入分配方法

当来自多种产品（例如，不同的软件程序或上网套餐）的收入被打包并且按一个价格销售时，收入分配问题便出现了。收入分配方法与之前描述的共同成本的分配方法类似。

16.6.1 捆绑与收入分配

收入是因为向顾客提供产品或服务的资产流入（几乎总是现金或应收账款）。与成本分配相似，当收入与某一特定收入对象有关但不能以经济可行（成本-效益）的方法追溯给收入对象时，便出现了**收入分配**（revenue allocation）问题。**收入对象**（revenue object）是为了单独的收入衡量而存在的。收入对象的例子有产品、顾客与分部。我们以动态软件公司（Dynamic Software Corporation）为例来解释收入分配问题，动态软件公司开发、销售与维护三种软件包：

1. 字库王，36 个月前发行的一种文字处理程序。
2. 数据王，18 个月前发行的一种电子制表软件。
3. 财务王，6 个月前发行、得到很多媒体关注的一种预算与现金管理程序。

---

① 成本会计准则委员会的详细情况可从以下网站得到：www. whitehouse. gov/omb/procurement/casb. html。成本会计准则委员会是美国行政管理与预算局（U. S. Office of Management and Budget）联邦政府采购政策办公室（Office of Federal Procurement Policy）的一部分。

动态软件公司同时单独销售与捆绑销售这三种产品。

捆绑产品（bundled product）是指两种或两种以上的产品（或服务）被打包，按一个价格出售，而且捆绑产品中的单个产品都可以以自己的独立价格单独出售。捆绑产品的统一价格往往比单个产品的售价之和要便宜。举例来说，银行往往为客户提供其不同部门（核算、保险箱、投资咨询）的各种服务而只收取统一的费用。旅游胜地的旅馆也可以在一种价格下提供包括住宿服务（房间）、餐饮服务（餐馆）和娱乐服务（高尔夫球与网球运动）在内的周末服务。当部门经理对单个产品有自己的收入或利润责任目标时，必须将捆绑产品的收入分配到不同的单个产品中去。

动态软件公司将来自捆绑销售（也称"套餐"销售）的收入分配给单个产品。单个产品的盈利经常用来支付软件工程师以及负责开发与管理每个产品的经理的报酬。

动态软件公司如何将套餐收入分配给单个产品？考虑 2020 年三个独立销售价格与套餐销售价格的信息：

	销售价格	单位生产成本
独立		
字库王	$125	$18
数据王	$150	$20
财务王	$225	$25
套餐		
字库王＋数据王	$220	
字库王＋财务王	$280	
财务王＋数据王	$305	
字库王＋财务王＋数据王	$380	

同共同成本的分配方法一样，收入分配的两种主要方法包括独立收入分配法和增量收入分配法。

16.6.2　独立收入分配法

独立收入分配法（stand-alone revenue-allocation method）是使用捆绑销售中的单个产品的特定信息作为权数将捆绑产品收入分配给单个产品。所谓的独立是将产品作为相互分离（非成套）的项目。以字库王＋财务王捆绑销售为例，其售价为 280 美元。假设动态软件公司销售等量的字库王和财务王。按照收入分配权数的不同，独立收入分配法分为如下三种方法：

1. 销售价格法。采用字库王的单位售价 125 美元和财务王的单位售价 225 美元作为收入分配权数分配 280 美元收入的计算过程如下：

$$字库王：\frac{125}{125+225}\times 280 = 0.357\times 280 = 100（美元）$$

$$财务王：\frac{225}{125+225}\times 280 = 0.643\times 280 = 180（美元）$$

2. 单位成本法。这种方法按单个产品成本（本例中为单位生产成本）决定收入分配权数。

$$字库王：\frac{18}{18+25}\times 280 = 0.419\times 280 = 117（美元）$$

$$财务王：\frac{25}{18+25} \times 280 = 0.581 \times 280 = 163（美元）$$

3. 实际数量法。这种方法在将套餐收入分配给每个产品时，给予套餐中的每种产品相同的收入分配权数。因此，字库王＋财务王套餐中的两种产品各占 50％ 的权重。

$$字库王：\frac{1}{1+1} \times 280 = 0.50 \times 280 = 140（美元）$$

$$财务王：\frac{1}{1+1} \times 280 = 0.50 \times 280 = 140（美元）$$

独立收入分配法下决定收入分配权数的三种方法导致分配给单个产品的收入不同：

收入分配权数	字库王	财务王
销售价格	$100	$180
单位成本	$117	$163
实际数量	$140	$140

管理者首选哪种方法来确定收入分配权数？销售价格法最好，因为其明确地考虑了顾客对每种产品的支付意愿。使用收入信息计算收入分配权数的方法比单位成本法或实际数量法更好地把握了顾客获得的利益。[1] 实际数量法在管理者不能使用其他方法时使用，比如，销售价格不稳定、单个产品的单位成本很难计算时。[2]

16.6.3　增量收入分配法

增量收入分配法（incremental revenue-allocation method）是指按照管理层确定的标准将捆绑产品中的产品划分等级，然后按等级分配捆绑收入。第一等级产品被认为是"主要产品"，第二等级产品被认为是"第一增量产品"，第三等级产品被认为是"第二增量产品"，依此类推。

在增量收入分配法下管理者如何决定产品的等级？有些组织调查了顾客，了解单个产品在他们决定购买捆绑产品时的重要性。例如，如果捆绑产品中的一个产品是知名产品，另一个产品是新产品，则管理者会将知名产品列为主要产品，将新产品列为第一增量产品。其他管理者根据捆绑产品中单个产品的最近独立收入对产品进行等级划分。还有高层管理者运用他们的知

---

① 外部报告也存在收入分配问题。美国注册会计师协会（AICPA）的软件收入确认声明指出，对于捆绑产品，收入分配被要求"基于公允价值的供应商特定客观证据（VSOE）"进行。"部件单独销售时的价格"被认为是"公允价值的客观证据"。参阅 "Statement of Position 97-2," Jersey City，NJ：AICPA，1998。2009 年 9 月，美国财务会计准则委员会（Financial Accounting Standards Board）批准了紧急会计问题工作组第 08-1 号决议。在 2018 年生效的新收入确认标准中，收入分配是一个不可或缺的问题。

② 如果动态软件公司在最近一个季度销售了 80 000 单位字库王和 20 000 单位财务王，并且公司管理者认为字库王＋财务王套餐的销售受字库王推动的可能性是财务王（80 000÷20 000）的 4 倍，那么可以对收入分配方法进行调整，赋予字库王的权重是财务王的 4 倍。使用销售价格可得到以下分配：

$$字库王：\frac{125 \times 4}{125 \times 4 + 225 \times 1} \times 280 = 0.690 \times 280 = 193（美元）$$

$$财务王：\frac{225 \times 1}{125 \times 4 + 225 \times 1} \times 280 = 0.310 \times 280 = 87（美元）$$

请注意，这种情况下的分配相当于使用收入而不是销售价格作为收入分配权数。字库王的收入＝125×80 000＝10 000 000 美元，财务王的收入＝225×20 000＝4 500 000 美元。

$$字库王：\frac{10\ 000\ 000}{10\ 000\ 000 + 4\ 500\ 000} \times 280 = 0.690 \times 280 = 193（美元）$$

$$财务王：\frac{4\ 500\ 000}{10\ 000\ 000 + 4\ 500\ 000} \times 280 = 0.310 \times 280 = 87（美元）$$

识和经验决定产品的等级。

仍以字库王＋财务王套餐为例，假设动态软件公司销售等量的字库王和财务王。字库王被指定为主要产品，财务王被指定为第一增量产品。将字库王的独立收入 125 美元 100％分配给字库王，剩下的 155 美元（280－225）收入归财务王：

产品	收入分配	累计收入分配
字库王	$125	$125
财务王	$155（280－125）	$280
合计	$280	

如果捆绑售价小于或等于主要产品的单独售价，那么捆绑收入 100％归入主要产品，捆绑产品中的其他产品没有分配到收入。

现在假定财务王为主要产品，字库王为第一增量产品。那么增量收入分配法分配的字库王＋财务王捆绑产品的收入如下：

产品	收入分配	累计收入分配
财务王	$225	$225
字库王	$ 55（280－225）	$280
合计	$280	

Shapley 值法将每种产品作为主要产品和第一增量产品向其分配平均收入：

字库王　　（125＋55）÷2＝180÷2＝　$ 90

财务王　　（225＋155）÷2＝380÷2＝　$190

合计　　　　　　　　　　　　　　　　$280

如果动态软件公司销售的一种产品多于另一种产品，则可以调整增量收入分配法。[①]

当捆绑产品中有两个以上的产品时，捆绑收入按等级分配。假设字库王是动态软件公司三种捆绑产品（字库王＋财务王＋数据王）的主要产品，财务王是第一增量产品，数据王是第二增量产品，公司销售等量的字库王、财务王和数据王。套餐售价为 380 美元，则 380 美元的收入分配如下：

产品	收入分配	累计收入分配
字库王	$125	$125
财务王	$155（280－125）	$280（字库王＋财务王套餐价格）
数据王	$100（380－280）	$380（字库王＋财务王＋数据王套餐价格）
合计	$380	

现在假设字库王是主要产品，数据王是第一增量产品，财务王是第二增量产品，则 380 美元的收入分配如下：

---

① 假设动态软件公司在最近一个季度销售了 80 000 单位字库王和 20 000 单位财务王，公司管理者认为字库王＋财务王套餐的销售量受字库王作为主要产品驱动的可能性是受财务王驱动的 4 倍。当字库王是主要产品时，加权 Shapley 值法为收入分配赋予的权重是财务王是主要产品时的 4 倍，得到以下分配：

字库王：（125×4＋55×1）÷（4＋1）＝555÷5＝　$111

财务王：（225×1＋155×4）÷（4＋1）＝845÷5＝　$169

合计　　　　　　　　　　　　　　　　　　　$280

产品	收入分配	累计收入分配
字库王	$125	$125
数据王	$ 95（220－125）	$220（字库王＋数据王套餐价格）
财务王	$160（380－220）	$380（字库王＋数据王＋财务王套餐价格）
合计	$380	

单个产品的等级决定了分配给它的收入。动态软件公司的产品经理们可能对他们的单个产品对套餐收入的贡献有不同的看法。事实上，每位产品经理都会声称负责套餐（字库王＋数据王＋财务王）中的主要产品。[①] 因为独立收入分配法不要求对套餐中的产品排序，这种方法也就不太可能引起产品经理之间的激烈争论。[②]

收入分配对税收也很重要。例如，美国通信与有线电视服务提供商威瑞森通信公司单独或捆绑销售电话、有线电视和宽带服务。州和地方税法往往规定，如果捆绑销售时顾客账单上的每个项目的价格没有分开，那么所有服务按电话服务交税，通常电话服务的税率是最高的。为了防止顾客为整个套餐支付更高的税费，威瑞森通信公司基于这些服务的单独售价，把捆绑服务收入分配给电话、有线电视和宽带服务。顾客根据为每种服务支付的金额交税。特殊软件包（如 CCH SureTax）帮助诸如威瑞森通信公司等根据每个州的法律正确确认收入。[③]

小练习 16－4

Axiom 公司调制并销售设计师香水。它有一个男士香水部门和一个女士香水部门，每个部门都有不同的销售策略、分销渠道和产品。Axiom 公司目前正在考虑销售一款名为 Sync 的捆绑产品，由一瓶男士古龙香水 Him 和一瓶女士香水 Her 组成，这是 Axiom 公司非常成功的两款产品。Axiom 公司销售等量的 Him 和 Her 香水。Axiom 公司报告了最近一年的信息：

产品	零售价
Him	$40.00
Her	$60.00
Sync（Him 与 Her）	$90.00

1. 使用以下方法，将每单位 Sync 的销售收入分配给 Him 和 Her 香水：

a. 基于每种产品零售价的独立收入分配法；

b. 增量收入分配法，将 Him 香水列为主要产品；

c. 增量收入分配法，将 Her 香水列为主要产品；

---

① 计算 Shapley 值将有助于解决这一问题，因为每种产品将被视为主要产品、第一增量产品、第二增量产品。假定所有的产品都是等权重的，分配给每种产品的收入是在不同假设下分配给每种产品收入的平均值。在前面的例子中，感兴趣的读者能够证明这将导致下面的收入分配：财务王 180 美元，字库王 87.5 美元，数据王 112.5 美元。

② 为了应对避免收入分配的挑战，并鼓励各部门共同努力实现捆绑产品的销售，一些公司在评估每个部门的业绩时将捆绑产品的全部收入记入所有部门。除了重复计算收入的问题外，此方法存在的问题是不同的部门可能在实现捆绑收入方面做出了不等的贡献，但会获得相同的总收入。

③ CCH Incorporated，"CCH SureTax Communications," http://www.suretax.com/solutions/suretax-telecom, accessed July 2019；Verizon Communications Inc.，2018 Annual Reports（New York：Verizon Communications Inc, 2019）.

d. Shapley 值法。

2. 在要求 1 的四种方法中，你建议用哪种方法将 Sync 的收入分配给 Him 和 Her 香水？请解释。

自测题

本自测题阐述使用双重比率法如何将公司两个辅助部门的成本分配给运营部门。固定成本按预算成本和其他部门使用的预算小时进行分配，变动成本按实际成本和其他部门使用的实际小时进行分配。

Computer Horizons 公司总部的两个辅助部门（法律部与人事部）互相支持并为两个生产部门（微机部和工作站部）提供服务。相关预算如下：

	A	B	C	D	E	F	G
		辅助部门			运营部门		
1		法律部	人事部		微机部	工作站部	合计
2							
3	**预算使用量**						
4	法律部(小时)	—	250		1 500	750	2 500
5	(比例)	—	10%		60%	30%	100%
6	人事部(小时)	2 500	—		22 500	25 000	50 000
7	(比例)	5%	—		45%	50%	100%
8							
9	**实际使用量**						
10	法律部(小时)	—	400		400	1 200	2 000
11	(比例)	—	20%		20%	60%	100%
12	人事部(小时)	2 000	—		26 600	11 400	40 000
13	(比例)	5%	—		66.50%	28.50%	100%
14	部门之间分配成本之前的						
15	预算固定间接成本	\$360 000	\$475 000		—	—	\$835 000
16	部门之间分配成本之前的						
17	实际变动间接成本	\$200 000	\$600 000		—	—	\$800 000

要求：

法律部和人事部的成本将如何分配给微机部与工作站部？请分别采用下列三种方法计算：

（1）直接分配法；（2）阶梯分配法（先分配法律部的成本）；（3）线性方程组的交互分配法。

解答：

图表 16-8 介绍了辅助部门固定成本与变动成本的分配计算，以下是这些成本的简要概括：

	微机部	工作站部
(1) 直接分配法		
固定成本	\$465 000	\$370 000
变动成本	\$470 000	\$330 000
	\$935 000	\$700 000
(2) 阶梯分配法		
固定成本	\$458 053	\$376 947
变动成本	\$488 000	\$312 000
	\$946 053	\$688 947

续表

	微机部	工作站部
(3) 交互分配法		
固定成本	$462 513	$372 487
变动成本	$476 364	$323 636
	$938 877	$696 123

	A	B	C	D	E	F	G
		辅助部门			运营部门		
20	分配方法	法律部	人事部		微机部	工作站部	合计
21							
22	**(1)直接分配法**						
23	固定成本	$ 360 000	$ 475 000				
24	法律部(1 500÷2 250；750÷2 250)	$(360 000)			$240 000	$ 120 000	
25	人事部(22 500÷47 500；25 000÷47 500)		$(475 000)		$225 000	$ 250 000	
26	分配给运营部门的辅助部门固定成本	$ 0	$ 0		$465 000	$ 370 000	$835 000
27	变动成本	$ 200 000	$ 600 000				
28	法律部(400÷1 600；1 200÷1 600)	$(200 000)			$ 50 000	$ 150 000	
29	人事部(26 600÷38 000；11 400÷38 000)		$(600 000)		$420 000	$ 180 000	
30	分配给运营部门的辅助部门变动成本	$ 0	$ 0		$470 000	$ 330 000	$800 000
31	**(2)阶梯分配法**						
32	(法律部在先)						
33	固定成本	$ 360 000	$ 475 000				
34	法律部(250÷2 500；1 500÷2 500；750÷2 500)	$(360 000)	$ 36 000		$216 000	$ 108 000	
35	人事部(22 500÷47 500；25 000÷47 500)		$(511 000)		$242 053	$ 268 947	
36	分配给运营部门的辅助部门固定成本	$ 0	$ 0		$458 053	$ 376 947	$835 000
37	变动成本	$ 200 000	$ 600 000				
38	法律部(400÷2 000；400÷2 000；1 200÷2 000)	$(200 000)	$ 40 000		$ 40 000	$ 120 000	
39	人事部(26 600÷38 000；11 400÷38 000)		$(640 000)		$448 000	$ 192 000	
40	分配给运营部门的辅助部门变动成本	$ 0	$ 0		$488 000	$ 312 000	$800 000
41	**(3)交互分配法**						
42	固定成本	$ 360 000	$ 475 000				
43	法律部(250÷2 500；1 500÷2 500；750÷2 500)	$(385 678)[a]	$ 38 568		$231 407	$ 115 703	
44	人事部(2 500÷50 000；22 500÷50 000；25 000÷50 000)	$ 25 678	$(513 568)[a]		$231 106	$ 256 784	
45	给运营部门的辅助部门固定成本	$ 0	$ 0		$462 513	$ 372 487	$835 000
46	变动成本	$ 200 000	$ 600 000				
47	法律部(400÷2 000；400÷2 000；1 200÷2 000)	$(232 323)[b]	$ 46 465		$ 46 465	$ 139 393	
48	人事部(2 000÷40 000；26 600÷40 000；11 400÷40 000)	$ 32 323	$(646 465)[b]		$429 899	$ 184 243	
49	分配给运营部门的辅助部门变动成本	$ 0	$ 0		$476 364	$ 323 636	$800 000
50							
51	[a].固定成本：		[b].变动成本：				
52	LF代表法律部固定成本，PF代表人事部固定成本，交互分配法下固定成本的联立方程组如下：		LV代表法律部变动成本，PV代表人事部变动成本，交互分配法下变动成本的联立方程组如下：				
53	$LF=360\ 000+0.05PF$		$LV=200\ 000+0.05PV$				
54	$PF=475\ 000+0.10LF$		$PV=600\ 000+0.20LV$				
55	$LF=360\ 000+0.05\times(475\ 000+0.10LF)$		$LV=200\ 000+0.05\times(600\ 000+0.20LV)$				
56	$LF=385\ 678$（美元）		$LV=232\ 323$（美元）				
57	$PF=475\ 000+0.10\times385\ 678=513\ 568$（美元）		$PV=600\ 000+0.20\times232\ 323=646\ 465$（美元）				

图表 16 - 8　Computer Horizons 公司辅助部门成本分配给运营部门的备选方法：双重比率法

决策要点

　　下面的问答形式是对本章学习目标的总结，"决策"代表与学习目标相关的关键问题，"指南"则是对该问题的回答。

决策	指南
1. 什么时候管理者应该采用双重比率法而不采用单一比率法？	单一比率法使用单一的成本分配基础和成本分配率，将固定成本和变动成本合在一起分配给成本对象。双重比率法将成本分为变动成本库和固定成本库；每个成本库有自己的成本分配基础。如果成本很容易区分为变动成本和固定成本，应该优先采用双重比率法，因为它能够为决策者提供更好的信息。
2. 在预算分配率与实际分配率之间以及预算使用量与实际使用量之间进行决策时，管理者应该考虑哪些因素？	使用预算分配率可以确定分配给使用部门的成本，并使它们免受提供服务的部门效率低下的影响。使用预算变动成本率和实际使用量向使用部门收取所消耗资源的费用，可促进对资源消耗的控制。根据预算使用量收取固定成本费率有助于使用部门制订计划，并在考虑外包决策时实现目标一致。
3. 管理者能采用什么方法将多个辅助部门的成本分配给运营部门？	三种方法是直接分配法、阶梯分配法与交互分配法。直接分配法将每个辅助部门的成本分配给运营部门，而并不把一个辅助部门的成本分配给其他辅助部门。阶梯分配法按次序将辅助部门的成本分配给其他辅助部门和运营部门，部分确认所有辅助部门间相互提供的服务。交互分配法全部确认所有辅助部门间相互提供的服务。
4. 管理者能够采用什么方法将共同成本分配给两个或多个使用者？	共同成本是有两个或更多使用者共享的成本对象（比如，一个作业）的成本。独立成本分配法使用每个使用者的信息来决定成本分配权数。增量成本分配法首先对使用者进行排序，再将共同成本首先分配给主要使用者，再分配给其他增量使用者。Shapley 值法把每一方依次作为主要使用者和增量使用者。
5. 如何减少根据成本进行补偿的合同纠纷？	使成本分配规则明确，并将其纳入合同。这些规则应该包括可列支成本项目的定义、可接受的成本分配基础、如何解释预算成本与实际成本之间的差异等细节。
6. 什么是捆绑产品，管理者如何才能将捆绑产品的收入分配给单个产品？	两个或多个被打包按统一价格销售的产品（或服务）被称为捆绑产品。在评价捆绑产品中单个产品的管理者时，需要对捆绑产品的收入进行分配。可以采用独立收入分配法、增量收入分配法、Shapley 值法来分配收入。

小习题

16-16 单一比率法和双重比率法，辅助部门。为 Eastern Mountain Engineering 公司所有生产部门提供服务的辛辛那提发电厂制定了明年的预算。预算按月表示如下：

生产部门	实际产能需要的生产水平（千瓦时）	预计每月平均使用量（千瓦时）
Loretta	13 000	10 000
Bently	21 000	9 000
Melbourn	14 000	10 000
Eastmoreland	32 000	11 000
合计	80 000	40 000

在预算年度，预计该发电厂每月的运营成本为 20 000 美元：8 000 美元为变动成本，12 000 美元为固定成本。

要求：

1. 假设该发电厂的成本只有一个成本库。（a）依据实际产能计算分配率并进行成本分配；

（b）依据预计每月平均使用量计算分配率并进行成本分配。以上两种情况下每个生产部门将会被分配多少预算成本？

2. 假设使用双重比率法划分变动成本与固定成本的单独成本库。根据预计每月平均使用量分配变动成本，根据实际产能分配固定成本。每个生产部门将会被分配多少预算成本？为什么你更喜欢双重比率法？

16-19 辅助部门成本分配，直接分配法与阶梯分配法。Phoenix Partners 公司向政府与公司客户提供管理咨询服务。该公司有两个辅助部门——管理服务部（AS）与信息系统部（IS）和两个运营部门——政府咨询部（GOVT）与公司咨询部（CORP）。2020 年第一季度，该公司的成本记录如下：

	A	B	C	D	E	F	G
1		辅助部门			运营部门		
2		AS	IS		GOVT	CORP	合计
3	部门间成本分配前的						
4	预算间接成本	$600 000	$2 400 000		$8 756 000	$12 452 000	$24 208 000
5	AS提供的辅助工作（预算的员工人数）	—	25%		40%	35%	100%
6	IS提供的辅助工作（预算的计算机小时）	10%	—		30%	60%	100%

要求：

1. 使用以下方法将两个辅助部门的成本分配给两个运营部门。

（1）直接分配法；

（2）阶梯分配法（先分配 AS 的成本）；

（3）阶梯分配法（先分配 IS 的成本）。

2. 比较并解释分配给各个运营部门的辅助部门成本的差异。

3. 用阶梯分配法分配辅助部门成本时确定分配次序的方法是什么？

16-20 辅助部门成本分配，交互分配法（续习题 16-19）。参考习题 16-19 中的数据。

要求：

1. 用交互分配法将辅助部门成本分配到运营部门：（1）采用线性方程组；（2）采用重复迭代法。

2. 与习题 16-19 要求 1 的结果进行比较并解释差异。你倾向于使用哪一种方法？为什么？

16-23 共同成本分配。Evan 和 Brett 是伯克利学院的学生，他们同住在 Brett 的公寓中。Brett 正考虑订购一套互联网服务，互联网提供商有以下套餐：

套餐	每月收费
A. 互联网接入	$75
B. 电话服务	$25
C. 互联网接入＋电话服务	$90

Evan 的大部分时间都在使用互联网（他认为"现在一切都可以在网上找到"），Brett 更喜欢打电话而不是使用互联网（他认为"上网是浪费时间"）。他们一致认为购买每月收费为 90 美元的套餐是最合适的。

要求：

1. 分别使用独立成本分配法、增量成本分配法、Shapley 值法在 Evan 和 Brett 之间分配 90 美元的费用。

2. 你会推荐他们使用哪种方法，为什么？

16-25 收入分配，捆绑产品。Couture 公司销售三星手机壳。它有一个男士分部和一个女士分部。该公司目前正在考虑销售一款名为 Dynamic Duo 的捆绑产品，该产品由 Smarty（一种男式手机壳）和 Sublime（一种女式手机壳）组成。最近一年，该公司销售了同等数量的 Smarty 和 Sublime，报告如下：

	A	B
1	产品	零售价
2	Smarty	$40
3	Sublime	$60
4	Dynamic Duo（Smarty和Sublime）	$90

要求：

1. 使用下列方法，将每单位 Dynamic Duo 的销售收入分配给 Smarty 和 Sublime。

(1) 根据单个产品零售价的独立收入分配法；

(2) 增量收入分配法，Smarty 作为主要产品；

(3) 增量收入分配法，Sublime 作为主要产品；

(4) Shapley 值法。

2. 在要求 1 的四种方法中，你建议在将 Dynamic Duo 的收入分配给 Smarty 和 Sublime 时采用哪种方法？请解释。

成本分配：联产品与副产品

许多公司（如炼油厂）同时生产和销售两种或两种以上的产品。

例如，埃克森美孚公司销售石油、天然气和液化石油气，这些产品是公司提炼原油时生产出来的。类似地，医疗服务提供商向患者提供多种服务，如医疗、护理和康复。问题是这些公司如何将成本分配给联产品和服务。慈善组织也必须了解如何分配联合成本，特别是由于非营利监管机构的审查力度有所增加。

💡 **引例**　　　　　　　　**联合成本分摊与受伤战士项目**

在世界各地，慈善机构从慈善捐赠者那里筹集资金以完成其使命。在美国，全美最大的退伍军人慈善机构"受伤战士项目"（Wounded Warrior Project，WWP）为受伤退伍军人项目和服务筹集资金。然而，2016 年，WWP 因联合成本分配争议罢免了两名高管。

美国会计规则允许慈善机构将某些筹款邮件的成本作为公共利益服务成本进行分配，前提是募捐具有教育意义，并包含行动号召，如联系公职人员。邮寄成本是必须分配给项目、筹款或管理的联合成本。2015 年，WWP 报告称，3.08 亿美元（占其预算的 78%）用于退伍军人项目——慈善监管机构认为这一比例相当可观。然而，这一数额包括分配给教育项目的超过 4 700 万美元的筹款邮寄费用。除去这一部分，项目和服务只占 WWP 预算的 65%。

慈善机构认为，发生联合成本是有效率的，因为它将多个目标合并到一次活动中。另一些人则认为，联合成本让慈善机构夸大了工作的项目部分，误导了捐赠者，让他们相信为某项事业所做的贡献比实际贡献更多。

2016 年，当媒体曝光 WWP 的联合成本分配和一些可疑开支，包括花费数十万美元用于公关和游说活动时，为转移对其开支的批评，并努力限制 WPP 等慈善机构在管理费用上的支出，WPP 解雇了其首席执行官和首席运营官。到 2017 年，WPP 改变了项目费用比率的计算方式以更好地反映其活动。

资料来源：Dave Phillips, "Wounded Warrior Project Spends Lavishly on Itself, Insiders Say," *The New York Times* (January 27, 2016); "Wounded Warrior Veterans Aid Group Fires Executives Over Lavish Spending," *Los Angeles Times* (March 11, 2016); Bennett Weiner, "Can Mail Appeals Also Educate and Advocate?" BBB Wise Giving Alliance, *Wise Giving Guide* (Spring 2013); Mark Hrywna, "Grassley Praises WPP Management Changes," *The NonProfit Times*, May 24, 2017.

本章研究在联产品之间分配成本的方法。我们同时还研究一些成本数字如何适合一种目的（如对外报告），但可能不适合其他目的（如对联产品进一步加工的决策）。

17.1 联合成本基础

联合成本（joint costs）是指同时生产出多种产品的生产流程的成本。通过煤的蒸馏可以得到焦炭、天然气和其他产品，因此蒸馏过程的成本被称为联合成本。联合成本中的一个或多个产品能被分别确认（例如，当煤变成焦炭、天然气和其他产品）的时点就称为**分离点**（splitoff point）。**可分属成本**（separable costs）是在分离点之后发生的能归属于一个或多个单个产品的成本（如生产、营销与分销等成本）。在分离点或分离点之后，制定的销售或进一步加工单个产品的决策与其他产品决策无关。

如图表 17-1 中的例子所示，许多行业的生产流程同时生产出两种或更多种产品，要么在分离点，要么在进一步加工后。在每个例子中，虽然它们的比例可能不同，但都是没有联产品的出现便没有单个产品。联合成本法将联合成本分配给最终出售的单个产品。

图表 17-1 联合成本举例

行业	分离点处可分离的产品
农业与食品加工业	
可可豆	可可脂、可可粉、可可饮料、乳酪
羔羊	羊肉、羊肚、羊皮、羊骨、脂肪
猪	咸肉、火腿、排骨、烤肉
原奶	奶油、脱脂奶
木材	各种等级与形状的木材
火鸡	鸡胸、鸡翅、鸡腿、鸡内脏等
采掘业	
煤	焦炭、天然气、苯、焦油、氨

续表

行业	分离点处可分离的产品
铜矿石	铜、银、铅、锌
石油	原油、天然气
盐	氢、氯、苛性钠
化工业	
液化石油气	丁烷、乙烷、丙烷
原油	汽油、煤油、苯、石脑油
半导体业	
硅片芯片的制造	不同质量（容量）、速度、预期寿命和温度耐受性的存储芯片

联合生产过程的产出可分为两种：有正销售价值的产出与零销售价值的产出。① 例如，碳氢化合物的近海加工在形成石油、天然气的过程中也会产出水，而水具有零销售价值，它将回到海洋中进行循环利用。**产品**（product）描述的是有正销售价值（或者使公司避免成本发生，如中间化学产品作为另一个生产过程的投入品）的任何产出。当然，销售价值有高有低。

当联合生产过程中有一种产品与流程中其他产品相比有较高销售价值时，我们称这种产品为**主产品**（main product）。当联合生产过程中有多种产品与其他产品相比有较高销售价值时，则称这些产品为**联产品**（joint products）。联合生产过程中，与主产品或联产品相比具有很低销售价值的产品称为**副产品**（byproducts）。

例如，原木被加工为标准木材与木屑，因为与木屑相比标准木材具有较高的销售价值，所以标准木材是主产品，木屑是副产品。假如原木被加工为高级木材、标准木材与木屑，因为与木屑相比高级木材与标准木材都具有较高的销售价值，所以高级木材与标准木材是联产品，木屑是副产品。

主产品、联产品和副产品在实务中的区别并不是很明确。公司使用不同的标准来确定一个产品的相对销售价值是否足够高，产品是否可以被认为是一个联产品。例如，煤油是冶炼原油时得到的。基于对煤油销售价值与汽油和其他产品销售价值的比较，有些公司将煤油归为联产品，而其他公司把煤油归为副产品。而且，产品的分类——主产品、联产品、副产品会随时间发生变化，尤其是那些市价在一年内上升或下降 30％ 或更大幅度的低级芯片。当低级芯片的价格很高时，它们与高级芯片一起被视为联产品；当低级芯片价格大幅下降时，它们又被视为副产品。在实务中，理解一个具体公司的产品分类是很重要的。"观念实施：大数据联产品和副产品创造新的商机"描述了公司如何将基于数据的新业务分为联产品或副产品。

观念实施

大数据联产品和副产品创造新的商机

有远见的公司正在利用其数据创建新产品和业务线，作为其运营的副产品。对于一些公司来说，大数据的价值非常高，它是一种联产品，而不是副产品。

---

① 联合生产过程的许多产出具有"负"价值，因为要考虑它们的处置成本（比如，对无法销售的有毒物质进行特别处理的处置成本）。这些处置成本应该纳入联合生产成本中，然后将联合生产成本在主产品或联产品中进行分配。

例如，联合健康公司（UnitedHealth）通过重用其处理的保险索赔中包含的信息建立了新业务。这些汇总数据使制药公司能够了解它们的产品是如何使用的，效果如何，以及它们与竞争对手的竞争有多激烈。

类似地，丰田公司创建了一项利用在日本销售的汽车上安装的 GPS 导航设备的新业务。它可以捕捉汽车的速度和位置，并以每月起价 2 000 美元的价格向市政规划部门和公司运输车队出售交通数据。

嘉吉公司（Cargill）开发了一条新的数字产品线，以作为其向农民销售农作物种子的业务的补充。通过分析其种子在各种土壤和气候条件下的表现的庞大数据库，该公司开发了一个软件，为希望提高作物产量的农民提供定制化的建议。

公司越来越多地利用其数据来寻找可增加收入的产品增强功能，开发可拓宽客户关系的服务，甚至创建新业务，利用它们收集的大量数据为新客户服务。

资料来源：Alan Lewis and Dan McKone, *Edge Strategy*：*A New Mindset for Profitable Growth*（Boston, MA：Harvard Business School Press, 2016）.

17.2　分配联合成本

出于以下几个目的，联合成本被分配给单个产品或服务：

● 为了对内和对外报告，计算存货成本和产品销售成本。回想一下，在第 9 章中，财务会计和税务报告要求应用吸收成本法。将联合生产或加工成本分配给产品对于计算期末存货价值是必要的。

● 分析各部门的盈利能力，并评价部门管理者的业绩。

● 补偿一部分但非全部产品或服务在（比如说，与政府机构签订的）成本加成合同下需要补偿的企业。例如，从一个单一的捐赠者身上摘除多个器官的联合成本需要分配给不同的器官中心，因为医保病人的移植手术是在成本加成基础上补偿的。严格的规定通常确定了分配联合成本的方式。尽管如此，成本加成国防合同中的欺诈仍然是《联邦虚假索赔法案》（Federal False Claims Act）下最活跃的诉讼领域之一。通常的做法是"交叉收费"，即承包商将联合成本从"固定价格"国防合同转移到成本加成合同中。[①]

● 对一种或多种联产品或服务的价格或分配率进行管制。如采掘业和能源行业的产出价格受到管制，只能在包括联合成本分配的成本基础上获得一个固定的回报。在通信行业，企业的某些产品（如有线服务）受到价格管制，其他产品（如无线服务）不受管制。在这种情况下，必须分配联合成本，以确保成本没有从不受管制的服务转移到受管制的服务中。

● 对任何商业诉讼或保险结算情况来说，联产品或服务的成本都是关键信息。

17.3　联合成本的分配方法

分配联合成本有两种方法：

---

① 示例见 www.dodig.mil/iginformation/IGInformationReleases/3eSettlementPR.pdf。

● 方法 1：利用市场销售数据（例如销售收入）分配联合成本。本章将举例说明采用这一方法分配联合成本时的三种具体方法：

1. 分离点销售价值法；

2. 预计可实现净值法；

3. 固定毛利率可实现净值法。

● 方法 2：利用实物计量数据分配联合成本，实物指标有联产品的重量、数量（实物单位）或体积。

因果标准与受益标准通常指导成本分配决策（见图表 15 - 8）。在联合成本情况下，联合生产过程同时生产多种产品，单个产品之间也就不存在因果关系。受益标准导致管理者倾向于使用方法 1 下的具体方法，因为一般而言，与实物指标相比，收入是更好的受益指标。例如，矿业公司从 1 吨黄金中得到的收益大于从 10 吨煤炭中得到的收益。

在最简单的联合生产过程中，联产品在分离点被出售而不再进一步加工。对于这种情况，下面的例 1 说明了两种方法：分离点销售价值法和实物计量法。有时，联合生产过程产生出在分离点之后需要继续加工的产品。对于这种情况，后面的例 2 说明了预计可实现净值法和固定毛利率可实现净值法。为了关注关键概念，我们用的数字与数量比实务中要小。

采用以下符号来区别联产品、主产品与副产品：

联产品或主产品　　　　　　　　　副产品

例 1：Farmland 牛奶厂从各个农场购买原奶并加工到分离点，获得两种产品——奶油和脱脂奶。然后将两种产品卖给一家独立的公司，这家公司再把产品出售给超市和其他零售商。

2020 年 5 月，Farmland 牛奶厂利用最大生产能力加工原奶 110 000 加仑；在加工中由于蒸发、溢出等损耗 10 000 加仑，生产出 25 000 加仑奶油与 75 000 加仑脱脂奶。数据如下：

	A	B	C
1		**联合成本**	
2	联合成本（110 000加仑原奶加工至分离点的成本）	$400 000	
4		**奶油**	**脱脂奶**
5	期初存货（加仑）	0	0
6	生产量（加仑）	25 000	75 000
7	销售量（加仑）	20 000	30 000
8	期末存货（加仑）	5 000	45 000
9	每加仑销售价格	$8	$4

图表 17 - 2 描述了这个例子中的基本关系。

400 000 美元的联合成本应该分配多少给售出的 20 000 加仑奶油与 30 000 加仑脱脂奶，分配多少给期末 5 000 加仑奶油与 45 000 加仑脱脂奶存货呢？我们通过分离点销售价值法和实物计量法来分析。

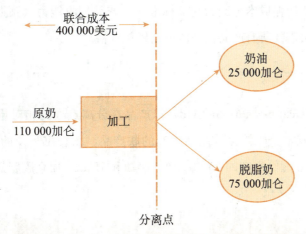

图表 17-2　例 1：Farmland 牛奶厂原奶加工及产出概览图

17.3.1　分离点销售价值法

分离点销售价值法（sales value at splitoff method）根据会计期间各产品总产量在分离点的相对销售价值来分配联合成本。图表 17-3 的 A 部分显示了联合成本如何分配到单个产品以计算每加仑奶油和脱脂奶的成本，并计算期末存货价值。这种方法使用的是会计期间全部产量的销售价值（25 000 加仑奶油和 75 000 加仑的脱脂奶），而不仅仅是销售量（20 000 加仑奶油和 30 000 加仑的脱脂奶）。这是因为发生的联合成本是用于生产所有的产品，不仅仅是那些在当期售出的产品。[①] 图表 17-3 的 B 部分描述了采用分离点销售价值法分配联合成本的产品线利润表。每一种产品的毛利率都是 20%，因为分离点销售价值法按照总产量销售价值比例分配联合成本到每一种产品（奶油：160 000÷200 000＝80%；脱脂奶：240 000÷300 000＝80%）。因此，2020 年 5 月生产的每一种产品的毛利率都是 20%。[②]

文件　开始　插入　页面布局　公式　数据　审阅　视图　帮助			
A	B	C	D
1　A部分：联合成本分配(采用分离点销售价值法)	**奶油**	**脱脂奶**	**合计**
2　所有产品在分离点的销售价值			
3　(25 000×8；75 000×4)	$200 000	$300 000	$500 000
4　权重(200 000÷500 000；300 000÷500 000)	0.4	0.6	
5　联合成本分配(0.40×400 000；0.60×400 000)	$160 000	$240 000	$400 000
6　每加仑联合生产成本			
7　(160 000÷25 000；240 000÷75 000)	$6.40	$3.20	
8			
9　B部分：2020年5月产品线利润表(采用分离点销售价值法)	**奶油**	**脱脂奶**	**合计**
10　收入（20 000×8；30 000×4）	$160 000	$120 000	$280 000
11　产品销售成本（联合成本）			
12　　生产成本(0.40×400 000；0.60×400 000)	$160 000	$240 000	$400 000
13　减：期末存货(5 000×6.40；45 000×3.20)	$ 32 000	$144 000	$176 000
14　产品销售成本（联合成本）	$128 000	$ 96 000	$224 000
15　毛利	$ 32 000	$ 24 000	$ 56 000
16　毛利率(32 000÷160 000；24 000÷120 000；56 000÷280 000)	20%	20%	20%

图表 17-3　2020 年 5 月 Farmland 牛奶厂联合成本分配和产品线利润表：采用分离点销售价值法

[①]　如果 Farmland 牛奶厂 2020 年 5 月拥有过剩的加工能力，如第 16 章中讨论的，它可以选择不将未使用生产能力的成本分配给单个产品。为了简化说明，我们在本章中假设过剩加工能力为零。

[②]　假设 2020 年 5 月 Farmland 牛奶厂的奶油和脱脂奶有期初存货，当这批存货被售出时，公司获取的毛利率不是 20%。那么，奶油和脱脂奶的毛利率将有所不同。相对毛利率取决于期初存货和当期产品的销售情况。

分离点销售价值法遵循成本分配的受益标准：按产品创收能力（预期收入）的比例将成本分配给产品。这种方法需要所有产品在分离点的销售价格。

17.3.2　实物计量法

实物计量法（physical-measure method）以产品在分离点处的相对重量、数量或体积等实物指标为基础将联合成本分配给会计期间生产的联产品。图表 17 - 4 的 A 部分显示了如何将 400 000美元联合成本分配给生产的 25 000 加仑奶油和 75 000 加仑脱脂奶，以计算每加仑奶油和脱脂奶的成本。

	A	B	C	D
		奶油	脱脂奶	合计
1	A部分：联合成本分配(采用实物计量法)			
2	所有产品实物指标（加仑）	25 000	75 000	100 000
3	权重(25 000÷100 000；75 000÷100 000)	0.25	0.75	
4	联合成本分配(0.25×400 000；0.75×400 000)	$100 000	$300 000	$400 000
5	每加仑联合生产成本(100 000÷25 000；300 000÷75 000)	$ 4.00	$ 4.00	
6				
7	B部分：2020年5月产品线利润表(采用实物计量法)	奶油	脱脂奶	合计
8	收入 (20 000×8；30 000×4)	$160 000	$120 000	$280 000
9	产品销售成本（联合成本）			
10	生产成本(0.25×400 000；0.75×400 000)	$100 000	$300 000	$400 000
11	减：期末存货(5 000×4；45 000×4)	$ 20 000	$180 000	$200 000
12	产品销售成本（联合成本）	$ 80 000	$120 000	$200 000
13	毛利	$ 80 000	$ 0	$ 80 000
14	毛利率(80 000÷160 000；0÷120 000；80 000÷280 000)	50%	0%	28.6%

图表 17 - 4　2020 年 5 月 Farmland 牛奶厂联合成本分配和产品线利润表：采用实物计量法

由于实物计量法是基于加仑数对联合成本进行分配，所以这两种产品每加仑的成本是相同的。图表 17 - 4 的 B 部分列出了实物计量法下的产品线利润表。奶油和脱脂奶的毛利率分别是 50% 和 0。

从受益标准看，分离点销售价值法优于实物计量法。为什么？单个产品的实物指标可能与其各自的创收能力无关。设想有一个矿藏，挖出的矿石含有金、银、铅。如果采用实物指标（吨）分配联合成本，将导致几乎所有的成本分配给最重的产品铅，而实际上铅的创收能力是最低的。这种成本分配方法与公司发生成本的主要原因不一致——公司通过金、银而不是铅来获取收入。当使用实物计量法时，每吨销售价值高的产品，如金和银，会显示更高的利润，而每吨销售价值低的产品，如铅，则会显示大额亏损。

获得所有产品可比较的实物计量数据并不总是容易的。例如，在石油和天然气作为联产品的情况下，石油是液体而天然气是一种气体。为了采用实物计量，需要将天然气与石油转换成英制热量单位的能量当量。

管理者必须决定联合生产过程中的哪些产品要包含在实物计量中，不具有价值的产出（如采矿中的尘土）总是被排除在外。虽然尘土比金子有更大的产出量，但是无价值的产出也不会承担成本。副产品也往往排除在实物计量之外，因为它们的价值相对于联产品或主产品来说更低。一般规则是在加权计算中仅包括联产品产出的实物计量。

小练习 17 - 1

默克化工公司（Merk Chemicals）将冷杉树脂加工成三种产品：印刷油墨、清漆和黏合剂。6 月份，该公司的联合加工成本为 960 000 美元，其他信息如下：

产品	产量（升）	分离点销售价值
印刷油墨	30 000	$240 000
清漆	30 000	$144 000
黏合剂	15 000	$ 96 000

如果该公司使用实物计量法与分离点销售价值法，分别计算分配给每种产品的联合成本。

17.3.3　预计可实现净值法

在很多情况下，为了使产品具有可销售的形式或高于分离点处的价值，需要将产品进一步加工。例如，提炼原油后，汽油、煤油、苯和石脑油在售出前需要进一步加工。为了举例说明，我们扩展 Farmland 牛奶厂的例子。

例 2：除了奶油和脱脂奶可被进一步加工以外，其他数据与例 1 相同。

● 奶油→黄油：25 000 加仑的奶油被进一步加工生成 20 000 加仑黄油，附加加工成本为 280 000 美元，黄油以每加仑 25 美元出售。

● 脱脂奶→浓缩奶：75 000 加仑脱脂奶被进一步加工生成 50 000 加仑浓缩奶，附加加工成本为 520 000 美元，浓缩奶以每加仑 22 美元出售。

● 2020 年 5 月销售 12 000 加仑黄油和 45 000 加仑浓缩奶。

图表 17 - 5 的 A 部分描述了在联合生产过程中原奶被转化为奶油与脱脂奶，奶油与脱脂奶又被分别进一步加工成黄油和浓缩奶的基本关系。B 部分提供了例 2 中的数据。

A 部分：例 2 流程的图示

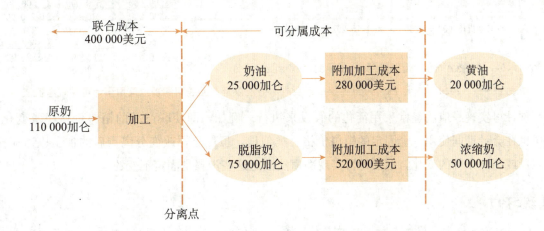

B 部分：例 2 中的数据

	A	B	C	D	E
1		**联合成本**		**黄油**	**浓缩奶**
2	联合成本（110 000加仑原奶加工至分离点的成本）	$400 000			
3	25 000加仑奶油加工成20 000加仑黄油的可分属成本			$280 000	
4	75 000加仑脱脂奶加工成50 000加仑浓缩奶的可分属成本				$520 000
5					
6		**奶油**	**脱脂奶**	**黄油**	**浓缩奶**
7	期初存货（加仑）	0	0	0	0
8	产量（加仑）	25 000	75 000	20 000	50 000
9	进一步加工（加仑）	25 000	75 000		
10	销售量（加仑）			12 000	45 000
11	期末存货（加仑）	0	0	8 000	5 000
12	每加仑销售价格	$8	$4	$25	$22

图表 17‑5 例 2：Farmland 牛奶厂原奶加工及产出概览图

预计可实现净值法（net realizable value（NRV）method）是以会计期间联合生产得到的产品的相应预计可实现净值（预计最终销售价值减去可分属成本）为基础的联合成本分配法。当我们不知道一种或多种产品在分离点处的市场销售价格时，预计可实现净值法通常优于分离点销售价值法。图表 17‑6 的 A 部分使用预计可实现净值法将联合成本分配到单个产品以计算每加仑黄油和浓缩奶的成本。B 部分显示了产品线利润表：黄油的毛利率为 22.0%，浓缩奶的毛利率为 26.4%。

	A	B	C	D
1	**A 部分：联合成本分配（采用预计可实现净值法）**	**黄油**	**浓缩奶**	**合计**
2	会计期间所有产品的最终销售价值			
3	(20 000×25；50 000×22)	$500 000	$1 100 000	$1 600 000
4	减：可分属成本	$280 000	$ 520 000	$ 800 000
5	分离点的预计可实现净值	$220 000	$ 580 000	$ 800 000
6	权重(220 000÷800 000；580 000÷800 000)	0.275	0.725	
7	联合成本分配(0.275×400 000；0.725×400 000)	$110 000	$ 290 000	$ 400 000
8	每加仑生产成本			
9	((110 000+280 000)÷20 000；(290 000+520 000)÷50 000)	$ 19.50	$ 16.20	
10				
11	**B 部分：2020年5月产品线利润表（采用预计可实现净值法）**	**黄油**	**浓缩奶**	**合计**
12	收入（12 000×25；45 000×22）	$300 000	$ 990 000	$1 290 000
13	产品销售成本			
14	联合成本(0.275×400 000；0.725×400 000)	$110 000	$ 290 000	$ 400 000
15	可分属成本	$280 000	$ 520 000	$ 800 000
16	生产成本	$390 000	$ 810 000	$1 200 000
17	减：期末存货(8 000×19.50 5 000×16.20)	$156 000	$ 81 000	$ 237 000
18	产品销售成本	$234 000	$ 729 000	$ 963 000
19	毛利	$ 66 000	$ 261 000	$ $327 000
20	毛利率(66 000÷300 000；261 000÷990 000；327 000÷1 290 000)	22.0%	26.4%	25.3%

图表 17‑6 2020 年 5 月 Farmland 牛奶厂联合成本分配以及产品线利润表：采用预计可实现净值法

预计可实现净值法经常采用简化的假设来执行。例如，即使联产品的销售价格经常变化，公司也在会计期间使用一套固定的销售价格。类似地，虽然公司改变分离点后的加工以适应投入质量或当地条件的变化，但预计可实现净值法假定这些步骤是固定不变的。

小练习 17‑2

Green Stripe 公司将番茄加工成番茄酱、番茄汁和番茄罐头。2020 年 7 月，加工番茄的联合成本为 4 172 000 美元。该公司没有存货，生产和销售信息如下：

产品	产量（箱）	分离点销售价值	可分属成本	售价
番茄酱	200 000	$6/箱	$3/箱	$24/箱
番茄汁	350 000	$8/箱	$5/箱	$25/箱
番茄罐头	400 000	$5/箱	$3/箱	$10/箱

如果该公司使用预计可实现净值法，计算分配给每种产品的联合成本。每种产品的单位成本是多少？

17.3.4　固定毛利率可实现净值法

固定毛利率可实现净值法（constant gross-margin percentage NRV method）对所有产品都采用相同的毛利率来将联合成本分配给联产品。这种方法首先计算共同毛利，然后从每种产品的最终产品销售价值中减去毛利和可分属成本，最后得到应分配的联合成本。图表 17 - 7 的 A 部分列示了 Farmland 牛奶厂例子中使用这种方法在黄油和浓缩奶之间分配 400 000 美元联合成本的三个步骤。我们描述每一步骤时都参考该部分图表。

步骤 1：计算共同毛利率。 本步骤基于会计期间总产量的最终销售价值而不是期间的总收入计算所有联产品的共同毛利率。因此，图表 17 - 7 的 A 部分中使用黄油和浓缩奶全部产出的最终预计销售价值 1 600 000 美元而不是 5 月的实际销售总额 1 290 000 美元。

步骤 2：计算每种产品的总生产成本。 运用毛利率乘以各种产品的最终预计销售价值计算出各种产品的毛利。对于每种产品，从产品最终销售价值中减去毛利，得到产品的总生产成本。

步骤 3：计算分配的联合成本。 对于每种产品，产品总生产成本减去每种产品的预计可分属成本等于该产品应分配的联合成本。

图表 17 - 7 的 B 部分是采用固定毛利率可实现净值法的产品线利润表。

	A	B	C	D
1	**A部分：联合成本分配（采用固定毛利率可实现净值法）**			
2	**步骤1：**			
3	会计期间产品最终销售价值 （（20 000×25）＋（50 000×22））	$1 600 000		
4	减：联合成本和可分属成本（400 000＋280 000＋520 000）	$1 200 000		
5	毛利	$　400 000		
6	毛利率（400 000÷1 600 000）	25%		
7		黄油	浓缩奶	合计
8	**步骤2：**			
9	会计期间产品最终销售价值（20 000×25　50 000×22）	$　500 000	$1 100 000	$1 600 000
10	减：毛利（用总毛利率计算，25%×500 000；25%×1 100 000）	$　125 000	$　275 000	$　400 000
11	总生产成本	$　375 000	$　825 000	$1 200 000
12	**步骤3：**			
13	减：可分属成本	$　280 000	$　520 000	$　800 000
14	分配的联合成本	$95 000	$　305 000	$　400 000
15				
16	**B部分：2020年5月产品线利润表（采用固定毛利率可实现净值法）**	黄油	浓缩奶	合计
17	收入（12 000×25；45 000×22）	$　300 000	$　990 000	$1 290 000
18	产品销售成本			
19	联合成本（见A部分）	$　95 000	$　305 000	$　400 000
20	可分属成本	$　280 000	$　520 000	$　800 000
21	生产成本	$　375 000	$　825 000	$1 200 000
22	减：期末存货			
23	（8 000×18.75[a]；5 000×16.50[b]）	$　150 000	$　82 500	$　232 500
24	产品销售成本	$　225 000	$　742 500	$　967 500
25	毛利	$　75 000	$　247 500	$　322 500
26	毛利率（75 000÷300 000；247 500÷990 000；322 500÷1 290 000）	25%	25%	25%
27				
28	a. 黄油生产成本÷黄油产量＝375 000÷20 000＝18.75。			
29	b. 浓缩奶生产成本÷浓缩奶产量＝825 000÷50 000＝16.50。			

图表 17 - 7　2020 年 5 月 Farmland 牛奶厂联合成本分配以及产品线利润表：采用固定毛利率可实现净值法

固定毛利率可实现净值法是产品可能分到负的联合成本的唯一一种方法。这可能需要将相对不盈利的产品的毛利率提高到整体平均水平。固定毛利率可实现净值法也是能同时分配联合成本和利润的唯一一种方法——将相同的毛利率分配给每个产品，以确定联合成本分配。分配联合成本时，分离点销售价值法与预计可实现净值法都不考虑分离点前后的利润。

小练习 17 - 3

再次考虑 Green Stripe 公司，其 2020 年的信息与小练习 17 - 2 中的信息相同，假设公司使用固定毛利率可实现净值法，计算分配给每种产品的联合成本。

17.4 分配方法的选择

应该选用哪种方法来分配联合成本呢？如果存在销售价格数据，即使进行了进一步加工，最好还是采用分离点销售价值法。原因如下：

1. 衡量受益。 因为公司在分离点发生成本以创造收入，因此相对于联合成本的其他分配方法（如实物计量法），分离点销售价值是衡量联产品受益的最佳标准。有时，增加或减少联合成本会影响联产品实物组合与市场价值。在此情况下，总成本与分离点销售价值之间有一种清晰的因果关系。[①]

2. 与进一步加工决策无关。 分离点销售价值法不要求知道分离点后进一步加工的信息。相反，预计可实现净值法与固定毛利率可实现净值法要求知道以下信息：（1）进一步加工决策的详细步骤；（2）进一步加工的可分属成本；（3）确认单个产品销售的时点。

3. 共同分配基础。 与其他基于市场的分配方法一样，在分离点销售价值法中，收入是分配联合成本的一个方便的共同基础。相反，实物计量法可能缺少一个容易识别的共同成本分配基础。

4. 简明。 分离点销售价值法比较简单。相反，预计可实现净值法与固定毛利率可实现净值法在多个产品和多个分离点情况下使用起来十分复杂。当管理者对于分离点后的加工步骤或单个产品的销售时点经常调整时，复杂程度还会增加。

若所有产品分离点的销售价格都不可获得，预计可实现净值法是最好的选择。预计可实现净值法企图通过从最终销售价格中减去分离点后的各种产品的可分属成本来接近分离点的销售价格。它假定所有的加成（毛利）都归属于联合生产过程，没有加成归属于可分属过程和成本。但是这是不现实的，例如，假设企业在可分属过程中采用一种特殊的专利技术或创新营销手段产生了可观的利润。尽管有这些限制，但当不能得到分离点的销售价格时，还是常常使用预计可实现净值法，因为与固定毛利率可实现净值法和实物计量法相比，它提供了更好地衡量受益的一个指标。

固定毛利率可实现净值法将联产品视为单一产品。此方法计算总毛利率，将毛利率应用到

---

① 例如，在半导体行业，更清洁设施的使用、更高质量的硅晶片和更复杂的设备（所有这些都需要更高的联合成本）将产出的分配转向有着更高市场价值的更高质量的存储设备。更多细节见 James F. Gatti and D. Jacque Grinnell, "Joint Cost Allocations: Measuring and Promoting Productivity and Quality Improvements," *Journal of Cost Management* (2000)。作者也证明，基于市场价值的联合成本分配有助于促进质量和生产率的提高。

各种产品，将减去可分属成本后的剩余视为分配给各产品的联合成本总额。与预计可实现净值法不同，此方法不需要衡量各种联产品在分离点的收益。固定毛利率可实现净值法的优点是确认利润率既归属于联合过程，也归属于分离后的分离过程；它的缺点是假定所有产品的利润率（和成本收入比）是相同的。回想一下在第 5 章中我们对作业成本法的讨论，当公司生产多系列产品时，这种情形是十分少见的。

虽然采用实物计量法有些困难，如不能与受益标准保持一致，但在有些情况下还是采用它，如在价格波动或分离后的过程冗长或不确定，以及所有产品都有可比的实物指标时。例如，在化工和石油精炼行业就是这样的。当联合成本分配被用作设定市场价格的基础，如在费率监管中，实物计量法也是有用的。它避免了使用销售价格来分配作为价格（费率）基础的成本的循环论证。

不分配联合成本

由于生产工艺复杂，且难以收集正确分配成本所需的足够数据，有些公司选择不将联合成本分配给产品。例如，对挪威的九家锯木厂的调查显示，没有一家分配联合成本。调查者特别提道："受访的锯木厂负责人认为联合成本问题非常有趣，但是他们说这个问题不容易解决。"[①]

诸如肉类包装、罐头和采矿行业的某些公司不分配联合成本，只是简单地把联合成本从管理账户的总收入中直接减掉，并利用预计可实现净值计算存货价值。采用预计可实现净值法记录存货需要确认产品销售前的损益。为了解决这一问题，某些公司用预计可实现净值减去估计的毛利作为存货的账面价值。当期末存货在下一期间被售出时，销售成本便等于这种账面价值。这种方法类似于本章后面介绍的核算副产品的生产法。

17.5　为什么联合成本与决策无关

第 12 章介绍过相关收入与相关成本（它们是不同行动方案带来的不同的预期收入和预期成本）概念。我们应用这些概念决定是在分离点销售联产品或主产品，还是对其进行进一步加工。

17.5.1　出售还是进一步加工的决策

考虑在分离点时，Farmland 牛奶厂是决定销售联产品奶油和脱脂奶还是将其进一步加工成黄油和浓缩奶。在例 2 中，分别将奶油和脱脂奶进一步加工成黄油和浓缩奶是有利可图的。分离点后进一步加工的增量营业利润如下：

将奶油进一步加工成黄油

增量收入（25×20 000－8×25 000）	＄300 000
减：增量加工成本	＄280 000
黄油增加的营业利润	＄ 20 000

---

①　更多细节见 Torgrim Tunes，Anders Q. Nyrud，and Birger Eikenes，"Cost and Performance Management in the Sawmill Industry," *Scandinavian Forest Economics*（2006）。

将脱脂奶进一步加工成浓缩奶

增量收入（22×50 000－4×75 000）	$800 000
减：增量加工成本	$520 000
浓缩奶增加的营业利润	$280 000

本例中，对两种产品进一步加工增加了营业利润，所以管理者应该将奶油和脱脂奶进一步加工成黄油和浓缩奶。注意，发生在分离点前的 400 000 美元联合成本与是否进一步加工的决策无关。为什么无关？因为不管是否进一步加工，400 000 美元的联合成本都会发生。重要的是来自进一步加工的增量利润。

增量成本是一项活动（如进一步加工）发生的额外成本。不要认为联合成本分配中的所有可分属成本都是增量成本：有些可分属成本可能是固定成本，如进一步加工所在的建筑物的租金成本；有些可分属成本可能是沉没成本，如将奶油进一步加工成黄油的设备折旧；有些可分属成本可能是已分配的成本，如分配给浓缩奶加工作业的公司成本。不管选择在分离点销售还是进一步加工，这些成本都是一样的。因此，联合成本与是否进一步加工的决策是不相关的。

17.5.2 决策制定与业绩评价

制定决策使用的成本概念与评价管理者业绩使用的成本概念在制定销售或进一步加工决策中有着潜在的冲突。沿用例 2，假设将奶油进一步加工成黄油的固定公司和管理成本为 30 000 美元，并且只有在生产黄油时，这些成本才会被分配给黄油和管理者的产品线利润表。这将如何影响进一步加工的决策？

正如我们所看到的，在增量收入与增量成本基础上，通过将奶油加工成黄油，Farmland 牛奶厂的营业利润增加了 20 000 美元。然而，生产黄油导致额外分配来 30 000 美元的固定成本。如果根据所有成本基础（全部成本分配后）评价管理者，将奶油加工成黄油将导致管理者的业绩变为－10 000 美元（增量营业利润 20 000 美元－分配的固定成本 30 000 美元）。所以，管理者可能倾向于直接将奶油销售而不是进一步加工成黄油。

联产品也会出现相似的冲突。在例 1 中，假设 Farmland 牛奶厂销售原奶可获得利润 20 000 美元。从制定决策的角度而言，Farmland 牛奶厂应该将原奶加工成奶油和脱脂奶，因为销售两种联产品的总收入（500 000 美元，见图表 17-3）超过总的联合成本（400 000 美元）100 000 美元，大于销售原奶获得的 20 000 美元利润。但是，假定奶油与脱脂奶产品线由不同的管理者管理，并且都基于产品线盈利能力来评价他们的业绩。如果采用实物计量法来分配联合成本，脱脂奶的单位销售价格下降到 4 美元以下，脱脂奶产品线将会亏损（收入将少于 120 000 美元，而销售成本仍然是 120 000 美元，见图表 17-4）。从业绩衡量角度而言，脱脂奶产品线的管理者将倾向于直接销售原奶而不是将其进一步加工成脱脂奶。

如果 Farmland 牛奶厂采用基于市场标准的联合成本分配方法——分离点销售价值法、预计可实现净值法或固定毛利率可实现净值法，业绩衡量冲突可能不会那样激烈。因为这些方法是根据收入来分配成本的，而收入通常会导致每种联产品有正利润。

17.5.3 定价决策

联合成本是根据一些便利的分配基础而不是每个联产品使用资源的因果标准分配给产品的。

因此，这些成本不是定价决策的可用依据。如果使用分离点销售价值法或预计可实现净值法分配联合成本，那么联产品的销售价格将决定联合成本的分配，而不是将成本分配作为联产品定价的基础。当然，正如我们在第 14 章中看到的，长期内联产品必须产生足够多的联合收入以补偿加工的联合成本。

17.6　副产品会计核算

联合生产过程可能不仅产出联产品与主产品，也产出副产品。虽然副产品的销售价值相对较低，但是联合生产过程中副产品的存在会影响联合成本的分配。而且，对企业来说，副产品可能相当有利可图。快餐连锁店温迪（Wendy's）将富余的汉堡包肉饼用于制作碎肉辣椒，因为制作碎肉辣椒所需的烤肉时间很短，所以即使一份 8 盎司的碎肉辣椒的价格仅为 0.99 美元，也能赚取大量利润。

让我们考虑两种产品（一种主产品与一种副产品）的例子。

例 3：Westlake 公司将木材加工成精细木料和木片，用作花园和草地的护盖物。

- 精细木料（主产品）——每板英尺售 6 美元。
- 木片（副产品）——每立方英尺售 1 美元。

2020 年 7 月数据如下：

	期初存货	生产量	销售量	期末存货
精细木料（板英尺）	0	50 000	40 000	10 000
木片（立方英尺）	0	4 000	1 200	2 800

2020 年 7 月这些产品的联合生产成本为 250 000 美元，包括直接材料成本 150 000 美元与加工成本 100 000 美元。如图表 17-8 所示，两种产品没有进一步加工而是在分离点销售。

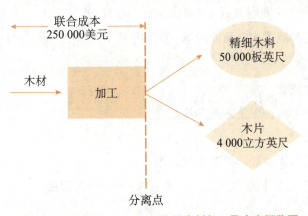

图表 17-8　例 3：Westlake 公司木材加工及产出概览图

我们提供了副产品会计核算的两种方法：生产法和销售法。生产法在生产完成时在财务报表中确认副产品，销售法在销售时确认副产品。[1] 图表 17-9 提供了 Westlake 公司两种方法下

---

[1]　关于联合成本分配和副产品会计处理方法的讨论，见 P. Douglas Marshall and Robert E. Dombrowski，"A Small Business Review of Accounting for Primary Products，Byproducts and Scrap，"*The National Public Accountant*（February/March 2003）：10-13。

的利润表。

图表 17-9　2020 年 7 月 Westlake 公司用生产法和销售法核算副产品的利润表

	生产法	销售法
收入		
主产品：精细木料（40 000×6）	$ 240 000	$ 240 000
副产品：木片（1 200×1）	——	$ 1 200
总收入	$ 240 000	$ 241 200
产品销售成本		
总生产成本	$ 250 000	$ 250 000
减：副产品收入与存货（4 000×1）	$ (4 000)	——
净生产成本	$ 246 000	$ 250 000
减：主产品存货	$(49 200)[a]	$(50 000)[b]
产品销售成本	$ 196 800	$ 200 000
毛利	$ 43 200	$ 41 200
毛利率（43 200÷240 000；41 200÷241 200）	18.00%	17.08%
存货成本（期末）		
主产品：精细木料	$ 49 200	$ 50 000
副产品：木片（2 800×1）[c]	$ 2 800	$ 0

a. 10 000÷50 000×净生产成本=10 000÷50 000×246 000=49 200（美元）。
b. 10 000÷50 000×总生产成本=10 000÷50 000×250 000=50 000（美元）。
c. 以销售价格记录。

17.6.1　生产法：生产完成时确认副产品

2020 年 7 月，这种方法在财务报表中确认本月生产出的 4 000 立方英尺木片。生产出的副产品的预计可实现净值冲减了主产品的成本。下面的会计分录说明了这种方法：

　1. 借：在产品　　　　　　　　　　　　　　　　　　　　　　　150 000
　　　　贷：应付账款　　　　　　　　　　　　　　　　　　　　　　　150 000
记录 7 月生产中购买和使用的直接材料。

　2. 借：在产品　　　　　　　　　　　　　　　　　　　　　　　100 000
　　　　贷：应付工资和累计折旧等相关账户　　　　　　　　　　　　　100 000
记录 7 月生产过程中的加工成本，包括能源、制造供应、总直接人工与厂房折旧等成本。

　3. 借：副产品存货——木片（4 000×1）　　　　　　　　　　　　4 000
　　　　产成品——精细木料（250 000-4 000）　　　　　　　　　246 000
　　　贷：在产品（150 000+100 000）　　　　　　　　　　　　　　250 000
记录 7 月产成品的成本。

　4a. 借：产品销售成本（（4 000÷5 000）×246 000）　　　　　196 800
　　　　贷：产成品——精细木料　　　　　　　　　　　　　　　　　196 800

记录 7 月主产品的销售成本。

| 4b. 借：现金或应收账款（40 000×6） | 240 000 | |
| 　　贷：收入——精细木料 | | 240 000 |

记录 7 月主产品的销售收入。

| 5. 借：现金或应收账款（1 200×1） | 1 200 | |
| 　　贷：副产品存货——木片 | | 1 200 |

记录 7 月副产品的销售。

这种方法在资产负债表中以每立方英尺 1 美元的销售价格报告副产品木片存货 2 800 美元（（4 000－1 200）×1）。

这种方法的一种变异是以预计可实现净值减去使用正常的利润率，比如说 20％ 计算的利润（2 800－20％×2 800＝2 240）来报告副产品存货。当副产品存货在后来期间销售时，利润表将销售价格 2 800 美元与报告副产品存货的“成本”2 240 美元匹配，产生副产品营业利润 560 美元（2 800－2 240）。[①]

图表 17-9 中副产品存货的扣除额为 3 200 美元（80％×4 000），因此净制造成本等于 246 800 美元（250 000－3 200）。产品销售成本等于 197 440 美元（（40 000÷50 000）×246 800）。

17.6.2　销售法：销售时确认副产品

这种方法直到副产品销售时才进行会计记录。在销售时，副产品收入作为其他收入或产品销售成本的冲减额计入利润表。在 Westlake 公司的例子中，2020 年 7 月，生产的 4 000 立方英尺木片中有 1 200 立方英尺木片被售出，则副产品销售收入为 1 200 美元（1 200×1）。会计分录如下：

1. 和 2. 与生产法相同。

借：在产品	150 000	
贷：应付账款		150 000
借：在产品	100 000	
贷：应付工资和累计折旧等相关账户		100 000

| 3. 借：产成品——精细木料 | 250 000 | |
| 　　贷：在产品 | | 250 000 |

记录 7 月的产成品成本。

| 4a. 借：产品销售成本（（40 000÷50 000）×250 000） | 200 000 | |
| 　　贷：产成品——精细木料 | | 200 000 |

记录 7 月主产品的销售成本。

4b. 与生产法相同。

| 借：现金或应收账款（40 000×6） | 240 000 | |
| 　贷：收入——精细木料 | | 240 000 |

---

① 这种变异方法假设所有的产品都有相同的“正常”利润率，就像固定毛利率可实现净值法一样。另外一种方法是，根据对那些将产品作为单个产品销售的其他公司的利润分析，公司允许不同的产品有不同的利润率。

5. 借：现金或应收账款   1 200

      贷：收入——木片   1 200

记录 7 月副产品的销售收入。

    公司应该使用哪种方法？核算副产品的生产法与匹配原则一致，是首选的方法。这种方法确认会计期间生产的副产品存货，同时减少了主产品或联产品的生产成本，使主产品的销售收入和成本更好地匹配。销售法更简单，实务中应用得更多，因为副产品价值很小。这种方法的缺点是它允许公司通过安排销售副产品的时间来"管理"报告利润。例如，公司可以将副产品存放几个期间，然后在主产品或联产品的收入和利润很低时销售副产品。

小练习 17-4

    Canyon Resources 公司开采铜矿。它的冶炼过程还产生了一种副产品钼，可以出售。两种产品——铜和钼都在分离点销售。

    该公司于 2020 年 11 月开始运营，没有存货，当月运营支出为 600 000 美元。该公司 11 月份的生产和销售信息如下：

	产量（吨）	销量（吨）	单位售价
铜	26 000	20 800	$32
钼	4 250	3 250	$10

在副产品会计核算生产法和销售法下，该公司的毛利是多少？

自测题

    Inorganic 化学药品厂购买盐并把它加工成多种工业品。2020 年 7 月，Inorganic 化学药品厂购买了一批盐，并将其转化为两种产品：氢氧化钠和氯。虽然氯的外部市场很活跃，但 Inorganic 化学药品厂选择将生产的全部 800 吨氯加工成 500 吨聚氯乙烯（PVC），然后再出售。7 月份，盐、氢氧化钠、氯或聚氯乙烯都没有期初存货。2020 年 7 月的生产和销售数据如下：

	A	B	C	D
1	使用分离点销售价值法的联合成本分配		联合成本	聚氯乙烯
2	联合成本（盐加工到分离点前的成本）	$100 000		
3	800吨氯加工成500吨聚氯乙烯的可分属加工成本			$20 000
4				
5		氢氧化钠	氯	聚氯乙烯
6	期初存货（吨）	0	0	0
7	产量（吨）	1 200	800	500
8	进一步加工（吨）		800	
9	销售量（吨）	1 200		500
10	期末存货（吨）	0	0	0
11	外部活跃市场上的每吨售价（产品没有实际售出）		$75	
12	售出产品的每吨售价	$50		$200

要求：

1. 按如下方法将 100 000 美元的联合成本在氢氧化钠和氯之间进行分配：（1）分离点销售价值法；（2）实物计量法（吨）。

2. 在预计可实现净值法下将 100 000 美元的联合成本在苛性钠和氯之间进行分配。

3. 在要求 1 和 2 的三种分配方法下，氢氧化钠和聚氯乙烯的毛利率分别是多少？

4. Lifetime Swimming Pool Products 公司 2020 年 8 月要求以每吨 75 美元的价格购买 800 吨氯。假设 8 月份的其他生产和销售数据与 7 月相同。Inorganic 化学药品厂将氯销售给该公司意味着 8 月将不再生产聚氯乙烯。接受此项业务将如何影响 Inorganic 化学药品厂 8 月的营业利润？

解答：

下图直观地呈现了本题中的主要事实。

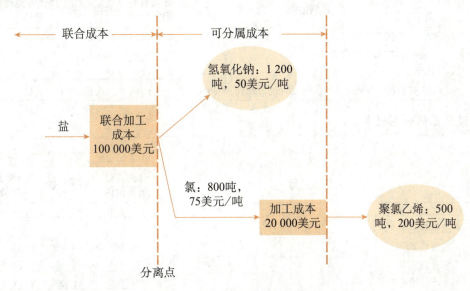

注意，氢氧化钠被出售，而氯在加工成聚氯乙烯后出售，尽管它在分离点有市价。目标是将 100 000 美元的联合成本分配给最终产品氢氧化钠和聚氯乙烯。但是，在分离点处，聚氯乙烯只以氯的形式存在，因此在分离点销售价值法和实物计量法下，我们用氯的销售价值和实物计量向聚氯乙烯分配联合成本。

1a. 分离点销售价值法：

	A	B	C	D
1	**使用分离点销售价值法的联合成本分配**	**氢氧化钠**	**聚氯乙烯/氯**	**合计**
2	分离点处销售价值			
3	(1 200×50；800×75)	$60 000	$60 000	$120 000
4	权重(60 000÷120 000；60 000÷120 000)	0.50	0.50	
5	分配的联合成本(0.5×100 000；0.5×100 000)	$50 000	$50 000	$100 000

1b. 实物计量法：

	A	B	C	D
8	**使用实物计量法的联合成本分配**	**氢氧化钠**	**聚氯乙烯/氯**	**合计**
9	总产量实物计量(吨)	1 200	800	2 000
10	权重(1 200÷2 000；800÷2 000)	0.60	0.40	
11	分配的联合成本(0.6×100 000；0.4×100 000)	$60 000	$40 000	$100 000

2. 预计可实现净值法：

	A	B	C	D
14	**使用预计可实现净值法的联合成本分配**	**氢氧化钠**	**聚氯乙烯**	**合计**
15	会计期间产品最终销售价值			
16	（1 200×50；500×200）	$60 000	$100 000	$160 000
17	减：可分属成本	$ 0	$ 20 000	$ 20 000
18	分离点处预计可实现净值	$60 000	$ 80 000	$140 000
19	权重（60 000÷140 000；80 000÷140 000）	3/7	4/7	
20	联合成本分配（3/7×100 000；4/7×100 000）	$42 857	$ 57 143	$100 000

3a. 氢氧化钠的毛利率：

	A	B	C	D
23	**氢氧化钠**	**分离点处销售价值**	**实物计量**	**预计可实现净值**
24	收入（1 200×50）	$60 000	$60 000	$60 000
25	产品销售成本（联合成本）	$50 000	$60 000	$42 857
26	毛利	$10 000	$ 0	$17 143
27	毛利率（10 000÷60 000；0÷60 000；17 143÷60 000）	16.67%	0.00%	28.57%

3b. 聚氯乙烯的毛利率：

	A	B	C	D
30	**聚氯乙烯**	**分离点处销售价值**	**实物计量**	**预计可实现净值**
31	收入（500×200）	$100 000	$100 000	$100 000
32	产品销售成本			
33	联合成本	$ 50 000	$ 40 000	$ 57 143
34	可分属成本	$ 20 000	$ 20 000	$ 20 000
35	产品销售成本	$ 70 000	$ 60 000	$ 77 143
36	毛利	$ 30 000	$ 40 000	$ 22 857
37	毛利率（30 000÷100 000；40 000÷100 000；22 857÷100 000）	30.00%	40.00%	22.86%

4. 销售氯或加工成聚氯乙烯：

A	B
800吨氯加工成500吨聚氯乙烯的增量收入	
（500×200 − 800×75）	$40 000
800吨氯加工成500吨聚氯乙烯的增量成本	$20 000
进一步加工的增量营业利润	$20 000

如果 Inorganic 化学药品厂将 800 吨氯出售给 Lifetime Swimming Pool Products 公司而不是进一步加工成聚氯乙烯，2020 年 8 月它的营业利润将减少 20 000 美元。

决策要点

下面的问答形式是对本章学习目标的总结，"决策"代表与学习目标相关的关键问题，"指南"则是对该问题的回答。

决策	指南
1. 什么是联合成本与分离点？联产品和副产品有何不同？	联合成本是单一生产过程生产多种产品时所发生的成本。分离点是指生产过程中产品可以被分别确认的时点。联产品在分离点具有较高的销售价值。与联产品或主产品的销售价值相比，副产品在分离点具有较低的销售价值。
2. 为什么将联合成本分配给单个产品？	将联合成本分配给单个产品出于以下几个目的：对内与对外报告的存货成本和产品销售成本计算、基于合同的成本补偿、保险结算和价格管制及产品成本诉讼等。
3. 分配联合成本可以采用哪些方法？	分配联合成本的方法包括分离点销售价值法、预计可实现净值法、固定毛利率可实现净值法与实物计量法。
4. 什么时候采用分离点销售价值法分配联合成本？为什么？	分离点处的市场价格存在时将采用分离点销售价值法，因为采用收入因素与受益标准相一致，而且该方法简单，不依赖于随后是否进一步加工的决策。
5. 在出售或进一步加工决策中联合成本是否相关？	不相关。因为无论是否进一步加工，联合成本都是相同的，所以联合成本及它们如何分配与是否进一步加工的决策是不相关的。
6. 可以采用什么方法对副产品进行会计核算？哪种方法更好？	生产法在生产时在财务报表中确认副产品，而销售法在销售时在财务报表中确认副产品。生产法在概念上更胜一筹，但因为副产品的价值很小，在实务中经常采用销售法。

习　题

17-23　预计可实现净值法。Sweeney 是世界领先的玉米精炼公司之一。它用共同的生产程序生产联产品玉米糖浆和玉米粉。2020 年 7 月公司报告如下生产和销售价格信息：

	A	B	C	D
		玉米糖浆	玉米粉	联合成本
1				
2	联合成本（玉米加工至分离点前的成本）			$321 000
3	分离点后的可分属加工成本	$430 560	$94 740	
4	期初存货（箱）	0	0	
5	产销量（箱）	12 900	6 500	
6	期末存货（箱）	0	0	
7	每箱售价	$ 52	$ 25	

要求：

用预计可实现净值法分配 321 000 美元的联合成本。

17-25　可选择的联合成本分配方法，期末存货。Cook 公司操作一个简单的化学过程，将一种材料加工成三种单个产品 X，Y 和 Z。这三种产品在一个分离点处同时分离出来。

产品 X 和 Y 在分离点处即可销售，不需要进一步加工或任何附加成本。然而，产品 Z 在销售前需要进一步加工，因为产品 Z 在分离点处没有市场价格。

2020 年，产品销售价格和总销售数量如下：

- X：以每吨 1 200 美元的价格售出 68 吨。
- Y：以每吨 900 美元的价格售出 480 吨。
- Z：以每吨 600 美元的价格售出 672 吨。

该年度总联合生产成本为 580 000 美元，Cook 公司又花了 200 000 美元来进一步加工产品 Z。

产品 X，Y 和 Z 无期初存货。年末，完工产品存货如下：X，132 吨；Y，120 吨；Z，28 吨。没有期初、期末在产品。

要求：

1. 在采用预计可实现净值法、固定毛利率可实现净值法分配联合成本时，产品 X，Y 和 Z 的存货成本在资产负债表中是多少？利润表中 2020 年 12 月 31 日的产品销售成本将是多少？

2. 比较用要求 1 中给出的两种方法计算的产品 X，Y 和 Z 的毛利率。

17-27 联合成本分配，分离点销售价值法，实物计量法，预计可实现净值法。 Tasty Foods 公司生产两种可用微波炉烹饪的产品：牛肉拉面和虾味拉面。两种产品有诸如面和调料这样的共同投入。拉面的生产会产生一种叫作 stock 的废品，该公司将其倾倒在当地的一个排水区，成本可以忽略不计。2020 年 6 月，牛肉拉面和虾味拉面的生产和销售数据如下：

	A	B	C
1		**联合成本**	
2	联合成本（分离点前面、调料、其他投入和加工成本）	$380 000	
3		牛肉拉面	虾味拉面
4	期初存货（吨）	0	0
5	产量（吨）	9 000	11 000
6	销售量（吨）	9 000	11 000
7	每吨售价	$15	$35

由于微波炉产品颇受欢迎，该公司决定增加一条新生产线，目标顾客是减肥者。这些新产品是通过加入一种特殊的成分稀释原来的拉面而成，分别命名为 Special B 和 Special S 进行销售。所有产品的月度数据如下：

	A	B	C	D	E
1		**联合成本**		Special B	Special S
2	联合成本（分离点前面、调料、其他投入和加工成本）	$380 000			
3	9 000吨牛肉拉面加工成12 000吨 Special B的可分属成本			$36 000	
4	11 000吨虾味拉面加工成17 000吨 Special S的可分属成本				$136 000
5					
6		牛肉拉面	虾味拉面	Special B	Special S
7	期初存货（吨）	0	0	0	0
8	产量（吨）	9 000	11 000	12 000	17 000
9	进一步加工（吨）	9 000	11 000		
10	销售量（吨）			12 000	17 000
11	每吨售价	$15	$35	$20	$47

要求：

1. 当使用下列方法分配联合成本时，计算 Special B 和 Special S 的毛利率：

（1）分离点销售价值法；

（2）实物计量法；

（3）预计可实现净值法。

2. 近来，该公司发现倒掉的 stock 能够以每吨 5 美元的价格销售给牧场主。该公司通常每月产生 3 000 吨 stock，营销成本为 11 100 美元。管理会计师塞布丽娜·多纳休（Sabrina Donahue）指出，将 stock 作为联产品并使用分离点销售价值法，每月会损失 6 754 美元，因此不应该将其出售。她是如何得出最终的数字的？你认为她的分析怎么样？公司应该销售 stock 吗？

17-28 联合成本分配：立即出售或进一步加工。Nervana 豆制品公司（NSP）购买大豆并将其加工成其他大豆产品。每吨大豆的买入价是 350 美元，另加上 210 美元就可以将其转换成 650 磅大豆粉和 100 加仑豆油。在分离点，大豆粉的售价是每磅 1.32 美元，豆油的批量售价是每加仑 4.50 美元。

另加上 300 美元的成本，公司就可以将 650 磅大豆粉加工成 750 磅豆饼，每磅豆饼的售价是 2.32 美元。花费 230 美元可以将 100 加仑豆油包装制成 400 夸脱 Soyola，每夸脱 Soyola 的售价是 1.15 美元。

要求：

1. 使用下列方法将联合成本分配给豆饼和 Soyola：

（1）分离点销售价值法；

（2）预计可实现净值法。

2. 公司应该进一步加工每种产品吗？分配方法对此决策有何影响？

17-31 联合成本和副产品（W. Crum 改编）。Royston 是一家大型食品加工公司。花生部门花费 180 000 美元将 150 000 磅花生加工成 12 000 磅产品 A、65 000 磅产品 B 和 16 000 磅产品 C。

● 腌制部门花费 27 000 美元将产品 A 进一步加工成 12 000 磅盐花生，每磅售价 12 美元。

● 产品 B（未加工花生）不需进一步加工，以每磅 3 美元对外销售。

● 产品 C 被视为副产品，制酱部门花费 12 000 美元将其进一步加工成 16 000 磅花生酱，每磅售价 6 美元。

公司希望产品 C 获得 10% 的毛利，并且需要留出收入的 20% 作为产品 C 的销售成本。过程概览如下：

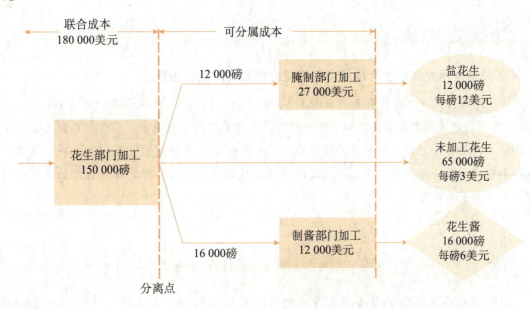

要求：

1. 把产品 C 当作副产品，计算产品 A，B 和 C 的单位成本。采用预计可实现净值法分配联合成本，从产品 A 和 B 的联合成本中减去副产品的预计可实现净值。

2. 把三种产品当作联产品并且用预计可实现净值法分配联合成本，计算产品 A，B 和 C 的单位成本。

许多公司使用大规模生产技术生产相同或相似的产品或服务。

苹果（智能手机）、可口可乐（软饮料）、雪佛龙（汽油）、摩根大通（支票处理）、诺华（药品）等公司使用分步成本法对存货进行估价，并计算产品销售成本。正如你在财务会计中所学到的，有几种方法可以评估存货价值；选择不同方法会导致不同的营业利润，并且影响公司的税款和管理者的业绩评价。当价格波动时就像最近的商品价格一样，使用特定的存货估价方法可能会产生巨大的影响。

引例   加密货币和先进先出与后进先出会计

2018 年，高盛在华尔街建立了首家加密货币交易机构。富达投资（Fidelity Investments）和其他公司很快跟进。随着银行首次交易比特币和其他数字货币，一个重要问题出现了：加密货币的利润应该如何计算和征税？

每种比特币都非常相似。确定证券损益的默认规则是先进先出法，而许多会计专家认为加密货币是证券。根据先进先出法，最老的加密资产被记录为已出售，无论该特定资产是否已出售。这种方法可能会引发更高的税款，因为更老的加密货币通常成本最低。另有人认为后进先出法更准确。在后进先出法下，最近购买的加密资产（通常成本最高）被视为已出售，降低了利润和税款。先进先出法或后进先出法的选择对管理者和监管者来说都是一个重大决策。

资料来源：Nathaniel Popper，"Goldman Sachs to Open a Bitcoin Trading Operation," *The New York Times*，May 2，2018（https://www.nytimes.com/2018/05/02/technology/bitcoin-goldman-sachs.html）；Kate Rooney，"Fidelity just Made It Easier for Hedge Funds and Other Pros to Invest in Cryptocurrencies," CNBC.com，October 15，2018（https://www.cnbc.com/2018/10/15/fidelity-launches-trade-execution-and-custody-for-cryptocurrencies.html）；Tyson Cross，"Are Crypto Taxes Giving You A Headache? Keep These Tips in Mind to Make Next Year Go Smoother," Forbes.com，January 28，2019（https://www.forbes.com/sites/tysoncross/2019/01/28/are-crypto-taxes-giving-you-a-headache-keep-these-tips-in-mind-to-make-next-year-go-smoother/）。

本章描述使用大规模生产技术生产相同或相似产品的家乐氏（谷物食品）和百威英博（AB InBev）（啤酒）等公司是如何使用分步成本法计算存货价值和产品销售成本的。

18.1　分步成本法说明

在更详细地研究分步成本法之前，我们简单回顾一下第 4 章中解释的分步成本法和分批成本法的区别。分步成本法和分批成本法被视为一个连续体的两端：

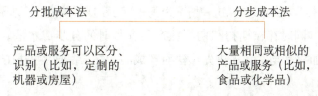

在分步成本法中，通过将全部成本分配给相同或相似的产品来得到产品或服务的单位成本，单位成本等于总成本除以生产流程中的产量。在制造业分步成本法下，每单位产品有相同或相似数量的直接材料成本、直接制造人工成本和制造费用。

分步成本法与分批成本法的本质区别在于，计算单位成本时平均的程度不同。在分批成本法中，不同批次使用的生产资源数量不同。所以，按平均产品成本计算每一批次的成本是不正确的。相反，如果相似产品或服务被大规模地生产，就用分步成本法来计算全部产出的平均生产成本。有些加工，如服装制造，既有分步成本（每一操作的单位成本，如裁剪或缝纫，是相同的），也有分批成本（不同批次的衣服使用不同的材料，比如羊毛与棉花）。本章最后一节描述混合成本系统，它将分步成本法与分批成本法的要素结合起来。

考虑下面的分步成本法的例子。Pacific Electronics 公司生产 SG - 40 型号的手机（以下简称 SG - 40）。这些手机在装配部门进行装配，完成时被转移到检测部门，每件产品都是一样的。SG - 40 在装配部门的成本系统由一个单一的直接成本（直接材料成本）账户和一个单一的间接成本（加工成本）账户构成。加工成本是指除直接材料成本外所有的生产成本，包括制造人工成本、能源成本、厂房折旧成本等。诸如电话处理器、图像传感器和麦克风等直接材料在加工过程的初始阶段投入，加工成本在加工过程中均匀投入。

下图是对这一过程的总结：

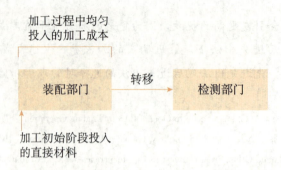

分步成本法根据成本何时进入加工过程，将成本进行分类。正如 Pacific Electronics 公司的例子一样，有两种成本类别——直接材料成本与加工成本——就可以将成本分配给产品。为什么只有两种呢？因为所有的直接材料在同一个时点投入，加工成本一般在加工过程中均匀投入。有时情况却不同。

1. 如果两种不同的直接材料——如处理器和电子照相机——在不同的时点投入加工过程，则需要两种不同的直接材料类别进行成本分配。

2. 如果直接制造人工成本不与其他加工成本同时投入，而是在不同的时点投入，那么需要一个额外的成本类别——直接制造人工成本，以将成本分配给产品。

我们将以复杂程度逐渐增加的三种情况为例说明分步成本法：

● 情况1：SG-40 期初和期末在产品存货均为零时的分步成本法（所有产品均在会计期间投入生产并且全部完工）。以这种情况为例介绍分步成本法的基本概念并举例说明平均成本。

● 情况2：SG-40 期初无存货但期末有在产品存货时的分步成本法（会计期间投入生产的 SG-40 有一部分在期末仍未完成）。以这种情况为例介绍分步成本法的五个步骤和约当产量的概念。

● 情况3：SG-40 同时存在期初和期末在产品存货时的分步成本法。这种情况更加复杂，以这种情况为例描述加权平均法和先进先出法对产成品和在产品成本的影响。

18.2 情况1：期初和期末在产品存货均为零时的分步成本法

2020 年 1 月 1 日，装配部门没有 SG-40 的期初存货。1 月，Pacific Electronics 公司投入生产并完成装配 SG-40 手机共 400 单位，并已全部转移至检测部门。

2020 年 1 月装配部门的有关数据如下：

2020 年 1 月的实物产量

期初在产品（1 月 1 日）	0
本期投入生产	400
本期完工并转移至检测部门	400
期末在产品（1 月 31 日）	0

实物产量是指产出量，不管完工还是未完工。2020 年 1 月投入生产的 400 单位手机都已完工。

2020 年 1 月的全部成本

1 月投入的直接材料成本	$32 000
1 月投入的加工成本	$24 000
1 月装配部门投入的全部成本	$56 000

Pacific Electronics 公司装配部门投入的直接材料成本和加工成本在发生时记录。平均单位成本等于会计期间发生的总成本除以该期间的总产量。因此，装配部门 SG‑40 的平均单位成本为 56 000÷400＝140 美元：

单位直接材料成本（32 000÷400）	$ 80
单位加工成本（24 000÷400）	$ 60
装配部门平均单位成本	$140

当公司生产同质的产品或服务，但在会计期末没有未完工的产品时，就适用于情况 1，常见于服务型组织。举例来说，银行在计算一个月内处理 100 000 名客户存款的平均单位成本时通常采用分步成本法，因为不管存款金额多大，每笔存款都以同样的方式进行处理。

18.3 情况 2：期初无存货但期末有在产品存货时的分步成本法

2020 年 2 月，Pacific Electronics 公司又投入生产 400 单位 SG‑40。回想一下，装配部门在 2 月 1 日没有未完成的在产品期初存货，在 2 月投入生产的 400 单位手机中，只有 175 单位手机完成并转移到检测部门。装配部门 2020 年 2 月的数据如下：

	实物产量 (SG-40) (1)	直接材料成本 (2)	加工成本 (3)	总成本 (4)＝(2)＋(3)
期初在产品（2月1日）	0			
2月投入生产	400			
2月完成并转出	175			
期末在产品（2月28日）	225			
期末在产品完工程度		100%	60%	
2月增加的总成本		$32 000	$18 600	$50 600

2020 年 2 月 29 日的 225 单位在产品对于直接材料而言，已经全部完工。因为装配部门的所有直接材料均在加工过程的一开始就已投入了，而加工成本是在整个加工过程中平均投入的。装配部门的主管人员估计，部分完工产品就加工成本而言已经完成 60%。

完工程度的准确性取决于主管人员的着眼点、技能与经验以及生产工序本身的性质。估计直接材料的完工程度一般比估计加工成本要容易，因为单位产成品需要的直接材料数量与部分加工的单位产品的直接材料数量能更准确地测量。相反，加工成本往往包括生产流程不同步骤一定数量的操作，每种操作都有特定的时间。[①] 因此，加工成本的完工程度取决于完成一单位产品（或一批产品）所需的全部投入中到底哪几部分已构成在产品的成本。

部门主管与生产线经理最熟悉加工过程，因此他们经常估计加工成本的完工程度。但是，在诸如半导体等行业中，不可能进行准确估计，因为生产是在封闭环境中进行的，只在完工时开放。在其他行业（如纺织业），诸如衬衫和裤子等未完工的产品数量很大，所以不可能经济地

[①] 例如，考虑将兽皮制成皮革的传统制革工艺。获得 250～300 千克的皮革需要将一吨生皮进行多达 15 个步骤的加工：从浸泡、浸灰、酸洗到鞣制、染色和加脂（在这一步中，在皮革干燥前将油注入皮革）。

估计出实物产量。在这种情况下，为了计算加工成本，管理者假定每个部门各工序的所有工作量均按预定的比例完成（例如，1/3，1/2 或 2/3）。

因为某些产品是完全装配的，某些产品仅仅是部分装配的，因此需要一个名为约当产量的共同的衡量标准，使我们能够比较为每种产品所做的工作，更重要的是得到所做工作的总量。我们下面将更详细地解释这一概念，并用一系列的五个步骤计算：（1）2020 年 2 月产成品成本；（2）Pacific Electronics 公司月底仍在装配过程中的在产品成本。分步成本法的五个步骤显示如下：

步骤 1：汇总实物产量。

步骤 2：计算约当产量。

步骤 3：汇总应计总成本。

步骤 4：计算约当单位成本。

步骤 5：将总成本在产成品和在产品之间进行分配。

18.3.1 汇总实物产量与计算约当产量（步骤 1 和步骤 2）

在步骤 1 中管理者考察实物产量——产出的数量，其中既包括产成品也包括在产品。图表 18-1 考察了实物从何而来（期初存货为 0 和期初投入 400 单位），又流向何方（完工并已转出 175 单位，期末存货为 225 单位）。

	A	B	C	D
1		（步骤1）	（步骤2）	
2			约当产量	
3	生产流	实物产量	直接材料	加工成本
4	期初在产品	0		
5	本期投入	400		
6	应计产量	400		
7	本期完工并转出	175	175	175
8	期末在产品a	225		
9	(225×100%; 225×60%)		225	135
10	实计产量	400		
11	本期产成品约当产量		400	310
12				
13	a.本部门完工程度：直接材料100%；加工成本60%。			

图表 18-1　2020 年 2 月装配部门：汇总实物产量与计算约当产量

在步骤 2 中管理者计算约当产量而不是实物产量。**约当产量**（equivalent units）是一种派生的产出指标，计算方法如下：以产成品与在产品数量计算每种投入（生产要素）的数量；将上述投入数量转化为用这些投入可以全部完工的产品数量。为了理解约当产量，假定某月投入 50 单位实物，但没有完工。就加工成本而言，这 50 单位期末存货完工了 70%。假定这些产品中反映的所有加工成本用来生产产成品。那么，会生产多少单位的产成品？答案为 35 单位。为什么？因为生产 50 单位 70%完工产品发生的加工成本可以生产 35 单位（0.7×50）产成品，这 35 单位就是约当产量。也就是说，就对这些产品所做的工作而言，可以认为 50 单位 70%完工产品相当于 35 单位产成品。注意，约当产量要针对每一种投入（如直接材料成本和加工成本）分别计算。而且，根据定义，每单位产成品包括生产该产品所需投入的一个约当单位。

在步骤 2 中计算约当产量时，主要是针对数量，只有计算出约当产量后才考虑金额。在 Pacific Electronics 公司的例子中，因为所有直接材料在加工初期就全部投入，所以对于直接材料而言所有的 400 单位实物——175 单位全部完工与 225 单位部分完工——都全部完工。图表 18-1

显示对于直接材料约当产量是 400 单位：完工并转出的 175 单位实物产量的约当产量是 175 单位，期末存货 225 单位实物产量的约当产量是 225 单位。

175 单位完全完工的产品发生了所有的加工成本。期末存货中 225 单位的部分完工产品只有 60％的完工程度（平均来看），因此它们的加工成本相当于 135 单位（60％×225）完全完工的产品的加工成本。图表 18-1 显示加工成本的约当产量为 310 单位：175 单位完工并转出的产品与 225 单位部分完工产品的约当产量 135 单位之和。

本章重点关注制造业，但是，在非制造业中也可以计算约当产量。例如，大学将非全日制学生转化为"约当全日制学生"，以得到一个更好的师生比指标。非全日制学生选修的学术课程更少，不需要与全日制学生相同数量的教师。如果没有这种调整，非全日制学生的增加会给人一种师生比较低的错觉。

18.3.2 产品成本计算（步骤 3、步骤 4 与步骤 5）

图表 18-2 说明了步骤 3、步骤 4 和步骤 5。因此，图 18-2 又称为产品成本工作表。

步骤 3 汇总了应计总成本。由于 2 月 1 日在产品存货期初余额为零，因此应计总成本（也就是"在产品——装配"账户的全部费用或借记）只包括 2 月的投入成本：直接材料成本 32 000 美元，加工成本 18 600 美元，总计 50 600 美元。

			总生产成本	直接材料成本		加工成本
1						
2	（步骤3）	2月投入成本	$ 50 600	$ 32 000	+	$ 18 600
3		应计总成本	$ 50 600	$ 32 000	+	$ 18 600
4						
5	（步骤4）	本期投入成本		$ 32 000		$ 18 600
6		除以本期产成品约当产量（图表18-1）		÷400		÷310
7		约当单位成本		$ 80		$ 60
8						
9	（步骤5）	成本分配：				
10		完工并转出产品（175单位）的成本	$ 24 500	(175[a] × $80)	+	(175[a] × $60)
11		期末在产品（225单位）成本	$ 26 100	(225[b] × $80)	+	(135[b] × $60)
12		实计总成本	$ 50 600	$ 32 000	+	$ 18 600
13						
14	a.来自图表18-1步骤2的本期完工并转出产品的约当产量。					
15	b.来自图表18-1步骤2的期末在产品约当产量。					

图表 18-2 2020 年 2 月装配部门：汇总应计总成本，计算约当单位成本，将总成本在产成品和在产品之间进行分配

在步骤 4 中，管理者将 2 月投入的直接材料成本和加工成本除以相对应的约当产量（由图表 18-1 中得出），就可以得出直接材料成本和加工成本的约当单位成本。

为了理解约当产量的相关性，可以比较 2020 年 1 月份和 2 月份的加工成本。2 月份生产 400 单位产品的加工成本共计 18 600 美元，少于 1 月份生产 400 单位产品的 24 000 美元加工成本。但是，这两个月内产成品的单位加工成本均为 60 美元，而 2 月份总加工成本少的原因在于 2 月份的约当产量较少（2 月份 310 单位对 1 月份 400 单位）。注意，使用实物产量而非约当产量计算单位成本，就有可能得出 2 月份的单位加工成本仅为 46.5 美元（18 600÷400），而 1 月份为 60 美元。这样错误的成本计算可能会误导管理者，使他们在单位加工成本实际上没有变化时误认为装配部门提高了效率。

步骤 5 将总直接材料成本与加工成本分配给完工转出的产品与 2020 年 2 月底的在产品。如图表 18-2 所示，将每种投入的约当产量与约当单位成本相乘。例如，在产品总成本（分配给

期末在产品存货 225 单位实物产量的直接材料成本和加工成本）如下：

直接材料成本：225 单位约当产量（步骤 2）

    ×步骤 4 计算的直接材料约当单位成本 80 美元 $18 000

加工成本：135 单位约当产量（步骤 2）

    ×步骤 4 计算的加工约当单位成本 60 美元 $ 8 100

    期末在产品总成本 $26 100

步骤 3 应计总成本（50 600 美元）等于实计总成本（步骤 5）。

18.3.3　会计分录

对于直接材料成本和加工成本，分步成本法的会计分录与分批成本法基本一致。两者的主要差异在于，在分步成本法下每个加工过程都有一个在产品账户。在我们的例子中就有"在产品——装配部门"和"在产品——检测部门"两个账户。Pacific Electronics 公司根据需要购买直接材料，这些材料直接运到装配部门。利用图表 18-2 中的数据，2 月份的相关会计分录汇总如下：

1. 借：在产品——装配部门   32 000

    贷：应付账款   32 000

（记录 2 月份直接材料的购买和生产中使用的材料。）

2. 借：在产品——装配部门   18 600

    贷：应付工资和累计折旧等其他相应科目   18 600

（记录 2 月份投入的加工成本。例如，能源成本、制造费用、全部制造人工成本和设备折旧成本。）

3. 借：在产品——检测部门   24 500

    贷：在产品——装配部门   24 500

（记录 2 月份装配部门完工并转移至检测部门的产品成本。）

图表 18-3 用 T 形账户对成本流进行了描述。注意分录 3 中的 24 500 美元是如何随实物产品从装配部门流转到检测部门的。"在产品——装配部门" T 形账户显示 2020 年 2 月期末余额为 26 100 美元，它也是 2020 年 3 月"在产品——装配部门"的期初余额。

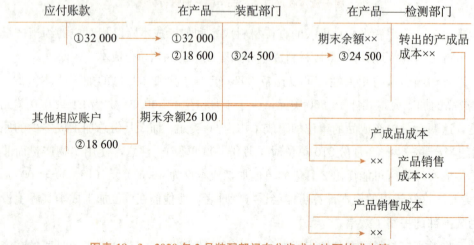

图表 18-3　2020 年 2 月装配部门在分步成本法下的成本流

我们在前面讨论了准确估计加工成本完工程度的重要性。如果 Pacific Electronics 公司的管理者将 60% 的加工成本完工程度高估为 80%，该怎么办？计算结果将发生如下变化：

- 图表 18 - 1，步骤 2：

  装配部门产成品加工成本约当产量＝80%×225＝180（单位）

  本期加工成本约当产量＝175＋180＝355（单位）

- 图表 18 - 2，步骤 4：

  加工成本约当单位成本＝18 600÷355＝52.39（美元）

  直接材料约当单位成本不变，仍为 80 美元

- 图表 18 - 2，步骤 5：

  175 单位完工并转出产品的成本＝175×80＋175×52.39＝23 168.25（美元）

该数额比图表 18 - 2 中计算的分配给完工并转出产品的成本 24 500 美元要少。高估的完工程度减少了分配给转出产品的成本，进而减少了产品销售成本，并最终提高了营业利润。

管理者必须确保在估计完工程度方面避免部门主管的个人偏误。例如，为了更好的个人绩效，部门主管可能会报告一个较高的完工程度，从而高估营业利润。如果当期绩效非常好，部门主管也可能倾向于报告一个较低的完工程度，增加产品销售成本，减少当期利润。这将减少当期期末存货成本和下一期期初存货成本，导致下一期的营业利润更高。也就是说，对完工程度的估计有助于平滑当期和下一期的收益。

为了防止出现偏误，管理者应该向部门主管询问有关编制估算流程的具体问题，最高管理层应始终强调行为合乎道德并获得正确的答案，无论对绩效有怎样的影响。

小练习 18 - 1

SemiCom 公司生产一种用于通信的半导体芯片。直接材料在生产过程开始时投入，而加工成本在整个生产过程中均匀投入。公司 6 月初没有存货，当月发生了 950 000 美元的直接材料成本和 4 620 000 美元的加工成本。公司 6 月份开始生产 500 000 个芯片，并完工了 200 000 个。期末存货发生了 50% 的加工成本。

计算 6 月份的约当产量和芯片的单位生产成本。将总成本分配给产成品和期末在产品。

18.4　情况 3：同时存在期初和期末在产品存货时的分步成本法

Pacific Electronics 公司 2020 年 3 月初的完工部门有 225 单位部分完工的 SG - 40 存货，3 月份公司又投入生产了 275 单位。3 月份装配部门的有关数据如下面的图表所示：

2020 年 3 月 Pacific Electronics 公司既有期初在产品又有期末在产品。我们使用前述分步成本法的五个步骤将成本分派给产成品成本和期末在产品成本。为此，我们首先需要选择一种存货估价方法。下面我们描述加权平均分步成本法和先进先出分步成本法。不同的估价方法通常会产生不同的产成品成本与期末在产品存货成本。

	A	B	C	D	E
1		实物产量 (1)	直接材料成本 (2)	加工成本 (3)	总成本 (4)＝(2)＋(3)
2	期初在产品 (3月1日)	225	$ 18 000[a]	$ 8 100[a]	$ 26 100
3	期初在产品完工程度		100%	60%	
4	3月投入生产	275			
5	3月完工并转出	400			
6	期末在产品 (3月31日)	100			
7	期末在产品完工程度		100%	50%	
8	3月增加的总成本		$ 19 800	$ 16 380	$ 36 180
9					
10					
11	a.期初在产品（等于2月期末在产品）				
12	直接材料成本：225×100%×80＝18 000（美元）；				
13	加工成本：225×60%×60＝8 100（美元）。				

18.4.1 加权平均分步成本法

加权平均分步成本法（weighted-average process-costing method）是指将截至本期末所有产品的平均约当单位成本（不管产品完成的会计期间）分配到本期产成品和期末在产品存货中去。加权平均成本是进入"在产品"账户（包括本期期初在产品与期末在产品）的所有成本除以所有约当产量得到的成本。我们还将沿用情况 2 的五步骤来描述加权平均分步成本法。

步骤 1：汇总实物产量。图表 18-4 的"实物产量"列说明了它们的来源（225 单位期初在产品存货和本期投入生产的 275 单位）与去向（完工并转出 400 单位和 100 单位期末在产品存货）。

	A	B	C	D
1		（步骤1）	（步骤2）	
2			约当产量	
3	生产流	实物产量	直接材料	加工成本
4	期初在产品(前面已给出)	225		
5	本期投入(前面已给出)	275		
6	应计产量	500		
7	本期完工并转出	400	400	400
8	期末在产品[a](前面已给出)	100		
9	(100×100%；100×50%)		100	50
10	实计产量	500		
11	本期产成品约当产量		500	450
12				
13	a.本部门完工程度：直接材料100%；加工成本50%。			

图表 18-4　2020 年 3 月装配部门：汇总实物产量与计算约当产量

步骤 2：计算约当产量。我们利用下面等式中的关系。

$$\text{期初在产品约当产量} + \text{本期约当产量} = \text{本期完工并转出的约当产量} + \text{期末在产品约当产量}$$

虽然我们对上式等号左边的计算感兴趣，但是用等号右边很容易计算这个总和：本期完工并转出的约当产量加上期末在产品约当产量。注意，计算中不会用到期初在产品在本期的完工程度。

图表 18-4"约当产量"列说明了到目前为止完成的约当产量：直接材料为 500 单位约当产

量，加工成本为 450 单位约当产量。完工与转出的产品相对于直接材料和加工成本来说是 100％ 完工，部分完工的在产品从直接材料来看属于 100％完工产品（因为所有的直接材料都是在期初一次性投入的），而相对于加工成本来说，根据装配部门的管理者估计，在产品完工程度为 50％。

步骤 3：汇总应计总成本。 图表 18-5 描述了步骤 3。2020 年 3 月应计总成本数据如下：

期初在产品	
（直接材料成本 18 000＋加工成本 8 100）	$26 100
3 月份投入成本	
（直接材料成本 19 800＋加工成本 16 380）	$36 180
3 月份应计总成本	$62 280

	A	B	C 总生产成本	D 直接材料成本	E	F 加工成本
2	（步骤3）	期初在产品成本(前面已给出)	$26 100	$18 000	+	$ 8 100
3		本期投入成本(前面已给出)	$36 180	$19 800	+	$16 380
4		本期成本	$62 280	$37 800	+	$24 480
5						
6	（步骤4）	本期投入成本		37 800		$24 480
7		除以本期产成品约当产量（图表18-4）		÷500		÷450
8		约当单位成本		$ 75.60		$ 54.40
9						
10	（步骤5）	成本分配：				
11		完工并转出产品（400单位）的成本	$52 000	(400ᵃ×$75.60)	+	(400ᵃ×$54.40)
12		期末在产品（100单位）成本	$10 280	(100ᵇ×$75.60)	+	(50ᵇ×$54.40)
13		实计总成本	$62 280	$37 800	+	$24 480
14						
15	a. 来自图表18-4步骤2的本期完工并转出产品的约当产量。					
16	b. 来自图表18-4步骤2的期末在产品约当产量。					

图表 18-5　2020 年 3 月装配部门：汇总应计总成本，计算约当单位成本，将总成本在产成品和在产品之间进行分配

步骤 4：计算约当单位成本。 图表 18-5 步骤 4 由期初在产品的成本加上本期成本，除以本期全部约当产量，计算得到直接材料成本和加工成本的约当单位成本。图表 18-5 中，约当单位成本如下：

全部加工成本	
（期初在产品成本 8 100＋本期投入成本 16 380）	$24 480
除以：全部约当产量	
（期初在产品加工成本的约当产量与本期完工产品的约当产量）	450
约当单位成本	$54.40

步骤 5：将总成本在产成品和在产品之间进行分配。 图表 18-5 中步骤 5 使用步骤 4 中计算的直接材料成本约当单位成本与加工成本约当单位成本，将金额分配给完工并转出的约当产量与期末在产品的约当产量（由图表 18-4 中步骤 2 计算）。例如，期末在产品 100 单位实物产量的总成本如下：

直接材料成本	
（约当产量 100×约当单位成本 75.60）	$7 560

加工成本

（约当产量 50×约当单位成本 54.40） $ 2 720

在产品的总成本 $10 280

下面的图表汇总了应计总成本（62 280 美元）并再现了图表 18-5 中的核算。箭头表明采用加权平均分步成本法计算出的完工并转出产品的成本与期末在产品成本，应计总成本由期初在产品成本与本期投入成本组成。

应计总成本		加权平均分步成本法下计算的实计总成本	
期初在产品成本	$ 26 100	完工并转出产品的成本	$ 52 000
本期投入成本	$ 36 180	期末在产品成本	$ 10 280
应计总成本	$ 62 280	实计总成本	$ 62 280

深入讨论之前，请回顾图表 18-4 与图表 18-5，全面理解加权平均分步成本法。注意：图表 18-4 只是处理实物产量与约当产量，不计算成本，图表 18-5 则说明了成本金额。

Pacific Electronics 公司 3 月份加权平均分步成本法（见图表 18-5）下的有关会计分录如下：

    1. 借：在产品——装配部门   19 800
          贷：应付账款   19 800

（记录 3 月份购买并投入生产的直接材料。）

    2. 借：在产品——装配部门   16 380
          贷：其他相关账户   16 380

（记录 3 月份装配部门投入的加工成本，包括能源成本、制造费用、制造人工成本和设备折旧成本等。）

    3. 借：在产品——检测部门   52 000
          贷：在产品——装配部门   52 000

记录 3 月份装配部门完工并转移至检测部门的产品。

在加权平均分步成本法下，T 形账户"在产品——装配部门"如下：

在产品——装配部门

期初存货成本（3 月 1 日）	26 100	③完工并转出产品的成本	52 000
①直接材料成本	19 800		
②加工成本	16 380		
期末存货成本（3 月 31 日）	10 280		

小练习 18-2

Sutton 加工公司喷漆部门 2020 年 3 月初和 3 月末的在产品如下：

		完工程度	
		直接材料	加工成本
3 月 1 日	（5 000 单位）	40%	10%
3 月 31 日	（2 000 单位）	80%	40%

公司在 3 月份完工了 33 000 单位产品。3 月份发生的生产成本有直接材料成本 179 300 美元和加工成本 333 000 美元。3 月 1 日存货成本为 20 990 美元（直接材料成本 7 540 美元，加工成本 13 450 美元）。

假设 Sutton 加工公司使用加权平均分步成本法计算成本，确定 3 月份的约当产量，并计算产成品单位成本和期末存货单位成本。

18.4.2 先进先出分步成本法

先进先出分步成本法（first-in，first-out process-costing method）：（1）将期初在产品的约当产量成本分配给首先完工并转出的产品；（2）本期的成本首先分配给期初存货的产成品，然后是本期投入并完工的产品，最后是期末在产品。这种方法假定期初在产品存货首先完工并转出。

先进先出分步成本法的一个明显特征是将前期的工作与本期的工作进行区分，用本期发生的成本与生产的单位来计算本期的约当单位成本。相反，在加权平均分步成本法下，约当产量与约当单位成本的计算包括期初存货的数量与成本和本期完成的数量与成本。

现在我们用情况 2 中的五步骤来说明先进先出分步成本法。

步骤 1：汇总实物产量。图表 18-6 步骤 1 考察了生产的实物的流转，并且解释了先进先出分步成本法下的实物产量计算。

- 假定本期首先完工并转出的实物是 225 单位的期初在产品。
- 3 月完工了 400 单位。先进先出分步成本法假设其中 175 单位（400－期初在产品 225）是 3 月投入并完工的。
- 期末在产品包括 100 单位实物，即本期投入的 275 单位减去在 3 月投入并完工的 175 单位。
- 应计实物产量等于实计实物产量（500 单位）。

	A	B (步骤1)	C (步骤2) 约当产量	D
	生产流	实物产量	直接材料	加工成本
4	期初在产品(前面已给出)	225	(前期完成的工作)	
5	本期投入(前面已给出)	<u>275</u>		
6	应计	<u>500</u>		
7	本期完工并转出			
8	来自期初在产品ᵃ	225		
9	(225×(100%-100%); 225×(100%-60%))		0	90
10	投入并完工	175ᵇ		
11	(175×100%; 175×100%)		175	175
12	期末在产品ᶜ(前面已给出)	100		
13	(100×100%; 100×50%)		100	50
14	实计	<u>500</u>		
15	本期产成品约当产量		<u>275</u>	<u>315</u>
16				
17	a.本部门完工程度：直接材料100%；加工成本60%。			
18	b.完工并转出的400单位减去来自期初在产品的完工并转出的225单位。			
19	c.本部门完工程度：直接材料100%；加工成本50%。			

图表 18-6 2020 年 3 月装配部门：汇总实物产量与计算约当产量

步骤 2：计算约当产量。 图表 18-6 也说明了先进先出分步成本法下步骤 2 的计算。每一种成本类别的约当产量仅是本期（3 月）完工的约当产量。

在先进先出分步成本法下，3 月对期初在产品加工的约当产量等于 225 单位乘以剩下的需要 3 月完成的工作，即零直接材料与 40% 的加工成本，因为对于直接材料，期初在产品已 100% 完工，对于加工成本，期初在产品 60% 完工。结果是对于 3 月直接材料是 0（0×225）的约当产量，对于加工成本是 90 单位（40%×225）的约当产量。

本期投入并完工的 175 单位实物的约当产量对于直接材料与加工成本都是 175×100%，因为这些产品的工作都是本期完成的。

3 月 100 单位的期末在产品的约当产量对于直接材料等于 100×100%，对于加工成本等于 100×50%（因为直接材料在本期已全部投入，而加工成本投入 50%）。

步骤 3：汇总应计总成本。 图表 18-7 中"总生产成本"列描述了步骤 3 并汇总了 2020 年 3 月应计总成本 62 280 美元（期初在产品成本 26 100 美元与本期投入成本 36 180 美元）。

	A	B	C	D	E	F
1			总生产成本	直接材料成本		加工成本
2	（步骤3）	期初在产品成本(前面已给出)	$ 26 100	$ 18 000	+	$ 8 100
3		本期投入成本(前面已给出)	$ 36 180	$ 19 800	+	16 380
4		本期成本	$ 62 280	$ 37 800	+	$ 24 480
5						
6	（步骤4）	本期投入成本		$ 19 800		$ 16 380
7		除以本期产成品约当产量（图表18-6）		÷ 275		÷ 315
8		约当单位成本		$ 72		$ 52
9						
10	（步骤5）	成本分配：				
11		完工并转出产品（400单位）的成本				
12		期初在产品（225单位）成本	$ 26 100	$ 18 000	+	$ 8 100
13		本期投入成本	$ 4 680	(0[a]×$72)	+	(90[a]×$52)
14		来自期初在产品的总成本	$ 30 780			
15		本期投入并完工产品（175单位）的成本	$ 21 700	(175[b]×$72)	+	(175[b]×$52)
16		完工并转出产品的总成本	$ 52 480			
17		期末在产品（100单位）成本	$ 9 800	(100[c]×$72)	+	(50[c]×$52)
18		实计总成本	$ 62 280	$ 37 800	+	$ 24 480
19						
20	a.来自图表18-6步骤2的期初在产品的约当产量。					
21	b.来自图表18-6步骤2的本期投入并完工产品的约当产量。					
22	c.来自图表18-6步骤2的期末在产品的约当产量。					

图表 18-7　2020 年 3 月装配部门：汇总应计总成本，计算约当单位成本，将总成本在产成品和在产品之间进行分配

步骤 4：计算约当单位成本。 图表 18-7 说明了步骤 4 的本期的直接材料成本与加工成本完成的约当产量的单位成本计算。例如，加工成本的约当单位成本 52 美元由本期加工成本 16 380 美元除以本期加工成本的约当产量 315 单位得出。

步骤 5：将总成本在产成品和在产品之间进行分配。 图表 18-7 说明了先进先出分步成本法下的成本分配。本期投入的生产成本先用于完成期初在产品，然后用于本期投入并完工转出的产品，最后才形成本期期末在产品成本。步骤 5 考虑了图表 18-6 步骤 2 计算的各种约当产量，并计算了它们的金额（使用步骤 4 约当单位成本的计算）。

在 400 单位的产成品中，225 单位是期初在产品，175 单位是本期投入并完工产品。先进先出分步成本法首先将期初在产品成本 26 100 美元分配给最先完工并转出的产品。正如我们在步骤 2 中看到的，本期还需要 90 单位约当产量的加工成本投入完成这些产品。本期约当产量单位加工成本是 52 美元，所以还需要 4 680 美元（90×52）来完成期初在产品。因此期初在产品的总成本是 30 780 美元（26 100＋4 680）。本期投入并完工的 175 单位产品由 175 单位约当产量的直接材料成本与 175 单位约当产量的加工成本组成。这些产品在本期的单位成本是直接材料成本 72 美元，加工成本 52 美元，总成本是 21 700 美元（（175×72）＋（175×52））。

在先进先出分步成本法下，期末在产品一定是本期投入生产但尚未完工的产品。期末 100 单位部分完工的在产品的总成本包括如下项目：

直接材料成本	
（100 单位约当产量×3 月份约当单位成本 72 美元）	$7 200
加工成本	
（50 单位约当产量×3 月份约当单位成本 52 美元）	$2 600
3 月 31 日在产品总成本	$9 800

下面的图表汇总了图表 18－7 中先进先出分步成本法下应计总成本（62 280 美元）及计算方法。注意，先进先出分步成本法如何将期初在产品层与本期投入的成本层分开。箭头表明了每层成本的去向，即完工并转出的产品或期末在产品。确保在计算产成品的成本时包含了期初在产品的成本（26 100 美元）。

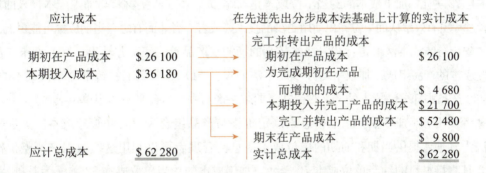

应计成本		在先进先出分步成本法基础上计算的实计成本	
		完工并转出产品的成本	
期初在产品成本	$26 100	期初在产品成本	$26 100
本期投入成本	$36 180	为完成期初在产品	
		而增加的成本	$4 680
		本期投入并完工产品的成本	$21 700
		完工并转出产品的成本	$52 480
		期末在产品成本	$9 800
应计总成本	$62 280	实计总成本	$62 280

深入讨论前，请回顾图表 18－6 与图表 18－7，深刻理解先进先出分步成本法。注意图表 18－6 只是处理了实物产量与约当产量，没有计算成本；图表 18－7 则说明了成本金额。

除了一个差异外，先进先出分步成本法下的会计分录与加权平均分步成本法下的会计分录相同：在先进先出分步成本法下记录的完工与转出产品的成本是 52 480 美元，而加权平均分步成本法下是 52 000 美元。

使用严格的先进先出假设，期初在产品中完工的 225 单位产品将以 136.80 美元（30 780÷225）的单位成本转移到检测部门。3 月投入并完工的 175 单位产品将以 124 美元（21 700÷175）的单位成本转出。而在实务中，给定期间转入的产品经常使用单一的平均单位成本。检测部门将把 3 月转入的所有产品（包括 2 月与 3 月发生的成本）放在一层，单一的单位平均成本为 131.20 美元（52 480÷400）。如果不进行平均，而在一系列的步骤中以绝对先进先出为基础追溯成本会显得过于复杂。所以，先进先出分步成本法应该被称为修正的或部门层次的先进先出分步成本法。

小练习 18－3

再次考虑 Sutton 加工公司。与小练习 18－2 中提供的信息相同，假设 Sutton 加工公司使用先进先出分步成本法计算成本，重新回答小练习 18－2 中的问题。

18.4.3　加权平均分步成本法与先进先出分步成本法比较

下面总结了前述例子中 2020 年 3 月加权平均分步成本法和先进先出分步成本法下产成品与期末在产品之间的成本分配。

	加权平均分步成本法 （来自图表 18-5）	先进先出分步成本法 （来自图表 18-7）	差异
完工并转出产品（产成品）的成本	$52 000	$52 480	$480
期末在产品成本	$10 280	$ 9 800	—$480
实计总成本	$62 280	$62 280	

加权平均分步成本法下的期末在产品成本比先进先出分步成本法下的高出 480 美元，比例约为 4.9％（480÷9 800）。如果同时考虑 Pacific Electronics 公司生产的上千种商品，这一差异将变得很大。本例中，加权平均分步成本法下的销售成本低于先进先出分步成本法下的销售成本，从而使得相应的营业利润和税款都较高。为了查明产生差异的原因，让我们回顾前面的数据。期初在产品的直接材料的约当单位成本是 80 美元，加工成本的约当单位成本是 60 美元。当期直接材料的约当单位成本是 72 美元，加工成本的约当单位成本是 52 美元。由于直接材料与加工成本投入的价格下降，或者过程更有效率从而单位产出使用更少的投入，或者二者兼而有之，当期成本可能更低。

先进先出分步成本法假定：（1）成本较高的期初在产品首先完工并转出；（2）期末在产品由本期较低成本的产品组成。加权平均分步成本法假设：（1）当期完工并转出更多低成本的产品；（2）期初在产品中部分高成本的产品被留在了期末在产品中，以此平滑约当单位成本。

管理者使用分步成本法提供的信息来制定价格与产品组合决策，并管理成本。先进先出分步成本法为管理者提供当期和前期的单位成本信息。管理者可以利用这些数据来调整价格（例如，以 3 月直接材料的约当单位成本 72 美元、加工成本的约当单位成本 52 美元为基础），也可以通过与预算或前期的比较来评价公司的成本绩效。通过集中于本期工作与成本，先进先出分步成本法为计划和控制提供了有用的信息。

加权平均分步成本法综合了不同会计期间的产品成本，模糊了各期之间的比较。例如，加权平均分步成本法可能导致 Pacific Electronics 公司的管理者根据 75.60 美元的直接材料的约当单位成本与 54.40 美元的加工成本的约当单位成本而不是当期占有优势的 72 美元与 52 美元的成本数据做出决策。它的优点是相对容易计算，并且当各月的投入价格变化较大时可以报告更有代表性的单位平均成本。

当出现以下情况时，产成品成本与营业利润在加权平均分步成本法和先进先出分步成本法下会出现重大差异：（1）各期之间直接材料的约当单位成本和加工成本的约当单位成本显著不同；（2）在产品的实物存货数量与转出产品的数量相比很大。随着各期之间单位成本变化和存货水平降低，两种方法下产成品成本的差异也相应减小。①

---

① 例如，假定 3 月的期初在产品是 125 单位实物（不是 225 单位），并且假定当期（3 月）的约当单位成本为直接材料 75 美元，加工成本 55 美元，其他数据与我们例子中的一样。那么，加权平均分步成本法与先进先出分步成本法下的产成品成本分别为 52 833 美元与 53 000 美元，期末在产品的成本分别是 10 417 美元与 10 250 美元（不列示计算过程）。它们的差异远远小于本章中的例子。加权平均分步成本法下的期末在产品成本比先进先出分步成本法下的仅仅多出 167 美元（10 417—10 250），或者 1.6％（167÷10 250），小于我们例子中的约 4.9％。

当加权平均分步成本法下的产成品成本与先进先出分步成本法下的产成品成本存在巨大差异时，管理者应该选择哪种方法？在价格下降期间，如 Pacific Electronics 公司的例子所示，先进先出分步成本法下产品销售成本更高，会导致营业利润更低，税款更低，从而节约了公司的现金，增加了公司的价值。先进先出分步成本法是优先选择，但管理者可能不会做出这种选择。比如，如果管理者的薪酬基于营业利润，那么管理者可能更喜欢加权平均分步成本法，虽然这种方法会增加税款，但能增加营业利润。董事会和高层管理者必须仔细设计薪酬计划，以鼓励管理者采取能增加公司价值的行动。例如，除了营业利润之外，薪酬计划可以根据税后现金流进行奖励，将决策与业绩评价结合起来。

其他因素也可能影响对分步成本法的选择。假定由于使用先进先出分步成本法并报告较低的利润，公司会违反贷款到期偿还的债务合约（如债务与利润的比率）。在此情况下，虽然加权平均分步成本法会导致更高的税款，但管理者可能更喜欢这种增加利润的方法，以避免被迫偿还贷款。

在价格上升期，加权平均分步成本法会减少税款，因为当期较高的成本将更多地计入产品销售成本，营业利润更低。熟悉后进先出法（本章没有介绍）的读者会认识到，随着价格的上涨，后进先出法比加权平均分步成本法更能减少营业利润和税款。

最后，我们对作业成本法和标准成本法在分步成本法中的使用进行评论。每一加工过程——装配、检测等——可以视作不同的（生产）作业。但是，每一加工过程中不需要再识别更多的作业。因为产品是同质的，并且按照相同的方式消耗每一加工过程的资源。资源的统一使用使得制定产品的标准成本变得更加容易。本章附录说明了将标准成本法应用于装配部门成本核算的情况。

18.5   分步成本法中的转入成本

很多分步成本法在生产循环中涉及两个以上的部门或加工过程。一般而言，产品从一个部门转移到另一个部门的同时，相关的成本也按月通过日记账转出。**转入成本**（transferred-in costs）（也称**前部门成本**（previous-department costs））是指生产工序中在产品在前一个部门发生的，并随着产品进入下一个部门而转入下一个部门的产品成本。

现在让我们考虑 Pacific Electronics 公司的检测部门。Pacific Electronics 公司装配部门将加工完成的产品 SG－40 转移至检测部门。检测部门的加工成本是在整个期间均匀投入的。在检测工序结束时，还会对产品追加直接材料投入等，包括装箱和其他包装材料。产品完成检测就转入产成品。检测部门的成本包括转入成本和检测中追加的直接材料和加工成本。

下图再现了这些关系：

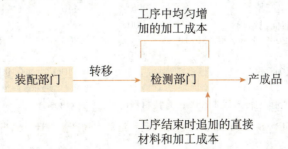

2020 年 3 月检测部门的数据如下：

	A	B	C	D	E
1		实物产量（SG-40）	转入成本	直接材料成本	加工成本
2	期初在产品（3月1日）	240	$33 600	$ 0	$18 000
3	期初在产品完工程度		100%	0	62.5%
4	3月转入	400			
5	3月完工并转出	440			
6	期末在产品（3月31日）	200			
7	期末在产品完工程度		100%	0	80%
8	3月追加的总成本				
9	直接材料和加工成本			$13 200	$48 600
10	转入成本（加权平均，来自图表18-5）[a]		$52 000		
11	转入成本（先进先出，来自图表18-7）[a]		$52 480		
12					
13	a.加权平均分步成本法（图表18-5）和先进先出分步成本法（图表18-7）下3月的转入成本不同。在我们的例子中，期初在产品成本51 600美元（33 600+0+18 000）在加权平均分步成本法和先进先出分步成本法下是一致的，是因为假定1月与2月的约当单位成本相同。如果1月与2月的约当单位成本不同，那么加权平均分步成本法和先进先出分步成本法下的2月期末存货（3月期初存货）将会产生差异。但是，转入成本的分步成本法的基本过程与本节的讨论仍然是一致的。				

我们将转入成本视为在加工初期投入的一种单独类型的直接材料。转入成本代表装配部门成本，在检测部门工序开始时总是 100％完成。当涉及连续部门时，从上一部门转入的产品成为下一部门的全部或部分直接材料，只不过它们称为转入成本而不是直接材料成本。

18.5.1　转入成本和加权平均分步成本法

为了研究存在转入成本的加权平均分步成本法，我们仍然沿用前述的五步骤，将检测部门的成本分配给产成品与期末在产品。

图表 18-8 描述了步骤 1 和步骤 2。它们的计算与图表 18-4 中在加权平均分步成本法下对装配部门的约当产量计算相同，此处的区别是我们还将转入成本视为一种投入。所有产品，不管是当期完工转出还是期末在产品，对于转入成本来说，产品总是 100％完工。相反，检测部门的期初和期末在产品，其直接材料均在加工的最后一道工序才投入，所以完工程度为零。

	A	B	C	D	E
1		（步骤1）		（步骤2）	
2				约当产量	
3	生产流	实物产量	转入成本	直接材料	加工成本
4	期初在产品（前面已给出）	240			
5	本期转入（前面已给出）	400			
6	应计产量	640			
7	本期完工并转出产品	440	440	440	440
8	期末在产品[a]（前面已给出）	200			
9	（200×100%；200×0%；200×80%）		200	0	160
10	实计产量	640			
11	本期产成品约当产量		640	440	600
12					
13	a.本部门完工程度：转入成本100%；直接材料0；加工成本80%。				

图表 18-8　2020 年 3 月检测部门：汇总实物产量与计算约当产量

图表 18-9 描述了加权平均分步成本法的步骤 3、步骤 4 与步骤 5。为了计算转入成本、直接材料与加工成本的约当单位成本，将期初在产品成本与本期投入成本合并计算。

			总生产成本	转入成本		直接材料成本		加工成本
1								
2	（步骤3）	期初在产品成本（前面已给出）	\$ 51 600	\$33 600	+	\$ 0	+	\$18 000
3		本期投入成本（前面已给出）	\$113 800	\$52 000	+	\$13 200	+	\$48 600
4		应计总成本	\$165 400	\$85 600	+	\$13 200	+	\$66 600
5								
6	（步骤4）	本期成本		\$85 600		\$13 200		\$66 600
7		除以本期完工约当产量（图表18-8）		÷640		÷440		÷600
8		约当单位成本		\$133.75		\$ 30.00		\$111.00
9								
10	（步骤5）	成本分配：						
11		完工并转出产品（440单位）的成本	\$120 890	(440[a]×\$133.75)	+	(440[a]×\$30)	+	(440[a]×\$111)
12		期末在产品（200单位）成本	\$ 44 510	(200[b]×\$133.75)	+	(0[b]×\$30)	+	(160[b]×\$111)
13		实计总成本	\$165 400	\$85 600	+	\$13 200	+	\$66 600
14								
15	a. 来自图表18-8步骤2的本期完工并转出产品的约当产量。							
16	b. 来自图表18-8步骤2的期末在产品约当产量。							

图表 18-9　2020 年 3 月检测部门：汇总应计总成本，计算约当单位成本，将总成本在产成品和在产品之间进行分配

从检测部门转到产成品的会计分录（见图表 18-9）如下：

　　借：产成品　　　　　　　　　　　　　　　　　　　　　　　　　　120 890
　　　贷：在产品——检测部门　　　　　　　　　　　　　　　　　　　　　　120 890

"在产品——检测部门"账户的内容（见图表 18-9）如下：

在产品——检测部门			
期初在产品成本（3月1日）	51 600	转出成本	120 890
转入成本	52 000		
直接材料成本	13 200		
加工成本	48 600		
期末在产品成本（3月31日）	44 510		

18.5.2　转入成本与先进先出分步成本法

为了研究存在转入成本的先进先出分步成本法，我们仍然沿用前述的五步骤。图表 18-10 描述了步骤 1 和步骤 2。除了核算转入成本，约当产量的计算与图表 18-6 中在先进先出分步成本法下对装配部门的计算相同。

图表 18-11 描述了步骤 3、步骤 4 与步骤 5。在步骤 3 中，在先进先出分步成本法下应计总成本 165 880 美元不同于加权平均分步成本法下的 165 400 美元，因为在加权平均分步成本法和先进先出分步成本法下装配部门完工并转入检测部门的成本不同，先进先出分步成本法下为 52 480 美元，加权平均分步成本法下为 52 000 美元。在步骤 4 中，本期约当单位成本是以本期在产品和转入成本为基础计算的。步骤 5 将 165 880 美元的总成本分配给转出的产品和期末在产品。同样不考虑转入成本，这种计算与装配部门先进先出分步成本法下的计算（见图表 18-7）是一样的。

		（步骤1）	（步骤2） 约当产量		
生产流		实物产量	转入成本	直接材料	加工成本
期初在产品（前面已给出）		240	（前期投入成本）		
本期转入（前面已给出）		400			
应计产量		640			
本期完工并转出					
来自期初在产品[a]		240			
（240×(100%-100%)；240×(100%-0%)；240×(100%-62.5%)）			0	240	90
本期投入并完工		200[b]			
（200×100%；200×100%；200×100%）			200	200	200
期末在产品[c]（前面已给出）		200			
（200×100%；200×0%；200×80%）			200	0	160
实计产量		640			
本期产成品约当产量			400	440	450
a.本部门完工程度：转入成本100%；直接材料0%；加工成本62.5%。					
b.本期完工并转出的440单位减去来自期初在产品的240单位。					
c.本部门完工程度：转入成本100%；直接材料0%；加工成本80%。					

图表18-10　2020年3月检测部门：汇总实物产量与计算约当产量

		总生产成本	转入成本		直接材料成本		加工成本
（步骤3）	期初在产品成本（前面已给出）	$ 51 600	$33 600	+	$　　0	+	$ 18 000
	本期投入成本（前面已给出）	$114 280	$52 480	+	$ 13 200	+	$ 48 600
	应计总成本	$165 880	$86 080	+	$ 13 200	+	$ 66 600
（步骤4）	本期成本		$52 480		$ 13 200		$ 48 600
	除以本期完工约当产量（图表18-10）		÷400		÷440		÷450
	本期约当单位成本		$131.20		$　30		$　108
（步骤5）	成本分配：						
	完工并转出产品（440单位）的成本						
	期初在产品（240单位）成本	$ 51 600	$33 600	+	$　　0	+	$ 18 000
	本期投入加工成本	$ 16 920	(0[a]×$131.20)	+	(240[a]×$30)	+	(90[a]×$108)
	来自期初在产品的总成本	$ 68 520					
	本期投入并完工产品（200单位）的成本	$ 53 840	(200[b]×$131.20)	+	(200[b]×$30)	+	(200[b]×$108)
	总计完工并转出产品成本	$ 122 360					
	期末在产品（200单位）成本	$ 43 520	(200[c]×$131.20)	+	(0[c]×$30)	+	(160[c]×$108)
	实计总成本	$165 880	$86 080	+	$ 13 200	+	$ 66 600
a.来自图表18-10步骤2的期初在产品的约当产量。							
b.来自图表18-10步骤2的本期投入并完工产品的约当产量。							
c.来自图表18-10步骤2的期末在产品的约当产量。							

图表18-11　2020年3月检测部门：汇总应计总成本，计算约当单位成本，
将总成本在产成品和在产品之间进行分配

　　记住，在一系列部门之间的转移中，出于会计的考虑，每一个部门都应相互独立且可识别。从检测部门转入产成品（见图表18-11）的会计分录如下：

借：产成品　　　　　　　　　　　　　　　　　　　　　　　　　　　　　　122 360

　　贷：在产品——检测部门　　　　　　　　　　　　　　　　　　　　　　　122 360

（记录从检测部门完工并转入产成品的成本。）

　　"在产品——检测部门"账户（见图表18-11）的内容如下：

在产品——检测部门			
期初存货成本（3 月 1 日）	51 600	转出成本	122 360
转入成本	52 480		
直接材料成本	13 200		
加工成本	48 600		
期末在产品成本（3 月 31 日）	43 520		

18.5.3 计算转入成本的要点

在核算转入成本时，应记住以下几点：

1. 确认把前一部门转入的成本纳入计算过程。

2. 在用先进先出分步成本法计算转移成本时，不要忘了将前一期间分配给本期期初在产品的成本包含在转入成本中。例如，图表 18-11 中的 51 600 美元不可忽视。

3. 单位成本在各期之间可能会发生波动，因此，转入的产品可能包括以不同的单位成本累积的批次。举例来看，图表 18-11 中的 400 单位的转入成本 52 480 美元在使用先进先出分步成本法的情况下就包括在装配部门生产过程中产生的不同的直接材料和加工成本的单位成本中（见图表 18-7）。记住，这些产品如果转入下一部门，就应由下一部门按平均的单位成本计算，参见图表 18-11 中的单位成本 131.20 美元（52 480÷400）。

4. 产量在各部门可能按不同的计量单位来表示，应分别考虑每个部门的具体情况，例如，单位成本在前一部门以千克为标准，而在后一部门以升为标准。因为是后一部门接收这些产品，所以它们的单位应该转化为升。

18.6 混合成本系统

产品成本的核算并不是只有分批成本法与分步成本法。许多生产系统采用大规模生产和定制生产的混合成本系统。以福特汽车公司为例，汽车是在连续的流程中生产出来的（这适用于分步成本法），但是它的单个产品又因为发动机型号、传动系统、音响系统等的组合而成为定制化产品（这要求使用分批成本法）。**混合成本系统**（hybrid-costing system）结合了分批成本法与分步成本法的特点。管理者必须设计分批成本法以适合不同生产系统的特定特征。

生产密切相关的标准化产品（比如，不同类型的电视机、洗碗机、洗衣机和鞋子）的企业倾向于采用混合成本系统。它们使用分步成本法核算加工成本，使用分批成本法核算材料和定制部件。例如，长期为专业运动员制作鞋子的运动鞋服制造商耐克向寻找最流行的鞋子设计的顾客传递一个要旨：只管去做你自己！耐克为顾客设计自己的鞋子和服装提供了可能。耐克公司的顾客使用互联网和移动应用程序，可以为乔丹品牌运动鞋和其他服装定制自己的颜色和图案。"观念实施：阿迪达斯定制 3D 打印鞋的混合成本系统"描述了耐克的竞争对手阿迪达斯的定制与混合成本系统的应用。后面我们将介绍混合成本系统的一种常见类型——工序成本系统。

阿迪达斯定制 3D 打印鞋的混合成本系统

2018 年，阿迪达斯超越耐克旗下品牌乔丹，成为美国第二大运动鞋制造商。阿迪达斯以其三条纹标志以及与 NBA 巨星詹姆斯·哈登（James Harden）和说唱歌手坎耶·韦斯特（Kanye West）的合作而闻名，公司采用尖端制造技术和 3D 打印技术，为客户生产定制鞋。

阿迪达斯的 Futurecraft 4D 跑鞋采用标准 3D 打印中底，但新版运动鞋将根据每位客户的生物力学数据进行设计和打印定制中底。为了做到这一点，公司用电脑对顾客的脚进行三维扫描，并测量他们跑步过程中的负荷和扭矩。在此基础上，单片定制中底将采用数字光合成技术进行 3D 打印，并被整合到 Futurecraft 4D 鞋中。最终根据每个人的脚型和运动风格量身定制一双跑鞋。

像 Futurecraft 4D 这样的定制 3D 打印鞋，采用混合成本系统。中底的 3D 打印需要使用分批成本法，但缝制鞋子的类似工艺适合使用分步成本法。

除了运动鞋，3D 打印还可以帮助人们定制个性化的珠宝、耳机和手机壳等。3D 打印技术的应用正在快速增长，到 2023 年，3D 打印市场预计将超过 320 亿美元。

资料来源：Andria Cheng, "How Adidas Plans to Bring 3D Printing to the Masses," Forbes.com, May 22, 2018 (https://www.forbes.com/sites/andriacheng/2018/05/22/with-adidas-3d-printing-may-finally-see-its-mass-retail-potential/); Isabel Flower, "Is Mass Customization the Future of Footwear?" *The Wall Street Journal*, October 24, 2017 (https://www.wsj.com/articles/is-mass-customization-the-future-of-footwear-1508850000); Anna Wiener, "Inside Adidas' Robot-Powered, On-Demand Sneaker Factory," *Wired*, November 29, 2017 (https://www.wired.com/story/inside-speedfactory-adidas-robot-powered-sneakerfactory/); No author, 3D *Printing Market* (Chicago, IL: Markets and Markets, 2017).

18.6.1　工序成本系统概述

工序（operation）是重复执行的标准方法或技术，通常加工不同的材料得到不同的产品。一个车间经常执行多种工序。例如，服装制造商可能在一个车间进行切割工序与卷边工序。工序的内涵比较宽泛，它可能是车间或加工过程的同义词。例如，许多公司称它们的完工车间为完工过程或完工工序。

工序成本系统（operation-costing system）是一种混合成本系统，它适用于批量生产相似但不相同的产品。每批产品经常是一种设计的变异，并且它经过一系列工序，但是每批产品并不一定与其他批产品经过相同的工序。在同一道工序，所有的产品被同等对待，使用相同的工序资源。

在一家生产服装的公司，管理者可能为生产的服装选择一项基本设计。但是，根据具体的要求，每批服装可能有些不同。各批次可能在使用的材料或拼接的类型方面有所不同。半导体、纺织品与鞋子也按批次生产，不同批次之间可能有些变化。

工序成本系统采用工作任务单，工作任务单详细规定了需要的直接材料与分步工序。产品成本根据工作任务单而定。如在分批成本法中，每个工作任务单的直接材料都是独特的，是适合工作任务单的。但是，对于给定的工序，每件产品消耗相同数额的加工成本，如在分步成本法中。对于每一道工序，都计算一个唯一的平均单位加工成本，该成本由该工序总加工成本除以经过这道工序的产品数量得到。然后，这个平均成本要平均分配给经过这道工序的产品。不经过该工序的产品不分配其任何成本。

18.6.2　工序成本系统的示例

服装生产商 Baltimore 公司生产两种运动夹克：一种是用羊毛材质的，另一种是用涤纶材质的。羊毛夹克比涤纶夹克使用更高质量的原料、经过更多的工序。生产 50 件羊毛夹克的工作任务单 423 和生产 100 件涤纶夹克的工作任务单 424 的有关信息如下：

	工作任务单 423	工作任务单 424
直接材料	羊毛	涤纶
	缎面内衬	人造丝局部内衬
	骨制扣	塑料扣
工序		
1. 裁剪布料	使用	使用
2. 检测布边	使用	不使用
3. 缝纫主体	使用	使用
4. 检测接缝	使用	不使用
5. 机器缝制衣领并翻领	不使用	使用
6. 手工缝制衣领并翻领	使用	不使用

2020 年 3 月投入并完工的成本数据如下：

	工作任务单 423	工作任务单 424
夹克数量（件）	50	100
直接材料成本	$6 000	$3 000
加工成本分配		
工序 1	$580	$1 160
工序 2	$400	—
工序 3	$1 900	$3 800
工序 4	$500	—
工序 5	—	$875
工序 6	$700	—
总生产成本	$10 080	$8 835

假定在某一特定工序，所有的产品都消耗相同数额的加工成本。Baltimore 公司的工序成本系统采用预算分配率来分配每道工序的加工成本。工序 1 的预算加工成本分配率（数据是假设的）如下：

$$2020 \text{ 年工序 1 的预算加工成本分配率} = \frac{2020 \text{ 年工序 1 的预算加工成本}}{2020 \text{ 年工序 1 的预算产量}}$$

$$= \frac{232\ 000}{20\ 000}$$

$$= 11.60 \text{（美元/件）}$$

工序1的预算加工成本包含人工、动力、维修、供料、折旧成本，以及这道工序的其他费用。如果存在半成品（工序1的所有产品没有接受相同数额的加工成本），那么，预算加工成本分配率就应该由预算加工成本除以约当产量得出。

当公司生产夹克时，管理者将加工成本分配给工序1中的工作任务单，加工成本由单位加工成本乘以加工的产品数量得出。50件羊毛夹克的工序1的加工成本为580美元（11.60×50），100件涤纶夹克则是1 160美元（11.60×100）。如果使用约当产量计算分配率，成本则根据约当产量单位加工成本乘以约当产量分配给工作任务单。50件羊毛夹克（工作任务单423）的直接材料成本是6 000美元，100件涤纶夹克（工作任务单424）的直接材料成本是3 000美元，这在每个工作任务单中被明确记录。工序成本系统的基本点是：假定单位加工成本是相同的，与工作任务单无关，而直接材料成本则因工作任务单不同而不同，因为每一工作任务单使用的材料不同。

18.6.3　会计分录

假定2020年3月工序1的实际加工成本是24 400美元，包括工作任务单423和工作任务单424发生的实际成本，并按此计入加工成本控制账户。

　　　1. 借：加工成本　　　　　　　　　　　　　　　　　　　　　　24 400
　　　　　　贷：其他相应账户（如应付工资、累计折旧等）　　　　　　　　　24 400

下面将汇总涤纶夹克（工作任务单424）成本分配的会计分录，羊毛夹克的会计分录与之相似。工作任务单424的3 000美元直接材料成本中有2 975美元用在工序1中，剩下的25美元材料用在其他工序中。100件涤纶夹克使用直接材料的会计分录如下：

　　　2. 借：在产品——工序1　　　　　　　　　　　　　　　　　　2 975
　　　　　　贷：材料存货控制　　　　　　　　　　　　　　　　　　　　2 975

下面的会计分录记录了分配给产品的加工成本，采用的是预算分配率11.60乘以100件涤纶夹克，也就是1 160美元：

　　　3. 借：在产品——工序1　　　　　　　　　　　　　　　　　　1 160
　　　　　　贷：加工成本分配　　　　　　　　　　　　　　　　　　　　1 160

100件涤纶夹克（成本是2 975+1 160）从工序1转到工序3（它们不经过工序2）的会计分录如下：

　　　4. 借：在产品——工序3　　　　　　　　　　　　　　　　　　4 135
　　　　　　贷：在产品——工序1　　　　　　　　　　　　　　　　　　4 135

过账后，"在产品——工序1"的账户如下：

在产品——工序1			
②直接材料成本	2 975	④转入工序3	4 135
③加工成本分配	1 160		
3月31日期末在产品成本	0		

夹克的成本在工序之间流转，夹克也在工序中被加工直到完工。在全年期间内成本被纳入

加工成本账户与加工成本分配账户。加工成本分配中的任何多分配或少分配成本都与分批成本法中多分配或少分配的制造费用以相同的方式处理，也就是说，使用调整分配率法、按比例分配法或直接计入产品销售成本法（见第 4 章）。

管理者发现工序成本系统在成本管理中很有用，因为工序成本系统关注实物流程的控制或给定生产系统的工序。例如，在服装制造业，管理者关心的是织物浪费，一次可以切割多少织物层，等等。工序成本系统从财务角度衡量了管理者对实物流程的控制。

小练习 18 – 4

Modern Bakery 公司出售小面包和杂粮面包。公司需要确定 7 月份两份工作任务单的成本。工作任务单 215 是生产 3 600 包小面包，工作任务单 216 是生产 4 000 块杂粮面包。以下信息显示了两份工作任务单使用的不同工序：

	工作任务单 215	工作任务单 216
工序		
1. 烘焙	使用	使用
2. 成型	不使用	使用
3. 切片	使用	不使用

7 月，该公司预计将生产 10 000 包小面包和 15 000 块杂粮面包（相关的直接材料成本分别为 8 000 美元和 15 000 美元）。7 月，每道工序的预算加工成本为：烘焙 20 500 美元，成型 2 100 美元，切片 2 000 美元。

a. 以预计生产量为分母，计算每道工序的预算加工成本分配率。

b. 使用上一个要求中的信息，计算 7 月两份工作任务单的预算产品生产成本。

📖 自测题

Allied Chemicals 公司在它的塑料生产工厂进行三道加工程序中的第二道程序——装配。加工成本在工序中均匀投入，而直接材料在工序结束时投入。下面是该装配工序 2020 年 6 月的有关数据：

	A	B	C	D	E
1		实物产量	转入成本	直接材料	加工成本
2	期初在产品	50 000			
3	期初在产品完工程度		100%	0%	80%
4	本期转入	200 000			
5	本期完工并转出	210 000			
6	期末在产品	?			
7	期末在产品完工程度		100%	0%	40%

要求：

计算加权平均分步成本法与先进先出分步成本法下的约当产量。

解答：

1. 加权平均分步成本法采用截至本期末投入的约当产量来计算约当单位成本。计算结果如下：

	A	B	C	D	E
1		（步骤1）	（步骤2）		
2			约当产量		
3	生产流	实物产量	转入成本	直接材料	加工成本
4	期初在产品（已知）	50 000			
5	本期转入（已知）	200 000			
6	应计	250 000			
7	本期完工并转出	210 000	210 000	210 000	210 000
8	期末在产品[a]	40 000[b]			
9	（40 000×100%；40 000×0%；40 000×40%）		40 000	0	16 000
10	实计	250 000			
11	本期产成品		250 000	210 000	226 000
12					
13	a.本部门完工程度：转入成本100%；直接材料0%；加工成本40%。				
14	b.250 000单位减去完工并转出的210 000单位。				

2. 先进先出分步成本法采用本期投入的约当产量来计算约当单位成本。计算结果如下：

	A	B	C	D	E
1		（步骤1）	（步骤2）		
2			约当产量		
3	生产流	实物产量	转入成本	直接材料	加工成本
4	期初在产品（已知）	50 000			
5	本期转入（已知）	200 000			
6	应计	250 000			
7	本期完工并转出	50 000			
8	来自期初在产品[a]				
9	（50 000×(100%-100%)；50 000×(100%-0%)；50 000×(100%-80%)）		0	50 000	10 000
10	本期投入并完工	160 000[b]			
11	（160 000×100%；160 000×100%；160 000×100%）		160 000	160 000	160 000
12	期末在产品[c]（已知）	40 000[d]			
13	（40 000×100%；40 000×0%；40 000×40%）		40 000	0	16 000
14	实计	250 000			
15	本期产成品		200 000	210 000	186 000
16					
17	a.本部门完工程度：转入成本100%；直接材料0%；加工成本80%。				
18	b.完工并转出的210 000单位减去来自期初在产品的50 000单位。				
19	c.本部门完工程度：转入成本100%；直接材料0%；加工成本40%。				
20	d.250 000单位减去完工并转出的210 000单位。				

📊 决策要点

下面的问答形式是对本章学习目标的总结，"决策"代表与学习目标相关的关键问题，"指南"则是对该问题的回答。

决策	指南
1. 分步成本法的适用条件是什么?	当生产大量相同或相似的产品时采用分步成本法来确认产品或服务的成本。采用这一方法的行业有食品、纺织和炼油业等。
2. 没有存货的时候如何计算平均单位成本?	用给定会计期间发生的总成本除以该期间的总产量就能得到平均单位成本。
3. 分步成本法的五个步骤是什么? 如何计算约当产量?	分步成本法的五个步骤是: (1) 汇总实物产量; (2) 计算约当产量; (3) 汇总应计总成本; (4) 计算约当单位成本; (5) 将总成本在产成品和在产品之间进行分配。 约当产量是一种派生的产出指标: (1) 以产成品与在产品数量计算每种投入(生产要素)的数量; (2) 将上述投入数量转化为用这些投入可以全部完工的产品数量。
4. 加权平均分步成本法和先进先出分步成本法是什么? 在什么情况下, 它们会产生不同水平的营业利润?	加权平均分步成本法通过将应计总成本除以截至本期末完工的约当产量计算出约当单位成本, 并将平均成本运用到产成品与期末在产品的成本分配中。先进先出分步成本法根据本期发生的成本与本期投入所得到的约当产量计算约当单位成本。 当不同期间的单位约当产量直接材料和加工成本变化很大且在产品实物存货数量相对于转出产品总量很大时, 两种方法间的营业利润可能有很大差异。
5. 转入成本如何适用于加权平均分步成本法与先进先出分步成本法?	加权平均分步成本法通过截至本期末的总转入成本除以截至本期末转入成本完工的约当产量计算出约当产量单位平均转入成本, 并将平均成本运用到产成品与期末在产品的成本分配中。先进先出分步成本法基于当期转入成本和当期完工的转入成本的约当产量计算约当产量单位转入成本。先进先出分步成本法将期初在产品的转入成本分配给产成品, 而且本期发生的成本首先用于完成期初在产品, 然后是本期投入并完工的产品, 最后是期末在产品。
6. 什么是工序成本系统? 什么时候它是一种更好的产品成本核算方法?	工序成本系统是一种混合成本系统, 它将分批成本法(对于直接材料)和分步成本法(对于加工成本)的特点结合在一起。当生产系统具有某些定制订单生产特点和大规模生产的其他特点时, 工序成本系统是一种更好的产品成本核算方法。

习 题

18-28 工序成本系统。 Carter Furniture 公司需要确定 2020 年 12 月的两份工作任务单的成本。工作任务单 1200A 是 250 个喷漆的、未装配的箱子,工作任务单 1250A 是 400 个染色的、已装配的箱子。以下是这两份工作任务单的信息:

	工作任务单 1200A	工作任务单 1250A
箱子数量(个)	250	400
工序		
1. 切割	使用	使用
2. 喷漆	使用	不使用
3. 染色	不使用	使用
4. 装配	不使用	使用
5. 包装	使用	使用

12 月的部分预算信息如下：

	未装配的箱子	已装配的箱子	合计
箱子（个）	800	1 500	2 300
直接材料成本	$52 000	$180 000	$232 000

12 月，每道工序的预算加工成本如下：

切割	$41 400
喷漆	$ 6 400
染色	$24 000
装配	$33 000
包装	$11 500

要求：

1. 以箱子的预算数量作为分母，计算每道工序的预算加工成本分配率。

2. 利用要求 1 中的信息，计算为 12 月的两份工作任务单生产的产品的预算成本。

3. 分别计算工作任务单 1200A、工作任务单 1250A 的每个未装配箱子和已装配箱子的成本。

18-29 加权平均分步成本法，分配成本。ZanyBrainy 公司在一个加工部门生产连锁儿童积木。直接材料在生产初期投入，加工成本在生产过程中均匀投入。公司采用加权平均分步成本法。下面是 2020 年 10 月的信息。

	约当产量		
	实物产量	直接材料	加工成本
期初在产品（10 月 1 日）	12 000[a]	12 000	9 600
10 月投入	48 000		
10 月完工并转出	55 000	55 000	55 000
期末在产品（10 月 31 日）	5 000[b]	5 000	1 500

a. 完工程度：直接材料 100%，加工成本 80%。
b. 完工程度：直接材料 100%，加工成本 30%。

2020 年 10 月总成本		
期初在产品成本		
直接材料成本	$ 5 760	
加工成本	$14 825	$ 20 585
10 月投入的直接材料成本		$ 25 440
10 月投入的加工成本		$ 58 625
应计总成本		$104 650

要求：

1. 计算直接材料成本与加工成本的约当单位成本。

2. 汇总应计总成本，并将成本分配给产成品（及转出产品）与期末在产品。

18-30 先进先出分步成本法，分配成本（续习题 18-29）。

要求：

1. 采用先进先出分步成本法做习题 18-29。

2. ZanyBrainy 公司管理层寻求一个更一致的约当单位成本。公司应该选择分步成本法下的哪种方法？为什么？

18-31 转入成本，加权平均分步成本法。Trendy 服装公司是一家冬装生产商，有一个针织车间和一个完工车间。本习题主要涉及完工车间。直接材料在加工过程的最后投入，加工成本在加工过程中均匀投入。本公司使用加权平均分步成本法。2020 年 6 月的信息如下：

	A	B 实物产量 （吨）	C 转入成本	D 直接材料成本	E 加工成本
1					
2	期初在产品（6月1日）	60	$ 60 000	$ 0	$24 000
3	期初在产品完工程度		100%	0%	50%
4	6月转入	100			
5	6月完工并转出	120			
6	期末在产品（6月30日）	40			
7	期末在产品完工程度		100%	0%	75%
8	6月投入的总成本		$117 000	$ 27 000	$ 62 400

要求：

1. 计算转入成本、直接材料成本与加工成本的约当产量。

2. 汇总应计总成本，计算转入成本、直接材料成本与加工成本的约当单位成本。

3. 将成本分配给产成品（且转出）和期末在产品。

18-32 转入成本，先进先出分步成本法（续习题 18-31）。参阅习题 18-31 中的信息。假定 Trendy 服装公司对所有车间采用先进先出分步成本法而不是加权平均分步成本法。与习题 18-31 唯一不同的是：在先进先出分步成本法下，期初在产品总转入成本为 45 000 美元（而不是 60 000 美元）；6 月投入的总转入成本是 114 000 美元（而不是 117 000 美元）。

要求：

使用先进先出分步成本法做习题 18-31。注意，你需要先计算当期完工的约当产量（转入成本、直接材料成本和加工成本），完成期初在产品，投入并完成新产品，生产期末在产品。

 **附 录**

分步成本法的标准成本法

第 7 章描述了标准成本法的会计处理。回想一下，这涉及用标准成本编制会计分录，然后将差异从这些标准中分离出来，以支持管理控制。本附录描述了在分步成本法中，如何应用标准成本法原理。

标准成本法的优势

运用分步成本法的公司往往生产大量相同或相似的产品。这些公司往往直接设定产出需要的投入标准量。将单位投入的标准成本与投入的标准数量相结合可以得出单位产出的标准成本。

诸如纺织业、陶瓷业、油漆业和包装食品业等生产多样化产品的行业会感到无论是加权平均分步成本法还是先进先出分步成本法都很复杂。举例来说，一个轧钢厂会使用各种钢铁合金生产出不同型号、不同类别的产成品。投入的直接材料和需要的加工工序可能很少，但是在它们之间采取大量不同的组合方式的情况下，可以得到多种多样的产品。在这样的情况下，如果应用广泛平均的分步成本法，会使各种产品的成本不准确。因此，这些行业的管理者通常使用分步成本法的标准成本法。

在标准成本法下，根据每种产品的不同技术加工要求，设计团队与工程师、操作人员、管理会计人员一起制定单独标准或确定约当单位成本。识别每种产品的标准成本可以消除将所有产品按单一的平均成本计算的弊端。

标准成本法的计算过程

我们使用前面介绍的五步骤程序，对 Pacific Electronics 公司的装配部门使用标准成本法。我们假定 2020 年 2 月和 3 月采用相同的标准成本，装配部门的数据如下：

	A	实物产量 (SG-40) (1)	直接材料成本 (2)	加工成本 (3)	总成本 (4)= (2)+(3)
2	单位标准成本		\$ 74	\$ 54	
3	期初在产品 (3月1日)	225			
4	期初在产品完工程度		100%	60%	
5	标准成本法下期初在产品存货成本		\$16 650[a]	\$ 7 290[a]	\$ 23 940
6	3月投入生产	275			
7	3月完工并转出	400			
8	期末在产品 (3月31日)	100			
9	期末在产品完工程度		100%	50%	
10	3月实际追加的总成本		\$19 800	\$16 380	\$36 180
11					
12					
13	a.标准成本法下期初在产品存货成本：				
14	直接材料成本：225×100%×74＝16 650（美元）；				
15	加工成本：225×60%×54＝7 290（美元）。				

图表 18-12 介绍了标准成本法的步骤 1 与步骤 2。这两个步骤与图表 18-6 中的先进先出分步成本法的前两步完全一致，因为与先进先出分步成本法一样，标准成本法也假设期初在产品中最早的约当产量最先完工。直接材料本期完工 275 单位约当产量，加工成本本期完工 315 单位约当产量。

图表 18-13 描述了标准成本法的步骤 3、步骤 4 与步骤 5。步骤 3 汇总了应计总成本（也就是说"在产品——装配部门"账户的借方），这一数据与实际成本基础上的加权平均分步成本法和先进先出分步成本法下的"在产品——装配部门"账户的借方不同。因为在标准成本法中，在产品账户的借方反映的是标准成本而不是实际成本，标准成本合计为 61 300 美元。步骤 4 对约当单位成本的计算，在标准成本法下比在加权平均分步成本法和先进先出分步成本法下简单得多。因为无须像加权平均分步成本法和先进先出分步成本法一样计算约当单位成本，约当单

位成本就是标准成本：直接材料成本 74 美元，加工成本 54 美元。

	A	B	C	D
		（步骤1）	（步骤2）	
			约当产量	
	生产流	实物产量	直接材料	加工成本
4	期初在产品（已知）	225		
5	本期投入（已知）	275		
6	应计	500		
7	本期完工并转出			
8	来自期初在产品[a]	225		
9	（225×（100%-100%）；225×（100%-60%））		0	90
10	投入并完工	175[b]		
11	（175×100%；175×100%）		175	175
12	期末在产品[c]（已知）	100		
13	（100×100%；100×50%）		100	50
14	实计	500		
15	本期产成品		275	315
16				
17	a.本部门完工程度：直接材料100%；加工成本60%。			
18	b.完工并转出的400单位减去期初在产品225单位。			
19	c.本部门完工程度：直接材料100%；加工成本50%。			

图表 18-12　2020 年 3 月装配部门：汇总实物产量与计算约当产量

	A	B	C	D	E	F	G
			总生产成本	直接材料成本		加工成本	
2	（步骤3）	期初在产品（已知）	\$ 23 940	（225×\$74）	+	（135×\$54）	
3		在标准成本下的本期投入	\$ 37 360	（275×\$74）	+	（315×\$54）	
4		应计总成本	\$ 61 300	\$　37 000	+	\$　24 300	
5							
6	（步骤4）	约当产量的单位标准成本（已知）	\$　　128	\$　　　74	+	\$　　　54	
7							
8	（步骤5）	在标准成本法下的成本分配：					
9		完工并转出（400单位）					
10		期初在产品（225单位）	\$ 23 940	（225×\$74）	+	（135×\$54）	
11		本期投入成本	\$　4 860	（0[a]×\$74）	+	（90[a]×\$54）	
12		来自期初在产品的总成本	\$ 28 800				
13		本期投入并完工（175单位）	\$ 22 400	（175[b]×\$74）	+	（175[b]×\$54）	
14		完工并转出产品的总成本	\$ 51 200				
15		期末在产品（100单位）	\$ 10 100	（100[c]×\$74）	+	（50[c]×\$54）	
16		实计总成本	\$ 61 300	\$　37 000	+	\$　24 300	
17							
18	汇总本期业绩差异						
19	在标准成本法下本期投入的成本[d]			\$　20 350		\$　17 010	
20	实际发生的成本（已知）			\$　19 800		\$　16 380	
21	差异			\$　　550	F	\$　　630	F
22							
23	a.来自图表18-12步骤2的期初在产品的约当产量。						
24	b.来自图表18-12步骤2的本期投入并完工的约当产量。						
25	c.来自图表18-12步骤2的期末在产品的约当产量。						
26	d.来自上面的步骤3（直接材料成本：275×74；加工成本：315×54）。						

图表 18-13　2020 年 3 月装配部门：汇总应计总成本，计算约当单位成本，
将总成本在产成品和在产品之间进行分配

图表 18-13 中的步骤 5 像先进先出分步成本法一样对完工并转出产品和期末在产品进行成本分配。步骤 5 按图表 18-12 计算的约当产量分配标准成本：首先分配给完工的期初在产品；再分配给本期投入并完工的产品；最后分配给本期投入但本期未完工的期末在产品。可以看到图表 18-13 步骤 5 中的实计总成本 61 300 美元等于应计总成本。

差异的会计处理

使用分步成本法下的标准成本法在直接材料控制账户中记录实际直接材料成本，在加工成本控制账户中记录实际加工成本。在下面的会计分录中，最初的两个分录按实际成本入账。在分录 3 和 4a 中，在产品——装配部门账户按标准成本累计直接材料成本和加工成本。分录 3 和 4a 分离了总差异，最后的分录按标准成本转出产成品。

1. 借：装配部门直接材料控制（实际成本）	19 800
贷：应付账款控制	19 800

（记录 3 月买入并用于生产的直接材料。此成本控制账户借方为实际成本。）

2. 借：装配部门加工成本控制（实际成本）	16 380
贷：应付工资和累计折旧等其他相关账户	16 380

（记录装配部门 3 月投入的加工成本。此成本控制账户借方为实际成本。）

分录 3、4、5 使用图表 18-13 中的标准成本数据。

3. 借：在产品——装配部门（标准成本）	20 350
贷：直接材料差异	550
装配部门直接材料控制	19 800

（记录实际直接材料成本和全部直接材料差异。）

4a. 借：在产品——装配部门（标准成本）	17 010
贷：装配部门分配的加工成本	17 010

（记录 3 月按标准成本分配的加工成本。）

4b. 借：在产品——装配部门（标准成本）	17 010
贷：加工成本差异	630
装配部门加工成本控制	16 380

（记录全部加工成本差异。）

5. 借：在产品——检测部门（标准成本）	51 200
贷：在产品——装配部门（标准成本）	51 200

（记录装配部门产成品并转移至检测部门的标准成本。）

在分录 3 和分录 4b 中，标准成本法下出现了差异科目，因为分配给本期产量的标准成本往往与本期实际成本不一样。回想一下，导致比预期更高营业利润（或更低成本）的差异称为有利差异，而减少营业利润的差异是不利差异。从会计的角度讲，有利的成本差异记贷方，而不利的成本差异记借方。在我们的例子中，直接材料成本和加工成本差异都是有利差异，在图表 18-13 中用 "F" 表示。

如第 7 章和第 8 章中提到的，根据计划与控制目的，可以对差异进行粗略或详细的测量与分析。有时，在直接材料购买时分离直接材料价格差异，分录 3 中只计算了效率差异。图表 18-14 显示在标准成本法下，成本如何在总账户间流转。

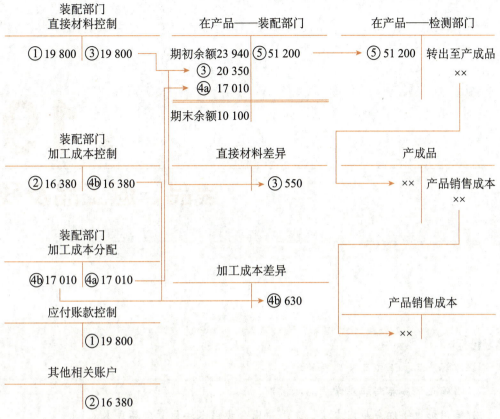

图表 18 - 14　2020 年 3 月装配部门分步成本法下的标准成本流

第 **19** 章

废品、返工品及残料

学习目标

1. 理解废品、返工品及残料的定义
2. 明确正常废品与非正常废品的区别
3. 使用加权平均分步成本法、先进先出分步成本法核算废品成本
4. 在分步成本法的不同完工阶段核算废品成本
5. 使用分批成本法核算废品成本
6. 使用分批成本法核算返工品成本
7. 核算残料成本

当产品不符合规格，但随后经过维修被卖出去时，就叫作返工。

公司尽最大可能减少生产中的返工品、废品与残料。为什么？因为超过正常水平的废品与残料可能对公司的利润有重大的负面影响。返工也会使公司发生大量成本，就像下面有关特斯拉的例子说明的那样。

💡 **引例**　　　　　　　　**返工阻碍了特斯拉 Model 3 的生产**

特斯拉推出 Model 3 电动汽车时，逾 40 万人花 1 000 美元购买了这款车的购车名额。为了满足这一前所未有的需求，特斯拉迅速加大了 Model 3 的产量，目标是到 2018 年 6 月 30 日每周生产 5 000 辆该款新车。

然而随着最后期限的临近，特斯拉遭遇了严重的生产困境，原材料浪费严重，其内华达州超级工厂制造的零部件需要返工。每周生产的 5 000 辆 Model 3 中有近 4 300 辆需要返工。

特斯拉在场外修复车间而不是现场进行返工，这是标准的行业惯例。

除材料成本增加外，返工每周为制造过程增加 2 600 多个人工小时。2019 年初，特斯拉被迫裁减 7% 的全职员工，以削减成本，改善 Model 3 的盈利能力。

对于特斯拉和其他公司来说，生产缺陷产品的成本可能是巨大的。建筑（斯堪斯卡公司（Skanska））、航空（洛克希德·马丁公司（Lockheed Martin））、产品开发软件（达索系统公司（Dassault Systemes））和特色食品（泰莱公司（Tate & Lyle））等行业的公司都设定了零缺陷目标。减少缺陷和废料也是许多有远见的组织和政府机构可持续发展计划的关键。

资料来源：Linette Lopez, "Internal Documents Reveal the Grueling Way Tesla Hit Its 5 000 Model 3 Target," *Business Insider*, August 21, 2018 (https://www.businessinsider.com/tesla-hit-model-3-target-by-reworking-thousands-of-cars-2018-8); Lora Kolodny, "Tesla Factories Reportedly Struggling with High Scrap Volume, and Low Vehicle Production Rate per Employee," CNBC.com, June 5, 2018 (https://www.cnbc.com/2018/06/05/tesla-factories-have-struggled-with-scrap-production-rate-reports.html); Lora Kolodny, "Tesla Employees Say Automaker Is Churning Out a High Volume of Flawed Parts Requiring Costly Rework," CNBC.com, March 14, 2018 (https://www.cnbc.com/2018/03/14/tesla-manufacturing-high-volume-of-flawed-parts-employees.html).

本章集中讨论废品、返工品及残料导致的成本及其核算方法，并说明在存在废品、返工品和残料时，如何确定：(1) 产品成本；(2) 产品销售成本；(3) 存货价值。

19.1 废品、返工品与残料的定义

虽然你可能对本章使用的下列术语很熟悉，但应确保你是在管理会计的背景下理解它们。

废品（spoilage）是指由于不合格而被废弃或被削价处理的产成品或半成品。例如，被当作次品处理的衬衫、牛仔裤、鞋和地毯，以及那些出售给铝制品厂商以再次熔化生产铝箔的铝罐。

返工品（rework）是指由于不合格被退回后经返工修理作为合格品出售的产品。例如，在生产过程中或生产过程已结束但还未交货时检查出的不合格品（如智能手机、平板电脑、笔记本电脑），有时可以经返工修理作为合格品出售。

残料（scrap）是指生产产品时剩余的材料。例如，木工作业中产生的短木片；塑料制模作业或切割金属板产生的边角料；成衣制作过程中产生的磨损布料和碎布料等。残料有时以相对较低的价格出售。在这个意义上，残料类似于我们在第 17 章研究的副产品。不同的是，残料是制造过程产生的残余，不是公司制造或销售的产品。

对很多生产流程而言，出现一定数量的废品、返工品和残料是很正常的。例如，半导体的制造非常复杂和精细，在晶片生产过程中，由于灰尘容易附着在晶片上，或者硅衬底中的晶体缺陷，出现一些废品在所难免。这些废品通常不能返工。在生产高精密机械工具时，也会产生废品和返工品，这些废品能返工修理成为合格品，但需要相当大的成本。在采矿业，公司要处理富含多种贵重金属的矿石，因此出现少量矿石残料在所难免。

19.2　废品的两种类型

废品的会计核算包括确定废品成本的大小并区分正常废品成本与非正常废品成本。[①] 为了便于管理、控制并减少废品成本，公司应将这些成本单独列出来，而不应把它们混杂在合格品成本中。

以 Mendoza Plastics 公司为例说明正常废品与非正常废品。Mendoza Plastics 公司采用塑料注射成型法为 iMac 台式计算机生产塑料外壳。2020 年 1 月，Mendoza Plastics 公司以 3 075 000 美元的成本生产了 20 500 件产品，其中 20 000 件为完工合格品，而 500 件为废品。该月期初期末均无存货。在 500 件废品中，400 件是由于注射成型设备本身不能生成 100％合格的外壳，虽然机器有效运转但还是出现了这些废品；剩下的 100 件是由机器故障和误操作导致的。

19.2.1　正常废品

正常废品（normal spoilage）是指即使有效生产，在特定生产过程中依旧不可避免会产生的废品。正常废品的成本通常被视为完工合格品成本的一部分，因为生产好的产品的过程中不可能不产生缺陷产品。基于这种原因，正常废品的成本是计入存货的，包含在完工合格品成本中。Mendoza Plastics 公司核算 400 件正常废品的成本如下：

单位生产成本为 $150（3 075 000÷20 500）	
合格品成本（$150×20 000）	$3 000 000
正常废品成本（$150×400）	$　60 000
完工合格品成本（包括正常废品）	$3 060 000

$$单位合格品生产成本=\frac{3\ 060\ 000}{20\ 000}=153（美元）$$

计算正常废品率时，应用正常废品数量除以总完工合格品数量，而不是除以实际的投入单位。在 Mendoza Plastics 公司，正常废品率为 2％（400÷20 000）。在生产速度和正常废品率之间常常有一个权衡。管理者选择每小时的产量时，应该知道一定数量的废品是不可避免的。

19.2.2　非正常废品

非正常废品（abnormal spoilage）是指在有效的生产条件下不应该产生的废品。它不是特定生产流程的必然结果。在 Mendoza Plastics 公司，100 件废品是由机器故障和误操作导致的，因此属于非正常废品。非正常废品被视为可避免的和可控制的。生产线工人或其他人员可以识别机器故障、意外事故等的发生原因，并采取措施防止其再发生，从而减少或消除非正常废品。为了突出非正常废品成本，公司将非正常废品的成本作为单独项目列入利润表的"非正常废品损失"账户中，即非正常废品的成本不计入存货，直接作为期间费用冲销。Mendoza Plastics 公司的非正常废品损失为 15 000 美元（150×100）。

分步成本法和分批成本法中都会出现废品核算问题。下面讨论这两种情况，首先讨论分步成本法中的废品。

[①]　十分感谢萨斯喀彻温大学的塞缪尔·莱蒙（Samuel Laimon）的有益建议。

19.3 加权平均分步成本法与先进先出分步成本法中的废品

我们首先考虑正常废品。下面的例子说明了在计算分步成本法中的实物产量或约当产量时,如何计算正常废品的相关数据。

19.3.1 计算正常废品的成本

例 1:Chipmakers 公司为电视机生产芯片,所有直接材料均在期初投入。我们假设没有期初存货,且只讨论直接材料成本。该公司 2020 年 5 月的数据如下:

	A	B	C
1		实物产量	直接材料成本
2	期初在产品存货(5月1日)	0	
3	5月投入量	10 000	
4	5月完工并转出的合格品	5 000	
5	废品量(所有正常废品)	1 000	
6	期末在产品存货(5月31日)	4 000	
7	5月追加的直接材料成本		$270 000

生产流程结束时确认废品,废品的净处置价值为零。

质检点(inspection point)是指生产流程中对产品进行检测以判断产品是否合格的一个阶段。假定废品出现在完工检测阶段。在我们的例子中,假定用直接材料 100% 完成了废品的生产。

图表 19-1 核算并分配了生产合格品和正常废品而使用的直接材料成本。总的说来,Chipmakers 公司的约当产量为 10 000 单位,其中 5 000 单位的约当产量为完工合格品(5 000×100%),4 000 单位的约当产量为期末在产品(4 000×100%),1 000 单位的约当产量为正常废品(1 000×100%)。约当单位成本是 27 美元(直接材料总成本 270 000/10 000)。包含正常废品成本在内的完工并转出的合格品总成本是 162 000 美元(6 000×27)。期末在产品成本是 108 000 美元(4 000×27)。

	A	B
1		计算约当产量时计入废品数量
2	应计成本	$ 270 000
3	除以约当产量	÷10 000
4	约当单位成本	$ 27
5	成本分配:	
6	完工合格品成本(5 000×27)	$ 135 000
7	加正常废品成本(1 000×27)	$ 27 000
8	完工并转出的合格品总成本	$ 162 000
9	期末在产品成本(4 000×27)	$ 108 000
10	实计成本	$ 270 000

图表 19-1　2020 年 5 月 Chipmakers 公司使用约当产量核算合格品与废品的直接材料成本

注意,4 000 单位的期末在产品没有承担任何正常废品成本,因为这些产品尚未检测。毫无疑问,某些期末在产品将被检测出是废品,这些产品在下一个会计期间才完工并检测。那时,这些成本将计入当期完工的合格品成本中。注意,图表 19-1 确认了正常废品的成本是 27 000

美元，以强调并重点关注减少废品的潜在经济利益。

19.3.2　使用分步成本法核算废品成本的五步骤

例 2：Anzio 公司的生产部门生产一种可回收容器。直接材料在生产周期的期初一次性投入，产品加工成本在生产期内均匀发生。废品只有在成品检测时才能发现。正常废品是完工合格品的 10%（每生产 10 单位完工合格品，就会出现 1 单位正常废品）。2020 年 7 月的汇总数据如下：

	A	B 实物产量 （1）	C 直接材料成本 （2）	D 加工成本 （3）	E 总成本 （4）=（2）+（3）
1					
2	期初在产品（7月1日）	1 500	$12 000	$ 9 000	$ 21 000
3	期初在产品完工程度		100%	60%	
4	7月投入生产	8 500			
5	7月完工并转出的合格品	7 000			
6	期末在产品（7月31日）	2 000			
7	期末在产品完工程度		100%	50%	
8	7月追加的总成本		$76 500	$89 100	$165 600
9	正常废品占合格品的百分比	10%			
10	正常废品完工程度		100%	100%	
11	非正常废品完工程度		100%	100%	

我们稍微改动第 18 章中介绍的分步成本法的五个步骤就可以将其用于 Anzio 公司废品成本的核算。

步骤 1：汇总实物产量。确定正常和非正常废品数量。

$$总废品数量＝（期初在产品数量＋投入数量）－（转出合格品数量$$
$$＋期末在产品数量）$$
$$＝（1 500＋8 500）－（7 000＋2 000）$$
$$＝10 000－9 000$$
$$＝1 000（单位）$$

正常废品数量等于 7 000 单位合格品数量的 10%，即 700 单位。因此：

$$非正常废品数量＝总废品数量－正常废品数量$$
$$＝1 000－700$$
$$＝300（单位）$$

步骤 2：计算约当产量。采用与核算合格品约当产量相同的方法核算废品的约当产量。所有废品数量都包括在产量的计算中。由于 Anzio 公司的质检点发生在完工时，所以单位废品与单位合格品消耗的工作量是一样的。

步骤 3：汇总应计总成本。应计总成本为借记到在产品账户的所有成本。该步骤与第 18 章的步骤 3 类似。

步骤 4：计算约当单位成本。这一步与第 18 章的步骤 4 相似。

步骤 5：在产成品、废品和期末在产品之间分配总成本。本步骤计算废品成本及合格品成本。

下面，我们分别用加权平均分步成本法、先进先出分步成本法说明如何实施第 18 章介绍的五个步骤。本章附录介绍了如何用标准成本法核算废品成本。

19.3.3　加权平均分步成本法与废品

图表 19-2 的 A 部分列出了步骤 1 和步骤 2，计算本期约当产量，包含正常废品和非正常废品的约当产量。图表 19-2 的 B 部分列出了步骤 3、步骤 4 和步骤 5（合起来称为产品成本计算表）。

A 部分：汇总实物产量和计算约当产量

	A	B	C	D	E
1			（步骤1）	（步骤2）	
2				约当产量	
3		生产流	实物产量	直接材料	加工成本
4		期初在产品（见前面）	1 500		
5		本期投入（见前面）	8 500		
6		应计产量	10 000		
7		本期完工并转出的合格品	7 000	7 000	7 000
8		正常废品ᵃ	700		
9		（700×100%；700×100%）		700	700
10		非正常废品ᵇ	300		
11		（300×100%；300×100%）		300	300
12		期末在产品ᶜ（见前面）	2 000		
13		（2 000×100%；2 000×50%）		2 000	1 000
14		实计	10 000		
15		已完工产品约当产量		10 000	9 000
16					
17		a. 正常废品为转出合格品的10%：10%×7 000=700单位。本部门的正常废品完工程度：直接材料			
18		100%；加工成本100%。			
19		b. 非正常废品=总废品-正常废品=1 000-700=300单位。本部门的非正常废品完工程度：直接材料			
20		100%；加工成本100%。			
21		c. 本部门完工程度：直接材料100%；加工成本50%。			

B 部分：汇总应计总成本，计算约当单位成本，在产成品、废品和期末在产品之间分配总成本

	A	B	C	D	E
23			产品总成本	直接材料成本	加工成本
24	（步骤3）	期初在产品成本（见前面）	$ 21 000	$12 000	$ 9 000
25		本期追加成本（见前面）	$165 600	$76 500	$89 100
26		应计总成本	$186 600	$88 500	$98 100
27	（步骤4）	已发生成本		$88 500	$98 100
28		除以已完工约当产量（见A部分）		÷10 000	÷9 000
29		约当单位成本		$ 8.85	$ 10.90
30	（步骤5）	成本分配：			
31		完工并转出的合格品（7 000单位）			
32		不含正常废品的成本	$138 250	(7 000ᵈ×$8.85)+(7 000ᵈ×$10.90)	
33		正常废品（700单位）成本	$ 13 825	(700ᵈ×$8.85) + (700ᵈ×$10.90)	
34	（A）	完工并转出的合格品总成本	$152 075		
35	（B）	非正常废品（300单位）	$ 5 925	(300ᵈ×$8.85) + (300ᵈ×$10.90)	
36	（C）	期末在产品（2 000单位）	$ 28 600	(2 000ᵈ×$8.85)+ (1 000ᵈ×$10.90)	
37	（A）+（B）+（C）	实计总成本	$186 600	$88 500　+　$98 100	
38					
39		d. 直接材料与加工成本约当产量的计算见A部分的步骤2。			

图表 19-2　2020 年 7 月 Anzio 公司生产部门用加权平均分步成本法核算废品成本

在步骤 3 中，管理者汇总了应计总成本。在步骤 4 中，他们用加权平均法计算约当单位成本。应注意的是，对于每一个成本分类，加权平均成本是用期初在产品成本与本期发生的成本之和，除以期初在产品约当产量与本期完工的约当产量之和得到的。在最后一个步骤中，管理者用步骤 2 的约当产量与步骤 4 的约当单位成本相乘，将总成本分配给产成品、正常废品和非正常废品及期末在产品。13 825 美元的正常废品成本计入完工并转出的合格品总成本中。

$$完工并转出的合格品的单位成本 = \frac{完工并转出的合格品总成本}{完工的合格品数量}$$

$$= 152\ 075 \div 7\ 000 = 21.725（美元）$$

单位成本金额不等于 19.75 美元（单位约当产量的直接材料成本 8.85 美元加上加工成本 10.90 美元）。这是因为单位成本等于 19.75 美元加上单位正常废品的成本 1.975 美元（13 825 ÷ 7 000），等于 21.725 美元。5 925 美元的非正常废品成本被记入"非正常废品损失"账户，不包括在合格品总成本中。[①]

小练习 19-1

Tensor 纺织公司生产丝绸横幅，使用加权平均分步成本法。直接材料在生产过程开始时投入，加工成本在生产过程中均匀投入。在生产过程完成后检测到废品。废品的净处置价值为零。

	实物产量（横幅）	直接材料成本	加工成本
期初在产品（7 月 1 日）[a]	2 000	$2 000	$ 840
2020 年 7 月投入	?		
7 月完工并转出的合格品	10 750		
正常废品	200		
非正常废品	50		
期末在产品（7 月 31 日）[b]	1 000		
2020 年 7 月增加的总成本		$16 000	$31 930

a. 完工程度：直接材料 100%，加工成本 50%。
b. 完工程度：直接材料 100%，加工成本 30%。

确定 7 月的约当产量，并计算完工并转出的合格品的成本（包括正常废品）、非正常废品成本和期末在产品成本。

19.3.4　先进先出分步成本法与废品

图表 19-3 的 A 部分给出了先进先出分步成本法下的步骤 1 和步骤 2，该方法关注本期发生的约当产量。图表 19-3 的 B 部分给出了步骤 3、步骤 4 和步骤 5。分配成本时，先进先出分步成本法将期初在产品成本从本期发生成本中分离开来。由于使用的是本期的单位成本，因此假定所有废品成本都与本期完工产量有关。[②]

[①] 废品（和返工品）的实际成本通常大于会计系统中记录的成本，因为会计系统不记录生产线的中断成本、仓储成本以及损失的贡献毛益。第 20 章从成本管理的角度对这些机会成本进行了讨论。

[②] 为了简化先进先出分步成本法的计算，可认为废品在本期一次性投入。虽然有些期初在产品可能已经作废了，但所有废品都视为由本期生产产生的。

A 部分：汇总实物产量和计算约当产量

	A	B	C (步骤1)	D (步骤2) 约当产量	E
		生产流	实物产量	直接材料	加工成本
4		本期初在产品（见前面）	1 500		
5		本期投入（见前面）	8 500		
6		应计产量	10 000		
7		本期完工并转出的合格品			
8		来自期初在产品[a]	1 500		
9		（1 500×（100%-100%）；1 500×（100%-60%））		0	600
10		本期投入并完工	5 500[b]		
11		（5 500×100%；5 500×100%）		5 500	5 500
12		正常废品[c]	700		
13		（700×100%；700×100%）		700	700
14		非正常废品[d]	300		
15		（300×100%；300×100%）		300	300
16		期末在产品[e]（见前面）	2 000		
17		（2 000×100%；2 000×50%）		2 000	1 000
18		实计	10 000		
19		本期产成品约当产量		8 500	8 100

a.本部门完工程度：直接材料100%；加工成本60%。
b.完工并转出的7 000单位实物产量减去期初在产品完工并转出的1 500单位实物产量。
c.正常废品为转出合格品的10%：10%×7 000=700单位。本部门的正常废品完工程度：直接材料100%；加工成本100%。
d.非正常废品=实际废品-正常废品=1 000-700=300单位。本部门的非正常废品完工程度：直接材料100%；加工成本100%。
e.本部门完工程度：直接材料100%；加工成本50%。

B 部分：汇总应计总成本，计算约当单位成本，在产成品、废品和期末在产品之间分配总成本

	A	B	C 产品总成本	D 直接材料成本	E	F 加工成本
2	（步骤3）	期初在产品成本（见前面）	$ 21 000	$12 000		$ 9 000
3		本期追加成本（见前面）	$165 600	$76 500		$89 100
4		应计总成本	$186 600	$88 500		$98 100
5	（步骤4）	本期追加成本		$76 500		$89 100
6		除以本期产成品的约当产量（见A部分）		÷8 500		÷8 100
7		约当单位成本		$ 9.00		$ 11.00
8	（步骤5）	成本分配：				
9		完工并转出的合格品（7 000单位）成本				
10		期初在产品（1 500单位）成本	$ 21 000	$12 000		$ 9 000
11		本期追加成本	$ 6 600	（0[f]×$9）	+	（600[f]×$11）
12		期初在产品的完工成本（不含正常废品）	$ 27 600			
13		投入并完工的产品成本（不含正常废品，5 500单位）	$110 000	（5 500[f]×$9）	+	（5 500[f]×$11）
14		正常废品（700单位）成本	$ 14 000	（700[f]×$9）	+	（700[f]×$11）
15	（A）	转出的合格品总成本	$151 600			
16	（B）	非正常废品（300单位）成本	$ 6 000	（300[f]×$9）	+	（300[f]×$11）
17	（C）	期末在产品（2 000单位）成本	$ 29 000	（2 000[f]×$9）	+	（1 000[f]×$11）
18	（A）+（B）+（C）	实计总成本	$186 600	$88 500	+	$98 100

f.直接材料与加工成本约当产量的计算见A部分的步骤2。

图表 19-3　2020 年 7 月 Anzio 公司生产部门用先进先出分步成本法核算废品成本

小练习 19-2

再次考虑 Tensor 纺织公司。与小练习 19-1 中提供的 2020 年 7 月的信息相同，假设 Tensor 纺织公司使用先进先出分步成本法，重新回答小练习 19-1 中提出的问题。

第 18 章强调了在先进先出分步成本法与加权平均分步成本法之间进行选择时，必须考虑税收、业绩评价、决策信息等因素。为了避免虚报营业利润，第 18 章还强调了仔细估计完工程度的重要性。这些考虑因素同样适用于有废品的情况。此外，必须以一种无偏见的方式估计正常废品的比率。将更多的废品归为正常废品，减少非正常废品损失而冲销的金额，能够得到更高的利润。管理者必须强调完工程度和正常废品比率的一致和无偏见估计的重要性，以及在报告利润时采取道德行动的必要性。

19.3.5　会计分录

根据图表 19-2B 部分和图表 19-3B 部分的信息，下面的会计分录记录了完工合格品转入产成品和非正常废品的损失。

	加权平均分步成本法	先进先出分步成本法
借：产成品	152 075	151 600
贷：在产品——生产部门	152 075	151 600
（结转 7 月份完工合格品。）		
借：非正常废品损失	5 925	6 000
贷：在产品——生产部门	5 925	6 000
（确认 7 月份非正常废品损失。）		

19.4　质检点与正常废品的成本分配

虽然废品可能发生在生产过程的不同阶段，但只能在一个或几个质检点发现废品。废品成本等于质检点前发生的所有生产成本。若废品还有处置价值（如将不合格地毯作为次品售出），则废品的净成本等于废品成本减去处置价值。

当正常废品和非正常废品在同一个质检点被检测出时，两者的单位成本相等，如 Anzio 公司的例子所示，产品只在完工时检测。但是，在某些情况下，非正常废品与正常废品出现在不同质检点。以衬衫生产为例，在产品完工检测时能发现正常废品。现在假定生产过程中一台机器出现故障，生产了多件不合格衬衫。这些不合格衬衫为非正常废品，不发生在正常废品质检点，而发生在生产流程的某一点。那么，非正常废品的单位成本以生产流程中间累计发生的成本为基础计算而得，而正常废品的单位成本以生产流程结束时累计发生的成本为基础计算而得。

是否应将正常废品成本在产成品和期末在产品间进行分配？一般的处理方法是假定正常废品发生在质检点，因此将其成本分摊在会计期间内经过质检点的所有产品上。

Anizo 公司只在生产流程结束时检测产品，因此期末在产品没有被检测，不应将正常废品成本分配给期末在产品。假设 Anizo 公司准备在更早的阶段检测产品。如果期末在产品也经过质检点，那么正常废品成本除了分配给产成品外，还应分配给期末在产品。例如，如果质检点在生产周期的中间，那么任何在产品都至少完成了 50%，应以质检点前发生的所有成本进行正常废品成本的分配。但对完工程度小于 50% 的在产品则不必进行正常废品成本的分配。

Anizo 公司在生产部门的不同阶段检测产品。回想一下，直接材料在生产开始时投入，而加工成本在生产过程中均匀投入。

考虑三种不同的情况：（1）完工 20％时进行检测；（2）完工 55％时进行检测；（3）完工 100％时进行检测。最后一种情况是我们分析过的。在这三种情况下总共有 1 000 单位废品。正常废品是当期通过质检点的合格品的 10％。下面是 Anizo 公司 2020 年 7 月的数据。注意，正常废品与非正常废品的数量如何随检测阶段而变化。

	A	B	C	D
1		实物产量：检测时的完工程度		
2	生产流	20%	55%	100%
3	期初在产品[a]	1 500	1 500	1 500
4	7月投入	8 500	8 500	8 500
5	应计产量	10 000	10 000	10 000
6	完工并转出的合格品			
7	（10 000−1 000单位废品−2 000单位期末在产品）	7 000	7 000	7 000
8	正常废品	750[c]	550[d]	700[e]
9	非正常废品	250	450	300
10	期末在产品[b]	2 000	2 000	2 000
11	实计	10 000	10 000	10 000
12				
13	a.本部门完工程度：直接材料100％；加工成本60％。			
14	b.本部门完工程度：直接材料100％；加工成本50％。			
15	c.10％×（投入的8 500单位−1 000单位废品），因为只有当期投入的产品经过了20％完工的检测点。			
16	期初在产品没有包括在计算中，因为在产品在期初已经完工了60％，它在上期经过了检测点。			
17	d.10％×（投入的8 500单位−1 000单位废品−2 000单位期末在产品）。不包括期初和期末在产品，			
18	因为本期二者都没有检测。			
19	e.10％×7 000，因为本期7 000单位全部完工并经过了检测。			

下图显示了 Anizo 公司 2020 年 7 月的实物产量流，并且解释了前面图表中的正常废品计算。注意，7 000 单位合格品已经完工并转出——1 500 单位来自期初在产品，5 500 单位来自本期投入并完工的产品——还有 2 000 单位期末在产品。

为了观察通过每个质检点的产品数量，考虑图中完工程度分别为 20％，55％和 100％的质检点处的垂直线。20％处的垂直线穿过了两条水平线——本期投入并完工的 5 500 单位合格品和 2 000 单位期末在产品，总共 7 500 单位合格品。（20％的垂直线没有穿过那条代表 1 500 单位完工合格品的水平线，这些产品来自期初在产品，因为这些产品在期初时已完工 60％，因此本期没有检测。）正常废品等于 750 单位（7 500 单位的 10％）。55％处的垂直线穿过了第二条水平线，因此只有 5 500 单位的合格品通过了这个点，正常废品等于 550 单位（5 500 单位的 10％）。在 100％这一质检点处，正常废品是 700 单位（（1 500＋5 500）×10％）。

图表 19-4 显示了如果在 20％完工程度时检验产品，加权平均分步成本法下约当产量的计

算方法。产品在质检点前发生的直接材料和加工成本决定了约当产量的计算。废品有 100% 的直接材料和 20% 的加工成本。因为期末在产品经过了该质检点，因此要将正常废品成本分配给这些产品，就像这些产品已经完工并转出一样。完工并转出产品的加工成本等于 7 000 单位合格品的加工成本，加上 110 单位（20% ×（10% × 5 500））约当产量正常废品的加工成本。因为在该质检点加工成本只完成了 20%，所以要乘以 20% 才能得到正常废品的约当产量。期末在产品的加工成本等于 1 000 单位（2 000 × 50%）约当产量合格品的加工成本，加上 40 单位（20% ×（10% × 2 000））约当产量正常废品的加工成本。这样，实计的正常废品约当产量等于与完工转出产品相关的 110 单位约当产量，加上与期末在产品有关的 40 单位约当产量，总共 150 单位约当产量（见图表 19 - 4）。

	A	B (步骤1)	C (步骤2) 约当产量	D
	生产流	实物产量	直接材料	加工成本
4	本期期初在产品[a]	1 500		
5	本期投入	8 500		
6	应计产量	10 000		
7	本期完工并转出的合格品：	7 000	7 000	7 000
8	正常废品	750		
9	（750×100%；750×20%）		750	150
10	非正常废品	250		
11	（250×100%；250×20%）		250	50
12	期末在产品[b]	2 000		
13	（2 000×100%；2 000×50%）		2 000	1 000
14	实计	10 000		
15	本期产成品		10 000	8 200
17	a.完工程度：直接材料 100%；加工成本 60%。			
18	b.完工程度：直接材料 100%；加工成本 50%。			

图表 19 - 4　2020 年 7 月 Anzio 公司生产部门用加权平均分步成本法核算废品约当产量，完工程度为 20% 时检测

及早质检能防止继续在废品上浪费直接材料和加工成本。例如，如果能在完工程度为 70%（而不是 100%）时进行检测，而废品发生在 70% 质检点之前，公司就能避免在废品上继续浪费 30% 的加工成本或 70% 完工程度后投入的直接材料。过早进行检测的缺点是后期阶段损坏的产品可能无法被发现。由于这些原因，企业往往进行多次检测，并授权员工及时识别和解决缺陷。

小练习 19 - 3

假定 Anzio 公司的正常废品为生产过程中合格品的 7%，3 月共有 13 000 单位废品。其他数据包括 3 月投产 140 000 单位，期初在产品为 17 000 单位（已发生 20% 的加工成本），期末在产品为 14 000 单位（已发生 70% 的加工成本）。

假设质检点分别位于完工程度 15% 时，完工程度 40% 时，完工程度 100% 时，计算正常废品和非正常废品数量。

19.5　分批成本法与废品

正常废品和非正常废品的概念同样可以应用于分批成本法中。与分步成本法一样，分批成本法也将正常废品成本作为存货成本，虽然越来越多的公司只能容忍小部分正常废品的存在。非正常废品成本不是存货成本，而是在发现的会计期间直接冲销。在分配成本时，分批成本法通常要区分与特定批次有关的正常废品、与所有批次有关的正常废品和非正常废品。

我们用下面的例子说明分批成本法下的废品成本核算：

例 3：Hull 机械厂生产飞机零部件，一批 50 个零部件出现了 5 个废品。在产品检测前已发生的单位成本为 2 000 美元。在发现废品时，按每件 600 美元的净处置价值记入存货账户。在不同的生产假设下，Hull 机械厂应该如何核算废品成本？

19.5.1　与特定批次有关的正常废品

当正常废品的发生与特定批次有关时，该批次要承担扣除了处置价值后的净废品成本。确认处置价值的会计分录如下：

借：材料——本期废品的处置价值（5×600）	3 000
贷：在产品——特定批次（5×600）	3 000

应注意的是，"在产品——特定批次"账户已借记了 10 000 美元的废品成本（5×2 000）。该分录使得 45 个（50−5）合格品的成本纳入了正常废品的净成本 7 000 美元（10 000−3 000）。因此，合格品的总成本为 97 000 美元，包括生产合格品所发生的成本 90 000 美元（45×2 000）及正常废品的净成本 7 000 美元。合格品的单位成本即为 2 155.56 美元（97 000÷45）。

19.5.2　与所有批次有关的正常废品

在某些情况下，废品被认为是某一给定生产过程的正常产出。因此在这个生产过程中，只要对某一特定批次进行生产，就会产生废品。但这时废品并不是由这一特定批次引起的，因此也不应归入其成本中。相反，它应被视为制造费用。相关会计分录如下：

借：材料——本期废品的处置价值（5×600）	3 000
制造费用——正常废品（10 000−3 000）	7 000
贷：在产品——特定批次（5×2 000）	10 000

当所有批次都可能产生正常废品时，预算制造费用分配率就包括了正常废品成本准备。这样，正常废品成本通过制造费用的分配在所有批次而不是特定批次中进行分摊。[①] 例如，如果 Hull 机械厂一个月内生产了 140 个合格品，7 000 美元的正常废品制造费用就应按 50 美元/个（7 000÷140）的比率进行分配。因此，上述特定批次应分摊的正常废品制造费用为 2 250 美元（50×45），总成本为 92 250 美元，包括生产合格品所发生的成本 90 000 美元（45×2 000）及正常废品制造费用 2 250 美元。合格品的单位成本即为 2 050 美元（92 250÷45）。

---

① 注意：已分配给产品的成本又记入制造费用账户中。该账户一般仅核算已发生的成本，而不是既核算已发生的成本又核算已分配的成本。

19.5.3 非正常废品

如果废品是非正常的，则其净损失应记入非正常损失账户。与正常废品成本不同，非正常废品成本不是合格品生产成本的一部分。45 个合格品的总成本为 90 000 美元（45×2 000）。合格品的单位成本为 2 000 美元（90 000÷45）。

借：材料——本期废品的处置价值（5×600）	3 000
非正常废品损失（10 000－3 000）	7 000
贷：在产品——特定批次（5×2 000）	10 000

虽然由于外部财务报告需要，非正常废品成当在发生当期冲销，且不与特定批次或产品单位相连，但公司经常会找出非正常废品发生的特殊原因，而且若合适，还会出于成本管理的目的将非正常废品与特定批次或产品单位相连。

上述会计处理强调了误判废品性质的潜在影响。正常废品成本可计入存货，计入生产的合格品成本中，而非正常废品的成本在发生当期计入费用。因此，在有存货的情况下，将废品划分为正常废品而不是非正常废品会导致当期营业利润增加。在上面的例子中，如果期末仍有 45 个零部件未售出，那么这样的错误分类会使当期的利润增加 7 000 美元。与完工程度的讨论一样，管理者确认废品率和废品类别不受部门主管为追求短期利益而操纵是很重要的。

19.6 分批成本法与返工品

返工品是指那些经检验为不合格品，需进行返工处理后才能作为合格品出售的产品。同废品一样，我们也必须区分以下几种情况：（1）与特定批次有关的正常返工品；（2）与所有批次有关的正常返工品；（3）非正常返工品。

我们还是利用例 3 中 Hull 机械厂的数据来讨论该问题。假设 Hull 机械厂有 5 个废品零部件要进行返工。在考虑返工成本之前，分配给 5 个废品零部件的总成本 10 000 美元（成本明细是假定的）的会计分录如下：

借：在产品——特定批次	10 000
贷：材料	4 000
应付工资	4 000
已分配的制造费用	2 000

假设返工成本等于 3 800 美元（包括直接材料成本 800 美元、直接制造人工成本 2 000 美元以及制造费用 1 000 美元）。

19.6.1 与特定批次有关的正常返工品

如果返工属于正常情况，而且是因某一特定批次而发生的，则这些成本应分配到该批次中。有关会计分录如下：

借：在产品——特定批次	3 800
贷：材料	800

应付工资	2 000
已分配的制造费用	1 000

19.6.2　与所有批次有关的正常返工品

如果返工属于正常情况，而且不是因某一特定批次而发生的，则返工成本应属于制造费用并通过制造费用的分配分摊到所有批次中。

借：制造费用——返工成本	3 800
贷：材料	800
应付工资	2 000
已分配的制造费用	1 000

19.6.3　非正常返工品

如果返工属于非正常情况，应将该这些成本记入损失账户。

借：非正常返工损失	3 800
贷：材料	800
应付工资	2 000
已分配的制造费用	1 000

在分步成本法中，对返工品的成本核算也区分正常返工品和非正常返工品。其对非正常返工品的会计处理与分批成本法类似，而由于分步成本法核算的是大量相同或相似产品的生产，因此其对正常返工品的会计处理类似于分批成本法对与所有批次有关的正常返工品的核算。

返工品的成本核算强调的是作业活动中的资源浪费。如果生产正常进行，就不会发生这些浪费。因而它促使管理人员采取措施以减少返工品。例如，重新设计产品或流程、培训工人或者购买新设备。为消除返工情况并简化会计核算，一些公司设定了零返工的标准。这样，所有的返工品都被视作非正常废品并作为本期费用予以冲销。

小练习 19-4

Danner 公司制造一种与多种游戏机兼容的先进控制器。不包括返工成本，制造一个控制器的成本为 300 美元，包括 190 美元的直接材料成本、22 美元的直接制造人工成本和 88 美元的制造费用。保持质量声誉对 Danner 公司至关重要。在质检点发现的任何有缺陷的产品都会被送回返工。每个有缺陷的控制器返工需要花费 70 美元（直接材料成本 21 美元，直接制造人工成本 17 美元，制造费用 32 美元）。

2020 年 8 月，Danner 公司制造了 3 000 件控制器，其中 86 件需要返工。在这 86 件控制器中，58 件是与所有批次有关的正常返工品，其余 28 件是非正常返工品。

a. 编制核算正常返工品和非正常返工品的会计分录。

b. 2020 年 8 月控制器的总返工成本是多少？

c. 假设正常返工品完全属于批次 #9（即为澳大利亚生产的 200 件控制器）。在这种情况下，2020 年 8 月生产该批次的合格品的总成本和单位成本是多少？编制生产 200 件控制器以及正常返工成本的会计分录。

19.7 残料核算

残料是指生产产品时剩下的材料。与产品的销售价值相比，其经济价值很低。我们无须区分正常和非正常残料，因为残料无成本可言。唯一需要区分的是与特定批次有关的残料和与所有批次有关的残料。

残料成本核算主要涉及以下两个方面：

1. 计划和控制，包括其实物追踪。

2. 存货成本核算，包括何时及如何影响营业利润。

我们通常用实物形式对最初的残料进行记录。在不同的行业中，如金属残料或塑料制模的边角料等是用重量或者其他合适的单位来计量的。残料记录不仅对效率的衡量有帮助，而且有助于了解残料情况从而杜绝盗窃的发生。公司使用残料记录定期编制实际残料数量与预算或标准数量的对比汇总表。残料或是被立即出售或处理，或是被储存以在将来进行出售、处理或再利用。

为了仔细地追踪残料，许多公司都在其会计系统单独记录有关残料的成本信息。这里的问题与第 17 章对副产品会计核算的讨论类似：

● 应于何时确认残料价值：销售时还是生产时？

● 应如何核算残料收入？

为了说明这两个问题，我们再次沿用 Hull 机械厂的例子。假设在飞机零部件的生产过程中有残料产生，且一个批次的残料的净处置价值为 900 美元。

19.7.1 销售时确认残料

当残料的金额不高时，最简单的会计处理是注明返回仓库的残料数量，并将残料销售收入作为其他收入中的一项单独列在利润表中。唯一的会计分录显示如下：

残料销售：

借：现金或应收账款	900
贷：残料收入	900

若残料金额巨大且残料很快被售出，那么对其成本的核算取决于残料是仅与某一特定批次有关还是与所有批次都有关。

与特定批次有关的残料

分批成本法有时把残料的销售收入追溯到产生该残料的批次上，但只有在经济可行时才应使用这种方法。例如，Hull 机械厂和其客户——美国国防部达成以下协议：所有返工品或废品成本记入特定订单，所有残料收入亦记入该批次。有关会计分录如下：

残料退库：不做分录（仅将收到的数量和相关的批次记入存货记录中）。

残料销售：

借：现金或应收账款	900
贷：在产品	900

（过账到特定批次成本中。）

与废品和返工品不同的是，没有与残料有关的成本发生，从而也就没有正常和非正常残料之分。无论残料的数目有多少，所有的残料收入都贷记到特定订单中，从而抵减该批次的成本。

与所有批次有关的残料

此种情况下的会计分录如下：

残料退库：不做分录（仅将收到的数量和相关的批次记入存货记录中）。

残料销售：

借：现金或应收账款　　　　　　　　　　　　　　　　　　　　　　　　　900

　贷：制造费用　　　　　　　　　　　　　　　　　　　　　　　　　　　900

（过账到部门成本记录中的"残料销售"这一明细分类账中。）

因为残料与任何的特定批次或产品单位都没有关系，所以所有的产品都承担了它的成本。预计的残料收入减少了预算的制造费用和预算的制造费用分配率（用于将制造费用分配到各批次）。这种核算方法也可以用于分步成本法，因为残料是所有相同或相似的产品共有的（与特定的产品单位无关）。

19.7.2　生产时确认残料

在前面的例子中，我们假设回库的残料很快被销售出去，这样将不分配任何存货成本。但有时，如塑料制模边角料一样，残料的价值很高，而且存储和销售或重新利用之间的时间很长且难以预测。在这种情况下，公司以保守估计的可变现净值将存货成本分配给残料，以在同一会计期间确认生产成本和相关的残料收入。如果残料价格波动很大，例如金属残料，就不容易确定合理的存货价值。

与特定批次有关的残料

在 Hull 机械厂的例子中，有关会计分录如下：

残料退库：

借：材料　　　　　　　　　　　　　　　　　　　　　　　　　　　　　　900

　贷：在产品　　　　　　　　　　　　　　　　　　　　　　　　　　　　900

与所有批次有关的残料

在此情况下，有关会计分录如下：

残料退库：

借：材料　　　　　　　　　　　　　　　　　　　　　　　　　　　　　　900

　贷：制造费用　　　　　　　　　　　　　　　　　　　　　　　　　　　900

注意，借记的材料账户其实是代替了现金或应收账款账户。残料销售时的会计分录如下：

残料销售：

借：现金或应收账款　　　　　　　　　　　　　　　　　　　　　　　　　900

　贷：材料　　　　　　　　　　　　　　　　　　　　　　　　　　　　　900

有时我们将残料作为直接材料再利用而不是将其销售出去。在这种情况下，它应以估计的可变现净值借记材料账户，而在再利用时贷记材料。例如，当残料与所有批次都相关时，会计分录如下：

残料退库：

借：材料		900
贷：制造费用		900

残料再利用：

借：在产品		900
贷：材料		900

在分步成本法中，当残料被当作直接材料再利用时，其会计处理类似于分批成本法对与所有批次有关的残料的核算。为什么？因为在制造相同或相似的产品时残料是很常见的。

管理者不断寻找减少残料成本的方法。例如，通用汽车公司重新设计了其注塑成型流程以减少残料。通用汽车公司也把废塑料再利用，从而节省直接材料成本。"观念实施：谷歌的零废料填埋计划"说明了致力于环境可持续发展的公司是如何最大限度地减少废料和残料的。

观念实施

谷歌的零废料填埋计划

2016 年，谷歌为其全球数据中心提出了零废料填埋计划，目标是确保 100% 的废料从填埋场转向可持续的路径。

谷歌在四大洲设立了 14 个数据中心，为 Gmail、YouTube 和 Android 等数字服务供应商提供支持。每个数据中心都有数千台服务器、硬盘驱动器、网络设备和冷却系统。

谷歌使用以下四种策略防止数据中心的废料进入垃圾填埋场：

- 维护：使用谷歌旧服务器的翻新部件进行维修和升级。
- 翻新：定制和再制造服务器时考虑翻新，例如，将硬盘驱动器拆卸成单独的组件。
- 重复使用：在二级市场转售多余的机器，以便被其他组织重复使用。
- 回收：最大限度地回收所有数据中心的材料，如无法转售的清洁硬盘；污水处理厂的废水再利用等。

迄今为止，谷歌的数据中心正在将 91% 的废料从垃圾填埋场转移出去。谷歌在可持续发展方面做出的其他努力包括避免食物浪费，以及成为全球最大的可再生能源采购商。

资料来源：Adele Peters，"Google Is Planning for a Zero-Waste, Circular Economy," *Fast Company*，October 7，2015（https://www.fastcompany.com/3051869/google-is-planning-for-a-zero-waste-circular-economy）；Rachel Futrell，"Six Google Data Centers Are Diverting 100% of Waste from Landfill," The Keyword（blog），Google，September 14，2016（https://blog.google/outreach-initiatives/environment/six-google-data-centers-diverting-100/）；Google，Inc.，"Environ-ment Projects：Once Is Never Enough," https://sustainability.google/projects/circular-economy/，accessed January 2019；Google，Inc.，Google Environmental Report 2018，Mountain View，CA；Google，Inc.，2018.

自测题

Burlington 纺织公司有一些成本为 40 000 美元、净处置价值为零的废品。

要求：

根据下面给出的资料，分别用分步成本法（部门 A）和分批成本法编制会计分录：

1. 非正常废品成本为 40 000 美元；

2. 所有批次共有的正常废品成本为 40 000 美元；

3. 与特定批次有关的正常废品成本为 40 000 美元。

解答：

(1) 分步成本法		(2) 分批成本法	
1. 借：非正常废品损失	40 000	借：非正常废品损失	40 000
贷：在产品——部门 A	40 000	贷：在产品——特定批次	40 000
2. 直到完工转出时才编制会计分录，正常废品成本作为合格品成本的一部分转出。		借：制造费用	40 000
		贷：在产品——特定批次	40 000
借：在产品——部门 B	40 000		
贷：在产品——部门 A	40 000		
3. 不适用。		无会计分录。废品成本仍包含在"在产品——特定批次"账户中。	

决策要点

下面的问答形式是对本章学习目标的总结，"决策"代表与学习目标相关的关键问题，"指南"则是对该问题的回答。

决策	指南
1. 什么是废品、返工品和残料？	废品是指由于不合格而被废弃或被削价处理的产品。返工品是指由于不合格被退回后经返工修理作为合格品出售的产品。残料是指生产产品时剩余的材料。与产品的销售价值相比，残料的经济价值很低。
2. 正常废品与非正常废品有什么区别？	正常废品是指即使有效生产，在特定生产过程中依旧不可避免会产生的废品。非正常废品是指在有效的生产条件下不应该产生的废品，它不是特定生产流程的必然结果。非正常废品通常被视为可避免的和可控制的。
3. 如何用加权平均分步成本法和先进先出分步成本法核算合格品和废品成本？	在加权平均分步成本法下，期初在产品成本和本期发生成本一起决定本期合格品成本（包含正常废品成本）和非正常废品成本（作为会计期间的损失）。在先进先出分步成本法下，在决定本期合格品成本（包含正常废品成本）和非正常废品成本（作为会计期间的损失）时，期初在产品成本与本期发生成本是分别核算的。
4. 在不同完工程度进行检测如何影响废品成本？	废品成本等于质检点前发生的所有生产成本。因此，废品成本随不同质检点而变化。
5. 如何用分批成本法核算废品成本？	与特定批次有关的正常废品成本归入该批次中，而与所有批次有关的正常废品成本作为制造费用的一部分在所有批次中进行分配。非正常废品成本作为会计期间的损失直接冲销。
6. 如何用分批成本法核算返工品成本？	与特定批次有关的正常返工品成本归入该批次中，而与所有批次有关的正常返工品成本作为制造费用的一部分在所有批次中进行分配。非正常返工品成本作为会计期间的损失直接冲销。

续表

决策	指南
7. 如何核算残料成本？	残料于销售或生产时进入会计系统。如果残料金额不高，销售时通常记作收入；如果残料金额高，则用残料可变现净值冲减特定批次成本，或在其与所有批次相关时，冲减制造费用。

习 题

19-20　正常废品与非正常废品数量。以下实物产量（单位：件）数据描述了 1 月份的磨削加工过程：

期初在产品	19 300
当期投入	145 400
应计	164 700
废品	12 000
完工并转出的合格品	128 000
期末在产品	24 700
实计	164 700

产品 100% 完工后进行检测。正常废品为通过检测的合格品的 5%。

要求：

1. 计算正常废品与非正常废品数量。

2. 假设一件废品的约当产量成本为 8 美元。如果消除所有废品，所有其他成本不受影响，计算潜在的节省金额。对你的答案进行评论。

19-25　加权平均分步成本法，废品。LaCroix 公司生产中等质量的皮革手袋，并通过直销店和连锁百货店对外销售。在位于俄亥俄州东北部的工厂中，直接材料（主要是皮革）在生产开始时一次性投入，加工成本在生产过程中均匀投入。在生产结束时对废品进行检测，废品净处置价值为 0。

公司采用加权平均分步成本法。2020 年 4 月的数据如下：

	A	B	C	D
1		实物产量	直接材料成本	加工成本
2	期初在产品（4 月 1 日）	2 400	$21 240	$ 13 332
3	期初在产品完工程度		100%	50%
4	4 月投入	12 000		
5	4 月完工并转出的合格品	10 800		
6	期末在产品（4 月 30 日）	2 160		
7	期末在产品完工程度		100%	75%
8	4 月增加的总成本		$97 560	$111 408
9	正常废品占合格品的百分比	10%		
10	正常废品的完工程度		100%	100%
11	非正常废品的完工程度		100%	100%

要求：

1. 为每种成本类别计算约当产量。

2. 汇总应计总成本，计算每种成本类别的约当单位成本，将成本分配给完工并转出的产品

（包括正常废品）、非正常废品和期末在产品。

19-26　先进先出分步成本法，废品（续习题19-25）。

要求：

1. 用先进先出分步成本法做习题19-25。

2. 在选择和检查正常废品百分比时涉及哪些管理问题？如果所有废品都被视为正常废品，那你对要求1的回答会有什么不同？

19-32　废品与分批成本法（L. Bamber）。Barrett Kitchens 公司根据来自医院、工厂小餐馆和大学宿舍的特殊订单生产不同的产品。假设有一个2 100箱的混合蔬菜订单，每箱成本为9美元。其中原材料成本4美元，直接制造人工成本3美元，已分配的制造费用2美元。制造费用分配率中包括正常废品备抵。以下每个问题互不相关。

要求：

1. 假设一个工人摔坏了420箱蔬菜，假定这420箱蔬菜可以以420美元的价格出售给附近的一个监狱。编制有关会计分录，计算并简要说明剩下1 680箱蔬菜的单位成本。

2. 参考原始数据。公司的质检人员退回了2 100箱中的420箱蔬菜，这420箱的处理价值为840美元。假设退回率属于正常范围，编制有关会计分录，并根据下面的情况计算单位成本：

（1）退回与特定订单的严格要求有关；

（2）退回是生产流程的原因，与特定订单无关；

（3）要求2（1）和2（2）中的单位成本是否一样？请简要说明你的理由。

3. 参考原始数据。质检人员以缺乏盐分为由退回了420箱蔬菜。可以将这些蔬菜放在大桶里，然后加盐，再加工成罐装。这一流程属于正常情况，其成本为420美元。编制有关会计分录，并根据下面的情况计算单位成本：

（1）这些额外成本与特定订单的严格要求有关；

（2）由于季节性因素，经常发生这些额外成本；

（3）要求3（1）和3（2）中的单位成本是否一样？请简要说明你的理由。

19-33　返工品与返工品成本。Heyer 公司在其亚拉巴马州的塔斯卡卢萨工厂装配洗碗机。2020年2月，公司发现60台洗碗机的循环电机不符合要求。这些循环电机是从一家现已破产的供应商那里购来的，每个循环电机的成本为110美元，处置价值为零。Heyer 公司可以从现有供应商那里购买新的循环电机，以对60台洗碗机进行返工修理。每重换一个循环电机需花费125美元。

要求：

1. 核算这些返工品的材料成本时，是否还有其他的备选方案？

2. 核算返工品的材料成本时，应用110美元的单位成本还是125美元的单位成本？请解释。

3. 由于这些循环电机是从一家现已破产的供应商那里购来的，Heyer 公司在分析返工品总成本时还应考虑哪些其他成本？

附 录

标准成本法与废品

标准成本法简化了正常废品和非正常废品成本的核算。为了举例说明，我们回到本章中 Anzio 公司的例子。假设 2020 年 7 月，Anzio 公司生产部门采用标准成本法，产成品的单位标准成本如下所示：

直接材料成本	$ 8.50
加工成本	$10.50
总生产成本	$19.00

同时假设产成品的单位标准成本也适用于期初在产品，包括 1 500 单位（1 500×100％）约当产量的直接材料成本和 900 单位（1 500×60％）约当产量的加工成本。因此，标准成本法下的期初在产品显示如下：

直接材料成本（1 500×8.50）	$12 750
加工成本（900×10.50）	$ 9 450
总生产成本	$22 200

图表 19-5 中的 A 部分给出了用来计算实物产量和约当产量的步骤 1 和步骤 2。这些步骤与图表 19-3 中先进先出分步成本法下的步骤一样。图表 19-5 中的 B 部分给出了步骤 3、步骤 4 和步骤 5。

A 部分：汇总实物产量和计算约当产量

		(步骤1)	(步骤2) 约当产量	
	生产流	实物产量	直接材料	加工成本
4	期初在产品（见前面）	1 500		
5	本期投入（见前面）	8 500		
6	应计产量	10 000		
7	本期完工并转出的合格品			
8	来自期初在产品[a]	1 500		
9	（1 500×（100%-100%）；1 500×（100%-60%））		0	600
10	本期投入并完工	5 500[b]		
11	（5 500×100%；5 500×100%）		5 500	5 500
12	正常废品[c]	700		
13	（700×100%；700×100%）		700	700
14	非正常废品[d]	300		
15	（300×100%；300×100%）		300	300
16	期末在产品[e]（见前面）	2 000		
17	（2 000×100%；2 000×50%）		2 000	1 000
18	实计	10 000		
19	本期产成品		8 500	8 100

a. 本部门完工程度：直接材料100%；加工成本60%。
b. 完工并转出的7 000单位实物产量减去期初在产品完工并转出的1 500单位实物产量。
c. 正常废品为转出合格品的10%：10%×7 000=700单位。本部门的正常废品完工程度：直接材料100%；加工成本100%。
d. 非正常废品=实际废品-正常废品=1 000-700=300单位。本部门的非正常废品完工程度：直接材料100%；加工成本100%。
e. 本部门完工程度：直接材料100%；加工成本50%。

B 部分：汇总应计总成本，计算约当单位成本，在产成品、废品和期末在产品之间分配总成本

	A	B	C	D	E	F
			产品总成本	直接材料成本		加工成本
30						
31	（步骤3）	期初在产品（见前面）	$ 22 200	（1 500×$8.50)	+	（900×$10.50）
32		本期追加成本（标准价格）	$157 300	（8 500×$8.50）	+	（8 100×$10.50）
33		应计总成本	$179 500	$85 000	+	$94 500
34	（步骤4）	单位约当产量的标准成本（见前面）	$ 19.00	$ 8.50		$ 10.50
35	（步骤5）	成本分配：				
36		完工并转出的合格品（7 000单位）成本				
37		期初在产品（1 500单位）成本	$ 22 200	（1 500×$8.50)	+	（900×$10.50）
38		本期追加成本	$ 6 300	（0^f×$8.50）	+	（600^f×$10.50）
39		合计（不含正常废品）	$ 28 500			
40		投入并完工的产品（不含正常废品，5 500单位）成本	$104 500	（5 500^f×$8.50）	+	（5 500^f×$10.50）
41		正常废品（700单位）成本	$ 13 300	（700^f×$8.50）	+	（700^f×$10.50）
42	（A）	完工并转出的合格品总成本	$146 300			
43	（B）	非正常废品（300单位）成本	$ 5 700	（300^f×$8.50）	+	（300^f×$10.50）
44	（C）	期末在产品（2 000单位）成本	$ 27 500	（2 000^f×$8.50)	+	（1 000^f×$10.50）
45	（A）＋（B）＋（C）	实计总成本	$179 500	$85 000	+	$94 500
46						
47	f.直接材料与加工成本约当产量的计算见A部分的步骤2。					

图表 19－5 2020 年 7 月 Anzio 公司生产部门在分步成本法下用标准成本法核算废品成本

步骤 3 中的应计总成本为标准成本，因此与加权平均分步成本法和先进先出分步成本法的核算不同，后两者核算的是实际发生的成本。在步骤 4 中，单位约当产量的成本即标准成本：直接材料成本 8.50 美元/单位，加工成本 10.50 美元/单位。标准成本法简化了前述两种分步成本法，因为无须计算约当单位成本。步骤 5 将步骤 2 的约当产量与步骤 4 单位约当产量的标准成本相乘，在产成品（包括正常废品）和非正常废品及期末在产品之间分配成本。管理者像第 18 章附录描述的那样计量和分析差异。[1]

与步骤 5 中计算的金额对应的会计分录是：

借：产成品　　　　　　　　　　　　　　　　　　　　　　　　　146 300

　　贷：在产品——生产部门　　　　　　　　　　　　　　　　　　146 300

（记录 7 月份完工合格品的转移。）

借：非正常废品损失　　　　　　　　　　　　　　　　　　　　　5 700

　　贷：在产品——生产部门　　　　　　　　　　　　　　　　　　5 700

（记录 7 月份检测的非正常废品。）

---

① 例如，在图表 19－5 B 部分中，7 月份的标准成本为耗用直接材料成本 72 250 美元（8 500×8.50）和加工成本 85 050 美元（8 100×10.50）。而已知 7 月份实际追加的直接材料成本为 76 500 美元，加工成本为 89 100 美元，导致了直接材料差异 72 250－76 500＝4 250 美元（U），加工成本差异 85 050－89 100＝4 050 美元（U）。第 7 章和第 8 章对这些差异进行了进一步的细分，非正常废品为效率差异的一部分。

第 **20** 章

平衡计分卡：质量与时间

学习目标

1. 解释质量成本报告中的四种成本
2. 明确改进质量的非财务指标和工具
3. 使用质量成本指标做决策
4. 使用财务和非财务指标评价质量业绩
5. 描述顾客响应时间和准时履约及延迟发生的原因
6. 确定延迟的成本
7. 使用财务和非财务时间相关指标

为了满足顾客日益增加的预期，通用电气、索尼、得州仪器和丰田等公司的管理者寻找符合成本-效益原则的方法，以持续改进产品和服务的质量并缩短响应时间。

管理者在实现改进所需的成本和业绩改善所带来的收益之间进行权衡。提高质量和减少顾客响应时间是一项艰难的工作。当管理者未能实现这些目标时，可能会蒙受很大的损失，就像下面关于大众的例子说明的那样。

💡 **引例**　　　　　　　"柴油门"破坏大众的宏伟抱负

德国汽车制造商大众的长期目标是在 2018 年前成为全球最大、最赚钱的汽车制造商。为了实现这一宏伟目标，大众于 2009 年推出了新的清洁柴油系列汽车。长期以来，大众一直以其高品质环保型汽车而闻名，公司努力制造新的清洁柴油发动机，最终却引发了汽车行业史上最大的丑闻之一。

2015 年，美国环境保护署披露，自 2009 年以来，大众在数十万台所谓的"清洁柴油"发动机上安装了一款软件。该软件使汽车在测试时达到废气排放标准，但在现实生活中，其废气排放量超过了限值。几天后，大众方面承认，全球约 1 100 万辆柴油车（其中欧洲 850 万辆，美国 60 万辆）安装了该软件。调查人员发现，一些大众汽车排放的与呼吸系统和心血管疾病有关的有害氮氧化物比法律允许的高出 40 倍。

自 2015 年以来，"柴油门"丑闻的余波让大众支付了 300 多亿美元的罚款、赔偿金和回购款，主要是在美国。几名公司前高管因参与欺诈而被定罪并入狱。此外，大众的质量声誉受到重大打击。大众汽车在美国的销量暴跌，公司目前专注于电动汽车的生产，电动汽车没有柴油汽车那样的制造方面的挑战。

资料来源：Geoffrey Smith and Roger Parloff, "Hoaxwagen," *Fortune*, March 7, 2016 (http://fortune.com/inside-volkswagen-emissions-scandal/); Phys. org, "Five Things to Know about VW's 'Dieselgate' Scandal," June 18, 2018 (https://phys.org/news/2018-06-vw-dieselgate-scandal.html).

20.1　以质量作为竞争武器

美国质量学会（American Society for Quality）对质量的定义是：在购买与使用期间为满足顾客的具体要求，而按照规格制造或提供的产品或服务的总特征。世界上的许多公司，比如，思科、摩托罗拉、英国电信、富士通（Fujitsu）、丰田等都将高质量视为战略竞争优势的重要来源。关注一种产品或服务的质量可以使销售这种产品或服务的公司成为产品生产的专家，降低生产成本，使该产品的顾客有较高的满意度，并带来更高的未来收益。几个久负盛名的大奖——美国的马尔科姆·鲍德里奇国家质量奖（Malcolm Baldrige National Quality Award）、日本的戴明奖（Deming Prize）和墨西哥的国家质量奖（Premio Nacional de Calidad）——都对卓越质量进行表彰。

国际质量标准也应运而生。例如，国际标准化组织（ISO）制定的 ISO 9000 就是一套被 170 多个国家采用的质量管理方面的标准，它协助公司有效地记录并确认生产过程中能改善质量的因素。为了确保供应商以有竞争力的价格提供高质量的产品，许多公司如杜邦和通用电气会要求它们的供应商获得 ISO 9001 质量认证。ISO 9001 质量认证已经成为在全球市场竞争的必要条件。

公司也正在使用质量管理和测量方法，试图找到有效的方法来减少空气污染、废水、石油泄漏、有害废品处置等的环境和经济成本。国际标准化组织制定的 ISO 14000 是一套标准，旨在鼓励组织开发环境管理系统来降低环境成本，以及通过发展环境审计和业绩评价系统对组织达成环境目标的进展进行评价和监督。2010 年，当英国石油公司的深水地平线钻井平台发生爆炸，质量和环境问题开始结合在一起。在这起事故中，有 11 名工人死于爆炸，而且在大约三个月的时间里，有近 5 000 000 加仑的石油泄漏到海湾地区，造成了环境灾难。

产品质量也可能是环境发展的一个重要动力。例如，世界领先的有机酸奶公司石原农场（Stonyfield Farm）提供高质量、纯天然的产品，同时对客户和供应商进行可持续农业和环境保护方面的教育。随着向有机生产转型，石原农场提升了自身的质量控制能力，每日执行超过

900 次质量检查以确保其生产酸奶的有机牛奶、水果和糖的较高成本是合理的。自动化系统以电子化方式完成质量合规检查。工厂流程是相互联系的，只有产品通过流程上每一个阶段的检验，生产要素才能向前移动。重视质量使得石原农场能够在 20 年的时间里以每年 20％ 的速度增长，而其有机成分的使用使得超过 180 000 英亩的农场免于使用农药和化学肥料。

在本章中，我们将集中讨论质量的两个方面：设计质量和一致性质量。**设计质量**（design quality）衡量的是产品或服务的功能符合顾客需求的程度。**一致性质量**（conformance quality）是指符合设计与产品规格的产品或服务的性能。苹果公司开发了许多创新产品，如 iPod、iPhone 和 iPad，满足了顾客的多种需求，为设计质量建立了良好的声誉。苹果公司的产品通常也有卓越的一致性质量，很少有产品做不到它应该做的事情。但是，在 MacBook 的例子中，黏滞键盘是设计质量好但一致性质量差的一个例子，因为蝴蝶键盘的更窄外形以及由此导致的更薄的笔记本电脑是客户所需的，但键盘本身的性能不符合要求。下图说明了实际性能可能因为设计质量失败和一致性质量失败而使顾客感到不满意。

下面我们用 Formrob 公司的例子来说明质量管理问题——从计算质量成本，到识别质量问题，再到采取措施以提高质量。Formrob 公司生产多种产品，我们着重研究该公司的 3D 打印机，其 2019 年的销售收入为 3 亿美元（销售 20 000 台 3D 打印机），营业利润为 2 400 万美元。

质量既有财务成分，也有与顾客满意、改进内部质量流程、减少缺陷和员工培训及授权有关的非财务成分。为了使前后文保持连贯，我们从平衡计分卡的四个维度讨论质量：财务维度、顾客维度、内部业务流程维度以及学习和成长维度。

财务维度：质量成本

财务指标包括受质量影响的指标，如收入。最直接和最综合的财务指标是质量成本。**质量成本**（costs of quality，COQ）是指为防止生产出低质量产品而发生的成本，或由生产了低质量产品导致的成本。这些成本通常可分为以下四种，图表 20 - 1 给出了各种质量成本的例子。

1. **预防成本**（prevention costs）——为防止生产不合格品而发生的成本。
2. **鉴定成本**（appraisal costs）——在检测哪些产品不符合规范时发生的成本。
3. **内部失败成本**（internal failure costs）——向顾客交付不合格品之前所发生的成本。
4. **外部失败成本**（external failure costs）——向顾客交付不合格品之后所发生的成本。

图表 20 - 1　与质量成本报告有关的项目

预防成本	鉴定成本	内部失败成本	外部失败成本
设计工程	检测	废品	顾客支持
流程工程	在产品的生产和流程检测	返工品	针对外部失败的生产/流程工程
供货商评估	产品测试	残料	保修成本
预防性设备维修		停工维修	赔偿责任
质量培训		针对内部失败的生产/流程工程	
新材料检验			

图表 20-1 中的成本来自价值链的所有业务职能，这比在第 19 章中考虑的生产过程中发生的废品、返工品和残料等内部失败成本的范围要大得多。

Formrob 公司参考第 5 章中介绍的成本计算的七步法来确定 3D 打印机的质量成本。

步骤 1：确定被选为成本对象的产品。 成本对象是 Formrob 公司 2019 年生产并销售的 3D 打印机。Formrob 公司的目标是计算 20 000 台 3D 打印机的总质量成本。

步骤 2：确定产品的直接质量成本。 3D 打印机没有直接质量成本，因为没有管理 3D 打印机质量的检验或修理工人。

步骤 3：选择成本分配基础，以用于分配产品的间接质量成本。 在图表 20-2 中，A 部分的第（1）列将 Formrob 公司的作业按照预防成本、鉴定成本、内部失败成本和外部失败成本进行分类，并在括号中列出了这些成本发生在价值链的什么位置。例如，检测作业导致了鉴定成本，并发生在生产阶段。Formrob 公司将检测总小时数作为检测作业的成本分配基础。（为了避免不必要的细节，我们没有显示每项成本分配基础的总数量。）

	A	B	C	D	E	F	G
1	A部分：会计质量成本报告						占销售收入的
2		成本分配率a		成本分配基础数量		总成本	百分比
3	质量成本和价值链类型						（5）=（4）÷
4	（1）	（2）		（3）		（4）=（2）×（3）	300 000 000
5	预防成本						
6	设计工程（研发/设计）	$ 80	每小时	40 000	小时	$ 3 200 000	1.1%
7	流程工程（研发/设计）	$ 60	每小时	45 000	小时	$ 2 700 000	0.9%
8	总预防成本					$ 5 900 000	2.0%
9	鉴定成本						
10	检测（生产）	$ 40	每小时	240 000	小时	$ 9 600 000	3.2%
11	总鉴定成本					$ 9 600 000	3.2%
12	内部失败成本						
13	返工（生产）	$ 100	每小时	100 000	小时	$ 10 000 000	3.3%
14	总内部失败成本					$ 10 000 000	3.3%
15	外部失败成本						
16	顾客支持（营销）	$ 50	每小时	12 000	小时	$ 600 000	0.2%
17	运输成本（分销）	$ 240	每次装载	3 000	次装载	$ 720 000	0.2%
18	保修成本（客户服务）	$ 110	每小时	120 000	小时	$ 13 200 000	4.4%
19	总外部失败成本					$ 14 520 000	4.8%
20	总质量成本					$ 40 020 000	13.3%
21							
22	a. 未列示计算过程。						
23							
24	B部分：机会成本分析						
25						预计损失	占销售收入的
26						的总贡	百分比
27	质量成本类型					献毛益	（3）=（2）÷
28	（1）					（2）	300 000 000
29	外部失败成本						
30	预计由于销售量的下降而放弃						
31	的贡献毛益和营业利润					$ 12 000 000b	4.0%
32	总外部失败成本					$ 12 000 000	4.0%
33							
34	b. 用总收入减去2019年减少的收入中所有的变动成本（包括单位产出成本、批次成本、产品维持成本以及设备维持成本）						
35	得出。如果低质量导致Formrob公司在以后的年度中还会发生收入下降，那么机会成本会更大。						
36							

图表 20-2　Formrob 公司 3D 打印机以作业为基础的质量成本分析

步骤 4：确定与每个成本分配基础相关的间接质量成本。 这是指在 Formrob 公司的所有产品中，为每项质量成本作业确定的总成本（变动成本和固定成本），如检测成本。（为了避免不必要的细节，我们没有报告这类总成本。）

步骤 5：计算每个成本分配基础的成本分配率。 对于每种作业，总成本（在步骤 4 中已经计算出来的值）除以成本分配基础（在步骤 3 中已经计算出来的值）即可得到成本分配率。在图表 20-2 中，A 部分的第（2）列中给出了这些成本分配率（但没有具体的计算过程）。

步骤 6：计算分配给产品的间接质量成本。 图表 20-2 A 部分的第（4）列给出的 3D 打印机的总成本即间接质量成本，等于 3D 打印机成本分配基础数量（第（3）列）乘以步骤 5 中得出的每种作业的成本分配率（第（2）列）。例如，3D 打印机的检测成本为 9 600 000 美元（40×240 000）。

步骤 7：通过加总分配给产品的直接质量成本、间接质量成本得到总质量成本。 在质量成本报告中，Formrob 公司 3D 打印机的总质量成本是 4 002 万美元（A 部分第（4）列），即当前收入的 13.3％（第（5）列）。

正如我们在第 12 章中看到的，机会成本并没有记录在会计系统中。然而，质量成本的一个重要组成部分是由销售损失、生产损失或设计质量和一致性质量失败引起的低价格而放弃的收入与贡献毛益的机会成本。Formrob 公司的市场研究部门估计，因为顾客遭遇的设计质量和一致性质量问题，2019 年公司少销售 2 000 台 3D 打印机，放弃贡献毛益和营业利润 1 200 万美元（见图表 20-2 B 部分）。因此，总质量成本（包括机会成本在内）应该等于 5 202 万美元（A 部分显示的会计系统中记录的 4 002 万美元，加上 B 部分显示的机会成本 1 200 万美元），即当期收入的 17.3％。机会成本占总质量成本的 23.1％（1 200÷5 202）。

下面，我们转向质量成本的先导指标：Formrob 公司 3D 打印机的非财务指标。

小练习 20-1　质量成本分析

Benson 公司制作户外用的桌子。在过去一年里，公司一直致力于提高质量，并想评估其在质量成本指标方面的表现，以下是相关结果：

Benson 公司年度质量成本报告

	2019 年	2020 年
流程工程	$ 11 000	$ 9 500
残料	$ 19 000	$ 10 300
保修成本	$ 17 350	$ 17 450
设计工程	$ 7 850	$ 10 450
检测	$ 4 000	$ 7 800
返工	$ 20 340	$ 12 340
总质量成本	$ 79 540	$ 67 840
总收入	$900 000	$1 050 000

1. 确定每一种成本的质量成本类别（预防成本、鉴定成本、内部失败成本和外部失败成本）

2. 计算每一类别的质量成本，以及每一类别质量成本占总收入和总质量成本的比例，编制质量成本报告。

20.2　使用非财务指标评价与改进质量

诸如联合利华、联邦快递和 U-Haul 等公司使用非财务指标来管理质量。第一步是从顾客的角度来考察质量。然后，管理者将注意力转向组织内部，开发有助于改进质量的流程，并建立有助于保持质量的企业文化。

20.2.1　顾客维度：顾客满意度的非财务指标

Formrob 公司的管理者监测下面的顾客满意度指标：
- 关于对某些特定产品功能的顾客偏好和顾客满意度的市场研究信息（作为设计质量指标）；
- 市场份额；
- 满意度高的顾客百分比；
- 交到顾客手里的不合格品数目占交付产品总数目的百分比；
- 顾客投诉的次数（许多公司估算，每实际发生 1 次顾客投诉，就会有 10～20 名其他顾客对这种产品有过不愉快的体验，只不过是没投诉而已）；
- 交付给顾客后不久出故障的产品比例；
- 平均交货拖延（预定交货日与顾客要求交货日之间的时间间隔）；
- 准时交货率（在预定交货日当天或之前交货的比例）。

管理者长期监控这些数字。更高的顾客满意度将导致更低的外部失败成本、更低的质量成本，更高的顾客保留度与忠诚度和顾客积极的口碑传播会使未来的收入增加。更低的顾客满意度表明，未来的外部失败成本和质量成本更高。下面我们讨论内部业务流程以识别和分析质量问题，从而改进质量和提升顾客满意度。

20.2.2　内部业务流程维度：分析质量问题与改进质量

下面我们介绍识别和分析质量问题的三种工具：控制图、帕累托图和因果图。

控制图

统计质量控制（SQC）也称为统计流程控制，是一种鉴别生产流程中随机差异和非随机差异的正式方法。随机差异可能发生，例如，设备运转速度的随机波动会导致生产出缺陷产品，如 3D 打印机制造的物体中有小孔或物体着色不均匀。非随机差异也会发生，如因系统问题（如不正确的速度设定，有缺陷的零部件设计，或零部件处理不当）而生产出缺陷产品。**控制图**（control chart）是一种重要的统计质量控制工具，按一定时间间隔对某个特殊步骤、程序或者操作进行一系列连续的观察，记录下观察结果后描绘成图。每个观测值都是相对于特定范围绘制的，这些范围表示随机事件导致的观测值的预计落入范围。而那些落在预计范围之外的观察结果则被看作非随机的，值得进行调查。

图表 20-3 是 Formrob 公司三条 3D 打印机生产线的每日缺陷率（有缺陷的 3D 打印机数除以生产的 3D 打印机总数）的控制图。每条生产线前 60 天的观察结果为每天缺陷率分布状况提供了良好的计算基础。算术平均值（μ）和标准差（σ，表示观测值偏离均值的程度）是图表 20-3 中的控制图所使用的两个重要的分布参数。根据以往经验，该公司管理者认为应该对落在 $\mu \pm 2\sigma$ 范围

之外的观测值进行调查。例如，如果平均缺陷率是 $\mu=10\%$ 或 0.1，标准差是 $\sigma=2\%$ 或 0.02，当缺陷率大于 14%（$10\%+2\times2\%$）或小于 6%（$10\%-2\times2\%$）时，公司将会调查所有的观测值。[①]

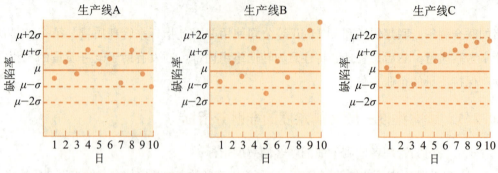

图表 20-3　统计质量控制图：Formrob 公司 3D 打印机的每日缺陷率

对生产线 A 来说，所有观测值都落在 $\mu\pm2\sigma$ 范围内，因此管理者认为不必调查。对生产线 B 来说，最后两个观测值显示有高于预期百分比的 3D 打印机的性能没有达到预期，这表明问题可能是非随机、失控事件（如不正确的速度设定或部件处理不当）造成的。若以 $\mu\pm2\sigma$ 为界限，就需要对这两个观测值进行调查。生产线 C 的观察结果表明，虽然按照 $\mu\pm2\sigma$ 的界限标准不需要进行调查，但流程可能失控。为什么？因为后 8 个观测值表现出明显的失控趋势：在后 7 天中，缺陷 3D 打印机的比例上升，并且和算术平均值离得越来越远。这可能是由于加工机器开始磨损，导致产品质量下降。随着加工机器磨损程度的进一步增加，生产缺陷产品的趋势可能持续下去，预计缺陷率将超出随机范围。统计分析程序已发展到能对趋势和变动同时进行分析，以判断流程是否已经失控。

帕累托图

我们把超出控制范围的观测值作为帕累托图的输入。**帕累托图**（Pareto diagram）反映的是每种缺陷发生的频率，按照频率由高到低的次序排列。图表 20-4 是 Formrob 公司 2019 年在最后检测点处落在控制范围之外的所有观测值的质量问题的帕累托图。3D 打印机打印物体有小孔是最频繁发生的问题，这会造成高额的返工成本、保修成本，以及更低的顾客满意度。

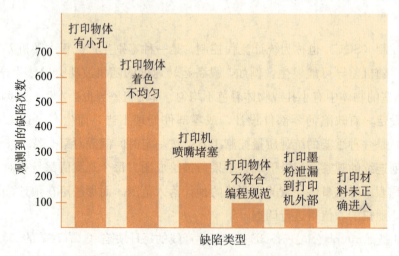

图表 20-4　Formrob 公司 3D 打印机的帕累托图

---

① 诸如通用电气、霍尼韦尔（Honeywell）和摩托罗拉等公司的目标是将 μ 和 σ 设置得足够低，以便它们可以使用 $\mu\pm6\sigma$ 的控制限值。在六西格玛水平上控制一个流程的含义是，该流程每生产 100 万件产品只产生 3.4 件缺陷产品。

因果图

在帕累托图中最频繁发生的问题和高成本问题可以用因果图来进行分析。**因果图**（cause-and-effect diagram）用一个类似于鱼骨结构的图（故因果图也称为鱼骨图）来确定缺陷发生的潜在原因。[1] 图表 20-5 显示了描述"打印物体有小孔"问题发生的潜在原因的因果图。因果图的"骨干"代表待调查的问题，从"骨干"延伸出来的"大骨"代表差错潜在原因的主要类别。因果图中列出了"打印物体有小孔"的四种主要原因——人为因素、方法和设计因素、与机器有关的因素、材料和零部件因素。其他的箭头和骨骼为每一个更深层次的原因提供了更详细的理由。Formrob 公司的工程师确定材料和零部件因素是"打印物体有小孔"的合理原因，材料和零部件问题的两个潜在原因是零部件规格错误和购入零部件有差异。工程师快速确定 Formrob 公司的零部件规格是正确的，然后他们开始调查购入零部件有差异的原因。他们发现，铝框架（用于固定 3D 打印机的各种零部件，如打印床、挤出机和电机）在从供应商仓库运送到生产车间时处理不当，导致其轻微弯曲。由此产生的零部件错位导致打印的物体上有小孔。

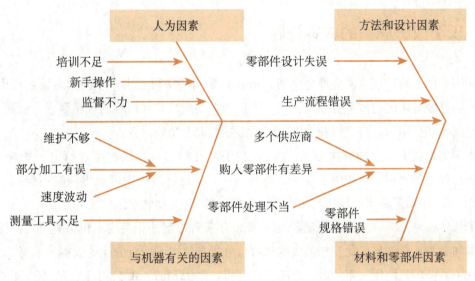

图表 20-5 Formrob 公司"打印物体有小孔"的因果图

制造商使用自动化设备和计算机来记录缺陷发生时的缺陷数量和类型以及操作参数。使用这些输入，计算机程序可以同步反复地给出基于持续减少平均缺陷率 μ 和标准差 σ 目标的控制图、帕累托图和因果图。

内部业务流程质量的非财务指标

公司通常用非财务指标监测它们所做的质量改进。Formrob 公司的管理者使用下面的内部业务流程质量非财务指标：

- 缺陷产品所占的百分比；
- 返工品百分比；
- 利用控制图、帕累托图和因果图分析出的不同类型缺陷的数量；
- 为提高设计质量和降低质量成本而进行的设计和流程变更的次数。

Formrob 公司的管理者认为，改善这些指标将得到更高的顾客满意度、更低的质量成本和

---

① Timothy J. Clark，"Getting the Most from Cause-and-Effect Diagrams," *Quality Progress* 33：6（June 2000）.

更好的财务业绩。

20.2.3　学习和成长维度：质量改进

什么是改进内部业务流程质量的学习与成长动因？Formrob 公司的管理者确定了如下动因：
(1) 招聘杰出的设计工程师；(2) 对员工进行质量管理技术培训；(3) 降低员工流动率；(4) 增加员工授权和提高员工满意度；(5) 建立质量第一的文化，识别缺陷并消除缺陷产生的根本原因。公司从平衡计分卡的学习和成长维度衡量了以下因素：

- 设计工程师的经验和资格；
- 员工培训（接受不同质量提高方法训练的员工比例）；
- 员工流动率（离开公司的员工人数与平均员工总数之比）；
- 员工授权（在无监督人员的情况下，员工有权做出决定的流程数量与总流程数量之比）；
- 员工的满意度（表示高满意度的员工人数与调查员工总人数之比）。

20.3　权衡改进质量的成本与收入

回顾因果图分析，在从供应商仓库到 Formrob 公司仓库再到生产车间的运输过程中，铝框架处理不当导致打印的物体上有小孔。这个铝框架必须满足非常精确的规格要求，否则，3D 打印机的部件（如打印床、挤出机和电机）就无法在框架上精确对齐。

工程师小组提出了两种解决方案：(1) 在生产开始前，对铝框架进行电子检验和测试；(2) 重新设计并加固铝框架和用于运输的集装箱，以免运输过程中可能出现的不当操作使其变形。预计 2020 年质量成本的结构与图表 20-2 所示的 2019 年成本结构相同。

为了评估各种方案与现状，管理者关注 2020 年每种方案的相关成本和相关收入。每种方案下总成本和总收入会如何变化？相关成本和收益分析都忽视了所有分配的成本（见第 12 章）。

Formrob 公司只使用一年的时间范围进行分析，因为 Formrob 公司计划在 2020 年末引进一套全新的 3D 打印机生产线。新的生产线如此不同，以至于无论是进一步检测还是重新设计，都不会对以后年度的 3D 打印机销售有任何影响。

图表 20-6 说明了每种方案的相关成本和相关收入。

1. 预计增量成本。 进一步检测将花费 40 万美元，而重新设计铝框架和集装箱将花费 66 万美元（30 万美元用于工艺工程，16 万美元用于设计工程，20 万美元用于铝框架自身）。

2. 因为更少的返工、顾客支持以及维修引起的成本节省。 图表 20-6 中的第 10 行给出了返工成本的节省——40 美元/小时。但是，图表 20-2 的 A 部分第 (2) 列第 13 行给出的总的返工成本是 100 美元/小时，而不是 40 美元/小时。为什么有差异呢？因为随着质量改进，Formrob 公司只能节省每小时 40 美元的变动成本，而不能节省返工时每小时 60 美元的固定成本。图表 20-6 中的第 10 行显示，如果公司进一步检测铝框架，可以节省 960 000 美元（40×24 000）的成本，而如果重新设计铝框架，可以节省 1 280 000 美元（40×320 000）的成本。图表 20-6 还给出了两种方案中顾客支持（第 11 行）、运输（第 12 行）以及保修（第 13 行）预计节省的变动成本。

3. 建立质量和业绩方面的信誉，使得销售额增长，并带来贡献毛益的增加。 图表 20-6 中

		相关成本和相关收入				
		进一步检测铝框架			重新设计铝框架	
相关项目	单位相关收入	数量	总收入		数量	总收入
(1)	(2)	(3)	(4)		(5)	(6)
新增检测成本			$ (400 000)			
新增工艺工程成本						$ (300 000)
新增设计工程成本						$ (160 000)
新增铝框架成本 (10×20 000)						$ (200 000)
			(2)×(3)			(2)×(5)
返工成本的节省	$ 40 每小时	24 000 小时	$ 960 000		32 000 小时	$ 1 280 000
顾客支持成本的节省	$ 20 每小时	2 000 小时	$ 40 000		2 800 小时	$ 56 000
返修部件运输成本的节省	$ 180 每次装载	500 次装载	$ 90 000		700 次装载	$ 126 000
保修成本的节省	$ 45 每小时	20 000 小时	$ 900 000		28 000 小时	$ 1 260 000
新增销售量的总贡献毛益	$6 000 每台	250 台	$ 1 500 000		300 台	$ 1 800 000
净成本节省和增加的贡献毛益			$ 3 090 000			$ 3 862 000
重新设计铝框架可多节省的成本 (J16−F16)				$772 000		

图表 20‑6　Formrob 公司 3D 打印机的质量改进方案对质量成本的预计影响

第 14 行显示，进一步检测方案下增加了 250 台 3D 打印机的销售，总贡献毛益增加 150 万美元；重新设计方案下增加 300 台 3D 打印机的销售，总贡献毛益增加 180 万美元。管理当局应该寻找改进质量带来更高收入而不仅仅是降低成本的机会。

图表 20‑6 显示进一步检测和重新设计两种方案与现状相比，都能产生净收益。但是，与价值工程一致，为生产而设计和持续改进强调消除缺陷产生的根本原因，Formrob 公司预计重新设计方案会比进一步检测方案多产生 772 000 美元的净收益。丰田也有类似的理念，强调预防缺陷（"前端解决方案"）而不是检测缺陷（"末端解决方案"）。

注意质量改进如何影响质量成本。重新设计铝框架提高了预防成本（工艺工程、设计工程和铝框架自身的成本），但是减少了内部失败成本（返工成本）和外部失败成本（顾客支持成本、运输成本和保修成本）。改进质量也导致更多的收入和更高的总贡献毛益。质量成本报告为质量改进提供了深入的见解，允许管理者比较随时间变化的趋势。在成功的质量计划中，质量成本，特别是外部与内部失败成本占收入的比例随时间的推移而减小。诸如惠普等许多公司认为它们应该消除所有的失败成本，从而达到零缺陷。

小练习 20‑2　质量改进、相关成本、相关收入

Cell Glam 公司为所有品牌和型号的手机生产手机外壳。Cell Glam 公司每年销售 1 020 000 个手机外壳，每个售价 8 美元，贡献毛益为 20%。

过去 12 个月对 Cell Glam 公司顾客的一项调查表明，总体上顾客对产品满意，但一些顾客因购买的产品不适合他们的手机而感到失望。然后，顾客不得不为退货和更换而烦恼。

因为防止劣质产品到达顾客手中的质量控制没有很好地发挥作用，Cell Glam 公司的管理者想改进其生产流程，以开发更符合公司规范的产品。

当前质量成本如下：

预防成本	$220 000
鉴定成本	$ 50 000
内部失败成本	
返工品	$440 000

残料	$ 20 000
外部失败成本	
产品更换	$319 000
顾客退货导致销售损失	$800 000

质量控制经理和主计长预计改进生产流程的额外成本如下：

改进 CAD 设计	$140 000
改进机器校准以符合规范	$140 250

如果生产流程的改进导致产品更换成本降低 30%、顾客退货带来的销售损失减少 50%，那么对整体质量成本和公司营业利润的影响有多大？Cell Glam 公司应该做什么？请解释。

20.4 公司质量业绩评价

为了评价公司的质量业绩，Formrob 公司的管理者同时使用财务指标（本例中为质量成本）与非财务指标。这是因为每一类指标都有自身的优点。

质量成本指标的优点

● 质量成本指标引导管理者关注质量低下对营业利润的影响。

● 总质量成本有助于管理者评价预防成本和鉴定成本以及带来的收益，以消除内部和外部失败成本。

● 质量成本指标会比较不同的质量改进项目的成本和收益，确定成本削减的次序，从而帮助解决问题。

非财务指标的优点

● 非财务指标容易量化，便于理解。

● 非财务指标直接反映实物生产流程的状况，并有助于将注意力集中在需要改进的问题上。

● 非财务指标，如缺陷的数量，可以及时反馈改进质量的努力是否真正有效。

● 非财务指标，如顾客满意度，对于长期经营业绩来说是很有用的指标。

质量成本指标和非财务指标是相互补充的。如果没有质量成本指标，公司可能会投更多的钱来改善非财务指标，而这并不值得。如果没有非财务指标，质量问题可能会发现得太晚。大多数组织使用两类指标来衡量其质量绩效，并评估非财务指标的改进最终是否转化为财务收益。麦当劳向"神秘顾客"支付报酬，让他们给旗下各餐厅的质量、清洁度、服务和价值指标评分。麦当劳基于这些评分对一段时间内各餐厅在这些维度上的业绩进行评价，并与其他餐厅进行比较。

20.5 以时间作为竞争武器

除了质量，公司日益将时间视为一个战略驱动因素。例如，第一资本公司（Capital One）承诺在 30 分钟内办理好房屋贷款批准手续，从而增加了其网站上的业务量。诸如亚马逊和 Zara

等公司认为及时和更快完成工作不仅对提高收入有帮助，而且可以降低成本。例如，这些公司认为，因为能够很快地满足顾客的需要，它们只需要维持很低的存货水平。

管理者需要对时间进行衡量并对其进行适当的管理。在本节中，我们的重点在于关于时间的经营指标：顾客响应时间（反映公司对需要该公司产品或服务的顾客的反应速度）、准时履约（反映公司在约定时间如期交付的可靠性）。我们将说明管理者如何测量拖延的原因和成本。

20.5.1　顾客响应时间和准时履约

顾客响应时间（customer-response time）是从顾客订购产品或服务到产品或服务提供给顾客所需要的时间。在许多行业中，包括建筑业、金融业、汽车租赁业和快餐业，快速响应顾客是非常重要的。某些公司，如空中客车公司（Airbus），由于延迟交付飞机导致客户收入和利润损失（由于不能实现航班运营），不得不赔款，以补偿顾客（航空公司）的损失。

图表 20-7 描述了顾客响应时间的构成。接收订单时间是指营销部门能够准确地描述顾客订单的要求并通知生产部门所花费的时间。**生产周期**（manufacturing cycle time）是指生产部门从接到订单到产品完工所花费的时间。生产周期是订单等待时间和生产时间之和。例如，空中客车公司生产部门接收的飞机订单在飞机组装前可能需要等待零部件。订单交付时间是将已经完成的订单交到顾客手中所花费的时间。

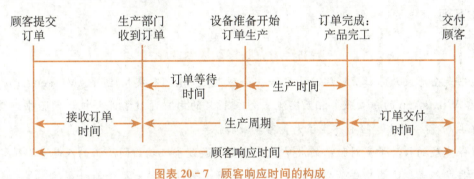

图表 20-7　顾客响应时间的构成

有些公司用**生产周期效率**（manufacturing cycle efficiency，MCE）指标评估其顾客响应时间的改进程度：

$$MCE＝增值生产时间÷生产周期$$

增值作业（见第 14 章）是顾客感知增加了产品价值或效用的作业。有效组装产品耗用的时间是增值作业时间。生产周期的其余时间（如在生产流程中等待零件、等待进入下一个阶段或维修的时间）是非增值生产时间。识别和最小化非增值生产时间所消耗的资源，公司就可以减少成本，增强公司响应顾客的能力。

类似的指标也适用于服务业公司。假设病人就诊需用 40 分钟时间，再假定病人将其中的 9 分钟用于行政工作，如填写表格，20 分钟用于在候诊区和检查室等待，11 分钟用于护士或医生的治疗。这次就诊的服务效率等于 0.275（11÷40）。换言之，在 40 分钟的时间里，只有 27.5％的时间在给病人/客户提供增值服务。尽量减少他们的非增值服务时间，可以使医院（如宾夕法尼亚州的 Alle-Kiski 医疗中心）在更短的时间治疗更多的病人。

准时履约（on-time performance）指的是按约定时间交付产品或服务的行为。例如，联邦快递公司标明每个邮件的递送价格，明确表明隔夜送达服务的送达时间是次日的上午 10 点半以前。联邦快递公司基于公司达到这种标准的频率来衡量准时履约。商务航班通常通过坚持及时服务来赢得忠实顾客。但是在更好的准时履约和更短的顾客响应时间之间需要进行权衡。延长顾客响应时间，如航空公司推迟计划的到达时间，虽然会惹怒顾客，但通过提高航空公司的准时履约率可以提高顾客满意度。

20.5.2　时间动因和瓶颈

管理顾客响应时间和准时履约需要正确理解延迟的原因和成本。例如，延迟可能源自生产过程中的一台机器或者商店中的一个收银台发生故障。**时间动因**（time driver）是指那些使作业速度随之变化的因素。我们将两种时间动因描述如下：

1. 顾客订购产品或服务的时间的不确定性。例如，空中客车公司接收到的飞机订单的随机性越强，就越有可能造成排队问题，发生延迟。

2. 生产能力限制导致的瓶颈问题。瓶颈（bottleneck）问题在工作达到或超出可利用的能力时发生。例如，当有一批产品需要在某台特殊机器上加工，而这台机器正在加工其他产品时瓶颈就出现了，并且会引发延迟。瓶颈还会发生在很多用户在同一时间使用无线网络时（见"观念实施：脸书努力克服移动数据瓶颈"）。

观念实施

脸书努力克服移动数据瓶颈

脸书是全球最大的社交网络公司之一。全球超过 26 亿人使用脸书、Messenger、Instagram 和 WhatsApp 的核心服务相互交流。全球 47% 的用户通过智能手机访问脸书，其中美国用户占 68%。因此，脸书产生了大量移动数据。

确保充足的移动带宽对脸书的成功至关重要。通过手机端访问脸书的人越多，他们看脸书的广告就越多，这些广告是公司的主要利润来源。但从推特、微信等社交网络工具，到作为物联网一部分连接的个人和工业设备，都在同脸书争夺移动带宽。随着移动设备的数据流量每年以约 53% 的速度增长，人们对移动带宽的需求正迅速超过脸书等供应商的能力极限。

意识到这一挑战，脸书在幕后积极工作，以缓解减缓其内容交付速度的移动数据瓶颈。近年来，脸书部署了各种策略来突破影响其内容交付的移动数据瓶颈：

● 脸书每年花费数十亿美元运营其分散在各地的数据中心。截至 2018 年，脸书在全球已建成或在建的数据中心空间近 1 500 万平方英尺，用于存储数据副本，以便将查询从移动设备传递到最近的服务器。这些数据中心缓存的内容允许观众快进观看，就像文件存储在家用设备上一样。

● 脸书也在尝试新方法以改善全球移动网络接入。从测试在难以到达的地方使用无人机部署移动带宽，到在密集的城市地区使用高频无线电波加快网络速度，公司正在不断投资新技术，以帮助消除移动交通堵塞，并保持多媒体内容（和广告）流向数十亿用户。

展望未来，脸书将继续投资新技术，帮助突破移动带宽瓶颈，并持续改善自身应用程序的底层技术基础设施，以提高效率。例如，统一用于 WhatsApp、Instagram 和 Messenger 应用程序的代码，以帮助打破移动数据瓶颈，满足全球用户对其服务不断增长的需求。

资料来源：Stephen Shankland，"Facebook Takes on Global Internet Bottlenecks," Cnet.com，April 13，2016（https://www. cnet. com/news/facebook-tries-to-speed-internet-access-with-aries-and-terragraph/）；Jeff Hecht，"The Bandwidth Bottleneck That Is Throttling the Internet," *Nature*，August 10，2016（https://www. scientificamerican. com/article/the-bandwidth-bottleneck-that-is-throttling-the-internet/）；ArtyomDogtiev，"Facebook Revenue and Usage Statistics（2018），" Business of Apps. com，May 4，2018（http://www. businessofapps. com/data/facebook-statistics/）；Kaushik Veeraraghaven et al.，"Kraken：Leveraging Live Traffic Tests to Identify and Resolve Resource Utilization Bottlenecks in Large Scale Web Services," Facebook，Inc. working paper，November 2016（https://research. fb. com/wp-content/uploads/2016/11/kraken_leveraging_live_traf_c_tests_to_identify_and_resolve_resource_utilization_bottlenecks_in_large_scale_web_services. pdf）；Mike Isaac，"Zuckerberg Plans to Integrate WhatsApp，Instagram and Facebook Messenger," *The New York Times*，January 25，2019（https://www. nytimes. com/2019/01/25/technology/facebook-instagram-whatsapp-messenger. html）.

诸如中国银行等许多银行、克罗格等商店和迪士尼乐园等娱乐公园，都积极工作，以减少排队和延迟，以更好地服务顾客。

再次以 Formrob 公司为例，该公司用一台车床将钢棒加工成 3D 打印机的加热块。这种加热块是公司在车床上生产的唯一产品。Formrob 公司在收到批发商的订单后开始生产，并将其作为 3D 打印机的零部件销售。每个订单的数量是 750 个加热块。

Formrob 公司的管理者正在寻找机会增加利润，同时不牺牲其较短的顾客响应时间。管理者使用第 1 章介绍的五步决策制定程序来寻找机会。

1. 确定问题与不确定性。Formrob 公司的管理者正在考虑是否推出第二种产品，即电机前面板，这种产品与加热块使用同样的车床。主要的不确定性是第二种产品的引入将如何影响加热块的生产周期。（我们之所以关注 Formrob 公司的生产周期，是因为加热块和电机前面板的接收订单时间和订单交付时间是最短的。）

2. 获取信息。管理者收集公司过去的加热块订单数量、生产时间、可用生产能力和平均生产周期等数据。公司每年通常会收到 30 个加热块订单，但也许会收到 10 个、30 个或 50 个订单。每个订单的订购数量是 750 单位，需要 100 小时的生产时间（8 小时生产准备时间和 92 小时的加工时间）。这台机器的年生产能力是 4 000 小时。

3. 预测未来。如果 2020 年只生产加热块，Formrob 公司预计将收到 30 个 750 单位的订单，每个订单需要 100 小时的生产时间，需要的总生产时间是 3 000 小时（100×30），小于这台机器 4 000 小时的年生产能力。排队和延迟仍然会发生，因为批发商可以在任何时间下订单，而机器可能正在处理前一个订单。

平均等待时间（average waiting time）是一批订单排队等候加工的平均时间。平均等待时间等于[①]：

$$\frac{\text{加热块年均订单数} \times \text{每个加热块订单的生产时间}^2}{2 \times (\text{机器年生产能力} - \text{加热块年均订单数} \times \text{每个加热块订单的生产时间})}$$

$$= \frac{300 \times 100^2}{2 \times (4\,000 - 30 \times 100)} = \frac{300 \times 10\,000}{2 \times (4\,000 - 3\,000)} = \frac{300\,000}{2\,000}$$

---

① 技术性假设是：（1）顾客产品订单服从均值等于预期订单数（本例中为 30）的泊松分布；（2）订单以先进先出法进行加工。在现实的许多环境中，顾客订单服从泊松到达方式。可以对先进先出法的假设进行修正，在修正以后的假设中，最基本的排队和延迟效应仍会发生，但是准确的公式将会有所不同。

＝150（小时/订单）（加热块）

因此，每一个加热块订单的平均生产周期是 250 小时（150 小时的平均等待时间＋100 小时的生产时间）。注意生产时间在公式中以平方的形式出现在分子中，平方项显示了生产时间对于等待时间有较大的影响。随着生产时间的延长，收到新订单时机器正在生产的可能性更大，也就是延迟的时间更长。公式中的分母是对未利用生产能力或者说缓冲量的度量。随着未利用生产能力变小，机器正在生产时就收到订单的可能性越大，延迟时间也就越长。

公式描述的仅仅是平均等待时间。有时碰巧接到订单时机器处于空闲状态，则可以马上进行加工。但在其他情况下，公司可能在还有两个订单在等待加工的时候就接到新订单，这时延迟时间将比 150 小时还要长。

如果 2020 年生产加热块和电机前面板，Formrob 公司预计将收到：

● 加热块：30 个 750 单位的订单，每个订单需要 100 小时的生产时间。

● 电机前面板：10 个 800 单位的订单，每个订单需要 50 小时的生产时间，包括 3 小时的生产准备时间和 47 小时的加工时间。

● 加热块的预计需求将不受是否生产和销售电机前面板的影响。

如果 Formrob 公司既生产加热块又生产电机前面板，在生产准备之前的平均等待时间预计如下（该公式是前面的单一产品情况下的公式的扩展）：

$$\frac{\text{加热块年均} \atop \text{订单数} \times \text{每个加热块} \atop \text{订单的生产时间}^2 + \text{电机前面板年均} \atop \text{订单数} \times \text{每个电机前面板} \atop \text{订单的生产时间}^2}{2 \times \text{机器年生产能力} - \text{加热块年均} \atop \text{订单数} \times \text{每个加热块} \atop \text{订单的生产时间} - \text{电机前面板} \atop \text{年均订单数} \times \text{每个电机前面板} \atop \text{订单生产的时间}}$$

$$=\frac{30 \times 100^2 + 10 \times 50^2}{2 \times (4\,000 - 30 \times 100 - 10 \times 50)} = \frac{(30 \times 10\,000) + (10 \times 2\,500)}{2 \times (4\,000 - 3\,000 - 500)}$$

$$=\frac{300\,000 + 25\,000}{2 \times 500} = \frac{325\,000}{1\,000} = 325（\text{小时/订单}）（\text{加热块和电机前面板}）$$

生产电机前面板使得每个订单的平均等待时间是原来的两倍多，从 150 小时增加到了 325 小时。平均等待时间增加是因为生产电机前面板使得未利用生产能力减少，因此当机器尚未完成目前的生产任务时，又接到新的生产任务的可能性增大了。平均等待时间对于未利用生产能力的减少是非常敏感的。

如果管理者决定既生产加热块又生产电机前面板，那么加热块订单的平均生产周期是 425 小时（325 小时的平均等待时间＋100 小时的生产时间），电机前面板订单的平均生产周期是 375 小时（325 小时的平均等待时间＋50 小时的生产时间）。基本上，加热块订单需要花费 76.5%（325÷425）的生产周期来等待生产。

4. 选择方案做决策。在电机前面板会延长加热块生产周期的情况下，公司应当生产电机前面板吗？为了帮助管理者制定决策，管理会计师需要识别和分析生产电机前面板的相关收入和相关成本，特别是所有产品的延迟成本。下一节关注这一点。

20.6　延迟的相关收入与相关成本

为了确定上一节中步骤 4 下生产电机前面板的相关收入和相关成本，管理会计师编制了以下信息：

产品	平均订单数（个）	平均生产周期下的每个订单的平均售价		每订单直接材料成本	每订单每小时存货持有成本
		少于 300 小时	多于 300 小时		
加热块	30	$22 000	$21 500	$16 000	$1.00
电机前面板	10	$10 000	$ 9 600	$ 8 000	$0.50

　　生产周期既影响收入又影响成本。收入受到影响是因为顾客为了能更快地收到货物，宁愿支付一小笔额外费用。成本方面，在引入电机前面板时，直接材料成本和存货持有成本是唯一的相关成本（所有其他的成本都不受影响，因此是不相关的）。存货持有成本通常包含与存货有关的机会成本（见第 12 章）和与场地租赁、货物损坏或变质和材料处理等有关的成本。通常企业以每订单每年的费用为基础来计算存货持有成本。为了简化计算，管理会计师将存货持有成本以每订单每小时来表示。而且，Formrob 公司在接到订单的时候得到直接材料，因此计算生产周期内的存货持有成本。

　　图表 20-8 给出了公司"引入电机前面板"和"不引入电机前面板"两种方案的相关收入和相关成本。根据分析，公司的管理者决定不引入电机前面板，尽管每个订单能为公司带来 1 600 美元（9 600－8 000）的贡献毛益，且公司的机器有能力生产电机前面板。如果生产电机前面板，在 4 000 机器小时的可利用生产能力中，公司平均也只利用了 3 500 机器小时（加热块为 100×30；电机前面板为 50×10）。那么为什么公司最好不要引入电机前面板呢？因为生产电机前面板会对现有产品加热块造成负面影响。下面的表格显示了时间成本，即生产电机前面板引起延迟，从而引起的预期收入的损失和预期成本的增加：

产品	增加平均生产周期的影响		引入电机前面板的预期收入的损失加上预期成本的增加
	加热块的预期收入损失（1）	预期所有产品存货持有成本的增加（2）	
加热块	$15 000[a]	$5 250[b]	$20 250
电机前面板	——	$1 875[c]	$ 1 875
总和	$15 000	$7 125	$22 125

　　a. (22 000－21 500)×30＝15 000（美元）。

　　b. (425－250)×1.00×30＝5 250（美元）。

　　c. (375－0)×0.50×10＝1 875（美元）。

图表 20-8　Formrob 公司是否引入电机前面板产品决策的预期相关收入和相关成本分析

相关项目	方案 1：引入电机前面板（1）	方案 2：不引入电机前面板（2）	差额（3）＝（1）－（2）
预期收入	$741 000[a]	$660 000[b]	$ 81 000
预期变动成本	$560 000[c]	$480 000[d]	$(80 000)
预期存货持有成本	$ 14 625[e]	$ 7 500[f]	$ (7 125)
预期总成本	$574 625	$487 500	$(87 125)
预期收入减去预期成本	$166 375	$172 500	$ (6 125)

　　a. 21 500×30＋9 600×10＝741 000（美元）；平均生产周期将大于 300 小时。

　　b. 22 000×30＋9 600×10＝660 000（美元）；平均生产周期将小于 300 小时。

　　c. 16 000×30＋8 000×10＝560 000（美元）。

　　d. 16 000×30＝480 000（美元）。

　　e. 加热块平均生产周期×加热块每订单每小时存货持有成本×加热块预期订单数＋电机前面板平均生产周期×电机前面板每订单每小时存货持有成本×电机前面板预期订单数＝425×1.00×30＋375×0.50×10＝12 750＋1 875＝14 625（美元）。

　　f. 加热块平均生产周期×加热块每订单每小时存货持有成本×加热块预期订单数＝250×1.00×30＝7 500（美元）。

引入电机前面板将造成加热块的平均生产周期从 250 小时延长到 425 小时。更长的生产周期增加了加热块的存货持有成本，降低了加热块的收入（因为加热块的平均生产周期超过了 300 小时，因此每个订单的平均售价从 22 000 美元降至 21 500 美元）。连同电机前面板的存货持有成本，引入电机前面板产品的预计成本是 22 125 美元，比销售电机前面板得到的预计贡献毛益 16 000 美元（1 600×10）多 6 125 美元（图表 20-8 中计算的差额）。

这个例子说明，当需求的不确定性较大时，保留一些未利用生产能力是可取的。[①] 增加一个瓶颈资源的生产能力可以缩短生产周期和减少延迟。增加生产能力的一种方法是减少准备和加工所花的时间。另一种方法是投资新设备，如可以更快地从一个产品的生产转换到另一个产品的生产的灵活生产系统。通过仔细地对生产进行计划——例如，将相似的批次产品同时进行加工——也能减少延迟。

小练习 20-3　等待时间、生产周期、相关收入和相关成本

Sandstone 公司在收到客户的确认订单后，使用注塑机生产塑料制品 Z39。Sandstone 公司预计明年将收到 60 个 Z39 订单。每个 Z39 订单需要 100 机器小时。机器年生产能力为 8 000 小时。

1. 计算一个 Z39 订单在处理之前的平均等待时间，以及每个 Z39 订单的平均生产周期。

2. Sandstone 公司正在考虑引入一种新产品 Y28。该公司预计明年将收到 30 个 Y28 订单。每个 Y28 订单需要 40 机器小时。假设 Z39 的需求不会受到引入 Y28 的影响，如果 Sandstone 公司引入 Y28，计算订单的平均等待时间和每种产品每个订单的平均生产周期。

3. Sandstone 公司正在考虑是否引入 Y28。下表给出了 Z39 和 Y28 两种产品的销售价格、变动成本和存货持有成本。

产品	平均订单数（个）	平均生产周期下的每个订单的销售价格		每订单变动成本	每订单每小时存货持有成本
		少于 300 小时	多于 300 小时		
Z39	60	$21 000	$20 500	$11 550	$0.70
Y28	30	$ 9 200	$ 6 520	$ 5 520	$0.30

根据要求 2 中计算出的平均生产周期，Sandstone 公司是否应该生产并销售 Y28？

20.7　平衡计分卡和与时间有关的指标

在本节中，我们重点关注五步决策制定程序的最后一步——**实施决策**（implement the decision）、**评价业绩**（evaluate performance）与**学习**（learn）——通过追踪时间相关指标的变化、评价和获知这些变化是否影响财务业绩，并修改决策和计划以实现公司的目标。我们使用平衡计分卡的四个维度——财务、顾客、内部业务流程以及学习和成长——总结财务和非财务的时间相关指标之间的相互关系，以减少延迟，提升瓶颈资源的利用效率。

---

① 其他一些复杂情形，如分析机器网络、优先调度、加工时间的不确定等，超出了本书的范围。在这些情况下，基本的排队和延迟问题仍然存在，但精确的公式更为复杂。

财务指标

更少的延迟带来的收益或价格上涨

存货持有成本

顾客指标

顾客响应时间（完成顾客订单所花费的时间）

准时履约（在规定的时间内支付产品或服务）

内部业务流程指标

关键产品的平均生产时间

关键流程的生产周期效率

瓶颈环节生产的缺陷产品

瓶颈环节平均减少的生产准备和加工时间

学习和成长指标

员工的满意度

接受过管理瓶颈培训的员工的数量

为了考察平衡计分卡各维度之间的因果关系，考虑珠宝业设备的设计和制造商贝尔集团（Bell Group）。一个关键的财务指标是在一个特定的产品线上实现更高的利润率。在顾客指标中，该公司为产品设定的目标是所有订单的周转时间为两天。为了实现这一目标，内部业务流程指标要求瓶颈机器每周 6 天、每天 22 小时运转。最后，在学习和成长指标中，公司培训新员工进行非瓶颈环节的管理，使经验丰富的员工管理瓶颈环节。贝尔集团的重点放在平衡计分卡与时间相关的指标上，使公司大幅增加产量并大幅削减顾客响应时间，从而使收入和利润增加。

管理者使用财务与非财务指标在时间维度上管理企业的业绩。非财务指标帮助管理者评价他们在相关目标，如缩短生产周期和顾客响应时间方面表现如何。收入和成本指标帮助管理者评价非财务指标（如生产周期和顾客响应时间）增加或减少的财务影响。

📊 自测题

Sloan Moving 公司将家用产品从美国的一个城市搬运到另一个城市。管理者通过以下方面来测定服务质量：（1）搬运货物需要的时间；（2）及时递送；（3）在搬运过程中丢失或者损坏的货物数量。Sloan Moving 公司正在考虑投资一个新的计划和追踪系统，每年的成本是 160 000 美元。这个系统可以提高（2）项和（3）项的业绩。下面给出了 Sloan Moving 公司的目前业绩和使用新系统的期望业绩。

	目前业绩	期望业绩
及时递送率	85％	95％
丢失或损坏每箱货物的变动成本	$60	$60
每年丢失或损坏的货物数量	3 000 箱	1 000 箱

Sloan Moving 公司预期及时递送率每增长一个百分点，可以带来 20 000 美元的年收入增长。Sloan Moving 公司的贡献毛益率是 45％。

要求：

1. Sloan Moving 公司应该购买这个新系统吗？列出计算过程。

2. Sloan Moving 公司对采用新系统带来的成本节约非常有信心，但是不确定收入的增长。计算值得公司投资新系统所需的最小收入增长量。

解答：

1. 新系统的额外成本是每年 160 000 美元。新系统带来的额外年收益为：

因为及时投递率从 85％提高到 95％，增加的 10％的及时递送率带来的年收入(20 000×10)	$200 000
因为额外的年收入得到的 45％的贡献毛益(0.45×200 000)	$ 90 000
因为减少了丢失或损坏的货物箱数而减少的变动成本(60×(3 000－1 000))	$120 000
总额外收益	$210 000

因为预计 210 000 美元的总额外收益超过了 160 000 美元的成本，所以 Sloan Moving 公司应该购买这个新系统。

2. 只要 Sloan Moving 公司从增加的年销售中获得 40 000 美元的贡献毛益（弥补增量成本 160 000 美元减去节约的变动成本 120 000 美元），在新系统上的投资就是有利的。贡献毛益对应的最小收入增长量为 88 889 美元（40 000÷0.45）。

📖 决策要点

下面的问答形式是对本章学习目标的总结，"决策"代表与学习目标相关的关键问题，"指南"则是对该问题的回答。

决策	指南
1. 质量成本报告中的四种成本是什么？	质量成本报告中的四种成本是：预防成本（为防止生产不合格品而承担的成本）、鉴定成本（为发现不合格品而承担的成本）、内部失败成本（在交付顾客之前发现不合格品而承担的成本）和外部失败成本（在交付顾客之后发现不合格品而承担的成本）。
2. 管理者能够用什么非财务指标和工具来改进质量？	管理者能够使用的非财务指标包括：顾客指标，如顾客投诉数量和发送给顾客的次品百分比；内部业务流程指标，如缺陷产品和返工品百分比；学习和成长指标，如接受培训并有权使用质量原则的员工百分比。 三种用来识别质量问题并改进质量的工具是：(1) 控制图，用于区分生产流程中的随机差异和非随机差异造成的缺陷；(2) 帕累托图，表明每种缺陷发生的频率；(3) 因果图，识别缺陷发生的原因或潜在的因素。
3. 管理者如何识别质量改进的相关成本与相关收入？	质量改进的相关成本是为了执行计划而承担的预期增量成本。相关收入是指节省的总成本及质量改进后因预计增加收入而增加的贡献毛益。
4. 管理者如何使用财务和非财务指标评价质量业绩？	财务指标有助于在预防成本、鉴定成本和失败成本之间进行权衡。非财务指标识别那些需要改善的问题，并作为未来财务业绩的指示器。
5. 什么是顾客响应时间？发生延迟的原因是什么？	顾客响应时间是从顾客提交订单购买产品或服务开始到该产品或服务交付顾客所花费的时间。延迟的发生是因为：(1) 顾客订货时间的不确定性；(2) 生产能力限制带来的瓶颈问题。瓶颈是那些等待完成的工作接近或超过可利用生产能力的作业环节。

续表

决策	指南
6. 延迟的相关收入和相关成本是什么？	延迟的相关收入和相关成本包括由于延迟减少的收入和增加的存货持有成本。
7. 管理者在平衡计分卡中能够使用的财务与非财务时间相关指标是什么？	管理者在平衡计分卡中用于评价公司业绩的财务与非财务时间相关指标有延迟损失的收入、顾客响应时间、准时履约、平均生产周期、接受过管理瓶颈培训的员工数量等。

习　题

20-17　质量成本（摘自 CMA）。Osborn 公司生产移动电话设备。公司总裁阿曼达·韦斯特利（Amanda Westerly）实施质量改进计划已满两年，下面显示了该公司的质量成本半年报告。

Osborn 公司的质量成本半年报告				单位：千美元
	2019/6/30	2019/12/31	2020/6/30	2020/12/31
预防成本				
机器维持	480	480	440	290
供应商培训	21	90	45	35
设计检测	30	218	198	196
总预防成本	531	788	683	521
鉴定成本				
初始鉴定	109	124	89	55
最终检测	327	327	302	202
总鉴定成本	436	451	391	257
内部失败成本				
返工品	226	206	166	115
残料	127	124	68	65
总内部失败成本	353	330	234	180
外部失败成本				
质保维修	182	89	70	67
顾客退货	594	510	263	186
总外部失败成本	776	599	333	253
总质量成本	2 096	2 168	1 641	1 211
总收入	8 220	9 180	9 260	9 050

要求：

1. 计算每个阶段中每种质量成本与总收入、总质量成本之比。

2. 根据要求 1 的结果，你认为 Osborn 公司的质量改进计划成功了吗？写一个简短的报告陈述你的观点。

3. 基于 2018 年的调查，韦斯特利认为 Osborn 公司必须改进产品质量。在向公司管理层说明情况时，韦斯特利应该怎样估计不实施质量改进计划的机会成本？

20-18 质量成本分析。Teton 公司生产室外用的椅子。该公司在过去一年中一直致力于提高产品质量，并希望评估其在质量成本指标方面的表现。以下是相关结果：

Teton 公司年度质量成本报告

	2019 年	**2020 年**
供应商评估成本	$ 3 000	$ 5 800
残料成本	$ 7 400	$ 5 800
保修成本	$ 9 950	$ 7 740
设计工程成本	$ 4 050	$ 6 740
检测成本	$ 3 700	$ 5 100
返工品成本	$ 8 850	$ 5 400
总质量成本	$ 36 950	$ 36 580
总收入	$650 000	$775 000

要求：

1. 确定每项成本所属的质量成本类别（预防成本、鉴定成本、内部失败成本和外部失败成本）。

2. 通过计算每类质量成本以及每类质量成本与总收入和总质量成本之比，编制一份质量成本报告。

3. 根据要求 2 的结果，你是否会得出结论，Teton 公司的质量改进计划是成功的？编制一份简短的报告来说明你的结论。

20-20 质量成本，质量改进。iCover 公司生产用于携带笔记本电脑的手提包。iCover 公司每年销售 1 000 000 个手提包，每个价格为 20 美元，贡献毛益率为 40％。

为了回应客户的投诉，iCover 公司的管理者想改进生产流程，以生产更高质量的产品。

目前的质量成本如下：

预防成本	$400 000
鉴定成本	$150 000
内部失败成本	
返工品	$325 000
残料	$ 75 000
外部失败成本	
产品维修成本	$400 000
顾客退货损失的收入	$650 000

管理会计师预计改进生产流程的额外成本如下：

设计更改成本	$125 000
工艺工程成本	$210 000

要求：

1. 管理者关注哪一种类别的质量成本？为什么？

2. 如果改进生产流程可以使产品维修成本下降 55％、顾客退货损失的收入下降 70％，这将对公司的质量成本和营业利润产生什么影响？公司应该怎样做？请解释。

3. 计算生产流程改进前后预防成本、鉴定成本、内部失败成本和外部失败成本占总质量成本和总销售收入的比例。对你的结果进行简要评论。

20-21 质量改进，相关成本和相关收益。SpeedPrint 公司每年生产和销售 18 000 台高科技印刷机。返工和修理印刷机的变动成本和固定成本如下：

	变动成本	固定成本	总成本
每小时的返工成本	$ 79	$115	$194
修理成本			
每小时的顾客支持成本	$ 35	$ 55	$ 90
每次装载的运输成本	$350	$115	$465
每小时的保修成本	$ 89	$150	$239

SpeedPrint 公司目前的印刷机有一个质量问题，会使某些色彩的色度发生变化。公司的工程师提议更换每台印刷机的一个关键部件，每个新部件将比旧部件多耗费 70 美元。但是，SpeedPrint 公司预计下一年新部件将会带来如下结果：（1）节省 14 000 小时的返工时间；（2）节省 850 小时的顾客支持时间，（3）少进行 225 次的装载；（4）节省 8 000 小时的保修时间；（5）多销售 140 台印刷机。公司将获得 1 680 000 美元的总贡献毛益。SpeedPrint 公司认为即使它提高了印刷机的质量，也不能节省返工或修理成本中的固定部分。公司的决策期限为一年，因为它计划在年末推出一款新的印刷机。

要求：

1. SpeedPrint 公司是否应该更换新部件？列出计算过程。

2. 假定多卖出 140 台印刷机的估计是不确定的。那么公司最少需要多销售多少台印刷机才能证明采用新部件是合理的？

3. 当决定更换新部件的时候，SpeedPrint 公司的管理者应该考虑其他哪些因素？

20-26 质量和时间的非财务指标。在过去的两年里，Worldwide Cell Phones 公司一直在努力提高其手机的质量。该公司 2019—2020 年的质量成本报告如下：

	2019 年	2020 年
生产并发货的手机（部）	2 500 000	10 000 000
发货的缺陷产品数量（部）	125 000	400 000
顾客投诉数量	190 000	250 000
发货前返工的产品数量（部）	150 000	700 000
生产周期（天）	13	14
平均顾客响应时间（天）	28	26

要求：

1. 分别计算 2019 年和 2020 年的如下数据：

（1）发货的缺陷产品的比例；

（2）发货产品中收到顾客投诉的比例；

（3）生产过程中返工品的比例；

（4）生产周期占从订单到交货总时间的百分比。

2. 参考要求 1 中计算出来的数据，解释公司生产的手机质量和及时性是否提升了。

存货管理、适时生产和简化成本法

假如你经常使用的一件产品会有大幅度的折扣，但是，为了享受这一折扣，你必须购买够用几个月的产品，这是一笔大额预付款。

你会要这个折扣吗？很多公司也面临相似的抉择，因为公司会因滞存的货物产生一笔不小的开销。选择销售合适的产品、深入理解顾客、明智地确定产品价格有助于管理者保持低库存，正如下面塔吉特公司的例子所示。

> **引例** 塔吉特利用物联网应对不断变化的零售格局
>
> 零售业每天都在变化。消费者再也看不到线上和线下购物之间的区别，零售商为了快速将产品送到顾客手中正在重新进行配置，而无论他们身在何处。许多像塔吉特这样有远见的零售商正在转向物联网。

物联网连接计算机、网络以及在没有人机交互的情况下可以进行实时通信和共享数据的设备系统。在塔吉特，商店和仓库正在配备可以帮助公司更好地跟踪库存以避免店内缺货，并帮助完成日益增长的电子商务业务订单的创新技术。

例如，塔吉特越来越多地使用带有射频识别（RFID）芯片的智能货架。客户购买产品后，更新后的库存数据会被发送到仓库。当需要补充货架并订购更多产品时，员工会收到提示，由于这项技术，塔吉特能够更快地补充库存，这减少了公司所需的物品存储空间，同时保持货架库存并准备好开展业务。

这种新方法还允许塔吉特利用靠近顾客住址的商店的商品来加快线上订单的交付，从而减少配送时间和成本。由于商店很快就能补充货源，所以不用担心没有足够的库存来供应店内和网上的购物者。

这些创新对塔吉特的供应链效率、销售额和盈利能力有深远的影响。支持射频识别的商店已将辅助库房的库存减至以前水平的一个零头，缺货率降低了 40%，销售额增加了 4%。此外，2018 年假期期间，塔吉特通过零售店完成了近 70% 的在线订单。

资料来源：Julianne Slovak, "Target Experiments with Faster Supply Chain," *Forbes*, May 14, 2018（https://www.forbes.com/sites/julianneslovak/2018/05/14/target-experiments-with-faster-supply-chain-/#136a48322a4f）；Edwin Lopez, "Why 2018 Is the Year of Modernization for Target," *Supply Chain Dive*, June 4, 2018（https://www.supplychaindive.com/news/data-target-optimizes-supply-chain-inventory-logic/524971/）；Christopher Schroeder, "Retail IoT: How to Streamline Inventory Supply Chains," *Digitalist Magazine*, May 17, 2018（https://www.digitalistmag.com/digital-supply-networks/2018/05/17/retail-iot-streamline-inventory-supply-chains-06166681）.

21.1　零售组织中的存货管理

存货管理（inventory management）是在一个组织中与存货的流入、流经、流出相关的一系列计划、协调和控制活动。现在让我们考察三个大型零售商的成本细分情况，其产品销售成本在总成本中都占有最大比例。

	开市客	克罗格	沃尔玛
收入	100.0%	100.0%	100.0%
减：成本			
产品销售成本	87.0%	78.3%	74.9%
销售及管理费用	9.8%	17.5%	20.8%
其他成本、利息及税款	1.0%	1.6%	3.0%
总成本	97.8%	97.4%	98.7%
净利润	2.2%	2.6%	1.3%

净利润在收入中所占比例是比较低的，这意味着优化待售商品的购买和管理将会使净利润的比例大幅增长。

与存货有关的成本

除了购买的实际商品的成本外，与存货有关的成本有许多不同类型，这些成本可以分成以下六类：

1. 采购成本（purchasing costs）是包括运费在内的从供应商处获得产品的成本。这些成本通常是存货产品成本中最大的组成部分。因大规模订货的折扣和更快的供应商支付条款，可以减少采购成本。

2. 订货成本（ordering costs）是从订货前的准备，到收取订单及检查订单条款、查询已收到的发货单，再到正式订货及付款过程中发生的所有成本。订货成本包括取得采购批准的成本及其他在特定流程中发生的成本。

3. 持有成本（carrying costs）是当企业持有存货产品时发生的成本。这一成本包括因存货占用资金而不能再投资的机会成本（见第 12 章）及场地租金、保险费、报废成本等与存储有关的费用。

4. 缺货成本（stockout costs）是当顾客需要某种产品而这种产品又不能被提供时，公司发生的损失。面对缺货，公司可以迅速向供应商订货，这会带来额外的订货与生产成本及相关运输费用；但如果不这么做，公司可能因缺货而失去销售。在这种情况下，缺货的机会成本包括失去的销售的贡献毛益，以及因信誉受损而失去的未来销售的贡献毛益。

5. 质量成本（costs of quality）是为预防和鉴定而发生的成本，或者是质量问题产生的成本。例如，在产品出库和入库时，若产品损坏或处理不当，就会产生质量问题。有四种质量成本（第 20 章也有讨论）：预防成本、鉴定成本、内部失败成本和外部失败成本。

6. 损失成本（shrinkage costs）是因外部人盗窃、员工侵占、存货放置或分类错误而产生的成本。损失成本是账面记录的存货成本（更正错误后）与实物计算的存货成本之差。损失成本往往是管理层业绩的一项重要指标。例如，杂货店营业利润在收入的 2% 徘徊。由于边际利润率很小，很容易理解为什么一家商店经理的首要职责是控制存货损失。损失增加 1 000 美元（2%×50 000）将抵消 50 000 美元销售收入创造的利润。公司存货增加时，损失成本通常也会增加，因此，大多数公司并不会持有不必要的存货。

现有财务会计系统并不能反映所有与存货有关的成本。例如，机会成本往往未被纳入现有体系，但它是这几种成本的重要组成部分。

信息收集技术大大提高了存货信息的可靠性和及时性，减少了与存货有关的成本。例如，条形码技术通过一台扫描仪就可以记录采购和销售的某一产品的详细信息。产品一经扫描，关于产品流动的记录就产生了，这有助于企业更好地管理采购成本、持有成本和缺货成本。在接下来的几节中，我们分析在商业公司中如何计算不同存货决策的相关成本。

21.2　经济订货量决策模型

某种指定产品的订货量应该是多少？**经济订货量**（economic order quantity，EOQ）是一种决策模型。在给定以下一组假设的情况下，计算订货的最优数量。

● 在最简单的 EOQ 决策模型下，只有订货成本和持有成本，这些成本是存货最一般的成本。

● 每一再订货点的订货量相同。

● 已知需求、订货成本及持有成本。订货和交货之间的时间间隔——**采购订单交货期**（purchase-order lead time）也是已知的。

● 单位采购成本不受订货量大小的影响。这一假设使采购成本与经济订货量的取值无关。因为不管订货量是多少，采购价格都是一样的。

● 不会发生存货短缺。该假设的前提是缺货成本非常高，为了避免缺货的发生，管理者将保持足够的库存。

● 在确定订货量时，只有当质量对订货成本及持有成本有影响时，管理者才考虑质量成本和损失成本。

注意，经济订货量分析忽略了采购成本、缺货成本、质量成本和损失成本。回忆一下第12章的内容，管理者在制定决策时只考虑相关成本。在后面的章节中，我们将讨论如何识别相关的订货成本与持有成本。在这一点上，我们只需要注意，经济订货量是使公司的相关订货与持有成本总和最小的订货量。相关总成本计算如下：

相关总成本＝相关订货成本＋相关持有成本

我们使用下面的符号：

$D=$ 一个特定期间（本例中是一年）的需求

$Q=$ 每个订单的规模（订货量）

$$每个期间（一年）的采购订单数 = \frac{一个特定期间（一年）的需求}{每个订单的规模（订货量）} = \frac{D}{Q}$$

平均存货量 $= \dfrac{Q}{2}$，因为每次存货降至0，就收到 Q 单位的订货。存货量从 Q 变到0，因此，平均存货量是 $\dfrac{0+Q}{2}$。

$P=$ 每个采购订单的相关订货成本

$C=$ 在一个特定期间（一年）每持有一单位存货的相关持有成本

对任何订货量 Q,则有：

$$每年相关订货成本 = 每年采购订单数 \times 每个采购订单的相关订货成本 = \frac{D}{Q} \times P$$

$$每年相关持有成本 = 平均存货量 \times 单位年度相关持有成本 = \frac{Q}{2} \times C$$

$$每年相关总成本 = 每年相关订货成本 + 每年相关持有成本 = \frac{D}{Q} \times P + \frac{Q}{2} \times C$$

使每年相关总成本最小的订货量（即经济订货量）是：

$$EOQ = \sqrt{\frac{2DP}{C}}$$

用微积分求解 EOQ，当相关订货成本等于相关持有成本时相关总成本最小。如果相关持有成本小于（或大于）相关订货成本，可以通过增加（或减少）订货量来减少相关总成本。为了求解经济订货量，我们设定：

$$\frac{Q}{2} \times C = \frac{D}{Q} \times P$$

两边乘以 $\dfrac{2Q}{C}$,得 $Q^2 = \dfrac{2DP}{C}$

$$Q = \sqrt{\frac{2DP}{C}}$$

公式显示了经济订货量随需求和（或）相关订货成本的增加而增加，随相关持有成本的增加而减少。

我们看看如何进行经济订货量分析。Glare Shade 公司销售太阳镜，管理者面临的第一个决策与 Glare Shade 公司的基本款太阳镜 UX1 有关。它以每副 14 美元的价格从 Rytek 公司购入 UX1，Rytek 公司支付所有运费。收货时无须进行检查，因为 Rytek 公司提供高质量的商品。Glare Shade 公司每年需要 13 000 副 UX1，每周 250 副。同时公司要求每年有 15% 的投资回报率。每个订单的相关订货成本为 200 美元。

每副太阳镜每年的相关持有成本如下：

要求的年投资回报（0.15×14）	\$2.10
每年的相关保险费、材料处理费、损失成本及其他成本	\$3.10
合计	\$5.20

那么，该公司管理者面临的第一个决策是确定 UX1 太阳镜的经济订货量。

将 D=13 000，P=200，C=5.20 代入公式，得：

$$\text{EOQ} = \sqrt{\frac{2 \times 13\,000 \times 200}{5.20}} = \sqrt{1\,000\,000} = 1\,000（副）$$

即每次订货 1 000 副可以将总的相关订货成本和相关持有成本最小化。因此，每一期间（本例中为一年）的送货次数如下：

$$\frac{D}{\text{EOQ}} = \frac{13\,000}{1\,000} = 13（次）$$

回想一下，每年相关总成本（RTC）$= \dfrac{D}{Q} \times P + \dfrac{Q}{2} \times C$

当 Q=1 000 时：

$$\begin{aligned}
\text{RTC} &= \frac{13\,000 \times 200}{1\,000} + \frac{1\,000 \times 5.20}{2} \\
&= 2\,600 + 2\,600 \\
&= 5\,200（美元）
\end{aligned}$$

图表 21-1 刻画了每年相关订货成本（DP/Q）和在不同订货量（Q）下的每年相关持有成本（$QC/2$），并且说明了如何在这两种成本之间进行权衡。订货量越大，每年相关订货成本越低，而每年相关持有成本越高。每年相关总成本在 EOQ 处达到最小，此时相关订货成本和相关持有成本相等。

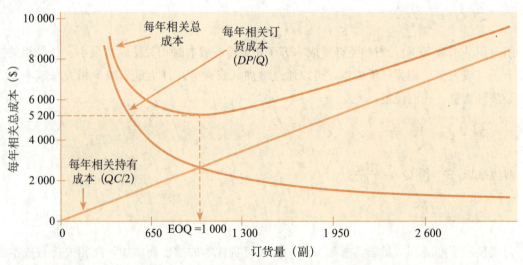

图表 21-1　Glare Shade 公司 UX1 太阳镜的每年相关订货成本和每年相关持有成本图解

小练习 21 - 1

Wantage 公司每年销售 55 000 个 iPhone 手机壳。这些手机壳是全年均匀销售的。每个订单的订货成本为 180 美元，每个手机壳每年的持有成本为 2.20 美元。

1. 手机壳的经济订货量是多少？
2. 相关总成本是多少？
3. 如果采购订单交货期为 1 周，那么再订货点是多少？

21.2.1 确定情况下的订货时间选择

Glare Shade 公司的管理者面临的第二个决策是确定订货时间。**再订货点**（reorder point）是指需要再订货时持有的存货量。当需求和采购订单交货期已知时，再订货点是很容易计算的：

再订货点＝单位时间内销售的数量×采购订单交货期

假定 UX1 的采购订单交货期是 2 周：

经济订货量	1 000 副
每周售出的数量（13 000÷52）	250 副/周
采购订单交货期	2 周
再订货点＝250×2＝ 500（副）	

Glare Shade 公司会在每次存货量降低至 500 副时再订货 1 000 副。[①] 图表 21 - 2 中显示了假设需求在每周均匀发生，UX1 存货量的变动。如果采购订单交货期为 2 周，当存货量降低到 500 副时，就需要发出一个新的订单，这样在存货量降到零的时候 1 000 副订货刚好送达。

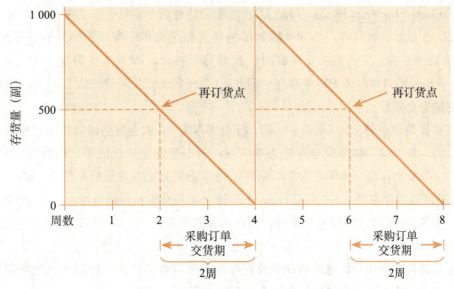

图表 21 - 2　Glare Shade 公司 UX1 太阳镜的存货水平

注：本图表假设需求和采购订单交货期是确定的：需求＝250 副/周；采购订单交货期＝2 周。

---

① 当订货量无法使再订货点的存货量增加时，这一简单的公式不再适用（例如，采购订单交货期为 3 周，而订货量只能维持 1 周的供给）。在这种情况下，订货将发生重叠。

21.2.2 安全库存

如果 Glare Shade 公司的管理者对需求、采购订单交货期或 Rytek 公司所能提供的 UX1 数量不能确定，他们常采用建立安全库存的方法。**安全库存**（safety stock）是始终恒定的一种存货水平，而不管 EOQ 决策模型计算出的订货量是多少。公司将安全库存作为一种保护，能够防止需求的意外上升、采购订单交货期的不确定性及供应商的产品短缺带来的风险。假设 Glare Shade 公司的管理者不确定的是需求。他们预计的需求量是每周 250 副，但每周的最大需求量可能会达到 400 副，最小为 100 副。如果缺货成本很高，管理者可以建立一个 300 副的安全库存，这样会产生更高的持有成本。300 副等于 1 周的最大超额需求 150 副（400－250）乘以采购订单交货期 2 周。如果缺货成本非常小，就不需要安全库存，以免发生额外的持有成本。但是，如果缺货成本适中（既不是很高也不是很低），管理者需要权衡减少缺货的好处与持有安全库存的额外成本。

管理者可以用过去每天或每周的需求概率分布计算安全库存水平。对 UX1 而言，在采购订单交货期的 2 周内，可能面对如下不同需求水平中的一种：

2 周的总需求	200 副	300 副	400 副	500 副	600 副	700 副	800 副
概率（总和为 1.00）	0.06	0.09	0.20	0.30	0.20	0.09	0.06

从表中我们可以看出可能性最大的需求量是 500 副，其发生的概率最大。我们也可看出，需求量是 600 副、700 副和 800 副的概率之和为 0.35（0.20＋0.09＋0.06）。

假设一个顾客需要购买一些 UX1，而 Glare Shade 公司此时缺货。为了及时把商品送到顾客手中，公司将为每副 UX1 付出 4 美元的额外成本。此时相关缺货成本是每副 4 美元。最佳安全库存水平是使一年总的缺货成本和持有成本最小的库存量。注意 Glare Shade 公司每年发出 13 个订单，不管安全库存水平是多少，订货成本都是一样的。因此，订货成本与安全库存决策无关。对于 Glare Shade 公司来说，每副 UX1 的相关持有成本为每年 5.2 美元。

图表 21-3 显示了再订货点为 500 副时的每年总相关成本。在 2 周的采购订单交货期内，如果需求量是 600 副、700 副或 800 副时，就会发生缺货，因为这些需求水平超过了 Glare Shade 公司发出采购订单时的 500 副库存。因此，Glare Shade 公司只评估 UX1 0、100 副、200 副和 300 副的安全库存。

如果需求量是 600 副、700 副或 800 副，安全库存为 0，就会发生缺货成本，但没有额外的持有成本。另一种极端，如果安全库存为 300 副，就不会发生缺货成本，但持有成本会更高。正如图表 21-3 所示，当安全库存为 200 副时，每年总相关成本达到最小值（1 352 美元）。因此，200 副是最佳库存水平。200 副是 Glare Shade 公司经常保持的额外库存。对于 Glare Shade 公司来说，当其经济订货量为 1 000 副时，再订货时的库存为 700 副（再订货点 500 副加上安全库存 200 副）。

公司越来越善于利用设计思维和数据分析等技术来理解客户。这种更深层次的理解减少了公司面临的需求不确定性以及持有大量安全库存的必要性。

21.3 对存货相关成本的预计及其影响

Glare Shade 公司的管理者如何计算每年存货相关成本，如相关持有成本、相关缺货成本和

	安全库存量	造成缺货的需求水平	缺货量ᵃ	缺货概率	每年相关缺货成本ᵇ	每年订货次数ᶜ	预期缺货成本ᵈ	每年相关持有成本ᵉ	每年总相关成本
	(副)	(副)	(副)						
	(1)	(2)	(3)=(2)-500-(1)	(4)	(5)=(3)×4	(6)	(7)=(4)×(5)×(6)	(8)=(1)×5.20	(9)=(7)+(8)
	0	600	100	0.20	$ 400	13	$ 1 040		
		700	200	0.09	$ 800	13	$ 936		
		800	300	0.06	$ 1 200	13	$ 936		
							$ 2 912	$ 0	$ 2 912
	100	700	100	0.09	$ 400	13	$ 468		
		800	200	0.06	$ 800	13	$ 624		
							$ 1 092	$ 520	$ 1 612
	200	800	100	0.06	$ 400	13	$ 312	$ 1 040	$ 1 352
	300	—	—	—	—	—	$ 0ᶠ	$ 1 560	$ 1 560

a. 造成缺货的需求水平一采购订单交货期内可以取得的存货（不包括安全库存）500副一安全库存量。

b. 缺货量×每副眼镜的每年相关缺货成本4.00美元。

c. 年需求量13 000÷经济订货量1 000=13次订货/年。

d. 缺货概率×每年相关缺货成本×每年订货次数。

e. 安全库存量×每年相关持有成本5.2美元/副（不考虑因实际耗用量低于预期水平使持有库存量增加的情况，即持有的安全库存量永远保持恒定）。

f. 当安全库存量达到300副时，短缺现象不会出现，因此预期缺货成本为0。

图表 21-3　当再订货点为 500 副时 Glare Shade 公司安全库存量的计算

相关订货成本？

我们先讨论每年每副 5.20 美元的相关持有成本，此成本包括相关增量成本和资本的相关机会成本。那么，哪些成本属于持有存货的相关增量成本呢？只有那些随存货持有数量的变化而变动的成本才属于相关增量成本，如库房租金、工人工资、报废成本、损失成本、破损成本和保险成本。如果支付给员工、仓库保管员和材料处理员的工资不受存货水平变化的影响，那么这些人的工资就是不相关的。然而，如果存货增加（减少），职员、仓库保管员和材料处理员增加（转到其他岗位或被解雇）导致总工资成本增加（减少），支付的这部分工资就属于持有存货的相关成本。类似地，当存货减少时原有的存货场地如果不能用于其他盈利目的，则这块场地的租金不相关。但如果这块场地可用作其他用途并能带来收益，或者总的租金成本可随空间占用大小而调整的话，那么存储费用则是持有存货的相关成本。

资本的相关机会成本是什么？它是通过投资于存货而不是其他方面而放弃的回报。这种成本可以用要求的回报率和购买存货的单位成本（如单位购买价格、进货运费以及进货查验费用）相乘得到。如果投资受到存货水平变化的影响，那么机会成本也要根据投资（如设备投资）进行计算。

在缺货的情况下，相关增量成本是加快从供应商处的采购速度的成本。相关机会成本是：（1）由缺货而放弃收入导致的贡献毛益损失；（2）由顾客敌意而减少收入导致的未来贡献毛益损失。

相关订货成本只是那些随订单数量的变化而变化的订货成本（例如，准备和发出采购订单的成本，以及接收和检查材料的成本）。

21.3.1　预测失误的成本

对相关成本进行估计是相当困难的，很少能够完全准确，这就会引发一个问题：如何计算预测的相关成本与实际不符所带来的损失？

假设 Glare Shade 公司 UX1 的每个订单的相关订货成本是 200 美元，但是在计算订货量时，管理者预测的是 100 美元。我们可以通过以下三个步骤计算预测失误带来的损失。

步骤 1：给定成本投入的实际数量（每个订货单的成本），计算可能采取的最优行动带来的货币结果。这是一个基准——如果管理者已经知道正确的订货成本，那么管理者应该制定的决策。使用数据 $D=13\,000$，$P=200$，$C=5.20$，最优行动是每次订货 1 000 副。

当经济订货量＝1 000 副时，每年的相关总成本为：

$$\text{RTC} = \frac{DP}{Q} + \frac{QC}{2}$$

$$= \frac{13\,000 \times 200}{1\,000} + \frac{1\,000 \times 5.20}{2}$$

$$= 2\,600 + 2\,600 = 5\,200(\text{美元})$$

步骤 2：以不正确的成本投入估计（每个订货单的成本）为基础，计算最优行动的货币结果。在本步中，管理者基于订货成本为 100 美元时的预测（后面证实是错误的）计算订货量。使用数据 $P=100$，$D=13\,000$，$C=5.20$，经济订货量如下：

$$\text{EOQ} = \sqrt{\frac{2DP}{C}}$$

$$= \sqrt{\frac{2 \times 13\,000 \times 100}{5.20}} = \sqrt{500\,000}$$

$$= 707(\text{副})(\text{四舍五入})$$

但是，订单的实际成本是 200 美元。因此，当 $D=13\,000$，$Q=707$，$P=200$，$C=5.20$ 时，实际的每年相关总成本为：

$$\text{RTC} = \frac{13\,000 \times 200}{707} + \frac{707 \times 5.20}{2}$$

$$= 3\,678 + 1\,838 = 5\,516(\text{美元})$$

步骤 3：计算步骤 1 和步骤 2 得到的货币结果的差异。

	货币结果
步骤 1	$ 5 200
步骤 2	$ 5 516
差异	$ (316)

预测失误的成本是 316 美元，约占每年相关总成本 5 200 美元的 6%。图表 21-1 所示的每年相关总成本曲线在订货量为 700~1 300 副时是比较平坦的。即使错误估计了每年相关持有成本和每年相关订货成本，导致经济订货量 1 000 副加上 30%（1 300 副），或 1 000 副减去 30%（700 副），每年相关总成本也是大致相同的。经济订货量计算公式中的开方减小了估计误差的影响，因为它使错误数字的影响变得更小。

稍后我们讨论在库存管理中经常出现的计划和控制以及业绩评价问题。

小练习 21-2

Wantage 公司每年销售 55 000 个 iPhone 手机壳。这些手机壳是全年均匀销售的。每个订单的订货成本为 180 美元，每个手机壳每年的持有成本为 2.20 美元。假设管理者在计算订货量时预测订货成本为 125 美元，而不是实际的 180 美元。

预测失误的成本是多少？

21.3.2　EOQ 决策模型与管理者业绩评价之间的冲突

如果管理者为了使个人业绩更好看而选择的订货量与基于 EOQ 决策模型确定的订货量不一致，会发生什么呢？例如，考虑一下机会成本。正如我们所看到的，EOQ 决策模型考虑了机会成本，因为在计算存货持有成本时，该成本是相关成本。但是，通常是基于财务会计数字对管理者进行评价的，因此管理者容易忽略机会成本。为什么？因为财务会计仅仅记录实际的交易，而不记录放弃的机会成本（见第 12 章）。管理者喜欢将他们自己的业绩做得最好看，他们只关注那些评价业绩的指标。那么，EOQ 决策模型的最优订货量与管理者认为的最优订货量之间就会产生冲突。

因为忽略了某些持有成本（机会成本），管理者会倾向于购买比基于 EOQ 决策模型计算的批量更大的批量，特别是在更大的批量会导致更低的采购价格时。正如我们在前面章节讨论的，如果采购量接近经济订货量，那么这些次优选择的成本是很小的。但是，如果批量变得很大，那么公司的成本可能就很大。而且，如果我们考虑其他成本，如质量成本和持有大量存货的损失成本，大批量采购的公司成本甚至更大。为了使 EOQ 决策模型与管理者的业绩评价一致，诸如沃尔玛等公司设计了业绩评价系统，把要求的投资收益纳入持有成本的计算中，从而使管理者承担起存货管理的相应责任。

21.4　适时采购

适时采购（just-in-time（JIT）purchasing）是指原材料（或商品）在生产（或销售）需要时才送货的一种采购方式。我们考察一下惠普公司的适时采购。惠普就打印机的主要部件与供应商签订了长期合同。每一个供应商必须根据惠普提供的生产计划，频繁地将小规模订单货物直接送到惠普的生产作业区。供应商都会努力兑现它们的承诺，因为它们的任何疏忽都会导致惠普的组装工厂无法按计划交付打印机。

21.4.1　适时采购和 EOQ 决策模型中的参数

假设 Glare Shade 公司的管理者认为，当前的采购政策可能导致公司存货的持有成本（即 EOQ 决策模型中的参数 C）比估计的要大，因为仓储、处理、保险以及设备成本更高。假设他们还认为，发出一个采购订单的成本（EOQ 决策模型中的参数 P）可能减少，这是因为：

● Glare Shade 公司在签订长期采购合同时明确了在一段较长期间内的价格和质量要求。订货前不需要进行额外的谈判。

● 公司使用新电子系统发出订单，记录发货，更有效地付款给供应商。

● 公司使用订货卡（类似于消费者信用卡，如维萨卡和万事达卡）。只要每次单独的采购额及总交易额低于预先设定的上限，就无须办理复杂的采购批准程序。

图表 21-4 显示了经济订货量对 UX1 持有成本和订货成本变化的敏感性。其结论支持转向适时采购：当公司的相关持有成本增加、每个订单的相关订货成本减少时，经济订货量减少，同时订货频率增加。

	A	B	C	D	E	F
1			在不同持有成本和订货成本下的			
2			经济订货量			
3	年需求量（D）＝	13 000 副				
4						
5	每年每副眼镜的		每个订单的相关订货成本（P）			
6	相关持有成本（C）		$ 200	$ 150	$ 100	$ 30
7	$ 5.20		$ 1 000	$ 866	$ 707	$ 387
8	$ 7.00		$ 862	$ 746	$ 609	$ 334
9	$ 10.00		$ 721	$ 624	$ 510	$ 279
10	$ 15.00		$ 589	$ 510	$ 416	$ 228

图表 21-4 UX1 太阳镜的经济订货量对持有成本和订货成本变化的敏感性

21.4.2 适时采购的相关成本

只有 EOQ 决策模型并不能完全支持适时采购，因为模型只着重于持有成本和订货成本的平衡，而存货管理还包括核算采购成本、缺货成本、质量成本和损失成本。Glare Shade 公司的管理者担心，订购并储存大量的 UX1 容易产生有缺陷、损坏的产品，造成损失。因此，公司开始实施适时采购，要求供应商更小规模、更频繁地发货。Glare Shade 公司最近与供应商 Rytek 公司建立了在线企业对企业（business-to-business，B2B）的采购渠道。这样，Glare Shade 公司订购 UX1 只需通过一台电脑就可以进行。付款方式不再是每次采购分别支付，而是依靠电子化手段集中支付。这些改变使得每个订单的订货成本从 200 美元减少到 2 美元！无论是否实行适时采购，Glare Shade 公司都可以使用在线渠道进行订货。下面，我们评估适时采购对质量和成本的影响。

项目描述	当前采购政策	适时采购政策
发货	每年采购 13 次，每次 1 000 副	每年采购 130 次（每 2 周 5 次），每次 100 副
采购成本	每副 14 美元	每副 14.02 美元（注意：许多公司并没有为更频繁的送货支付更高的价格）
质量检查	收货时没有检查，因为 Rytek 公司确保发送高质量的 UX1 太阳镜	收货时没有检查，因为 Rytek 公司确保向 Glare Shade 公司发送高质量的 UX1 太阳镜，以支持其适时采购
必要投资回报率	15％	15％
保险费、材料处理费、储存成本等相关持有成本	每年平均存货的单位成本为 3.10 美元	每年平均存货的单位成本为 3.00 美元（更低的保险费、材料处理费与储存率）
顾客退货成本	运输与处理顾客退回的一副太阳镜的成本为 10 美元。Rytek 公司提供的高质量产品将导致没有顾客退货	产品运输与处理顾客退回的成本为一副 10 美元。Rytek 公司提供的高质量产品导致没有顾客退货
缺货成本	没有缺货成本，因为 4 周（52÷13）内的需求与采购订单交货期都是确定的	在适时采购下，由于需求变化和两次订货间的短时间间隔内更可能发生供应延迟，缺货更多。Glare Shade 公司预计在适时采购政策下，每年发生 150 副 UX1 的缺货成本。缺货时，Glare Shade 公司必须以每副 4 美元的额外成本紧急订货

Glare Shade 公司应该实施每年采购 130 次的适时采购政策吗？图表 21 - 5 比较了 Glare Shade 公司在当前采购政策与适时采购政策下的相关总成本，并显示转向适时采购政策每年将节约 1 251 美元的成本。适时采购的优点是持有成本更低。通过减少由大量存货提供的"安全网"，适时采购也可以向管理者及时反馈质量问题。

	A	B	C	D	E	F	G	H	I	J
1						相关成本				
2			当前采购政策					适时采购政策		
3	相关项目	每副相关成本		每年数量	总成本		每副相关成本		每年数量	总成本
4	(1)	(2)		(3)	(4) = (2)×(3)		(5)		(6)	(7) = (5)×(6)
5	采购成本	$ 14.00	每副	13 000	$ 182 000		$ 14.02	每副	13 000	$ 182 260
6	订货成本	$ 2.00	每订单	13	$ 26		$ 2.00	每订单	130	$ 260
7	质量检查成本	—	每副	—	—		—	每副	—	—
8	持有存货的机会成本	$ 2.10ᵃ	每年每副平均库存	500ᵇ	$ 1 050		$ 2.10ᵃ	每年每副平均库存	50ᶜ	$ 105
9	其他持有成本（保险费、材料处理费等）	$ 3.10	每年每副平均库存	500ᵇ	$ 1 550		$ 3.00	每年每副平均库存	50ᶜ	$ 150
10	顾客退货成本	$ 10.00	每退货单位	0	$ 0		$ 10.00	每退货单位	0	$ 0
11	缺货成本	$ 4.00	每副	0	$ 0		$ 4.00	每副	150	$ 600
12	每年相关成本合计				$ 184 626					$ 183 375
13	支持适时采购的每年差异					$ 1 251				
14										
15	a. 每副采购成本×0.15/年。									
16	b. 订货量/2=1 000/2=500。									
17	c. 订货量/2=100/2=50。									

图表 21 - 5　UX1 太阳镜在当前采购政策与适时采购政策下的每年相关总成本

21.4.3　供应商评估、相关质量成本和及时供货

采用适时采购方式的公司都会审慎地挑选供应商，尤其会注意发展与供应商的长期合作关系。一些供应商的地理位置较好，这正是适时采购所需要的。例如，菲多利公司（Frito-Lay）是一家休闲食品供应商，公司的战略强调服务、连贯性、产品的新鲜和质量。因此，它能支持的送货频率比其许多竞争对手都要高。

选择供应商的相关成本有哪些？我们仍以 Glare Shade 公司购买的 UX1 太阳镜为例。另一家 UX1 太阳镜的供应商 Denton 公司，能提供 Glare Shade 公司所需的全部 UX1。Glare Shade 公司要求供应商每年送货 130 次（每 2 周 5 次），每次 100 副。Glare Shade 公司将建立一个与它选择的供应商的在线采购订单链接，通过一次输入触发一个 UX1 的采购订单，并且按交货批次而不是每次交货进行电子支付。正如前面讨论的，公司的订货成本为每个订单 2 美元。下表提供了有关 Denton 公司和 Rytek 公司的信息。Rytek 公司的价格比 Denton 公司高，但提供的 UX1 质量也更高。Rytek 公司的有关信息与图表 21 - 5 中适时采购政策下介绍的信息相同。

项目描述	Rytek 公司的采购条款	Denton 公司的采购条款
采购成本	每副 14.02 美元	每副 13.80 美元
质量检查	Glare Shade 公司以前从 Rytek 公司购进 UX1，知道 Rytek 公司会及时发送高质量的 UX1。Rytek 公司提供的 UX1 无须检查	Denton 公司并没有享有质量方面的盛誉，因此 Glare Shade 公司计划以每副 0.05 美元的成本进行检查
必要投资回报率	15%	15%

续表

项目描述	Rytek 公司的采购条款	Denton 公司的采购条款
保险费、材料处理费、储存成本等相关持有成本	每年每副 3.00 美元	因为采购成本更低，每年每副为 2.90 美元
顾客退货成本	Glare Shade 公司估计运输与处理顾客退回的一副缺陷太阳镜需 10 美元。幸运的是，Rytek 公司提供的高质量产品导致没有顾客退货	Glare Shade 公司估计运输与处理顾客退回的一副太阳镜需 10 美元。有 2.5％的销售产品被退回
缺货成本	Glare Shade 公司预计每年发生 150 副 UX1 的缺货成本，导致 Glare Shade 公司必须以每副 4 美元的额外成本紧急订货	Denton 公司很少控制它的流程，因此，Glare Shade 公司预计每年发生 360 副 UX1 的缺货成本，导致它以每副 4 美元的额外成本紧急订货

图表 21-6 分别列出了从 Rytek 公司和 Denton 公司进货的相关总成本。尽管 Denton 公司的单位价格较低，但从 Rytek 公司进货却要比从 Denton 公司进货每年少花 1 873 美元，因为质量检查成本、顾客退货成本和缺货成本更低。如果从 Rytek 公司采购高品质的 UX1 太阳镜，提高了 Glare Shade 公司的信誉，增加了顾客的满意度，进而带来更高的未来收入和获利能力，那么从 Rytek 公司进货的好处可能会更大。

	A	B	C	D	E	F	G	H	I	J
1		Rytek公司和Denton公司适时采购的每年相关总成本								
2		Rytek公司					Denton公司			
3	相关项目	每副相关成本		每年数量	总成本		每副相关成本		每年数量	总成本
4	(1)	(2)		(3)	(4) = (2) × (3)		(5)		(6)	(7) = (5) × (6)
5	采购成本	$ 14.02	每副	13 000	$ 182 260		$ 13.80	每副	13 000	$ 179 400
6	订货成本	$ 2.00	每订单	130	$ 260		$ 2.00	每订单	130	$ 260
7	质量检查成本	—	每副	—	—		0.05	每副	13 000	650
8	持有存货的机会成本	$ 2.10[a]	每年每副平均库存	50[b]	$ 105		$ 2.07[a]	每年每副平均库存	50[b]	$ 103
9	其他持有成本（保险费、材料处理费等）	$ 3.00	每年每副平均库存	50[b]	$ 150		$ 2.90	每年每副平均库存	50[b]	$ 145
10	顾客退货成本	$ 10.00	每退货单位	0	$ 0		$ 10.00	每退货单位	325[c]	$ 3 250
11	缺货成本	$ 4.00	每副	150	$ 600		$ 4.00	每副	360	$ 1 440
12	每年相关成本合计				$ 183 375					$ 185 248
13	支持Rytek公司的每年差异					$1 873				
14										
15	a. 每副采购成本×0.15/年。									
16	b. 订货量/2=100/2=50。									
17	c. 退货单位的2.5%×13 000。									

图表 21-6 从 Rytek 公司和 Denton 公司适时采购 UX1 太阳镜的每年相关总成本

小练习 21-3

Buxhaven 公司是一家汽车供应商，使用自动车床将钢材加工成精密零件。Buxhaven 公司的钢材存货成本平均为 380 000 美元。钢材供应商愿意以小批量供应钢材，不收取额外费用。Buxhaven 公司的主计长海伦娜·弗兰克（Helena Frank）确认采用适时存货计划消除钢材存货会产生以下影响：

● 如果不安排任何加班，由于缺货造成的销售量损失每年将增加 33 000 件。然而，通过加班（每年发生 17 000 美元的加班费），销售量损失的增加可能会减少到每年 18 000 件。这将是

Buxhaven 公司可行的最长加班时间。

●将不再需要目前用于储存钢材的两个仓库。根据可取消的租赁协议，Buxhaven 公司以每年 38 000 美元的成本从另一家公司租赁了一个仓库。另一个仓库是 Buxhaven 公司自有的，占地 14 000 平方英尺。自有仓库 3/4 的空间可以以每年每平方英尺 0.50 美元的价格出租。每年总计 5 000 美元的保险费和财产税将被取消。

Buxhaven 公司必要投资回报率为每年 20%。Buxhaven 公司截至 2020 年 12 月 31 日的年度预算利润表如下：

收入（880 000 件）		$4 400 000
产品销售成本		
变动成本	$2 200 000	
固定成本	$ 825 000	
产品销售总成本		$3 025 000
毛利		$1 375 000
营销与分销成本		
变动成本	$ 440 000	
固定成本	$ 775 000	
营销与分销总成本		$1 215 000
营业利润		$ 160 000

计算 Buxhaven 公司因采用适时采购政策而在 2020 年节省（损失）的预估金额。

21.4.4　适时采购、计划、控制和供应链分析

零售商的存货水平取决于顾客的需求模式、与批发商和生产商的供应关系及生产商与其供应商的关系等。供应链描述了从初始原材料及服务的取得直到产品送达顾客这一过程中，产品、服务和信息的流动，而不考虑这些活动是否发生在同一个公司内。只有整个供应链上的作业得到适当的计划、协调和控制时，零售商才能以适时采购方式采购产品。

宝洁公司就曾在帮宝适（Pampers）产品上通过供应链整合获利不少。帮宝适的零售商发现产品每周的需求都有所不同，这是因为家庭购买一次性纸尿裤有随机性。预期需求的不确定，以及缺乏宝洁可用存货的信息，使零售商向宝洁发出的订单具有更大的变动性。这反过来增加了宝洁的供应商订单的变动性，导致供应链的所有环节都出现了高水平的存货。

宝洁如何对这些问题做出反应？就是在零售商、宝洁和宝洁的供应商之间实现信息共享并计划和协调整个供应链的活动。分享销售信息会降低宝洁和其供应商对产品零售需求的不确定水平，并且会导致：（1）零售环节上缺货情况减少；（2）紧急需求的产品生产减少；（3）"加急"或"紧急"的制造订单减少；（4）供应链上每个公司的存货持有量减少。宝洁通过供应链整合获得巨大收益，沃尔玛等零售商已和宝洁签订合同，由宝洁为其进行存货管理。这种行为称为供应商存货管理。然而，协调供应链可能很难，因为供应链合作伙伴并不会总是与别人分享有关销售、存货水平及销售预测的准确而及时的信息。存在这些挑战的部分原因是沟通问题、公司间的信任问题、信息系统不兼容和人力与财务资源有限等。

21.5 存货管理、物料需求计划和适时生产

现在我们将注意力从采购转到制造业公司的存货管理。在工厂内，计划和实施存货作业的两个广泛使用的系统是物料需求计划和适时生产。

21.5.1 物料需求计划

物料需求计划（materials requirements planning，MRP）是一种"推动型"系统，在这种系统中，生产商在需求预测的基础上进行存货的生产。诸如医疗设备制造商佳腾公司（Guidant）和生产消费电子产品的飞利浦公司（Philips）等都使用 MRP 系统。MRP 系统使用以下信息来决定每一生产阶段的产出：（1）最终产品的需求预测；（2）每种最终产品的原材料、零部件和配件的用料单；（3）公司材料、零部件及产品存货。一个总的生产时间表必须明确规定每一生产项目的数量和时间，同时考虑购买原材料以及生产零部件和产成品所需要的准备时间。一旦生产按计划开始，每个部门的产出都被推到生产线上。

在 MRP 系统中，维持准确的存货记录和成本是非常关键的。例如，在了解到其持有产成品存货的全部成本之后，National Semiconductor（现在是得州仪器公司的一个部门）与联邦快递签订合同，经由联邦快递将其微型芯片从新加坡的中心地区空运到世界各地的客户那里，而不是存储在分散的多个仓库中。

21.5.2 适时生产

相反，适时生产是一种由"需求拉动"的方法，诸如汽车行业的丰田、计算机行业的宏碁（Acer）和家电行业的美诺等公司都使用这种方法。**适时生产**（just-in-time（JIT）production）也称为**精益生产**（lean production），是一种"需求拉动型"生产系统，在这一系统中，生产线上的每种零部件只有在下一生产步骤需要时才会立即生产。生产中的每个步骤都是由需求触发的，从生产线终点处顾客对产品的需求开始，一直追溯到生产线起点处对直接材料的需求。就这样，需求拉动订单在生产线上进行生产。适时生产系统的这一特点促成生产环节之间的紧密合作，可以在低存货水平上平滑产品流。适时生产系统有助于公司以尽可能低的成本及时满足顾客对高质量产品的需求。

随着顾客信息系统变得越来越复杂，计算能力使公司能够快速处理和分析大量数据，公司能够深入了解顾客的需求。因此，许多公司正同时使用物料需求计划系统和适时生产系统的最佳功能——在一定程度上预测需求变化，但仍继续运行灵活的生产系统，以快速应对需求波动。

21.6 适时生产系统的特点

一个适时生产系统有以下特点：

● 在生产单元中组织生产。**生产单元**（manufacturing cells）是指集合不同的设备以生产相关产品的工作区。材料从一台机器转移到另一台机器，不同的工序按顺序进行。材料处理成本

达到最小化。

● 对工人进行培训，使其掌握多种技能并且能够完成一系列任务，包括少量的修理以及常规的设备维护。

● 积极地消灭缺陷。因为工作站之间密切相关，所以一个工作站出现缺陷就会很快影响到生产线上的其他工作站。适时生产可以促使问题立刻解决，并尽快消除缺陷的根源。低水平的存货使得管理者可以将问题追踪到生产流程中可能发生问题的更早的工作站，并解决这些问题。

● 减少了生产准备时间（准备好设备、工具及原材料以开始生产部件或产品所需要的时间）、缩短了生产周期（从生产商收到订单直至产品完成所用的时间）。生产准备成本对应于 EOQ 决策模型中的订货成本 P。生产准备时间和成本的减少使小批量生产更为经济，进而降低了存货水平。生产周期的缩短使得公司可以更快地对客户需求的变动做出反应（参见"观念实施：现场音乐会的适时录音"）。

● 根据及时交付高质量材料的能力选择供应商。大多数公司实行适时生产的同时还实行适时采购。采用适时生产系统的工厂希望采用适时生产系统的供应商及时地把高质量货物直接运送到生产作业区域。

下面我们进行相关成本分析，以决定是否实施适时生产系统。

观念实施

现场音乐会的适时录音

现场音乐会是一笔大生意。2018 年，仅在北美，音乐会巡演行业就获得了 80 亿美元的总收入。近 20 年来，专辑销量不断下滑，大大小小的音乐家一半以上的收入依赖于现场演出。其中包括商品销售，这就是为什么艺术家们在音乐会上总是有大量 T 恤待售。

如今，当歌迷们在演出结束后来到商品摊位时，许多艺术家（从艾未特兄弟（Avett Brothers）、罗伯·托马斯（Rob Thomas）到布鲁斯·斯普林斯汀（Bruce Springsteen）和珍珠果酱乐队（Pearl Jam））提供了另一种选择：刚刚结束的音乐会的全过程录音。科技进步带来的适时制作，现在让歌迷们在最后一个音符演奏完几分钟后，就可以重温现场音乐会的体验。

包括 Aderra、VNUE 和 Exit Live 在内的几家初创公司在演出期间使用麦克风，先进的录音和音频混合硬件和软件，以及大量高速计算机制作现场音乐会录音。每唱完一首歌，工程师们就将其刻录到闪存驱动器和 microSD 卡上。音乐会结束时，他们只需要刻录最后一首歌。录音完成后，会被紧急送往会场各处的商品摊位进行即时销售。许多艺术家还通过在线下载销售这些录音，从即将离开现场或不在现场的歌迷那里获得另一个收入来源。

随着艺术家和音乐出版商开始打击在 YouTube 和其他地方发布未经授权的盗版音乐会，适时录音让音乐家能够为歌迷提供高质量的音乐会回忆，同时为现在的音乐业务创造了另一个收入来源。

资料来源：Neil Shah，"On the Concert Circuit, Rock Is King," *The Wall Street Journal*，October 4，2018（https：//

www.wsj.com/articles/rap-is-huge-bu-ton-the-concert-circuit-rock-is-king－1538575751）；Steve Knopper，"Nine Ways Musicians Actually Make Money Today，"*Rolling Stone*，August 28，2012（www.rollingstone.com/music/lists/9-ways-musicians-actually-make-money-today－20120828/instant-concert-recordings-19691231）；Rachel Stilwell and Makenna Cox，"Phone Recordings of Concerts Are More than just Annoying，They're Potentially Illegal：Guest Post，"*Billboard*，March 17，2017（https://www.billboard.com/articles/business/7724330/phone-recordings-concerts-illegal-federal-bootlegging-laws）；Cherie Hu，"VNUE Acquires Live Music Distribution Platform Set.fm from PledgeMusic，"*Billboard*，October 17，2017（https://www.billboard.com/articles/business/8005727/vnue-acquires-set-fm-from-pledge-music）；Buddy Iahn，"Rob Thomas Offering Instant Live Recordings via VNUE，"The Music Universe.com，January 3，2018（https://themusicuniverse.com/rob-thomas-offering-instant-live-recordings-via-vnue/Nugs.net，http://nugs.net，accessed February 2019；Aderra.net，http://aderra.net/，accessed February 2019.

21.6.1　适时生产系统的成本和收益

正如我们看到的，适时生产系统明显地降低了公司的存货持有成本。适时生产系统还会带来其他好处：通过试图消除返工品、废料和浪费提高质量，并且缩短生产周期。因此，管理者在计算适时生产系统中存货减少带来的相关收益和成本变化时，考虑所有收益和成本是非常重要的。

我们以 Hudson 公司为例。Hudson 公司生产黄铜制品，正考虑采用适时生产系统。为此，Hudson 公司每年必须发生 100 000 美元的模具成本以减少生产准备时间。公司希望适时生产会使平均存货成本减少 500 000 美元，同时每年发生在保险、储存、材料处理以及生产准备等方面的相关成本会降低 30 000 美元。公司要求的存货投资回报率为每年 10%。Hudson 公司是否应该实施适时生产系统呢？在已有数据的基础上，我们的回答是"不"。因为每年相关总成本只减少 80 000 美元（500 000×10%＋30 000），少于每年 100 000 美元的额外模具成本。

然而，我们的分析是不全面的。我们还没有考虑适时生产系统中存货水平降低的其他优势。例如，Hudson 公司估计实施适时生产系统会提高产品质量，每年的返工量降低为 500 单位，这意味着每单位产品可以节省 50 美元。另外，更高的质量和更快的交货会使 Hudson 公司在年销售 20 000 单位的基础上每单位可以多收 2 美元。

实施适时生产系统的年度相关收益和成本如下：

保险、储存、材料处理和生产准备方面的节约	$30 000
存货持有成本的节约（10%×500 000）	50 000
返工成本的节约（50×500）	25 000
更高的质量和更快的交货产生的贡献毛益（2×20 000）	40 000
增加的年度模具成本	(100 000)
收益净增加	$45 000

因此，Hudson 公司应该实施适时生产系统。

21.6.2　适时生产系统在服务业的应用

适时采购和生产方法也适用于服务行业。例如，在大多数医院里，存货及其相关的人工管理成本占费用的 1/3 以上。通过实施适时采购和分销系统，加利福尼亚州棕榈泉的艾森豪威尔纪念医院（Eisenhower Memorial Hospital）在 18 个月内减少了 90% 的存货。麦当劳已经适应了采用适时生产方式制作汉堡包。[①] 在此之前，麦当劳预先烤好一批汉堡包，然后把它们放在加热灯下保温，直到接到订单。如果这批汉堡包没有在指定期限内售出将被扔掉，导致存货持有成本和废料成本较高。而且，汉堡包在保温状态下放置的时间越长，其质量越差。顾客为了订制一个特殊的汉堡包（如没有奶酪的汉堡包）不得不等待很长一段时间。现在，麦当劳的汉堡包只在有订货时才生产。适时生产提高了汉堡包的质量，并减少了特殊订单所需的时间，从而导致了更高的顾客满意度。为了满足年轻顾客的需求，麦当劳于 2013 年推出了"创造你的口味"系列可定制汉堡包，顾客可以通过选择肉类、奶酪、配料和酱汁来定制汉堡包。然而，这条生产线使公司产品的准备时间更长，价格更高。2016 年，麦当劳将该计划降级为半定制的"招牌手工食谱"系列，并最终在 2019 年完全取消了提供可定制汉堡包的服务。[②]

下面我们将注意力转向生产系统的计划和控制。

21.6.3 企业资源计划系统[③]

企业资源计划系统常常与适时生产系统结合起来应用。**企业资源计划系统**（enterprise resource planning（ERP）system）是一个软件模块集，包括公司的会计、分销、生产、采购、人力资源和其他功能。该系统将实时信息收集在一个单独的数据库中，同时输入到所有的软件中，让全体员工更好地看到公司端对端的业务程序。例如，使用 ERP 系统，一名销售人员可以与德国的顾客签订合同，核实顾客的信用后发出生产订单。然后，系统会自动生成巴西生产厂的生产时间表，安排原材料供应和零部件采购，以及安排货物装运。同时系统还能把销售佣金自动打入销售人员的账户，并记录所有成本和财务会计信息。ERP 系统也允许公司根据供需变化迅速调整生产计划和分销计划。

许多公司认为，ERP 系统在缩短采购订单交货期方面是切实有效的，因此它对于适时生产系统至关重要。例如，Autodesk 是一家计算机辅助设计软件生产商，采用了 ERP 系统后，采购订单交货期从两个星期减少到了 1 天；信息技术公司富士通公司在采用 ERP 系统后将采购订单交货期从 18 天减少到了 1.5 天。

近年来，SAP 公司和甲骨文公司等 ERP 系统供应商越来越多地提供基于云的产品并提供软件即服务。例如，甲骨文公司在 2016 年收购了 NetSuite 公司，扩大了其云服务。与前几代 ERP 系统相比，基于云的产品需要更少的前期投资，且更容易进行调整，而前几代系统需要客户购买许可证和进行硬件投资。

21.6.4 适时生产系统的业绩评估和控制

除了亲自观察以外，管理者还用财务与非财务指标来评估和控制适时生产系统。现在，我们描述这些指标，并说明适时生产系统对这些指标的预期影响。

1. 财务指标，如存货周转率（产品销售成本÷平均存货成本），这一指标应该提高。

---

① Charles Atkinson, "McDonald's, A Guide to the Benefits of JIT," *Inventory Management Review*, November 8, 2005. http://www.inventorymanagementreview.org/2005/11/mcdonalds_a_gui.html.

② https://www.restaurantbusinessonline.com/financing/mcdonalds-cuts-its-signature-crafted-line.

③ 想了解出色的讨论，请参阅 Thomas H. Davenport, "Putting the Enterprise into the Enterprise System," *Harvard Business Review*（July-August 1998）；也可参见 A. Cagilo, "Enterprise Resource Planning Systems and Accountants: Towards Hybridization?" *European Accounting Review*（May 2003）。

2. 有关时间、存货和质量的非财务指标如下：

● 存货持有天数，应减少；

● 单位小时产量，应提高；

● $\dfrac{需要返工的产品数量或残料}{投入并完工的产品总数}$，应减少；

● 生产周期，应缩短；

● $\dfrac{机器的总准备时间}{总生产时间}$，应减少。

个人观察和非财务指标以最及时、最直观和最易理解的方式衡量工厂的生产绩效。快速和有意义的反馈是十分关键的，因为在需求拉动型生产系统中存货少，这就需要管理者能快速发现并解决问题。

21.6.5 适时生产系统对产品成本的影响

通过减少材料处理、仓储和质量检查等方面的支出，适时生产系统成功地减少了制造费用。同时，适时生产系统还能追溯一些通常被归入间接成本的成本。例如，生产单元的应用使工厂能有效追溯某一产品或某一生产单元的材料处理成本、机器运转成本和检查成本。因此，这些成本就成为这些产品或产品系列的直接成本。同时，在这些单元中雇用多技能工人，使生产准备、维护及质量检验的成本都可以追溯为直接成本。这些变化已促使一些使用适时生产系统的企业采用与适时生产相吻合的简化的产品成本核算方法，这些方法比第4，7，8，18章介绍的传统方法的操作成本低。下面我们分别考察这样两种方法：倒推成本法和精益会计。

21.7 倒推成本法

以生产单元的方式组织生产、减少缺陷、缩短生产周期并确保材料的准时供应，使得公司的采购、生产和销售能在最低存货水平的基础上快速地持续运行。存货的减少使得选择成本流假设（如加权平均或先进先出）和存货成本核算方法（如吸收成本法或变动成本法）都变得不重要：会计期间内所有生产成本都直接记入产品销售成本账户。直接材料迅速转变为产成品并很快售出，大大简化了成本核算方法。

简化的正常成本法或标准成本法

传统的正常成本法和标准成本法（第4，7，8，18章）使用**顺序追溯法**（sequential tracking method），即会计分录的建立与实际采购和生产流程遵循同样的顺序。当产品经过下面的每一个阶段时，成本被依次追溯：

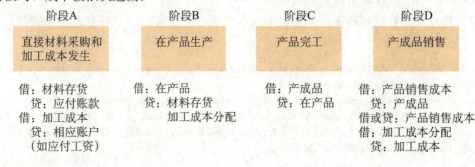

顺序追溯成本核算方法包含四个触点，对应于 A，B，C，D 四个阶段。**触点**（trigger point）是指在从直接材料采购和加工成本发生（阶段 A）到产成品销售（阶段 D）的循环中，需要建立会计分录入账的时刻。每个阶段的会计分录都显示在该阶段框的下方。

倒推成本法可以作为顺序追溯法的一种替代方法。**倒推成本法**（backflush costing）不记录与生产销售循环相关的某些或所有会计分录。生产销售环节缺失的会计分录，是利用正常成本法或标准成本法倒推出来的。当存货很少时，如适时生产系统的情况，倒推成本法简化了成本核算方法，而又没有损失很多信息。

考虑 Silicon Valley Computer（SVC）公司 4 月的如下数据，SVC 公司生产个人计算机键盘。

● 无期初材料存货，也没有期初和期末在产品。

● SVC 公司只有一个直接制造成本账户（直接材料）和一个间接制造成本账户（加工成本）。所有制造人工成本都包含在加工成本账户中。

● 从它的材料单和作业列表（描述将要进行的工序）可知，SVC 公司确定的 4 月每个键盘的标准直接材料成本为 19 美元，标准加工成本为 12 美元。

● SVC 公司购买 1 950 000 美元的直接材料。为了方便对基础概念的理解，我们假设 SVC 公司没有直接材料差异。实际发生加工成本 1 260 000 美元。生产了 100 000 个键盘，并且售出 99 000 个。

● 少分配或多分配的加工成本将在 4 月底结转至当月的产品销售成本中。

我们用三个示例阐述倒推成本法。在这些示例中，触点的数量和位置是不同的。

例 1：会计分录的三个触点位于直接材料采购和加工成本发生（阶段 A）、产品完工（阶段 C）和产成品销售（阶段 D）。

注意，在产品生产（阶段 B）没有会计分录，因为在产品存货最小时使用这种方法（投入产品迅速转化成产成品）。

SVC 公司记录了两个存货账户：

类型	会计科目
材料和在产品存货	材料和在产品
产成品	产成品

图表 21-7 以三个触点总结了例 1 的会计分录：直接材料采购和加工成本发生、产品完工和产成品销售（并且确认少分配或多分配的成本）。对于每个阶段，SVC 公司利用倒推成本法核算的会计分录显示在左边，用顺序追溯法核算的会计分录显示在右边。

图表 21-7　有三个触点的倒推成本法会计分录和总账概览与顺序追溯法会计分录：直接材料采购和加工成本发生、产品完工以及产成品销售（例 1）

A 部分：会计分录

倒推成本法	顺序追溯法
阶段 A：记录直接材料采购和加工成本发生	
1. 记录直接材料采购	
分录（A1）	

续表

倒推成本法		顺序追溯法	
借：材料和在产品存货	1 950 000	借：材料存货	1 950 000
贷：应付账款	1 950 000	贷：应付账款	1 950 000

2. 记录加工成本发生
分录（A2）

借：加工成本	1 260 000	借：加工成本	1 260 000
贷：相应账户（如应付工资）	1 260 000	贷：相应账户（如应付工资）	1 260 000

阶段 B：记录在产品生产
分录（B1）无分录

		借：在产品	3 100 000
		贷：材料存货	1 900 000
		加工成本分配	1 200 000

阶段 C：记录产品完工
分录（C1）

借：产成品	3 100 000	借：产成品	3 100 000
贷：材料和在产品存货	1 900 000	贷：在产品	3 100 000
加工成本分配	1 200 000		

阶段 D：记录产成品销售（销售成本和少分配或多分配的加工成本）
1. 记录产成品销售成本
分录（D1）

借：产品销售成本	3 069 000	借：产品销售成本	3 069 000
贷：产成品	3 069 000	贷：产成品	3 069 000

2. 记录少分配或多分配的加工成本
分录（D2）

借：加工成本分配	1 200 000	借：加工成本分配	1 200 000
产品销售成本	60 000	产品销售成本	60 000
贷：加工成本	1 260 000	贷：加工成本	1 260 000

B 部分：倒推成本法总账概览

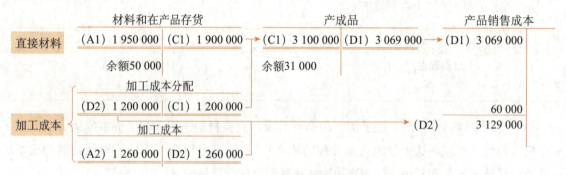

注：每个分录括号中的代码表示前文介绍的与分录相关的生产流程的阶段。

首先考虑直接材料采购和加工成本发生（阶段 A）的分录。如前所述，倒推成本法下的存货账户包括了材料和在产品。采购直接材料时，这些成本增加（借记）"材料和在产品存货"账户。在顺序追溯法下，材料和在产品账户是分开的，因此直接材料采购借记"材料存货"账户。在倒推成本法中，实际加工成本在发生时入账，就像在顺序追溯法下一样，增加（借记）"加工成本"账户。

下面考虑在产品生产（阶段 B）的分录。回想一下，SVC 公司 4 月投产 100 000 单位的产品，每单位的标准成本是 31 美元（19 美元标准直接材料成本＋12 美元标准加工成本）。在倒推成本法下，阶段 B 无须做分录，因为在产品存货极少，所有产品都快速加工成产成品。在顺序追溯法下，生产时在产品存货增加，当生产完成和产品变成产成品时在产品存货减少。

倒推成本法因记录合格产品完工的分录（阶段 C）而得名。成本并不是按从在产品到产成品的产品流依次记录的。相反，产出触点回到前面，拉出了标准加工成本和"材料和在产品存货"账户中的标准直接材料成本，倒推出产成品的生产成本。在顺序追溯法下，随着生产结束，产品完工，借记（增加）"产成品"，贷记（减少）"在产品"。在顺序追溯法下，阶段 B 和 C 的实际结果与倒推成本法下的相同（存货账户的名称除外）。

最后考虑产成品销售的分录（销售成本和少分配或多分配的加工成本）（阶段 D）。SVC 公司 4 月售出的 99 000 单位产品的标准成本等于 3 069 000 美元（99 000×31）。在顺序追溯法和倒推成本法下，记录产成品销售成本的分录是完全一样的。

实际的加工成本可能会在一个会计期间内少分配或多分配。第 4 章讨论了处理少分配或多分配间接成本的不同方法。采用倒推成本法的公司通常存货都很少，因此在在产品、产成品和产品销售成本之间确定少分配或多分配的比例通常是没有必要的。通常，公司只有在年末才把少分配或多分配的加工成本结转至产品销售成本，还有一些像 SVC 的公司则每个月结转一次。在顺序追溯法和倒推成本法下，处理实际加工成本与标准加工成本之间差异的分录是完全一样的。

在倒推成本法下，4 月 30 日的期末存货余额为：

材料和在产品存货（1 950 000－1 900 000）	$50 000
产成品（1 000×31（或 3 100 000－3 069 000））	$31 000
合计	$81 000

在顺序追溯法下，4 月 30 日的期末存货余额正好一样，除了存货账户是"材料存货"。图表 21-7 中的 B 部分提供了采用倒推成本法时的总账概览。

"在产品"账户的省略减少了会计系统中的数据量。虽然生产线上的单位可能仍会被追溯到某一实物条目，但没有成本被分配到生产周期中的具体工作单。事实上在这种会计系统中已没有工作单或工时卡。

当 SVC 公司将在产品存货减到最小时，例 1 中编制会计分录的三个触点就会导致 SVC 公司采用倒推成本法得到的成本和采用顺序追溯法得到的成本几乎相同。在例 1 中，任何直接材料或产成品在购买或生产时都会被 SVC 公司的倒推成本系统确认（顺序追溯成本系统的做法也是一样的）。国际纸业公司（International Paper Company）在其特种纸厂采用了与例 1 类似的方法。

差异的会计处理

在所有的标准成本核算体系中，实际成本与标准成本的差异处理基本上都是一致的。这些程序已在第 7 章和第 8 章中描述过了。在例 1 中，假设 SVC 公司有 42 000 美元的不利直接材料价格差异，则会计分录变为：

借：材料和在产品存货	1 950 000	
直接材料价格差异	42 000	
贷：应付账款		1 992 000

直接材料成本通常占总生产成本的很大比重，有时甚至超过 60%。因此许多公司在度量整

体的直接材料效率差异时，是通过直观地比较直接材料的实际存货和基于当期产出的应有存货来进行的。在本例中，假设通过这种比较我们发现有 30 000 美元的不利直接材料效率差异，会计分录为：

借：直接材料效率差异	30 000
贷：材料和在产品存货	30 000

少分配或多分配制造费用的部分可以区分为不同的制造费用差异（耗费差异、效率差异和生产量差异），如第 8 章所述。如果数量不是很大，就可以结转至产品销售成本。

例 2：两个触点位于直接材料采购和加工成本发生（阶段 A）以及产成品销售（阶段 D）。

本例仍沿用 SVC 公司的数据，介绍另外一种倒推成本法，这种方法相对于例 1 的倒推成本法，与顺序追溯法更加不同。本例的第 1 个触点与例 1 一样：直接材料采购和加工成本发生。但第 2 个触点为产成品销售，而不是例 1 中的产品完工。注意，没有在产品生产（阶段 B）和产品完工（阶段 C）的分录，因为当在产品和产成品存货极少时（投入快速加工为产成品并立即售出）才使用这种方法。

本例仅有一个存货账户——直接材料，无论这些直接材料是否存在于库房、在产品还是产成品之中。

类型	会计科目
直接材料存货以及任何以在产品 或产成品形式存在的直接材料	存货

图表 21-8 的 B 部分总结了例 2 的会计分录，有两个触点：直接材料采购和加工成本发生以及产成品销售（并且确认少分配或多分配的成本）。就像例 1 中一样，对于每个阶段来说，SVC 公司利用倒推成本法核算的会计分录显示在左边，利用顺序追溯法核算的会计分录显示在右边。

图表 21-8 有两个触点的倒推成本法会计分录和总账概览与顺序追溯法会计分录：直接材料采购和加工成本发生及产成品销售（例 2）

A 部分：会计分录

倒推成本法		顺序追溯法	
阶段 A：记录直接材料采购和加工成本发生			
1. 记录直接材料采购			
分录（A1）			
借：存货	1 950 000	借：材料存货	1 950 000
贷：应付账款	1 950 000	贷：应付账款	1 950 000
2. 记录加工成本发生			
分录（A2）			
借：加工成本	1 260 000	借：加工成本	1 260 000
贷：相应账户（如应付工资）	1 260 000	贷：相应账户（如应付工资）	1 260 000
阶段 B：记录在产品生产			
分录（B1）无分录		借：在产品	3 100 000
		贷：材料存货	1 900 000
		加工成本分配	1 200 000
阶段 C：记录产品完工			
分录（C1）无分录		借：产成品	3 100 000
		贷：在产品	3 100 000

续表

倒推成本法		顺序追溯法	

阶段 D：记录产成品销售（销售成本和少分配或多分配的加工成本）

1. 记录产成品销售成本

分录（D1）

借：产品销售成本	3 069 000	借：产品销售成本	3 069 000
贷：存货	1 881 000	贷：产成品	3 069 000
加工成本分配	1 188 000		

2. 记录少分配或多分配的加工成本

分录（D2）

借：加工成本分配	1 188 000	借：加工成本分配	1 200 000
产品销售成本	72 000	产品销售成本	60 000
贷：加工成本	1 260 000	贷：加工成本	1 260 000

B 部分：倒推成本法总账概览

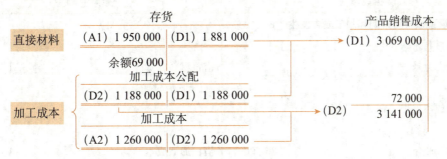

注：每个分录括号中的代码表示前文介绍的与分录相关的生产流程的阶段。

　　除了存货账户被称为"存货"以外，直接材料采购和加工成本发生（阶段 A）的分录与例 1 中的一样。同例 1 一样，无须记录在产品生产（阶段 B）的分录，因为在产品存货极少。当产品完工时（阶段 C），无须记录分录，因为预计产成品会快速售出，产成品存货极少。当产成品售出时，计算的产品销售成本是 3 069 000 美元（99 000×31），由直接材料成本 1 881 000 美元（99 000×19）和分摊的加工成本 1 188 000 美元（99 000×12）构成。这与例 1 中顺序追溯法下计算的产品销售成本相同。

　　在倒推成本法下，加工成本不计入存货，因为在阶段 C 产品完工时没有分录。也就是说，与顺序追溯法相比，例 2 没有将 12 000 美元（12×1 000）的加工成本分配给已生产但未销售的产成品存货。在 1 260 000 美元的加工成本中，有 1 188 000 美元是按标准成本分摊至产品销售成本中的，剩下的 72 000 美元（1 260 000－1 188 000）是少分配的加工成本，而顺序追溯法下少分配的加工成本是 60 000 美元。分录（D2）显示 SVC 公司和大多数公司一样，将这些少分配的成本按月作为产品销售成本的加项冲销。

　　4 月 30 日的期末存货账户余额为 69 000 美元（1 950 000－1 881 000）。这个余额代表持有的直接材料成本 50 000 美元＋包含在当期完工但还未售出的 1 000 单位产品中的直接材料成本 19 000 美元。顺序追溯法下的产成品存货是：直接材料成本 19 000 美元＋加工成本 12 000 美元，总额 31 000 美元。图表 21-8 的 B 部分显示了例 2 的总账概览。当公司持有最少的在产品和产成品存货时，使用例 2 中的方法与使用顺序追溯法的结果几乎相同。

　　丰田公司位于美国肯塔基州的工厂拥有的成本系统与本例类似。这种系统有两个优点：

（1）消除管理者为存货而生产的动机，因为加工成本被记入期间费用而不是存货成本；（2）促使管理者重视销售。

例 3：触点位于产品完工（阶段 C）和产成品销售（阶段 D）。

本例中有两个触点。与例 2 相比，例 3 的第 1 个触点拖后到了阶段 C，即产品完工的时刻。注意，没有直接材料采购和加工成本发生（阶段 A）和在产品生产（阶段 B）的分录，因为只有当直接材料和在产品存货极少时（采购的直接材料被快速投入生产，然后快速加工为产成品）才使用这种方法。

图表 21-9 的 A 部分总结了例 3 的会计分录，有两个触点：产品完工和产成品销售（并且确认少分配或多分配的成本）。同例 1 和例 2 中一样，对于每个阶段来说，SVC 公司利用倒推成本法核算的会计分录显示在左边，利用顺序追溯法核算的会计分录显示在右边。

图表 21-9 有两个触点的倒推成本法会计分录和总账概览与顺序追溯法会计分录：
产品完工和产成品销售（例 3）

A 部分：会计分录

倒推成本法		顺序追溯法	
阶段 A：记录直接材料采购和加工成本发生			
1. 记录直接材料采购			
分录（A1）无分录		借：材料存货	1 950 000
		贷：应付账款	1 950 000
2. 记录加工成本发生			
分录（A2）			
借：加工成本	1 260 000	借：加工成本	1 260 000
贷：相应账户（如应付工资）	1 260 000	贷：相应账户（如应付工资）	1 260 000
阶段 B：记录在产品生产			
分录（B1）无分录		借：在产品	3 100 000
		贷：材料存货	1 900 000
		加工成本分配	1 200 000
阶段 C：记录产品完工			
分录（C1）			
借：产成品	3 100 000	借：产成品	3 100 000
贷：应付账款	1 900 000	贷：在产品	3 100 000
加工成本分配	1 200 000		
阶段 D：记录产成品销售（销售成本和少分配或多分配的加工成本）			
1. 记录产成品销售成本			
分录（D1）			
借：产品销售成本	3 069 000	借：产品销售成本	3 069 000
贷：产成品	3 069 000	贷：产成品	3 069 000
2. 记录少分配或多分配的加工成本			
分录（D2）			
借：加工成本分配	1 200 000	借：加工成本分配	1 200 000
产品销售成本	60 000	产品销售成本	60 000
贷：加工成本	1 260 000	贷：加工成本	1 260 000

B 部分：倒推成本法总账概览

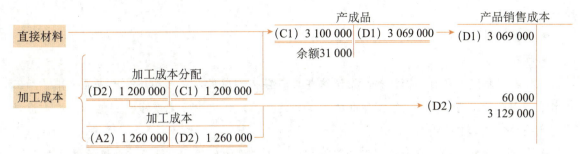

注：每个分录括号中的代码表示前文介绍的与分录相关的生产流程的阶段。

无须记录 1 950 000 美元直接材料采购的分录，因为直接材料采购不是倒推成本法中的触点。同例 1 和例 2 中一样，实际加工成本在发生时记录，无须记录在产品生产（阶段 B）的分录。同例 1 中一样，以每单位 31 美元（19 美元直接材料＋12 美元加工成本）的标准成本记录 100 000 单位产成品的成本，除了贷记"应收账款"（不是"材料和在产品存货"），因为在阶段 A 中没有记录直接材料采购的分录。注意在 4 月末，还有 50 000 美元（1 950 000－1 900 000）的采购的直接材料没有投入生产，这些直接材料的成本也没有进入存货成本系统。例 3 形式的倒推成本法适合适时生产系统，其中材料存货和在产品存货都极少。当产成品销售时（阶段 D），计算的产品销售成本是 3 069 000 美元（99 000×31）。这与顺序追溯法下计算的产品销售成本相同。在倒推成本法和顺序追溯法下，"产成品"账户有 31 000 美元余额。两种方法下，处理实际发生的加工成本与分配的标准加工成本之间差异的分录是相同的。两种方法的唯一差异是，没有记录 50 000 美元的材料存货（和相应的应收账款），如果材料存货极少的话，就没有问题。图表 21 - 9 的 B 部分显示了例 3 的总账概览。

将例 3 再推进一步，倒推成本法可以仅将产成品销售作为唯一的触点。这种倒推成本法最适用于持有最少的材料、在产品和产成品存货的适时生产系统，因为该倒推成本法没有存货账户。

小练习 21 - 4

Spark 公司生产电表。公司使用适时生产系统。8 月，没有直接材料期初存货，也没有在产品期初或期末存货。

Spark 公司 8 月每块电表的标准成本是直接材料成本 26 美元，加工成本 19 美元。没有直接材料差异。以下是 8 月的生产数据：

| 直接材料购买 | $545 000 | 产成品数量 | 20 000 块 |
| 加工成本发生 | $430 000 | 产成品销售数量 | 18 000 块 |

1. 假设 Spark 公司使用倒推成本法，有三个编制分录的触点：

● 直接材料购买

● 产品完工

● 产成品销售

a. 编制 8 月的分录（不处理少分配或多分配的加工成本）。假设没有直接材料差异。

b. 将要求 1a 中的分录过账到材料和在产品存货、产成品、加工成本、加工成本分配和产品销售成本的 T 形账户中。

2. 现在假设 Spark 公司使用适时生产系统和倒推成本法，倒推成本法有两个编制分录的触点：

- 直接材料购买
- 产成品销售

此外，存货账户只有直接材料，无论这些材料存在于库房、在产品还是产成品之中。加工成本不计入存货，它们被分配给按标准成本销售的产品。任何少分配或多分配的加工成本都每月从产品销售成本中冲销。

a. 编制 8 月的分录，包括少分配或多分配的加工成本的处理。假设没有直接材料差异。

b. 将要求 2a 中的分录过账到存货、加工成本、加工成本分配和产品销售成本的 T 形账户。

3. 接下来假设 Spark 公司使用适时生产系统和倒推成本法，倒推成本法有两个编制分录的触点：

- 产品完工
- 产成品销售

存货账户只有产成品。任何少分配或多分配的加工成本每月都会从产品销售成本中冲销。

a. 编制 8 月的分录，包括对少分配或多分配的加工成本的处理。假设没有直接材料差异。

b. 将要求 3a 中的分录过账到产成品、加工成本、加工成本分配和产品销售成本的 T 形账户中。

21.8 精益会计

可以与适时生产（或精益生产）系统一起使用的另一种简化的成本核算方法是精益会计。当公司利用适时生产系统时，必须关注业务职能的整个价值链（从供应商、生产商到顾客），以减少存货、生产周期和浪费。价值链改进导致一些采用适时生产系统的公司（如丰田公司）建立关注价值流的组织结构和成本系统。**价值流**（value streams）是设计、生产和交付指定产品或产品线所需的所有增值作业。例如，价值流可以包括必要的设计、广告和营销、处理订单、采购与接收材料、生产和装运、开票和收款等作业。适时生产系统中生产单元的使用有助于公司关注价值流。

精益会计（lean accounting）是一种成本核算方法，它关注价值流而不是单个产品或部门，以消除会计处理中的浪费。[1] 如果公司在单个价值流上生产多种相关的产品，就不计算单个产品的成本。相反，它将许多实际成本直接追溯到价值流。大多数成本可以作为直接成本追溯到价值流，因为使用精益会计的公司常常将资源用于单独的价值流。现在我们介绍 Manuela 公司的精益会计。

Manuela 公司生产打印机使用的硒鼓和墨盒。它在一个生产单元中生产两种型号的硒鼓，在另一个生产单元中生产两种型号的墨盒。下表列示了不同产品的收入、营业成本、营业利润和其他信息。

---

[1] Bruce L. Baggaley, "Costing by Value Stream," *Journal of Cost Management* (May-June 2003).

	硒鼓		墨盒	
	型号 A	型号 B	型号 C	型号 D
收入	$600 000	$700 000	$800 000	$550 000
直接材料成本（a）	$340 000	$400 000	$410 000	$270 000
直接制造人工成本	$ 70 000	$ 78 000	$105 000	$ 82 000
制造费用（如设备租赁、监督和未利用设备成本）	$112 000	$130 000	$128 000	$103 000
返工成本	$ 15 000	$ 17 000	$ 14 000	$ 10 000
设计成本	$ 20 000	$ 21 000	$ 24 000	$ 18 000
营销与销售成本	$ 30 000	$ 33 000	$ 40 000	$ 28 000
总成本（b）	$ 587 000	$ 679 000	$ 721 000	$ 511 000
营业利润	$ 13 000	$ 21 000	$ 79 000	$ 39 000
未利用设备成本	$ 22 000	$ 38 000	$ 18 000	$ 15 000
购买的直接材料成本（c）	$ 350 000	$ 420 000	$ 430 000	$ 285 000
购买的直接材料成本减去使用的直接材料成本 (d) ＝ (c) － (a)	$ 10 000	$ 20 000	$ 20 000	$ 15 000
基于购买的直接材料而非使用的直接材料计算的总成本 (e) ＝ (b) ＋ (d)	$ 597 000	$ 699 000	$ 741 000	$ 526 000

Manuela 公司的管理者使用精益会计的原则，计算的硒鼓和墨盒的价值流（而非单独型号）营业成本和营业利润如下：

	硒鼓	墨盒
收入		
（600 000＋700 000；800 000＋550 000）	$1 300 000	$1 350 000
直接材料成本		
（340 000＋400 000；410 000＋270 000）	$ 740 000	$ 680 000
直接制造人工成本		
（70 000＋78 000；105 000＋82 000）	$ 148 000	$ 187 000
制造费用（减去未利用设备成本后）		
（(112 000－22 000) ＋ (130 000－38 000)；		
(128 000－18 000) ＋ (103 000－15 000)）；	$ 182 000	$ 198 000
设计成本		
（20 000＋21 000；24 000＋18 000）	$ 41 000	$ 42 000
营销与销售成本		
（30 000＋33 000；40 000＋28 000）	$ 63 000	$ 68 000
价值流营业成本	$1 174 000	$1 175 000
价值流营业利润	$ 126 000	$ 175 000

为了深入了解，像许多精益会计方法一样，Manuela 公司的精益会计方法将价值流成本与包括所有购买材料成本在内的成本进行比较。这样做可以使公司持续关注减少直接材料和在产品存货。

Manuela 公司根据每个价值流使用的面积（平方英尺）将设备成本（折旧费用、财产税和租金）分配给价值流，以鼓励管理者使用更少的生产空间以及持有和移动存货的空间。注意，在计算价值流的制造费用时，Manuela公司排除了未利用设备成本，因为未利用设备成本没有给价值流增加价值。相反，它将该成本标记为工厂和业务部门的费用。增加未利用设备成本的可见性，可以激励企业减少该成本或为公司的生产能力寻找其他用途。

在计算价值流的营业成本和营业利润时，Manuela公司也没有包括返工成本，因为该成本是非增值成本。公司也没有将共同成本（如公司成本或辅助部门成本）计入价值流的成本，因为该成本不能合理地分配到价值流。

基于购买的直接材料而非使用的直接材料（前表（e）行），并且包括未利用设备成本和返工成本，计算的两种型号的硒鼓总成本是1 296 000美元（597 000＋699 000）。使用精益会计计算的价值流成本是1 174 000美元（90.6％×1 296 000）。二者之间的差异122 000美元（1 296 000－1 174 000）意味着通过减少未利用设备成本和返工成本，以及只购买生产所需的直接材料，还有机会提高公司的盈利能力。做出改进是非常重要的，因为Manuela公司硒鼓的营业利润只占收入的2.6％（（13 000＋21 000）÷1 300 000）。Manuela公司的墨盒则是另一种情况。基于购买的直接材料而非使用的直接材料（前表（e）行），并且包括未利用设备成本和返工成本，计算的两种型号的墨盒总成本是1 267 000美元（741 000＋526 000）。使用精益会计计算的价值流成本是1 175 000美元（92.7％×1 267 000）。墨盒价值流的未利用设备成本和返工成本较低，但是它购买的直接材料成本高于它需要并使用的直接材料成本。而且，Manuela公司考虑了非增值成本后，墨盒目前的营业利润是8.7％（（79 000＋39 000）÷1 350 000）。当然，Manuela公司的管理者希望降低这两种价值流的非增值成本。

精益会计比传统的成本核算方法更简单。为什么？因为通过价值流计算实际产品成本时只需要更少的间接费用分配。与适时生产一致，精益会计强调从供应商到顾客的整个价值链改进。精益会计鼓励的做法——如减少直接材料和在产品存货、改进质量、使用更少的空间和消除未利用生产能力——反映了适时生产的目标。

批评者指出，精益会计不计算单个产品的成本，这使得它对决策不是很有用。而精益会计的支持者认为不计算单个产品的成本不是问题，因为大多数决策是产品线层次的，而不是单个产品层次的，并且定价是基于为顾客创造的价值（市价）而不是产品成本。

对精益会计的另一个批评是它没有包括某些支持成本和未利用设备成本。因此，基于更低价值流成本的决策可能使管理者制定的价格过低。支持者认为精益会计可以解决这个问题，通过在价值流成本上加成来补偿没有记入的成本。而且在竞争市场上，价格最终将稳定在产品价值流成本加合理加成的水平上，因为顾客不愿意为非增值成本付费。因此目标一定是消除非增值成本。

对精益会计的最后一个批评是，与倒推成本法一样，没有在公认会计原则下正确地计算存货价值。然而，此方法的支持者很快指出，在精益会计环境中，从会计的角度看，在产品和产成品存货都不重要。

📊 自测题

问题1

Lee公司在新加坡有一家工厂，生产蓝光播放器，该播放器的一个组件是XT芯片。2020

年 3 月对该芯片的需求预计为 5 200 个。公司预计每个订单的订货成本是 250 美元。一个 XT 芯片的存货持有成本为 5 美元。

要求：

1. 计算 XT 芯片的经济订货量。

2. 计算 2020 年 3 月 XT 芯片的送货次数。

问题 2

Littlefield 公司采用倒推成本法，有三个触点：

● 直接材料采购

● 产品完工

● 产成品销售

没有期初存货，2020 年 4 月的数据如下：

直接材料采购	$880 000	加工成本分配	$ 400 000
直接材料耗用	$850 000	转移到产成品中的成本	$1 250 000
加工成本发生	$422 000	产品销售成本	$1 190 000

要求：

1. 编制 4 月的分录（不处理少分配或多分配的加工成本）。假设没有直接材料差异。

2. 理想的适时生产系统下的分录金额与要求 1 中的分录有何不同？

问题 1

解答：

1. 经济订货量：

$$EOQ = \sqrt{\frac{2 \times 5\,200 \times 250}{5}} = 721(个)(四舍五入)$$

2. 送货次数：

$$送货次数 = \frac{5\,200}{721} = 8(次)(四舍五入)$$

问题 2

解答：

1. 4 月的分录为：

分录（1）（直接材料采购）：

借：存货——材料和在产品		880 000
贷：应付账款		880 000

分录（2）（加工成本发生）：

借：加工成本		422 000
贷：相关账户（如应付工资）		422 000

分录（3）（产成品的标准成本）：

借：产成品		1 250 000
贷：存货——材料和在产品		850 000
分配的加工成本		400 000

分录（4）（售出产成品的标准成本）：

借：产品销售成本　　　　　　　　　　　　　　　　　　　　　　　　　1 190 000

贷：产成品　　　　　　　　　　　　　　　　　　　　　　　　　　　　　　　1 190 000

2. 在理想的适时生产系统下，如果单位产品的生产周期非常短，就可以在每天结束时保持零存货。在分录（3）中，产成品不是1 250 000美元，而是1 190 000美元（为了和分录（4）中的售出产成品相匹配）。如果营销部门只售出了价值1 190 000美元的产品，适时生产系统在分录（1）和分录（2）中的直接材料采购成本和加工成本将分别降至880 000美元和422 000美元以下。

决策要点

下面的问答形式是对本章学习目标的总结，"决策"代表与学习目标相关的关键问题，"指南"则是对该问题的回答。

决策	指南
1. 与存货有关的六种成本是什么？	这六种成本为：采购成本（从供应商处获得产品的成本）、订货成本（下订单及收货的成本）、持有成本（持有待售产品的成本）、缺货成本（当顾客需要某一产品但缺货的成本）、质量成本（预防成本、鉴定成本、内部失败成本和外部失败成本）和损失成本（因外部人盗窃、员工侵占、存货分类错误和错放造成的成本）。
2. EOQ决策模型可帮助管理者做什么？管理者如何确定安全库存水平？	EOQ决策模型通过权衡订货成本和持有成本帮助管理者计算存货采购的最优数量。订货的数量越大，年持有成本越高、订货成本越低。EOQ决策模型除了包含财务会计系统中的成本，还包含不进入财务会计系统的机会成本。管理者选择安全库存水平以最小化缺货成本和持有更多存货的持有成本。
3. EOQ决策模型中的参数预测失误如何影响成本？公司如何减少EOQ决策模型和业绩评价之间的冲突？	在使用EOQ决策模型时预测失误的成本是很小的。EOQ决策模型中的开方降低了估计误差的影响。为了减少EOQ决策模型和业绩评价之间的冲突，公司在评价管理者业绩时，应该包括存货投资的机会成本。存货投资的机会成本是EOQ决策模型中的一个关键变量，它常常在业绩评价中被忽略了。
4. 为什么公司使用适时采购？	适时采购是指在生产（或销售）需要时才以小订货量进行采购。适时采购是对高持有成本和低订货成本的回应。适时采购增加了公司和供应商对质量和及时送货的关注。公司通过整合从最初的材料和服务到产品送达顾客的整个供应链上的活动而减少存货量。
5. 物料需求计划系统与适时生产系统有哪些区别？	物料需求计划系统采用"推动型"方法，在需求预测的基础上进行产品的制造。适时生产系统采用"需求拉动型"方法，为了满足顾客需要而生产。
6. 适时生产系统的特点和优点是什么？	适时生产系统有以下特点：（1）以生产单元的形式组织生产；（2）雇用和培训多技能工人；（3）注重全面质量管理；（4）缩短生产周期和减少生产准备时间；（5）与供应商建立密切联系。适时生产系统的优点包括信息更好流动带来的更低成本和更高利润，更高的质量、更快的交货和更简单的会计系统。
7. 倒推成本法如何简化传统的成本核算方法？	传统的存货成本系统采用顺序追溯法，会计分录的记录与实际采购和生产流程同步。大多数倒推成本法并不建立在产品阶段的分录。有些倒推成本法也不建立直接材料采购的分录或产品完工的分录。
8. 精益会计如何不同于传统的成本核算方法？	精益会计将成本分配给价值流而不是单个产品。非增值成本、未利用生产能力的成本和直接材料存货成本不分配给价值流，以表明当前的盈利能力可以提高多少。而且，不能轻易追溯到价值流的成本都不分配，而是计入费用。

习　题

21-21　零售商的经济订货量。Wonder Line（简称 WL）是一家专营运动商品的商店。商店使用 EOQ 决策模型来制定库存决策。它正在考虑 Los Angeles Galaxy 足球球衣（以下简称 Galaxy 球衣）生产线的库存决策，这种商品非常流行。下面是 2020 年的数据：

Galaxy 球衣的预计年需求量	9 000 件
每个采购订单的订货成本	$250
每年的持有成本	$8/件

每件 Galaxy 球衣的买价是 50 美元，售价是 100 美元。每件 Galaxy 球衣每年 8 美元的持有成本由必要的投资回报 5.00 美元（10% × 50）以及相关保险费用、处理费用和储藏成本 3.00 美元组成。采购订单交货期是 5 天，WL 一年 365 天营业。

要求：

1. 计算经济订货量。

2. 计算年订货次数。

3. 计算再订货点。

21-22　经济订货量，参数变化的影响（续习题 21-21）。Sportsman Textiles（简称 ST）生产 WL 销售的 Galaxy 球衣，ST 最近安装了电脑软件，使消费者可以利用先进的网站技术进行一站式购物。使用这种新技术后，WL 的每个采购订单的订货成本是 40 美元。

要求：

1. 使用修正后的每个采购订单 40 美元的订货成本，计算 Galaxy 球衣的经济订货量。假设习题 21-21 中的其他数据都不变。对结果进行评论。

2. 假设 ST 打算"帮助"WL，ST 将允许 WL 的消费者从 ST 的网站上直接订购商品，ST 直接将货物送达消费者。WL 的消费者每购买一件 Galaxy 球衣，ST 就向 WL 支付 12 美元。定性地评价这个提议将怎样影响 WL 的存货管理。在决定是否接受 ST 的提议时，WL 应考虑哪些因素？

21-25　经济订货量对相关订货成本和相关持有成本变化的敏感性，预测失误的成本。Alpha 公司对其唯一的产品 XT-590 的年度需求为 10 000 单位。公司目前正在根据其对供应商和平均存货水平的选择，分析每年每单位产品的相关持有成本和每个采购订单的相关订货成本的可能组合。下表列出了每年每单位相关持有成本和每个采购订单的相关订货成本的三种可能组合。

每年每单位相关持有成本	每个采购订单的相关订货成本
$10	$400
$20	$200
$40	$100

要求：

1. 对于每种可能的组合，确定经济订货量和年度相关总成本。

2. 你对要求 1 的回答如何反映相关订货成本和相关持有成本的变化对经济订货量和年度相

关总成本的影响？请简要解释。

3. 假设每年每单位相关持有成本是 20 美元，每个采购订单的相关订货成本为 200 美元。进一步假设公司在错误地估计每年每单位相关持有成本为 10 美元、每个采购订单的相关订货成本为 400 美元之后计算了经济订货量。计算公司经济订货量决策的实际年度相关总成本。将该结果与公司没有错误估计每年每单位相关持有成本（20 美元）、每个采购订单的相关订货成本（200 美元）时的年度相关总成本（在要求 1 中你已经计算过）进行比较。计算并评论预测失误的成本。

21-26 适时生产，相关收益，相关成本。 Knot 公司在斯帕坦堡工厂生产男士领带。Knot 公司在考虑实施适时生产系统。下面是适时生产系统的估计成本和收益：

（1）每年的额外模具成本是 250 000 美元。

（2）平均库存成本将在现有 1 000 000 美元水平上下降 80%。

（3）保险、空间、材料处理和生产准备方面的成本将在目前每年 400 000 美元的水平上下降 20%。

（4）适时生产系统对内在质量的强调将使返工成本减少 25%，目前每年发生的返工成本是 160 000 美元。

（5）适时生产系统下质量的提高使公司能将产品的单位价格提高 2 美元，公司每年销售 100 000 件产品。

公司存货投资的必要投资回报率是每年 15%。

要求：

1. 如果 Knot 公司在斯帕坦堡工厂实施适时生产系统，计算公司的净利润或成本。

2. 当 Knot 公司制定采用适时生产系统的决策时，应该考虑哪些非财务和定性因素？

3. 假设 Knot 公司在斯帕坦堡工厂实施适时生产系统。举例说明 Knot 公司可以用于评价和控制适时生产系统的业绩指标。Knot 公司采用企业资源计划系统的优点是什么？

21-29 倒推成本法。 本章前面讨论的 SVC 公司是个人计算机键盘的生产商，它是 El Camino 公司的一个子公司。每年，El Camino 公司的总部都会向其每个子公司提供资本预算，其金额由子公司资产负债表中的数额决定。SVC 公司的高级管理层正在考虑简化他们的会计工作，转而采用图表 21-7、图表 21-8 或图表 21-9 中的倒推成本法。

要求：

请参考图表 21-7、图表 21-8 和图表 21-9。如果 SVC 公司的高级管理层希望从总部获得最大的资本预算，他们应该选择哪一种倒推成本法？给出你的计算结果。

资本预算与成本分析

本田公司应该在中国或印度新开一家工厂吗？

Bose 公司应该投资开发下一代家用智能扬声器吗？安德玛公司是否应该停止童鞋生产线而扩大其女士高尔夫服装生产线？高层管理人员与会计师紧密协作，必须搞清楚如何以及何时在不同的选择机会间更好地分配公司的财务资源，为公司创造未来价值。因为很难知道未来会发生什么以及项目的最终成本是多少，这可能是一个具有挑战性的任务，但是这是管理者必须经常面对的任务。为了完成这种任务，诸如塔吉特和雪佛龙（Chevron）等公司为制定项目资本预算决策成立了一个特殊工作组。本章解释了组织（和个人）在投资或开展项目时为获得最大的回报使用的不同方法。

💡 **引例** 净现值和加利福尼亚州新住宅太阳能电池板规定

从 2020 年开始，加利福尼亚州几乎所有的新住宅都被要求在屋顶安装太阳能电池板——这是美国清洁能源的历史性发展。尽管加利福尼亚州能源委员会（California Energy

Commission）的这项新规定将使建造新住宅的成本增加约 9 500 美元，但官员们称，在 30 年的时间里，业主将节省近 1.9 万美元的能源和维护成本。

该委员会使用净现值来确定业主的长期财务收益。平均而言，如果一位业主用 30 年期抵押贷款购买一套配备太阳能电池板的新住宅，那么增加的抵押成本将是每月 40 美元，而每月节省的能源成本为 80 美元，这将在 30 年内节省 28 800 美元的能源成本。以 3％的贴现率计算，未来节能的净现值为 1.9 万美元，对加利福尼亚州的购房者来说这是一笔相当有利的交易。

加利福尼亚州每年建造 10 万多套新住宅，该委员会的新规定预计将使该州的家庭能源消耗比现行规定减少 53％，在未来 30 年内可为加利福尼亚州人节省 17 亿美元的能源成本。

资料来源：Justin Fox, "Let's Talk about Net Present Value and Solar Panels," Bloomberg.com, May 13, 2018 (https://www.bloomberg.com/opinion/articles/2018 - 05 - 13/california-solar-panels-and-understanding-net-present-value）；JuliaPyper, "It's Official. All New California Homes must Incorporate Solar," GreenTechMedia.com, May 9, 2018 (https://www.greentechmedia.com/articles/read/solar-mandate-all-new-california-homes #gs. WvI9ItwG).

22.1　资本预算的步骤

资本预算（capital budgeting）就是为项目投资制订长期计划的过程。在许多会计项目中，收入是逐期计算的。但是，在选择投资项目时，管理者从多个项目中进行选择，每个项目可能跨越多个期间。图表 22-1 表明了资本预算的两个不同却又互相交叉的维度：（1）水平方向表示项目维度；（2）垂直方向表示时间维度。每一个水平的矩形代表一个项目，它们跨越不同时间段。每个项目的起点和终点都处于不同的时间，覆盖不同的时间段而且寿命都超过一年。2021 年度会计期间的垂直矩形涵括了所有项目，它包括该年度的利润确定以及对各项目的日常计划与控制。

图表 22 - 1　资本预算的项目维度和时间维度

为了制定资本预算决策，管理者分析每个项目从初始投资到终止的整个寿命期的现金流。这个过程与生命周期预算和成本核算（第 14 章）相似。例如，当本田计划研发一款新型汽车时，它先估计项目的潜在收入和生产周期（可能长达 10 年）内发生的成本。只有在研究了新型汽车项目整个寿命期内从研发到顾客服务的价值链上所有业务职能的潜在成本和收益后，公司才能确定新型汽车是不是一个明智的投资项目。

管理者将资本预算作为一种决策和控制工具。就像我们在本书中一直强调的五步骤决策制定流程一样，资本预算也有五个步骤：

步骤 1：确定项目。确定与组织战略一致的备选投资项目。例如，实施产品差异化战略的行业领导者耐克在产品创新、工程和设计方面进行了大量投资，希望开发出新一代的高质量运动装。另外，管理者可以提高生产率和效率，通过实行成本领先战略推广产品。例如，联想的成本领先战略包括将某些部件的生产外包给低成本的海外制造商。确定投资于哪一个资本项目在很大程度上是企业高层管理者的责任。

步骤 2：获取信息。从价值链的各部分收集信息以评估备选投资项目。我们回到本田新型汽车的例子中。在这个阶段，公司高层管理者通过向营销经理询问潜在的收入数字，向工厂经理询问装配时间，向供应商询问价格和关键部件的供应情况来收集信息。

高层管理者要求基层管理者验证提供的数据并解释背后的假设，目标是鼓励开放和诚实的沟通，做出更准确的估计，从而可以制定最好的决策。在这个阶段某些项目会被否决。例如，假设本田知道不能在现有工厂中生产新型汽车，那么它可能选择取消这个项目。在油漆和涂料生产商阿克苏诺贝尔（AkzoNobel），首席可持续发展官用一系列环境标准来审查项目，他有权否决不符合标准或对公司不考虑可持续发展因素缺乏合理解释的项目。

步骤 3：进行预测。预测备选投资项目的全部潜在现金流。一个新项目通常需要企业进行大量的初始支出，这些支出要通过每年的现金流入和项目终止后资产的处置价值来补偿。因此，投资新项目需要企业预测未来几年的现金流。例如，宝马公司预测每年的现金流，并据此制定了一个 12 年期的投资预算。因为这些预测有很大的不确定性，企业通常分析多种备选投资方案的情况。在宝马公司的例子中，营销小组被要求在 90％ 的置信区间内预测可能的销售数据。公司也努力确保这种预测在现实情况下是可靠的。为了使资本预算过程的结果偏向他们的首选方案，管理者在这些预测中会带有偏见，这是很有诱惑力的。当管理者预计在以后几年里不会受雇于公司，因此无法对他们的预测负责时，会加剧这种影响。

步骤 4：选择项目做决策。确定哪一个投资项目的收益最大、成本最小。使用步骤 3 中获得的数据，企业用多种资本预算方法确定哪一个项目能最好地实现组织目标。资本预算通常仅限于财务信息，管理者也运用他们的判断和直觉考虑定性信息和战略因素。例如，如果提议生产的新型汽车在品牌定位、安全和技术的行业领先地位以及油耗等方面不符合公司的战略要求，即使其达到了财务目标，本田也可能决定不生产这款新型汽车。对环境可持续性的考虑也可能对某些目前看来无利可图的项目有利。货运和物流巨头 UPS 放宽了公司对有潜力减少燃料耗用和成本的车辆的最低回报率要求。类似地，如果项目有望减少温室气体排放，那么 Sealed Air 愿意接受预计回报率较低的项目。另一个例子，请参阅"观念实施：阿克苏诺贝尔将可持续性纳入资本预算"。最后，管理者花费大量时间评估项目的风险，包括估计现金流的不确定性，以及如果发生最坏的情况，项目的潜在下行风险（包括整个公司的下行风险）。

观念实施

阿克苏诺贝尔将可持续性纳入资本预算

阿克苏诺贝尔是全球油漆和涂料行业特种化学品的主要生产商。随着时间的推移，这家总部位于荷兰的公司已将可持续性纳入其战略和管理流程，作为其"地球可能"环境战略的一部分。这包括将可持续性纳入其资本预算流程。

　　阿克苏诺贝尔实施了一项名为"投资可持续性评估"的计划，以确保可持续性被纳入基础设施和新设施投资的资本分配决策中。该计划要求分析任何超过 500 万美元的资本预算申请的可持续性影响，并回答以下关键问题：

●阿克苏诺贝尔在哪里安置新设施，以改善产品分销的可持续运输选项，并最大限度地减少公司的碳足迹和水足迹？

●阿克苏诺贝尔应该在哪里安置新设施，以便更容易获得可再生能源？

●阿克苏诺贝尔的设施可以使用哪些清洁能源发电？如何以最透明的方式评估这些选项？

　　即使资本预算申请获得了公司主计长的批准，但如果阿克苏诺贝尔的首席可持续发展官发现这些申请未充分考虑可持续发展，就有权否决。这激励业务部门同时进行高质量的财务分析和可持续发展分析，以确保其项目获得批准。

　　这些流程帮助阿克苏诺贝尔在实现 2020 年前将整个价值链的碳排放量减少 25%～30% 的目标方面取得了重大进展。公司运营中使用的可再生能源比例也已增至 45%。此外，阿克苏诺贝尔还投资开发了更环保的产品，如可以让沥青在较低温度下混合的化学添加剂，以及帮助船舶降低油耗和减排的涂料。

资料来源：Alexander Perera et al.，"Aligning Profit and Environmental Sustainability：Stories from Industry," World Resources Institute working paper, February 2013（https://www.wri.org/publication/aligning-profit-and-environmental-sustainability）；Akzo Nobel N. V.，"Sustainability," https://www.akzonobel.com/en/about-us/what-we-do/sustainability, accessed February 2019.

　　步骤 5：实施决策、评价业绩与学习。考虑到资本投资决策较为复杂且时间跨度长，本步骤可以分为两个阶段：

　　●获得资金并实施步骤 4 中选择的投资项目。资金来源包括内部产生的现金流和从资本市场获得的权益性资本和债务性资本。进行资本投资是一件艰难的事，常常要购买不同产品和服务。如果本田选择制造新型汽车，它必须订购钢铁、铝和油漆等材料。如果不能获得某些材料，管理者必须确定使用替代材料的经济可行性。

　　●追踪实际现金流，将其与估计结果比较，并对计划进行必要的修正。随着现金的流入和流出开始累积，管理者可以核实步骤 3 中的预测是否与项目产生的实际现金流相符。Snap 公司 2018 年的广告收入和月度活跃用户数令人失望，原因是其重新设计的应用程序不受欢迎，市场份额被脸书的 Instagram Stories 夺走。因此，Snap 公司推出了一套新产品和服务，包括一个广告支持的游戏平台。

　　对于公司来说，放弃一个业绩不如预期的项目也很重要。管理者有一个天然的倾向是增加他们对自己选择实施的项目的投入，因为害怕这个项目揭示他们做出了错误的资本预算决策。但是，当项目在财务上不可持续的情况已经很明显时，承认错误是符合企业和管理者的长远利益的。例如，2017 年 7 月，一个公司财团取消了价值 290 亿美元的太平洋西北液化天然气（Pacific Northwest LNG）项目，该项目旨在在加拿大不列颠哥伦比亚省建造一个天然气液化和出口设施。主导该项目的马来西亚国家石油公司（Petronas）持有 62% 的股份，因已完成的工作损失了约 8 亿美元。由于较低的天然气价格和能源市场的变化，该项目被取消。

　　我们以 Vector Transport 公司（以下简称 Vector 公司）为例说明资本预算。Vector 公司经营遍布美国的公交线路，公司经常代表地方运输当局提供运输服务。Vector 公司的几辆公交车的有效寿命快要结束了，现在需要增加运营和维修成本。顾客也抱怨公交车缺乏足够的空间、灵活的座位配置和更新的便利设施，如无线网络接入和个人娱乐系统。公司承诺以对环境负责的方式，只追求对生态系统损害最小的项目。因此，在步骤 1 中，Vector 公司的管理者决定寻找低排放的替代公交车。在获取信息阶段（步骤 2）公司知道早在 2020 年，它就可以开始购买和使用柴电混合动力公交车，其配有 Wi-Fi，也能提供更好的舒适性和更大的空间。在收集了额外的数据后，Vector 公司开始预测投资新混合动力公交车产生的未来现金流（步骤 3）。Vector 公司估计购买的新混合动力公交车的有效寿命是 5 年，初始投资净额（税后）为 648 900 美元，计算如下[①]：

新混合动力公交车成本	$660 000
营运资本投入	$ 30 000
处置现有公交车的现金流(税后)	$(41 100)
新混合动力公交车的初始投资净额	$648 900

　　营运资本是流动资产与流动负债之差。新项目通常需要额外的流动资产投资，如存货与应收账款。在 Vector 公司的例子中，在购买新混合动力公交车的同时需要增加 30 000 美元的支出，用于补充、更换电池和备件存货。在项目结束的时候，30 000 美元的流动资产将被清算，会有一个现金流入。但是，因为混合动力技术发展快速，预计该公交车 5 年后最终处置价值为零。

　　管理者预计引入新混合动力公交车后，前 4 年的经营现金流入（现金收入减现金营业成本）将增加 180 000 美元（税后），第 5 年将增加 150 000 美元。这是由更高的票价和乘客的增加所致，因为新混合动力公交车的便利设施吸引了新顾客，同时节省了燃料、维修和运营成本。为了简化分析，我们假定所有的现金流都发生在年末。注意第 5 年年末现金流也增加了 180 000 美元，其中 150 000 美元是营业现金流入，30 000 美元是营运资本。接下来，管理层计算拟实施项目的成本和收益（步骤 4）。本章讨论分析财务信息的四种资本预算方法：（1）净现值法；（2）内部收益率法；（3）回收期法；（4）应计会计收益率法。由于净现值法和内部收益率法都使用贴现现金流量，我们在下一节先讨论贴现现金流量。

22.2　贴现现金流量

　　贴现现金流量法（discounted cash flow（DCF）methods）假定未来所有预计的现金流入和流出都发生在现在，并对其进行计量。贴现现金流量法的关键在于它考虑了资金的时间价值。**资金的时间价值**（time value of money）是指今天收到的 1 美元（或者是任何一个货币单位）比未来任何时间收到的 1 美元更有价值。这是因为今天的 1 美元可以用来投资，赚取 1 年比如说 10% 的回报，这样，今天的 1 美元在年末将会变成 1.10 美元。资金的时间价值就是今天放弃这一笔资金的机会成本（即放弃 0.10 美元的回报）。本例中，1 年后得到的 1 美元在今天的价值是 0.909 1 美元（1÷1.10）。同样，1 年后得到的 100 美元应乘以 0.909 1，从而得到今天的贴现值为 90.91 美元，也就是 1 年后的 100 美元现在的价值。这样，贴现现金流量法通过资金的时间价值

---

①　出于说明目的，我们研究更换一辆公交车而不是一个车队的资本预算问题。

清楚地衡量了现金流。注意，贴现现金流量法关注现金的流入和流出，而不是应计制会计（又称权责发生制会计）计算的营业利润。书末的附录提供了进行贴现现金流量分析时常用的利息表及计算公式。如果你对复利不是很熟悉，请先学习书末附录再继续往下学习。本章将经常用到书末附录里的表格。

两种贴现现金流量法为净现值法和内部收益率法。贴现现金流量法用**必要收益率**（required rate of return，RRR）计算，必要收益率是指投资项目可以接受的最低年收益率。这个收益率是组织内部设定的，通常由最高管理层设定，是一个组织在相同的风险条件下投资其他项目也可以获得的报酬率。必要收益率也称为**临界收益率**（hurdle rate）、**资本成本**（cost of capital）或者是**资本的机会成本**（opportunity cost of capital）等。我们假定 Vector 公司的首席财务官为公司投资设定的必要收益率为每年 8%。

22.2.1　净现值法

净现值法（net present value（NPV）method）用必要收益率将投资项目未来各年的预计现金流入量和流出量贴现，并计算出该项目的预计货币损益。净现值法的运用包括以下三个步骤：

步骤 1：绘制相关现金流入量与流出量示意图。图表 22 - 2 右边的箭头描绘了 Vector 公司新混合动力公交车的现金流量情况。这个示意图可以帮助决策制定者系统地组织和观察数据。注意在本章所有图表中，圆括号表示相关现金流出。图表 22 - 2 包含第 1 年年初（也即第 0 年年末）购入新混合动力公交车时的现金流出和随后 5 年的现金流入。净现值法关心的是实际现金流量，而不关心现金来自何处，如经营所得、设备的购买或销售、营运资本的投入或收回等。但是，净现值法不包括应计制会计核算的概念，如赊销收入或者是非现金支出，因为净现值法的重点是现金流入和流出。

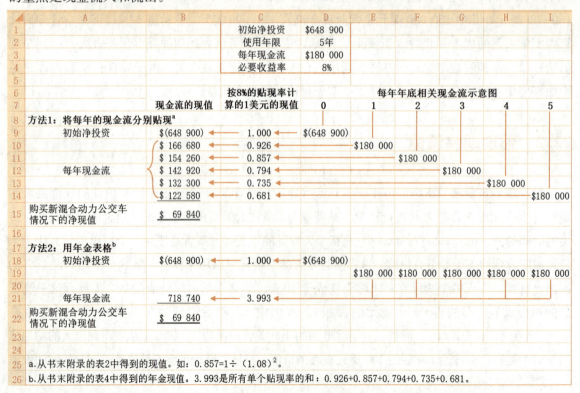

图表 22 - 2　净现值法：Vector 公司的新混合动力公交车

步骤 2：用书末附录中正确的复利表将现金流贴现并计算贴现现金流的总和。在 Vector 公司的例子中，现金流的价值相等，从而构成了年金，年金是间隔相等的会计期间内一系列相等的现金流。因此，我们可以用表 4 计算年金的现值。或者，我们可以用表 2 将每年的现金流分别折算为现值（表 4 和表 2 都在书末附录中）。如果使用表 2，我们会发现 1~5 期的贴现因子在 8% 列。图表 22-2 中的方法 1 使用了这 5 个贴现因子。为得到现值数，将贴现因子与图表 22-2 中右边箭头代表的对应现金流相乘（−648 900×1.000；180 000×0.926；依此类推，一直到 180 000×0.681）。因为新混合动力公交车投资创造了年金，我们也可以使用表 4。我们从 8% 列中找到 5 年期的年金因子是 3.993，它是方法 1 中 5 个贴现因子之和。我们用统一的每年现金流乘以这个因子得到现金流的现值为 718 740 美元（180 000×3.993），从中减去初始净投资得到项目的净现值是 69 840 美元（718 740−648 900）。

步骤 3：根据计算的净现值制定项目决策。如果净现值为 0 或为正，从财务角度看公司应该接受该项目，因为它的预计报酬率等于或超过了必要收益率。如果净现值为负，公司应该拒绝这个项目，因为它的预计报酬率低于必要收益率。

图表 22-2 显示在必要收益率为每年 8% 时该项目净现值为 69 840 美元，财务数据表明，该项目是可取的。因为该项目的现金流足以达到：（1）弥补项目的初始净投资；（2）在新混合动力公交车的使用寿命内，每年从被该项目占用的投资里得到大于 8% 的回报。

管理者也必须认真考虑非财务因素，比如购买新混合动力公交车对公司品牌的影响。虽然来自品牌的财务收益很难估计，但是在做出最终决策之前，管理者必须考虑该项目对公司品牌的影响。假设新混合动力公交车的净现值为负，但如果它维护了公司的技术形象和环境责任声誉，管理层可能仍然决定购买这款公交车。有些因素能够增加公司未来的财务收益，如吸引更多的乘客或获得政府运输当局的额外合同。例如，消费品公司联合利华认识到顾客对可持续产品日益增长的需求，于 2016 年收购了可持续清洁产品公司 Seventh Generation。

请在此暂停一下，在你确实理解图表 22-2 之前不要往后看。比较图表 22-2 中的方法 1 和方法 2，可以看到书末附录中的表 4 仅仅加总了表 2 中的现值因子，也即基本的表格是表 2，表 4 只是在年金的情况下简化了计算。

22.2.2　内部收益率法

内部收益率法（internal rate-of-return（IRR）method）计算使投资项目预计现金流入量现值与现金流出量现值相等时的贴现率，也就是使投资项目净现值为零的贴现率。表 22-3 给出了现金流和使用 12% 的贴现率计算的 Vector 公司新混合动力公交车项目的净现值。当贴现率为 12% 时，该项目的净现值为零，因此该项目的内部收益率为每年 12%。

管理者和分析人员通常利用计算器或计算机程序计算内部收益率。下面的**试错法**（trial-and-error approach）也能提供答案。

步骤 1：使用一个贴现率，计算项目的净现值。

步骤 2：如果净现值小于零，换用一个较低的贴现率（一个较低的贴现率会使净现值增大；记住，我们是在找一个使净现值为零的贴现率）。如果净现值大于零，则换用一个较高的贴现率以使净现值减少。不断调整贴现率直到净现值等于零。在 Vector 公司的例子中，8% 的贴现率使项目净现值达到 69 840 美元（见图表 22-2）。贴现率为 14% 时净现值为 −30 960 美元（3.433（从附录中的表 4 中得到的年金现值因子）×180 000−648 900）。因此使净现值为零的

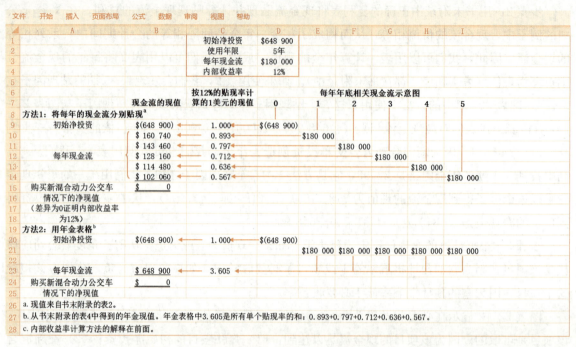

图表 22－3　内部收益率法：Vector 公司新混合动力公交车[c]

贴现率必然在 8％和 14％之间。我们用 12％试算时得到净现值为零。所以，内部收益率为每年 12％。

如果现金流入相等，内部收益率的计算就更容易，正如我们的例子所示的那样。图表 22－3 中的信息可以表述如下：

648 900（美元）＝5 年期 180 000 美元年金在贴现率为 X％时的现值

或者，表 4（见书末附录）中的哪一个因子 F 满足如下等式？

648 900（美元）＝180 000 美元×F

F＝648 900÷180 000＝3.605

在表 4 中期数为 5 的一行可查出使年金现值系数最接近 3.605 的贴现率恰为 12％。如果该系数（F）落在相邻两列之间，则可用插值法估算内部收益率。这种插值法在本章自测题中有说明。

只有在内部收益率等于或者大于必要收益率时，管理者才接受此项目。在本例中，新混合动力公交车的内部收益率为 12％，大于必要收益率（8％）。基于财务上的考虑，Vector 公司可以投资购置该款新公交车。一般来说，净现值法和内部收益率法决策规则会导致一致的接受或拒绝决策。如果内部收益率超过必要收益率，那么项目的净现值为正，此项目是可取的；如果内部收益率等于必要收益率，则净现值为零，公司对接受或拒绝项目并不关心；如果内部收益率小于必要收益率，则净现值为负，此项目是不可取的。显然，在其他条件相同的情况下，管理者更愿意选择内部收益率大的项目，拒绝内部收益率小的项目。本例中 12％的内部收益率意味着该项目的现金流入量足以使公司收回该项目的初始投资并在使用寿命内使投资项目获得 12％的回报。

小练习 22－1

Elegant Home 公司在美国大都市地区经营着许多家装店。公司的管理层估计，如果它在一个新计算机系统上投资 30 万美元，每年可以节省 69 000 美元的现金运营成本。该系统的预期使用寿命为 8 年，无最终处置价值。必要收益率为 10%。忽略所得税问题，假设除初始投资外，所有现金流都发生在年末。

计算新计算机系统的以下数据：

a. 净现值；

b. 内部收益率（使用插值法）。

22.2.3　净现值法和内部收益率法的比较

净现值法可以导致股东价值最大化，并且由于几个原因比内部收益率法更可取。[①] 净现值法的第一个优势在于它用金额而非百分比表示。因此我们可以将相互独立的若干项目的净现值加总，估计出接受一个项目组合的净现值。相反，单独项目的内部收益率无法通过加总或平均导出项目组合的内部收益率。

第二个优势是一个项目的净现值总是可以表示为一个唯一的数字。公司通过数字的符号和大小就可以对接受或拒绝项目的财务后果做出准确的评估。在内部收益率法下，对于某个给定的项目可能存在多个内部收益率。换句话说，可能有多个贴现率使一组现金流的净现值等于零。例如，当现金流的符号随时间转换，即当现金流出后面有现金流入，接着又有额外的现金流出时，就会出现这种情况。在这种情况下，很难知道应该用哪一个内部收益率与公司的必要收益率比较。

第三个优势在于它适用于投资项目各年必要收益率不同的情况。例如，Vector 公司要求第 1 年和第 2 年的必要收益率为 10%，后 3 年为 14%，这时现金流入量的净现值为 633 780 美元（没有给出计算过程）。在这种情况下，不可能使用内部收益率法。因为不同年份有不同的必要收益率，这意味着并没有一个单一的必要收益率与内部收益率法进行比较以决定是否接受项目。

第四个优势是，在某些情况下，内部收益率法容易导致错误的决策。在比较寿命不等或初始投资水平不等的互斥项目时，可能做出错误决策。原因是内部收益率法暗含假设：项目现金流能以项目的回报率进行再投资。相反，净现值法假定项目现金流仅能按照公司的必要收益率进行再投资。

尽管存在局限性，但是内部收益率法依旧得到了广泛应用。[②] 为什么？可能是因为管理者认为内部收益率法下计算的回报率更容易理解和比较，而且在很多评价单个项目的例子中，他们的决策不会受到选择使用内部收益率法还是净现值法的影响。

22.2.4　敏感性分析

为了突出净现值法和内部收益率法的区别，我们假定预计现金流的发生是确定的。实际上，未来现金流的预测有很大的不确定性。为了观察一个基本假设的变化如何导致预计的财务结果

---

① 可以在公司财务教材中找到净现值法优势的更详细的解释。

② 在一项调查中，约翰·格雷厄姆（John Graham）和坎贝尔·哈维（Campbell Harvey）发现，75.7% 的首席财务官总是或几乎总是使用内部收益率法进行资本预算决策，而 74.9%（比 75.7% 略小一点）的首席财务官总是或近乎总是使用净现值法。

的变化，管理者可以使用第 3 章介绍的敏感性分析（也称为"假设"技术）。

应用敏感性分析进行资本预算决策的一般方法是将净现值计算中的每一个输入量变动一定的百分比，然后评估这一变化对项目净现值的影响。敏感性分析也可以采用其他形式进行。假设 Vector 公司的管理者认为预期的现金流很难估计。他会问："每年最少有多少现金流入，才能接受新混合动力公交车项目（也就是有多少现金流入才能使该项目净现值等于 0）？"对于图表 22-2 中的数据，令 A＝年现金流入，并令 NPV＝0。初始净投资为 648 900 美元，5 年年金按 8％的必要收益率贴现的贴现因子为 3.993，于是：

$$NPV＝0（美元）$$
$$3.993A－648\ 900＝0（美元）$$
$$3.993A＝648\ 900（美元）$$
$$A＝162\ 509（美元）$$

因此，年贴现率为 8％时，在净现值降至 0 之前，年现金流入可以减至 162 509 美元（减少了 180 000－162 509＝17 491 美元）。如果管理者相信它最少可以获得 162 509 美元的年现金流入，则根据财务因素就可以得出结论：应投资于新混合动力公交车。

图表 22-4 显示年现金流入的变化或必要收益率显著地影响了新混合动力公交车项目的净现值。净现值也会随项目生命周期的变化而变化。敏感性分析有助于管理人员关注对假设敏感的决策，并减少管理人员对不敏感决策的关心。敏感性分析也是一个重要的风险管理工具，因为它向管理者提供项目不利风险及其对企业整体健康有潜在影响的信息。

文件	开始	插入	页面布局	公式	数据	审阅	视图	帮助
	A	B	C	D	E	F
1	必要	年现金流入				
2	收益率	$ 140 000	$160 000	$180 000	$200 000	$220 000
3	8%	$（89 880）	$（10 020）	$ 69 840	$ 149 700	$ 229 560
4	10%	$（118 160）	$（42 340）	$ 33 480	$ 109 300	$ 185 120
5	12%	$（144 200）	$（72 100）	$ 0	$ 72 100	$ 144 200
6						
7	a. 假定项目的生命周期都为5年。					

图表 22-4　不同的年现金流入和必要收益率下 Vector 公司
新混合动力公交车项目的净现值计算[a]

22.3　回收期法

现在我们考虑从财务角度分析资本预算的第三种方法。**回收期法**（payback method）考察以预期净现金流入弥补初始投资的方式收回全部投资所需要的时间。同净现值法和内部收益率法一样，回收期法对现金流入的来源也不加区分，如经营所得、设备的处置收入或营运资金的收回。正如你将看到的那样，当项目各期现金流相等时，回收期法的计算更简单，而当各期现金流不相等时，回收期法的计算更难。

22.3.1　各期现金流相等

Vector 公司考虑购买的新混合动力公交车的成本为 648 900 美元，预计使用寿命为 5 年，每年产生 180 000 美元的现金流入。其投资回收期的计算如下：

$$投资回收期=\frac{初始净投资}{每年的现金流入}$$

$$=\frac{648\ 900}{180\ 000}=3.6(年)①$$

回收期法强调投资项目的流动性，这是资本预算中较为重要的一个因素。在同样的情况下，管理者总是偏爱投资回收期较短（流动性更强）的项目。投资回收期较短的项目可以较快收回资金以供其他项目使用，从而提高组织的灵活性。而且，管理者对于较长远的预期收入通常不那么自信。

与净现值法和内部收益率法下管理者选择必要收益率不同，在回收期法下，管理者通常会选择一个临界期。投资回收期小于临界期的项目是可取的，而那些投资回收期大于临界期的项目应该拒绝。日本的企业更加偏好回收期法，而且根据项目风险确定的临界期一般是 3～5 年。② 一般来说，现代风险管理对于风险更高的项目要求使用更短的临界期。如果 Vector 公司在回收期法下的临界期为 3 年，那么它将拒绝新混合动力公交车项目。

回收期法易于理解。像贴现现金流量法一样，它不受应计制会计方法的影响，如折旧。回收期法在以下情况下是很有用的：（1）需要对许多项目进行初步筛选；（2）利率很高；（3）项目后期的预计现金流是极为不确定的。在这些情况下，公司更注重资本预算项目早期的现金流，以尽快收回投资，因此回收期指标特别重要。

回收期法的缺点是：（1）忽略了资金的时间价值；（2）忽略了收回初始投资后的项目现金流。以前面所提的初始净投资为 648 900 美元的新混合动力公交车项目的替代方案为例，假设有另一台混合动力公交车，有效使用期为 3 年，残值为 0，只需要 504 000 美元的初始净投资，同样每年会有 180 000 美元的现金流入。首先，比较这两种投资的回收期：

$$公交车\ 1\ 的投资回收期=\frac{648\ 900}{180\ 000}=3.6(年)$$

$$公交车\ 2\ 的投资回收期=\frac{504\ 000}{180\ 000}=2.8(年)$$

投资回收期指标倾向于选择公交车 2，因为它的投资回收期更短。如果临界期为 3 年，公交车 1 将不满足投资回收期指标。

现在按照 8% 的必要收益率使用净现值法来考虑这两个投资方案。贴现率为 8% 时，公交车 2 的净现值是 -40 140 美元（从书末附录中的表 4 中查得 8%、3 年期的年金现值因子为 2.577，得到年金现值为 2.577×180 000＝463 860 美元，再减去初始投资 504 000 美元）。而我们已知

---

① 新混合动力公交车的现金流入整年都在发生，但是为了便于计算净现值和内部收益率，我们假定这些现金流都发生在年末。关于这些假设的一个推论在于 Vector 公司在第 4 年年末发生现金流入时才收回投资。本章说明了计算方法，而且在各期现金流不相等的情况下，这种方法得到了对回收期更好的估计值。

② 2010 年对日本企业的一项调查发现，50.2% 的企业经常或总是使用回收期法做资本预算决策，而净现值法以 30.5% 的概率排在第二，二者相距较远。参见 Tomonari Shinoda，"Capital Budgeting Management Practices in Japan," *Economic Journal of Hokkaido University* 39（2010）：39-50。

公交车 1 的净现值为 69 840 美元（见图表 22-2）。净现值指标表明 Vector 公司应该选择公交车 1。公交车 2 的净现值为负，不满足净现值指标。

在这个例子中，回收期法给出了一个不同于净现值法的结果，因为回收期法未考虑投资回收期后的现金流，而且并未对现金流贴现。回收期法的另一个问题是如果选定的临界期太短，会导致选择短期投资项目，而放弃期限较长的净现值为正的项目。由于存在这些差异，公司发现在做资本投资决策时同时考虑净现值和回收期是有用的。

22.3.2　各期现金流不相等

当各期现金流不相等时，回收期法应采用累计的方式。各年的净现金流入量逐年累计，直到初始净投资被全部收回。假定 Venture 律师事务所打算以 150 000 美元购买视频会议设备。这台设备预计在今后 5 年中可为该事务所节省 340 000 美元，因为新设备节省了差旅费，而且可以使合伙人的时间得到更有效的利用。现金节省每年都会发生，但各年并不相等。

年次	现金节省	累计现金节省	年末补偿后的初始净投资
0	—	—	$150 000
1	$50 000	$ 50 000	$100 000
2	$55 000	$105 000	$ 45 000
3	$60 000	$165 000	—
4	$85 000	$250 000	—
5	$90 000	$340 000	—

从上表中可以看出，在第 3 年收回全部投资。采用直线插值法计算，到第 3 年时，150 000 美元的初始净投资应该节省的现金是 45 000 美元（150 000 美元减去到第 2 年末为止的 105 000 美元），这 45 000 美元在第 3 年只需要三个季度就可以收回了，这里实际节省的金额为 60 000 美元：

$$回收期 = 2 + (45\ 000/60\ 000 \times 1) = 2.75（年）$$

使用相同的累计方法，根据资金的时间价值调整回收期法相对比较简单。**贴现回收期法**（discounted payback method）计算以贴现的预期未来现金流弥补项目初始净投资所需要的时间。对于这个视频会议设备的例子，我们可以用 8% 的必要收益率将现金流贴现，对前面的表格进行修正。

年次 (1)	现金节省 (2)	贴现率为 8% 时 1 美元的现值 (3)	贴现的 现金节省 (4)=(2)×(3)	累计贴现的 现金节省 (5)	年末补偿后的 初始净投资 (6)
0	—	1.000	—	—	$150 000
1	$50 000	0.926	$46 300	$ 46 300	$103 700
2	$55 000	0.857	$47 135	$ 93 435	$ 56 565
3	$60 000	0.794	$47 640	$141 075	$ 8 925
4	$85 000	0.735	$62 475	$203 550	—
5	$90 000	0.681	$61 290	$264 840	—

第（4）列显示了贴现的现金节省，即未来现金节省的现值。从上表中可以明显看出，贴现的回收期为 3~4 年。在第 3 年末，还有 8 925 美元初始净投资尚未弥补。将其与第 4 年节省的

现值 62 475 美元进行比较，采用直线插值法可得出贴现回收期正好是第 4 年的 1/7：

$$贴现回收期 = 3 + (8\ 925/62\ 475 \times 1) = 3.14(年)$$

虽然贴现回收期法考虑了资金的时间价值，但它仍然受到与回收期法相同的其他批评——忽视了贴现回收期之后的现金流，导致倾向于选择短期投资项目。诸如惠普等公司重视贴现回收期法（惠普称其为"盈亏平衡时间法"），因为它们认为在诸如科技等高增长行业，长期现金流是不可预测的。

在这个视频会议设备的例子中，只有第 0 年出现 150 000 美元的现金流出。当项目在不同时点发生多次现金流出时，这些现金流出可以先加总起来得到一个总的现金流出。在计算回收期时，只需将现金流简单相加，并不需要考虑资金的时间价值。在计算贴现回收期时，需要将现金流出的现值相加。

小练习 22 - 2

以 Elegant Home 公司为例。与小练习 22 - 1 中提供的信息相同，计算新计算机系统的以下数据：

a. 回收期；

b. 贴现回收期。

22. 4　应计会计收益率法

现在我们从财务角度分析资本预算的第四种方法。**应计会计收益率**（accrual accounting rate-of-return，AARR）是会计收益除以投资额得到的比率。我们以初始净投资作分母来描述 Vector 公司的这种方法。

$$AARR = \frac{预计税后年平均营业利润的净增加额}{初始净投资}$$

如果 Vector 公司购置这辆新混合动力公交车，它的初始净投资是 648 900 美元。那么预计税后年平均营业现金流入为 174 000 美元。这一金额是由预计的总税后营业现金流入 870 000 美元（前 4 年的 180 000 美元加上第 5 年的 150 000 美元）除以时间长度 5 年得出的。新混合动力公交车抵扣的增加的折旧额是每年 120 000 美元（新混合动力公交车每年的折旧是 132 000 美元，而现有公交车每年的折旧为 12 000 美元）。[1] 因此，预计税后年平均营业利润的净增加额为 54 000 美元（增加的现金流 174 000 美元与增加的折旧 120 000 美元之差）。初始净投资的应计会计收益率的计算如下：

$$AARR = \frac{174\ 000 - 120\ 000}{648\ 900} = \frac{54\ 000}{648\ 900} = 0.083(或\ 8.3\%)$$

应计会计收益率等于 8.3%，表明投资创造税后营业利润的平均比率。新混合动力公交车的应计会计收益率很低有两个原因：（1）使用新初始净投资作为分母；（2）营业利润作为分子，需要

---

[1]　在下一节中，我们提供这些数字的更多详情。

从年营业现金流中减去折旧额。为了解决第一个问题，许多公司使用平均投资额计算应计会计收益率。对 Vector 公司来说，最简单的平均投资额的计算是初始净投资 648 900 美元和最终净现金流 30 000 美元（公交车的最终处置价值为 0，最终收回的营运资本为 30 000 美元）的算术平均值：

$$5年平均投资额 = \frac{初始净投资 + 最终净现金流}{2}$$

$$= \frac{648\ 900 + 30\ 000}{2} = 339\ 450（美元）$$

使用平均投资额的应计会计收益率计算如下：

$$AARR = \frac{54\ 000}{339\ 450} = 0.159（或\ 15.9\%）$$

不同公司用不同的方式计算应计会计收益率，没有统一的最佳方法。确保你理解了应计会计收益率在每一种情况下的定义。当项目的应计会计收益率超过一定的必要会计收益率时，可以接受该项目（应计会计收益率越高，此项目就越好）。

应计会计收益率法与内部收益率法很相似——两种方法都得出收益率（百分数）。应计会计收益率法使用应计税后营业利润计算回报，而内部收益率法使用现金流和资金的时间价值来计算回报。对于资本投资决策，因为现金流和资金的时间价值很重要，所以内部收益率法要优于应计会计收益率法。

应计会计收益率的计算更为简单明了，而且其中使用的数据都来自财务报表。应计会计收益率法能够让管理者明白，如果接受一个项目，未来报告的会计数字将会受到怎样的影响。不像回收期法忽略了回收期后的现金流，应计会计收益率法考虑了在整个预计的生命周期内的收入所得。也不像净现值法，应计会计收益率法使用应计会计营业利润数字，没有使用现金流，而且忽略了资金的时间价值。批评者们认为这是应计会计收益率法的缺点。

总之，要记住，公司通常使用多种方法评估资本投资决策。当不同的方法导致多个项目的不同排序或个别项目的不同决策时，应该更加关注净现值法，因为净现值法的基础假设与使公司股东价值最大化的决策是最一致的。

小练习 22 - 3

再次考虑 Elegant Home 公司，并假设有关新计算机系统的信息与小练习 22 - 1 中提供的信息相同。公司采用直线折旧法。

a. 基于初始净投资的项目的应计会计收益率是多少？

b. 基于平均投资额的项目的应计会计收益率是多少？

c. 在决定是否购买新计算机系统时，公司还应该考虑哪些因素？

22.5 贴现现金流量分析中的相关现金流

到现在为止，我们研究了在未来预期现金流已知的情况下评价长期项目的一些方法。但是在资本预算尤其是在贴现现金流量分析中，最大的挑战是确定在投资选择中的相关现金流。相关现金流是指投资引起的未来预期现金流的变化。在 Vector 公司的例子中，相关现金流是继续使用旧公交车和买一辆新混合动力公交车两种方案之间的未来现金流之差。阅读本节时，请将重点放在识别未来预期现金流及其差异上。

为了阐明相关现金流，考虑 Vector 公司的例子以及下面这些附加的假设：

● Vector 公司是一个营利性企业，政府每年对营业利润征收 40% 的所得税。

● 新混合动力公交车带来的税前额外经营现金流入在第 1 年至第 4 年为 220 000 美元，第 5 年为 170 000 美元。

● 出于税收目的，Vector 公司使用直线折旧法，并假定公交车没有最终处置价值。

● 折旧资产处置的损益按正常收益纳税。

● 在现金流入和流出发生的同时产生税收影响。

● Vector 公司税后贴现现金流的必要收益率为 8%。

新混合动力公交车的数据如下：

	旧公交车	新混合动力公交车
采购价格	—	$660 000
当前账面价值	$60 000	—
当前处置价值	$28 500	不适用
5 年后的残值	$ 0	$ 0
年折旧	$12 000[a]	$132 000[b]
所需营运资本	$ 6 000	$ 36 000

a. 60 000÷5＝12 000（美元/年折旧）。
b. 660 000÷5＝132 000（美元/年折旧）。

22.5.1 相关的税后现金流

我们使用第 12 章介绍的差量成本和差量收入的概念。我们比较这两个方面：（1）更新旧公交车所带来的税后现金流出；（2）使用新混合动力公交车而不是旧公交车带来的额外税后现金流入。

就像本杰明·富兰克林曾经说的那样："人生在世有两件事是必然的——死亡和纳税。"所得税对绝大多数的企业和个人来说是绝对的事实。理解所得税是如何影响各年的现金流是很重要的。图表 22-5 表明新混合动力公交车的投资在第 1 年是如何影响 Vector 公司的经营现金流及其所得税的。回顾 Vector 公司的例子，对于新混合动力公交车的投资将使其增加 220 000 美元税前经营现金流，但是这也会产生额外的 120 000 美元（132 000－12 000）的折旧记录。

图表 22-5　Vector 公司新混合动力公交车的投资对税后经营现金流的影响

A 部分：以利润表为基础的两种方法

C	投资经营现金流入	$220 000
D	抵扣的增加的折旧	$120 000
OI	营业利润增加	$100 000
T	所得税（所得税税率 $t \times OI$＝40%×100 000）	$ 40 000
NI	净利润增加	$ 60 000
	经营现金流增加，扣除所得税后的净额	
	方法 1：$C - T$＝220 000－40 000＝180 000	
	方法 2：$NI + D$＝60 000＋120 000＝180 000	

续表

B 部分：逐项法

	对经营现金流的影响	
C	投资经营现金流入	$220 000
tC	现金流出抵扣的所得税（40％）	$ 88 000
$C(1-t)$	税后经营现金流量（不包括折旧影响）	$132 000
	折旧影响	
D	抵扣的增加的折旧（$120 000）	
tD	折旧增加带来的所得税现金节省（40％×120 000）	$ 48 000
$C(1-t)+tD$	经营现金流，扣除所得税后的净额	$180 000

图表 22-5 的 A 部分使用以利润表为基础的两种方法，表明第 1 年的经营现金流税后净额等于 180 000 美元。第一种方法只关注现金，也就是 220 000 美元的现金流入减去 40 000 美元的所得税。第二种方法从净利润增加 60 000 美元出发计算，加回增加的折旧额 120 000 美元，因为折旧是一种营业成本，它减少了净利润，但它本身是一个非现金项目。

图表 22-5 的 B 部分为第三种计算方法，我们将利用它来计算经营现金流税后净额。理解第三种方法有一个非常简单的方法，就是假定政府是拥有 Vector 公司 40％（等于所得税税率）权益的合伙人。每次 Vector 公司获得经营现金流入 C，它的利润就增加 C，那么，它就需要缴纳相当于 40％的经营现金流入的税款（即为 0.40C）。税后经营现金流为 $C-0.40C$，在这个例子里等于 132 000 美元（220 000－（0.40×220 000）或者 220 000×（1－0.40））。

为了获得更多经营现金流入 C，Vector 公司从投资新混合动力公交车得到更高的折旧额 D。折旧本身并不影响现金流，因为折旧费用不是付现成本，但是更高的折旧额使 Vector 公司的应税利润减少了 D，从而减少了 0.40D 的所得税现金流出，在这个例子里等于 48 000 美元（0.40×120 000）。

令 $t=$所得税税率，税后经营现金流在这个例子里等于经营现金流入 C 减去相应的税款 $t\times C$，再加上折旧的税收抵扣 tD 而得：220 000－（0.40×220 000）+（0.40×120 000）=220 000－88 000＋48 000＝180 000 美元。

同理，当 Vector 公司的资产处置带来收益 G 时，也会带来税费支出 tG；而当资产处置带来损失 L 时，也会带来税费节省 tL。

22.5.2 现金流的种类

项目的资本投资一般包括以下三种现金流：（1）项目的初始净投资，用新资产的取得成本和营运资金的必要增加减去处置当前资产的税后现金流；（2）税后经营现金流（包括年折旧的所得税节省）；（3）项目终止时处置资产的税后现金流以及营运资金的收回。我们以 Vector 公司为例来讨论这三种现金流。

理解每种现金流的时候，可以参照图表 22-6。这个图表略述了 Vector 公司购买新混合动力公交车的相关现金流，这在下面有详尽的说明。注意，每年的相关现金流总额等于图表 22-2 和图表 22-3 中用来说明净现值法和内部收益率法的相关现金流。

1. 初始净投资。在 Vector 公司的例子中初始净投资的现金流包括以下三部分：（1）新混合动力公交车初始投资；（2）初始营运资金投资；（3）当前处置旧公交车的税后现金流入。

	A	B	C	D	E	F	G	H
1			年末相关现金流					
2			0	1	2	3	4	5
3	1 a.	新混合动力公交车初始投资	$(660 000)					
4	1 b.	初始营运资金投资	$ (30 000)					
5	1 c.	当前处置旧公交车的税后						
6		现金流入	$　41 100					
7		初始净投资	(648 900)					
8	2 a.	年税后经营现金流						
9		（不考虑折旧）		$132 000	$132 000	$132 000	$132 000	$102 000
10	2 b.	年折旧抵扣带来的所得税						
11		现金节省		$ 48 000	$ 48 000	$ 48 000	$ 48 000	$ 48 000
12	3 a.	最终处置公交车的税后						
13		现金流						$ 0
14	3 b.	收回营运资金带来的税后						
15		现金流						$ 30 000
16	图表22-2和图表22-3给出的							
17		相关现金流总额	$(648 900)	$180 000	$180 000	$180 000	$180 000	$180 000
18								

图表 22 - 6　Vector 公司新混合动力公交车的相关现金流入和流出

1a. 新混合动力公交车初始投资。这些流出包括：项目开始时购买厂房和设备的现金流出以及运输和安装设备的现金流出。在 Vector 公司的例子中，现金流出等于第 0 年新混合动力公交车的成本 660 000 美元（包括运输费和前期准备费）。这些现金流出与资本投资决策有关，因为这些费用只有在 Vector 公司做出购买新混合动力公交车的投资决策后才会发生。

1b. 初始营运资金投资。厂房和设备的初始投资一般会伴随着初始营运资金投资增加，这些额外的投资采用流动资产（如应收账款和存货）减去流动负债（如应付账款）的形式。营运资金的投资与厂房和设备的投资很相似，都要求付现。通常投资额是项目创造的额外销售收入水平的函数。然而，确切的关系根据项目性质和行业运营周期的变化而变化。例如，对于一个给定的销售额，重型设备生产商需要比 Vector 公司更多的营运资金支持，反过来，Vector 公司必须比零售杂货店投入更多的营运资本。

在 Vector 公司的例子中，我们假定如果购买新混合动力公交车，就会使初始的营运资金投资增加 30 000 美元。营运资金投资的增加是新混合动力公交车运行所需的营运资金（36 000 美元）与旧公交车运行所需的营运资金（6 000 美元）之差。技术先进的新混合动力公交车的电池和备用零件的重置成本更高，所以增加 30 000 美元投资。在第 0 年，这 30 000 美元是现金流出，在第 5 年末收回变成现金流入。

1c. 当前处置旧公交车的税后现金流入。处置旧公交车而收到的任何现金都是相关现金流入（在第 0 年），因为它是与新混合动力公交车投资决策相关的现金流。如果 Vector 公司投资于新混合动力公交车，它将以 28 500 美元的价格来处置旧公交车。回忆第 12 章所论述的，旧设备的账面价值（等于初始成本减去累计折旧）与投资决策无关，它是过去发生的成本或者沉没成本。但是，当考虑税收因素时，账面价值就起作用了，因为它决定了出售公交车的收益或损失和为交易支付（或节省）的税费。

考虑处置旧公交车给税费带来的影响。我们首先计算处置带来的损失和收益：

当前处置旧公交车的收入（已知）	$ 28 500
减：旧公交车的账面价值（已知）	$ 60 000
处置公交车的损失	$(31 500)

任何处置资产的损失都会降低所得税税额，从而带来税费的节省。处置旧公交车的税后现金流如下：

当前处置旧公交车的收入（已知）	$28 500
损失带来的税费节省（0.40×31 500）	$12 600
处置旧公交车带来的税后现金流入	$41 100

图表 22-6 中 1a、1b、1c 的金额表明在投资的第 0 年，新混合动力公交车初始净投资等于 648 900 美元（公交车的初始投资为 660 000 美元，加上初始营运资金投资 30 000 美元，减去当前处置旧公交车的税后现金流 41 100 美元）。[①]

2. 经营现金流。这类现金流包括两种方案下每年经营现金流的差异。组织进行资金投资是为了产生未来现金流入。这些现金流入可能来自生产或销售额外的产品和服务，或者如 Vector 公司的例子所示，现金流入来自燃料、维修和运营成本的节省，以及高票价和新顾客（他们希望使用更舒适和便利的新混合动力公交车）带来的额外收入。年经营现金流在某些年可能是净流出。举例来说，雪佛龙公司定期对原油开采设备进行改造升级，尽管从长期来讲升级的净现值为正，但在升级的年份经营现金流往往为负值。请将注意力放在经营现金流而不是应计制会计里的收入和费用上。

额外的经营现金流入——在前 4 年为每年 220 000 美元，在第 5 年为 170 000 美元——是相关的，因为这些预期未来现金流会因公司是否购买新混合动力公交车而不同。下面将描述这些现金流的税后影响。

2a. 年税后经营现金流（不考虑折旧）。40% 的税率使投资新混合动力公交车后的第 1 年到第 4 年的额外经营现金流减少了 220 000 美元。税后现金流（不考虑折旧）如下：

使用新混合动力公交车后的年现金流	$220 000
减：应支付的所得税（0.40×220 000）	$ 88 000
年税后经营现金流	$132 000

第 5 年，其税后现金流（不考虑折旧）如下：

使用新混合动力公交车后的年现金流	$170 000
减：应支付的所得税（0.40×170 000）	$ 68 000
年税后经营现金流	$102 000

图表 22-6 的 2a 项表明在第 1 年到第 4 年，年税后经营现金流为每年 132 000 美元，第 5 年为 102 000 美元。

为了加强对现金流的关注，请考虑 Vector 公司下列额外信息：假定无论是购买新混合动力

---

① 为了举例说明存在处置收益的情况，假定旧公交车现在能卖 70 000 美元。那么企业将会记录 10 000 美元的处置收益（70 000−60 000），导致税费增加 4 000 美元（0.40×10 000）。那么当前处置的税后现金流入等于 66 000 美元（70 000−4 000）。

公交车还是继续使用旧公交车，总的管理成本不变。根据每辆公交车的运营成本，将管理成本分摊到每辆公交车上——Vector 公司有很多辆新混合动力公交车。由于新混合动力公交车的运营成本更低，分配给它的管理成本将比分配给旧公交车的成本少 25 000 美元。Vector 公司在相关现金流分析中如何将减少的管理成本分摊额 25 000 美元考虑进来呢？

为了回答这个问题，我们需要知道，新混合动力公交车是否确实减少了 Vector 公司的总管理成本。在我们的例子里，它没有减少。无论是否购买新混合动力公交车，Vector 公司的总管理成本都保持不变，只是分摊到每辆公交车上的管理成本发生了变化。管理成本分摊到新混合动力公交车上的金额比分摊到旧公交车上的金额少 25 000 美元。这笔 25 000 美元的差额将被公司的其他公交车分摊，在总成本中没有发生现金流的节省。因此，25 000 美元是不包括在年经营现金流节省中的。

下一步要考虑的是折旧带来的影响。在贴现现金流量分析中，折旧额本身是不相关的，它属于成本的非付现分摊，而贴现现金流量法是以现金的流入和流出为基础的。如果使用贴现现金流量法，设备的初始成本在第 0 年被当作一笔一次付清的现金流出。从营业现金流入中扣除折旧费用将导致重复计算这笔一次性付清的金额。但是，折旧带来了所得税的现金节省，这种税额节省与现金流是相关的。

2b. 年折旧抵扣带来的所得税现金节省。实际上，折旧抵扣带来的所得税现金节省部分抵消了新混合动力公交车的取得成本。通过购买新混合动力公交车，Vector 公司每年能够扣除 132 000 美元折旧，而旧公交车的折旧只有 12 000 美元。每年增加的 120 000 美元折旧抵扣导致每年所得税现金节省增加 120 000×0.4，即 48 000 美元。图表 22-6 中的 2b 项表明第 1 年至第 5 年的所得税现金节省均为 48 000 美元。[1]

出于经济政策考虑，政府通常鼓励投资（在某些情况下限制投资），因此在税法中详细说明了折旧方法和折旧期。假定政府允许使用加速折旧法，这种规定将导致在投资的早期有更高的折旧抵扣。Vector 公司是否应该使用加速折旧法呢？答案是肯定的。因为对于 Vector 这样的营利性企业，在纳税筹划中有一个一般性的规则：如果是合法选择，应尽早而不是推迟折旧（或者其他的抵扣）。这是因为所得税节省发生得早，会带来净现值的增加。

3. 最终的投资处置。项目终止时，新投资的处置一般会带来现金流入的增加。由于远期资金的现值一般很小，因此对于长期的投资，预计最终处置价值时发生错误并不关键。对于 Vector 公司来说，构成最终的投资处置价值的两部分为：（1）最终处置公交车的税后现金流；（2）收回营运资金带来的税后现金流。

3a. 最终处置公交车的税后现金流。在项目末期，公交车的最终处置价值常常比初始净投资小得多（有时可能是 0）。相关现金流入为两种投资决策下 5 年末最终投资处置价值的差值。旧公交车和新混合动力公交车处置会导致第 5 年税后现金流入为 0。因此，两种投资决策的处置税后现金流入没有差异。

因为旧公交车和新混合动力公交车的处置价值等于它们处置时的账面价值（在每种情况下，此价值都为 0），因此对两种投资决策都没有税费影响。如果旧公交车和新混合动力公交车的处置价值不等于它们处置时的账面价值，会怎么样？在这种情况下，计算最终现金流入的方法与

---

[1] 如果 Vector 公司是一个非营利性的基金会，不用上缴所得税，第 1 年至第 4 年经营现金流将等于 220 000 美元，第 5 年等于 170 000 美元，收入不会减少 40%，而且折旧抵扣也不会带来任何的所得税现金节省。

1c 部分描述的计算当前处置旧公交车的税后现金流入的方法是一样的。

3b. 收回营运资金带来的税后现金流。营运资金的初始投资一般在项目终止后就会全额收回。那个时候，用来维持项目的存货和应收账款都不再需要了。Vector 公司收到的现金等于营运资金的账面价值。因此，营运资金没有发生任何的收益或损失，也就是说没有产生任何的税费影响。相关现金流入是在两种方案下，预期收回的营运资金之差。如果投资于新混合动力公交车，在第 5 年末，Vector 公司将收回 36 000 美元的付现营运资金；如果继续使用旧公交车，公司将收回 6 000 美元的付现营运资金。换新混合动力公交车在第 5 年给 Vector 公司带来的相关现金流入是 30 000 美元（36 000－6 000）。

一些投资项目会减少营运资金。假定有一个 7 年期的计算机集成制造项目，其会带来存货的减少，从而减少 2 000 万美元的营运资金（从 5 000 万美元减少到 3 000 万美元）。这种减少在第 0 年表示为 2 000 万美元的现金流入。在第 7 年年底，营运资金的收回将增加 2 000 万美元的相关现金流出。这是因为在该项目的投资中，企业仅收回了 3 000 万美元的营运资金，而不是其没有进行投资时能收回的 5 000 万美元营运资金。

图表 22－6 在"第 5 年"一列中列示了 3a 和 3b。图表 22－6 中的相关现金流在前面论及的资本预算方法中是已知的。

小练习 22－4

Long-lasting Tire 公司需要对自动升降系统进行大修或购买一套新系统。相关数据如下：

	现有系统	新系统
购买价格	$122 750	$165 800
当前账面价值	$ 37 100	
现在需要大修	$ 30 500	
年度现金运营成本	$ 69 700	$ 53 800
当前残值	$ 46 000	
9 年后的残值	$ 9 000	$ 40 500

在目前必要收益率为 16％ 的情况下，哪种选择是最理想的？假设不纳税，列示计算过程。

22.6 项目管理与业绩评价

到目前为止，我们研究了识别相关现金流的方法及分析技术。资本预算的最后一步（步骤 5）是从实施决策和管理项目开始的。[①] 这包括对投资活动的管理控制和将项目作为一个整体的管理控制。

资本预算项目（如购买新混合动力公交车或视频会议设备）比建造购物商城或生产工厂的项目更容易实施。建造项目更复杂，因此，监控投资计划和预算对于整个项目的成功是很重要

---

① 在本节中，我们不考虑项目融资的不同选择（细节参见公司理财教材）。

的。这就导致了资本预算中步骤 5 的第二个维度：评价业绩与学习。

22.6.1 项目后期审计

项目后期审计给管理者提供了业绩反馈信息，因此管理者可以将备选项目的预计成本和产出与实际结果进行比较。假设实际结果（如 Vector 公司从购买新混合动力公交车中获得的额外经营现金流）比预计结果差得多，管理者必须调查出现这一结果的原因：是因为原来的评估过于乐观，还是项目实施中出现了问题？这两种类型的问题都应予以关注。

过于乐观的估计可能导致管理者接受本应拒绝的项目。为了摒弃不现实的预测，诸如杜邦等公司保留了每个管理者做出的投资决策或审批项目时签署的估计结果与实际结果的比较记录。项目后期审计有助于防止管理者高估项目的现金流入和接受本应否决的项目。诸如项目管理差、质量控制差或营销不足等实施问题也应予以关注。项目后期审计有助于提醒高级管理层注意这些问题，以便快速纠正。

公司应该在充分了解项目结果后，认真、周全地进行项目后期审计。过早进行审计会产生误导。而且，获得实际结果并与估计结果进行比较通常比较困难。比如，在某个特殊时期，宏观经济因素，如天气和燃料价格变化，可以极大地影响公交车的乘客量和运营成本。因此，来自 Vector 公司新混合动力公交车的全部额外净收入不能立即与估计的收入进行比较。更好的评价应该考虑多个季度的平均收入。

22.6.2 业绩评价

前面的讨论表明，理想情况下，应该逐个项目地评价管理者，并且考虑管理者在实现预计现金流的数量和时间方面做得如何。然而，在实务中，公司通常根据汇总的信息评价管理者，特别是在有多个项目正在进行时。那么，对公司来说，重要的是要确保评价方法与制定资本预算决策使用的净现值法不冲突。例如，假定 Vector 公司使用每个期间产生的应计会计收益率来评价管理者。我们知道，管理者应该购置新混合动力公交车，因为它的净现值为 69 840 美元。但是，如果初始净投资的应计会计收益率 8.3% 低于 Vector 公司要求获得的最低会计收益率，那么管理者可能拒绝这个项目。

用净现值法进行资本预算决策，而用其他方法来评价业绩时，会发生冲突。即使净现值法是最好的资本预算决策方法，管理者也更倾向于根据评价他们的方法做资本预算决策。如果管理者经常被调动（或晋升），或者他们的奖金受每年的应计利润水平的影响，这种倾向就变得更加明显。

即使公司使用同样的指标制定资本预算决策与评价业绩，二者之间的其他冲突依然存在。如果新混合动力公交车的应计会计收益率超过应计会计收益率的最低要求，但是低于公司当前在这个地区的应计会计收益率，管理者仍然倾向于拒绝购买新混合动力公交车，因为新混合动力公交车更低的应计会计收益率将减少整个地区的应计会计收益率，从而损害管理者的报告业绩。或者，考虑一个例子，新混合动力公交车的现金流入主要发生在项目后期，那么，即使项目的应计会计收益率超过了管理者当前负责的项目的应计会计收益率（也超过了应计会计收益率的最低要求），管理者仍然会拒绝项目，因为在最开始的几年里，项目对应计会计收益率有负面影响。在第 24 章中，我们将会更深入地研究这些冲突，并且介绍诸如经济增加值等业绩评价模型如何帮助减少这些冲突。

22.7 资本预算中的战略因素

在制定资本预算决策时，管理者要考虑公司的战略目标。苹果、联邦快递、星巴克和喜达屋酒店及度假村（Starwood Hotels & Resorts）都扩展到欧洲和亚洲，它们的战略决策涉及多个国家的资本投资。威瑞森进军视频会议市场的战略决策需要借助收购 BlueJeans 的手段进行资本投资。亚马逊希望进入医疗保健市场，因此收购了 PillPack 公司，并与摩根大通和伯克希尔哈撒韦联手创立了医疗合资企业 Haven。吉利德科学公司（Gilead Sciences）决定开发 Harvoni 作为治疗丙型肝炎的专利药物，因此对研发和营销进行了大量投资。保时捷公司决定生产一款名为保时捷 Taycan 的电动汽车，这需要创业投资来组建一个电动汽车部门，并需要持续投资来资助该部门进行研发工作。

资本投资决策本质上的战略性要求管理者考虑更大范围内的因素，而这些因素可能是很难去评估的。考虑一下，要证明通用汽车、谷歌和优步等公司在自动驾驶汽车技术上的投资是否合理，还存在一些困难。量化这些投资的潜在收益需要假设技术的最终稳健性、监管批准、法律责任、消费者需求的变化，并考虑交通运输行业在持续的气候危机下的整体发展方向。这种新兴技术的潜在效益仍然难以评估。管理者需要运用经验和直觉做出这些决策。

22.7.1 研发投资

诸如制药行业的葛兰素史克公司（GlaxoSmithKline）和半导体行业的英特尔公司都将研发项目作为重要的战略投资项目。然而研发投资项目的远期收益比购买新设备等投资项目的不确定性更大。从积极的方面来说，研发投资常常是分阶段进行的：随着时间的推移，公司可以根据已经取得的进展减少或增加项目的投资。研发投资的期权特征——称为实物期权，是研发投资的一个重要方面。它增加了投资的净现值，因为当事情进展得不顺利时，公司可以限制损失；而当事情进展顺利时，公司可以利用新的机会。例如，一家制药公司可以根据合资公司开发的新药的临床试验进展，增加或减少在合资公司中的投资。

22.7.2 客户价值和资本预算

最后需要注意，管理者可以将本章介绍的框架用于评价投资项目和制定战略决策。以 Potato Supreme 公司为例。Potato Supreme 公司生产土豆制品并销售给各零售渠道。目前，它分析了自己的两个客户：Shine Stores 和 Always Open。Potato Supreme 公司对接下来 5 年中每个客户的净现金流入做了预测（单位：千美元）：

	2020 年	2021 年	2022 年	2023 年	2024 年
Shine Stores	1 450	1 305	1 175	1 058	950
Always Open	690	1 160	1 900	2 950	4 160

对 Potato Supreme 公司来说，哪个客户更有价值呢？只考虑当期，2020 年 Shine Stores 提供的净现金流是 Always Open 的两倍多（1 450 000 美元比 690 000 美元）。但是如果你考虑整个 5 年的时间长度，结果就不同了。Potato Supreme 公司预计 Always Open 的订单会增加，而

Shine Stores 的订单会减少。如果 Potato Supreme 公司的必要收益率为 10％，则其客户 Always Open 的净现值为 7 610 000 美元，而 Shine Stores 是 4 591 000 美元（没有给出计算过程）。注意在其客户价值的评估中，其净现值和有关 Always Open 未来增长的信息是怎样获得的。在分配资源和为个别客户增加销售人员时，管理者可以利用这些信息。Potato Supreme 公司可以通过计算净现值来检测提高客户忠诚度和回头率的两种不同方法的效果。例如，向频繁购买的客户赠送贵宾卡。

客户净现值评估中的年度变化比较报告关注的是管理者是否能够与他们的客户成功地保持长期有利的关系。假设 Potato Supreme 公司客户账户的净现值在 1 年内减少了 15％。公司管理者可能会审视减少的原因——例如，竞争对手制定了侵略性的定价，然后为将来制定一个新产品开发和营销的战略。

第一资本是一家金融服务公司，它采用净现值法估计使用不同信用卡的客户的价值。如斯普林特（Sprint）和威瑞森无线（Verizon Wireless）等移动电话公司甚至试图与客户签约以提供长期服务。这样做是为了防止出现客户流失，即客户频繁地从一家公司换到另一家公司。客户流失的可能性越大，该客户对移动电话公司的净现值就越低。

📖 自测题

A 部分

回到 Vector 公司的新混合动力公交车项目。假设 Vector 公司是一个非营利组织，预期第 1～4 年的年现金流入量均为 240 000 美元，第 5 年为 210 000 美元。使用本章"贴现现金流量分析中的相关现金流"部分的数据，初始净投资为 661 500 美元（新混合动力公交车初始投资 660 000 美元加上初始营运资金投资 30 000 美元减去旧公交车的当前处置价值 28 500 美元）。所有其他条件都不变：5 年的使用期限，净残值为零，必要收益率为 8％。第 5 年的现金流入为 240 000 美元，其中包括营运资金的回收额 30 000 美元。

要求：

计算以下几项：

1. 净现值；
2. 内部收益率；
3. 回收期；
4. 初始净投资的应计会计收益率。

B 部分

假设 Vector 公司需要上缴税率为 40％的所得税。A 部分中所有其他信息不变，计算投资新混合动力公交车项目的净现值。

A 部分

解答：

1. 净现值：

$$\text{NPV} = (240\,000 \times 3.993) - 661\,500$$

$$= 958\,320 - 661\,500 = 296\,820（美元）$$

2. 计算内部收益率有好几种方法。一种是使用附带内部收益率计算功能的计算器，可以得到内部收益率为 23.8%。还有一种是使用书末附录中的表 4 计算：

$$661\ 500 = 240\ 000F$$

$$F = \frac{661\ 500}{240\ 000} = 2.756$$

在表 4 中的第 5 期中，最接近 2.756 的是 24%。为了获得一个更为准确的数字，我们可以使用直线插值法：

	现值因子	
22%	2.864	2.864
IRR	—	2.756
24%	2.745	—
差额	0.119	0.108

$$IRR = 22\% + 0.108 \div 0.119 \times 2\% = 23.8$$

3. 回收期：

$$回收期 = \frac{初始净投资}{未来年现金流的等量增长额}$$

$$= 661\ 500 \div 240\ 000 = 2.76\ 年$$

4. 初始净投资的应计会计收益率：

$$AARR = \frac{预计年平均营业利润的增长}{初始净投资}$$

$$预计年平均营业现金节省的增加 = ((240\ 000 \times 4) + 210\ 000) \div 5$$
$$= 1\ 170\ 000 \div 5 = 234\ 000(美元)$$

年折旧增加 $= 132\ 000 - 12\ 000 = 120\ 000(美元)$

预期年平均营业利润的增长 $= 234\ 000 - 120\ 000 = 114\ 000(美元)$

$$AARR = 1\ 140\ 000 \div 661\ 500 = 17.2\%$$

B 部分

解答：

为了节省空间，图表 22-7 中的计算方法运用了一个与本章有些不同的公式。2a 中新的现金流假定影响净现值分析（与图表 22-6 比较）。图表 22-7 中的所有其他数额与图表 22-6 中的相应数额相同。第 1～4 年的年税后经营现金流（不考虑折旧）如下：

新混合动力公交车的年经营现金流	$240 000
减：所得税(0.40×240 000)	$ 96 000
年税后经营现金流	$144 000

第 5 年的年税后经营现金流（不考虑折旧）如下：

新混合动力公交车的年经营现金流	$210 000
减：所得税(0.40×210 000)	$ 84 000
年税后经营现金流	$126 000

图表 22-7 中的净现值为 125 928 美元。正如在 A 部分计算的，当不考虑所得税时，其净现值为 296 820 美元。这两个净现值的差异描述了资本预算中所得税的影响。

		现金流现值	贴现率为8%时1美元的现值	年末相关的现金流					
				0	1	2	3	4	5
1a.	新混合动力公交车的初始投资	$(660 000)	◂ 1.000 ◂	$(660 000)					
1b.	初始营运资金投资	$ (30 000)	◂ 1.000 ◂	$ (30 000)					
1c.	当前处置旧公交车的税后现金流	$ 41 100	◂ 1.000 ◂	$ 41 100					
	初始净投资	(648 900)							
2a.	年税后经营现金流（不考虑折旧）								
	第1年	$ 133 344	◂ 0.926		$144 000				
	第2年	$ 123 408	◂ 0.857			$144 000			
	第3年	$ 114 336	◂ 0.794				$144 000		
	第4年	$ 105 840	◂ 0.735					$144 000	
	第5年	$ 85 806	◂ 0.681						$126 000
2b.	年折旧抵扣带来的所得税现金节省								
	第1年	$ 44 448	◂ 0.926		$ 48 000				
	第2年	$ 41 136	◂ 0.857			$ 48 000			
	第3年	$ 38 112	◂ 0.794				$ 48 000		
	第4年	$ 35 280	◂ 0.735					$ 48 000	
	第5年	$ 32 688	◂ 0.681						$ 48 000
3.	税后现金流								
	a. 最终处置汽车	0	◂ 0.681						0
	b. 收回营运资金	$ 20 430	◂ 0.681						$ 30 000
	如果购买新混合动力公交车的净现值	$ 125 928							

图表 22-7　考虑所得税影响的净现值法：Vector 公司的新混合动力公交车的修正年经营现金流

决策要点

下面的问答形式是对本章学习目标的总结，"决策"代表与学习目标相关的关键问题，"指南"则是对该问题的回答。

决策	指南
1. 资本预算的五个步骤是什么？	资本预算是对资本支出项目的长期计划。资本预算的五个步骤是：（1）确定项目。确定与组织战略一致的备选投资项目。（2）获取信息。从价值链的各部分收集信息以评估备选投资项目。（3）进行预测。预测备选投资项目的全部潜在现金流。（4）选择项目做决策。确定哪一个投资项目的收益最大、成本最小。（5）实施决策、评价业绩与学习。获得资金并实施步骤4中选择的投资项目；追踪实际现金流，将其与估计结果进行比较，并对计划进行必要的修正。
2. 项目评价的两种主要贴现现金流量法是什么？	两种主要的贴现现金流量法是净现值法和内部收益率法。净现值法通过用必要收益率将预计未来现金流入量和流出量折现为当年的价值计算出项目的预计货币损益。如果净现值为正，则说明项目可以接受。内部收益率法计算使项目预计现金流入量现值等于现金流出量现值的回收率。如果财务报表上的内部收益率大于必要收益率，则说明项目可以接受。贴现现金流量法是资本预算的最优方法，因为它考虑了资金的时间价值和投资项目的全部现金流量。净现值法是首选的贴现现金流量法。

续表

决策	指南
3. 什么是回收期法与贴现回收期法？它们的主要缺点是什么？	回收期法运用现金流入、项目投资中所有的现金额来计算弥补初始投资所需要的时间。回收期法忽略了回收期后的现金流和资金的时间价值。贴现回收期法计算现金流入的现值等于现金流出的现值所需要的时间。它调整了资金的时间价值，但忽视了贴现回收期之后的现金流。
4. 对评价长期项目而言，应计会计收益率法的优势与劣势是什么？	应计会计收益率法是用应计制会计中的项目的年均收益额除以投资额得到的比率。该方法让管理者了解接受一个项目将如何影响公司未来报告的盈利能力。但是，该方法使用应计会计利润数字，没有使用现金流，而且忽略了资金的时间价值。
5. 什么是资本预算决策中的相关现金流入和流出？如何理解应计制会计这个概念？	贴现现金流量分析中的相关现金流入和流出是由投资引起的预期未来现金流的差额。只有现金流入和流出是需要关注的；应计制会计概念与贴现现金流量法无关。例如，由于折旧抵扣而实现的所得税节省是相关的，因为其减少了现金流出，但折旧本身是非付现的。
6. 用贴现现金流量法进行资本预算决策与用应计制会计评价业绩之间会有什么冲突？如何减少这种冲突？	用应计制会计来评价管理者的业绩或决策将妨碍贴现现金流量法在资本预算决策中的运用。运用贴现现金流量法所做的决策使得项目在前期各年营业利润水平较低，因此，用贴现现金流量法制定的决策即使从长期来看对企业是有利的，管理者往往也不愿意采纳。这种冲突的减少可以通过以项目为基础，评价、考核管理者在取得预计现金流的金额和时间方面的表现来实现。
7. 管理者如何使用资本预算决策来实现战略目标？	公司的战略是战略资本预算决策的根源。这种决策要求管理者考虑更大范围内的因素，而这些因素可能是很难评估的。管理者需要运用经验和直觉制定这些决策。例如，研发项目是重要的战略投资项目，其远期收益的不确定性通常很大。

📚 习 题

22-25 不均衡现金流下的资本预算（不考虑所得税）。Eastern Cola 公司正考虑以 70 000 美元购买一台专用灌瓶机。预计其使用寿命为 4 年，净残值为 0。公司经理预计每年带来的现金营业成本节省如下：

年次	金额
1	$30 000
2	$25 000
3	$20 000
4	$15 000
合计	$90 000

Eastern Cola 公司在资本预算决策中的预期收益率为 20%。分析中忽略所得税。假设除了初始投资外，所有现金流都在年末实现。

要求：

计算以下有关灌瓶机的数据：

1. 净现值；

2. 回收期；

3. 贴现回收期；

4. 内部收益率（使用插值法）；

5. 基于初始净投资的应计会计收益率（假设用直线折旧法，利用年均节省的现金营业成本计算应计会计收益率的分子）。

22-26　项目比较（不考虑所得税）（CMA，改编）。New Med 公司是一家快速成长的生物科技公司，其必要收益率为 12%。公司计划在圣克拉拉县建造一个新设施。该设施需要 2 年才能完成。建筑承包商向 New Med 公司提供了如下三种付款计划：

● 计划 Ⅰ：签订合约时支付 150 000 美元，项目完工后支付 4 575 000 美元，项目将在第 2 年年底完工。

● 计划 Ⅱ：签订合约时支付 1 775 000 美元，在接下来的 2 年中每年年底支付 1 775 000 美元。

● 计划 Ⅲ：签订合约时支付 450 000 美元，在接下来的 3 年中每年年底支付 1 575 000 美元。

要求：

1. 用净现值法计算 New Med 公司三种付款计划的成本。

2. New Med 公司会选择哪种付款计划？请解释。

3. 请讨论在选择适当的付款计划时应考虑的财务因素（除了计划成本）和非财务因素。

22-27　回收期法和净现值法（不考虑所得税）（CMA，改编）。Lulus Construction 公司正对明年购买新设备的资本支出计划进行分析。当年的资本预算被限制在 12 000 000 美元以内。公司的分析师莉莎·比克森（Lyssa Bickerson）正在为公司所有者卡登·卢卢斯（Caden Lu-lus）考虑的三个项目编制一份分析报告。

	A	B	C	D
1		项目A	项目B	项目C
2	预计的现金流出			
3	初始净投资	$6 000 000	$4 000 000	$8 000 000
4				
5	预计的现金流入			
6	第1年	$2 050 000	$1 100 000	$4 700 000
7	第2年	$2 050 000	$2 300 000	$4 700 000
8	第3年	$2 050 000	$ 700 000	$ 50 000
9	第4年	$2 050 000		$ 25 000
10				
11	必要收益率	8%	8%	8%

要求：

1. 因为公司的现金是有限的，卡登认为应该使用回收期法选择投资项目。

（1）使用回收期法选择项目的优缺点是什么？

（2）计算三个项目的回收期（不考虑所得税影响）。公司使用回收期法应该选择哪个项目？

2. 莉莎认为应该根据净现值法来选择项目。假设除了初始投资，所有的现金流都发生在年末。计算每个项目的净现值（不考虑所得税影响）。

3. 如果可能，你会推荐投资哪个项目？请简要说明理由。

22-28　贴现现金流量法，应计会计收益率，营运资金，业绩评价（不考虑所得税）。Green Lab 公司计划为在佛罗里达州的工厂购买一台新离心机。机器耗资 437 000 美元，预计有效使用年限为 8 年，残值为 42 000 美元。预计每年节省付现营业成本 85 000 美元。然而，需要增加营运资金来保持机器有效运转。营运资金必须连续不断地投入，在任何时候都必须保持 15 000 美元的投资，但这项投资在有效使用期末可收回（属于"现金流入"）。Green Lab 的必要收益率为 8%。分析中不考虑所得税。假设除了初始投资，所有的现金流都发生在年末。Green Lab 对其机器采用直线折旧法。

要求：

1. 计算净现值。

2. 计算内部收益率。

3. 以初始净投资为分母计算应计会计收益率。

4. 你有权做出购买决定。为什么你不愿用贴现现金流量法做决策？

22 - 29 新设备购置（考虑所得税）。Jenna's Bakery 公司计划为其门店购买一个烤箱。预计烤箱的使用寿命为 4 年。烤箱的预计税前现金流如下表所示，预计营运资金没有变化。Jenna's Bakery 预计税后必要收益率为 8%，所得税税率为 34%。假设出于税收目的，使用烤箱的初始净投资和预计最终处置价值，根据直线法计提折旧。假设除了初始投资，所有的现金流都发生在年末。

	A	B	C	D	E	F
1		**每年末相关现金流**				
2		0	1	2	3	4
3	烤箱初始净投资	$(70 000)				
4	年经营现金流（扣除所得税影响）		$24 000	$24 000	$24 000	$24 000
5	烤箱最终处置价值					$ 7 000

要求：

1. 请计算：（1）净现值；（2）回收期；（3）内部收益率。

2. 以初始净投资为分母计算应计会计收益率。

 **附 录**

资本预算和通货膨胀

Vector 公司的例子（图表 22 - 2 至图表 22 - 6）并不包括对相关成本和费用进行通货膨胀的调整。通货膨胀是指货币单位（如美元）的一般购买力下降。每年 10% 的通货膨胀率意味着年初用 100 美元购买的物品年末需要用 110 美元才能买到。

为什么在资本预算中考虑通货膨胀因素如此重要？因为货币单位一般购买力的下降会使未来现金流高于没有通货膨胀的状况。除非分析师认识到膨胀的现金流是以美元衡量的，而美元的购买力比初始投资的美元的购买力更低，否则这些膨胀的现金流会使项目看起来比实际更好。分析通货膨胀需要区分实际收益率和名义收益率。

实际收益率是在没有通货膨胀的情况下涵盖投资风险的回报率。实际收益率由两部分构成：（1）无风险部分（没有预期通货膨胀时无风险的长期政府债券的纯回报率）；（2）企业风险部分（因承担风险而要求的风险溢价）。

名义收益率是涵盖投资风险和预期通货膨胀造成货币单位一般购买力下降的回报率。名义收益率由三部分构成：（1）没有预期通货膨胀时的无风险部分；（2）企业风险部分；（3）通货膨胀部分。其中（1）和（2）构成涵盖投资风险的实际收益率。通货膨胀部分是高于实际收益率的溢价。因为投资者希望自己获得的回报能够补偿投资风险及通货膨胀引起的一般购买力的下降，所以金融市场中的回报率一般是指名义回报率。

假设 Network Communications 公司投资高风险的蜂窝数据传输设备的实际收益率是每年20%，预期通货膨胀率为每年10%。名义收益率如下：

$$名义收益率＝(1＋实际收益率)×(1＋通货膨胀率)－1$$
$$＝(1＋0.20)×(1＋0.10)－1$$
$$＝(1.20×1.10)－1＝1.32－1＝0.32 \ 或 \ 32\%$$

名义收益率与实际收益率和通货膨胀率有关：

实际收益率	0.20
通货膨胀率	0.10
组合(0.20×0.10)	0.02
名义收益率	0.32

注意，名义收益率 0.32 略高于实际收益率（0.20）与通货膨胀率（0.10）之和 0.30。这是由于名义收益率承认 10% 的通货膨胀率降低了本年获得的 20% 的实际收益率的购买力。组合部分代表由于通货膨胀导致本年获得的实际收益的购买力下降，投资者对此寻求的额外补偿。[1]

净现值法与通货膨胀

将通货膨胀纳入净现值法时的关键是保证内部一致性。有两种保证内部一致性的方法：

1. 名义法：以名义货币单位预测现金流入和流出，并且使用名义收益率作为必要收益率。

2. 实际法：以实际货币单位预测现金流入和流出，并且使用实际收益率作为必要收益率。

我们将讨论限制在更简单的名义法上。考虑一项投资，期限两年，预计每年销售 100 单位产品，净现金流入为 1 000 美元（每单位 10 美元），不存在通货膨胀。假设现金流发生在每年年末。如果预期每年的通货膨胀率为 10%，第一年销售一单位产品的净现金流入为 11 美元（10×1.10），第二年为 12.1 美元（11×1.10，或 $10×1.10^2$），因此第一年的净现金流入为1 100 美元，第二年为 1 210 美元。由于包含通货膨胀的影响，1 100 美元和 1 210 美元的净现金流入是名义现金流入。名义现金流是记录在会计系统中的现金流。每年 1 000 美元的现金流入是实际现金流，会计系统并不记录这类现金流。因为使用会计系统的名义现金流与金融市场的名义收益率，所以名义法更容易理解和应用。

假设 Network Communications 公司能够购买设备制造和销售以太网刀片式交换机，初始净投资为 750 000 美元，设备预期使用寿命为 4 年，没有残值。4 年中预期每年通货膨胀率为10%。该公司要求税后名义收益率为 32%（见前面）。下表给出了未来 4 年中预期设备带来的实际（假设没有通货膨胀）和名义（考虑累计通货膨胀后）净现金流入（所得税前的，且不包括750 000 美元的初始净投资）：

---

① 实际收益率能够用名义收益率表示如下：
$$实际收益率＝\frac{1＋名义收益率}{1＋实际收益率}－1＝\frac{1＋0.32}{1＋0.10}－1＝0.20 \ 或 \ 20\%$$

年次 (1)	税前实际货币 现金流入 (2)	累计通货膨胀 率因子[a] (3)	税前名义货币 现金流入 (4)=(2)×(3)
1	$500 000	$1.10^1=1.100\ 0$	$550 000
2	$600 000	$1.10^2=1.210\ 0$	$ 72 600
3	$600 000	$1.10^3=1.331\ 0$	$798 600
4	$300 000	$1.10^4=1.464\ 1$	$439 230

a. $1.10=1.00+0.10$。

　　我们继续做简化的假设，即现金流发生在每年年末，所得税税率为 40%。由于纳税原因，设备采取直线法计提折旧。

　　图表 22 - 8 显示使用名义货币现金流和名义贴现率计算净现值。图表 22 - 8 中的计算包括初始净投资、每年经营税后现金流（不包括折旧的影响）及每年折旧抵扣的所得税现金节省。净现值是 202 513 美元，仅从财务方面考虑，该公司应该购买该新设备。

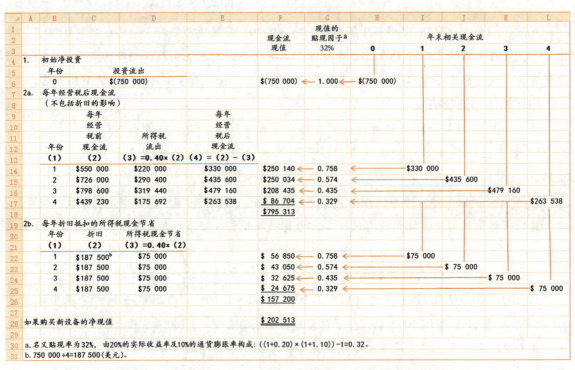

图表 22 - 8　Network Communications 公司购买新设备净现值法的名义法

第**23**章

管理控制系统、转移定价与跨国因素

学习目标

1. 描述管理控制系统及其三要素

2. 描述分权制的利弊

3. 解释转移价格及其四种评估标准

4. 确定转移价格的三种方法

5. 解释基于市价的转移价格在完全竞争市场中如何促进目标一致

6. 当转移价格以全部成本加成为基础时避免制定次优决策

7. 理解存在剩余生产能力时可行转移价格的范围和达成最终混合转移价格的替代方法

8. 建立一个一般指导原则确定最低转移价格

9. 考虑跨国转移定价中的所得税因素

转移价格是公司的一个子单元为向同一公司内的另一个子单元提供服务而索取的价格。

例如，在福特公司，汽车零部件、汽车组装服务都是在内部各部门间购买和出售的。诸如默克等许多制药公司的专利通常由外国的子公司持有，这就使得这些子公司的转移定价成为不同税收管辖区确认利润的关键因素。

公司使用转移价格：(1) 将管理者的注意力集中在自己单元的业绩上；(2) 计划和协调不同子单元的行动，以实现公司整体利润最大化。但是，转移价格也可能引发争议，因为不同子单元的管理者对转移价格的制定方式常常有迥然不同的偏好。例如，有些管理者偏好基于市价的定价方法，还有些管理者偏好基于成本的定价方法。在跨国公司向设在高税率国家的单位收取高额转移价格从而试图降低整体所得税负担的时候，也会产生争议。包括欧盟在内的许多司法管辖区试图限制这些行为，就像下面的例子所说的那样。

> 💡 **引例**　　　　　　**苹果公司被迫向爱尔兰支付 143 亿欧元的税款**
>
> 　　多年来，苹果公司一直在使用有争议的转移定价技术，将利润从高税收国家转移到低税收司法管辖区。2016 年，欧盟命令苹果公司向爱尔兰补交 131 亿欧元的税款，外加 12 亿欧元的利息，用于支付 2004—2014 年 1 110 亿欧元利润的未缴税款。这是有史以来最大的一笔企业所得税罚款。
>
> 　　欧盟得出的结论是，苹果公司将其于 1991—2015 年在欧洲各地销售 iPhone 和其他产品所产生的几乎所有利润都记入爱尔兰的苹果公司销售国际"总部"，该总部仅存在于纸面上。从那时起，苹果公司就对这些利润收取高额费用，因为子公司使用了其知识产权，从而将向爱尔兰缴纳的税款降至极低水平。欧盟发现，该协议允许苹果公司支付的最高年税率为 1%。通常，它实际支付的税款要少得多。例如，2014 年，该公司仅缴纳了利润的 0.005% 的税款。
>
> 　　苹果公司拒绝了欧盟的裁决，并提出上诉。苹果公司首席执行官蒂姆·库克（Tim Cook）表示，欧盟正在改写苹果公司在爱尔兰的历史，扰乱国际税收体系。他说苹果公司在 20 世纪 80 年代选择爱尔兰的科克作为其欧洲基地，并已在爱尔兰扩大到近 6 000 名工人。上诉仍在审查中。
>
> 资料来源：Sean Farrell and Henry McDonald，"Apple Ordered to Pay € 13bn After EU Rules Ireland Broke State Aid Laws，" *The Guardian*，August 30，2016（https://www.theguardian.com/business/2016/aug/30/apple-pay-back-taxes-eu-ruling-ireland-state-aid）；Cliff Taylor，"Apple's Irish Company Structure Key to EU Tax Finding，" *The Irish Times*，September 2，2016（https://www.irishtimes.com/business/economy/apple-s-irish-company-structure-key-to-eu-tax-finding-1.2775684）；No author，"Ireland Collects More Than € 14bn in Taxes and Interest from Apple，" *The Guardian*，September 18，2018（https://www.theguardian.com/world/2018/sep/18/ireland-collects-more-than-14bn-disputed-taxes-from-apple）。

　　尽管不是所有的公司都面临跨国税务问题，但是转移定价问题对于很多公司来说还是很常见的。在这些公司里，转移定价是更大的管理控制系统的一部分。本章讨论企业战略、组织结构、管理控制系统和会计信息之间的联系，着重讨论集权制和分权制组织结构的好处和组织为此付出的代价，并观察同一公司内各子单元之间转移产品和服务的定价。我们强调诸如成本、预算和价格等会计数据如何帮助制订计划和协调子单元的行动。

23.1　管理控制系统

　　管理控制系统（management control system）是一种收集信息和使用信息的手段，它通过对信息的使用，帮助并协调组织中计划的制订，控制组织的决策，并指导管理者及员工的行为。许多公司根据平衡计分卡的思想设计管理控制系统。例如，埃克森美孚公司的管理控制系统在平衡计分卡的四个维度都包含了财务和非财务信息。设计良好的管理控制系统既使用公司内部的信息，如净利润和员工满意度数据，也使用公司外部的信息，如股价和顾客满意度数据。

23.1.1　正式和非正式的管理控制系统

　　管理控制系统包括正式部分和非正式部分。一个公司的正式管理控制系统包括明确的组织规章、程序、业绩衡量方式、激励计划等，主要起到引导管理者和员工行为的作用。正式的管理控制系统由七个系统组成，例如：

- 管理会计系统，提供企业成本、收入及利润的信息；
- 人力资源系统，提供雇员招聘、培训、缺勤等方面的信息；
- 质量系统，提供产量、废品以及送货延迟等方面的信息。

非正式的管理控制系统包括共享价值观、对组织忠诚、组织内成员的共同责任、企业文化等其他非书面的但为成员所共同接受的行为准则。关于强化价值观和提高忠诚度的企业口号的例子有"李维斯，品质永不过时"和"沃尔玛，省钱，让生活更美好"等。

23.1.2　有效的管理控制系统

一个有效的管理控制系统必须与组织战略及组织目标保持高度一致。以埃克森美孚公司为例，它的两个战略是：（1）提供新产品或服务以增加在关键客户群中的市场份额（目标顾客是愿意为更快捷的服务、更好的设施和商品丰富的便利店支付高价的顾客）；（2）降低成本，以价格敏感型顾客为目标。假设埃克森美孚公司决定实行第一个战略，那么，管理控制系统必须加强这个目标，该公司应该将管理人员的奖励与实现目标的指标联系起来。

管理控制系统必须能适应管理人员不同的组织责任。埃克森美孚公司的各级管理人员在履行职责时需要不同的信息。例如，高级管理人员需要股票价格信息以评估公司为股东创造了多少价值。但是，股票价格对于监督精炼厂的生产经理来说就不那么重要，他们更关心汽油准时交货、设备停机、产品质量、因事故和环境问题损失的天数、每加仑汽油成本和员工满意度等方面的信息。同样，营销经理更关心加油站服务、客户满意度和市场份额等方面的信息。

有效的管理控制系统能激励管理者及员工。**激励**（motivation）是达到设定目标的愿望（目标一致）与对目标的追求（努力）的结合。

目标一致（goal congruence）体现在个人或团体都朝着实现组织目标的方向努力时，也就是管理者为了实现自己的最大利益而采取行动，同时又能够有效地推动最高管理层目标的实施时。假设埃克森美孚公司最高管理层的目标是使营业利润最大，如果管理控制系统仅仅根据成本评价精炼厂经理的业绩，那么，经理可能就会使成本最小，但是忽视产品质量或及时向零售站供货，这将不可能使公司整体的营业利润达到最大。在此情况下，管理控制系统不会实现目标一致。

努力（effort）是管理者为实现目标而奋斗的程度。它不仅指体力活动的付出，如一个工人以更快的速度进行生产，而且包含脑力活动的付出。例如，努力包括管理者在批准新投资项目前收集和分析数据的勤奋或敏锐。不能直接观察或奖励努力。因此，管理控制系统对完成诸如利润目标或股票回报等有形目标的员工进行奖励，以激励他们努力工作。这促使管理者努力工作，因为更高的努力水平增加了目标实现的可能性。这些奖励可能是货币形式的（如现金、公司股份、公司汽车使用权或俱乐部的会员资格），也可能是非货币形式的（如更高的头衔、更大的责任，或管理更多员工的权力）。

管理控制系统必须与组织结构相适应。与集权制企业相比，分权制企业在设计管理控制系统时要考虑不同的问题。

23.2　分权制

直到 20 世纪中期，许多公司仍然采用集权制、等级式的组织形式。集权制是一种组织结构，其权力集中在高层，低层管理者很少有制定决策的自由。

现在，组织在很大程度上是分权的，许多公司将决策权下放给子单元的管理者。**分权制**（decentralization）是一种组织结构，它授予低层管理者制定决策的自由。**自治权**（autonomy）指制定决策的自主程度。自主程度越大，自治权越大。在讨论分权制和自治权的问题时，我们使用术语"子单元"代指一个组织高层以下的任何一个部分。子单元可以是一个大的分公司，如埃克森美孚公司的炼油分公司；也可以是一个小组，如一个地方服装连锁店的两人广告部。

分权制组织结构的例子如将大部分的经营自主权授予工厂总经理的美国钢铁巨头纽柯公司（Nucor）、授予商店经理很大自主权的英国零售商 Tesco。当然，没有企业是完全分权的。纽柯公司的高层管理者仍然对公司的总体战略规划、融资、基本工资水平的设定和奖金目标等负责。多大程度的分权是最好的？企业应尽量选择使利益最大化的分权程度。下面，我们讨论分权制的好处和代价。

23.2.1　分权制的好处

分权制的支持者认为授权给子单元管理者有下列好处：

1. 对子单元顾客、供应商和雇员的需求做出及时的响应。没有正确的信息就不可能做出正确的决策。与高层管理者相比，子单元管理者对他们的竞争对手、供应商和雇员更为了解，也更清楚影响业绩的局部因素，如降低成本、改进质量和更好响应顾客的途径。全球供应链解决方案公司 Flex 使用分权制组织结构减少官僚作风，提高响应能力。管理者可以用公司全球范围内的信息技术解决一个当地顾客的问题，或者不需要通过烦琐的手续就能将一个项目发送给其他管理者。

2. 子单元管理者快速制定决策可带来收益。分权制加快了决策过程，可创造出集权制组织所缺乏的竞争优势。集权制组织由于在决策敲定前必须层层上报，决策过程缓慢。材料处理与存储系统解决方案供应商 Interlake Mecalux 举例说明了分权制的好处："我们已经将决策权更广泛地分散到产品和市场机会的前沿。"该公司的存储系统解决方案必须满足顾客的需求，向销售部门释放适当的权力有助于公司对顾客需求做出更快的响应。

3. 有助于管理人员的培养和学习。当子单元管理者能发挥更大的个人创造力时，通常其积极性更大。而且，给予管理者更多的责任有助于公司培养经验丰富的人才，以填补更高层的管理位置，并且淘汰那些不太可能成为成功的高层管理者的人。总部设在俄勒冈州的电子仪器公司泰克（Tektronix）认为："实行分权制的公司为管理者提供了一个培训场所和实战场地。在那里，产品斗士可能为了自己的想法而战斗。"

4. 突出子单元管理者关注的焦点，扩大高层管理者的权限。在一个分权制组织中，小型子单元的管理者有更需要关注的重点。例如，脸书印度尼西亚公司的领导者能够开发特定国家的知识与专长（关于地方广告趋势、文化规范、支付形式等等），专注于脸书在印度尼西亚的利润最大化。同时，这减轻了位于加利福尼亚州门洛帕克脸书总部的高级管理人员控制印度尼西亚公司日常经营决策的负担，他们能有更多的时间和精力来处理整个组织的战略规划事务。

23.2.2　分权制的代价

赞成高度集权制的人认为，因为如下原因，分权制的代价是高昂的：

1. 导致次优决策。如果子单元的管理者没有制定重大决策的必要专长或才能，公司作为一个整体会变得更差，因为高层管理者放弃了他们制定重大决策的责任。当某项决策为子单元带来的益处不足以抵消整个公司付出的代价时，即使子单元管理者有足够的能力，**次优决策**（suboptimal decision making）——也叫**缺乏一致性的决策**（incongruent decision making）或**功能不良的决策**（dysfunctional decision making）——仍然可能发生。当子单元之间存在高度依赖性时，这种情况比较普遍。如一个子单元的最终产品是另一个子单元的直接原材料或由另一个子单元销售。例如，假定在发布流行的新款游戏之后，索尼的营销组收到一个加急订单，为澳大利亚的游戏机提供额外的 PS4 Pro PlayStation 系统。索尼根据生产成本对日本的生产经理进行评价，因为改变生产计划不可避免地会增加生产成本，生产经理可能不愿意安排这个加急订单，但是，站在索尼的立场上，提供这款游戏机可能是最优的，这是因为该顾客愿意高价购买，也因为当前的发货预计会刺激索尼其他游戏机和设备的未来订单。

2. 导致不健康的竞争。在分权制下，某个子单元管理者可能将公司内其他子单元的管理者视为外部对手并与之竞争。这会促使他们将子单元的相对业绩看得比公司的整体目标更重。因此，管理者不愿意援助其他子单元（正如索尼的例子那样）或分享重要信息。2010 年关于丰田汽车召回的国会听证会披露，丰田的日本部门没有与美国、亚洲和欧洲的运营部门分享有关发动机问题或报告缺陷的信息，这种情况很普遍。丰田声称它将改变这种不正常的行为。

3. 导致产出重复。如果子单元提供相似的产品或服务，它们的内部竞争将会导致外部市场的失败。原因是，分部可能会发现，通过模仿对方的成功产品而非竞争企业的产品，更容易从对方那里抢走市场份额。这种情况最终会导致顾客的混乱，使每个分部失去其独特的优势。一个典型的例子是通用汽车公司，它最终解散了奥兹莫比尔（Oldsmobile）、庞蒂亚克（Pontiac）和土星（Saturn）分部。类似地，康泰纳仕出版社（Conde Nast Publishing）的独特食品杂志《好胃口》（*Bon Appétit*）和《美食家》（*Gourmet*）最终追求的是相同的读者和广告商，对双方都造成了损害。《美食家》杂志在 2009 年 12 月停刊。[①]

4. 导致经济活动重复进行。即使子单元在不同的市场运营，公司的几个子单元也可能分别从事着相同的作业。在一个高度分权制的公司里，每个子单元可能都有人员拥有相同的职能，如都有各自的人力资源部或信息技术部。将这些职能集中起来有助于简化活动和节约资源，消除重复带来的浪费。例如，电力和自动化技术的全球领导者瑞士 ABB 公司实行分权制，但是通过对各业务单元的零部件（如管道泵及其配件）以及工程安装服务的采购决策实施集权控制，已产生了显著的成本节约。在公司里，子单元分享服务（如信息技术和人力资源）正变得越来越流行，因为它节约了每个子单元各自购买这些服务的成本的 30%～40%。

23.2.3　利弊比较

在选择组织结构形式时，高层管理者必须比较分权制的利弊，这种比较通常是分职能进行

---

① 在这些不同的背景下，对于分权制失败的有趣比较，见 Jack Shafer, "How Condé Nast is Like General Motors：The Magazine Empire as Car Wreck," *Slate*（October 5, 2009），www. slate. com/id/2231177/。

的。对美国和欧洲公司的调查显示，实行分权制的子单元最常做的决策与产品组合和产品广告等有关。在这些领域，子单元的管理者制订自己的经营计划和编制业绩报告，并根据局部的信息更快地做出决策。而实行分权制的子单元最不常做的决策与长期融资类型和渠道的选择等有关。在这些方面，公司的管理者知道更多关于不同市场中融资条款的信息，能够获取最好的价格。同样，集中的所得税战略可以使组织跨越子单元进行优化，例如，以一个子单元的利润弥补另一个子单元的亏损。

23.2.4　跨国公司的分权制

跨国公司（在多个国家经营的公司）通常实行分权制。对一个子公司遍布全世界的企业进行集权控制实际上是不可能的。同时，不同国家的语言、习俗、文化、商业实务、规则、法律和规章差别很大。分权制使不同国家的管理者能够充分利用他们对当地经济和政治情况的了解制定决策，应对各自所处环境的不确定性。例如，可口可乐维持着全球品牌战略和架构，但将重大决策委托给海外市场，包括与装瓶公司的特许经营关系、新产品发布，以及与当地相关的沟通、定价和包装。跨国公司经常在国外子公司和公司总部间调换管理者，工作的调换加上分权制有助于发展管理者在全球环境下经营的能力。

当然，跨国公司采用分权制也难免有一些缺陷。其中的首要问题就是缺乏控制和由此导致的风险。1995 年，英国投资银行巴林银行（Barings PLC）破产并被出售，原因就是新加坡的一个交易员进行了一笔未经授权的交易而未被发现，使公司损失超过 10 亿英镑。与此相似，2011 年，为瑞士最大的银行瑞银集团（UBS）工作的一位伦敦交易员避开公司的风险控制，进行未经授权的交易，导致公司损失 23 亿美元。瑞银集团的首席执行官和其他高层管理人员因此而辞职。采用分权制的跨国公司通常将它们的管理控制系统设计成可以衡量、监控分公司业绩的形式。信息及通信科技也有助于报告及控制信息的流动。

23.2.5　责任中心的选择

回想一下（见第 6 章），责任中心是组织的一个部门或子单元，其管理者对一系列特定的经营活动负责。无论是集权制组织还是分权制组织，在衡量其子单元的业绩时，都会采用四种责任中心中的一种或其组合：

1. 成本中心——管理者只对成本负责。
2. 收入中心——管理者只对收入负责。
3. 利润中心——管理者同时对成本和收入负责。
4. 投资中心——管理者同时对收入、成本和投资负责。

在集权制和分权制公司中，都可以找到上述责任中心。

一个常见的错误观念是，利润中心（在某些情况下是投资中心）是分权制的子单元的同义词，而成本中心则成了集权制的子单元的同义词。实际上，利润中心可以存在于一个高度集权的组织中，成本中心也可以存在于一个高度分权的组织中。例如，作为利润中心的分公司的经理，可能只有很小的决策权；引进新产品和服务，或超过预定限额的支出，都需要得到公司总部的批准。1984—2005 年，迈克尔·艾斯纳（Michael Eisner）掌管媒体和娱乐巨头迪士尼公司，公司战略计划部门严格审查商业计划书，以致管理者都不愿意提出新想法。① 在其他公司，

---

① 2005 年，当罗伯特·艾格（Robert Iger）代替艾斯纳担任首席执行官后，他最先采取的措施之一就是解散战略计划部门，给迪士尼的业务部门（公园和度假村、消费产品和媒体网络）更多的权力。

诸如信息技术等部门可能作为成本中心，但其经理可能有较大的自主权去决定资本支出、材料和服务的购买。总之，利润中心和成本中心这些名称与一个组织的分权程度或集权程度无关。

小练习 23-1

对于以下每一种情况，确定它们是否可以在集权制组织、分权制组织或两种类型的组织中找到。

a. 较低级别的管理者享有自主决策权

b. 对用户需求的响应能力更强

c. 对最低级别管理者的最大约束

d. 效益相对于成本的最大化

e. 最小化重复职能

f. 次优化最小

g. 有不同报告单位的多责任中心

h. 利润中心

23.3　转移定价

在实行分权制的组织中，大部分决策权均掌握在单个子单元中。通常，子单元之间互相提供产品或服务。在这种情况下，高层管理者通过转移价格来协调子单元的行动并评估子单元管理者的业绩。

转移价格（transfer price）是指一个子单元（部门或分公司）向同一组织内其他子单元提供产品或服务时收取的价格。例如，如果一个汽车生产商（如宝马或福特）拥有独立的发动机生产部门和汽车装配部门，那么转移价格就是指发动机生产部门向汽车装配部门提供发动机时收取的价格，这个转移价格为卖方（本例中指发动机生产部门）创造了收入，使买方（本例中指汽车装配部门）消耗了成本，从而影响了双方的营业利润，而营业利润往往被用来评价各子单元的业绩，并激励管理者。**中间产品**（intermediate product）是指在同一组织内部从一个子单元转移到另一个子单元的产品或服务。这些产品或被作为接受方的子单元进一步加工，或从生产部门转移到营销部门，直接卖给外部顾客。

从某个角度而言，转移价格是种奇特的现象。在同一个组织中的交易无疑是非市场的：产品或服务没有在开放的市场中买卖。但是，在一个公司的子单元间确定转移价格却带有明显的市场意义。转移价格的理论基础是允许子单元管理者（如发动机生产部门的管理者）在做决策时只关注他们子单元的业绩，而不必评估决策对整个公司业绩的影响。从这方面看，转移价格减少了子单元管理者的信息加工和决策的工作量。在一个设计巧妙的转移价格系统中，子单元业绩的最大化能带动整个公司业绩的最大化。

评估转移价格的标准

为了帮助公司实现目标，转移价格应满足以下四种评估标准：

（1）实现目标一致，这样为了自身利益的分公司管理者会采取与高层管理当者目标一致的行动。

（2）激励管理层付出努力，应该鼓励卖出产品或服务的子单元降低成本，鼓励买进产品或服务的子单元有效地获取并利用投入。

（3）帮助高层管理者评估子单元的业绩。

（4）如果高层管理者偏爱高度分权，那么应该保持子单元的自治。一个寻求营业利润最大化的子单元的管理者应该拥有一定的自由，能够自主选择是（按转移价格）与公司内的其他子单元交易，还是与外面的公司交易。

23.4　计算转移价格

高层管理者可以使用三种方法确定以下三种转移价格。

1. 基于市价的转移价格。高层管理者可以将同类产品或服务的公开标价（如一个货易协会网站公布的价格）作为转移价格，而且他们也可以将其子单元对外部顾客收取的价格作为转移价格。

2. 基于成本的转移价格。高层管理者可能基于转移产品的生产成本来确定转移价格，比如变动生产成本、变动和固定生产成本、产品的全部成本。产品的全部成本包括所有生产成本加上其他与产品相关的业务职能成本（研发、设计、营销、分销和顾客服务等）。这些成本可以是预算成本，也可以是实际成本。有时候，基于成本的转移价格包括成本加成或销售毛利，它们代表了子单元的投资回报。

3. 混合转移价格。混合转移价格考虑成本和市场信息。高层管理者可以通过指定转移价格来设定价格，这个转移价格是内部生产和运输产品的成本与可比产品市场价格的平均值。有时，混合转移价格允许销售产品的子单元确认的收入不同于购买产品的子单元确认的成本。混合转移价格的最常见形式通过协商产生——要求子单元管理者共同协商转移价格，决定是在内部还是外部买或卖。当市价波动时，协商转移价格比较常用。因此，管理者需要有关产品成本和价格的当前信息，以参与议价过程。

这些方法在什么情况下使用？为了回答这个问题，下面我们说明这三种转移价格的具体应用，并强调它们之间的不同之处。我们用了四种标准——实现目标一致、激励管理层付出努力、评估子单元的业绩和保持子单元的自治来考察 Horizon 石油公司的转移定价过程。

制定转移价格的例子

Horizon 石油公司有两个分公司，每个分公司都是利润中心。其中，运输分公司从墨西哥的马塔莫罗斯购买原油并将其运到得克萨斯州的休斯敦，精炼分公司将原油加工成汽油。为简便起见，假设汽油是位于休斯敦的精炼分公司唯一可出售的产品，生产 1 桶汽油需要 2 桶原油。

每个分公司的变动成本与单一成本动因相关。单一成本动因分别是运输分公司运送的原油桶数和精炼分公司生产的汽油桶数。每单位的固定成本则是根据运输分公司每年运送的原油预算固定成本和实际生产能力，以及精炼分公司每年生产的汽油预算固定成本和实际生产能力来计算的。Horizon 石油公司所有的非美国交易成本及收入也都以美元进行报告，使用现行汇率进行折算。

- 运输分公司已获得从马塔莫罗斯地区的油田购买原油的权利,它与这些油田签订了一份长期合同,合同规定以 72 美元/桶的价格购买原油,然后将它们运到休斯敦,最后将它们"卖给"精炼分公司。从马塔莫罗斯的油田到休斯敦的输油管道每天可以承运 40 000 桶原油。

- 精炼分公司已经满负荷运转(每天加工 30 000 桶原油),平均每天用掉从运输分公司运来的 10 000 桶原油和向其他供应商购买的 20 000 桶原油(85 美元/桶)。

- 精炼分公司以每桶 190 美元的价格对外出售汽油。

图表 23-1 概述了 Horizon 石油公司运输分公司和精炼分公司单位产品的固定成本和变动成本以及购买原油、销售汽油的外部市价。表中尚缺的是精炼分公司支付给运输分公司的实际转移价格。这个转移价格随使用的转移定价方法的变化而变化。在三种转移定价方法下,精炼分公司支付给运输分公司的转移价格如下。

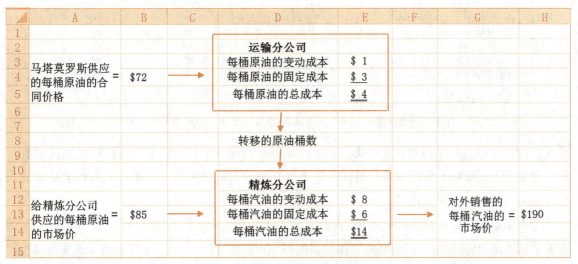

图表 23-1　Horizon 石油公司的经营数据

1. 基于休斯敦竞争市场价格的转移价格,每桶 85 美元。

2. 基于全部成本的 105% 的转移价格。全部成本是指原油购买成本加上运输分公司自身的变动成本及固定成本(见图表 23-1),转移价格为 79.80 美元(1.05×(72+1+3))。

3. 混合转移价格,即每桶原油 82 美元,这个价格介于前两者之间。在本章后面,我们描述确定混合转移价格的多种方法。

图表 23-2 表示的是根据每种转移定价方法计算的每 100 桶原油各分公司的营业利润。转移价格为卖方带来了收入,为买方增加了相应的成本,这些成本在合并整个公司的分公司经营结果时被抵消了。计算时,我们假设采用三种转移定价方法确定的转移价格在一定的范围内不会引起各分公司管理者改变如图表 23-1 所示的业务关系。这就是说,无论内部转移价格是多少,Horizon 石油公司购买、运输、精炼 100 桶原油并销售 50 桶汽油的总营业利润都是一样的(1 200 美元)。

总营业利润＝收入－原油购买成本－运输分公司成本－精炼分公司成本

＝190×50－72×100－4×100－14×50

＝9 500－7 200－400－700＝1 200(美元)

在所有方法中,把两个分公司的营业利润加起来就是 Horizon 石油公司的总营业利润 1 200

	A	B	C	D	E	F	G	H
1		**生产与销售数据**						
2		转移的原油桶数 =100						
3		销售汽油桶数 =50						
4								
5		基于市价的		基于全部成本的		混合		
6		转移价格=		105%的转移价格=		转移价格=		
7		85美元/桶		79.80美元/桶		82美元/ 桶		
8	**运输分公司**							
9	收入（85，79.80，82×100）	$8 500		$7 980		$8 200		
10	**成本**							
11	原油购买成本（72×100）	$7 200		$7 200		$7 200		
12	分公司变动成本（1×100）	$ 100		$ 100		$ 100		
13	分公司固定成本（3×100）	$ 300		$ 300		$ 300		
14	分公司总成本	$7 600		$7 600		$7 600		
15	分公司营业利润	$ 900		$ 380		$ 600		
16								
17	**精炼分公司**							
18	收入（190×50）	$9 500		$9 500		$9 500		
19	**成本**							
20	转移成本（85，79.80，82×100）	$8 500		$7 980		$8 200		
21	分公司变动成本（8×50）	$ 400		$ 400		$ 400		
22	分公司固定成本（6×50）	$ 300		$ 300		$ 300		
23	分公司总成本	$9 200		$8 680		$8 900		
24	分公司营业利润	$ 300		$ 820		$ 600		
25								
26	两分公司营业利润合计	$1 200		$1 200		$1 200		

图表 23－2 在不同的转移定价方法下，Horizon 石油公司每 100 桶原油各分公司的营业利润

美元。现在保持总营业利润不变，我们集中考虑不同的转移定价方法对 Horizon 石油公司各分公司营业利润的影响。后续章节表明，转移定价方法的选择可能使管理者采取那些会导致公司整体总营业利润不同的行动。

考虑图表 23－2 中 B 列和 E 列中的两种方法。在采用基于市价的转移价格时，运输分公司的营业利润比基于全部成本的 105％的转移价格时多 520 美元（900－380）。相应地，若采用基于市价的转移价格，精炼分公司的营业利润就比采用基于全部成本的 105％的转移价格时少 520 美元（820－300）。如果运输分公司的唯一标准是使其营业利润最大化，那么它可能倾向于选择基于市价的转移价格；与此相反，精炼分公司可能倾向于选择基于全部成本的 105％的转移价格以最大化其营业利润。82 美元/桶的混合转移价格介于这两种转移价格之间，它将 1 200 美元的营业利润平分给两个分公司。这个价格可能是运输分公司管理者与精炼分公司管理者协商的结果。

子单元的管理者，特别是那些收入或晋升直接与子单元的营业利润挂钩的管理者对确定转移价格相当感兴趣不足为奇。为了减少子单元管理者对自己所在的子单元的过分关注，许多公司根据各自子单元和公司整体的营业利润对子单元管理者进行奖励。

下面我们更详细地研究基于市价的转移价格、基于成本的转移价格及混合转移价格。我们将会发现，转移定价方法的选择如何决定整个公司的营业利润（"蛋糕"）的大小。

23.5 基于市价的转移价格

当下列三个条件能够同时得到满足时，基于市价的转移价格可产生最优决策：（1）中间市场是完全竞争市场；（2）子单元之间的相互依赖程度达到最弱；（3）就公司整体来说，在外部市场而非在内部市场买卖产品并不会增加额外的成本或收入。

23.5.1　完全竞争

完全竞争市场（perfectly competitive market）是指同一产品在市场上只有一种买卖价格，任何人都不能单凭自己的力量来影响价格。在完全竞争市场的条件下采用基于市价的转移价格，企业可以同时达到以下四个标准：（1）实现目标一致；（2）激励管理层付出努力；（3）评估子单元的业绩；（4）保持子单元的自治。

仍以 Horizon 石油公司为例，假设在休斯敦地区存在一个完全竞争的石油市场。这样，运输和精炼分公司能以 85 美元/桶的价格卖出和买进原油，只要双方愿意，不论多少都行。Horizon 石油公司希望它的管理者能在内部买卖原油。试想如果分公司管理者拥有从外部市场买卖原油的自由，他们将制定怎样的决策呢？若两个分公司间的转移价格低于每桶 85 美元，那么运输分公司会将全部原油以每桶 85 美元的价格卖给休斯敦地区的外部购买者。若转移价格高于每桶 85 美元，精炼分公司将从外部供应商处购买原油。只有每桶 85 美元的转移价格才能促使运输和精炼分公司实行内部交易。这是因为在外部市场上交易对双方都不利。

公司根据各分公司的营业利润来评估其管理者的业绩，那么不论是内部交易还是外部交易，只要有利可图，运输分公司都将尽可能多地卖出原油。同样，只要有利可图，精炼分公司也将尽可能多地买进原油。每桶 85 美元的转移价格导致目标一致——使各分公司的营业利润最大化的同时使 Horizon 石油公司整体的营业利润最大化。而且，因为转移价格不是以成本为基础的，它会激励分公司的管理者最大化他们各自的营业利润。市价也用来评估每个分公司各自的经济可行性和获利性。例如，科赫工业公司（Koch Industries）所有的内部转移价格都基于市价。该公司的首席财务官史蒂夫·费尔梅尔（Steve Feilmeier）指出，"我们相信，为了最好地优化资产的盈利能力，应该考虑任何一个给定资产的替代物。如果简单地基于成本制定两个不同分公司间的转移价格，那么你可能正在补贴你的整个经营而不自知"。回到 Horizon 石油公司的例子中，假定在基于市价的转移价格下，精炼分公司持续出现低利润或负利润，Horizon 石油公司可能考虑关闭精炼分公司，只运输并销售原油给休斯敦地区的其他精炼厂。

23.5.2　不完全竞争

如果市场是不完全竞争的，销售价格会影响产品的销售数量。考虑一个汽车经销商，为了销售更多的新汽车或旧汽车，经销商必须降低汽车的价格。类似的情况适用于卫生纸、牙膏、软件等行业。面对不完全竞争的市场，销售分公司的管理者会为中间产品选择一个使该分公司营业利润最大化的价格和数量的组合。如果以这个价格作为转移价格，购买分公司将会发现该产品太昂贵，将导致分公司亏损，从而决定不购买该产品。然而，从公司整体角度来看，如果销售分公司将产品转移给购买分公司做进一步加工和销售，那么利润就可能达到最大。因为这个原因，当中间产品市场是不完全竞争市场时，为了有效转移，转移价格通常低于外部市场价格（但是高于销售分公司的变动成本）。[①]

---

① 考虑一家企业，其 S 分公司生产中间产品。S 分公司的生产能力为 15 单位，每单位变动成本为 2 美元。中间产品向下倾斜的需求曲线表示不完全竞争。如果 S 分公司想销售 Q 单位，它必须将市价降至 $P = 20 - Q$。因此，分公司的利润函数为 $Q \times (20 - Q) - 2Q = 18Q - Q^2$。简单的计算显示，S 分公司以 11 美元的价格销售 9 单位中间产品是最优的，可以获取 81 美元利润。现在，假定同一企业的 B 分公司可以购买中间产品，增加的变动成本是 4 美元，对外售价为 12 美元。因为 S 分公司有剩余的生产能力（它只使用了 15 单位生产能力中的 9 单位），很显然，S 分公司生产产品并将其转移给 B 分公司是符合企业利益的。对于每个转移的产品，企业能够增加 6 美元（12 - 2 - 4）的利润。但是，如果中间产品的转移价格等于市场价格 11 美元，那么 B 分公司将会拒绝这笔交易，因为每单位中间产品会损失 3 美元（12 - 11 - 4）。

23.6 基于成本的转移价格

当市价不可获得、不合适或获取成本过高时，基于成本的转移价格就是有用的。例如，当市场不是完全竞争的，当产品是专用的，或者当内部产品在质量和提供的客户服务方面都有别于外部可用的产品时，就会发生这种情况。

23.6.1 以全部成本为基础

在实务中，许多公司都以产品的全部成本为基础来计算转移价格。为了接近市场价格，有时也将基于成本的转移价格加上一个毛利。然而，这种价格可能会导致次优决策。假设 Horizon 石油公司将内部转移价格定为全部成本的 105%。在休斯敦的精炼分公司平均每天从当地的供应商那里购买 20 000 桶原油，该供应商将原油交付给精炼分公司，价格为每桶 85 美元。为减少原油的购买成本，精炼分公司了解到在马塔莫罗斯地区有一个独立供应商，愿意以每桶 79 美元的价格每天为精炼分公司提供 20 000 桶原油，货物送到 Horizon 石油公司设在马塔莫罗斯的输油管道即可。依所给 Horizon 石油公司的组织结构，这 20 000 桶原油将由运输分公司先买下，然后运到休斯敦，再卖给精炼分公司。假设输油管道有富余的运输能力，在不影响承运原来合同规定的每天 10 000 桶原油的同时，仍能以每桶 1 美元的变动成本承运这 20 000 桶原油，那么 Horizon 石油公司是从马塔莫罗斯的独立供应商那里购买原油成本更低还是从休斯敦的供应商那里购买成本更低？对精炼分公司而言，哪种情况下成本更低？

以下分析表明，从马塔莫罗斯的独立供应商 Gulfmex 公司购买原油将可能最大化 Horizon 石油公司的营业利润。下面的分析比较了这两种方案下两个分公司的增量成本，假设不论采用哪一种方案，运输分公司的固定成本都一样，也就是说，如果不运输 Gulfmex 公司每天 20 000 桶的原油，运输分公司也不能节省任何固定成本。

● 方案 1：从休斯敦供应商那里购买 20 000 桶原油，价格是每桶 85 美元。Horizon 石油公司因此承担的总成本是 1 700 000 美元（20 000×85）。

● 方案 2：从 Gulfmex 公司那里购买 20 000 桶原油，价格是每桶 79 美元，并以每桶 1 美元的变动成本从马塔莫罗斯运到休斯敦。Horizon 石油公司因此承担的总成本是 1 600 000 美元（20 000×（79+1））。

从 Gulfmex 公司购买原油可以使 Horizon 石油公司节省 100 000 美元（1 700 000－1 600 000）的总成本。

假设精炼分公司向运输分公司支付的转移价格是运输分公司全部成本的 105%，精炼分公司将会发现，从 Gulfmex 公司那里购买原油，本分公司的成本将上升。

$$转移价格=1.05×（从 Gulfmex 公司购买原油的购买价格＋运输分公司的单位变动成本＋运输分公司的单位固定成本）$$
$$=1.05×（79+1+3）=1.05×83=87.15（美元）$$

● 方案 1：从休斯敦供应商那里购买 20 000 桶原油，价格是每桶 85 美元。精炼分公司因此承担的总成本是 1 700 000 美元（20 000×85）。

● 方案 2：运输分公司从 Gulfmex 公司那里购买 20 000 桶原油，然后卖给精炼分公司，精炼分公司因此承担的总成本是 1 743 000 美元（20 000×87.15）。

作为一个利润中心，精炼分公司若从休斯敦供应商那里购买原油，则其短期营业利润可实现最大化。

精炼分公司从运输分公司那里每买 1 桶原油，就要支付 87.15 美元的变动成本——如果买了 10 桶，精炼分公司的成本就是 871.5 美元；100 桶则是 8 715 美元。而每桶原油的变动成本实际上只有 80 美元（从 Gulfmex 公司购买的价格 79 美元＋运至休斯敦的运费 1 美元），剩余的 7.15 美元（87.15－80）只是运输分公司的固定成本和加成。全部成本加成的转移定价方法使精炼分公司把运输分公司的固定成本（和 5％的加成）当作变动成本，由此导致目标不一致。

那么，Horizon 石油公司的高级管理层应该干涉并强迫精炼分公司从运输分公司购买原油吗？这样做将会损害分权制的理念。因此，高级管理层可能将精炼分公司从外部供应商处购买原油视为分权制组织不可避免的成本而不加干涉。当然，为了阻止代价高昂的失误，有些干涉是必要的，但是频繁干涉将会把 Horizon 石油公司从分权制公司变为集权制公司。

那么，什么样的转移价格能使运输分公司和精炼分公司的目标都与总公司的目标一致呢？我们可以认为，合适的转移价格下限是每桶 80 美元，如果转移价格低于每桶 80 美元，运输分公司就不可能有动力去购买 Gulfmex 公司的原油，因为它低于公司的增量成本。转移价格的上限是每桶 85 美元，如果转移价格高于每桶 85 美元，精炼分公司就会从外部市场而不是运输分公司那里购买原油。也就是说，每桶 80～85 美元的转移价格都可以促成目标一致——通过从马塔莫罗斯的 Gulfmex 公司购买原油，两个分公司的利润都有所增加，而且 Horizon 石油公司的营业利润也增加了。

在使用基于成本而非市价的转移价格时，Horizon 石油公司的高层管理者不易确定在运输分公司投资的盈利性，因此也难以决定是保留还是卖掉输油管道。而且，如果转移价格基于运输分公司的实际成本，这将不能促使运输分公司控制成本，因为运输分公司所有的无效成本都将作为基于实际全部成本的转移价格的一部分转移。实际上，在"全部成本的 105％"的规则下，运输分公司因为浪费而增加 1 美元成本，就会为其增加 0.05 美元的利润。

尽管如此，会计公司和研究人员的调查表明，管理者更喜欢采用基于全部成本的转移价格，因为：（1）在做长期决策时它们可以代表相关成本；（2）有助于在变动成本和固定成本的基础上确定对外销售的价格；（3）应用比较简单。但是，全部成本转移定价法也会引发许多问题。比如说，每个子单元的间接成本应该怎样分配给各个产品？分配时是否已经确定了正确的作业、成本库以及成本动因？是选择实际分配率还是预算分配率？这些问题类似于第 15 章讨论固定成本分配时遇到的问题。许多公司根据预算分配率和实际生产能力确定转移价格，因为这样可以避免将无效的实际成本和未使用生产能力成本转移到购买分公司。

23.6.2　以变动成本为基础

正如前一部分所述，以每桶 80 美元的变动成本从运输分公司转移 20 000 桶原油到精炼分公司实现了目标一致。因为运输分公司的变动成本低于外部供应商收取的价格每桶 85 美元，所以精炼分公司将从运输分公司购买原油。设定的转移价格等于变动成本还有其他好处。知道每桶原油的变动成本有助于精炼分公司制定决策，这些决策在第 12 章讨论过，如短期定价决策。然而，在 80 美元/桶的转移价格下，运输分公司将遭受损失，精炼分公司则赚取大笔利润，因为它只需支付运输分公司的变动成本。解决这个问题的一种方法是让精炼分公司为运输分公司提供一笔资金以弥补固定成本并为运输分公司带来营业利润，而运输分公司则继续以变动成本作为转移价格。精炼分公司因使用了运输分公司的运输能力而支付其报酬，形成固定的付款。这样，各个分公司的利润就可以用来评估它们及其管理者的业绩了。

小练习 23-2

True North 公司有两个分公司。采矿分公司生产 Toldine，然后将其转移到金属分公司。Toldine 由金属分公司进一步加工，以每单位 190 美元的价格出售给客户。目前 True North 公司要求采矿分公司将其每年 250 000 单位的 Toldine 总产量以全部生产成本的 120% 移到金属分公司。在外部市场上可以以每单位 95 美元的价格购买和销售无限量的 Toldine。

下表给出了 2020 年采矿分公司和金属分公司的单位生产成本。

	采矿分公司	金属分公司
直接材料成本	$14	$12
直接制造人工成本	$24	$29
变动制造费用	$13	$15
固定制造费用	$29	$12
单位总生产成本	$80	$68

1. 根据以下转移价格，计算采矿分公司和金属分公司转移 250 000 单位 Toldine 的营业利润：（a）基于市价的转移价格；（b）基于全部生产成本的 120% 的转移价格。

2. 采矿分公司的管理者更喜欢哪种转移价格？他可能会提出什么论据来支持这种价格？

23.7 混合转移价格

再次考虑 Horizon 石油公司。正如我们前面看到的，运输分公司有未利用的生产能力，能以每桶 80 美元的增量成本将石油从马塔莫罗斯运到休斯敦。如果精炼分公司从运输分公司（每桶原油的增量成本是 80 美元）而不是休斯敦市场（价格是每桶 85 美元）购买原油，那么 Horizon 石油公司作为一个整体可以使其营业利润最大化。如果转移价格为每桶 80~85 美元，那么两个分公司对彼此之间的交易都很感兴趣（并且企业实现了目标一致）。

对于任何内部交易，通常都有一个销售分公司基于其成本结构确定的最低转移价格。在 Horizon 石油公司的例子中，运输分公司可接受的最低价格是每桶 80 美元。也有一个购买分公司不愿意超过的最高价格，这个价格是由两个数字中的较小者决定的——分公司从内部交易中创造的最终贡献与从外部市场购买同类中间产品的价格。对于精炼分公司来说，销售给外部的每桶汽油可以创造 182 美元的贡献（190 美元的价格减去 8 美元的精炼变动成本）。因为需要两桶原油才能生产一桶汽油，这相当于每桶原油的贡献是 91 美元。如果价格高于每桶 91 美元，精炼分公司从运输分公司购买的每桶原油都会亏损。另外，精炼分公司能以每桶 85 美元的价格从公开市场购买原油，而不需要内部运输。因此，最高可行转移价格是每桶 91 美元和每桶 85 美元之中的较低者，即每桶 85 美元。前面我们看到过，最低价格（每桶 80 美元）和最高价格

（每桶 85 美元）之间的转移价格会促进目标一致。现在，我们描述企业试图在合适的范围内确定具体转移价格的三种不同的方法。

23.7.1　按比例分配法

Horizon 石油公司可以采用的一种方法是选择一个基于成本的转移价格，即在精炼分公司和运输分公司之间，在公平的基础上按某种比例分配转移价格上下限的差价 5 美元（精炼分公司愿意支付的市场最高价 85 美元－运输分公司可以承受的最低价 80 美元）。一种简单的解决方案是平分差价，由此得到的转移价格是 82.50 美元。但是，这种解决方案忽视了两个分公司发生的相对成本，可能会导致每个分公司对最终产品所做的工作的利润率完全不同。作为一种替代方法，Horizon 石油公司可以根据两个分公司的变动成本分配 5 美元的差价。使用图表 23-1 中的数据计算变动成本如下：

运输分公司承运 100 桶原油的变动成本（1×100）	$100
精炼分公司精炼 100 桶原油生产出 50 桶汽油的变动成本（8×50）	$400
总变动成本	$500

每桶 5 美元的差价可分配如下：运输分公司 1 美元（100÷500×5.00），精炼分公司 4 美元（400÷500×5.00）。即转移价格是每桶原油 81 美元（79 美元的买入价＋1 美元的变动成本＋1 美元分配给运输分公司的差价）。实际上，通过这种方法得到的是预算变动成本加成转移价格。

在决定按每桶 1 美元和 4 美元来分配公司总营业利润中增加的每桶 5 美元的利润之前，这两个分公司必须就它们的变动成本交换信息。实际上，每个分公司都不能以一种彻底分权的方式从事经营活动（至少这笔交易如此），而且，每个分公司都有可能夸大它的变动成本以获取对其有利的转移价格。在前面的例子中，假定运输分公司声称将每桶原油从 Gulfmex 公司运到休斯敦需要花费 2 美元。增加的 2 美元成本将最低价格提高到了每桶 81 美元（79＋2），最高价格仍是每桶 85 美元。在最高价格与最低价格之间 4 美元的差价中，运输分公司现在分配 1.33 美元（200÷（200＋400）×4.00），得到更高的转移价格每桶 82.33 美元。精炼分公司如果声称精炼 100 桶原油的变动成本高于 400 美元，同样会受益。因此，为了取得成功，采用按比例分配法时要么要求较高的信任度和分公司间的信息交换水平，要么纳入成本信息客观审计的条款。

23.7.2　协商定价法

在混合定价方法中，协商定价法是最常用的。在此方法下，高层管理者无须在交易的分公司间进行最终利润的特定分配。最终转移价格来自企业内部买方分公司和卖方分公司的议价。例如，在 Horizon 石油公司的例子中，运输分公司和精炼分公司可共同协商一个双方都能接受的价格。

回想一下，每桶原油最低和最高的可行转移价格分别是 80 美元和 85 美元。那么，转移价格究竟应该位于这个区间的哪个位置呢？在协商定价法下，这个问题取决于若干情况：交易双方的议价能力；运输分公司掌握的关于价格减去对外供应原油的增量营销成本的信息；精炼分公司掌握的关于其他可利用原油来源的信息。当根据各分公司的营业利润评估其业绩时，协商就变得特别敏感。一般来说，两个分公司的协商价格与成本或市价都没有什么特定联系，但是成本和价格信息常常是协商过程的起点。

考虑下面的情形：假设精炼分公司收到一份订单，要求供应特殊加工的汽油。购买并供应原油的增量成本仍是每桶 80 美元。但是，假设只有运输分公司以不超过每桶 82 美元的价格供应原油时，精炼分公司才能从该订单中获利。[①] 在这种情况下，对两个分公司都有利的价格必须高于每桶 80 美元但低于每桶 82 美元。协商可以使两个分公司达成一个可接受的转移价格。相比之下，基于规则的转移价格，如每桶 85 美元（市场价格）或每桶 87.15 美元（全部成本的105%），都会导致 Horizon 石油公司放弃一个获利机会。

协商定价法可以强有力地保护本分公司的自治，它也能激励分公司的管理者努力提高本分公司的营业利润。调查发现，15%～20% 的企业通过协商定价法制定转移价格。不使用协商定价法的企业认为，管理者在转移价格上的讨价还价需要花费时间和精力，使得这种方法代价太大。

23.7.3 双重定价法

很少有单一的转移价格可以同时满足我们讨论的所有标准（实现目标一致、激励管理层付出努力、评估子单元的业绩和保持子单元的自治）。因此，有些公司转而采取**双重定价法**（dual pricing method），即用两种独立的定价法来确定分公司间每一笔交易的价格。比如说，在总公司内部转移产品时，卖方分公司使用的是全部成本加成的价格，而买方分公司为购买这批产品支付的却是市场价，这就是一种双重定价法。假设 Horizon 石油公司从马塔莫罗斯的独立供应商 Gulfmex 公司那里以每桶 79 美元的价格购买原油。在为运输分公司和精炼分公司之间的转移编制会计分录时，可以采用下面的方法：

1. 借记精炼分公司（买方），以市价为转移价格，每桶原油 85 美元。
2. 贷记运输分公司（卖方），以全部成本的 105% 为转移价格，每桶原油 87.15 美元。
3. 借记总公司成本账户两种转移价格的差额 2.15 美元 (87.15－85)。

双重定价法促进了目标一致。因为精炼分公司并没有因从运输分公司那里购买原油同时不从外部供应商那里购买原油而遭受损失。在这两种情况下，精炼分公司的成本都是每桶 85 美元。也就是说，这种双重定价法实际上是总公司给运输分公司以一定的补贴。因此，Horizon 石油公司作为一个整体，其营业利润少于两个分公司的利润总和。

双重定价法没有得到广泛应用。对双重定价法的一种担心是，它导致不同税务管辖区的分公司在计算应纳税利润时，对于应该使用哪种价格发生争议。例如，在我们的这个例子中，运输分公司向墨西哥当局纳税，而精炼分公司则向美国当局纳税。另一种担心是，由于影响供应方总收入的是成本而非市价，双重定价法有可能将管理者从市场竞争中隔离开。

23.8 制定转移价格的一般原则

图表 23－3 概括了用本章所述标准确定的基于市价的转移定价方法、基于全部成本的转移定价方法和协商转移定价方法的特性。如图表 23－3 所示，单一的转移定价方法很难符合所有的标准。公司最终采用的转移价格依赖于经济形势和公司已做出的决定。安永和美国管理会计师协

---

① 例如，假设经特殊加工的一桶汽油能卖 200 美元，但是每桶需要更高的精炼变动成本 36 美元。在这种情况下，精炼分公司每桶汽油增加的利润是 164 美元，这意味着它最多为每桶原油支付 82 美元（因为生产一桶汽油需要两桶原油）。

会的调查表明，基于全部成本的转移定价方法是全球范围内最常用的方法，其次是基于市价的转移定价方法和协商转移定价方法。[①]

图表 23-3　不同转移定价方法的比较

标准	基于市价的转移定价方法	基于全部成本的转移定价方法	协商转移定价方法
实现目标一致	是，当处于竞争市场时	经常，但不总是	是
激励管理层付出努力	是	是，当以预算成本为基础时；如果以实际成本为基础，缺乏控制成本的积极性	是
评估子单元的业绩	是，当处于竞争市场时	除非转移价格超过全部成本且有些随意	是，但转移价格受采购方和销售方议价能力的影响
保持子单元的自治	是，当处于竞争市场时	否，因其以规则为基准	是，因为其以子单元之间的协商为基础
其他因素	市场不存在或不完善，或处于危机时期	对决定产品和服务的全部成本有用；容易实施	议价和协商需要时间，而且当情况改变时可能需要复核

到目前为止，我们的讨论强调中间产品存在完全竞争市场的情形，通常有一个促进目标一致的可能转移价格范围。下面的公式为在此范围内确定最低价格提供了一个一般指导原则：

最低转移价格＝截止到转移时的单位增量成本＋卖方分公司的单位机会成本

公式中的增量成本是生产和转移产品或服务的附加成本。机会成本是指如果产品或服务在内部转移，卖方分公司为此放弃的最大利润。比如说，如果卖方分公司是满负荷运营，那么进行内部交易而不是外销的机会成本就是市价减去变动成本。这是因为内部每转移一单位产品，卖方就放弃了外销一单位产品本应该获取的贡献毛益。我们将增量成本和机会成本区分开的原因是，财务会计系统记录了增量成本，却不记录机会成本。这里的指导原则能够衡量最低转移价格的原因就在于它代表卖方转移产品的成本。下面我们以 Horizon 石油公司为例说明特定情况下的上述原则。

1. 存在一个完全竞争的中间产品市场，卖方分公司没有闲置生产能力。若休斯敦的原油市场是完全竞争的，运输分公司可将其运输的全部原油以每桶 85 美元的价格卖到外部市场，且没有闲置生产能力。运输分公司的增量成本是根据长期合同采购的原油价格（见图表 23-1）每桶 73 美元（72 美元的购买成本＋1 美元的变动成本），或从 Gulfmex 公司以市价购买的价格每桶 80 美元（79 美元的购买成本＋1 美元的变动成本）。运输分公司内部转移原油的机会成本是不把原油卖给外部市场而放弃的每桶原油的贡献毛益：根据长期合同购买原油的 12 美元（市价 85 美元－变动成本 73 美元）和从 Gulfmex 公司购买原油的 5 美元（市价 85 美元－变动成本80 美元）。在每一种情况下：

每桶最低转移价格＝每桶增量成本＋每桶机会成本

＝73＋12＝85（美元）

或　　　　　　　＝80＋5＝85（美元）

2. 存在一个不完全竞争的中间产品市场，卖方分公司有闲置生产能力。当市场是不完全竞

①　示例见 *Current Trends and Corporate Cases in Transfer Pricing* by Roger Tang with IMA Foundation for Applied Research, Institute of Management Accountants (Westport, CT: Quorum Books, 2002)。

争的时，公司只有降低价格才能提高生产能力利用率。之所以存在闲置生产能力是因为降价常常是不合算的——可能会降低营业利润。

如果 Horizon 石油公司的运输分公司存在闲置生产能力，那么内部转移原油的机会成本就是 0，因为该公司并没有放弃任何外部销售利润，或因内部转移而放弃任何贡献毛益。在这种情况下：

$$每桶最低转移价格 = 每桶增量成本$$
$$= 根据长期合同购进原油的价格每桶 73 美元或从 Gulfmex 公司购进$$
$$原油的价格每桶 80 美元$$

总的来说，在不完全竞争的市场上，由于价格对需求（和营业利润）的影响，计量机会成本是非常复杂的，转移价格要随着不断变化的供给与需求水平而变化。没有一个固定的转移价格，不同数量供给和需求的转移价格取决于转移产品的增量成本和机会成本。

3. 不存在中间产品市场。比如说，如果运输分公司运输的原油只能卖给精炼分公司（如因为焦油含量高），而不能卖给外部厂商，那么就没有了中间产品市场。这样，内部供应原油的机会成本是 0，因为不能对外销售，因此就没有贡献毛益可以放弃。根据一般指导原则，运输分公司可接受的最低转移价格是增量成本（每桶 73 美元或 80 美元）。前面我们也已提到，增量成本到 85 美元之间的任何价格都可以达成目标一致。

小练习 23 – 3

销售飞机的 Emerge Aeronautics 公司有两个利润中心：系统中心和装配中心。系统中心制造导航设备，并将其转移给装配中心，然后装配中心将其安装到飞机上对外销售。系统中心每年最多可制造 150 套导航设备，每套的变动成本为 300 万美元。装配中心的变动成本为每架飞机 1 100 万美元。装配中心以每架飞机 2 200 万美元的价格收到 7 架飞机的订单。

假设系统中心没有能力对外销售其产品，且有多余的生产能力。

1. 公司的最高管理层希望各中心接受订单吗？

2. 转移价格在什么范围内会促使系统中心和装配中心的管理者做出你在要求 1 中做出的决策？

现在假设系统中心能以每套 450 万美元的价格对外出售其制造的任何导航设备。该中心为对外销售每套导航设备产生了 150 000 美元的广告和分销成本。

3. 公司的最高管理层希望各中心接受订单吗？

4. 转移价格在什么范围内会促使系统中心和装配中心的管理者做出你在要求 3 中做出的决策？

23.9 跨国公司利用转移价格实现税款最小化

对于世界范围内的管理者来说，转移价格是一个重要的会计优先事项。2010 年安永对 25 个国家的跨国公司进行的调查发现，受访的 74% 的母公司和 76% 的子公司相信，转移价格对组织"绝对关键"或"非常重要"。原因是母公司依赖转移定价方法能够节省大量的所得税。如本章"引例"所述，诸如苹果等公司将其知识产权放在税率较低的地区（如爱尔兰）。然后，它们向在高税收地区（如英国）产生销售收入的单元收取高昂的特许权使用费，从而最大限度地减少甚至消除这些地区的利润。脸书、IBM 和微软使用了类似的转移定价做法，名曰"双面爱尔兰"和"荷兰三明治"。据估计，这样的利润转移安排每年可为公司节省数十亿美元。[①]

以图表 23-2 中 Horizon 石油公司的数据为例，假设位于墨西哥的运输分公司的营业利润适用 30% 的墨西哥税率，而位于美国的精炼分公司的营业利润适用 20% 的美国税率。此时，对于 Horizon 石油公司而言，选择以全部成本的 105% 来确定转移价格将会最小化其全部所得税税款，因为这种方法使其在墨西哥报告的利润最小化，而墨西哥的税率高于美国。计算如下表：

转移价格	100 桶原油的营业利润			100 桶原油应缴所得税		
	运输分公司（墨西哥）(1)	精炼分公司（美国）(2)	合计 (3)=(1)+(2)	运输分公司（墨西哥）(4)=0.30×(1)	精炼分公司（美国）(5)=0.20×(2)	合计 (6)=(4)+(5)
市价	$900	$300	$1 200	$270	$ 60	$330
全部成本的 105%	$380	$820	$1 200	$114	$164	$278
混合价格	$600	$600	$1 200	$180	$120	$300

最小化公司的所得税有时可能会与公司高层管理者希望通过转移价格实现的其他目标发生冲突。假设在休斯敦的原油市场是完全竞争的，在这种情况下，基于市价的转移价格可以使 Horizon 石油公司达到实现目标一致、激励管理层付出努力这两个标准，还有助于 Horizon 石油公司评价运输分公司的盈利能力。但是从所得税的角度来看，这种转移价格要交比较多的税。出于所得税报告目的，Horizon 石油公司应该选用全部成本的 105% 作为转移价格。但是美国及墨西哥的税法都对这样的选择有所限制。墨西哥的税收当局可能会采取一切方法来防止 Horizon 石油公司通过不合理的低转移价格把利润转移到精炼分公司（类似案例参见"观念实施：美国国税局指控美敦力公司的不公平税收协议"）。

观念实施

美国国税局指控美敦力公司的不公平税收协议

多年来，美国国税局和医疗器械制造商美敦力（Medtronic）一直就美敦力的利润中有多少应该由低税收的波多黎各征税，有多少应该征收更高的美国联邦税而存在分歧。虽然美敦力辩称其与波多黎各分公司之间的转移定价安排是按税法要求公平记账的，但美国国税局将美敦力的行为描述为人为降低公司在美国的纳税额以提高税后利润的经典案例。

[①]　在 2017 年《减税和就业法案》（TCJA）颁布之前，美国公司在利润汇回美国之前不向美国国税局纳税。因此，高层管理者的动机是产生现金并将其再投资到海外。根据税务联合委员会（Joint Committee on Taxation）的数据，截至 2015 年，美国公司在外国子公司的利润累计超过 2.6 万亿美元。根据《减税和就业法案》，美国现在通常将美国公司的利润从外国子公司的活跃业务中豁免，即使利润被汇回。但是，作为向新制度的过渡，为了避免那些在国外积累了未分配利润的公司获得潜在的意外之财，新法律对这些利润征税，就好像它们被汇回本国了一样，但税率较低（8% 或 15.5%）。从 2018—2027 年的 10 年里，对在国外积累的利润征收过渡税带来的税收收入估计为 3 400 亿美元。

虽然波多黎各是美国的属地，但就美国所得税而言，总部位于那里的公司被视为外国公司。这意味着公司支付较低的地方税率，不需要缴纳更高的联邦税。这就是为什么美敦力将价值 22 亿美元的知识产权许可证在 2005 和 2006 纳税年度转让给其波多黎各制造分公司。该分公司随后就在该岛制造医疗器械的知识产权向美敦力支付了 26%～44% 的使用费。美国国税局表示，美敦力大幅低估了该分公司向其支付的使用费，降低了该公司在美国本土的应纳税利润。因此，美国国税局向美敦力发布了一份通知，声称在 2005 年和 2006 年，其向波多黎各分公司发放知识产权许可证是不公平的，并将 14 亿美元的利润重新分配给了该公司。美敦力向美国国税局支付了 11 亿美元，以支付其修订后的税单，但该公司也起诉美国国税局，称其在确定特许权使用费率时采用了错误的转移定价方法。截至 2020 年初，该案件仍处于美国税务法院诉讼阶段。

美敦力案是世界各国政府调查企业利用转移价格避税的众多案例之一。在美国，美国国税局近年来对可口可乐、脸书和英特尔采取了行动。在欧洲各地，包括菲亚特、麦当劳和微软在内的公司的关联方转移定价安排已被裁定为非法。欧盟竞争事务专员玛格丽特·韦斯塔格（Margrethe Vestager）总结了反对避税的论点："缴纳公平份额的税款应牢固地融入企业社会责任之中。"

资料来源：Harvey Poniachek，"INSIGHT：Medtronic Appeals Court Requires Transparent, Replicative Application of Tax Regulations," Transfer Pricing Report, October 2, 2018（https://www. bna. com/insight-medtronic-appeals-n73014482979/）; Lynnley Browning and Sony Kassam, "Facebook, Coke Could Face Tax Hit After Ruling Against Medtronic," BloombergQuint, August 20, 2018（https://www. bloombergquint. com/business/facebook-coke-could-face-tax-hit-after-ruling-against-medtronic ♯ gs. oK4bCg1F）; Sara-Jane Tovey, "Eighth Circuit Vacates and Remands Tax Court's Transfer Pricing Decision in 'Medtronic,'" PWC Tax Insights from Transfer Pricing, August 29, 2018（https:// thesuite. pwc. com/insights/eighth-circuit-vacates-and-remands-tax-courts-transfer-pricing-decision-in-medtronic）; Vanessa Houlder, Christian Oliver, and Jim Brunsden, "Multinationals Seek Cover as EU Begins Tax Avoidance Battle," The Financial Times, October 21, 2015（https://www. ft. com/content/b4b66986-77fa-11e5-933d-efcdc3c11c89）.

《美国国内税收法典》第 482 款也对跨国公司以节省税款为目的的转移定价安排进行了规范。第 482 款要求，公司在与其外国分公司或子公司交易有形或无形财产时，必须采用其与无关联的第三者交易时的价格。第 482 款的有关规定确认，公司制定转移价格时可以选择基于市价的转移定价方法或基于成本加成的转移定价方法，但是成本的加成数量必须能反映类似交易的毛利。[①]

因此，对于 Horizon 石油公司来说，如果休斯敦市场是完全竞争的，这可能会迫使它在进行从运输分公司到精炼分公司的转移时使用市价每桶 85 美元，同时，还可以借口自己销售给运输分公司不发生营销及分销成本，而成功申请采用低于市价的转移价格。例如，每桶的营销和分销成本是 2 美元。Horizon 石油公司设定的转移价格是每桶 83 美元（85－2），即售价减去营销和分销成本。

转移定价长期以来一直是税务主管和政府当局的一个重要问题。如今，在追求税收收入以及媒体对转移定价审查的推动下，实施更严格的规定已经被列入世界各国领导人的议程。诸如

---

① John Henshall and Roy Donegan, Global Transfer Pricing：Principles and Practice（Bloomsbury Professional, 4th ed，2019）.

加拿大、希腊、印度和土耳其等国一直关注知识产权的价值、后勤部门的成本和各种类型的损失。矿产和自然资源丰富的澳大利亚、智利和印度尼西亚等国家推出了新的税收政策和转移定价指南，旨在增加当地的计税基数，特别是在出境商品领域。各国政府也采取了协调一致的行动，经济合作与发展组织（OECD）关于税基侵蚀和利润转移的项目最能说明这一点，该项目于 2015 年 10 月制订了一个 15 项行动计划。如今，130 多个国家和司法管辖区正在这些措施的实施上展开合作，以解决避税问题，提高国际税收规则的一致性，并确保税收环境更加透明。

在美国，美国国税局对转移定价资源进行了大量投资。2011 年，美国国税局任命了第一位转移定价主任，随后对各种科技公司（包括亚马逊、Adobe、瞻博网络（Juniper Networks）和雅虎）提出了质询。2016 年 7 月，在对脸书向其爱尔兰分公司转让知识产权的价值进行审计后，美国国税局向脸书发出了 30 亿～50 亿美元的"补税通知"，外加利息和罚款。

政府对进口产品征收关税也影响跨国企业的转移定价行为。这里的问题与所得税的考虑因素是类似的。公司有动机降低出口产品的转移价格，以减少对这些产品征收的关税。某些国家对向境外各方支付股利或利润实施限制也影响企业制定转移价格。通过提高转移到这些国家的分公司的产品或服务的价格，企业可以增加这些国家支付的现金而不违反与股利或利润相关的限制。

小练习 23-4

Generation Electronics 公司在其位于俄亥俄州阿克伦的工厂生产太阳能电池板。每块电池板的变动成本为 90 美元，全部制造成本为 250 美元。该公司向西班牙马德里的一个分公司运送了 30 万块电池板。扣除营销和分销成本，马德里分公司在整个欧盟以 500 美元的平均价格销售这些电池板。

该公司就美国分公司的利润支付了 25% 的税款。西班牙对马德里分公司的利润征收 30% 的税款。根据对西班牙的可比进口市场价格，这两个税务机关只允许转移价格处于单位全部制造成本和 375 美元的市场价格之间。

1. 该公司应该选择什么样的转移价格以最大限度地减少公司的纳税金额？

为了保护当地制造商，西班牙对进口太阳能电池板征收关税。现在对电池板转移到该国的价格征收 17% 的关税。该税是计算西班牙所得税的可扣除费用。

2. 按单位全部制造成本和可比进口市场价格，计算美国和西班牙分公司从转移 300 000 块太阳能电池板中获得的税后营业利润。

3. 在存在关税的情况下，该公司应该选择什么转移价格来最大限度地减少公司的纳税金额？解释你的观点。

为多重目标设计的转移价格

有时，一个转移价格不能满足所有的企业目标，如最小化所得税税款、实现目标一致、激励管理者。因此，企业会选择两套账，一套用于报税，另一套用于内部管理报告。当然，保留两套账的代价是昂贵的。根据法定和内部报告系统必须反映相同信息的原则，诸如农业和建筑设备行业的世界领导者凯斯纽荷兰工业集团（CNH Industrial）等反对这样做。然而，AnswerThink 咨询集团对大型公司（收入超过 20 亿美元）的调查发现，在遵循最佳实践的公司中，有 77％的公司采用独立的报告系统来跟踪内部定价信息，而在不遵循最佳实践的公司中，大约有 25％的公司这样做。

例如，微软公司赞成"切断"转移价格，应用内部衡量系统（微软会计原则），使用一套独立的公司设计的规则与账户。[①] 在微软公司，管理控制的关键方面是让产品和分公司管理者对产品盈利能力负责，并且为每条生产线确定适当的销售和营销支出水平。为了设定这些销售和营销支出水平，公司为每个地区的每种产品创建了盈利能力报表，并且以并不一定最有税收效率的方式将研发和管理费用分配给销售部门。

公司即使没有独立的报告系统，也能非正式地调整转移价格，以在最小化税款和激励管理者之间进行权衡。考虑一家生产半导体产品的跨国企业，它通过自己的销售组织在高税收的国家销售产品。为了最小化公司的税款，母公司设定了一个较高的转移价格，从而降低了外国销售组织的营业利润。因为利润低而处罚这个国家的销售经理是不合适的，因为销售组织没有权力决定转移价格。作为一种替代选择，公司可以根据该国销售组织创造的直接贡献（收入减去营销成本）评价销售经理。即出于业绩评价目的，忽略购买半导体产品的转移价格。当然，这不是一个完美的解决方案。忽略购买产品的成本，销售经理就有动机在本地营销上投入过多资金，超过从公司的角度看应该是最优的支出。如果功能失调的影响过大，那么公司管理者必须干涉，评估情况，强行为销售经理制定具体的经营决策和目标。更普遍的是，当公司采用纳税合规转移定价政策时，为了更好地评价业绩和进行业绩奖励[②]，它需要在更低层次的管理水平上设立非财务业绩指标（如产量、准时交货数量或顾客响应时间）。

📖 自测题

Pillercat 公司是一个高度分权的公司。每个分公司的管理者对于购买和销售都有全部的决策权。其拖拉机分公司每年需要 2 000 个曲轴，机械分公司是这种部件的主要供应方。

然而，拖拉机分公司刚刚宣布来年它将从两个外部供应商那里以每个 200 美元的价格购买所需的全部曲轴，原因是机械分公司最近决定来年将曲轴价格从当年的 200 美元提升到 220 美元。

机械分公司的经理胡安·科美兹（Juan Gomez）认为提价 10％是完全正当的，因为该分公司一些生产曲轴的新专业设备的折旧费上升了，劳动力成本也提高了。胡安要求 Pillercat 公司的总裁命令拖拉机分公司从机械分公司处以单价 220 美元购买所需的全部曲轴。

	A	B
1	拖拉机分公司购买曲轴的数量	2 000
2	外部供应商的单位曲轴的市场价格	$200
3	机械分公司单位曲轴的变动成本	$190
4	机械分公司单位曲轴的固定成本	$ 20

要求：

1. 在下列情形下，如果拖拉机分公司从机械分公司购买曲轴，计算胡安的建议对 Pillercat

---

① 更多细节见 I. Springsteel, "Separate but Unequal," *CFO Magazine* (August 1999)。

② M. Cools et al., "Management Control in the Transfer Pricing Tax Compliant Multinational Enterprise," *Accounting, Organizations and Society* (August 2008) 提供了关于这个问题的一个典型案例，案例来自一个跨国公司的半导体产品事业部。

公司整体所带来的好处或坏处（以年营业利润计）。

（1）机械分公司用于生产曲轴的设备不能做其他的用途。

（2）机械分公司将这些设备做其他生产之用，每月将节省现金支出 29 000 美元。

（3）机械分公司的这些设备没有其他用途，并且外部供应商将曲轴价格降低到每个 185 美元。

2. 如果你是 Pillercat 公司的总裁，对于胡安要求你命令拖拉机分公司从机械分公司那里购买所需的全部曲轴，你会如何答复？在要求 1 所描述的三种情形下，你的答复会不同吗？为什么？

解答：

1. 在（1）、（2）、（3）三种情形下，拖拉机分公司一年从机械分公司购买曲轴的计算结果如下：

	A	B	C	D
1			情形	
2		(1)	(2)	(3)
3	拖拉机分公司购买曲轴的数量	2 000	2 000	2 000
4	外部供应商的单位曲轴的市场价格	$ 200	$ 200	$ 185
5	机械分公司单位曲轴的变动成本	$ 190	$ 190	$ 190
6	机械分公司向拖拉机分公司供曲轴的机会成本	—	$ 29 000	—
7				
8	从外部供应商处购买，其购买总成本为			
9	（2 000×200，200，185）	$400 000	$400 000	$370 000
10	从机械分公司处购买，其购买总成本为			
11	（2 000×190）	$380 000	$380 000	$380 000
12	机械分公司的总机会成本	—	$ 29 000	—
13	总相关成本	$380 000	$409 000	$380 000
14	从机械分公司购买，			
15	Pillercat公司整体年营业利润的增加(减少)	$ 20 000	$ (9 000)	$ (10 000)

本章介绍的一般指导原则也可用来作为确定三种情形下转移价格的第一步：

	A	B	C	D	E	F	G
1	情形	截止到转移时的单位增量成本	+	卖方分公司的单位机会成本	=	转移价格	外部市场价格
2	(1)	$190	+	$ 0	=	$190	$200
3	(2)	$190	+	$14.50[a]	=	$204.50	$200
4	(3)	$190	+	$ 0	=	$190	$185
5							
6	a. 单位机会成本=总机会成本÷曲轴数量=29 000÷2 000=14.50（美元）。						

将转移价格与外部市场价格进行比较可知，拖拉机分公司在情形（1）下从机械分公司购买曲轴，在情形（2）和（3）下从外部供应商处购买曲轴，都可使 Pillercat 公司整体年营业利润最大化。

2. Pillercat 公司是一个高度分权的公司。如果不强迫转移，拖拉机分公司将使用外部供应商。如果在要求 1 中的情形（2）、（3）下，这么做对公司总体是理想的，但在情形（1）下，这么做就是不理想的。

假设在要求 1 中的情形（1）下，机械分公司拒绝以每个 200 美元出售，这意味着总公司短期内将损失 20 000 美元。那么高层管理者是否应出来干预并强迫机械分公司以每个 200 美元的价格转移呢？这种干预将有损分权制的经营理念。许多高层管理者不愿意干预，因为他们认为这 20 000 美元是分权制下可能发生的次优决策的一个不可避免的成本。但是这个成本达到多高的水平才会使干预变得不可阻止呢？是 30 000 美元，还是 40 000 美元？

任何高层管理者对下级决策的干预都会削弱分权制。当然，Pillercat 公司的管理层可以偶尔干预以预防发生重大失误。但是，经常干预和限制将会损害 Pillercat 公司作为一个分权制公司经营的尝试。

📊 决策要点

下面的问答形式是对本章学习目标的总结，"决策"代表与学习目标相关的关键问题，"指南"则是对该问题的回答。

决策	指南
1. 什么是管理控制系统及如何设计它？	管理控制系统是一种收集信息、使用信息的手段，它被用来帮助和协调组织中计划的制订并控制组织中的决策，还可指导组织成员的行为。有效的管理控制系统应与组织战略保持高度一致，并且要能适应组织的结构，激励管理者和员工为实现组织目标而努力。
2. 分权制的利与弊分别是什么？	分权制的利包括：（1）对当地需求做出及时的响应；（2）加快决策过程；（3）有助于管理人员的培养和学习；（4）突出子单元管理者关注的焦点。分权制的弊包括：（1）容易产生次优决策；（2）过分重视子单元而不是公司整体；（3）产出重复；（4）经济活动重复进行。
3. 什么是转移价格？管理者使用什么标准评价它们？	转移价格是指一个子单元（部门或分公司）向同一个组织内其他子单元提供的产品或服务收取的价格。它设法实现目标一致、激励管理层付出努力、评估子单元的业绩和保持子单元的自治（若需要）。
4. 计算转移价格的可选方法有哪些？	转移价格可以基于市价或成本制定，还可以采用协商定价法。不同的转移定价方法为子单元带来不同的收入和成本，进而影响它们的营业利润。
5. 在什么样的市场情况下，基于市价的转移价格促进了目标一致？	在一个完全竞争市场上，若没有富余生产能力，分公司经理可以市场价格随意买卖任意数量的产品或服务。在这样的环境中，基于市价制定转移价格可以激励管理者像在外部市场进行交易那样在公司内部进行交易。
6. 当以完全成本加成作为转移价格时将出现什么问题？	基于成本的转移价格使买方将出售方的固定成本和加成都视为自己的变动成本，从而导致次优决策。买方情愿从外部购买产品以节省变动成本，但实际上这样做并不能节省变动成本。
7. 在可行转移价格范围内，企业达成最终混合转移价格的可选方法是什么？	存在剩余生产能力时，转移价格一般都应该在上下限之间，其中，下限指卖方愿意销售的最低价（它的单位变动成本）；上限指买方愿意支付的最高价（它的贡献毛益与它可以从外部市场购买的价格二者中的较低者）。在这个范围内达成转移价格的方法包括按比例分配法（如平分差价，或基于相对变动成本）、协商定价法和双重定价法。
8. 确定转移价格下限的一般指导原则是什么？	确定转移价格的一般指导原则阐明，最低转移价格等于截止到转移时所承担的增量成本加上卖方分公司的单位机会成本。
9. 所得税因素如何影响跨国公司的转移定价？	公司可以利用转移定价在税率较低的国家确认较多的利润、在税率较高的国家确认较少的利润来减少公司整体的所得税税款。但是，不同国家的税收法规限制了公司能够使用的转移价格。

习 题

23-16 成本中心，利润中心，分权制，转移价格。Fenster 公司制造带有木质或金属框架的窗户。公司有三个部门：玻璃部、木材部和金属部。玻璃部制造窗户玻璃并将其送到木材部或金属部安装框架，然后出售窗户。高级管理层制订了三个部门的生产计划，并根据产量、成本差异与产品质量对它们进行评价。

要求：

1. 这三个部门是成本中心、收入中心还是利润中心？

2. 这三个部门采用集权制还是分权制？

3. 一个集权的部门可以是利润中心吗？为什么？

4. 假设公司高级管理层决定让三个部门自己制订生产计划、在市场上买卖产品，并且让木材部和金属部与玻璃部协商确定窗户玻璃的转移价格。

（1）这个决策会改变你对要求 1 和 2 的回答吗？

（2）如果做出这种改变，你会建议高级管理层如何评价三个部门？

23-17 转移定价方法，目标一致。Vancouver Lumber 公司有原木部和成品木材部。变动成本如下：

● 原木部：每 100 板英尺原木 120 美元。

● 成品木材部：每 100 板英尺成品木材 145 美元。

假设在将原木加工成成品木材的过程中没有损失。每 100 板英尺原木售价 170 美元，每 100 板英尺成品木材售价 370 美元。

要求：

1. 公司应该将原木加工成成品木材吗？写出计算过程。

2. 假设内部转移价格是变动成本的 130%。每个部门都会采取最符合公司整体利益的行为来实现部门营业利润最大化吗？请解释。

3. 假设以市场价格作为内部转移价格。每个部门都会采取最符合公司整体利益的行为来实现部门营业利润最大化吗？请解释。

23-18 转让价格，按比例分配法。Chocfix 公司生产可可混合物。该公司有两个部门，每个部门都作为一个利润中心运作。运输部门在科特迪瓦购买生可可，并将其运输到佐治亚州亚特兰大的混合部门。混合部门将生可可加工成可可混合物，一磅可可混合物需要两磅生可可。运输部门每磅生可可的变动成本和固定成本以及混合部门每磅可可混合物的变动成本和固定成本如下：

运输部门	
科特迪瓦供应的每磅生可可的价格	$10
每磅生可可的变动运输成本	$1
每磅生可可的固定运输成本	$1
混合部门	
每磅可可混合物的变动混合成本	$4
每磅可可混合物的固定混合成本	$4

供应给亚特兰大混合部门的生可可的市场价格是每磅 14 美元，Chocfix 公司能以每磅 42 美元的价格出售可可混合物。

要求：

1. 运到混合部门的每磅生可可，两个部门愿意交易的最低和最高转移价格是多少？假设运输部门有未利用的生产能力来将生可可运输到混合部门。

2. 请参考你在要求 1 中的答案。Chocfix 公司的管理层正试图在要求 1 中确定的范围内决定具体的转移价格。Chocfix 公司的首席执行官詹姆斯·拉德尔（James Ladell）建议平分最高和最低转移价格之间的差价。这种情况下的转移价格是多少？运输部门每磅生可可的贡献毛益是多少？混合部门每磅可可混合物的贡献毛益是多少？

3. Chocfix 公司的首席财务官蕾拉·布朗（Leila Brown）不同意拉德尔将差价平分的建议。她认为，最高和最低转移价格之间的差价应该根据每个部门对最终产品贡献的工作价值按比例分配。

（1）每个部门为一磅可可混合物所做的工作价值是多少？忽略固定成本。

（2）如果根据每个部门贡献的工作的相对价值（在要求 3（1）中确定），按比例分配最高和最低转移价格之间的差价，那么转移价格是多少？运输部门的每磅生可可的贡献毛益是多少？混合部门的每磅可可混合物的贡献毛益是多少？

（3）你认为 Chocfix 公司应该采用要求 2 还是要求 3（2）中确定的转移价格？

23-19 转移定价，双重定价法。 何塞·马丁内斯（Jose Martinez）是生产优质冰激凌的 Shakelt 公司的首席执行官。Shakelt 公司有两个部门：供应部门和加工部门。供应部门向加工部门提供冰激凌的主要成分牛奶。马丁内斯是一个雄心勃勃的企业家，他希望很快将 Shakelt 公司（一家私人公司）卖给一个较大的竞争对手。供应部门以每 10 加仑 5 美元的价格从当地农民那里购买牛奶，每 10 加仑运输到加工部门就会产生 1 美元的变动成本（供应部门不会产生任何材料固定成本）。加工部门可以在外部市场上以每 10 加仑 8 美元的价格购买同样高质量的牛奶。马丁内斯正试图通过实施转移定价方法来"鞭策他的公司"，他认为该方法为这两个部门的努力工作提供了非常有力的激励：供应部门将获得向加工部门供应牛奶的增量成本的补偿；加工部门被收取的价格是它在公开市场上必须支付的。

要求：

1. 在马丁内斯的转移定价方法下，供应部门向加工部门供应 10 加仑牛奶的利润是多少？你认为转移定价方法是否如马丁内斯所希望的那样，激励了供应部门的管理者努力工作？

2. 在马丁内斯的脑海中，有一个较大的竞争对手可能只对收购其中一个部门感兴趣，而不是整个公司。他正在为自己选择转移定价方法而拍手叫好，因为在他看来，这使得两个部门的盈利能力看起来非常好。你同意马丁内斯的观点吗？

23-20 跨国转移定价，不同转移定价方法的影响，全球所得税税款支出最小化。 总部设在旧金山的 People Able 电脑公司生产并销售台式电脑。它有三个分公司，分别设在不同的国家：

（1）中国分公司——生产存储设备及键盘；

（2）韩国分公司——使用中国分公司生产出来的零部件和本分公司生产的部件组装电脑；

（3）美国分公司——包装并分销电脑。

每个分公司都是一个利润中心，各分公司就一台电脑付出的成本如下：

中国分公司：变动成本＝1 000 元人民币

固定成本＝1 800 元人民币

韩国分公司：变动成本＝360 000 韩元

固定成本＝480 000 韩元

美国分公司：变动成本＝100 美元

固定成本＝200 美元

- 中国分公司的营业利润适用的中国税率是 40%；
- 韩国分公司的营业利润适用的韩国税率是 20%；
- 美国分公司的营业利润适用的美国税率是 28%。

在美国，每台电脑的零售价为 3 200 美元，假设外币兑换汇率为：

8 元人民币＝1 美元

1 200 韩元＝1 美元

另外，中国和韩国分公司还将它们的部分产品使用自己的商标在当地出售。中国分公司向当地制造商销售每台 People Able 电脑使用的存储设备及键盘的价格是 3 600 元人民币，韩国分公司向当地分销商销售一台电脑的价格是 1 560 000 韩元。

要求：

1. 分别使用下面的转移定价方法计算各分公司每单位产品的税后利润。

(1) 基于市价的转移定价方法；

(2) 基于全部成本的 200% 的转移定价方法；

(3) 基于变动成本的 300% 的转移定价方法（所得税没有包括在基于成本的转移价格的计算中）。

2. 对整个公司而言，哪种方法可以使每台电脑的税后营业利润最大化？

业绩衡量、薪酬与跨国因素

当你完成这门课程的时候，你会得到一个评分，它代表你在该课程中的表现。

你的评分可能包含四个考虑因素——家庭作业、小测验、考试与课堂参与。这些因素能否比其他因素更好地反映你对教材知识的掌握程度？在确定你的最终成绩时，不同因素的相对权重会影响你投入多少努力去提高不同因素的成绩吗？

如果不管你的成绩如何，你都得到了一个好的评分，这公平吗？下面关于通用电气首席执行官的薪酬的例子在企业背景下探讨了这种情况。

🔆 引例　　通用电气首席执行官的薪酬

通用电气曾是美国最有价值的公司之一，世纪之交时其价值接近 6 000 亿美元。在其首席执行官杰克·韦尔奇于 2001 年退休后，公司价值开始长期、急剧下滑，导致规模变小，目前价值约为 2000 年的 1/10。

尽管通用电气的业绩多年来显著下降，但时任首席执行官杰夫·伊梅尔特（Jeff Immelt）和约翰·弗兰纳里（John Flannery）的薪酬却没有下降。在担任首席执行官的 16 年里，伊梅尔特获得了近 2.11 亿美元的工资和激励薪酬。2016 年，尽管公司股价保持平稳，但伊梅尔特拿到了 380 万美元的工资、430 万美元的业绩奖金，以及近 120 万美元的杂项薪酬，其中包括 257 639 美元的私人飞机使用费。

2017 年当伊梅尔特在股东压力下退休时，他又带走了至少 1.12 亿美元，主要是补充养老金计划和股票期权的提前行权。他的继任者约翰·弗兰纳里在担任首席执行官 14 个月的时间内获得了 580 万美元。在他短暂掌舵期间，通用电气股价下跌近 50%。

资料来源：Thomas Gryta and Ted Mann, "Burned Out," *The Wall Street Journal*，December 15, 2018（https://www.wsj.com/articles/ge-powered-the-american-centurythen-it-burned-out-11544796010）；Alicia Ritcey and Anders Melin, "GE's Immelt to Receive at Least $112 Million as CEO Steps Down," Bloomberg.com, June 12, 2017（https://www.bloomberg.com/news/articles/2017-06-12/ge-s-immelt-to-receive-at-least-112-million-as-ceo-steps-down）；Ed Crooks, "Immelt Had 72% Pay Cut After Plunging Profits Hit GE," *The Financial Times*，March 12, 2018（https://www.ft.com/content/597e9832-2648-11e8-b27e-cc62a39d57a0）.

很多公司评估并奖励业绩以激励管理者朝着组织目标努力。正如通用电气的例子所示，如果奖励不合适或者与持续的业绩不相关，管理者就可能在不支持公司目标的情况下获得更多的薪酬。本章将讨论五步决策制定程序最后一步的部分内容——业绩指标的设计、实施和应用。

24.1 财务与非财务业绩衡量指标

正如你所知，许多组织将下属单位的财务和非财务业绩指标记录在一张平衡计分卡上。不同组织的平衡计分卡的侧重点有所不同，但这些指标都源于公司的战略。以连锁旅馆 Hospitality Inns 为例，它的战略是提供优质的服务，收取比竞争者更高的房价。在平衡计分卡中，它使用了下列指标：

1. 财务维度——公司的股价、净利润、利润率、投资回报率和剩余收益。

2. 顾客维度——不同地区的市场份额、顾客满意度、品牌形象和平均重复访问的次数。

3. 内部业务流程维度——预订、登记和餐厅的顾客服务时间；旅馆和客房的清洁；清扫客房的时间；客房服务与餐厅质量；废弃物、能源和水消耗的减少；向顾客提供新服务的数量（如无线网络）；计划和开设新旅馆的时间。

4. 学习和成长维度——企业员工教育、技术和满意度水平，员工流动率，员工培训小时数，公司获得 ISO 14001：2015 环境管理认证。

实施平衡计分卡的目标就是在学习和成长维度进行改进，从而导致内部业务流程维度的改进，最终导致顾客和财务维度的改进。Hospitality Inns 也用平衡计分卡指标评价并奖励它的管理者。

某些业绩指标，如计划和开设新旅馆的时间，与企业长远发展相关；其他一些业绩指标，如登记的顾客服务时间和客房服务质量，则与企业的短期经营相关。本章的讨论将集中在包含中长期指标在内的应用最广泛的业绩指标上，这些都是基于企业日常会计数据的内部财务指标。在后文，我们描述为何企业既用财务指标又用非财务指标衡量业绩。

设计业绩衡量的会计指标需要遵循以下几个步骤：

步骤 1：选择与企业财务目标一致的业绩指标。例如，营业利润、净利润、投资回报率或销售收入是衡量子单元财务业绩的最佳指标吗？

步骤 2：选择步骤 1 中每个业绩指标的细节。一旦企业选择了一个具体的业绩指标，它就必须确定该指标构成部分的精确计算方法。例如，如果选择投资回报率，那么这个业绩指标是计算一年的还是多年的？资产是定义为总资产还是净资产（总资产减总负债）？资产是用历史成本计价，还是用现行成本计价？

步骤 3：选择业绩的目标水平和每个业绩指标的反馈机制。例如，是否所有子单元都应以同一个资产必要收益率作为目标？业绩是每天、每周，还是每月向高层管理者报告？

这些步骤中的决策不必依次做。通常高层管理者在确定业绩的会计指标之前，要对上述问题进行反复研究。上述每个问题的答案取决于高层管理者的看法，即每个指标如何达到实现目标一致、激励管理层付出努力、评估子单元的业绩与保持子单元的自治的标准（见第 23 章）。

24.2 业务部门的会计指标

公司一般采用四个会计指标来衡量子单元的业绩。我们将以 Hospitality Inns 为例来说明这些指标。

Hospitality Inns 在旧金山、芝加哥和新奥尔良各拥有一家旅馆。图表 24 - 1 是这 3 家旅馆 2020 年的数据（单位：千美元）。目前，Hospitality Inns 并未向 3 家旅馆分摊公司的长期债务。图表 24 - 1 的数据表明新奥尔良旅馆的营业利润最高，为 510 000 000 美元；芝加哥旅馆次之，为 300 000 000 美元；旧金山旅馆最低，仅为 240 000 000 美元。但这种比较是否意味着新奥尔良旅馆是最成功的呢？仅仅比较营业利润的最大弱点是忽略了不同旅馆间投资规模的差异，**投资**（investment）是指产生利润的资源或资产。真正的问题在于，相对于投资，各子单元是否创造了足够的营业利润。

	A	B 旧金山旅馆	C 芝加哥旅馆	D 新奥尔良旅馆	E 合计
1		旧金山旅馆	芝加哥旅馆	新奥尔良旅馆	合计
2	销售收入	1 200 000	1 400 000	3 185 000	5 785 000
3	变动成本	310 000	375 000	995 000	1 680 000
4	固定成本	650 000	725 000	1 680 000	3 055 000
5	营业利润	240 000	300 000	510 000	1 050 000
6	长期债务利息成本（10%）				450 000
7	税前利润				600 000
8	所得税（30%）				180 000
9	净利润				420 000
10	2020年末净账面价值				
11	流动资产	400 000	500 000	660 000	1 560 000
12	长期资产	600 000	1 500 000	2 340 000	4 440 000
13	总资产	1 000 000	2 000 000	3 000 000	6 000 000
14	流动负债	50 000	150 000	300 000	500 000
15	长期负债				4 500 000
16	股东权益				1 000 000
17	负债与股东权益合计				6 000 000
18					

图表 24 - 1 Hospitality Inns 2020 年财务数据

衡量投资的子单元财务业绩的指标有投资回报率、剩余收益、经济增加值。第四个指标是销售利润率，它不能衡量投资。

24.2.1 投资回报率

投资回报率（return on investment，ROI）由会计利润除以会计计量的投资额得出。

$$投资回报率 = \frac{利润}{投资额}$$

投资回报率常用于评价业绩有两个原因：（1）它将反映盈利性的所有要素——销售收入、成本和投资额——都反映在一个百分数内；（2）可用来与公司其他投资机会的回报率相比较。但是，与任何单一指标一样，管理者在使用投资回报率指标时应谨慎并与其他指标结合使用。

投资回报率通常又称为会计收益率或应计会计收益率（见第 22 章），管理者通常在评价子单元业绩时用投资回报率，而在评价一个项目时用应计会计收益率。企业可以根据需要改变投资回报率的分子与分母。例如，有些企业用营业利润作分子，有些企业则用税后净利润作分子；一些企业用总资产作分母，另一些企业则用总资产减去流动负债，即长期负债与股东权益作分母。

现在考虑图表 24-1 中三个旅馆的 ROI，我们以营业利润作分子，以总资产作分母来进行分析可得出以下结果（单位：千美元）：

旅馆	营业利润	÷	总资产	=	ROI
旧金山	240 000	÷	1 000 000	=	24%
芝加哥	300 000	÷	2 000 000	=	15%
新奥尔良	510 000	÷	3 000 000	=	17%

比较投资回报率指标，我们发现旧金山旅馆最充分地利用了总资产。

每位管理者可以采用如下方法来提高其旅馆的投资回报率：增加收入或减少成本（增大分子），或者减少旅馆投资（减小分母）。甚至当营业利润下降时，旅馆管理者通过更大幅度地减少总资产也能增加投资回报率。例如，假设芝加哥旅馆的营业利润减少 4%，从 300 000 000 美元降到 288 000 000 美元，并且总资产减少 10%，从 2 000 000 000 美元降到 1 800 000 000 美元。那么，芝加哥旅馆的投资回报率将从 15% 增加到 16%（288 000 000÷1 800 000 000）。

将投资回报率指标分解为两部分能更好地理解业绩：

$$\frac{利润}{投资额} = \frac{利润}{收入} \times \frac{收入}{投资额}$$

也可以写作：

$$投资回报率 = 销售利润率 \times 投资周转率$$

上述分析方法称为杜邦分析法。该方法确认了创造利润的两个基本成分：增加单位收入产生的利润和单位资产的收入。改进任何一个成分而保持另一个成分不变，就可以提高投资回报率。

假设 Hospitality Inns 的最高管理层将 30% 的投资回报率作为旧金山旅馆必须实现的投资收益指标，那么怎样才能实现这一指标呢？下面的例子应用杜邦分析法，结果显示，管理者可以使用三种不同方法将旅馆的投资回报率从 24% 提升到 30%（单位：千美元）。

	营业利润	收入	总资产	营业利润 收入		收入 总资产		营业利润 总资产
	(1)	(2)	(3)	(4)=(1)÷(2)		(5)=(2)÷(3)		(6)=(4)×(5)
目前状况	240 000	1 200 000	1 000 000	20%	×	1.2	=	24%
方法 1：减少总资产（例如，应收账款），保持收入和销售利润率不变	240 000	1 200 000	800 000	20%	×	1.5	=	30%
方法 2：增加收入（提高入住率），保持总资产和销售利润率不变	300 000	1 500 000	1 000 000	20%	×	1.5	=	30%
方法 3：减少成本（例如，减少维修费用）以增加销售利润率，保持收入和总资产不变	300 000	1 200 000	1 000 000	25%	×	1.2	=	30%

其他方法，如提高单位售价，可以同时增加单位资产的收入与单位收入产生的营业利润。

投资回报率指标还表明管理人员可以通过减少对流动资产或长期资产的投资额来提高投资收益。某些管理人员只注意到提高产品销售收入或控制产品生产成本对提高投资回报率的作用，却忽视了减少投资额可以起到同样的作用。减少投资额意味着减少闲置现金、管理好应收账款、合理确定存货水平，并谨慎投资长期资产。

24.2.2 剩余收益

剩余收益（residual income，RI）是会计利润减去投资额要求的回报。

剩余收益＝利润－必要收益率×投资额

必要收益率乘以投资额构成投资的估算成本。投资的**估算成本**（imputed costs）在特定情况下需要确认，但不在财务会计系统中记录成本，因为它是一个机会成本。在这种情形下，估算成本是指 Hospitality Inns 进行其他相似风险特征的投资所获得的回报。

假定每个旅馆面临相同的风险。Hospitality Inns 要求 12% 的必要收益率。根据营业利润减去投资额要求的 12% 的必要收益率计算各旅馆的剩余收益（单位：千美元）。

旅馆	营业利润	－	必要收益率	×	投资额	＝	剩余收益
旧金山	240 000	－	12%	×	1 000 000	=	120 000
芝加哥	300 000	－	12%	×	2 000 000	=	60 000
新奥尔良	510 000	－	12%	×	3 000 000	=	150 000

注意，新奥尔良旅馆的剩余收益最多。通常，剩余收益受规模的影响：对于给定的业绩水平，更大的分公司会创造更多的剩余收益。

有些公司喜欢使用剩余收益指标，因为这些公司的管理人员将经营目标放在追求投资收益绝对值（如剩余收益）而不是相对值（如投资回报率）最大化上。最大化剩余收益的目标意味着一个部门只要能够赚取超过必要投资回报的利润，该部门就应该继续投资。

单纯追求投资回报率最大化目标可能会激励高盈利部门的管理者拒绝投资一些项目，而从公司整体角度看，应该接受这些项目。假设 Hospitality Inns 正在考虑翻新旧金山旅馆的客房并进行装修。这将使营业利润增加 70 000 000 美元，总资产增加 400 000 000 美元，扩张的投资回报率为 17.5%（70 000 000÷400 000 000）。这对 Hospitality Inns 整体是有利的，因为投资回报率超过了必要收益率，但从旧金山旅馆自身的角度看，扩张将导致投资回报率的下降。

$$扩张前的投资回报率 = \frac{240\ 000\ 000}{1\ 000\ 000\ 000} = 0.24\ 或\ 24\%$$

$$扩张后的投资回报率 = \frac{240\ 000\ 000 + 70\ 000\ 000}{1\ 000\ 000\ 000 + 400\ 000\ 000} = \frac{310\ 000\ 000}{1\ 400\ 000\ 000} = 0.221\ 或\ 22.1\%$$

如果旧金山旅馆管理人员的奖金是以投资回报率为基准确定的，则选择扩张的方案将导致管理人员年度奖金减少，管理者可能不会支持扩张；相反，如果管理人员的年度奖金以剩余收益为基准，则旧金山旅馆的管理人员将支持扩张：

扩张前的剩余收益 = 240 000 000 − (0.12×1 000 000 000) = 120 000 000（美元）

扩张后的剩余收益 = 310 000 000 − (0.12×1 400 000 000) = 142 000 000（美元）

因此，企业用剩余收益而不是投资回报率作为子单元管理人员的业绩衡量的指标更能实现目标一致。

这是一般的结果，注意，扩张后的投资回报率是扩张前的投资回报率与正在考虑中的项目的投资回报率的加权平均。因此，新项目的投资回报率高于必要收益率（本例中为 12%），但低于分公司现在的投资回报率（本例中为 24%），分公司管理者会拒绝它，即使这个项目是股东愿意投资的。[①] 另外，剩余收益是一个线性加总指标，即扩张后的剩余收益总是等于扩张前的剩余收益加上正在考虑中的项目的剩余收益。为了证实上例中的这种情况，可以计算项目的剩余收益，即 70 000 000 − (12%×400 000 000) = 22 000 000 美元，这是扩张后的剩余收益与扩张前的剩余收益的差额。因此，以剩余收益为评价标准的管理者将会选择一个新项目，只要它的剩余收益为正。而这恰好也是股东希望管理者采用的标准，换句话说，剩余收益实现了目标一致。

小练习 24 - 1

Front Investments 公司有两个分公司。每个分公司的必要收益率均为 12%。2020 年的计划经营成果如下：

分公司	营业利润	投资额
A	$ 9 800 000	$70 000 000
B	$12 000 000	$60 000 000

a. 每个分公司当前的投资回报率是多少？

b. 每个分公司当前的剩余收益是多少？

该公司正在计划进行扩张，要求每个分公司增加 3 000 万美元的投资和 500 万美元的营业利润。

c. 假设根据投资回报率或剩余收益对管理者进行评价，哪个分公司（如果有）对扩张感到高兴？

---

① 类似地，比如说，一个业绩不好的分公司的投资回报率为 7%，它的管理者可能希望接受投资回报率在 7% 至 12% 之间的项目，即使这些项目不能达到股东的必要收益率。

24. 2. 3　经济增加值

经济增加值（economic value added，EVA）是剩余收益的一种变化形式，被许多公司采用。[1] 其计算公式如下：

经济增加值＝税后营业利润－加权平均资本成本×（总资产－流动负债）

经济增加值替换了剩余收益计算中的下列数字：

1. 以税后营业利润替换利润；

2. 以（税后）加权平均资本成本替换必要收益率；

3. 以总资产减去流动负债（等价于长期资产加营运资金）替换投资额。[2]

我们用图表 24 - 1 中 Hospitality Inns 的数据来说明基本的经济增加值的计算。加权平均资本成本等于该集团所有长期资产的税后平均成本。该公司的长期资产有两种来源：（1）长期负债，其市场价值和账面价值都是 4 500 000 000 美元（利率为 10%）；（2）权益资本，市场价值 4 500 000 000 美元（账面价值 1 000 000 000 美元）。[3] 由于利息成本是可抵税的且所得税税率为 30%，所以负债融资的税后实际成本为：0.10×（1－税率）＝0.10×（1－0.30）＝0.10×0.70＝0.07 或 7%。权益资本成本是投资者不能投资于与 Hospitality Inns 风险类似的其他项目的机会成本。权益资本成本为 14%。[4] 利用权益和负债的市场价值计算加权平均资本成本，如下所示：

$$加权平均资本成本 = \frac{0.07 \times 负债市场价值 + 0.14 \times 权益市场价值}{负债市场价值 + 权益市场价值}$$

$$= \frac{0.07 \times 4\,500\,000\,000 + 0.14 \times 4\,500\,000\,000}{4\,500\,000\,000 + 4\,500\,000\,000}$$

$$= \frac{945\,000\,000}{9\,000\,000\,000} = 0.105\ 或\ 10.5\%$$

由于每一个旅馆都面临同样的风险，所以所有旅馆的加权平均资本成本都是一样的。

旅馆的税后营业利润为：

营业利润×（1－税率）＝营业利润×（1－0.30）＝营业利润×0.70

则 Hospitality Inns 的经济增加值计算如下（单位：千美元）：

旅馆	税后营业利润	－	加权平均资本成本	×	（总资产－流动负债）	＝	经济增加值
旧金山	240 000×0.7	－	10.5%	×	(1 000 000－ 50 000)	＝	68 250
芝加哥	300 000×0.7	－	10.5%	×	(2 000 000－150 000)	＝	15 750
新奥尔良	510 000×0.7	－	10.5%	×	(3 000 000－300 000)	＝	73 500

---

① Stephen F. O'Byrne and S. David Young, *EVA and Value-Based Management：A Practical Guide to Implementation* (New York：McGraw-Hill, 2000)；Joel M. Stein, John S. Shiely, and Irwin Ross, *The EVA Challenge：Implementing Value Added Change in an Organization* (New York：John Wiley and Sons, 2001).

② 在计算经济增加值时，公司经常对在公认会计原则下报告的营业利润与资产数字进行调整。例如，计算经济增加值时，具有长期效益的成本如研发、重组成本与租金都被视为资产（并摊销），而不是作为当期营业成本。调整是为了更好地反映带来收益的经济资产，尤其是无形资产，具体的调整应该视企业的具体情况进行。

③ Hospitality Inns 权益资本的市场价值超过了账面价值，是因为账面价值按历史成本计价，并不能反映公司资产的现实价值，还有一个原因就是各种无形资产，如商标，在公认会计原则下没有列示在资产负债表的当期资产中。

④ 在实务中，计算权益资本成本最常使用资本资产定价模型（CAPM）。更多细节请参阅 Jonathan Berk and Peter De-Marzo, *Corporate Finance*, 4th ed. (Boston, MA：Pearson, 2017).

由上表可知新奥尔良旅馆拥有最高的经济增加值。经济增加值像剩余收益一样，要求计算长期资产和营运资金的成本。只有当税后营业利润超过资本的投资成本时才增加价值。为了提高经济增加值，管理者可以：（1）用相同的资本获得更多的收益；（2）用更少的资本获得同样的收益；（3）投资于回报率更高的项目。[1]

诸如百力通（Briggs and Stratton，一家汽油发动机的领先制造商）、可口可乐、礼来（Eli Lilly）和印孚瑟斯（Infosys Limited）等许多公司都利用经济增加值来指导它们的决策。铁路公司 CSX 在运用了经济增加值之后决定用三台而不再是四台机车运行火车，它要求准点卸货，而不像原来那样让火车提前几个小时到达目的地。结果呢？由于节省了燃料成本和减少了火车的投资成本而赚取了更高的利润。分公司管理者发现经济增加值指标很有帮助，因为它允许他们将通常只能在全公司层面获得的资本成本纳入决策中。

小练习 24 - 2

Performance City 公司为企业客户提供直升机。公司有两种资金来源：以 10% 的利率发行的市场价值和账面价值为 3 400 万美元的长期债务，以及市场价值为 1 200 万美元（账面价值为 700 万美元）的股本。公司的股本成本为 16%，税率为 40%。公司在两个城市设有自主运营的分公司。该公司 2020 年的业绩如下：

	营业利润	资产	流动负债
纽约	$2 250 000	$12 000 000	$2 400 000
芝加哥	$2 900 000	$10 500 000	$3 600 000

a. Performance City 公司的加权平均资本成本是多少？
b. 计算每个分公司的经济增加值。

24. 2. 4 销售利润率

利润占收入的比例——常称为销售利润率（return on sales，ROS）——是一个常用的财务业绩指标，同时也是杜邦分析法中投资回报率的一部分。我们用营业利润除以销售收入来计算每个旅馆的销售利润率（单位：千美元）：

旅馆	营业利润	÷	销售收入	=	销售利润率
旧金山	240 000	÷	1 200 000	=	20.0%
芝加哥	300 000	÷	1 400 000	=	21.4%
新奥尔良	510 000	÷	3 185 000	=	16.0%

由上表可知，芝加哥旅馆的销售利润率最高，但是若按照指标 ROI，RI，EVA 排序，它是

---

[1] 观察一下，经济增加值计算中使用的分公司税后营业利润之和 735 000 000 美元 （（240 000 000＋300 000 000＋510 000 000）×0.7），超过了公司的净利润 420 000 000 美元。差额是公司的长期债务税后利息费用，其总额为 315 000 000 美元（450 000 000×0.7）。因为经济增加值指标包括加权平均资本成本费用（包括税后债务成本），因此用于计算经济增加值的收入数据应该反映债务利息支付前的税后利润已被考虑。因此，税后营业利润（即税后净营业利润）是经济增加值计算的分公司相关利润指标。

业绩最差的。

24.2.5 比较业绩指标

下面是按不同业绩指标对三家旅馆经营业绩的排序（单位：千美元）：

旅馆	ROI	RI	EVA	ROS
旧金山	24% (1)	120 000 (2)	68 250 (2)	20.0% (2)
芝加哥	15% (3)	60 000 (3)	15 750 (3)	21.4% (1)
新奥尔良	17% (2)	150 000 (1)	73 500 (1)	16.0% (3)

RI 与 EVA 的排序是相同的，它们不同于 ROI 与 ROS 的排序。以旧金山旅馆和新奥尔良旅馆的 ROI 与 RI 排序为例。新奥尔良旅馆有较低的 ROI，表明相对来说它的资产没有得到有效利用。虽然它的营业利润仅是旧金山旅馆营业利润的 2 倍多一点（510 000 000 美元：240 000 000 美元），但它的总资产是旧金山旅馆的 3 倍（3 000 000 000 美元：1 000 000 000 美元）。但是，新奥尔良旅馆有较高的 RI，因为在抵减 12% 的必要收益率后，它有更高的利润。旧金山旅馆的高 ROI 表明它的资产得到了有效利用。即使新奥尔良旅馆的单位投资并没有产生像旧金山旅馆一样的利润，但是大额的投资产生了相当大的价值，因为它的利润超过了必要收益率。芝加哥旅馆的 ROS 最高，但 ROI 最低。高 ROS 表明，芝加哥旅馆每一美元收入的成本最低。芝加哥旅馆的 ROI 低是因为每一美元资产产生的收入非常低。

是否有一种指标比其他指标都要好呢？没有，因为每个指标只是评价业绩的不同方面。虽然 ROS 衡量了成本管理的有效性，但是，ROI，RI 或 EVA 全面考虑了收益及投资的因素，因此比 ROS 更适合于综合性的业绩评价。ROI 表明了哪些投资产生了最高的回报，RI 或 EVA 克服了 ROI 导致的企业目标不一致的问题。有些管理者倾向于使用 EVA，因为它对无形资产投资的资本化进行了会计调整。有些管理者则更喜欢使用（税前）RI 指标，因为它容易计算，而且在多数情况下，它与用 EVA 得出的结论一致。一般来说，公司会使用多种指标来评价业绩。

24.3 业绩指标细节的选择

公司仅确定拟使用的业绩指标是不够的。它必须决定怎样计算这些指标。这包括确定指标的时间范围、定义关键术语（如投资），并且就计算每个业绩指标的构成要素达成一致。

24.3.1 时间范围选择

设计会计衡量业绩指标体系的一个关键因素是选择指标的时间范围。ROI，RI，EVA 与 ROS 的计算代表的是单一会计期间（在我们的例子中是一年）的结果。管理者可能采取短期内使指标值上涨但与公司的长期利益相矛盾的行动。比如，管理者在年度最后 3 个月可能通过缩减研发费用与厂房维修费用来达到目标营业利润水平。正因为如此，许多公司采用多年的 ROI，RI，EVA 与 ROS 来衡量子单元的业绩。

在多年范围内衡量子单元业绩的另一个原因是，当期采取行动的收益可能无法在短期指标上显现，如当年的 ROI 或 RI。比如，投资一家新的旅馆在短期内可能对 ROI 与 RI 有不利影响，但在长期内对 ROI 与 RI 有利。

多年分析突出了 RI 指标的另一个优点：投资项目寿命内所有现金流的净现值等于 RI 的净现值。[①] 这意味着管理者采用净现值法进行决策（正如第 22 章提倡的），用多年的 RI 来评价管理者的业绩可以实现目标一致。

激励管理者从长远角度考虑的另一个方法是根据公司股票价格的变化来奖励他们，因为股票价格包含了公司当期决策的预期未来影响。

24.3.2　投资定义选择

公司使用多种定义衡量分公司的投资。在会计衡量业绩指标体系设计中，采用四种投资定义：

1. 总资产——包括全部资产，不考虑资产的持有目的。

2. 在用总资产——企业总资产减去闲置资产和为将来使用而购置的资产。例如，如果图表 24-1 中新奥尔良旅馆有一部分土地是为将来扩大经营规模购置的，目前并未使用，则该旅馆的在用资产总额将不包括这一块土地的成本。

3. 在用总资产减去流动负债——在用总资产不包括短期债权人提供的资产。这一定义方式的一个负面影响是，它可能促使子单元管理者超量使用短期债务，因为短期债务不包括在投资额中。

4. 股东权益——将负债分配给子单元，并从它们的资产总额中减去这些分配来的负债。这种方法的一个缺点是将旅馆管理者的运营决策与高层管理者的融资决策混合在一起。

采用 ROI 或 RI 指标的公司一般将投资定义为总资产。当公司指导其子单元管理者持有闲置或额外资产时，采用在用总资产更能说明问题。采用 EVA 的公司将投资定义为在用总资产减去流动负债。使用这种定义的基本原理是用营运资本（流动资产减流动负债）与子单元使用的长期资产之和来衡量总投资。管理者负责使两个构成部分产生足够的回报。

---

① 这种等价性通常被称为剩余收益的"守恒性质"，最初由加布里埃尔·普赖恩赖希（Gabriel Preinreich，1938）阐明。我们以旧金山旅馆为例来说明这种等价性。假设对旧金山旅馆投资 400 000 000 美元，每年增加营业利润 70 000 000 美元。5 年中营业现金流每年增加 150 000 000 美元，减去每年的折旧 80 000 000 美元（400 000 000÷5），假定采用直线折旧法，期末无残值。折旧每年减少 80 000 000 美元投资额。必要收益率为 12%，现金流的净现值与剩余收益如下（单位：千美元）：

	第 0 年	第 1 年	第 2 年	第 3 年	第 4 年	第 5 年	净现值
(1) 现金流		150 000	150 000	150 000	150 000	150 000	
(2) 1 美元的现值（按 12% 计算）	1	0.892 86	0.797 19	0.711 78	0.635 52	0.567 43	
(3) 现值：(1)×(2)		133 929	119 578	106 767	95 328	85 114	140 716
(4) 营业利润		70 000	70 000	70 000	70 000	70 000	
(5) 年初资产		400 000	320 000	240 000	160 000	80 000	
(6) 资本成本：(5)×12%		48 000	38 400	28 800	19 200	9 600	
(7) 剩余收益：(4)−(6)		22 000	31 600	41 200	50 800	60 400	
(8) 剩余收益现值：(7)×(2)		19 643	25 191	29 325	32 284	34 273	140 716

24.3.3　资产计量选择

为了设计会计业绩指标体系，我们需要考虑计算投资额时采用的各种资产计量方法。资产计量应该基于历史成本还是基于现行成本？应折旧资产应该用账面总值（原始取得成本）还是账面净值（原始取得成本减去累计折旧）？

现行成本

现行成本（current cost）是指目前重新购置一套与现有资产完全相同的资产所需的费用，如果目前无法购买到完全相同的资产，则指购置一套能够提供与现有资产完全相同服务的资产所需的费用。当然，在此基础上得到的 ROI 与在历史成本基础上得到的 ROI 是不同的。

我们利用 Hospitality Inns 的例子（见图表 24-1）来计算现行成本的 ROI，然后把它和历史成本法下得到的 ROI 进行比较。考虑下面每家旅馆长期资产的额外信息（单位：千美元）：

	旧金山旅馆	芝加哥旅馆	新奥尔良旅馆
已使用年限（截至 2020 年末）	8 年	4 年	2 年
账面总值（原始成本）	1 400 000	2 100 000	2 730 000
累计折旧	800 000	600 000	390 000
账面净值（截至 2020 年末）	600 000	1 500 000	2 340 000
2020 年折旧	100 000	150 000	195 000

Hospitality Inns 预计设备使用年限为 14 年，期末无残值，采用直线折旧法计算折旧。

建筑成本指数表明了 8 年中建筑成本是如何变化的，Hospitality Inns 的建筑成本指数（以 2012 年年末为 100）如下：

	2013 年	2014 年	2015 年	2016 年	2017 年	2018 年	2019 年	2020 年
建筑成本指数	110	122	136	144	152	160	174	180

在本章前面我们计算出旧金山旅馆的 ROI 为 24%，芝加哥旅馆为 15%，新奥尔良旅馆为 17%。旧金山旅馆的 ROI 较高的原因之一是它的固定资产价值是以 2012 年的建筑价格水平计算的，而其他两个旅馆则是按较近年份较高的建筑价格水平计算的，从而降低了其 ROI。

利用图表 24-2（单位：千美元），我们以现行成本为基础一步一步地计算 ROI 所需要的长期资产和折旧费用，目的在于近似估计出为了达到各旅馆目前的营业利润水平所需购置的资产的成本（计算剩余利润和 EVA 时也可做相似的调整）。按现行成本调整的结果使旧金山旅馆的 ROI 降低了一半多。

	历史成本 ROI	现行成本 ROI
旧金山旅馆	24%	10.8%
芝加哥旅馆	15%	11.1%
新奥尔良旅馆	17%	14.7%

| 文件 | 开始 | 插入 | 页面布局 | 公式 | 数据 | 审阅 | 视图 | 帮助 |

	A	B	C	D	E	F	G	H
1	步骤1：将历史成本法下的长期资产原值换算为2020年末现行成本法下的价值							
2		长期资产的历史成本原值	×	（2020年建筑成本指数	÷	建设当年的建筑成本指数）	=	2020年末现行成本法下长期资产的价值
3	旧金山旅馆	1 400 000	×	（180	÷	100）	=	2 520 000
4	芝加哥旅馆	2 100 000	×	（180	÷	144）	=	2 625 000
5	新奥尔良旅馆	2 730 000	×	（180	÷	160）	=	3 071 250
6								
7	步骤2：计算各旅馆的长期资产在2020年末按现行成本估算的账面净值（假设各旅馆的使用寿命为14年）							
8		2020年末现行成本法下长期资产账面原值	×	（估计的剩余使用寿命	÷	估计的总使用寿命）	=	2020年末现行成本法下长期资产账面净值
9	旧金山旅馆	2 520 000	×	（6	÷	14）	=	1 080 000
10	芝加哥旅馆	2 625 000	×	（10	÷	14）	=	1 875 000
11	新奥尔良旅馆	3 071 250	×	（12	÷	14）	=	2 632 500
12								
13	步骤3：按现行成本计算2020年末的总资产价值（假设各旅馆的流动资产均按2020年的价格计价）							
14		2020年末流动资产（见图表24-1）	+	长期资产（来自步骤2）	=	2020年末总资产现行成本		
15	旧金山旅馆	400 000	+	1 080 000	=	1 480 000		
16	芝加哥旅馆	500 000	+	1 875 000	=	2 375 000		
17	新奥尔良旅馆	660 000	+	2 632 500	=	3 292 500		
18								
19	步骤4：以2020年价格计算现行成本折旧费用							
20		2020年末长期资产的现行成本原值（来自步骤1）	÷	估计的总使用寿命	=	2020年现行成本折旧费用		
21	旧金山旅馆	2 520 000	÷	14	=	180 000		
22	芝加哥旅馆	2 625 000	÷	14	=	187 500		
23	新奥尔良旅馆	3 071 250	÷	14	=	219 375		
24								
25	步骤5：利用2020年现行成本折旧费用计算2020年的营业利润							
26		按历史成本计算的营业利润	−	（2020年现行成本折旧费用（来自步骤4）	−	历史成本折旧费用）	=	按现行成本折旧费用计算的2020年营业利润
27	旧金山旅馆	240 000	−	（180 000	−	100 000）	=	160 000
28	芝加哥旅馆	300 000	−	（187 500	−	150 000）	=	262 500
29	新奥尔良旅馆	510 000	−	（219 375	−	195 000）	=	485 625
30								
31	步骤6：利用现行成本法计算长期资产和折旧费用的投资回报率							
32		用2020年现行成本折旧费用计算的营业利润（来自步骤5）	÷	2020年末的现行成本总投资（来自步骤3）	=	利用现行成本法计算的ROI		
33	旧金山旅馆	160 000	÷	1 480 000	=	10.80%		
34	芝加哥旅馆	262 500	÷	2 375 000	=	11.10%		
35	新奥尔良旅馆	485 625	÷	3 292 500	=	14.70%		

图表 24－2 Hospitality Inns 的 ROI：利用现行成本法估算 2020 年末长期资产价值及折旧费用

为了确认现行成本而调整资产，可以排除因建筑价格水平不同而引起的投资基数差异。与历史成本投资回报率相比，现行成本投资回报率可以更好地衡量投资的现时经济回报。如果 Hospitality Inns 现在要进行投资，则投资于像新奥尔良这样的旅馆所产生的 ROI 最好。

某些资产的现行成本很难获得。为什么？因为这使公司不仅要考虑物价水平的上涨，还要考虑技术进步与流程改进因素，以降低赚取营业利润所需的现行资本成本。

长期资产：账面原值还是净值

由于经常用资产的历史成本计算投资回报率，所以就有管理者应该采用资产账面原值还是净值的讨论。利用图表 24 - 1 中的数据，分别按原值和净值计算厂房、设备的 ROI（单位：千美元）：

	营业利润 （图表 24 - 1） (1)	总资产 账面净值 （图表 24 - 1） (2)	累计折旧 (3)	总资产 账面原值 (4)＝(2)＋(3)	使用总资产 账面净值的 2020 年 ROI (5)＝(1)÷(2)	使用总资产 账面原值的 2020 年 ROI (6)＝(1)÷(4)
旧金山旅馆	240 000	1 000 000	800 000	1 800 000	24%	13.3%
芝加哥旅馆	300 000	2 000 000	600 000	2 600 000	15%	11.5%
新奥尔良旅馆	510 000	3 000 000	390 000	3 390 000	17%	15.0%

使用原值计算的话，较早的旧金山旅馆 13.3% 的 ROI 要低于较晚的新奥尔良旅馆 15.0% 的 ROI。赞成使用原值的人认为，使用原值能够更准确地比较不同部门的 ROI。例如，使用原值计算，较晚的新奥尔良旅馆的厂房和设备的 ROI 要高于较早的旧金山旅馆，这很可能反映了旧金山旅馆盈利能力的下降；相反，如果使用净值，则会隐藏这一事实，因为投资基数不断减小，造成旧金山旅馆 ROI 的上升——本例中为 24%。这一升高了的比率则会使投资者误认为旧金山旅馆的盈利能力并未下降。

赞成使用净值的人则认为，使用净值可以避免某些混乱，因为：（1）与传统资产负债表中所反映的资产总值一致；（2）与扣除固定资产折旧的净利润计算一致。调查表明，在企业进行内部业绩评价时，大多采用净值。

小练习 24 - 3

Sangoma Products 公司出口加工棕榈油，在西非多个国家开展业务。以下信息与 2020 年尼日利亚分公司有关：

销售收入	$1 430 000
厂房折旧	$ 210 000
其他运营成本	$ 700 000
营业利润	$ 520 000

该分公司拥有 450 000 美元的流动资产和一项账面净值为 1 890 000 美元的长期资产（工厂）。截至 2020 年底，该工厂已使用 3 年，预计使用寿命为 12 年。采用直线法折旧，假设无残值。

在该公司运营的 10 年间，尼日利亚分公司的建筑成本指数如下：

2010 年	2017 年	2020 年
100	150	180

a. 使用历史成本法计算尼日利亚分公司的 ROI。

b. 使用基于折旧费用和长期资产的现行成本计算尼日利亚分公司的 ROI。

24.4 业绩的目标水平与反馈时间

我们已经讨论了不同的测量类型及其选择，现在我们把注意力转移到业绩的目标水平和反馈时间的选择上。

24.4.1　选择业绩的目标水平

以历史成本为基础的会计指标往往不足以评价新投资的经济回报，有时甚至会阻碍企业的扩张。虽然有这些不足，管理者还是可以通过设定 ROI 的目标值，使用历史成本 ROI 来评价现在的业绩。试想 Hospitality Inns 的例子，我们应该认识到各个旅馆建筑建成的时间不同，这意味着它们拥有不同的建筑成本指数，因而企业可以通过适当调整 ROI 的目标值来达到业绩比较的目的，如把旧金山旅馆的 ROI 定为 26％，芝加哥旅馆为 21％，新奥尔良旅馆为 19％。

将实际结果与目标或预算业绩相比较，这本不应该被忽视，但常常为企业所忽略。在记住应用历史成本会计指标的缺陷时，公司应该为特定的分公司、特定的会计系统、特定的业绩评价设置一个合适的预算。例如，如果高层管理者能够让分公司管理者将其注意力集中于未来预算年度的收益如何能够在真正意义上增加，那么无论是采用 ROI，RI 或 EVA 指标，还是采用基于历史成本或现行成本的财务指标，很多与资产评价和利润衡量有关的问题都会解决。

设立目标的一个流行做法是设定持续改进目标。如果一个公司采用 EVA 作为业绩指标，高层管理者可以根据 EVA 的逐年变化而不是 EVA 的绝对值来评价经营状况。根据 EVA 的持续改进评价业绩使 EVA 的最初算法不再那么重要。

使用平衡计分卡的公司在设立财务业绩指标的目标时，也确定顾客、内部业务流程以及学习和成长维度的目标。例如，Hospitality Inns 将为雇员培训和满意度、预订和登记的顾客服务时间、客房服务质量、顾客满意度确立目标，旅馆通过达到这些目标来实现它的 ROI 和 EVA 目标。

24.4.2　选择反馈时间

设计会计衡量业绩指标体系的最后一步是选择反馈时间。信息反馈的时间主要取决于：(1) 该信息对企业成功的重要性；(2) 接收信息的管理层；(3) 公司信息技术的复杂程度。例如，旅馆的客房部主任对每天或每周的订房率感兴趣，因为这种旅馆的大部分成本为固定成本。达到更高的订房率以及采取措施遏制订房率的下降对各旅馆的财务成功显得尤为重要。而公司高层管理者只需每月的综合订房信息，除非存在问题，如芝加哥旅馆的销售额与总资产之比（总资产周转率）很低。在此情况下，管理者可能需要每周的信息。

类似地，每个旅馆的人力资源经理按年度衡量雇员的满意度，因为满意度在更长的时间内能得到最好的测量。然而，客房服务部经理则需衡量非常短时间内（如一周）的客房服务质量，因为该部门短期的糟糕表现可能给旅馆的声誉带来长期损害。而且，管理者可以在短时间内发现并解决客房服务问题。

24.5　跨国公司的业绩衡量

到目前为止，我们的讨论集中于在一个国家运营的公司不同分公司的业绩衡量。下面我们讨论管理者比较在不同国家运营的分公司的业绩时遇到的困难。主要有以下几个问题。[①]

---

① 　参阅 M. Zafar Iqbal，*International Accounting：A Global Perspective*（Cincinnati：South-Western College Publishing，2002）。

- 不同国家的经济、法律、政治、社会、文化环境差异显著。
- 不同国家进口配额和关税相差很大，国家对特定产品征收关税以限制进口是通行的做法。
- 不同国家的原料、熟练劳动力的供给情况，以及材料成本、劳务成本和基础设施（动力、运输与通信）也可能千差万别。
- 在不同国家运营的分公司记录其业绩所使用的货币是不同的，汇率波动及通货膨胀问题影响业绩评价。

因为存在这些差异，为了准确比较位于不同国家的分公司的业绩，就必须进行调整。

24.5.1　用国外货币来计算国外分公司的 ROI

假设 Hospitality Inns 在墨西哥城投资建立了一家旅馆，投资主要包括建筑以及家具费用。同时假定：

- Hospitality Inns 投资当日（2019 年 12 月 31 日）的汇率为 20 墨西哥比索＝1 美元。
- 2020 年间，墨西哥比索继续大幅贬值。2020 年 12 月 31 日汇率为 30 墨西哥比索＝1 美元。
- 2020 年度平均汇率为 25 墨西哥比索（（20＋30）÷2）＝1 美元。
- 墨西哥城旅馆投资额（总资产）为 30 000 000 000 墨西哥比索。
- 墨西哥城旅馆 2020 年营业利润为 6 000 000 000 墨西哥比索。

2020 年以历史成本为基础计算的墨西哥城旅馆的 ROI 是多少？

为了回答这个问题，管理者首先要决定是用墨西哥比索还是美元来计算 ROI。如果用美元来计算 ROI，该采用何种汇率？管理者可能对将墨西哥城旅馆（HIMC）的 ROI 与规模大致相当的新奥尔良旅馆（HINO）的 ROI 进行比较感兴趣。对该问题的回答可能会为制定未来的投资决策提供有用的信息。

$$\text{HIMC 的 ROI（以墨西哥比索计价）}=\frac{\text{营业利润}}{\text{总资产}}=\frac{6\ 000\ 000\ 000}{30\ 000\ 000\ 000}=0.20\ \text{或}\ 20\%$$

HIMC 20% 的 ROI 大于 HINO 的 17%，但这是否意味着就 ROI 指标而言，HIMC 的业绩优于 HINO 呢？未必。为什么？因为两者经营的经济环境大相径庭。

2020 年墨西哥比索相对于美元的价值下降，导致墨西哥的通货膨胀率高于美国。墨西哥高通货膨胀率的后果是 HIMC 对旅馆客房收费更高，这样将会产生较高的营业收入，并导致更高的 ROI。通货膨胀掩盖了资产真实的经济收益，使得以历史成本计算出来的 ROI 更高。两国通货膨胀率的差异误导了以墨西哥比索计价的 HIMC 的 ROI 和以美元计价的 HINO 的 ROI 之间的直接比较。

24.5.2　以美元来计算国外分公司的 ROI

为了使以历史成本为基础的 ROI 具有较强的可比性，方法之一是以美元重新计量 HIMC 的业绩。为了使比较有意义，管理者应该采取何种汇率呢？假设 HIMC 2020 年的营业利润均匀取得。Hospitality Inns 的经理应该使用平均汇率"25 墨西哥比索＝1 美元"将营业利润由墨西哥比索换算成美元，为 240 000 000 美元（6 000 000 000÷25）。用 2020 年更高的墨西哥比索兑美元汇率而不是 2019 年 12 月 31 日的汇率"20 墨西哥比索＝1 美元"的效应是：换算成美元时，由通货膨胀导致的以墨西哥比索计算的营业利润的增长被消除。

应该用何种汇率来换算 HIMC 30 000 000 000 墨西哥比索的总资产呢？应该用 2019 年 12 月 31 日资产获得时的汇率，即 20 墨西哥比索＝1 美元。为什么？因为 HIMC 的资产账面价值是以 2019 年 12 月 31 日的成本入账的，并未因 2020 年墨西哥通货膨胀而改变。既然财务会计记录的资产成本并未受到随后的通货膨胀的影响，因此管理者应该用资产购置时的汇率将之换算成美元。采用 2019 年 12 月 31 日后的汇率是不合适的，因为这些汇率含有 2020 年墨西哥的高通胀率。HIMC 的总资产应该换算为 1 500 000 000 美元（30 000 000 000 墨西哥比索÷20 墨西哥比索/美元）。则

$$\text{HIMC 的 ROI（以美元计价）} = \frac{\text{营业利润}}{\text{总资产}} = \frac{240\,000\,000}{1\,500\,000\,000} = 0.16 \text{ 或 } 16\%$$

通过这些调整，墨西哥城旅馆和新奥尔良旅馆以历史成本为基础的 ROI 就可以进行比较了，因为它们剔除了两国通胀率差异的影响。HIMC 16％的 ROI 低于 HINO 17％的 ROI。

以墨西哥比索计算 RI 也遇到了与以墨西哥比索计算 ROI 同样的问题。以美元计算 HIMC 的 RI 调整了汇率变动，使得与 Hospitality Inns 其他旅馆的比较更有意义。

$$\text{HIMC 的 RI} = 240\,000\,000 - (12\% \times 1\,500\,000\,000)$$
$$= 240\,000\,000 - 180\,000\,000 = 60\,000\,000 \text{（美元）}$$

这也少于 HINO 150 000 000 美元的 RI。

要注意 HIMC 和 HINO 的 ROI 和 RI 是以历史成本为基础进行计算的。但是，两个旅馆都比较新，因此不用太担心这个问题。

小练习 24-4

Vinci 公司在美国和法国各有一个分公司。对法国分公司的资产进行投资时汇率为每欧元 1.36 美元。今年的平均汇率为 1 欧元＝1.43 美元。本财年末的汇率为 1 欧元＝1.50 美元。这两个分公司的当年资产投资和利润如下：

	美国分公司	法国分公司
资产投资	$3 500 000	€ 2 900 000
利润	$ 472 500	€ 394 400

Vinci 公司的必要投资回报率为 11％。以当地货币计算这两个分公司的 ROI 和 RI。对于法国分公司，也可以用美元计算这些指标。哪个分公司的业绩更好？

24.6 区分管理者的业绩与其子单元的业绩[①]

我们一直关注如何评价公司子单元，如分公司的业绩。子单元的业绩好就意味着管理者的业绩好吗？本节中，我们认为公司应该区分管理者的业绩评价与其所在子单元的业绩评价。例

[①] 此节摘自赫达特（S. Huddart）、梅鲁麦德（N. Melumad）和里切尔斯坦（S. Reichelstein）编写的教学笔记。

如，企业通常分派最能干的管理者负责经济回报最差的部门，以期改善其经营状况。但是，扭转子单元的状况可能要花几年时间，在此期间，该部门相对较差的业绩并不能反映管理者的业绩。

另外一个例子是墨西哥城旅馆。假设墨西哥虽然发生了很高的通货膨胀，但由于政府的价格管制，墨西哥城旅馆并不能提高房价。由于墨西哥比索的贬值，以美元计算的墨西哥城旅馆的业绩将很差，那么，高层管理者能否就此得出结论：墨西哥城旅馆的管理者经营不善呢？可能不能。墨西哥城旅馆业绩差主要是由于管制和经济因素，这是管理者所不能控制的。

接下来，我们将说明评价独立子单元的管理者业绩的基本原则。之后研究应用于普通员工与高层管理者的原则。我们将以剩余收益作为业绩指标来说明这些原则。

24.6.1 基本权衡：激励创造与风险控制

管理者和员工的业绩评价常常影响到他们的薪酬。薪酬安排非常宽泛，从没有业绩激励（或奖金）的固定工资，如许多政府雇员，到完全以业绩为基础的薪酬，如房地产经纪人，他们只根据销售的房产领取佣金。大多数管理者的薪酬是工资和与业绩挂钩的奖金的结合，所以在设计管理者的薪酬安排时，我们需要考虑在激励创造和风险控制之间进行权衡。我们以 Hospitality Inns 为例来阐明这种权衡。

英德拉·钟义（Indra Chungi）拥有 Hospitality Inns 连锁旅馆。罗杰·布雷特（Roger Brett）负责管理 Hospitality Inns 的旧金山旅馆。假定钟义用剩余收益来评价业绩。为了提高旅馆的剩余收益，钟义希望布雷特增加销售额、控制成本，提供及时而周到的服务，降低营运资金。但是，即使布雷特完成了所有这些工作，也不能保证能提高剩余收益。旧金山旅馆的剩余收益受钟义和布雷特不能控制的许多因素的影响。例如，旅馆附近修路使顾客很难到达，或旧金山湾区发生地震，使人们不愿到这里旅行。

作为一位企业家，钟义愿意承担风险，但布雷特不喜欢承担风险。确保布雷特不承担风险的一种方法是向他支付固定工资，而不考虑旧金山旅馆实际取得的剩余收益。那么，由钟义来承受所有风险。然而，这种安排产生了一个问题，布雷特付出的努力难以监控，并且这种不以业绩为基础的薪酬不能激励布雷特更加努力地工作，在保住自己的工作之外，布雷特可能不愿付出额外的脑力和体力劳动。

道德风险（moral hazard）描述了这样一种情形：比起所有者期望的努力程度，员工愿意付出的努力要少得多，因为所有者无法精确监控和提升员工的努力程度。[①] 当员工为自身利益而报告不准确或扭曲的信息时，也会发生道德风险，因为所有者无法监督报告信息的真实性。重复性工作，如电子装配，监督相对比较容易，因此更少发生道德风险问题。然而，管理者的工作是收集信息，并在获得的信息的基础上做出判断，所以监控管理者的工作更加困难。

若不给布雷特支付工资，仅仅在某些业绩指标的基础上——本例中的剩余收益——付给薪酬，也会产生另外一些问题。在这种情形下，布雷特努力提高旅馆的剩余收益，因为他的薪酬将会增长。但是按照剩余收益支付布雷特薪酬也会使布雷特面临风险，因为旧金山旅馆的剩余收益不仅取决于布雷特的努力，也取决于诸如本地经济条件等布雷特无力控制的因素。

---

① "道德风险"一词源于描述如下情形的保险合同：保险覆盖范围使得受保方不像没有受保时那样爱惜自己的财产。保险合同中应对道德风险的一个办法是免赔额制度（即保险公司对某一特定数额以内的损失不予赔付）。

布雷特不喜欢承担风险。为了补偿布雷特所承担的风险，钟义必须支付布雷特额外的薪酬。这样，平均而言，采用以绩效为基础的激励方式，较之支付布雷特固定工资，会花费钟义更多的钱。为什么要说"平均而言"呢？因为钟义支付给布雷特的薪酬会随剩余收益的变化而变动。对这些结果进行平均处理后，以剩余收益为基础的薪酬与支付布雷特的固定工资相较而言，会花费钟义更多的钱。在薪酬安排中设定一定的工资和基于绩效的薪酬，其动机就是平衡激励的好处和向管理者施加风险所付出的额外成本。

24.6.2　激励强度以及财务和非财务衡量指标

什么影响激励强度呢？也就是说，管理者薪酬中的激励成分相对于工资成分应该是多大呢？为了回答这些问题，我们需要理解管理者采取达到所有者目标的行动在多大程度上影响业绩衡量指标。

良好的业绩衡量指标对管理者的绩效比较敏感，或随之显著变化，却与超出管理者控制范围的因素变化的关系不大。敏感的业绩衡量指标能够激励管理者，并且限制管理者承受的风险，从而减少激励成本。缺乏敏感性的业绩衡量指标不受管理者绩效的影响，不能促使管理者努力。当所有者有更多的敏感的业绩衡量指标时，他们就会更加依赖管理者激励薪酬系统。

工资在缺乏敏感性的业绩衡量指标下起着主导作用，如某些公司职员或政府雇员，然而这并不是说完全没有激励因素；晋升与加薪的确依赖于某些综合的业绩衡量指标，但激励并不直接。当具有敏感的业绩衡量指标，并且直接监控雇员工作难度很大时，如房地产机构，薪酬中的激励因素将占很大比例。

为了评价布雷特，钟义采用平衡计分卡多维度的指标，因为平衡计分卡中的非财务指标——员工满意度和登记的顾客服务时间——对布雷特的行为很敏感。诸如剩余收益等财务指标对布雷特的行为不敏感，因为它们受布雷特不能控制的外部因素的影响，如地方经济状况。剩余收益可以反映旅馆的经济可行性，但它只能评价布雷特的部分业绩。

除了考虑敏感性和风险，使用非财务指标的另一个原因是，非财务指标与企业的战略一致，是未来业绩的动因。根据非财务指标衡量管理者可以激励他们采取维持旅馆长期财务业绩的行动，同时实现公司的环境和社会目标。因此，利用平衡计分卡的全部四个维度衡量业绩可以促进长期和短期的行动。在平衡计分卡中设置不同业绩指标的相对权重旨在使管理者改善每个指标的积极性与该指标在企业想要实现的长期目标方面的重要性相一致。一方面要考虑敏感性和风险，另一方面要考虑目标一致性，二者之间的权衡决定了设置每个业绩指标的有效激励强度。"观念实施：联合利华的业绩衡量"说明了如何使用多个指标激励首席执行官平衡财务与非财务（健康与环境可持续发展）目标。

观念实施

联合利华的业绩衡量

管理层和董事会往往被要求专注于单一的成功指标，如股东价值或利润，然后尽一切努力将其最大化。因此，他们有可能忽略其他可能对公司造成长期损害的重要指标。

Axe 身体喷雾和立顿茶的英–荷制造商联合利华在首席执行官保罗·波尔曼（Paul Polman）的领导下采取了不同的做法。在波尔曼担任首席执行官的第一天，他取消了盈利指引和季度报告，以便将公司的指标重新聚焦于所有利益相关者的长期需求上。2012 年，联合利华启动了一项雄心勃勃的计划，以使 2020 年收入翻倍，同时将公司对环境的影响减半。

公司正致力于将财务增长与其对环境和全球健康的影响分离，这被称为联合利华可持续生活计划（Unilever Sustainable Living Plan）。联合利华雄心勃勃的目标包括改善财务业绩，同时削减环境足迹 50％，持续采购 100％的原材料，以及帮助逾 10 亿人改善健康和福利。评估其承诺的影响意味着，联合利华不仅根据其财务业绩（包括年收入、年收入增长和营业利润率）衡量成功，还考虑降低了冰激凌产品的多少热量，以及使用的多少能源是可再生能源。

起初，投资者对联合利华的转变持悲观态度，导致其股价下跌。但在分析师和股东接受了波尔曼更宽广的视野后，其股价迅速反弹。波尔曼在 2018 年底退休时，公司在全球拥有超过 16 万名员工，年收入 510 亿欧元，波尔曼任职期间实现股东总回报 290％。

资料来源：Graham Kenny，"The False Promise of the Single Metric,"HBR. org，August 26，2015（https://hbr. org/2015/08/the-false-promise-of-the-single-metric）；Adi Ignatius，"Captain Planet," *Harvard Business Review*，June 2012（https://hbr. org/2012/06/captain-planet）；Graham Ruddick，"Unilever CEO Paul Polman—The Optimistic Pessimist," *The Guardian*，January 25，2016（https://www. theguardian. com/business/2016/jan/25/unilever-ceo-paul-polman-the-optimistic-pessimist）；Andy Boynton and Margareta Barchan，"Unilever's Paul Polman：CEOs Can't Be 'Slaves' to Shareholders,"Forbes. com，July 20，2015（https://www. forbes. com/sites/andyboynton/2015/07/20/uni-levers-paul-polman-ceos-cant-be-slaves-to-shareholders/#33e41372561e）；"Unilever CEO Announcement：Paul Polman to Retire；Alan Jope Appointed as Successor,"Unilever PLC press release，London，United Kingdom/Rotterdam，Netherlands，November 29，2018（https://www. unilever. com/news/press-releases/2018/unilever-ceo-announcement. html.

24.6.3　基准与相对业绩评估

所有者经常采用财务与非财务基准来评估管理者的业绩。可从整个组织内部或者外部获得与组织最佳实践相匹配的基准。对于 Hospitality Inns 旧金山旅馆来说，基准可以是另一家相似的旅馆，在 Hospitality Inns 连锁旅馆范围之内或之外都可以。假设布雷特对收入、成本和投资负责。为了评估布雷特的业绩，钟义想用一家规模相似的旅馆作为基准，这两家旅馆受相同的不可控因素的影响——例如，地理位置、人口趋势和经济形势。如果这些因素都相同或非常相似，那么在大多数情况下，两家旅馆的业绩差异是由两个管理者的业绩差异所致。基准方法也称相对业绩评估，它过滤了共性的不可控因素的影响。

两个负责管理同一企业内部相似业务的管理者的业绩是否可以作为对方的基准呢？答案是肯定的，但问题是，这可能会不利于激励这些管理者相互帮助。当管理者不通力协作时，公司就会受损。从这个角度说，采用内部基准评价业绩可能导致目标冲突。

24.6.4　个人作业层面的业绩评估

在设计评估单个雇员的业绩指标时，管理者面临两个挑战：（1）为多重任务的作业设计业绩指标；（2）为团队作业设计业绩指标。

执行多重任务

作为工作的一部分，大多数雇员不只是执行一项任务。例如，营销代表不仅销售产品，还为客户提供支持，并收集市场信息。生产工人同时负责产品的质量和数量。雇主希望雇员在自己负责的各个任务或方面之间合理地分配其时间和精力。

例如，汽车修厂的技工，他们的工作至少有两个明显的方面：修理工作——完成的修理工作越多，修理厂的收入就越高；顾客满意度——工作质量越高，顾客可能就越满意。如果雇主希望雇员同时关注这两个方面，就必须对这两方面的业绩进行有效的评估并提供相应的薪酬。

假设雇主容易衡量修理汽车的数量，而质量则较难衡量。如果雇主实行计件工资制，仅仅基于实际修理的数量给工人支付薪酬，则技工可能以牺牲质量来提高修理数量。西尔斯汽车中心（Sears Auto Center）就曾经历过这一问题，当时公司为技工引入了计件工资制。为了解决这个问题，公司采取以下三个措施来激励员工平衡数量和质量：（1）公司放弃了计件工资制，改为不强调修理数量的计时工资制，管理层通过对每位技工全部修理数量和质量的评估确定技工的工资、晋升和加薪；（2）公司部分利用不满顾客数量、顾客投诉数量和顾客满意度调查数据来评估技工；（3）管理层还利用独立外部机构对修理质量进行随机检查。

以团队为基础的薪酬设计

当有着多方面的技能、知识、经验和洞察力的雇员把他们的才能集中起来时，许多生产、营销、设计问题都能得到解决。与雇员单独行动相比，团队合作能取得更好的结果。[①] 许多公司在团队业绩的基础上对个人进行奖励。这种基于团队的激励可以鼓励员工为实现共同目标互相帮助。

不同的公司，其以团队为基础的激励形式不同。高露洁-棕榄公司（Colgate-Palmolive）根据每个团队的业绩进行奖励。瑞士制药公司诺华根据公司范围的业绩来奖励团队——只有公司达到了特定目标，才会给团队发放奖金。以团队为基础的激励是否受到青睐在很大程度上取决于组织的文化和管理风格。团队激励薪酬存在的一个问题是个人的激励变小了，从而可能损害整体业绩；另一个问题是如何管理那些对团队成功没有贡献，但也分享团队奖金的团队成员。调查证据表明，一旦团队成员超过 5 人，大多数员工就不会受到团队奖金的激励。了解团队成员对于维持团队激励薪酬的价值也很重要。

24.6.5　高管业绩评估与薪酬

前面章节所论述的业绩评估原则同样适用于高管的薪酬计划。这些薪酬计划同时以财务和非财务指标为基础，由以下几部分组成：（1）基本工资；（2）年度激励，如基于实现年度剩余收益目标的现金奖金；（3）长期激励，如基于 4 年间股票表现的股票期权（将在本部分后面描述）；（4）其他福利，如医疗福利、养老金计划、人寿保险。

设计优良的计划采用一种薪酬混合制，兼顾风险（不可控因素对业绩评价以及薪酬的影响）以及短期和长期激励。例如，根据年度经济增加值来评估，将会促使高管对短期业绩的重视。采用经济增加值和股票期权计划（如 4 年期股票期权），将激励高管做长期打算。

股票期权赋予高管在一定期限内以特定价格（也称行权价格）购买公司股票的权利。假设2019 年 7 月 1 日，Hospitality Inns 给予其 CEO 在 2023 年 6 月 30 日与 2026 年 6 月 30 日之间的任何时刻按照每股 49 美元（2019 年 7 月 1 日市价）的价格购买 20 万股公司股票的权利。如果

---

① *Teams That Click*：*The Results-Driven Manager Series*（Boston：Harvard Business School Press，2004）.

2024 年 3 月 24 日 Hospitality Inns 股票的价格升至每股 69 美元，CEO 行使全部 20 万股的期权，每股赚得 20 美元（69－49），20 万股总共赚得 400 万美元。或者，如果整个 7 年期间 Hospitality Inns 的股票价格都低于 49 美元，CEO 只能放弃购买股票的权利。通过将 CEO 的薪酬与股价的增长联系起来，股票期权计划激励 CEO 改善公司的长期绩效以提高公司股票价格。

美国证券交易委员会要求详细披露高管的薪酬安排。例如，2019 年酒店行业世界领先的凯悦酒店公司（Hyatt Hotels Corporation）披露了一个薪酬表，显示了公司内排在前五位的高管在 2016 年、2017 年和 2018 年得到的工资、奖金、股票期权、股票奖励以及其他薪酬。凯悦酒店公司也披露了设定高管薪酬和进行业绩比较时参照的同行公司。这些公司包括酒店行业的竞争对手（如希尔顿（Hilton）、万豪和温德姆（Wyndham）），也包括收入、品牌实力、全球影响力或商业模式类似的公司，还有与凯悦酒店公司竞争高管人才的公司，如嘉年华（Carnival）、星巴克和温迪。

美国证券交易委员会要求公司披露其高管薪酬计划的基本原则。凯悦酒店公司在其财务报表中描述了一些薪酬原则。其中包括通过使总奖励与业绩目标保持一致来激励员工；提供引人注目的机会，以便在全球范围内吸引、留住和培养人才；随着时间的推移保持成本效益和财务可持续性。美国证券交易委员会还要求公司披露用于奖励高管的业绩标准，如公司的盈利能力、收入增长和市场份额。凯悦酒店公司将调整后的息税折旧摊销前利润（EBITDA）与目标相比作为年度激励薪酬的主要依据，将与四个战略优先事项相关的指标的完成情况作为次要依据。然后，董事会薪酬委员会根据与设定最终薪酬奖励的责任领域相关的个人指标审查每位高管的贡献。凯悦酒店公司还实施与公司股价表现（例如授予限制性股票）和多年调整后的息税折旧摊销前利润目标直接相关的长期股权激励措施。从 2017 年开始的财年，美国证券交易委员会要求上市公司额外披露首席执行官的年度总薪酬与员工总薪酬中位数的比率。2018 年，凯悦酒店公司报告的这一比率为 356 比 1（标准普尔 500 指数的平均比率为 287 比 1）。

2010 年为应对 2007—2009 年的金融危机而通过的《多德-弗兰克法案》（Dodd-Frank Act）要求公司向投资者提供有关高管薪酬的咨询性（无约束力）投票。这项"薪酬话语权"投票至少每三年举行一次。该法案重塑了公司制定、披露高管薪酬政策的方式。然而，迄今为止，他们并没有减缓高管薪酬的增长，股东也没有表现出对薪酬计划的不满。2018 年，2.5％的罗素 3000 指数公司未能通过"薪酬话语权"投票。然而，这个数字仍然相对较小，超过 76％的公司获得了 90％以上的支持率。

24.7　战略与控制手段[①]

财务与非财务业绩指标有助于管理者追踪实现公司战略目标的进展。因为这些指标有助于诊断公司是否按预期运营，所以它们统称为**诊断控制系统**（diagnostic control systems）。公司赋予管理者责任并支付薪酬以激励管理者去实现目标。管理者走捷径，报告错误的数字，以使他们的业绩看上去比实际的好一些，这样的情况很常见，正如安然、世通（WorldCom）、泰科

[①] 更详细的讨论见 Robert Simons，*Levers of Control*：*How Managers Use Innovative Control Systems to Drive Strategic Renewal*（Boston：Harvard Business School Press，1995）。

（Tyco）和南方保健（Health South）等公司的情况那样。为了防止不道德和彻头彻尾的欺诈行为，公司需要平衡来自诊断控制系统（四种控制手段中的一种）与另外三种控制手段——边界系统、信念系统和交互控制系统的业绩压力。这将确保在取得商业成果的同时，不损害正当的商业道德、鼓舞人心的价值观以及对未来威胁和机会的关注。

24.7.1 边界系统

边界系统（boundary systems）描述所有员工应该遵守的行为准则，特别是非限制性行为。管理者的道德行为是极其重要的。特别是子单元管理者报告的数字绝不应该带有"篡改账本"的污点。例如，它们不应受到虚添资产、压低负债、虚构销售收入和低报成本的玷污。

商业行为规范指明了正当与不正当行为。下文引自卡特彼勒公司（Caterpillar）的行为准则：

> 当我们在适用的法律和规则框架内开展业务时，对我们来说，仅仅遵守法律是不够的。我们还要努力……我们不能从事这样的活动，它会产生或看似会产生个人利益与公司利益之间的冲突。

违反法律或会计道德政策和程序的部门管理者经常以最高管理层制定的预算的压力为他们的行为找借口。适当的压力并非坏事——只要来自上层的声音和企业的行为准则同时传达了所有管理者在所有时候的行为都应合乎道德的绝对要求。管理者应该培训雇员遵守道德。他们应及时、严厉地谴责那些不道德行为，而不管这类行为是否为公司谋取了利益。一些公司，诸如洛克希德·马丁公司（Lockheed Martin），定期参照企业道德准则来评估雇员行为，从而强调合乎道德的行为。

许多组织也设定了明确的边界，禁止破坏环境的行为。根据美国和其他一些国家的法律规定，破坏环境（如污染水和空气）将被处以高额罚款和监禁。

在许多公司中，雇员的环境责任超出了法律要求。某些公司，如杜邦公司，将环境指标的完成情况纳入每个雇员的薪酬评估报告。杜克电力公司（Duke Power Company）则根据诸如减少固体废物排放、完成环境计划等对雇员进行表彰。

诸如百思买、金宝汤和英特尔等注重社会责任的公司设立了积极的环境目标，并度量和报告了反污染的绩效。德国、瑞士、荷兰和斯堪的纳维亚的公司将环境绩效作为更宽泛的社会责任披露（如雇员福利和社区发展活动）的一部分。荷兰金融服务巨头荷兰国际集团（ING）开始将社会、道德和环境目标纳入高管薪酬的制定。荷兰的其他公司，包括化学公司阿克苏诺贝尔、生命科学公司帝斯曼（DSM）和邮政运营商 TNT 也将高管的薪酬与环境改善联系起来。

更广泛地说，人们越来越关注将可持续性纳入企业运营的实证商业案例。因此，公司正在通过公司政策和管理系统将可持续性纳入传统的治理实践，包括董事会监督。大约 1/4 的公司将高管薪酬与某些可持续发展指标联系起来，小部分公司将薪酬实践与公开披露的可持续发展目标联系起来。在材料公司美国铝业公司（Alcoa），30% 的高管薪酬与安全、环境管理（包括温室气体减排）、能源效率和多元化目标挂钩。能源供应商 Exelon 公司有一个创新的长期绩效股票奖励，除其他非财务目标外，它还奖励那些吸引利益相关者帮助塑造公司的公共政策立场的高管。Xcel Energy 公司将薪酬与需求侧管理的目标，即减少其客户的能源消耗联系起来。

24.7.2　信念系统

信念系统（belief systems）阐明了公司的使命、目标和核心价值观。它们描述了所有管理者和其他员工互动时，以及与股东、顾客和社区互动时期望的公认的规范与行为模式。例如，强生公司在宗旨中描述了其核心价值观与规范，旨在激励管理者与员工做到最好。信念系统是员工内在动机的来源。内在动机是不考虑外在奖励，如奖金或晋升，而通过好的业绩实现自我价值的一种愿望。内在动机来自给予更大的责任、做有趣且富有创造性的工作、工作中的自豪感、做出对组织的承诺、与合作者建立个人联系等。较强的内在动机会促进公司业绩，因为管理者与员工有自我实现的感觉、对工作满意并且看到了自我发展的机会。

24.7.3　交互控制系统

交互控制系统（interactive control systems）是一个正式的信息系统，管理者利用此信息系统将组织的注意力集中于关键战略问题。管理者使用交互控制系统产生一个关于关键战略问题的持续对话，并且亲自参与子单元的决策制定活动。过分关注诊断控制系统和关键业绩指标可能会使组织忽视新出现的机会和威胁——可能危害企业的技术、顾客偏好、规则和竞争对手的变化。交互控制系统强调并追踪企业面临的战略不确定性，有助于防止这些问题的发生，如柯达（Kodak）和富士胶片（Fujifilm）的数码成像技术的出现，黑莓公司（BlackBerry）的顾客转向开源安卓操作系统等。交互控制系统的关键在于管理者与员工就这些关键的不确定性进行频繁的面对面沟通，对假设和行动计划进行持续的讨论，从讨论的交互过程中产生新的战略。交互控制系统迫使忙碌的管理者从日常业务管理活动中抽身，将他们的注意力转向组织定位，以应对未来的机会和威胁。

📊 自测题

Home Run Sports 的棒球分公司生产并销售棒球，假设产量等于销量。2020 年 2 月的预算数据如下：

流动资产	$ 400 000
长期资产	$ 600 000
总资产	$1 000 000
产出	200 000 个/月
目标投资回报率（营业利润÷总资产）	30%
固定成本	$400 000/月
变动成本	每个棒球 4 美元

要求：

1. 计算达到 30% 的目标投资回报率所需的最低单位售价。

2. 用要求 1 中的最低单位售价及杜邦分析法，把目标投资回报率划分为两部分。

3. 用要求 1 中的最低单位售价计算棒球分公司 2020 年 2 月的剩余收益。Home Run Sports 在计算分公司剩余收益时采取的是分公司总资产的 12% 的必要收益率。

4. 棒球分公司经理阿曼达·凯利（Amanda Kelly）除工资之外，还可领取棒球分公司月度剩余收益的3%作为奖金。计算她的奖金，并说明你认为为什么应该给予凯利工资和基于业绩的奖金。假定凯利不喜欢承担风险。

解答：

1. 最低单位售价的计算过程如下：

目标营业利润＝30％×1 000 000

＝300 000（美元）

令 P＝最低单位售价

收入－变动成本－固定成本＝营业利润

200 000P－（200 000×4）－400 000＝300 000

200 000P＝300 000 ＋ 800 000 ＋ 400 000

＝1 500 000

P＝7.50（美元/个）

验证：

收入（200 000×7.50）	$1 500 000
变动成本（200 000×4）	$ 800 000
贡献毛益	$ 700 000
固定成本	$ 400 000
营业利润	$ 300 000

2. 杜邦分析法将投资回报率分为两部分：销售利润率（利润÷收入）与投资周转率（收入÷投资额）。

$$\frac{利润}{收入} \times \frac{收入}{投资额} = \frac{利润}{投资额}$$

$$\frac{300\ 000}{1\ 500\ 000} \times \frac{1\ 500\ 000}{1\ 000\ 000} = \frac{300\ 000}{1\ 000\ 000}$$

$$0.2 \times 1.5 = 0.3 \text{ 或 } 30\%$$

3. 剩余收益计算如下：

剩余收益＝营业利润－必要收益

＝300 000－（12％×1 000 000）

＝300 000－120 000

＝180 000（美元）

4. 首先计算凯利的奖金：

凯利的奖金＝3％×剩余收益

＝0.03×180 000＝5 400（美元）

有许多凯利不可控的因素如宏观经济形势影响棒球分公司的剩余收益。这些不可控因素使棒球分公司的盈利性不确定且有较高风险。因为凯利不喜欢承担风险，不支付剩余收益而支付她稳定的工资能够使她远离风险。但是这样的薪酬设计容易引发道德风险，因为凯利的努力程度很难监督，如果没有基于业绩的薪酬计划，凯利不会格外努力工作，只要保住工作或维持自己的价值就可以了。

不支付工资而只根据剩余收益奖励凯利，会使她有动机努力工作，但也会使她去冒险，因为影响剩余收益从而影响薪酬的很多因素是她无法控制的。基于业绩的薪酬设计会给 Home Run Sports 带来很大成本，因为要补偿凯利承担的不可控风险。包含工资与基于剩余收益的业绩奖金的薪酬设计是合理的，它平衡了承担不可控风险的收益与成本。

决策要点

下面的问答形式是对本章学习目标的总结，"决策"代表与学习目标相关的关键问题，"指南"则是对该问题的回答。

决策	指南
1. 公司在平衡计分卡中采用的财务与非财务业绩衡量指标是什么？	诸如投资回报率、剩余收益等财务指标衡量组织、组织的子单元、管理者和员工业绩的重要方面。在很多情况下，我们需要用平衡计分卡的顾客、内部业务流程、学习和成长维度的非财务业绩衡量指标做补充——如顾客满意度、产品和服务质量、员工满意度和环境目标的实现。
2. 作为评价子单元管理者的业绩的指标，投资回报率、剩余收益和经济增加值的相对优点是什么？	投资回报率是两个部分的乘积：收入除以投资额（投资周转率）和利润除以收入（销售利润率）。管理者可以通过增加销售收入、减少成本和减少投资额来提高投资回报率。投资回报率会使高盈利的分公司管理者拒绝一些符合公司利益的项目，因为接受该项目会降低分公司的投资回报率。 剩余收益等于利润减去必要收益。剩余收益指标比投资回报率指标更有助于实现目标一致。根据剩余收益评价管理者与使用净现值法选择长期项目是一致的。 经济增加值是剩余收益的一种变化形式。它等于税后营业利润－加权平均资本成本×（总资产－流动负债）。
3. 公司业绩指标的时间范围，计算业绩指标构成要素的替代选择是什么？	多年指标激励管理者考虑行动的长期后果，防止因短视而只关注短期利益。在设计会计业绩衡量指标体系时，企业必须首先定义投资的构成。它们也必须选择资产是按历史成本还是现行成本计算，计提折旧的资产是按账面净值还是账面原值计算。
4. 公司应该使用什么目标水平，它们应该在什么时候向管理者反馈相对于目标的业绩？	公司应该调整预算以适应特定的子单元、特定的会计系统和特定的业绩指标。一般来说，资产估值和利润计量问题可以通过强调持续改进的预算和目标来解决。及时反馈能使管理者采取行动，纠正偏离目标业绩的行为。
5. 公司如何比较在不同国家运营的分公司的业绩？	由于不同国家的经济、法律、政治、社会、文化环境的不同，对不同国家的分公司进行比较是有困难的，应根据各个国家的通货膨胀状况以及汇率的不同来调整投资回报率的计算。
6. 为什么要将工资与激励相结合来付给管理者薪酬？	企业根据管理者业绩提供薪酬来对他们进行激励，但由于管理者的工作业绩可能会受到其控制范围以外的因素的影响，因此他们要承担一定的风险。企业的所有者选择工资与激励相结合的薪酬设计来平衡激励与风险控制的收益与成本。
7. 四种控制手段是什么？为什么公司需要它们？	四种控制手段是诊断控制系统、边界系统、信念系统和交互控制系统。采用这四种控制手段有助于公司努力提高业绩、遵守道德规范、激励员工并应对战略威胁与抓住战略机会。

习 题

24-28 目标不一致和投资回报率。 McCall 公司有几个部门生产家具，其中包括庭院家具部。庭院家具部的经理计划在 2 年内退休。公司根据部门的投资回报率确定经理的奖金。部门当前的投资回报率为 15%。

庭院家具部用于生产家具的一台机器已经相当旧了，经理必须决定是否更换。新机器的成本为 30 000 美元，使用年限为 10 年，残值为 0。旧机器已计提折旧且无残值。McCall 公司所有的资产都采用直线法折旧。新机器更有效率，每年会为公司节省 6 000 美元的现金运营成本。现金流和净利润之间的唯一差异就是折旧。项目的内部收益率约为 15%。McCall 公司的加权平均资本成本为 6%。公司不交所得税。

要求：

1. McCall 公司应该更换机器吗？为什么？

2. 假设"投资"被定义为当年的平均长期净资产（即折旧后）。计算项目前 5 年的投资回报率。如果庭院家具部的经理有意使自己的奖金最大化，他会在退休前更换机器吗？为什么？

3. 公司可以采取怎样的措施激励经理在退休前更换机器？

24-29 投资回报率，剩余收益，经济增加值。Accelerate 汽车公司有一个新车分公司（销售高性能赛车）和一个部件分公司（销售家用汽车的性能改进部件）。2020 年分公司部分财务指标如下：

	A	B 新车分公司	C 部件分公司
1		新车分公司	部件分公司
2	总资产	$35 000 000	$32 312 500
3	流动负债	$ 6 100 000	$ 8 700 000
4	营业利润	$ 2 450 000	$ 2 585 000
5	必要收益率	12%	12%

要求：

1. 将营业利润视为利润，总资产视为投资，计算各分公司的投资回报率。

2. 将营业利润视为利润，总资产减去流动负债视为投资，计算各分公司的剩余收益。

3. 新车分公司经理威廉·亚伯拉罕（William Abraham）认为部件分公司为了提高剩余收益而背负了大量短期负债。计算每个分公司的另一种剩余收益，这种剩余收益不受部件分公司短期负债的影响，并对结果进行评论。

4. Accelerate 汽车公司适用的税率为 30%，它有两种融资方式：长期贷款，市场价值 16 000 000 美元，年利率 10%；权益资本，市场价值 9 000 000 美元，资金成本 14%。对各分公司使用相同的加权平均资本成本，计算每个分公司的经济增加值。

5. 使用前面的计算结果，评论各分公司的相对业绩。

24-31 跨国公司业绩的评价，投资回报率，剩余收益。Mountainside 公司在美国分公司和挪威分公司生产相似的产品。公司对两家分公司都采用分权制管理。2020 年的信息如下，投资回报率由营业利润除以总资产得出。

	美国分公司	挪威分公司
营业利润	？	7 140 000 挪威克朗
总资产	10 000 000 美元	70 000 000 挪威克朗
投资回报率	16.00%	？

对两家分公司的投资均发生于 2019 年 12 月 31 日。Mountainside 公司投资挪威分公司时的汇率为 8 挪威克朗＝1 美元。2020 年挪威克朗不断贬值，导致 2020 年 12 月 31 日的汇率为 9 挪

威克朗＝1 美元。即 2020 年平均汇率为 8.5 挪威克朗（（8＋9）÷2）＝1 美元。

要求：

1.（1）计算 2020 年美国分公司的营业利润。

（2）计算 2020 年挪威分公司的投资回报率（以挪威克朗计）。

2. Mountainside 公司的高层管理者希望了解 2020 年哪家分公司的投资回报率更高，你能告诉他吗？简述理由。

3. 你认为哪家分公司的剩余收益业绩更好？请解释。投资的必要收益率（以美元计）是 12％。

24-32 投资回报率，剩余收益，经济增加值与业绩评价。Isla Manufacturing 公司生产时尚产品，并在质量和前沿设计上与对手展开竞争。公司有两个分公司，即服装分公司和化妆品分公司。服装分公司有 2 500 000 美元资产，本年服装销售的税后营业利润是 550 000 美元。化妆品分公司有 11 000 000 美元资产，本年税后营业利润是 1 650 000 美元。Isla Manufacturing 公司的加权平均资本成本为 8％。Isla Manufacturing 公司的首席执行官告诉各分公司经理，本年业绩表现最好的分公司将会得到奖金。

要求：

1. 计算每个分公司的投资回报率和剩余收益，简要解释哪个经理会得到奖金。两种指标的优缺点是什么？

2. Isla Manufacturing 公司首席执行官近来听说另一个与剩余收益相似的指标叫作经济增加值。首席执行官得到了会计师计算的服装分公司和化妆品分公司经过调整的利润，并且发现经过调整的税后营业利润分别是 401 400 美元和 2 067 200 美元。而且，服装分公司的流动负债是 270 000 美元，而化妆品分公司仅有 120 000 美元流动负债。基于以上信息，计算每个分公司的经济增加值，并讨论哪个分公司会得到奖金。

3. Isla Manufacturing 公司能够使用哪些非财务指标评价分公司业绩？

24-33 风险分担，激励，基准分析和多重任务。Estancia 公司是一家拥有餐馆、葡萄酒部门和冷冻食品部门的大公司。公司管理层给予其部门经理在经营和投资决策方面的自主权。Estancia 公司正在考虑应该如何确定冷冻食品部门总经理吉姆·比姆（Jim Beam）的报酬。

● 方案 1 是向他支付固定工资。

● 方案 2 是不支付工资，只根据部门的投资回报率（根据支付奖金前的营业利润计算）来支付薪酬。

● 方案 3 是根据投资回报率支付一些工资和奖金。

要求：

1. 评价三种方案，并说明每一种方案的优缺点。

2. Estancia 公司与 Starship 公司在冷冻食品行业是竞争对手。Starship 公司的经营规模和经营环境与 Estancia 公司冷冻食品部门相似。Estancia 公司的高级管理层正考虑用它的部门投资回报率与 Starship 公司投资回报率的差值来评价比姆的业绩。当然，比姆抱怨将他无法掌控的另一个公司的业绩包括在他的业绩指标中是不公平的。比姆的抱怨是合理的吗？为什么？

3. 现在，假设比姆没有资本投资决策权，公司管理层制定投资决策。投资回报率是评价比姆的一个良好业绩指标吗？投资回报率是评价冷冻食品部门经济可行性的一个良好指标吗？请解释。

4. Estancia 公司冷冻食品部门的销售人员负责销售并提供顾客服务和支持。销售容易衡量。尽管从长期看来，顾客服务对于冷冻食品部门很重要，但该部门还没有衡量顾客服务。比姆希望只向销售人员支付根据销售量确定的销售佣金。他认为这个方案有两个优点：

（1）激励销售人员努力工作。

（2）只有当公司获得收入的时候才向销售人员支付报酬。

你同意这个方案吗？为什么？

附录　复利与利息表注释

　　利息是使用货币的成本。它是资金的租金，正如租赁一个建筑物和设备要交纳租金一样。在一段时期内使用资金时，必须将利息确认为使用借入（"租借"）资金的成本。即使资金代表所有权资本，不需要用现金支付利息时，这种要求仍然是适用的。为什么必须考虑利息？因为选择一种方案就自动地拨出一笔本来可以投资于其他方案的特定数额的资金。

　　利息通常很重要，甚至在考虑短期项目时也是如此。在研究长期计划时，利息显得更重要。利率足以影响借款和投资决策。例如，现在投资 100 000 美元，按每年 8% 计算复利，10 年后将累计达到 215 900 美元；按每年 20% 计算复利，将累计达到 619 200 美元。

■ 利息表

　　许多计算机程序和计算器可处理涉及货币时间价值的计算。你也可以用下列四个基本表格计算利息。

□ 表 1　1 美元复利终值

　　表 1 显示了现在投资 1 美元，在给定的一段时期内，以每期给定的复利计算，累计将会达到多少。考虑现在投资 1 000 美元，期限为 3 年，8% 的复利。1 000 美元累计达到 1 259.70 美元的表格如下：

期数	年利息	复利计算的累计利息	年末总额
0	—	—	$1 000.00
1	$80.00 (0.08×1 000)	$ 80.00	$1 080.00
2	$86.40 (0.08×1 080)	$166.40	$1 166.40
3	$93.30 (0.08×1 166.40)	$259.70	$1 259.70

　　此表是一系列计算，可以详细列示如下，其中 S 是未来金额；下标 1，2，3 表示期数。

$$S_1 = 1\,000 \times 1.08^1 = 1\,080(\text{美元})$$

$$S_2 = 1\,080 \times 1.08 = 1\,000 \times 1.08^2 = 1\,166.40(\text{美元})$$

$$S_3 = 1\,166.40 \times 1.08 = 1\,000 \times 1.08^3 = 1\,259.70(\text{美元})$$

　　"P 的未来金额"通常称为"P 的终值"或"P 的本利和"，其公式可以写作：

$$S = P(1+r)^n$$

式中，S 是终值金额；P 是现值；r 是利率；n 是期数。

　　当 $P=1\,000$，$n=3$，$r=0.08$ 时，$S=1\,000 \times (1+0.08)^3 = 1\,259.70$ 美元。

　　幸运的是，表格使得关键计算很容易。选择恰当的表格将会尽量简化计算。利用表 1 检查前面答案的准确性。

□ 表2 1美元复利现值

在前面的例子中，如果1 000美元按每年8%的复利计算，3年后将累计达到1 259.70美元，那么1 000美元必定是3年末到期的1 259.70美元的现值。通过修改我们刚刚完成的累计过程（计算最终金额），可以推导出现值公式。

如果

$$S = P(1+r)^n$$

那么

$$P = \frac{S}{(1+r)^n}$$

在我们的例子中，$S = 1\,259.70$，$n = 3$，$r = 0.08$，则

$$P = \frac{1\,259.70}{1.08^3} = 1\,000(美元)$$

利用表2检查此计算结果。

在累计时，我们是向前移动。原始金额与累计金额之间的差额称为复利。在贴现时，我们是往后退。未来金额与现值之间的差额被称为复利贴现。注意下面的公式：

$$复利 = P((1+r)^n - 1)$$

在我们的例子中，$P = 1\,000$，$n = 3$，$r = 0.08$，则

$$复利 = 1\,000 \times (1.08^3 - 1) = 259.70(美元)$$

$$复利贴现 = S\left(1 - \frac{1}{(1+r)^n}\right)$$

在我们的例子中，$S = 1\,259.70$，$n = 3$，$r = 0.08$，则

$$复利贴现 = 1\,259.70 \times \left(1 - \frac{1}{1.08^3}\right) = 259.70(美元)$$

□ 表3 1美元年金终值

（普通）年金是在相等长度的连续期末的一系列等额支付。假设3年的每年末投资1 000美元，利率为8%：

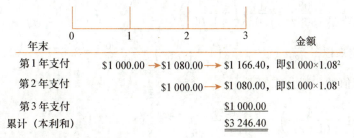

前面的算术可以用代数形式表达为：

$$3年1\,000美元普通年金的终值 = 1\,000(1+r)^2 + 1\,000(1+r)^1 + 1\,000$$

用前面的例子作为基础（其中 $n = 3$ 且 $r = 0.08$），我们可以推导出1美元普通年金终值 S_n 的一般公式：

(1) $S_3 = 1 + (1+r)^1 + (1+r)^2$。

(2) 将 $r = 0.08$ 代入得：$S_3 = 1 + 1.08^1 + 1.08^2$。

(3) 计算 $S_3(1+r)$，有 $1.08S_3 = 1.08^1 + 1.08^2 + 1.08^3$。

(4) 计算 $S_3(1+r) - S_3$，有 $1.08S_3 - S_3 = 1.08^3 - 1$。

(5) 分解因子：$S_3(1.08-1) = 1.08^3 - 1$。

(6) 上式除以（$1.08-1$）得：$S_3 = \dfrac{1.08^3 - 1}{1.08 - 1} = \dfrac{1.08^3 - 1}{0.08} = \dfrac{0.2597}{0.08} = 3.246$。

(7) 1 美元普通年金终值的一般公式：$S_n = \dfrac{(1+r)^n - 1}{r}$ 或 $\dfrac{复利}{利率}$。

这个公式是表 3 的基础。检查表中的答案。

☐ 表 4　1 美元年金现值

使用与表 3 同样的例子，我们能够说明普通年金现值 P_n 的公式是如何推导出的。

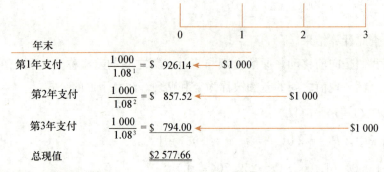

年末	
第1年支付	$\dfrac{1\,000}{1.08^1} = \$\ 926.14$ ← $\$1\,000$
第2年支付	$\dfrac{1\,000}{1.08^2} = \$\ 857.52$ ← $\$1\,000$
第3年支付	$\dfrac{1\,000}{1.08^3} = \$\ 794.00$ ← $\$1\,000$
总现值	$\$2\,577.66$

用前面的例子作为基础（其中 $n=3$ 且 $r=0.08$），我们可以推导出 P_n 的一般公式：

(1) $P_3 = \dfrac{1}{1+r} + \dfrac{1}{(1+r)^2} + \dfrac{1}{(1+r)^3}$。

(2) 将 $r = 0.08$ 代入得：$P_3 = \dfrac{1}{1.08} + \dfrac{1}{1.08^2} + \dfrac{1}{1.08^3}$。

(3) $P_3\,\dfrac{1}{1.08} = \dfrac{1}{1.08^2} + \dfrac{1}{1.08^3} + \dfrac{1}{1.08^4}$。

(4) $P_3 - P_3\,\dfrac{1}{1.08} = \dfrac{1}{1.08} - \dfrac{1}{1.08^4}$。

(5) 分解因子：$P_3\left(1 - \dfrac{1}{1.08}\right) = \dfrac{1}{1.08}\left(1 - \dfrac{1}{1.08^3}\right)$。

(6) 调整得：$P_3\left(\dfrac{0.08}{1.08}\right) = \dfrac{1}{1.08}\left(1 - \dfrac{1}{1.08^3}\right)$。

(7) 上式两侧乘以 $\dfrac{1.08}{0.08}$：$P_3 = \dfrac{1}{0.08}\left(1 - \dfrac{1}{1.08^3}\right) = \dfrac{0.2062}{0.08} = 2.577$。

1 美元年金现值的一般公式如下：

$$P_n = \dfrac{1}{r}\left(1 - \dfrac{1}{(1+r)^n}\right) = \dfrac{复利贴现}{利率}$$

这个公式是表 4 的基础。检查表中的答案。表 2 和表 4 这两个现值表在资本预算中应用最多。

年金表不是必需的。有表 1 和表 2，就很容易计算复利和复利贴现。将其中一个除以利率就能够得到表 3 和表 4 中的值，这是一件很简单的事情。

表 1
1 美元复利终值
$S = P(1 + i)^n, P = 1$

期数	2%	4%	6%	8%	10%	12%	14%	16%	18%	20%	22%	24%	26%	28%	30%	32%	40%	期数
1	1.020	1.040	1.060	1.080	1.100	1.120	1.140	1.160	1.180	1.200	1.220	1.240	1.260	1.280	1.300	1.320	1.400	1
2	1.040	1.082	1.124	1.166	1.210	1.254	1.300	1.346	1.392	1.440	1.488	1.538	1.588	1.638	1.690	1.742	1.960	2
3	1.061	1.125	1.191	1.260	1.331	1.405	1.482	1.561	1.643	1.728	1.816	1.907	2.000	2.097	2.197	2.300	2.744	3
4	1.082	1.170	1.262	1.360	1.464	1.574	1.689	1.811	1.939	2.074	2.215	2.364	2.520	2.684	2.856	3.036	3.842	4
5	1.104	1.217	1.338	1.469	1.611	1.762	1.925	2.100	2.288	2.488	2.703	2.932	3.176	3.436	3.713	4.007	5.378	5
6	1.126	1.265	1.419	1.587	1.772	1.974	2.195	2.436	2.700	2.986	3.297	3.635	4.002	4.398	4.827	5.290	7.530	6
7	1.149	1.316	1.504	1.714	1.949	2.211	2.502	2.826	3.185	3.583	4.023	4.508	5.042	5.629	6.275	6.983	10.541	7
8	1.172	1.369	1.594	1.851	2.144	2.476	2.853	3.278	3.759	4.300	4.908	5.590	6.353	7.206	8.157	9.217	14.758	8
9	1.195	1.423	1.689	1.999	2.358	2.773	3.252	3.803	4.435	5.160	5.987	6.931	8.005	9.223	10.604	12.166	20.661	9
10	1.219	1.480	1.791	2.159	2.594	3.106	3.707	4.411	5.234	6.192	7.305	8.594	10.086	11.806	13.786	16.060	28.925	10
11	1.243	1.539	1.898	2.332	2.853	3.479	4.226	5.117	6.176	7.430	8.912	10.657	12.708	15.112	17.922	21.199	40.496	11
12	1.268	1.601	2.012	2.518	3.138	3.896	4.818	5.936	7.288	8.916	10.872	13.215	16.012	19.343	23.298	27.983	56.694	12
13	1.294	1.665	2.133	2.720	3.452	4.363	5.492	6.886	8.599	10.699	13.264	16.386	20.175	24.759	30.288	36.937	79.371	13
14	1.319	1.732	2.261	2.937	3.797	4.887	6.261	7.988	10.147	12.839	16.182	20.319	25.421	31.691	39.374	48.757	111.120	14
15	1.346	1.801	2.397	3.172	4.177	5.474	7.138	9.266	11.974	15.407	19.742	25.196	32.030	40.565	51.186	64.359	155.568	15
16	1.373	1.873	2.540	3.426	4.595	6.130	8.137	10.748	14.129	18.488	24.086	31.243	40.358	51.923	66.542	84.954	217.795	16
17	1.400	1.948	2.693	3.700	5.054	6.866	9.276	12.468	16.672	22.186	29.384	38.741	50.851	66.461	86.504	112.139	304.913	17
18	1.428	2.026	2.854	3.996	5.560	7.690	10.575	14.463	19.673	26.623	35.849	48.039	64.072	85.071	112.455	148.024	426.879	18
19	1.457	2.107	3.026	4.316	6.116	8.613	12.056	16.777	23.214	31.948	43.736	59.568	80.731	108.890	146.192	195.391	597.630	19
20	1.486	2.191	3.207	4.661	6.727	9.646	13.743	19.461	27.393	38.338	53.358	73.864	101.721	139.380	190.050	257.916	836.683	20
21	1.516	2.279	3.400	5.034	7.400	10.804	15.668	22.574	32.324	46.005	65.096	91.592	128.169	178.406	247.065	340.449	1171.356	21
22	1.546	2.370	3.604	5.437	8.140	12.100	17.861	26.186	38.142	55.206	79.418	113.574	161.492	228.360	321.184	449.393	1639.898	22
23	1.577	2.465	3.820	5.871	8.954	13.552	20.362	30.376	45.008	66.247	96.889	140.831	203.480	292.300	417.539	593.199	2295.857	23
24	1.608	2.563	4.049	6.341	9.850	15.179	23.212	35.236	53.109	79.497	118.205	174.631	256.385	374.144	542.801	783.023	3214.200	24
25	1.641	2.666	4.292	6.848	10.835	17.000	26.462	40.874	62.669	95.396	144.210	216.542	323.045	478.905	705.641	1033.590	4499.880	25
26	1.673	2.772	4.549	7.396	11.918	19.040	30.167	47.414	73.949	114.475	175.936	268.512	407.037	612.998	917.333	1364.339	6299.831	26
27	1.707	2.883	4.822	7.988	13.110	21.325	34.390	55.000	87.260	137.371	214.642	332.955	512.867	784.638	1192.533	1800.927	8819.764	27
28	1.741	2.999	5.112	8.627	14.421	23.884	39.204	63.800	102.967	164.845	261.864	412.864	646.212	1004.336	1550.293	2377.224	12347.670	28
29	1.776	3.119	5.418	9.317	15.863	26.750	44.693	74.009	121.501	197.814	319.474	511.952	814.228	1285.550	2015.381	3137.935	17286.737	29
30	1.811	3.243	5.743	10.063	17.449	29.960	50.950	85.850	143.371	237.376	389.758	634.820	1025.927	1645.505	2619.996	4142.075	24201.432	30
35	2.000	3.946	7.686	14.785	28.102	52.800	98.100	180.314	327.997	590.668	1053.402	1861.054	3258.135	5653.911	9727.860	16599.217	130161.112	35
40	2.208	4.801	10.286	21.725	45.259	93.051	188.884	378.721	750.378	1469.772	2847.038	5455.913	10347.175	19426.689	36118.865	66520.767	700037.697	40

表 2
1 表元复利现值

$$P = \frac{S}{(1+r)^n}, \quad S=1$$

期数	2%	4%	6%	8%	10%	12%	14%	16%	18%	20%	22%	24%	26%	28%	30%	32%	40%	期数
1	0.980	0.962	0.943	0.926	0.909	0.893	0.877	0.862	0.847	0.833	0.820	0.806	0.794	0.781	0.769	0.758	0.714	1
2	0.961	0.925	0.890	0.857	0.826	0.797	0.769	0.743	0.718	0.694	0.672	0.650	0.630	0.610	0.592	0.574	0.510	2
3	0.942	0.889	0.840	0.794	0.751	0.712	0.675	0.641	0.609	0.579	0.551	0.524	0.500	0.477	0.455	0.435	0.364	3
4	0.924	0.855	0.792	0.735	0.683	0.636	0.592	0.552	0.516	0.482	0.451	0.423	0.397	0.373	0.350	0.329	0.260	4
5	0.906	0.822	0.747	0.681	0.621	0.567	0.519	0.476	0.437	0.402	0.370	0.341	0.315	0.291	0.269	0.250	0.186	5
6	0.888	0.790	0.705	0.630	0.564	0.507	0.456	0.410	0.370	0.335	0.303	0.275	0.250	0.227	0.207	0.189	0.133	6
7	0.871	0.760	0.665	0.583	0.513	0.452	0.400	0.354	0.314	0.279	0.249	0.222	0.198	0.178	0.159	0.143	0.095	7
8	0.853	0.731	0.627	0.540	0.467	0.404	0.351	0.305	0.266	0.233	0.204	0.179	0.157	0.139	0.123	0.108	0.068	8
9	0.837	0.703	0.592	0.500	0.424	0.361	0.308	0.263	0.225	0.194	0.167	0.144	0.125	0.108	0.094	0.082	0.048	9
10	0.820	0.676	0.558	0.463	0.386	0.322	0.270	0.227	0.191	0.162	0.137	0.116	0.099	0.085	0.073	0.062	0.035	10
11	0.804	0.650	0.527	0.429	0.350	0.287	0.237	0.195	0.162	0.135	0.112	0.094	0.079	0.066	0.056	0.047	0.025	11
12	0.788	0.625	0.497	0.397	0.319	0.257	0.208	0.168	0.137	0.112	0.092	0.076	0.062	0.052	0.043	0.036	0.018	12
13	0.773	0.601	0.469	0.368	0.290	0.229	0.182	0.145	0.116	0.093	0.075	0.061	0.050	0.040	0.033	0.027	0.013	13
14	0.758	0.577	0.442	0.340	0.263	0.205	0.160	0.125	0.099	0.078	0.062	0.049	0.039	0.032	0.025	0.021	0.009	14
15	0.743	0.555	0.417	0.315	0.239	0.183	0.140	0.108	0.084	0.065	0.051	0.040	0.031	0.025	0.020	0.016	0.006	15
16	0.728	0.534	0.394	0.292	0.218	0.163	0.123	0.093	0.071	0.054	0.042	0.032	0.025	0.019	0.015	0.012	0.005	16
17	0.714	0.513	0.371	0.270	0.198	0.146	0.108	0.080	0.060	0.045	0.034	0.026	0.020	0.015	0.012	0.009	0.003	17
18	0.700	0.494	0.350	0.250	0.180	0.130	0.095	0.069	0.051	0.038	0.028	0.021	0.016	0.012	0.009	0.007	0.002	18
19	0.686	0.475	0.331	0.232	0.164	0.116	0.083	0.060	0.043	0.031	0.023	0.017	0.012	0.009	0.007	0.005	0.002	19
20	0.673	0.456	0.312	0.215	0.149	0.104	0.073	0.051	0.037	0.026	0.019	0.014	0.010	0.007	0.005	0.004	0.001	20
21	0.660	0.439	0.294	0.199	0.135	0.093	0.064	0.044	0.031	0.022	0.015	0.011	0.008	0.006	0.004	0.003	0.001	21
22	0.647	0.422	0.278	0.184	0.123	0.083	0.056	0.038	0.026	0.018	0.013	0.009	0.006	0.004	0.003	0.002	0.001	22
23	0.634	0.406	0.262	0.170	0.112	0.074	0.049	0.033	0.022	0.015	0.010	0.007	0.005	0.003	0.002	0.002	0.000	23
24	0.622	0.390	0.247	0.158	0.102	0.066	0.043	0.028	0.019	0.013	0.008	0.006	0.004	0.003	0.002	0.001	0.000	24
25	0.610	0.375	0.233	0.146	0.092	0.059	0.038	0.024	0.016	0.010	0.007	0.005	0.003	0.002	0.001	0.001	0.000	25
26	0.598	0.361	0.220	0.135	0.084	0.053	0.033	0.021	0.014	0.009	0.006	0.004	0.002	0.002	0.001	0.001	0.000	26
27	0.586	0.347	0.207	0.125	0.076	0.047	0.029	0.018	0.011	0.007	0.005	0.003	0.002	0.001	0.001	0.001	0.000	27
28	0.574	0.333	0.196	0.116	0.069	0.042	0.026	0.016	0.010	0.006	0.004	0.002	0.002	0.001	0.001	0.000	0.000	28
29	0.563	0.321	0.185	0.107	0.063	0.037	0.022	0.014	0.008	0.005	0.003	0.002	0.001	0.001	0.000	0.000	0.000	29
30	0.552	0.308	0.174	0.099	0.057	0.033	0.020	0.012	0.007	0.004	0.003	0.002	0.001	0.001	0.000	0.000	0.000	30
35	0.500	0.253	0.130	0.068	0.036	0.019	0.010	0.006	0.003	0.002	0.001	0.001	0.000	0.000	0.000	0.000	0.000	35
40	0.453	0.208	0.097	0.046	0.022	0.011	0.005	0.003	0.001	0.001	0.000	0.000	0.000	0.000	0.000	0.000	0.000	40

表 3

1美元年金终值*

$$S_n = \frac{(1+r)^n - 1}{r}$$

期数	2%	4%	6%	8%	10%	12%	14%	16%	18%	20%	22%	24%	26%	28%	30%	32%	40%	期数
1	1.000	1.000	1.000	1.000	1.000	1.000	1.000	1.000	1.000	1.000	1.000	1.000	1.000	1.000	1.000	1.000	1.000	1
2	2.020	2.040	2.060	2.080	2.100	2.120	2.140	2.160	2.180	2.200	2.220	2.240	2.260	2.280	2.300	2.320	2.400	2
3	3.060	3.122	3.184	3.246	3.310	3.374	3.440	3.506	3.572	3.640	3.708	3.778	3.848	3.918	3.990	4.062	4.360	3
4	4.122	4.246	4.375	4.506	4.641	4.779	4.921	5.066	5.215	5.368	5.524	5.684	5.848	6.016	6.187	6.362	7.104	4
5	5.204	5.416	5.637	5.867	6.105	6.353	6.610	6.877	7.154	7.442	7.740	8.048	8.368	8.700	9.043	9.398	10.946	5
6	6.308	6.633	6.975	7.336	7.716	8.115	8.536	8.977	9.442	9.930	10.442	10.980	11.544	12.136	12.756	13.406	16.324	6
7	7.434	7.898	8.394	8.923	9.487	10.089	10.730	11.414	12.142	12.916	13.740	14.615	15.546	16.534	17.583	18.696	23.853	7
8	8.583	9.214	9.897	10.637	11.436	12.300	13.233	14.240	15.327	16.499	17.762	19.123	20.588	22.163	23.858	25.678	34.395	8
9	9.755	10.583	11.491	12.488	13.579	14.776	16.085	17.519	19.086	20.799	22.670	24.712	26.940	29.369	32.015	34.895	49.153	9
10	10.950	12.006	13.181	14.487	15.937	17.549	19.337	21.321	23.521	25.959	28.657	31.643	34.945	38.593	42.619	47.062	69.814	10
11	12.169	13.486	14.972	16.645	18.531	20.655	23.045	25.733	28.755	32.150	35.962	40.238	45.031	50.398	56.405	63.122	98.739	11
12	13.412	15.026	16.870	18.977	21.384	24.133	27.271	30.850	34.931	39.581	44.874	50.895	57.739	65.510	74.327	84.320	139.235	12
13	14.680	16.627	18.882	21.495	24.523	28.029	32.089	36.786	42.219	48.497	55.746	64.110	73.751	84.853	97.625	112.303	195.929	13
14	15.974	18.292	21.015	24.215	27.975	32.393	37.581	43.672	50.818	59.196	69.010	80.496	93.926	109.612	127.913	149.240	275.300	14
15	17.293	20.024	23.276	27.152	31.772	37.280	43.842	51.660	60.965	72.035	85.192	100.815	119.347	141.303	167.286	197.997	386.420	15
16	18.639	21.825	25.673	30.324	35.950	42.753	50.980	60.925	72.939	87.442	104.935	126.011	151.377	181.868	218.472	262.356	541.988	16
17	20.012	23.698	28.213	33.750	40.545	48.884	59.118	71.673	87.068	105.931	129.020	157.253	191.735	233.791	285.014	347.309	759.784	17
18	21.412	25.645	30.906	37.450	45.599	55.750	68.394	84.141	103.740	128.117	158.405	195.994	242.585	300.252	371.518	459.449	1064.697	18
19	22.841	27.671	33.760	41.446	51.159	63.440	78.969	98.603	123.414	154.740	194.254	244.033	306.658	385.323	483.973	607.472	1491.576	19
20	24.297	29.778	36.786	45.762	57.275	72.052	91.025	115.380	146.628	186.688	237.989	303.601	387.389	494.213	630.165	802.863	2089.206	20
21	25.783	31.969	39.993	50.423	64.002	81.699	104.768	134.841	174.021	225.026	291.347	377.465	489.110	633.593	820.215	1060.779	2925.889	21
22	27.299	34.248	43.392	55.457	71.403	92.503	120.436	157.415	206.345	271.031	356.443	469.056	617.278	811.999	1067.280	1401.229	4097.245	22
23	28.845	36.618	46.996	60.893	79.543	104.603	138.297	183.601	244.487	326.237	435.861	582.630	778.771	1040.358	1388.464	1850.622	5737.142	23
24	30.422	39.083	50.816	66.765	88.497	118.155	158.659	213.978	289.494	392.484	532.750	723.461	982.251	1332.659	1806.003	2443.821	8032.999	24
25	32.030	41.646	54.865	73.106	98.347	133.334	181.871	249.214	342.603	471.981	650.955	898.092	1238.636	1706.803	2348.803	3226.844	11247.199	25
26	33.671	44.312	59.156	79.954	109.182	150.334	208.333	290.088	405.272	567.377	795.165	1114.634	1561.682	2185.708	3054.444	4260.434	15747.079	26
27	35.344	47.084	63.706	87.351	121.100	169.374	238.499	337.502	479.221	681.853	971.102	1383.146	1968.719	2798.706	3971.778	5624.772	22046.910	27
28	37.051	49.968	68.528	95.339	134.210	190.699	272.889	392.503	566.481	819.223	1185.744	1716.101	2481.586	3583.344	5164.311	7425.699	30866.674	28
29	38.792	52.966	73.640	103.966	148.631	214.583	312.094	456.303	669.447	984.068	1447.608	2128.965	3127.798	4587.680	6714.604	9802.923	43214.343	29
30	40.568	56.085	79.058	113.283	164.494	241.333	356.787	530.312	790.948	1181.882	1767.081	2640.916	3942.026	5873.231	8729.985	12940.859	60501.081	30
35	49.994	73.652	111.435	172.317	271.024	431.663	693.573	1120.713	1816.652	2948.341	4783.645	7750.225	12527.442	20188.966	32422.868	51869.427	325400.279	35
40	60.402	95.026	154.762	259.057	442.593	767.091	1342.025	2360.757	4163.213	7343.858	12936.535	22728.803	39792.982	69377.460	120392.883	207874.272	1750091.741	40

* 每期期末支付（或收取）。

表 4
1美元年金现值*

$$P_n = \frac{1}{r}\left(1 - \frac{1}{(1+r)^n}\right)$$

期数	2%	4%	6%	8%	10%	12%	14%	16%	18%	20%	22%	24%	26%	28%	30%	32%	40%	期数
1	0.980	0.962	0.943	0.926	0.909	0.893	0.877	0.862	0.847	0.833	0.820	0.806	0.794	0.781	0.769	0.758	0.714	1
2	1.942	1.886	1.833	1.783	1.736	1.690	1.647	1.605	1.566	1.528	1.492	1.457	1.424	1.392	1.361	1.331	1.224	2
3	2.884	2.775	2.673	2.577	2.487	2.402	2.322	2.246	2.174	2.106	2.042	1.981	1.923	1.868	1.816	1.766	1.589	3
4	3.808	3.630	3.465	3.312	3.170	3.037	2.914	2.798	2.690	2.589	2.494	2.404	2.320	2.241	2.166	2.096	1.849	4
5	4.713	4.452	4.212	3.993	3.791	3.605	3.433	3.274	3.127	2.991	2.864	2.745	2.635	2.532	2.436	2.345	2.035	5
6	5.601	5.242	4.917	4.623	4.355	4.111	3.889	3.685	3.498	3.326	3.167	3.020	2.885	2.759	2.643	2.534	2.168	6
7	6.472	6.002	5.582	5.206	4.868	4.564	4.288	4.039	3.812	3.605	3.416	3.242	3.083	2.937	2.802	2.677	2.263	7
8	7.325	6.733	6.210	5.747	5.335	4.968	4.639	4.344	4.078	3.837	3.619	3.421	3.241	3.076	2.925	2.786	2.331	8
9	8.162	7.435	6.802	6.247	5.759	5.328	4.946	4.607	4.303	4.031	3.786	3.566	3.366	3.184	3.019	2.868	2.379	9
10	8.983	8.111	7.360	6.710	6.145	5.650	5.216	4.833	4.494	4.192	3.923	3.682	3.465	3.269	3.092	2.930	2.414	10
11	9.787	8.760	7.887	7.139	6.495	5.938	5.453	5.029	4.656	4.327	4.035	3.776	3.543	3.335	3.147	2.978	2.438	11
12	10.575	9.385	8.384	7.536	6.814	6.194	5.660	5.197	4.793	4.439	4.127	3.851	3.606	3.387	3.190	3.013	2.456	12
13	11.348	9.986	8.853	7.904	7.103	6.424	5.842	5.342	4.910	4.533	4.203	3.912	3.656	3.427	3.223	3.040	2.469	13
14	12.106	10.563	9.295	8.244	7.367	6.628	6.002	5.468	5.008	4.611	4.265	3.962	3.695	3.459	3.249	3.061	2.478	14
15	12.849	11.118	9.712	8.559	7.606	6.811	6.142	5.575	5.092	4.675	4.315	4.001	3.726	3.483	3.268	3.076	2.484	15
16	13.578	11.652	10.106	8.851	7.824	6.974	6.265	5.668	5.162	4.730	4.357	4.033	3.751	3.503	3.283	3.088	2.489	16
17	14.292	12.166	10.477	9.122	8.022	7.120	6.373	5.749	5.222	4.775	4.391	4.059	3.771	3.518	3.295	3.097	2.492	17
18	14.992	12.659	10.828	9.372	8.201	7.250	6.467	5.818	5.273	4.812	4.419	4.080	3.786	3.529	3.304	3.104	2.494	18
19	15.678	13.134	11.158	9.604	8.365	7.366	6.550	5.877	5.316	4.843	4.442	4.097	3.799	3.539	3.311	3.109	2.496	19
20	16.351	13.590	11.470	9.818	8.514	7.469	6.623	5.929	5.353	4.870	4.460	4.110	3.808	3.546	3.316	3.113	2.497	20
21	17.011	14.029	11.764	10.017	8.649	7.562	6.687	5.973	5.384	4.891	4.476	4.121	3.816	3.551	3.320	3.116	2.498	21
22	17.658	14.451	12.042	10.201	8.772	7.645	6.743	6.011	5.410	4.909	4.488	4.130	3.822	3.556	3.323	3.118	2.498	22
23	18.292	14.857	12.303	10.371	8.883	7.718	6.792	6.044	5.432	4.925	4.499	4.137	3.827	3.559	3.325	3.120	2.499	23
24	18.914	15.247	12.550	10.529	8.985	7.784	6.835	6.073	5.451	4.937	4.507	4.143	3.831	3.562	3.327	3.121	2.499	24
25	19.523	15.622	12.783	10.675	9.077	7.843	6.873	6.097	5.467	4.948	4.514	4.147	3.834	3.564	3.329	3.122	2.499	25
26	20.121	15.983	13.003	10.810	9.161	7.896	6.906	6.118	5.480	4.956	4.520	4.151	3.837	3.566	3.330	3.123	2.500	26
27	20.707	16.330	13.211	10.935	9.237	7.943	6.935	6.136	5.492	4.964	4.524	4.154	3.839	3.567	3.331	3.123	2.500	27
28	21.281	16.663	13.406	11.051	9.307	7.984	6.961	6.152	5.502	4.970	4.528	4.157	3.840	3.568	3.331	3.124	2.500	28
29	21.844	16.984	13.591	11.158	9.370	8.022	6.983	6.166	5.510	4.975	4.531	4.159	3.841	3.569	3.332	3.124	2.500	29
30	22.396	17.292	13.765	11.258	9.427	8.055	7.003	6.177	5.517	4.979	4.534	4.160	3.842	3.569	3.332	3.124	2.500	30
35	24.999	18.665	14.498	11.655	9.644	8.176	7.070	6.215	5.539	4.992	4.541	4.164	3.845	3.571	3.333	3.125	2.500	35
40	27.355	19.793	15.046	11.925	9.779	8.244	7.105	6.233	5.548	4.997	4.544	4.166	3.846	3.571	3.333	3.125	2.500	40

* 每期期末支付（或收取）。

图书在版编目（CIP）数据

亨格瑞成本与管理会计：第 17 版 /（美）斯里坎特·达塔尔，（美）马达夫·拉詹著；王立彦，刘应文译. 北京：中国人民大学出版社，2024.10. --（工商管理经典译丛）. -- ISBN 978-7-300-33256-7

Ⅰ. F234

中国国家版本馆 CIP 数据核字第 2024P8R405 号

工商管理经典译丛·会计与财务系列

亨格瑞成本与管理会计（第 17 版）

〔美〕 斯里坎特·达塔尔　　　著
　　　 马达夫·拉詹

王立彦　刘应文　译

Henggerui Chengben yu Guanli Kuaiji

出版发行	中国人民大学出版社			
社　址	北京中关村大街 31 号		**邮政编码**	100080
电　话	010 - 62511242（总编室）		010 - 62511770（质管部）	
	010 - 82501766（邮购部）		010 - 62514148（门市部）	
	010 - 62515195（发行公司）		010 - 62515275（盗版举报）	
网　址	http://www.crup.com.cn			
经　销	新华书店			
印　刷	涿州市星河印刷有限公司			
开　本	890 mm×1240 mm　1/16		**版　次**	2024 年 10 月第 1 版
印　张	47 插页 2		**印　次**	2024 年 10 月第 1 次印刷
字　数	1 194 000		**定　价**	168.00 元

版权所有　侵权必究　印装差错　负责调换

Pearson

尊敬的老师：

您好！

为了确保您及时有效地申请培生整体教学资源，请您务必完整填写如下表格，加盖学院的公章后以电子扫描件等形式发我们，我们将会在 2~3 个工作日内为您处理。

请填写所需教辅的信息：

采用教材				☐ 中文版　☐ 英文版　☐ 双语版
作　者			出版社	
版　次			ISBN	
课程时间	始于　　年　月　日		学生人数	
	止于　　年　月　日		学生年级	☐ 专科　　☐ 本科 1/2 年级 ☐ 研究生　☐ 本科 3/4 年级

请填写您的个人信息：

学　校			
院系/专业			
姓　名		职　称	☐ 助教 ☐ 讲师 ☐ 副教授 ☐ 教授
通信地址/邮编			
手　机		电　话	
传　真			
official email（必填） （eg：×××@ruc. edu. cn）		email （eg：×××@163. com）	
是否愿意接受我们定期的新书讯息通知：　☐ 是　☐ 否			

系/院主任：＿＿＿＿＿＿＿＿（签字）

（系 / 院办公室章）

＿＿年＿＿月＿＿日

资源介绍：

——教材、常规教辅资源（PPT、教师手册、题库等）：请访问 www. pearsonhighered. com/educator。（免费）

——MyLabs/Mastering 系列在线平台：适合老师和学生共同使用；访问需要 Access Code。（付费）

地址：北京市东城区北三环东路 36 号环球贸易中心 D 座 1208 室（100013）

Please send this form to：copub. hed@pearson. com

Website：www. pearson. com

中国人民大学出版社　管理分社

教师教学服务说明

中国人民大学出版社管理分社以出版工商管理和公共管理类精品图书为宗旨。为更好地服务一线教师，我们着力建设了一批数字化、立体化的网络教学资源。教师可以通过以下方式获得免费下载教学资源的权限：

★ 在中国人民大学出版社网站 www.crup.com.cn 进行注册，注册后进入"会员中心"，在左侧点击"我的教师认证"，填写相关信息，提交后等待审核。我们将在一个工作日内为您开通相关资源的下载权限。

★ 如您急需教学资源或需要其他帮助，请加入教师 QQ 群或在工作时间与我们联络。

中国人民大学出版社　管理分社

🐧 教师 QQ 群：648333426(工商管理)　114970332(财会)　648117133(公共管理)
　　　　　　　教师群仅限教师加入，入群请备注(学校＋姓名)

☎ 联系电话：010-62515735，62515987，62515782，82501048，62514760

✉ 电子邮箱：glcbfs@crup.com.cn

📍 通讯地址：北京市海淀区中关村大街甲 59 号文化大厦 1501 室（100872）

管理书社

人大社财会

公共管理与政治学悦读坊